《宁可文集》编委会名单

宁可文集
（第十卷）

宁可 著

郝春文 宁欣 主编

人民出版社

前　言

宁可先生，原名黎先智，湖南浏阳人，中国当代著名历史学家。

黎先智先生于 1928 年 12 月 5 日生于上海。1932 年至 1934 年，他随父亲至马来西亚的港口城市巴生侨居，其间入读巴生中华女校。1935 年回国后，先后在南京的三条巷小学（1935）、山西路小学（1935）和鼓楼小学（1935—1937）就读。抗战爆发后，他在颠沛流离中完成小学和中学的学业。先后就读于长沙楚怡小学（1937）、长沙黄花市小学（1937）、长沙沙坪县立第四高级小学（1938）、贵阳正谊小学（1939 春）、贵阳尚节堂小学（1939 年秋）、贵阳中央大学实验中学（1939—1941）、洛阳私立明德中学（1941）、省立洛阳中学（1942—1943）和重庆私立南开中学（1943—1946）。1946 年考入北大史学系的先修班，次年正式就读于该系。1948 年 11 月从北平进入解放区，接受中共华北局城市工作部城市干部培训班的培训，因革命工作需要，改名宁可。北平和平解放后，于 1949 年 2 月 5 日进城，任北平市人民政府第三区公所科长。1950 年改任北京市人民政府第三区文教科副科长。1952 年调任北京市教育局《教师月报》编辑和中学组组长。1953 年进入教师进修学院任教学研究员。1954 年 9 月受命参与筹建北京师范学院历史科，以后长期在北京师范学院（1992 年更名为首都师范大学）工作，历任讲师、副教授、教授、博士生导师，并曾兼任校图书馆副主任、历史系副系主任、系总支第一副书记、代理系主任、《北京师范学院学报》副总编辑等党政领导工作。主要学术兼职有北京市史学会副会长，中国史学会理事，中国敦煌吐鲁番学会副会长兼秘书长，北京大学、兰州大学等高校的兼职教授。2014年2月18日逝世于北京，享年86岁。

宁可先生天资聪颖，自幼酷爱读书。他兴趣广泛，博闻强记，有着渊博的知识积累。在大学期间，他开始接触马克思主义。进入史学研究领域以后，他研读过大量的马克思主义经典作家的著作。如马克思《资本论》第一卷，他就分别研读过侯外庐与王思华、王亚南与郭大力、郭沫若等三种不同的译本。长期的阅读和思考使他具有了深厚的理论素养。马克思主义的基本原理和方法，也成为他认识历史问题、解析历史现象的最重要的科学理论。他对马克思主义理论的运用，从来不是仅仅停留在征引经典作家论述的层面，而是主张融会贯通，即在真正透彻理解马克思主义唯物论和辩证法的前提下，运用马克思主义的历史观、认识论和方法论，对中国历史问题进行深入的具体分析与诠释，力图从理论的视角把握历史现象和本质，以宏观的视野分析历史事物的因果关系。这使得他的研究成果往往具有很强的理论性和思辨性，这一特色贯穿于他在史学理论、中国古代经济史和文化史、敦煌学和隋唐五代史等诸多领域长期的历史研究实践中。以下试从几个方面对宁可先生论著的理论性和思辨性略作说明。

第一，他多次直接参与了史学界很多重要热点理论问题的讨论，都提出了独到的看法，有些最后成为学界的共识。

早在二十世纪五六十年代，他参与了中国史学界关于农民战争和历史主义与阶级观点等相关问题的讨论，发表了多篇重要论文。他先后就农民战争是否可能建立"农民政权"、农民战争是否带有"皇权主义"的性质、农民战争的自发性与觉悟性、农民战争的历史作用，以及该如何恰当地理解和评价地主阶级对农民的"让步政策"等存在不同认识的热点问题发表了自己的看法。他的意见，有理论依据，又有事实佐证，高屋建瓴，客观而允当，以极大的说服力平息了学术界有关以上问题的争论。六十年代，他参与了历史主义与阶级观点的讨论，针对当时史学界和理论界对马克思主义阶级观点的理解存在片面性和绝对性的情况，他指出历史主义与阶级观点这两个概念的侧重点是不同的。历史主义侧重的是从发展的角度看问题，阶级观点则侧重根据阶级划分和阶级斗争的规律对所研究的对象作出科学的解释。二者的统一是有条件的。历史主义和阶级观点是从不同角度认识统一的历史过程的两个原则或方法。他的这些看法作为当时有代表性的观点，得到史学界和理论界的高度关注和认可。改革开放以后，针对学术界对历史科学理论认识存在的分歧，他提出应把历史科学理论与历史理论区分开来。这一观点廓清了史学理论学科建设中的根本性概念问题，已成为史学界的共识。

宁可先生还在一些重要理论问题上发表了对以后研究具有指导性的论述。例如有关地理环境对人类社会发展的作用问题，不仅是人类社会历史发展究竟由哪些因素决定的理论问题，也对当代中国的经济、政治、军事乃至文化的发展和决策具有重要意义。宁可先生认为应该辩证地认识地理环境对人类社会发展的作用，指出地理环境是社会物质生活和社会发展的经常的必要的条件之一，但它不是起决定作用的条件，起决定作用的是生产方式。地理环境决定论和否定地理环境对社会发展的作用等认识都是片面的。他对这一理论问题的思考，始于将地理环境决定论作为资产阶级理论批判的二十世纪五十年代，前后历经三十年、五易其稿才拿出来发表。显示了他对一个学术问题严谨的思索和执着的追求。他还对二十世纪八九十年代以来社会上流行的"文化热"提出自己的看法，认为种种"文化决定论"、"文化至上论"等都是非科学的，都忽视了社会政治、经济因素与文化之间的相互作用，不值得提倡。在当时的社会环境下，提出这样的看法也是需要学术的勇气的。

第二，在具体研究工作中，宁可先生也注意利用唯物辩证法观察具体历史现象。注重史实之间的相互联系及深层关系，注重阐释历史发展的特点。如关于中国封建社会经济结构以及体制特征的问题，他认为人们常说中国封建经济是一种农业经济、自然经济，这话不错，但不完整。因为很早就有了社会分工，主要是农业和手工业的分工，这是封建经济的两大部门。这两大部门的产品要交换，这种交换终归会发展到以商品交换为其重要的形式，这就有了第三个部门——商业，而且越来越重要。所以，中国历史上的封建经济并非是一个绝对封闭静止的系统，而是具有相当的开放性和活动性，商品经济就是促成封建经济系统开放性和活动性的因素。又如关于中国封建经济结构的诸要素的运转，宁可先生做出了"小循环"和"大循环"的理论概括。从农村开始，农产品大部分自行消费，然后再进行再生产，这是一个小循环。其剩余产品和一部分必要产品循两条路线运行，一条是经过封建国家赋役而注入其他地区和部门，这是非商品性的活动，或基本上是非商品性的活动；另一条是经过市场，进入城市手工业领域，然后再回到市场，而又再进入农村，最终完成消费，这是一个大循环。小循环以中国的气候及农作物生长周期即一年为运转周期。小循环的损耗是小的，效率是高的，但经济效益却不算高。至于那个大循环，运转周期难以一年为率，循环过程很缓慢，损耗也不小，经济效益也不算高，但还是有的。再如对所谓"李约瑟难题"的解释，即中国封建社会原先比较先进，近代为什么会落后于西方？阻力是什么？学术界提出了诸多原因加以解释，或执其一端，或综合言之。宁可先生认为，从中国特殊的国情出发来探寻中国封建社会原先发展后来停滞的原因，固然应该考虑到各种因素的交互作用，但尤其应该注重内部因素的作用，特别是更具决定性意义的经济因素的作用，长时性而非一时性（如政策）因素的作用。以上几个问题的论述，都是综合考虑了与之相关的各种因素，从各种因素的相互联系、互动中，辩证地分析问题。对问题的分析，则是由此及彼，由表及里，层层深入，直至问题的核心。

第三，宁可先生的具体研究，从不满足于对历史事物表象的考察，往往具有贯通的特征，力图对中国历史的发展具有贯通性认识。如对中国古代"社邑"的研究，所涉及的材料上至先秦，下迄明清，不仅几乎穷尽了传世文献中的相关记载，而且还充分利用了石刻材料和敦煌资料，展示了中国古代民间团体发生、发展和演变的轨迹，为我们观察中国古代基层民众的活动和民间组织提供了重要窗口。又如他对中国古代人口的考察。考察的时段也是自战国至明清，并总结出古代人口的发展规律是台阶式的跃迁。战国中期的人口大约为二千五百万到三千万，这是第一级台阶；从汉到唐，人口似乎没有超过六七千万，这是第二级台阶；从北宋后期起，人口大约增长到一亿左右，这是第三级台阶；从清代乾隆初年开始，短短 100 年间人口从一亿多猛增到四亿，这是第四级台阶。这样的研究成果，不仅对认识整个中国古代历史具有重要价值，对当今社会制定人口发展政策也有借鉴意义。再如对中国王朝兴亡周期率的探讨，所涉及时段也是从秦到清十几个王朝。他总结出历史上新王朝取代旧王朝有三种途径：一是战争；二是用非暴力的手段，即所谓"禅让"；三是北方游牧民族借机起兵南下，征服半个乃至全部中国。总结两千年王朝兴亡，宁可先生总结了三点经验教训：一、中国是农业社会，农业是基础，农民占全国人口的绝大多数，一个统治者如何对待农民，成为一个王朝成败的关键。二、专制主义中央集权国家各级官僚机构和各级官吏的吏治问题非常重要，历来的统治者都非常重视。王朝兴起时往往重视整饬吏治，而一个王朝之所以衰亡，重要的原因是吏治的腐败。三、历代王朝兴亡，乍看起来似周而复始的循环，但并非单纯的回归，像螺旋形一样，在循环之中不断上升，不断发展。到宋以后，发展势头受到阻碍，以致 19 世纪中期以后，欧洲资本主义势力侵入，中国成为半封建半殖民地社会。以上所列举的问题，都是上下数千年，纵横越万里，从长时段的具体历史进程中，揭示其发展变化的特点和规律，发前人所未发。

宁可先生的论著思路缜密，论证周到，表述清晰，结论自然令人心悦诚服。由于具有深厚的理论素养和敏锐的学术眼光，他的学术研究往往具有前瞻性和引领性。如他对汉代农业生产数字的研究、对中国古代人口的研究，以及对汉唐社邑的研究，都是开风气之先，启发后继者继续从事相关课题的研究。他的研究成果同时受到国际学术界的重视，其学术观点经常被当作具有代表性的看法介绍到国外。他是当之无愧的当代史学大家！

宁可先生热爱教学工作，常以"教书匠"自称。他自 26 岁开始给学生上课，陆续开设过《中国通史》（先秦到宋辽夏金元）、《隋唐五代史》、《中国历史要籍介绍及选读》、《隋唐五代社会经济史》、《资本论选读》、《中国古代社会经济史专题》、《历史科学概论》等课程。直到70 多岁时，还坚持给研究生上课，每次上课前都要在头天下午或晚上把第二天要讲的内容再过一遍才放心。他从 1981 年开始招收硕士研究生，先后指导了 40 多名博士、硕士研究生和博士后研究人员，为史学界培养了一大批专门人才。他的学生分别在不同的学术领域作出了重要贡献，其中很多人成为各领域的学术中坚。他是一位杰出的教育工作者。

以上介绍表明，宁可先生的学术论著在当时曾是一个时代具有代表性的成果，现在已经成为当代史学遗产的重要组成部分。他的一系列精辟观点，至今仍闪耀着理论的光辉和智慧的火花，具有"卓然不可磨灭"的品质。为了进一步总结、研究、发扬宁可先生留给我们的珍贵史学遗产，人民出版社拟出版 10 卷本的《宁可文集》，即：一、《宁可史学论集》；二、《宁可史学论集续编》；三、《史学理论研讨讲义》；四、《中国封建社会的历史道路》；五、《敦煌社邑文书辑校》；六、《敦煌的历史和文化》；七、《流年碎忆》；八、《地理环境与历史发展》；九、《散论》；十、《讲义》。本次出版按照第一卷、第二卷……的顺序依次排列，共计十卷，其中一至七卷为已刊论著，八至十卷为未刊稿。

《宁可文集》的编辑工作，总的原则是尽可能保持宁可先生著述的原貌，以求全面真实地反映宁可先生的学术成就。其中第一至七卷，以前均曾由国家级出版社正式出版过，内容多数经过宁可先生审定。所以，此次编辑以上七卷，原则上不做改动，仅纠正个别文字错误，并以"编者补注"形式，完善文稿中不规范、不完整的注释内容。第八至十卷为首次出版，编者根据需要做了必要的技术处理。

为保证出版质量，编委会组织人力对文集的全部引文都做了核对。其中马恩列斯等经典著作的引文，虽然近年已有新的译本，但考虑到作者的解释和论证都是以老版本为依据的，如果根据新的版本修改引文，会造成解释和论证与引文不协调。所以，此次核对马恩列斯等经典著作的引文，我们仍以宁可先生当时所用的老版本为依据。关于古籍引文的核对，尽量使用标点本和新的整理本，但不使用宁可先生去世以后的新版本。

《宁可文集》的编辑出版，自始至终得到了首都师范大学历史学院和人民出版社的支持。首都师范大学历史学院院长刘屹教授、人民出版社鲁静编审、刘松弢副编审都给予了大力支持，历史学院校友郭岭松编审则承担了繁杂的编辑工作。谨此一并致以诚挚的感谢！

《宁可文集》编辑委员会

郝春文执笔

2022 年 6 月 2 日

目　录

中国通史（夏—魏晋南北朝）讲义 1980 年版

隋唐五代史讲义 1957 年版

宋辽金元史讲义 1956 年版

讲义手稿整理说明

宁可先生的讲义，是当年学术研究与教学实践的真实反映。根据《宁可文集·前言》确定的原则，我们尽最大可能保留讲义原貌。有以下一些情况需要说明：

1. 宁可先生的讲义原稿中有"正栏"和"边栏"。"正栏"内为讲义正文。"边栏"中的文字大致有以下三种情况：（1）有些是插入正栏文字中的，（2）有些是提示"正栏"文字的文献出处；（3）有一些是对"正栏"某些文字的进一步解释，但与正栏其他文字之间并没有紧密的联系。我们在整理时，把能与正栏文字整合在一起的文字都纳入正文；提示文献出处的转换为规范的页下注（详见 2.3.4.5）；解释性的文字，则转换成解释性注释。

2. 宁先生讲义中的引文，有些注明了出处，有些没有注明出处。凡注明出处者，皆遵宁先生的出处著录并加以核对；没有注明出处的，若能考证清楚其唯一出处，则直接补充完整。

以下情况则出"编者补注"：（1）宁先生未注明出处且不能够确定引文有唯一出处；（2）不得不使用晚于讲义写成之后的版本；（3）原出处有误，编委会注明正确的出处。

《宁可文集·前言》确定了这样的整理原则，对马恩列斯等经典著作，考虑到宁可先生的解释和论证都是以老版本为依据的，为保证解释和论证与引文的协调问题，马恩列斯等经典著作的引文，一律使用当时流行的老版本。在本卷中，"老版本"也在"与时俱进"。宁先生不同时期的讲义，引用的"老版本"也不尽相同，如1980年讲义有一部分引用了20世纪70年代的版本，也有一部分引用了20世纪50年代的版本；而1956年宋辽金元史讲义和1957年隋唐五代史讲义则引用了20世纪50年代的版本。编委会尽可能地对宁先生引用马恩列斯经典著作的版本进行了考证，根据实际引用情况出注。对于不能确定的，也选择了与手稿文字最为接近的版本，并以"编者补注"的形式出现。

3. 宁先生引用文献，常用简称。在不影响理解的前提下，我们第一次引用该文献时使用全称，并括注"以下简称《××》"。例如《续资治通鉴长编》在第一次出现时用括注说明（以下简称《长编》）。同样，宁先生提到一些前辈学者时，往往用"某老"。我们在这些称呼第一次出现时，以"编者补注"的形式标示该学者的完整姓名，以下则遵宁先生的用法，直接称"某老"。

4. 由于是课堂讲稿，宁可先生讲义参考了当时其他学者的一些论著、讲义等。早在20世纪50年代，宁可先生在教学和科研中就已十分重视学术规范，尊重他人研究成果，对于参考的论著和讲义，大多在讲稿"边栏"中予以注明了；也有一些是借鉴其他学者的成果，可能是由于承前省略等原因没有标示。根据手稿中的各种线索，凡是讲义借鉴了其他学者成果的地方，此次整理时都予以出注说明。

5. 讲义中涉及的很多学术问题，现在都已有了新的看法。我们为保留讲义原貌，只在必要的地方出"编者补注"进行说明。例如行政建置，讲义中提到的地名括注"今某某地"往往是指讲义撰写的时代建置情况。如1956年宋辽金元史讲义，提到"今河北顺义……"因为当时顺义尚未划归北京，对于这些情况会出"编者补注"做必要的解释。

6. 关于纪年。宁可先生讲义中出现的纪年可能主要在于建立时间线索，所以大部分时候采用了公元纪年，有时括注了与之最为接近的帝王纪年。少数几处是帝王纪年在前，公元纪年为括注。为保持讲义原貌，并进行统一，我们也将全部讲义采用了公元纪年的格式，并在易引起歧义的地方加上了"公元"或"公元前"。同时，我们在必要的地方括注了与之约略对应的帝王纪年。试举一例：第387页标题（三）上面一段讲唐代庞勋起义，共出现867、869、870、874四个年份，都属"成通"年间，则只在874年后面括注"成通十四年"。关于月和日，宁先生讲义原稿中使用的大都是阿拉伯数字，但大多数时候是在表示阴历月日，少数则是公历月日，我们对此一一进行了考证，将阴历月日都用中文数字来表示。保留阿拉伯数字的月日则表明是转换后的公历日期。

——《宁可文集》编委会

2024年7月12日

中国通史（夏—魏晋南北朝）讲义
1980 年版

导　语

宁　可

（1980 年北京大学历史系中国通史讲义）

现在上的中国通史，是历史学的基础课，时间是一年，不算长，在这一年里，我们究竟要达到什么要求呢？这门课的基本目的和任务是：

（1）了解中国历史上的一些重要的时间、人物、现象、制度等等。即基本历史事实。

年代、地理、职官、目录，这是邓广铭先生归纳出的学习和研究历史的四把钥匙，后有学者加上小学、金石学等，为五把或六把钥匙。还有五个 W，即 when 时、where 地、who 谁、how 如何、why 为何，是研究历史必须具备的基本思路。

通过这些基本的历史事实，对中国历史上的社会生活的几个重要方面，如经济、政治、文化、民族关系、中外关系等的状况和发展演变，及其互相之间的关系和作用有个粗略的了解。从而对中国历史发展的基本过程、基本线索有一些认识，初步学习如何用马克思主义作指导来分析历史问题，以便为进一步探索中国历史发展规律性问题打下基础。

（2）接触一些最基本的史料和学术著作。了解一些史料目录学、史学研究方法等方面的常识，了解一些当前学术界关心的研究和争论的重大问题。有一些只能提出来，不可能细讲。为培养自己独立思考、独立学习、独立研究的能力打基础或作准备。同时也是为了今后上专史、断代史以及作学术研究打基础。

以上所说的可以概括为三个基本：基本知识、基本理论、基本技能技巧。

这个任务，不能单靠课堂教学来完成，自学质疑和答疑、讨论、参观、作业等等，很重要。特别是自己学习，恐怕是带有决定性的因素，即自己开动脑筋。不自己学习、思考，那是学不好的。

要把事业和职业联系起来。要有一种历史感，看问题从历史的角度、发展的角度。要对历史有感情，热爱历史中进步的东西，痛恨不好的东西，要在历史和现实中搭起一座桥。要有科学冷静的头脑，实实在在，一切靠事实，找真理，找规律。

课堂教学是我们学习中国通史的一个重要环节。

现在再说一下课堂教学的要求。

（1）我们的教材是翦老①主编的《中国史纲要》，同学们应当认真地读，这是我们学习的主要依据。我们上课，当然不能照本宣科，大致一些重要的地方，同学们理解可能有困难的地方我们展开一些讲，有好多地方我们就从略，或一带而过。一些基本体系、关系、重要史料我们也作些介绍。另外不同学术观点的介绍也做一些。但不是书上讲到的而我们课上没有讲的就都不重要，有些书上讲的很清楚的史事，我们课堂上就不多讲了。然而同学还是要认真学习、掌握的。基本的历史事实是我们了解和认识历史过程和轮廓的基础，我们不可能一一具体详细地讲。然而并不等于说它就不重要，同学们要自己下功夫把它弄清楚，而且要记住，一些重要的年代、地理概念等，也要弄清楚。

因此，希望同学们最好在上课前把课本预习一下。这样上起课来对基本的史实和问题有一个初步的印象，听起课来会主动一些。至于笔记，详略均可，记一下课本上没有的就行。

（2）上课可以不来，但既来则不要迟到，也不要早退。在课堂上看别的书、做别的事可以，睡觉也可以，但不要讲话、弄出响声，别影响别人听课。

（3）指定的必读参考书、文章、史料最好能看，其他的看自己情况。一年级一般功课不算太重，希望趁这个时间多读些书。

（4）有问题可以问辅导老师，王育成、刘华祝，有固定辅导时间，最好是在规定时间内。

参观历史博物馆、故宫，看电影等等，学校有安排。

---

① 编者补注：翦伯赞先生。

第一章　原始社会（略）

第二章 奴隶制社会

第一节 夏：奴隶制国家的形成

夏是我国历史上的第一个王朝，一般都认为是阶级社会（奴隶制社会），国家的开始。夏朝开始的年代约在公元前二千二百年左右，历时四百多年，但是关于夏朝的历史，却至今还是不很清楚，像蒙着一层雾一样。这是因为我们还只能从后来的文字记载中推测中国远古有这么一个朝代，至于从地下发掘出来的足以确凿证明夏朝存在的考古材料，至今还没有发现。我们读夏朝的历史，还只能以古文献中的记载为依据。

古文献中对夏朝历史记载最详细的是《史记·夏本纪》。司马迁作《史记》是在汉武帝时（约公元前 100 年），距夏朝的灭亡已经有一千六百年了。因此人们很有理由怀疑司马迁的记载是否可靠。但是，司马迁《史记》写的《殷本纪》，也是记一千多年前的史事，后来殷墟的发掘，特别是甲骨文的研究，证明司马迁的记载基本上符合商朝的历史。可见司马迁写《史记·殷本纪》是有根据的，特别是甲骨文中提到殷以前先王先公名号，大致与《殷本纪》所载相同，这些名号年代与夏同时。既然司马迁对商代世系确有根据，由此推测，司马迁写夏朝历史，应当也有过去流传的记载作为根据，不好随便否定。此外，先秦，更早的西周，《尚书》中的《召诰》《多士》《多方》诸篇都是夏殷周连说。这是西周初年人们口中的古史系统，应可遵信。此后先秦文献更是多次提到夏朝，甲骨文里也提到过。可见夏朝应当是存在的。

现在已经知道的商朝文化，是已经相当发达的奴隶制文化。在它之前，必然有一个奴隶制文化的兴起时期。像文字中的原始文字在仰韶新石器时期，特别是山东大汶口文化中已见萌芽，而甲骨中所见的商代文字已经相当发达，在这之间必然有一个文字的发展阶段。又像铜器，新石器时期末期已经出现了红铜，而商朝更坚实的青铜器（铜锡合金）其冶炼、铸造工艺，已经相当成熟。在这之间，必然有一个从红铜到青铜，而又发展的阶段，凡此种种都说明商之前应有一个奴隶制的王朝——夏的存在。

近年来，考古工作者在河南、山西一些传说为夏的活动地区，作过一些调查和发掘，发现有介乎新石器时期的龙山文化与商前期（盘庚迁殷之前，商代早期）文化之间的文化遗存。其年代相当于夏，有的可能就是夏文化层。例如郑州商城之下所压的二里头（二里头在偃师）文化层，山西夏县的东下冯遗址。但是还没有确凿的证据可以证明其为夏文化。一来是这些文化层的特点发展演变，还不是很清楚的；二来更重要的是还没有发现像商朝甲骨文那样确凿的足以证明夏代存在的文字遗存。但是，这对寻找夏文化仍不失为重要的线索。

目前，考古工作者正在努力之中，相信要不了多久，就会有轰动中外的确凿证明夏文化存在的重大发现。

从文献记载看，夏原是一个部落联盟的名称，后来发展成一个王朝的名称。夏人活动的地方，主要是在河南嵩山以西到伊水、洛水流域一带，北到山西南部汾水流域，东到河北、河南、山东的交界处，即黄河流域中游的下段。

为什么中国的第一个奴隶制国家在这个地方兴起呢？

我国广阔的土地是人类的故乡之一。从远古开始就有人类生息、蕃育。现在发现的最早的旧石器遗址（桑干河畔的河北阳原县小长梁）年代可追溯到 243—255 万年前。此后，旧石器时代，特别是新石器时代的文化遗址遍布全国。从新石器时代看，黄河流域与东南沿海地区最早进入农业生产。黄河流域以种植旱作的禾、黍麦等为主。东南沿海特别是下游以种植水稻为主（浙江余姚河姆渡），而从河姆渡发掘看，长江下游进入农业时期似乎比黄河流域还要早些，生产技术也更发达些。但是到了新石器晚期，各地区文化发展不平衡的现象突出出来了。黄河中下游地区农业发展更快些，生产力的发展使这带地方成为我国最早进入阶级社会的地区。

这可能同黄土高原及黄河冲积平原土质松软，对以木、石、蚌为农具材料的原始农业更有利一些。江淮地区沼泽遍地，榛莽丛生，开发不易。种水稻，要开沟、埂、平地、灌溉、排水，耗费劳动多，简陋的工具不易扩大生产。

从黄河中下游看，大约可以分为四个地区，第一个地区是黄河以西的陕西渭河、泾河、洛河流域，即关中地区，这是黄土高原中的河谷地带。第二个地区是黄河以东以南的山西南部汾水流域和河南西部的洛水、伊水地区，这里黄土覆盖层很厚，但已非典型的黄土高原。第三个地区是太行山、嵩山以东的边缘地带，如卫水、漳水流域。再往东，是黄河下游的冲积扇，在古代，黄河入海水势宣泄不畅，河北天津一带到山东北部有多条入海口，即所谓"九河"。这之间，是大片沼泽地带，并不适宜于农业及人们的交往。第四个地区是山东以泰山为中心的一片地区。

中国古代有名的夏殷周三族就在这带地区活动。这三个族几乎已同时在活动着。周在关中，夏在山西南部及河南西部，殷在太行山以东、河北到河南中部、东部，而山东地区则是传说中的东夷活动地区，似乎殷的势力也达到过这一带。

在这四个地区中，为什么夏人活动的山西南部、河南西部首先进入阶级社会，这还说不清楚，也可能是他们在水利方面有些创造，禹尽力平沟洫，解决了排水问题。华北地区雨量集中在夏季，有利于作物生长，但又常有暴雨成灾，因此防洪、排水很重要。解决这个问题，对农业生产的发展有很大意义。传说中的禹治水即反映了这一问题。至于灌溉，在当时还不是水利事业的主要问题，是以后才发展起来的。因此这个地方农业生产发展较快，剩余产品更多些，从而给阶级、国家的出现创造了条件。

这样，在公元前二千二百年左右，或者说距今四千年前，在东亚大陆上崛起了一个文明古国，使我国成为世界上最早进入阶级社会的地区，与埃及、两河流域、印度并称为古代四大文明发源地。如果再加上爱琴海和中美洲，则可称为六大文明发源地。

世界古文化大抵都是依傍大河发展起来的（爱琴海和美洲地区在外），在这一点上，黄河中下游的古代文化发展与其他古文化发源地有相似之处，但却也有不同。埃及、两河流域以至印度的古代人类活动都集中在一、两条河流的河谷与冲积平原，河谷与冲积平原之外往往就是山地、沙漠，文化区域的扩展受到限制，多少形成闭塞与孤立的区域。例如埃及，由尼罗河及其三角洲组成的古代埃及，好像点缀在北非巨大沙漠地带中的一条绿洲，而沙漠便把这片绿洲与广阔的非洲大陆其他部分隔开了。埃及北部虽然濒临地中海，但尼罗河下游三角洲在远古时代完全是一片沼泽，不可能成为古埃及和地中海之间的一个环节或通道。那些难以通行的尼罗河上游的瀑布和东非的沼泽地区是一道相当严重的自然障碍，而在其南部，则是热带丛林，这些几乎是不可逾越的自然障碍把埃及同其南面的黑非洲隔绝开来。尼罗河的两侧是沙漠，只有极少数的绿洲像大海中的孤岛点缀其间。因此，古代埃及文化只是在尼罗河谷及下游的冲积平原的狭长地带发展，只有狭隘的苏伊士地峡和那些干涸的河道才把埃及和西奈半岛跟红海沿岸连接起来，而成为最古老的商业和军事行动通道，使埃及和亚洲大陆的其他地区连结在一起。两河流域文化区域略为扩展些，但仍是局限在两河冲积平原及两侧的山地边缘。印度文化区域又更大一些，但却受到地形的限制。而我国黄河中下游古文化所受的限制却很少。我国古文化实际上不是在黄河两岸发展，而是主要兴盛于黄河支流两岸，或支流的支流两岸，或支流流入干流的河湾处（即所谓"汭"）。如洮、渭、泾、洛、汾、伊、洛、漳等河及其支流。点多，分布区域宽，水与水之间又多系平缓的黄土原茆或丘陵，人们不仅可以沿河谷交往，及经河的汇流处走向另外的河流，而且越过这些河流的分水岭也不困难。因此，古代夏、殷、周三族虽然各有其中心活动区域，但彼此交往并不困难，其活动地区呈现犬牙交错的状况，其文化也互相影响，互相融合，随后在西周春秋时在黄河流域形成了统一的华夏族文化。不仅如此，黄河中下游与淮河、长江中下游之间也没有巨大的自然障碍，到了春秋战国以后，华北的华夏文化、民族与东夷、南蛮、西戎、北狄民族文化融合，形成了江淮河汉广大地区的汉族文化，再往南同化，向南扩展。黄河流域与北部和东北部的森林草原、沙漠地带的自然条件虽然不同，但景观呈层次分布，有中间、过渡地带，而非突然变化，地形也不甚险阻，这些地区之间的交往所受限制较少，秦汉以后，继续发展，经过两千年，终于成了九百六十万平方公里的今天的统一多民族国家。因此，中国古代文化发展可以由点到线，由线到面，面与面互相联系，成为更广大的面，有广阔的发展余地。文化区域的广大和不断扩展，是几个古代文明发源地所仅见的，而且在多年的发展中形成的雄厚的力量与深远的传统，而且多年延续，不致中断，任何外来力量也无法损毁，给我国今天的多民族统一国家打下了坚实的基础。这样的特点和趋势，早在夏王朝建立时已见端倪。例如从尧以来对三苗的战争，三苗一部分迁到汉水流域，北方一部分部族也过去了。后来的如姬姓的随、唐、曾、巴等，相传为黄帝子孙的一些国家，建在汉水。后羿与夏朝的斗争，而后羿则是东夷之人，等等，说明当时各部族之间有斗争关系，也有融合。

我们今天能据以论述夏代历史的文献材料是很少的，从这些很少的文字材料中可以看出的是：

1. 夏朝已有国家的组织

王位世袭制（不大稳固，经过了长期的斗争），这与原始社会末期部落联盟的酋长选举制已不同了。

按地区进行统治，这是国家的不同于民族的特征①。"茫茫禹迹，划为九州。"②

设官分职——有了政权机构。

建立刑法——"夏有乱政，而作禹刑"③赎刑。

贡赋制度——国家财政收入。"夏后氏五十而贡。"④

2. 从生产的发展上看

夏代已经使用青铜器，不少古代传说都提到夏代铸造铜器，如《左

---

① 国家的两个特征：①按地域来划分其国民；②公共权力的设立。

② 编者补注：原稿为"左传襄四"，即《左传·襄公四年》，以下皆用此规范形式标注。

③ 《左传·昭公六年》。

④ 《孟子·滕文公上》。

传·宣公三年》《墨子》等。《左传》"昔夏之方有德也，远方图物，贡金九牧，铸鼎象物，百物而为之备"①，墨子"夏后开使蜚廉，采金于山川，而陶铸于昆吾"②等。说明已由石器时代进入铜器时代。前述的二里头文化（相当于偃师地区的与夏时代相同的文化，很可能就是夏文化）遗址中出现了一些小件的青铜器，如爵、刀、镞等，还有铸铜手工作坊的遗迹。至于主要农具，仍是传统的木、石、骨、蚌器。青铜器大量用作农具当时还谈不到，但有了青铜器，加工农具可是大大便利了。此外还发现了手工作坊，证明当时手工业的发达，从农业中分了出来。

看来，夏朝的农业较前有一个比较大的发展。其最大的贡献就是前边提到的禹治洪水和尽力平沟洫的记载③，说禹"躬稼而有天下"④，"身执耒臿以为民先"⑤。看来，防洪排水技术有所提高，这对农业生产的发展是起了作用的。又传说夏时已知造酒⑥。酒是谷物制的，只有粮食食用有了剩余，才可作酒。酒的出现，说明农作物的产量已很提高了。

说明夏代农业有所发展，还可从天文历法知识的发展得到印证。因为古代农业生产和季节气候有密切的关系，农业生产经验丰富了，天文历法知识也就逐渐积累起来。春秋战国时代有所谓夏历，还传授一部"夏时"，即《夏小正》，这虽不是夏代人写的书，但很可能包含着夏代已经积累起来的天象和物候等方面的知识，这也反过来说明了夏代农业的发展。

3. 奴隶制

从考古发掘中怀疑可能为夏文化的遗址中，墓葬有贫富的差别，曾发现有人殉的痕迹，房屋遗址亦可看出阶级的差别，这是有奴隶制的迹象，当然也并非绝对是奴隶制的现象，原始社会末期也存在。从文献中看，奴

① 《左传·宣公三年》。

② 《墨子·耕柱》。

③ 《论语·秦伯》。

④ 《论语·宪问》。

⑤ 《韩非子·五蠹》。

⑥ 《吕氏春秋·勿躬》《世本·作篇》。

隶的来源主要是俘虏，"牧竖" ① 少康逃奔有虞氏时，"有田一成，有众一旅" ②（五百人），大约也是生产奴隶。《左传》引《夏书》提到庶人和啬夫。庶人和众都是从事生产的奴隶（一说），啬夫即是管理奴隶耕作的人。从这些地方看，夏代是有奴隶的，奴隶的来源一是俘虏，一是本族不听命令的人罚作奴隶，但详细情况不明。

夏朝的情况大约就是如此。具体的历史过程，见书，不一一介绍了。

第二节 商

商族与夏的历史是平行发展的。商的始祖为契，从契至灭商的汤，传了十四世，正当夏代了，估计有四五百年历史。其活动地区在今太行山的东麓，河南中部及以东，直到山东泰山区域，甚至辽东半岛。汤灭夏建立商王朝，共传十七世，三十一王，约六百年。从公元前一千七百年至前一千一百年左右。

在夏朝强盛时，商曾臣服于夏，但等到夏朝衰落时，商汤就起来把夏灭了。

从契到汤，商都据说迁了八次。从汤到盘庚，商朝又曾经迁都五次，这五次所迁不出河南、山东境。为什么如此频繁地迁都，原因还不清楚。一说是当时农业初起，原始性很强，耕种方法落后，以致地力衰竭，只好迁徙，即所谓游农。一说是商朝生产特别是汤以前生产主要是畜牧业，自然常迁徙。一说是避水患，从黄河中下游情况来看，这也有道理。一说是阶级矛盾和统治阶级内部矛盾的压力，这一说比较勉强。总之，还不太清楚。

从盘庚迁殷（今河南安阳西北）以后，直到帝乙末年（纣的上一代）迁到沫（音妹。朝歌，今河南淇县），国都没有再迁。

从盘庚迁殷到商朝灭亡，共历八代十二王，二百七十三年。有名的殷

---

① 《楚辞·天问》。

② 《左传·哀公元年》。

墟就是盘庚迁殷以后商朝的国都，商也就被称为殷。这个遗址于 1899 年由于出土的甲骨文字被学者注意而发现，1928 年正式进行发掘。迄今一直不断出土了大量遗物、遗址墓葬，给我们今天研究商朝社会和历史提供了大量实物材料。也有大量文献性的材料（甲骨文十五万片）。

商朝几个有名的王，除掉始祖契（不是王而是部落首领）、汤、盘庚以外就数到盘庚以后的武丁了。商汤建国以后，商朝一直是在同周围的方国部落的斗争中存在和发展的。盘庚以前，最突出的是同东南夷人的斗争，盘庚迁殷以后不久，到了武丁时期，四方进兵，进一步扩大商朝的统治区域和影响。用兵的重点主要是西北方向的舌方、土方、鬼方、苦方等等。舌方、土方活动地区在今山西北部、陕西北部，直到内蒙古河套以北的游牧部落。鬼方距商朝更远，活动在今陕北、内蒙古及其以北的辽阔地区。这些部落经过商朝的打击，有的可能被消灭（如舌方、土方），有的可能被赶跑（舌方、土方、鬼方）。商朝势力伸入了陕西地区。此外，武丁时商朝还向南征伐，这里并没有强大的敌人。商朝的势力一直南达江淮汉荆楚地区，前后更伸展到了长江以南地区。武丁以后，商朝还多次同周边的部落方国作战。在这样一些斗争中，商朝成了远比夏朝强大的奴隶制王朝，其统治区域远远超过夏代。现在的考古发掘，除河南山东外，西部陕西和山西的许多地方，如陕西西南的城固甚至能到四川。南方的湖北、安徽，直到长江以南的浙赣，北方的河北、辽宁都发现有商代的遗址和遗物。说明商代的统治区域的广阔，在这一区域的周围还有臣服于商朝的许多古代少数族。

这样的奴隶制王国，在当时世界上是最大的了。公元前 15 世纪的新王朝（或新帝国十八王朝）时代的埃及，是古埃及为奴隶制国家的全盛时期。十八王朝的图特摩斯三世，被一些西方资产阶级学者吹捧为"历史上第一个伟大的征服者"。当时埃及统治地区约在六十万平方公里左右（包括埃及、努比亚、巴勒斯坦、以色列、叙利亚、黎巴嫩一带）。而商王朝的统治区则在一百万平方公里以上，比新帝国时期的埃及约大一倍。

然而，不要把这个三千多年前的奴隶制王朝对它控制地区的统治误会为像现代国家那样，甚至也不像封建国家那样国土内人烟稠密，居民点彼此相望；城镇之外，就是广大的田野耕地、农村，交通道路四通八达，统治机构层层建立，如臂使指。不是这样的。实际上，商朝对它控制地区的统治只是一种网子。网子是相当稀疏的，是点，至多是体现控制广大的面却是疏漏不堪的。

大约，黄河中下游是商王朝活动中心地区，从商后期来看，其中河南北部即以王都为中心的地方是商人聚居的主要区域。也就是后来武王灭商后封纣子武庚的地区。在这之外的黄河中下游，分布着许多大小统治据点，有的规模和王都差不多，像郑州的商代遗址，面积达25平方公里，比安阳殷墟王都的24平方公里以上差不很多。在这些统治据点之中，大约居住着所谓形式外服的邦伯、侯、卫、甸等，即多半是商王的子孙，即分封制的早期形式和异性诸侯。分封制度之兴起，和这些军事殖民据点的存在有关。试想，据点孤悬远处，交通不便，与其他部落杂处必须有军事、政治、经济统一的相对独立的权力才能进行统治。此后西周的分封制度也是如此，这是我国奴隶制的分封制形成的一个主要原因（当然还有其他原因，如宗法制、农村公社的存在等等）。在这些统治据点之内，大都是榛莽丛生，还居住着不少臣服于商的方国和部落。在黄河中下游之外，即商朝的边远地区，也散布着商朝的统治据点，这多半是一些军事殖民性质据点。也由诸侯（同姓更多是异姓）统治，其分布就更稀疏了。少数族部落，包括游牧部落出入其间。在大片大片的土地上游历着，这就是商王朝统治区域的情况。这种情况一直到春秋时还未变。郑桓公迁到河南新郑一带（是当时文化政治中心区域）还是斩芟蓬、蒿霍藜开辟土地。春秋白狄等在河北、山西地区，卫国被狄人攻击，被迫两次迁都，最后收掠遗民才七百人，即是如此。到战国之后，才逐渐变化。

这样一个古代王朝，文化是很发达的，有很光辉的成就。文化有多个方面，我认为最能代表一个时代特点的是它的基本的物质文化。每一个时代都有它的物质文化生活的代表。战国最能代表奴隶制时代文化的特点的是青铜器的制作和它所显示的时代特点。它代表了当时物质文化生产新兴技术的最高水平（就像资本主义上升时期的蒸汽机、锅炉以及当代的原子能、电子技术、计算机技术、导航技术一样）。古代欧洲，近东的奴隶制常常是同铁工具的发现和使用连系在一起的，但中国的奴隶制生产的代表却不是铁器而是青铜器，这是中国的一个特点。这个特点是怎么来的，它又给中国古代奴隶制带来了什么重大影响，这是一个历史学上亟待研究的大问题。有的同志认为，黄土地带利于粗陋工具的农业的发展，是中国在青铜时代就进入奴隶制的原因。中国奴隶制从青铜时代开始而非铁器时代开始，这给中国的奴隶制带来了早熟和原始社会残留严重的特点①。这个问题，我们留待大家慢慢去考虑研究。我们这里不可能去多讲它了，而只是讲一下这种中国的青铜文化本身。

　　我们来到博物馆，看看陈列的商周青铜器，首先是震惊于它的数量之多和类型之复杂，甚至器型之大和铸造的精致。商代青铜器光殷墟出土的就有几千件，主要是礼器和用具、兵器，都是供奴隶主贵族祭祀、日用和作战用的。器型有些很大，最大的司母戊方鼎，重 875 公斤，新出土的妇好墓的两个大方鼎各重 235 公斤。铜器造型复杂、花纹精美，铜器四方有精细的纹饰，这种纹饰最典型的是图像化凶恶的兽面、饕餮文、其他动物文，及其他纹饰，连同造型，给人沉重、威严、神秘、压抑的感觉，不会是人世间的东西，而是另一个世界来的异物，正好反映了奴隶主的威严、残酷、统治、占有一切，超人一等的时代的特征，是当时技术和艺术的最高成就，其精美是空前绝后的。殷周青铜器成为中国青铜技术和艺术的高峰。后来，随着战国时期青铜时代的终结，时代的智慧和艺术家的天才转到了别的方面，与那个时代的社会生活更密切的方面去，如漆器、瓷器、铁器等等。青铜制造的技术与艺术(除去少数实用的用具如铜镜无法替代)也就开始衰落了。这样，殷周青铜器就成了后人无法超越的典范，到今天还引起我们的震惊与赞叹。就像古希腊的雕塑，文艺复兴时期的建筑绘画一样，空前绝后，一去不复返了。

　　这种青铜器的铸造是复杂的，艰苦的，要经过采料、配料（铜锡铅，比例各种不同的器用还有不同的比例）、冶炼、制模、制范、浇铸、修整等一系列的工序（说明内部分工）。一件大的铜器要有好多配合完整的陶

———————

① 侯外庐［先生的观点］。

范。浇铸时，要同时烧好多炼锡一起冶化，同时浇铸，配合十分严整。像司母戊鼎那样的大件青铜器，需要有二三百人的密切协作。反映了青铜手工业的内部分工和高超技艺。

除了青铜之外，精美的骨器、玉器、石雕、陶器（特别是白陶和釉陶或早期瓷器）、纺织（纺织物制绣，提花的菱纹绮，平纹的纺）等等，（世界最早的提花纺织物）都反映了古代手工业的发达，反映了商代手工业中劳动者（奴隶）之多，反映了商代奴隶主已经可以把他们攫取的大量奴隶的剩余劳动投入到为他们骄奢淫逸生活服务的高级别消费品的生产上。

这反映了一个问题，就是农业和手工业的分工已经很明确，马克思说过："超过劳动者个人需要的农业劳动生产率，是一切社会的基础。"① 商代手工业之如此发达，只有在当时的农业已经可以提供为数巨大的剩余产品的基础上才得以发展起来。

然而，我们如果看一下商朝的农业，就会发现它的工具、技术的发展程度远远不如手工业。

商代虽然已经有了发达的青铜手工业，青铜工具发现的也不少。青铜农具只有个别的如镬头等。在殷遗址中有大量青铜箭镞，这在世界其他古代国家是很少见的，箭镞的特点就不解释了，如果不是青铜工具发展到相当高度，是不可能大量用青铜箭镞的。但是尽管如此，商代农具最主要的仍是更多的木、石、蚌、骨器。当然，青铜工具如斧、削等的出现，在制作木、石、蚌、骨器等方面，还是方便迅速多了，它间接地对农业工具的生产和改造起了积极作用。印第安人伐一棵大树造独木舟，用石斧砍伐、加工、火烧等就约三个月。有了金属工具，那就快多了。砍树伐木垦荒，有金属工具也更快的多。在殷墟王宫附近的一个窖穴里曾经发现三千多件石镰，一部分有清晰的使用痕迹，这就是奴隶的农业工具。殷墟出土的石镰大部分是板岩制成，取材容易，但有些折断后经过打磨还要继续使用。可见奴隶主贵族连一把粗糙的石镰都不轻易发给奴隶，奴隶的劳动艰苦可想而知。这样的农业生产，技术水平自然不能高，农业劳动生产率也是很

---

① 《资本论》第3卷，人民出版社1975年版，第885页。

有限的。每个农业劳动力能够生产的剩余产品是很有限的。

　　然而，就是在这样简陋的工具和有限的农业劳动生产率基础之上，商朝建立了庞大的国家机器、军队。奴隶主贵族过着奢侈的生活，并且出现了灿烂的青铜文化。之所以能做到这点是由于奴隶制，一原因是奴隶主大量使用奴隶从事农业生产。在甲骨文中驱使奴隶生产的记载很不少。奴隶被称为众，其耕作常采取所谓"胁田"的办法即许多人一起耕作，实行大规模的简单协作，受着"小臣"的监督。

　　大量使用奴隶从事大规模的协作生产，即使劳动生产率低，人所提供的剩余产品很有限，但很多劳动者的生产品积累在一起，能够提供的剩余产品数量就相当大了。当时获得这样大量的劳动奴隶主要是靠战争中掠夺俘虏，商朝许多战争的目的就是掠夺俘虏。从进行战争的规模之大和次数的记录来看，可知掠夺战俘的数量是巨大的。不仅如此，被商朝征服的氏族部落和小国往往还整个地成为种族奴隶，所谓羌、艻、东夷等部落方国名称，也常常成为奴隶的代名词。除此之外，还有本族的罪犯。另外，本族的贫苦平民也从事农业生产，其生活境遇比奴隶也好不了多少。奴隶来源丰富，正是商朝奴隶主统治能持续及青铜文化能发展的一个主要原因。也正因为如此，劳动力极丰富，不值钱，也造成了基本生产部门农业的工具、技术之不能迅速发展。因为无此必要。还有奴隶本身没有劳动兴趣，也是不能改善使用新工具和技术的原因。

　　与第一个原因相连系的，第二个原因是奴隶主贵族对奴隶的极其残暴的压榨。奴隶在广大的田地上劳动，使用极为简陋的木石蚌骨制成耒耜等工具，脚踏手翻，劳动十分繁重（在烈日下，众即三人日下耕作之形）。当时，田中还有大量的排水沟渠，也靠人力挖掘。由于当时还采用抛荒休耕的方法要定期焚烧草木来增加肥力，而开垦新地砍伐树木又多在冬季进行，劳动是十分艰苦的，在这种极艰苦的劳动条件下，奴隶主把奴隶的劳动体力压榨到最大限度。而另一方面又极力降低其生活待遇，使他们的必要劳动降低到最低限度。只能吃少量的粗粝食物，甚至没有吃的，衣服就更不用说了。用这种办法来榨取其剩余劳动，榨取剩余产品，包括相当部分必要劳动产品。殷墟发掘的奴隶尸骨大多为未成年或为青壮年，老年绝无仅有。但其中有的牙齿已经磨平跟牲畜一样，推测可能是吃极粗糙的食物包括草和草籽所致，而平均寿命极低。美国南方种植园的黑奴，劳动年限大约是七年，之后即成无用之废物。商朝奴隶境遇不比黑奴好，二三十岁，早死是必然的。而商朝由于有丰富的奴隶来源，则更加重了对奴隶的非人待遇。

商奴隶主贵族对奴隶的残暴待遇还不仅此，还大量杀戮奴隶。特别是用于人祭（人牲）和人殉。这种人祭和人殉，在甲骨文中有许多记载，而遗址的发掘，就更甚惊人了。目前已发掘的遗址中人祭和人殉的奴隶量最多的在四千具左右，未发现的还不知有多少。

商朝人祭主要用于对祖先和神灵的祭祀。一次对先王的祀祭杀几十人是常事。祭多种神，为河神、社、崇，也是要用人牲来祭的。商朝宗庙建筑时，就先埋几个幼小奴隶奠基，每座宗庙的大门口，都活埋成组的奴隶和兵器作为门卫。在宗庙前方，还有成排成行的奴隶同车马一起埋下去。除为首的人外，都是砍头的，总数达六百多人。宗庙落成之后，还要杀人祭祀。

商朝奴隶主的下葬也要人殉人祭。王及大贵族人祭人殉更多，例如侯家庄西北冈的大墓（抗日战争前发掘），墓室中央底部埋有一个执戈奴隶和一条狗，四隅又分别埋八个奴隶和八条狗，埋好后，墓主的棺下葬。棺椁之外的墟土中又埋下成批的殉葬男女奴隶。奴隶生前受剥削压迫，死后还要为死去的奴隶主服务和营卫。

墓室填土夯平后，留下南墓道作为出口，然后进行残酷的杀殉。奴隶一排十人或十二人反绑着牵入墓道，跪下、砍头，把无头尸体埋北面，把人头面向墓室埋好，再填土，再杀，再填。墓道即上面，东、西、北三边墓道也有一些杀殉的人。墓外还有成排的殉葬坑埋人和马。其他发现的武官村大墓，及殷墟以外商遗址的贵族墓，情况大多相似。一个王室大墓，殉葬的奴隶往往在三四百人以上，贵族墓也有几十人上百人。

人祭、人殉的习惯开始于原始社会末期，奴隶制时有发展，是世界历史上的普遍现象。商朝奴隶主人祭人殉规模之大、数量之多，在世界奴隶制社会历史上是少见的（西亚埃及国王大约最多殉几十人）。这说明了奴隶当时很不值钱，生命很不重要。但数量如此之多，反映了什么问题呢?

有人说这是奴隶制早期的现象，因为当时奴隶能榨取的剩余劳动少，创造财富不多，死掉无所谓，正说明了奴隶制不发达，甚至有人还据此证明商代是原始社会末期，俘虏不必用于生产，杀掉完事。但也有人说是奴隶制兴盛的表现，正因为奴隶数量多，来源丰富，多杀些也无妨。从埃及西亚情况来看，人殉多发生在奴隶制社会的初期，殉者包括妻子及家内奴隶，数量最多数十人，像商朝这样大规模的当不多见，其所以南北不同，看来商朝奴隶数量是大量的。尤其是大量的通过战争掠夺他族战俘充当奴隶，由于杀殉的数量很大，从这一点看，商代奴隶制比当时埃及西亚的要发达，类型也不同。但另一方面，杀人之多，说明了奴隶被榨取的剩余劳动还不多，因此生命不受重视。又说明了当时商朝奴隶制的早期状况。到西周以后，生产进一步发展了，奴隶可被掠取的剩余劳动量大了，奴隶的生命开始受到重视，杀俘杀祭的数量和事都减少了，说明了奴隶制的进一步发展。这个内容，只能粗浅地讲到这里，这涉及中国奴隶制的特点、类型及发展阶段，是一个需要深入研究的内容。

在这样残酷剥削与压迫奴隶的基础上，商朝奴隶主才能过着奢侈靡费的生活。豪华的宫室、车骑、衣服、用器、珍宝，山多的粮食，上百成千的仆役，庞大的统治机构、军队。酒池肉林，酗酒更是商贵族的恶习。这样，奴隶主和奴隶的矛盾势必尖锐起来。奴隶常用的形式是逃亡。武丁时的甲骨文记载，一批王室奴隶逃亡，武丁亲自指挥追捕，十五天才抓回来。跑得相当远，而且经过激烈斗争。这样的斗争越来越频繁激烈。商朝最末一个皇帝纣王在征伐东夷的战争中俘虏了大量人口作奴隶，当周武王起兵伐纣时，纣王又令这些奴隶当兵去抵抗，纣军前徒倒戈，举行起义，反过来帮助周武王杀掉纣王，推翻商朝，建立在对奴隶残酷剥削压迫下的商朝终于在奴隶的暴动中灭亡了。

奴隶制的商朝就是这样一个充满着矛盾的社会，在奴隶的鲜血和汗水浇灌下，奴隶制文化像一朵璀璨开放的鲜花一样发展着。野蛮、落后、残酷与文明、先进、繁荣交织在一起，而前者正是后者的基础，构成了三千多年前的第一个剥削制度的一幅奇特的画面，正像马克思所说的那样，这样剥削制度"就像可怕的异教神像那样，只有用人头做酒杯才能喝下甜美的酒浆"。①

究竟怎样来看待这个历史上出现第一个剥削制度的矛盾现象呢？

奴隶制的出现是历史上的进步现象，是生产力发展的结果。正是生产力的发展，传统社会出现了分工，不仅是农业和畜牧业，手工业，商业这样的生产上的分工，而且在这样的分工基础上，生产力进一步发展，有了剩余劳动，因而出现了阶级，即在劳动者之外"形成着一个脱离直接生产劳动的阶级，它从事于社会的这样一些共同事务：劳动的管理、国家的事务、司法、科学、艺术等等。因之，作为阶级划分的基础的是分工的规律。"② 因此，阶级、剥削的出现有历史的必然性，是历史规律性的表现，是人类历史发展的必经阶段，也在一定历史条件下有进步意义。不能因为奴隶的痛苦生活就否定奴隶制的进步意义。

因而，奴隶制的出现及基础带来的种种残暴、黑暗等等，又是人类社会早期生产力还不发展的结果。这也是不可避免的现象，是历史的必然，当时生产还不发达，剩余产品不多，奴隶的非人的劳动与生活，就是为这样有限的进步能付出的不可避免的代价。即使如此，奴隶制下劳动者们比原始社会下也略好一点。原始社会由于生产不发达，没有剩余产品养活家人，对俘虏往往杀掉或吃掉，极少的可能成为本部落一分子、成员，甚至本族老人丧失劳动能力后举行仪式被吃掉或放逐。奴隶制下奴隶至少还可保持性命。然而待遇也是很惨，好不了多少，但至少好了一点点。

因为这个社会是在奴隶主与奴隶这两个阶级的对抗下发展起来的（还有穷人和富人、贵族和平民）。奴隶的反抗形成，从怠工、逃亡，直至暴动。生产就在这种对抗和暴动中发展，社会就在这种对抗中进步。终于最后奴隶制成为不适合生产力性质的制度走向反面，而为新的制度所代替。

固然，人类的进步是一步一步的，缓慢的，这种进步要付出极大的代价。奴隶制到封建制，封建制到资本主义均是如此，虽然是一种剥削制度

① 《不列颠在印度统治的未来结果》，《马克思恩格斯选集》第2卷，人民出版社1972年版，第75页。

② 恩格斯：《社会主义从空想到科学的发展》，人民出版社1956年版，第78页。

代替另一种剥削制度，然而仍有很大的进步。今天资本主义制度的文明已远非奴隶制可比，工人待遇、生活也远非奴隶所能比。这是长期斗争的结果。然而，资本主义仍是一种剥削制度，不过是更精巧、更文明的剥削制度，特别是现代更披上了一层文明、共享、合作等等外衣，社会还是要前进的。前进的方向，即社会主义代替资本主义，即从剥削到消灭剥削。这是一场更艰苦的斗争。要取得进步，很不容易。我们三十年来的历史充分证明了这一点，而在这其间各种旧的东西，封建的、资本主义的、小生产的，不会一下清除。社会主义不会一下子就能搞得那么好的，要清除，还要很大努力和时间，也要多费周折。但从历史上看，人类总是要向这个方向前进的，能不能搞得更好一点，就要靠我们的努力了。发展生产，改革不适合的生产关系，清除旧的思想的阻碍。

最后还有一个内容，奴隶制是不是人类历史发展的必经阶段呢？我们看，从生产力发展的情况看，应走这一阶段。当然有些地区、民族有特殊性，但这应是普遍规律。有研究者认为不需经此阶段，或中国不经此阶段。我看从理论及实际材料看，都不符合。这里还提到，所谓亚细亚生产方式问题。亚细亚生产方式是什么，中国是不是亚细亚社会？是一个可以争论的问题。我们不可能详细介绍了，但中国是亚细亚社会或东方社会或古代社会，给中国历史带来特点，但不会影响中国经过奴隶制这一阶段的讨论，看来还是比较适合的。

第三节　西周

翦老[1]的书中是主张西周封建论，所以西周是第三节的开始，这是一种意见。我们认为西周还应当是奴隶制社会，本着百家争鸣的精神，我们还是按自己的讲，同学们也可以自己判断，了解一下各家的意见。

周是一个年代很长的朝代，从公元前 12 世纪至战国末公元前 256 年，

---

[1]　编者补注：指翦伯赞先生。

八百多年。从周武王伐纣建国到公元前771年平王东迁，这三百年周的政治中心在陕西镐京（宗周），史称西周。公元前771年平王东迁洛邑（原成周），后来这五百多年史称东周。这时周天子（春秋时是名义上的共主，实际不是，战国时连名义上的共主也不是了。从现在起，涉及奴隶制与封建社会断代，即古史分期内容。这个内容争论了五十年，至今没有结束。中国社会史论战，中国大革命失败总结经验，中国到底是什么社会，由此而涉及社会史分期、政权性质、封建社会的特点、为何长期延续，等等）不再是天下的共主了。即大体相当历史上的春秋战国时期，史称东周。我们这一节讲的是西周的历史。

（一）西周的立国和发展

周人也是一个古老的部落，在陕西、甘肃一带活动。传说周的先祖弃做过夏朝的农官，从夏商一脉相承下来（弃后来被祀为农神，就是后稷；从这里看周似乎很早就是农业部落）。但是，其先世的世系已不像商的先王那样清楚了。从传说来看，周部落自西逐渐向东迁徙，从渭水、泾水的上游向中下游迁徙。后稷三世孙公刘迁至豳（陕西旬邑）。公刘九世孙古公亶父即太王受更西方的部落压迫，又迁至岐（陕西岐山）。这里是所说的"周原"，是发展农业的好地方，大约在这时间进入了阶级社会。在这以前，周同商已有联系，古公亶父臣服于商，在这以后，周人吸收了商的文化，促进了周的社会发展。这从周铜器形制花纹基本与商同及周原发现大量的占卜甲骨，其中不少有文字，可知。同时，周的势力也大起来，古公亶父的孙子就是周文王，又东迁国都于丰（长安西北），周的势力更进一步强大，已经进入山西南部、河南西部，即商的中心区，据说已是三分天下有其二，到他的儿子周武王时，再在丰西建镐京，就出兵把商朝灭掉了。随即发兵四出，基本上控制了商朝原来的统治地区。

然而，周原来的基地在陕西，如何牢固地控制东方地区，成了周统治者面临的一个严重问题。几经研究，决定了两个办法，一是把周的王族子弟封在河南、山西，如鲁、蔡、齐等国，加强控制；二是封纣子武庚，留在商都即原商朝的核心地区，通过他来控制商人，而由武王之弟管叔、霍叔、蔡叔加以监管，称为三监。

不久武王死，成王继位，由武王弟周公旦摄政。管叔、蔡叔不满，与武庚联合起来，又联合东夷诸方国部落反叛。周公举行了第二次东征，打了三年，平定了叛乱。关于如何进一步控制东部地区也是采取了两个办法，一是在洛阳地区营建洛邑，派大军镇守，成为东部的政治、军事中心，称成周，即东都，与西都镐京宗周相对，把殷顽民从黄河北岸迁过去，严密控制。二是更大规模地分封诸侯，鲁齐等国向东移至山东，控制商的河南山东地区，也是武庚发动叛乱倚靠的东夷地区，蔡移至河北，卫封在殷故地，晋封于夏墟（山西翼城西），即山西西南部，沟通了周人从黄河口北至殷墟的通道。蔡封于蔡（新蔡），从南边封锁商与东南方诸方国部落的交通，又把商后微子启封于宋（商丘）（汤故地）。这样，周的强大封国把商的核心地区完全包围起来了。

此外，在周的王畿（以宗周、成周为中心，即周王直接控制地区）之内还封了一些诸侯。据说周朝一共封了七十一国（多数是同姓诸侯，周王子弟，也有一些是异姓，如姜尚，姜太公封齐），此后各王还陆续封过一些诸侯，见于记载的有一百四十多国。成王、周公以后各王，坐西朝东，继续向东、向东北、山西、东南（自汉水至长江流域）经营，其与各部落方面的斗争有胜有负，其中比较有名的是成王以后的康王，与成王并称成康（又搞了一次分封，是为第三次）。昭王南征，受到楚国的打击死掉了，是一次大挫折。从此楚国的势力在长江流域扩展起来，阻止了周的南下。此后的穆王，据说是个大旅行家，驾着八匹骏马拉的车子，一直游到昆仑山，见到了西王母，是个神不神、鬼不鬼、人不人、仙不仙的东西（半人半兽），后来才变成王母娘娘。实际上他是对付切断周与北方西方部落联系的犬戎。他从洛邑出太行到河北，然后向西，战犬戎五王，并把一批犬戎部落迁到太原再往西，大致不出陕西、甘肃。西周全盛时，势力东到海滨，西到甘肃、河西走廊和湟水，南至陕南（四川、重庆、巴，为同姓贵族）江汉平原及长江下游（吴越），北至陕北、山西、河北北部，辽宁南部。其控制地区比起商来又大了一些。

（二）西周的社会

1. 关于西周社会性质的争论

西周，这是中国历史上的第三个王朝，比商还大，这是一个什么性质的社会呢？

范文澜、翦伯赞同志是主张西周是封建社会的，即所谓西周封建论，认为是封建领主制占统治地位，认为当时的井田制就是奴隶主制下的土地制度。周王把土地人民分给臣下，即各国领主，领主授田给农奴，农奴在自己的份地上耕耘（农奴有自己的经济、家庭），收获归己，即"私田"。另外则在领主直接控制的土地——公田上耕耘，收获归领主所有，即劳役地租，此外还要服各种劳役和兵役。封建制度有三个特征：（1）封建领地——国王把土地按等级层层分配给大领主，大领主又分配给小领主，使之享受君主的权力（行政、司法、财政、军事等）。（2）农奴制——领主把土地分给农奴，农奴被迫为领主耕种和缴纳等级地租，是按等级分配的。（3）庄园经济——自给自足的自然经济。

西周封建论在解释"井田制"时有它的优点，但这种形式的"井田制"在奴隶制下也可出现，并非封建制所独有，而有些历史现象则是西周封建论所难于解说清的。

封建制生产的特点因为是由有生产工具的农民或农奴进行，有自己的经济，所以必然是一家一户为单位的个体小生产。封建领主的领地可以是大地产，但劳动的形式基本上仍是个体小生产，不可能施行大规模的简单协作或集体劳动。尽管领主征发农民在其领地土地上服劳役，也可能有一些集体性的协作，但规模不可能过大，这是封建经济的基本特点所决定的，但西周却有在国王的藉田上"千耦其耘""十千维耦"的记载。耦耕是当时的一种耕作方式，二人一组（如何理解，则各有说法，为二人并用耒耜起土，或一个用耒，一人在前拉绳，帮助起土，或一个用耒耜起土，一个在后打碎土块，等等，现在不去管它了）。总之，千耦，即二千人；十千维耦，即二万人集体劳动。这是文学语言，不见得真有两千人或两万人一起干，但至少是以成千人在大片土地上集体劳动为背景的。这种大规模的集体性的生产，很难说是封建领主制度劳役地租的形式。

与此相应，西周统治者在战争中俘人是大量的。《逸周书·世俘解》记武王征伐四方，俘人达二十万人。《小盂鼎》记盂奉命征伐鬼方，一次即俘人一万三千零八十一人。对于这些战争俘虏，周王领主分封给臣下。如盂一次两批即得到一千七百零九人。这些人用来干什么？家内劳动（家内奴隶）或工商业劳动，无论如何是容纳不下的。即使可用这么多人，谁来供他们饭吃呢？因此主要应是从事农业生产。而既然是俘虏，而且是远方的俘虏（如鬼方），也就没有连土地一块俘虏来的道理，也不见有分给他们小块土地的记载，则这些俘虏来后的身份必然主要是没有土地这个基本生产资料的农业劳动者，换言之，只能是生产奴隶。

另一方面，周王赏赐臣下的土地有一类称为土、采、邑、里，这些土地范围较大，赏赐时当连同居民在内。另一类叫"田"，是小块土地，不带居民（个别有带的）。赐田和赏赐劳动者分别记数，不连在一起。可见，当时确有相当数量的劳动者是不附属在土地上的。贵族单独得到的土地，让谁去种呢？只能是没有土地等主要生产资料的奴隶，而不能是附属在土地上的农奴。这种现象也是西周封建论者所难于说明的。

大规模的集体劳动，人数很多的不与土地相连的战俘从事农业生产，贵族手中有不少不附着劳动者的土地和不附着在土地上的劳动者。这些说明了一点，即西周还存在着相当大规模的劳动奴隶制。这是西周封建论所不好解释的，对西周奴隶制论者是有利的。

然而，主张西周是奴隶制社会的同志，意见也是相当纷纭的。有的认为是古代东方型的家内奴隶制，有的认为是宗族奴隶制。这我们不去讨论了。郭沫若同志即主张西周是古典奴隶制或劳动奴隶制，就是说，同古代的希腊罗马那样，奴隶主经营大农业、手工业和商业，进行大规模的生产，奴隶完全没有自己的生产资料。生产资料也由奴隶主供给。此外，还有小土地所有制的自由农民。村社（农村公社：公有制的氏族公社之后，原始社会末期公有制向私有制过渡的社会经济组织。1）由血缘关系组织向由地区组织起点过渡，形成在一定地区专属的一群家庭（氏族和其他氏族）；2）土地公有。牲畜、农具分配给各家使用，后来还有屋宅私有；

3）土地分配给各家使用，逐渐世袭，未到完全私有，公社就已经瓦解了。公有制到私有制也就基本完成了。（它可以以不同形式残存在阶级社会中）已经瓦解，不再在社会经济生活中起作用。如果从前述的"千耦其耘"看，倒是有些同希腊罗马那种大规模的劳动奴隶制差不多。

这些同志认为，"人鬲"是单身奴隶，"臣"是指已成家的奴隶，"民"是被征服的种族奴隶。并引《盂鼎》记载周王赏赐盂"人鬲自御至于庶人六百五十又九夫"认为从事生产的"庶人"是低于"御"的封建的家内奴隶制下等生产奴隶。

这些同志又认为所说"井田"有一定的面积是作为掠取奴隶劳动和酬报臣下的计算单位，"井田"为公家所授就称为"公田"，"井田"以外私家开垦的荒地就称为"私田"。所谓邑、里、书社是当时奴隶主控制下的奴隶集中地和行政单位。"井田"不是村社土地制度，邑、里、书社也不是村社的经济单位。

奴隶们一无生产资料，千耦其耘这样的集体劳动是其劳动与受剥削的唯一形式。

这种说法的两个困难，一是民和庶人的身份，一是井田制和村社无关。从古文献如《尚书》《诗经》及金文记载来看，没有一处是证明庶民、庶人是低于家内奴隶的下等生产奴隶。

周把本族人称民，则不好说是被征服的种族奴隶。①

把古代圣贤称先民②，说明周人心目中民的地位并不低，对民和庶人在一定程度上尊重③。

最重要的是民和庶人有自己的财产、臣仆、生产工具、田地。

臣仆——《小雅·正月中》：民之无辜，并其臣仆。

牲畜——《礼记·曲礼下》：问庶人之禽，数畜以对。

财赋——私有财产，《国语·国语上》：周穆王时祭公谋父主张对民要

---

① 《大雅·生民》《天雅·緜》。

② 《大雅·板》《小雅·小旻》。

③ 《尚书·汤诰》《尚书·秦誓》《牧簋》。

"阜其财求（赇）而利其器用"。

要交赋税土地税——《国语·郑语》记述周幽王时史伯主张兆民（百万）耕种畡（万万顷）之田，收经入（千万）（十一税）。

财产税—《毛公鼎》记周宣王告诫毛公"勿壅律庶民贫贮（财产税）"（即不要把财产税入自己私囊），也就是说，民和庶人有自己的经济，受国家赋税剥削，这与丧失生产资料乃至生活资料的劳动奴隶不一样。

因此，《盂鼎》所说"人鬲自御至于庶人"。御和庶人，可能不是奴隶名称而是他们被俘虏的身份，被俘后就成为人鬲了。宜侯矢簋，使我们可了解这点。它既说"易（赐）才（在）宜，王人□有七□"，又说"易（赐）宜庶人六百又六夫"，考据者公认"王人"指他们被俘虏的身份，不是奴隶名称，则庶人也当如是。

第二是井田。这个问题更复杂一些，有些学者否认西周有井田制的存在。但从大量的古籍和金文看，井田制的存在是不成问题的。问题是赞成井田制的同志看法也多各不同。郭沫若同志是其中的一种看法。然而，从各种材料上看：1）私田并非在井田之外，而在其内，即井田制包括公田和私田。换句话说，即不能把公田看成井田，而私田是井田之外的里田。春秋以后有这种记载，但西周时并非如此。2）井田制是变了质的农村公社的土地制度。即还保留了原始社会末期村社土地所有制形式，但已是奴隶主借此形式进行剥削，即奴隶制土地所有制的性质内看，内部已发生阶级分化。把井田看成同村社无关是很难解释清楚的。当然，现在用的史料有好些是晚出的，即春秋战国乃至秦汉，其中有错误、夸大（理想化编撰）、矛盾之处（如《孟子》），但也有共同之处，如果不是西周历史上确实有过这种土地农村公社所有形式的井田制，后来的史料是无法编出来的。

2. 井田制

（1）井田制是变了质的农村公社

关于井田制，最出名的记载莫过于战国《孟子·滕文公上》的一段话："死徙无出乡，乡里同井，出入相友，守望相助，疾病相扶持，则百姓亲睦。方里而井，井九百亩，其中为公田。八家皆私百亩，同养公田；公事毕，然后敢治私事。"井形，此种制度叫作井田，就是这样来的。这是孟子为滕文公设计的井田蓝图，不完全是西周井田制的具体形式。象"方里而井，井九百亩，其中为公田"，就不可能如此严整。大约也不是八家共耕百亩公田。但也不完全是乌托邦，没有蓝本不可能凭空想出来。此后，《左传》（《宣公十五年》初税亩条）、《公羊传》、《谷梁传》及《韩诗外传》关于井田制说得越来越明确、越具体、越规范化。其中当增加了不少更多的理想化，也就是后人杜撰的成分。

那么，西周的井田制到底是什么样子呢？为什么说井田制是一种变了质的农村公社？从古文献和金文来看，可以看到下述的一些。

有整齐划一的田块。

甲骨文"田"字作⊞诸形，正象征画得整整齐齐的土地，这与古代罗马的百分田法极相类似（百分田制——先测定土中，由这一中点划出两条大路正交成十字形，再纵横两两平行作无数小径，使成无数规整的区划，或为正方或为矩形。每一区划为罗马尺 240 方尺。在这整个大方田周围取土作墙。土取之后的壕沟即环绕方田），可知并非不可能在古代实际生活中出现，尤其是平原地区。西周金文中多有"田"字，作为赏赐、赔偿或交易的单位，以一田、二田、七田、十田、五十田等为计。明确是以田为计算单位，可证明不仅有田的单位，而且田的面积应当有一定大小，而一田之面积大约即为一百亩。到春秋时还以井为统计田亩的方法和收赋税的方法，《贤毁》（周初器）"公命史晦（贿）贤百晦（亩）"。又按西周金文，田之外有界，即所谓"封疆"，田内照《周礼·考工记》记载，有排水的沟洫、道路，即所谓阡陌。甲文、金文"田"字作⊞、⊞等形，正象田周有界，田内有沟洫阡陌之形。

马克思在《答维拉·查苏里奇的信和草稿》中说："如果你在某一个地方看到了由许多小块土地组成的并带有土垅的棋盘状耕地，那你就不必怀疑，这就是业已消失的农村公社的地产。"[①]欧洲古代如此，中国西周也如此。

---

① 《史学译丛》1955 年第 3 期。

定期平均分配耕地。为什么有整齐划一的田块就是农村公社的标志呢？这是因为农村公社要定期平均分配耕地，农村公社的这一基本特点，恩格斯在《马尔克》① 一文中论及德国农村公社时说明。

为什么农村公社要定期平均分配土地？这一是因为农村公社是氏族公社的发展，土地是公有的，各家只有使用权，因此可能定期重分。二是当时农业生产不发达，采熟荒制或休耕制，土地好坏也不一样，种几年就得换地方，在公社土地所有制下，就可能组织起来分。

这种情况，在中国西周也有，当然，只有春秋以后的史料，但也不可能杜撰，具体做法大约是：1）到一定年限分配土地【老了还田】（二十或三十岁受田，六十还田）。

2）分地而种，"百亩一守"②。大约是一种古制。一个单位一百亩（小亩约同当今三十市亩左右），能连续耕作的百亩为一单位，如次地要休耕，就多分（《周礼》，但比例不一）。

农村公社最早分配的国有鲁国，后来房屋私有，大约是田中之庐，而非邑里之宅圃，那是最早私有的。

3）三年一换，叫换土易居或田易居 ③，即爰辕，这也叫辕田或爰田。发展情况：最初一年一换—三年一更—长—终身—子孙承袭④。大约在每年正月耕种前（《夏小正》，《吕氏春秋》等）实行。"是故圣人制井田之法而口分之，一夫一妇受田百亩……司空谨别田之善恶，分为三品，上田岁一垦，中田二岁一垦，下田三岁一垦，肥饶不能独乐，埆埼不得独居，故三年一换土易居，财均力平。"其他文献中也有记载。后来私有制因素发展，土地趋于私有，就不换了，也不能换了。只在自己田地上轮流休耕，这叫"自爰其处"⑤。春秋时，已经是土地终身使用或私有的性质了。至于山林川泽牧场等，则仍只有共同使用。

---

① 《马克思恩格斯全集》第 19 卷，人民出版社 1963 年版，第 355 页。

② 《荀子·王霸》。《荀子·引得》曰：大约是一种古制。此外还有其他制度。

③ 《公羊传》何休注。

④ 见《公羊传·宣公十五年》何休注。

⑤ 《汉书》卷 24 上《食货志上》。

为了定期平均分配土地，就需要经常对土地整理，划分疆界，这叫"经界"。常在春天农作开始前进行。《礼记·月令》《吕氏春秋》等都有记载。有公田，即在各家分配的分地之外还有集体耕种的属公社所有的公田，其收获供村社公共开支（祭祀、打仗、渡灾、帮助贫弱等）。这种公田，为村社首领掌握，到阶级社会，就被统治者或其代理人所管理，成为剥削形式。公共开支（如祭祀），农民要出钱，而份地则演变为私田，这就是井田制公田私田的由来，也是农村公社的一个基本特征。

村社成员集体安排劳动和有互助协作的习惯。（《周礼》《公羊传·宣公十五年》何休注、《汉书·食货志》、《孟子》及《风俗通义》引《春秋井田传》）"乡田（亦有作'里'者）同井，出入相友，守望相助，疾病相扶持。"（《孟子》）有公共祭祀、集会的习俗和场所，即所谓"社"是祭祀娱乐集会之处，"庠""序""教"后来又叫"僤"（养老、习射、教学），也可能是一个。换句话说，农村公社劳动和生活的集体性是很强的，还保留了原始公社的特点。

4）这种农村公社的组织在中国古代叫邑、里、社（书社），是农村生产和生活的单位，其首领里正、父老（前者办事，后者决议排难解纷）最先是选出来的，阶级社会以后，邑、里，即村社成了奴隶制剥削的基层单位（行政机构），里正、父老成为博学者或代理人（基层政治人物），后被称为"乡官"（保甲长之类）。

中国农村公社的情况就是这种。然后在西周，这已经是变了质的农村公社，即农村公社的形式，奴隶制剥削的内容。在邑、里的公田，已是由农民耕种，收获归公，即归奴隶制政权。在私田上的收获一部分也以各种形式贡纳。

正是在这种农村公社土地共有的形式的基础上，西周土地是奴隶主贵族国家所有，或者说是其代表着周王所有，一切土地在名义上都属周王。周王把土地包括土地上的人民分赐给诸侯或臣下，即受民受疆土，人民也是国有或王有，让他们世代享用，但他们只有占有权而无所有权，即所谓"溥天之下、莫非王土，率土之滨，莫非王臣。"这种赐予的土地是不能买卖的，即"田里不鬻"。这样，土地、人民使用权，经过王、诸侯、卿大夫层层分赐、分割，就是分封制。而受封的诸侯、卿大夫对其上级有义务，如交贡赋、出劳役、出兵打仗、朝觐等等。而维系的，除了政治上的分封制外，还有以血缘关系为纽带的奴隶制的宗法制。这个统治机构的基层，即是农村公社、邑、里、奴隶和村社农民。

（2）井田制的两种形式及奴隶主贵族的三种剥削方式

周人是从西方来的，周人是统治民族，为统治大片地区的其他部落方国，因此，实行的两种制度，即在周已直接统治的领地上（王畿中）行乡遂制，各诸侯国和公卿大夫的采邑上则行都鄙制。

乡、都（国）居住的主要是同族的人，称为国人。他们中从事农业的也有份地，但交十分之一的实物税（彻法），无所谓公田私田之分。此外则服力役和军役。周王管理一部分土地，称公田（大田、甫田），实行藉田以力（又称藉田、借田），役使劳动者集体耕作，即所谓"十千维耦"。这种耕作者的身份就是周王与诸侯直接管理的劳动奴隶。其来源便是前边提到的那些大批的战争俘虏，还有一部分罪犯。他们可被屠杀、赏赐、买卖、转换或赔偿，没有自己的生产资料，最低生活资料也由主人供给①曰"我取其陈，食我农人，九月授衣"）。没有自己的组织，这是典型意义上的奴隶，我们称之为劳动奴隶。

至于遂和鄙（野）中的野人、氓、鄙人则住在保留了农村公社形式的邑、里中，他们行的井田制是"请野九一而助"②（"野九一而助，国中十（什）一使自赋。"助即藉），即所谓助法。大约是一夫种百亩，九夫种九百亩，又共种百亩公田，这百亩公田原来供农村公社集体开支，这时已上缴奴隶主了。除此之外，他们还要到王室、诸侯的藉田上去劳动，他们耕种的私田，也要交纳贡纳。还要贡献贵族用的牺牲，随时服军事劳役（运输物资等）。在奴隶制下，这些村社成员其实也是奴隶。他们束缚在农村公社形式中（受里正、父老统治，死后无出产），以农村公社为单位进行生产，但有自己的份地，对土地有使用权，有自己的家庭，有自己的一

---

① 《诗经·豳风·七月》。

② 《孟子·滕文公上》。

些生产资料、生活资料，与前种奴隶不同，可称之为集体奴隶。

这样，井田制的两种形式和三种剥削形式在周初及被征服族中的情况分别如下：

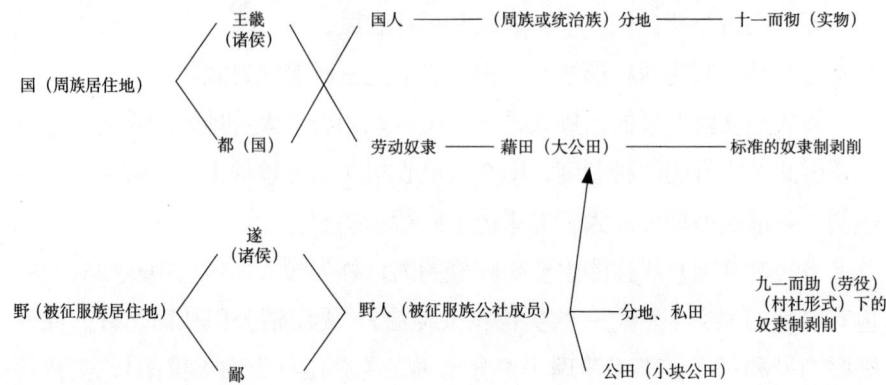

此外还有贡——大约是边远部落贡纳交东西。

所谓古代赋税制往往贡、彻、助三者并称。

（3）西周社会的阶级结构

上面讲了，西周社会是以农村公社的残留形式——井田制为基础，到底这个社会是个什么样性质的社会？我们说它不是封建社会，封建社会也可以以农村公社残留形式作为基础而发展起来（如西欧），而是奴隶制社会。根据是怎样呢？这些问题前面已经谈到了一些，我们这里再从阶级结构的角度来谈谈西周时奴隶制社会的问题。

西周社会阶级结构如下：

1）奴隶主。周王和各级贵族是统治者、剥削者。这不多谈了。

2）奴隶。西周奴隶是大量的。主要来源是战俘，其次是罪犯。大体有三类：

①单身奴隶——称人鬲。以夫或人计数。见前引《盂鼎》。

②婚配成家的奴隶。称臣，以家计数。周王、大贵族赏赐臣下，以臣，最多的达二百家。

③把整个被征服的民族或部落作为奴隶。如《井（邢）侯簋》："易（赐）臣三品；州人、重人、墉人。"所谓"臣三品"，当是周灭亡的三个氏族或部落，全氏族或部落一体当成了奴隶。州人等当是他们原来部落或氏族的名称。

这种奴隶，数量是很大的，如武王征伐四方，俘人达二十万人。《小盂鼎》记盂奉命征发鬼方，一次俘人 13081 人。这些奴隶多数当作为奴隶，不可能是别的身份。

奴隶的价格是很贱的。《曶鼎》记载，七块田和五个奴隶，只抵偿禾十秭（姊），即二十秉（把）。五个奴隶值金一百寽，或匹马束丝，每个奴隶相当于二十锊（当时一锊当半两，二十锊当战国魏的当锊布币二十枚，每枚重十六、七克左右。或者说，当 320—350 克铜，即六七两铜），如与马比，一个奴隶当马价的四五分之一。价格是很贱的。①

这些奴隶主要从事生产劳动：

农业生产——周王和贵族的大量公田上的劳动者应该是他们掌握的大量劳动奴隶。说是由奴隶劳动还有另一个证据，即周王在赏赐臣下土地时，有两种情况，一种叫"土""采""邑""里"，范围较大，赏赐时是连同居住在内的，金文可证。另一种叫"田"，即较小块土地，大贵族也如是赏赐下属。这类田，一般不带居民。金文中记田的赏赐交换情况很详细。一起查点疆界、农具、图（地图），唯独不提查点耕作的人。可见劳动者不在内。而金文在记载赏赐、交换中，"田""夫"常是分别叙述，说明这类"田"上不附有居民，转让时不带耕作者。转让时田和奴隶是分别计算的。那么这类田由谁来耕作呢？只能是贵族直接掌握的奴隶。金文中只有个别例外，仅可得到解释。可知，奴隶是大量用于农业生产的。

手工业生产——百工。有单身的也有婚配的。不详细介绍了。

开发山林川泽——周王和大贵族都置有林虞牧等官，负责开发山林川泽。其劳动力当是奴隶。春秋时当认为开发山林川泽是皂隶之事，可证。

此外还有家内奴隶，御仆、妾等。

如上所述，西周时期大量奴隶用于农业、畜牧、手工业、山林川泽的开发。这是确定西周奴隶制社会的主要根据。

---

① 编者补注：参见杨宽：《论西周时代的奴隶制生产关系——中国古史分期问题探讨之一》，《学术月刊》1960 年第 9 期。

3）庶人——村社成员

如前所述，"庶人"或"民"与上述的劳动奴隶身份有所不同。

西周统治者征服了许多氏族和部落，其中相当一部分俘虏了去作为奴隶，但也并非全是如此。春秋时对付灭亡的国家和氏族有三种办法（《左传·宣公十二年》，前597，楚军攻郑。即日，郑襄公投降，提出三种办法），看来西周也是如此。即：

①"以赐诸侯，使臣妾之。"西周分赐臣下。如盂一次就分了两批1709人。

②"其俘诸江南，以实海滨。"即把征服居民迁到需要充实的地方，保留其原来组织，进行剥削。西周时如前引《井（邢）侯簋》，易（赐）臣三品，州人、重人、墉人，可能就是把整个氏族部落一起赐给。《左传·宣公四年》载，周初封鲁国，曾分给殷民六族"使帅其宗氏，辑其分族，将其类丑（丑是奴隶）"。迁到鲁国，"是使之职事于鲁"①，即从殷迁到鲁，但保留了原来的部落氏族组织。

③"使改事君"，即令被征服的居民留在原地不动，保留其原来的氏族部落组织，就地加以奴役剥削，这是一种较轻的处理办法，在西周应是较普遍的。

前面说过，周王赐臣下的土地人民有两种形式，一种是单赐田，另赐奴隶，二者分开；一种是大片土地连同附着土地上的居民一起送，这种居民就保留了原来的农村公社组织，即邑、里、社等。这些大地区便被称为野，其中被征服的居民即称为野人，以别于周本族居民的国人。这些公社的劳动者即被称为庶人、众人，其身份低于国人，但又不同于奴隶，如前所述，他们可以有臣仆、牲畜、财赋（私有财产）、器用（工具）。他们受阶级剥削，也就是说有自己的经济，这些人当是公社成员。他们所受的剥削，已如前述，实际是一种集体奴隶，但这些单位内部仍保留了公社的特点。当时，奴隶主贵族在其统治区中心或力量强大的地方，更多地采用直接奴役劳动奴隶的办法，而在力量较弱的边远地区，则更多地利用原来的

---

① 《左传·定公四年》。

农村公社组织。既然取得支配地位的是奴隶主阶级，农村公社变了质，也就带有浓厚的奴隶制的色彩和内容，成为奴隶制经济的一个组成部分。

4）小人——平民

在奴隶主和奴隶两大阶级之间，还有一类中间阶层，即国人（周族或与其同联盟的族）中的下层——小人。他们属于王畿或王畿之外的乡中，或诸侯的都及其附近，是周族自己的村社成员。有一小块份地。他们和奴隶主贵族以氏族血缘连系起来，但又是自己劳动，有自己的经济，也受奴隶主贵族的剥削，即十一彻法，实物税，还要服军役、力役。他们的政治与社会地位比庶人，即被征服氏族部落的村社成员又要高些。奴隶主贵族遇到大事要征求他们的意见。他们有受教育的权利，也有被选拔当官的权利。

这样，西周奴隶制社会的阶级结构大致如下，按等级排行，即为奴隶制的等级制。

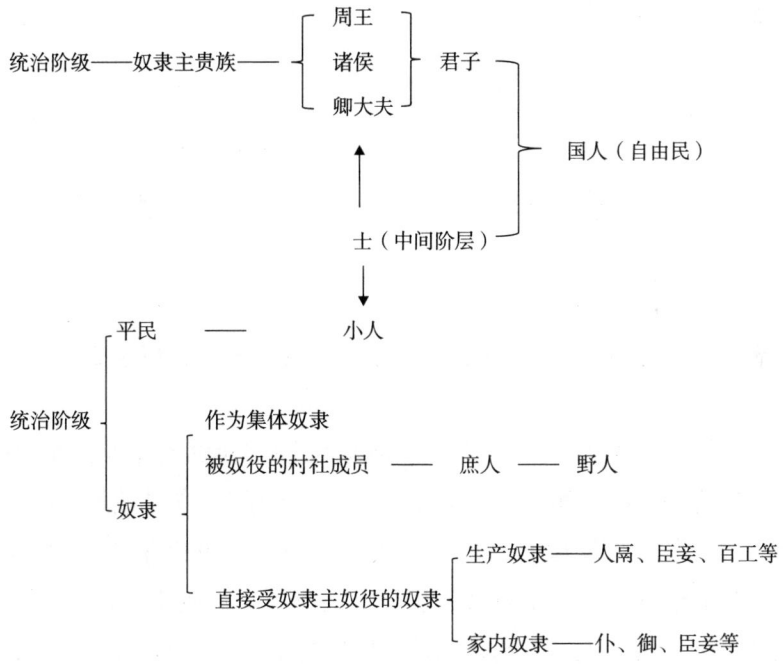

（4）西周社会的上层建筑——分封制、宗法制和宗教道德观念

上述的以周族同盟族及被征服族的农村公社为基础的井田制，是西周主要的土地所有制形式，各族居民由此而划分为不同的奴隶制的阶级等级

制。反映这种西周奴隶制的生产关系、阶级关系和经济上的等级制度的上层建筑，则是分封制、宗法制和宗教道德观念。

1）分封制

分封制的形成与推广过程，已如前述。正是靠了分封制，使得奴隶制分散的农村公社的井田制，形成了层层的统辖关系，形成了西周奴隶制国家。周王通过分封，"受（授）民受疆土"与诸侯，周王因此对诸侯享有很大的权威，各封国的诸侯要定期朝见周王，报告封国内的情况，听取周王的指示和命令。他们要向周王贡献本国产物及周王所需要的东西。他们有保护周王的义务，特别是打仗时提供军队。如果他们不履行义务或超越周王赋予的特权，周王可以收回或削减其爵禄，也可改变其封地和爵禄，可以废除和另立国君，甚至灭掉他们。

诸侯独立性是相当大的，在自己封国内拥有土地和奴隶、庶人，掌握政治、经济军事权力，他们也仿照王室的官僚制度和组织进行统治，可以修建城池，征集军队，成为相对独立的政权，并且还分封卿大夫。这样，西周的政权就是按照周王——诸侯——卿大夫这样的等级层层分割土地与人民，而且世代相承，享受政治与统治与剥削特权，即所谓世卿世禄制。形成了一种比较分散的政权形式，而其最基层则是农村公社形式的残留——邑、里、社。

2）宗法制

横——分封；纵——宗法。用宗法血缘关系来维护奴隶制、分封制、等级制。

与分封制相表里的是宗法制，这是利用氏族组织蜕变而来的宗法血缘关系来进行统治的一种手段，即周王自称"天子"，既是政治上的共主，又是天下的家长，即大宗。其王位由嫡长子继承，世代保持大宗的地位。嫡长子的弟兄则受封为诸侯或卿大夫，对周王而言，处于小宗的地位。诸侯在其封国内又为大宗，也是嫡长子世代继承。其兄弟们再分封为卿大夫，对诸侯而言又是小宗。而卿大夫及其嫡长子在其本宗各支中又处于大宗的地位。臣子为士，一直到最基层的邑里等。例如父老，也仍然是族长。

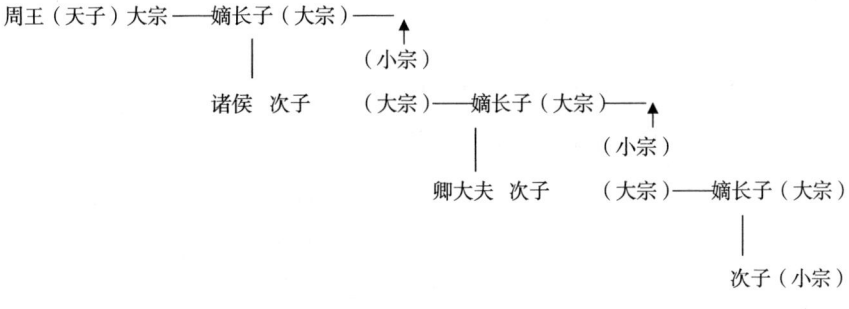

　　宗法制度不仅适用于同姓诸侯，也适用于异姓诸侯。周是同姓不婚的，异姓贵族之间则由婚姻关系串连起来。同姓贵族之间是兄弟叔伯的关系，异姓贵族之间则是甥舅亲戚关系。这样，整个奴隶主贵族形成了一个大家族，周王及各级贵族是族长，每个奴隶制大家族具有共同姓氏、共同家庙、墓地，有互相保护的义务，由族长的嫡长子世代掌握大权，即各奴隶主贵族的大宗，小宗要服从他。诸侯在国内为大宗，即一国的总族长，而周王是全国的大宗，即全国奴隶主的总族长，以此来统治奴隶和平民。族权就是如此形成的。

　　宗法制与分封制的等级制互为表里，由宗法制规定的各奴隶制大宗族族长的地位，同时构成了王、诸侯、卿大夫的等级阶梯。国家体系就是奴隶主大宗族的体系，平民庶人在最下层，劳动奴隶就更不必说了，受国家、氏族及家长制的双重统治。这就规定了各级（等级）奴隶主间的地位、特权、关系及其与奴隶、平民的地位、关系，通过井田、礼乐制度具体规定下来。

　　3）宗教道德观念

　　随着奴隶制王国的建立，进入了阶级社会。原始社会时的各种神灵之上也冒出了一个君临一切的尊神。商代称之为上帝，周人继承了这个上帝，有时也称之为天，而周王就是"天子"，上天的儿子，是受了上天的命令，即"天命"来统治地面的一切的。这就把周朝的统治神圣化了。宗教成了维护奴隶制的手段，宗法的思想武器。

　　因此，敬祖就是敬天，敬天法祖，成了周人的宗教思想主流。敬天、祭祖就是周人主要的宗教活动。然而，殷鉴不远，周人自己也怀疑，仅仅受有天命还不足以维持自己的统治，因此又提出敬德的思想，即当时的礼乐制度，即奴隶制的等级名分制度，作为天命论的一个补充，即维护奴隶制度的等级名分制，就能保有天命。礼对奴隶主维持统治，刑法对奴隶平民，是进行统治和镇压的手段，而"刑不上大夫，礼不下庶人"①。所以如此，还是因为奴隶主贵族有天命在身，可知天命是作为神权的一个补充。

可见，长期统治中国人民的政权、神权、族权，再加夫权，在第一个阶级社会即奴隶制社会已经形成了，而且结合在一起，共同束缚人们的思想，特别是奴隶和平民。进入封建社会，它们仍继续下来，当然有些变化，如政权与神权在一定程度上是分离的等，对中国的社会起着重大的作用，而且是消极的作用。②时至今日，我们也还受到它的影响。肃清封建主义的遗毒（表现为如僵化、迷信、家长制等）仍是四化中的一项重要任务。

（5）西周奴隶制社会的特点

概括以上的叙述，西周的奴隶制社会可以说是恩格斯在《家庭、私有制和国家的起源》中所说的那种与发达劳动奴隶制不同的发达的家庭奴隶制社会。换言之，最突出的特点就是农村公社残留的普遍存在。

这种社会的面貌是怎样的呢？结合以上的叙述，大致如下：

周王国的中心是所谓王畿，在这之外是一个个的武装居民据点，一队队的周人及其亲附部落，有贵族也有平民，带着赏赐给他的奴隶，由中央王朝为他们选定一个军事据点，而兼可耕作自给的地方，供他们迁徙去驻扎下来。这个据点内部核心筑有坚固的城墙，外围有许多耕地，主要由劳动奴隶和庶民者耕作。更远的外围就是鄙，散居了诸多原来的部落。再筑

---

① 《礼记·曲礼上》。

② 欧洲中世纪基督教耶稣是上帝的儿子，教权高于政权，中国皇帝是天子，即上帝的人间代表，政权高于教权，神权为政权服务。佛教争论过这个问题，只能神权向王权妥协。沙门拜不拜王者，结果不行。一派说皇帝的化身是佛，或者佛不干涉政权，行者是帝师。师权，这个是到唐宋以后才有。天、地、君、亲、师，即神、政、族、夫、师权。

一道阴沟，围以或断或连的土墙，这就是封疆。封疆之内是他们的田土，封疆之外，则是一片茫茫的原始山泽、森林，散布在这些地方的原有的农耕的星星点点的部落，有些也取得了周的诸族的资格，但大部分没有，还有一些从事游牧的部落活动，他们就被称为蛮夷、戎狄，与农耕的部落杂居。各处的诸侯国，实际上是一些孤立的军事据点，据点之间，各据点与周王畿之间，靠着若干条道路连结。所谓分封制，不过如此。

在各诸侯的封疆之内，情况大致如下：城圈不大，诸侯在中，掌握政治经济军事文化的大权，城市的中心是宗庙，祀奉这支贵族的始迁祖，及此后的继承者（大宗），还有各种神坛，天地山川等。各个分支的卿大夫，又各有其分支宗庙。祭祀是大事，再就是打仗。"国之大事，在祀与戎。"宗，即共祭同一祖庙，同宗，宗为一庙一神名；同族，族为一面旗——支系，即常在一个旗帜下一起出征。宗族家族，就是祭祀和作战的共同体。一切贵族的子弟，都是战士，平时受军事的训练，及礼乐制度的教育（六艺：礼、乐、射、御、书、数）。战车甲胄存在宗庙，出征时分发，出战和凯旋都要到庙里致祭。打起仗来，主力是兵车，贵族驾驭，一乘三人，一人御二人战。最厉害的武器还是弓矢，近的是戈，后来是矛，和二者结合的是戟。短兵器是剑，利刺而不利砍。车后面跟着一群徒兵，是平民，再后是运输队，是奴隶。有职掌一切礼器乐谱、祈祷文件及天文、历法、占卜、医药种种世袭的专官（祝、宗、卜、史），都附属于宗庙，成为一个贵族大宗族的特有的学者集团。城内当有社稷、宫室、仓廩、府库等建筑。有一批专门的世袭的官府控制的工商业者，并多为奴隶，但在他们特定的区域里，再就是平民的陋巷和指定的市场。城外的耕地，一部分为诸侯及贵族直接掌握的大公田，由劳动奴隶到庶人耕作，一部分为平民的份地，即第一类井田。都之外就是鄙，散布着大大小小的邑、里、社，居住着另一类井田制下的集体奴隶和村社居民。每年春天，要经营土地，或定期调整份地。耕地之外的山林川泽，大体由贵族派人管辖，但也允许平民和庶人按一定时间与限制条件入内伐木捕鱼，猎兽弋禽。有特定的命令时，贵族施行大围猎或大捕渔，其他居民也可参加，目的是练习作战和娱乐。猎获物，给贵族用于祭祀及自享，平民庶人也可分一些。这样的封国，周初大不过几百里，大概城郭五六十里外就是封疆，在此多建有一套防御建筑，上是宽宽的、高高的土堤上栽树木，作为疆界，交通要口则设关守护。此外就是广大的荒野了。

西周为什么会形成这样以农村公社形式残留为特点的奴隶制呢？这是一个不大好解释的问题。

有的意见认为中国与古代埃及、两河流域一样，村社的长期保存，以及在此基础上的土地国有，是由于水利灌溉事业的需要，需要有一个组织把大量劳动力组织起来从事水利工程，并分配用水。现在看来，这个意见并不符合古代的实际。在埃及和两河流域，农业先在河口与山之间的谷地发展，到后来才下到河谷，才有大规模灌溉。这已是阶级社会出现后的情况了，中国则因为西周统治地区主要在黄河流域，这个地方常年干旱，雨量集中在夏秋之际，农作物生长主要靠下雨而非灌溉，水利事业也有，主要是排水，井田制中的沟洫，即起此作用。因此水利事业对农村公社的保留可能起些作用，但作用不是那么决定性的。从历史上看，大规模的灌溉工程是战国以后才兴起的，也与这种说法不符。

有的意见认为，农村公社的长久保留，是由于商业的不发达。马克思在《资本论》中曾经讲过，在古代世界，商业的影响和商人资本的发展，总是以奴隶经济为其结果，不过由于出发点不同，有时只是使家长制的、以直接生活资料为目的的奴隶制度，转化为以生产剩余价值为目的的奴隶制度。

可知，商业的发展能使私有制更快地发展，从而促进了农民公社中私有因素的发展，使土地变成私有，从而导致了村社的瓦解与小土地所有制的发展，并又由于大规模的奴隶买卖，促进了奴隶制大庄园的出现，希腊罗马的发达的劳动奴隶制正是这样发展的。中国的情况则不同，商业当时不发达，这是在奴隶制下公社长期保留、没有瓦解的一个原因。这有一定的道理，但似乎没有说到问题的根本。商业为什么发达不起来呢？与其说商业不发达，是奴隶制下公社长久存留的原因，倒不如说是公社长久存留自给自足色彩很浓，从而使得商业不能很快发展起来。而往上推，恩格斯在《家庭、私有制和国家的起源》中所说的三次社会大分工，畜牧业与农业，农业与手工业、商业，随之而来的产品的交换、商业化，商人的出现等等，并不太明显，因此夏、商、西周商业从来不算发达。这到底是为什么，现在还不太好回答。因此，商业不发达与其说是中国古代社会奴隶制形成的原因，反而不如说是其结果。用商业不发达来解释中国奴隶制的特点的形成，并不是准确的。

看来形成中国奴隶制特点的原因，似乎可从下面两方面去考察。

第一，是生产力发展的状况，西亚、北非、欧洲一般是在铁器普遍使用时进入奴隶制社会的，中国则是在青铜时代进入奴隶制社会的。这是因为黄土高原的优越的地理环境，土质肥沃松软，较粗陋的工具也可以使用。农业较迅速地发展起来，从而较易进入阶级社会，但氏族制因素也保留较多，有的同志说这是早熟的奴隶制社会，是有一定道理的，惟其如此，青铜价贵，农业生产中主要仍是木、石、蚌器（不是没有金属农具），这就使得农村公社那种粗放的集体性、协作性较强的劳动得以长期维持下去。因此，原始社会的公有制的残余，公社土地所有制形式长期存留，公社也就不致瓦解了。

第二，公社形式的保留还和中国古代各地区发展的不平衡性有关。中国与希腊、罗马不同。希腊、罗马起先发展于一个狭小地区，在这里地理上单一——区域比较单纯。例如，希腊地形分割，农业地区是小的，交换很重要。商业贸易发展，原始社会向阶级社会变化进程中，公社很快瓦解，私有制较快出现。但中国奴隶制形成的背景是黄河中下游的广大地区，这里氏族部落林立，发展不平衡，交通又方便，地理环境使某些地区奴隶制较先发展起来。而挟其先进制度很快征服大片其他较落后的氏族部落。而奴隶制却未能以同样迅速的速度扩展开去。为了便于统治，便保留了原来氏族部落的公社组织。这种组织既可以作为奴役和榨取的单位，也就无大肆更改的必要，因为习惯和传统组织是一种巨大的保守势力。这样，征服者采取了比较发达的奴隶制形式（如使用大量劳动奴隶），而被征服者都长期保留在村社形式上。正因为这样，征服者的公社形式也就保留了下来（与被征服者形式不同，如国人十一之赋，剥削实物，再加上被征服者村社成员则剥削劳役，显然前者更先进一些）。

商代社会与西周情况基本相同，但西周统治者灭商以前社会发展水平比商人又要落后一些，征服商人及其广大属地以后，承袭了商人的先进的生产技术与社会组织，又统治商人的统治区域及氏族部落组织，自己的提高、消化统治区域也要有一段时期。这样，社会的发展就不免停留了一段时间。但这段时间并不很长。西周中期以后，社会生产力的变化开始看出来了，社会生产关系的变化也开始了，村社的瓦解趋势也开始了。这个瓦解过程很慢，与奴隶制的衰落及封建制的发展交织在一起，显现了较为复杂的情况，这已是封建制开始时期的一个突出特点。这一特征大约经过了五百年的过渡时期，而且发展也不平衡。大体东方的齐、鲁、郑、晋等先开始，西方的秦，南方的楚继承之，一直到秦统一才告一段落。

上述只是西周社会性质的一种看法，为何从原始社会向奴隶制社会过渡，奴隶制社会有何特点等，仍是一个需要进一步研究的问题。还应探索下去，不能说是解决了。

(6) 西周中后期的社会变化

从现在开始，我们就涉及了中国的奴隶制社会何时为封建社会代替，又为何为封建社会所代替的问题了，这是一个长期争论的问题，到现在也还没有解决。目前，大约有如下多种意见：

西周封建论——范文澜、翦伯赞、吕振羽

东周封建论——李亚农、唐兰

战国封建论——郭沫若

秦汉封建论——侯外庐、金景芳

东汉封建论——周谷城

魏晋封建论——尚钺、王仲荦、何兹全

隋唐封建论 ⎱
北宋封建论 ⎰ 日本人多主此，中国学者是个别的

其中最主要的是西周封建论、战国封建论、魏晋封建论。

我们认为从西周末年到秦这五百年，是奴隶制向封建制的转化时期。至于封建社会是从何时开始算起，则可以研究。

社会的变化是从生产力的发展开始的，然后是生产关系乃至上层建筑，我们就来介绍一下。

1）西周中晚期以后到春秋战国时期生产力的发展

东周时期社会变革的前提是生产力的发展。这就涉及铁是何时发明及何时将铁工具应用于生产的问题。

过去有相当一部分人主张铁器的出现是在春秋战国之交，这是比较保守的说法。从近年来的考古材料看，铁的出现与铁工具的使用要比这早得多。但早到什么时候呢？

铁的冶炼技术，比冶铜复杂。最早出现的是陨铁，即唯一以自然状态存在的铁。用炼铜的温度及锻打的办法可以将其锻造成型，然而原料数量极少，只能偶一为之，所以颇为珍贵，只能用于礼器，而无法作为一般的工具或武器。这种陨铁锻造的器物，目前共发现五种。最早的是 1922 年河北藁城发现的公元前 14 世纪的铁刃铜钺，此外兵器也都是铁刃铜钺和铁刃铜戈，时代为商及周初。铁刃由铜包嵌，说明稀贵，用作礼器(仪仗)非实用武器。

此后，出现的是块炼铁。800—1000℃形成含有许多杂质的海绵状铁块，经过锻打，可成较软的纯熟铁。作为铁的材料，加工方法比较麻烦，不可能大量生产。

铸铁——1100—1200℃铁水流出可铸造成型，生铁，碳多。

钢—— 一块炼铁加热渗碳，或铸铁加热、加工减碳可成为。含碳介乎生熟铁之间。

原来怀疑西周是否有铁器，文献材料好多条（我们不分析了，见郭老[①]书《奴隶制时代》）。但有人反对，极少的传世文物也有人怀疑。最近的考古材料消除了这一怀疑。近年陕西扶风出土西周铜器中甬钟甲舞(甲，铠上部) 有铁锈痕迹。凤翔秦墓出土有铁器，据测量，该墓年代为—公元前 870 年 ±150 年（即西周初昭王末年）。附近二号墓出土了铁镈（小锄，农具）。全面分析未见，是块炼铁还是铸铁不明，但有实用铁器又是农具，现在看来，西周到春秋这几百年的空白已在开始填补了。至于春秋晚期，块炼铁、铸铁及钢的工具、武器均已发现，说明铁的生产技术的发展已经

---

① 编者补注：指郭沫若先生。

走过了一段长的历程。

西周文献中有钱（耜、铲）镈（小锄）铚（镰类）等名称，当是带金属锋刃的农具。但原料是铁还是铜不可知。铜农具也有发现。1952年、1953年在安阳和洛阳商代遗址和墓葬中出现两件铜铲，形式结构完全相同，有一件有使用痕迹。在不同地点出现两件铜铲，如此相似，不是偶然的巧合，似乎可以说明当时在较长时间内在广阔地区均有使用，所以是有比较固定的形式，但数量稀少。此后湖北蕲春西周遗址又发现凹字形铜锄，可见铜器也有作为农具的。有人说，青铜比较贵重，不可能大量作农具，有道理，但不是绝对不可能。从云南滇池区域少数民族祖先在春秋晚期到西汉初的墓葬遗址中发现大量青铜农具，可见这种说法并不确切。当时青铜农具只需在木石器上加一层薄的锋刃。从用一次即消耗的青铜箭簇的大量出现看，用青铜制作农具的刃尖似乎也不是没有可能的。当然发现还很少，大量的农具仍是木石蚌器，但西周春秋时已经开始使用一定程度的青铜和铁制的农具似乎是可以说得过去的。

这样，由于金属工具特别是农具的开始使用，社会的农业生产力有了发展。到了战国，铁器已经普遍使用了。

铁农具的普遍使用对农业生产力的发展起了很大的作用。

第一，是耕地的扩大。铁镬和屋斧是适用于开垦森林和硬土地带的农具。西周时，国与国之间留下大片隙地，春秋以后各国争夺边境的记载不绝于书。近来考古发现证明战国遗址和墓葬的分布远比西周春秋多而广。这是人口增加和耕地扩大的表现。

第二，是耕地方法的改变。过去用人力使用木石蚌的耒耜翻地除草收割。有了铁臿、铁锄、铁镰等，种地效率更高，但更重要的是出现了铁犁铧，从而使牛耕得到推广。牛耕何时开始，说法不一，但春秋时已有，应不成问题。战国时普遍推广，用铁犁铧。当时的犁构造上还很原始，没有犁壁，只能破土开沟，起土也不会太深，还不能翻土。起垄作亩，还得靠锄和其他农具，但已经比过去先进。除耕地外，除草、收割的农具耨锄、铁镰已普遍使用。于是，在这种耕作过程中有了能使用的一整套铁农具。这样，农民可深耕熟耰、提高劳动生产率的基础。

第三，是水利灌溉的发展。西周时水利工程主要是排水，到春秋战国时大规模的水利灌溉工程及运河兴盛起来，如秦的都江堰、郑国渠，魏引漳水灌溉，吴国的邗沟（运输），魏赵齐在黄河沿岸筑堤防排水渠，楚通渠汉水云梦之野①，作芍陂(安徽寿春，蓄水塘)。水利工程对提高农业生产起很大作用，如秦郑国渠多收一钟(6.4 石)，折今一市亩产粟 253 市斤、麦 272 市斤。这种水利事业的兴盛除了其他条件外，具备完善的铁制工具（锹、铲、镢（钁）等），可以从事大规模兴建是一个基本条件。

第四，随之而来的是农业技术的发展，如审农时、辨土宜，深耕、耘耨、施肥、复种，病虫害虫防治等。其中重视肥料及其生产，如《孟子·万章下》说"耕者之所获。一夫百亩，百亩之粪。上农夫食九人"，即一个农业劳动力生产的粮食最多可食九人。如一人年食粮 450 市斤，则可达 4050 市斤。这在古代是很高的了。

铁器、牛耕、水利、耕作技术的飞跃发展使农业在春秋战国飞速发展。这产生了两个后果：

第一，以一家一户为单位的个体小生产通常代替了等量奴隶及农村公社的集体性生产，从而使小自耕农及地主经济有了发展的可能。

第二，可以大量开垦荒地，耕地才能增加，农业生产已不可能在原本村社所有制形式的井田制框框里发展了。

这二者就使得过去奴隶制的生产关系无论是劳动奴隶制的集体生产还是土地村社所有、以农村公社为单位的集体性生产都不再适应生产力的性质了。土地私有和个体小生产经营逐渐发展起来。适应生产力性质的地主经济和小自耕农经济发展起来了，奴隶制生产关系逐渐为封建制生产关系代替了。

这是一个几百年的长过程，我们下边先从西周中后期讲起。

2）西周中后期开始的生产关系的变化

从西周中后期开始的社会性质的重要变化，包括生产关系、阶级关系、上层建筑等等，其后果到战国时期明显地表露出来。但是，这个变化

---

① 《史记》卷 29《河渠书》。

的全过程却不很清楚，材料缺乏，仅有的材料也很简略，不易作出肯定的解释，我们只能简略地介绍一下。如果同学们觉得从中难于作出肯定的结论，甚至认为可以得出另外的结论，那不是什么奇怪的事。

说明西周中后期生产关系的材料，从铜器铭文看，有 1975 年陕西岐山县董家村出土的周恭王（中期）时的卫盉、卫鼎（甲）（乙）。原来的格伯簋（大约也是恭王时的），智鼎（恭王），鬲攸从鼎（厉王）等。

这些铭文的内容，我们就不去一一介绍了。它们说明了什么问题呢？可以看出：

在原来的奴隶主土地国有制度下，土地由周王层层赐予，转让没收等也是周王的权力，贵族无权处理。但西周中期以后的这些铜器铭文记载了贵族之间的土地交换、买卖、租佃等现象。虽然这种行为还是受限制的，即要报告周王，得到批准才算合法，但土地私有制的因素或不完整的土地私有制已经出现了，甚至有的如卫鼎（乙—九年卫鼎）所记的矩和裘卫的包括林地在内的土地交易，已经不经过这道报告——批准的手续了。

奴隶主贵族之间的地位开始发生了变化，有些老贵族经济地位下降，只好用田地去换需要撑门面的车子、衣饰之类，甚至荒年去抢人家的禾。他们的土地少了，派奴隶或庶人去耕种王室公田也就少了。而新暴发的奴隶主贵族的土地是租买来的，或者是私下自己开垦的而非王赏，实际上成了自己的所有，也没有义务去助耕王室和大贵族的大公田。这样，王室和大贵族的收入就少了。所以到了西周后期，周厉王死后，就"革典"了。

周王、奴隶主大贵族的剥削在西周时还是藉田，即剥削奴隶和庶人的劳役，但中期已出现了租谢，这已经是实物租了。当然，铜器铭文上的租谢还是移之于奴隶主之间，但随着土地私有权的下移到村社农民，即租谢也就可以成为土地所有者剥削农业劳动者的一种形式。春秋时土地私有制日益发达，就出现了承认土地私有制而开始征收田租的现象了。如果说过去在奴隶制的土地国有制形式下，交给土地所有者的地租和交给国家的赋税是合一的话，春秋以后已不能维持，而分开了，国家收取的是赋税，即分地租的一部分，而不再是二者合一了。

上述的这些材料，只是说明了土地所有制变化的一个方面，即奴隶主贵族之间的土地关系的变化，大土地私有制开始出现并发展。至于村社内部成员间土地关系的变化，即小土地私有制的出现或小土地私有制、小自耕农的产生，则还没有材料。这是很自然的，因为铜器铭文自然一般不记载这些事。

西周中后期社会变化特别是生产方面的变化，除了铜器铭文外，在古文献中还有一些材料。

①厉王革典和国人暴动

厉王时期，西周奴隶制的危机已经很严重了，这表现在如下几方面。

第一是土地关系发生变化，已见上述。

第二是劳动奴隶来源减少，劳动奴隶主要来自战争俘虏。西周中期以后，周王对其他各族的征伐战争常常失败，战俘奴隶的来源逐渐枯竭。大规模的劳动奴隶制维持不下了。又由于旧贵族地位的没落，庶人的派出也少了，大公田即藉田劳动人手缺乏。

第三是在西周的宗法制度下，王室和贵族的子弟越来越多，亲属关系也就越来越疏远。君子之泽，五世而斩，五世则迁，过于疏远了。即丧失贵族的资格而下降为平民。这样下降为平民者越来越多，剥削越来越重，生活思想问题也越来越多，越来越不满。《诗经》厉王时期的许多诗歌大约是他们创作或反映他们的思想情绪（《大雅》的"民劳""桑柔"等）。

第四，这时又发生空前的大旱灾，许多平民已经开始逃亡了。

西周奴隶制出现了危机，可厉王却是一位暴君。在周王室国用不足的情况下，他还"好利"，用荣夷公进行征敛"专利"，即把过去平民可以自由去使用的公有的山泽围起来征收赋税，已经很困苦的平民就更加断绝了生计，引起了平民（国人）的不满批评，但厉王又用卫巫来监谤，禁止批评，凡批评的都要处死。这就激起了国人（平民）暴动。其中也有一部分奴隶参加。结果是流厉王于彘。其后即是共和行政(共伯和或周、召二公)这是历史上出现的第一次大规模的阶级斗争起义，主力是国人（即平民），也包括奴隶。

②周宣王时的一些措施

继立的周宣王号称中兴，其实奴隶制危机仍在继续。

a."不籍千亩"：千亩是地名（山西介休南），不籍千亩即不在此组织大规模的劳动奴隶的籍田（王室大公田）①，这说明周宣王时这种公田已不行了。那么周宣王用什么方法取得王室的剥削收入呢？是"因民之财"，即不再征发徭役而改收实物。这样，剥削方式从劳役变为实物，直接由王室控制，劳动奴隶身份也有了变化，很可能已经走向占小块土地耕作、有自己经济的农奴或农民了。

b."料民于太原"②：周宣王与姜戎作战被打得大败以后，为了补充军队，料民于太原（在甘肃东北），即在太原这个地方调查户口。本来古代是重视人口调查工作的，不过西周时只有周人及其同盟者被登入版籍，向上呈报，至于奴隶主的奴隶，也可能登记，但这是奴隶主贵族的权利。现在周宣王要亲自到太原检查户数，看来户口连同奴隶要一起控制，归王室控制以补充兵源，从而使之对国家负有义务，而不完全臣属于奴隶主贵族。看来，这也是奴隶制趋于瓦解，奴隶身份开始得到解放的一种表现。

c."彻申伯土疆，以峙（积）其粻（粮，粻音张）"③：对大奴隶主贵族土地征收实物税，这也与过去贡赋、籍田之法不同，但同时又实宙实籍④，说明劳役租仍存在。

从上述这些情况看，宣王时期土地所有关系的变化，已经为周王室所承认，并由制度法令肯定下来，剥削制度的变化已经法令制度化了。

这也就是说，奴隶制生产关系及与之相适应的奴隶制度已经开始向封建制转化了。

等到幽王为犬戎所灭，宗周衰落。周平王于公元前 770 年已东迁到洛邑，即东周，也就是春秋时期，应当可以当作中国社会进入封建制的一个标志。当然社会发展不平衡，各地变化不一，而转化过程也很长。但以平王东迁作为开始标志，似乎是可以的。

---

① 《国语·周语》。
② 《国语·周语》。
③ 《诗经·大雅·崧高》。
④ 《诗经·大雅·韩奕》。

第三章 封建社会的形成

第一节 春秋

春秋这个时期之所以得名，是由于孔子作了一部叙述鲁国历史的史书——《春秋》（或者说是他整理的鲁国官方史事记载）。这部书起自鲁隐公元年至鲁哀公十四年（公元前722—公元前481年），凡242年，因此历史上就把这段时期叫做春秋时期，我们可以从平王东迁（公元前770年）算起到战国。战国何时开始，说法不一。郭老定为公元前475年，其实"田氏代齐"或"三家分晋"算战国开始也可以。总之，从公元前770到公元前475年，或前后，约三百年左右。

（一）大国争霸

周平王东迁，出现的第一个现象是共主衰微、王命不行。周王早就没有西周那种权威、气派，不过与一个诸侯相当，甚至还受诸侯的气。

第二个现象是诸侯兼并，各诸侯国之间战争频繁。不少小国被吞并掉。春秋时见诸记载的一百七十多国，经过三百多年，只剩下十几个大国了。

第三个现象是列国内乱。诸侯国内部贵族、陪臣不断起来弑君逐君，互相攻打，弄得诸侯王后来也渐渐不行了。就像周王一样，臣下的势力大起来，形成了割据势力，如鲁的三桓、晋之六卿、齐的田桓子，后来的田氏，终于取代了晋、齐的国政。

第四个现象是戎狄交侵。随着周王室衰微，诸侯兼并，诸侯国内内乱频仍，与诸侯国杂处的戎狄即华夏诸侯自己之外的部落四处侵扰。春秋初期，最严重的一是南方的被中原诸侯目为蛮夷的楚国把江汉一带小国灭了不少，势力向北发展，一直到河南；一是北方的北戎或北狄，攻燕、郑、齐、赵、卫、鲁、晋等，遍及今北方河北、河南、山东诸省，所谓"南夷与北狄交，中国不绝如缕"①。

可见，这是一个混乱的时代、战争的时代、兼并的时代，西周那种以周王为中心的较稳定的政治局势消失了。在这个时代中，出现了一批霸主，在一个时期内形成一个不稳定的政治中心，然后又很快转移。而上述四种形势则在大国争霸中继续发展下去，直至战国。而争霸的主要形势（虽没有形成一个长期的强大势力，楚则不然，已经是南方的大国）是南北争霸，即北方的齐、晋与南方的楚、后来的吴越争霸。而中国各种文化可能就在这种霸权争夺中趋于融合、统一，形成了统一的汉族。

霸主打的旗号即针对上述的四方面，组织同盟，定期会盟，打仗时各国要出兵、出财物。其一是尊王——挟天子以令诸侯，打着"尊王"旗号搞自己霸业，二是攘夷，三是禁止篡弑（内乱），四是裁制兼并，同盟之国不许打仗。

在这以后，霸主去打那些非同盟国，并不都采取灭掉国家的做法，而更多的是把小国划作自己的军事政治统治势力范围，又受取贡赋。当霸主有很大好处，霸主势力也就强大起来。

最早的霸主是齐桓公，其主要盟国（齐、鲁、卫、曹、郑、宋六国）大率在东部和中部，即黄河下游及黄河中游南部。他在大政治家管仲辅佐下，北攻狄，救邢卫，南攻楚，在召陵（河南郾城东）与楚立盟约，迫使攻郑的楚国撤退。齐桓公死后，东方盟国中除了齐国，宋想继承盟主。但宋襄公是个蠢猪式的人物，他与楚会盟，不料楚伏兵把他抓了起来，幸亏宋有备，楚才把他放了。但他又和楚打仗，楚人涉水未毕，部下要他趁楚半渡而击，他不干。楚人登陆还未整队，部下又劝他出击，他还不干。楚

———————

① 《公羊传》。

人把队整好，打得他大败，本人受伤致死。死前还大发议论说君子临阵，不在伤上加伤，不擒头发花白的老者用兵不靠险阻，寡人虽是亡国之君，怎能向未成列的敌人鸣鼓进攻呢？当时打仗，有一定的规矩，就像西欧骑士比武一样，也有所谓礼，像晋楚交战，晋人退避三舍，然后反攻，也是讲礼，但却用它来战胜敌人。但宋襄公拘泥太过，而且至死不悟，成了蠢猪式的仁义道德了。不过宋国本身无可发展，过去以齐为首的东方联盟也垮了。楚的势力又大起来。

继之而起的是晋楚争霸。晋国活动在山西汾水流域，与戎狄为邻。四向吞并，把势力扩展至整个汾水。一方面，抑制戎狄，逐渐把黄河以北的戎狄都融合了。更重要的是势力扩展乃至大河以南。到晋文公时，晋乃力图霸业。一方面，更主要的是对楚。这样，北方的同盟又扩展至黄河中游的北岸。这些同盟国在晋文公的领导之下与楚大战于城濮（公元前 632 年）。楚人败北，晋文遂与齐桓并驾齐驱。以后，晋楚断断续续地争霸了八十多年。到前 546 年，弭兵大会，即让那些在晋楚之间的小国以后对晋楚尽同样义务。从此战争少了些，但楚国仍在发展，而晋国内部发生问题，力所未及，所以没有大战。

在晋文公称霸期间，还有个秦国，向东发展为晋所阻，穆公时期称霸西戎，对中原影响不大，但为后来战国时秦的强盛打下了基础。

到了春秋后期，长江下游开发了。吴（江苏南）、越（浙东）相继兴起。晋联吴制楚。吴打败了楚，北上去和晋国会盟，与晋争盟主，但楚又联越制吴，越王勾践本已十年积聚，卧薪尝胆，此时趁机起兵攻吴，数战后，吴被越灭。从此时已入战国时期了。

从前述争霸的大国所打出的旗号上看其后果，这些后果初一看都跟原来标榜的相反，但出现了新的结果。

尊王：原来是尊崇周的名义上的共主，尊王为了称霸，周王的地位越来越低，到战国时更不行了，各国均称王。周早已不再是共主，最后周没人管，成了一个小国，分裂了，被灭掉了。但是在长期战乱中出现统一的趋势，最后建立了新的统一集权的封建专制主义国家。

攘夷：这一条结果很辉煌，但却不是原来标榜的目的。原来标榜的攘夷特别对楚，并没攘成，但是在长期斗争中实现了中原华夏族与蛮夷、戎狄的融合，到战国时期，各种文化经济交流与融合，终于在黄河长江流域形成了汉族的核心，为统一的多民族国家打下了基础。

禁止诸侯兼并：原来是想维持各诸侯国的稳定现状，但结果是兼并越来越发展，最后战国时只剩下几个大国。再往后，就建立了统一集权的国家，也就无所谓分封的诸侯，也就无所谓兼并了。

禁止篡弑：也是禁止不了，后来是卿大夫乃至陪臣执国命。称霸的齐、晋，最后都是国内的卿大夫陪臣篡位，建立田齐，三家分晋。

然而，到战国时，这些国家内首先出现了集权制，采邑制让位给了郡县制。在此基础上，分裂割据的因素大大削弱，为全国的统一集权打下了基础。

这些情况，反映了一个总的趋势，那就是从分封制到统一，经过分裂、混乱最后到中央集权专制主义的统一。大国争霸所标榜的主张及其后果就是这个趋势在春秋时期的反映。

而大国争霸及其主张，乃至它们所反映的政治趋势，又是这个时期社会变化在政治上的反映，也就是奴隶制到封建制的变化在政治上的反映。

下边就说说春秋时期的社会的变化。

（二）春秋时期的社会变化

1. 春秋时期土地所有制的变化

春秋时期，土地王有（或国有）的制度已经破坏了，土地私有制循着几个途径出现。

（1）贵族的采邑所有制

周初的制度，全国土地的最高所有权属于周王。西周中期以后，这种权力已开始受到破坏。春秋时期，原先属于周王的土地所有权实际已经下移到各级诸侯和卿大夫手中。例如公元前712年发生周桓王与苏子争邑的事件。苏子先人为周司寇，食邑于温。桓王时苏子所占土地扩展为十二邑，常不服从王室，不缴纳贡赋，桓王想利用正日益强大的郑国来制苏子，下令以苏子所领十二邑转与郑，而仅从郑收四邑归王室。以郑一定会接受这单有利于郑的交易，但郑却不干。《左传》云："君子是以知桓王之失郑也……己弗能有，而以与人，人之不至，不亦宜乎"①。

"己弗能有"，就是周王的土地所有制实际上已不能保有了。诸侯一方面上抗周王干涉，一方面却可随意处分自己土地。各级诸侯随意赏赐土地的情况很常见，周天子已经管不着了。

贵族之间争夺田邑的现象也普遍起来了。边境田邑争夺的现象更多。《左传》常有"侵我东鄙""侵我西鄙"的记载。晋赵孟曾为此感慨地说"疆场之邑，一彼一此，何常之有"②。这样，有些诸侯国的疆土就大大扩展起来，不仅侵他国之邑，而且常常连国一起灭了。像鲁、齐、晋、楚、宋、郑、卫、秦、吴等兼并他国或他国之邑共一百多处。到春秋末时，一百七十国以上的诸侯只剩下十九个了。这种以武力侵占的土地自然不再是过去的土地国有制了。周王也下降为列国，甚至更下一层的地位，各国贡纳收入也没有了。诸侯相继称霸，形成"礼乐征伐自诸侯出"的局面。

这样，各国诸侯的下属贵族对诸侯有一定隶属关系，有义务，而诸侯小国对霸主也有隶属关系（出兵、贡纳）。

到了春秋后期，土地的争夺已从诸侯国之间发展到诸侯与卿大夫及卿大夫之间、卿大夫与陪臣之间。这里有与诸侯同姓的小宗，也有一些与国君异姓的积功劳而为卿，如晋之六卿（范、中行、智、韩、赵、魏），齐的陈（田）。到了后来，国君也遭遇了周王的同样命运，权力日削、国内卿大夫专政。与此相应，一国内部土地也是层层分割，实际属于大小卿大夫所有，后来国君土地日蹙，大部分没入私家之产，私家肥于公家。如鲁国昭公时，孟孙、季孙、叔孙三桓专政，三分公室（土地人民）而各有其一，出现了从"礼乐征伐自诸侯出"又一变而为"礼乐征伐自大夫出"的局面。

贵族占有土地的扩大，除去兼并之外，开垦荒地也是一条重要途径。随着人口的增长，劳动力不断增多，原先的井邑制度已不能保持人口与土地比例的平衡。"余夫"需要垦种井田之外的土地，而前述的铁制农具的

---

① 《左传·隐公十一年》。

② 《左传·昭公元年》。

推广改良与耕作技术的改良，则使大量开垦荒地有了可能，井田之外的私田（这是私田的主要含义）即贵族私有的田越来越扩展。井田制要向王室纳贡赋，新垦的私田则无需纳贡赋。这就使私田从名义上到实际上更早地成为土地占有者的私有财产。诸多卿大夫就在垦种私田的过程中更加富裕起来。私田的开垦不像井田那样完整，比较零碎，田主有权以此作为转让、交换、赔偿、抵押之用。土地所有权的转移也更少受到限制。比起原来的国有土地向私有土地转化来，这种私田是更早也是更完整意义上的土地私有制。

那么，这种贵族采邑主的阶级属性是什么呢？在这些诸侯卿大夫所有的土地上劳动的劳动者的身份又是什么呢？换言之，春秋时期贵族采邑所有制是属于奴隶制的范畴还是属于封建制的范畴呢？这个问题不太好回答。照我看，基本上已属于后者，即这个时期已开始转化为封建制度了。

西周时的农业奴隶基本上是两类，即在籍田（公田）上劳动的劳动奴隶和村社中的庶人即集体奴隶。春秋时身份都已变化，原来的籍田由于奴隶来源的枯竭与奴隶劳动的落后已逐渐衰落，原来奴隶身份也逐渐发生变化。诸侯卿大夫开垦私田，很大一部分劳动力来自原来的奴隶，其中相当部分是公田上转移过来的或逃亡的奴隶，也有一些摆脱村社控制的庶人，他们被称为私属徒、宾萌。由于这些私田不规整，管理也不便，又要提高生产，因此原来的奴隶主贵族遂在开垦私田时将剥削方式做一些改变，如新开耕地部分归耕者支配或实行产品分成，剥削轻了些，即采用劳动者部分所有制及产品分成制，以此来提高劳动者的积极性。对劳动者的束缚也松了些，不像过去那样由奴隶主贵族绝对直接控制，而使他们多少有一些人身自由。这样，这些开垦私田的劳动奴隶逐渐得到解放，且成为有自己经济的较多人身自由的农奴或依附农民了。

与此相适应，在邑里内耕作的井田制下的村社成员身份也发生了一些变化。随着生产力的发展，份地逐渐由定期分配土地进入到终身占有，最后至私人所有（这点下边还要讲）。而贵族对他们的剥削方式也有所改变。从最初实行彻法，如前述宣王时彻"申伯土田"[1]，即对王畿之外的封邑也

① 《诗经·大雅·崧高》。

行彻法，即从劳役改为征收实物。这个变化说明，剥削方式从奴隶制到封建制的转化。

那么，这种贵族采邑所有制是一种什么样的封建制呢？换言之，是领主制还是地主制呢？

所谓封建领主制，其基本的特征有三，一是土地层层领有，领主对土地的占有权带来对土地上劳动者的管理权，即与土地所有权相连的司法权、行政权、收租税、征发徭役及兵役，等等，通集于领主于一身；二是劳动者——农奴作为土地的附属物，对地主有强烈的人身依附关系；三是庄园制。

从这三个方面来看，春秋诸侯乃至卿大夫是具有封建领主的特点的。他们是自己采邑上的全权的主人，集司法权、行政权、财政权、军权等于一身。他们筑城壕、封道路、设关卡，割据一方，具有西周奴隶主贵族所不可比拟的割据性、分裂性、独立性（当然也是相对的）。这些都与领主制相像，而他们隶属下的劳动者，即具有强烈的人身依附关系——隶属于领主的农奴的特点。

但是不是可以把春秋划为封建领主制阶段，这个问题还要研究（看来，并没有这样一个阶级）。因为，与这种由原本奴隶主贵族转化而来的带有领主色彩的贵族采邑所有制同时出现的，还有随村社瓦解和兼并而来的私人地主土地所有制和自耕农的小土地所有制，它们发展很快，而且很快就使贵族采邑所有制带上私人土地所有制的色彩，从而使封建领主制并没有充分发展起来，就随村社的瓦解与兼并的激烈而转向私人地主土地所有制。这个转变在春秋中后期已经很明显，到战国时已基本上完成了。

下边我们就看看村社瓦解后形成的小农土地所有制和随着村社瓦解与兼并加剧而来的私人地主土地所有制的形成。

（2）自耕农的小土地所有制

自耕农的小土地所有制是在农村公社瓦解过程中出现的，其来源有二：

第一是份地制度逐渐破坏，由定期分配土地（三年一换土易居）到终身占有再到私有（自爰田）。这样，就出现了一批小土地所有者，他们由原来受奴隶主贵族奴役的村社成员一变而为贵族采邑主奴役——具有农奴色彩的农民，再变而为脱离贵族采邑主控制的封建国家的编户齐民，"庶人"一词也由原来意义上的即依附于奴隶主贵族的实际上是奴隶的村社成员转变为封建依附农民。他们对贵族的人身依附关系有所减轻，与公社的联系也逐渐削弱。春秋时期的所谓"隐民""逸民"有不少就是这样的具有小土地私有者身份的农民。

第二是村社在开垦荒地中获得了一些小块土地，这些土地也就成了他们的私有财产。在这两种小土地私有者中，由于条件不同，逐渐形成了贫富的差别，从而在其中也出现了一批私人地主，特别是地主的下层——中小地主，这批人后来随兼并战争的发展和封建国家的支持而有上升为大地主的（如军功地主）。

（3）私人地主土地所有制

这也循两个途径，其一是随贵族采邑制的逐渐破坏，采邑主中的下层、卿大夫、卿大夫手下的陪臣，这一级的采邑转化而来，其二是新兴地主。

封建领主制下的农奴并不比奴隶的待遇好多少，大奴隶主贵族转化而来的大贵族采邑主很快就腐朽了，他们是"宫室日更，淫乐不违"①，不修国政，加重剥削，刑法烦苛，以致统治阶级和被统治阶级的矛盾日益尖锐化。晋国是"庶民罢敝，而宫室滋侈，道殣相望，而女富溢尤；民闻公命，如逃寇仇"，齐国是"民参其力，二入于公，而衣食其一……国之诸市，屦贱踊贵"②；楚国"宫室无量，民人日骇，劳罢死转，忘寝与食"③，农业劳动者只好逃亡，及为"盗"（鲁、郑、晋多"盗"）。在这种情况下，一些有势力有野心的卿大夫为了战胜公室，就在缓和阶级矛盾、收揽人心、争夺劳动力上做文章，如鲁之季氏，"政自之出久矣，隐民多取食焉，为之徒者众矣"④，即许多隐民（村社成员转来的小土地

① 《左传·昭公二十五年》。
② 《左传·昭公三年》。
③ 《左传·昭公十九年》。
④ 《左传·昭公二十五年》。

所有者）转而依附他。齐国田氏是"以家量贷，而以公量收之"（大斗借出，小斗收进）"民人痛疾，而或燠休之，其爱之如父母，而归之如流水"①。这样私门大大富于公室，也强于公室。他们与旧公室为代表的保守腐朽势力不同的是不得不多少改善一些劳动者的经济地位，减轻一些剥削，放松一些人身控制。对于外边新来投奔的（实际是逃亡）的劳动者，给以土地，定期免其征役，"凡新甿之治皆听之，使无征役，以地之嫩恶为之等"②。对于从公室夺来的劳动者也给予不同形式的优待，鲁国三桓三分公室时，"季氏使其乘之人，以其役邑入者无征。不入者，倍征。孟氏使半为臣，若子若弟。叔孙氏使尽为臣，不然不舍。"③即是说，季氏对于从公家那里分得的邑内的民众不但采取同国人（平民）类似的征税而不征租的办法，而且放松了人身隶属关系。只要加倍缴了税，就可以不服劳役（役邑是当时提供劳役的里邑组织，见《左传》杜注）。以征代役，劳动者可供自己支配的时间更多了，封建依附关系趋于削弱，再加上以税代租，农奴就向自由身的农民转化了。孟孙氏、叔孙氏的办法，都还是令其为"臣"，或半为"臣"，不同程度地保留了农奴制剥削的一套办法。季孙氏虽然"倍征"，但不过比平民赋税负担多一倍，而劳动者却因而免掉了最繁重的兵役劳役，这样父兄子弟都能"尽属季孙氏"。孟孙、叔孙看到季孙的办法好，其私属甲士增至七千人，所以，二十五年后第二次"四分公室"（季孙氏得二分，孟孙氏、叔孙氏二家各得一分）时，就都采取了季孙氏的征税而不来其人的制度了。这说明当时贵族采邑主最终已经从领主向封建地主转化，而农奴也开始向自由身份的租种小块土地的佃农转化。到了春秋末期，当卿大夫家的陪臣参与政治（陪臣执国命）时，即那些非贵族出身的拥有上田的陪臣如鲁季氏家的阳虎、齐田氏家的陈豹等，作为新兴地主的政治代表，也在与其主子——变得还不够彻底的封建领主如季氏等进行较量，这就使得地主土地所有制

① 《左传·昭公三年》。

② 《周礼·地官·旅师》。

③ 《左传·襄公十一年》。

的形成及其代替贵族采邑制的进程大大加快了。

地主阶级的第二个形成途径，即是非贵族出身的新兴地主的势力日益强大，他们的来源之一便是那些垦种私田的农民中的少数上升而成，而相当大的部分则是前述下级卿大夫及更在以下的士（如前述的那些陪臣）。他们获得土地的一个很重要的途径就是靠军功或其他功劳而受赏。《左传·襄公二年》记晋的赵简子讨伐范氏、中行氏，誓师说："克敌者，上大夫受县，下大夫受郡，士田十万（或曰十田），庶人工商遂，人臣隶圉免。"（递进级为士，是国人中的低级贵族，可免除其赋役及农奴性的身份。圉是养马奴隶。）奴隶得到解放，这是一条内容丰富的史料，其中"士田十万"就是不同于过去世卿世禄制下贵族采邑制的税田，它开了战国时代按军功赏田的先河，是土地私有化过程中的一件大事。

在旧贵族采邑制越来越不适应新形势，旧贵族采邑主或者衰落或者覆灭，或向新兴地主转化的情况下，贵族采邑制就逐渐破坏了。有些贵族采邑主在激烈的政治斗争中为免遭难而交出采邑及政权。如鲁国的大夫"子冶归，致禄而不出"[1]。齐国晏平仲"纳邑与政""无邑无政"[2]，因此在田氏打击栾高时，得免于难。

至于那些在激烈的政治斗争中被消灭了的卿大夫，即贵族采邑主，他们原来的采邑，一般不再分封出去，而是设立了县。县，这已不同于采邑而直接属于国君的行政区域，最早是在公元前 689 年楚国所设[3]。县，最初设于边远地区，后推行于内地。最早带有军事国防据点性质，其与采邑不同之处是它有一套集中的政治组织和军事组织，还有征赋制度（军食与军役），对国君的集中统治是有利的，是此后封建中央集权国家制度的形成的一个重要因素。此后，县的设置逐渐经常化。如晋国魏献子为政，分祁氏之田以为七县，分羊舌氏之田以为三县[4]。县设大夫去治理。这些大夫只是治民的官吏，其行政权、司法权等都受到很大限制，已不同于有世

① 《国语·楚语》。

② 《史记》卷 31《吴太伯世家》。

③ 洪亮吉《更生斋甲集》"春秋时以大邑为县始于楚论"。

④ 《左传·昭公二十八年》。

禄为世官、在自己土地上拥有全权的贵族采邑主了。上引《左传·襄公二年》的"克敌者上大夫受县，下大夫受郡"（最早县比郡大，后来才改过来。郡设在边地，地大，人少，比县位置低）。这和以前赏赐的采邑不同。在实行"按田而税"的郡县，封君不过被拨给一定的租税，实际是"赋禄以粟"，并且和政治权力也分离了，封君对境内的臣民已没有绝对统治权。到了战国时代的封君，更成了单纯食租税不理事的地主了。这种郡县逐渐形成制度，成为中央集权封建国家地方行政机构的基本形成，一直延续了两千年。

由上述可知，春秋时期土地关系的变化大体是：

1）所有制

> 奴隶制土地国有制崩溃
> ↓
> 贵族采邑土地所有制
> ↓
> 贵族地主土地所有制

> 非贵族
> 新兴地主土地所有制
> 农民的小土地所有制

情况是相当复杂的，奴隶制仍然存在，最初占优势的是贵族采邑土地所有制，春秋中后期逐渐让位于新兴地主土地所有制，与此同时剥削奴隶让位于剥削农奴或封建依附农民，劳役地租逐渐让位于实物地租。

2）五个阶级　　奴隶主贵族

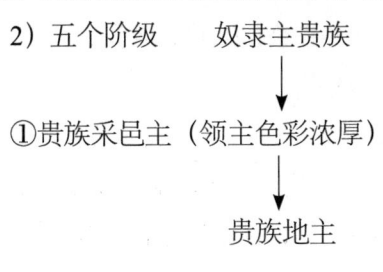

①贵族采邑主（领主色彩浓厚）

↓

贵族地主　　　　　②下层贵族及村社农民转化

而来的新兴地主

③从部分平民、奴隶及村社成员转化而来的农奴性农民或依附农民、租佃农民

④小自耕农

⑤奴隶

在这个社会变革中，是伴随着平民、奴隶对旧奴隶主的斗争的，这种斗争的具体情况具体可看郭老的书，不再详述。没有大规模的奴隶起义，如古罗马的西西里起义、斯巴达克斯起义。这与大规模劳动奴隶制国家会形成大规模奴隶起义不同，与村社残留、奴隶比较分散有关。而政治上则为：礼乐征伐自天子出——自诸侯出——卿大夫——陪臣执国命。

可见，前节所述随春秋时的大国争霸主张及其变化成果之出于当时预料，已有深刻的社会变革作基础，并且是它们在政治上的反映，这是历史规律运动的不可逆转的进程。

2. 适应土地所有制和阶级关系变化的几项重要改革。

为适应前述的春秋时期的土地所有制和阶级关系的变化，各国统治者先后实行了一些制度方面的重要改革，现分别介绍如下：

(1) 齐国——相地而衰征（公元前 685 年）

春秋时齐国国君的大公田虽还保存着，但由于劳动者兴趣低下，怠工、逃亡，公田已荒芜不治，长满了草。《诗经·齐风·甫田》（士田、公田）说的"无田甫田，维莠骄骄""无田甫田，维莠桀桀"，反映大公田已维持不下去了。在这种情况下，管仲提出"相地而衰征，则民不移"，即据土地好坏（产量高低）有差等地分别征收实物，这说明了几个问题：

劳役租改为实物租。把原本助耕的公田取消了，大约与各家份地搞到一起去了。《管子·乘子篇》有关"相地衰征"的记载可能指的是当时实事，那里说"均地分力"可能即指此原则。如还在公田助耕，收获直接归贵族，就不再要相地而衰征，按地好坏分等征租了。

对井田作了一番调整，《国语·齐语》在相地衰征之后说，陆、阜、陵、墐、井（陆，高平广平之地；墐，井上道也；阜，高地；畴，耕种之田）田畴均"则民不憾"，并非废井田制。目的是使民不憾，"不移"即提高劳动兴趣，防止逃亡去往其他地方，即在调整整顿井田制的基础上，作

一些改革。

（2）晋国——作爰田（作州兵）（公元前 646 年，后于相地衰征 40 年）。①

晋国农业劳动者所受剥削原本很重，《国语·晋语》说："其犹隶农也，虽获沃田而勤易（治）之，将不克飨，为人而已。"即尽管土地肥沃，又勤耕作，但增多部分自己不能享有，还是归了采邑主，自己吃不饱饭。这种隶农大约是介乎奴隶与农奴之间的劳动者，或者是奴隶色彩浓厚的农奴。后来，秦晋交兵，晋惠公战败被俘，甲兵衰亡殆尽。为了挽救晋国的危局，晋大臣召集国人议事，假称君命，把土地赏给耕者，名之为"作爰田"，因此激励了斗志，纷纷愿为晋君效命②。这种"作爰田""赏众以田"废除了过去土地定期分配调整的制度，改为由耕者终身占有（也称或所有），自己安排轮种。这样，民有恒产，就有恒心，当然积极性大为提高，《左传》注："分公田之税应入公者，爰之于所赏之众。"看来，原来的徭役田（公田）也应当一起分配给耕作者。这样，收租的办法也应当是"相地而衰征"，与过去的"为人而已"不同了。

与"作爰田"相联系是"作州兵"，主要是提高村社成员即庶人的地位。原先州是被征服的村社成员即庶人之所居。与国人不同，无服正式兵役的权利，打仗时要服役，只能当"徒卒"，拿轻武器充服勤（佚子），现在作州兵，即与国人一同服正式兵役，地位提高了。作爰田正是作州兵的基础，说明庶人经济与政治地位的提高，从而达到"群臣辑睦，甲兵益多"，奠定了此后晋文公霸业的基础。③

（3）鲁国

初税亩（公元前 594 年，后于晋国作爰田 48 年）。

作丘甲（公元前 590 年，后于初税亩 4 年）。

用田赋（公元前 483 年，后于作丘甲一百多年）。

---

① 《左传·僖公十五年》。

② 《左传·僖公十五年》。

③ 编者补注：原稿有铅笔划掉的痕迹。

初税亩——《春秋·宣公十五年》记"初税亩"，就三个字，《左传》载"初税亩，非礼也，谷出不过藉"。

当时井田制度已经没落，井田制下的公田收入已经不能够解决诸侯国家的财赋收入。另外，又出现了大批井田之外的私田，原来是谷出不过藉，即国君收入来自藉田，这是礼，即奴隶制以来的旧法。但此时不行了，只得实行"非礼"的初税亩，即不论井田或私田，凡是田地，一律按亩上税，以增加国君财政收入。但是，法律既规定私田一经上税，即承认是合法的了，从此私人对这种私田的所有权也就得到了法律的正式的承认。作为土地国有或王有的井田制实际上已经垮台了。

这一措施，反映了鲁公室与占有大量私田的卿大夫之间的矛盾的深化。一方面，公室承认了卿大夫占有私田的合法性，是向他们让了步；另一方面，却又向他们的私田收税，与他们瓜分地租收入，剥夺了私享租税的机会。对于占有私田的卿大夫来说，他们占有私田根本无需国家的批准，也不怕国家的干涉。现在国家要收税，对他们是不利的。这就造成了公室与私门之间关系的紧张，以至造成三十三年后的三桓"三分公室"。

对于中小土地占有者（由开垦荒地和占有土地的士、商人及自耕农上升者组成），税亩制度因此要把剥削劳动得来的产品分一部分给国家，有损其现实的很多利益。但他们没有或较少政治特权，交税的结果是得到国家对他们占有土地权利的承认。他们的私田合法化了，他们的剥削与剥削的地位身份也合法化了。上税之后，他们对土地处理的权力也增加了。买卖，分割、交换，抵押，出佃土地时不再受干涉，越是有力量开辟土地或多买田的人的好处也增多。因此这是有利于非贵族的新兴地主的产生和发展的。对庶人出身的农业劳动者向只有少量土地的自耕农的发展也起了一定的作用。另一方面，旧贵族子孙没落了也可卖出田产，即不能"守其业"，这也加速了他们的没落。因此"初税亩"对于井田制的破坏、旧贵族采邑主的没落、新兴地主的发展是有很大意义的。

作丘甲——公元前590年（鲁成公元年）——作丘甲就是以丘为单位出军赋，九夫为井，四井为邑，四邑为丘（144家）。过去军赋由大小采邑主负担。采邑主所辖的丘民（多是村社成员）不能服兵役，更谈不到当甲士（这是国家的自由民的权利）。作丘甲后，不仅采邑主的军赋负担加重，而其所辟私田已成村落者，也是按丘的组织出军赋。因此这些措施对贵族采邑主是不利的，对于自己开辟私田或购买土地的中小土地所有者，因为获得土地权而要按丘负担军赋，负担也加重了。但正式服兵役有的当甲士，政治地位有了提高，丘中的农民（庶人）也要正式服兵役，政治地位和身份也有了提高。在这点上，与晋的"作州兵"作用是相同的。①

用田赋——公元前483年（哀公十二年）——作丘甲后一百多年。在鲁国执政大夫季氏主持下，又进一步实行"用田（以）赋"，即按土地亩数来征发军赋。如果说"作丘甲"主要是限制卿大夫的，则用田赋涉及的范围就更广了。过去"作丘甲"以丘为单位，丘内辟私田越多，负担相对越轻。而"用田赋"以土地亩数征取，开辟私田越多，负担就越多，这说明私田的面积和作用越来越大，而成为军赋的重要承担者，反映了从初税亩——用田赋——作丘甲以后的一百多年中，私田的重要性的增长，也就是中小新兴地主和自耕农力量的增长。

（4）楚国，量入修赋（鲁作丘甲42年以后，襄公二十五年，公元前584）（赋当时多指军赋，和税租不一样）。楚国的军事征发也改用土田为标准（按平原、山地、洼地等算出产量标准）。"量入修赋，赋车籍马，赋车兵、徒兵、甲盾之数"②，比作丘甲更细，近于用田赋。

（5）郑国，为田洫（公元前563年）

为田洫——郑国的改革由子驷的"为田洫"开始，整顿井田制，后于鲁国初税亩三十年，子驷被贵族采邑主所杀，子产继成之（公元前543年执政），他开始是"都鄙有章，上下有服，田有封洫，庐井有伍"③，在不废弃井田制的基础上做一些改革。"都鄙有章""上下有服"即有章，有章法，有服，职事。

---

① 编者补注：原稿此处有铅笔划掉痕迹。

② 《左传·襄公二十五年》。

③ 《左传·襄公三十年》。

田有封洫，一方面是整理排水系统，更主要的是整理封疆，以此为界，把贵族采邑主占有的土地封起来，不许他们向外侵占。对于贵族采邑主过去超越封疆所占的土地（私田）采取区别对待的办法。或"从而与之"或"因而毙之"（没收）。给予的也要纳税，没收的更不用说，因此是限制贵族采邑主的。

"庐井有伍"是把原先隶属于贵族采邑主的农业劳动者，加以统制，使之成为国家控制下的农民，由国家来安排他们的兵役和劳役，限制乃至禁止采邑主编为私兵或擅发兵役。这也是限制贵族采邑主的措施，对农业劳动者从农奴色彩比较强的情况下向身份比较自由的农民的转化起了作用。这比"作州兵""作丘甲"进了一步。

这些措施大大地限制和损害了旧贵族的利益，引起他们强烈的反对。另一方面，施行之初，中小土地所有者也不满意，因为他们在不同采邑主封疆之间开辟的私田也收了税。又对这些土地上的耕者编为伍，由国家插手控制，所以他们骂子产，"取我衣冠而褚之（贮，储存，收实物税），取我田畴而伍之，孰杀子产，吾其与之"。但过了几年，他们发现这些措施对他们有利，他们的土地所有权有了保障，减少了被新阶层的贵族采邑主兼并的危险，便改为歌颂子产，"我有子弟，子产诲之，我有田畴，子产殖之，子产而死，谁其嗣之"[1]。说明了子产的措施既有限制贵族侵占土地开辟私田，又有承认非贵族新兴地主占有土地开辟私田这两方面的因素在。

作丘赋（封洫改革后五年[2]，公元前 538 年）——作丘赋与作丘甲有类似之处，即按丘征收军赋，丘民可当甲士，但不同的是，不是征收兵车等物，而是收钱（或以米谷布帛折交）。征收来的丘赋由政府统一置办牛马兵车兵器等。由政府统一整理，不像过去一丘出的车马器甲盾等，战时使用，战后仍收归多贵族采邑主所有，分散在多采邑之内。贵族采邑主现在出钱或以实物向政府换武备，他们的人又要给政府服兵役（庐井有伍），

---

① 《左传·襄公三十年》。

② 《左传·昭公四年》。

因此极其不满，骂子产是极毒的蝎子尾巴。但这个措施终于推行下去，这一方面在承认个体农民合法化的基础上，赋予其中一部分人作甲士的资格，打破了这些甲士身份的限制，从而加速了阶级关系的变化。另一方面则把兵力和武器集中到国家手中，加强了中央集权，削弱了贵族采邑主的独立性，因此遭到的反抗是十分强烈的。

铸刑书[1]，后于作赋二年（公元前536年）——公布成文法，限制了贵族采邑主的司法特权，"民在鼎矣，何以尊贵"，限制他们不能滥杀滥罚，这是封建社会法治的发轫，对后来法家有很大影响，也具有重要的革新意义。

子产的改革是用加强中央集权、限制贵族采邑主的特权的办法来维持宗法贵族的统治，他并不是新兴地主的代表，但他的改革客观上使新兴地主自耕农得到发展的机会，有其进步性，比管仲更进了一步，与管仲并为春秋时的大政治家，当然这是时代不同的原故。

（6）秦国，初租禾（公元前408年，秦简公七年）

秦比东方各国落后，初租禾类似初税亩，但晚了近二百年，已经是战国时期了。当然有的同志认为不同点是改为实行实物地租，这就不多说了。

上述这样一些改革，反映了春秋时期生产关系与阶级关系剧烈而复杂的变化，大体来说：

春秋前期的改革为相地衰征、作爰田、作州兵等，主要是调整生产资料占有者与直接生产者的关系，即把劳动奴隶或集体奴隶身份改变为农奴性的劳动者，使他们土地占有的权力更大一些，身份提高一些，用这种办法提高其劳动的积极性，以巩固贵族采邑主的统治。

春秋中期的一些改革，如初税亩、作丘甲等，则反映了公室（大贵族采邑主）对其下边的贵族采邑主的权力作一些限制，主观上有利于非贵族的中小地主及自耕农的成长。

春秋后期的改革，则越来越带有中央集权国家打击贵族采邑主分裂势

---

[1] 《左传·昭公六年》。

力的性质，如封洫政策、庐井有伍、作丘赋、铸刑书等，这种政策主观上也是有利于新兴地主的成长和发展的。

因此也可看出，春秋时期奴隶主没落，贵族采邑主（封建领主等）兴起，新兴私人地主势力也越来越大，到了春秋末期及战国初期，新兴地主就占了统治地位，而其政策上层建筑就是中央集权的封建国家。

第二节　战国

春秋以后的历史时期被称为战国时期。其所以得名，是由于一部有名的书——《战国策》。它开始于何年其说不一，《史记》定为周元王元年（公元前475），郭老也这样主张；还有主张以三家分晋（公元前403年）（《资治通鉴》的开篇——范老的主张①）或田氏代齐（公元前386年）作为战国开始。至于其下限则为秦始皇统一六国（公元前221年），时间是二百年左右。

这个时期里，七雄并主，即秦、楚、燕、赵、韩、魏、齐。此外还有一些二、三等国家，如宋、卫、鲁、中山、滕、邹等等，东周王室也算一个。秦在陕西，楚在江左，赵在河北、山西北部，燕在河北北部，齐在山东，处于边缘，中心则是韩、魏。七国之间经过长期的争战，战争的规模和激烈程度远远超过春秋，最终秦统一，建立了中国历史上第一个统一的中央集权的封建专制主义帝国。

（一）战国时期的社会变化

1. 地主土地所有制的发展

经过春秋几百年的变化，井田制崩溃了，村社瓦解了，农业生产变成了一家一户为基础的小生产，这也是此后两千年中国封建农业经济的基本

---

① 编者补注：指范文澜先生。

状态。

春秋时期，井田制已经逐渐变质，并且崩溃，与井田制相连系的村社（邑里社）瓦解了，从西周变化而来的贵族采邑制也衰落了。其崩溃的原因不外三者：

兼并——（军事的）战争中消灭

转移——政治的

买卖——经济的

战国的井田制和村社制度就完全瓦解了。其表现如下五个方面：

（1）作为井田制及村社特点的封疆沟洫都已崩毁，再也没有那种四方四正的豆腐干式的方块田了。李悝时"沟洫为墟"[①]，即不是没有沟洫了，而是原来的井田的沟洫为墟了。商鞅"废井田"，"开阡陌封疆"，孟子所说暴君污吏"慢其经界"，并且说，"还井田，行仁政，必自经界始"[②]。这从反面说明此时旧的井田的封疆沟洫已经废弃，经界即定期划定疆界的传统依法也不行了。

（2）所谓公田私田，已经打乱，不再分开了。国家统一按亩征税，税率即为十分之一。所征为实物，过去与井田那套相连的助法即等级租已经基本上废弃了。至于私人地主的土地，则按十一之税向国家交税，而配给佃农耕种则为见税什五，50% 地租。

（3）村社公有，定期分配耕地的制度已经消失，土地私人占有。当时认为这是提高劳动兴趣，提高生产的有效办法，即所谓"公作则迟""分地则速"[③]。

（4）土地买卖开始盛行起来。春秋时土地买卖的材料不多，只见到两条：

一是《左传·襄公四年》，晋魏绛讲和戎之利时已提到，"戎狄荐居，贵货易土，土可贾焉"，即用财物去换取戎狄的大片土地。

---

① 明人董说《七国考》引《水利拾遗》。

② 《孟子·滕文公上》。

③ 《吕氏春秋·审分篇》。

二是春秋末年赵简子当政，一天赏了两个中牟贤士为中大夫，"中牟之人，弃其田耘，卖宅圃而随文学者邑之半"①。

这两条材料当然还有一些限制和异说。如和戎是一种政治交易，与一般的土地自由买卖不全一样。中牟人卖的是宅圃，即最早变成私有财产的园宅地，而耕地如何处理则不清楚（弃其田耘，可以解为弃掉耕地，如是则似乎说明耕地还不能买卖，只能抛弃，说明耕地还非私有。但也可以解释为弃耕作而非耕地，那土地所有权是什么情况就很难有固定的解释了）。但是，从西周中期的土地就有作价交换买卖的情况来看，再从春秋当时商品货币经济发达，土地所有权转移迅速的情况来看，春秋时土地买卖应该是存在的并有所发展，不能因为材料少就予以否定。

到了战国，土地买卖的现象就非常普遍了，如苏秦设想他有负郭田二顷就不会出外当游士了。苏秦是个穷士，要有这田，其来源即是买，不可能有其他途径。赵括以"王所赐金帛，归藏于家，而日视便利田宅可买者买之"。②商鞅变法更是明言"除井田，民得卖买"，这就从法令上正式确定了土地买卖的合法性。其背景只能是土地买卖现象的大量存在。

（5）与井田相连系的村社经济邑里社等，性质已经改变了，逐渐变成了封建政权下的基层行政组织。邑里村社首领，此时已变成了封建政治最下层的"乡官"，村社成员则成为国家的编户齐民，有户籍组织，由国家编制。原先邑里等所具有的分配耕地、组织生产等职能基本消失或徒具形式，如"劝农"，但保留了征发赋役、词讼、维持治安等职能。

2. 阶级关系的变化

战国时，地主土地所有制成了占主导地位的所有制，阶级结构也发生了变化。

（1）地主

1）封建国家——这是最大的地主，手里掌握有大量的土地，赏赐臣下动辄数万亩、数十万亩、数百万亩，山林川泽也为国家所有。这些国有

---

① 《韩非子·外储说左上》。

② 《史记》卷81《赵奢传》。

土地通过赏赐等很多都由私人获得了，成为私人所有。

2）食封地主——战国时凡经过新兴地主政治改革的国家，不仅把旧的贵族采邑制消除了，甚至把国君家族的特权也废掉了。战国时期虽然还有少数国君宗族、外戚功臣封君封邑，但这种封君已不同于春秋时期的卿大夫，权限小得多，其特点为：

①封时除赐给土地外，并授与国家的宪令（魏成侯受封时"手受大府之宪"）①（即封君必须奉行国家统一的法令），与旧贵族采邑主具有行政司法权不同。

②封君的相往往由国家委派，国家直接调遣，相当郡守，行政权实际在国君手中。封邑中的农民是以封建什伍组织为基础，通常受国家官吏治理。

③封土实际上是食田，即食邑。即仅收租赋，衣食租税。而且封君还曾向国君交纳一定的租税。如平原君家不肯出国家租税，负责赵国租税的赵奢依法杀了平原君家管事的九人。此外，封君除了封邑外，还有自己的私人田宅，在封邑交还给国家以后，还可靠私人田宅的地租生活。

④封君多数不是世袭。

可见，封君在其封地内无政权和兵权，和大地主差不多。经常被驱还或杀死或没收。

3）军功地主——前述的"士田十万"即属此类，即打仗立了功而赏赐土地。如魏国公叔痤立了军功，魏王即赏他一百万亩土地。公叔痤又说他打胜仗是因为受早已死去的军事家吴起的"余教"，还有两个人帮助他观察地形。魏王又赐吴起后嗣田二十万亩，对那两个观察地形的人也各赏田十万亩，又加赏公孙痤田四十万亩。秦商鞅变法时，更从法令明文规定：人民立军功的，各按功劳大小赏赐。秦定二十级爵，凡战争中斩首一级的可赏爵一级，益田一顷，益宅九亩。斩首二级以此可类推。尊卑爵禄等级照军功大小规定，多按等级占有田宅、臣妾（奴隶）和衣服，或称封制。这样就有一大批下层士卒经过军功升到统治阶级的地位，并分到占有

---

① 《战国策·魏策四》。

不同数量的土地加入新兴地主的行列里去。

4）一般地主，由少量自耕农通过买进土地而上升，或从事工商业的人有钱买进土地"以末致财，用本守之"①。

（2）自耕农

自耕农的来源一部分是地位下降的士，一部分是过去的村社农民，或"开田而耕"的新农业生产者。他们以一家为生产单位，一家四口人，后来到五口而有三个劳动力，占有的土地大约在一百亩左右（合今 29 市亩）。自己有生产工具、自己的经济，他们在平常年份能勉强维持简单再生产，一到灾年或有变故，生产地位就下降了。

他们对国家承担十分之一的田赋，此外还有力役及其他等派役。封建国家用严密的户籍制度把他们统制起来，不许随便外出，更不许逃亡，否则承受严厉的惩罚。他们是封建国家赋税徭役的主要承担者。《汉书·食货志》载魏李悝的话，大体可作为这种自耕农的写照。

（3）佃农

他们租种地主的土地"无立锥之地"，"或耕豪民之田，见税什五"②。收获物一半要交地租。当时许多农民失掉土地或受不了封建国家的剥削而抛弃土地去当佃农，由公家逃到私门。如韩国"悉租税，专民力，所以备难，充仓府也，而士卒之逃事伏匿，附托有威之门以避徭赋，而上不得者万数"③。公家与私门争夺劳力是地主阶级内部斗争的一个焦点，一直持续到唐朝。

（4）雇农

失掉土地的农民除了充当地主的佃农外，有的转入工商业，成为雇工或伙计，也有的成为雇农，持手而食，出卖自己的劳动力，称"庸夫"或"庸客"。主人给他美羹钱布，希望他耕得深、耘得快。④但这是一种欺骗，绝大多数雇农所得报酬很少。一家有三个壮劳力作"佣"，连一个老人也

---

① 《史记》卷 129《货殖列传》。

② 《汉书》卷 24 上《食货志上》。

③ 《韩非子·诡使》。

④ 《韩非子·外储说左上》。

养活不了。①

（5）奴隶

战国时奴隶还有相当数量，战俘奴隶及买卖的奴隶还不少，但已可用钱赎回。这些奴隶大多是私奴隶、家内奴隶，不从事主要生产事业，但官营工商业中仍大量使用。私人也有奴隶不少，吕不韦有家僮万人，除去家内役使外，也从事工商业，嫪毐也有家僮数万人。奴隶也有用于农业的，数量多少不明。

3. 工商业的发展

手工业从农业中分离出来以及商业的形成和发展是很早的事。奴隶制社会下，"工商食官"属于官营，劳动者的"百工"身份属于奴隶，民间商品的交易只是在较小的规模上进行还有相当部分还是在以商品生产的基础上进行。所谓"氓之蚩蚩，抱布贸丝"②，"日中为市……交易而退，各得其所"。③

随着奴隶制的崩溃：1）官府对工商业的控制松弛了，工商业者的奴隶身份也开始有了变化；2）生产力的进一步发展，农业有了更多的剩余产品，促使了交换的发展，如能用漆器、陶瓷等为日常用具，青铜礼器兵器发展等等；3）私有制特别是土地私有制发展了，促使了商品交换的发达。私田的开垦。原是由官府控制的山林川泽的管理的松弛使许多人得以经营此类生产，进行交换。

这样，工商业就发展起来，商人也就成了一股社会势力。如郑国迁都时与商人立盟约，郑国的弦高假借王命，犒赏入侵的秦兵，促使秦退兵等。都可知商人在春秋时已有雄厚的财力，并有一定的政治地位。

土地地主所有制、工商业的发展又反过来促使奴隶制瓦解，封建私有制特别是地主土地私有制进一步发展起来，这是中国进入封建社会与欧洲进入封建社会不同的一个地方（中国封建社会工商业的发展是第一个特

---

① 《韩非子·外储说右下》。

② 《诗经·卫风·氓》。

③ 《周易·系辞下》。

点）。欧洲进入封建社会时工商业很不发达，这还比不上罗马帝国的末期。欧洲的领主制的发展并没有借助于工商业。但是，封建社会初期工商业的过度发展，商业会引发剥削的残酷，又促使土地所有权的迅速转移。不仅国家财政的主要来源的自耕农迅速破产，而且地主经济也受到影响，易于破产，当封建制度已经独立之际，商业在对于瓦解奴隶制的历史私权作用已经消失，而对以自然经济为基础的一家一户的小生产组织却也起了特殊作用，使其具有不稳定性。另一方面，工商业生产对其外的农业经济的奴隶制的瓦解作用是明显的。但其内部由于生产的规模较大和较多集体性协作与分工，因而保留了较多的奴隶制社会特点。这对封建社会前期的统治者是不利的。因此，他们往往实行重本抑末政策，限制和打击商人。这是一个矛盾的政策，对封建制初始是有功的。工商业者却终于受到封建统治者的限制和打击，但这也不是不可理解的。

到了战国，工商业有了进一步发展，这时最主要的手工业生产部门有铜铁的冶炼且用于生产与日常用具，与过去青铜的主要用于贵族礼器及兵器不同。

制陶业——除日用器具外，建筑业也用陶（瓦、砖）

煮盐——

纺织——

木竹——书写文具

漆器——新发展的独立手工业部门

此外，如皮革、砖瓦、玉器等行业均有发展。

手工业除去作为农民副业的家庭手工业外，有官营、私营手工作坊和个体手工业三类。

官营手工业主要满足封建统治者自身的需要，如战争用品与奢侈品等。生产者有官奴、刑徒和征发来的民工，有的还有雇工，即"佣客"。

私营手工业作坊主要经营与国计民生有重大关系的用品及为统治者需要的奢侈品，如冶铁、煮盐、酿酒、高级织物等。有些生产规模也很大，生产者有私附民、雇工和奴隶。有名的如猗顿以煮盐起家，魏国的孔氏，赵国的卓氏和郭纵以冶铁埒富，他们都是富比王侯(素封之家)的暴发户。

奴隶制的瓦解与封建制的确立，使部分手工业奴隶改变了身份，也使村社中的手工业者改变了身份成为个体手工业者，有些农民也弃农为工，他们分布在各行各业中，如陶工、木工、皮革工、车工等。个体手工业者常常把技艺世代相传，世守家业。有的由于技术高而成为名人，如春秋时鲁国的公输般，即鲁班，成了木匠和泥瓦匠的祖师爷。

由上可知，当时手工业中也出现了封建生产关系，但这种变化落后于农业，在手工业的某些部门，奴隶生产还占有较大的比重。

随着农业与手工业的发展，商业也发展起来，当时的农业是自给自足的，农业与家庭手工业结合的自然经济占统治地位。但农民也需要通过市场交换部分生产用品（如铁器）和产酒用具（如陶器）。私营手工业作坊和个体手工业者从事的是商品生产，当然需要交换。贵族官僚和士是剥削来的东西，除供自己享用外，剩余部分也投放到市场上，去换取各种各样贵重的消费品和奢侈品。

由于商品交换的发展，那时城市几乎都在划定的地点设立一个或一个以上的市作为交易场所，由政府设官管理，并征收租税。工商业者在市内设店铺"列肆"进行交易。这种由封建政府管理的市制几经变迁，一直延续至唐朝中叶以后才瓦解。

在工商业发展的情况下，也出现了一批大商人，他们贵卖贱买，囤积居奇，垄断市场，积累了巨额的财富，白圭就是一个。有些大商人本人又是大手工业主，像前述的猗顿、孔氏、卓氏、郭纵等就是如此，吕不韦也是有名的一个。

商品交换的活跃促进了货币制度的发展，商和西周主要的货币形式是海贝，此外皮革珠玉等也曾取得货币的地位。后来逐渐流行金属货币，即铜币。春秋时，周景王铸大钱，即为其表现。战国时，货币流通量大增。铜币占了主要地位，当时周及秦用圜（音圆）钱（环状），三晋用镈币（铲形农具转化而来），燕齐用刀币，楚用蚁鼻钱（海贝状，小方块），也用金币和郢爰。流通量大增，说明当时商品经济的发达。但各国币制不一，也说明了自然经济及各国分裂状态，还使得商品交换带有浓厚的地方性质，从而阻碍了商品经济的进一步发展。这个问题到秦始皇统一全国后，统一货币度量衡，才解决。

这时还出现了交易的契据。各国原是质剂，此时称券。一分为二，买主卖主各执一方。

随着商品经济的发展，高利贷也盛行起来，不少贵族、地主和商人都从事高利贷业务，并已出现了专门的高利贷者。齐国贵族孟尝君，在自己的封邑"薛"放高利贷。一年碰上饥荒，很多人交不出利息，但仍得息钱十万，可见剥削之重。

当时，大工商业者又是当时的地主，末以致富，本以守之。其经营工商业所得的利润，往往用来购买土地，而他们又往往从事政治活动：当官。官僚、地主、商人三位一体这是中国封建社会的一个特点，吕不韦就是其中一个有名代表。即工商业并不是与封建地主对立而存在，是结合在一起的，互相支持利用的，这是中国封建社会同欧洲不同的又一点。欧洲领主制下，贵族领主主要搞农业，工商业者不可能买地，更不可能成为贵族，形成了一股与封建领主对立的力量。而中国封建社会则不同，不是对立而是结合，并在封建地主政权及其官僚的体制之下，这是地主制及其官僚制度的本质。

随着战争的频繁与商业的发展，各地区之间水陆交通业发达起来，鸿沟及邗沟的开凿，把江淮流域与河洛流域联系起来，长江更是南方主要通衢。张仪曾说，巴蜀的大船，"起于汶山，浮江已下，至楚三千余里"，"下水而浮，一日行三百余里，里数虽多，然而不费牛马之力"[1]，从四川到下游交通很方便，陆路也很发达。孔子时，从郢都到山东邾国行军最快的要走三个月，但战国初，从鲁都到楚鄢郢，个人旅行，十昼夜即可到达，方便多了。

工商业与交通的发达促成了城市的繁荣，前所未有的大城市兴起了。春秋时，除国都外，"千室之邑"已是标准的大邑，国都即使大十倍，也不过万户。但战国时，万室之邑已很普遍。尤其是各国国都既是政治、军事中心，也是大商业城市。像齐国的临淄，人口达七万户，赵的邯郸、韩

---

[1] 《史记》卷70《张仪列传》。

的阳翟、楚的郢、魏的大梁都是如此。在这些城市中，居住着大量的官僚、贵族、士兵还有贵族官僚所豢养的食官。如有名的战国四君子，齐的孟尝君、赵的平原君、魏的信陵君、楚的春申君，乃至吕不韦等人，食客可多达三千人，大都市的工商业者首先就是为这批人服务的。

这就带来了中国封建社会工商业不同于欧洲的特点。贵族领主是居住在农村的城堡中、在领地上进行统治的。城市在欧洲是作为封建贵族的对立物，而在封建城堡之外产生的。城市的市民（工商业者等）是力图摆脱封建贵族控制的工商业者，城市又是逃亡农奴聚居之所，有相对的独立性，有自己的行会、政府、议会、军队组织。他们与封建贵族之间有矛盾斗争，城乡的对立是深刻的。欧洲的资产阶级就是在城市市民中产生出来的。但是中国的城市往往就是政治军事中心，贵族官僚住在城市，经过城市进行统治。城市中的工商业受封建统治者控制（如前述的市制），又为贵族官僚地主服务。这是中国封建社会与欧洲不同的三个特点。

工商业作为封建地主经济的产物及促进者出现，官僚、地主、商人高利贷三位一体，城市是封建经济的中心，这三点是与欧洲不同的，而其产生的根源则是中国的封建地主所有制。这决定了中国封建社会的特点，也影响了此后的发展进程，一直到封建社会长期延续，资本主义萌芽发展不起来，是值得我们好好研究的问题。

4.战国时期政治上层建筑方面变化

随着地主土地所有制的发展和确立，地主阶级通过各国的变法运动（见后），逐渐代替旧贵族掌握统治权，在这个基本的社会变化下，战国时的政治上层建筑也出现了如下几个方面的变化：

（1）郡县制

到了战国，郡县制基本上代替了奴隶制时期的分封制和由分封制演变而来的春秋时期的贵族世袭的采邑制。这种郡县制的起源已见前述，它由中央郡县三级组成，县下有乡、里，基础是个体农民的什伍组织的保甲制。他与过去的分封制与采邑制的不同之处是，1）郡县官吏由国王任免，对国王负责。过去贵族享有其领地的土地占有权及行政权、司法权、征收赋役权、军权等等。现在，地主除了所有土地外，行政权、司法权、征收赋役权、兵权等等都与土地占有权或所有权分开了，而由地主阶级的总代表——封建国家及委派的各级官吏来行使。

2）地方官员的任免升退由其实际政绩来判定，取消世袭制，所谓世卿世禄。

3）地方官吏的俸禄（实物为主，也有钱）由国家支配，不同于过去直接来自人民。

这样，连同下边所说的官僚制度，就形成了中央集权的封建专制主义制度，政权集中在中央手里，这是中国封建社会的一个重要特征，后来虽然屡经变化，但基本上延续了两千年。

（2）官僚制度

在西周和春秋，与分封制或采邑制与宗法制结合在一起，政治由贵族家族掌握，并且世袭，即所谓世卿世禄制，战国时已经崩坏。行政权、军权、用人权、财政权都掌握在国家手里，只有国王才能颁布法令，官吏只能执行命令和提出建议，官吏由国王任免并对国王负责。这是一种官僚政治，与以前的贵族宗法政治不同，也是欧洲封建领主制所无。国王之下的中央政府设丞相、文官（长）将军将尉等武官之长，御史是帮助国家处理事务，后来成为执法和纠察的职务。官僚的来源，已经不只是贵族，来源很杂，但主要是一些所谓游学入仕，即以做官为目的的人。这些人来源很杂，上中下层均有。一是大学者及其弟子，如荀卿、李斯等；二是庶，公卿子孙及先世仕宦子弟，如商鞅、乐毅等；三是富豪、商人，如吴起、吕不韦等；四是贫士，如苏秦、张仪、范雎等；五是贱臣下吏，如申不害、赵奢等。只要有本事，符合国王要求，就可做官，而且可以做大官，所谓布衣卿相已是常见的事。不像过去只有贵族子弟才能做官。官僚的来源大大扩大了，等级的限制也不严格，这是地主阶级政权从地主阶级中选拔人才的必然办法。当然，此时官僚的选拔还没有制度，到汉以后就开始制度化，如察举制、九品中正制和科举制越来越严密。战国时游士之盛，应与此种制度有关。

（3）军队

西周直到春秋时期，贵族是军事统治集团，也就是武装集团。当时主要是车战，兵器、车马、甲胄都很贵，只有贵族才能享有。然而到战国时战争形式已改为步兵为主，后来又有了骑兵，贵族垄断军事的情况变化了，士卒主要成分是农民。各国一般实行征兵制，打仗时征发来。另外也有一种是常备兵，军事逐渐专门化、职业化，文武分开，由封建国王任命各级将领统率，调兵权、发兵权都由国王掌握。军队数量也庞大起来，七国有兵少的可征调三十万，多的可达百万（楚）。一场战争中动辄兵力十万、几十万，最多一方可达六十万。战争规模空前的大，战争也空前残酷，所谓"争地以战，杀人盈野。争城以战，杀人盈城"①。过去征战目的是夺俘取货，屈敌则成，这时则为以占夺土地，残杀敌人为目的。每次战争斩首动辄十万八万，甚至一次坑杀四十万（长平之战），对社会经济的破坏是很酷烈的。地主阶级就是通过这种残酷的战争确立自己的统治。地主阶级的军队也逐渐产生变化，而通过军功上升的做法逐渐成为制度。这对贵族的没落，地主阶级势力的扩大也是起了推动作用的。而军队则成为维护地主阶级封建主义中央集权国家的一种重要手段。

（二）各国的变法

随着地主阶级走上历史舞台，他们必然要求获得政治上的统治权力。战国时各国的变法，就是地主阶级代表人物所进行的打击旧贵族势力，有利于维护和发展地主经济，加强地主阶级统治权力的改革，在历史上起了进步的作用。其中最有名的是魏李悝、楚吴起、秦商鞅，此外齐、赵、燕、韩等也进行了程度不同的改革。此处从略。

1. 魏国李悝的变法

公元前 403 年韩赵魏三家分晋，在此之前，公元前 446 年，魏文侯即位，任李悝为相，进行社会改革，李悝的改革主要有以下几个方面：

（1）废除旧的世卿世禄制度。按照"食有劳而禄有功""使有能而赏必行"的原则，把禄位赐给对于封建国家有功劳的人。另外，执行对犯罪

---

① 《孟子·离娄上》。

的人"罚必当"，打破"刑不上大夫"旧体制，打击了旧贵族势力，这为地主阶级掌握政权创造了有利条件。

（2）尽地利之教。派农官督促农民生产，使农民置于封建政权的直接控制之下。增产者赏，减产者罚，以保证封建国家增加剥削收入。为了把农民固定在土地上，防止农民在荒年流亡和造反，李悝还创"平籴法"，好年成国家以平价购进粮食，坏年成以平价出售，保持粮价稳定。

（3）制《法经》。这是李悝最主要的措施。用法律形式把封建制度固定下来。《法经》共六篇，核心是保护封建私有制度，防备和惩办盗贼。所以第一、二篇就是"盗法"和"贼法"，第三、四篇是惩办盗贼的"囚法"和"捕法"，最后两篇是"杂法"和"具法"。杂法主要是惩办破坏封建社会秩序和违反制度的行为。如盗取兵符官节、议论朝政、聚会、贪污，等等。"具法"是根据具体情况加重或减轻刑罚的法律。《法经》在中国封建社会历史上已是一种很重要的法典。

由于任用李悝，还有吴起（西河守）、西门豹（邺令）、乐羊（大将，灭中山）等，魏国很快富强起来，成为战国初期最强盛的大国。

2. 楚国吴起的变法

楚国从公元前 479 年起，内乱频仍，人民起义不断，国势衰弱。为了要收复失掉的大片土地，到楚悼王时，任用从魏国受陷害逃来的吴起，不久任用为令尹（相），实行社会改革。吴起变法主要是削弱楚国旧贵族的势力。楚国旧贵族特权太重，封赏太重，旧贵族垄断经济政治大权。吴起下令，凡封君子孙已传三代以上的收回爵禄，疏远的公族，一律消除公族籍，无关紧要的官职与无能之辈，一律裁免，削减官吏的俸禄，节约开支，用以抚养将士。楚国地广人稀，吴起强令一部分贵族迁徙到那些人口稀少地区，变相霸占他们原有的土地，还禁止他们乱说乱动，吴起的变法使楚国很快富强起来，一度打败魏国并发兵攻秦。但楚国旧贵族势力已很强大，变法不到两年，楚悼王即死去，反对改革的宗亲贵族趁机作乱，围攻吴起。吴起跑去伏在悼王的尸体上，旧贵族用乱箭把他射杀，但同时也射中王尸。楚国的法律规定加兵于王尸者，一律严惩，罪及三族。因此有七十多宗亲和叛乱贵族被处死刑，还有的逃跑到国外，但楚国旧贵族势力仍然很强大。

社会改革终因吴起之死而受到严重挫折，楚国的发展也就停滞下来。

　　3. 秦国商鞅变法

　　在各国的社会改革中，只有秦的商鞅变法较为全面，效果也最显著，影响也最大，奠定了秦统一六国的基础，促进了各国社会改革的进程。

　　战国初年，秦在各国之中是比较弱小的，奴隶制及旧贵族势力也最大。公元前 408 年实行初税亩，按田亩收税，比东方各国晚了好多年。说明地主土地私有制得到承认。公元前 378 年"初行为市"[①]，说明商品经济也活跃起来。秦国国力弱，中原各国都以夷狄视之，不让之参加中原各国的盟会。秦孝公在国内外压力下，迫切地要求变法图强。

　　卫人公孙鞅当时在魏国，听说秦孝公下令求贤，遂带着李悝的《法经》入秦，孝公让他变法，又封他于商国，所以又称商鞅。

　　商鞅变法共两次。公元前 356（到公元前 359）年，是第一次。实行中旧贵族势力纷纷反对，"秦民之国都言初令之不便者以千数"[②]，但孝公和商鞅不为所动，坚决执行。遂因太子违法而惩罚了太子的师傅，从此无人反对。变法受到很大鼓舞，接着，公元前 350 年又第二次变法令，这两次变法的内容如下：

　　（1）废除旧的世卿世禄制，实行依军功授勋爵的办法，根据军功重新定尊卑爵秩。旧贵族无军功，不让列入宗族的宗籍。秦的军功爵一共分二十级，从最低的公士到最高的彻侯，各级都规定有相应的政治经济特权，如任官、占有田邑、奴婢和依附农民，享用特定的衣服车辆，等等。斩甲首一级授爵一级，田一顷，宅九亩，庶仆一人，爵级高是可授封邑，立大功的可授数百直到万家的封邑，衣食其赋税。新兴地主阶级由此大大加强了其社会地位，并扶植了一批新兴地主。

　　（2）废井田，开阡陌封疆。土地可以买卖，就是承认了地主的土地所有权，由国家统一收税，这是一项划时代的变革，承认了秦国地主土地所有权的最终确立。

---

① 《史记》卷 6《秦始皇本纪》。

② 《史记》卷 68《商君列传》。

（3）重农抑商，发展农业。禁止父子兄弟同室共财，民有二男不分居者倍其赋，把过去宗法家庭分开，成为一夫一妇为一家的小家庭。以此形成封建社会一家一户为单位的小生产经济。奖励开荒，耕种收入多的，免其本身徭役。游手好闲和弃农从商，凡从事工商业和因不认真生产而贫困窘迫的人罚作奴隶，这样就巩固了封建的管理基础，保证了封建主的财政和兵源。

（4）三晋一带地少人多，诱使这些地方的农民和奴隶到秦国来给他们田产，免其三世徭役，解放其奴隶身份。秦国田地增加了一大批劳动力，土著秦民可以专门当兵，而新来移民供应粮食。既增加了秦国的国力，解放了秦民当兵和务农的矛盾，又达到了当时发展三晋的目的。

（5）统一度量衡。由国家统一颁布标准度量衡器（如传世商鞅方升），当时秦一升当今 0.2 市斤、200 毫升，一斤约 250 克，一尺约 23.2 厘米，秦始皇统一中国，度量衡标准即此。这就便利了税收和经济交往。

（6）建立中央集权的封建政治制度。重赏厚刑，一断于法。全国统一划为三十一县，县设令、丞，由国王任免，县以下为乡里。人民以什伍组织起来，五家为伍，十家为什，奖励告密，行连坐法，告奸的按斩敌首同等得赏，不告奸的腰斩，匿奸的以降敌论处，人民不得自由迁徙。

（7）烧毁宣扬奴隶制意识形态的诗书，禁止儒者游学和散布反对舆论，凡做官的要学律令，以吏为师，用高压手段将思想统一到封建主义上来。

商鞅变法收到很大的效果，"行之十年，秦民大说"，"民勇于公战，怯于私斗，乡邑大治"①。变法取得初步成效之后，商鞅连续出兵攻魏，夺回了大片土地，秦国的声威大振。

秦孝公死了，惠文王即位。旧贵族的代表公子虔等诬告商鞅谋反，商鞅被迫出走，逃到魏，魏人不纳，他逃到自己的封邑，举兵反抗失败，被车裂而死。

商鞅虽死，秦法未变，一直秦行商鞅之法。新的封建生产关系及政治制度，促进了社会生产力的发展，秦国成为七国中最富强的国家，这就为

① 《史记》卷 68《商君列传》。

以后的统一事业提供了基础。

（三）封建兼并战争

战国时期战争频繁，这是一种在兼并中求得统一的战争，就是地主经济发展及其中央集权封建专制主义政治上层建筑发展的产物，尽管它带有极大的残酷性，但它是符合历史发展趋势的，是对历史发展过程起积极作用的。它的最终结果，就是中国历史上的第一个统一的封建王朝：秦王朝的建立。

战国最初六十年左右，最强盛的国家是变法最早的魏，他周围的秦、齐、韩、楚、赵没有没受过他的攻击的。当时秦国还比较弱小，而其东出的路径又被魏堵塞了。当时能同他对抗的是齐。公元前 353 年魏攻打赵的邯郸，并且占了两年。齐国用围魏救赵之计，才迫使魏撤出。公元前 341 年魏又攻韩，韩向齐求援，齐国以孙膑为军师，又直逼魏都大梁，魏军已破，大败于马陵，损兵十万，主帅太子申和庞涓都死了。此后，二十余年间，齐、秦、赵、楚纷纷起兵攻魏国，秦对魏五次用兵，魏对秦两次献地。经过商鞅变法的秦，不仅夺回河西，而且侵入河东、河南，打开了东进的道路。魏国衰落了，秦成了此时六国的最大威胁。在四面受敌的情况下，魏与各国修好，于公元前 334 年互认为王。旧时，燕、赵、中山，此后秦、韩、宋也都称王（楚早在春秋就称王了）。周室的余威完全消灭，春秋"尊王"的口号没人再提了。

被当时称为虎狼之国的秦，既已"出笼"，山东六国最大的问题便是怎样对付它。六国的外交政策不外两种，即合纵与连横。秦在西方，六国封在其东，所谓合纵，即通过呈南北方向的共同结合，共对付秦；而连横则是六国中任何一国与秦至东西方向的结合，故称横。合纵当然是六国共同的最安全的政策，也是秦最惧怕的政策。但合纵政策要持久很困难，因为六国没有一国不想扩展疆土，攻击邻国，而秦却不是那么好惹的，所以攻秦不成而六国已经互相攻打起来，合纵便被破坏了。第二，六国之中，齐燕距秦遥远，秦的东侵直到很晚也没有使他们感到切肤之祸，因此他们对合纵的热心很容易冷下去。反之，魏、韩、楚、赵紧邻接秦国，一旦和秦国交恶，外援不一定来，而秦军先已压境，因此怕吃眼前亏，很容易受秦的引诱而与秦连横而破坏纵约。因此，战国时的各国关系，好像钟摆一样，在合纵与连横之间往复，那时游士说客为了政权的高官厚禄，奔走于各国君主之间，呈其利口巧辩。今天说这国合纵，明天又替秦说连横，纵横捭阖，使得各国外交政策来来回回地变。而合纵连横每一度摆动，秦的东侵便进一步，六国的抵抗力便衰弱一层。

自魏衰败了，六国中势力能与秦抗衡的，只有齐、楚两国。秦国尤其怕这二国联合。公元前 315 年，六国第一次合纵攻秦，楚怀王为纵约长，但并未取得胜利，秦于是以商於之地六百里为条件，诱楚怀王与齐绝交。等楚、齐绝交后，秦又食言，怀王大怒，举兵攻秦，两次大败。汉中一带地方丢给了秦，郢都西北屏障失掉了。公元前 306 年，齐又约合纵攻秦，自为纵约长，怀王参加，但又一次受秦人诱惑，并互相婚姻，使得楚、齐互相打起来。接着秦又连打带拉，引诱楚怀王去会盟，结果把楚怀王扣了下来，死在秦国，他的儿子楚襄王在秦威逼之下，只好与秦讲和，楚国衰落了。

楚怀王死后不久，齐国也由盛而衰。自马陵之战后，齐已成为东方各国领袖，三晋君主都向他来朝。公元前 314 年，燕王哙让位给卿子之，燕太子作乱，国内混乱，齐趁机出兵伐燕，不到两月攻陷燕都，连续占了三年，因诸侯胁迫才退出。接着公元前 296 年，联合三晋和宋攻秦，秦君不敢应战，此后又四次攻打，并把五千乘兵力、方四千里的宋国灭了。攻灭宋后，齐国国力大大损耗，而励精图治（筑黄金台）的燕昭王于齐灭宋后二年（公元前 284 年）联合秦、三晋、楚大举攻齐，燕将乐毅攻入齐都临淄，齐湣王逃走，后来被莒人所杀，各国兵退。燕兵继续进攻，五年之内，把齐国七十余城都攻了下来，只剩下莒和即墨。即墨由宗室田单固守。公元前 279 年，燕昭王死，继位的儿子素与乐毅不睦，又中了田单的反间计，遂召回乐毅，由一个无能的将军骑劫代替。乐毅一去，田单趁机反攻，把燕军赶出齐国全境，然而齐国也弱败不堪，不能再有所作为了。

齐国衰落，秦国就可以为所欲为了。燕昭王死前，秦兵攻楚，公元前 278 年，破郢都，楚只好迁都寿春。几年之内，楚国失地过半，屈原因此忧愤自杀。楚国倒下了，秦又转而对付三晋。三晋中唯一还有点力量的是赵国。秦攻赵，赵国廉颇坚守长平（今山西高平）。那个教条主义的赵括代廉颇为主将，率兵与秦将白起相持于长平，轻敌出击，被打败。秦国活埋赵括军四十万，赵国壮丁几乎死光了，也不行了。不久，秦灭周。公元前 256 年，周赧王死，再没人给他立后，名存实亡的东周也就名实俱亡了。公元前 247 年，秦王嬴政即位，最初太后、吕不韦、嫪毐等结党营私，导致秦国多年无大发展。公元前 238 年秦王政杀掉嫪毐，放逐吕不韦，任用尉缭、李斯等，开始了最后吞并六国的统一事业。这时统一事业已是水到渠成，不到十年，六国统一。只有像燕太子丹、荆轲那样的人还企图用刺杀的办法来扭转局势。然而历史趋势已经无可扭转，他们终于失败了。

公元前 230 年，灭韩。

公元前 225 年，灭魏。

公元前 223 年，灭楚。

公元前 222 年，灭赵、灭燕。

公元前 221 年，灭齐。

一共用了十年，到公元前 221 年，全国统一，中国历史上第一个统一集权的专制主义多民族封建国家秦朝出现了。

几百年的分裂割据局面到这时统一了，而且由秦来统一，这不是偶然的。

秦的统一是春秋末叶以来历史发展的必然趋势。战国时代随着新兴封建生产关系的成长，农业、手工业和商业都得到了迅速发展，各地区之间的交通、经济联系都大大加强了。各国经过改革，先后建立了封建主义中央集权的行政制度和官僚机构，基本上代替了周朝的分封制。社会经济制度和政治制度的这些变化，为建立一个统一的中央集权封建国家准备了成熟的物质基础。

但是，诸侯割据，各国之间的战争却给生产带来了严重的破坏，造成人力物力的巨大损失。各国统治者设关卡，阻碍勒索来往行旅，甚至以邻为壑，互相制造水灾，也妨碍了各地经济文化交流。消灭这种封建割据混战，实现统一已经成为历史发展的迫切要求，除了一部分固守既得利益的衰弱势力外，新兴地主阶级、农民、工商业者都在不同程度上渴望统一，统一的浪潮反映了历史发展的趋向，对统一事业具有很大的促进作用。各国人民在战争中也付出了巨大代价。人民是实现统一、推动历史发展的真正力量。

诸侯国中，秦国最具有完成统一事业的条件，社会改革比较彻底，新兴地主阶级比较强大。从商鞅变法以来，生产比较发展，军队善战，法令和政令比较统一，各级官吏得以充分发挥他们的才干。加以居关中四塞之地，进可以攻退可以守，又善于利用六国之间的矛盾与弱点，因此终于是秦国完成了统一事业。

统一是经过战争来实现的，尽管战争极其残酷而残暴，但它终于起了统一全国的催生婆的作用，在历史上是有积极意义的。

自从秦统一以后，我国基本上是地主阶级经济发展，在这基础上建立起来的也是统一集权的封建国家。从秦以后二千多年的封建社会。虽然某些时期也出现了分裂割据的状态，但统一始终是历史的主流，已占三分之二的时间（除魏晋南北朝、五代宋辽金夏），约七八百年，中国封建社会以它高度发展的经济文化，屹立在世界文明的行列，这与我们很早就建立了统一的中央集权国家是有密切关系的。

当然，对于统一集权的强调也不能绝对化。它也带来了弊端，甚至一直影响到现在。统一的中央集权的封建专制主义，集权太多，会阻碍地方经济的发展和积极性的发挥。这种统一集权的产物，专制主义、官僚制度等等，成了阻碍中国社会进一步向资本主义转化的消极力量。一直到今天还有反对封建主义的任务。这些都是我们要进一步探究的问题。

第三节　春秋战国的学术思想

（一）孔子和儒家学派

西周时期，政治、宗权、学术是结合在一起的，所谓学术，由贵族所垄断，内容大体上一是礼，即贵族之间亲疏尊卑上下等级次序，及其交往的仪式。一是史，即祭祀时的颂词（有的要配乐歌唱）、祷文、盟誓的誓书，乃至大事记、星历、占卜、灾异等等记载。这些东西大都保存在宗庙里面，由宗庙中的宰、祝、宗、卜、史等等保存、传习、应用，这些也就是最早的知识分子。流传下来的所谓六经，《诗》《书》《礼》《乐》《易》《春秋（史）》等等，就是这种礼和史的文字记载。贵族及其子弟，也要学一点这种东西，称为六艺，即礼、乐、射、御、书、数。礼、乐上文已说过，射、御是礼的一节，也是常用的武艺，书、数则是初级的技能。因此，贵族的庶家子弟或平民的上层即所谓士，要到贵族家去服务，充当所谓祝宗卜史之事，即需通晓六艺或其中的一二种，例如祭祀时的相礼（当司仪）。这种通晓六艺之士便被称为儒。

孔子（公元前 551—公元前 479，春秋末期）出身就是这样的一个没落贵族的士的家庭，他年轻时学官，先后帮贵族管过会计和畜牧的事，他的先世也在鲁国做官，是贵族。宗周毁灭了，成周在春秋时又经过几度战争的破坏，鲁是保存周的典籍文物最多的地方，所谓"周礼尽在鲁矣"，所以孔子有条件，学了六艺中的技术，他就是一个儒。不过他又不同于传统的儒，因为他不仅学了过去的礼和艺，而且重新组织，加以新的理论依据。古代典籍到了他手里，他又发挥出新的解释，新的精神来。

他是春秋末期那个激烈变动的社会的产物，他宣传西周的旧制度文化（所以是圣人），但又不拘泥于它，而根据时代的变化进行了改造与新的解释。所以他被称为"圣之时者"，即"摩登圣人"。他本身是个儒，讲的又是儒的那一套。他把他的学说从贵族官府宗庙中解脱出来，传播到平民中去，形成了一个学派。他的那个学派从此后就被称为儒家。

产生儒家这个学派的士阶层，在春秋的社会变动中处于很特殊的地位。他们原是依附于国君和贵族的，思想中有不少保守的东西，怀念旧日西周以来的奴隶制的那种秩序。面对社会的变革，不免慨叹"礼崩乐坏"，而希望回到文武周公之世去。但另方面，他们究竟出身比较低，在这种社会的变革中、旧制度崩坏的过程中，他们中一部分人又有条件得到一些好处，向新兴地主转化。因此，他们又不是完全反对新的变革，也赞成作一些变革。这样，矛盾的社会现实使得他们思想中就产生了矛盾。如何解决社会的矛盾？他们中采取了在基本不变动旧制度秩序的情况下，在旧制度中加进新东西，旧瓶装新酒，进行一些改革，换句话说，走改良、妥协缓进的道路。因此，儒家的理论是一种折衷于新旧之间的理论。这就是孔子的学说的一个基本特点。或者说，在奴隶制与封建制之间，维护奴隶制，又想建立封建制，但维护奴隶制是主要的；在保守与改革之间，维护保守，又想改革，但保守是主要的。

孔子心目中的理想社会是奴隶制的兴盛时期——西周。"周监于二代（夏商），郁郁乎文哉，吾从周"①，"如有用我者，吾其为东周（兴周于东方）乎"②，想把社会拉回到西周去。而要做到这点，就要恢复维护奴隶主统治的礼制，所谓"克己复礼"。为此，孔子提出正名的主张，即要把奴隶制所规定的等级制度和各种礼法认真地恢复起来，主要内容是"君君臣臣父父子子"，即恢复固有的君臣父子的地位和关系，稳定已经混乱的奴隶制秩序。

在强调礼的同时，孔子又提出"仁"的道德标准来充实礼的内容（即德）。所谓"克己复礼为仁""天下归仁"③。"仁"是孔子思想的核心，其抽象含义是"爱人"（仁者爱人）。但阶级社会不可能一切人都爱。孔子这种主张实际主要是提倡统治者成员之间的团结，并且有欺骗作用。但也要看出，提出这个抽象含义的仁也不简单，因为这里也反映了不能不把被剥削者当人看的意思。"民之于仁也，甚于水火"④。老百姓要讲仁，统治者对他们也要讲"仁"。反映在政治观点上，主张"节用而爱人，使民以时""为政以德"，不要用残暴手段，这比起奴隶制的统治者有一定进步之处。这是被剥削者身份地位提高的一种反映。但他又说"民可使由之，不可使知之"⑤，"君子而不仁者有矣，未有小人而仁者也"⑥，又把统治者与小

---

① 《论语·八佾》。

② 《论语·阳货》。

③ 《论语·颜渊》。

④ 《论语·卫灵公》。

⑤ 《论语·泰伯》。

⑥ 《论语·宪问》。

民看成有本质的区别。统治者要对小民行仁政，但小民并不懂这一套。所谓"爱人"，不过是叫统治者对老百姓稍好一点，别像奴隶主那样残酷罢了。这是个矛盾，但是个可以化解的矛盾。

在世界观上，孔子保留了西周传统的天命鬼神观点。他说"君子有三畏，畏天命，畏大人，畏圣人之言"①。而且认为自己"五十而知天命"②。但他又对天命鬼神持怀疑态度，"敬鬼神而远之"③，"未能事人焉能事鬼"④，"祭如在，祭神如神在"⑤。把探讨和解决人世间的问题放在优先地位，树立起儒家重人事的一贯传统。

孔子在政治上的活动基本上是失败的。他这套做法被当时的统治者认为迂阔而不切实际，奔走多国之间，总不能受重用。但他在教育方面却做出了重大贡献。据说他有三千弟子，有为的有七十多人。本着有教无类的精神，使许多出身不高的人也可学到文化知识。这就打破了过去学在官府，只有贵族可受教育的局面，而把文化知识扩展到下层去。这是当时历史发展的需要，影响很大。儒家这个学派一直流传下来，成为封建社会占统治地位的学说。一直到现在。孔子也就被尊为文成王、圣文王，成为儒家知识分子的祖师爷。他在教育理论方面提到的许多原则也很有价值，"知之为知之，不知为不知"⑥，所谓"举一隅而示之，不以之隅反则吾不复"⑦等等，至今仍有其意义。孔子思想主张主要见于其弟子整理的《论语》。

孔子的另一个大贡献是整理古代文献，把它作为教本，前面已经说了，古代的：

诗——三百篇，包括《风》《雅》《颂》，还有民歌。

① 《论语·季氏》。

② 《论语·为政》。

③ 《论语·雍也》。

④ 《论语·先进》。

⑤ 《论语·八佾》。

⑥ 《论语·为政》。

⑦ 《论语·述而》。

书——古代文献汇编，今文二十八篇，记事文诰和君臣谈话记录。

易——占卦用书。

礼——《周礼》《仪礼》《礼记》，后经战国秦汉儒家整理。

春秋——鲁国官修史书。大约经过孔子整理。

乐——未传下来，大约是唱诗的乐谱。

这些书，即所谓六经，也就成了儒家的经典。五经加四书（《论语》、《孟子》、《大学》（《礼记》一篇）、《中庸》（《礼记》中的两篇，《礼记》相传孔子孙子思作）成了此后儒家必读的书，科举考试一直用此。

（二）战国百家争鸣

战国，是一个大动乱时期，社会变动剧烈，政治的变幻风云莫测，敌对阵线的时时转换，那些游士说客今天跑这国，明天跑那国，纵横捭阖，谋取私利，"朝秦暮楚"这个成语，就是这样来的。伴随着这场社会、政治的激烈变化而来的是思想领域空前（在封建社会也可说是绝后）的活跃、变化、斗争、融合。僵化的奴隶主思想体制在剧烈变化的社会面前，已经不再起统一束缚人们思想的作用了，而且十分吃不开。各个阶级、集团——奴隶主、小生产者、带有奴隶制深刻烙印的从贵族转化而来的地主、新兴地主——的思想上的代表人物纷纷登台表演，为他们所代表的阶级、集团的利益大声疾呼、探讨，解释新出现的种种问题，提出各种各样的主张，开出各种各样救世的药方。他们创学说、传弟子、立学派、干人主，互相争论，又互相承袭或改造对手的学说以供己用，和政治史上的情况一样，极尽纵横捭阖之能事，这就是"百家争鸣"的局面。所谓百家，当然是形容词，比较有名的司马迁的父亲司马谈认为是六家，《汉书·艺文志》认为是九流十家。现在可说是十家：即儒、道、墨、法、名、阴阳、纵横、兵、农、杂。其中最主要的是儒、道、墨、法四家或加上名、阴阳这六家。这些学派，反映的阶级、集团的思想，大体上是：

儒——奴隶制色彩较浓的由旧贵族转化而来的地主。孔子、孟轲、荀况。

道——没落中小奴隶主。老子（老聃）、庄子（庄周）。

墨——小农和手工业工匠，即小生产者。墨翟。

法——新兴地主。名、阴阳、杂家亦属于此阶级。李悝、吴起、申不害、商鞅、韩非、李斯。

名家——惠施、公孙龙。

阴阳——邹衍。

但是，意识形态方面的问题很复杂，不能简单地贴上阶级标签就完事，也不是新兴地主的一律进步，没落奴隶主的东西一概反动，政治上反动，哲学思想、认识论等可能也还有一些积极的因素，哲学上是唯心论，也不是一点唯物的东西也没有。还得具体分析。

1. 养士制度

随着奴隶制的腐朽，贵族子弟多数不能胜任统治，世卿世禄制的崩溃，统治者为了需要，更多地是从士这个阶层选拔人才来做官，而士也不再仅是贵族子弟，也有了平民即下层社会的人。因而春秋时期已经出现了养士制度。公室养士，私门也养士，而且士可以在各家之内流动。士成为职业，自然也成为择业的对象。很多人就以此为业。像前引《韩非子·外储说左上》，春秋末年赵襄子当政，一天赏了两个中牟贤士做官，"中牟之人弃其田耘、卖宅圃而随文学者邑之半"。士既成了职业，也就有了传授这种职业的据点，即私学，与过去官府的官学不同。一个老师带着一批学生，教他们学业、做官的法子，带着他们到处跑。有官就做，成批带去做。孔子有弟子七十多人，墨子有弟子百八十多人，大约就是如此。这些人出身不一，有的是下层。如孔子束脩即收弟子，不管他出身，有教无类。士的阶层大大扩大，西周及春秋后期不断发展。战国时这种风气更盛，像齐国的稷下，各派学者纷然并聚，简直成了一所当时的新学院。战国四公子养士也很是出名的。当然，这些士的流派很杂，不仅是学者，还有武士，乃至有一技之长的鸡鸣狗盗之徒。但这里我们主要是讲学士。

这些学士既为做官，要得到人主的信任，又经常在各国流动，今天这家明天那家，论争激烈，就要想方设法创造一些新的东西，回答当时流行的新的那些政治上、经济上、思想上的各种问题，作出解释，想出办法来。因此思想异常活跃。由于做官要互相援引推荐，师生之间就结成一个有共同实际利害的集团。一起宣扬老师的学说，反对其他学说，例如儒家与墨家就势同水火，孟子就骂杨墨，进行人身攻击，这也就形成了学派。

2. 儒家与各派

各派之间虽然互相排斥，但却有一定的师承关系，这个看似有点奇特的现象并不难于解释。前面已经讲过，奴隶制社会下的士原本是贵族子弟，并被称为儒。即当时士就是儒，而第一个学派则被称为儒家。所以后来许多学派是士阶层分化出来的，而且往往同第一个学派儒家有各种渊源，孔子死后儒家分为八派，各小派与其他学派渊源就更深了。

例如，墨子（翟）"学儒者之业，受孔子之术"①。农家许行是墨子再传弟子道家。孔子问礼于老子。荀子讲的自然、黄老受道家影响等。至于这派是"呼先王以欺愚者"②，而其学说接近法家。

法家。李悝是子夏的学生，吴起是曾子、子夏的学生，韩非是荀子的学生，而法家又从宋钘、尹文、田骈、慎到一派道家转变过来的。

名家。当时名物紊乱，儒家孔子讲过名，循名责实，法家要定制度，也要概念确切。道家也在名物概念上有论说，墨家讲逻辑，此后发展成为名家，专门讲逻辑概念之学。

阴阳家。与儒家的自然观有关。思孟学派的神秘主义与天人合一说。

可见，各个学派不仅有师承的关系，而且学说也是互相渗透的。这是问题的一个方面。各个学派之间有千丝万缕联系的另一个方面是，各个学派都力图回答当时共同关心的一些问题。这些问题是社会变革中提出来的，各个学派必须回答，才能有现实价值。在这些问题上，有斗争，也有互相渗透、学习的方面。

3. 各个学派的共同命题③

（1）对天的思想的改变

这是一个老命题，自然人类社会的本体，或本源是什么。

---

① 《淮南子·要略》。

② 《荀子·儒效》。

③ 参见郭沫若：《奴隶制时代》。

在古代认为天上有一个人形的大神，即上帝。一切都是上帝创造的，上帝主宰天上人间的一切，即一个原神。商、西周均如此，王即天子——上帝在人间的代理人。其实，天上的上帝不过是人间的奴隶主的王的权威在天上的反映。神权不过如此。当然，西周有了些不同，即加上德的概念。即奴隶主礼乐的制度，不再只是一个人的权威了。

然而到了春秋战国，统一的奴隶主王国的最高统治者周王的权威动摇了，出现了五霸七雄，地上的王位既然动摇，它在天上的投影也就模糊了。天开始与帝分开，天也开始不管人间的事了。原本不成问题的天人关系开始成了一个重要命题。孔子把天当作自然的变化，但他又信天帝，总之是逃避这个问题，不去深讲。"天何言哉，四时行焉，百物生焉"①，是一种自然的力量，与人事的关系远了。子产说"天道远，人道迩"②，对天的探索采取逃避的态度。

道家则对宗教的天改造成了一个抽象的哲学化的本体——"道"。这个道已混沌一片，不知道是什么东西，恍兮惚兮，不可言传，但道生一，一生二，二生三，三生万物，道是万物的本体。这到底是一个观念的东西呢？还是一个客观的实在呢？老子也说不清。以至到今天我们也说不清。老子的思想是客观唯心论呢？还是唯物论？看来，大约还是客观唯心论。因为老子认为道不是物质实体，而是"虚无"，是超时空的绝对精神。老子说"道生一，一生二，二生三"③，即绝对精神的超时空的虚无的道，能生出数的概念，再从而产生物质的东西。因此物质的东西是精神的东西所派生。然而这种精神的东西是脱离人的主观意志的独立存在，因此是客观唯心主义的一个类型。

到了庄子所说的"道"，与老子基本一样。不同之处是他的"道"又指人的主体精神，"天地与我并生，而万物与我为一"④，这是把客体的天地万物与主体的精神说（齐物论）说成是合二为一的东西，因此他的所谓

① 《论语·阳货》。

② 《左传·昭公十八年》。

③ 《道德经》。

④ 《庄子·齐物论》。

世界是主观观念的名物。庄子哲学属于主观唯物主义体系。

在对待天的问题上，道家从宗教走上了哲学，而且是无神论。这是一个进步，但却作了唯心主义的解释，而且在天人关系上，主张顺应自然，忽视人的主观能动作用，这是没落奴隶主典型的思想。

到了墨家，仍保持了对天的宗教观念，所谓"天志"，我们不去多说了。

从宗教转向哲学无神论的还有儒家中的齐、梁儒家。此后他们发展成为阴阳五行之说，即认为自然、社会的变化是阴、阳五行变化的结果，邹衍为代表的阴阳家继承了这一派。本来，把自然社会的本源当成阴阳、五行这些物质的因素的活动，是有唯物论的因素在内的，结果发展成为天人合一的说法，就是有了神秘色彩的唯心主义思想了。

对天的性质及天人关系解决得比较彻底的是荀卿的体系。荀子认为"天行有常，不为尧存，不为桀亡"[1]，即天按客观规律运行，不因人的愿望和政治好坏有所改变。否定了宗教迷信和传统的天命观点。在天人关系上，他又批判了道家的静观无为的天道观，而强调了人的能动作用。"大天而思之，孰与物畜而制之；从天而颂之，孰与制天命而用之"[2]，何如把天当作动物来畜养而控制它，又说"强本（农）而节用，则天不能贫"、"本荒而用侈，则天不能使之富"[3]。这种人定胜天的思想反映了当时社会生产发展和自然科学的进步，是对新兴地主阶级的一种鼓励，要他们相信自己的力量。在同自然界和腐朽力量的斗争中争取胜利，是中国古代唯物主义的辉煌成就。到了法家，韩非就讲"当今争于力气"，即宣扬人们应相信自己的力量去争取地位的改变。而所谓力气，除了个人主观能动性外，还有财力、权力、权谋的气力，那就是赤裸裸地主张地主阶级的气力论。

（2）对人的思想的改变

奴隶制社会人是分为等级的，奴隶主高贵，甚至是天子，奴隶下贱，

---

① 《荀子·天论》。

② 《荀子·天论》。

③ 《荀子·天论》。

连牛马也不如，可以屠杀买卖，相差悬殊，因此，当时还没有普遍的人的概念。春秋以后，随着封建生产关系的发展，下层的庶民奴隶的价值提高了，上层的奴隶主贵族没落了，这才有普遍人的概念。儒家孔子提出"仁"这个新概念，说"仁者爱人""泛爱众"，就是要把人当成人，而且有共性，即人性。善、恶，或无善无恶，要一体看待。这是一种平等的观念，天子庶人都一样。到孟子则说出"民为贵，社稷次之，君为轻"① 这样的话，这反映了地主阶级及开明的没落奴隶主为反对奴隶制生产关系和等级制的一种主张。

这种对人的看法的改变带有普遍性，儒家为仁，道家主慈，墨家主兼爱，名家惠施范围更大，主张泛爱万物，天地一体。

然而地主阶级思想中关于人的平等的观念只是用来反对奴隶制的，地主阶级是剥削阶级，封建制度的剥削制度，而且是等级的剥削制度。因此，当时思想家的主张中就不能不出现矛盾，一方面抽象地讲人的平等，一方面却仍主张人有差等，如儒家的"君君臣臣父父子子""劳心者治人劳力者治于人"，墨家的"尚同"（绝对的君权统治）、"尚贤"（王者之下任用百官）、"义不从愚且贱者出，必自贵且知者出"②，这里讲得最彻底的是法家，人君是虎豹，臣下是畜鸟，而老百姓则是受镇压的虫蚁了，是愚钝者。③封建等级制度就是在反对奴隶制等级制度，抽象地讲人的平等的外衣下主张起来的。

（3）对私有财产权的重视

中国的奴隶制社会，最主要的生产资料土地是国有的，或公社所有的，因此奴隶原则上也是"受民"，即赏赐而来，私有财产观念是不发达的。奴隶主贵族对土地人民只有占有权，而无所有权。但到西周中后期春秋以后，私有财产被公认，于是保护私有财产权便成为新时期的特征。

儒家主张"义"，重点在互相尊重，不侵犯他人。墨家主张"兼爱"，

① 《孟子·尽心下》。

② 《墨子·天志中》。

③ 《韩非子》。

是爱护彼此的生命财产。儒墨两家都痛恨盗贼，而墨家尤甚，甚至说"杀盗非杀人"。最显著的则是法家，李悝《法经》开宗明义就讲怎样防止盗贼。新时代的法代替了旧时代的礼，其关键就在私有财产权的被重视。这与人权的被重视联系着。产权与人权有时分不开。周秦诸子虽然在对产权与人权问题上，轻重不一，但人权的被重视，是由于私有产权的被重视，却是无可否认的历史发展。

（4）名物的变革

奴隶制度在长期稳定的期间，一切事物的名义、词汇的含义是相对地固定的。

然而，到了春秋战国时代，社会发生了大变动，新旧交替，原先稳定的名物含义都发生了变化。所以春秋末年发生了正名的要求。孔子这种主张，还是要恢复奴隶制的概念，即承认奴隶制的稳定性。然而后来战国的名家，却是主张调整新旧名物，这就进一步研究逻辑与文法，以求思想与表现更准确，即更能符合客观的真实。又有的和法律和政治沟通起来，而发展到定名分与综合名实，下定义，定封建秩序。

名家的产生及其发展，是先秦学派中的一个特色，它是空前的，因为封建制度的需要，以后也少有用。封建秩序稳定了，正名的要求解决了，名家也就失去了存在的必要。然而在佛教传入中国以后，佛教本身有因明之学即逻辑学，论证学，再加上讲经翻译的需要，这种名义的名理之学又在佛教中兴盛过一段时期，但那范围和影响比名家就小多了。

先秦诸子的情况大概如是。这里好多问题都没有涉及，同学们自己去看。百家争鸣是奴隶制度向封建制度变革时期的一种现象。随着封建制度的确立、统一集权国家的出现，思想史就定于一尊了。到战国后期，最适合新兴地主要求的儒家思想占了统治地位。另外，综合各家学说的所谓杂家如《吕氏春秋》也出现了。这是时代所使然，反映了统一集权封建国家对统一思想的要求。然而法家只是适用于刚兴起的地主阶级，作为确立统治地位以后的地主阶级，只强调地主阶级专政的一面，就不适合地主阶级统治了。最后历经周折，还是换了儒家，这是汉武帝时的事了。从此，儒家成了二千年封建统治的正统思想。但这个儒家实际上是掺和法、道、阴阳、墨家等等思想而成的，并且随后又经历了多次变化，已经不是先秦的儒家了。

春秋战国的诸子百家对中国学术文化的影响是很深远的。中国学术的基本特点：比较重视政治、伦理学说、人事、经世致用。因而，宗教思想不太强。世界各古国都有世界性的宗教：佛教、基督教、伊斯兰教、犹太教、祆教等等。但中国却从没有建立自己的宗教来。儒家在汉代有宗教化的趋势。然而，世俗的气味太强，并没有接起来。土生土长的是道教，但道教并非严格意义上的宗教。而中国真正的宗教，即是佛教，却是外来的，虽然中国化了。

纯粹的思辨哲学不太强，如本体论、主客论、认识论、辩证法、逻辑等等，有一些还都没有专门的分支。宋明理学比较盛行，但受佛教影响。

自然哲学不发达，即研究自然现象的本源等等，影响了自然科学的发展。中国封建社会技术发达，但对这些技术作出理论的解释较差，数学中算术、代数发达，更抽象的几何不行，等等。

这个问题很大，原因也难于一下解释清楚，只提个头，供参考。

第四章　秦汉封建地主经济发展和封建统一国家形成、确立时期

　　现在，我们接触到了中国古代史新的一页——秦汉时期。这个时期从公元前221年秦始皇统一全国开始，到公元189年董卓进京，共410年（年代计算法习惯首尾两年均计入［如2—4为3］。但此处因系公元前后，故不加一年）。其实黄巾起义以后，汉朝还延续了32年，到公元220年曹丕代汉，才算结束。但这时汉已像东周一样，名存实亡，故计入三国时期。否则曹操、赤壁之战等都无法算了。在这410年中，经历了这样一些朝代：

　　秦　　公元前221年至公元前207年　　16年

　　西汉　　公元前206年至公元9年　　　　215年

　　新莽　公元9年至23年

　　刘玄　公元23年至25年　　　　　17年，一般也将之计入西汉，则西汉为231年

　　东汉　　公元25年至189年　　165年（如到公元220年，则为196年）

　　简单地说，就是秦、西汉、东汉。秦十几年，西汉东汉各约二百年，共四百年多点。这四百年是中国古代史上的一个重要阶段，是中国历史上三个重要时期——汉、唐、明清之一，中国封建社会发展的三个高峰之一。秦汉的重要，在于中国封建社会的经济基础——在个体小生产基础上形成的封建地主经济，就是在这时确立下来并一直流传下来，成为此后两千年封建社会的基础。在这样的经济基础上，中国封建社会一系列的制度、传统、特点也在此时基本形成，并且流传下来。例如：中央集权的封建专制主义制度及其相应的一系列的制度措施——皇权、行政机构、官制等等。以汉族为中心的统一多民族国家疆域的初步奠定，至今仍称汉族，意识形态中以儒家为正统的封建文化等等。

如果说，在先秦史的许多问题中，我们着重讲了中国古代社会的性质、阶级的特点的问题，并且讲到中国封建社会的个体小生产农业和地主经济这个特点是在怎样的历史条件下形成的。这个社会的基本的阶级关系是怎样的。那么，在秦汉这一章里，我们着重讲的是在这个个体小生产农业和地主经济基础上形成的统一集权的多民族的封建专制主义国家政治制度及意识形态，具有哪些内容和特点。在生产力与生产关系的社会基本矛盾上形成的阶级矛盾和阶级斗争又为何推动着这个社会向前发展，为了叙述的方便，关于此制度的演变动态，我们一直简单介绍到清朝，往后我就不再详细讲了。

第一节　秦

秦是中国历史上最短的一个统一的王朝，从统一到灭亡只有十六年（其次是西晋和隋）。时代虽短，影响却大，人们议论秦始皇，"百代皆行秦法政"，"我就是秦始皇"好像一次大爆炸。直到今天，我们似乎还听到它的爆炸声和看到它爆发的火光。这次爆发不是偶然的，而是经过了长期的酝酿。就是秦，也是一个古代的国家，商鞅变法以来算是一个历史十分重要的时期。一个较长的朝代前总有一个较短的朝代过渡，秦—汉、隋—唐、五代—两宋、元—明清，就连东晋南北朝前也有个西晋。这种现象的出现不是偶然的巧合。这就好像蚕一样，从卵至幼虫，蜕皮几次，又成蛹，等到成虫，很快就死了。然而产下无数的蚕卵，一直繁衍下来。秦朝的历史地位，是不能以其年代长短来衡量的。

（一）秦始皇建立中央集权的封建专制主义统治和巩固统一的活动

经过十年的统一战争，秦王嬴政结束了战国以来长期诸侯割据的局面，统一了全国，建立了一个以咸阳为首都的幅员辽阔的国家，这个国家的疆域，东到海，西到甘青高原，南到岭南，北到河套、阴山、辽东。为了统治这个前所未有的封建大国，秦王政采取了一套中央集权的专制主义措施。

在谈具体措施之前先要回答一个问题，即我们国家两千年的中央集权的封建专制主义制度是在什么经济基础上形成起来的，同学们学了前面一段历史，大约可以回答，即封建地主经济。

那么，封建地主经济又是具备了哪些特点，以至使得它能够作为中央集权的封建专制主义的经济基础呢？

第一，地主经济是分散的，大中小地主之间一般没有统属和臣服的关系，彼此法律上是平等的，他们在具体利益方面往往是有冲突的，他们的具体利益与共同利益也有一些矛盾，当前利益与长远利益之间也有矛盾。因此在他们之上需要有大的权威、权力来代表他们的共同的根本利益，调解他们之间的关系，办一些他们共同需要的事情。

第二，土地所有权，由于土地买卖转移是比较快的，田无常主，有的地主上升，有的下降，还有一些新成为地主的。由此，具体、个别地主的经济地位一般难以很稳定和长久。由此他们就有可能也有需要把经济统治和政治权力分开来，把政治权力集中交给一个比较稳定的制度化的权威——皇权和下边官僚机构，由他们来代表各级地主来行使。

第三，也是最根本的，是地主剥削的农民，是分散的个体的以一家一户为单位的小生产经济，统治这样的农民，单靠个别地主是不行的。因此，中国的封建地主阶级经济的剥削权力与政治的统治权力在一定程度上是分开的。地主把对农民的政治统治的权力更多地从自己手中交给了各级封建政府，最后到皇帝。这样甚至造成一定假象，即王子犯法与庶民同罪。似乎地主与农民在国家面前、在法律面前是平等的，封建等级制度已不存在的。好像在皇帝面前地主农民却是平等的，都是他的子民。这当然不是事实，但是封建等级制度不那么太严格。地主阶级的经济权力与政治权力在一定程度上是分开的。

这样就出现了一个看似矛盾的现实，正是封建经济的分散性、个体性所带来的中国古代地主阶级的分散性和不稳定性，使得了地主阶级需要建立一个高度集中的稳定的政治上层建筑，甚至权力最后集中到一个人手里，即中央集权的封建专制主义的制度来代表他们。

但是，不要误以为这种专制中央集权不是绝对的，这是封建经济本身所决定的。第一，封建等级制度并不是不存在，而只是比较不那么严格。特别是贵族（皇帝、贵戚、功臣）仍然有相当大的经济与政治权力。贵族政治的色彩（与官僚政治相对）仍然一直存在，有时甚至相当浓厚。

第二，地方割据性仍然存在，这是因为：1）自给自足的自然经济是封建经济的基本特点，一个地区可以形成一个系统，在此基础上就可能产生地方割据。2）中国是个大国，经济政治发展不平衡，地区独立性较强，各有特点。3）在上述基础上产生的地主阶级统治力量的不平衡及中央政府对地方统治力量的不平衡。4）民族矛盾——少数民族能入主中原并建立政权，也是形成割据状态的一个原因，但这也不是内部原因而是外部原因了。

因此，地方局部割据，公开或隐蔽的，一直是不断的，有时甚至是直接的几个政权对立。自秦始皇统一中国以后，就建立了专制主义的中央集权的封建国家。同时，在某种程度上仍旧保存着封建割据的状态。

这种状况使得我国封建时期的中央集权专制主义制度出现了各种矛盾，这些矛盾的变化发展使得中央集权专制制度不断出现增强或削弱，而且不断变化发展。

这里，我们还是回到秦始皇来，统一国家的中央集权专制制度开始时是怎样的，这里有一些一直传下来的，有一些是当时的具体措施。

秦王政进行的统一战争结束以后，就立刻着手进行集中权力的活动，他第一步是加强皇权，定了一个兼采传说中三皇五帝的称号，宣布自己是这个封建统一国家的第一个皇帝，就称始皇帝，后世子孙世代相承，二世三世一直到万世。又规定皇帝自称"朕"（原本是一般人均可称），又定了一套尊君抑臣的朝仪和文书制度，兴封禅大典，建筑宏伟的阿房宫，按星象设计像天上宫阙，又筑骊山陵墓（水银作百川、江河、大海，"上具天文，下具地理"）。总之，他用一切方法把皇权提高到至高无上的地位，比战国的王高（王此后成为第二级的尊贵等级了），而且是在人间权力无所不包的意义，一切权力最后都集中到皇帝手中。与上帝在天上的权力相当，向臣民灌输皇权的神秘观念，神秘的皇权观念（人间象征天上，与天通）是专制主义中央集权制度的思想基础，皇权则是这个制度的最高表现。

光有这些还不够，还有建立一个什么样的政权体制——制度问题。在这里，秦始皇遇到了第一个矛盾：即贵族政治与官僚政治的矛盾。皇权依靠什么制度、力量来进行对全国的统治，体现它的具体最高最强权力呢。

西周春秋的贵族政治与战国以后形成的官僚政治不同之处有三点：

第一是有少数具有贵族身份的人可以参与政治。官僚政治则参加的人较多，地主阶级的人都有可能参加进来。

第二是权力层层分离，中央皇帝不大管得了，或管的有限，即分封制。官僚政治则行郡县制，地方各级官吏均由中央任免，按中央的法令制度办事。

第三是人员的选拔是世袭制，不看才能，只看出身。这当然与统一集权的形势不合，与地主经济的要求不合，与皇帝的绝对权威也有矛盾。

因此，就可以了解，在秦始皇统一以后的一次朝廷大辩论中，为什么最后反对了丞相王绾的恢复分封制，而廷尉李斯（管刑法）主张行郡县制的见解占了上风了。因此，秦始皇行郡县制，全国分为三十六郡，后又增设，一共到四十八郡。可能还多几个（水德以六数，故为六的倍数）。设郡守、县令直属中央。在这之下是乡，人民编户籍组什伍，从中央到地方，一直到每一个人都层层控制。

这种制度，一直二千多年基本没变，但郡县二级制渐变为三级制（现在省、地、县，仍如此）。这一方面在于郡数太多，地方太大不好管，上面增设一级，管起来就方便一些。另一方面，是中央与地方权力大小之争。

在中央，皇帝之下设各种官职，管理各种事务。最主要的是丞相，帮助皇帝处理日常事务。太尉，管军事，御史大夫帮助丞相（副相），又司监察。以下还有分掌具体政务的诸卿。丞相、太尉、御史大夫与诸卿讨论政务，由皇帝裁决，即行政、军事、监察三权分立，至于司法权，一般不是独立的，由行政机构行使（"县太爷"兼任）。

这样形成了三个矛盾，第一个是与中央专制制度并行的贵族政治，可说是外部了。在中央集权专制主义制度内部，就形成了另外两个矛盾（官僚政治与贵族政治可说是外部矛盾），即皇权与相权的矛盾、中央与地方的矛盾。

我们将在后面展开论述。

关于加强中央集权专制主义制度的一些改革措施。这些措施与巩固统一防止割据连系在一起的。这方面教材上讲得很清楚。我们只简单地理一下：

销六国及民间兵器，铸铜人，堕城郭，使黔首自实田，全国范围内承认土地私有制，即地主封建土地私有制。迁徙六国富豪和强宗十二万户到咸阳，一部迁到巴蜀、南阳等地，这与周公之迁殷之顽民作用一样，便于监视。

修驰道，巡游，刻石纪功。

整齐制度，统一文字、度量衡、法律。

焚书坑儒——目的是统一思想，统到法家思想的轨道上来，这在当时有点积极意义，但做法是愚蠢的。思想的斗争只能以思想为武器，而不能用暴力，暴力即使是进步的，也消灭不了落后乃至反动的思想。这方面历史上议论很多，骂的也不少，至今仍是一个争论的问题。

对匈奴和南越人的战争——汉族势力北到河套以北，南到珠江流域。

（二）秦的暴政与陈胜吴广领导的农民战争

1. 秦的暴政

秦始皇的事业，是为了巩固地主政权的统治，是在残酷地剥削压迫人民的条件下，在短短几十年期间进行的。在进行时，始皇也没有考虑到人民能否负担的问题。这就使秦的统治具有急政暴虐的特点。

在国家统一后的十几年中，秦始皇维持了一支庞大的军队，建立了一个庞大的官僚机构，进行了大规模的战争，完成了巨大的国防建设的土木建筑。为了动员人力及筹措费用，秦始皇大大增加了税赋力役的征发，"力役三十倍于古，田租口赋，盐铁之利，二十倍于古"[1]。这虽然有所夸

---

[1] 《汉书》卷 24 上《食货志上》。

大，但说明人民负担的沉重，发闾左之戍，收泰半之赋。当时服兵役徭役的人在二百万以上，全国人口不过一千多万，壮年男子至多六百万，服徭役兵役的占 1/3 以上。此外，又行苛法，把几十万人变成囚徒，赭衣塞路，囹圄成市。而黔首自实田的做法，保护承认地主土地私有制，则使地主得以大量兼并土地，而农民都无法保护自己土地，只能失掉土地，成为佃农。"衣牛马之衣，而食犬彘之食"，① 在苛政苛吏逼迫下，不得不逃亡山林，举行暴动。公元前 210 年，秦二世即位，变本加厉。第二年，前209 年，秦末农民战争爆发了。

2. 陈胜、吴广领导的农民战争

公元前 209 年（秦二世元年）七月，一队开赴渔阳（今北京密云一带）的闾左戍卒九百人（穷人住闾左），遇见大雨滞留在大泽乡（今安徽宿县境），不能如期赶到渔阳戍地。秦法，"失期当斩"，这九百戍卒面临死刑的威胁。于是屯长（五人为屯）陈胜、吴广开始酝酿起义。

陈胜、吴广起义是有目标有计划的，他们先商议"天下苦秦久矣"，二世少子，不该当皇帝，很多人同情公子扶苏，不信他被杀害。这一带是楚故地，很多人传说楚将项燕未死，可借扶苏、项燕名义号召起义，一定会得到很多响应。但是他们开始却并未用这套主张来号召和组织起义，而是采取了一些迷信的办法，即所谓鱼腹藏书，篝火狐鸣。把帛塞到鱼腹中，书"陈胜王"，戍卒买鱼得书传为怪异。吴广又在驻地旁丛祠中篝火狐鸣，发出"大楚兴，陈胜王"的呼声，这就使戍卒对陈胜有了印象，并且加深了他在戍卒中的威望。这样，陈胜、吴广就借机杀掉押送他们的将尉，把戍卒集合起来，分析了当时的处境和死亡的威胁，并且发出号召，"壮士不死即已，死即举大名耳，王侯将相，宁有种乎"②，并诈称公子扶苏、项燕，号召起义，很快各地农民前来参加，很快攻下陈，已有数万人。陈胜被推为王，号称"楚"。各地农民纷纷杀掉守令响应陈胜。一些六国旧贵族也纷纷乘机起兵。陈胜遂分兵三路攻秦，吴广西进荥阳，被

---

① 《汉书》卷 24 上《食货志上》。

② 《史记》卷 48《陈涉世家》。

阳。武臣北进赵地，周市攻魏地。接着，陈胜又加派周文西击秦。周文一支很快发展到车千乘、卒数十万人，一直打到关中，今临潼附近，逼近咸阳。秦二世征发骊山徒为兵，以章邯为将，把周文打败。

周文的失败，不过是一次战役上的失败，并不影响全局。然而农民起义军方面却出现了更严重的问题。它直接影响到了这次农民战争的成败。

问题来自两方面：

一方面是六国旧贵族势力借机（农民起义之机）而起，扩展势力，独立割据，并造成了起义军的分裂，武臣进到赵地，在游士张耳、陈余的怂恿下自立为赵王，陈胜为了顾全大局勉强承认，并命他率兵西进支援周文。武臣抗命，却派韩广经略燕地，韩广在燕地贵族的怂恿下又自立为燕王。

周市到旧魏南部和旧齐境，齐旧贵族田儋自立为齐王，反击周市。周市又立魏旧贵族魏咎为魏王。

这样由于旧贵族的活动，起义军分裂了。旧贵族也纷纷割地自立，抗秦的力量分散了。周文因无救援遂被击败，自杀。章邯又攻吴广，吴广被部将田臧所杀，田臧一战败死，章邯直逼陈。

在这种形势下，陈胜缺乏经验，也没有决心来对付六国旧贵族，扭转局势。另一方面，陈胜却开始有些昏了，故人来看他，"夥颐！涉之为王沉沉者"①，他把人杀了，失了人心。结果章邯逼陈，陈胜败到下城父（今安徽涡阳西北）为叛徒庄贾所杀，部将吕臣率"苍头军"（奴隶）英勇作战，收复陈县，处决了庄贾。

这样，陈胜这支起义军，第一个起来反秦的农民英雄，领导起义仅半年就失败了，但反秦的浪潮已经被他激起。而且越来越大，秦的灭亡已经指日可待了。

3. 楚汉之战

陈胜起义时，旧楚名将项燕之子项梁和梁侄项羽在吴地起兵，不久率八千人渡江北上，队伍扩大到六七万人。原沛县亭长刘邦和一部分刑徒逃亡山泽，这时也趁机起事，加入项梁军中。项梁立楚怀王之孙为楚王，不

---

① 《史记》卷 48 《陈涉世家》。

久项梁在山东战死，秦将章邯转而北上，与另一支秦军（王离部）联合攻赵国巨鹿（今河北邢台），楚王派宋义项羽北上救赵，派刘邦西入咸阳。

宋义北到安阳，不敢前进，项羽杀宋义，引兵渡，破釜沉舟，每人只带三天食粮，表示决死。在赵地经过激战，当着畏懦的燕齐等诸侯军面解了巨鹿之围，威名大振，被推为诸侯上将军。此后，章邯率二十万人投降了他，后在入关前被坑杀。秦军主力被消灭了。这是项羽在反秦斗争中所作出的最大贡献。

当项羽与秦军主力在河北决战的时候，刘邦乘虚西进，走武关（陕南），直抵咸阳。这时二世已被赵高杀死，继立的子婴杀赵高，在公元前207年十月向刘邦投降。刘邦废秦苛法，只约法三章，"杀人者死，伤人及盗抵罪"，得到秦人拥护。项羽听说刘邦已入咸阳，也率军入关，驻在鸿门。他依靠强大兵力，压服刘邦，进入咸阳，大肆烧杀掠夺，在诸王并立的既成局面下，放弃了统一的做法，自立为西楚霸王，都彭城（今江苏徐州）。连旧带新封，共立了十八个王，受制于他。把刘邦逼到巴蜀、汉中为汉王。这种做法，加剧了割据局面，不久就又打起来了。

刘邦趁机从汉中北上，先收拾了项羽封在关中、阻塞他发展势力的三个王（雍王章邯、塞王司马欣、翟王董翳），接着南下攻彭城。但他为项羽所败，相持在荥阳、成皋之间，几次危急，但他一方面巩固关中后方，由萧何经营，物资供应不断，一方面派韩信走北面攻略赵齐，彭越、英布等打淮南，从两翼侧击削弱项羽势力，并形成包围形势。

经过几年的战争，到公元前203年十二月，刘邦与韩信、彭越、英布等会攻项羽，项羽兵败垓下（今安徽灵璧境），退到乌江（今安徽和县境）自杀。公元前202年二月，刘邦即皇帝位。

楚汉之战是由秦末农民战争直接演变而来的。在当时封建社会条件下，农民是小生产者，不代表新的生产力、生产关系、先进阶级和政党。封建社会还要走一个长过程，农民起来反抗封建统治，但却推翻不了封建制度。最高成就只能是推翻严重阻碍生产力发展的旧封建王朝，但随后还是建立一个新封建王朝。尽管这个王朝对生产力的剥削小些，剥削轻点，但仍是封建王朝。而曾是农民起义领袖的刘邦统治，终于不得不走封建统治的老路，变为封建统治权的角逐者。在这场角逐中，项羽具有强烈的旧贵族意识，支持了分裂割据，又不善于用人，尽管军事上占优势，但政治上失败了。刘邦知人善任，旧贵族意识少一些，因势利导，终于战胜项羽，登上西汉皇帝的宝座。

秦末农民战争，尽管没有也不可能推翻封建制度，历史也没有给它提出这样的任务，但其作用是伟大的。地主推翻了残暴的秦王朝，使社会经济有继续发展的可能。这次起义，又是古代农民第一次大规模的反抗运动，对后代农民起义起着激励斗志的作用。

第二节　西汉

（一）西汉初年的"休养生息"政策和削弱王国势力的措施

经过残暴的楚汉战争。西汉王朝在废墟上建立起来了。这个新王朝一建立，就面临着三个十分尖锐的矛盾，即：

如何缓和尖锐的阶级矛盾，稳定混乱的封建秩序，恢复残破的经济，巩固地主阶级政权的统治；

如何对待在秦末混战中兴起的各种各样的武装割据势力；

如何对待在秦末强大起来的北方民族——匈奴。

这三个矛盾，前两个在汉初得到了解决。汉朝强盛起来，这又给汉武帝时解决第三个方面创造了基础。

下面，我们就分别讲一下这三个矛盾的情况和汉朝的政策措施及其效果。

1. 汉初高祖稳定封建秩序的措施

（1）楚汉战争中，社会经济受到严重破坏，这表现在：

人口大量减少——秦末暴政已使得人民死掉不少。秦末农民战争及楚汉战争，有数可查的士卒死亡即达一百万左右。战争中，冻饿而死的又不知多少。还有大量的逃亡，不书名数，战国时中期人口估计在三千万以上，打了十几年的仗，人口损耗不少。秦时一千多万，暴政、兵役、徭役又损耗不少。而汉初名籍上只剩下六百万多一些。名都大邑，户口十去七八。汉高祖过曲逆（今河北顺平），以为可以和洛阳媲美。但秦时户数三万，此时只余五千。人是重要的生产力，人口大量减少，反映生产力的破坏。

农民生活凋敝，民无盖藏，大量逃亡，不能耕作。有些卖妻鬻子，自卖为奴。

商业萧条，物价极高。米一石万钱，马一匹百金。

政府财政困难。府库空虚，"天子不能具钧驷，而将相或乘牛车"①，这是当时社会最大问题，也是西汉统治者面临的最主要矛盾，即恢复农业生产，稳定封建秩序。

（2）对此，西汉统治者采取了如下措施：

分给农民一些土地。

兵皆罢归家，以功劳分田宅。再免除其若干年的徭役或徭赋（口赋算赋），绝大多数成了自耕农。

号召流亡山泽的人回本土，恢复故爵田宅，各种小吏在战乱中夺得的土地也予承认。这些人中多数是地主，加上军队中高爵能获得较多土地，也成了地主。这批人是西汉王朝的主要支柱。

以饥饿自卖为奴婢的人，一律免为庶人。

抑制商人，并多收算赋，按人口数征人头税，以抑制商人对农民的兼并。

减收田租，十五税一。汉又减为三十而税一。

命萧何制九章律，比秦代缓和。

这些措施，是农民战争后地主阶级适应阶级复杂变化而采取的唯一可行的阶级政策。有些同志叫它让步政策，又有些认为是反攻倒算，这不妥当。这个政策目的是重建与巩固地主统治，为此目的，对农民有一些缓和压迫的新措施，但不全是这个内容，还有挟制地主，加强对农民施压的一

---

① 《史记》卷30《平准书》。

面，不能笼统地说是让步或反攻倒算。

这个政策，一方面使地主阶级的统治秩序重新稳定，另一方面也是脱离生产的农民回到土地上得到生产的条件，从而使农业生产逐步恢复起来。汉初地主阶级以秦亡教训为戒，认识到要做到这一点，在当时农民经过斗争，地主受到沉重打击，力量较弱的情况下，只有轻徭薄赋缓刑，才能缓和农民的反抗，巩固自己的统治，实现对农民的剥削。基于这种情况，汉初及文景时期，实行的是在黄老无为而治思想下的与民休息的政策。这在当时已有积极作用了。

2."文景之治"

高祖死后，惠帝、吕后继续实行，文景亦然（继续轻徭薄赋）。这时，这种与民休息的政策，效果明显地表现出来了。

人口增加。流民既归，一般地方人口增加一次即三四倍。

粮价降低。文帝初粟石十余文。商业也活跃起来。

国家财政收入丰富，府库充实。武帝即位之初，"非遇水旱之灾，民则人给家足，都鄙廪（廪，有屋的粮仓）庾（露天粮仓）皆满，而府库余货财。京师之钱累巨万，贯朽而不可校（数）。太仓之粟陈陈相因，充溢露积于外，至腐败不可食。众庶街巷有马，阡陌之间成群"①。

这为汉武帝时的大发展打下了雄厚的基础。

3.削弱王国势力

汉初七十年的历史，是社会经济从凋敝走向恢复和发展的历史，也是地主阶级统治从不巩固走向稳定的历史，也是中央集权逐步战胜地方割据的历史。

汉初的割据势力有两类，一是散居各地的六国旧贵族，这些贵族的势力在秦末农民战争时已经表现出来。汉高祖的办法是把他们及其他豪杰名家十余万口迁到长安附近，使这些地头蛇脱离他们的根基，也借口充实关中。这批割据势力基本上得到控制。

异姓王是第二类割据势力，即诸侯王。西汉初年，功臣封为王的有七

① 《史记》卷 30《平准书》。

人，占据了关东广大地区，韩信就是其中重要的一个。高祖把其中的六个逐步消灭了，只留下长沙王，因其封国偏远，且又小，又处在汉与南越之间起缓冲作用，所以保留下来，直到文帝时才由于无后而国除。

消灭异姓王以后，汉高祖一时还无力控制全国，又错误地接受了秦亡的教训，以为是"孤立而亡"，由此封同姓子弟为王，屏藩汉室，即"同姓王"。同姓王诸国辖地三十九郡，而中央直辖之地只十五郡。其中还夹了不少列侯和公主的"汤沐邑"。为控制同姓王，中央派太傅辅王，派丞相统国事，并规定无中央虎符不得发兵。但诸王可自置太傅、丞相以下官吏，自征租赋，自铸货币，掌握了行政权与财权，仍是半独立状态。刘邦死后，吕氏执政，又大封诸吕为王。吕后死，刘氏诸王与西汉大臣合力消灭了诸吕势力，立代王刘恒为帝，即文帝。同姓王的势力更为发展。

贾谊（著名文人、政治家）献《治安策》，主张"众建诸侯而少其力"，①即把割据势力分散为更割据的办法而削弱地方割据势力。贾谊早死，死后文帝采此法，分齐国之地为六国，淮南国之地为三国。

文帝死，景帝立，另一个政治家晁错又上"削藩策"，即削减藩国封地。景帝实行，结果诸王国以杀晁错、清君侧为名造反，有吴、楚、赵、胶西、胶东、淄川、济南共七国，史称七国之乱。景帝杀晁错以谢诸王，兵仍不解。景帝发兵进攻，三个月平息。此后景帝减除王国官制及其职权，降低诸侯王的权力。从此，诸侯王割据势力大大削弱，中央集权得到巩固。

到汉武帝时又有"推恩"之法，即让诸侯王把王国土地分一部分给子弟为列侯，而汉制列侯属郡，地位与县相当。郡国土地缩小了，中央直辖土地扩大，诸侯王的问题进一步解决了。汉初诸侯王还继续着战国时的养士制度，成为其得力助力与势力。汉武帝时（公元前 122 年），借淮南王刘安招募宾客写《淮南子》一书（杂家），意纠集众人谋反之名，尽捕其宾客党羽，牵连而死的达数万人。此后又用法律限制士人与诸王交游，并大大降低王国官吏地位。此后诸王"惟得衣食税租，不与政事"②，其中支

---

① 《汉书》卷 48《贾谊传》。

② 《汉书》卷 14《诸侯王表序》。

脉疏远的已与一般富人无异了。

4. 对匈奴的和亲与南越的割据

匈奴是北方蒙古草原上一个游牧民族。战国末年，常向南方侵犯。秦始皇统一全国后派大将蒙恬收复河套以南地方，并把战国燕、赵、秦三国长城修复并连起来。长城西起临洮（今甘肃岷县），东到辽东，是世界有名的伟大工程。作为防御工事，又徙民河套几万家，遏制了匈奴的南下。但汉初匈奴又强大起来，并和北方的异姓王勾结南下。公元前 200 年，汉高祖曾被困在白登（今山西阳高），以后又常南侵。汉的办法是和亲，派公主出嫁，其实，多非真公主，并送大量礼物。文、景帝时仍采这种屈辱办法，但并未换来和平。因为汉初国力未强，以发展国力为主，对外取守势，只好如此，到武帝时才集中解决这个棘手的矛盾，采取了进攻决战的办法。

战国秦汉时，长江以南为南越人所居。秦灭楚后南下，一直打到今广东、广西，汉置郡县，派人戍守，汉人留下来与越人杂居，开发珠江流域。秦末农民大起义时，龙川令赵佗拥兵自守，自立为南越王。高祖承认现状，承认南越之藩屏。吕后时赵佗自立为帝，与汉对抗。文帝时又和好，为藩王。武帝时归汉，置郡县，隶属中央。

（二）汉武帝对匈奴的战争及其与边境各族的关系

公元前 140 年，汉武帝刘彻即位。这是一个雄才大略的皇帝，秦皇汉武，在中国古代历史上有很重要的地位。他即位不久，即开始解决汉初以来的大矛盾，即与匈奴的矛盾。而雄厚的国力，及有力的措施使他取得了胜利。

1. 进攻匈奴

公元前 133 年（元光二年），汉武帝设法引诱匈奴入塞，进攻马邑（今山西朔州）。汉军三十余万埋伏，企图一举全歼匈奴主力。匈奴单于（首领）引骑十万入塞，发觉汉兵计谋，中途退归。匈奴马快，汉兵追击不及。从此匈奴与汉交兵。汉朝全力训练骑兵，终于组成了与匈奴决战的强大军队，逐步在战争中占了上风，重要的有三次战役。

第一次，公元前 127 年（元朔二年）。卫青从云中（今呼和浩特南）出击，夺回河套，把防线从今鄂尔多斯南推到北方的河套地区，并募民十万徙于河套，解除了匈奴对长安的威胁。

第二次，公元前 121 年（元狩二年）。霍去病从陇西出兵远征，深入匈奴境内，并徙民七十余万口，充实陇西、北地、西河、上郡，即今陕北甘肃东部。又在新得匈奴故地的河西走廊设武威、张掖、酒泉、敦煌四郡，即有名的河西四郡。这是打进了匈奴控制地区的一个楔子，切断了匈奴与青藏高原上的羌人的联系，而且沟通了内地与西域的交通。河西地区水草丰美，匈奴失去河西地区的经济据点，这对汉匈势力的消长发生了显著的作用。

第三次，公元前 119 年（元狩四年）。卫青、霍去病带领骑兵十万，步兵及运输队数十万人，分别从定襄、代郡，今山西北部、内蒙古，向北出发，一直打过大戈壁至漠北穷追匈奴。特别是霍去病一直打到现在的乌兰巴托一带狼居胥山。匈奴主力向西北方向退走，从此"漠南无王庭"。

经过这几次大战后，匈奴力量大为衰弱。活动限在阿尔泰山及以西，无法向东方发展。此后虽仍有战争，但规模不及这几次。百余年来，北方农业区所受匈奴威胁基本解除，这是汉对匈战争的积极作用。燕然山区、河套一直到居延、河西都由汉牢固地控制起来。汉在这一带大量移民防戍、组织屯田，建立了大量的军事政治据点，设置了长城烽燧系统，形成了一条巩固的边防线。汉族先进的生产技术与文化在这里落脚生根，并且通过这里的匈奴及其他各游牧民族传播，起了一定的积极作用。

匈奴向西远徙之后，部落贵族发生分裂，出现五单于并立的局面。公元前 53 年，宣帝（武帝之后）甘露元年，呼韩邪单于归汉，引众南徙到阴山附近。汉元帝时（公元前 33 年）以宫人王嫱（昭君）妻之，恢复和亲，结束了百余年来汉匈的战争局面。

2. 经营西域

西汉以来，玉门关和阳关以西即今新疆地方被称作西域（有时还指中亚）。

西域以天山为界分为南北二部，南部为塔里木盆地，北部为准噶尔盆地。西汉初年，西域有三十六国，绝大部分分布在天山以南塔里木盆地南北边缘的绿洲上。这些国家多数是居国，营农牧有城郭，少数是行国游牧，其人口一般只几千人，最多如龟兹，才八万人，最少的仅几百人，互不统属。为什么会是这样，与当地地理环境有关。天山南路极干燥少雨，天山雪水到此汇成一个个绿洲，可居人。天山以北准噶尔盆地是游牧区，最大的国家先是大月氏（伊犁河），被匈奴逼走，后为乌孙。再往西到中亚，有名的国家是大宛、大月氏、大夏、康居，再往西就是安息（今伊朗之地）。

汉时匈奴统治西域，剥削压榨残酷。为了打击匈奴，汉武帝募使出使大月氏，想联络他来夹击匈奴。公元前 138 年（武帝建元三年），张骞应募去。途中被匈奴俘获，待了十几年，终于逃脱。辗转到了大月氏，这时大月氏已从伊犁河迁到中亚，不愿再跟匈奴作战了。张骞不达目的要回来，又被匈奴扣了一年多。公元前 126 年（元朔三年）回长安，后受封为博望侯。张骞出使西域，前后达十余年。他的西行传播了汉朝的情况，获得了大量的前所未闻的西域资料，所以《史记》作者司马迁把此行称为"凿空"。

张骞的活动加强了武帝经营西域的愿望。公元前 121 年（元狩二年），即第二次与匈奴的大战中，汉军取得河西走廊，到西域去的道路打通了。公元前 119 年（元狩四年），在汉军第三次与匈奴之战中，张骞再度出使西域。到了乌孙又派副使四出大宛、康居、大夏等地，与这些国家建立了联系。他们的使者也到了长安。此后，使者来往不断。汉与西域的通商关系也加强，特别是丝绸之路，经帕米尔山口出中亚，到印度、波斯，对中西经济文化交流有重要作用。乌孙与汉朝关系最好，有力地抑制了匈奴。为了打破匈奴对大宛的控制，据说也是为获取大宛名马，汉军又两次（公元前 104 年，太初元年；公元前 102 年，太初三年）攻大宛，此后，汉军在轮台当地驻兵屯垦派官。这是西汉王朝在西域设置行政机构的开始。

此后，汉与匈奴还不断有争夺西域的战争，最终匈奴失败。宣帝时，汉在西域设都护，西域各国与汉的臣属关系，至此完全确立。到元帝时，汉兵大败匈奴，匈奴势力在西域完全消失了。

西域道路开通后，天山南北地区第一次与内地联为一体，对中国多民族国家形成有深远意义。汉族先进经济文化传入丝路了，金属工具铸造、凿井（井渠）等，西域的葡萄、石榴、苜蓿、胡豆、胡麻、胡瓜、胡蒜、胡桃等，良马、骆驼、毛丝品等东来。佛教及佛教艺术也由此传入，丰富了汉族人民的物质精神生活。

羌、西南各族、东北各族情况，见教科书，不讲了。

（三）汉武帝时期统一的巩固和专制主义中央集权制度的加强

汉武帝一共统治五十余年（公元前 140 年—公元前 87 年），是西汉王朝的鼎盛时期。在经济繁荣、府库充溢的基础上，汉武帝在政治、经济、军事等方面采取了许多措施，改革了一些制度，以适应封建统一国家的需要。

社会是在矛盾中前进的，旧的矛盾缓和了，解决了，转化了。新的矛盾又出来了或旧矛盾更加激烈。汉初的三个矛盾，经过七十年，地主与农民的矛盾，趋于缓和；中央政权与以诸侯王为代表的地方割据势力的矛盾基本解决；汉匈之间的民族矛盾，在武帝时经过长期战争也趋于解决。但新形势下又出现新矛盾，或旧矛盾重新激化，或以新形式表现出来。汉武帝时期，国内出现了下边一些情况。

第一是中央集权专制主义制度与地方割据势力的矛盾还没有完全解决。这时，诸侯王已经不起作用了，地方势力是一些强宗豪族。另外，中央集权制度内部也还有一些问题，需要完善与处理。

第二是中央集权与大商人、大手工业主的矛盾。

第三是封建社会的基本矛盾——地主与农民的矛盾，在汉武帝时期又激化起来。另外，还有个奴婢问题，那是西汉后期比较突出的问题。

下边就讲一下这几个方面的矛盾的情况与汉武帝的措施。

1. 专制主义中央集权的加强

专制主义中央集权制度是作为过去的贵族政治的对立物而发展起来的。它们之间有什么区别呢？有两个区别：

贵族政治下，只有少数具有贵族身份的人可以做官，官员的选拔是世袭制，不看才能只看出身，不能随便撤换。这与皇权及地主经济要求不合。而中央集权专制主义制度下，是官僚制，参加政权的人数较宽，原则上地主阶级都可以做官，即官僚政治。

贵族政治下的权力已层层分割了，即分封制。专制主义中央集权制度下是郡县制。地方各级官吏均由中央任免。按中央的法令制度办事，这是符合皇权及地主经济要求的。但是封建制度仍是一种等级制度，最高的等级是皇族与勋臣，此外还有各级官吏，特别是皇族，他们享有明显的或不明显的贵族身份，享受特权，享受世袭掌握政权的特权。因此，在封建社会下，贵族政治并没有完全消失。因此，封建社会并没有纯粹的中央集权和官僚制度。贵族政治的因素始终存在着，并作为地主阶级政治制度的一种重要成分和官僚政治的补充。这就产生了封建专制主义中央集权制度的第一个矛盾。即专制主义中央集权主义的官僚政治与贵族政治的矛盾。这个矛盾有两个方面，一是郡县制与分封制的矛盾，一个是官吏的选拔制度。

关于郡县制和分封制的矛盾，经过汉初到武帝时的反复斗争，诸侯王只是衣食租税，形同富人，政治权力基本上被剥夺了。此后，西晋又大封同姓为王，但地位依然差不多。八王之乱是由于那些王兼领了官职军制，有了权力，而且凭借他们亲王的地位。南朝唐朝也是这样。只是明朝初年，封诸王企图与郡县相杂，给了他们相当大的权力。但一再传即改变。终明之世，仍是分封而不锡土，受爵而不临民，食禄而不治事。至于封侯，汉初最高级的彻侯，（后避汉武帝讳，改为列侯）有封邑，也有君国子民之意。景帝以后，事权贵国相，侯国与郡县不异。但还裂土以封，有辖地。东汉时，诸侯已不再有封邑，只是一种尊号。东汉封爵世袭的制度，爵仅及身，实际上是郡县制占了统治地位。分封制只是一种点缀，不起多大作用。

贵族政治与官僚政治的矛盾，另一个是官吏的选拔。这个问题是汉武帝时开始解决的。汉初，政府的最上层一是王，同姓王；二是侯，多为军功出身，大官如丞相、太尉等多由他们充任；再下一层的官僚，则为郎、吏出身。

郎官是皇帝身边的一个侍卫集团，其制度类近于战国时期的四君及贵族门下的养士制度。其来历，不外以下几途。

荫任。二千石（郡守）以上大官可用子弟一人为郎，"任子"，可补官，变相的贵族世袭。

赀选。拥有资产十万钱而又非商人的人，可候选为郎，叫赀选（新贵族、富人）。

特殊技能。文士，驾车御马者，地位不高，作用不大。

此外，为吏者亦大多为富人。

汉武帝时，官僚选拔逐渐摆脱贵族政治色彩而制度化，其办法为：

察举郡国（列侯）岁举孝廉，各一名，对象有吏民。可在郎署供职，往上升官，当郡县或中央官僚。后来孝廉一科成为士大夫仕进的主要途径。武帝还令公卿郡国举茂才（秀才）、贤良方正、文学等，不过这属于特例，不经常举行。

这种推荐即察举制度到东汉时，又为地方豪强和大官僚贵族把持。到曹魏以后形成九品中正制度。上品无寒门，下品无势族。到隋唐时，改革成为科举制，须经过考试，但当时贵族势家清论之风很盛。公开的清论，仍不免有流弊，名额也少。到宋，改为誊录、弥封，名额扩大。一直到明清的八股均为此。地主阶级做官的权利比较普遍了。但门荫、赀选仍为重要的补充，不过地位较低而已。

官僚选拔的第二个途径是学校，也是武帝时开始的。武帝时，在长安城设学校，叫太学，选拔人入学。后来全天下郡国皆设学校，叫郡国学。初步建立了地方教育制度。入学的人学成后，经过考试，按等第录取。这种学校主要培植封建官僚，它在传播文化上也起了积极的作用。

建立察举制度和学校后，大官僚大官人子弟垄断官僚的局面有了改变，一般地主入仕途径比过去宽了。在这种制度下，皇帝可以通过策问到考试，在较大的范围内按自己的意旨选拔称职的官吏。这对于加强专制皇权，加强地主阶级的统治也具有重大的作用。[1]

然而，我们前面提到的中央集权专制主义制度还有另外两个矛盾。比较起来更严重一些。一是皇权与相权的矛盾，一是中央与地方的矛盾，这

---

[1] 聂崇岐：《中国历代官制简述》，收于《宋史丛考》；黄本骥：《历代职官表》。

是中央集权专制主义官僚制度本身的矛盾，也是中央集权专制主义官僚制度不可解决的矛盾。因为，在这种制度下，皇帝的权威是绝对的，各级政府机构都是皇帝的派出机构，各级官僚都是皇帝的助手、下属。作为献策，命令的传达与执行者，他们互相制约又共同对皇帝负责。皇帝有经常调动、罢免、处罚各级官吏之权。这种权力虽然有法令规定，但皇帝有最高最终的决定权，并不受法律限制。然而，皇帝毕竟只是一个人，而且不是超人，往往只是常人、庸人甚至只是昏人，他不可能一个人很好地行使这种权力。秦始皇衡石量书，一天处理一万二十斤公文，也不行。皇帝又不放心单单依靠现成的机构，而依靠左右一批亲信。其左右近臣替他行使皇帝的权威，甚至为其所剥夺。最坏的时候就是外戚宦官专权。这是中央权力过度集中必然所带来的后果。而各级政府机构之间，因为共同对皇帝负责，又容易发生权力分散，互相牵制。这样就形成了一方面是绝对的皇权，一方面又是皇权被一些政治、社会较低的官吏行使甚至窃夺；一方面是权力的高度集中，一方面又是权力的分散与丞相争夺；一方面是各级机构法令制度的完备，一方面又是这一切结果形成，行人治而非法治。人存政举，人亡政息，久之，集权与分权的矛盾始终存在着。这主要是地主阶级中央集权专制主义官僚制度本身的不可解决的矛盾。它在中央政府内部集中表现为皇权与相权的矛盾。另外还表现为中央与地方的矛盾。从秦汉到明清，总的趋势是集权极度加强，但弊端也越来越大，弄到办不成事的地步。

中央政府中皇权与相权的矛盾。

秦汉隋唐，中央政府有内朝与外朝之分。内朝是皇帝及其左右侍从，管皇帝家事及帮皇帝管一些文书、奏牍的起草、命令的传达等（秘书、总务）。外朝为丞相及其属官。秦时，御史大夫为丞相，副职，可管皇帝家事，内外朝不分。汉初，功臣为相，及其子弟地位声望很高，逐渐形成一个以丞相为中心的政治集团，甚至敢于顶撞皇帝，拒绝皇帝的要求。陈平、周勃平诸吕之乱，说明其权之大。这种局面到武帝初年还如此。汉武帝不满意这种局面，他任用布衣公孙弘为相，结束了功臣子弟为相的局面。公孙弘在朝无援接，不属于哪个政治集团，对汉武帝唯唯诺诺，完全听命。另一方面，汉武帝则提拔一批士人，让他们随侍左右，参与大计，形成了皇帝亲任的内朝或中朝。其中尚书(掌皇帝书札的小官)更是重要，还是同中书（宦官）掌尚书之职，中朝与外朝分庭抗礼。皇帝依靠中朝加强统治，中朝依靠皇帝重视凌驾外朝，专制制度进一步加强。武帝晚年，重用外戚霍光为大司马大将军，夺太尉军权，霍光又领尚书事，内朝权更重。武帝死，内朝权更大，丞相车千秋就只能治外朝。霍光废昌邑王时竟说这是内朝之事即皇帝家事。外朝丞相杨敞并不知道。此后，大将军及前后左右将军都是掌实权的中朝官。大将军领尚书事，更是权倾内外。丞相虽还有一定作用，但实际职权就微不足道了。

东汉时，宰相只是例行公事。尚书地位虽不高，实际权力已在尚书台。到魏晋时，尚书已职无不统，实际成了宰相。两汉时，尚书多由士大夫充任，中书则是宦官。到曹操父子时，中书也由士大夫充任。操时称秘书令；丕时称中书令、中书监。尚书权大管事宽，离皇帝渐远。中书代尚书成了皇帝左右最亲近的人。

侍中本是内朝较低的官，即侍从或负重或护驾。到南朝时，渐为皇帝任用，且由士大夫充之。由于对中书不放心，侍中权力渐大。梁时，侍中掌禁令，已渐成为宰相。

到了隋唐，这三个内朝的官并为三省，共行两汉时一相之权，已经是外朝官了。

中书省　掌定旨出令　中书令

门下省　掌封驳　　　侍中

尚书省　受而行之（下有六部）　尚书令　左右仆射

大事则由三省共同商议。诏令的发布，先经中书省讨论，门下省封驳（受事）才能由尚书省施行。唐高祖时，李世民为尚书令，即位后，尚书令不再设。左右仆射(副长官)管事，乃领仆射，领中书门下平章事名义。有此名义可与中书门下共同议事，为真宰相。此后成了只有有此名义的才可称宰相。这样一方面是相权的扩大，一方面又是相权的分割。也不会使皇帝权力过大，而政权又不会掌握在一二人之手。这在封建社会可算比较好的一种制度。

但这个办法没行多久。内朝权力又大起来。唐后期，内朝官的宦官实际掌握了政权。内外朝斗争激烈，但由于内朝宦官掌握了中央禁军的军权、枢密使，外朝处于下风。几经斗争都失败。枢密使的权柄相应扩大，连皇帝也受其挟制，或杀或废。到五代时，枢密使转由武人充任，权力胜过宰相。但也成了外朝官了。

宋代，中央政权形成了宰相同中书门下平章事，副相参知政事（好几个人），枢密使、副使（兵）、御史台三家的局面。相权分割，特别是兵权与政权分离，宰相地位也比过去低。过去可坐着与皇帝议事，这时不行了。

从唐后期起，翰林学士之类的文学侍从之臣（内朝官）掌定旨出令、参与机密，渐渐重要。宋时，大官多带学士衔。至明时，朱元璋正式废了宰相一职。但又不能不要办事的人。于是大学士权柄渐大，实际上行使了宰相的职权，成为一种制度。至清朝，雍正时又设军机处。原来官位低，本是临时办理军务的一个小机构，乾隆时发展为军机处。设军机大臣。后来军机大臣又代替了大学士成为实际的宰相。

总之，从中央官制看，皇权与相权的矛盾是个重要问题。皇帝要集中权力，削弱相权。但又不能没人办事，让丞相办又不放心，怕权重不听驾驭，就从身边即内朝找亲信小官，这些内朝小官权渐大，办事多，又成了外朝官，只好又找新的内朝官，如此循环不已。

中央与地方的矛盾

这是中央集权专制主义制度本身的又一个矛盾。从地方制度看，一是郡县制，设官分职，中央统率。但又怕地方官权力过大，特别是与地方豪强勾结起来，不听中央号令，形成割据。秦及汉初设御史监郡，监察地方官。

公元前 106 年（汉武帝元封五年）正式把全国分为十三个监察区，叫十三州部。后又在京师附近设司隶校尉，职权与刺史同。每州设刺史一人，以六条问事，其中第一条是督察强宗豪右，第五条是督察郡国守相，第六条是郡守与地方豪强勾结问题。刺史官位不高，却代表中央监察，也不处理地方行政事务。然而到了东汉，州实际上变成了郡以上的一级行政机构，刺史成了正式地方官，而且与豪强勾结，形成了割据势力。①

到了唐朝，又设各种使，如观察使司监察、节度使管军队，代表中央监察或临时主管地方某一部门的工作，以分地方官的事权。但不久又成了地方上的固定职务，而且节度使权扩大，总揽一切事务。

到了宋朝，官衔、品阶、官、职、差遣分离，节度使成为空衔。而州县地方官也如此，例如被任为某州刺史，只是官职，不去上任，做别的官，而地方官则由政府派京官带原衔知军州事，知县事名为差遣，表示是奉中央之命，临时去代理，但实际也成了正式的地方官。元朝的行省，即行中书省，原也是中央政府中书省的派出机构。后来省成了一级地方政府，派的官也成了实际的地方官。明清时的总督、巡抚，原也是中央政府临时派到地方去处置事务（军务，后包揽政务），事毕即罢，但后来也成了固定的地方官（封疆大吏）。

总之，从地方官制看，中央和地方有矛盾，总不能不给地方一定职权，又怕地方权大，不断抑制，办法就是从中央派人，后派出机构，或司监察或分事权，或临时总揽一切。这些人去了，久而久之，又成了地方官，而且机构重叠，权力分散，不好办事，于是又不能不派人下去，临时处理并给了一定之权，久之，权又大，又派，如此循环不已。

上述两个矛盾的发展变化，唐宋之际是一个界线，在此之前宰相权大些，此后不仅权力，连名义也废了。地方官制，原来还是正式的，宋以后名义就都属中央临时代理派遣了。总之，宋以后中央集权专制主义更强化，皇权更强，但问题也更多，更不适应变化了的社会，弊病更大了。

上述几个矛盾，反映了中央集权专制主义制度本身的矛盾，一是人治与法治的矛盾，剥削阶级少数人掌握政权，集大权于皇帝一身，就必然造成这种矛盾；二是统一集权与分裂割据的矛盾。这些矛盾可以调整但无法解决。因为地主阶级政权本质是少数人统治多数人，而中央集权下的皇权正是地主阶级经济基础上的产物，而自给自足的自然经济分散的个体经济使封建国家本身就是割据的因素。正是这两个方面带来中央集权专制主

---

① 边栏：监察、分权、总揽派遣。

义，也使它本身具有无法解决的问题。如果说在封建社会相当长的一段时期内，这种统一集权还有一定积极作用的话，到宋以后，其消极作用就越来越突出，越来越不合适社会发展的需要，然而却无法解决。这个制度带来的传统思想的影响，今天仍属应肃清的封建余毒。

2. 任酷吏和严刑法

汉代中央集权专制主义和地方割据势力的矛盾，除了诸侯王（贵族）外，而另一个方面，即地方的豪强和游侠。

随着地主阶级兼并土地的发展及其力量的逐渐强大，地方上出现了一批强宗豪族，他们武断乡曲，欺凌农民，也破坏封建法度。

另外，还有一些游侠，这些人很复杂，有的游侠以义气侠行相标榜，保护受封建地方官压迫的人，振人于困厄、穷困，势力很大；也有的武断乡曲，行凶杀人，甚至本身就是盗贼，游侠豪强均属地主阶级，但他们与封建王朝间有一定矛盾。

汉王朝对付他们的办法，除去前边说过的把他们强迫迁走外，在汉武帝时，并不许其族居。更主要的是任用酷吏去治理地方，采用打击、杀、关等措施，这对抑制豪强，提高专制皇权起了显著的作用。但酷吏和豪强、游侠并不是绝对对立的势力，有的酷吏（如义纵）少时就是"群盗"，有的（如宁成）罢官回家，即役使贫民数千家，自身就是豪强或游侠，所以他们治郡，也往往以豪强为爪牙，对人民为非作歹。酷吏王温舒杀河内豪强，株连千家，其中有很多是贫苦农民。

与此同时，汉武帝又任酷吏张汤、赵禹等，条定刑法、增加条目，虽然有镇压豪强的需要，但主要的是为了镇压农民。在执行时，官吏更是上下其手，罗织成罪，冤枉的人不可胜数。可见用酷吏和刑法来加强皇权就像一把双刃宝剑，一方面固然打击了地方中的豪强游侠，更主要的一面则是加强了对农民的镇压，必然激化阶级矛盾。

3. 汉武帝的财政经济措施

汉武帝时出现的矛盾，除了前述的专制主义中央集权制度与地方割据势力及制度本身的矛盾以外，还有中央集权政权和大工商业者的矛盾。这个矛盾是这样来的：

第一，汉武帝时，财政开支浩大，对外战争、巡游等耗费大量财富，文景时府库大量的积蓄已经耗尽，必需开辟财源，插手工商业是一个主要途径。

第二，随着农业经济的发展，工商业大大发展起来，大工商业者的活动起着剥削兼并农民的作用，造成农民生活水平的下降，从而使封建社会的基础不稳定。

因此，扩大财政收入，稳定农业生产，抑制商人就成了汉武帝的财政经济措施的主要方面，而实行这些做法，找了一批与政府合作的大工商主为官（敛财的官），如孔仅、东郭咸阳、桑弘羊等。

具体做法有：

（1）统一货币

汉初国家铸钱质量低劣，又允许私铸，诸王、达官、豪商均可铸钱。货币大小不一，轻重不同，严重影响了社会生产与交换，也不利于国家的统一。武帝先创行三铢钱（一两二十四铢），禁止私铸，后又铸五铢钱代三铢钱，后来规定郡国不许铸钱，上解，由中央水衡都尉的钟官、辨铜、技巧三官铸，号三官钱，质量好，私铸无利可图。货币统一了，国家经济力量得到加强，专制主义中央集权制度也获得一种经济上的保证。

（2）筦（管）盐铁、均输平准——盐铁官营。统属中央大农。

盐：生产盐区设盐官募人煮盐，产品由官府收购发卖。

铁：生产铁区设铁官，经营采冶铸造，发卖铁器。

均输官：大农在产地设均输官，把应由产地输京的物品，由产区输运他处出卖，再在卖处收购其他货品，易地出卖，辗转交换，最后把关中所需货物运达长安。这种办法消除了郡国贡物长途押运，费用高，又不切实用的不合理状况，增加了国家物资储备，也控制了商业。

平准官：大农在京师设平准官，接受均输货物，按长安市场价格涨落，贵卖贱买。调剂供应，控制市场。

这套办法使国家控制了盐铁生产及盐铁与其他许多货物的销售，增加了财政收入，也限制了工商业者，稳定了市场。由于铸钱、盐铁多由诸侯王及地方豪强经营，因此这些措施也起了抑制地方割据势力的作用。

官营商业有腐败现象，官盐价昂质劣，铁器低劣不适用等因素也给人民带来一些困难，后来昭帝时盐铁之争，反对者就是抓住这些问题主张取消盐铁官营的。

（3）算缗告缗

汉武帝还采取直接剥夺大商贾的措施。

公元前 119 年（元狩四年）行算缗，即收工商业者之税。规定工商业者申报财产，每二千钱纳税一算，120 钱，车船等都纳，不报重罚，商人不得占有土地，违令者没收土地及奴僮。

公元前 114 年（元鼎三年）行告缗，鼓励告发，以违令商人产业一半奖励告发人，商人违算缗令者，"得民财物以亿计，奴婢以千万数，田大县数百顷，小县百余顷；宅亦如之。于是商贾中家以上大率破"①。工商业势力受到一次沉重打击，政府府库得到充实。

这些措施都起了加强专制主义中央集权的作用。

4. 汉武帝后期统治矛盾的激化

西汉初年，由于经过农民战争打击后的地主阶级力量还未完全恢复，羽毛还未丰满，也由于封建政府实行了与民休息、轻徭薄赋，并省刑法的政策，农民生产恢复起来，农民大致也相对地稳定，史称当时"未有兼并之害"②。然而就在当时，随着经济的发展，地主阶级力量强大起来，对农民的剥削严重起来。当时农民中，小自耕农数量不少，这种小自耕农的生产和生活的状况可用《汉书·食货志》中传为战国魏文侯时李悝的一段再加若干补充为代表：

> 今一夫挟五口，治田百亩，岁收亩一石半，为粟百五十石。除十一之税十五石，余百三十五石。食，人月一石半，五人终岁为粟九十石，余有四十五石。石三十钱，为钱千三百五十。除社闾春秋尝新之祠，用钱三百余千五十。衣，人率用钱三百，五人终岁用千五百，不足四百五十。不幸疾病死丧之费，及上赋敛，又未与此。此农夫所

---

① 《史记》卷 30《平准书》。

② 《文献通考》卷 1《田赋考一·历代田赋之制》。

以常困，有不劝耕之心。①

这段话实际上反映了西汉的情况。一来，在我们看来，战国的农业生产水平与西汉差不多；二来材料内有些话不是战国时的事，如货币单位是钱，圆钱，战国魏行布币重的多。粮价不对，是汉时情况（征十一之税）。但与汉代其他材料参证，这段话可以反映西汉小自耕农情况，详细的论证这里不去谈他了。

（1）一夫挟五口，两个劳动力，纳课。今农民五口之家，其服役者不下二人。

（2）治田百亩，小亩 100 步为一亩，合今 28.8 市亩。

（3）岁收粟一石半，一石半为 27 斤，合今一市亩 94—188 市斤，小麦 180—200 市斤。

平均亩产，140 斤（粟），150 斤（小麦）。

（4）为粟一百五十石。

两个劳动力治百亩，亩多产一至二石，百亩之收为 100—200 石，一人合 50—100 石，平均 75 石，合 2025 市斤粟，2175 斤麦，这是劳动生产率。生产状况如上。消费情况为：

（5）食，人月一石半，五人终岁为粟九十石，粟 40.5 市斤，折米 24.3 市斤。

（6）除十一之税十五石，战国情况。汉代为三十税一。

但汉初农民负担主要不在田税，而且反映了封建前期的特点——从人口计征的人头税和徭役比重较大。当时税有十几种，田租之外主要有：

口赋：7—14 岁每人年 20 钱。

算赋：15—56 岁每人年 120 钱。

二者合计每户五人年纳钱 300 左右（二大人三小孩）。

徭役每丁每岁戍边三日，为不妨碍农事，要出代役钱。一丁一年三百，一家一到二人服役，出三百到六百钱，连口赋算赋一起，六百至近一千文。此外，汉代各地不同时期粮价相差很大，一般情况下的每石

---

① 《汉书》卷 24 上《食货志上》。

10—20 文，多的 50—150 文，六百即一千文折粮最少六石，最多五十石以上。如果粮价低落，农民需要更多粮食交税。此外，每岁服一月徭役，一生二岁兵役、力役，再加上其他赋税，农民负担是很重的。

（7）余有四十五石。石三十钱，为钱千三百五十。

这是农民除去口粮田税之后剩余数，其余数为：

社间尝新春秋之祠三百钱，固定支出。

衣服人年三百钱，五人共一千五百钱，这个估计不大符合实际，当时还是由农业与家庭手工业相结合的自给自足的自然经济占统治地位，衣服靠自己种桑养蚕、织布解决，而非用钱去买。

这样就可以大致估算一下每户农民产品中必要产品与剩余的比例其分配情况（粮以粟代，粮价按一百五十钱计）：

总产量		150 石	4050 市斤	100%	
口粮		90 石	2430 市斤	60%	必要产品
祠祭（300 钱）		10 石	270 市斤	6.6%	
		100 石	2700 市斤	66.6%	2/3
16.6%—25%	田租	5 石	135 市斤	3.3%	33.3% 下种量见秦简、《氾胜之书》、《齐民要术》
	赋钱（600—1000）	20—33 石	540—891 市斤	13.3%—22%	
8%—16.6%	种子　少量作饲料	10 石	270 市斤	6.6%	
	其他	2—15 石	54—405 市斤	1.3%—10%	

必要产品占 66.6% 即 2/3，剩余产品占不到 33.3% 即 1/3。

在剩余产品中，国家赋税剥削占 16.6%—25%，而能用于再生产的不多，不过 8%—16.6%。这是一个很低的数字，往往还要用压缩口粮的办法才能勉强维持再生产，进行扩大再生产的能力微乎其微。当时农业生产资料作为商品，其价格比农产品要高很多，如一具大铁槌百文以上，牛一头一千文以上到三千多文，甚至到一万五千文。因此，农业生产水平不算高，农民生活也很困苦，很不稳定，一遇水旱、疾病、丧葬或其他意外，或国家赋税加重，农民就会有破产、饿死、流亡的危险。《汉书·食货志》在介绍了上述情况后说"此农夫所以常困，有不劝耕之心"，是符合实际的。

佃农或依附农，生产水平还要低些，而且"或耕豪民之田，见税十五"，那就要把收获的一半即 2000 斤作为地租交给地主，剩不到 2000 市斤，已不够一家五口的口粮，那就只有侵夺必要劳动，降低生活水平，"衣牛马之衣，而食犬彘之食"，长年挣扎在饥饿与死亡线上了。

这也就是地主为什么那么容易兼并农民的土地，而国家赋役的稍加重就引起农民破产流亡的原因了。

这两种情况，到汉武帝时期严重起来。

豪贵之家兼并土地，武断了乡曲官僚地主之家"众其奴婢，多其牛羊，广其田宅，博其产业，蓄其积委"①。当时有田几百顷，千顷以上的大地主并不少见。如酷吏宁成即有陂地（水浇地）千顷。此后也还有不少记载。

汉武帝的事业成就辉煌，然而耗费巨大，是建立在加重对农民剥削，增加农民困苦的基础上的。由于开支浩大，赋役增加，口赋从七岁起，算赋改为三岁起算，每口增三钱，民至生子辄杀，又租及六畜、酒。此外随时征发，其数不少。此后兵役更为严重，结果造成了农民大量破产与流亡。公元前 107 年（元封四年）关东流民达二百万口，多处小股农民起义不断发生，尤以武帝后期为甚。阶级矛盾的尖锐终于促使汉武帝有了一定认识，他于公元前 91 年（征和二年）对卫青说，不改制不征伐四方不行，"为此者不得不劳民，若后世又如朕所为，是袭亡秦之迹也"②。因此到了晚年，罢逐为他求仙药而伤民靡费的方士，拒绝在轮台（今新疆轮台）屯田远戍，下诏自责（下罪己诏），"深陈既往之悔"，申明"当今务在禁苛暴，止擅赋，力本农，修马复令（养马者免徭役）以补缺，毋乏武备而已"③。同时，他还注意恢复已趋萎缩的农业生产，令赵过行代田法④，改进农具，以示鼓励农业生产。这样，阶级矛盾缓和下来了。

昭宣时期，继续了武帝末年与民休息及恢复农业生产的政策，阶级

---

① 《汉书》卷 56《董仲舒传》。

② 《资治通鉴》卷 22，汉武帝征和二年正月。

③ 《汉书》卷 96 下《西域传下·渠犁传》。

④ 代田法不讲了，自己看。

矛盾暂时有了缓和，农业生产有了恢复，"流民稍还，田野益辟，颇有畜积"①。但是这只是政府方面轻减租赋的一些措施，只能暂时起一些作用，至于豪强地主的兼并，却没有加以遏止，也不能遏止。所以等到政府的减税措施作用的劲头消失了之后，农民的破产失去土地，仍无法避免，阶级矛盾仍然激化起来。

（四）西汉后期的社会危机与王莽改制的失败

1. 西汉后期的社会危机

从元帝以后，西汉进入后期，与西汉王朝相终始的三个社会问题：土地兼并问题，奴婢问题，大工商主问题，日益严峻，形成了严重的社会危机，把西汉前期（高惠文景）和中期（武昭宣）的那些问题，如中央集权问题、匈奴问题等等都搁到一边去了，使得阶级矛盾急剧激化，西汉政权已无法照旧统治下去了。有的矛盾激化，有的有了新问题，有的缓和乃至消失。

土地兼并像雪崩一样地发展，带头的是西汉统治阶级的最上层——贵族和大官们。成帝（公元前 32—前 7 年）时，皇舅王立与南郡太守李尚相勾结占垦草田数百顷，丞相张禹，买田四百顷皆泾渭灌溉，极膏腴上贾（价），就是贵族大官僚在南方和北方霸占大量的土地的两个例子。地方豪强在成帝时一度受到遏制，但历史的趋势并不因政策的限制而改变。宣帝以后，西汉中央政权放弃了限制豪强的政策。元帝时把汉初以来迁徙关东豪强充实关中地区的政策也放弃了，地方豪强的势力又恶性膨胀起来。成帝时，关东"富人益众，多规（自占为疆界）良田，役使贫民"②。家有食客三四百人、良田数百顷的大地主也并不少见。哀帝时（公元前 6—1 年），师丹建议限田，一般吏民占田不得超过三十顷，可地主豪强占有土地常是远远超过限额。这些地方豪强凭借乡党、宗族、宾客的势力，武断乡曲，

---

① 《汉书》卷 24 上《食货志上》。

② 《汉书》卷 70《陈汤传》。

强迫农民处于依附地位，逐渐演变成东汉以后的世家大族。

西汉政权虽然出于地主阶级的阶级利益，对奴隶制残余进行了打击，但它与不同于封建剥削制度的奴隶制之间并没有不可跨越的鸿沟。地主商人的剥夺越是迫使农民纷纷破产，奴婢问题便越是滋长严重。西汉后期，官私奴婢不断增加。元帝时，官奴婢达十万余人，一般贵族、豪强地主及大工商主的奴婢更不在少数，估计，全国官私奴婢在二百三十万以上。这些奴婢多数不事生产，从事农业生产的少，多从事服务业，王室、贵族、官僚、商人、大量劳力不事生产，浪费了大量社会财富，促使了农业生产的萎缩。

大工商主经武帝一代的打击势力有所削弱，这时又兴盛起来，京师资产一亿钱以上的不在少数，郡国富豪不可胜数。这时，贵族地主与大工商主的结合日益紧密。贵族官僚豪强利用权势攫取土地役使贫民，往往又兼营商业及高利贷。如刘秀外祖樊重有田数百顷，放高利贷数百万，刘秀也曾卖谷于宛（南阳）。全国形成了"诸侯王、列侯、公主、吏二千石及豪富民，多畜奴婢，田宅亡限，与民争利"[①]的局面，大工商业主则勾结贵族官僚，倚仗政府势力牟取暴利。如成、哀时，罗裦以钱数百万赂曲阳侯王根、定陵侯淳于长，"依其权力，赊贷郡国，人莫敢负，擅盐井之利，期年所得自倍"[②]。有的还直接担任官职，而大工商主又以其剥削所得兼并土地。这样贵族官僚、地主、大工商主之间界限逐渐消失，结成三位一体的统治集团。

统治者随其势力膨胀、财富增加，其生活也越来越奢侈腐化，而人民则越来越困苦。鲍宣说农民"有七亡（无，七种损失，赋役与兼并）而无一得"，"有七死（死路）而无一生（严酷刑法及官吏贪暴）"[③]，除了反抗已无其他路可走了。农民暴动此伏彼起，更大规模的全国性起义在酝酿中。

---

① 《汉书》卷 91《哀帝纪》。
② 《汉书》卷 91《货殖传·郑维传》。
③ 《汉书》卷 72《鲍宣传》。

2. 王莽改制及其失败

面对着严重的社会危机，西汉统治集团中不少人已经明显地感到"汉历将终"，刘姓这块招牌再也维持不下去了。为了摆脱困境，师丹在哀帝时提出限田限奴婢的主张（董仲舒在汉武帝时就提出过，没有实行），可是贵族官僚群起反对，就连哀帝也在下诏颁行后不久，带头破坏制度，一次赐给宠臣董贤田二千顷，从而使这次改制成了一场笑剧。随后统治集团中一些人又宣称，汉代气运虽尽，但上帝还许其再受命，于是哀帝又玩了一套改元改制的再受命把戏。自己改称"陈圣刘太平皇帝"，改元"太初元将"，但连主持者也感到这场把戏太无聊，很快就收场了。最后，他们决心抛掉刘汉这块破烂招牌，从统治集团中另找一个代表人物来支撑摇摇欲坠的封建统治。在这种形势下，出身外戚世家的王莽便破门而出，充当了这场统治集团内部改代易姓的活剧中的主角。

王莽是汉元帝王后的侄子，王氏家族在元、成帝时长期把持军政大权。哀帝死后，年仅九岁的平帝继位（公元 1 年），王后以太后临朝，王莽控制了朝廷大权。他大力笼络贵族、官僚、地主及其知识分子，以求得他们的支持。在王莽的精心策划下，当时的一些知识分子假托符命，散布汉运将终、应当改朝换代的言论，为王莽代汉造舆论。经过几年的策划，公元 8 年，王莽终于正式当了皇帝，国号"新"。

王莽一即位，为了挽救危局，即标榜复古，进行改制。

（1）针对严重的土地问题与奴婢问题，王莽宣布要恢复古代的井田制，把全国土地改名叫"王田"，奴婢叫"私属"，不许买卖。规定土地限额，超过规定的要分给他人，无地的男女可以受田。这个制度就其规定看是虚幻的，因为不可能实施。就其实际看是反动的，因为它并没有宣布禁止奴隶制，反而承认了奴隶制，也没有把调整土地的规定付诸实施。只是企图用禁止买卖土地和奴婢的办法来维持现状。但土地买卖是春秋以来历史发展的一个产物，王莽企图用一道法令来斩断这个发展，把历史推回春秋以前去，必然是徒劳无功的。相反，王莽新法规定向所谓"荒田不耕"或"游手"的贫民增税，罚布或罚作劳工，这就进一步促使他们破产，又把因破产而出卖仅有一点田宅和儿女的农民作为违犯新法的犯人没为官奴婢。因此，"王田"和"私属"制度不仅没有缓和土地问题和奴婢问题，反而使之更加严重。由于禁止土地和奴婢的买卖也触犯了很多地主阶级的利益，遭到他们的强烈反对。王莽终于在公元 12 年（始建国四年）取消了王田和私属制度。

（2）针对严重的大工商主问题，王莽又制定了"六筦""五均赊贷"。筦盐、铁、酒，铸钱，五均赊贷由官府经营，不得私人经营，再加上控制名山大泽，渔猎樵采之物要缴十分之一的税，合称"六筦"。除五均赊贷外，其他各项均在汉武帝时实行过。五均赊贷即是平准法的发展，即除掌控市场价格外，还向人们提供借贷，借此限制高利贷。

王莽企图用政府这些措施来控制工商业、农村副业，来限制豪商囤积居奇、平抑物价，解放被高利贷盘剥的平民。实际上恰恰相反，掌握这些部门的多是大工商主，但汉武帝时的政权强大，可以控制他们，王莽却做不到，效果适得其反。这些大工商主，收贱卖贵，攫取暴利，贪污中饱，而人民却不能超过限价私自买卖，从事渔猎樵采畜牧业，养蚕绩丝的妇女，各类手工匠人和小商贩等，都得向官府陈报纳税，这就大大阻碍了小工商业和家庭商业的发展。并规定，用官府钱贷给贫民，最多三个月，过期不还就要罚作刑徒。因此，"五均""六筦"打击的正是农民和小工商业者，获利的则是王莽集团的大工商主。

（3）改革币制。王莽进行过四次币制改革。主要以劣质新币代替兑换质量较高的旧币，然后又以更劣的新币代替原来铸造的劣币。如用铜一两（24 铢）铸成大布，法定大布币值当一千文五铢钱，而一千文五铢钱为五千铢，即 208 两多，即按货币重量算，就是 1/208 钱。一枚大布可向人民掠夺 208 倍以上的财物，这样公开盗掠性的币制改革势必使得物价飞涨，货币失去价值尺度，反而造成社会经济的混乱。虽使富商大贾受到一些损失，但遭殃的还是广大生产者，"每壹易钱，民用破业，而大陷刑"[①]。王莽又严禁私铸新币。凡家藏有铜、炭的，就被官府诬指为铸私币，邻居也连带受罚，一齐囚送长安罚作官奴婢。当时因此而被没为官奴婢的达

---

① 《汉书》卷 24 下《食货志下》。

十万以上，十之六七被折磨而死。

（4）发动对外战争。为了转移各阶级对自己的不满，王莽还挑起与四周各族的矛盾。为了显示自己的威风，故意贬低少数民族的地位，把匈奴单于改名为"降奴服于"，高句丽改为"下句丽"。此后又连续发动对东北、西南和匈奴的非正义战争，如派十余万人征西南的钩（勾）町（听）族，死去十六七，又派三十万人打匈奴，使各族人民遭到极大苦难。

妄图用政治手段把历史拉向倒退的王莽改制，不仅不可能缓和社会危机，反而在全国范围内，在各个经济部门制造了极大的混乱，给劳动人民带来极大的苦难。广大农民"摇手触禁，不得耕桑"[1]，谷价翔贵……"百姓流离"[2]。到王莽末年，流民入关者数十万人，饥死者十七八。由了王莽触犯了部分地主阶级的利益。他们也从支持他转而反对他了。这样，企图解决社会危机的王莽政权本身成了社会危机解决的焦点，而执行这一历史使命的，即是在王莽统治下受尽困难的革命农民。

（五）绿林赤眉农民战争

从西汉末年至王莽统治时期，农民起义一直不断，终于形成了席卷全国的绿林赤眉大起义。当时农民起义的队伍，按初起的地域，可分为三个方面：一是今湖北、河南一带的绿林军；二是今山东和江苏北部的赤眉军；三是今河北一带的铜马等起义军。

1.绿林军

公元 17 年，南方大饥，民不聊生，新市（今湖北京山县东北）人王匡、王凤发动了起义。他们以绿林山（今湖北京山境内）为根据地，四出攻打地主营堡。几年内，人数增加到五万多人。22 年，绿林山一带常发生疫疾，为保存革命实力，绿林军分兵转移。一部西入南郡(今湖北江陵)活动，号下江兵，一部北上南阳，号新市兵。此时，平林(今湖北随州北)

---

① 《汉书》卷 24 下《食货志下》。

② 《汉书》卷 24 上《食货志上》。

一带一支义军起而响应，即号平林兵。于是，革命烈火在湖北、河南广大地区蔓延开来。

在各地农民军沉重打击下，王莽政权已呈分崩离析之势，地主阶级内部发生了分化，一些与王莽集团有矛盾的贵族地主分子纷纷起兵割据，有的还钻进农民起义阵营，打出反莽旗号，企图利用农民力量扩大自己势力，等待时机，重建封建王朝。这些贵族地主分子中，刘姓贵族或假借刘姓起兵的占有相当比重。这是因为尽管新莽政权是西汉后期腐朽统治的继续，但西汉后期的社会危机这时进一步恶化，面对着剥削压迫有加无已的新莽暴政，统治达二百多年的西汉王朝，又在那些意识中深深打下"正统"烙印的人们的记忆中浮现出来，这就产生了"人心思汉"的现象。农民有这种想法，是出于对美好生活的向往，同时也是受到封建正统思想的毒害。当时他们的阶级觉悟和斗争水平还不足以使他们推出自己的权威来与统治着他们的封建王朝相对抗，只好借助前代王朝的影响力来反对当代的封建王朝。贵族地主分子即利用农民这种心理，收起"汉历将终"的宣传，重新利用刘汉这块招牌来达到建立自己统治的目的。他们终于得逞了。

公元22年，破落汉宗室刘玄混入了平林军。之后，刘玄族兄南阳大地主兼商人刘縯、刘秀兄弟纠集宾客子弟七八千人，号称舂（音冲）陵军，起兵反莽并混入绿林军中。从此，农民起义队伍中混入了地主分子，使革命阵营复杂化了。

这些贵族地主分子势力渐大、野心渐盛，他们之间争夺领导权的斗争也尖锐起来。刘縯仗着舂陵军力量，专横跋扈，而刘秀势力单薄，便利用农民军对刘縯的不满情绪，骗取一些农民军将领的信任。当时王匡、王凤等虽对刘縯有戒心，但未能摆脱天命皇权的思想，又未能识破刘玄的欺骗阴谋，因而支持刘玄做皇帝。公元23年春，刘玄称帝，建元"更始"。

刘玄称帝后，王莽发兵四十余万，号称百万，由王寻、王邑率领，妄图一举消灭义军。前锋十多万人围攻守昆阳（今河南叶县）的义军八九千人。面对强攻，义军毫无惧色，坚守不拔，并派刘秀率十三骑突围出城征集援兵。在战争最紧急时，刘秀率援兵数千人来了。前锋千余人迅速打垮了敌军数千人的阻击，后续部队三千多人乘势直攻王邑大营。莽军大乱，王寻被杀，城中守军也乘势出击。当时正值大风，屋瓦皆飞，雨下如注，莽军争相逃命，赴水溺死者不计其数。王邑仅带领极少数残兵败将仓惶逃命。这就是历史上有名的以少胜多的战役——昆阳之战。这次战役对绿林军入关和王莽的覆灭起了决定性的作用。

昆阳之战后，刘秀兄弟势力逐渐凌驾农民军之上，因此新市、平林诸将劝更始帝刘玄把刘縯杀了。接着起义军分兵两路向王莽进攻。一路由王匡率领攻克洛阳，一路由申屠建等率领西入关中。更始帝在洛阳派刘秀去河北活动，刘秀因而逐步脱离了农民军的控制。

王莽仍图垂死挣扎，发囚徒为兵。但囚徒军一过渭桥，便掘毁王莽的祖坟，烧了王莽的祖庙，造起反来。公元 23 年秋，绿林军胜利攻入长安，长安城内人民也群起攻入宫中。王莽被小商人杜吴砍死。公元 24 年初，更始帝迁入长安。绿林军进入长安，开始纪律严明。但更始帝不久奢侈腐化，地主儒生也纷纷活动。起义军内部离心离德现象滋长起来了。

2. 赤眉军

在绿林军起义稍后，琅琊人樊崇等在莒县起义，以泰山为根据地，队伍很快发展到十多万人。起义军屡攻王莽大军。为作战中与敌人区别，把眉涂红，故称赤眉。这支义军保持着农民朴素作风和较好的纪律。他们因袭汉朝乡官和地方小吏的称号，把各级领袖分别称为三老、从事、卒史，彼此称"巨人"。这是对地主称农民为"小人"的反抗。以上这些特点，一方面反映农民朴素的平等意识，同时也反映出封建社会阶段发展初期农民群众组织和斗争水平还处在初级阶段。

当刘玄进入洛阳时，赤眉军也在中原活动，樊崇等接受刘玄列侯封号。由于受到刘玄排斥，赤眉军脱离刘玄，独立活动。此时部众思归，军心有些涣散。赤眉领袖认为回乡必败，于是决定西攻长安。25 年，赤眉军进入关中，有众数十万。领袖在地主与巫师怂恿下，立十五岁的刘盆子（刘宗室后裔）为皇帝。此时，刘玄开始逮捕和杀害绿林军的重要将领，无力组织抵抗。25 年秋，赤眉入长安，刘玄投降，不久被绞死。

3. 起义失败，刘秀建立东汉王朝

公元 23 年冬，刘秀渡河北上时，黄河以北有铜马等大小几十路起义军，人数有数百万。其中铜马数十万人战斗在河北、山东交界地区。城头子路部有二十余万人，活动在鲁北。此外，豪强地主及王莽的残余势力也不少。刘秀在河北时，获得地主武装及王莽地方官吏的支持，用分化、诱骗、屠杀等手段几年内逐步吞掉了铜马等多支河北起义军，势力日益增大。关中地区把刘秀称为铜马帝。

公元 25 年，当赤眉军返还长安时，刘秀在鄗（今河北柏乡）称帝，沿用汉的国号，建元建武，不久定都洛阳，史称东汉。

同年九月，赤眉入长安。长安附近豪强地主隐匿粮食，武装反抗。赤眉军粮尽不支，又无法打破地主的封锁，于是西走甘肃一带活动，受到割据势力隗嚣的阻挡与风雪的袭击，返回长安准备出关东归。然而刘秀已扼守洛阳以西地区，切断还路。赤眉军英勇奋战，但终因粮尽力绌，于 27 年（建武三年）失败。坚持十年多席卷全国的绿林、赤眉领导农民军最终失败了。

4. 绿林赤眉起义的历史作用

农民军在战争中打击了封建统治，推翻了王莽政权，获得了光辉的胜利，但却无可避免地让刘秀篡夺了胜利果实，恢复了地主阶级统治。但尽管如此，王莽集团这股妄图把历史拉向倒退的反动势力注定被农民军消灭了，地主阶级也受到打击，这就为东汉的社会进步发展开创道路。

农民战争后，原本西汉末期及新莽时的三个严重的社会问题，这时却发生了不同程度的变化。

农民战争对残存的奴隶制打击最为沉重。在农民战争高潮中，许多"亡奴"参加起义，以自己的斗争争取了解放。义军攻破郡县和豪强的营堡，也解放了一部分奴隶。在农民起义的扫荡下，谁也不可能像王莽那样，敢于利用国家的权力把奴隶制维持下去。在这样的历史形势下，东汉光武帝刘秀在公元 26—38 年的十三年中，曾下达九道有关释放奴婢和提高奴婢地位的法令。刘秀颁布这些法令是为了镇压农民起义和消灭割据势力而采取制胜对手、争取群众的政治手段，也是为了战后控制其势力和增加赋税剥削的需要。奴隶既然作为封建剥削制度的一种补充手段而存在，这些法令就必然带有很大的欺骗作用，也不能彻底执行，但在当时终究起了一些作用。

这样，大量奴隶通过各种途径，身份地位发生了改变。东汉社会虽然还保存了一部分奴隶，但用于生产的就更少了。这是新莽末年农民战争的巨大历史作用之一，对东汉封建社会生产的进步发展有重大的影响。

农民在斗争中冲垮了大量豪强地主所霸占的田园，夺回了若干耕地，使严重的土地兼并由此有所缓和。东汉政权尽管通过"度田"等方式企图为地主夺回一部分土地，但终究没有力量把农民夺取的土地全部没收回去。东汉的社会经济也就在农民保有着部分胜利果实和避免这些暴露的斗争的条件下向前发展了。

大工商主统治也有变化。一方面，随着农民战争对残存的奴隶制的打击，他们的奴隶制的色彩淡薄了，更多地采取封建的方式剥削劳动者。另一方面，农民战争已使豪强地主势力的发展，使具有浓厚自然经济特点的地主田庄逐渐在社会经济中占广泛的地位。这也使大工商主在社会经济中的地位有所下降，因此，他们对社会经济的破坏作用削弱。

就这样，绿林赤眉农民战争把封建社会向前推进了一步，显示了农民的阶级斗争对历史的发展的强大的动力作用。

第三节　东汉

刘秀建立的东汉政权，仿佛是西汉王朝的重演，但实际上并非如此。这个王朝的活力远不及西汉，腐朽程度也更大些，更重要的是，豪强地主的势力越来越大，这就使之带上了同西汉王朝不同的特色。如果说，西汉王朝开始是建立在一般军功地主的基础上，而东汉王朝则是建立在豪强地主的基础上。如果说西汉王朝是从分裂割据逐渐走向集中统一，而东汉王朝则从集中统一重新走向了分裂割据。

东汉政权主要是靠南阳（刘秀老家）和一部分河北豪族地主（刘秀进入河北地区后的主要支持者）的支持建立起来的，因此，这个政权必然是豪强地主占优势，也必然扶植豪强地主势力，并倚靠他们对农民实行专政。这是当时最主要的社会矛盾。此时，作为豪强利益最高代表的东汉中央政权，同地方豪强之间，存在着争夺统治权力的矛盾。终东汉之世，这两处矛盾互相交织，构成一幅复杂的政治图画。其结果则是，黄巾农民战争瓦解了统一集权的东汉王朝，而地主豪强势力的发展则使这个政权瓦解后出现了约四百年的封建割据局面。

（一）封建经济的发展和豪强势力的扩张

1. 生产力的发展和南方经济水平的显著提高

光武帝在消灭农民起义军后，还和一些地方割据势力进行了斗争。

其中最主要的是割据甘肃一带的隗嚣和割据四川的公孙述。在统一全国的过程中，他较大的贡献是关于释放奴婢和改善奴婢地位的措施。对于严重的土地兼并问题，由于他是倚靠南阳、河北地主豪强起家，这个新统治集团的贵族官僚照样搜括土地，洛阳和南阳地区最严重。当时刘秀的儿子和官僚们都认为："河南帝城多近臣，南阳帝乡多近亲，田宅逾制，不可为准。"[1]但是农民战争之后，土地矛盾终究有了暂时的缓和，腐败的政治有所刷新，农民七死七亡的情况多少有点改变，东汉统治集团也还注意减轻一些对农民的剥削，并注重生产。由于这些原因，农业和手工业在东汉前期有所发展。

关于农业、手工业的发展情况，书上有，就不具体一一讲了，只说一下一个值得注意的情况，那就是南方经济的发展。先秦西汉，中国的主要经济区域一直在北方的黄河中下游地区。这个地方土地开发程度和生产技术水平较高，人口密集。西汉时，这个地方和关中土地占全国面积12%，人口占68%，而江淮一带则是"饭稻羹鱼，或火耕而水耨，果隋嬴蛤，不待贾而足，地埶饶食，无饥馑之患，以故呰窳偷生，无积聚而多贫。是故江淮以南，无冻饿之人，亦无千金之家"[2]。但是，从东汉起，这个地区开发的速度大大加快了。关中及凉州地区从西汉的 978, 440 户, 3,

---

[1] 《后汉书》卷22《刘隆传》。

[2] 《史记》卷129《货殖列传》。

718，373 口降为东汉时的 187，009 户，842，762 口，只当西汉的 19.1%
和 22.7%；占全国户口数从西汉的 8% 和 6.2%，降为 2%、1.76%。经东
汉董卓之乱、魏晋南北朝衰落，到北朝才提高。荆、扬、交、益四州，西
汉末有 2，259，709 户，11，017，474 口，分别占全国的 18.5%。[①] 东汉
140 年（永和五年），这四州共有 3，708，067 户，16，602，072 口，比
西汉增 64%、50%，在全国户口中分占 39.7% 和 34.6%。除去一是农业、
手工业业务水平与技术的提高外，最突出的一个表现则是人口的大量增
加。扬州人口从西汉的 321 万增至东汉的 434 万，荆州从 434 万增至 627
万，益州从 455 万增至 724 万。而东汉的北方人口则有所减少。人口的增
加，即劳动力的增加，加速了南方地区的开发。人口的来源一是南迁的北
方居民；二是生产水平的提高能养活更多人口；三是东汉势力不断深入南
方争地，把南方少数民族人民大量变为东汉的编户。南方在全国经济中的
地位比前上升了。这就为后来三国分立的吴蜀两国打下了经济基础，并为
东晋及南朝打下了与北方对立的基础。至唐代中叶后，南方经济的发展就
超过了北方，成为它的最重要的经济区域，军事政治中心则仍在北方（与
北方游牧民族的斗争有关）。北方的政治军事中心则逐渐东移并向北，而
连接政治军事中心与主要经济区的大运河，在隋唐之后成了中国历史上的
一条最重要的交通线。给中国的历史带来这些的特点，直到近代工业发展
起来后，这种情况才发生变化。

2. 光武帝对豪强地主的安抚和斗争

在王莽末年的战乱中，豪强地主纷纷组织武装，或参加到农民起义军中去，
如刘秀，或自己割据一方。这些武装往往由其亲族、宾客（依附农民）、子弟组
成，形成了豪强地主的私人武装。这些武装有的依附刘秀，有的却在东汉建国
后仍然割地自据。光武帝刘秀为了巩固自己的统治，对他们一方面采取安抚
的办法以官爵相诱；另一方面也对他们做一些斗争，解散其部队，扫平其营
垒，镇压其反抗，而重要的一项措施则是 39 年（建武十五年）的"度田"。

---

① 　编者补注：这些数据如何得出，先生未作交待，与梁方仲《中国历代户口、田地、田
　　赋统计》甲表 2、甲表 3 有出入。

所谓"度田"，是下诏州郡核查垦田顷亩和户口年纪，以掌握确实的名籍和垦田的数目。其作用一是用以增加赋税收入；一是通过户口年纪的核验，把农民限制在土地上受阶级剥削；一是借此控制豪强地主的武装，使他们成为国家的编户齐民。施行中，州郡官吏畏惧豪强，不敢对其实行度田，帮助他们隐瞒大量土地。而对农民，不仅丈量他们的小块土地，而且连住屋村落都要当耕地丈量，于是各地农民纷起反抗。光武帝又以度田不实的罪名，处死了一些地方的郡守，于是郡国豪强也纷起反抗。最后在如此截然不同的农民和地方豪强的反抗下，刘秀被迫中止了度田令的推行。在反度田斗争中得利的主要是地方豪强，他们借此隐瞒了大量土地和依附农民，但此时他们也被迫取消了公开的武装，豪强武装转为隐藏状态，割据形势相对缓和。而农民也因此保留了一些农民战争得来的胜利果实。

度田之后，豪强地主势力并未受到根本削弱，土地兼并仍在持续发展，农民阶级也仍然很痛苦。到光武之后的明、章之世，号称东汉最繁荣的时候，但农民弃业流亡，"裸行草食"的现象仍然存在。明、章、和帝不得不屡下诏令，以苑囿地和公田赋与贫民耕种。有时还给种粮、蠲免租赋，以缓和农民的不满。但这些措施并未多大效果，农民的状态还在不断恶化下去，而地主豪强的势力也越来越膨胀。

3. 豪强大地主的田庄

豪强地主势力的基础，是他们的大田庄。这种豪强地主是很多的。东汉仲长统说："百夫之豪，州以千计。"[1] 这种田庄有如下一些特点。

（1）自给自足的自然经济特色浓厚

一个大田庄，例如光武母家南阳樊氏"治田殖至三百顷"。这里"竹木成林，六畜放牧，鱼蠃梨果，檀枣桑麻，闭门成市，兵弩器械，赀至百万"[2]。而除粮食作物外，经济作物如桑、麻、药材，林业，牧业，渔业，园艺一应俱全。东汉后期崔寔《四民月令》一书是地主经营田庄的家历，反映洛阳一带情况，种有谷物、园艺、蔬果、竹木、药材和其他经济

---

① 《文选》卷 59《头陀寺碑文》引仲长统《昌言》。
② 郦道元：《水经注》卷 29《比水》。

作物，牧业，还有手工业织布、织丝织物、染色、制衣鞋、制药、酿酒、酿醋、作酱等等。有的地主田庄还制木器，建筑，冶铁，造农具及兵器、盐井等等。除去说明地主田庄经济强大外，还说明其自给自足程度浓厚。

在这种田庄中，也有商业性活动。一种是地主在收获季节收购农民产品，而在农民需要种子、食物、绢布的季节，把这些物品卖出去。这是在田庄范围内进行的小范围的商业活动，是自给自足自然经济体系内部的一种活动，但成了地主残酷剥夺农民的手段。

另一种则是把田庄产品贩运到外地和城市去的商业活动，或干脆就是在城市中经营商业。东汉后期仲长统说过这种拥有大田庄的豪族地主，也兼营城市商业，"船车贾贩，周于四方，废居积贮，满于都城"①。

（2）豪强地主田庄中的劳动者

田庄中被剥削的劳动者，有奴婢但主要是依附农民，他们多为地主的宗族、亲戚和宾客、徒附，像王莽时的马援，在亡命北地役属数百家。东汉时仲长统说，豪人"奴婢千群，徒附万计"②。一家豪族地主剥削的依附农民的数量是很大的，他们完全固着在地主的田庄上失去人身自由，"父子低首，奴事富人，躬帅妻孥，为之服役……历代为虏，犹不赡于衣食"③，与农奴的地位相去无几。他们在地主的指挥下从春到冬，从事繁重的田间劳作，到农事稍闲时，要为地主修沟渠，修缮宅屋，劳动十分繁重。地主对他们的剥削，主要是收取实物地租，剥削率是百分之五十。此外还要服劳役，剥削是很残酷的。因此他们"不赡于衣食"，"生有终身之勤，死有暴骨之忧，岁小不登，流离沟壑，嫁妻卖子"④。

地主为了剥削的稳定，使依附农民不致逃亡，在一定时节按不同亲疏关系"赈赡穷乏""存问九族"⑤"讲好和礼"，使残酷的剥削关系蒙上一层

---

①　《后汉书》卷 49《仲长统传》引《昌言·理乱篇》。

②　《后汉书》卷 49《仲长统传》引《昌言·理乱篇》。

③　《通典》卷 1《食货门一·田制上》引崔寔《政论》。

④　《通典》卷 1《食货门一·田制上》引崔寔《政论》。

⑤　九族：上自高祖，下至玄孙。高祖—曾祖—祖—父—王—子—孙—曾孙—玄孙。（父族四，母族三，妻族二）

宗族血缘关系的伪装，以便更有力地束缚他们。

（3）私家武装（家兵）

照《四民月令》的记载，大地主的田庄里还有一支私家武装，每当二三月青黄不接、八九月寒冻将临时，地主便纠集一部分农民在田庄里"警设守备""缮五兵，习战射"（五兵：矛、戟、钺、楯、弓矢）。准备镇压可能出现的农民暴动。考古出土的一些东汉楼阁、院宅模型，有武士持兵守卫，他们显然是地主的私兵。还有一些东汉农夫俑和持盾武士俑，两者衣着完全一样，都佩戴环首大刀，表现了依附农民和私兵身份的一致，或者说，是兵农合一的。

从《四民月令》看，地主私兵不常设，而是定期召集农民组成，这与光武帝度田以前地主武装"岁月不解"的情况有所不同，这种私兵是维护本地封建秩序的支柱，是实现国家镇压职能的补充力量，与度田以前地主武装公开割据反抗的情况也不一样。但是这种私兵既然是封建经济的产物，所以在一定条件下，它又能转化为公开的割据武力，转化为统一国家的对立物。东汉末年，豪强地主武装割据局面的出现，这是一个原因。而自给自足的豪强地主大田庄，即是这种割据以及此后这种割据局面长期继续下去的经济基础。

由于豪强地主势力的发展，东汉农民创造的物质财富，大部分不是作为赋税流入国库，而是作为封建地租为豪强地主所占有。所以，对东汉王朝来说，封建经济的发展，不是像西汉那样表现为封建国家的强大和统一的巩固，而是表现为封建国家的贫弱与政治的不稳。

（二）封建专制体制的完备和统治阶级内部的矛盾

1. 封建专制体制的完备

西汉后期的阶级矛盾和统治阶级内部矛盾的交织的历史，使东汉统治者汲取教训，他们极力想使王莽代汉和农民大起义不致重演，而且还想压制豪强地主势力。在这种历史教训和现实要求交相作用之下，光武帝到明、章等帝都极力想把专制主义中央集权制度进一步完备起来，以此加强统治，办法是：在皇帝和贵族官僚的关系上，加强皇帝权力，削弱贵族和各级官僚(豪强地主的代表）权力。在中央和地方关系上，加强中央权力，削弱地方权力（防止地主豪强势力过大），办法是：

（1）列侯不让参与朝政，功臣除了边将，在中央的一般也不让干预朝政。对宗室也加限制，以免出现汉初诛杀功臣、异姓王、同姓王的局面，又禁止外戚干政，防止出现王莽的局面。

（2）在中央政府中，所谓三公（太尉、司徒、司空，由太尉、丞相、御史大夫演变而来）只是名义上的首脑，实际权力集中在尚书台，成为皇帝直接指挥下的决策机构和发号施令的中央机构，这是集大权于皇帝一身的重要措施。

（3）对于地方，即加强刺史监督地方官的权力，比西汉刺史权力大得多，还废除地方领兵的郡国都尉，裁撤郡国军队，扩大召募来的中央军队，把军队的控制权集中在皇帝手中。不过地方军并未全废，有事征发，由太守或刺史领兵作战。

东汉前期中央集权专制主义的强化，是出于封建地主加强统治的需要，但它本身就包含了不可克服的矛盾，而且也越来越不适应阶级矛盾日益激化和豪族势力日益膨胀的历史现象。不论皇权怎样加强，皇帝是要倚靠一批亲信来进行统治的，结果，东汉中期以后，尚书台多被皇帝的亲信、宦官或听政的皇太后及其父兄把持，于是出现外戚宦官长期交替掌权的局面，皇帝反倒成了他们的傀儡。不论中央权力怎样加强，中央政权是要通过地方政权来统治全国，而豪强地主势力的膨胀必然使地方的独立性越来越大。原来中央派去监督地方官吏的刺史，由于镇压农民的需要，兵权越来越大，刺史和地方守、相及豪强地主势必勾结起来，逐渐形成了半独立的割据势力。东汉中期以后，封建割据趋势日渐加强。在这样的历史趋势下，东汉初期统治者强化中央集权的措施必然很快走向它的反面：加强皇权的结果是皇权被外戚宦官所窃夺，加强中央权力的结果反而是地方割据势力的加强，而这个变化所带来的则是政府的日益黑暗和东汉王朝的分崩离析，这又必然使这个政权镇压农民起义的力量日益削弱，终于在农民战争的打击下彻底瓦解了。

2. 外戚、宦官的黑暗统治

东汉王朝专制体制的加强，在一定时间内起着稳定封建秩序、压制地方豪强的作用，但光武、明、章、和帝以后，这个王朝趋于衰败时起了相反的作用，皇权和地方豪强的矛盾，演变成了外戚宦官的专权，和他们之间的争斗。

外戚宦官的夺权有一个争斗，即皇帝即位时多年幼，早死，这最初是偶然的，但后来就变成一定如此了。和帝即位时才十岁，窦太后临朝，以窦宪为侍中，掌了大权。窦氏兄弟先后掌了大权。和帝长大了，对这种情况大为不满，身边能靠的只有宦官。于是在 92 年（永元四年），和帝用宦官郑众掌握的一部分禁军，消灭了窦氏势力，从此宦官用事。

这样一个局面此后成了循环往复，此后皇帝多是年幼即位，有意如此，大的不过十多岁，小的两三岁。皇帝幼小，多由母后听政，用父兄——外戚，外戚多为世家豪族。皇帝稍大，就和母后外戚发生矛盾，小皇帝能靠的就是宦官，利用宦官打击外戚，宦官用事。如此循环。

安帝，邓太后掌权，外戚邓骘执政。安帝与宦官合谋搞掉邓氏。此后宦官与外戚阎显（皇后兄弟）共同执政。

顺帝，宦官拥立顺帝，杀阎显。

冲、质、桓，都是梁太后、梁冀拥立。

桓帝，依靠宦官单超等灭梁氏，宦官当政。

灵帝，窦太后、窦武，宦官专权，兴党锢之祸。

皇子刘辩即位为少帝，旋被废黜。何太后、外戚大将军何进谋杀宦官未成，何进反被杀，大豪强袁绍杀宦官二千余人。189 年，董卓进京，迫袁绍，杀何太后，废少帝，立汉献帝，外戚宦官一起消灭，东汉王朝实际也就灭亡了。

在外戚宦官交替执政和斗争中的政治越来越黑暗，如梁冀在洛阳周围私占土地近千里，苑中兔被误杀，牵连而死的十多人，夺几千人当奴婢曰"自卖人"，当政时，对郡县调发比过去多十倍。宦官一样腐败，梁冀死后执政的宦官兄弟姻亲去当州郡官，杀人越货如同强盗，侯览前后夺人宅舍 381 所，地 118 顷，即一例。

在这场斗争中，宦官地位转低，为封建士大夫所不齿，他们多与外戚联合，这样，在东汉后期宦官外戚的斗争中又参加一个政治力量，即官僚士大夫构成的政治集团，也是豪强地主集团的一部分。这就使东汉后期政治斗争更形复杂。

3. 官僚士大夫集团的形成、门阀的出现

在外戚宦官的斗争中，还有另一种政治力量在起作用，这就是官僚士大夫构成的政治集团。从中国历史发展的总进程来说，这个集团比宦官外戚重要得多，影响大得多。

（1）官僚士大夫集团的形成

东汉时期士人通过察举、征辟出仕。察举由地方官向中央推荐，征辟则是官吏还可另行推荐，而且地方官可自署僚属。这样，官吏的选拔完全靠现任的官吏。因此，推选者与被推选者之间形成了一种府主、举主、门生、故吏的封建关系。门生故吏为了爬上去，以君臣父子之礼对待举主府主，甚至举主死后要像父死一样服三年之丧，要为之报恩报仇，不惜杀人。这样大官僚下边形成了一个门生故吏的政治集团、帮派。

察举的人要有学问、通经入仕。这些官僚士大夫集团中，有一批人特别值得注意，他们累世传经，弟子常达几百人甚至几千人。因为家世是经学大家，他们家族又累世当高官，所谓弘农杨氏四世三公，汝南袁氏四世五公。这些人是高官、地主，累世掌握政权，门生故吏遍天下。而他们的子弟察举征辟又有优先权，这就形成一批政治、经济、社会地位特殊的特权等级集团，称为世家、门阀，成为官僚士大夫集团的核心、领袖，并使一些中小地主知识分子团结在其周围。

由于这个集团的特殊地位，所以当政的外戚往往与他们勾结，宦官也要重视他们。至于门阀大族在本州、本郡的势力，更有垄断性质。太守去郡，往往倚靠他们，辟本地门阀大族为掾属，委政于他们，地方政权实际握在他们手中。"州郡记，如霹雳，得诏书，但挂壁"[①]。地方政治势力强大，已超过皇帝力量了。可见，西汉武帝时开始形成的并一度受到限制和

———————

① 《太平御览》卷 496《人事部·谚下》引崔寔《政论》。

打击的地方豪族，到东汉时已经大大发展，几经演变，形成了一个特殊等级。一是不仅在地方，而且在中央参与了政权（刘秀是地方豪强起家，讲地望，如弘农杨氏、汝南袁氏）。二是文化，通经致用，渐渐形成有一些特殊的家学、礼法。三是世袭化及互为婚姻，讲究家世。再加上以地主经营、自给自足的大田庄作为经济基础，形成了地主阶级中的特殊等级，门阀士族就这样形成了。到曹魏以后行九品中正制，本想抑制豪强，收归中央，初即分三等，仍归地方豪强控制，在选官任人制度上充分反映了他们的利益特权。等级严格的门阀制度就正式形成了，一直延续到隋。

（2）门阀依靠：郡望；文化、家学；世袭、婚姻；田庄；九品中正。此后政治经济地位衰落，虽衰，但社会地位仍在保持，一直到五代才最后消灭。

4. 党锢之祸

这是东汉末年的大事。

清议：由于察举征辟，所以地方舆论很重要，地方官推荐靠当地知名人士意见，这就形成"清议"。许劭有"月旦评"，郭泰为天下名士领袖。大官僚门阀为操纵选举，也大肆提倡清议。在当时政治腐败的情况下，这种清议多少起点作用，但也使好些人沽名钓誉，极力把自己伪装为道德高尚的人物，借此骗取高官厚禄，闹出很多笑话。如庐墓三年，有个人为守丧在墓道中住 20 年，生数子。

东汉大大扩充太学，学生达三万余人，候补做官，但不易得，入学者多为中小地主，他们对宦官外戚官僚把持的黑暗政治不满，太学就成了清议中心，特别是反对最腐朽的宦官，因此与一部分官僚结合起来，支持外戚官僚反宦官的斗争。他们经常集体上书告状，揭发一些最坏的人和事，多与宦官有关，并支持一批敢于与权贵斗争的官僚，奉这些官僚为领袖，对宦官施加压力。郡国学亦响应，形成一股巨大的社会力量。桓帝时，他们的领袖就是大官僚李膺、陈蕃等人。宦官借机诬告李膺等结党营私，166 年（桓帝延熹九年）下令抓李膺入狱，并多处大捕党人二百多名。167 年，李膺等放归田里禁锢终身，这就是第一次党锢之祸。

结果，党人声望更高，清议浪潮更甚。168 年（灵帝建宁元年），陈蕃与外戚窦武共同执政，起用李膺等并密谋诛杀宦官，失败，窦武陈蕃皆死，宗亲宾客门生故吏被杀或被关。169 年，更扩大抓党人，仅张俭一案追捕中于狱中死者百多人，被牵连而死、徙、废、禁的六七百人。176 年（熹平五年），州郡受命禁锢党人的门生、故吏、父子兄弟，这是第二次党锢之祸。直到黄巾起义后，党人才被赦免。

部分官僚士大夫与主要是中小地主的太学生联合起来反宦官，在当时有一定正义性，得到一般人的同情和支持。但他们是地主阶级，目的无非为挽救危亡，恢复东汉封建统治正常秩序，仍是地主阶级内部斗争。等到农民起义起来从根本上危及封建统治者时，被禁锢党人得到赦免。他们便与宦官联合成了镇压起义的急先锋。官僚士大夫与门阀大族息息相通，门阀大族是他们最高代表，有深厚的社会基础，它的力量比宦官大，不像宦官只是窃夺皇权，那些起义镇压下去以后，大门阀士族袁绍，起来把宦官势力消灭了，把用事者杀光了。

（三）边境之民族，东汉王朝同边境各族的关系

1. 匈奴

东汉初年，匈奴与北边的割据势力勾结起来南犯，东汉只好退让。河套乃至其南的雁北、鄂尔多斯均入匈奴之手，匈奴徙居塞内。不久匈奴被东面的乌桓威胁，一部北徙，内部又发生矛盾。48 年，匈奴正式分裂为南北二部，南匈奴内附，不再成为威胁，北匈奴控制蒙古高原西部及西域，不久又衰落。东汉乘机于 73 年发动进攻，打到 91 年，把匈奴赶离蒙古高原，西徙辗转五出欧洲，其故地为东面兴起的鲜卑所据。匈奴这个北方强大的民族至此退出了历史舞台。

2. 西域

王莽末年，西域各国逐渐脱离汉的控制，被迫臣服于匈奴。明帝时，东汉开始进击匈奴。73 年占伊吾（今新疆哈密），74 年于此设西域都护，打开了迈向西域的门户，前出到吐鲁番、轮台一线，故于此设戊、已校尉。

汉军占领伊吾后，派班超率吏士三十六人出使西域南道各国，争取他们断绝与匈奴联系。西域一部分贵族愿归汉，助班超，另一部愿归匈反

汉，在这种复杂形势下，班超带领三十六人先到鄯善，王先好后坏，班超发现是匈奴使臣来挑拨，袭杀使臣，鄯善已惧服，从此打开局面。依靠亲汉的西域贵族打击匈奴使臣及附匈奴的西域贵族，开创了局面①，很快使西域南道多国均归汉。不料这时，匈奴控制的西域北道诸国向汉伊吾一带进攻，汉兵只好撤退，西域门户又为匈奴掌握，同时令班超撤退。

西域亲汉贵族怕匈奴报复，苦留班超，甚至抱住班超的腿不让走。班超遂组织这部分力量加上少数(千余)汉军，把西域南道的局势稳定下来。

《后汉书·班超传》详细记载了班超在鄯善国的经历：

> 超到鄯善，鄯善王广奉超礼敬甚备，后忽更疏懈。超谓其官属曰："宁觉广礼意薄乎？此必有北虏使来，狐疑未知所从故也。明者睹未萌，况已著耶。"乃召侍胡诈之曰："匈奴使来数日，今安在乎？"侍胡惶恐，具服其状。超乃闭侍胡，悉会其吏士三十六人，与共饮。酒酣，因激怒之曰："卿曹与我俱在绝域，欲立大功，以求富贵。今虏使到裁数日，而王广礼敬即废；如今鄯善收吾属送匈奴，骸骨长为豺狼食矣。为之奈何？"官属皆曰："今在危亡之地，死生从司马。"超曰："不入虎穴，不得虎子。当今之计，独有因夜以火攻虏使。彼不知我多少，必大震怖，可殄尽也。灭此虏，则鄯善破胆，功成事立矣。"众曰："当与从事议之。"超怒曰："吉凶决于今日。从事文俗吏，闻此必恐而谋泄，死无所名，非壮士也！"众曰："善。"初夜，遂将吏士往奔虏营。会天大风，超令十人持鼓藏虏舍后，约曰："见火然，皆当鸣鼓大呼。"余人悉持兵弩夹门而伏。超乃顺风纵火，前后鼓噪。虏众惊乱。超手格杀三人，吏兵斩其使及从士三十余级，余众百许人悉烧死。明日，乃还告郭恂。恂大惊，既而色动。超知其意，举手曰："掾虽不行，班超何心独擅之乎？"恂乃悦。超于是召鄯善王广，以虏使首示之，一国震怖。超晓告抚慰，遂纳子为质。②

局面打开。

---

① 《后汉书》卷 47《班超传》。
② 《后汉书》卷 47《班超传》。

坚持到 89—91 年（和帝永元元年—三年）东汉窦宪向北匈奴发动最后进攻，把匈奴远远赶跑。班超于 90 年（永元二年），发西域各国兵又打败大月氏贵霜王朝的七万人的进攻。次年西域北道诸国降班超。汉让班超为西域都护，北道完全打通，西域五十余国完全归汉。班超以有功封定远侯。

97 年（永元九年）班超派甘英出使大秦（罗马），到条支国（波斯湾），为安息所阻而还，这是中国使节远到波斯湾的最早记载。

班超在西域三十年，运用各种方法，帮西域人解脱匈奴贵族束缚，使西域与内地重新联为一体。文化上有利于西域各族人民和汉族人民。张骞凿空，班超继之，贡献是很大的。

班超年老回国，后任失和于西域，受到西域诸国攻击，接着陇西羌人与汉发生战争，陇道断绝。107 年（安帝永初元年），接应当地汉兵撤退，西域交通中断。残留于阿尔泰山的北匈奴势力，又南下攻伊吾、河西。123 年，东汉又派班勇出西域，再一次打通了与西域的联系。直到桓帝以后，特别是黄巾起义后，东汉与西域的交通又断绝了。

3. 羌人

羌是我国古老民族之一，商朝时已出现在历史上，分布于青海一带，汉一部逐渐移到陇右、河湟、甘肃地区一带，与汉人杂居。107 年（安帝永初元年）东汉撤退西域都护和西域田卒，征发羌人前往掩护，羌人怕远戍，途中逃散。东汉发兵邀截，双方打了起来，于是西北羌人普遍骚乱，并向内地进攻，一直进到陇西以南，共打了 12 年，才被东汉压服，东汉耗费 240 亿钱，国力大耗。

136 年（顺帝永和元年），羌人又起，战争延续近十年，东汉耗费 80余亿钱。

159 年（桓帝延熹二年），羌人再起，又大打了一场。

羌人起兵是反对民族压迫，但其中贵族与汉军一样残暴，对西北经济破坏剧烈，汉羌两族人民都受苦难。东汉也在三次与羌人大战中严重削弱。此后，农民暴动更烈，东汉也由此日益走近崩溃了。

（四）东汉后期的阶级斗争和黄巾大起义

1. 东汉后期的阶级斗争

东汉后期政府非常黑暗，到灵帝时宦官支配朝政。政府腐败达到了极点，稍微好点的受党锢之祸。灵帝公开开西邸卖官，从刺史起，各级官员均有定价，统治阶级已经完全不能再照旧统治下去了。

东汉中期以后，豪强势力日益扩张，外戚宦官专政，各级政权竞相压榨农民。再加上饥荒及与羌人的战争，农民困苦失业，大量流亡，被迫暴动。从安帝到灵帝的黄巾起义前后的 73 年间（109—183 年），有记载的农民起义有数十次，起义的地点南达交阯，北抵幽燕，东至琅琊，西抵凉州，非常普遍。但这些起义彼此间缺乏连系，没有统一的领导，结果都失败了。但农民正在酝酿更大的起义。

2. 黄巾大起义的准备

这是我国历史上第一次组织计划比较严密的全国农民大起义。农民组织起义的前后是利用宗教形式，这也是第一次。

太平道是道教的一支。灵帝时在流民中广泛流传。钜鹿人张角是太平道首领，号"大贤良师"，以为徒众画符治病，派徒传教，宣传太平道。

劳动人民生活困苦，病了无钱看病吃药，物质条件迫使他们求神问鬼，在人民群众中发展起来的宗教，多半是和为人看病的活动连在一起的。

黄巾农民起义的领袖张角借看病，在农民中活动，太平道传播地区遍及青、徐、兖、豫、幽、冀、荆、扬八州（今山东、河南、河北、江苏、安徽、湖北等地）。经过十几年的传播，教徒发展到几十万人，多数是流亡农民。

张角把教徒分为三十六方，大方一万多人，小方六七千人，每方立一将帅，在人民中广为宣传"苍天已死，黄天当立，岁在甲子，天下大吉"①。这是起义口号，表达了起义的要求是推翻东汉政权，建立自己的政权。

在张角的领导下，负责策划起义工作的是大方马元义，184 年（甲子

---

① 《后汉书》卷 71《皇甫嵩传》。

年），马元义数次往来洛阳刺探敌人情况，与信道的宦官及宫省直卫多人联系，并且调动起义力量，向邺城（河北临漳县）集中。《后汉书·皇甫嵩传》云："大方马元义等先收荆、杨数万人，期会发于邺。"① 这句话不很好了解，要从荆南调数万人跋涉数千里去邺城，似乎不太可能，也不太合理，看来可能是流亡在外的荆扬人。

设定起义日期为三月五日，在此之前一个多月，因叛徒告密，马元义被捕牺牲，洛阳城里牵连被害的达一千多人，东汉政府并下令于冀州逮捕张角。

3. 起义的爆发

张角得信后，立刻通知各方提前起义。184 年（中平元年二月）七州二十八郡同时俱起。农民军均带黄巾为标帜，因此被称为黄巾军。

张角称"天公将军"，弟张宝称"地公将军"，张梁称"人公将军"。起义军所到之处，焚烧官府，捕杀官吏，攻打地主田宅，没收其财物，各地官吏纷纷逃窜，"旬日之间，天下响应"。② 各支黄巾军中，主力都在冀州（河北南部）、颖川（河南中部）、南阳（河南西南部）三个地区。冀州方向是张角、张宝、张梁统帅，颖川起义军主将是波才，南阳义军领袖是张曼成。这几支从东北、东南、南直接威胁洛阳。

东汉统治者一面派兵防守洛阳一带，一方面下令解禁党锢，动员全部地主力量来反击，一方面则派兵进攻，以卢植为北中郎将领兵向冀州农民军进攻，以皇甫嵩、朱儁为左、右中郎将领兵四万向颖川起义军进攻。

农民军开头取得了一些胜利，声势大振。河北（今山西东南部）地区有几十支起义军起来，响应黄巾军，如黑山等部，多的二三万人，少的只七千人。少数民族也乘机而起，西北的先零羌、湟中义从胡，南方的武陵蛮、板楯蛮纷纷起事。

在颖川战场上，起义军打败了朱儁，包围了皇甫嵩。但农民军缺乏作战经验，依草结营，结果在一个大风的夜里，皇甫嵩放火烧起义军营地，农民军阵势大乱。此时，东汉曹操带领的援军及经过整顿的朱儁的军队也

① 《后汉书》卷 71《皇甫嵩传》。
② 《后汉书》卷 71《皇甫嵩传》。

赶到夹击。

波才领导的起义军失败了，死了几万人。

这是关键的一战，颍川义军距洛阳最近，它的失败不仅解除了洛阳的危局，而且使东汉政府得以调动优势军队镇压其他战场上的农民军。农民军开始丧失了优势，转为劣势。

皇甫嵩接着镇压了河南、山东西部和南部的农民军，然后渡河进攻冀州起义军。这时张角已病死，皇甫嵩与张梁战于广宗（今属河北邢台），农民军勇猛善战，皇甫嵩假装不敢再战，闭营不出，农民军中计，放松警惕。皇甫嵩趁一天黎明突然发起攻击，农民军仓促应战，张梁战死，三万多人被杀，五万多人不降投河而死，大多妇女儿童被俘。皇甫嵩转而进攻张宝于下曲阳（今河北晋州），张宝战死，农民军被杀害的十多万人。

朱儁被调到南阳，进攻南阳起义军，这时起义领袖张曼成已牺牲，但仍推举赵弘为领袖坚持斗争，坚持好几个月。最后失败，死了几万人。

4. 起义军继续战斗

起义军在颍川、冀州、南阳三大战场上失败了，历经九个月，但各地起义军仍分散战斗，又此伏彼起地坚持了二十多年，才最后消歇。

起义失败以后，东汉政权瓦解，出现军阀割据混战的局面。在一些地方起义军又发展起来，主要有：

（1）白波黄巾军：188 年在并州起事，发展到十余万人，与董卓战斗。

（2）冀州黑山军：发展到百余万人，与袁绍长年斗争。

（3）青州黄巾军：青、徐是太平道起事之前就传播的地区，可能由于提前起义，未能赶上与张角等同时起兵。190 年，当曹操、袁绍与董卓相攻杀时，青州黄巾军与冀州南下的黄巾军联合，大举起事。几经转战，在东光一带（今河北）被公孙瓒所败。但 192 年又发展到一百多万人，攻入兖州（东南部）。由于人口多，给养困难，为曹操所败。曹操"受降卒三十余万，男女百余万口，受其精锐者，号为青州兵"①。曹操以后军事活动，多靠这支青州兵。他在许（今河南许昌）屯田、劳力和资财，也都靠这支青

---

① 《三国志》卷1《魏书·武帝纪一》。

州兵和掠夺的他们的资财。

（4）汉中张鲁五斗米道

太平道在中原地区传布的同时，益州（今四川）汉中地区有张鲁的五斗米道，其起义与太平道也有些相似，也借治病在农民中传布。入道人要交五斗米，故被称为"五斗米道"。领袖是张陵和其子张衡，张衡死后其子张鲁曾占领汉中地区三十多年。在汉中地区，张鲁不设官吏，张鲁自号"师君"，设祭酒，各领部众，多者为治头大祭酒，管理民内事务，又实行义舍制，"诸祭酒皆作义舍，如今之亭传。又置义米肉，悬于义舍，行路者量腹取足；若过多，鬼道辄病之。犯法者，三原，然后乃行刑"①。这种办法大约是农村公社部分财产公共，生活互助的残留。汉中地区这支农民政权维持了三十多年。

5.起义的特点及失败原因和历史作用

（1）特点

1）起义发动的广泛、计划的周密在历史上是空前的；2）起义中地主与农民阶级对立的鲜明也是前所未有的；3）而起义实际上提出了推翻封建政权的口号，也是前所未有的，这促动了农民起义农民觉悟不断提高，已经比过去进步；4）而这些特点之所以取得，是与农民利用宗教这种统治形式有关的。宗教是人民的鸦片，也是统治阶级欺骗人民的手段，但在宗教的外衣下，农民却也可以寄托自己反抗的希望，提出自己的纲领，而且利用这种形式来发动起义，这在中外历史上都不是先例。恩格斯在《论早期基督教的历史》中就说过"在中世纪，……特别是城市平民的最初的起义中……同中世纪的所有群众运动一样，总是穿着宗教的外衣"。②中国历史上的情况也是这样，最空前的一次就是太平天国。

（2）失败原因

客观上，最主要的一点是黄巾起义发生在豪强地主向门阀地主发展、封建割据倾向迅速发展的时代，豪强地主有了强大的武装，这种地主武装

①　《三国志》卷 8《魏书·张鲁传》。

②　《马克思恩格斯全集》第 22 卷，人民出版社 1965 年版，第 526 页。

与官军联合，处处阻截镇压义军，使农民不能集中力量发动大规模的进攻，分散作战终是失败。

从主观而言，农民起义组织虽然严密，但起事仓卒，未能联合（如青州军未起），又缺乏作战经验，遇到优势敌人，仍据守一城一地，死打死守，不能灵活转移，被各个击破。

后来青州军虽然运用了流动作战方式，似为战斗形势所迫，并非主动采取的战略，而且当时已不是黄巾全国性起义高潮的大好形势，流动中又没有巩固的后方，"群辈相随，军无辎重，唯以钞略为资"①，注定失败。

（3）起义的历史作用

瓦解了东汉政权，外戚宦官集团失去中央政府的凭借，也被豪族打击而消失了。得到好处的是豪强门阀，他们利用参加镇压起义的机会，摆脱中央政府控制，形成地方割据势力，豪强势力大为发展，经过二十年战乱，中原地区才为曹操统一。这个政权不像东汉那么腐朽，地主阶级最黑暗腐朽的势力的垮台和不那么腐朽的曹操政权的出现是黄巾起义的结果。

第四节　秦汉时期的文化

我们这里主要讲一讲适应中央集权专制主义统一需要而形成的一些文化现象。

（一）哲学和宗教

1. 从任法到提倡黄老到独尊儒术

随着中央集权专制主义封建国家的建立，战国时期百家争鸣的局面已经不适应封建地主阶级的政治需要，政治上专制集权的趋势要求学术思想统一于一家之言，使一家学说具备统治地位，对此地主阶级经历了一个摸

---

① 《三国志》卷1《魏书·武帝纪一》。

索的过程，最后才解决了这个问题。

（1）任法

秦是靠法家立国与统一的，法家思想在专制集权的统一国家的建立方面起了积极的作用，然而，法家思想一是太残暴，一是太露骨，赤裸裸地替地主阶级的剥削和利益辩护，例如韩非反对儒家的仁政，反对平均，反对布施，说"侈而惰者贫，而力而俭者富。今上征敛于富人以布施于贫家，是夺力俭而与侈惰也，而欲索民之疾作而节用，不可得也"①。即赤裸裸地站在地主阶级立场，为他们的兼并土地、残酷剥削进行辩护。他又把荀况的性恶说推到极端，认为人和人的关系上有利害友诈的关系，所以主张用严刑重罚统治一切。当地主阶级用严刑力镇压旧贵族时，韩非这些理论起了积极的推动作用，及至地主阶级政权已经巩固，要用全力对待人民时，他这套理论也就成了能害人民的毒剂。

秦始皇统一的进步作用以及对人民施行的暴政，都可以在韩非学说中找到政治上思想上的渊源。

然而，秦的暴政引起了农民起义，起义导致了秦的速亡。历史证明了法家理论对于维护地主阶级的长治久安并不是一种很好的理论，还需要让它缓和一些，并且披上一层欺骗的外衣。

（2）提倡黄老

西汉初年，地主阶级在农民起义中受到沉重打击，稳定社会秩序，恢复生产成了当时地主阶级最重要任务。在这种形势下，地主阶级想到了道家清静无为的思想，即黄（帝）老之说。当时有名的好黄老言的盖公对丞相曹参为言治道贵清静而民自定，就是要与民休息，少管他们，让他们安定下来，发展生产，也让地主阶级安定下来，自由兼并发展势力。这是适合当时的形式的，所以一时成了西汉初年的占统治地位的深刻思想。

（3）尊崇儒术

然而，随着地主阶级统治的巩固，封建社会生产的发展，黄老思想已经不适合地主阶级的需要。这时，一方面，社会产生的问题已经不能不管

---

① 《韩非子·显学》。

了，即王国势力凌驾朝廷，匈奴威胁严重，富人豪强对农民兼并的严重后果也开始暴露出其严重性。地主阶级再不能清静无为，而是需要拿出魄力来处理这些问题。而核心的办法一是加强中央集权专制主义，但又需要给它蒙上一层欺骗的外衣。这样，儒家学说就被选中了。

当时，汉置各家博士，均列为官学。武帝即位之初，公元前 140 年（建元元年）董仲舒在对策中就提出"诸不在六艺之科孔子之术者，皆绝其道，勿使并进"①，就是要尊儒，罢黜其他各家，汉武帝采用了。但崇尚黄老的窦太后（武帝祖母）反对，没有搞成。公元前 133 年（建元六年）窦太后死，武帝把黄老刑名之学及其他各家都排斥于官学（太常博士）之外，只留五经博士，优礼延揽儒生数百人。这就是有名的"罢黜百家，独尊儒术"。此后，官吏主要出自儒生，儒家成为封建社会二千年的正统思想，这种情况，虽然在当时条件下，有利于专制制度加强和国家统一，但对学术文化的发展很不利。当时儒家代表董仲舒的思想主要有以下三点：

"大一统"思想。他说"《春秋》大一统者，天地之常经，古今之通谊也"。所谓大一统，就是损抑诸侯，一统于天子。但如"师异道，人异论，百家殊方，指意不同"②，人君就无以持一统，因此要求罢黜百家，独尊儒术。

"天人感应"。人和自然的关系，是哲学上的一个重要问题。荀子把天当成自然的客观物质化的东西，并且提出"人定胜天"的思想，但董仲舒后退了一大步，提出了"天人感应"的说法。他把自然人格化，把人的各种属性，特别是精神方面的属性强加于自然界。天有好恶，喜怒哀乐，然后再倒转过来，把人说成是天的摹本，以此来证明，天和人是同类的东西，即天人合一，而天有意志感情。这种意识感情归根到，要影响决定人世的事情。因此，天可以选一个他所喜爱的人做皇帝，来统治人间，是天的代表，人人都得服从，即受天命。谁敢违抗，就是大逆不道，即天人感应，是借迷信来论证君权神授和它的不可侵犯。另一方面，人君如果不能

---

① 《汉书》卷 56《董仲舒传》。

② 《汉书》卷 56《董仲舒传》。

很好地代天行道，犯了错误，天不高兴了，天就要用灾异来向人君告诫谴责，这无外是希望皇帝能上体天心，对人民进行有效的统治，以维护地主阶级的利益，但也是要借天来约束一下皇帝，别太不像话了。

社会和伦理思想：三纲。儒家把封建社会中人与人的关系概括为五伦或五常，即君臣，父子，兄弟，夫妇，朋友。董仲舒更从中提出君臣，父子，夫妇三种，特别强调其统治与服从的关系，认为君为臣纲，父为子纲，夫为妻纲，强调了所谓三纲的说法（这最早是韩非子提出来的），并且用天有阴阳，五行生克运转的现象来为这种说法重构了一套理论依据，说阳尊阴卑是王之道，君臣父子夫妇之义，皆取法阴阳之道，王道之三纲，可求之于天。在这里阴阳五行的物理属性已经完全丧失，而被歪曲为封建专制制度的先天模式。这种思想后来发展为封建社会中纲常名教的理论，在三纲之中，君为臣纲，这个纲就是政权，父为子纲，这个纲就是族权，夫为妻纲，这个纲就是夫权，而王道之三纲可求之于天，又是天的意志和安排。到三纲最后又统之于神权，毛主席指出，"这四种权力——政权，族权，神权，夫权，代表了全部封建宗法的思想和制度，是束缚中国人民特别是农民的四条极大的绳索"。①

董仲舒认为，这套封建宗法的思想和制度是永恒的，他说，道之大，更出于天，天不变，道亦不变，在他看来，自然界的最高原则（天）是不变的。社会的最高原则（道）也是不变的。这是典型的保守的形而上学的宇宙观与世界观。这套反对变革的封建主义保守反动思想影响是深远的，曾很长期地为腐朽了的"封建统治阶级所拥护"。②

董仲舒的思想基本上是借阴阳家（思孟一派的发展）的思想重新解释儒家经典，这种新儒家思想适应文景以来，特别是汉武帝时期的政治，经济发展要求，适应中央集权专制主义的需要，对巩固统一有其积极作用，但归根到底是地主阶级的思想统治工具，从长远来看，是维护腐朽了的封建统治阶级，起了非常反动的作用。

---

① 《湖南农民运动考察报告》，《毛泽东选集》第 1 卷，人民出版社 1952 年版，第 33 页。

② 《矛盾论》，《毛泽东选集》第 1 卷，人民出版社 1952 年版，第 289 页。

2. 经学和谶纬

由于尊崇儒家，学习儒家经典成了热潮。一部经可以有几家解释，到了西汉末年，由于发现了一些经书的不同版本，出现了经学的古文、今文两派。今文是由老儒口授，弟子用当时流行的隶书记下来的，故称今文。古文经据说是发现了新的古文（篆书）的本子。与经文不大一样，这样两派，各有不同本子，不同理解，分别传授，争论不休，董仲舒就是西汉今文经学的代表，他的学说已经夹杂阴阳五行，结合些迷信成分。到两汉之际，在今文古文之争的同时，今文经学更进而与当时兴起的谶纬之学合流，逐渐成为神学了。

谶是一种伪托神灵作用的迷信的预言，一般是用隐语、怪话，来为朝代兴亡制造什么或征兆，常附有图，故称图谶。据说秦始皇时卢生入海得图书，写有"亡秦者胡也"①，这是有关图谶的最早记载。纬是与经相对而言，是儒生假托神意编造出来的解经之书。谶纬名异实同，内容极其庞杂，其中虽偶有哲学道理和科学知识，但绝大部分是荒诞不经的东西。尽管如此，它却可迷惑人民，有利于统治者夺取政权或巩固政权。因此大为统治者提倡，大为流行。王莽曾假托符命当皇帝。刘秀也如此，为当皇帝，造了一些谶纬之说。即位后，不但用谶纬讲五经，而且发诏用人，也要引用谶纬。东汉初，儒生甚至以七纬为内学，五经为外学。地位在传统的经书之上。汉章帝命群臣于白虎观讨论经义，由班固写成《白虎通德论》（又名《白虎通义》《白虎通》）一书，系统地吸收阴阳五行之学和谶纬之学，成为经今文学派的主要理论。

从董仲舒的神秘主义哲学到谶纬的流行和《白虎通》的出现，说明一个趋势，即适应中央集权的专制主义统一国家的政治伦理、哲学学说等等已经建立起来了。但是，为了麻痹人民欺骗自己，还缺一个东西，那就是宗教。当时儒家有宗教化的趋势，地主阶级及其知识分子，也努力想把阴阳五行的迷信及谶纬预言加到儒家学说里去，把儒家搞成一个宗教。但是这个努力没有成功，这是因为：

---

① 《史记》卷 6《秦始皇本纪》。

第一，儒家学说本是一种讲人事的政治伦理道德的学说，哲学气味不浓，搞成神学更不易，没有多少内在的基础，只好从外边去找，阴阳五行、谶纬。

第二，阴阳五行本是一种对自然的唯物主义的解释，把它改造成迷信神学，缺了一个人格化的上帝及种种神话。谶纬倒是有迷信神话，但支离破碎，乱七八糟，不成系统，组织不起来而且太荒诞空虚，反而降低了儒家经学的地位，大家不得不放弃了。

第三，阴阳五行学说特别是五行，讲相生相克。即照五行说，世事是要变化的。新的王朝要代旧的统治，如五德始终说、三统说等等，主张不断改朝换代。谶纬更是每个人都是可以胡编乱造，令他来服务于自己的政治目的，这样接下去，对当权的统治者维护自己的统治不利。而造反的，无论是地主阶级或被统治者都可以引用。农民本来就用这种办法组织反抗，如陈胜吴广起义的篝火狐鸣。例如黄巾起义的口号"苍天已死，黄天当立"，就是在这种思潮下的产物。而且早就多次被农民利用了。

这样，统治阶级看到谶纬这套东西的危险性，就不大搞，而且禁止了。曹操、苻坚、隋文帝都禁过这套东西。但在人民中还流行有这种办法。从篝火狐鸣、鱼腹帛书，到"苍天已死，黄天当立"，到元末"石人一只眼挑动黄河天下反"，但这究竟是落后的一种主张方式。一直到东汉末，佛教传来，道教形成，比儒家发展宗教更迅猛，中国封建社会才有自己的宗教。儒家也就退出创造宗教的尝试了。

另一方面，经学特别是古文经学仍在发展。因为做官靠它，传经成派，收学生，这是适应门阀地主的需要。各家都要标新立异，又离不开经文，就在经解上下功夫。注之外还有疏、外注。越搞越多，越搞越繁琐，离实际越来越远。一个《春秋》的"春，王正月"就几万字的解释，一部经注疏几十万字是常事，而且谁也念不完。结果对封建统治帮不上大忙，也就衰落了。代之而起的是魏晋玄学，大而化之，含含糊糊，反而流行起来了。但是，经学家在古史古文字古文献的研究上还是有一些贡献的。如许慎《说文解字》、郑玄的注等。

3. 唯物主义者王充对儒家学说的批判

古文经学家反对今文经学及谶纬，虽有成绩，但只是局限于探索经文本义，在理论上，并没有更大发挥，而且也不可能超越儒家唯心主义思想体系。只有东汉王充著《论衡》八十五篇，才跳出经学的圈子，不仅仅批判了今文经学和谶纬，而且还以唯物主义思想，批判了经学的唯心主义体系。王充的哲学体系是作为董仲舒的哲学体系的对立面而出现的。斗争的焦点集中在"天人感应"问题上。

董仲舒认为天是有意识有目的的，故以天人感应为封建皇权服务。王充则认为天和地一样，都是物质实体，天体在运动时，它所含的气向地面散发，与地体所含的气相结合，万物就自然而然地发生、成长。"施气"是自然运动，并不是有目的有意识的行为，所谓"谴告之言"以"兴异"是衰乱时代的产物，是统治者以人道模拟天道制造出来的，从而以对"天"的唯物主义认识驳斥了天人感应迷信，打击了反映封建皇权的神权思想。

对谶纬迷信，王充更是驳斥不遗余力。如当时儒者捏造圣人"前知千岁，后知万世"的奇谈。并举例说孔子将死，遗谶书曰"不知何一男子，自谓秦始皇，上我之堂，踞我之床，颠倒我衣裳，至沙丘而亡"，后始皇果"巡狩至鲁，观孔子宅，乃至沙丘，道病而崩"。王充一针见血地指出，这是虚的，是后人诈记以明效验的。他反复论证圣人是人，不是妖，不是神①，揭穿了当时把孔子神化的虚妄。王冲还反对有鬼，人死了就神形俱灭，即提出了魏晋南北朝"神灭、神不灭"争论的神灭论命题。

王充在与谶纬迷信的思想斗争中，建立了他的唯物主义的认识论，他认为耳目闻见是形成知识的基础。不通过感官经验，人们不会认识客观事物的真象（相），圣贤也不例外，同时他也认为，认识事物也要靠间接的经验，因此强调学和用的意义。"不学自知，不用知晓，古今未之有也"。他还指出，某些人能预见事物未来的变化，也是根据过去的经验而推出来的，并不是由于有超人的天才和预知的本领。所有这些观点都是本着唯物论的反映论的原则，集中地批判了当时谶纬迷信所宣扬的神秘的先验主义。

---

① 王充：《论衡》卷 26《实知》。

由于历史条件的限制，王充的认识论有很大局限。例如一方面主张"人，物也"，又说"其受命于天"，陷入了二元论。一方面说事物可以认识，同时又宣扬"事有不可知，圣人不能知"，陷入了不可知论。在他的历史观上，反动的宿命论表现得很浓厚，提出什么"命禄""骨相"，相信人的富贵贫贱是命中注定的。这些不但说明他的唯物主义的不彻底性，而且也滑到唯心主义和迷信方面去了。他在东汉谶纬神学泛滥之际，对外勇敢地探索真理，扫荡了大批迷信虚妄之说，把古代唯物主义大大推进一步，无疑是重大的贡献。他是荀况之后的我国哲学史上第二个伟大的唯物主义者。

宗教—佛教、道教（略）。

（二）史学，文学，艺术

1.《史记》和《汉书》

（1）《史记》

两汉时期，史学有很大发展，最杰出的著作是司马迁的《史记》，其次有班固的《汉书》。自秦建立专制主义中央集权国家后，地主阶级需要有一部通史，叙述交代各朝史事。不断总结经验，以便为封建制度的巩固和发展服务，汉武帝即位以后，统一集权的封建国家空前强盛，文化学术繁荣，特别是对先秦旧籍的搜求和保管，又提供了前所未有的、丰富的历史文献资料，于是编写一部通古今，包罗中外，综述社会各阶层的新史书，就不但是时代的需要，而且也有了这种可能。司马迁世为史官，具备优越的条件，因此这个任务就历史地落在了他的身上。

司马迁的父亲司马谈是汉武帝的太史，司马迁继承了他父亲的学问与太史的官职。他因此遍访石室金匮和皇家图书馆的旧史及各种书籍，还曾游历全国名山大邑，做了许多实地调查访问，搜集了丰富的史料，在做了这样扎实的准备工作之后，约于公元前104年（太初元年）正式写作《史记》（当时叫《太史公书》）。公元前99年（天汉二年），为降于匈奴的李陵辩护，因而触怒武帝，下狱受宫刑。这对司马迁是极大的侮辱，引起他极大的愤慨，也使他对封建统治者的残暴有了某些认识。他曾痛不欲生，但终于发愤把这部"究天人之际，通古今之变，成一家之言"的巨著写成了。这部书前后共用二十余年，上起黄帝，下迄武帝的三千余年历史，共一百三十篇，五十二万余字，是我国第一部通史。

《史记》的价值在哪里呢？只能概括地说一说。

第一，开创了纪传体这种体裁，成为我国封建时代史书的范例。全书结构是十二本纪——皇帝以及王朝为经，按年代的顺序记一个时期的大事；十表——按世表、年表、月表三种，把一个时期错综杂乱的史事简要地列出来；八书——叙古来文化的成就及社会生活现象的某一些方面，如天文、历数、地理、经济等，意义很重大；三十世家——记春秋、战国和汉初一些王侯、外戚的世系本末，主要是诸侯国的历史；七十列传——重要人物事迹，有专传，也有合传或单传，此外，少数民族及外国的记载也在此。

就全书体例而论，是以纪传为主，又通过书、表互相配合补充，所以，全书体系完整，疏而不漏。他不受传统的思想影响，不仅为项羽写本纪，陈涉写世家，并为思想家、文学家、伯侯、商贾、优人、刺客乃至医、卜、佞幸、酷吏等立传，这就表现出多种人物的活动，在一定程度上反映了当时社会的全貌。

第二，司马迁的成就，不仅表现在他创设的体例上，而且表现在他进步的观点上，严肃的工作态度上。他认真对待史料，具体生动地叙述史实。在叙述的过程中，也多少反映了人民生活的痛苦，统治者的残暴和阶级斗争的状况，并给农民斗争及其领袖一定的地位，如对陈胜，不仅特立陈涉世家，并把陈涉在历史上的地位同商汤、田氏相提并论，强调其在反抗秦王朝的斗争中的伟大作用，指出"陈胜虽已死，其所置遣侯王将相竟亡秦，由涉首事也"[1]。这些记载和议论已不合当权的统治者的政治需要。有些封建史家也说他"是非颇谬于圣人"[2]，甚至说《史记》是"谤书"，

---

[1] 《史记》卷48《陈涉世家》。

[2] 裴骃：《史记集解》序，"班固有言曰"。

但这正好从反面说明了司马迁和《史记》的价值。

不过，司马迁终究是按照地主阶级的政治要求来解释和整理当时史料并进行著作的。《史记》体例上以本纪为纲，把王朝的更迭和帝王的相继当作历史发展的主要线索，所以，它只能是一部帝王将相为主体的通史。

《史记》的某些篇章又是很好的传记文学作品，在文学史上地位也很高。

（2）《汉书》

东汉初年，班彪、班固、班昭（妹）还有马续相继写成《汉书》。班固为主体，故一般称是班固撰。《汉书》体例模仿史记，不同的是，改书为志，并世家入列传，即本纪、表、志、传，共一百篇，一百二十卷。起公元前 206 年（汉高祖元年）至公元 23 年（王莽地皇四年），共 229 年历史。其精华在十志，除包括《史记》八书内容外，又增《史记》所无的刑法、五行、地理、艺文四志，记事也比八书丰富详备。但班固没有司马迁那样的进步思想，表现在《汉书》中常常迎合统治者的意志，不如《史记》。

《汉书》是中国第一部断代史，这种断代为史的办法，虽然难免割断历史的联系，但便于及时地保存和整理史料，也是我国封建社会断代史书的重要范例，开后来新朝编纂旧朝断代史的先河。

文学、艺术、自然科学（略）。

第五章 三国两晋南北朝

——北方各民族的封建割据和南方封建经济发展时期

这一章，我们讲中国古代史上的一个新时期，即三国两晋南北朝时期。这个时期从公元 189 年董卓进京至 589 年隋建立，共 401 年，也就是秦汉四百年以后的又一个四百年。这个时期可以分为两大段，即：

三国与西晋　公元 189—316 年

    公元 189—220 年　董卓入京至曹丕代汉，是军阀混战时期。

    公元 220—280 年　曹丕代汉至司马炎灭吴，是三国鼎立时期，西晋建国于 265 年。

    公元 280—316 年　西晋统一至八王之乱，到西晋灭亡。

东晋南北朝　公元 317—581 年

    东晋五胡十六国　公元 317—420 年。

    南北朝 420—589 年　隋建立于 581 年。

这是中国古代历史上的第一个统一集权的秦汉王朝与第二个统一集权的隋唐王朝之间的分裂割据、看似混乱的时期。分裂割据混乱的由来，首先是门阀士族势力的发展，其次是少数民族的入据中原，使民族矛盾上升为社会主要矛盾。这两个因素经过几百年的发展，门阀士族势力衰落了，少数民族与汉族融合了，于是又出现了中国封建社会历史发展的第二个全盛时期，隋唐王朝。

分裂割据混乱，给人民带来巨大的灾难，对我国的经济文化发展也不利，然而，这个时期并非一片黑暗，南方经济文化的发展，北方少数民族新因素加入中原地区的原有文化中来，还有新的宗教——佛教的大发展，都给中国文化带来了新的因素，到隋唐时期就开花结果了。

在这一章里，我们首先讲门阀士族的兴盛及其衰落和民族关系问题。

第一节　三国鼎立和西晋的短期统一

（一）封建割据势力的混战和三国鼎立局面的形成

1. 董卓之乱和封建割据势力的混战

在镇压农民起义的过程中，豪强地主的私人武装起了巨大作用，而且从隐蔽变为公开，各地州郡官吏也纷纷扩充势力，与这些私人武装结合起来，分裂的趋势已经不可遏止了。

农民军主力被镇压下后，外戚宦官的斗争又趋激烈。189 年，汉灵帝死，外戚何进联络大士族代表袁绍反对宦官，还召陇西豪强、并州牧董卓领兵入京。何进被宦官杀死，袁绍尽杀宦官。董卓又入京专政，关东州牧豪强不服，以袁绍为盟主，联军与董卓对抗。

董卓不敌联军，挟新立的小皇帝汉献帝从洛阳逃往长安，洛阳被破坏一空，关东联军本不一致，也就瓦解了，各自割据。

不久，长安政变，董卓被杀，部将混战，关中又受到大破坏。

2. 曹操统一中原（袁曹的斗争）

全国的政治中心没有了，形成了各地分裂割据的局面，最主要的是袁绍、曹操。斗争主要在中原展开。

袁绍占冀、青、并、幽，占地最广，势力最大，因其（汝南袁氏）四世五公，是门阀的代表。

曹操占豫、兖二州，非出豪族，父曹嵩为宦官曹腾养子，势力较小。但他也有有利之处，一是收编了黄巾起义军的精锐青州军；二是迎汉献帝于许昌，取得挟天子以令诸侯的优越政治地位；三是非门阀，有远见，作为比较大。他在割据混战中吞并了黄河以南的许多割据势力，隔黄河与袁绍抗衡。北方地区形成了袁曹两支最大的力量。

200 年（建安五年），袁曹二军进行了历史上有名的官渡（今河南中牟）之战。袁绍兵多粮足，但统治黑暗，军心涣散。曹操兵少粮缺，后方不稳，比较起来，仍属劣势。但用各个击破和偷袭粮屯的战术，迅速击溃袁军，取得以少胜多的胜利。

袁绍不久死，曹操又利用袁绍儿子的矛盾，占领青、冀、并、幽四州，把中原地区统一了。

3. 赤壁之战和三国鼎立

208 年（建安十三年），统一了中原的曹操南下，企图统一全国。当时长江流域的割据势力有三：一是长江下游扬州的孙权，一是长江中游荆州的刘表，一是四川地区益州的刘焉、刘璋父子。曹操先攻中路。消灭了刘表的势力（刘表已死），然后沿江东下，攻割据江东的孙权，这样，就展开了中国历史上有名的赤壁之战。

赤壁之战是孙权、刘备联军对抗曹军的战争。刘备是汉皇室远支，在军阀混战中，到处寄人篱下，始终不成气候。最后被迫到荆州投靠刘表。曹操南下时，他从樊城的江陵撤退，被曹操在当阳大败，兵力很弱。能和曹操对抗的只有孙权。孙权部下和战不一，孙权自己也没有完全拿定主意。

在孙权部下中，鲁肃是主战派。在曹操南下时鲁肃就去找过刘备，约好孙刘合作。这时刘备就派诸葛亮和鲁肃一起来见孙权。首先，以计激之，借口刘备不降，劝孙权投降，反激指出孙权不能受制于人，正中孙权心意。于是，孙权决心联刘抗曹。但这时孙权还有怀疑，认为敌强我弱，打不过怎么办。

刘备这个盟友力量小，刚打败，是不管用。诸葛亮对当时局势作了具体分析，指出刘备虽败，力量尚强（其实只有一两万人），曹军虽强，但远来疲惫，不习水战，荆州新附，不一条心，所以这种相对优势是完全可以战胜的。最后指出，如果战胜，三分之势可成。孙权大喜。

可是这时，曹操写信给孙权说，我整顿水军八十万（吹牛，其实是二十万人，但也还是优势），要与你会猎于吴郡。孙权部下众官惊慌失措，以张昭为首的一群文官，力主投降，理由是以卵击石，一定失败。他们夸大曹军优势，只看表面现象。座中只有鲁肃不说话，孙权拿不定主意，私下找鲁肃商量。鲁肃又用孙权不能受制于人来打动他，于是孙权派人把前线的周瑜找来。周瑜也是主战派，对形势作了整体分析，指出：曹操后方有反对他的凉州军阀，不巩固；舍陆走水非其所长；冬天没有粮草；士兵不习水土；兵士只二十万，来自多方，而且疲惫。这和诸葛亮的分析不谋而合，都很全面。周瑜并请以五万人（实则三万）破之，将领、指挥都落实了。于是孙权拔剑砍桌，下了决心联刘抗曹。周瑜与曹军在赤壁（今湖北赤壁）会战。借势东南风，用火攻焚烧曹操水师，与刘备军队水陆并进，迫使曹军退回北方。这就是建立南北相持局面的有名的赤壁之战。在这场战斗后，孙权巩固住了江东，刘备得到荆州，有了一块地盘，结束流浪、寄人篱下的生活，并以此为基地向益州发展，把刘璋的势力消灭了，后来荆州丢了，三国鼎立的局面基本形成了。

这场战争本身无是非可言，但孙刘军事上打得很好，是历史上有名的以少胜多的范例。刘孙两方估计敌我形势，战略战术都很好。

220 年，曹操次子曹丕逼迫献帝退位，建立魏国。221 年刘备自称汉朝皇帝，建立蜀汉。229 年，孙权称帝，建立吴国，三国并立局面最后形成。

三国之中，蜀魏经常发生战争。其原因一方面是诸葛亮等一心恢复汉室；一方面是蜀汉最小，必须以攻为守，才能生存。诸葛亮的政策是联吴抗魏。大凡蜀吴联合，三国就取得均势，如六出祁山；蜀吴联盟破坏，则蜀吴俱为劣势，如关羽北上，孙吴袭荆州，刘备报仇打吴，夷陵之战大败，蜀元气大伤，吴也没占多少便宜。但蜀吴联盟时居多，因为曹魏强大，蜀吴虽也有仇，但必须联盟才能自保。

（二）魏国的政治和经济

1. 屯田制和九品中正制

（1）屯田制

在战乱中，土地荒废，人民流散，魏国到处都是"出门无所见，白骨蔽平原"[①]，的惨象。有十州之地，但人口不过当汉一大郡（平蜀时全国

---

① 王粲：《七哀诗》，《文选》卷 23《哀伤》。

四百四十余万人）。为了稳定统治，恢复生产，解决军粮问题，当时农民几乎全归豪强为私兵，战时掠夺，不战时也没种地，但都从国家编户中脱了出来。而国家手里也几乎全是兵，抢夺劳力而没有多少编户农民。为解决粮食问题，便把这些兵召集起来耕种，这就是屯田。最早曹操吸收了汉代在边疆地区屯田的办法，利用收编的青州黄巾军的人力，在许昌附近屯田，收效很大。随后即在各处把屯田推广起来。不仅是兵，而且募民耕种，实际上很多是强征而来，这样就有军屯、民屯两种。

屯田一般设在肥沃易垦，或其他重要的地方，由典农中郎将等农官管理，与郡县分开，统属中央大司农。屯田区土地属封建国家，屯田民（客），实为国家佃客，按军队形式编制，分种国家土地，用官牛的，四六分租，私牛则对半分租，与一般私人地租率一样。剥削是重的，生活是痛苦的。但也有三个好处：一是劳力重新与土地结合，生活比较安定，比流民好；二是不用再服其他徭役，负担轻些；三是国家还可供给耕牛，兴修水利，有利于生产的恢复，所以在当时条件下，还是可以稳定北方农业生产，保证曹操统一北方战争的需要。

由于战争的需要，需要保留一部分经常的兵源。汉代兵制基本上由国家编户承担。这时战争频繁，而编户又多散失，为了保持兵源，魏国建立了士家制度。有特定的户籍，世代当兵，不能转业，身份低于一般平民。

屯田制和士家制都是在三国特殊情况下出现的制度，但也是当时豪强门阀兴起的社会条件下的产物。东汉以来豪强地主用封建租佃关系剥削佃客——依附农民，并把佃客组成自己的部曲家兵。屯田制和士家制就是封建国家在特定条件下用豪强地主方式剥削国家佃客（依附农民），用私人方式组织国家军队的制度。这些制度一方面是豪强地主统治农民的方式在国家政权中的反映，另一方面又是对豪强地主的一种制约，使他们不能无限制地占有土地，招纳流民，从而阻碍封建国家的统一。

屯田客、士家之外，也还有相当数量的自耕农民。曹操统一中原之后，地主每亩土地交租谷四升（叫田租），每户绢二匹绵二斤，叫户调。这种租调制，一直沿用到唐。此外，还"重豪强兼并之法"，说明曹魏政权适当保护自耕农、打击豪强的政策。

（2）九品中正制

曹操本身出身并非门阀豪强，但是在割据混战中，他不依靠豪强就无法打开局面。当时一些北方豪强受到农民战争和割据战争的打击和压力，也归附曹操，成为曹操的主要支持。如任峻、许褚、李典等人都是带几百家几千家宗族部曲宾客参加曹操的军队的。此外，支持曹操的还有一部分在战争中没落的士大夫，所以，曹操政权的基础基本上仍是豪强门阀士大夫的政权。但他起用了一部分下层地主分子，注意控制豪强门阀势力，不任其太打眼，也打击了一部分不依附他的士人大族，如杨修、孔融，这就使曹魏政权比起东汉末年来明显好一些，不这样不行，类似党派斗争。

但是由于战乱，东汉那一套由地方豪强门阀把持的乡举里选、学校考试制度已经瓦解了。也由于战争和统一北方的需要，要不按常规地提拔人才。因此，曹操连下诏令确定选拔人才的标准是才能而非德行。因为有德行的如没有才能，是办不成事的。这和东汉的标准刚刚相反（东汉选德行，不论才能）。甚至提出盗嫂受金、不忠不孝的人，但有治国用兵之术的也可重用。这也是对东汉豪强门阀控制选拔人才的权力的一种限制，起了积极作用。

到了曹丕，就正式根据"唯才是举"的原则，制定了九品中正制（或九品官人之法）。其具体办法是，在中央选择各地籍贯的官员，兼任本郡（州）中正，负责察访本郡（州）在各地的士人，按九品（上上、上中、上下、中上、中中、中下、下上、下中、下下）评判，作为吏部除授官职的依据。

九品中正制初行时有比东汉乡举里选的制度两个特点：

察举制，举官权在地方官，而各地中正是中央官兼任，且由吏部授与，另立一系统，权归中央。

察举制，举了以后没有淘汰，此后在官职位的升降不管了。九品中正即本州人士无论已仕未仕，均可以入品。

因此，虽然纠正了察举制的弊端，但仍带来一个大问题，即，选官之权集中在少数中正官手里，不仅选官，而且官位的升降，也不看其实际成绩，而依据其在中正官的品状。这种在政体中的另立一系统，虽然一时纠正察举制之弊，但终究会变成少数人控制政权，即少数人控制选官、升降之权。只要门阀士族把持政权，这种唯才是举的制度必然变质，变成门阀士族垄断政权的工具，而且成了其推行与保持封建等级制度的工具。果然，没有多久，就是如此了。

2. 门阀世族的垄断政权与司马氏代魏

就在曹丕实行九品中正制时，由于魏国内部安定下来，曹操制定的唯才是举原则已经逐渐变质了。当时以事功见用及敢于打击豪强的官吏已渐渐下去，代之而起的是所谓儒雅之士，也就是世家大族的代表。其最大的代表就是司马懿。

曹丕是文帝，之后为明帝，明帝死，八岁的齐王芳即位。宗室曹爽与司马懿辅政，司马懿发动政变把曹爽又其党羽消灭了，又连续讨平了几起反抗的地方官和军队，大权完全落入司马氏手中（司马懿及其子师、昭），门阀也就完全控制了政权。

曹操所建立的各项制度也渐渐破坏和变质。

屯田制下的农民本来不负担徭役和兵役，这时也要负担了，而且司马氏又把屯田民赐给公卿贵族，使他们重新落入豪强门阀之手。

九品中正制在世家大族势力影响之下，也发生了明显的变化。唯才是举的精神不见了，中正官把持在世家士族之手，通过中正品举的入仕的官吏，久而久之也成了世代继承的高官，他们的子弟也就自然得到高品和高官。换言之，九品中正制成了门第等级的代称，士人品第只因门第高低，与唯才是举毫不相关了。到了晋代就出现了"上品无寒门，下品无势族"的局面。绕了一个圈，九品中正制反倒成了门阀世族制度化的标志，门阀制度经九品中正而成了的世袭制了。

265年，司马昭的儿子(司马懿之孙) 司马炎代魏成了晋朝的开国皇帝。

（三）蜀、吴的政治和经济

1. 蜀国

同魏一样，蜀和吴也是在豪强门阀地主基础上建立起来的政权。刘备起家的本钱是多年跟随他的部下及荆州士人。进入益州后，又收伏了刘焉、刘璋的东州士人集团（南阳三辅流亡到蜀国）及当地豪强，稳定了四川地区的局势。但四川南部云贵一带，即所谓"南中"地区，地方豪强与少数民族勾结起来反蜀。蜀国的政策基本上是安抚政策，但刘备死后，反蜀活动扩大，诸葛亮决定征伐，但也还不光凭武力，主要还是安抚，终于取得成功。这场战争是蜀国对当地豪强斗争的继续，也带有民族征服的性质。但削弱了西南地区豪强的势力，进一步打破了这个地区的闭塞状态，对于各族人民的交流和西南夷地区的经济文化的发展起了好作用。

刘备于 211 年入蜀，214 年反刘璋，219 年从曹魏手里夺了汉中，并命关羽从荆州发动进攻，许昌震动，因孙权偷袭后路而败，荆州也丢了。221 年称帝，222 年与吴争夺荆州，夷陵之战大败，223 年死，后主刘禅即位，诸葛亮辅政。225 年，先定南中，227 年，进驻汉中，以攻为守，出祁山（今甘肃南部），从西绕道攻关中，军队打的不错，但遇到据险防守的魏军，粮草不继，无可奈何只好退兵。234 年，进到五丈原（今陕西岐山县），想屯田久驻，病死，蜀军撤回。此后，姜维连年北进无功，蜀国内部继任大臣也多无所作为。263 年，魏军三路攻蜀，蜀灭。

2. 吴国

东汉末年，富春人孙坚参加了镇压黄巾军的战争，随后又参加了军阀混战。坚死，其子孙策继统部众，控制了扬州长江下游地区。策死，弟孙权继。赤壁之战后，孙权又夺得了荆州的一部分，随后又攻占岭南。袭破关羽后，占有荆州绝大部分。于 229 年正式建吴国，称帝。

吴国政权同样建立在江南大族的基础上。其特点是大族有世袭领兵的特权，形成制度。江南大族中除孙氏外最主要的顾陆朱张四族，如陆氏，出了一批大臣大将，如陆逊、陆抗等，他们把持了东吴政治，到东晋时支持晋主南迁，还是江南著姓。

随着东吴势力对江南的扩张，引起了山越的反抗。秦汉时江南是越人的居地，经过开发，平原地区及交通发达地区，已与汉人融合。山区的越人，则称山越，他们不断反抗吴军，成为孙权政权头疼的问题，吴军不断进击，最后终于迫山越十万人出山投降，吴国将他们招为军队及郡县编户。与蜀定南中一样，吴平山越也是带有民族征服性质，但对少数民族与汉人的融合及东晋经济文化的发展起了一定的作用。

赤壁之战后，魏在长江以北数次对吴发动进攻，但由于这带是水乡，长江又是天险，以步骑为主的魏军占不了上风，因此相持数十年。直到灭蜀以后，吴国孤立，晋军又在益州造战舰，练水师，准备从上游发动进攻，而吴王孙皓却极无能，仍幻想凭长江天险可保安全。279 年，晋军五（六）路攻吴，蜀中水师由王浚率领顺流而下，次年 280 年达到吴都建业，孙皓投降，"王浚楼船下益州，金陵王气黯然收，千寻铁锁沉江底，一片降幡出石头"①。从 189 年董卓入京的分裂割据局面，经九十年之久至此又归统一。

（四）西晋的短期统一及其灭亡

然而，这个统一的西晋王朝是短命的，统一实际上只维持了十二年（即 280—291 年），随即出现了延续十六年的八王之乱，汉族流民和内迁多族人民起义。到了 316 年，西晋就在动乱中完全灭亡了。

这个朝代从制度上说可讲的只一件事，即占田制。

1. 占田制

280 年（太康元年）西晋颁布户调式，包括占田制、户调制和品官占田荫客制三部分。实行这个制度的背景是当时民屯已经破坏，屯田官已取消，屯田客一部分是郡县管理的国家佃客，一部分成为私人佃客，一部分为自耕农民。另一方面，国家编户大量增加。太康元年灭吴后，西晋全国农户二百四十五万，人口一千六百十六万，比魏末三国总数增加近一百万户，人口一倍以上。因此，需要有一套租赋制度。于是在魏的田租户调制的基础上，再加上占有土地的定额，而颁布了户调式。其具体规定为：

（1）占田制

男子占田七十亩，女子三十亩——这是指保有土地权的一个限额。

---

① 《刘禹锡集》卷 24《西塞山怀古》。

丁男课田五十亩，女子二十亩，次丁男二十五亩——即占田之中应负担田租那部分田地的数量。

这只是一个假定的数字，与实际占有多少土地无关，只是作为缴田租户调的一个理论根据，但大体反映了当时农民占有土地的一般状况，说明地广人稀，土地占有权较东汉为大。

（2）户调制（这也开始此后到唐的税制）

丁男之户，岁交租四斛，绢三匹，绵三斤。丁女或次丁男为户都减半。

征租调时官吏预先把纳租调户按贫富分有九等，按等定数。而且上述数额为平均指标，这叫九品混通。此后，南北朝统治者大体沿用此法。

颁行占田制和户调制，目的在通过田租户调的调整，使农民负担平均一些，以固定在土地上，防止他们逃亡，并使已脱籍的归入户籍，便于封建国家剥削。但由于豪强门阀势力强大，占田制不可能发展和长久地施行。

（3）品官占田荫客的规定

官僚地主可按官品高低占土地从十顷到五十顷，占佃客一户到十五户，占衣食客一到三人，此外还可按官品高低庇荫亲属占有依附农民，多者九族，少者三世，这就没有数量的限制了。而亲属则可自定，所以实际是可无限地占有依附农民。这些规定目的在于保障官僚门阀地主的特权（特别是荫户），而又限制其过分强大。但也无用，实际上限制不了。大官僚多数超过。

2. 统治集团的腐朽和八王之乱

司马氏这个门阀大族贵族统治集团是十分腐朽的，他们奢侈贪财，不理国事。晋武帝宫中有女一万人以上，晋武帝公开卖官，收入归私库。太傅何曾"日食万钱"，还说无下箸处。其子何劭日食二万钱。石崇靠抢劫发财，曾与王恺斗富，王恺以晋武帝所赐高二尺的珊瑚示崇，崇顺手击碎，拿出自己的珊瑚示恺，高三四尺的达六七株之多。恺以饴（麦芽糖）水洗锅，崇以蜡代薪，恺用紫纱布作步障四十里，崇用锦作步障五十里，崇用花椒为泥涂墙，恺则用赤石脂。他们这种奢侈甚至达到极端残酷的程度。石崇请客用美女劝酒，客不饮，就当场杀死美女。有些宾客故意不饮，好看杀人。这样如此奢侈的贵族，却又极贪残地剥削人民，甚至私自做买卖。司徒王戎家有好李，怕买者得好种，钻破李核才去市上卖。潘岳住在园里，卖鲜鱼、蔬菜和羊酪，并收春税。继晋武帝后的惠帝是个白痴，什么也不知道。当时天下大饥，有人告诉他百姓多饿死，他竟说，何不食肉糜（肉粥）。

司马炎（武帝）为巩固统治，大封诸王，共二十七个。各王有自己的军队、官吏，俨然是个半独立的国家。惠帝后贾氏有野心，勾结两个王杀掉辅政的惠帝外祖杨骏，引起其他王的不满，于是诸王为争夺统治权，展开了极残暴的内战，史称"八王之乱"，从公元291年打到306年，共16年。诸王多数被杀，贾后被杀，惠帝被毒死。在极致混乱的局势下，隐藏的阶级矛盾和民族矛盾便迅速爆发了。

3. 汉族统治和内迁多族人民大起义

西晋末年，"八王之乱"带来的混乱触发了两个严重的社会问题，即流民问题和内迁的少数民族问题。

由于政治腐败及统治阶级的残暴内战，造成生产破坏。晋怀帝（307—312年）时，北方发生大饥荒，数以百万计的农民流亡异乡，成为流民。特别是山西，留存本乡的汉人不到二万户。主要流向是巴蜀及荆湘。流亡在异乡的人民又受到当地官吏豪强的欺压与屠杀，被迫到处起而暴动。现在的湖北、江苏、安徽、山东南部、汉南、陕南、湖南等地都是起义区域。其中以杜弢领导的在荆湘起义的巴蜀流民十余万户力量最大，这场起义却被西晋统治者残酷地镇压下去了，杜弢起义就是316年失败的。

在西晋末年的战乱中，汉族流民起义主要起于南方，北方则是内迁的少数民族和汉族人民联合的起义。

少数民族内迁过程大致是这样的：

从西汉武帝起经东汉到三国，每当中心对边疆各族战争胜利后，统治阶级为了便利控制投降了的多族人民，统统把他们迁到边塞地方。后来，为了直接剥削其劳动力，便常常再把他们迁往内地，迫使他们和汉族人民一样去生产。汉末的混战，西北地方人口稀少，各族降人迁来的更多，军阀并利用他们打仗，如曹操即利用乌桓骑兵为他打仗，凉州军阀也利用氐羌。到三国末年，这些少数民族居住地为：

匈奴——今山西南到南部汾河流域

羯人——从中原迁来的主要部分居今山西上党一带，由匈奴贵族率领

羌——今甘肃、陕西和四川

氐——今陕西、甘肃、四川

鲜卑——占匈奴故地，蒙古高原，东到今辽西，西到甘、青，慕容部在辽河流域，拓跋部在今内蒙古地区、晋西北

巴——鄂西、川东的少数民族称巴人或賨人

以上五个少数民族称"五胡"，加巴人賨人称六夷。

这些少数民族长期在内地与汉人杂居的结果，一般仍保留其原有部落军事化组织，不相杂处，生活习惯一如塞外。另一方面，不少胡人却逐渐汉化，学会农业及汉族的军事技术，并领会了一些其他文化知识，不少人会汉文汉语。保留其原始部落家长奴隶制的组织，就使他们的变乱具有特别原始和残酷的性质。而他们不同程度的汉化的结果，使他们逐渐向封建制发展，接受先进技术文化，从而战斗力更为强大。

这些内迁少数民族内部已经发生阶级分化，五胡上层贵族和汉族贵族生活差不多。如后来建立汉国的匈奴贵族刘渊曾向汉儒学习《诗》《易》《书》《春秋》《左传》《孙子兵法》等，和汉族士大夫差不多。五胡下层劳动人民饱受汉族民族与阶级的双重压迫，生活非常痛苦，他们中许多人为汉族地主充当佃户，有的甚至被汉族统治者掠夺为奴隶。例如后来建立前赵国的羯人石勒，住在上党，十四岁随同县人到洛阳做客贩。稍长，在汉人家当雇农。晋惠帝时，并州大饥，随胡逃散。并州刺史派兵捕捉胡人，两胡一枷送往山东贩卖。石勒又被卖到一家中去做耕奴。石勒的遭遇是五胡劳动人民一般遭遇，生活是很痛苦的。

西晋末年的农民起义中包括了胡汉各族，其斗争的目标是西晋政权的腐朽统治，其斗争性质是阶级斗争而非民族斗争。起义展开后，五胡因受阶级、民族的双重压迫，斗争很艰难，遂被本族贵族利用。而西晋八王之乱中，有的王又利用少数民族为他们作战，因而增加了其首领的势力，也锻炼了各族的战斗力。再者，内迁各族的起义又引起了塞外各族的内迁。边疆的各族和内地各族联合起来，便造成了各族内部多种矛盾，成为反对

腐朽的西晋王朝的强大势力。

八王乱起。304 年，最早起来的是四川賨人李特、李雄，联合汉、賨流民在四川建立成汉。山西匈奴各部推首领刘渊作大单于，形成独立割据势力。同在 304 年，刘渊利用胡汉矛盾，提出"晋为无道，奴隶御我"①，突出民族矛盾。东胡人建立汉国。311 年，汉兵攻破洛阳，虏晋怀帝，西晋中央政权跑到长安。316 年，汉兵又破洛阳，虏晋愍帝，西晋王朝灭亡了。北方成为五胡混战的局面。

一部分晋的统治者以琅琊王司马睿为首，在长江流域，再建晋政权，建都建业（南京），史称东晋（317—420 年）。

第二节　十六国北朝的民族斗争和民族融合

（一）十六国时期各族贵族的封建割据

十六国，就是指西晋灭亡后至北魏统一北方，即 316—439 年这段北方少数民族割据混战时期。这一百多年时间中，北方先后建立的十六个政权（其实还多一些），可归纳为：二赵：前赵、后赵；三秦：前秦、后秦、西秦；四燕：前燕、后燕、南燕、北燕；五凉：前凉、后凉、南凉、北凉、西凉；成汉；夏。有汉人政权，但主要是胡人政权，故称之为十六国。这是中国历史上最混乱的时期，春秋战国国家虽多，但一些大国还维持了很长的时间，而十六国都是忽起忽灭、分合无定。这个时期又可分为前后两段。前段从 316 年至 383 年淝水之战。从混乱割据至苻坚建立的秦国暂时统一北方。后段从 383 年至 439 年。淝水之战苻秦失败，北方迅速分裂，直至 439 年才被北魏重新统一。

1. 从西晋灭亡至淝水之战

最初割据中原的是匈奴族。匈奴贵族刘渊灭晋建立汉国（后改称赵，

---

① 《晋书》卷 101《刘元海载记》。

史称前赵）。占地主要是河东河西（今山西陕西）。

继之而起的是羯族，其领袖石勒最初是前赵部将，后割据洛阳以东黄河下游各地，称赵王，史称后赵。后赵与前赵互相攻战，前赵为后赵所灭。石勒死后其侄石虎立，迁邺（今河北临漳）。后赵几乎征服了整个黄河下游地区。这时，除后赵外，鲜卑拓跋氏占代北（雁门之北）建代，慕容氏占辽东，羌族姚氏、氐族苻氏分据关陇，賨人李氏占四川，张轨占凉州。其中辽东与凉州因为偏远，战争少，避难汉人多，因而保存了一些中国文化，经济也有发展。

后赵的残暴统治在汉族人民不断反抗中崩溃，汉人冉闵起兵灭后赵建立魏国。鲜卑慕容氏乘机进入黄河流域，攻灭魏国，占据北方东部。氐族苻氏占据长安及关中，建立前秦。北方形成鲜卑族的前燕与氐族前秦的对立。

357 年，前秦统治者苻坚即位，他用汉族大地主分子王猛为谋臣，势力日强。370—376 年间，前秦灭掉前燕等国，大体上统一了北方。

2. 北方人民的苦难

少数民族由于当时社会发展落后，建立的政权带有极端凶残、掠夺性强与民族仇杀的性质。战争中，大量人民被屠杀，石虎一次坑杀前赵士兵一万六千人，前赵击败石虎，伏尸二百里。另外，少数民族统治者的剥削与压迫也十分残酷。石虎强迫人当兵，家有三丁抽二，五丁抽三。兵每五人要自备车一辆，牛五头。每兵自备米十五斛，绢十匹，交不齐的处死。为了造甲，征用工匠五十多万人，为了运输，征用船夫十七万人。当时后赵统治区内，十有七家没饭吃，仍征求不已，人民卖儿卖女不足与供，只好自杀。

少数民族统治者，又把游牧民族的习惯带至中原农业区来，常把广大田园圈为猎场、牧场。石虎的牧场，北至河南延津（黄河北岸），南至荥阳（今河南），东至阳郡（今山东沂水），而有敢犯其中鸟兽者即被处死。

但是，少数民族统治者对汉人地主却有一些优待，如石勒征汉人张宾为谋臣，在军中设"君子营"，收罗汉族士大夫。石虎免除汉族地主的徭役，让他们做官。

但是这些措施并没有能改变、缓和当时的民族矛盾，大量汉族人民南逃，留下的多半逃至地形险阻地带，用豪族地主采取习惯的组织办法，利用宾客和家族，建立坞堡，以求自保。还有的则进行武装反抗。

在民族矛盾极端尖锐的形势下，汉族人民也在地主阶级的协助下，发动民族仇杀。后赵大将汉人冉闵乘机灭后赵建魏，为了达到自己统治的目的，鼓动汉人大杀胡人，规定斩首一级可以做官，一日之中斩杀数万，不分贵贱男女老少杀了二十多万，甚至高鼻深目多须者也都被滥杀了。北方被破坏得不成样子了。

3. 淝水之战

357年，苻坚当了前秦皇帝，376年统一了北方，383年开始南下攻东晋，企图统一全国。

南方的东晋是一个"腐朽"的政权，但统治阶级面临前秦入侵的严重威胁，暂时缓和了内部矛盾，被迫在长江下游作防御准备。本来东晋军队多守卫在长江中游，即江陵兵。这时，大臣谢安遣弟谢石，侄谢玄招募健壮流亡农民，练成精锐军队，号北府兵（京口兵），驻镇江。这支军队比较精锐，而且反抗民族压迫的决心较大。

秦晋相较，秦地广人多兵多，兵力上占绝对优势。但只是相对的。前秦虽号称统一了北方，但却没有统一的真正基础。北方各族各有不同的经济生活，族属、心理、语言等等都不同，只是一个暂时的、不稳定的政治军事的联合，其维持的基础是氐族强大的军事力量。前秦当时统一了北方，却使氐族力量分散，随时可能瓦解。而对东晋的战争又是非正义的战争。军队大都为汉人、鲜卑人、羌人凑起来的，被迫将官多怀贪欲，战斗力不强，组织更松散，士气不振。东晋虽腐朽，面临将灭亡的局面内部矛盾暂时缓和，士气比较旺。只要组织指挥得法，是有可能战胜的。果然，东晋军队在谢安的组织下，在谢石、谢玄的指挥下，取得胜利。

383年，苻坚发动全国力量，组织步兵六十多万，骑兵二十多万出征。当时前秦内部不牢固，许多贵族不赞成这场战争。苻坚骄傲地说："我带领的军队这样多，只要把马鞭投在长江里，就可把江水阻断，这事由我自己决定好了"，当即分兵四路大举进攻。一路由蜀顺流东下，一路从襄阳南下，攻打东晋的荆州兵；一路由河北南下；最后一路是主力，集中攻建业方面，攻江北的寿春（今安徽寿县）。东西百里，水陆并进。由其弟苻融率军二十五万为前锋。大军随后出发，首尾千里，坚至项城（今河南东部），凉州兵才到咸阳（今陕西），四川的兵方顺流而下，河北的兵才到彭城（今江苏徐州）。

东晋由谢石、谢玄率北府兵八万迎战。苻融的前锋攻陷寿春，另分兵五万于洛涧（今安徽淮南市东淮河支流洛河）。谢石、谢玄等离洛涧二十五里，不敢再进。苻坚听说晋兵少，舍大军于项城，引精锐八千兼道南下，到了寿春。这样，决战双方的兵力已不是八十万对八万，而是二十五万对八万了。

晋将刘牢之率精兵五千攻克洛涧，大破秦军。秦军败退，晋军前进，双方隔淝水对峙。苻坚与苻融登寿春城，遥望晋军队伍齐整将士精锐。又见晋军阵后八公山（今安徽寿县北）上的草木，都以为是晋兵，才开始有所畏惧。

苻坚派尚书汉人朱序去晋军诱降，朱序心怀东晋，密告谢石等说："如秦兵百万到来，势不可敌，应该速战，击破其前锋，秦军自然溃散。"于是谢石派人请秦军向后移，渡了淝水西岸决战。苻坚、苻融想乘晋军未渡而击，下令自己军队按约后退。朱序乘机在阵后大叫："秦军败了。"秦军中被强征的汉族士兵乘机奔退而不可止，晋军渡过淝水猛攻，苻融马倒被杀，秦军大溃。苻坚单骑遁还淮北，路上听到风声鹤唳，都认为追兵已到，日夜不敢休息，一直跑到洛阳，收得溃兵，只有十几万人。晋军乘机收复河南一带地方。这是中国战争历史上又一次以少胜多的范例。

过去史家把淝水之战的东晋胜利归之于苻坚的骄傲、朱序的机智等等，或偶然的因素。但胜利的根本原因是战争的性质，反抗民族奴役，东晋一方是正义的。以流亡农民为主体组成的军队英勇作战，而前秦是不义的战争，军中汉族士兵反对前秦的进攻，用临阵脱逃的办法促使其失败。在这样的基础上，朱序的机智、谢石、谢玄的指挥、刘牢之的英勇才发挥了作用。

淝水之战的胜利带来两个效果，一是保障了南方的土地、人民与经济文化免受损害，也保持了东晋政权；二是促使不稳固的前秦的崩溃，北方又形成了各族混战的局面。

4. 淝水之战后的北方

符坚败退后，被羌人姚苌所杀，前秦的统治瓦解了，各族又纷纷建立起自己的国家，互相攻杀。关东地区主要是鲜卑族慕容氏先后建立了后燕、西燕、南燕以及汉人的北燕。关中地区是羌人姚苌的后秦，匈奴的夏国。河西走廊一带先后有五个短期的小王朝：鲜卑的西秦、南凉，氐人的后凉，匈奴的北凉，汉人的西凉。此外，平城（今山西大同）一带，是鲜卑拓跋氏的代为前秦灭，在淝水之战后，又由拓跋珪于 386 年重建国家，改国号为魏，即北魏。

经过五十多年混战，到 439 年，北魏统一北方。这时南方的东晋也为刘裕所建的宋取代。历史从十六国东晋进入了南北朝时期。

5. 民族斗争与阶级斗争的关系、民族斗争在历史上的作用

五胡十六国时期是中国历史上民族斗争与民族融合的最激烈复杂的时期。

（1）民族斗争和阶级斗争

民族关系不同于阶级关系。民族是共同的语言、地域、经济生活（包括不同社会发展阶段）、共同文化上的共同心理素质的稳定的共同体。各民族之间有区别，有隔阂，甚至仇恨。阶级则是各民族内部经济地位不同，生产资料所有制占有形式不同而形成的集团。民族矛盾和阶级之间矛盾是不同的。

（2）阶级社会内民族矛盾说到底是个阶级矛盾

1）北方少数民族受到汉族的民族压迫，这种民族压迫主要来自汉族地主阶级的剥削和压迫。因此，起义主要反对汉族地主阶级。他们和汉族人民本来是没有利益冲突没有仇恨。相反，他们在反抗汉族地主阶级这一点上是和汉族劳动人民有共同利益的。因此在西晋末年，他们和汉族劳动人民一起联手反对汉族统治者、地主阶级。这时的斗争，实际上是胡汉劳动人民共同反对汉族统治阶级。当时社会主要矛盾是阶级斗争，胡人的反抗带有民族斗争色彩，但主要是阶级斗争，是正义的。

2）西晋统治者对胡族上层贵族也有歧视，并且力图削弱他们的统治

权力。因此，胡族统治者就参加到五胡人民起义中来，力图为自己的统治的目的服务。刘渊开始打着"晋为无道，奴隶御我"①的口号，于是形成了胡族（包括统治者与劳动人民）对汉族（包括统治者与劳动人民）的民族斗争。民族斗争上升为社会主要矛盾。

3）反之，五胡统治者政权建立的时候，他们同样地剥削和压迫本族、他族和汉族人民，对汉族地主及他族贵族的利益也有损害。因此，汉族人民同样反抗五胡统治者。汉族地主也参加并且领导斗争，形成汉族民族（包括统治者和劳动人民）对胡族的民族斗争。因此，民族矛盾和民族斗争，主要是剥削阶级、统治者挑起的。从五胡十六国的情况看，汉族是处于正义的一方。

4）由于各族间的隔阂和统治阶级的煽动各族间的仇恨，双方人民在斗争中分不清斗争的性质，不知道他们反抗的是对方族中统治者而非人民，往往乱杀。特别是五胡处于比较落后的社会发展阶段，视屠杀抢掠为正当之举，因此族间的屠杀带有极残酷的性质，对生产的破坏也较大。

5）由于各族人民没有根本的利害冲突，各族统治者的基本利益、剥削和压迫人民是一致的。同时，在长期的民族斗争中，胡族统治者要依靠汉族地主统治汉族人民，汉族地主也要投靠胡族统治者来统治本族人民。这样胡汉统治者逐渐结合为一个统治阶级。另方面，胡汉劳动人民也逐渐结合为一个被统治阶级。民族融合就是这样形成的，久而久之，民族的界限、隔阂已渐消除，而胡汉统治者一方对胡汉劳动人民另一方的阶级剥削压迫的本质逐渐清楚地展示出来。民族融合的过程基本完成，社会主要矛盾就逐渐从民族矛盾转化为阶级矛盾。北魏统一北方，民族矛盾的转化即逐步形成，到魏孝文帝改革，可说基本上转变了。

因此，我们说民族矛盾，实质上或者说到底是阶级矛盾。当然，形式上和具体内容很多还是表现为民族矛盾，不能混淆。

（3）民族斗争在历史上的作用

各民族友好往来，对双方都有好处，然而民族斗争与阶级矛盾也是不

---

① 《晋书》卷 101《刘元海载记》。

可避免的，五胡十六国的混战带有极大的残酷性与破坏性，人民极度痛苦，经济遭到极大破坏。但从历史发展的长过程来看，也对民族的融合及民族之间的交流、发展起了重要作用。然而付出的代价是惨重的。

（二）北魏

1. 北魏前期（386—451 年）

北魏拓跋氏是鲜卑族的一支，淝水之战前活动在内蒙古草原及山西北部，建代，后为前秦所灭。淝水战后，北方再度分裂，拓跋珪遂复国，建号为魏(386—535 年)，建都平城(今山西大同)，史称北魏,439 年统一北方。

为什么百多年的民族混战没有实现的北方统一，而北魏时实现了呢？北魏的统一带有残酷的民族征服性质，引起各族人民的激烈反抗，民族矛盾是尖锐的。这是当时的一个情况。但是还有另一方面，那就是在一百多年的民族混战中，民族融合的形势大大加强了。最早活跃在历史舞台上的匈奴人和羯人，已经或基本融合或基本消失，原先居住在中原地区的鲜卑慕容氏，甘肃陕西一带的氐人、羌人都已过着农耕生活，跟汉人居民差不多一样了。这些民族的农民和汉族农民一样，受胡汉地主的剥削。这些民族的上层地主和汉人地主一样，剥削胡汉农民，民族界限已经不那么清楚了。最后进入中原，比较落后的拓跋氏统治者，面对的北方黄河流域已基本上是以汉族为主的封建生产方式了。

这种封建生产方式，是东汉以来的豪强地主经济的发展。在战乱中，这些豪族地主结成坞堡，有自己的防寨、田地、依附农民和军队。在战乱中，许多农民都被迫依附地方豪强，以求生存。这些豪强以宗族为核心。但常是几百家、千多家，甚至几千家聚居在一地。依附农民的数目及其依附强度都大大增加了。他们实际上是地方的封建割据势力，其他各族统治者汉化以后采取的剥削方式或也是这样的类型。

面对这样的形势，北魏统治者在统一北方的进程中，一方面采用民族征服的手段，另一方面也依靠这些以汉族为主的地方豪族来维系、巩固自己的统治，与他们逐步结合起来。另一方面也使自己的部落组织与经济制度适合北方的封建生产方式，这个历史的必然趋势加上北魏统治者自觉的活动，就大大加速了。

北魏统治者为了加强统治，拆散了许多从属部落的部落组织，让他们分土定居，成为国家编户。有的还分给土地，发给耕牛，计口授田，不许随便迁徙，让他们与汉人杂居，改营农业，从而加速了少数民族从游牧生活向农耕的转化。受封建剥削，胡汉劳动人民的经济地位相同又相杂居，从而进一步促进了民族的融合。

另一方面，则对各族上层特别是汉人地主加以笼络，对各族上层分子，与他们通婚。让他们做官带兵甚至镇压本民族人民的反抗斗争。特别是对汉族地主，让他们做官、讲学，且按汉族制度立官制，定礼乐，修律令，与他们通婚姻，并且建立门阀制度。在动乱中，西晋的豪门大族大都移到了南方，北方的门阀豪族比较低一些。他们与南方的门阀士族不同，一是还保持着东汉以来的讲求儒学的学风（还讲究经世致用之术），不像南方的门阀士族发展到谈玄，什么实际事务也不管；二是在艰苦的环境中，为求生存，应付局面的能力也强一些。所以他们不像南方门阀那样腐朽。此后，北朝的门阀强一些。到北朝后期隋唐时也不行了，那是后话。

北魏统治的基础实际上就是这些豪强地主，这从当时实行的宗主督护制也可看出来，这是把外民族原来的部落制度与汉族的宗族制度揉合在一起的一种制度。所谓宗主督护制，对鲜卑就是分散部落组织、编成民户，按一定地方居住，以一个部落为一族，姓一个姓，以原来部落领袖为宗主，作编户的督护，向国家交赋税。对汉族的办法，则是通过各地的豪族领袖（宗主）即豪强地主，以他们为首领统制农民，并交税。宗主督护制一方面改变了鲜卑原来的部落制度，以适应黄河流域原来的汉族制度，同时促使了鲜卑族迅速过渡到封建制；另一方面也密切了鲜卑族与汉族地主的关系，加速了民族融合，使民族矛盾进一步向阶级矛盾转化。

2. 魏孝文帝后期的改革（452—499 年）

魏孝文帝（471—499 年）是北魏最有名的皇帝，他即位时的一系列改革，对北方中国乃至隋唐的历史有很大的影响。

从 452 年文成帝即位开始，进入北魏中期，北方的形势已经出现了变化。

（1）北魏统一北方后，黄河流域社会相对发展，农业生产得到一些恢复，但经过长期的战乱，仍然存在着土地兼并及劳动力缺乏的情况。

（2）在宗主督护制度下，北魏统治者剥削人民的办法，是按户征收租税。最初不问贫富，家中人口多少，每户均课以同等的税额，后来按贫富分为九等，但仍只有输税远近（上三品入京师、中三品入他州、下三品入本州），没有税额差别。这种办法，对贫苦的自耕小农十分不利，对豪强十分有利。所以，食（客）户都荫附在大户名下，往往三十、五十家才为一户。户籍混乱，征税减少。北魏的财政发生了困难。

（3）由于贫苦农民负担过重，再加上其他的压迫，农民不断起义，这种起义已经多半不是民族斗争性质而是反抗压迫阶级的斗争了。

（4）鲜卑族在封建化过程中，内部阶级分化明显起来，也发生了阶级之间的矛盾。

上述这些情况，给北魏的统治带来严重的困难与威胁。因此从孝文帝即位以后，北魏统治者为了解决这些问题，采取了以下两方面的措施：

经济方面，均田制与三长制：主要解决土地荒废与劳动力缺乏，及税收不足的问题，以加强对农民的剥削。同时也是用分一部分土地及均赋税的办法来缓和阶级矛盾。

政治社会方面，迁都与汉化：主要解决鲜卑族进一步汉化问题，以适应鲜卑族社会发展的需要，也为了进一步镇压汉族人民的反抗。

（5）均田制

485年（太和九年），北魏在西晋占田制的基础上加以变通，颁布了均田令，其主要内容是：

十五岁以上男子授露田四十亩，桑田二十亩，妇人授露田二十亩。露田加倍或两倍授给（称倍田）以备休耕。年七十还官。不种桑之地可受麻田男十亩，女五亩，也需还官。

桑田作为世业，不需还官，原有私田即作为桑田不动，可抵销应受桑田数额，如超过二十亩，则多以抵应受露田之数。这是有利于田多的地主的，桑田私有土地不动。

露田不许买卖，原有桑田超过二十亩的，超过部分可卖，不足二十亩的可买到二十亩为止。地少地方的人口可迁到荒地去。

地主可按其拥有奴婢和耕牛的数量，另外获得土地。奴婢授田同普通农民一样，人数不限，牛一头，授田三十亩，限四牛。可以说，地主占有土地是基本不受限制的。

地方官按官职高低授公田，刺史五十顷到县令六顷，不许买卖。

农民出租调，一夫一妇每年出粟二石，帛一匹。征奴婢八人，耕牛二十头，租调相当一夫一妇所出，即奴婢为 1/8 ；耕牛一头为民丁 1/20，这是明显地有利于地主的。

由上可知，均田制是这样的：

主要目的是将农民固定在土地上，开垦荒地，以收更多租税，租给无地少地农民，农民有一些土地，一部分摆脱地主控制，有利于农业生产的恢复和发展。

只是将国有荒地授予农民，但并非全额授足，也不可能足额，征收租调时按户交，不管授田足不足。并未触动原来地主的土地私有制（地主以桑田的名义，可保留原有土地）。在授田分地及奴婢与耕牛的租调上对地主优待。

对胡汉均行此法，对阶级地位相同的胡汉人民融合有利。

（6）三长制

为了加强地主对农民的控制与征收租调，在均田制实施的同时，（486年，后一年）改宗主督护制为三长制，即重建汉代以来的地方统治，五家设一邻长、五邻设一里长、五里设一党长。这种办法，遭到荫庇许多依附农民的汉族大土地主们反对，但还是实行了。

均田制和三长制的实行，加强了北魏封建国家的力量，把大地主控制的农民转到封建国家的控制下而非控制土地。削弱了大地主的力量，也在一定程度上减轻了农民的负担及土地兼并，因而对发展生产、缓和阶级矛盾、加速民族融合起了积极作用。

（7）迁都和汉化

迁都。孝文帝认为平城偏北，缺乏运输水道，不能容纳大量人口与政府官僚。而且鲜卑旧传统不愿改革，因此反对。迁到洛阳，便于解决粮食供应，又是汉族士族原居住地，便于接受汉族文化，采用汉人制度，也便于统治北方地区。因此孝文帝于494年将旧都从平城迁到洛阳。

汉化。迁都之后，孝文帝积极推行汉化政策。几年内实行了如下各项改革：

改姓氏，自称鲜卑出自黄帝，说北方人称土为拓，后为跋。黄帝之行属土，故魏为拓跋氏，土为黄中之色，万物之元，故改拓跋氏为元氏。其他鲜卑族的复姓一律改为汉语单音姓氏。如长孙、叔孙、陆、穆、贺、刘、于、奚、尉，等等。

断北语。朝堂上只许讲汉语，三十以上可免，三十以下违者免官。

改籍。迁到洛阳的都算洛阳人，死葬河南，不得北还。

仿南朝官制。置九品，前几品主要置鲜卑贵族，后几品置汉人士大夫。

采用汉族士族门阀制度。

鲜卑贵族最尊，以元、长孙、宇文、于、陆、源、窦为首。汉人山东郡姓以范、卢、王、郑为大。关中郡姓以韦、裴、柳、薛、杨、杜为首，门第评定级别以作为选用人才标准。

通婚。指鲜卑贵族与汉族上层士族通婚。

这些措施对汉族劳动人民作用不大，但却促使鲜卑族在文化与血统上逐步与汉族融合，胡汉上层逐渐揉合成一个统治阶级来共同统治汉族劳动人民。

这样，魏孝文帝的改革，以强权作用，使北魏国力达到顶点，也使胡汉上层揉合为一个统治阶级，胡汉下层人民揉合为一个被统治阶级。使北方主要矛盾由民族矛盾到阶级矛盾的最终转化完成了。

3. 北魏后期（500—534 年）

魏孝文帝于499年死，北魏历史进入后期。

（1）北方经济的恢复和发展

北魏中期以来，特别是经过孝文帝的改革以后，北方的经济有了高速的发展。6世纪初，北魏全国人口比两晋太康时南北合计还要多出一倍，手工业和农业也发展起来，洛阳成了当时北方最大的城市。随着佛教的发展，寺院遍布北方各地。寺院加入为当时的大地主的行列中来。寺院僧民专有户籍，不入国家户籍，寺院地主同样可以比照豪强门阀的方式占有土地。他们不仅剥削低级僧人，而且合法地占有、剥削依附农民。这种依附农民称为僧祇户和佛图户。僧祇户以一部分平齐户"有能岁输谷六十斛入僧曹者"[1]为之，他们向僧曹纳定额地租，与纳税农民们的地租相等。佛图户以民犯重罪及官奴为主，地位比僧祇户还低些。

（2）北魏统治者的腐朽

经济的发展只是北魏中期一方面的情况，另一方面，进入中原的北魏统治者随着汉化的加深，落后性越来越少，而腐朽性越来越大。北魏统治者生活十分奢侈，他们也同西晋的统治者一样，互相攀比，炫耀自己的财富。高阳王元雍有奴隶六千人和妓女五百，一食钱数万。河间王元琛与元雍比富，骏马十多匹，还用银槽喂食，用金作马锁环。他引客人看他的仓库，里边储藏着的各地出产的丝织品和财物，数不清有多少。他很骄傲地对多人说："不恨我没遇见石崇，只恨石崇没有遇见我。"

北魏皇后也同样十分奢侈。胡太后在宫侧造永宁寺，铸大金佛像一躯，中等金佛二躯，玉佛二躯。造九层木塔，高四十丈，僧房千余间，珠玉锦铺，骇人心目。北魏皇帝在洛阳龙门造三佛龛，大的高百尺，前后二十四年，用工八十万二千余。

这样腐化的统治阶级对农民剥削的残酷可想而知。这样，已经融合的胡汉人民就一起起来反对胡汉统治者。从孝文帝后期开始，起义不断，最大的则是六镇起义和葛荣起义。

（3）六镇起义

北魏南下黄河流域时，新起的柔然族占据了塞外。为了抵御柔然，北魏在北边设六镇，派重兵据守，后来向西扩展，共九镇，习惯仍称六镇，东起河北丰宁沽源，西到甘肃宁夏一带。大体相当今长城口北到宁夏河套一带。

随着北魏统治者的汉化与腐朽，边镇鲜卑的地位越来越低，而且将领也极贪暴，并多方剥削士兵，边境地区人民及士兵极为不满。而特别是边地鲜卑人也因社会地位低于入居中原的汉化鲜卑人而不满。

523 年，今包头一带镇兵首先起义，领导者是破六韩拔陵。胡汉人民

---

[1] 《魏书》卷 114《释老志》。

群起响应，多镇一时都起。但 525 年由于内部叛变及北魏统治者的挑拨失败了，起义群众被北魏统治者押解到河北北部、中部就食，他们在那里与河北人民起义军结合起来，发展为更大规模的起义。

与六镇起义同时，524 年，甘肃氐羌人在莫折念生领导下起义。526 年被镇压了。

（4）葛荣领导的起义

河北人民本来很痛苦，新来就食的诸镇起义群众到了这个民穷财尽、阶级矛盾尖锐的地区，很快就同当地人民结合起来，爆发了更大规模的起义。这一方面是六镇起义的继续，一方面是汉族人民反抗封建统治者斗争的集中和壮大。

525 年，镇兵杜洛周在上谷（今居庸关一带）起义。526 年，镇兵鲜于修礼在定州（今河北唐县）起义，一开始就打败了北魏军队。杜洛周南下出州。不久，鲜于修礼企图投降，为元洪业所杀，元洪业请降，又为葛荣杀死①。两支起义军分别攻占了河北北部和中部的广大地区。群众拥立葛荣为天子，国号齐。不久杜洛周的部众并入葛荣部。葛荣南下围相州（今河南安阳），直指洛阳，人数号称百万。

但是起义军过多地吸收了大族和动摇分子，警惕性也不强。另方面葛荣也骄傲了，不讲战略战术。南下时说敌人好办，每人准备一根长绳捆人就是。再加上起义军内部胡汉人民不甚团结，起义军战斗力削弱了。

528 年，北魏北秀荣川（今山西朔州）人酋长尔朱荣亲率兵在河南北部与葛荣大战。起义军失败，葛荣被俘，送洛阳杀了，起义失败了。

起义虽然失败，但北魏的统治也瓦解了。

（三）北齐北周的对峙和隋的统一南北

1. 北魏的分裂

镇压农民起义的尔朱荣势力大起来，在葛荣失败的同年（528 年）进

---

① 《魏书》卷 9《孝明帝纪》。

入洛阳，大杀贵族官吏，把持政权。尔朱荣被杀，从子尔朱兆起兵作乱。523 年，鲜卑化的汉人高欢击溃尔朱兆，把持了政权。534 年，北魏孝武帝跑到关中依附军阀宇文泰（汉化鲜卑人），从此北魏分裂。高欢立孝静帝于邺（今河北临漳），是为东魏（534—550 年）。宇文泰杀孝武帝，立文帝于长安，是为西魏（535—557 年）。东魏占据黄河下游，西魏占据陕甘一带。东魏政权为高氏掌握，西魏则为宇文氏掌握。

550 年，高欢子高洋篡东魏而立，国号齐，史称北齐（550—577 年）。宇文泰子宇文觉篡西魏而立，国号周，史称北周（557—581 年）。

2. 北齐和北周的对立

北齐政权的基础是鲜卑贵族和山东豪族，这个政权是腐朽的北魏政权的继续。但北齐占据黄河下游，地域、人口及经济都较北周优越。

北周宇文泰是汉化的鲜卑人，他是关中鲜卑军事集团的首领。北周政权的基础是鲜卑军事集团与关陇汉族豪族的结合，我们称之为关陇集团。

北周的地域、人口和经济都不如北齐。如公元 537 年的一次战斗，北齐发兵 20 万人，宇文泰兵不到万人，而宇文泰等鲜卑贵族及关陇汉族豪族社会地位也不能同北齐统治者及山东汉族豪族相比。这个集团为和山东豪族对抗并取得发展，就实行了一系列改良政策。

例如奖励生产，田法比较严整。

制定新兵制，即府兵制。这种制度实际上是从鲜卑部落制度演变而来。它规定从中等以上（北周为输税，分民户为九等，中等以上即胡汉豪富之家）的人户中选拔兵士，选出后不再编入户籍，专门训练，上设六柱国以统兵。柱国多为鲜卑贵族。这种军队实际上是贵族的武装势力，并且是兵农分离的。但因有专门训练，故战斗力很强。

几十年里，陕甘一带比较安定，北周经济力量与军事力量渐渐强大起来。577 年，北周灭了北齐，统一了北方。

3. 隋的建立及其统一南北

581 年，北周关陇集团中的大贵族外戚杨坚，夺取北周政权，建立隋朝（581—618 年），他就是隋文帝。

隋文帝是一个杰出的政治家，他改革了北周后期统治者的一些暴政，继续实行北周统治者一些缓和社会矛盾发展生产的政策。这样隋的内部稳定了，经济军事力量也一天天发展起来，于是便开始统一全国的工作。这次统一成功了，原因何在呢。

南北朝末期，尽管形成北方北周、北齐，南方陈、后梁四国对峙的局面，分裂的局面似乎又扩大了一些，但从整个社会历史发展的趋势看，全国统一的条件已经成熟了。

造成南北多年分裂的重要因素，一是中原社会经济的破坏，自然经济支配地位的加强，使全国统一，甚至大地区的统一，一时难于建立；二是民族矛盾复杂，民族隔阂较深，各族贵族都利用民族矛盾，挑拨民族关系以建立与维护自己的统治，建立割据政权破坏统一；三是南北力量对比，双方一时都没有消灭对方的绝对政治、经济优势。

南北朝末期，这些因素都发生了变化。

第一，北方经济恢复发展，而南方统治者门阀日益腐朽，实力削弱。作为地方割据势力基础的门阀势力，南方经侯景之乱衰落，北方经尔朱氏之乱也衰落了，割据的因素削弱了。

第二，南北对立不再有民族斗争的意义。北方北魏孝文帝改革开始就是主要矛盾由民族矛盾转化为阶级矛盾；以汉族为中心的民族融合的结果，政权落到汉人手中。到杨坚时，皇帝也是汉人，统一的民族方面的阻碍消除了。

第三，民族融合和经济发展的主要结果，是北方疆域、人口、经济力量都大大超过了南方，政治也比南方进步，军事力量也大大超过南方。南北方的均势被破坏了。

在这种情况下，北方各国中比较进步一点，内部比较稳定的北周及其继承者隋就成了统一全国的力量。

隋文帝的统一事业是很顺利的。

开皇七年（587 年）灭后梁，萧詧。

开皇九年（589 年）灭陈。隋军几乎没有遇到什么抵抗，江南人民来访问隋军营地的日夜不绝，说明隋灭陈得到人民拥护。

591 年，隋文帝打败反对他的江南贵族，统一事业最后完成。

从董卓入京（公元 189 年）后，四百年的大分裂局面结束了，从此中国历史进入了一个新时期，新高峰，即隋唐时期。

第三节　东晋南朝社会经济的发展

东晋南朝前后相继的朝代如下：

东晋　元帝司马睿 317—420 年

南朝　宋刘裕 420—479 年

　　　齐　萧道成 479—502 年

　　　梁　萧衍 502—557 年

　　　陈　陈霸先 557—589 年

（一）东晋的统治和南北战争

1. 东晋的建立

（1）东晋建国

晋武帝灭吴时，对吴国旧贵族官僚及江南豪族地主压制得很厉害。这些吴国旧贵族官僚丧失自己的原有地位后，对司马氏的政权招络采取对立或不合作的态度。

西晋末年，琅琊王司马睿作安东将军，据守在建康。这时，北方十分混乱，北方大门阀士族纷纷逃到江南。他们要在江南掠夺土地，控制劳力，恢复在北方的生活，搞出一个局面来，就拥护司马睿作为自己的代表。而要搞成又必须取得南方的旧吴贵族官僚大地主的合作。为此，司马睿多次召见优待江南望族，如顾荣、贺循等，笼络他们。而南方大族也企图借此阻挡北方少数民族的南侵，而与北方大族合作。公元 316 年，晋愍帝在长安被掳，西晋灭亡。317 年司马睿称晋王，318 年称帝。其辅佐势力主要是北方的侨徙的大门阀士族王导、王敦等，也包括南方的大地主士族顾荣、贺循等，东晋政权就是北方南下的大门阀士族及南方大门阀士族合作的基础上建立起来的。

（2）统治阶级内部的矛盾

但是，南北大族的团结是不紧固的。北方大族一批批南迁，到处兼并土地，和南方地主发生利害冲突。那些在东晋身居高位的北方大族，由于地位渐渐稳定，也开始压制南方大族。他们把持选用官吏的大权，以紧固自己的地位，并抑制南方大地主不得做高级官吏。这是东晋统治阶级内部的第一个矛盾。

除去南北大地主之间的矛盾之外，大地主与一般地主之间也有矛盾，即门阀地主与寒门的矛盾。当权的大地主为巩固自己的地位，提倡重门第。一般地主（寒族）出身的士人更被排斥，甚至没有同大地主做朋友及通婚的资格。大族与寒门之间的矛盾是东晋统治阶级内部的第二个矛盾。

第三个矛盾是王室与拥兵的权臣军阀之间的矛盾。东晋经济区域主要是荆州地区与长江下游，这二处经济发达，北方南下的人也很多。当时，荆州地区拥兵的权臣常常成为东晋王室的大威胁，像王敦，一直攻入建康，逼死晋元帝。桓温也十分跋扈。后来桓玄则曾攻入建康称帝。淝水之战前夕，谢安在京口组成精锐北府兵，在淝水之战中大立功勋，成了此后的又一支巨大的军事力量。到东晋末年，荆州兵控制荆湖，北府兵控制京口及江北。东晋朝廷的辖区，实际只剩下江南八郡。这支北府兵又在刘裕统率下镇压了孙恩卢循起义，东晋政权最后落入北府兵将领刘裕之手。

上述多种矛盾说明了东晋政权的腐朽及统治阶级的不巩固，也说明了为什么在汉族人民深受苦难时，还有要求反对北方少数民族的民族压迫，收复中原时，东晋王朝只能偏安江南，无力收复中原。而上述矛盾促使政治更加腐败，从而加深了统治阶级与人民的阶级矛盾。

2. 北方人民的南迁

西晋末年及十六国时北方的动乱，引起了北方人民大量南迁。他们常按籍贯聚集若干家一起走，而以当地门阀地主为核心，即形成了同籍宗族的结合。大的浪潮有七个之多，总数约达七十万，多数在长江流域，特别是扬州。这些南迁的被称为侨人，除了地主的奴客那一部分外，剩下的垦荒耕种或流民当时都未编入国家户籍，东晋政府为了控制他们，便在侨人集中的地方设许多与侨人旧土同名的侨州侨郡使之著籍，如南徐州等。最初可得优复，但久而久之，东晋为控制侨人的租调力役，强迫他们当兵。从东晋成帝的咸和年间（326—334 年）到陈文帝的天嘉元年（560 年），一再用"土断"的方法加强对侨人的控制。"土断"很复杂，有的是把散居侨人断入所在籍里，有的是并省没有实地或侨人太少的侨郡县。有的是根据户籍，但把侨人立为白籍，与旧人的黄籍相区别，其作用是加强对其赋役兵役的剥削，并把豪强大族隐匿的侨人搜刮出来编入国家户籍，施行过几次，作用有一些，但不太大。

3. 祖逖和桓温的北伐

东晋曾进行过多次北伐，但成效均不大，原因已见上述，其中比较有名的是祖逖及桓温的两次。

（1）祖逖北伐

西晋末年，祖逖带领亲族同乡几百人流亡到江南，一直坚持北伐。司马睿既不拒绝也不放权支持。313 年（东晋建兴元年），祖逖北伐，司马睿不给兵和武器，只给他千人粮食和三千匹布，让他自行招募军队。祖逖领部曲百余家渡江，屯于淮阴，铸造兵器，招募士兵得二千人北进。人民热烈支持，送粮劳军，打探敌情，军力也渐渐扩大，连续打败石勒的后赵军队。黄河中下游以南的地区大部收复。在收复区，祖逖鼓励人民生产，企图站稳脚跟，形势很好。但东晋统治者认为祖逖功高又与人民结合，是对自己的威胁，另派戴渊都督北方军事，指挥祖逖并扼其后路。祖逖忧愤成疾，321 年病死，这次北伐终于失败。

（2）桓温北伐

荆州将领庾亮、庾翼等主张北伐，建康的一派反对。荆州将领桓温力主北伐，建康的一派既怕他功高难制，自己进行又失败了。桓温遂于 354 年进军关中，攻击前秦，但因前秦坚壁清野，晋军缺粮退回。第二次于 356 年攻占洛阳，徙民而归。第三次于 369 年攻击枋头（今河南浚县境），粮道被前燕切断，败回。这几次声势很大，但归于失败，主要是东晋权臣权力之争，反对桓温。另外也有这些士族在江南久了，产业已丰，无心北归的原因。而桓温是个野心家，北伐的目的是扩大个人权力，所以也不力战，因此无功。

以后还有多次北伐也多无功。

这之后就是淝水之战（383年），东晋力挫南下的前秦军队。但此战后内部矛盾又尖锐起来。不久就爆发了孙恩卢循起义，也就使东晋不能北伐了。

（二）孙恩卢循起义

东晋王朝是腐朽的，对人民剥削十分残酷，特别在前述的统治阶级中。东晋王室与地方军阀的矛盾发展中，荆州及北府形成两个强大的军事集团，三者之间展开了复杂的斗争，内乱频仍。东晋王朝赋税所出，只限于江南八郡（今苏南浙东西），这个地方农民的生活就更苦了。另外，大族与寒门的矛盾也激化了，一些寒族离心趋势很强。东晋统治者之间的矛盾激化了阶级矛盾，终于爆发了孙恩卢循为首的农民起义。

孙恩属于寒族地主，其叔父孙泰世奉五斗米教（与太平道相类），曾在浙江一带起兵，失败被杀。孙恩逃至海岛，招集百多人待机再起。399年，东晋政府企图在荆州京口之外建立新的中央军队，下令征调东方诸郡"免奴为客（依附农民）"者集合京师当兵。地主固然有损，依附农民更不满意，到处暴动。孙恩乘机从海岛登陆，攻占浙东，太湖地区一直到建康的农民纷起响应，不到十天，众已数十万。受压的江南地主、寒族地主也多响应。这一带是东晋核心地区，北方大族势力强大，因此起义对东晋的威胁极大。孙恩自称征东将军，号称起义群众为长生人，可作为是生命的主人而斗争。东晋派北府兵刘牢之率领兵镇压。孙恩以海岛作基地几次出击，甚至攻到京口，建康戒严。到402年起义最后为刘牢之部将刘裕所败，前后被杀二十多万，孙恩投海自杀。

孙恩死后，起义群众在卢循领导下继续斗争，他们转战到广州，后来又北上攻建康。411年，起义军最后失败。

但是起义军的斗争带来了两个后果：

第一，起义军的斗争与统治阶级内部矛盾交织在一起。在起义中，荆州军阀桓玄攻入建康与北府兵混战，荆州军失败。在镇压起义中强大起来的北府将刘裕掌握大权，终于代晋建宋，东晋灭亡了。

第二，江南是士族门阀集中地区，士族门阀在起义中受到极大打击，实际上丧失了政治上的统治地位，不得不把政权让给寒族的代表刘裕，士族地位从此走下坡路了。

（三）南朝的政治

1. 宋齐梁陈政权的更替

（1）宋（420—479 年）

刘裕在镇压农民起义的战争中强大起来，他消灭其他军阀势力，掌握了东晋政权。为巩固统治权力及增加自己的威望，曾两度北伐，灭掉鲜卑慕容氏的南燕、羌人姚氏的后秦。东晋统治区域又扩展到黄河南岸，但刘裕并非真心北伐，因此始终没有取得决定性的成功。

420 年刘裕称帝，国号宋。

刘裕是寒族出身，即位后颇能压制豪强门阀，并用土断的办法清理南迁侨人的户籍以增加人口和财政收入，抑制门阀控制农民。这在一定程度上减轻了南方人民的负担，他又设法提拔寒族做官，这就使政治出现了一些清明现象。其子文帝刘义隆继续其父的治国方略，出现了"元嘉之治"。但此后，统治阶级内部矛盾又爆发，刘氏子孙相残，人民起义接连不断。479 年，政权为将领萧道成所篡。

（2）齐（479—502 年）

萧道成建立齐朝之初，曾免人民积欠的赋税，赐穷困人每人谷五斛，大概剥削比刘宋轻些，因此巩固了政权。但他死后，统治阶级内部矛盾又爆发，和宋一样，到 502 年，同族萧衍篡齐。

（3）梁（502—557 年）

萧衍建国号为梁，他提倡信奉佛教和儒学，中原文化传布南方。萧衍俭用，不能忽视，但他大造佛塔，奢侈浪费，再加上对士族极为优待，加重了人民负担。萧衍晚年收纳东魏降将侯景，侯景不久叛梁，攻入建康，人民死亡极众，士族大量死亡，萧衍也被困饿死。侯景败死，在外诸子互攻，萧詧投降西魏，后被立为傀儡皇帝，占江陵，称后梁。曾先后为西魏、北周附庸，后被灭于隋。

（4）陈（557—589 年）

梁将领陈霸先在击败侯景中起了极大作用，557 年，废梁帝自立。陈在南朝中国土最小（南朝刘宋时最大，北到今山东黄河，西到今四川陕西）。淮南已入北齐，荆州以上属北周，而统治者却极荒淫，589 年为隋所灭。

2. 南朝历史的几个特点

（1）政权转换迅速。最长 60 年，最短 23 年，这不是偶然的，和东晋以来的南朝内部矛盾有关。

东晋是门阀政权，士族腐朽，南朝继承这点，对农民剥削严重，阶级矛盾尖锐。在统治阶级内部，北方地主与江南地主、士族与寒门、荆州与扬州的军事集团，矛盾都非常尖锐，政治混乱。

门阀地主自然经济特点强，江南经济发展又不平衡。南迁侨人多落荆、扬二州，形成两个经济区，还有一些小经济区，建康通行的货币却不能用于荆州，易形成割据势力，这也是荆扬军阀力量强大、中央政权衰落的原因。

这些情况到南朝基本被继承，中央政权力量弱，地方割据势力强，不但不能北伐，而且内乱频仍。京口军阀刘裕代晋，萧道成是中央禁军的将领，而萧衍、陈霸先则多靠荆州军事力量掌权的，这些使得政权更迭迅速。

（2）国土日削

南朝中刘宋疆域最大，但随北魏的发展，南朝逐渐退却。经过多次战争，南朝处于下风。从黄河、山东、陕西、四川一线逐步退到长江南岸下游一线，到陈时连荆州也丢了。南北均势逐步破坏，南朝力量越来越弱小，终于灭亡了。

（3）士族地主与寒族地主势力的消长

东晋时期，门阀士族地主掌握了政治权力，北方大族以王谢袁萧为大，南方大族低了一级，以顾陆朱张为大。他们，特别是北来的大地主占有了大量土地，光王导赐田就有八十多顷，侨居京口的大地主刁氏百年来掠夺的土地竟达万顷之多。大地主侵占土地起先主要集中在建康附近和太湖以北地区，后来逐步向南发展，特别是浙东会稽地区更是如此。他们不仅掠夺平原，而且占山占泽，逼得农民失掉生计，逐渐沦为地主的奴客。有的贵族连山泽带耕地，掠夺面积宽周围几百里。这种包括山泽建立起来的地主田庄，规模都很庞大。山阴大族孔灵符除拥有本乡的田庄外，还在永兴（今浙江萧山）立墅，周围三十三里，其中有水陆地二百六十五顷，山两座，果园九处。这些田庄大都自给自足无须依赖市场。大地主还从事采伐竹木、制造器物，或采炼铜铁，甚至放高利贷盘剥农民。士族经济上的权力是政治权力的基础，而政治权力又帮助经济权力扩大与巩固。

这些大族生活非常奢侈腐朽，政治上也很腐败。在南北民族矛盾尖锐的时候，门阀士族中还出现过王导、谢安、祖逖、桓温这样一些有作为的人物，但等民族矛盾一旦缓和，苟安局面一经稳定，他们也就消沉奢靡越来越腐败。司马昱（即简文帝）善玄学，但连稻子也不识，问别人是何草。王徽之作骑兵参军，长官桓冲问他何曹，"曰：似是马曹。又问：'管几马'？曰：'不知马，何由知数'。又问：'马比死多少？'曰：'未知生，焉知死。'"① 那时人们认为这样不谙世事才称清高，实际他们酗酒，玩弄妇女，做种种无聊的事，最下等的就去整夜捕鼠，或到寺院偷猫吃，认为这才是名士气派。又吃一种五石散的药，吃完药性发作，寒热交作，要去走路叫行散，发散（散步即由此而来），药性发作就倒在地上。有些人吃不起，故意在路上装作发散。他们穿宽大的衣服，戴高的帽子，衣服要熏香，脸刮得很光，涂上脂粉，可又很肮脏，扪虱而谈成为美德。出外的时候，驾着有长篷的车子，官员骑马要被人弹劾。建康县令，未曾骑过马，见马叫嘶，大惊失色，告人道这明明是老虎，怎么说是马。士族坐下时，手臂靠在绣花的软枕上跟人谈话，手摇麈尾（麋尾做的拂尘），走路要人

---

① 《晋书》卷 80《王徽之传》。

扶。这些人看起来很漂亮，好像画中神仙，实际既无学识又无能力。文章和诗很多是请人代做的，从不知国计民生情况，更无治理政事的能力，不过是一群草包。

这样，在东晋后期的内部斗争中，士族势力开始衰落，特别是孙恩卢循起义，把会稽郡一带的地主特别是北方士族杀了许多，紧接着，由于他们不能打仗，大权渐渐落在寒族出身的北府兵武将刘裕手中。北府兵掌了权，传统的门阀士族在政治上渐渐失势，把统治权让给了以刘裕为代表的寒族地主，南朝掌握大权的多成了寒族。

但是在政治上实际掌握统治权的士族子弟仍要靠父祖余荫和传统习惯巩固自己的社会地位。他们主要通过婚姻和仕宦两途把自己同寒族地主隔绝开来。用门第婚宦来提高标榜自己，这实际是士族地位衰弱的表现。

所谓婚姻，就是士族之内通婚，不能跟寒族通婚。仕宦则是独居清流美职，视寒人所居之官为浊流浊职。所谓清流美职主要是那些职闲廪重又可无所用心的文职。但武职他们不能胜任，他们不像东晋士族那样得到自己武力的保护，事实上他们不得不听命于掌权的寒族地主。

但他们又自矜清高不与寒族来往，甚至侮辱他们。南齐时纪僧真得宠，求皇帝将他升入士族，皇帝说这要江斅做主。僧真奉旨拜见，江斅对左右说："移开我的坐床，不要近他"，僧真丧气退走，告皇帝说"士大夫非天子权力所及"。侯景请与王谢为婚，梁武帝称"王谢高门非偶，可于朱张以下访之"①。

就是这个侯景，起兵作乱，攻建康。士族走不动路，又不能骑马，只得留在城里挨饿。侯景打进建康，士族就只能穿上最好的丝绸衣服，抱着最贵重的宝玉，扶在床边等死。经过侯景之乱的打击，南朝的士族衰落了。"朱雀桥边野草花，乌衣巷口夕阳斜。旧时王谢堂前燕，飞入寻常百姓家"②。门阀士族在经济政治上的特权地位随着南朝的灭亡，最后衰落

---

① 《南史》卷70《侯景传》。

② 《刘禹锡集》卷24《乌衣巷》。

了。至于社会地位，到隋唐时还保持了一段时间，但那已是北方士族而非江南士族了。

第四节 三国两晋南北朝的文化

（一）玄学和宗教

1. 玄学

（1）什么是玄学

内容——所谓玄，当时指老、庄、周易为三玄，从这里可以看出，《周易》是一部解释儒家哲学思想的书，内老庄，外周易，三者结合，儒道结合，外道内儒，探讨哲学问题，而非过去的今文经的神学，古文经的注疏。

形式——采取一种简略概括的语言，有时故意模糊不清，高深莫测。东汉末，月旦评下清议，评定人物，再进一步谈哲学，或各种事，清谈、玄谈。例如，大肆争论，孔子生名教，老庄贵自然，二者什么关系呢？名教与自然的关系，曾用曰"将无同"，解释很含混，有不同的意思，又不肯定就是不同，大受欣赏，就喜欢这一套①。

（2）玄学产生的原因

经学与谶纬的衰落——东汉末年，与谶纬迷信结合的今文经学和注重训诂注释的古文经学，前者因其空虚荒诞，后者因其繁琐拘泥，都走上了末路。

黄巾农民起义冲垮了东汉政权，及随之而来的变乱，使得经学宣传的那一套"天不变、道亦不变"的思想不行了。也冲垮了经学的垄断地位，作为支撑经学的、以经学入仕的察举、征辟制和太学制也垮了，这就给哲学思想突破传统的经学框子创造了条件。人们不再把儒家的思想作神学的

---

① 《世说新语》卷上《文学》。

解释，去建立宗教，而是从哲学上来解释，而道家是中国学术史上哲学思想最丰富的，因此就与儒家结合起来形成了玄学。

（3）玄学的发展

就像西汉的天人关系一样，魏晋玄学的根本命题有好几个，最主要的是两对，即"有""无""名教与自然"。

无的概念是从道家来的，即宇宙的本原是什么，是无，无生有，具体到人事，就是名教与自然。自然方面的理解同儒家相信的那套封建统治程序是什么关系。

这个命题的讨论经历了几个阶段：

何晏、王弼（曹魏时）：贵无，无为本。名教本于自然。名教的那套东西是合理的，是道家的。

阮籍、嵇康：独尚自然反名教，非汤武而薄周孔。

向秀、郭象：名教就是自然。

名士阮瞻认为老庄与周孔相同，就是这种思想的反映。可见，玄学是主张从哲学上来论证封建统治现有秩序的合理性的。

当时反玄学的有裴𫖮的《崇有论》，认为有是本体，有生无。

鲍敬言著《无君论》，认为古时无君无臣，后来出现君臣制度才有剥削压迫，也就出现了人民反抗斗争，反对名教，但影响不大。

（4）玄学的衰弱

东晋时，谈玄已多离开哲理，再加上佛教的流布，于是，礼玄双修儒佛不悖，成了风尚，随着门阀士族的衰落，玄学也就衰落下去了。

2. 佛教

佛教产生于印度，经由中亚传入我国，传入时间大体在西汉末年，东汉时附黄老方术道教以行，三国时，才有剃度为僧者，到两晋南北朝时期才大大流行起来。

流行的原因与当时社会环境有关。中央集权的封建统治需要有自己的宗教，儒家制造宗教的尝试失败了，道教起来，但杂乱，佛教正好起了作用。

这是大背景。具体说来，当时的社会环境促使了佛教的发展。

宗教是社会生产发展到一定阶段的产物，人们对自然界很多现象不了解，以为有神灵。后来阶级产生，对社会现象也不了解，因此产生宗教，而统治者则利用它来麻醉人民，维护自己统治。只有真正掌握了自然社会发展规律，物质文化发展，人剥削人的制度彻底消灭，宗教才有可能消灭。因此，我们主张无神论，但主张信仰自由。

两晋南北朝时期，战乱频仍，人民生活十分痛苦，又无法摆脱，找到出路，因此，主张忍让、不计较虐待，主张命运、主张积福以待来世过好日子的佛教就易为饱经痛苦的人民所接受，因此佛教流行起来。

而当时的统治阶级，南朝颓废消极，留恋过去盛况，感到痛苦，希望有所寄托。北朝是少数族统治，文化很低，需要精神上的寄托，也需要佛教，更重要的是，看到佛教有麻痹人民反抗意识、使人民安贫乐命的欺骗作用，可以作为统治人民的有力思想工具。因此，不仅信仰，而且大为提倡。

南北方的佛教的发展是有所不同的。北方的佛教为少数民族所提倡，起初的名僧佛图澄运用了法术，显示灵异以使少数民族崇教，后来则强调简单的信仰，即皈依。皈依佛、法（经典）、僧三宝。此三皈由师授之谓之三皈戒。南方的佛教是由北方传去的，道安是其中最有名的，为迎合南方士大夫的谈玄的风气，南方佛学比较注意名理的探讨，与玄学、儒学结合。

在佛教的传播中，大批佛经翻译过来，从事翻译事业最有名的是鸠摩罗什，父天竺人，母龟兹人，入长安后组织了大规模的译经活动。此外，胡僧还有不少，他们在弘扬佛法方面起了很大作用。

另方面，不少中国汉族僧人西行求经，十余起，百余人，最著名的是法显，一直到印度，有去有回，取经，著有《佛国记》。印度史籍不全，西域史料不足，法显的书保存了大量西域印度史料，归国后译经百余万字，对佛教发展与传播影响很大。

随着佛教的传播，环绕佛教的传播还开展了争论。

（1）沙门不敬王者论。讲名教与宗教的关系。

最后是把佛教与世俗政权隔开，在家讲名教，出家不敬王者，不让皇帝贵族驾临寺院之上。又云，皇帝即是佛，把佛教与世俗政权连系起来，取得人君护法，发展势力。

（2）夷夏论。佛是外国的，西方圣人取得与孔子相当的地位。

（3）神灭论。佛教基本问题是神不灭，因果报应。神灭神不灭，神形关系，这是东晋南朝与佛教争论的最重要命题，代表人物是梁时的范缜，著有《神灭论》，反对因果报应、命运由前世注定之说，但把富贵贫贱比喻成花瓣随风飘落，命运完全归之偶然，而看不到阶级的根源，这是其不足之处。

《神灭论》的"形者神之质，神者形之用（依）"，主张神是形的产物，没有形的实体就没有神的作用，犹刃之与利。讲人的精神从属于物质，人死了，物质发生了变化，精神灵魂也没有了。

3. 道教

太平道，五斗米道，原是民间宗教，主要以符水治病。后来在统治阶级中发展，形成了另一些与民间道教不同的内容，即金丹道教。两晋之际的葛洪、陶弘景就是代表。中心思想是要当神仙，而办法则是炼丹。认为符水治病是小道，而且是为了纠合人民，犯上作乱，要予以消灭，这种思想是反动的。炼丹主张以药物治病，发展医学及早期的化学，则是有贡献的。

佛教与道教之间也有矛盾，佛教势大，北朝崔浩等道教徒反佛引起北魏太武帝的灭佛，但不久佛教又盛行起来。

隋唐五代史讲义 1957 年版

导言：隋唐史的主要线索

（一）隋唐时期在中国封建社会历史发展中的地位及其分期 [1]

中国封建社会历史分期问题，从建国初期形成热点，持续讨论了几十年，与中国封建土地所有制形式问题、中国封建社会农民战争问题、中国资本主义萌芽问题、汉民族形成问题争并称为"五朵金花"。史学界将中国封建社会分为三期，初期——形成时期；中期：发展和繁荣时期；晚期——衰落和崩溃时期。这种分期法和欧洲封建社会一样，这也是大部分学者都同意的意见。但是分期标准及各期断限如何都有不同的争论。大体有如下三种意见（只列举代表性学者）：

1. 范文澜：初期：西周——秦统一；中期：秦王朝建立——元末，其中秦到隋统一为中期前段，隋至元末为中期后段；后期：明清。

2. 束世澂：初期：西周——平王东迁；中期：平王东迁——五代；晚期：宋元明清。

3. 侯外庐：初期：秦汉——唐前期（安史之乱或两税法）；繁荣期：唐后期——明嘉靖万历之时；末期：嘉靖万历之后。

分期标准及断限多有不同，但隋唐宋元大体上处在发展的封建制时

---

① 编者补注：五种社会形态，即原始社会、奴隶社会、封建社会、社会主义社会和共产主义社会，是我们自 1949 年建国以后，到 20 世纪 80 年代，一直沿用的历史分期法。80 年代以后，五种形态是否适用于中国历史发展的道路，出现很多不同意见，但因为这部讲义写成于 20 世纪 80 年代以前，我们按照"整旧如旧"的基本原则，尊重历史的本来面貌。见仁见智，读者可自行评判。

期，这是大家的共识，因此我们就可注意到，封建制度这时已经成熟，从生产力发展水平及生产关系特征上看，仍是比较标准的封建社会，破坏封建制度的多种因素基本上还未起作用，这时期封建社会的政治制度、思想意识已经定型，儒家、宗教、国家制度、法律等也趋于稳定。①

中国封建社会开始进入繁荣期，且为末期资本主义萌芽创造了条件。隋唐是一个阶段，宋元又是一个阶段。

隋唐时期是中国历史上第二个统一封建王朝出现时期，中国疆域又有扩张，进一步奠定现代中国的版图，由于统一和安定，社会经济和文化有高度发展。之所以取得这一成就，是因为农民的阶级斗争及勤劳生产的结果。在这一时期的后段，形成割据混战的局面，这是从秦汉以来第二次大割据混战，延续 200 年之久，此后中国便再没有出现过这样长时段的割据局面。

隋唐历史（公元 581—960 年）共 380 年，可分为四小段：

隋的建立到灭亡：581—618 年，统一王朝奠基阶段；

唐前期：618—755 年（安史之乱），这是中国历史上第二个统一封建王朝建立及繁荣阶段，王朝疆域超过西汉，政治、经济、文化等多方面均有辉煌成就；

唐后期：755—875 年（农民起义爆发），唐衰落阶段，社会矛盾（阶级矛盾、统治阶级内部矛盾、唐与周边各族矛盾）都十分尖锐，出现分裂割据局面。但社会经济特别是南方地区仍有某种程度的发展；

唐末农民起义与五代（755—906 年），唐帝国瓦解分裂阶段即所谓五代十国，但五代后期统一趋势又渐渐形成，最后北宋统一全国。

（二）隋唐五代时期经济的发展

我们从以下几个方面看隋唐五代史时期社会经济的发展：

---

① 社会分工发展，手工业农业开始分离，城市出现，阶级斗争基本上是农民与地主之间的斗争。国内市场扩大及阶级斗争尖锐引起封建君主制加强。

1. 生产力

农业进一步发展。除曲辕犁外农具改进不显著，单位面积产量与前期相比未见显著提高。主要表现为水利事业的发展及耕地面积的扩大、人口的增加这些方面。丝织产品、茶、糖等大为发展。

手工业方面发展较快，表现为：水力及蓄力工具（水碓等）有发展，部分手工业脱离农业独立成为作坊，分工（特别是官营手工业中）发展。产品的数量、质量、技术都有进步，纺织新产品迭出，瓷器逐渐普遍使用。

2. 生产关系

（1）农业

土地所有制：唐前期封建国家土地所有制与私人地主土地所有制同时存在，唐后期私人土地所有制占了统治地位，政府也采取出租官有土地收地租的办法。但这种土地所有制与西欧的庄园制不是一回事。

生产关系及分配：唐前期，国家剥削租庸调，劳务地租与实物地租同时存在。后期两税法，基本上是实物地租，依附关系较前期减弱，雇佣关系发展。

（2）工商业

商品经济比前一期发展，特别是在后期两税法实施后，为商业及高利贷的发展创造了条件，大宗商品及商品的长途贩运已从奢侈品转为日用品，从城市进入农村，货币经济的发展，城市的发展，交通的发展，某些农产品呈现出商品性的增长（茶、糖）。在手工业中，带雇佣性质的劳动者已开始出现了，但非后世的自由雇佣工人。

但自然经济仍占统治地位，商品经济还未侵入生产领域。封建政府及行会对工商业的控制仍很强烈。因此，商业经济这时还不能对封建社会起瓦解作用而是巩固作用。

封建经济的发展还表现在经济地区的扩大上。南方渐渐变为重要经济区域，再加上北方所受到的破坏，这个主要经济地区的发展渐不平衡，到宋，南方即成为中国最重要的经济区域。

（三）这一时期的阶级关系与政治情况

1. 阶级关系

在地主阶级方面，各地主集团之内从东汉末魏晋南北朝以来的以讲门第出身为特征的豪族地主，经过土地占有制的发展变化及隋末唐末两次农民大起义而趋于衰落，新兴中的地主渐渐发展。政治方面，官僚政治变化，科举制的发展反映了他们政治力量的增长，武则天时代的一些措施及唐后期的党争反映了他们与豪族地主的矛盾。

另外，封建国家与一般地主之间，唐初由于实行均田制，与豪族地主有一定矛盾，表现在对农民的控制权问题上，到唐后期以后，因土地所有形式变化，法律规定地主也要缴税，故与大地主的矛盾表现在均税问题上。但是他们的利益基本上是一致的。

农民的身份。在隋及唐前期有被束缚在国家土地上为国家承担赋税的农民及佃农，后来佃农渐渐成为农民中的多数，他们与地主的依附关系不像南北朝时那样强，不能认为他们是农奴。此外，奴隶及农奴也还存在。

手工业者之间这时是封建的关系，师傅、帮工学徒而不是契约关系，分化还不显著。

商人阶层也有发展，占主要地位的是官僚地主、高利贷者、大商人三位一体的大商人，为保护手工业者及商人的利益，组织了行会。手工业者商人与其他一些城市居民渐渐形成了市民阶层。

2. 阶级斗争

主要是农民起义有了进一步发展，隋末农民起义提出了具体的明确政治纲领，但这就是反对暴君。唐末农民起义政治纲领已不仅反对暴君，而且反对封建统治，同时"平均"财产，反映了农民平均主义——农业社会主义思想萌芽。

豪族地主的衰落与中央集权的加强有关，豪族政治为官僚政治所代。这反映在中央集权加强，各种制度的成熟，科举制的确立等。但中国封建经济发展还不足以使中央集权统一政权巩固存在。故割据因素的作用使唐后期又出现 200 年割据。但这已是中国历史上的最后一次了。①

（四）隋唐五代时期中国境内各族状况

今天中国境内许多少数民族或其祖先均已在这一时期出现在历史舞台上。包括维吾尔族祖先回纥，藏族祖先吐蕃，云南一带少数民族祖先南诏。此外还有突厥、契丹，他们与汉族关系十分密切，有战争，也有经济文化交流，这是研究中国民族史的一个重要时期。

隋及唐前期，是汉族向外扩展时期，建立了中国历史上最大的王朝。唐后期是汉族政权衰落，各族向内进攻时期，这种进攻逐步深入，从契丹开始，此后有元、清。

各族之斗争一方面带来了破坏，另一方面却促进各族经济文化交流。这是此一时期历史发展的极重要内容。

（五）这一时期的文化

这一时期文化发展最主要的特点是：

1. 随封建经济及政治的发展，科学技术有进步，特别是瓷器及雕版印刷影响很大，对世界也有很大影响。

2. 随中央集权制度的发展，儒家学说发展了理学的源流，韩愈等人的学说起了维护中央集权政治制度的作用，对宋元明理学有很大的影响。

3. 外来文化对中国文化有很大影响。不仅使之丰富多彩而且有新内容，对中国人民社会生活风俗习惯也有很大影响。

4. 市民阶层开始形成，市民文学艺术渐渐成为此后文学主流。

中国封建社会的繁荣发展时期，为末期—资本主义萌芽创造了良好条件。

---

① 北洋军阀是另有原因。

第一章 统一集权的隋朝、隋末农民战争（581—618年）①

本章讲述隋朝的历史。隋建立于581年，灭亡于618年，共38年。

经过长期的分裂与战争，中国到隋又走向统一。中国历史上第二个统一的封建王朝——隋唐两朝的基础在隋时奠定下来。隋虽然年代短促，但在历史上却有重大意义，这不仅是因为它结束了长期分裂局面，使中国又归于统一，开创了中国历史的新时期，而且也是因为它的各种措施和制度，多被后来的唐所继承，因而对中国历史的发展产生了重大的影响。从这个意义上来说，隋代和秦代是有许多类似的地方的。

第一节 隋朝的政治和经济

（一）隋朝的建立及其统一

577年，建都于关中的北周宇文氏，在武帝宇文邕时，灭掉了建都于关东的高氏的北齐政权，分裂了四十多年的北方地区又归统一。不久，西南的巴蜀及东边的江北淮南等地也全属北周。

吞并北齐的周武帝死后，其子宇文赟即位，不到一年，又传位给不满

---

① 编者补注：边栏原记：重要史料的介绍在集体辅导时间做。主要参考书（1）《漆侠讲义》、（2）杨志玖：《隋唐五代史纲要》、（3）《东北师大讲义》、（4）岑仲勉：《隋唐史》、（5）尚钺：《中国历史纲要》、邓之诚：《中华二千年史》。

七岁的儿子宇文衍，即周宣帝，外戚杨坚（宣帝后父）总揽朝政，开始阴谋篡位。他一面结纳北周高级官僚，一面废除宣帝时的苛政，如停止营建洛阳，废入市之税等。此外又派亲信镇守潼关，并出兵消灭各地反对他的军事集团。由于北周所形成的以关陇集团为中心的统治基础的中央势力的强大，这些反抗被陆续地镇压下去。多项准备工作都成熟之后，581 年二月，杨坚便废北周小皇帝周静帝宇文衍，而自称皇帝。由于其父杨忠晚年被封为隋公，故杨坚遂立国号为隋（581—618 年），即隋文帝。

就关陇集团组成成员的原先社会地位看，不仅宇文泰系因其势力不大而不能和北齐统治者相比，就是关陇豪族比起山东（太行山以东）士族来，也是相形见绌。这个集团为了和东方豪族相抗，从而取得进一步发展，实行了一系列改革政策，在这个基础上，北周灭掉了北齐。

隋文帝是一个杰出的政治家，他改革了北周统治者特别是周宣帝的一些暴政，继续实行北周统治者的一些缓和社会矛盾、发展生产的政策。这样，隋的内部就得到稳定，军事力量也一天天强大起来。隋文帝便在这个基础上倚靠关陇集团的军事力量继续北周已在进行的统一全国的事业。

但是，隋的统一全国不仅是由于关陇集团的力量政策或隋文帝的活动，而是有更深刻的社会原因。这就是，从北朝后期起，全国已经出现促成统一的各种因素，统一已经是当时历史发展的必然趋势。

南北朝末期，尽管形成了北方的北周、北齐，南方的陈、后梁四国对峙的局面，分裂局势似乎更加扩大，但从整个社会，从整个历史发展趋势来看，新的趋势——统一的趋势已经出现了，统一不但必要，而且也有了可能。

1. 统一的必要性

在漫长的战乱与分裂的年代里，随统一而来的安定一直为饱受痛苦的南北人民所向往，南北朝末期这种愿望越来越强烈，主要表现在以下三个方面：

（1）受战争威胁的人民要求统一：南北朝之间大战有好几次，小战不计其数，人民在战争中受到极大损失。平时由于南北分裂，双方都纵容土匪到对方去抢掠，使交界地区生产受到损失。

（2）南北经济发展要求统一：北朝比较安定，北方经过魏孝文帝的均田制及西魏北周奖励生产的政策，农业生产有了恢复和发展；南方由于北方农民与当地农民共同劳动，经济也发展了。

农业经济的恢复和发展刺激了手工业的发展，商业开始活跃起来，南北经济都开始突破自然经济藩篱，打破地方局限性，要求互相交流，但是南北的对立及因而形成的对自由通商的禁止，却使南北经济交流受到阻碍。

（3）防御突厥的需要促成统一：北朝后期，突厥取代柔然成为北方边境上最强大的力量，有骑兵几十万，经常攻入长城之内，进到今北京、太原等地区，大肆掠夺人口财富。北周、北齐对之极为恐慌，经常献上大量财物。突厥的他钵可汗曾骄傲地说"我在南两儿常孝顺，何患贫也"①。突厥成为北方最严重的威胁。

南北的分裂削弱了防御突厥的力量，使中原王朝不能集中全部人力、物力、财力并组织起来去防御突厥，这就加速了统一的中央集权国家的形成。这一趋势也为当时人认识到，583 年隋文帝下诏讨突厥即云："周、齐抗衡，分割诸夏。突厥之虏，俱通二国。周人东虑，恐齐好之深，齐氏西虞，惧周交之厚。谓虏意轻重，国逐安危，非徒并有大敌之忧，思减一边之防。竭生民之力，供其来往，倾府库之财，弃于沙漠，华夏之地，实为劳扰。犹复劫剥烽戍，杀害吏民，无岁月而不有。"②可见分裂对抗御突厥的坏处。

2. 统一的可能性

光有必要性还是不足以实现统一。南北朝以来，统一一直是人民的向往，但统一并没有实现，因为：

当时族与族之间的矛盾十分尖锐，南北分裂的局面就是这样形成的，汉族人民不甘心忍受鲜卑族的奴役，鲜卑族也不能征服汉族人民，但是南朝的地主政权十分腐败，虽然依靠大族和南北民众的支持在南方站住了脚，但也无力统一北方。

---

① 《隋书》卷 84《北狄传·突厥传》。

② 《隋书》卷 84《北狄传·突厥传》。

地方豪族势力相当大，中央政权的力量不强，会聚在南方的南北势力集团都怕彼此坐大，因此统一的尝试屡屡受到阻碍。

南北朝在政治、经济、军事上大体维持均势，而在封建时代，统一主要靠封建国家之间的战争来达到的，但是南北朝之间长期保持均势，谁也灭不了谁。

南北朝末期，这种情况发生了变化。

（1）南北对立不再有族与族之间斗争的意义：从魏孝文帝开始，北方社会主要矛盾由族与族之间的矛盾转化为阶级矛盾，胡汉贵族地主融合为一个剥削阶级，胡汉人民融合为一个被剥削阶级。南北朝末期，这种融合过程已经完成，最后统一北方的北周政权也终于落入汉族官僚杨坚手中，南北对立不再有族与族之间斗争的意义。统一的阻碍消除了。

（2）中央集权制度的强化

北方族与族融合的过程，也就是中央集权的皇族政权对地方豪族地主斗争的过程，北朝政府运用均田制，使自己掌握了大量的土地与劳动力，因此具有雄厚的经济基础，北周更以府兵为军事基础，并以此来与地方豪族斗争，一改西晋以来尾大不掉地方割据的局面。南朝豪族势力也开始衰落。这不仅使统一得以有强大的中央势力来实现，而且也使统一得到可靠的经济与政治、军事的基础，可以巩固下去。

（3）南北均势的破坏

在经济上，从魏孝文帝开始，北方农业经济发展渐渐超越南朝，特别是均田制的实施，农民多少有了一点土地，而南朝土地集中在豪族地主手中，大大阻碍了农业经济的发展。

在政治上，北朝也比南朝进步。北周和隋统治者尽可能采取有利于巩固中央集权的新政，并实行一些缓和阶级矛盾的政策，中央集权的稳定性较强。南朝却是政治十分腐化，阶级矛盾十分尖锐，豪族势力比较强大，中央权力微弱。

北朝在疆域、人口、军事等方面也占优势。在疆域方面，北周灭北齐后，共有 1124 县，而陈只有 430 县。在人口方面，北周灭北齐后，共有 600 余万户，而陈只有 50—60 万户，加上后梁，不过 100 万户。在军事力量方面，隋灭陈之后，动员兵力 51.8 万人，陈用来抵抗的不过 10 万人，而且由于府兵制，军队战斗力也是北朝比南朝强。

但是这些优势不起决定作用，例如淝水之战。隋灭陈起决定作用的是北朝在经济及政治上的优势，这是当时历史条件下的进步因素。

在统一历史趋势下，谁比较进步，谁就能统一全国，因为进步一方一定能得到人民的拥护，这是历史发展的必然规律。这也就是隋能统一全国的原因。

进步的北朝统一全国，这是必然性，至于这个任务由杨坚来完成，这是偶然性。

3. 隋的统一南北

587 年灭后梁。后梁为萧詧所建，亡国时皇帝为萧琮。

589 年灭陈，隋军几乎没有遇到什么抵抗就俘虏了陈后主，江南父老来访问隋军时日夜不绝，说明隋灭陈得到人民的拥护。

591 年（开皇十一年），隋文帝消灭了起兵反隋的江南地方士族，统一事业最后完成。

从此，自东晋以来（318 年）270 年的分裂局面结束了。如从董卓入京（189 年）起算，则为 400 年。中国历史进入一个新时期，隋唐时期。

4. 隋统一的历史意义

统一对于历史的发展具有十分重大的意义。中央集权的君主专制反对割据，在一切国家的历史发展的一定阶段上是一种进步现象。斯大林在庆祝莫斯科建城八百周年的贺词中写道："如果不从封建割据和多公国的混乱状态下解放出来，那么世界上任何一个国家都不能指望保持自己的独立，不能指望真正的经济和文化的高涨。"① 在经济上，隋统一后使南北经济发生联系，促进中国封建社会的发展。在政治上，隋朝建立了一个中央集权的国家，使国家获得安定。在文化上，由于前一时期汉族和多族的长期接触与文化交流，因此使中国固有文化加入新的成分，为隋唐王朝的多方面活动与生活带来了新的因素。隋立国虽然短促，但它起了承前启后的

---

① 引自康士坦丁诺夫：《历史唯物主义》，人民出版社 1995 年版，第 226 页。

作用，它一方面结束了前一时期纷乱的局面，并继承了前一时期政治经济文化上的成就，另一方面也为唐执行了前驱的任务，许多典章制度多为唐所继承，在中国历史上的地位是应当被重视的。因此，隋的统一具有重大的历史意义。我们可以从下面将要叙述的经济、政治等诸方面看它的具体表现。

（二）隋朝的经济政策

关陇集团虽然凭借军事上的府兵制与经济上的均田制而得到较雄厚的力量，在此基础上而统一全国，但比起关东（北齐）及江南（陈）的豪族来，力量究竟较弱。为了和关东及江南豪族对抗并得到发展，隋文帝实行了一系列缓和阶级矛盾和打击豪族的措施，以加强中央权力，削弱豪族势力。统一前后所施行的这些政策不但使隋的统治集团加强，在客观上也促进了中国封建社会的发展。

虽然隋系承西魏北周，但实际上具体措施的渊源却大部分未承袭北周。隋制渊源有三：

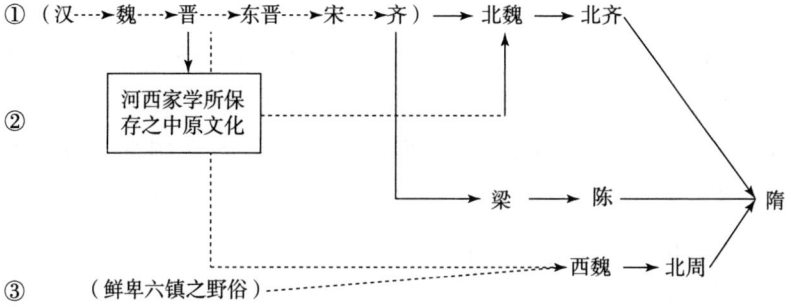

这三源，是陈寅恪先生在《隋唐制度渊源略论稿》中归纳和概括的。三源之中，北魏——北齐这一支最为重要。魏孝文帝时汉化改革，文化直承汉魏及宋齐的江左前期文化，汉化运动中最重要人物即是江左来归的王肃。而北魏统一北方后，其文化中又杂有保存中原故文化的河西世族文化的因素。梁陈为江左后期文化，隋也多所继承。至于借周官之复古为号召，实际上是揉合鲜卑野俗与汉魏遗风。但与北齐及南朝相对立的北周制度，则隋因袭的并不多。一般人都以为隋系承继关中传统，实则隋为南北文化的一大综合，而以旧的中原文化（北齐）所占的成分为多。

至于隋朝的经济政策，主要是从土地分配与劳动力控制两个方面来保证中央政府权益、财政收入，而与豪族的斗争是必要的。

1. 均田制的延续

隋文帝代周后，即位之年继续推行均田，其制度大体承袭北齐，北齐之均田制则又承袭北魏，内容大体如下：

（1）一个丁男（18—60 岁）授露田（口分田）80 亩，女 40 亩。此外，一丁男给永业田 20 亩。隋制规定一夫一妇为一床，共授田 140 亩。

（2）奴婢受田同平民，但受田人数有限制（自亲王的 300 人至平民的 60 人），丁牛一头受田 60 亩，限 4 牛。

（3）自诸王已下至于都督皆给永业田有差，多者 100 顷，少者至 40 亩。充分照顾贵族官僚利益。

（4）和以前的均田制一样，隋的均田制不但承认原有大地主的土地所有权，而且给地主官僚优厚的待遇，只是把官地和荒地分给无地少地的农民，以便把他们固定在一定的土地上，便于征收赋税。在人少地多的狭乡里，由于地主占有大量土地，政府往往不能按规定的数目分给农民土地。如 592 年（开皇十二年）派使均田，狭乡成丁（21 岁）每人才得 20 亩，老幼还不足此数，但却和一般受田农民一样纳税服役。

但是，隋文帝推行的均田制，使农民多少得到一些土地，而地主的兼并土地也多少受到一些限制。这就能提高农民生产积极性，扩大耕地面积，对农业生产的发展能起积极作用。

2. 减轻徭赋

分到土地的农民要纳税和服役，从 583 年起隋文帝规定赋税制度。隋的徭役及赋税比北周轻，具体规定如下：

（1）21 岁成丁开始服役纳税调。（北周为 18—59 岁，583 年起，少了 3 年）

（2）丁男一床租粟三石。（北周五石，北齐三石）

（3）调绢四丈（593 年改为 2 丈，北周为 4 丈），绵 3 两或麻 3 斤。（北周为绵 8 两，麻 4 斤）

（4）21 岁成丁，每年服正役 20 日（583 年起，北周为男 18—59 岁，每年服力役一月，称 12 番，周宣帝时一度增为 45 日）。590 年改为 50 岁免役收庸（用布帛代力役）。隋文帝又注意徭役日数不超过规定，大修建常在农闲时动工。还多次减免全国赋税。

大体上说，隋的租赋比北周、北齐减轻不多，徭役却大大减轻了。均田制下的农民负担主要是赋税和徭役，租赋的减轻可使农民收入相对增加，徭役减轻可使人民在自己土地上耕作时间增多，这能减轻负担，提高农民生产积极性，对当时生产发展是有利的。

此外，隋文帝还废除许多杂税，如入市之税，酿酒煮盐也让私人经营，不再纳税。

3. 整理户籍

北朝后期，封建国家常常向"受田"农民预征好几年的租调，又常常无限制地延长徭役时间，官吏又从中敲诈，这些剥削，比起向农民收大半生产物负担还要重。因此，农民往往瞒报年龄，诈老诈小，逃避纳税和服役，这种现象在北齐尤其普遍。大地主也利用这种情况来控制农民，他们替农民隐瞒户口和土地，向农民收取大半生产物，使农民成为他们的荫附。这样，大批户口从户籍册上消失了，国家的财政收入减少了。

为了使农村劳动力归入国家控制之下，北周统治者采取了许多办法，其中最重要的是勒令僧道还俗。隋文帝即位后，继北周之后，采取了以下三种措施：

（1）建立严密的地方基层组织（581 年）。五家为保，保有长，保五为闾，闾四为族，皆有正；畿外置里正，比闾正；党长比族正，负责检查户口，负责均田和收税事宜。

（2）大索貌阅。585 年（开皇五年）[①]，由于还处于初创时期，仍然承袭承北齐旧俗，"避役惰游者十六七。四方疲人，或诈老诈小，规免租

[①] 《资治通鉴》记载为开皇五年，漆侠先生讲义为开皇三年，系据《隋书·食货志》，在三年之下，但为接正文，未明言。之后即为九年，不能肯定。《通典》次序更乱，故据《资治通鉴》较为可靠。

赋"①，遂下令各州县，实行大索貌阅。具体办法是，凡查出所报户口不实的，正长都要配徙到远方去。又开相纠之科，奖励民户互相检举，凡亲属分支在大功以下（堂兄弟）均勒令析居，使各为户头，以防容隐。这种做法一方面是查逃役税的，一方面是与亲族争夺依附和隐匿人口，包括宗党在内的附户。

（3）输籍之法。大索貌阅只能检查有户籍的人，对于亲族地主户籍内的荫附人口，则于大索貌阅之后，采用高颎建议的输籍之法（亦在585年），具体做法是：政府对各级民户所应负担的赋役先都确定名称，轻减其额数，于每年岁初向民户宣布，决不多收，对于划定民户等级的标准，也作专门规定。每年岁初，每县各随便近，由三五族党，共为一团，依政府颁布式样，规定新附民户等第，以期所订等级与实际情况相符。这样，不仅地方官不能舞弊，而一般浮户都知道国家赋役比地主地租轻，从而使大量劳动力脱离亲族地主归入国家控制之下。这样，仅大索貌阅一项，在北方即有44万3千丁，164万口，新编入国家户籍册上。这种措施一方面使大批劳动力归入政府控制之下，增加封建国家收入与力量，另一方面也相对地打击了豪族地主势力，限制了土地兼并。

4. 统一货币和度量衡

北周、北齐所铸钱凡四等，民铸私钱品种更多，轻重不等。隋文帝刚即位，即铸五铢钱，禁用他钱。其后又据冀州刺史赵煚建议造铜斗和铜尺，颁行天下。这些措施对工商业的发展及经济交流提供了便利条件。

5. 社会经济的繁荣

统一和安定的环境，再加上隋文帝实行的一系列有利于稳定社会发展生产的政策，社会经济繁荣起来，这表现为农业生产的发展与封建国家财富的增加。

（1）农业生产的发展：表现为如下两方面

土地的开垦。

589年（文帝开皇九年）全国垦田——1940万顷

---

① 《隋书》卷24《食货志》。

606 年（炀帝大业二年）全国垦田——5886 万顷

这两个数字不准，前者平均每户 2 顷多，后者平均每户垦 6.5 顷，太多，也与历代垦田数字距离大，但垦田数字增加是肯定的。

户口的增加。

文帝初年（581 年），连南方的陈合并计算，全国户口为 710—740 万户，口 3100 万。到炀帝初年（606 年，大业二年），已达 890 万户 4600 万人，26 年中户增加 150—180 万，口增加 1500 余万。这一方面是人口增加很快，另一方面是隐瞒的户口大量被清查出来。

在封建时代，农业生产是主要经济成分，农业生产的发展标志着整个封建经济的发展，而农民是分散的个体经济，生产技术的提高比较缓慢，不够显著，故农业的发展常以农业劳动力及耕地面积的增加为主要标志，因此，上述材料就充分反映了隋前期封建经济的发展。

（2）国库和粮仓的充裕

租税收入大大增加。各州租赋每年几个月中从河南经潼关，河北经蒲坂（今山西永济）运到长安的租调络绎不绝。直到唐朝立国 20 年，隋代仓库的物资还未用完。洛阳所存布帛，在隋末农民战争时期还堆积如山，贵族官僚之家竟以"绢为汲绠，然布以爨"[1]，并州（今山西太原）在隋亡之后四年，还存有上千万匹布帛，且粮米亦可支十年。隋文平陈，一次赏有功将士布帛即达 300 余万段。

此外，在沿黄河东自卫州（今河南汲县）西至长安这一运输线上，隋又修了许多规模巨大的粮仓，如卫州黎阳仓、兴洛仓（即洛口仓，今河南巩义市）、洛阳回洛仓等等，目的是储备关东及山西供应长安的粮食。这些粮仓多存粮数百万石乃至一二千万石。如最大的洛口仓，共凿三千窖，每窖可容 8000 石，合计可容 2400 万石。各州县防备灾荒的义仓，"又皆充满"[2]。截至文帝晚年，"天下储积可供五十年"[3]。

---

[1] 《隋书》卷 24《食货志》。

[2] 《通典》卷 7《食货门七·丁中》。

[3] 《资治通鉴》卷 192，唐太宗贞观二年正月丁巳。

国家的富裕并不一定和社会经济的发展成比例，但多少能反映社会经济的发展趋势。隋朝的富足，有人谓之"隋文不怜百姓而惜仓库"。①

（三）隋朝的政治措施

隋朝在政治制度方面改革的基本目标是中央集权，这一方面是为适应统一王朝的繁复政务的需要，另一方面也是为进一步削弱地方豪族势力。而这些制度又大都袭自北齐而非北周。

1. 中央集权制度的加强

（1）三省制的确立

隋文帝即位之后，不再沿袭北周时从周官抄袭来的那一套"三公论道，六卿分司庶务"的办法，而是把汉魏南朝诸代中央政府的组织作了一次大综合。分中央政府为尚书、门下、内史（中书——避杨坚父杨忠讳改）、秘书、内侍五省，御史、都水二台，太常、光禄等十一寺，左右卫等十二府（等于禁卫军）。五省中，秘书职较优闲。内侍唐以后则全用宦官，地位与职权不能与其他三省并提的。

内史（中书），草拟诏诰典册，献可替否，定旨出令，设内史二人。

门下，负责审核政令，驳正违失，设纳言（侍中）二人。

尚书，事无不统的执行机关，设令一人，左右仆射（副长官）各一人，下有吏、礼、兵、工、都官、度支六部，部设尚书一人，分统三十六侍郎。

三省长官共同定令立法，参决大政，即三省共行一相之权。中央集权精神比秦汉有了发展。这从三省制度的由来就可知道。

自来中国政治就有内朝外朝之分，内朝为皇帝及其左右侍从，外朝为宰相及其属官。尚书、中书、门下原都是内朝之官。

宰原是管杀牛的人，后来变为相，秦时宰相有御史中丞为副，副丞相可管皇帝家事，内朝外朝不分。西汉初以功臣为相，相位渐高权渐重，逐渐成为一个以丞相为中心的政治集团，而与内朝渐远。皇帝周围的人集成

① 《贞观政要》卷8《辩兴亡》。

内朝，均为皇帝亲信。汉武帝时，内朝设大司马以夺太尉之军权，迄武帝死，大司马霍光遗诏辅政，内朝与外朝乃分庭抗礼，如丞相车千秋只能治外朝，霍光废昌邑王时竟谓这是内朝之事，外朝丞相杨敞并不知道。内朝官多为外戚宗室，最盛时则是由宦官充任。

东汉光武帝刘秀时，丞相无行政实权，皇帝躬亲政务，而内朝近臣由尚书行之。尚书地位不高，但已颇有实权，后汉权位高的辅政大臣均为太傅录尚书事，迄至魏晋，尚书已职无不统，权又渐大。

西汉时尚书多由士大夫为之，于是皇帝身边又有了更亲近的人，宰相已只有行政权，中书则由宦官充任。到曹操父子时，中书又由士大夫充任，曹操时称尚书令，曹丕时称中书令、中书监，尚书与皇帝关系渐远，中书乃代尚书成为皇帝左右最亲信的人。

侍中本是内朝较低的官，即侍从，或负玺或护驾，南朝时渐渐成为皇帝亲信，且以士大夫充之。梁侍中掌禁令，"颇为宰相"①。

到隋时，三省制确立，三省共行一相之权，已等于秦汉之相而非皇帝私人亲信，这是政治一般化总的表现，唐则是把他制度化，使之成为正式宰相职事。诏令之发布，需先经中书省之讨论与门下省之封驳才能施行。实施之时又有六部。可知相权之划分，非政出一人，相对的是皇权的增长；但另一方面贵族政治色彩仍颇浓厚，延续六朝重门第之风，相位多由关陇集团人所把持，与皇帝分庭抗礼。由此可见，内朝官吏权势逐渐变大说明皇权的增长，但内朝官逐渐变为外朝官却又说明贵族政治色彩之浓厚。由此可知，中央集权制之逐渐强化需与许多其他条件结合来看，如阶级力量对比、政治传统等等。

（2）地方行政制度的变化

秦汉时中国地方制度本郡县两级，东汉末置州牧，变为三级。隋初改为两级，先称州，后称郡，下称县，上属中央，机构简化。另外，各级地方行政官吏及佐贰掾曹之类，甚至原由县官委任的僚属，隋代也规定全由尚书省的吏部负责选任，其政绩考核和升降调补也由吏部主持，用人行政

---

① 《通典》卷 21《职官门三·门下省》。

之权完全属于中央了，不再为地方豪族所把持了。此外，又合并许多州郡。这一切都说明，隋中央控制地方政权的力量大大加强了。

2. 科举制的创立

由于均田制的实行及北周和隋初对寺院豪族的打击，土地又一度从集中趋于分散，中小地主及富裕农民增多。他们为保护本阶层利益，提高其对劳动人民支配力量，为与大地主进行斗争，遂要求参加到统治集团中来。另一方面，隋政权为巩固其中央集权统治，也要吸收他们参加政权，缓和其与中央的矛盾，也利用他们打击豪族，镇压农民。在这种情况之下，原来为保护士族出身的九品中正制度及两汉的察举制度，就已不能适应新的要求。另外，州举里选的办法，也不适合隋政府要求的中央集权原则。因此，隋时便废除九品中正之制，并明确规定任官取士不论门第。587 年（开皇七年）令诸州岁贡三人，又考试秀才（过去由中正推荐，这时唯重才学）、明经。炀帝时又设进士科，科举取人的制度越来越重要及制度化，六朝士族势力又一次受到打击。虽然这时科举取士人数还少，制度还不完备，但意义是很重大的。

3. 府兵制的演变

府兵制创设于西魏大统年间（535—551 年），它是根据鲜卑族部落制度而建立的一种兵制。从 6 世纪中叶一直到 8 世纪中叶才废除，施行有200 年左右。唐朝以后的情况，材料较多，大体上可弄清楚。但唐以前，材料很少，主要的只有《周书》《兴邺侯家传》两条，而且矛盾与不可解之处颇多，各家之说法也不一致，现介绍一个梗概。详细情况参阅陈寅恪先生的《隋唐制度渊源略论稿》与岑仲勉先生的《府兵制度研究》二书。

（1）北魏时期的府兵

府兵一辞系因按地区设军府以统兵而来。从现在材料看，北魏初期即有军府之设，大体和北魏鲜卑部落军队即所谓六镇之兵有关，与一般平民不同。其具体制度及再多的情况因材料不足而无法知道。有人据南朝亦有府兵之名而谓南朝亦有府兵，这是误会。

（2）西魏的府兵

府兵制度之较详记载，始于西魏大统年间（535—551 年），为宇文泰等关陇集团为谋求自己存在及发展，糅合鲜卑部落旧制与周官之制者，其内容如下：

适应鲜卑八部旧俗，符合周礼六军之制。鲜卑旧有八部，府兵制则设八柱国以统兵，其一为宇文泰，总领全军，一人为元魏宗室并无实权，实际领兵者为六柱国，不仅符合周官六军之制，而且实际上符合宇文泰独揽大权之野心。一柱国督二大将军，一大将军督二开府，凡二十四员。

兵士据鲜卑旧制，分属各军将并姓其姓，不直隶君主。而且原则上武器给养都由六柱国准备。即部落首长分属之精神。

兵士是特殊阶层，从鲜卑贵族及后来的关陇豪右中选出（上户中等以上），与一般平民身份不同。自相督率不编户贯，世兵制。没有其他租调负担。半月训练，半月执勤（如巡警、守门等），完全不从事农业，兵农分离。由此可见，周官是装饰，这实在是一种鲜卑部落兵制。

（3）北周的府兵制

北周承袭西魏制度，只是力图削弱鲜卑贵族及豪族力量，把军权集中到皇帝手中。周武帝时对府兵制作了两次改革：

改军士为侍官，即侍卫天子，变更府兵部属观念，使之直隶君主，改变部落旧制。

募百姓充之，除其民籍，兵民分籍，百姓已经可以人人为兵，改变此前只有鲜卑人才能为兵的制度。汉人当兵的更多，并且非全为贵族地主。各大将军很多是汉人统兵。

（4）隋的府兵制

隋文帝又继承北周府兵制，灭陈以后，开始作了一些根本性的变动。即：

设十二卫以统兵，军权集中在皇帝手里，鲜卑部落制遗迹泯灭，中央集权精神更彻底了。

"凡是军人，可悉属州县，垦田籍帐，一与民同，军府统领，宜依旧式。"① 府兵一律编入地方户籍，在均田制下分得田亩，即与一般平民相

---

① 《隋书》卷 2《高祖纪下》。

同，兵士不再是社会特殊阶层，而是作为对国家负担特殊义务的农民（也包括地主）。另一方面，这些军士仍受军府管辖，世代为兵，有人说这是兵民合一或兵农合一。实际上，这是有条件的兵民合一（即非在一切场合下均如此）。这又是吸收北齐的做法，此外可避免有人借当兵逃避赋税，对中央集权有好处。这是一个带根本性质的转变。

具体说来，隋制如下：在多地选择一些地区设军府，选一部分人当兵，主要是农民，当兵农民受军府管辖，成为府兵，平时从事农业生产，在农闲时受军事训练。他们不纳租调，但军装、军粮、军器皆需自备（与西魏不同），他们不服徭役，但平时要到首都或边疆去担任防卫，战时要到前线作战，他们对封建国家的负担比一般农民要重些。

由此可见，从西魏到隋，府兵制度的改变，一方面是部落遗痕逐渐泯灭，一方面是中央集权精神逐渐加强。这一变化到隋朝完成，唐朝府兵不过是继承隋制而已。

新的府兵制不仅加强了中央权力，削弱了地方及豪族权力，而且可以使大量壮丁参加生产，又可节省国家财政开支，对生产的发展是有利的。

4. 隋律的制定

隋律是唐律的蓝本，而它基本上又是依据北齐的法律制定出来的，隋律在封建时代法律发展史上占有重要地位，其主要意义为：

和以前法律，特别是和汉以后游牧族统治时期的落后的法律相比，隋律是比较进步的。

其刑名有五，即死、流、徒、杖、笞。废除以前的鞭刑及枭首、轘裂之法。

在量罪定刑上，也较过去为轻。如非谋叛以上，无诛族之罪。死刑只绞、斩二等，废除前代讯囚酷法，讯囚加杖不得过二百，等等。

条文也比南北朝时各种法律少了百分之五十到八十。隋律 500 条，梁律 2529 条，北齐 949 条，北周 1537 条。"自是刑网简要，疏而不失"[①]。

在审判手续上，也比过去慎重。最初规定判错的案子可以依次申诉，

————————

① 《隋书》卷 25《刑法志》。

直上诉到皇帝。后来又规定各地判死刑的要送中央核定，甚至三奏而后刑。比起以前的法律来，人民生活较有保障，这对社会秩序的安定与生产的发展有一定积极作用。

但不能忘记隋律是代表封建地主利益的完整法律，而且保留了南北朝时期封建依附关系与等级制度的痕迹，如地主可随意殴打部曲，不算犯法，打死部曲，只需一年徒刑，和打落平常人一颗牙齿相等，并在某些情况下还可免罪。地主侮辱自己部曲的妻女，法律不加过问。反过来部曲殴打主人，过失杀主或和女主人通奸，就都是死罪。部曲和平常人有斗殴、杀伤等事，部曲罪加一等，平常人罪减一等，奴婢地位比部曲更低。法律规定他们和牲畜财产一样，主人只要报请官府，就可把他们随意杀死。

以隋律为蓝本的唐律，是以后中国封建社会一千多年各朝法律的基础，一直没有很大修改。

5. 政治措施的积极意义

隋朝的政治、经济措施，有极大的积极意义：

（1）稳定与巩固了中央集权的政权，从而给社会带来安定。

（2）有利于经济的发展与繁荣及社会财富的增加。

（3）更重要的是打击地方豪族势力，削弱了士族特权。南北朝时期的士族在经济上的特权，由于均田制及输籍法的实行而衰竭。士族在政治上的特权也由于中央集权、科举制、府兵制的改变而逐渐消失，士族所保留的只是根深蒂固的特殊社会地位，门第、婚姻等。但缺乏经济政治基础，这只靠习惯维持的特殊地位也在动摇之中。到唐时逐渐消失，至五代两宋而完全泯灭。

从这里我们清楚地看到经济基础与上层建筑的关系在统一趋势下建立的隋王朝，其经济、政治措施又巩固了统一，促进了生产。

（四）隋朝的营建工程

604 年，隋文帝死，其子杨广即位，就是隋炀帝。他即位之后，即利用雄厚的国力，代表隋的统治集团——关陇集团，开始一连串的活动。他对内滥用民力，从事修建，对外则发动战争，借以满足他及他所代表的统治阶级的野心。

使用暴力和滥用民力是隋炀帝活动中相互关联的两个方面。由于社会经济的错综复杂，其中的一小部分是起了好的作用的，这与隋炀帝的暴政应当有所区别。另外，隋炀帝许多活动也并非如一般人认为的只是满足个人享受的欲望，而是代表着他的统治集团的要求，只是由于他个人的特点而使这些活动带有特别残暴与穷极奢侈的特点。

1. 营建东都

炀帝一即位，就营建东都（洛阳）。先发丁男数十万人在洛阳的北、东、南三面掘一条弧形长壕，从龙门（今山西河津）到长平（今山西高平）、汲郡（今河南汲县）抵临清关（今河南新乡东北），渡河至俊仪（今开封西北）、襄城（今河南襄城）达于上洛（今陕西商县）作为保护洛阳的防线，并沿此线设置关防。

605 年（大业元年），即即位第二年，正式营建东都，每月役丁 200 万人，并徙天下富商大贾数万家实之。新城周围 39 公里（比今天北京城还大，北京城 29 公里），又在东都内外大建宫室花园，其中两个最大的园子西苑及显仁宫，周围都有一百多里以上。

此外，又在东都城内外修了许多大粮仓，以供应官僚机构及军队粮食。最大的回洛仓（洛阳东北），仓城周围 10 里，有窖 300；更大的洛口仓（今河南巩义），仓城周围 20 里，有 3000 窖，每窖容粮 8 千石，仅这一个粮仓即可储粮 2400 万石。

2. 开通大运河

这是隋炀帝最有名的活动。但大运河的开凿，不是从隋炀帝开始，是在春秋时。公元前 486 年，吴王夫差即曾开凿邗沟，借道长江、淮河两大流域。战国时修的鸿沟则借道黄河与淮河。据《越绝书》载，秦以前江南地区从吴县到无锡，从太湖到杭州，都筑塘以行舟，东晋南朝时，水道渐渐北展到长江，《南齐书·州郡志》有"丹徒"（镇江）水道入道吴会的记载。则东晋南朝时，长江和钱塘江也沟通了。这些运河都是劳动人民辛勤劳动的结果。隋文帝时，为便利漕运，曾在 584 年沿汉代旧渠道修筑了广通渠，后从大兴（长安）到潼关长 300 余里。587 年（开皇七年），为伐陈运粮方便，曾沿邗沟故道开山阳渎。到炀帝时，更前后三次征发大批民工疏浚一些天然河道，利用或疏浚已有的断续的运河，并开凿大段新河，修成了四段互相连续的运河，共长约 2000 公里。这就是后代所说的隋代大运河。

隋炀帝开运河一共有三次：

（1）修凿通济渠和邗沟

605 年（大业元年），发民夫前后数百万修通济渠，从洛阳附近的西苑沿汉阳旧渠道经巩县入黄河，到郑州之北的板渚，出黄河沿汉汴渠旧道（战国时的鸿沟）入汴，又从开封之东引汴水入淮。又发淮南民十余万修邗沟，从山阳（今江苏淮安）至扬子（今江苏仪征）入江。渠广四十步，渠旁皆筑御道，植以柳。

经过通济渠和邗沟，黄河、淮河、长江三大流域连接起来了。

（2）新修永济渠

608 年（大业四年），发河北男女百多万修永济渠，从河南武陟县沁水入河处开始向东北沿卫河经山东德州入河北境，经现在天津达涿郡（今北京附近），把河北、山东、河南三省连续起来了。

（3）修江南河

610 年（大业六年），修江南河，从京口（今江苏镇江）到余杭（今浙江杭州）长 800 余里，广十余丈，把长江和钱塘江流域连接起来了，现在的江南运河一名就是那时候传下来的。

经过三次大规模的开凿，大运河开通了。它以洛阳为中心，北至今北京附近，南达杭州，纵贯河北、山东、河南、安徽、江苏、浙江六省，联结海河、黄河、淮河、长江、钱塘江五大流域，共约长 2000 公里，一直到今天，世界其他运河的长度仍没有超过它。现代大运河河道和隋代已不完全一致，现代大运河的八段河道中，只有中运河（今江苏邳县到江苏淮阴）、淮南运河（今江苏淮阴到江苏江都）和江南运河（今江苏镇江到浙江杭州）三段依稀犹存隋运河的遗迹。

隋炀帝为什么要营建东都开通运河？他本人好大喜功，满足其追求奢侈欲望是原因之一，但最根本的原因却是由于经济、政治与军事的需要。

首先是政治及军事的需要。隋统治集团——关陇集团根据地在关中，而当时处于敌对状态下的周边各族也都处于北边及西北塞外，故军事、政治重心在关中。但统一中国以后，如何控制北齐的关东地区与陈的江南地区，就成了关陇集团的一个重大问题，东都的兴建与运河的开凿就是为把政治、军事基地向东伸展，建立交通线，以加强对东方及南方地区的控制。此外，北到涿郡的永济渠的开凿，则是为了进攻高丽转输的需要。

其次是经济的需要。魏晋以前，中国的经济和政治重心是在北方，特别是在关中地区。可是经过汉末魏晋五胡十六国的大变乱，北方受到严重的破坏，而江南经过东晋南朝的建国及南迁与当地劳动人民的开发，渐渐成为中国第二个重要经济区，主要是荆襄及长江下游。隋统一中国后，其基地关中地区经济始终未重恢复，庞大的军队及官僚机构的粮食需要江淮地区供应，另外，河北地区也是当时主要经济区。因此，建设东都，使洛阳成为关中军事、政治中心与关东大生产区及江南大生产区的联络，就可缩短运输战线，而陆路又不如水运便利，中国的天然河流多是东西流向，因此，纵贯南北的大运河的开凿就有了必要。

但是，运河开凿的作用远远超出了隋炀帝的狭隘目的。由于南北经济的发展，南北经济交流成为当时迫切需要，运河的开凿客观上正符合了这种需要，成为古代南北交通的大动脉，使海河、黄河、淮河、长江、钱塘江五大流域经济、文化交流更加繁密，对中国经济文化发展有很大帮助。由于隋的年代短促，运河的作用在隋代还不十分显著，到唐宋就十分显著了。

由此可见，东都的兴建及运河的开凿仍是隋朝巩固统治、加强中央集权政策的一个部分。

3. 筑长城与修驰道

修筑长城共有六次，分别是文帝时，581年，585年，586年，589年；炀帝时，607年，608年。目的是为防御突厥，规模最大一次是607年，发丁男百余万，筑长城，西到榆林，东到紫河（今河北张家口）。

此外，又凿山开道，目的为巡幸，也为国防。重要的有两条，一条凿太行山，从洛阳对岸的黄河边到太原，一条从榆林之北到河北。

（五）隋与周边各族的关系

1. 隋与突厥的斗争及突厥的分裂

突厥在公元 6 世纪 50 年代时强盛起来，控制地区东到达海，西到今苏联境内的巴尔喀什湖，南抵大漠，北到贝加尔湖，力量超过当时东亚任何一个国家及民族。北周、北齐争相与之交好，但仍不免受其侵扰。隋初（582 年），突厥 40 万人大举南侵，东起平州（治今河北卢龙），西至临洮（治今甘肃岷县）均爆发战争。特别是延安到武威一带损失更惨重。

隋统治集团看到当时突厥军事力量不是隋所能胜，而各可汗之间又存在极大矛盾。因此，采取一方面防守，一方面挑拨离间的方针。结果，586 年，阿逸可汗投归原在西面的达头可汗。不久达头可汗也从沙钵略大可汗统属之下分裂出去，号西突厥。后都斤山以西一直到金山(阿尔泰山)以西一带地方，包括天山南部的龟兹（今新疆库车）、伊吾（今新疆哈密）、铁勒（原丁零）及西域诸胡，也大都归附在西突厥统治之下，突厥则正式分裂为二。

西突厥和契丹，成为北突厥（东突厥）东西两边重大威胁。北突厥内部又有矛盾，于是沙钵略可汗乃于 585 年（开皇五年）向隋称臣，愿以大漠为南北分界线。隋政府在免去北顾之忧后，才得以致力于出师伐陈的工作。

隋统一全国后仍遵循"远交近攻"政策，扶持突厥北部的突利可汗，诱其率众南迁，以攻击沙钵略之子都蓝可汗（突利兄），并封之为启民可汗。602 年，突厥主力远遁。603 年(仁寿三年)，铁勒等部皆叛突厥大可汗，于是启民可汗成为北突厥唯一首领，与隋维持不侵不叛关系直到隋末。

对西突厥，也采分化政策。炀帝扶植酋长射匮，立之为西突厥大汗，使攻原来的处罗可汗，处罗败奔。611 年（大业七年）入朝被留。炀帝把西突厥分为三部，西突厥从此不再成为西北边患。

2. 隋与吐谷浑、西域的关系

吐谷浑是鲜卑族的一支，住在现在青海一带。文帝时和吐谷浑有过多次战争。炀帝时，609 年（大业五年），派裴矩经营西域，同时派杨雄及宇文述率兵大破吐谷浑，其王伏允逃走，隋在其地设郡县。隋的实力接着向西伸展，进入今新疆南部，派兵屯戍，但供给多要由内地运去，路途险远，人畜多半死亡，西北民众因此大困。

在此前后，隋炀帝开始经营西域，使者到罽宾国（今印度河上流克什米尔）、王舍城（恒河旁）、史国（阿姆河与锡尔河之间）。此后又令裴矩在武威、张掖等地招致西域诸国，来朝贡的有三十多国。破吐谷浑之后，在今青海及新疆境内设郡县，谪罪人为戍卒，保护南部。又设西域校尉来接应来隋诸国。608 年，高昌（西域大国）使者来朝。609 年（大业五年），其王麴伯雅亲自来隋。其他如康、安、石（阿姆河及锡尔河流域）、焉耆、龟兹、疏勒、于阗等，均派使者来中国。

中国和西域的商业也随之发展起来。当时和西域的交通比较便利，道路有三：北道为天山北路，中道天山南路之北道，南路天山南路之南道。许多西域商人到长安及洛阳来做生意。610 年（大业六年），炀帝在洛阳盛陈百戏，给西域商人及许多周边各族酋长看，并允许各族商人到洛阳丰都市交易。

3. 台湾与大陆经济文化联系的加强

台湾在当时称流求，以前即与大陆有交道，社会发展处于氏族公社时代，农业生产方法是"先以火烧而引水灌之，持一插，以石为刃，长尺余，宽数寸而垦之"①。尚用较原始的石器。607 年，炀帝令朱宽入海求访"异俗"到了流求。610 年（大业六年），派陈棱和张镇州率军攻流求，"流求人初见船舰，以为商旅，往往诣军中贸易"②。可见这之前即和中国有过商业往来。陈棱率军战败流求，夺了一些财物回来。从此台湾与大陆经济、文化联系日益加强，并成为中国的一部分。

---

① 《隋书》卷 81《流求传》。

② 《隋书》卷 64《陈棱传》。

除此之外，文帝末年还出兵攻打林邑（今越南境内）。605 年（大业元年），林邑战败，向中国朝贡。大业年间，南海诸国有十多国使者来中国，其中包括赤土（麻六甲）、真腊（柬埔寨）、婆利（婆罗洲）。隋亦曾派使出使赤土。当时的主要交通口岸是广州。日本也曾多次与中国互派使者，中国文化即因此更多地传到了日本。

隋朝向外扩张的结果，东南到大海，最南到日南（越南东北），西至且末，北至五更（内蒙），成为当时亚洲乃至世界上最强大的国家，也是最文明的国家。

第二节　隋炀帝的残暴统治及三征高丽与隋末农民战争

（一）隋炀帝的残暴统治及三征高丽

1. 隋炀帝的残暴统治

在隋立国之初，为了和关东及江南的豪族对抗，为了统一全国，以隋文帝为代表的关陇豪族集团实行了一系列减轻农民负担、改良政治、打击豪族的政策。由于这些政策的实施，隋得以统一全国，并且富强起来。但是在隋统一全国以后，这种政策特别是其经济方面就渐渐被放弃了。这是因为：第一，隋的统一是统治集团内部互相兼并的结果。旧的豪族势力并没有受到严重的打击，即使是隋实行的某些打击豪族的政策，不仅带有颇大的局限性（如均田制之优待官僚贵族），而且也往往不能彻底贯彻。例如大索貌阅之法在江南的推行引起江南豪族高智慧等在 590 年(开皇十年)起兵反抗，主要原因是隋文帝乃至官员推行过急。在镇压了豪族反抗之后，也就不在江南推行貌阅之法了。第二，关陇集团上述政策主要目的是为统一全国，打败比他强大的对手。在取得统一战争的胜利以后，经过一系列的镇压措施，自己的统治已经巩固，关陇集团已是最大的集团了，打击与限制豪族，减轻农民负担的政策已经没有必要了。第三，在取得全国政权后，关陇集团本身也逐渐腐化，变得和关东及江南豪族一样，因此，不可能再实行这种打击豪族和减轻农民负担的政策了。由此可见，这种打击豪族、减轻农民负担的政策只是关陇集团夺取全国最高统治权的一种手段，目的达到后手段就被抛弃了。因此，从文帝晚年开始，政策渐渐转变。一方面封建国家开始过度地役使民力，593 年，文帝造仁寿宫，工程浩大，期限紧迫，官吏严加督促，民夫死了上万人，尸体就抛在路旁，有的就埋在楼下，以至于入夜鬼火遍野。另一方面，地主阶级兼并土地日益加剧，有的狭乡地区，592 年每户才能分到 20 亩土地，不到均田的四分之一。国库虽然充实，人民却颇为贫困，一有水旱就要流亡。594 年（开皇十四年），关中大旱，隋文帝将其装得满满的粮仓封闭起来，而令农民扶老携幼去关东就食，他还认为这是极大的恩惠。以致唐太宗都说"隋文不怜百姓而惜仓库"[①]，阶级矛盾渐渐发展起来，边远地区已经爆发了零星的农民起义。

只有执行打击豪族、减轻人民负担的政策才能保持隋的强盛和统一。但是隋的统治者已经不能再继续实施这一政策了。隋的国内矛盾必然发展起来，势必不能再维持这一富强统一的局面，这是历史发展的必然性。隋炀帝的暴政只不过是加速了这一进程的过程而已。

隋炀帝所进行的一些巨大的营建工程，固然都有某些积极意义，但是另一方面，与此同时而来的是大量的人力、物力、财力的巨大浪费和应役民夫的极端恶劣的生活与悲惨的死亡。修建东都的 10 个月中，每月役丁达 200 万人，由于官吏督促严格，民夫死者达十分之四、五。营造东都工事所需大柱，均从江南运来，一柱需费数十万。修建洛阳皇城宫苑又役百万人左右，营建西苑，内置山海湖泊及水榭亭楼台观殿阁宫苑等，宫树秋冬凋落，则剪绿为花叶，以为长春之景。此外，到处修建离宫，从长安经洛阳到江都，既有 40 余所。风景优美之处，如渭南、涿郡、太原、徐州等处也都大建宫室。虽无日不置宫室，但仍久而易厌。

不仅是运河及长城，驰道的修建也多为是。修永济渠时，"丁男不

---

① 《贞观政要》卷 8《辩兴亡》。

充，以妇人兼役"①。与这些营建工程相随而来的是隋炀帝及其官僚卫士的到处巡游，这种巡游不过是为了炫耀统治阶级的豪华与威武，却使人民遭到极大的痛苦。605 年，炀帝从东都坐船去江都，各色船只不下 5 千艘，长度达 200 余里。606 年，隋炀帝走陆路回洛阳，大肆修建车路、仪仗，用费 20 余万。为了装饰车辆和仪仗，令天下各州县置办鼓角、皮革、毛羽，期限十分迫促。人民遍地撒网捕捉禽兽，仍不能供应，只得以其价向富豪之家购买，这一年一只野鸡尾也要十匹绢的代价。一次巡游紧接另一次，在位 12 年中，居京时间不足 1 年，到处巡游却占了 11 年。北到长城，西到张掖，南到江都，炀帝及其下属就像一群蝗虫一样，走到哪里哪里就被吃光，州县官吏供应丰富就能加官，稍不如意就被谴责、免官甚至砍头。因此，官吏也都拼命剥削百姓，从中自肥。大贵族杨素，田宅有一千多处，家有僮仆数千人，婢女上千。另一大贵族宇文述贪求财物，知道人家有珍异之物，一定设法抢夺到手，并与商贾勾结起来，残害人民。此外，兵役和战争也使大量人民死亡。为征吐谷浑，路遇大风雪，冻死一半以上士兵。攻打菻邑，士卒患脚肿病，死者十之四、五。攻打琉球，死者十之八、九。610 年（大业六年），征天下有奇技人汇集洛阳端门，大演百戏，令官吏打扮得很华丽，向当时在洛阳的少数民族及外国人夸耀，持续一个月才结束。少数民族人请求到市内交易，炀帝又大肆铺张，甚至用缯帛缠在树上，以示奢华，少数民族及外国人也看出这种做法太过分，说"中国亦有贫者，衣不盖形，何如以此物与之，缠树何为"②。由于兴发大役，奢侈浪费，人民的负担等于多交十年的租赋。但更严重的是徭役，通济渠一百多万民工修五个月，全部工程共用一亿五千万人工，按全国人口 890 户平均计算，在五个月内每户大约出了 20 个人，并负担了 20 天力役，仅此一项就达到法律规定的应赋役的天数。修永济渠时，丁男不够，甚至征调到妇女。在隋炀帝统治的年代里，这种征调是十分平常的。每年几乎总有几十万到

---

① 《通典》卷 7《食货门七·历代盛衰户口》。

② 《资治通鉴》卷 181，隋炀帝大业六年正月丁丑。

二三百万人在服役，不仅役期超过规定，而且大肆的修建又在农忙时动工，因此，更严重地妨害了农业生产。再因为督促的官吏十分贪暴，许多人死在繁重的劳动里。在这样的情形之下，人民当然无力克服天灾，因此，隋末灾荒特别严重，611 年秋，大水淹没三十余郡。612 年（大业八年），山东等地大旱灾，死人更多。其后，关中又发时疫，大旱，死者尸骸相枕。接连不断的灾荒之下，出现了耕稼失实，田畴多荒，"黄河之北则千里无烟，江淮之间则鞠为茂草"①的局面。统治者虽然存有大量粮食，却不肯开仓赈济，以致人民只好吃树皮、树叶，这些吃光就只好煮土浆，或把稻谷捣成粉末来吃。

与经济的残酷役使掠夺同时，隋朝的政治也日益腐化。官僚们大都贪赃枉法，如杨素任用私人，"若有附会及亲戚，虽无才用，必加进擢"②，任意杀人。虞世基鬻官卖爵。裴蕴也是徇私枉法。为了镇压人民反抗，隋炀帝又实行严刑酷法，为征高丽，征发人民当兵服役，有逃者，捉住立刻杀掉。在杨玄感起兵之后，还大肆杀戮，并把文帝时已经除去的枭首、辒裂诸法又再次实行。由于隋炀帝的暴政，隋内部的尖锐矛盾顿时发展到极端尖锐的程度。而隋王朝因此也濒于崩溃的边缘。进攻高丽之后，则成了多种矛盾总爆发的导火线。

2. 对高丽的战争

从公元前 1 世纪的末期起，朝鲜半岛上即有新罗、百济、高丽三国并立。新罗在半岛东南，百济在半岛西南，高丽在半岛北部及辽宁、吉林全部，以及黑龙江一部分，最大、最强。北隔松花江、图们江与漠河为邻，西南则与营州（今辽宁朝阳）地相接，离隋富庶的河北不远。高丽的存在，对中原王朝对东北亚地区的控制造成巨大的威胁。因此，隋文帝就曾借故驱通漠河，违禁契丹，暗中收买中国政府弓弩匠，促之逃亡高丽，侵扰边境军等罪名，于 598 年（开皇十八年）发 30 万人，分道进攻高丽。但陆军因逢水潦，粮食不济，水军遭风而均失败。隋炀帝即位之后，在对

① 《隋书》卷 70《杨玄感传》。
② 《隋书》卷 48《杨素传》。

外战争不断胜利形势鼓舞之下，再度激起征讨高丽的野心。610 年，他制订了一个庞大的军事计划，企图一举击败高丽。隋炀帝用 611 年全年时间做进攻高丽的准备工作，他下令山东一带遍置军府，民众养马以供军役。他以东莱（今山东叶县）和涿郡为海上和陆路进兵基地，调天下之兵，无论远近，都集中在涿郡。到 612 年（大业八年）春，集中在涿郡的兵力已达 113 万 8 千人。隋炀帝又命在东莱海上造船 300 艘，供水军使用。河南、淮南、江南造戎车三万乘，送到高阳供陆军使用。同时他又征发二倍于军士的 230 万民夫，以及转轮小车、船只等，日夜不停地运送军米、军器等，到涿郡以及其他指定的地区。这是一个惊人的大征调，负担军役及力役的总计有 340 万人。其中大部分是丁壮，且多出自山东地区，这个数额约占当时全国人口总数的 9%，如果分配在山东一带，平均每户出一个军役或力役。这样巨大的征调，必然严重地妨碍农业生产，特别是山东地区。巨大的征调带来巨大的死亡。据史载，东莱海口造船的工匠在酷吏监督之下，不分昼夜地站在水中工作，腰部以下腐烂生蛆，死者十三四。从事陆路运输的一推一拉的路车，所载不过三石，但仅够长途跋涉中民夫路上用于伙食的量，到达指定地点则无法交粮。道路险阻，五六月间天气又热，人畜往往劳累而死，造成死者相枕，臭秽满路的惨状。军役、力役之外，种类繁多的捐税又加到人民头上。在军旅行伍频繁的山东地区，各种需索尤其严重，地方官吏乘机加倍征敛，接令后先贱价收买，然后下吏再令人民高价买取缴纳，转手之间，人民负担增加数倍。这样不仅农民，连中小地主也都破产。

规模这样大，准备这么久的战争其后果竟出于隋朝统治者的预料。612 年（大业八年）春，113.8 万隋军号称 200 万，在隋炀帝亲自指挥下，分陆海两路，由涿郡、东莱出发。陆军发一军相距 40 里，40 日才发完，首尾长达千余里。出关之后，分二道进，企图在平壤会师。水军则支持陆军。可是，由于人民厌恶战争，还在进攻前就爆发起义，及杨广指挥的错误、缺粮、骄傲、轻敌，一切进止由他指定，特别是高丽的顽强抵抗，隋军战败。水军擅自进攻平壤，战败先还，陆军渡过鸭绿江的部分在现在朝鲜北部被高丽军击败，渡江的 30 万 5 千人中，只生还 2700 人。隋炀帝只好狼狈归回。

隋炀帝不甘心这次失败，613 年（大业九年）春，又大肆征调，发动第二次征讨高丽的战争。这时农民起义已日益发展，正在相持间，得到杨玄感起兵的报告，炀帝引军即还。军资器械全数损失，这次征高丽战争就被人民起义和杨玄感起兵冲垮了。

在高丽的第二次失败以及国内各地的人民起义都没有引起隋炀帝的教训，杨玄感之变平定后，614 年（大业十年），他再次调兵，打算进攻高丽。这时国内局势已经混乱，所征兵多不前来，高丽因连年战争也颇为困弊。因此遣使来降。隋军随即班师，这次征战也就草草结束了。

隋炀帝征讨高丽之所以失败，一方面是高丽的顽强抵抗，另一方面则是国内剧烈的阶级斗争使然。换句话说，很大程度上是民众的力量导致了战争的失败，其他因素占次要地位。进攻高丽的战争使人民一次又一次地更加深地陷入贫困和破产。还在进攻高丽之前，就爆发过农民起义。等到 614 年（大业十年），第三次进攻高丽时，农民起义已在全国范围内普遍发生，阶级矛盾发展到了最高峰。隋统治者不得不将侵略矛头指向起义军，隋也就到了崩溃的边缘了。由此可见，到隋炀帝晚年，当初由于实行打击豪族，及减轻人民负担因而对社会经济起过推动作用的关陇豪族集团这时的作为已经严重阻碍了社会的经济发展，这就使它不能避免灭亡的命运。这也正如恩格斯所说，某一国度内部的国家政权同其经济的发展发生冲突之时，斗争每次总是以政治权力被推翻来结束。①

附：对隋炀帝的评价

隋炀帝是历史上有名的暴君，他对内奢侈浪费，大兴徭役，对外好大喜功，疯狂征讨，造成了人民极大的痛苦，严重地破坏了生产，激化了阶级矛盾，引起了农民大起义。总起来说，他违反社会经济发展的需要，违反了人民的要求，是应当被否定的。但是，历史的发展是复杂

---

① 参见《反杜林论》，吴黎平译，人民出版社 1956 年版，第 189 页。

的。隋炀帝开运河，目的虽是为了进攻高丽和加强对东方、南方的控制，并解决他的官僚和军队的粮食供应问题，但客观上却适应了当时经济发展的需要，促进了南北经济文化交流，这对人民是有利的，对历史发展是起了积极作用的。在封建时代，这样大的工程，往往要借助于统治阶级的领袖人物来发动与组织，从这个意义上来说，隋炀帝开凿运河对社会是有一些贡献的。但是，必须指出，运河的开凿主要不是隋炀帝的功绩，而是劳动人民的功绩。首先，在隋炀帝以前，历代劳动人民早已投入辛勤的劳动，修成了一些断续的运河，隋炀帝不过把它们疏通整理，并且链接起来。其次，隋炀帝时开凿的运河，也还是当时千百万劳动人民劳动的结果，没有他们，运河也开不成。另一方面，隋炀帝为了开运河，为了自己的目的，却无限制地役使民力，占全国壮丁几分之一的农民为了开凿运河而被迫停止农业生产，并且受到极其残酷的待遇，而这种牺牲所换来的果实他们所得到的却很少。因此，隋炀帝开运河虽有其积极意义，但在当时对社会经济发展所起的正作用远远比不上他所起的反作用，从而严重阻碍了当时社会经济发展。历史就是这样复杂而矛盾地在发展着。这就是我们在评价历史事件和历史人物时不能简单化、形式化的理由。

（二）农民大起义的爆发与发展

隋末农民大起义的发展可以分为三个阶段：

611—613 年，山东长白山王薄起义到杨玄感兵变；

613—616 年，杨玄感兵变到农民军三大集团的出现，全国性起义形成；

616—618 年，三大集团形成到隋的灭亡。

1. 起义的发展与隋的灭亡

（1）农民大起义的爆发

1）农民起义在山东地区爆发

611 年，也就是隋炀帝为进攻高丽而进行第一次大征调时，邹平人王薄首先聚长白山起义（山在今山东章丘、邹平、长山诸县交界处），自称知世郎，做《无向辽东浪死歌》，号召农民起来反抗①，躲避军役的农民纷纷投归。不久，平原富豪刘霸道据负海带河地形深阻的豆子坑（今山东惠民）起义。漳南人（今山东恩县西北）孙安祖家为大水所淹，妻子饿死，县令还强迫他去服军役，孙安祖杀死县令，逃到友人窦建德（上层农民）家里。建德此时被征为200人长，乃召数万逃兵及无产平民，由孙安祖率领，占据广数百里的高鸡泊（今山东恩县西北）。不久，郡吏以窦建德交结起义人民，杀其全家，建德乃带同被征发的200人投高鸡泊参加起义。清河（今山东夏津）人张金称聚众数百在夏津河阻之中起义，蓨（今河北景县）人高士达率众千余在清河（今河北清河）起义。这样，在今天的冀鲁豫交界地区，以北方的涿郡及南方的东都为起义两极，而以永济渠为中线的地区，起义纷纷爆发，而且长白山、高鸡泊、豆子坑不仅在此时也在以后成为起义军的重要根据地。

为什么起义首先从这里爆发呢？这并不是偶然的。

山东一带人口集中，当时占全国人口40%以上，地方豪族势力大，因此，土地集中的情况也就最严重。

隋炀帝即位以来的多项力役多落在这些地区人民头上，特别在610年（大业六年）以后，这带地区接近征高丽前线，是进攻高丽的军事基地与供应基地，民众负担的兵役徭役最重，剥削也重，骚扰也多。

611年，这个地区又发生大水灾，四十多郡中有三十多郡被淹没，但人民负担却丝毫未减，因此，山东地区就成为当时阶级矛盾最为尖锐的地区。至于起义爆发在上述地区的原因，则是由于这些地区距东都、涿郡、东莱等军事地点较远，隋朝控制力量就山东全区而言相对薄弱。另外，这里冈峦起伏，河渠众多，也便于起义军的集结和活动②。由于上述的有利条件（阶级矛盾、地形、控制力弱），起义军人数虽然不多，多者千人，少者数百，却能存在和发展。613年（大业九年），隋炀帝为了进攻高丽

---

① 歌词今不传，从歌名可知，系号召农民反对隋炀帝进攻高丽的。

② 有人认为山东地区有六镇传统则系揣测之词。六镇指的是北魏前期在都城平城（今山西大同东北）以北边境设置的六个军镇。北魏末年六镇兵变，波及甚广，被镇压后，一部分南迁到今河北、河南等地。

进行第二次大征调，这里的起义就进一步大大发展起来，原有的起义军扩大了队伍，每支达几万至十万人，已可攻夺小城邑。新起的也不少。在613 年上半年就有七支。除一支在今甘肃地区外，都在山东地区。

2）杨玄感起兵

农民起义打击了隋统治者，促使统治阶级上层内部分裂。613 年（大业九年）六月，贵族杨玄感（礼部尚书）在黎阳起兵反隋，上层统治阶级的分裂是因为隋统治集团内部原来就有矛盾。

关陇集团中从北周以来，宇文泰与杨坚这派掌握着大权，其他几柱国权力渐衰而没落。如李密（八柱国李弼后人）即为没落贵族。

关陇集团中的新贵，由于隋文帝、隋炀帝加强中央集权，也与皇帝有一定矛盾，如炀帝嫉恨杨素，而杨玄感就是杨素之子。

上层统治集团与地方豪族矛盾。这就是大批中小地主及地方豪族参加起义或独立起兵的原因。这些矛盾随农民与统治者矛盾之激化而发展起来。杨玄感就是在这种形势下起兵的。

杨玄感起兵之日，即标榜"为天下解倒悬之急，救黎元之命"[1] 为口号，不仅贵族地主纷纷参加，同时也得到广大民众的支持，投靠之壮丁日以千数，队伍很快发展到十万人。这时隋炀帝正屯兵高丽，国内空虚，但是，杨玄感没有利用这样的有利时机和条件，在战略上犯了严重错误。他没有采纳投靠他的李密的上策及中策，上策即长驱山海关，遏炀帝退路；中策或直捣长安，动摇隋之根本，反去攻击防守坚固的洛阳，反倒采取下策，屯兵城下四五十天，使炀帝得以迅速从高丽前线撤兵反击。结果，杨玄感兵败自杀。杨玄感起兵虽然失败，但却有很大影响：

农民起义推动玄感起兵，玄感起兵反过来又推动农民起义的高涨。江浙、河南不少人起兵响应，队伍达到十多万人，使起义地区扩大。

吸收许多统治阶级分子反隋，造成统治阶级的分裂。削弱隋的力量，便利农民起义的发展。

促使第二次征讨高丽战争的失败。

---

[1]　《隋书》卷 70《杨玄感传》。

（2）全国性农民大起义的形成

杨玄感的起兵，使起义地区扩大到全国。到 613 年年底，今陕西、广东、浙江等处也出现了人数不等的起义队伍，全国性大起义已初步形成。614 年（大业十年）二月，隋炀帝又进行第三次大征调以征讨高丽，这就激起了范围更广、规模更大的起义。从此以后，仅据史书记载，大小起义队伍达 130 多支，参加人数约达三四百万，起义地点遍于全国，就连隋统治阶级的腹心地区关陇、河洛一带，也出现了起义的旗帜。全国性大起义形成了。但是河北、河南、山东及江淮之内是隋的主要生产区，也是阶级矛盾最尖锐的地区，因此，起义仍以这一带为中心。起义队伍主要是农民，也有渔民、猎户及手工工匠，以及部分奴隶。此外，一部分中小地主，乃至个别大地主分子也参加起义，如刘霸道、李密等，但他们参加起义必须适合农民群众推翻隋统治的要求，而且做出贡献。所以他们的参加并不能改变起义的性质。

隋朝统治者对待起义军的办法是残酷的镇压。隋朝动员了大量军队来镇压起义军。614 年以后，更是以全力镇压起义，其措施为：

1）分派高级官员负责固定防区专门镇压。如派屈突通为关内讨捕大使，李渊为山西河东抚慰大使，张须陀为河南道十二郡处置讨捕大使。

2）派出最精锐的部队，包括护卫军队。如陈稜、王辩、杨义臣等部投入战斗。同时，提升王世充官职，王世充借机招募新兵，扩充军队。

3）采用坚壁清野的办法，勒令人民集中居住，下令城镇、村庄都筑城堡，企图割断起义军的补给来源及其与人民的联系。又早在 613 年就下令没收起义人民的财产。

4）疯狂地大量屠杀人民。杨玄感兵败，炀帝说"玄感一呼，而从者十万，益知天下人不欲多"①，于是，裴蕴、樊子盖等秉承上旨，一次活埋 3 万人。王世充击溃江浙起义军，也一次坑杀 3 万多人。但是，人民并没有被这种疯狂地镇压、屠杀吓倒，疯狂地镇压与屠杀反而激起更多的人民参加起义，起义军作战十分勇敢，经常沉重地打击隋军。但是由于起义军

---

① 《隋书》卷 67《裴蕴传》。

十分分散，而且不能配合作战，又缺乏军事计划，因此，自己也经常遭受损失。但是，由于隋炀帝的继续进攻高丽及杨玄感的起兵，而使农民起义军日益扩大。因此，农民起义军虽遭到局部失败，处于被围战的被动局面，但总的来说，力量还有发展，战斗经验也在丰富，而且根据地如山东长白山也还保持着。614 年（大业十年）以后，山东、河北的起义军不但巩固了自己的据点，而且向江淮地区发展，其中的孟浪、卢明月二支先后被隋军击败，但杜伏威、李子通等部却因合并了当地义军而立下脚跟，使隋的南方重镇江都受到严重威胁。

第二阶段的特点：全国性起义形成，起义中心地区扩大，相持。在614 年到 616 年（大业十二年）上半年这段时间里，农民军不仅保住了山东、河北地区，而且发展到了江淮地区，隋军已无力将他们镇压下去。农民军不仅在斗争中积累了更多的经验，而且也从血的教训中认识到联合的重要，而在自觉或不自觉的活动中，通过联合、吞并等办法，重新结合自己的力量，而隋的统治却在农民起义的浪潮中一天天削弱下去，于是，从616 年下半年起，农民起义进入了新的阶段。

2. 农民军的三大集团

从 616 年下半年开始，农民军渐渐形成了三个有力的集团，并且产生了几个优秀的领导者。这就是河南一带李密领导的瓦岗军、河北的窦建德的起义军和江淮一带杜伏威的起义军，其中以瓦岗军最为强大。下面分别介绍一下三大起义军。

（1）瓦岗军

瓦岗是山东、河南交界的一个地名（在今河南滑县东北）。瓦岗军是在 612 年创始，首领翟让曾做过东都法曹的小官，手下多是山东一带善使长枪的渔猎手，很勇敢，故这支起义军成为附近多支义军中最强大的一支。但由于其处在最冲要地区，不宜发展，又屡被隋将张须陀打败，直到 616 年李密参加瓦岗军后才起了变化。李密是西魏八柱国李弼之后，是个没落贵族，曾参加过杨玄感起兵，败后逃脱。他参加瓦岗军后，首先用说服的方式团结了附近许多支小起义军，紧接着在 616 年十月同带兵 2 万进攻瓦岗军的张须陀进行了战斗。李密抓住张须陀前此屡次打败翟让而产生的轻敌冒进的弱点，令翟让诈败，引诱张须陀进入埋伏区内，张须陀果然中计，被瓦岗军包围，突围不出，大败隋军，张须陀自杀。这是农民起义以来第一次最大的胜利，它严重地打击了隋统治阶级，使河南郡县为之丧气，同时也是农民军在军事上取得主动地位的开端。617年二月，李密、翟让攻下巩县附近最大的粮仓兴洛仓（洛口），开仓任人民取食。这样，瓦岗军不但解决了自己的粮食问题，而且也得到广大民众的拥护，队伍大为发展。紧接着又击败东都派来进攻的隋军。由于获得一系列的胜利，李密被翟让等推为瓦岗军的领导者，同时成为赵魏（今河北）以南、江淮以北的盟军的盟主，多地义军纷纷归附，瓦岗军发展成为几十万人的大队伍。攻下河南大部分郡县，同时占领黎阳与回洛二仓，于是与隋军展开了争夺东都的斗争。隋军一再增援，先后投入几十万军队，在王世充率领下，与李密相持。虽然互有胜败，但瓦岗军仍占优势。617年底到618年（大业十四年）年初之役，瓦岗军大胜，王世充全军溃败，部下勇将王辩等先后被杀，王世充只剩残兵数千，躲入东都，不敢出战。东都几乎被瓦岗军包围了。

（2）窦建德起义军

616年年底之后，河北义军在窦建德领导之下，也转入主动。窦建德当时是高士达部下，隋大将杨义臣亲自攻张金称，并派涿郡通守郭绚率兵万余攻高士达，窦建德用计大败隋军。但杨义臣却在击溃张金称部后又击杀高士达，河北义军余众集合在窦建德周围，正好杨义臣因威名大盛而被调走，窦建德很快就发展到十几万人。617年（大业十三年）正月，窦建德于乐寿（今河北献县）称长乐王，攻占河北许多郡县。617年七月，隋炀帝令涿郡留守薛世雄率河北精锐3万南下，解东都洛阳之围，并给予相机镇压沿途多地起义军的权力。窦建德得知这个消息，乃选拔数千精锐埋伏于河间南境水泊之中，同时扬言害怕世雄要回豆子坑。正在行军的薛世雄乃不设备，窦建德见突击时机成熟，遂率勇士1千人，乘雾发起攻击，先击溃驻扎在薛世雄附近的河间多县兵力，使之自相惊扰，然后进袭，世雄军大乱，自相践踏而死者即有一万多人，薛世雄只带了几百名骑兵逃回涿郡，余下隋军均成了俘虏。这个战役不仅有力地配合了瓦岗军在东都城下的战斗，而且也从根本上打开了河北的局面。从此，河北郡县大都被窦建德乘胜攻下，隋所控制的不过是几座和内地失去联系的空城。

（3）杜伏威义军

杜伏威 16 岁即参加长白义军，十分勇敢。614 年率部移到江淮，打了许多胜仗，并歼灭隋炀帝卫军。617 年（大业十三年）正月，隋炀帝再派陈稜率关内精兵 8 千进攻杜伏威。陈稜征过琉球，是隋军勇将，他打算屯兵不战，但杜伏威送他一身女人的衣服，称之为"陈姥"，激怒他，陈稜愤然出战，结果大败。杜伏威乘胜攻取江淮广大地区，江淮之内小股起义军纷纷归附，杜伏威成为这个地区最强大的力量。

以李密领导的瓦岗军为中坚，窦建德、杜伏威为左右两翼的农民起义军在与隋军的战斗中取得了决定性的胜利，隋军一再战败，隋的统治在起义军的沉重打击下，已将近全部崩溃。到 618 年（大业十四年）初，隋所控制的北方只有洛阳和其他几座孤城。南方只有江都附近一小块地区，而且都被起义军切断了联系，隋的灭亡已是不可避免了。

（三）反隋地主军队的兴起与隋的灭亡

1. 官僚贵族的起兵反隋

农民起义军动摇了隋统治的基础，这种形势被多地的官僚地主利用了。从 616 年（大业十二年）年底起，正当李密和隋军在洛阳大战的时候，今河北、山西、甘肃、湖南、湖北一带的地方势力纷纷组织反隋军队，脱离了隋的控制，其中势力最大的是李渊。地方军队的起兵，有几点是值得注意的。一是他们多在边远地区及隋的控制力较弱的地区，这就决定他们对隋政权的打击决不能与中原地区的农民军相比；二是他们在自己控制的地区内镇压农民起义，因此，削弱了农民起义的力量；三是在西北的地方武装为李轨、薛举、梁师都、刘武周等，多半向突厥称臣，求得保护，并且成为日后统一战争中的严重阻碍。所以，地方军队的兴起，虽有其削弱隋统治的一面，但从总的方面来看，对农民起义的开展是起了阻碍作用的。这里面只有李渊的情况比较特殊。

2. 李渊进兵关中

李渊是北周八柱国李虎的后人，虽然他这一家族不像李密一家破落的那样厉害，但也不如过去显赫。615 年，他被隋政府派为山西河东宣慰大使，以镇压这带的农民起义。曾先后击败过一些起义军，但反而更遭隋炀帝的猜忌，特别是农民起义的浪潮根本无法遏制，如他二儿子李世民所说，"今盗贼日繁，遍于天下，大人受诏讨贼，贼可尽乎？要之终不免罪"。①617 年，陷于这种矛盾之中的李渊看到农民军已基本上摧毁了隋的统治，多地割据武装纷纷兴起，为了保持自己的地位，并且进行投机，乃分派自己的大儿子李建成去河东，二儿子李世民在太原，分头联络地方势力。617 年（大业十三年）五月，李渊便在太原起兵。杀掉隋炀帝的亲信、太原副留守王威，利用当地所积贮的雄厚物资，于两旬之内召集数万人的队伍，并决计西进关中。②

3. 隋的灭亡

616 年，隋炀帝为进一步镇压起义来到江都（今扬州），但一再失败的结果使隋炀帝对自己的命运惴惴不安，直到最后他还想做最后挣扎，企图割据江南，当小皇帝。护卫隋炀帝去江都的亲卫军骁果大部分是关中人，大家思归，特别听到李渊进兵关中更是骚动，于是将领司马德勘与贵族宇文化及便利用士兵的骚动，在 618 年（大业十四年）三月，发动兵变，杀掉了隋炀帝，历时 38 年的隋王朝至此灭亡。虽然王世充在洛阳立杨侑为帝，即恭帝，但名存实亡，属于傀儡。推翻隋王朝，杀死隋炀帝的其实是千百万农民起义军，这一点隋炀帝至死也没有明白。

4. 隋末农民大起义的特点及作用

（1）隋末农民大起义的特点

1）起义不仅与国内的阶级矛盾的尖锐与发展直接联系着，而且也与隋朝与周边民族的矛盾与斗争的发展直接联系着，隋炀帝为发动征高丽的战争促成了农民起义，三次战争成为农民起义一再高涨的标志。而农民起

---

① 《资治通鉴》卷 183，隋恭帝义宁元年四月丁未。

② 《大唐创业起居注》记载不同：1）李渊主动；2）建成、世民功同；3）联络突厥。

义的发展反过来又导致隋炀帝征高丽的失败。因此，这也成为隋末农民战争的一个作用。

2）起义不仅与国内的阶级矛盾的尖锐与发展直接联系着，而且与统治阶级内部的矛盾和斗争直接联系着。农民起义促使了在起义及征高丽过程中日益增长的隋统治阶级内部矛盾。农民起义的这一主要矛盾的迅速发展促使了在起义及征高丽过程中日益削弱的隋统治阶级内部矛盾尖锐起来，关陇集团内部、关陇集团与地方豪强，促使统治阶级一再分裂，而这一分裂就促使隋统治集团更加削弱，而使得起义发展，各地军事武装势力、官僚贵族最终也加入了反隋的战争。

3）起义首先发生在山东地区，并且主要是在山东地区，这充分说明了政治、经济的发展与阶级矛盾发展的不平衡性。这些活动地区不仅给隋巨大打击，同时也给山东士族重大打击。

4）农民起义本身具备了以下的一些特点：

无论范围及参加人数，隋末农民起义乃是一个深刻的阶级斗争运动。可以说，它是秦汉以来大规模农民起义中规模最大的一次。

但是起义具有分散、复杂等等弱点。斗争口号、直接指向还是比较低级的。各支起义队伍不相统帅，各自为战，没有中心力量，没有统一作战目标与计划，即使后来主要形成三大集团，但仍是一些小股组织。这样一方面力量分散，甚至互相吞并；另一方面也使地主阶级分子夺取农民胜利果实。这是农民起义不可避免的特点与弱点。它的根源是封建经济的分散性与小农经济的落后与保守性，但是在这次起义中，这一点表现得更为明显与突出。

比起过去的起义，这次起义有了很大的进步，主要表现在有了较强的军事领袖、战争经验，而在某些地区如窦建德、杜伏威地区，也有建立政权、进行改革的尝试。但总起来说，这次起义就其直接目标和斗争口号来看，仍是处于农民起义的低级阶段。农民之起义只是反抗隋的暴政，反抗隋炀帝的残暴统治，还没有更具体的政治、经济要求或纲领，为此，起义农民和反隋的其他军阀与地方武装就往往看不出有明显的区别而能共同作战。

（2）起义终能推翻隋政权的原因

起义经过了长期复杂的斗争才取得了推翻隋政权的胜利，自然，这个胜利是不彻底的。

1）被统治者不能忍受统治者，统治者不能再统治，阶级矛盾在隋政权破灭后才能解决。而另一方面，便是高丽战争与隋的暴政，削弱了隋的统治基础，也激化了统治阶级的内部矛盾。

2）农民起义爆发在山东地区，不仅打击隋的要害，而且使自己有广阔发展前途，这里的地形又便于起义军的活动。

3）在战争过程中，农民军接受血的教训联合起来而成为较大的力量。

4）战争锻炼出了李密、窦建德、杜伏威这样优秀的指挥者，因此，终能改变不利形势，推翻了强大的隋。

（3）农民起义的作用

1）推翻了腐朽的隋王朝，使新的比较符合生产力发展要求的政权有了出现的可能。

2）一方面地主中有一些死［亡］逃［走］了，另一方面农民从地主手中夺取了部分土地，尖锐的阶级矛盾缓和了。农民有可能再度从事生产。迫使唐初统治者必须采取缓和矛盾、恢复经济的措施，农民获得喘息的机会，有人称之为"让步政策"。

3）打击了腐朽的地主阶级特别是北朝以来的山东豪族。这些豪族在南北朝末期渐渐失去势力，到唐朝初年，其社会地位已经下降到这种地步，只有依靠旧时门第，以多纳货贿，广为贩鬻，或买卖婚姻来维持其存在了。由此可见，作为社会残余而存在的山东氏族，乃是经过隋末农民起义的扫荡才失去他们原先的经济力量和社会地位。其他如对社会的影响，如农民身份的转变，土地所有制的变化，还有待进一步研究。

本章小结

1. 统一是当时历史发展的必然趋势，在这一趋势下，隋采取打击豪族及减轻人民负担的政策来实现统一，这是符合人民要求的，因此，也就不仅成功而且实现富强。

2.但是，隋的统一是统治阶级内部互相兼并的结果，腐朽的阶级并未受到沉重的打击，因此，内部矛盾又再次发展起来。隋炀帝的暴政则加速矛盾的激化与爆发。扫清腐朽的社会力量，给生产力发展开阔比较广阔道路的任务只有留待农民起义来完成，也只有农民起义才能完成。

3.由此可见，国家权力在社会经济基础上产生并对社会经济起反作用。如果它和社会经济发展"循着同一方向而走在前头，这样发展就会更快"，如它"走上相反的方向"，"政治权力对经济发展会给与很大的损害，会造成多量的力和物的浪费"[1]。当"某一国度内部的国家政权同其经济发展发生冲突之时，……斗争每次总是以政治权力被推翻来结束"[2]。短促的隋代历史充分证明了这些原理。

4.农民起义只是打击了地主阶级，推翻了隋政权，但是，如何建立一个新的、合乎人民需要的政权，这就是它力所不能及的任务了。因此，事情并没有定，历史仍是复杂地、曲折地发展着，如何将地主割据势力统一起来，如何安顿起义之后的人民的生活与生产，如何抵御在农民战争时期又强大起来，威胁中国北方的突厥族，这一连串的任务及其如何在当时的历史条件下的解决就是我们下章主要讲授的内容。

5.隋的历史定位（略）

---

[1]　学习杂志编辑部编：《马克思恩格斯关于历史唯物论的信》，艾思奇译，学习杂志社 1951 年版，第 20 页。

[2]　恩格斯：《反杜林论》，吴黎平译，人民出版社 1956 年版，第 189 页。

第二章　唐的统一和唐社会经济的发展
（618—755 年）

　　本章讲述唐前期的历史，即从 618 年唐建立到 755 年安史之乱，安史之乱到 907 年唐灭亡为唐后期历史，放在下章讲述。其所以如此划分，是因为以安史之乱为分界线的这两个时期具有极其鲜明的、不同的特点。从政治上看，唐前期是中国历史上第二个统一的封建王朝，唐朝建立及繁荣的阶段，许多重要的政治制度都在此时期实行并有所发展。而唐后期则是这一王朝逐渐衰落乃至灭亡的阶段。安史之乱前期是唐繁荣的顶点，而安史之乱正是唐衰落的开始。从经济上看，唐前期国有土地制度——均田制占主要地位且达到这一制度的顶点，唐后期则私人地主经济占主要地位，税收制度也随土地所有制的变化而变化。唐前期商品经济逐渐活跃，而唐后期商品经济、城市、私人手工业作坊有更巨大的发展。从唐对周围各族关系上看，唐前期是向外扩展的，而唐后期则向内收缩。从文化的发展上看，唐前期是孕育时期，自前期之末到唐后期就有了空前的发展。贯穿在这一切变化中的基本线索是随社会经济特别是商品经济的发展，促使阶级关系变化，庶族地主代替门阀地主。土地所有制的变化，引起了社会生活一系列的变革，并且激化了社会上的各种矛盾。自然我们也不能忘记这两个时期历史发展的继承性，这在社会经济及文化的发展中表现得特别明显。

第一节　唐的建立和唐前期的统治

（一）统一全国

1. 隋灭亡后的历史形势

以 618 年隋的灭亡为分界线，隋末农民大起义明显地分成了两个不同的阶段。前一阶段战争目的主要是推翻腐朽的隋政权，战争的性质是农民战争，后一阶段战争的目的和性质就复杂的多。关于战争后一阶段的性质，及与此相连而引发的问题（如对某些历史人物的评价）是现在史学界正在（曾经）展开讨论的问题。下面提出的也只是对这个问题的一种看法，远非定论。随着 618 年隋的灭亡，全国出现了一个新的局面，即过去那种以反隋（不管是不是真心，或者是以此为幌子）为主要共同斗争目标的战争过去了，代之而起的是多达十几个武装集团的混战，这个斗争的目的是什么，性质又是什么呢？这就要从当时多支武装力量的性质来看。在这十几支武装力量中，明显地可以分成三类，第一类是农民军，如瓦岗军、窦建德、杜伏威等；第二类是隋朝残余势力，如东都的王世充、山东河南之交的宇文化及；第三类是打着反隋旗号的地主贵族豪强武装，李渊是这些武装中的一支，但又不同于这些武装。下面分析一下这种极端复杂局势的形成。

由于隋末农民起义的某些特点，起义力量极端分散，地主阶级之乘机起兵（非参加到起义军内部），起义口号的局限性（只是单纯反隋暴政，与地主阶级主张界限不分明）及某些地主武装及农民军与突厥关系密切等，就使得这场混战中反映出三种趋势：首先，农民战争还在延续，这不仅表现在农民军与隋朝残余势力的斗争上（李密、窦建德与宇文化及、王世充），也表现在农民军与地主的武装斗争上（窦建德与罗艺、李渊），但是，由于上述起义特点，情况很复杂，如对立的双方，地主和农民军有时又联合起来，而农民军之间又自相残杀。其次，统一运动也开始出现，斗争的目标是实现全国的统一，建立统一的封建王朝，地主武装如此，农民武装也如此。而且农民军也逐渐向地主阶级方面转化。上面所说的地主农民军双方的对立、联合，及农民军之间的互相残杀，也是这一趋势的反映。最后，随着隋的瓦解，突厥与中原民众的矛盾尖锐了起来，他们联合北方豪族武装，但也与某些农民军联合（这是农民军活动的次要方面）。

这三种趋势互相纠结、影响，其中统一运动是主流，从这个意义上讲，可以说农民战争转化为统一战争。很明显在当时形势下，统一只能是封建的统一，地主武装集团追求的正是这个，但农民领袖及农民群众追求统一的斗争主观上也只追求这个，这又是因为什么呢？这就要从农民的阶级本性上去分析。

农民是分散的、落后的小生产者，他不代表新生产力、新生产关系，他所进行的斗争如果没有先进阶级的领导，充其量就能摧毁旧政权，而不能建立一个真正符合他们利益的新制度，这就是农民阶级斗争的内部矛盾，既有反封建压迫的要求，但摆脱不了封建制度的枷锁，因此，他的斗争的结果，只局限为出现一个剥削比较缓和的政权、好皇帝、好官吏，以维持他们的小农经济及某种程度的安定生活。

因此，在推翻隋政权后，封建基本关系及维护这一关系的政治制度也就延续下来，而农民军的一些领导者，不论其出身为何，也迟早要向地主阶级方面转化。

因此，隋灭亡之后的局势只能以统一运动为主流，而各武装集团，不论他是地主军或农民军都积极地参加这一斗争，目的在于最后夺取最高政权，统一全国。参加这一混战是完全可以理解的事。

但是，与统一运动发展的同时，混战中的农民军反封建、打击地主武装、打击地主阶级经济力量与社会势力的农民战争性质仍未消失，不论农民军及其领导者之主观意图为何，农民军客观上仍在起着反封建的作用。农民军的领导者们也还不能说已经最后转化为地主阶级。

这是看来十分奇怪的现象，封建统一与反封建这两个完全矛盾的性质在618年之后的战争里，却奇妙地结合在一起。这似乎是不能理解的事，然而这却是前述的农民阶级斗争的根本矛盾，有反封建压迫要求，但摆脱不了封建制度枷锁的具体表现。

不仅如此，二者还是互相影响的，农民的反封建斗争促进了统一运动的发展，这不仅表现在农民斗争的主观愿望需要统一，而且也表现在农民的反封建斗争使得随之而来的统一能更有利于农民（地主阶级受沉重打击，统治阶级被迫对农民让步）；另一方面，统一运动又可使农民战争对历史发展的巨大作用得以表现，这二者的关系却是受农民斗争的基本矛盾所制约。正因为如此，统一运动具有积极意义。

由此可见，历史的复杂性、封建社会的主要矛盾——地主与农民的矛盾及其斗争，在这里确是通过反封建斗争与封建统一二者的统一与对立而极为曲折地表现出来。

由此可见，618 年至 624 年唐的统一阶段应当看成是隋末农民战争的第二阶段，而不是农民战争的对立物，这是因为一方面农民斗争还在继续，另一方面，统一战争的发展于后来为农民战争所制约，并且是农民战争的必然后果。

这是复杂的，但这是历史复杂性所使然，我们不能简单从事那样方便但却违反历史事实的研究。

那么，谁能在统一运动中取得最后胜利呢？由于统一运动和农民战争是这样密切地联系着，因此，只有能更好地满足农民反封建要求及人民反对外敌要求的集团才能得到统一战争的胜利。以此标准衡量，隋朝残余势力及那些毫无设想的大地主武装集团只能是被消灭的对象，那些始终与突厥勾结的势力也不可能在统一战争中得胜，剩下的只有农民军（瓦岗、窦建德、杜伏威）及李渊集团。由于隋末农民战争的局限，与地主军队界限之不鲜明，所以，农民军之外的李渊集团也有可能参加争夺统一权力的战争。至于这些集团之中谁能最后获胜，这就取决于他们的政策、设施、地理条件、军事力量乃至领导者的才能了，历史的发展决定李渊最后统一了全国。正是这种必然性与偶然性相统一的绝好例子。

李渊起兵之后，摆在他面前的是两个大问题。

（1）如何对付乘农民起义而强大起来的突厥——为了避免背后受敌，李渊也和其他北方武装集团一样，派刘文静去联络突厥。但由于李渊还有一定力量，太原距突厥又较远，特别是李渊还多少懂得如果完全依附突厥，则必然会遭到人民反对，而不利于自己事业的发展，所以，与其他武装集团有别，而对突厥采取两面手法，一方面称臣，一方面又尽量维持自己半独立的地位。

（2）如何对待为自己所镇压的农民起义——由于李渊在隋即将灭亡之时起兵，他就不能也不愿再与农民起义军为敌，并且还想在农民起义的空隙中保存与发展自己的力量。因此，乃从镇压变为利用起义，这一转变使李渊得到极大的好处，表现在：

李渊西进时，李密曾致书李渊共同灭隋，李渊则卑辞答谢，推李密为主，而目的是让李密这支巨大力量挡住东都隋军，以利于自己西进。

李渊进军到黄河东岸，就派人和关中起义军孙华、白玄渡等联系，因而得以顺利渡过黄河。

进兵关中之后，改编了许多支起义军，在短期内得胜兵（精兵）九万，军事力量大大加强。由此可见，李渊之能占领关中，是仰赖并利用农民起义队伍的结果。

关中是隋上层统治集团起家之地，关陇豪族正因隋政权之即将灭亡而不安，对自己集团中李渊的起兵，自然表示欢迎，李渊集团在渭水流域一带也具有相当的势力。李渊在太原起兵之后，其族弟神通、女儿平阳公主（柴绍之妻）、女婿段伦（高密公主夫婿）即起兵响应，与附近农民军汇合，攻占了长安外围各地，便利了李渊的进军。617 年秋，李渊从太原出发，进军关中。由于东都隋军被李密牵制，长安外围据点又多被李渊攻陷，所以，扼守河东的隋军屈突通实际成了孤军。李渊为了早日攻占关中，故在斩杀了霍邑隋将宋老生后，即分兵牵制屈突通等，而在起义军孙华帮助下，接连渡河，并沿河南下，攻占永丰仓和潼关。十一月间进入长安，立代王侑为恭帝，实为傀儡。李渊在西进途中就招慰乡村坞堡中的地主，到关中后对来归的三秦士庶、衣冠子弟、郡县长吏、豪族弟兄老幼都予以适当安排。关陇贵族集团纷纷团聚在李渊旗下，军队由 3 万人增至 20 万人，东至商洛、湖北东北，南到巴蜀，西到甘肃，北到山西、河北，相率归附。

2. 瓦岗军的失败

618 年，隋灭亡不久，中原地区的局势发生极大变化，一度成为抗隋主力的瓦岗军失败了。随着瓦岗军的胜利，参加瓦岗军的地主分子及投降的隋朝的文武官员日益增多，再加上出身贵族的李密势力的扩大，及建立封建政权的要求，瓦岗军上层分子之内的矛盾尖锐化了。617 年十一月，李密杀掉了翟让，事情虽未扩大，却种下了内部分裂的根苗。特别是杀掉翟让后，李密觉得自己的地位巩固了，"颇自骄矜，不恤士众"，以致"众心颇怨"[1]。瓦岗军内部出现了裂痕。

李密占了几个大米仓，军食是足够的，但在隋灭亡之前，李密所占的河南郡县幅员既不广阔，又是多战之地，瓦岗军的扩展就受到一定限制。一个叫柴孝和的降官建议李密亲自领兵攻占关中，由翟让固守根本，李密虽然同意，但却认为无法实行。他认为部下多山东人，乡土观念重，不拿下东都，不肯随同西进，而且，诸将之间多不相下，如果西进他们便会发生冲突，尤其东都兵力还相当强大，西进途中如受两都夹击，稍微失利就会全军瓦解。李密看到自己内部这些问题，但是没法解决，只好屯兵东都城下，不能向远处发展。瓦岗军在战略上处于被动地位。

618 年隋炀帝在江都被杀之后，宇文化及率十多万隋军扬言返回关中而北上。这时李密为避免两面作战，以全力对付宇文化及，便愿和东都的隋残余力量取得妥协，东都的贵族官僚中有的希望李密与宇文化及同归于尽，有的希望宇文化及击败李密然后投奔过来，抵制自己内部另一支强大力量王世充集团。因此，618 年六月，李密便向东都的越王侗称臣，而越王侗则封李密为魏公。

宇文化及西进时，内部曾发生兵变，占据黎阳后，又乏食，攻仓城，李密乃坚壁固守，并假意与之和好，等到宇文化及军食将尽，才知上当，于是渡永济渠和李密在童山（今河南浚县西南，又名同山）下决战。经过激烈战斗，宇文化及大败，李密虽然胜利，但也受到严重损失。

当李密、宇文化及对峙之时，东都的王世充消灭了异己力量，进一步

---

[1] 《资治通鉴》卷 186，唐高祖武德元年九月壬子。

控制了越王侗的小朝廷，李密投归东都的打算又成泡影，双方又成对峙之局。618 年九月，王世充与李密在偃师展开了决战，由于诸将的自满，没有采纳李密所主张的一面阻击一面进攻洛阳，使王世充军疲于奔命而待机取胜的意见，坚持和王世充立即决战，李密也没能坚持正确的意见，结果战争失利，王世充乘胜追击，守洛口仓的翟让旧部叛变，瓦岗军便全部瓦解了。李密率领一部分残余军队投奔了唐朝。

瓦岗军失败的根本原因是农民的分散、保守等弱点。李密之杀翟让、自满、不恤士众，则加深了这一缺点，而在与宇文化及战争中削弱，及对王世充作战时的指挥错误则促成了瓦岗军的全部瓦解。但是瓦岗军的作用仍然是十分巨大的，它是隋末农民起义的主力，而且在后期击溃宇文化及、吸引王世充力量，使隋残余势力进一步削弱，从而为此后全国的统一奠定了基础。

李密和瓦岗军的发展壮大与失败是密切相连的。李密虽然出身贵族，但在农民起义浪潮之下，他追随杨玄感起兵，从而脱离了隋朝上层统治集团，此后更进一步参加了瓦岗军，成为农民起义的领袖，对反隋斗争做出了巨大的贡献。随着隋政权的灭亡，他又企图利用农民起义的力量来建立统一政权，终于失败。他一生最主要的方面是领导瓦岗军，并且对隋做了决定性的打击，因此，对于这样一个复杂的人物，我们从他一生活动的主要方面来看，应当承认他是个杰出的农民起义领袖。

对于李密的评价，曾引起过争论，反对李密是杰出农民领袖的人认为，李密是半路出家，动机不纯，以及出卖与破坏瓦岗军。但我们应当看到，光从出身与动机来考察李密是不正确的，李密之参加起义军是一个进步的行动，而其所以能领导瓦岗军，是他推翻隋朝统治的意识与农民群众的利益相一致，正因为如此，他才能成为起义军的领袖，至于没落贵族的意识是存在的，但这从他的行动看，只是居次要地位。至于李密的出卖与破坏瓦岗军问题，应该看到瓦岗军本身的严重缺点及客观困难（处于四战之地，与强大的敌人作战）。而李密之杀翟让，只是原因之一，说李密致瓦岗军的失败有密切联系这是对的，如果说瓦岗军的失败是李密杀翟让及向越王侗投降（未成事实而且并非李密独有），那就过分夸大了个别事实，夸大了李密个人的作用。

这种论调的根源是只从李密的出身成分去评价他，而不看社会生活与斗争对李密实践所起的影响，及李密的实践在社会生活中所起的作用。这是一种孤立地、形而上学地评价历史人物的办法，但仍是值得我们警惕的。

3. 唐统一全国

（1）唐统一全国的条件

在当时各武装集团中，李渊的力量不算大（从太原出兵时 3 万人到长安时 20 万人）但他终于打败当时多个武装集团，统一了全国。其条件有以下四点：

1）农民军特别是李密的瓦岗军牵制了隋军主力，使李渊得以乘虚进入关中，并从容巩固与发展势力。

2）李渊一方面团结地方分子，一方面又实行一些缓和农民与统治者矛盾的政策，在进军长安途中，就抚慰乡村坞堡地主。到关中后，三秦士庶，衣冠子弟，郡县长吏，豪族弟兄老幼都给以适当的安置。他们又下令保护隋家庙及隋皇族，维持原有封建秩序及制度。唐军进入长安以后，又与民约法十二条，规定杀人劫盗者死，以保障地主阶级的生命财产安全。这样，李渊父子很快就取得了关陇集团的支持。

另一方面，也是更重要的一方面，李渊父子实行了一些缓和统治集团与农民矛盾的政策，如进军长安途中，李渊父子曾开仓赈济贫民，所经隋离宫、苑囿，均加蠲除，放宫人还家，又宣布严格的军纪，不许士兵随便入村抢掠，欺侮人民。进长安以后，又废除隋的一切严法，以消除民众对他起兵的恐惧心理。最重要的是唐统治者注意减轻人民的负担，由于唐占领了隋的永丰（今陕西华阴县北东）仓及长安府库，拥有大量的米和绢，可以不必过分搜刮军费，并且使高祖有颁行新租调法的条件。619 年，唐高祖把隋的每丁租调 3 石改为 2 石，调绢维持 2 丈，并规定不得额外征收。这样，农民的负担减轻了，和统治阶级的矛盾缓和了。

经过上述一系列的措施，社会秩序逐渐安定，李渊也得到比较巩固的后方，隋在关中多年经营、积聚的军事、政治与经济力量也多被唐所利用。

3）唐具有优越的地理条件。唐占据的关中、四川地区，离混战的中原地区较远，四面有险可守。这带地方原就比较富饶，受战争破坏较少，再加上唐的缓和农民与统治阶级矛盾的措施，经济力量很快超越了其他地区。由于有险可守，唐军在战略上居于主动地位，可以从容训练士兵，唐又占有隋代饲养的大批战马，因此，军事力量也很快地超越了其他武装集团。

4）唐的统治者们特别是李世民善于作战，并有高明的政治手腕，各地武装集团都在唐的分化、收买和军事进攻下一一被消灭。这就是唐能分别战胜当时各个武装集团，统一中国的条件。其中尤以前两条最为重要。

（2）唐和西北割据势力的斗争（618 年至 620 年）

李渊进入关中后，看到关东群雄互相攻杀的情况，于是便决定首先巩固关中根据地并打击西北一带的割据力量。

618 年十一月，李世民统兵与割据兰州天水一带的薛仁杲（薛举之子）作战，很快消灭了薛仁杲。

619 年五月，割据河西的李轨内部因唐的分化而发动兵变，唐因此占有河西。

619 年三月，燕北的刘武周勾结突厥进攻太原，不久攻下太原并进据汾水流域，关中大震。李世民率领唐军主力渡河与刘武周及其主将宋金刚相持，刘军实进伪退，世民穷追，迅速获胜。620 年四五月间，唐军收复太原。在军事进攻的同时，李唐用贿赂及允许突厥掠夺的办法，拆散了突厥与刘武周的联合，因而保证了胜利，刘武周及宋金刚企图逃跑，被突厥所斩杀。

由于上述几个武装集团多与突厥勾结，而唐也一直与突厥采取妥协政策，因此，唐就为自己的利益以子女玉帛为贿赂，去拆散他们与突厥的联合，并换取突厥的妥协。这充分暴露了唐统治者的丑恶面目。

但是，唐与西北割据势力的斗争也有重大的积极意义。因这些割据势力是突厥的傀儡，他们的存在大大便利了突厥对中原民众的掠夺与侵扰。唐虽称臣于突厥，但始终保持了自己的独立地位，他用妥协手段消灭了这几个割据势力，不仅有利于自己的统治，而且对于统一及反抗突厥侵扰也起了一定作用。

唐战败了这几个力量后，背后和侧面威胁基本解除，因此，西北一线的军事行动也暂时告一段落。唐的进攻锋芒也转向了东方（对突厥仍妥协，对突厥傀儡梁师都及苑君璋也采守势）。

（3）窦建德和王世充的败亡（618 年至 620 年）

618 年，瓦岗军失败后，王世充于 619 年四月在洛阳称帝，可是，他继承了隋炀帝那一套统治，而其集团内部也十分不稳。他所真正控制的实际只是洛阳一城。窦建德几年来消灭宇文化及及其他一些武装力量，占据河北大部州县，但始终未能攻下北方的幽州，因此，受到归附于唐的罗艺的威胁。江淮之间多支武装力量到 621 年底，均为杜伏威所统一。窦建德及杜伏威的政权是匆促建立的，他们的力量还没有巩固起来，多种制度和措施也不全备。这三个力量加起来超过李唐，但却处于分散状态，并且互相敌对，这就便于李唐各个击破。

李渊派人拉拢山东李密旧部及过去的反隋义军（如王薄），更重要的是江淮地区的杜伏威也被拉了过来，这不仅是唐在政治上的重大胜利，而且也使唐在战略上占了优势——对窦建德、王世充形成了北、西、南三面的包围圈。

620 年七月，西北局势稳定后，李世民派大军进攻王世充，取得了一连串的胜利。王世充的领地大部失去，洛阳被包围了。在这种局势下，王世充不得不向窦建德求救。为了维持均势，保持自己在山东、河北的统治，621 年，窦建德亲率大军十余万来援。

对于这一新形势，当时唐军中出现两种主张。一是先据虎牢（即虎牢关，今洛阳以东）之险，阻止建德西进，不令其与王世充结合，然后伺机打垮建德。这样，王世充不战而降。一是唐军已疲，东去虎牢，不免腹背受敌，最好退保武安（今河北武安），或据险而守，再图进攻。前者是积极防御，后者却是消极退守。李世民企图从被动中争取主动，乃采取了前者，亲率精锐前去虎牢。

窦建德在虎牢与唐军相持月余，几次小战失利，士气低落下来，粮运又被唐将抄袭，部下有人建议，不如渡河攻山西，威胁蒲津关（今陕西大荔县东）及关中之地，始由被动转主动，且可解洛阳之围。但由于建德部将受王世充贿赂，讥为求生之见，而建德也觉得这是畏敌而背信，而把这一有利计划搁置。

621 年五月，唐军伪装引诱建德出战，建德中计，全军出动，摆了一个长达 20 里的大阵，这是一个孤注一掷的冒险，李世民按兵不出，以部分军队吸引窦军全体，直到晌午，窦军士卒饥倦，阵势显得紊乱，世民见时机已到，渡汜水进击，建德与群臣正在聚会，仓促应战，阵势大乱，李世民更率精锐插入窦军阵后，窦军溃散，唐军追杀 30 里，俘获 5 万人。窦建德也受伤被擒（后被杀）。

这是一个决定性的战役，窦建德败亡，王世充也不得不自缚投降。窦建德是一个出色的农民起义领袖，他与王世充是不能相提并论的，东方的三大力量二败一降。621 年攻王世充同时，另一支唐军顺江东下，消灭了割据荆湖的萧铣。同年，杜伏威统一江南，622 年，李世民击败刘黑闼后，攻灭兖州的徐圆朗，并调杜伏威去长安。唐一取得胜利，统一战争基本可说结束。

（4）刘黑闼与辅公祏的起兵（621—624 年）

窦建德的主力虽被击溃，但河北一带还残存着一部分实力。唐企图加以消灭，征调窦建德部将就是措施之一。这些部将于是拥刘黑闼在漳南起兵（621 年），这时距建德之败仅两个月，唐在河北控制力还很弱，而建德影响却极深厚，刘黑闼打着建德旗帜，法律行政均师建德，很快在半年之内恢复故地。此外，刘黑闼又和其他割据势力呼应，并与突厥勾结。

622 年初，唐命李世民东征，幽州的罗艺也南下进攻，刘黑闼便处于两面作战的不利局面，在洺水东南，相持数十日之后，黑闼粮尽求战，但被李世民预先算好，将洺水上游阻塞，等刘军渡水决战时，放水淹决，结果唐军大胜，刘黑闼又以 200 骑逃奔突厥，此后充当了突厥南下侵扰的工具。622 年六月，刘黑闼领突厥万骑寇河北，突厥也同时调遣大队骑兵，两路犯山西、陕甘。

这一军事行动标志统一战争基本结束，唐与突厥矛盾上升为主要地位矛盾。这一变化也影响了唐与突厥关系，唐虽在突厥南，也曾派使臣求妥协，但更重要的是调兵予以打击，这一转变是更多地符合人民利益的。在唐抵抗突厥期间，刘黑闼在河北得到重大进展，并杀死唐军主将李道玄，但由于他投靠突厥，失掉人民支持，终于在唐军进攻下部众瓦解。623 年，刘黑闼领残部北逃，被部将捉住，送回洺州（今河北永年）斩首。

622 年，杜伏威去长安后，辅公祏代掌兵权，他不久就起兵反唐，但很快被击败，辅公祏被杀。

对于刘黑闼（投奔突厥之后不算）及辅公祏的起兵，应当怎样评价呢？应当看到他们起兵是前一阶段农民起义的延续，与窦建德、杜伏威关系十分密切，含有反抗唐统治者压迫的因素，因此，不能说他们的起兵是反动的，或不代表人民的利益，因而完全否定他们；另一方面也应看到，他们的起兵是在统一运动时期，他们的主观愿望是与唐争夺统治权，因此，也要看到，他们所反映的不完全是农民与地主的矛盾，这是次要的，而不能对此抹杀。至于刘黑闼的勾结突厥，前期是严重的错误，后期更是可耻的叛变行为，但这不能和他这次领导的起义性质混淆起来，也不能认为唐统治者在镇压了刘黑闼之后才得到了教训，实行对农民让步政策，因为唐朝政策没有很大变化。624 年，唐在山东及江南地区的统治稳定下来了，统一战争结束了（西北的梁师都，628 年才被消灭）。

附：有关隋末农民大起义问题的争论

从 1953 年，张文洋评价王丹岑的《中国农民史话》一文开始，争论最初是对李密的评价。后来牵涉到一些其他问题，几个主要争论问题如下：

（1）农民战争与统一战争的关系问题。一种意见认为，618 年之前是以反隋为目的的农民战争，618 年以后，是以建立封建统一为目的的统一战争，后者形式上是前者的延续，但性质已经变化了。但由于统一王朝在农民巨大压力下被迫让步，从此意义上说，由于统一战争包含的这点人民性（即农民群众的要求得到某种程度的满足），这二阶段又有内在联系。即后者部分实质上也是农民反隋斗争的延续阶段，因此，地主武装与农民武装界限已经泯灭，农民武装也转化了；一种意见承认，农民战争转化为统一战争，但认为矛盾的双方仍是人民及封建地主阶级，但实现统一的偏偏不是人民，这是历史的矛盾性所使然。

（2）随之而来对统一战争时期某些历史人物的评价问题。一种意见从前者，认为刘黑闼、辅公祏这样的起兵是起反动、阻碍的作用。一种认为这是农民起义，统一运动本身是进步的，但镇压农民武装不合理；一种认为正是这种起义教训了唐统治阶级，迫使其对人民让步。因而对历史发展起了推动作用。

（3）对李密的评价。一种从其实际活动出发，认为李密是农民起义杰出领袖，其活动主要方面是应当被肯定的。一种从出身成分考虑，认为李密是投机分子，并破坏与出卖了瓦岗军。这些问题留待课题讨论解决。

小　结

隋末农民大起义推翻了隋的统治，但胜利的果实却为地主阶级的李渊所夺取了去。由此可见，农民起义的伟大力量，及农民起义的根本弱点。

李渊是仰赖与利用农民起义才能得到政权，从这个意义上说，唐之所以能统一中国，归根到底是农民战争的结果。

胜利果实虽被李渊集团夺去，但农民起义的事实教训了唐统治者，使他们不能不被迫实行对农民让步的政策。唐的统一封建政权建立起来了，但是，这个政权需要解决两个问题：对内，面对着农民大起义刚结束，及经济受到严重破坏的这样一个残破局面，唐统治者应如何对待农民，恢复经济；对外，突厥已经强大起来，成为中原民众最严重的威胁，唐朝统治者应如何对待突厥侵略者？对此，唐统治者分别采取了如下的办法：

（1）对内，对农民让步，减少农民负担；

（2）对外，坚决抵抗突厥侵略。这种政策符合了人民的需要。因此，唐朝的统治得到巩固，社会经济有了进一步发展，这就是我们下面各段要讲的主要内容。

（二）土地赋税制度及所谓贞观之治

1. 唐初国内情况

隋末的残暴统治，使农村经济大为破坏。经过隋末农民战争，及突厥对北方的侵扰，人民大量死亡，生产力受到严重地破坏，所谓"万户则城郭空虚，千里则烟火断灭"[1]，唐初承受了这一残破局面，"秦陇之北，城邑萧条，非复有隋之比"[2]，"今自伊洛以东，暨乎海岱，灌莽巨泽，苍茫千里。人烟断绝，鸡犬不闻，道路萧条，进退艰阻"[3]，全国是"率土百姓，零落殆尽，州里萧条，十不存一"[4]，人口大减。唐高祖武德年间（618—626 年），全国只 200 余万户。太宗贞观初年，还不满 300 万户，较隋的890 万户不及三分之一。许多地方，甚至过去人口较为密集的地区，也出现田地荒芜、百姓太少的现象。因而使唐每岁租米不实仓廪。随时出给，才供当年。国家的财政收入十分困难。626 年六月，李渊次子李世民在大多数朝臣支持之下，发动政变，杀长兄太子建成及四弟元吉，即所谓"玄武门之变"。后李世民迫高祖禅位，自即皇位，改元贞观，这就是历史上有名的唐太宗。

2. 唐太宗对农民让步的思想与所谓"贞观之治"

以李世民为首的唐朝统治者们，一方面多是亲身经历过隋末的暴政、农民大起义的风暴的。另一方面也比较清晰地认识到自己新政权建立的基础，及当前严重的社会问题，由此，他们就得出明晰的必须对农民让步的思想。这些高论都收入《贞观政要》一书。

在农民大起义爆发的时候，隋朝表面上还是十分富强的，可是，经过起义军的打击，很快就灭亡了。这原因比起任何朝代灭亡的原因来都是更为明显的，那就是统治者对人民过度的压迫和剥削，这个残酷的事实，使唐统治者认识到隋灭亡的原因，也使唐统治者深深震撼于农民力量的伟

---

① 《旧唐书》卷 53《李密传》。

② 《旧唐书》卷 198《西戎传·西昌传》。

③ 《旧唐书》卷 71《魏征传》。

④ 《旧唐书》卷 185 上《陈君宾传》。

大。致使他们得出人民和统治者的关系的结论，即统治者及其政权的存在与否，决定于农民的意志和趋向，"舟所以比人君，水所以比黎庶，水能载舟，亦能覆舟"①，因此，可谓非民，天子无道则弃而不用。因此，唐太宗是"但知常谦常惧，犹恐不称天心及百姓意也"②。如何称百姓之意，以免遭覆舟之祸呢？从隋末农民起义的教训中，唐统治者认识到，必须要对农民让步，即不能过度剥削农民，不能把农民逼到无以为生的地步，"为君之道，必须先存百姓。若损百姓以奉其身，尤割股以啖腹，腹饱而身毙"③，"崇饰宫宇，游赏池台，帝王之所欲，百姓之所不欲。帝王所欲者放逸，百姓所不欲者劳弊……劳弊之事诚不可施于百姓"④，"人君赋敛不已，百姓既弊，其君亦亡"⑤。

不仅唐太宗有这些思想，及旗下之群臣中如魏征、房玄龄、杜如晦等，或参加过农民起义军，或经历过这一大风暴，因此，也都产生对农民让步的思想。上层集团认识一致，就使唐初采取了明确的对农民让步政策，从而产生了历史上著名的"贞观之治"。在唐朝上层统治阶级这一共同认识之下，也就出现了多名官僚的犯言直谏，与唐太宗的虚心纳谏。也就出现了唐太宗的知人善任，与官僚政治相对清明，这一切都是此前激烈的阶级斗争的产物。由于隋末农民起义给了地主豪族以沉重打击，许多地主死亡或逃亡，许多地主在农民起义中受到教训，许多土地又都归入农民手中，许多地主豪族社会地位下降了，地主阶级力量削弱了，这就使唐初统治者对农民让步政策实行时阻力比较小，因此，贞观之治不仅是农民起义的产物，而且，农民起义还给他的实施铺平了道路，创造了条件。

在执行这个政策中，唐太宗首先克制他自己的生活欲望，尽量避免奢侈铺张，并一再接受臣下的意见，如停止修宫殿、封禅等等，同时也制约官僚贵族的过度奢侈，规定邸宅、车服、丧嫁等不得逾制等等，并对能干

---

① 《贞观政要》卷4《教戒太子诸王》。

② 《贞观政要》卷6《谦让》。

③ 《贞观政要》卷1《君道》。

④ 《贞观政要》卷6《俭约》。

⑤ 《贞观政要》卷8《辨兴亡》。

的官吏升迁，贪婪的官吏惩处。这样，一般官僚地主都畏威屏迹，不敢过分欺侮佃民，从而使农民不致遭受严重的压迫。史称，贞观四年，即公元 630 年，全国处死刑者不过 29 人，虽不免夸大，但也反映了一定程度的真实。这种政策目的，终归是为了巩固地主阶级的统治，而且，唐太宗后来也往往不能奉行。因此，带有极大的局限性。但实际上，受益的却超过了统治阶级的范围。由于不从事大修建，农民可减少徭役负担，在这时期，遇有水旱，则减免赋役。628 年，唐太宗以玉斧金宝赎回农民因灾荒卖掉的子女。631 年，从突厥赎回 8 万口，这些都使农民获得了利益，人民受的剥削相对减轻。由于整顿吏治，农民不致遭受不断的压迫，社会也相对安定。

由此可知，作为隋末农民起义斗争产物的贞观之治，在某些方面是符合农民部分利益的，但更重要的、根本的却是均田制，这是农村根本的土地问题的解决，从对均田制的态度及其实施来看，是更能说明贞观之治的实质。

3. 均田制与租庸调制

（1）均田制与租庸调制的颁行及其主要内容

随着政权的建立与逐渐巩固，唐统治者开始处理封建社会内的最主要问题——土地问题，也就是处理地主阶级及其代表者封建国家与农民之间的关系问题。对于这个问题，唐统治者沿袭了北魏以来的均田制。619 年，规定了新的赋役制度，主要内容是：每丁租 2 石，绢 2 丈，棉 3 两，自兹以外，不得恒有调敛。由于这次令文的记载，多数不全，故未见有徭役制度的规定，但据其他材料推断，徭役负担也是存在的。624 年（武德七年），统一战争基本结束，社会秩序安定下来，全国绝大部分地区落入唐统治者控制之下。唐政府有了实施均田制的条件，于是将均田令与赋役制度合并公布。主要内容如下：

1）对农民的土地分配

规定：凡天下男子 18 以上丁男、中男给田 1 顷，残废疾病者给田 40 亩，寡妻妾 30 亩，若为户者加 20 亩。所授之田，20 亩为世业，其余为口分（非二八分）；老弱寡妻妾等，世业田身死则承户者受之，口分田身死之后，由官府收回，更以给人。原则上不许买卖口分田。世业田一度不许买卖。授受办法为，每三年造一次户籍，每年调查一次，在岁终授受。

2）农民的赋役负担

以丁为单位，每丁岁纳租粟 2 石，调则随乡土所产，绫或绢或绝各 2 丈，布加五分之一，输绫绢绝者，兼调绵 3 两，输布者，麻 3 斤。凡丁岁役二旬，若不役则收其庸，每日 3 尺（以绢代役工值），有事而加役者，旬又五日免其调，三旬则租调俱免。通正役不过五十日，夷僚之物，皆从半输。凡水旱虫魃为灾，十分损四以上免租，六以上免调，损七以上课役俱免。

737 年（开元二十五年），又更加详细地规定均田制的多方面问题。较前两次的令文，增加的主要内容如下，但这些内容是否在以前颁布过，这就不得而知了。

一是在农民及工商业者授田方面，狭乡所授减宽乡口分之半，其州县之界内，所有授田者悉足者为宽乡，不足者为狭乡，诸给口分田务从便近，不得隔越。应给原宅地者，两口、三口以下给一亩，每三口加一亩，贱口五口给一亩。并不入永业、口分之限。其京城及州郡县郭下原宅不在此列。诸以工商为业者，永业、口分田务减半给之。在狭乡者并不给。

二是在土地买卖方面，诸庶人有身死、家贫无以供葬者，听卖永业田，及留遗者亦如之。乐迁就宽乡者，并听卖口分（卖原住宅、邸店、碾硙者，虽非乐迁，亦听私卖）。诸买地者不得过本至。虽居狭乡亦听以宽置。其卖者不得更请。凡卖买皆须经所部官私申牒，年终彼此除覆。若无文牒，则卖，财没不追，地还本主。诸田不得贴赁及质伪者，财没不追，地还本主。若从远役、外任，无人守业者，听贴赁及至。

三是均田制还规定了官吏的给田。王公及职事官受永业田，从亲王百顷，职事官正一品六十顷开始，按等递减，一直到云骑尉八十亩。均可传子孙，不在受授之限。可自由买卖。

四是官吏、军官有职分田。京畿及外地各不同。从十二顷到八十亩，田租等于是俸禄之一部分。各级官署有公廨田，在京官署给田自二十六顷至二顷；在外诸州官署给田自四十顷至一顷。田租供衙门及办公用费。

（2）唐代均田制与前代均田制度的比较

唐代均田制是北魏以来均田制的延续，但根据当时情况，也做了一些改变，这些改变比前代完备、严密，也比较切实可行。虽然实行程度仍是大可怀疑的，一般说来，比过去均田制有进步。

妇女一般不授田，而以男子为单位，办法比较简单，授田亩数比隋少40 亩，又根据宽乡、狭乡规定，授田亩数不同。这即可说明办法是比较切实的。

奴婢不授田，不课税。一定程度上限制了大地主的土地占有，这也反映了北魏以来，奴隶经济的削弱（北魏时无限制，齐、隋有限制）。

土地自由买卖加以限制。口分田的买卖一方面被迫允许，另一方面又用去官府申请并不许逾限的办法加以限制。官吏可以买卖土地，但也有限制（北齐时已有可买卖之例）。从当时三番五次的规定土地买卖办法来看，前期土地兼并之风是很盛的。

从政策精神来看，政府用均田制来鼓励人民发展生产，特别是开垦宽乡土地。如宽乡授田多，去宽乡听卖口分田，并随迁去远近，免去三年到一年的租。远役在外，无人守业者，可贴赁。地方官监督生产，田有荒芜，官吏及户主均受处分等等。

在赋税负担方面，唐收的租粟比隋少一石，平均起来隋每亩合2.14升，唐每亩合 2 升，似乎稍轻，但由于当时的计算法是口分田出租，世业田出调（桑田），则隋唐以口分田计，均为每亩 2.5 升，看来好像一样，但是，收租以丁为单位，非以田为单位，假如由于 A 授田常不足额，B田即使授多了，耕作跟不上，产量并不能按比例增加，因此，唐制还是比隋制轻的。假如隋和唐实授之田差不多（敦煌户籍载，唐平均每丁授田只有 30 亩左右），则唐之负担比隋减少的意义就更大了。隋虽已有"输庸停防（即可以以纺织品代替劳役）"的规定，但年龄限制在 50 以上，至唐则成为普遍规定。这对农业生产的发展是有利的。

均田制的实质是国家将自己所掌握的土地分给无地、少地的农民，并向其征收租庸调形式的地租。租调实际上是实物地租，力役则相当于劳役地租。隋以前，二者并立，劳役地租比重颇大，隋特别是唐以后，劳役地租的力役渐向实物地租转化（庸），至两税法全变。这是国有土地地租形式的进步，也反映了当时社会经济的发展。

（3）唐代均田制实施的情况

从现有材料上来看，唐代均田制是实行过的，但是并不彻底。

1）唐代均田制是延续北魏以来的均田制的。北魏均田制也不彻底，但从未被怀疑过。则自然不能据唐代实行不彻底而怀疑其未实行。

2）唐代由于：A. 地主受到农民战争的打击，特别是因此国家掌握了大量的荒田，农民也掌握了一部分土地，均田制推行比任何一个朝廷的条件优越得多。B. 为缓和农民反抗，并恢复经济，以增强唐的统治力量，唐的统治者也需要处理土地问题，中央集权制的加强，也有利于均田制的实行。均田制实施的可能性是存在的。另一方面，据当时的实际材料，均田制也确定在不同程度上实施过了。以下几个方面可以证明：a. 授田：口分、世业等，史载不绝。b. 当时唐朝令文如《唐律疏议》及唐人议论，无一不是认为均田制是实行了的，并不怀疑它的存在。c. 当时的租庸调及户籍制度，也无一不与均田制有关。均田制是空文而这些制度又在推行是讲不通的。d.《旧唐书·长孙顺德传》及《贾敦颐传》分别载二人在唐太宗统治中期及 654 年（高宗时）追夺大量官僚豪族的籍外占田以给贫民。若无均田制的规定，及某种程度的实施，这样的事是不能想象也不能做到的。但是唐代均田制度也和前代一样，由于多地情况复杂，及地主的土地私有制的存在，因此，只是把部分国家占据的荒地分给农民，再加上授田还田情况复杂，这就使均田制的授受基本上不能照规定的数额执行（但租庸调仍按规定的数额征取）。据现有材料看来，敦煌一带每丁不过 30 亩上下，土地也颇零碎，大小不一，小块犬牙交错，但是，它终究不是具文。由于当地经济残破之故，荒地很少，故推行时期也就很长。在推行之中，除去上述原因外，也还有一些阻力，一是封建国家日益加重的赋役，使农民逃亡，因而必须强迫他们重新编入户籍；一是地主的土地兼并及买卖，一方面是国家掌握的土地日益减少，而编制在国家户籍簿上的劳动人民也日益减少，终于成为均田制破坏的主要因素。

（4）唐代均田制度的实质及其对社会经济发展的积极作用

唐朝均田制和前代一样，只是把国家直接控制下的土地分给无地、少地的农民，它不但没有动摇地主的土地所有权，而且，按官爵等级分给贵族官僚大量土地，因此，它并不能根本上解决土地问题。另一方面，它是把劳动力强迫编制在土地，以为国家生产剩余生产物上的一种生产方式，是为了封建统治者的利益，其封建剥削的性质是很明显的。但是，应当看到，在当时历史条件下，均田制的实施（哪怕是极不彻底的），却有其积极意义。这表现在：

1）均田制使大批政府手中的荒地与没有土地的流亡农民劳动力结合起来，结果，人口过剩基本消灭，绝大多数农民能够从事生产，耕地面积扩大了，生产渐渐恢复了，唐前期户口迅速上升，即与此有关。

2）在唐初土地较充足，授田较多的情况下，唐的赋税比起过去来是较轻的，而且，由于唐朝初期统治者能以隋的覆亡为借鉴，不对自己定的租庸调法进行破坏，不在法定数额之外更有所苛求，再加上以庸代役的规定，就使农民所受封建剥削相对减轻，这对社会经济的恢复是有利的。

3）均田制的实施及办法中的一些规定（买卖、限额等），对于贵族地主的兼并多少有些限制。从前面所举材料亦可看出这一点。但是，这种制度是暂时的和不彻底的。一方面，由于社会经济的发展与土地所有关系的变化，一方面也是由于它本身的一些不可避免的缺点（这又正是前者的反映），终于导致被破坏，这个问题我们到以后再去讲。

唐朝初期，均田制却是收到了实效了的。由于均田制及其他一些对农民让步的政策如前述的一些奖励人口增加，新附户免当年役和课役，把邻国夺去的人口要来，并免去三年至十年的课役。629 年（贞观三年），塞外来归，边塞各族人民入居内地者已达 120 万人。又奖励婚配，以人口增值作为州县考课标准等等。唐代生产逐渐恢复，并且有了发展。这种情况的出现，主要还是农民起义的结果。唐代均田制度是在农民起义浪潮下，地主阶级受到严重打击，农村阶级关系激烈变化，土地所有权大量转移条件下实施的。这一方面迫使封建国家不得不向农民让步，一方面又使封建国家掌握大量荒地而具备实施均田制的条件。因此唐前期均田制效果的明显，以及农村经济有所发展，主要是隋末农民大起义的结果。

附：有关唐代均田制度的几个争论问题

附（一）

目前史学界对这个问题是有争论的。争论焦点集中在下面几个问题上，主要是环绕邓广铭先生的唐代租庸调法一并展开讨论。

1. 均田制是否实行？

主张未曾实行者为邓广铭，认为均田令发布只是具文，发布之后只是把全国土地名称用世业、口分两类整齐划一了一次，并没有所定办法向全国无田产或少地的农民分授过土地，理由是：

（1）极端重视田制的杜佑在《通典》中独未记载武德七年的均田令，而对开元二十五年令虽记，却说是"'虽有此制'而未之能行"。（邓语）

（2）中原地区隋末受祸最深，但均田令颁布八九年之后，还极荒凉，而从《贾敦颐传》可知，当时这些地方贫民很多，但豪家籍外占田并未按手续申牒除覆。而贫户需刮田给之，可见并未成为均田令实行的对象。而贾敦颐分田时，也未按均田法令办理，可见均田法令并未实行。

（3）敦煌户籍残卷中，已授田数距其应授田数相差很多，而各户已授田与未授田比例，又多不相同。各户土地虽贯永业、口分之名，但分散之极，与无从近取，务从近便，不得隔越之原令不相合。

反对者的反驳是：

（1）《通典》谈到唐代土地制度，不以其他的完全可以肯定的田制如公廨田、职分田等居首，而以均田制已大坏时的开元二十五年均田令居首，可见杜佑承认均田制确曾实行，至于省略武德七年令之故，是因《通典》是综合叙述，故已详于北魏，此时，将较详之开元二十五年令选入，也就可以了。又说《通典》屡提开元二十五年，而《六典》典文亦多综合前代令文未废者而成，不得以此断定杜佑认为武德七年未行均田。而杜佑文中亦未全盘否定均田令实行，是邓误会。

（2）均田制并不排斥土地兼并的存在，《贾敦颐传》时距武德七年已经三十年，土地兼并之风不能不盛，而贾敦颐的做法，正是据均田令才有可能。

（3）有狭乡、宽乡之分，土地不足是必然现象，土地分散也能说通，且不得隔越指的是隔州、隔县，敦煌材料是同乡。相反，如承认同时有私有土地及授受之复杂情况，则分散为自然集中反不可理解了。

（4）此外，那种划永业、口分之举，而且一直延续到开元、天宝，如不真均田，则毫无意义。而且有不少授受的规定，三年一造户籍也是如此。而永徽后，禁买世业、口分田也是均田制实行的证明。如与私有土地不得买卖，日本也曾实行。

（5）北魏以来既实行，不能割断历史。

总之，实行与否是一件事，是否彻底又是一件事。不彻底不等于未实行，二者不能混淆。在当时情况下，不彻底是正常现象，彻底反而是怪事。

2. 租庸调法与均田制有无关系？

邓①说是没有关系，理由是：

（1）租调制度为武德二年颁布，均田在武德七年，可见，并非有均田才有租调。

（2）武德七年租庸调法，乃二年之加详。虽与均田令一起颁布，但无不解之缘。

（3）开元二十五年，《赋役令》遵照的是武德二年之制，而非七年，与均田令同时颁行的租庸调法。

（4）租庸调法之不能实行，主要是版籍不修，丁口转徙，及赋役加重，与均田是否执行毫无关系。唐人包括杨炎、陆贽、杜佑均没有这么说过。

反对的意见是：

（1）武德二年均田尚无在全国实行的条件，七年与租庸调一起颁布可以理解。因需造籍，七年令为二年令之再次颁布，则开元二十五年令指二

_____

① 指邓广铭先生。

年也可理解。

（2）杨炎、陆贽认为，租调之弊主要是版籍不修，田亩转换，丁口转移，正是以证明赋役与均田有关。

3. 均田制的作用。

邓文认为没有任何作用。其他人均认为有作用。邓说是籍丁而税，因此，负担不轻，但比前代究竟要轻。此点除岑仲勉认为实际上与隋同，并且按户等享有动产多少而高下之。可以斟酌。

4. 均田制的性质。

一说是拓跋氏的原始公社制的残余；一说是中国农村公社之国有化（内因论）；一说是曹魏屯田与西晋占田之延续（限民名田，为民置产之实施）；一说是初期封建社会之制度（上）。这是一个最重要的问题。但还未展开充分讨论。①

附（二）：《新唐书》载均田制的错误

《通典》、《唐会要》、《旧唐书·食货志》、陆贽《论两税之弊》、《唐律疏议》、《唐六典》、《册府元龟》中关于赋役记载全同。但《新唐书·食货志》却为租粟2斛，稻3斛，调岁输绢2匹，绫绝2丈。布加五之一，棉3两，麻3斤。非蚕乡则输银14两。庸岁20日，闰加2日。不役者日为绢3尺，谓之庸。有事而加役25日者免调，30日者租调全免。通正役不过50日。这个说法是不对的。不但绝无旁证，而且道理也处处讲不通。

（1）粟就是谷实，也就是稻。为何分粟？

（2）绫绢绝不应并征，而是多随乡土所产，且要多交绢2匹，负担太重。非蚕乡应出布，无输银之理。唐时唯蛮州用银，内地尚未用此为货币，不能作为征收单位。且当时海南诸郡共输银最多百两，一般20两。一郡如此，一丁却当其三分之二，不合理。

（3）初唐一般户调绢20尺，仍低于租粟2石。故加役之年，加15日

---

① 编者补注：敦煌藏经洞文书面世后，对均田制有了新认识。此处略，仍维持原稿。

免调，再加 15 日免租，大致把户调绢 20 尺之价与粟 2 石视为相等，而做出此一规定。《新唐书》则谓调绢 20 尺，抵 25 日庸值，而租粟 2 石之抵 5 日庸值，只当调绢 4 尺之价，绝不合理。因此，《新唐书》不合理，引用是不合适的。

（三）初唐的政治制度

在对农民让步政策实施的同时，初唐统治者从政治上实行了一系列目的也在于加强自己的统治，特别是关陇集团的统治的措施。即一方面加强中央集权的政治制度，一方面努力扩大自己的统治基础。这与对农民让步政策又是互相关联的。

1. 唐初的统治集团

唐初占主要统治地位的是关陇集团。为了巩固自己的统治，唐太宗极力提拔关陇上层统治集团的人，作为支持自己政权的主要力量。采用封邑的办法，使功臣贵族享有经济特权。政治上亦使之享有特权。公元 631 年后，设学校为培养官僚场所，与此同时，又压抑没落的山东贵族，修《贞观氏族志》时，把山东有名的崔氏从第一等降为第三等，而把李氏列入一等就是一例。与此同时，唐太宗又注意扩大自己的统治基础，从敌对集团特别是地主阶级中下层中吸收一些优秀分子参加政权。其办法除提拔布衣及低级官僚外，最重要的就是继承科举考试制度。这样，唐朝统治集团就成为以关陇集团为主体，而有多阶层地主分子参加的政权。

2. 唐律

隋文帝《开皇律》作后齐之制，但常于律外刑人。炀帝修《大业律》，更轻于《开皇律》，但当时农民起义四处爆发，乃诏，窃盗以上，罪无轻重皆斩。但重刑仍不能挽救他的灭亡。618 年（武德元年），唐废《大业律》，颁新格 53 条，因《开皇律》而增损，凡律 5 百条。627 年（贞观元年），更定律令凡 500 条，分 12 卷，比隋律者减大辟者 92 条，减流入徒者 71 条。主修者为房玄龄、长孙无忌等。此外，又定令 1546 条，删武德以来敕 3 千余条。为格 7 百条，及某些税官计帐为式。651 年，新删定律令格式，其中律 12 卷，是为《永徽律》，652 年（永徽三年），修疏 30 卷，主修者仍均为长孙无忌等，及今流传之《唐律疏议》，此后未有大变。宋元多用之。

唐律和隋律一样，是保护地主阶级与镇压人民的法典，其基本内容如下：

（1）保护封建国家土地所有制及国家对农民的赋役剥削

1）强制实施国家土地授受权，官吏执行不力就要受罚。不许占田过限，及不按规定出卖土地。

2）强制劳动力固着在土地上进行生产，脱户、漏口、逃亡、浮浪，人民或官吏要受罚。地方田畴荒芜，官吏受罚。

3）到时不纳赋税，或不服徭役，从官吏到户主分别受处罚。较前二者为重。战时不服兵役的甚至要处死。可见唐律实质所在。

（2）保护封建等级制度

良民包括皇帝、皇族及各级官僚贵族地主、农民，贱民分官、私两类，官贱民包括官奴婢——常役无番，官户——分番做工（与部曲同），杂户，太常声乐人。私贱民包括私奴婢——同于资财，律比畜产，由主人处分，部曲——宗仆，不同资财，转释无估（没有价格）。各等级犯同样的罪，因贵贱而有轻重。各等犯人彼此相犯，低等罚重，低级的罪重，高级的罪轻。如奴殴主，为斩罪；主殴奴及部曲，不论。多色（等级之间）人之间不许婚配。至于贵族官吏更有所谓八议的办法，可以经过一定形式减免罪。

（3）反映父权制

1）不许异籍别居，不奉父田，不孝有罪。

2）家长可教戒子孙。反之子孙忤逆有罪。

3）家长为男子，女子地位低，夫杀妻处徒刑三年，妻杀夫斩。夫殴妻不论，妻殴夫处徒一年。双方地位不平等。

（4）反映国家对社会经济的某种控制——体现东方专制主义特点

如用水溉田的办法，禁止盗水决堤，对私人手工业的规格、市场的管理，质量、原料、尺寸大小、价格均由国家掌握与规定。

（5）镇压阶级斗争

对谋反及大逆，诛灭亲族，对盗贼、抢人与杀人处以极重刑罚。盗绢一尺之罪，等于良人殴杀奴婢，或折人一肢之罪。由此可见，唐律之阶级实质。但是与隋律一样，唐律对封建社会秩序的保持与巩固起了一定作用。刑罚比前代轻，且有一定标准。因此，在当时起了一定的积极作用。

3. 行政制度

唐朝制度多因袭隋制，中央政府中，三师三公名存实亡，协助皇帝处理政务的是尚书、中书、门下三省。国家主要政令，中书出旨，门下审核，尚书执行。三省长官，尚书令（后设左右仆射）、中书令及侍中都领有僚属，为了参议朝议，将朝官加中书门下三品。公元 682 年（开耀二年）后，为同中书门下平章事者，即可参议大政，亦为宰相（而仆射不带此衔反不能参与）。尚书省下有吏、户、礼、兵、刑、工六部，中央监察机关则有御史台，设御史大夫，另外，门下省的给事中亦负监察任务。这是加强中央集权之重大措施之一。地方统治机构基本为州（刺史，有时叫太守），县（令）二级。唐中叶有州三百余，县一千五百余。太宗即位后，在全国设十道，临时派专官查视。没有常设专职官员。唐代行政制度有承先启后的作用。

（1）中央集权政治有进一步的发展

中央扩大监察职权范围，也加强三省分工，州县到乡里，有一套严密组织。一切政令全操作在中央，三省互相牵制，皇帝从中加以控制，因而加强了中央集权性质。

（2）各级政权组织较严谨，分工较明确

（3）官员更趋官僚化

任官非由私人，或选辟，而渐渐为科举制代替。但是，另一方面，贵族政治色彩仍极浓厚。如军国大政之合议，三省权势之大均是如此。行政制度体现了中央集权的加强，与统治阶级基础之扩大，也充分体现了唐封建政权镇压剥削人民的性质。

4. 学校和科举制度

唐代学校教育十分发达。京师有国子学、太学、四门学、律学、书学、算学等，皆隶国子监，多收官僚子弟或外国留学生。皇亲贵族、大官僚子弟另有学校。地方有都督府学、州县学，私人一般不许办学。主要学儒家经典。唐太宗时，中央国子监学生8千多人，地方州县学生6万余人。学生学成可去应举。

唐代科举内容多，通常有所谓常科，秀才、明经、进士、明法、明书、明算、选举、道举、童举等。考生来源多为学馆生徒，即：学生和"乡贡"、士人。每年应试者常达上万人。考试内容除侧重经义、律令、诗赋、杂文外，另据科目不同而试有专门内容。考生由礼部主持的科举及第后，经吏部铨选的言、身、书、判考试合格后，即可任官。当时考的最多的是明经、进士二科，特别是后者，一经及第，升擢极快，尤为士人乐趋。科举渐渐成为官僚主要来源。玄宗以后，宰相多为科举出身。科举制及考试方法，一方面促使门阀制度衰落，但又保证官僚贵族子弟（关陇集团为主）有做官的途径。另一方面也扩大了统治集团的阶级基础。使"天下英雄入吾彀中"（唐太宗语）。马克思说："一个统治阶级越是能吸收被统治阶级中最优秀的分子，它的统治就越是巩固，越是危险。"① 经过农民起义教训的唐太宗是很懂得这一套的。从此，大多士人终日埋头念书，争取功名，所谓"太宗皇帝真良策，天下英雄尽白头"②。这对维护封建统治是很起作用的。但是，再一方面，学校和科举又促进了学校教育的发达。出现"五尺童子耻不言文墨"③的情况，这是比前代进步的地方。

5. 府兵制度

（1）府兵制的内容

唐代统治者除上述制度外，还建立了一支庞大的军队作为其统治支柱，这支军队依隋之府兵制，并经唐初十多年推行，而在636年（贞观十年）编成。其主要内容如下：

1）各地设折冲府，每府设折冲都尉，及左右果毅都尉统之。上府1200人，中府1000人，下府800人。府下有团、队、伙之编制，各府直

---

① 《资本论》第3卷，人民出版社1955年版，第780页。

② 王定保：《唐摭言》卷1《散序进士》。

③ 沈既济：《词科论》，收于李昉等编：《文苑英华》卷759。

属京师十二卫，每卫置大将军一人，将军二人。636 年，全国共 68 万人。

2）府兵选拔一部分人充当，非普遍征兵制。选入之后世袭军籍，不得更换。从 20 至 60 岁，依道路远近，到京师轮番宿卫。从五月一次，到一年一次，每次一月。打仗亦调之。武器、行装、食粮自备，但不再负担赋役。

（2）府兵制的性质和作用

1）府兵制与均田制结合

参加太原起兵之军队（破产农民）6 万人，在战争结束之后，均被点为府兵，分给渭北七县无主肥田，作为永业。这不仅说明唐初曾实行均田制，且说明府兵制是建立在均田制基础之上的一种兵农合一的制度。这对减少财政开支及社会生产均有积极意义。

2）府兵成员包括：六品以下官吏子孙，及其他地主分子，将领均为地主。这说明了府兵由地主掌握，以地主分子为骨干。这对巩固唐地主政权有重大意义。

3）折冲府绝大部分集中在关中、河东、河南及陇右地区。全国 634 府中，关中占 40%，上述四地区则占 80%，这一方面反映这带地区均田制实行较普遍，也反映地主统治力量加大，还反映唐朝军队力量之集中。唐初统治者一系列制度措施，总目的是为巩固封建统治，具体反映了下述意图。

一是加强地主阶级统治力量，首先是关陇集团。

二是扩大统治阶级基础。

三是加强中央集权。

四是保护地主与镇压农民。

但这些政策与对农民让步及均田制密切关联。因为：

1）与地主阶级统治力量相适应，唐太宗才对农民让步。但为加强地主统治力量唐太宗又采取上述一系列措施。特别是吸收地方中下层分子、中央集权、军队、法律等等。

2）在地主阶级统治削弱，特别是豪强士族削弱情况下，农民才有可能得到一块土地，均田制才有可能实施。而均田制的实施，又使关陇集团统治得到巩固。因此，打击山东士族政策就与均田制实施密切结合。由此可知，对地主阶级各阶层政策是地主农民这一基本矛盾关系之反映。

第二节 武周政权和唐玄宗的统治

（一）庶族地主力量的滋长与武周政权

1. 庶族地主力量的滋长

隋唐地主政权的建立，结束了魏晋以来士族门阀专横的局面。新兴的地主政权通过科举制度为一般非士族的地主打开了仕进之途。但另一方面，由于士庶对立的遗风，及唐代起兵倚仗关陇集团这一历史条件，武周以前，在唐朝政府中占主要地位的绝大多数仍是皇族、功臣、贵族以及由此一大官僚集团出身的知识分子。唐太宗偏袒关陇集团，其学校制度也为这批官僚集团的子弟入仕大开方便之门。高祖、太宗时期，一般中小地主势力较小，对政治地位要求较不迫切。但高宗以后，经过半个世纪的发展，随着农村的阶级分化，及土地兼并之逐渐展开，中小地主地位日益提高，政治地位要求日益强烈，他们虽也可提高科举仕进，但及第者还需经过吏部考试才能入仕，而唐朝举官又有门荫、军功等等，因此，通过科举并不是最平坦的道路。这种中小地主对政治地位迫切要求的最具体表现就是当时科举选仕的拥挤状况。657 年（显庆二年），刘祥道上书说，当时内外文武官 14000 人，每年补充 500 人即足，但当时每年备选官达 1400人，比需要多两倍，以致经常有大部侍选之人无法授职。表明当时科举制度不能满足他们的愿望。另外，通过科举而能仕进的一般地主知识分子即使除官也多属外职。清要的京官又多由大官僚子弟盘踞，因此，地主阶级中这两大集团间的矛盾必然日趋尖锐。武则天正是在这一斗争明朗化的时候逐步掌握了政权。在这一斗争中，她正是地主阶级中新兴集团的代表。

2. 武周政权

649 年，太宗死，其子李治即高宗即位。656 年以后，高宗苦风眩，头重，目不能视，大权渐渐落入皇后武则天手中。

武则天一说为并州文水人 ①，其父士彟曾为贩木材的商人，虽然从高祖起兵，并非主谋，之后亦无军功，他与关陇集团的关系是薄弱的。637 年，武则天 14 岁时被太宗选为才人入宫，太宗死被迫入寺为尼。高宗立，复召入宫。655 年，在新兴地主官僚集团支持下，被立为皇后。683 年，高宗死，子中宗立，武则天临朝称制。690 年改国号为周，自称皇帝。705 年让位于其子中宗，复唐国号。

妇女为皇帝这在中国是绝无仅有的事，这和唐朝妇女不像后来那么低落有关。武则天本人在让位中宗当年死。自 655 年至 705 年，实际当政 50 年，她是中国历史上唯一的女皇帝。武则天家庭为商人出身，与关陇集团无直接经济联系。因此，易于了解新兴地主阶级经济发展情况及政治上的愿望。她个人又两次入宫，对大官僚地主把持仕途的情况也不生疏。因此，她能成为新兴地主集团的代表也是可以理解的。武则天当政之后，即接连给大官僚地主几次重大打击。首先是以谋反为名流放及杀死唐重臣长孙无忌、褚遂良等关陇集团重要人物。684 年，武则天废中宗为庐陵王，唐初功臣李勣之孙徐敬业等借此起兵，仅两月即被平定。大官僚集团又被消灭一批。688 年，李唐宗室在关东做官的诸王共谋起兵，因缺乏准备，失败。李唐宗室大批被屠杀、流放。697 年，因刘思礼案，又诛放大批官僚。此外，采用告密、打击等方式，使曾在唐朝政府中成为骨干力量的关陇集团终于不复存在了。另一方面，武则天却提拔了大批新官僚，她不仅擢用科举出身的新兴地主集团的重要分子（从天授到长安，即 690—705 年，宰相 30 余人中，绝大部分为科举出身），并且进一步提倡科举外，又不惜采用不拘常式破格用人的手段，令官吏、百姓可自举，而且出现大批卖官现象。这种做法虽然使官员极度冗滥，但也扩大了新兴地主集团的政治地位。又由于武则天用人唯才的作风，从大批官僚中选拔有用人才，因此，也培养与提拔了一批新兴地主中的优秀人物，使之真正能在政治上起作用。为了更好地倾听新兴地主意见，她又在 686 年，设四个分类意见

---

① 关于武则天的出生地，有不同说法，暂取其一。

"瓯"，即"四瓯"，由专人看守，每日进呈一次，这种办法在当时亦属创举。在武则天之世，旧官僚集团之被打击，与新兴地主之分享政权，渐渐完成。在这一统治阶级内部斗争过程中，旧官僚地主集团之所以失败，是由于：

一是农民对发展生产积极性大过战争，不支持旧地主官僚集团起兵。

二是府兵制度仍起作用，中央兵力比地方强大，地方兵士不易征集。但到武则天晚年，这一斗争渐趋缓和。因为这是统治阶级内部斗争，新兴中小地主集团由于阶级利益一致，及自身力量不足，只要达到分享政权而非独占就行。其表现为：

（1）武则天的罗织屠杀政策渐渐改变。当时，人们建议她退位，也不加罪。对过去徐敬业及诸王党羽也不再追究。

（2）武则天最后终于被迫让位于中宗，这一变化并不影响新兴地主官僚集团的地位，他们几乎全部留用下来，而成为开元、天宝时期的重要政治力量。武周的这一"革命"，对唐朝政治的影响是打击士族对政治的垄断，使新官僚大量增加，而引起唐朝官僚集团之长期倾轧。

武则天执政时期在社会经济方面起到两方面的作用：

（1）积极方面：大官僚贵族由于受到打击，对土地的兼并受到一些限制，遂使农业生产有了继续发展的条件。开元之治与此不无关系。

（2）整个官僚集团庞大，人民负担日益沉重。新官僚也必然参加土地兼并，故开天之后，均田制破坏，土地兼并激烈。这是消极方面。

一般论及武则天，多从这几个角度：

（1）女祸。皇室内部倾轧，甚至横加污蔑，从个人品质、性格来解释。

（2）有些史学家强调其屠杀，官吏冗滥，奢侈一面，而未对这些事件的实质进行分析。

（3）从不同地域和婚姻集团内之斗争来分析，事件原因及进程（陈寅恪），但实际情况却如上述。因此，武则天不是什么坏皇帝，唐朝在她统治时期仍维持强盛局面，政治、经济生活具有某些发展。另一方面，这是中国历史上唯一的女皇帝，有些品质（如纳谏、用人等）是好的，这值得我们特别注意。

（二）开天之盛

武则天之后，经过短期的皇族间的斗争，最后李隆基即位，是为玄宗。在他统治的 43 年中（712—755 年），唐达到繁荣的顶点。这段时期年号为开元、天宝（先天一年不计），故史称"开天之盛"，特别是开元，史称"开元之治"。在这段时期里，一方面唐代社会经济日益发展，另一方面，社会内部多种矛盾亦随社会经济的发展而日益尖锐，其中最主要的是土地兼并问题。在这种局势下即位的唐玄宗在他即位的初期采取了一系列的改良政策，因而使社会矛盾发展受到抑制，社会经济还能向上发展。

1. 经济方面

（1）禁止食实封的官僚贵族直接向封户勒索租庸调，由农民统一交到各级政府，封主则到京城户部分领。也禁止他们向农民放高利贷。

（2）派官到各地检查。查核地主用伪勋或假名义逃避税役或隐漏土地不报，也查逃亡农户。并奖励客户及浮浪户归耕，分配田宅，只取轻税。这种做法对农业生产发展起了好作用。仅 721 年，即增加万石，田亦称是。客户税钱亦数百万。

（3）经常疏散长安一带人口，皇帝经常率百官和百姓去洛阳就食。减少漕运之劳。

（4）注意不太奢侈，改变武则天做法。

（5）多次令僧尼还俗，并不得再建佛寺。

2. 政治方面

任用贤才，听取意见。废除仕途冗滥之弊，官吏升降须经一定机构和制订相应制度，改变武则天以来办法。又注意压制豪强贵族，政治比较清明。在这一系列措施下，出现了社会清明，经济繁荣景象，人口大量增加，自唐初 200 余万户，达 754 年（天宝十三载）906 万户，5288 万口。物价低廉。725 年，东都米斗十五钱，青齐五钱，粟二钱。740 年（开元二十八年）西京、东都米万斗，值钱不满二百，绢匹亦如之。物价的低廉说明社会经济的繁荣与安定。当时社会秩序也很安定，"是时，海内富实，米斗之价钱十三，青齐间斗才三钱，绢一匹钱二百。道路列肆，具酒食以待行人。店有驿驴，行千里不持尺兵"①。诗人杜甫《忆昔》诗曰："忆昔开元全盛日，小邑犹藏万家室。稻米流脂粟米白，公私仓廪俱丰实。九州道路无豺虎，远行不劳吉日出。齐纨鲁缟车班班，男耕女桑不相失。宫中圣人奏云门，天下朋友皆胶漆。百余年间未灾变，叔孙礼乐萧何律。"但也应注意，这时人民生活并没有根本好转，剥削仍然繁重，土地兼并正在发展，人民流亡现象严重。社会经济繁荣的表面之下，矛盾正在发展着。但这在中国封建历史上也是不可多得的时代了。

（三）政治经济制度的某些发展变化

随着社会经济的发展、土地兼并的逐渐激化与庶族地主势力的增长，初唐时的某些政治军事制度有了发展和变化。

1. 科举制的发展与进士科地位的增重

这是由于庶族地主势力增长的结果。从隋到唐初，进士试时务策，明经更分为五经，学究一经，三礼三传等，试以帖经、墨义（笔试经义），明经所试范围局限于经文和注疏之内，不足以表现举子的实际才华。故自唐初以来，一般应考者多舍明经而趋进士科，以致由明经得第者达十之一二，由进士得第者，万分之一二。太宗晚年以来，官僚集团中已形成一种成见，若非出身进士之科，即使官位很高，也不以为美。隋唐以来，崇尚南朝之文，尚词藻，武则天更是欣赏文艺作品，也是受到士大夫这一风气影响。政府选拔考生，遂专用文章文艺为评定标准。录取的尽是一些"尽心卉木之间，极笔烟霞之际"的文章。680 年，正式规定，把诗赋引入进士考试科目之内（统称杂文），从此，诗赋成为进士考试项目中之最重要者。此后，百官大多是一些以文章进身的人物。玄宗开天中（713—

———————
① 《新唐书》卷 51《食货志一》。

755 年），进士之科被称为士林华选，及第者不数日可名闻天下。升擢极快，成为地主阶级最热衷的举业。

2. 使职差遣官

从唐初开始，就设诸使，代表皇帝出外到地方处理各种事务。开元天宝之后，随时因事置官，名目繁多，如巡察使、安抚使、存抚使、观风俗使、营田使、处置使（贞观）、宣抚使、转运使、户口使、租庸使等等，其节度使为最有名者。多种官员往往兼代使职。则杨国忠身兼四十余使。此外，往往职官先不实授，而冠以"试、权、判、检校"等字样，以示其为代理。这种做法反映了中央集权制度中皇帝权力的发展。一方面，正式官位逐渐不主管法定职务，而由皇帝派人主管。另一方面，主管官员又都是临时任务，随时奉皇帝命令履职。这种办法发展到宋代，即成官职差遣分离之复杂现象。

3. 府兵制的破坏

（1）府兵制破坏的原因

唐朝实行府兵制。但到开元、天宝之际，逐渐破坏。原因如下：

1）均田制之逐渐破坏。兵农合一的府兵制的基础是均田制，即只有当国家掌握大量农民并有较完善的户口制度时，府兵制才能比较顺利地施行。随着均田制的破坏，大量农民的逃亡、贫困、破产，府兵制便无法维持。一方面是许多农民无力番上或置备军装、粮食；另一方面，壮者、富者纷纷逃避兵役，结果成为手脚沉重者多，勇健奋发者少，老弱全有，衣服单寒，一心只想回家，战斗情绪低落。

2）士兵地位的低落。唐初是将相不殊途，文武可兼任，武人地位很高。可是天下大定之后，地主阶级多半不再重视武士，而以科场功名为晋身之阶。660 年以后，府兵的许多优待，如出征的可得勋级，死者可追赠官爵，或可以由子孙承袭等均被取消，与一般农民无别。甚至卫所长官将兵士借与亲戚家役使为奴隶。以致府兵为人所贱，百姓耻之，甚至逃避其役，或雇人请代。

3）边兵久戍，极其痛苦。府兵既是兵农合一，因此，不宜离家太远，也不宜服役时间太久。但唐朝由于疆域扩大与对外战争的频繁，特别是由于吐蕃的强大，需要长期久驻边疆的兵，戍边的年限因此不断增加，从一年延长到六年。到玄宗时就老死于边疆上。而且戍兵越来越多，玄宗时边境军事防地有些征调的士兵年龄在六十以上。戍边兵士又极其痛苦，出发时要置备行装，路上可能死亡，到边塞后又不免受边将虐待。736 年（开元二十四年），朔方节度使"牛仙客以积财得宰相，边将效之。山东戍卒多赍缯帛自随，边将诱之，寄于府库。昼则苦役，夜絷地牢，利其死而没入其财。故自天宝以后，山东庶族还者什无二三。"① 这样人民无法逃避。

4）政治腐败。府兵不仅番役更代多不以时，而且军队将校职位多授给一些贵族佞幸子弟，在征调府兵时，又多受贿，一般农民及地主阶级中人便千方百计地逃避这一职责。由于上述原因，总体来说，是由于统治阶级腐朽及均田制破坏，初唐起过巨大作用的府兵制破坏了。

（2）募兵制的发展

府兵制既然破坏，唐政府就不得不渐渐采用募兵制。早在 676 年即曾募兵，作为府兵之补充手段。开元时，募兵已极盛行，渐取府兵而代之。这种募兵可分三类：

1）长征健儿。因边塞需人常年防守，故最初从府兵中招募愿去者，后遂不限府兵，并令家属可同去，赐田宅。这种边兵性质便为招募，且从属于边将。之后，中央衰弱时，遂不听中央指挥。

2）长从宿卫。由于中央卫兵减少，722 年，张说建议招募壮士供戍卫。时添得精兵十万。723 年废府兵更番、戍卫之制，称新募兵为长从宿卫。725 年，彍骑、中央卫兵也行招募，说明府兵制已完全不能实行。彍骑最初还注意训练，兵士也经过挑选，但天宝后又逐渐松懈，安禄山起兵时，彍骑已完全败坏，唐后期演变为宦官手中的禁兵。

3）团结兵。在地方征调一部分农民不脱产，防护地方。人数不多，作用不大。

---

① 《资治通鉴》卷 232，唐德宗贞元二年八月。

第三节　唐前期经济的发展与转变

唐前期是我国封建社会的重大发展时期，由于统一后社会秩序的安定，由于地主阶级在农民大起义中受到打击，土地问题多少缓和，也由于唐初统治者被迫对农民实行让步政策，因此，农民手中多了一些土地，生产积极性也高涨了起来。在农民努力之下，社会经济出现了繁荣景象。但是另一方面，地主阶级的土地兼并渐渐激烈起来，而封建国家对人民的剥削与压迫也逐渐加重，这又使得土地问题日益严重，农民日益遭受破产的痛苦。社会矛盾首先是地主与农民的矛盾发展起来，唐前期的经济就是在这两个互相联系的方面相互发展的情况下发展着。后者本来是比较次要的方面，但随着时间的推移，逐渐上升到主要地位，于是到玄宗的天宝末期，表面繁荣强盛的唐朝实际只剩下了一副空壳。

（一）社会经济的发展

1. 农业生产的发展

（1）生产工具的进步

"生产的变化和发展始终是从生产力的变化和发展，首先是从生产工具的变化和发展开始的。"[1] 唐代主要生产工具——犁的构造有很大进步。根据唐末陆龟蒙的《耒耜经》所载，当时的犁由铁质的犁铲和犁壁、木质的犁底和犁辕、犁箭、犁坪和犁盘等十一个部件构成。使用时推进犁坪，则犁箭向下入土可深，拉推犁坪，则犁箭向上，则入土可浅，因此，这种构造较复杂的犁可根据实际需要进行浅耕或深耕，可以操纵自如。耕田以后为了打散土块，铲除杂草和碾平垄面，还用耙、礰礋、礰碡等农具进行一系列田间作业。

在灌溉农田的给水工具方面，在唐以前已被使用的辘轳、桔槔等简单

---

[1]　《马克思恩格斯列宁斯大林论历史科学》，人民出版社 1980 年版，第 55 页。

机械在唐代民间已十分普遍，此外，唐代以前记载中不曾出现过的竖筒、筒车、水轮等也已出现。竖筒系一大竹相连，不但可引水，还可提水高起数尺，以便注之池沼、园圃之中。筒车即大轮之上用竹筒依次给水倾于岸上。水轮亦当类似筒车。又用水碾硙磨面，大者有五轮，一天磨面300石。

陆龟蒙是唐末人，其所记耕犁之制作当不至为唐末才有。但这些工具不见得唐代以前就没有使用。这只能说明这些工具促进了唐代经济上升，但还不足以说明，唐代经济上升系由上述几种工具之改良。

（2）水利事业的发展

马克思指出："利用水道及水利工程来实行人工灌溉的办法成为东方农业的基础。"[①]故水利灌溉事业也是农业生产发展的重要方面，自太宗至玄宗，全国各地兴修的重要水利工程可考者达百处以上。由于地大及土壤、雨量、气候不同，大体北方多开渠引河水灌溉。当时北方工程较大的渠道有关中的郑国渠、白渠。同州（今陕西大荔）自龙门引黄河新开渠溉田六千余顷。河北幽州引卢沟水（永定河）开稻田数千顷。河南蔡州玉梁渠（今河南息县西北）灌田三千余顷。河套地区唐徕渠长212公里，有支渠五万余，可灌田六千顷以上。南方则多侧重排水和蓄水等水利工程。特别是东南堤堰泊塘易行，大的堰塘可溉田万顷或数千顷。

（3）耕地面积的扩大与单位面积产量

开天之际，全国是"四海之内，高山绝壑，耒耜亦满"[②]，大量土地开垦出来，天宝中应授田1400余万顷，和开皇时差不多（1900万顷，此数亦不实）。此外，限田尚不少。特别是江南地区，土地大量开发出来。这带土地肥沃，又富水利，故渐渐变成最富庶、最重要的经济地区。由于生产工具的发达与耕作技术的改进，水利事业的发展，唐代农产品单位面积产量比过去有所提高。

（4）耕畜数量的增长

在农业技术进步的时候，农业发展与人力、畜力关系是十分密切的，

---

① 《马克思、恩格斯论中国》，解放社1950年版，第22页。

② 元结《次山集》卷7《问进士·第三》。

据史载，唐政权建立后，十三四年内已是牛马布野，这与统一全国，击败突厥有关，特别是击败占据牲畜产地的突厥关系更大。仅 630 年，打败颉利可汗，俘获杂畜既有数十万之多，这其中必有大量牲畜散于民间供耕作。突厥内附之后，其地牲畜除输入供做战马外，必然大量散于民间。从贞观（627—649 年）至麟德间（664—665 年），战马 70 万 6 千匹，看来民间牲畜更多，民间马匹必然很多，马之外杂畜想必也不少。

（5）户口的增加

唐太宗时，全国不满 300 万户，之后逐年增长，到唐玄宗时，即增至 891 万户，5200 万人。这一方面由于人口增值，另一方面是由于逃亡的人口大量回到土地上，即隐漏户口被搜查出来，但还有大量隐漏人口未被查出。故实际人口当比这更多。

2. 手工业

在这一讲里，我们要接触许多政治经济学上的范畴和术语。因此，在这里有必要先把他们简单介绍，至于详细地学习，那是政治经济学的任务。

（1）商品，用来交换（出卖）的劳动生产品。有私有制及社会分工后就出现。

（2）商品生产，为交换（市场）而进行的生产，就是商品生产。

（3）商品经济，包括商品生产与发展了的商品流通——商业。与商品经济相对的是自然经济，是为满足自己需要而进行的生产。封建社会自然经济占统治地位，但没有纯粹的自然经济。农民拿他的小部分产品换取其他生活用品（如工具），但这不是商品生产，而是商品流通。

（4）资本主义生产。商品生产的最高形式，生产资料归资本家占用，并用以剥削雇佣劳动的剩余价值（与此相对的是小商品生产，生产工具为劳动者个人所有，一般没有剥削）。

（5）雇佣劳动。劳动者丧失生产资料，而不得不把劳动力出卖给资本家并为资本家创造剩余价值的工作者的劳动。这是资本生产的基础和前提。

（6）简单协作。许多人有计划地参加同一劳动过程，或参加彼此联系的不同劳动过程，就是协作。如果不实行分工而完成同种操作就是简单协作，实行分工就是复杂协作。简单协作在原始公社就有，资本主义简单协作是许多工作者在资本家的雇佣和指挥下所进行的简单协作，还能提高生产率。

（7）手工作坊。实行简单协作，或单种劳动（个体手工业）。

（8）手工工场。以分工和手工技术为基础的资本主义协作，产生方式有二：一是资本家把不同的手工业者联合在一个作坊内进行合作，如马车工场之铁匠、木匠、裁缝等；一是把同一专业的手工业者集中起来并实行分工，如制针工场，制针过程分为多道工序，生产力更高。

下面进入正题。

（1）手工业的几种类型

唐前期自然经济仍占主要地位，农业仍与手工业紧密地结合着，商品经济还不太发展，这也反映在手工业生产上。当时手工业主要有四种类型，即：与小农经济结合的手工业，与地主经济结合的手工业，官营手工业，私营手工业。前二者主要存在于农村，后二者主要存在于城市。

1）与小农经济结合的手工业，即家庭手工业（收获原料的农户本身给这些原料以加工，它是自然经济的附属物，手工业与农业紧密地结合在一起，工业以副业形式出现），这在当时最主要的就是纺织业。租庸调制的规定反映国家征配农民纺织品的要求，因此，客观上起了巩固农业与纺织联系的作用，使得大部分农民都兼营纺织副业。一方面满足全家衣着之需，另一方面则作为赋税交给国家。据《唐六典》载，全国十道贡赋绝大部分是手工业产品，特别是丝麻业遍及全国各地。749 年（天宝八载），政府收入除钱粟外，还有绢 740 万匹，绵 185 万屯，布 1605 万端[1]，这个庞大的数目绝大部分是由小农缴纳的。此外，一部分纺织品也投入市场，作为商品出卖，但是有限。此外，粮食的加工等等也往往是小农副业的一部分。

2）与地主经济结合的手工业。在地主的田庄里，除去农业经营外，大多还包括果园、菜园、店铺、茶园、盐畦、车坊等，有的地主田庄不仅

---

① 参见《册府元龟》卷 487《邦计部·赋税一》。

有织机制造绢，且有制金、制墨的人。大文学家王维的田庄中甚至专设两人负责制造供自己扫地用的扫帚。这里的手工业劳动大多是供地主家庭消费，或作为对农民的一种剥削形式（如农产品加工工业），但有一些亦必然作为商品出卖，如茶叶、粮食等，有一些地主田庄内甚至有较大的作坊。如关中一带许多贵族官僚地主，造碾硙，代人磨麦，最大的是高力士经营的碾硙，并转五轮，日破麦三百斛。但从事生产者恐怕还是农奴式的工人，与一般私营手工业者之为小商品经济者不同。

3）官营手工业。官营手工业有三大类，即官府直接经营的，官监民营及民营。其中第二种唐前期还不发达，第三种往往附属于第一种，或不居重要地位。最重要的是第一种。

A. 官府直接经营的手工业。唐代官营手工业生产目的主要是供应皇族集团的多种消费品，其次则是供应军需用品，再次则是赏赐大臣等，只有极小部分人民生活必需品（如盐及农具作为商品出卖）。另一小部分作为对外交换（贡、赐等形式），其余都是由政府或统治者直接消费，而非当作商品投入到市场中去，其自然经济的性质是很明显的。

唐代官手工业的组织比汉代庞大而整齐。中央有少府监掌百工技巧之政，且管理各地冶监和制钱监。将作监掌土木工匠之政，军器监掌军器制造，都水监掌水利工程及其他一些机构，其下设署。地方政府也常有管理手工业的机构和作坊，其中最重要的是铸钱。

在这些机构之下，是多种作坊分工，十分细腻。如少府监下的织染署即设四大部分，为织纴之作（织普通布帛），组绶之作（帽绶、绶带），紬线之作（丝线、网子），练染之作。其下又有较细分工，如织纴之作下分布、绢、绝、纱、绫、罗、锦、绮、䌷、褐等十个作坊。四部分通计25 个作坊，可见分工极细。这些作坊之物料来源，一种由政府自己采办，或用低价"和买"而来之外，绝大部分是强迫农民"任所出州土以时而供送焉"①的。这在《唐六典》中有详细记载。这些原料或半制品大都要经过手工业者的采伐和加工，其封建剥削性质是很明显的。这些作

---

① 《唐六典》卷 22《少府监》。

坊规模很大，工人人数很多，如玄宗时少府、将作两监共用工匠34850人，少府监下绫锦坊既有365人。这些作坊中，劳动者的身份有官奴婢和刑户、军人（地位相当奴隶）及比他们地位稍高的番户和杂户（官奴婢常役无番），他们可轮番服役，类似农奴。但这些人在劳动者中不占重要地位。官营手工业中主要劳动者是所谓番匠，政府把全国专业工匠编制起来，"以州县为团，五人为火（伙），五火置长一人"[1]，选择其中财力强壮，技能工巧者，每年去官手工业中服役20日，作为他们与农民一样的应服的徭役。这些工匠没有任何报酬，甚至连粮食都要自带，逃之受罚。这实际上是一种封建工役制。如果不需要资本主义协作，生产方式有二：一是资本家把不同的手工业者联合在一个作坊内进行合作，如马车工场之铁匠、木匠、裁缝等；一是把同一专业的手工业者集中起来，并实行分工。如制针工场，制针过程分为多道工序，生产力更高。然而，这种分工只是社会的分工，行业的分工，及手工业的专门化的加强。在这里手工业者只是专门从事某几种或一种产品的生产，手工业者仍要循序做完一种产品生产的各个不同工序及全部生产过程，生产过程仍带有个体性质，而非像手工工场那样的是产品生产过程本身的分工。后者产品是许多联合起来的工人的产品，故前者仍是作坊，而非工厂。他们如果不去服役，则要和农民一样，每日纳绢3尺为庸以代役。还有和雇匠，即由政府募雇一些匠人给以一些报酬（与此相类的有明资匠和巧儿），但这一形式在唐前期并不发达。后来便出现一种常上匠，指的是长期在官手工业中工作的工匠，但不一定全年上班，其中有相当一部分是各州县以应上番匠人缴纳的庸，雇他们去常上，以免影响一般匠人进行生产与道路往返所费时日。而每日绢3尺，也就成为常上匠每日的工资。由此可见，唐代手工业劳动者之封建依附性质，超经济强制性质是很明显的（和雇问题到唐后期再展开研究）。而且主要是征发自民间的工匠与农民，即向小生产者那里掠夺来劳动力。

B. 官监民营的手工业。人民经营，隶属于官工业。

---

[1] 《新唐书》卷46《百官志一》。

　　C. 贡户。即技术高超之小手工业者。官府登记名字，他们必须在指定的时间里按官府所规定的式样和产品来进行生产，并在产品上记上自己的名字。从各种贡品之多来看，这种贡户是不在少数的。

　　由上可知，官手工业建立在自然经济基础之上，依靠用封建方法剥削农民及手工业者及劳动力的办法存在。其生产基本上不是商品生产，其封建性质是十分显然的（分工并不改变此一性质）。那么，这种官手工业在当时的作用怎样呢？这是一个有争论的问题。论者大体都承认它有积极作用及消极作用两面。一部分人认为，它主要是起消极作用。但有人却认为，它在唐时对封建社会生产起的主要是积极作用。我们同意后一种意见。

　　官手工业消极作用表现在：

　　A. 大量征发劳动力来为统治者的消费生产，是生产力、人力、物力的一种浪费，而且这又是建立在对劳动者的残酷剥削与非人待遇基础之上的。因此，给小生产者带来不少痛苦。

　　B. 官手工业垄断了某些产品的生产，或对某些产品统一收购，这对小生产者的生产是不利的。这不仅减少商品生产的某些部门，而且往往勒令小生产者专门为官府生产或垄断某些产业，这对生产的发展是不利的。

　　官手工业的积极作用表现在：

　　A. 是封建经济不可缺少的组成部分。如作为财政收入来源之一，制造必须之军器，乃至重大水利工程的修建，都需要官营手工业，即它在财政、军事、公共事务方面对封建政权起巩固作用。

　　B. 官手工业中生产力生产技术较高。这一方面因其为大生产，有细致的劳动分工，及技术传习制度；另一方面，它也集中了民间优秀工匠，宜交流技术，通过训练各地工匠，将新技术、新产品推广到各地，及多种技术之逐渐外传，有官手工业匠人去民间工作，这在墨守成规的形势下，对生产力的发展能起好作用的。这里有矛盾，但总起来说，唐时官手工业的积极作用还是较大的；另外一个要注意的问题是，比起前代，唐前期官手工业在组织生产关系上已有变化，即匠户作用更大。有近似雇佣的形式，但基本上仍是劳役制。另一方面，唐后期以后大为发展的新的生产关系，和雇及官监民营也开始出现萌芽，这反映了社会经济的发展。

4）私营手工业

唐前期在城市中出现各种不同类型的私营作坊。如织锦坊、纸坊、毯坊、染坊、酒坊、糖坊、铜坊、金银作等，在这些作坊中，进行着商品生产。其中不少是自行制造、自行销售的作坊、店铺。《唐六典》称之为工作贸易者。从事同类商品生产的作坊或店铺多半集中在一条街上，称行（商店名称，商店集中地域名称，职业分类及同职业组织）。如长安东市即有 220 行，作坊大体由一个师傅带几个徒弟开设，师傅随作坊性质不同而称为镴师（刀剑）、染师、长老等，师傅本人也参加劳动，出师的徒弟或另外开作坊，或在师傅店里做工，得到自己劳动产值的大部或全部。因此，这是小商品生产（建立在手工业者个人劳动基础之上）。师傅与学徒及帮工的关系是封建关系，而非资本主义性质经济（特征是：一是店主收入主要靠剥削工人创造之剩余价值。二是劳动力成为商品）。这种作坊同时也就是商店，师傅也就是店主。他们自己卖货（从这里又可看到，这种手工业的小商品性质——不经过中间商人的媒介，直接和消费者联系），但有时也送到市上去卖。

雇佣劳动及行会组织此时已经出现，但非普遍。我们把它放到唐后期去讲。

（2）几种重要的手工业（这一部分包括了唐后期的一些材料）

1）丝织业。这是当时最主要的手工业。唐代丝织业的发展进步，可由以下两方面看出来。

A. 丝织品名称种类特别多，足见其技术已大大提高。名称有绢、纱、绵、绫、绸、罗、锦、绮等等。例如，各州郡贡纳丝织品繁多，数量很大，说明丝织业普遍有地方特点，特别是黄河下游与四川一带，有许多城市以织造特种花纹的绫锦而出名，如方纹绫、仙纹绫等。四川织锦技术仍为最高，生产规模与生产量仍是最大的。中宗时，四川地方官曾献给安乐公主一条裙子，镂金为花鸟，细如丝发，马如小米一样大，眼、鼻、嘴都有，明眼人才能看清楚。河北定州也是一个大纺织中心，何明远家有绫机五百张。若与练染、纺绫等工人合计，则此一工坊的工人当在千人以上。史载，在全国各地丝织物的数量上以定州为第一。唐代各州的贡品多系当地土特产，贡之数量之多，说明定州纺织业之发达。最近新疆各地出土唐墓中丝织品无论技术及染彩、配色都十分精美，可以为证。

2）瓷业

瓷器是中国人的伟大发明之一，在世界文化史上占有光辉的地位。瓷器的制造是从陶器发展来的。真正瓷器的条件是：

A. 具有高岭土（二分子水的矽酸铝）制的胎骨，而陶器是一般的粘土。

B. 上釉（白或彩）。陶器则可不上釉。

C. 高温烧成。1300 度以上，细致不透水。陶器则为 800 度左右。

我国在新石器时期陶器就已经非常精美。到商朝时，劳动人民又创造了精美的白陶（即用高岭土烧成的陶器），已学会在陶器上上黄色或绿色的釉。汉晋以来，陶器的制作技术有很大进步。文献中已出现"绿瓷"、"缥瓷"字样（但所传为汉时瓷器却不能绝对肯定）。从近年所得考古材料来看，三国时期（229—260 年）已肯定发明了瓷器（发现有孙吴年号的瓷片）。近代关于瓷器记载更多，隋代绿瓷已很普遍，当时有个以精巧出名的官吏，名叫何畴，曾因中国很久没有琉璃的输入和制造，遂用绿瓷仿效，结果和真的一样。但这时恐怕还是半瓷质的。唐代瓷器的烧造比前代有了很大进步，唐以前是陶到瓷的过渡期，到唐才是它的完成期。瓷器成为民间流行用具。唐初（620 年前后），江西浮梁县苍南镇（即后之景德镇）居民献瓷器入关中，称为假玉器，于是苍南瓷器名闻天下。既称假玉，瓷器之三个特点：洁白、质坚、半透明必已完全具备。继续发展到北宋则成为名闻世界之景德镇瓷器。除新平（苍南）外，天下名窑尚有 20 余处，最著名的是邢（河北巨鹿）的白瓷，越（会稽）的青瓷。陆羽在 8 世纪撰写的《茶经》一书中曾对二者进行比较，曰"若邢瓷类银，越瓷类玉，若邢瓷类雪，则越瓷类冰……邢瓷白而茶色丹，越瓷青而茶色绿。"大体民间通用邢瓷，宫中喜爱越器。《开元天宝遗事》载，"内库有一酒杯，青色而有纹如乱丝，其薄如纸，于杯足上有缕金字，名曰：自暖杯。上令取酒注之，温温然有气，相次如沸汤"[1]。唐后期阿拉伯商人苏莱曼《中国游记》一书记载，

---

[1]　《开元天宝遗事》卷 1《自暖杯》。

中国能以陶土为器，透明如玻璃，注以酒，自外可见。此外，大邑（今四川）亦产名瓷，杜甫专门作诗吟咏。由此可见，唐人所造瓷器是极精美的。特别是邢、越二窑，亦即青白二系瓷器的制作占有极重要地位。由于这两个地位在制作技术上有极大发展，才开辟了宋代瓷器的灿烂局面。

3）矿冶业

A. 煤。煤在春秋战国时已发现，《山海经》及秦汉记载中常见，称为"石墨""黑丹""石涅"等，西汉时，煤已用于炼铁。东汉到魏晋南北朝"石炭"屡见记载，成为人民生活日用燃料。唐代山西一带采掘甚盛。据9世纪前半来华留学日本僧人圆仁之《入唐求法巡礼行记》所载，"太原府西四里，有晋山，遍山有石炭，远近诸州人近来取烧，料理饮食，极有火势。"[①] 可以设想山西人民用煤为燃料在9世纪之前即已开始。

B. 铜。唐时，扬州为铜器制造中心，镜之制造当为其中最多者。铸钱则由政府专营。天宝中，全国有99炉铸铜，每年铸十月，共成33万贯，每炉用钢1120斤，合起来一年在200万斤以上。

C. 铁。产量当更在铜之上，产铁之地由政府设监坊，由官府专营，主要造兵器及农具。剑南之利州（今四川广元）、兖州莱芜（今山东）及绛州之洌城县（今山西）均以产铁著名。钢铁之冶炼技术由下例得知。武则天用钢铁造天枢，高105尺，下为铁山，周170尺，铸了许多龙凤、麒麟在上面。又铸大鼎高1丈8尺。又造12神（十二生肖），各高1丈。这样巨大的工程表明当时冶炼技术的优良，也说明劳动人民的智慧与创造。此外，开采的还有金、银、铅、锡、水银、盐等等，金银工业很发达，有银碗、银杯、银盘，七宝银镜，宝像花镜等等。

4）其他

扬州的造船，官船长20丈；造纸主要集中在宣城、婺州（金华）、成都（麻纸），漆器集中在襄阳等等。

这些手工业产品，一方面带有地方特点，另一方面其市场已超越了地方的限制，而向更大范围发展，扬州纺织品更远输海外。

---

① 圆仁：《入唐求法巡礼行记》卷3，开成五年七月二十六日。

3. 商业、城市与交通

自从黄巾起义以后，商品货币关系发生决定性衰落，一直到唐朝初年，物物交换仍极盛行，绢帛成为主要的交换单位。随着社会秩序的稳定与生产的恢复，商业开始活跃起来。随着商业的活跃，城市市集渐渐繁荣，交通运输业也日益发达，商业出现了自东汉末年以来一直未曾有过的繁荣景象。商业的发展主要表现在以下几个方面：

（1）商品种类日益增多

唐朝商品种类日益繁复，当时商品可分为三类：一类是奢侈品，一类是农产品，一类是人民生活所必需的手工业品。前者由于地主阶级财富的积累与生活的奢侈有很大的发展，但后二者亦有相当的发展。当时城市居民的主要生活用品如织物、装饰品、金属器皿、木制用具、盐、茶、酒、糖、药材、粮食等，多仰仗市场供给。这就使广大农村渐渐卷入商品交换之中。当时交换的媒介除铜钱外，还杂用绢帛。唐初百余年内，市场物价波动不大，始终比较平稳，粮食价格每斗最多未超过百钱，绢一匹才200文左右。在适应商品贸易发达的要求下，在各大城市中，如长安、洛阳、广州及扬州等地，邸店业也随之兴盛起来。《唐律疏议》说，"居物之处为邸，估卖之所为店"，[①] 实则二者并无严格区分。没有频繁的交换，当然也就没有兴盛的邸店业。故邸店业是唐代商业发展的反映。

（2）都市及市集的增多与繁荣

全国商业都市日益增多。西北有兰州、凉州，西南有成都、桂林，长江中下游有越、彭、荆州及江陵，北方有长安、洛阳、开封、太原、定州、冀州等地，南方有交州、广州等地，沿海有泉、杭、扬、登州等地，其中最重要的是长安、洛阳。长安是唐的首都，而唐又是当时世界上最富强的国家，因此，长安不仅是中国的政治文化中心，也是当时世界上最重要的城市。长安又是中国对新疆、青海、四川等地的贸易集合地点，商业十分发达。唐代长安就是隋的大兴城，是隋文帝时修筑的，宫城为皇帝居处，宫城之南是皇城，为政府机构所在，皇城之外是外郭城即长安城。人

---

① 《唐律疏议》卷4。

口约 30 余万户（仅为普通居民户籍人口），周围 67 里，城内东西十四街，南北十一街，其间列置诸坊，又有东西二市，规模略同，为商业中心。二市南北居二坊之地，东南西北各 600 步，四面各开二门，四面街多广百步，市内共 220 行业，四面立邸，四方珍奇皆所积集，西市则多为胡商居地。

洛阳都市规划与长安略同，是仅次于长安的全国第二个政治中心，又是关东、江淮粮食、物资转输关中的必经之地，因此商业也极发达。唐朝政府对都市的控制是很严的，凡有市之地皆置市吏，下有佐、史、率等官，专掌市井交易，禁市非为之事。市内有严格的坊市制度，明令规定：午时击鼓三百，商人好入市，日入前击钲三百而散市。凡廛（chán）事交易之物皆以官定度量衡评示，分精、次、粗三等定价，百货中如弓矢、长刀及随器物，定题之，并题工匠姓名方许出售。如果伪滥交易，货物没官。可是商业虽受之封建控制，由于农村商品交易的发展，各地交换的需要在规定市场之外，农村又出现所谓草市、庙会，大体相当于今日之定期市集。此外，在北方边境地区，则设互市监，管理对诸番族贸易。每次互市，时间短，限制多。

（3）交通的发展

商业的发展刺激了交通的发展，而交通的发展又反过来促进了商业的发展。唐时，水路交通十分发达，陆路交通以长安为中心，通向全国。分为五条干线，分别是：

1）自长安经凤翔、成都达西南各地。

2）自长安经荆州、长沙、桂林达安南。

3）自长安经洛阳、开封、蓟县、济南达辽东。

4）自长安经太原、娘子关、范阳达北方。

5）自长安经邠州、凉州达西域。

在各主要交通线上，都设有驿传，每 30 里置一驿，驿有旅馆，驿卒及车、船、马、驴等交通工具。主要为传递公文及官吏往来，但也便利了商贾行人。全国驿路四万余里，共设驿 1639 所。其中陆驿 1297 所，水驿 260 所，水路相间之驿 86 所。陆路交通之便利，可从如下记载看出，"东至宋汴，西至岐州，夹路列店肆待客，酒馔丰溢美，每店皆有驴，赁客乘，倏忽数十里，谓之驿驴。南诣荆襄，北至太原、范阳，西至蜀川、凉府，皆有店肆，以供商旅。远适数千里，不持寸刃”①。

特别应该提到的开元间凿通的庾岭，直接缩短了南北行程，对全国水路交通起了很重要的作用。至于水路交通，最重要的是沟通南北的大运河，全国主要江河也都通航，即所谓“天下诸津，舟航所聚，旁通巴汉，前指闽粤，七泽十薮，三江五湖，控引河洛，兼包淮海，弘舸巨舰，千轴万艘，交贸往还，昧旦永日”②。为了把关东江淮物资运往长安，唐统治者曾多次修浚三门峡附近水道和整顿运输组织。最重要的两次是裴耀卿于开元末所实行的分段运输的办法，即各河船只分别负担本段运输，按段交换，大大节省等水之涨缩时间，且不致因航道不熟而失事。至于三门峡一段，则改开陆路 18 里。不久，开元二十九年，陕郡太守李齐物在三门凿山开路（之前有杨务廉干过，纤夫多死），拉纤过滩，又近了一步。天宝元年，韦坚据隋关中漕渠旧迹，在渭水之南开一平行运河，船只可从黄河一直行至长安城北的广运渠。长安与山东水路交通大大改进。但是，唐朝政府对水路交通的控制也是很严的。陆路关、桥、渡等均置官桥令、津令负责检查来往行人，行人来往须有公文。私渡者有罪，不由关津而渡者亦有罪，来往关、津者都要纳税。

（4）商人财富数量势力的发展

唐代商人可分为如下几种类型：

1）大商人。称商客或估客。他们有雄厚的资金，武则天时，裴仙先货殖五年，至资财数千万。玄宗问长安富商王元宝家财几何，元宝对曰：臣请用一匹绢挂终南山一株树，南山树尽臣绢未竭。玄宗说我是天下最贵人，元宝是最富人。玄宗又曾一次没收某商人财产 60 万贯，说明这些商人的财富的巨大。他们到处贩运大批货物，其贩运多经过大都市的中间商人，甚至自己还有一些武装，这些商人又多在都市内开设邸店(住人存货，

---

① 《通典》卷 7 《食货门七·历代盛衰户口》。
② 《旧唐书》卷 94 《崔融传》。

相当于后世牙行），店主人与牙人为商客做中间人，代为买卖。有时店主自己也买卖货物。这种邸店有许多是贵族官僚经营的，这些大富商虽仍被人称作"贱分"，但地位已较前大为提高。但他们的大量资本并不经营正当商业或手工业，而是投资于土地，或勾结官府放高利贷。而其商业也多是贩运贸易，且主要是奢侈品的贩运，即只是生产出来的现成物品，由商人贩运出去，而并非投入到生产过程去支配生产，因此，商业纯然只起一种剥削小生产者即夺去地主财富的作用。由此可见，这种商业资本本身带有浓厚的封建性，是维系封建生产关系的支柱，对工商业的发展起了阻碍作用。

2）小商人与小贩。开设店铺的小商人，大体上批发作坊的产品，或到邸店里由行头、主人、牙人做中介，批发商客货物，然后零售给主顾。另一类是小贩，没有充足资本，只能每次购进小量货物，街头叫卖，或在市售卖。如卖钱贯（穿钱系绳等）。

3）另类商人。利用官府资本在市场上交易，到大都市转易货贩。在安史之乱前后，官府都有公廨本钱由人经营，这些人被称为捉钱令史或捉钱户，他们对官府只负担一定利息，但却有免课役与升官的权力，因此，富商大贾多投为捉钱令史，犯了罪州县也不敢过问。

4）外国商人。在多处自由贸易。外国商船到港纳泊脚后，货物由官府市易一部分，然后即可自由贸易，亦可开设邸店（小说中常出现波斯邸）。波斯阿拉伯商人多为富商，贩运珠宝及放债（出举）。但也有所谓穷波斯以卖胡饼、胡酒等为业。由上可知：

A.唐前期商业已很发达，但交易对象仍以奢侈品为多。性质是贩运贸易，商业还未介入到生产中去。对自然经济的瓦解作用还看不出来。

B.商业的封建性质颇为明显，特别是大商人，对社会经济发展起的是不好的作用。

C.封建国家对商业控制颇严。

综上所述，在初唐一百四十年中，农业、手工业、商业均有重大发展，社会生产力有重大提高。这在中国封建社会史中占有显著地位，并有重大历史意义。由于这一时期经济的高涨，中国封建社会前进了一大步。

强大的专制主义中央集权国家之存在与发展，才成为可能。同时，也给七八世纪中国社会文化的发展及对外经济文化交流提供了物质基础。但由于封建生产方式的束缚，这一时期经济的发展带有很大局限性。地主官僚浪费了大量财富，并且日益加强剥削，而工农生产日益贫困，这种贫富之极端分化，遂使社会孕育着极端的危机，而导致唐的衰败。

（二）私家田庄的发展与均田制的破坏

1. 私家田庄的发展

从南北朝以来，随着贵族大地主势力的发展，贵族大地主们占有了大量的土地，并且控制了大量的农民。这在北方表现为邬屯、壁垒等军事与生产相结合的组织，在南方则以贵族地主之庄、墅、屯等为主要形式，实质上都是豪族地主的土地占有。北朝政府均田制并没有动摇这种私人地主土地所有制度，而只是企图对其土地占有加以限制，而所谓检户、括户也是与其争夺依附农民的一种斗争方式。经过隋末农民大起义，豪族地主势力受到沉重打击，农民的人身依附关系逐渐削弱，但私人土地所有制度并未因此消灭，随着社会经济的发展及土地兼并的加剧，从唐高宗以后，私家田庄又逐渐发展起来。这种私家田庄在唐代常被称为庄、别庄（对城内之宅而言）、庄宅、庄田、庄园、别业、别墅等等。庄之原意为供休憩之别墅，但后来就泛指田产了。这种田庄，有的很小，有的较大，大的田庄内往往有主人的宅院，有供租佃农民居住的客房（也可能住一些商人及自耕农），此外尚有广大的田地、果园、山林、漆园之类，但却以农业生产为主。耕种这些私家田庄的是所谓庄客、佃户、佃客等，他们一般是客户及逃户，不正式入户籍，不向政府交纳规定的租调，而耕种地主土地，向地主交纳田租，田租约为收获量的二分之一。此外，也还要输纳其他物品（如油），并需为地主服劳役（如住房）。他们所需的种子、口粮往往均需由主人贷给，屋宇也是赁自主人。由于有上述庄、庄园等名称，又有上述一些特点，有的史学家便把这种私人田庄看成是和欧洲中世纪的庄园一样的东西，并且把它当成唐宋时期特别是从唐后期开始的中国土地所有制度的主要形式。欧洲庄园制的主要特点：

（1）领主经济。领主在庄园上享有无上权力，农奴有强烈的人身依附关系。

（2）劳役地租为主要剥削形式。

（3）大田庄有多种多样生产，包括农业及手工业，成为一个完整的自给自足的单位。尚钺根据某些材料，除去劳役地租一点外，认为唐宋之庄园与西欧庄园类似，也具备那些特点。这问题是很多的，如果只抓住一两个事例就做结论，而对史料的解释往往并不充分。其一，佃客对地主虽有人身依附关系，但比农奴为弱，主要为租佃关系，他们不能被买卖，也可迁徙，他们还是国家的客户，是非法浮寄的，因此，地主对他们的占有并非合法。至于地主，也非领主那样享有绝对权力，在其上，还有中央集权的封建国家与地方政府，土地买卖（包括地主）也颇频繁，这不是西欧庄田制的特点。其二，田庄并不能如西欧庄园那样多种经营。其三，唐朝大庄园多是贵族官僚别业，在社会上不一定占统治地位，与庄园同时存在的还有许多中小地主细碎田产，及广大自耕农。唐朝官庄数目也是颇为有限的。因此，这种所谓的庄园，其实不是什么与西欧庄园制相似的东西，而是当时私人田产中的一种。由于地主阶级统治的日益巩固，及社会生产力的提高，官僚贵族、武将、地主、僧侣及富商为了扩大自己财富，及满足自己贪欲，开始疯狂地兼并土地，他们凭借政治、经济特权，用"占夺""借荒""置牧""包佃"等手段，或变官田为私产，或夺民田为己有，而进行土地兼并。另外，封建国家也进一步用赋税徭役掠夺农民，这又加速了农民的破产，而便利了土地兼并的进行。从高宗开始，土地兼并日益盛行，高宗时，仅洛州一地即查出豪强籍外占有 3000 多顷。武则天时，京畿公私田宅多为僧有，当时许多臣僚指出，由于战争而使农民"伤破家产，剔屋卖田。"[1] 由于徭役而使天下编户贫弱者重，到玄宗时，兼并之风更盛，"有逾汉成、哀之间"[2]，这一方面是官僚地主兼并更烈，"王公百官

---

① 《新唐书》卷 115《狄仁杰传》。

② 《通典》卷 2《食货门二·田制下》。

及豪富之家比置庄田，恣行吞并，莫惧章程"①，一方面是当时商品货币关系有了新发展，富商大贾不仅参加土地掠夺，而且以高利贷（月息六分以上）来迫使小农破产，因而使土地所有权转移迅速。粮食价格的跌落本身是社会经济繁荣现象，但由于封建国家加重剥削，遂使农民出卖粮食所得不足以交税及生活之用，造成谷贱伤农的恶果。土地兼并的结果，是造成农户的大量逃亡，远在武则天时（698 年）即因兵役而使人"家道悉破，或至逃亡"②。四川则是"今诸州逃（同"逃"）走户有三万余，在蓬、渠、果、合、遂等州山林之中，不属州县。土豪大族阿隐相容，征敛驱役，皆入国用。游手惰业亡命之徒，结为光火大贼，依凭林险，巢穴其中"。③但更多的是投往地主家为客户，形成所谓"安人之政，独不行于诸夏，使黎甿失业，户口凋零，忍弃枌榆，转徙他乡，佣假取给，浮窳求生"④的现象。而唐朝政府又往往将逃户之租税均摊其邻舍身上，这就引起更多的人逃亡。与大量农民逃亡沦为客户的同时，不课户的比重在户口之中逐渐增加，在租庸调法之中曾规定，贵族、官吏及京师诸色执掌人等可免课役，称为不课户。

2. 土地兼并的激烈与均田制的破坏

（1）土地兼并的激烈与农民的破产逃亡

1）土地兼并的激烈

在实行均田制度的同时，私人地主土地所有制并未取消，而且有所发展。高祖进兵关中之际，即下令不许没收隋朝文武官员的田舍产业。统一天下之后，又随均田令的颁布，赐给官僚贵族大量永业田，给他们免去赋役、可自由买卖土地等各种特权。随着地主阶级统治的日益巩固，以及社会经济的恢复与发展，官僚、贵族、武将、地主、僧侣及富商的兼并土地日益剧烈，他们凭借政治特权，用"占夺""借荒""置牧""包佃"等手段，或变官田为私产，或夺民田为己有，肆行土地兼并。

---

① 《册府元龟》卷 495《邦计部·田制》。

② 《旧唐书》卷 89《狄仁杰传》。

③ 《陈伯玉集》卷 8《安宗子科》。

④ 宋敏求《唐大诏令集》卷 111《听逃户归首敕》。

　　早在太宗及高宗时，兼并之风就已发展，泽州（山西阳城县西）刺史张长贵、赵士达曾占境内良田数十顷，洛州豪富之士籍外占田达 3000 余顷。中宗时，太平公主及其夫"田园遍近甸，皆上腴"①。睿宗时，成安公主强夺民园不酬值。安乐公主竟夺百姓庄园造定昆池几十里。

　　玄宗初期，曾用扩田、检户的办法及限制土地自由买卖的办法，限制官僚地主的兼并，但效果不大。土地兼并急剧地发展着，参加土地占夺的首先是贵族官僚，玄宗时做过宰相的张嘉贞说过："比见朝士广占良田，及身没后，皆为无赖子弟做酒色之资"②。李林甫"京城邸第、田园水碾、利尽上腴"③。卢从愿广占良田至有百余顷，以致被玄宗讥为"多田翁"。洛阳李憕在伊水两旁广置良田自城直达龙门，别业相望。这些田地一部分是用"置牧"的名义，从官府及百姓之处巧取豪夺而来，部分则用买卖、典贴等办法从百姓处买卖而来。玄宗时期，另一参加土地兼并的力量即为宦官，关中一带，二分之一以上的甲地、良田、美产均被宦官所占。另一参加土地兼并者即为寺院。因为僧道不仅可以授田，又可以从信奉佛教的官僚地主贵族手中取得很多土地，而且僧道可以免除赋税，许多苦于封建国家剥削繁重的农民就自己出家并把田地交给寺院，充当佃户。这样寺院又集中了大量的田亩。武则天时，京师一带的田地"率为僧有"，玄宗时不得不明令限制寺观权利，并强迫寺院退出官僚贵族所献之田地。

　　2）封建国家剥削与压迫的加重

　　与地主阶级剧烈的土地兼并同时，封建国家也进一步用赋税、兵役、徭役掠夺农民。从高宗以后，官吏人数日益增加，统治阶级日益奢侈腐化，对外战争日益频繁，这就使他们日益加重对农民赋税、兵役、徭役的剥削。武则天时期，彭泽地狭，百姓一户有田，不过十亩、五亩，常年收成纳官之外，半载无粮，兵役调发过重，家道恶破，致使卖屋卖田，地方徭役又十倍于兵役。玄宗初期的一些小改良政策并不能改变地

---

① 《新唐书》卷 83《太平公主传》。

② 《旧唐书》卷 99《张嘉贞传》。

③ 《旧唐书》卷 106《李林甫传》。

主阶级腐朽的情况，后来连玄宗自己也日益腐朽起来。那时边疆上很吃紧，军费开支很大，每年防守边疆的兵近 50 万人，马 8 万匹，单衣食二项所用布帛 1020 万匹，粮 190 万石。玄宗又把无数的钱耗费在奢侈生活及赏赐上，如玄宗令贵族进食，水陆每位数千盘，一盘值中人十家之产。贵族互相比附，每次送食品均有数万人护送。玄宗又用一些最能搜刮的人拼命剥削，如户部郎中王铁替他竭力搜刮，每年贡献额外钱百亿万，说是租庸调之外的剩余，专供宫内消费，玄宗很喜欢。封建国家剥削的加强与地主阶级的土地兼并互相影响，封建国家的剥削加重迫使农民进一步贫困、破产，便利了土地兼并的发展。而土地兼并的发展又使封建国家掌握土地与农民减少，因而赋税收入减少，但封建国家开支却日益庞大，对农民的剥削日益加重。这种恶性循环的结果，是农民的日益贫困、破产。

3）农民的贫困破产

在土地兼并日趋激烈，封建国家剥削日益严重的情况之下，农民日益贫困，被迫逃亡。早在高宗、武则天时期，农民流亡便成严重问题。武则天时即用兵而使人家道破败，或至逃亡。四川则是诸州逃户三万余，流散山林，甚至成为盗贼。但更多的是投往地主家为客户。

（2）均田制的破坏

开元、天宝之际，均田制已不能维持了。为什么如此？从两方面看，一方面要从当时社会情况及历史条件看，均田制是在一定历史条件下实行的，这就是地主被打击，统治阶级被迫对农民让步，劳动力流失，政府财政收入少，政府手头有大量荒地。这种条件下实施的均田制，反映了国家、地主阶级与农民之间的复杂关系。三者关系发生变化，均田制自然不能维持。封建国家与地主阶级有一定矛盾，即争夺赋税与依附农民。但另一方面，他们又有更多共同利益。因此，封建国家一方面实行均田，并在不同时期限制地主土地兼并，但一方面又不能不放任地主阶级兼并土地，甚至在均田制内也规定了许多对地主阶级占有土地与兼并土地的优厚待遇。因此，随着地主阶级羽毛丰满，土地兼并盛行起来，均田制与土地兼并不能并行，必然破坏。这表现为，农民逃为客户，以及政府土地大量减少。另一方面，封建统治阶级逐渐不能维持，剥削逐渐繁重。开元二十五年，虽然颁布了一些较前更为详尽的均田令，并一再下令禁止买卖口分田、永业田，禁止王公百官遍夺民田，但终于无法制止，最终只好以无主土地不需收夺，不了了之。均田制完全不能维持了。

官吏之冒滥与大量农民的逃亡，不课户的比例，在全国户口中逐渐上升。到天宝末年（755 年），全国户为 891 万 4700 户，应不课户为 356 万 5501 户，应课户 534 万 9280 户。即八分之三为不课户。但课户之中，"男，年二十以下，老男、废疾、妻妾、部曲客、女奴婢"皆为不课口。

当时全国人口为 5291 万 9300 人，其中不课口 4470 万 988 人，课口 820 万 8321 人，课口只占全国六分之一。即封建国家的赋税、徭役要由只占全国人口六分之一的人来负担。

与私人地主的土地兼并同时，封建国家也掌握有一部分官田，设庄宅使（管政府官庄）、内庄宅使（管皇帝私庄）等来经管。其设置时代，大约在武则天时，也许更后一些。其田产之来源，或为供宫中需用之草木、薪炭、菜蔬、良田，或为禁苑。也有籍没入官的臣僚田产等等。这种官田，也有时租与农民耕种，收纳租课，甚或形成抑配，但数量很少。到唐后期代宗时，籍没之田每年收租 14000 余斛。以丰产亩收 4 石，租额 50% 记，才 28000 余亩，数量极小，而且极为零星（一亩、二亩），不能成为庄园制的依据，这在社会经济中起的作用也很小。

之所以有上述议论，是因为这是封建国家对土地的新剥削方法，即从用均田制剥削农民改为自己经营与私人地主一样收租的办法，是后来宋、明、清皇庄之滥觞，表明社会经济发展及封建剥削关系变化。

均田制的破坏应从两方面看。

其一，从一方面，即从当时社会情况看。均田制是在一定历史社会条件下施行的，故不能孤立地看。由于封建国家、地主阶级与农民这三者之间复杂的关系，均田制终于不能维持。封建国家与地主阶级有一定的矛盾，即争夺赋税与依附农民。但另一方面，他们又有更大的共同利益。因此，封建国家一方面实行均田，并且在不同时期设法限制地主的土地兼并，但另一方面，又不仅无力限制，而且不能不放任地主兼并土地，甚至在均田制内也规定了许多对地主阶级占有土地与兼并土地的优厚待遇。

均田制与土地兼并是不能并行的。土地兼并既然发展起来，均田制就必然逐渐遭到破坏。这表现为，农民之大量逃亡，即政府掌握民户之日益减少。另一方面，由于地主阶级及其最高统治者的奢侈、淫欲，再加上课户的减少，唐初对农民让步政策渐渐不能维持，封建国家对农民的剥削与压迫越来越重了。

从贞观中期起，徭役、兵役逐渐繁重，唐太宗甚至说出"百姓无事则骄逸，劳役则易使"[1] 一类的暴虐言论。贞观二十二年，修玉华宫，费已巨亿。同年，在四川发民造船，准备进攻高丽。民至卖田宅、鬻子女，不能供。谷价涌贵，剑外骚然。到高宗、武则天以后，由于政治的腐败、长期的对外战争、官员的冗滥及统治阶级的奢侈浪费，统治阶级开始残酷地剥削人民。玄宗前期，施行一些小改良政策，唐朝表面上还很强盛，但社会矛盾在日益发展着。

地主豪强兼并的激烈，促使统治阶级剥削压迫加重。统治阶级剥削压迫加重，又便利了地主豪强的兼并。这样均田制的基础——在国家控制下的农民少了，交不齐规定的租调了，均田制必然瓦解。

其二，从均田制本身来看。由于它是实质上维护地主阶级利益的，并且是在特殊历史条件下施行的，再加上它本身一些不能克服的矛盾，因此，它必然不能长久维持。

均田制继续实行的条件有以下几点：

一是均田制继续实行的重要条件之一是国家手中要掌握大量土地，这只有在开国之初才能做到。这之后，永业田授而不还，有些土地又被贵族官僚以"借荒""置牧"等名义夺去。而官府无暇顾及的肥沃荒地被人私垦，不遵田令的事从初唐起便很流行。这样随人口的增加和荒地的大量开垦，国家掌握土地是不够授予农民的，唯一办法是没收地主土地，这又势所不能。一时的"括籍外剩田"为数有限，只能应一时之急，不能根本解决问题。因此，唐朝从来没有按规定授田。彭泽之地，一户不过十亩、五

---

[1] 《贞观政要》卷 10《慎中》。

亩。京畿一带，即丁给田，犹且不足。敦煌一带发现的唐代户籍簿，平均每户三十亩左右。这样情况长久下去，授田又不可行。

二是均田制继续实施的另一个重要条件是国家要严格推行规定的授受田制度，但由于情况之复杂（授还时间不同、地形复杂等）及工作面之广，再加上施行收授令的里正多为勋官、六品以下白丁，甚至以未成年或有残疾的人担任，而官吏也不大管事，再加上地主势力强大，因此，收授田制度不宜切实执行。有时，以国家力量开垦的土地也悉赐百姓为永业，自己放弃收授办法。

三是均田制实施的再一个重要条件是不许自由买卖土地，但这是做不到的。均田令中已规定，在某些情况下可出卖土地。但后来，连这些限制也不能执行。天宝十一年诏令说，买卖土地"若无主论理，不须收夺，庶使人皆摭实，地悉无遗"①。这样政府最后也只好公开承认买卖土地的合法。

均田制的实质、施行的历史条件及其本身的矛盾就使它不能长久维持。到玄宗末年，田的收授名存实亡，只是收税还据户籍。等到安史之乱，户籍紊乱，均田制就完全破坏了。

（3）户税和地税在国家收入中比重的增加

唐初，租庸调外政府还向人民收户税和地税。623 年，唐政府下令，把天下户依资产定为三等。626 年，又改分为九等。第九等户每年纳 220 文，八等 452 文，供郡国传驿、邮递、地方官吏薪俸之用。地税则依每户土地顷亩实数收配。这是从隋代缴征社仓（义仓）米粟办法沿袭而来。社仓本为救荒之用，炀帝却将之变为固定税收。唐政府 627 年也规定，王公以下每亩纳两升。名义上是备荒，但也挪用。后来变为政府一项固定收入。

户税是所有人（主客户）均要交的。地税凡有地就要交。因此，在均田制破坏、农民大量逃亡之后，户税及地税在国家收入中比重就渐渐增加。天宝时，户税每年约 200 万贯，约当租庸二、三十分之一。地税年收 1240 万石。这种按人口及土地课税的办法，安史之乱后逐渐演变，就成为两税法的基础。

---

① 《册府元龟》卷 495《邦计部·田制》。

本章小结

1. 唐前期社会经济的发展，主要是农民起义的结果。这表现为：

（1）地主阶级势力受到沉重打击，农民所受压迫少些（人身依附）。

（2）农民多少得到一点土地，能有一个统一、安定的环境进行生产。

（3）唐统治者被迫对农民让步。

2. 由于农民起义，唐前期社会经济、政治、文化各方面均有很大发展。再一次认识农民是封建社会发展的动力。

（1）经济方面：农业、手工业、商业都有发展，国内经济交流活跃。商品经济开始发展，但还不足以破坏封建自然经济，然而已起了若干影响。

（2）政治方面：中央集权制度发展，中小地主参与政治。

（3）文化、对外关系留待后面再讲。

3. 地主阶级本性难移。农民与地主矛盾是主要矛盾，地主阶级羽毛丰满，放弃对农民让步政策（主观）、加强对农民剥削（客观）。因此，社会矛盾逐渐增长，社会危机日益严重，这主要表现在均田制的破坏。一方面政府财政收入成问题，更严重的是土地问题。府兵制的破坏、统治力量削弱。一方面是唐军战斗力的削弱，对外战争的不断失败（边疆各族强大是客观原因），一方面是边将、藩将及地方势力的强大，统治阶级腐朽，奢侈腐化，无法继续统治。这一切矛盾、焦点集中表现为安史之乱。

从此，唐朝的历史开始一个新时期，即唐后期。

第三章 唐边境各族、唐和亚洲各国的关系

第一节 唐的扩张

唐政权建立之后，就面临两个大问题，即对内如何对待农民与对外如何对待强大的、向内地侵略的东突厥。唐朝统治者采取了坚决抵抗东突厥的政策。这一政策得到人民的支持，因而取得了胜利。但是，唐朝统治阶级并不以此为满足，在战胜东突厥之后，又继续向四外扩张领土。在国内社会经济恢复与发展、封建秩序安定的基础上，唐的向外扩张取得很大的胜利。

唐前期的对外战争，大致可分为三个阶段：第一阶段，从唐建国到战胜东突厥（618—630年）：这一时期，主要敌人是东突厥。第二阶段，从战胜东突厥到高宗时期（630—670年）：这是唐全力向外扩张时期。西北征服西突厥，控制西域；北方大败薛延陀及东突厥残余力量；东北征服高丽、百济。唐成为当时世界上最强大的国家。第三阶段，从高宗以后到玄宗天宝十载（670—751年）：这时，唐一方面维持控制的地区，一方面和新起的吐蕃及大食争夺中亚及天山南路，相持不下，唐占优势。751年是一个转折。这一年，唐朝在西域、南诏、契丹三方面的战争都失败了。从此，唐开始由扩张变为被侵扰，版图缩小。这是内部矛盾发展的结果。

第二节　唐和东突厥的斗争

（一）隋末唐初的北边形势

突厥在隋代分裂为东、西二部落。此后，其东部，即北突厥虽暂时就范于隋，但到隋末，势力又复强大。615 年秋，隋炀帝出巡塞北，始毕可汗竟率数十万人将炀帝包围于雁门。其后，虽为出嫁启民可汗之义成公主诓诱，始毕可汗使其解围而去，但突厥却利用中国内部的纷乱，而从此脱离隋的控制。在此后几年，东突厥统一了北部沙漠地区，而中国北方人民为逃避徭役、战乱而逃亡突厥区域内的为数也很不少。于是，东起契丹、室韦，西抵吐谷浑、高昌（吐鲁番）以及北边的铁勒、回纥等又成为东突厥的属部。其控制之势达百余万。《通典》所谓"戎狄之盛，近代未之有也"①。

不仅如此，突厥还积极地向中国内地发展其势力。隋末起事于北方的各武装集团，如窦建德、薛举、刘武周、李渊、梁师都等人大都向突厥称臣或取得联系，希望得到其兵马助力，而突厥可汗则向这些武装集团首领勒索大量财物。如李渊起兵时，不但向突厥称臣，而且亲自作书相约，如能相助入长安，则民众、土地归唐，金宝归突厥。即位之后，又多次送给东突厥大量的财物。

中原的分裂对东突厥有利。因此，突厥可汗不愿中原统一。619 年，即唐政权建立的第二年，突厥与梁师都进攻延州（今陕西安寨西）诸地。此后，几乎无年不与北方割据势力联合内侵。624 年，唐刚统一，突厥颉利可汗即自原州（今宁夏固原）内侵，李渊几次言及迁都以避之。但李世民据历史上西北各族入侵中原而屈服退让的惨痛经验，坚决反对，并亲自领兵击退东突厥，这才挽回危局。626 年秋，唐太宗刚继位，颉利可汗与突利可汗即合兵十余万直抵长安，一直进到渭水便桥之北，长安戒严。这

① 《通典》卷 197《边防门十三·突厥上》。

时长安唐兵才几万人，形势十分危急。唐太宗故作镇静，亲自到渭水边上和颉利可汗谈判，并将府库中财货尽量贿赂，突厥这才退兵。

唐朝初年，东突厥成了新统一的唐朝的最大威胁。在东起河北，西到甘肃的漫长边境上，每年都受到突厥铁骑的蹂躏。无数的庄稼被毁坏，无数的人民被杀死与劫走为突厥贵族的奴隶。唐朝人民与东突厥的矛盾已成为当时最激烈的矛盾。反抗东突厥，不仅成为有关新建立的唐朝的生死问题，而且也成为全国人民一致的要求。

但是，唐太宗这时刚继位，统治还不很巩固，社会经济也有待恢复。用唐太宗的话来说，就是"国家未安，百姓未富"①。所以，唐当时对突厥的方针还只能是防御或者讲和。

但是，唐太宗一直在积极准备对东突厥的战斗。一方面，消灭北方与突厥勾结的苑君璋、梁师都等武装集团；一方面积极恢复与发展生产，充实国力；一方面训练士兵。唐太宗每天抽调几百士兵亲自教以弓矢，并对他们说，闲居无事，我做你们的老师，等到突厥侵来，就做你们的将军。只有这样，中国人民才能得到安宁。②这件事，即可看出唐太宗的决心。

（二）东突厥内外矛盾的发展

在唐的势力一天天强大之时，东突厥却在一天天削弱下去。由于东突厥情况的复杂及颉利可汗的残暴统治，各种矛盾激化起来。

这些矛盾之中，首先就是占统治地位的突厥族与附属于突厥的各部族之间的矛盾。东突厥虽然十分强大，北方及西北方许多部族虽都在他的统属之下，但是，作为一个国家来看，它仍然只是一些部落和部族的集合体。其内部矛盾是经常存在着的。颉利可汗为大可汗后，由于经常作战，便征收诸附属部族极重的贡赋，这就引起铁勒诸部的薛延陀、回纥、契丹、奚等的反抗。这就使其力量削弱，并且有后顾之忧。

---

① 《资治通鉴》卷 191，唐高祖武德九年八月癸未。

② 参见《资治通鉴》卷 192，唐高祖武德九年九月丁未。

其次，是突厥族内部的矛盾。由于颉利可汗"多变更旧俗，政令烦苛，国人始不悦"[1]，再加上连年饥馑，民多冻馁，杂畜多死，这就使突厥族内部矛盾尖锐起来。

最后，这些事件也加深了东突厥本部各酋长之间的矛盾。更由于颉利每委任诸胡（新贵族），疏远族类（旧贵族），旧贵族也不满意。于是，建牙于幽州之北的突利可汗也遂表示不肯再听从颉利的支配而愿归附于唐了。

唐太宗就利用了东突厥的这些矛盾。他一方面用离间的办法加深颉利与突利之间的裂痕，接受突利的归降；一方面，和居突厥北部的、新脱离东突厥统治的薛延陀（铁勒诸部之一）取得联系。因而，孤立了东突厥，削弱了颉利可汗的力量。这样，唐力量的加强、东突厥内部矛盾的发展及唐太宗成功的外交政策，力量的对比变得有利于唐而不利于突厥了。

（三）唐初对东突厥战争的胜利

629 年年底，唐太宗派大将李靖、李勣等率军十余万人，分六道大举进攻突厥。战线东到辽宁，西到甘肃银川一带。630 年初，向北攻的李靖部队取得很大的胜利。颉利向碛口（今内蒙古乌兰察布盟西北部一带）败退，又被从陕北北进的李勣部队在白道（今内蒙古呼和浩特北）阻击，杀得大败。颉利可汗企图伪降，唐太宗遣使者前往。已经会师的李勣决定趁机给以突然打击。在阴山一带，李靖派遣精锐的骑兵突击颉利牙帐，东突厥大溃。李勣又截断了突厥通向大漠以北的道路，东突厥彻底失败，俘虏男女十五万人，牲畜数十万头。企图逃向吐谷浑的颉利可汗也被另一支唐军俘虏。东突厥诸部或北附薛延陀，或西奔西域，其归降于唐的尚有十万口。唐的版图从此扩大至阴山以北、大漠以南。

战胜东突厥的结果，不仅解除唐朝北方的最大威胁，使北方生产得到恢复，而且使过去大量流之在外的人民（120 万口）返回故土。斯大林指

---

[1] 《资治通鉴》卷 192，唐太宗贞观元年七月壬子。

出："只有联合为统一集中的国家，才能指望有可能真正发展文化和经济，有可能确立自己的独立。"①人民对统一的唐朝的期望之一即为抵御外侮。而在唐太宗及名将李勣等领导之下的这次战争，取得了预期的胜利，这意义是十分重大的。这次胜利使唐朝威信大为提高，西北一些部落、酋长遥尊唐太宗为"天可汗"。酋长死了，均以唐下制册立后嗣为继。

（四）东突厥败后的北方形势

1. 薛延陀

突厥败后，铁勒十五部中最强大的薛延陀部酋长夷男率众南移，势力渐强大，盛兵达 20 万。太宗于是采取分化政策，分封夷男诸子为可汗。又于漠南另立突厥阿史那思摩为可汗，更引起夷男不满。641 年，夷男攻阿史那思摩，唐趁机派李勣出兵攻薛延陀，大败之于白道川，薛延陀降。铁勒其他各部也投降于唐朝，大漠以北也归入唐的版图。

2. 东突厥的复兴及其瓦解

薛延陀之后，突厥别部车鼻一度强盛。650 年为唐所败。唐在金山（科布多，今分属中国、蒙古、俄罗斯、哈萨克斯坦）及云中（今内蒙古呼和浩特）置瀚海、云中（后改为单于大都护府）二都护府。配置军队，分别控制漠南、漠北诸部族。此后三十年，北方无事。到武则天时，天授年间（690—692 年），东突厥默啜自立为可汗，地东西万余里，控弦 40 万，自颉利以后最为强盛。不断与北方及西域唐军进行战斗。玄宗开元之后，东突厥在战争中不断失败。716 年，默啜在战争中被杀，毗伽可汗势力仍然强大。732 年，毗伽可汗死，统治阶级内部争夺汗位，互相攻杀，势力大为削弱，部众瓦解。到天宝初，744 年，被唐军攻下，东突厥完全瓦解，回纥占据了其地，部众亦附回纥。从此，东突厥遂从历史上消失了。

---

① 编者补注：《斯大林文选（1934—1952）》下册，人民出版社 1962 年版，第 503 页。

第三节　唐向西域的扩张

（一）隋末唐初的西域形势

630 年以后到 667 年，即太宗到武则天时期，是唐全力向外扩张阶段。这时战争性质已不再是反侵略的性质，而多半是为拓展领土而主动出击的对外战争。

隋末唐初的西域形势大体如下：西域的主要统治者是西突厥。它控制的地区，东到阿尔泰山，西到咸海，南至塔里木盆地南部，北到贝加尔湖。唐初，西突厥发生内乱，分裂为东、西二部，攻战不已。不仅力量大为削弱，而且增加了西域各族人民的负担和痛苦，这就给唐太宗向西域进攻创造了便利条件。

在塔里木盆地两侧及中亚细亚一带，有许多小国，如龟兹、罽宾、康、安、曹、石、吐火罗等国，他们过去与中国有外交和商业上的往来。这时对西突厥的统治颇为不满，倾向于归附于唐。

在康藏高原，则是新起的藏族所建的吐蕃。他正积极向西域发展势力。

在东西交通干线上，河西走廊之南，在青海一带的是吐谷浑。在吐鲁番盆地的是高昌。吐谷浑屡次进犯，高昌更联络西突厥，屡次切断唐与西域的交通。

东突厥的威胁解除后，唐太宗开始向西域扩大领土。除去满足自己的野心和欲望之外，还有三个目的，即：一是保护西北边境的安全（唐之政治、军事中心在西北）；二是打通通向西域的通道，以满足西域与唐的贸易需要，这是符合这些小国利益的，因为西突厥不仅统治残暴，而且阻挠贸易，因此要打通西域，就要和西突厥斗争，而西域小国是站在唐一边的；三是阻止新起的吐蕃向西北扩张。所以，唐向西域的扩张除了统治阶级的野心和愿望外，还有经济利益与军事要求。

西域形势决定唐太宗向西域扩张的政策是联络吐蕃打击西突厥。步骤则分四步：第一步，联络吐蕃，孤立吐谷浑，然后出兵征服吐谷浑，扫清对河西走廊的威胁，控制通向西域的交通；第二步，灭掉扼西域通道枢纽并与西突厥联盟的高昌，打开通向西域的道路，并切断西突厥与塔里木盆地诸国的联系；第三步，击败塔里木盆地的焉耆、龟兹诸国，并迫使疏勒、于阗等国投降；第四步，与西突厥作战，争夺天山北路。

（二）征服吐谷浑

吐谷浑曾被隋击败，臣服于隋。隋末，吐谷浑在其王伏允统治之下又复强大，但常侵袭唐边境。635 年，为制止吐谷浑侵扰及解除西域通道威胁，唐太宗先派使臣与吐蕃联络，孤立吐谷浑，后令李靖统率侯君集等诸军进攻。很快，在青海东北的库山击败吐谷浑精锐。伏允向西北沙境撤退，并沿途烧掉野草，企图使唐军进攻遇到困难。唐军分两路追击，在追击中，唐军表现出了惊人的坚韧。北路唐军在李靖指挥下，一直挺进到今新疆南部，行经数百里荒无人烟的沙漠。由于缺水，唐军刺马血做饮料。南路唐军在侯君集等指挥之下，在青海高原上，穿过一千多公里荒无人烟、暑天将霜的高原，用嚼冰吃雪的办法穿行了没有泉水的山谷。北路军终于袭击伏允牙帐，取得决定的胜利，伏允自杀。南、北两路军在大非川（一说为今青海共和县西南，一说为今青海湖以西的布哈河）会师。伏允子慕容顺率众投降，打击吐谷浑的战争顺利结束了。

唐太宗仍使慕容顺为吐谷浑君主，率众居其故地，并以唐军数千以制吐蕃。后慕容顺为部下所杀，子诺曷钵归唐。唐妻以弘化公主，后为吐蕃所灭。

（三）征服高昌与塔里木盆地诸国

早在 630 年，伊吾（哈密）就归附唐朝，唐在其地置伊州。其西的高昌王麹文泰曾朝聘过唐，但又保持西突厥附庸地位，认为远隔在千里外的唐不可能发兵。640 年，侯君集率兵到碛口（碛石口）时，他便惊惧病死。

其子进行抵抗，很快被击破。唐遂灭高昌，以其地为西州。

640 年五月，唐击破高昌之后，奉命支援高昌的西突厥军队在唐军强大压力下被迫投降，唐以其地为庭州（今新疆吉木萨尔北）。642 年，唐军击退了西突厥可汗的进攻，并乘胜拔除控制新疆南北通道的西突厥附属处密、处月二部所据之地。

在此一战役后，唐的势力继续向天山南路伸张，击灭焉耆、龟兹诸国，迫使疏勒、于阗等国投降，天山南路完全落入唐朝控制之下。唐在此设安西都护府（下辖龟兹、疏勒、于阗、焉耆四镇），以控制这片地区。

（四）西突厥的瓦解

高宗时期，唐继续向西北扩张势力。从 649 至 659 年的 10 年间，唐和西突厥的阿史那贺鲁展开激烈斗争。经过长期激烈战斗，在名将苏定方、程知节、萧嗣业等指挥之下，屡次打败贺鲁军。657 年，唐军南北两路十余万人会于今伊犁河，与突厥展开战斗，结果贺鲁大败，西逃被俘。突厥各部纷纷投降，长期威胁西北边疆的突厥瓦解。唐朝势力完全控制天山北路乃至咸海以西地区，并设安西、北庭都护府以控制。

东、西突厥虽亡，其残余部落在中亚者势力仍盛。铁勒亦可属广义之突厥，其所建回纥汗国及黠戛斯仍有长期活动。

攻灭西突厥后，唐的势力由新疆伸至中亚。唐朝声名达到北起里海，南到恒河的广大区域。因此，分布在这些地区的诸国，如昭武九姓、帕米尔高原内小国、波斯、大食以及天竺（印度）、泥婆罗等国先后遣使来唐。唐与上述诸国发生了密切的联系。

（五）唐与吐蕃、大食争夺西域的斗争（670—751 年）

生活在青藏高原的吐蕃从唐初起就开始强大。高宗初年（655 年）以后，屡次进攻吐谷浑。670 年，吐蕃占领了新疆南部，唐不得不废安西四镇。新疆南部地区全部落入吐蕃手中。唐派薛仁贵率兵十万征讨，为吐蕃败于大非川，唐军死伤殆尽，吐谷浑也被吐蕃所灭。自后，甘肃边境一带便常为吐蕃侵扰，唐朝主要注意力，便是对付吐蕃。

吐蕃不断扩展自己的领土，成为东到四川西部、南到印度、西到帕米尔、北到天山的一个强大国家。

692 年，武威道总管王孝杰大破吐蕃，收复四镇。唐在西域声威又恢复。但吐蕃仍极强大，时时想夺回这一带地方。不久，吐蕃又得到富饶的青海东部地方（河西九曲之地），不断向甘肃进攻。但由于唐军防守坚强，战果不大，于是又转而与唐争夺新疆南部。

吐蕃进攻新疆南部可走两条路：东路由青海出祁连山向西北进攻哈密。但这正是唐通西域的咽喉要道，沿途唐军军事据点林立，不易通过。西路由现在西藏西行到印度克什米尔以北，越过喀喇昆仑山脉，进攻和田一带。克什米尔之北当时有小勃律国，正当吐蕃入新疆南部要道，所以唐与吐蕃多次争夺小勃律。

除吐蕃外，大食是唐在中亚另一个强大的敌人。651 年，大食灭波斯，与唐直接接壤。705 年，大食开始与唐争夺阿姆河、锡尔河流域一带地区。

吐蕃与大食曾多次联兵进攻中亚各国。715 年，二者联兵进攻归附于唐的拔汗那国（中亚古国），废其王，另立一王，旧王奔安西求援。唐军万余人在张孝嵩率领下自龟兹西出万余里，下数百城，见拔汗那新王，威震西域。大食、康居等八国皆派使请降（可知西域诸国向唐求受之来）。但大食势力仍继续发展，吐火罗、安、康等国均被其征服。727 年，中亚诸国均落入大食控制之下。由于赋税繁重，中亚诸小国纷纷向唐求援。唐未直接派兵，但中亚诸小国仍不断向唐朝贡，说明唐在中亚的影响力之大。

747 年，由于吐蕃以女属小勃律，并唆使那一带小国叛唐。为堵住吐蕃进攻新疆南部的道路，切断吐蕃与大食的交通，大将高仙芝（安西副都护）将兵万余人从安西（库车）出发，举行了一次横断帕米尔高原的远征。唐军经过疏勒，过帕米尔河，沿途攻下吐蕃的一些军事据点。穿过坦驹岭，进攻小勃律（兴都库什山的达科特山口）。这个山口海拔四千多公尺，是个极险要的地方，有长二十多公里的大陡坡，山头和山谷的高度差到三千多公尺。穿过这个大山口是十分艰难的。

在这次远征中，唐军表现了十分坚毅的精神。过岭时，高仙芝恐士卒惧险不肯下，先令人为阿弩越胡服，假充岭下阿弩越城使者通降，并诈言通往吐蕃的娑夷桥已断，士卒乃下。到小勃律时，派人折断藤桥。刚断，吐蕃兵大至，不得渡。仙芝遂从容俘小勃律王及吐蕃王后而归。

通过一系列战役的胜利，唐在西域的声威恢复了，中亚等诸国都震恐归附，拂菻（东罗马或叙利亚）、大食等也愿与唐和好。

但是，这时唐军将领已经腐败，唐军战斗力也不如前。高仙芝大施威风，对中亚各国十分残暴。他用残酷的办法屠杀中亚人民，并大肆掳掠中亚财富，光珠宝就有十几担。被他攻略的十国奔向诸胡，联络大食准备进攻安西。仙芝在 751 年将胡汉兵三万人向大食进攻。到怛罗斯城（接近今哈萨克斯坦），高仙芝部下葛逻禄叛，与大食夹攻唐军，高仙芝大败。在奔逃的路上，士兵阻塞大路，于是仙芝及其部将就用木棍乱打，死许多人。高仙芝逃回，军队损失殆尽，只剩几千人逃回来。不得人心的战争就落得失败的结果。自后，唐就只能控制帕米尔高原以西的一带土地了。至于帕米尔高原以东地区，唐还保持了一段时期，直到 790 年，才为吐蕃攻陷。

这次战争的意外结果，是中国造纸术随被俘士兵中的造纸工人而西传了。

第四节 唐与高丽、百济的战争

（一）唐初海东三国的形势

唐初，朝鲜半岛与隋时仍大体相同。新罗驱逐了日本在半岛上的势力，倾向唐朝。百济和日本有联系，企图占领新罗的领土，依附高丽。高丽是三国中最大的一国，领土最大。高丽和中原王朝以辽河为界，辽河以南、以东土地全属高丽。高丽想阻止新罗向唐进贡，百济又想占据新罗的领土，于是，高丽和百济联合起来进攻新罗，新罗向唐请求援助。这就是形成唐与高丽间长期战争的原因之一。

（二）唐太宗进攻高丽

唐朝建立之后，对外战争屡次得到胜利，唐太宗被边疆各族酋长尊为"天可汗"，再加上唐的国力日益强大，解决东北地区及朝鲜半岛的问题就提到议事日程，唐太宗自然不会放过还没有臣服的高丽。

在灭高昌之后，虽设州县，但每年发兵千余人戍守，疲于奔命。西突厥又不断侵袭，唐太宗遂暂时不追求大力经营西域。用武目标改为辽东。这带已设郡县，是农业地区，前代又是中国领土的一部分，夺取了易于统治，利益也较大。另外一个目的，则是想夺回被高丽俘虏或逃入高丽的汉人，并掠夺高丽人来充实自己的人口（例如第一次进攻高丽时，即将辽东之七万口迁入内地）。正好这时高丽发生内乱，642年贵族泉盖苏文杀掉国王，另立一国王，政权落入他的手中。另外，新罗受高丽、百济攻击，四十余城被百济攻占，向唐求援。于是，唐太宗乃用"为中国报子弟之仇，高丽雪君父之耻"①等名义，在645年发兵，进兵高丽。

对进攻高丽一事，唐太宗虽未接受隋炀帝的教训，但在具体做法上却是接受了教训的。他鉴于山东是隋末农民起义发动之地，不仅以该处民生尚凋敝的理由延缓了进兵的时间，而且也避免隋炀帝所进行的全国性大征调。战船从江西建造，兵士则靠招募，以避免加重山东地区人民负担。

644年，唐军做了一些试探性的攻击。645年正式进攻。李勣率陆军6万由幽州（今北京一带）出发，张亮率水军4万由莱州（今山东掖县）出发，在辽东会师，唐太宗也亲往辽东督战。可见对这一战役的重视。

唐军的战略是速战速决，唐太宗甚至想不换袍子。最初，唐军取得了

---

① 《资治通鉴》卷197，唐太宗贞观十九年三月丁亥。

一些战役上的胜利，攻下 4 城，掳人 7 万口，徙之内地。接着，围攻安市（今辽宁盖州）。高丽将兵 15 万来援。由于没有采纳"遁兵不战，扰唐军粮道"的战略而倾全力来战，被唐军大败。后来的名将薛仁贵也在这次战役中初露头角。

此役，高丽改为持久战，用坚壁清野之法。唐军安市（今辽宁海城南营城子）围攻三月不能下，伤亡极多，战马死者十之七八。而冬天将到，草枯水冻，粮食又将尽，唐太宗遂深悔此行之冒昧，而下令撤退。

但唐太宗并未因此死心，他改变战略，经常以小股军队对高丽进行扰乱性进攻，使高丽疲困，借此削弱之。另一方面，则积极筹备再一次大规模进攻。647 年，下令剑南（今四川）造船，由民户输庸，木工造船。州县督促急迫，大船一艘，庸绢 2230 余匹（14660 工作日），等于 733 个农民一年所应服役。山谷所伐之木，脱叶未毕，又征船庸，民众不堪重负，甚至卖掉田宅、妻子还不能供。谷价大涨，剑外骚然，边境獠民遂爆发起义。但唐太宗不听劝阻，仍决心发兵 20 万进攻。649 年春，太宗病重，不久去世，进攻高丽的战争也就停顿下来。

唐太宗进攻高丽所以失败，主要是高丽的顽强抵抗。此外，也还有一些地理上的原因。唐朝的军事重心在西北，而高丽偏在东北，距离比较远。不仅如此，中国东北的雨季在七、八月间，九、十月间到第二年的三、四月又是寒冻时期。因此，唐朝从西北调兵向高丽进攻，必须在冻季已过、雨季未到期间，即五、六月的短期内取得胜利才行，否则作战及补充均十分不易，只能速战速决。因此，遇到高丽采取固守办法，唐军就一筹莫展。要避免失败，就只有撤退了。因此，唐军大举进攻后自动撤退，没有获得很大战果。

（三）唐高宗时期对高丽、百济的战争

1. 破百济

高宗时期，朝鲜半岛上三个国家的纠纷仍在继续着。百济仍在高丽支持之下屡次进攻新罗。660 年，新罗请唐援助。唐军水陆军十万在苏定方

率领下，从山东海道进攻百济。在熊津江口，打败了百济的军队，攻下百济都城泗比（今朝鲜忠清南道），并置军留守。662年，百济王子、贵族、旧将反抗，并向高丽、倭国请求援助。唐与新罗陆军联合进攻，水军在刘仁轨率领下准备入白江口（锦江入海口），去与陆军会师。在白江口遭遇了倭国派来援助百济的海军，于是，进行大战。唐军四战皆胜，烧了倭船四百艘，倭国大败逃走。

经过这次大战之后，建国680余年（公元前18年—公元663年）的百济完全灭亡了。日本的势力不但退出了朝鲜半岛，而且为防止唐朝进攻其本土，在沿海及岛屿上设防。

唐军攻灭百济，一方面为援助新罗，一方面也为孤立高丽。百济成为进攻高丽的跳板。刘仁轨在此积谷屯田经营，高丽受到唐两面夹攻的威胁。

2. 灭高丽

在进攻百济前后，唐对高丽进行了五次大规模的战争（665—668年）。泉盖苏文死后，高丽统治集团内部发生分裂，其三子泉男生、泉南建、泉难产发生激烈内讧。泉男生投降了唐，且为向导，使唐对高丽内部情况有充分了解。668年，高丽最后投降，国被灭。唐在平壤设置安东都护府，以统治高丽全境。但由于高丽人民的不断起义，唐安东都护府于676年被迫撤回辽东。更由于吐蕃强大，需以全力对待，安东都护府守将薛仁贵及军队均撤走，唐已无力经营，放弃鸭绿江以南地方，新罗遂统一了朝鲜半岛，建立了统一的封建国家。

唐太宗不能灭高丽而唐高宗终能灭高丽的原因是：

1）非速战速决而采取长期骚扰、轮番进攻的战略。高丽国疲于奔命，困蔽不堪，力量大为削弱。

2）攻灭百济，孤立高丽，并威胁高丽后方，并使唐之水军活动不受阻碍，且又近便其地。

3）高丽国内发生内乱，统治阶级分裂。一部分统治者投降唐朝，不仅力量削弱，而且情况又尽为唐朝所知。

第五节　唐朝的疆域及对唐前期对外扩张的认识

（一）唐朝的疆域

经过多次战争，唐朝疆域大大扩大。唐太宗晚年，疆域东西九千五百一十里，南北一万六千九百一十八里。高宗时进一步拓展，东到海及朝鲜半岛，南到越南中部，西到里海附近，北到贝加尔湖以南。是当时世界上最强大的国家，也是中国历史上疆域最大的朝代（元朝另有缘故）。这样大的唐朝，实际分为两部分，即本部（主要是汉族人民聚居区域）与被征服的或归降的国家与部落。对于这些国家和部落，唐朝多半仍令其本国或本族人去统治，只要承认为唐朝的领土就行，其他一切如旧，也不用向中央缴纳与本部赋税相同的税额，即羁縻州。

此外，在边疆各地又设立了若干个都护府，派兵驻守，以控制各国、各族。太宗到高宗时，设置的都护府曾达九个，即：安东、东夷、安北、单于、安西、北庭、昆陵、蒙池、安南等九个都护府。武则天到玄宗时，保留有六大都护府，即：安东、安北、单于、安西、北庭、安南都护府。

（二）唐前期对外战争的性质

唐前期对外战争持续时间很长，战争的情况非常复杂，战争的原因及性质也非常复杂。[①]唐周围有许多部族及国家，他们的发展是不平衡的。他们对唐的关系也就不一样。有的要向唐掠夺（如东突厥），有的希望与唐通商（西域诸国），有的要和唐竞争控制西域的霸权（西突厥、吐蕃和大食），有的则在文化上、制度上学习唐朝（新罗、渤海）。

有时，唐对某些国家的行动又受第三者对这个国家的影响（如对百济受新罗、高丽影响，对倭国受百济影响，对小勃律受吐蕃影响）。所以，

---

① "正义""非正义"，与"侵略""反侵略"不同。有些非正义战争当时是必要的、有益的。

唐对他们的关系也就要看他们对唐的关系而定，其主动之权，不完全操之于唐朝，更不决定于皇帝或官吏的意见（虽然他们的意见也有某些作用）。但这决不是说唐朝对外战争完全被动。实际上也有他的动机，这就是：

（1）抵御侵略或解除对其国防或交通线的威胁，打通商路以巩固自己的统治。这里，前者的战争性质是正义的，后者却不一定完全如此（如对西域），但却是有益的。在当时情况下，是符合人民利益与要求的。

（2）满足统治阶级掠夺、被征服国家（或部落）的人口、财富，扩大剥削范围（如攻高丽的掠夺人口）的欲望。

（3）满足统治阶级提高在边疆各族中威信的愿望，或提高统治阶级在国内威信（如攻高丽之替隋报仇，即为自己挽回面子，胜突厥之为太上皇雪耻）。

这些目的往往互相纠结，但仍能划清其主要方面。大体说来，唐朝与东突厥进行的战争是正义性的战争，是反抗侵扰的战争，是符合当时人民要求的。其他各次战争则很难说是正义战争。有的原因复杂，有侵略性质，也有自卫性质（如对吐蕃、西突厥等），不能一概而论，要做具体分析。但现在看来，很多战争也不好划分得很清晰，如对高丽的战争也有很大程度上是从整个战略的高度上考虑的，因此才有持续不断的征讨之举。

（三）唐对外扩张胜利的条件

初唐对外战争胜利的条件不是偶然的，其主要条件如下：

1. 中国这时形成了一个统一的中央集权国家，经济和政治力量大大加强了。斯大林说："只有联合成为统一集中的国家……有可能确立自己的独立。"[①]

2. 在隋末农民起义之后建立起来的唐政权，被迫对农民实行让步政策。因此，封建秩序得到巩固，社会经济得到恢复与发展。这就使唐有比较巩固的后方，并可为唐统治者的对外战争提供充足的人力、物力。因而使唐与边疆各国（各族）在力量对比上居于优势地位。这两个条件是主要的。而这两个条件又都是农民起义的后果。从这里可以再一次认识到，农

[①]　编者补注：《斯大林文选（1934—1952）》下册，人民出版社1962年版，第503页。

民起义是历史发展真正的动力这一真理。

3. 地主阶级在国内封建统治秩序稳定。统治巩固后所产生的拓展土地和掠夺人口、财富及提高其在国内外威信的愿望驱使他们向外扩张。因此，初唐的对外战争符合地主阶级的要求，得到他们的支持与拥护。唐太宗征高丽时，应募人之踊跃即可证明。

4. 此外，初唐的某些战争（如对突厥）的正义性质，使它在某种程度上符合当时人民利益，赢得人民支持。另外，广大士兵及将领在这些战争以及其他一些战争中表现了英勇、坚毅的精神。

5. 在农民战争及各次对外战争中，培养了一批优秀的军事将领。

其中，特别是唐太宗的卓越军事才能，促进了胜利的扩大和早日到来。唐太宗的军事才能，表现在以下三方面：

一是他正确了解政治与军事、经济间的关系。他知道要征服别的国家，必须使国内稳定。例如，627 年，他刚即位，对东突厥的大举进攻即以"国家未定、百姓未富"为理由不大举作战，而与之讲和退兵。另一方面，他又非常熟悉邻国的政治、经济、军事情况。善于把外交活动、分裂离间的手段和军事进攻结合起来，抓住最有利的时机，大举进攻。如打东突厥、薛延陀，就是利用外交手段促使其内部矛盾扩张，然后伺机进攻。打吐谷浑等，则是用交好吐蕃的办法等。所以，这样唐军进行战斗的时机、形势、力量对比等通常都是对自己有利的。

二是在战斗时，他又善于分析双方作战情况，选择最有利的作战时机，并根据不同情况采取不同策略。如 627 年对突厥主和平防御，630 年大举进攻。又如 618 年，进攻陇西地主武装薛仁杲。在击溃薛军主力后，太宗率 20 多骑直追到薛仁杲的根据地折墌城。仁杲大惧，闭门守御。傍晚，唐大军到，四面围城。次日，仁杲就投降了。部将问他为何敢直奔城下？他说："仁杲军虽被击溃，被俘、被杀的却不多。如果不及时追击，让他们回到城里，城就不易攻了。而且，薛军主力多为陇西人，在城外溃散，城内空虚。我军紧紧追逼，仁杲自然恐慌投降了。"又例如，与窦建德作战时，窦军 20 万，布了一个 20 里的大阵。太宗兵力较少，又估计到窦军远来轻敌，没有经过大战，故先按兵不动。果然，过了半天，窦军士兵饥倦想退，太宗趁机进攻，窦建德大败，连自己也被俘了。

不仅是太宗，唐朝许多将领，如李靖、李勣、侯君集等都有极优秀的指挥才能。前述攻东突厥、吐谷浑等役，就是极好的例子。

三是唐太宗重视士兵及将领在战争中的作用，注意鼓励士气和训练士兵。他知道鼓励士气的重要。将士有功必赏，出征的将士都按级赐勋并授给他们勋田。战死的将士都派人吊祭，他们的子弟有些还可以得到官做。他平常也颇能和士兵打成一片。进攻高丽之后，他亲自为将士吮血疗伤。

唐太宗又重视士兵的训练，曾亲自教将士习射。他知道和游牧部落作战必须有强大的骑兵，因此非常重视养马。到唐高宗时，官马达70万匹。这样，唐太宗所进行的战争除进攻高丽外，都取得很大的胜利。这些传统积蓄下来，也构成唐高宗时对外战争胜利的重要因素。

但是，必须明确，唐太宗是地主阶级杰出的政治家。他的卓越的军事才能，是贡献给地主阶级的。他的作战，是为了地主阶级的利益，只是在某些方面和人民利益一致。①

6. 唐周边各族形势有利于唐扩张的胜利，这是胜利的外部条件。当时，周边各族经济文化生活落后于唐。在唐强盛时，不易构成对唐的直接威胁。在周边各族中，力量比较强大的是东突厥、西突厥、吐蕃和大食。前二者内部分裂，大食距离较远，吐蕃与唐关系时好时坏，因此，不宜与唐抗衡。其他小国小族，又大多不堪突厥等的暴政，而愿归附于唐。这就使唐对外扩张有许多便利条件。但基本的仍是唐内部条件。

（四）唐初对外战争的积极作用

唐前期的对外战争，主要为满足地主阶级的愿望。邻近各族人民成为被屠杀、被奴役的对象。就是唐的人民，当时从这些战争中得到的直接利益也很少。并且在兵役、徭役负担、战死战伤、赋税负担等方面蒙受许多痛楚。唐太宗晚年，准备征高丽之骚扰剑南居民就是一例。

---

① 编者补注：边栏旁注云，对唐太宗的评价，同学自己去思考。

但是，从另一方面来看，从历史发展的总趋势来看，唐前期所进行的战争确是有益的战争，对中国及亚洲历史发展起着巨大的积极作用。

首先，在政治军事方面，唐朝打败了东突厥，保障了国家的安全，解除了北方最大的威胁。此后所进行的战争，提高了唐朝的国际地位，使之成为东亚领导国家。

其次，在疆域方面，使中国领土大大扩展，超过西汉极盛时期，进一步奠定了地大物博的现代中国的基础。

再次，对周围各族社会发展起了有利影响。约有 100 年的时间，唐使西域、中亚比较安定，减少与延缓了附近游牧部落的骚扰。在西突厥统治时期，西域比较混乱，西域人民生命财产常受损失。唐的统治使这种情况减少了，并使西域能与中国通商。在唐以前，文化比较落后的日本，常侵扰朝鲜半岛，半岛内部也陷于战争与纷争。唐对朝鲜半岛的战争，改变了这种形势。日本退出，新罗统一朝鲜。这对朝鲜社会的发展及与中国交流经济文化都有很大好处。

最后，也是最主要的，由于国际海路交通的发达，中国高度发展的封建经济和文化——工艺、科学、文学艺术、文字等影响周边各族、各国以至欧洲，尤其是日本、朝鲜半岛及中印半岛各国所受影响最深，形成东亚文化圈。经过长期发展而逐渐形成的中国封建社会的政治、哲学思想体系和政治法律制度也为东亚各国所接受和吸收。另一方面，外国物产和文化，特别是西域和印度文化的输入，不仅在科学、文学、艺术、宗教思想各方面影响着唐代及其以后的中国文化，而国际贸易的繁荣，也刺激了中国经济，特别是工商业的发展。此外，与四维各族的接触，也扩大了中国人的眼界，丰富了中国人对世界的知识，并为后世留下了极为重要的古代各族历史及地理知识的记录。

第六节 吐蕃、回纥、南诏和靺鞨、奚及契丹

这一节，讲述中国领土西南、西北和东北的一些少数民族祖先的

历史。

吐蕃是今天藏族的祖先，回纥是维吾尔族的祖先，南诏是今天云南一些少数民族的祖先，靺鞨的一部分形成后来的女真族即今日满族的祖先，奚、契丹亦为北方民族及汉族祖先。

（一）吐蕃

1.吐蕃人的经济文化生活

吐蕃是藏族的祖先。据《新唐书》载，本西羌属（羌族），分布在青海及康藏高原一带。当地气候苦寒，农业不甚发达，一般农作物不易生长，但产青稞、小麦、荞麦及豆类。人民主要从事高原畜牧业和高原农业，牲畜有牦牛、猪、犬、羊、马等。又多产金、银、铜、锡。一般人民多不定居，但在6世纪末，已"颇有城郭"①，最主要的是逻些城(今拉萨)。屋皆平头，高者数十尺，与今西藏建筑相类，但贵族多住大毡帐中。

在手工业方面，至公元6世纪末时，吐蕃人尚不知制作陶器，皆手饮酒，以木及皮革做容器，或以毡为盘，捻面为碗。但冶金技术已比较发达，已知冶炼金、银及铜。又能制高七尺、盛酒三壶之金鹅及精良的铠甲与剑。

公元6世纪末，吐蕃进入原始社会末期，已有贵贱之分，出现了私有财产。酋长（赞普，意为雄强的丈夫）权力有增长，旗下且有贵族大论、小论等协助其处理事务，并且出现了刑法。小罪剜目、割鼻或鞭打，亦有牢狱。

和其他的进入原始社会末期的民族一样，吐蕃正处于以掠夺为正当职业的阶段。国有盛兵数十万，以及全国皆兵。施无余粮，以掳户为资。每战必全队尽死，后队另上。以战死为荣，累世战死为甲门。败懦者悬狐尾于门首，以此示辱。

从好战、以掳户为资等事实来看，当应该已经有了奴隶。吐蕃此时尚无文字，结绳、刻木为约。还没有历法，以麦熟为岁首。信巫术，但已开始接受佛教。

---

① 《旧唐书》卷196上《吐蕃传上》。

2. 松赞干布

唐初，7 世纪 30 年代，吐蕃有名的赞普松赞干布（弃宗弄赞）继位，吐蕃社会开始飞跃发展。在松赞干布努力下，统一了吐蕃各部，建立了国家，以逻些城为都城。征服附近部落，南降泥婆罗（尼泊尔），西臣西域各国。

634 年，吐蕃遣使来唐，并曾发兵击败吐谷浑。唐为向西方扩张，乃与之结盟。松赞干布羡慕中国文化，屡次遣使求婚。641 年，太宗以宗女文成公主妻之，松赞干布特别为之筑一城。吐蕃从此与先进汉族文化进一步接触。

中国的服饰、习惯亦传入吐蕃，仿唐形式作宫室、历法、度量衡。吐蕃且派遣贵族子弟来中国学习。

在松赞干布时期，对吐蕃社会实行多项改革：

第一，尽量吸收中国文化。唐曾应其请，派遣工匠去吐蕃，将蚕种、酿酒、制碾磑、制陶等技术，直接传入吐蕃，促进吐蕃社会的进一步发展。

第二，仿照印度文字制定藏文，做字母 30 个。同时，初步制定藏语拼音、缀句、文法。

第三，创立成文法。引入佛教的"十善"，即不杀、不盗、不淫、不嫉妒、不忿恨、不愚痴、不谎话、不巧辩、不挑拨、不恶骂，制订"十六条法"，即具体法律条文。

第四，提倡佛教，派人到印度学习梵文经典。

在松赞干布时期，吐蕃社会正处于转变、跃进阶段。松赞干布的活动，加速了这个过程。因之，他在藏族历史上被认为是有才能、贡献卓著的赞普。

从上述材料看来，此时吐蕃社会已从原始社会末期过渡到奴隶社会，最明显的标志是，阶级分化及国家之建立。这一变化，是吐蕃社会本身发展的结果，但唐文化的输入，对吐蕃社会发展，也起了重要促进作用。

松赞干布于 650 年死后，吐蕃势力继续向外发展。东破吐谷浑，占其故地，西侵安西四镇，与唐互有胜败。到中宗时，对吐蕃又采取和亲政策，以宗女为金城公主下嫁，并以河西九曲之地（甘青交界的黄河附近地区）为汤沐邑。这片水草肥美地区，大大增加了吐蕃势力。玄宗时，吐蕃与唐争夺青海、甘肃一带地区。唐征战小勃律的斗争也很激烈。安史之乱爆发，唐遂撤西北军队去关中，边防空虚，吐蕃势力又强大起来。

（二）回纥

回纥，德宗时改称回鹘，一说为匈奴后裔。北魏及隋唐之际，与薛延陀等同为铁勒十五部之一，居于色楞格河（流经蒙古和俄罗斯中东部）一带，与薛延陀等皆臣属突厥。这时，回纥是"无君长、居无恒所，随水草流移。人性凶忍，善骑射。贪婪尤甚，以寇抄为生"[①]。胜兵五万人，口十万人。

唐初，其部落首领曾与薛延陀联兵反叛突厥，以五千骑兵大败突厥十万人，威震汗北。唐征灭薛延陀后，回纥则居有其地，很快地发展起来。此时，酋长吐迷度始称可汗，在形式上与唐保持臣属关系，太宗则于其地置六府七州，且于漠南置邮递68所，以便对北方进行控制。

在这段时期中，回纥强大的骑兵经常为唐出力，征服北方及西北的一些部落、部族。大约在此时，回纥可汗之下有外宰相六、内宰相三，又有都督、将军、司马之号，并制订简单法律，国家规模已初具备。

唐玄宗时，回纥势力更加强大。其首领骨力裴罗自立为可汗，统一漠北，击杀突厥乌苏米施可汗，统一回纥九姓诸部及周围拔悉密、葛逻禄等十一部落。疆土西起阿尔泰山，东到黑龙江附近，领有大漠南北广大土地，成为北方最强大力量。玄宗封之为怀仁可汗。此后，回纥曾助唐平安史之乱。

（三）南诏

1. 南诏人的经济文化生活

南诏是今天云南少数民族的祖先。有人说是彝族，有人说是傣族等

---

① 《旧唐书》卷 195《回纥传》。

等。后者可能性较小，但亦无定论。

南诏之兴起约在 7 世纪以后。到天宝初年，势力强大。从 8 世纪中至 9 世纪末，为东南亚一大国。北抵大渡河，东达贵州遵义及广西西部，南至今越南、泰国北部，北及今缅甸北部。至 902 年始灭，共 200 多年。

六朝以来，云南的少数民族为东爨乌蛮，西爨白蛮，大体分布在云南东北部。另外即六诏，亦乌蛮之一支，分布在四川西南及云南西北部。爨及六诏均非云南土著，而系原先活动于秦陇一带之氐、羌族(氐多为白蛮，羌多为乌蛮)，受汉族压迫，而沿岷山山脉两侧南下者。

六诏即六个部落。蛮诏称王为诏 (氐语)，故为六个部落，分别为蒙嶲诏、越析诏、浪穹诏、邆赕诏、施浪诏、蒙舍诏六诏，大致位于今四川西南部、云南北部。六诏之中，蒙舍诏最南，势力最强，后统一六诏建国，故称南诏。

在唐朝时，由于本身社会的发展及受先进唐文化影响，南诏社会经济生活呈现如下情况：南诏人主要从事农业，水田种稻，已知牛耕。一牛三夫，前挽、中压、后持，并知纺织。东部兼养蚕，能织锦、缣。

手工业方面，能开采井盐、织锦、制革及冶金、产金。以缯帛及缣为交易媒介 (有商品交换及货币)。

这时已有私有制，土地按等级进行分配，凡田五亩曰双。上官授田四十双，上户三十双。

从剥削情况看，"无贵贱，皆耕，不徭役，人岁输米二斗。一艺者给田，二收乃税"①，似乎还保留了农村公社的组织。

社会组织方面，国王称诏，旗下有清平官，决国事轻重，如唐之宰相。清平官设有"爽"，管理不同的事务。幕爽主兵，琮爽主户籍，慈爽主礼，罚爽主刑，劝爽主官人，厥爽主制造，万爽主财用，引爽主课，禾爽主山谷。"爽"即"省"的意思。都爽总三省。②

下面的部落组织，百家设一总佐，千家设一治人官，万家设一都

---

① 《新唐书》卷 222 上《南蛮传上·南诏传上》。

② 参见《新唐书》卷 222 上《南蛮传上》。

督。人户壮者皆为战士，有马为骑军，以邑落远近分四军，以不同旗帜相区别。

在文化方面，南诏人俗奉天师道（这也是元初氐、羌之一证），受汉文化影响颇深，但亦受吐蕃文化影响。如立战功则赏赐披大虫（虎）皮，即吐蕃制度。

总上所述，南诏似已在唐文化影响下，进入初期封建制，但详情已不可知了。

2. 南诏建国及其与唐的关系

高宗永徽四年（653 年），南诏首领细奴逻遣使朝参。其子逻盛炎武后时入朝，闻其妻生子夺田，"我又有子，虽死唐地，足矣"①。开元时，皮罗阁灭五诏，玄宗册封为云南王，建都大和城（今大理南十五里）。南诏正式建国。

南诏和唐的关系一直是很亲密的，可是到皮逻阁养子阁罗凤即位后，发生了变化。玄宗派人侵占了南诏境内安宁城的盐井，阁罗凤与其妻过云南，其妻被太守张虔陀侮辱，又向阁罗凤勒索，不行，就辱骂他，并且上表朝廷告其有罪。阁罗凤被迫起兵虔陀，夺取了一些地方。唐鲜于仲通派兵进攻，阁罗凤谢罪请和，并说，如不许和，当归附吐蕃。仲通不许，与战大败。南诏遂归附吐蕃。吐蕃以之为弟，封为赞普钟（"钟"即"弟"）。杨国忠时任剑南节度使，751 年调兵十万，以李宓领之，战败于大和城，从军将士死者十之七八。

安史之乱时，南诏攻下西川，俘去不少居民，唐西泸县(今四川西昌)令郑回也在其中。此人后来在南诏做到宰相，对南诏发展及唐与南诏关系起的作用很大。

但和唐作战并非南诏本意。因为南诏国家不大，处在吐蕃和唐两大强国之间，不倚靠唐就得倚靠吐蕃。而倚靠较文明的唐却比较落后的吐蕃更有利些。并且，南诏也受唐的文化，不愿与唐交恶。故阁罗凤第一次打败唐军后，刻碑言是不得已而叛唐，且曰我世世事唐，受其封爵。后世仍复

———————

① 《新唐书》卷 222 上《南蛮传上·南诏传上》。

归唐，当指碑以示唐使者。知吾之叛，非本心也。即"南诏德化碑"，保存至今，在今云南大理市太和村西面的南诏太和城遗址内。

（四）靺鞨、奚及契丹

1. 靺鞨及其所建立的渤海国

居于今松花江流域、乌苏里江流域及长白山一带，即原肃慎故地。北魏称勿吉，隋曰靺鞨。其境东至海，南接高丽，西接突厥，北邻室韦。部落数十，最强大者为粟末部及黑水部。

黑水部居东北，今松花江、乌苏里江下游。生活较原始，穴居，辫发（东北习俗），逐水草而居，多养猪，富者至数百口，死者无棺椁之具。贵壮、贱老，父子相承，是为君长，大概还处于原始社会父系氏族制度时期。但亦似有私有制的萌芽。

其西南之粟末靺鞨居松花江上游及长白山一带，较开化。其一部当附于高丽。后高丽灭，遂东奔至上述地区。

武后时，698 年，其首领大祚荣建国，自称"震国王"。713 年，玄宗册封大祚荣为渤海郡王，乃称渤海国。至五代时，于 926 年被契丹所灭。

渤海一度成为东北大国，东至海，北至黑水（黑龙江），西接契丹，南到朝鲜半岛北部，与新罗分境。渤海国曾努力汉化，多次派遣留学生到唐求学。几乎完全采用唐的政治制度，有年号、谥法。地分五京（影响以后辽及女真）、十五府、六十二州。模仿中国皇族的称呼。官有宣诏省(门下)、中台省(中书)、政堂省(尚书)。下设左右朝、左右平章事、大内相、左右司政等等，仿唐官制。服饰亦然。

此外，渤海又与唐贸易并输入佛教和各种书籍、典章等。渤海国的文人和使臣会做中国五七言诗。渤海国都城建筑也模仿唐长安，这些举措对提高东北少数族地区文化，起了一定作用。由于比较发达的社会经济与文化，被誉为"海东盛国"。

2. 奚

奚族出于东胡（通古斯），或以为匈奴别种，隋时称奚。其地东接契丹，西接突厥，南邻白狼河（大凌河）。与突厥同俗、逐水草、畜牧，居毡庐，环车为营。无税赋，以射猎为生。亦有农业，种稷。亦知制陶。处于原始社会末期。好战斗，兵有五部，每部设一俟斤主之。

唐初曾内附，开元时曾将部落迁出州之旁，入居河北，成为后来河北藩镇的主要割据力量，河北诸镇不少将领亦为奚人。唐后期，懿宗以后附契丹。不堪其虐待，一部分内附居河北北部，为西奚，唐末已汉化。一部属契丹，后亦汉化。

3. 契丹

契丹与奚同种而异类，亦居鲜卑旧地。东接高丽，西接奚，南接营州，北接室韦。北魏时自号"契丹"。风俗亦与突厥相同，从事游牧生活。分为八部，各有大人。若有征发，诸部皆需共同商议，不得独自行事。狩猎则各部独自进行，有战事则同行。大概为氏族社会末期之军事民主制。

契丹最初臣于突厥，唐初亦曾遣使内附，但不时侵扰边境。武后时，由于唐边将侵辱，乃叛。唐发大兵击之，但几次战斗都大败，赴安西四镇的王孝杰也死了。后派兵 20 万与奚合击才将其击败，武后甚至因此改元"神功"。契丹残众乃附突厥。玄宗时又来附，唐与之和亲，但双方仍不时冲突。不久又破裂，唐军与之大战，先胜后败又胜。此后，契丹时附时叛。天宝时，安禄山镇守东北，邀功而击，751 年又战败。

此后，藩镇割据时期，一方面要利用他们的力量，一方面又怕他们攻后路，故长期没有发生与契丹的战争。

第七节　中国和亚洲各国的经济文化交流

（一）中国和亚洲各国经济文化交流进一步发展的原因

在唐代，中国和亚洲各国的经济文化交流有了进一步的发展。对中国及亚洲各国的发展起了巨大的作用，影响一直到现在还存在。而且，唐还是亚洲各族交流经济文化的中心，原因有如下几个：

1. 最根本的是，唐朝是当时世界上最文明的国家，而且也是最大的国家，本身即具备了形成亚洲各国交流经济文化中心的条件。中国人从此除汉人之外又被称为"唐人"，中国也被称为"唐山"。

2. 唐朝频繁的与边疆各族的战争及因此引起的唐朝疆域扩大，使唐与边疆各族及亚洲各国之间接触频繁起来，也给国际交通及各国经济文化交流带来了便利条件。

3. 边疆各国及亚洲各国本身社会的发展，使之对于接受先进文化有了需要（如日本此时正进入封建时期）。此外，中亚各族的战争与迁徙（如大食之灭波斯，使中国及大食两大国直接接壤、中亚胡人之由此迁入中国北部等）也给经济文化交流带来便利条件。

4. 唐朝的对外政策，也促进了亚洲各国的经济文化交流。

唐朝统治者，一般比较能消除种族偏见，不以夷狄为异类，能不大歧视被征服国家的人和外国人。唐朝皇帝对中国本部称皇帝，对边疆各族和外国称天可汗，虽不能说内外完全平等，但不似过去及以后的各朝那样过度的"内中国而外夷狄"。唐太宗曾对臣僚说，我看突厥部落长和唐百官一样，看突厥人民和唐人民一样。他又说，历代帝王都"贵中华、贱夷狄，朕独爱之如一。故其种落皆依朕如父母"①。在这种思想之下，唐太宗懂得对被征服国家或部落，不能单靠兵力来统治。因此，在征服别国之后，往往把他的大小首领叫到长安来，给他们官做，让他们在政治上享受与汉人同等的权利。被征服的地方，多不打乱其原有部落组织，派他们本族去治理，只要求他们缴纳财物，不许他们攻打边疆，限制他们互相攻打，别的就不大管了。对东突厥的处理是最好的例子。打败东突厥之后，多数朝臣主张将之徙入内地，拆散其部落组织，从事农业，强迫他们汉化。但太宗最后决定把他们置于塞下，"全其部落，顺其土俗""选其酋长，使入宿卫"②。仍令他们统治本族、本部落民众，被征服的首领，往往做到大官，并带唐兵去征服其他国家。如征服吐谷浑、西突厥的名将契苾何力就是铁

① 《资治通鉴》卷 198，唐太宗贞观二十一年五月庚辰。
② 《资治通鉴》卷 193，唐太宗贞观四年四月戊戌。

勒人。① 藩镇中非汉族人更多，安禄山、史思明就是中亚胡人。

对于外国人，并不禁止他们来中国经商及居住。当时长安、洛阳之突厥曾达万户，胡人也是成千上万。外国人在唐朝也有做官的权力。如新罗王子金仁问，七次到中国，在中国做了 22 年官，武则天时为辅国大将军、上柱国、临海郡开国公、左羽林将军。宣宗时，大食人李彦中了进士。

唐朝统治者能这样做的原因，除去这对他们统治有利以外，还有下述两个原因：

（1）从五胡十六国以来，边疆少数民族纷纷进入中国，与汉人逐渐融合。再加上中外交通的发达与文化的交流，汉人对别族人的看法也逐渐发生变化。那种严格划分中国和夷狄的界限和极端轻视、仇视汉族以外各族人的观念比从前要淡薄些。这一趋势在唐朝仍然存在。

（2）唐所倚仗的关陇集团鲜卑色彩十分浓厚。李渊本人即有鲜卑血统，生活习俗受鲜卑深刻影响。当时有人直接认为李家为鲜卑人而非汉人。太宗弟元吉小字三胡，单雄信称之为"胡儿"。太宗子承乾好胡乐、胡言、胡服、胡俗，这也使民族界限比较模糊。

由于南北朝以来胡汉的融合及唐上层统治集团与外族特别是鲜卑关系密切，且受其生活习惯影响，再加上统治多民族王朝的需要，主要的唐朝统治者就较少存在民族偏见。对各民族的政策较缓和，偏见及歧视较少而已。

（二）国际道路的开辟与国际贸易

1. 国际道路的开辟

唐和亚洲各族的交通极为发达。无论从交通路线的远近，或从交通密度的疏密来说，比秦汉都大有进步。并且，也为它以前的隋和以后的宋所不及。

（1）陆路：可到朝鲜、塞北、印度、中亚。据《新唐书·地理志》载，

① 赵翼：《陔余丛考》卷 17《唐初多用蕃将》。

共有下面五条：第一条，从营州入安东，通朝鲜、渤海及东北各族；第二条，从夏州塞外，通大同、云中（榆林往山西北部及内蒙古），通漠南各族；第三条，从中受降城（包头附近）入回鹘，通漠北各族；第四条，从安南到天竺，通中印半岛及印度；第五条，从安西（今新疆库车）入西域，通中亚、西亚、印度。其中，最重要的是第五条，即从长安经凉州、敦煌，通过新疆天山南路或北路到中亚、波斯湾头。第四条由于海路交通更方便，故从陆路走的人不多。

（2）海路：可通朝鲜、日本及西方。广州是当时对西方贸易的起点。从广州经珠江口、过琼州海峡，沿越南沿海到马来半岛南端和苏门答腊，再由马六甲海峡北上，过印度洋到锡兰（今斯里兰卡）。再沿印度半岛西岸北上，到波斯湾。再入波斯湾，到阿拉伯地区（今伊拉克京城巴格达）。这是当时中西交通最重要的道路。

在唐的势力从中亚、西域退出以后，这条道路就更加重要了。这条海路上，行驶着阿拉伯、波斯、印度、中国的商船，以中国商船最大、最好。长二十丈，载六七百人。印度阿旃陀石窟中刻有中国商船之图。当时航行利用季候风，往返需半年多时间。到中国来的外国商人，到广州后，便经大庾岭北上，沿赣江而下，入长江，到扬州。进一步可以沿运河、黄河、洛河到洛阳、去长安。此外，也可走海路到扬州。

对日本的交通则有南北两路。南路从扬州或明州出发，利用季候风到日本，唐中期后多走这条路。北路由楚州出淮河口，沿山东、朝鲜半岛到日本，唐中期前多走这条路。航行的商船，北路多为新罗船，南路多为中国船。日本只有少量商船（遣唐使在外）。

到新罗的贸易除去到日本的北路以外，多由山东登州到辽东半岛，再沿海岸到朝鲜半岛。唐初进攻高丽，运兵、运粮即由此道。唐中叶以后，盛行的掠卖新罗生口也由此商路。大市场便是登、莱二州。

2. 唐和亚洲各族的贸易

唐和亚洲各族的贸易十分发达，设有专官管理。在广州且设有市舶使（相当于今之海关）。对进出口货，抽百分之三十的税。进口货，西北主要是马匹、骆驼、皮毛，海外主要是药材、珍宝、香料。主要出口货是丝织品、茶叶、瓷器和矿产品。最著名的港口是广州，每年据说曾至四千余船。"江中有婆罗门、波斯、昆仑等舶，不知其数。并载香药、珍宝，积载如山。舶深六、七丈"①，"师子国舶最大，梯而上下数丈，皆积宝货。至则本道奏报，郡邑为之喧阗。有蕃长为主领，市舶使籍其名物，纳舶脚，禁珍异"②。据载，广州驻外人十余万，似有夸大之嫌，不可信，但也说明外来人确实很多。此外，尚有扬州、泉州、交州、明州等地，亦为对外贸易港口。

3.在唐居住的亚洲各族人

在长安及重要对外贸易都市，如长安、洛阳、广州、扬州等城市中，云集有大批亚洲各族人，其中有不少人是以政治使节的身份，他们多在长安。每年元旦，朝贺的总有数百千人。唐后期，且有留居四十年者。有妻子，买田宅，举质取利，长久不回国者，德宗时达四千余人。

另一类是留学生。吐蕃、高昌、高丽、新罗、百济、日本、渤海，均曾先后派留学生来唐国子监学习。日本留学生现有姓名可数者即达100多人。新罗留学生一次回国者既有105人。对唐文化的传播，这些留学生起了很大作用。

还有就是大批胡商。唐人小说笔记中常提到长安、广州胡商、胡店及波斯、大食胡商的事。广州且有番坊，长安西市亦多住胡人。在这些城市中，胡人常多达数千或上万人。这些商人中，有的是富商，他们开设邸店，如波斯邸，买卖丝绸、珍宝和放高利贷。唐人小说中，颇多胡商善于鉴别珍宝及买卖珍宝的故事。据小说载，珍宝最贵者四千万，最便宜的也有二百缗。放高利贷者亦多。另外，也有一些小商人开设小酒店和饼铺，卖唐人最爱吃的胡饼和西域名酒。唐人小说中时见鬻饼胡，卖酒的胡姬更是时常出现于小说及诗歌中。如"五陵年少金市东，银鞍白马度春风。落花踏尽游何处，笑入胡姬酒肆中"③，"胡姬貌如花，当垆笑春风"④。还有一

---

① 真人元开：《唐大和上东征传》。

② 《唐国史补》卷下。

③ 编者补注：《李太白全集》卷6《少年行二首·其二》。

④ 编者补注：《李太白全集》卷3《前有樽酒行二首》。

些则是奴婢。他们或因兵败被俘，或是被人掠卖。现在发掘的唐墓中，男女番（胡）俑极多，就是证明。大抵战败被俘的，以突厥、吐蕃、回鹘等人为多，掠卖的则以新罗、昆仑、波斯人最多。海盗冯若芳每年劫波斯船二三艘，取物为己物，掠人为奴婢。其奴婢居处，南北行三日，东西行五日，一村接一村。可见当时掠卖人口之风之盛。

这些居住在中国的胡人，不仅丰富了中国的经济生活、促进了中外经济交流，同时也丰富了中国的文化生活，促进了中外文化的交流。

（三）亚洲各族文化对唐的影响

隋唐和亚洲各国交流发达，亚洲各族文化大量输入中国，影响最大的是西亚和印度文化。当时，大批西域及印度和尚、景教传教士、印度天文学家、医生、画家来到中国，乐工等等就更多了。关于唐代文化所受亚洲各族影响，我们举下面几事为例（宗教另外讲述）：

1. 科学

影响较大的是印度的天文学和医学。唐曾令印度天文学家翻译印度历法并制定历法。现存《开元占经》一书即印度文学家瞿昙悉达所著。印度医生还曾为太宗制长生药。刘禹锡有《赠眼医婆罗门僧》诗："三秋伤望远，终日泣途穷。两目今先暗，中年以老翁。看朱渐成碧，羞日不禁风。师有金篦术，如何为发蒙？"[1] 所意似为治眼法、外科手术。

2. 绘画

在绘画方面，不仅在中国的许多西域画家采用外国的题材作画（主要是佛经故事），因而丰富了中国绘画的内容，而且在绘画技术方面，也给了中国绘画以极大影响，即所谓凹凸画的传入。

所谓凹凸法，即在线条之外用深浅不同的颜色，表现物体的明暗、远近。因此使人有立体的感觉。这种画法即源于印度[2]，对中国画

---

① 编者补注：《刘禹锡集》卷 29。

② 也有说法认为并非源出印度。

家影响很大。唐画家吴道子即善用此法。于阗人尉迟乙僧也是凹凸法名家。相传他的画深若出壁，现在新疆、中亚、敦煌的唐代壁画也是这种画法。

3. 音乐

南北朝时西域音乐已大量传入中国。隋文帝设七部伎，隋炀帝设九部伎，其中大部分是外来音乐。唐初沿袭隋之九部伎，后增为十部，其中八部为亚洲各族音乐，包括西域各国（龟兹、安国、疏勒、康国）西凉、天竺、高丽。唐朝乐府中，伶人亦多为西域人，如米氏、曹氏、康氏、安氏等，成为宫廷乐师的白明达（龟兹人）等且以此做到高官。玄宗时更把十部中分为坐部与立部，两部皆以琵琶为主要乐器，其后坐部转盛，太常选坐部伎无性识者，退入立部伎。又进立部伎无性识者，退入雅乐，胡乐、雅乐地位悬殊如此。民间胡乐也极盛行，外来乐器，如羯鼓、琵琶、五弦、笛、铜钹、角等等，在当时都十分流行。

4. 舞蹈

舞蹈与音乐是分不开的，西域舞蹈在当时亦十分流行，当时有所谓健舞（胡腾舞、柘枝舞、胡旋舞、剑器舞等），软舞（凉州舞、露腰舞、甘州舞等）盛行于长安及中国各大城市。今举白居易《胡旋女》诗以见其舞姿："胡旋女，胡旋女。心应弦，手应鼓。弦鼓一声双袖举，回雪飘飖转蓬舞。左旋右转不知疲，千匝万周无已时。人间物类无可比，奔车轮缓旋风迟。曲终再拜谢天子，天子为之微启齿。胡旋女，出康居……"可知当时舞者亦多亚洲各族人，有男有女，有名的霓裳羽衣舞也有胡舞的因素。唐时，亚洲各族之乐器、乐队及舞姿尚可于唐人诗及敦煌壁画中见到。

5. 建筑

随佛教传入中国的一些与宗教有关之建筑物，如石窟、塔、塔窨（yìn，地下室，即指地宫）均受印度影响很深，唐建筑物亦当大量吸取西亚某些作风，如玄宗曾起凉殿，"四隅积水成帘飞洒，坐内含冻"①，王铣

---

① 《唐语林》卷 4《豪爽》。

宅内亦有"自雨亭子"[①]，这种自喷泉建筑首先是拂菻国（东罗马）制成的，唐代建筑当从拂菻国学来。

6. 封建贵族和长安市民生活的胡化

长安当时已成国际都会，各种各样的人民、各种各样的建筑、服饰、饮食、语言、游戏、宗教均可在长安城中看到。

（1）服饰

唐代之所谓"法服"，其做法和式样即多参戎狄之制，市民在太宗时更是"胡着汉帽，汉着胡帽"[②]，胡汉几乎浑然不清。太宗所废太子承乾，生活习俗即做胡服、学胡人生活、住穹庐。当时贵族之家妇女骑马者多着幂篱，即以大幅长巾（虽为齐隋旧制，但已是吐谷浑及富国服饰）。高宗以后女则多着帷帽，下拖一裙遮住领子，类似现在风帽，或用披肩，长窄袖，这都是波斯、吐火罗的服饰，玄宗以后，则着胡帽，劲装露面不再障蔽，士庶之家又竞相仿效，帷帽不再流行。到安史之乱后，又多兴回鹘装、两高髻、吐蕃装，后者照白居易的描写是"时世流行无远近，腮不施朱面无粉。乌膏注唇唇似泥，双眉画作八字低……圆鬟无鬓堆髻样，斜红不晕赭面状"，结果是"妍媸黑白失本态，妆成尽似含悲啼"[③]，但却被称为"时世妆"。至于男人，则短衣、皮带、皮靴、裤子，这在敦煌壁画、雕塑及唐俑中均可见到。

（2）饮食

《旧唐书·舆服志》说"开元来，……贵人御馔尽供胡食"[④]，包括铧锣（或吉饹饹）、烧饼（无芝麻者）、胡饼（有芝麻者），二者或有馅等类，这些胡食在民众中也很流行。安史之乱玄宗逃亡到咸阳的望贤宫无物可吃，杨国忠乃自购胡饼以献。西域龟兹葡萄酒在汉魏之时已入中国，唐破高昌之后，得其所产马乳、葡萄及酿酒之法，唐太宗更亲加损益制成八色，京师始食其味。另外从波斯传来三勒浆（果子酒）等，也都在长安酿

① 《唐语林》卷 5《补遗》。
② 《大唐新语》卷 9《从善》。
③ 《白民长庆集·白氏文集》卷 4。
④ 《旧唐书》卷 45《舆服志》。

造成为当时名酒。长安西市及城东、曲江一带颇多胡姬所设酒肆，充满异国情调，成为一般学者、士大夫宦游者买醉之所。

（3）打球

汉魏以来，有所谓蹴鞠之戏（步打，足踢），太宗时，又由西番传来菠萝球，即马球，骑马以杖击球，或称击鞠。球小如拳，分两队击球入门。此种球发源于波斯，贵族特爱此种游戏，宫内设有球场，玄宗颇擅此技，曾把吐蕃名手击败，一时传为佳话，宋人诗中有"三郎沉醉打球回"①之语。一般贵族士人，亦爱此。新及第进士在慈恩寺题名后，赴曲江宴会及月登阁的打球之会，四面蜂拥而来，观者如堵，有时达数千人，也是场面盛大。

（4）其他

如妓女之学突厥，结香伙兄弟等。

元宵观灯，从开元之后成习惯，可能与西域灯彩大为流行有关，唐镜之海马葡萄纹等均受西域影响。《旧唐书》载：开元以来，"太常乐尚胡曲，贵人御馔尽供胡食，士女皆竞衣胡服"②。北胡又与京师杂处，娶妻生子，以致玄宗时东城老父要慨叹"长安中少年有胡心矣"③。

（四）中国文化的四向传布

1. 向西方及印度的传播

向吐蕃的传播前文已经叙述。向西域传布的，主要是造纸术。中国造纸在公元一二世纪发明之后，不但在中国广泛使用而且向外流传。中亚发现的纸很多，至于造纸术的西传，当在唐极盛之时。见于记载的一次是751年高仙芝败于大食，被俘的唐兵中有造纸工匠，大食人遂将之送至撒马尔罕建立纸厂，此后撒马尔罕之纸极有盛名，并大量输出到西亚各地，

---

① 晁说之《嵩山文集》卷6《题明皇打毬图》。

② 《旧唐书》卷45《舆服志》。

③ 《太平广记》卷485《东城老父传》。

从大食再传到巴格达、开罗、摩洛哥乃至欧洲，这已是 12 世纪的事了。在此之前欧洲人用的是容易碎裂的"纸草"和价格昂贵的羊皮，有了价廉物美的中国方法制造的纸，文化的传播就方便多了。廉价纸的应用，促进了活字印刷的发展，书籍的大量出版，促进了欧洲文化的发展。纸对世界文化有极大的贡献，这是中国人的光荣。纸之传到印度，应是 7 世纪以前事，玄奘、义净之入印，为中印文化交流之一大盛事，义净于 7 世纪后半去，已见印度用纸。西域各地不只发现汉文经书，且有《唐针灸经》《神农本草》等书，此外在根达等地尚有从中国招去的一些绫绢匠、机杼匠、金银匠、画匠等，则中国的丝织、冶铸技术也在此时向西方传播了，瓷器亦大量输出。

2. 向东方的传播

在今天亚洲各国里，吸收中国文化最多的是日本和朝鲜。

（1）日本

远在周秦时日本已与中国交通，两汉魏晋南北朝时交通渐盛，时有使者往返。隋统一中国后，日本曾多次派遣隋使及留学生来隋。唐朝时，中日两国往来的使臣及留学生更多。据中日两国史书记载，从 630 至 894 年共派十几次遣唐使，规模最大的一次达五六百人。遣唐使的目的是学习中国文化，随来的还有留学生及学问僧，其中且有医生、药师、画匠、制玉匠、锻铸工人等。他们居留动辄长达二三十年，归国后，又把中国文化的先进成就带回本国。645 年日本孝德天皇即位，开始进行改革，称"大化革新"。在本次革新中，隋唐之际日本留学生高向玄理等起了重大作用，而改革运动中各种制度则完全模仿中国，如官职、田制（班田授受法）、租税（租庸调）、法律（五刑）、学校（学中国经史）、历法（正朔）、音乐（尚有唐时乐器）、建筑（京城规制）、工艺美术、佛教、文学、书法、文字（仿汉字造，史书记载为纪传体）、雕塑、绘画等等。日本于派遣唐使之际，亦与唐政府以国际礼仪方式而为官方贸易，日本以琥珀、大玛瑙及银饰等物献于唐，唐则以彩帛香料等为回礼，另外遣唐使等私人买回书籍、文物及种植之植物，亦直接间接促进日本文化的发展。

（2）朝鲜半岛

当新罗未统一朝鲜半岛之前已派遣子弟入唐求学，统一后留学生更多，当时新罗人改穿唐式服装，设太学，知诗书，据说白居易诗可卖到一百两银子，被唐的使臣称为君子国。中国文字在新罗也很通行，7世纪时，使用汉字，并用中国文字做记音符号，即所谓吏读，此后新罗人遂能借汉文音译来记录其自己语言，这对朝鲜文化的发展有很大意义。此外，天文、历法、医学等方面受唐影响也很大。这时唐由于本身文化的发达与各族来往的频繁，遂成为亚洲各族交流经济文化的中心。

本章小结

太宗、高宗时期，对外战争扩大了唐朝的疆域，使之成为远较秦汉为盛的封建国家，这些战争在当时历史条件下，起着有益的作用，对中国及亚洲各族社会的发展及彼此文化经济交流起了促进作用。

吐蕃、回鹘、南诏、靺鞨、奚、契丹这些少数民族在唐时开始登上历史舞台，除回鹘、奚、契丹外，他们均在此时进入阶级社会，建立了国家。在唐文化影响之下，他们的社会有很大发展，他们虽与唐统治者进行过战争，但人民之间仍长期交流经济文化。

唐是当时亚洲各国交流经济文化的中心，唐文化的流布，促进了亚洲各国文化的发展，亚洲各国文化的传入，也丰富了汉族人民的经济文化生活。

第四章　安史之乱和乱后的唐朝

本章开始讲述唐后期的历史（755—907 年）。唐前期与后期以安史之乱为分界线。

第一节　安史之乱

安禄山与史思明的叛乱（755—763 年），是唐朝的各种矛盾发展与激化的必然结果，而叛变又进一步加深与激化了各种矛盾。从前两章的讲述中可知，在开元时期，唐朝表面上虽然还是十分繁荣和强大，但内外矛盾却有了进一步的发展。一方面，在内部，由于地主阶级土地兼并及封建国家剥削的加重，均田制不能再维持了，这不仅加速了农民的贫困与破产，而且也减少了封建国家的财政收入，削弱了中央集权的封建国家力量，地主阶级统治集团也日益腐化。在外部，由于与府兵制度相连的均田制的破坏及对外战争的频繁与边境形势的复杂，府兵制度也开始破坏了。这样，作为唐朝的经济基础与军事基础的均田制与府兵制全遭到了破坏，再加上统治者的腐朽，唐朝对内外的控制力削弱了。另一方面，土地的兼并、剥削的加重，以及残酷的战争，又使农民日益贫困破产，地主阶级与农民的矛盾也日益尖锐起来，这一切都具有必然性，但是矛盾的爆发以统治阶级内部斗争的安史之乱形式出现却又有它的具体原因。

（一）安史之乱的原因

1."外重内轻"局面的形成

（1）边将权力的扩大

从太宗到玄宗，唐朝先后征服了中国西北部、西南部的许多民族政权和部族。为了控制从高丽到西域的这一大片广大地区，为了保卫国土及通西域的道路，唐朝先后在边境设了六个都护府，以大都督统帅精兵防守，但卫戍兵马并不列入地方行政系统之内。从 710 年开始，为应付西北及东北方面日益紧张的国防形势，乃在幽州及河西设节度使或大使，其执掌也只是管军政。节度一名本义为节制，此时遂成官号，到开元以后，北方国防线上几乎全都设置了节度使，不但兼管各州郡而且大都兼任按察、安抚、度支等使，职权除军政外，还包括了民政、财富、刑法等等，当其设置之初，还是不久其任，其后因客观形势的需要，成为专知一方的军事首脑。于是在士兵变为长征健儿的同时，边将也多久驻，甚至有达十几年的。改变了唐前期将领战时领兵，战后将归于朝，兵归于田的局面。天宝之后，一人专治数道的情况也出现了，前有王忠嗣，后有安禄山，于是节度使乃成为当地最高统治者。天宝时，全国总兵数 574，700 余人，十节度使却统兵 486，900 多人，占全国兵数十分之八，中央不过十分之二，过去三分之二兵力集中在长安附近的局面完全改变了。

（2）中央军队的腐朽

府兵破坏之后，中央军队为彍骑，但天宝以后，由于统治集团的腐朽及不重视军队，彍骑的生活及教练等事全无人负责。唐初府兵因番上戍卫而被人称为侍官，但后来招募而来的卫士多被贵戚之家借为僮奴，侍官乃变为讽骂人的话。关中原为府兵最多地区，但此时不仅原有军府已无兵可校，而且子弟为武官者，为父母视为不孝，人至老不闻战旅，"六军宿卫皆市人，富者贩缯彩食粱肉，壮者为角抵、拔河、翘木、扛铁之戏。及禄山反，皆不能受甲矣"①。于是精兵猛将皆聚于西北，畿辅地区几至全无武

———————
① 《新唐书》卷 50 《兵志》。

备。前此关中军力可以驾驭四方之局，遂完全改变。边将权力的扩大是外重的具体表现，府兵与彍骑的腐化是内轻的具体表现，而这种外重内轻局面的形成，又是唐朝均田制度破坏及统治者腐朽与各族矛盾发展的必然结果。

2. 蕃将地位的提高

唐朝统治者虽然实行不大歧视被征服的种族和外国人的政策，归化的部族和外国人也可领兵，即所谓蕃将，但在最初时期，虽然令其统帅本部落部众，但并未重用，更从来没有让他们当过一个方面的军队的最高指挥官。但是，唐朝统治者渐渐腐败了，统治集团中人物也渐渐不想也不能打仗，唐朝的经济及军事力量又因府兵与均田制的破坏而削弱，边境形势又十分复杂，于是他们就想利用蕃将帮他们打仗并控制边疆地区，他们认为这些人能打仗，又了解边疆情况，在各族之间有威信，能维持边疆秩序，可以重用。又有些文官出身的大臣，以李林甫为代表，他们为了杜绝出将入相之旧制，以固己之位，遂上表建议玄宗用蕃将，这些人文化低就不至于跟他们争夺相位（这是次要原因）。这样，到玄宗末年，边境十个节度使遂大都由蕃将担任了。

3. 安禄山集团的强大

从南北朝以来中亚昭武九姓之胡（安、康、史、米、石、何、曹、火寻、戊地等九国）很多人远从塞外到中国边境经商，其主要聚居区即高昌、河州（今甘肃临夏市）、长安、洛阳及柳城（今辽宁朝阳）。由于突厥与唐的长期斗争，这些胡人遂大量流入营州（今辽宁朝阳）一带，安禄山、史思明即出身为杂胡（九姓与突厥孳生种），安禄山通蕃语，与史思明同为互市牙郎，对边境情况很熟悉，后被任为军将，因此屡建功勋，很快便被提拔为营州都督。后来唐要全力对付吐蕃，便把东北地区对奚及契丹的防务完全交给安禄山，他利用唐与奚及契丹的矛盾，有时与之作战，以赢得唐之信任，有时又拉拢奚及契丹，把他们部众归于自己部下，并且渐用蕃兵蕃将以代原有之汉兵汉将。安禄山又利用统治阶级内部矛盾，表面上对李林甫等恭顺，而暗中培养自己的势力。这样，到天宝末，安禄山一人兼平卢、范阳、河东三节度，手下屯兵 18 万，多半是归化边境各种族人，成为一个强大的军事集团，兵雄天下。这一集团又有雄厚的经济力量，由于河北各州是防御契丹的重地，唐曾得江南粟米及许多布帛以积在范阳各地，安禄山常"于范阳北筑雄武城，外示御寇，内贮兵器，积谷为保守之计，战马万五千匹，牛羊称是"①。又遣商贾到各道贸易，每年收利润可达百万，玄宗又准其在上谷（今河北涞源）设五炉铸钱，河北地区久已蕃汉杂居，成一特殊区域，再加上安禄山集团经济力量与军事力量逐渐强大，他就渐渐准备起兵脱离中央，满足其个人野心了。由此可见，安史之乱不过是唐朝各种内外矛盾激化与发展的必然结果，又成为地方割据势力与中央抗衡的开始。

（二）安史之乱的经过

1. 安禄山起兵

755年冬，安禄山以诛杨国忠为名，领兵十五万叛变，从范阳出发，直通洛阳，由于内地军队多已瓦解，中央军队又在对南诏的战争中损失二十多万，元气大伤，因此河北州县望风瓦解，大多数地方官吏开门投降，安禄山攻荥阳，守城士兵听到鼓角声甚至害怕到纷纷坠入城下，一如落叶。安禄山军队很快渡过黄河，唐派安西节度使封常清募兵6万人保卫洛阳，又在长安募市井子弟等5万人，由高仙芝率领屯陕州。在安禄山强大的攻势之下，封常清的兵根本不能作战，连连败退，洛阳失守。封、高退守潼关，被玄宗杀死。由哥舒翰率蕃汉大军21万守潼关。756年正月，安禄山于洛阳称帝，国号大燕。当时河北各地有平原太守颜杲卿与弟真卿领兵抵抗，郭子仪、李光弼向河北进军，当时局势尚不太坏。但唐廷督促哥舒翰出关进攻，在灵宝（今河南）被叛军打败，哥舒翰本人亦被劫持投降，安军乘胜攻下潼关，唐玄宗仓皇逃往四川。至马嵬驿，士兵哗变，杀国忠及杨贵妃，其子李亨则采宦官李辅国等人的建议，与玄宗分道，北上到灵武，自立为帝，是为唐肃宗。安禄山的军队遂攻下了长安。河北、山东地区本来已久困于唐室的聚敛，故安史起兵时人们并不怎样反抗，但安

① 《旧唐书》卷200上《安禄山传》。

军中差不多都是归化的边境各族，很野蛮，到处屠杀，每破一座城市，城中衣冠、财宝、妇女都被抢走，壮年男子被逐去当兵士，老弱小孩都被杀死。安禄山派往各地的官吏，也都抢劫、勒索，加重残害人民，于是河北人民支持不降安军的官吏颜杲卿、真卿起来反抗。南阳（今河南南阳）则有鲁炅坚守。河南睢阳（今河南商丘南）人民在张巡、许远领导下，也进行了坚决的抵抗。到 757 年（至德二载）失败，共有数十万人的队伍，对安军的进攻起了很大的牵制作用。长安及其附近的人民也纷纷起来反抗，组成强大的游击队伍，人民的营垒一直设到长安西门外面，打得安军不能据守在长安附近。肃宗在灵武靠人民的力量挡住了安军，肃宗在灵武站住了脚，采取了以下一些办法组织反击力量：一是集合西北各路边兵（山西、甘肃），任用郭子仪、李光弼等人为大将，反攻长安、陕北，晋、甘成为唐军反攻的基地。二是借回鹘骑兵，条件是，收复两京时，土地悉数归唐，金帛子女归回鹘。三是开辟粮道。西北经济不发达，供应大军军饷是一大问题，当时，第五琦为江淮租庸使，他收江淮租户，买粮食买轻货（丝织品等土特产，比粮食轻，好运，这一办法开元时已实行）从长江过汉水到陕西，陆运入四川，或过扶风（今陕西扶风）到灵武供军饷。由于张巡、许远、鲁炅的坚守睢阳、南阳，江淮地区未受安军骚扰，交通线也控制在唐军手中。扶风离长安虽近，但由于当时附近人民武装力量强大，所以西北和东南交通未断，唐军才有军饷。

757 年正月，安军发生内乱，安禄山为其子安庆绪等所杀，于是唐与回鹘趁机联兵收复了长安，接着收复了洛阳，长安人民幸免于回鹘的抢掠，但洛阳人民却遭到一场大劫，安庆绪等退往邺郡。758 年秋，唐以郭子仪、李光弼等九节度使，率 20 万大军攻安庆绪，为恐军队为大将控制，朝廷命九节度使各自为战，不设统帅，且派宦官鱼朝恩为观军容使以指挥。由于军令不一及鱼朝恩乱指挥，九节度使军在安阳（今河南省）、河北被史思明 5 万援军于 759 年（乾元二年）三月战败。

2. 史思明起兵

史思明战败九节度使后，即杀安庆绪等，回范阳自立为大燕皇帝，其秋又领兵南下，守洛阳的李光弼被迫撤退，史军又占洛阳。761 年（上元二年），史思明和安禄山一样被其子史朝义所杀。762 年十月，在回鹘兵援助下，唐军再度收复洛阳，也和前次一样，洛阳一带人民又遭到一次浩劫，回鹘杀了万余平民，大火累旬不灭，唐军以洛阳附近为贼境，大抢了三个月，以至"比屋荡尽，人悉以纸为衣"①。史朝义逃往河北，沿途被唐军击败，部下许多人投降。763 年（宝应二年）后逃到范阳，守将亦已降唐，拒不得入，朝义自杀。前后 8 年的安史之乱至此结束。

（三）安史之乱的性质和影响

1. 安史之乱的性质及唐胜利的原因

安史之乱是源于各种的矛盾与斗争，是中央与藩镇、权臣与节帅、胡汉之间矛盾集中爆发的结果，也与东北亚民族格局变化密切相关。安、史等人多非汉族，但已置身于统治阶级之中，起兵也只以诛杨国忠为名，而无有关族间斗争的口号，其军队虽为少数族，但非唐所逼反，其对抗者，亦多蕃将蕃兵及回鹘，故非族与族的斗争。这次起兵当然也不是农民起义，因安军并不代表农民，队伍内多有大量河北农民，但为携裹，烧杀行为非其本心。但安禄山起兵带有族与族斗争的色彩，因其起兵多少利用了各族与汉族之隔阂与矛盾，而进兵途中对汉族人民大肆烧杀，无疑激化了他的军队与汉族之间的矛盾。正因为安史之乱带有族与族之间斗争的色彩，激起汉族人民坚决的反抗，因此唐政府和人民反抗安军的目的虽不同，但要求却是一致的。

2. 安史之乱的影响

安史之乱是唐朝内外矛盾发展的必然结果，而安史之乱又进一步加深与激化了唐朝的多种矛盾。如果说安史之乱前，唐朝表面上还维持着一副强盛的局面，各种矛盾的发展还被表面的繁荣所掩盖的话，那么安史之乱后，唐朝的空壳就已被剥去，各种矛盾已公开地在发展着和激化着了，而且比以前更为尖锐。因此我们说安史之乱是唐由盛而衰的转折点。

---

① 《旧唐书》卷 195《回纥传》。

安史之乱的直接影响如下：

（1）经济上：安史之乱严重地破坏了黄河南北的经济，如安史长期盘踞的河南地区"时洛阳四面数百里，人相食，州县为墟"①，人民痛苦。唐朝北方经济的残破也促进了经济重心的进一步转移。

（2）统治阶级内部：安史之乱是地方藩镇（节度使）与中央政府争夺对农民无限制剥削与控制权的开始。一方面，安史之乱后，河北地区在安史旧部控制下成为割据状态，另一方面，安史之乱大大削弱唐中央政府的军事、经济、政治力量，使在军事、政治与经济上谋求独立的节度使的割据创造了有利条件，唐朝从此成为割据状态，统治阶级内部的矛盾与斗争尖锐起来。

（3）唐与边疆各族的关系：战争削弱了唐保卫西域的力量，回鹘、吐蕃南北夹攻，切断了唐朝通往西域的大道，新疆南部又落入吐蕃之手，大食人取代了唐在中亚的势力，南诏也摆脱了唐的控制，唐的疆域大大缩小了，唐渐渐失去了过去在亚洲乃至世界历史上的光荣的领导地位。

（4）阶级矛盾：上述几方面，经济的破坏、统治阶级内部矛盾、边疆各族的矛盾的发展与激化，使人民生活痛苦，也使统治阶级进一步加强对人民的剥削，因此，地主与农民的矛盾也激化了。就在安史之乱中，761 年（上元二年），江淮大饥，人相食。但 762 年（宝应元年）官吏仍按籍征收过去未征之八年租调及逋逃者，查明有粟帛，即强取一半甚至十之八九，为之"白著"，不少人据山泽为群盗，州县不能治。这一年八、九月，浙东袁晁率众起义，攻占浙东诸州，改元宝盛，民疲于赋敛，多归之。后虽失败，亦可见阶级矛盾已在发展。

第二节　唐后期社会经济的继续发展

安史之乱虽然造成了严重的经济破坏，但是在人民辛勤劳动之下社会

----

① 《旧唐书》卷 200 上《史朝义传》。

经济仍然在曲折地发展着，特别是受战争灾祸较小的江南地区，经济更有长足的发展。

（一）两税制

1. 私家田庄与欧洲庄园及其比较 ①

就在高祖进军关中之时，一方面特下令把旧贵族官僚的土地仍多保存下来，如于志宁在高宗时谢赐第奏曰："臣居关右，代袭箕裘，周魏以来，基址不坠。行成等新营庄宅，尚少田园，于臣有余，乞申私让"②。又如萧瑀，关内产业已先给熟人，此时又还其原宅，故旧地主保留了一部分。另一方面，随之而起的一些新官僚地主，如裴寂赐田千顷，李勣赐田五十顷等事。这些新的地主贵族与均田制并行，他们多营庄宅，务事兼并。如褚遂良即以低价强买人田，这样，高宗以后，私家田庄渐渐发展起来，到均田制破坏以后，遂成为最主要的土地所有形式，这些私家田庄在唐代多被称为庄、别庄（对城内之宅而言）、庄宅、庄田、庄园、别业、别墅等等。隋末，柴绍妻亦有庄，则南朝常见"庄"等字样，则南北朝时已当有些名称，大概最初为供贵族地主休憩之别墅，后遂泛指田产。当时私人地主的庄田有的数量极多，如太平公主，田舍遍畿内。元载在长安附近别墅连疆接畛，凡数十所。这些庄田有大有小，大的，如李德裕平泉庄，周围十数里。杜甫四川东屯之庄有田百顷。此外，十余顷、数顷、数十方、十余方（白居易的庄）亦有之，有的庄主要供观赏，有的庄玩赏之外尚有土地，较大的田庄内往往有主人宅院，多者至数间千间，有牛房车，有专供佃农住的客房（也可能住一些商人，自耕农），此外尚有广大的田地、果园、山林、蕉园、漆园、鱼池之类，但以农业生产为主。一个地主可有庄宅多处，土地不是那么集中的。除私人地主田庄外，政府亦有庄田，唐初

---

① 编者补注：与第二章第三节"唐前期经济的发展与转变"有重复，采取了部分保留的办法来处理。

② 《旧唐书》卷78《于志宁传》。

即常取四地置庄，武则天时，已有庄宅使（或曰内庄宅使，管皇帝私庄庄田使），其田或为各州府所没入，有时亦卖给人民。此外还有宫使，管皇家宫闱内管园地之事，其中也有田地如长春宫使，其所管田产或为关中使用之草木、薪炭、菜蔬、粮食，或为禁苑。也有籍田没入官的臣僚田产等等，这种官田有时也租与农民耕种，收纳租课，甚或形成抑配（带有强制性），但数量很少。到代宗时，籍没之田每年收租 14000 余斛。以亩产一石租额 50% 计，才 28000 余亩，数量很小。而且，往往很零星。各地僧寺占有良田并不少，如会昌灭佛，收良田数十万顷。通称曰常住僧田。如大兴善寺，即管庄大小共七所，53 顷，56 亩余，乃至政府曾多次下令没收或限制其土地。官吏、豪富又往往在别处购买田地，名为寄庄户，并不出差科。在这些公私田产的生产关系不很详细，大约有如下数类：

（1）租佃。又可划分为抑配（多系官田），自营有，领耕，转佃（官田宅、私家借得令人佃食）。（注：或私田宅有人借得亦令人佃）

（2）雇佃。与佣保、物力协作，为人佣耕。

（3）奴耕。杜甫在四川庄就有奴仆，他记载有僮万余，领耕多称庄客，或浮客（浮客为避供赋役，做佃家也），多者至数百户。他们耕田，有时住在庄田客房之中，不正式入户籍，向地主纳租。田租约为收获量的50%。到唐后期，私人地主土地所有制成为主要形式。约二分之一土地为豪强、大地主占去，剥削又这么惨重，故农民生活极为困苦。所谓"妇即客舂捣，夫即客扶犁，黄昏到家里，无米复无柴。男女空饿肚，状似一食斋。里正追庸调，村头共相催"[①]。

不仅如此，土地所有权之转换也极为迅速，一方面是地主侵夺农民土地，如泸州营田使夺民田数十顷，其他退为耕夫，不能自理。地主之间，大地主夺小地主，或犯罪没官出卖等，地主之间买卖也很多。这样，土地渐渐就集中到大官僚、大贵族及武将手里。由于在唐代，私人土地所有制中，有庄园的名称，又有上述某些特点（如庄客等等），故有些史学家便把这种私人田庄看成和欧洲中世纪的庄园一样的东西，并且把它看成是

---

① 编者补注：王梵志撰，项楚校注：《王梵志诗校注》卷 5《贫穷田舍汉》。

唐后期开始的中国土地所有制度的主要形式。但实际上还是有区别的。

欧洲庄园制据近人研究，情况也十分复杂，但其典型形式有如下特点：

（1）领主经济。领主在庄园内享有无上权力。

（2）大田庄有多种生产，包括农业及手工业。成为一个完整的自给单位。

（3）劳役地租是主要形式。但亦有货币与实物地租。

（4）生产组织为公开田地制，大家共同耕作，一起收获，收获物按各家占地多少分多少。有农业公社遗迹。

若根据某些材料除去劳役地租一条外，认为唐宋庄园与西欧庄园类似，也具备那些特点，这里的问题是很多的。不能只抓住一两个事例就做结论，而对史料的解释往往并不充分。

（1）庄客对地主虽有人身依附关系，但远比农奴为弱，他们和地主主要是租佃关系。不被买卖也可转移。他们还是国家的客户，是非法浮住的。因此，从法律上讲，地主对他们的控制并不是合法的。至于地主也非如欧洲领主那样，在法律上享有绝对权力，其上还有封建国家的中央与地方政府，土地买卖与转移也很频繁。这都与西欧庄园不同。

（2）田庄不如西欧那样多种经营。尚钺仅有的两条证据一是大多数庄园有铺店、果园、茶菜园、碾硙、盐畦、车房等等，但原诏令是说私家几种产业，非一个庄园包括这么多种东西，更非大多数庄园如此。另一是滁州淮阴农者（普通地主）家中有家机造绫绢、银器。但其实原为佚名之银器，非家中锻造。家机则为常理所应有，故亦不能证明多种经营。

（3）唐朝庄园多为贵族官僚别业，在社会上不一定占最大的比重，当时，同时还存在许多中小地主别业及广大自耕农。唐朝官庄数自从宣宗时28000亩看，也非常有限，不能成为庄园制的依据。在社会经济中起的作用也很小。

（4）地产组织大概也不是公开的地制。因此，这种所谓庄园，并非与西欧庄园同类，只是当时私人土地所有制的多种形式中的一种。这是封建国家对农民的剥削，从用均田制剥削农民改为自己经营土地，与私人地主一样收税的办法，是后来宋、明、清皇庄之滥觞。说明随社会经济发展，而导致的剥削方式变化。

2. 人口迁移与户籍混乱

经过安史之乱，唐朝人口出现以下两方面情况，一方面户口大量损耗，另一方面人口大量迁移。据史载，755 年（玄宗天宝十四载），8，914，909 户，5，2919，309 口；760 年（肃宗乾元三年），1，933，174 户，1，6990，836 口；764 年（广德二年）2，933，125 户，16，920，386 口；766—779 年（代宗大历中），1，200，002 户，780 年（德宗建中元年）3，085，076 户。户口损耗之大是惊人的。户数只达玄宗时的 20%，或 30% 至 40%（原因之一是有些州县因战乱未记录）。这原因，一是战乱死亡，一是户口混乱。大批农民逃亡，成为寄庄户、客户，宇文融曾括客户 80 万。大历七、八年间，舒州刺史独孤及《答杨贲处士书》云："昨者据保簿数，百姓并浮寄户，共有三万三千。比来应差科者，唯有三千五百，其余二万九千五百户，蚕而衣，耕而食，不持一钱以助王赋。……每岁三十万贯之税，悉钟于三千五百人之家。谓之高户者，岁出千贯，其次九百、八百，其次七百、六百贯，以是为差。九等最下，兼本丁租庸，犹输四五十贯。以此人焉得不日困，事焉得不日蹙？其中尤不胜其任者，焉得不襁负而逃？"[1]

另一方面，由于北方的战乱，大量户口南移，衣冠士庶多避地于江淮。武昌户口增至三倍，南方许多城市户口差不多增加了一倍，而昔日繁华的北方则十分荒凉，"函陕凋残，东周尤甚。过宜阳、熊耳至武牢、成皋，五百里中，编户千余而已。居无尺椽，人无烟爨，萧条凄惨，兽游鬼哭"[2]。大河南北，人烟断绝，千里萧条。由于上述原因，再加上土地兼并的激烈，玄宗以来户籍混乱的现象就更加严重了。这时是"丁口转死，非旧名矣。田亩移换，非旧额矣。贫富升降，非旧第矣。户部徒以空文总其故书，盖非得当时之实。旧制人丁戍边者，蠲其租庸，六岁免归。玄宗方

---

[1] 独孤及《毗陵集》卷 18《答杨贲处士书》。

[2] 《旧唐书》卷 123《刘晏传》。

事夷狄，戍者多死不返。边将怙宠而讳败，不以死申。故其贯籍之名不除……则租庸之法弊久矣"①。

杜佑曰："自兵兴以后，经费不充，于是征敛多名，且无恒数，贪吏横恣，因缘为奸，法令莫得检制，承成不知告诉。其丁狡猾者，即多规避，或假名入仕，或托迹为僧，或占募军伍，或依信豪族，兼诸色役，万端躏除，钝劣者即被征输，困竭日甚。"②于是又被迫设法规避，形成恶性循环。

人口转移及户籍凌乱所造成的后果是：

（1）北方地区经济落后，南方地区经济上升。

（2）基于均田及户籍之租庸调法再也不能维持了。唐代的财政困难十分严重。

3. 唐朝财政的困窘及其应急的各种措施

764年（广德二年），即安史之乱后一年，全国只有不到300万户，1700万口，仅天宝时的三分之一。而这其中又有177万户即1460万口是不纳调租的，即当户数三分之二弱，口数八分之七，情况比玄宗时更严重。一方面租庸调法不能维持，税收制度成了问题；另一方面，各地节度使又多自行征税，税收亦不上缴，唐中央政府控制的土地及税收日益减少，唐政府的财政就发生了问题。玄宗天宝（750年左右）时期，全国收入约4000至6000万贯，代宗初年（762—763年）遂用白著（税外横取）等法硬抢，但只收到400万贯，仅达玄宗时的十分之一至十二分之一，困窘到禁军都没有粮吃。到780年(建中元年)，全国收入也不过1200万贯，仍然不够用。为了解除这一困窘局面，唐政府在安史之乱后到780年内，想了不少措施。一方面开辟新财源，另一方面改变田赋制度。

（1）开辟财源

1）籍江淮豪商富户家资。或取其五分之二，向江淮民户征八年租调，谓之"白著"。

---

① 王溥《唐会要》卷83《租税上》。

② 《通典》卷7《食货门七·丁中》。

2）在水运道路上，对商民船只载货多少收其里程，各地节度使亦风起仿效。

3）改革盐法。自玄宗朝开始征收盐税(隋及唐初不收)。安史起兵后，第五琦建议把盐的煮造及贩售均由政府专卖。盐价自每斗 10 文提到 110 文，经刘晏改革（专卖与课税拍卖）后，盐税由 60 万贯达 600 万贯，占政府收入的二分之一。当吴、越、楚、扬四地，设置四场征税，每场百余万缗，可当百余州租赋。

(2) 试行改变田赋制度

要缓和财政困难及阶级矛盾，只有根据新土地占有关系改变赋税制度。

第五琦在代宗时曾建议收十一之税，李栖筠做浙西观察使，看到当地豪姓多迁到京兆、河南以规避徭课，乃上章请量产为赋，以杜奸谋。764 年以来，唐政府即以垦种地亩多少而收青苗钱及地头钱。最初亩 15 文，后增至 35 文，以充百官课科（以前既有）。及至 769 年（大历四年）又有以垦种地亩为对象而征取的春税、秋税，均依土地好坏分为二等（春税上田亩税 6 升，下田 4 升，秋税上田 5 升，下田 3 升）。其在外郡，独孤及也在 8 世纪 70 年代在舒州算口征赋以代它征，竟以纠正赋税负担过于不均平现象。由此可见，对税制有改革之必要。当时正为人认识并在试行了。而其趋势则是按产（主要是土地）分等收税。这是适合新土地占有关系的办法。

4. 两税法

(1) 两税法的颁行及其内容

779 年（大历十四年），德宗即位，以杨炎为宰相，杨炎总结了前此数年内试行按亩收税的办法，向德宗提出改革税制的必要，并请"作两税法，以一其名"。①

其具体内容是：

1）以大历十四年垦田数为元额，量出以制入，由此确定各地应交中央及自留的开支及征收赋税的额度。

———————————

① 编者补注：《旧唐书》卷 118《杨炎传》。

2）户无主客，以见居为簿，人无丁中，以贫富为差。即不论主客户，一律负担税赋。非丁中而为财富（主要是土地），把需收之钱按户等均摊到每户身上。

3）不居处而行商者，在所州县税三十分之一。夺索取与居者均，使无侥幸（过去有经商已逃税者）。

4）居人之税，夏秋两征之。夏税无过六月，秋税无过十一月。俗有不便者，正之。

5）其租庸、杂徭悉省，而丁额不废。申报出入如旧事。

6）其田亩之税，率以大历十四年垦田之数为准，而均征之。缴税以钱为主（过去以实物为主），可以实物折纳。可知反映了商品经济的发展，货币作用大了。但仍多以实物，又可见自然经济势力大。这种混杂办法，一直到"一条鞭法"才完全以银为主，有根本的改变。到780年（建中元年），唐政府便把这项建议作为正式法令而明确公布了。

（2）两税法的作用

杜佑等对两税法评价是很高的。《新唐书》说是"自是，人不土断而地著，赋不加敛而增入，版籍不造而得其虚实，吏不诚而奸无所取，轻重之权始归朝廷矣"[1]。一方面，对豪族进行了约束。一方面，扩大对下户及客户的纳税面。对增加国家财政收入有好处。

1）两税法是依资产多少而规定民户应纳赋税数目，这与以人丁为本的租庸调法相较。在当时，私有土地制度发达的情况下是合理一些，人民负担多少能平均一些。

2）两税法实行之后，前此所有加在民户身上之租庸、杂徭从此一律免除，既把过去各种租税全包括在内了。这种把税收项目与手续简化的办法对于纳税民户来说也是较好、较便利的。但实行一久，弊病又随之而来。

一是两税本是把各种税集中起来的一种税制。可是，推行之后，新的苛捐杂税又接踵而来。单是德宗一代，即征收：竹木、茶漆之税，税

---

[1] 《新唐书》卷 145《杨炎传》。

率十分之一；酒税，后改为榷法，每斗酒榷钱一百二十文；强括京城富商钱，所得八十万贯；括僦柜质钱百余万贯；收间架税，上等屋每间两千、中等一千、下等五百；收除陌钱，公私交易，每千文算二十文，后增至五十文。

这些税收，有些是临时应急的，后来废除，但有的如榷茶、榷酒成为后来重要的税收内容。这样，人民的负担更重了。

二是两税法规定，以征收钱币为主。而农民只有把粮食等卖出才能交纳，或将实物折价。但此时，富商大贾积钱以逐轻重，压低物价。而官吏任意折价，也将实物价定得很低。这样，农民负担就比应有的沉重起来，乃至有"倍输""三输"之苦，农民日困。

三是一般地主虽规定不能免税，但富家子弟多在州县当小吏负责收税。当小吏负责收税的村正、里正见面就不敢催要税钱。贵族官吏就更不必说了。而且地主又多隐瞒田产、兼并产业、不移户。州县不放徭役，有的地方竟有百分之七、八十的田不纳税。于是，征税皆出下贫。这种税制，在封建国家政治腐败、统治力薄弱的时代日益加重了人民的负担。

（3）关于两税法的讨论

对于两税法，从其实行之初即有争论，大体如下：

1）是否当行？

当实行之时，即有人反对，最激烈者是陆贽。其理由是：A.资产大小不均，不宜均平。B.折钱增加农民负担，易随物价而发生变化，有"输一过二"之苦。C.物价贵贱在于钱之多少，而铸钱之权不在民而在官。

但这几个理由只是次要问题。

2）何谓两税？

一曰为"户税""地税"；一曰为"居人"与"行人"；一曰为夏秋二季征收。当以后者为释。租与庸调既分两次输纳。唐前期一名之为两税，至于户税、地税，当时并非正税。

3）两税包括以前的哪些税？

主要是租庸调、地税或义仓税，此后仍征，似有在同。但户税、地税均非两税基础，唐朝混用。唐后期更乱，故问题不易明了。

（二）手工业、商业和城市

1. 手工业

唐朝后期，官私手工业均有进一步发展，分别介绍一下。

（1）官营手工业

官营手工业之发展表现在以下两个方面：

1）"和雇"制度的盛行

唐前期，官营手工业作坊中，主要的劳动者是短番匠，但亦有一部分长上匠（长上匠身份有各式各样的）。短番匠如果不应役，即需日纳绢三尺。这种纳资代役的办法有时并非对工匠的一种照顾，而反倒是一种剥削，即在不需工匠时或工匠条件不合时，是一种剥削手段。有时，需要亦不许纳资代役。当时，主要生产者还是短番匠，政府虽也出钱雇人劳动，即所谓和雇匠，但大多做一些临时性的简单劳动，如筑城等等。开天之后，和雇匠才渐渐多起来。当时，诏令一再强调，要和雇、人夫充役，不得差徭百姓。开元天宝之后，也才真有据诸色丁匠自愿纳资课代役的办法，但所纳为每月每人两千文，已比日绢三尺贵多了。这种和雇，带有雇佣劳动的性质，但与当时存在于民间手工业及农业中的雇佣劳动不同：

第一，和雇匠人之钱的来源。一是税收，一是所纳丁庸之值。因此，对于政府来说，或是要人，或是要钱，然后再拿钱雇人。其实质，都是在封建生产关系基础上对直接劳动者的封建特权的体现。

第二，在条文中，均提出和雇要依时价给钱或先给价钱，特地强调提出。则可推知，当时被和雇的工人工资一般是低于时价，而且时常是少给或者欠给的，甚至还有不给价的。即使给了钱，这些被和雇的人，不仅不能因为政府给钱而得到什么好处，反要自己赔上不少资费，甚至比官价多出数倍。可见，这些被雇的人并非什么没有生产与生活资料的无产者，而仍然是有自己生产资料以本身劳动为基础的小生产者。

第三，最重要的是，被和雇的人不是自由的劳动力出卖者，他们只是对封建特权尽一种应尽的义务。德宗贞元中，"改科役曰'召雇'，率配曰

'和市'，以巧避微文"①。有时，和雇而不去，仍需强迫。有的地方，则是短番匠硬留下来的，以致和雇不无烦扰之弊。所以，和雇仍是一种封建强制并非雇佣劳动。工役制即劳动力价格低，以被雇佣者对雇主的人格依附为前提，以超经济强制之多少保留为前提，但并非如俄国的工役制一样向资本主义生产过渡的形式。不仅唐时还没有任何资本主义经济，而且：

A. 官营手工业封建经济，为封建地主服务，绝不可能改为资本主义经济。

B. 和雇工匠并未与生产资料分离，他们绝不会把劳动力当商品出卖。故这只是与劳役经济没有本质区别的一种封建经济。因此，和雇匠的出现并不能说唐代官手工业在生产关系上有什么本质的变化。但这一变化仍是重要的。这一变化是在私人土地所有制成为主要形式，两税法的施行，募兵制的施行，及小农对地主及封建国家人身依附关系进一步削弱，商品经济、民间雇佣劳动有了发展的情况下产生的。纳资代役说明人身依附关系减弱，货币支付说明商品经济的发展。这一变化，是在封建社会进一步发展的基础上产生的。

和雇制度对手工业生产的发展是有积极意义的，主要是从上番改为纳资代役，这类似劳役地租之变为实物地租。一方面，生产者可以在更大的范围内支配自己的活动。另一方面，政府也省了许多管理及强制的麻烦。而且，和雇匠多为较熟练的劳动力，生产效率也就较高。如，752年（天宝十一载），用原价募工铸钱，岁役用减而鼓铸多。这反过来，又成为刺激统治者减少人民徭役原因之一。除此之外，花在路上的时间也少了。这在过去，往往比服役时间还长一些。

因此，和雇制度是比短番制度进了一步。

2）官兼民营手工业的发展

从汉代开始，政府往往把某些手工业生产或产品置于自己控制之下，如盐铁。隋解盐酒之禁，只收起价之税。但从唐玄宗开始，为了增加财政收入，又对某些手工业的生产与销售进行了控制。一部分是政府直接经营的，如铸钱。但还有另一部分是官兼民营的，这在唐后期渐渐发达起来。

① 《新唐书》卷52《食货志二》。

最主要是盐铁，特别是盐。其法始于第五琦。他在山海井灶禁立之处设盐院，以邀民业盐者为平户，充杂徭，专门生产。产品一部分作为租赋入官，另一部分被政府低价收买。有时，则官给工资。产品由政府统一加价出售。

开矿的则称"坑冶户"。据唐书记载，当时全国金矿十八、银矿三十三、铜矿六十三、铁矿一百一十三、锡矿十三。除有时以山泽之利归州县外，一般均直接由中央之盐铁使经营，以供岁用。宣宗时，天下岁率银1.5万两、铜65万5千斤、铅11万4千斤、锡1万7千斤、铁53万斤，又有盐池18、井640，皆隶度支。大历末，盐利600万贯，占全国岁入之半。可见，这方面的收入之重要。之后，又有茶、酒亦行专卖，在政府监督之下，由民户进行生产。这种亭户、灶户、坑冶户、酤酒户等与官营手工业作坊下的匠户一样，都是封建劳役制下的劳动者。但匠户系按工作日提供劳动力，而亭户等则按产出数量提供劳动力。按产品数量提供劳动力，似乎也是工役制。但与前述之和雇有一点重要的不同，那就是：亭户等是在政府所有的盐区及矿区工作，不是在自己土地上工作。就基本生产资料而言，他们是没有自己的经济的。因此，自由更小一些。

亭户等的出现，一方面说明社会经济的发展，使统治者注意到了这些有利可图的事业，以增加自己的财政收入。另一方面，也说明当时社会经济的发展。不仅使这些经营有利可图，而且可以采用民户分别生产、政府统一经营的方式（生产本身、性质也有关系）。对于这些盐、酒、茶产品的管理是很严的，只许卖给政府，私贩要受到重刑，重者要杀头（如茶三百斤即处死）。产品由政府或自行设店出卖，或再卖与商人。加价很高，如盐价产地十文，加价到一百一十、二百、三百七十文不等，酒每斗加百余文到数千文不等。但这种专卖制度前后变动很大，且材料不多，如矿冶，可能只收税来专卖。但似乎又为官兼民营，有待进一步深入研究。

（2）私营手工业与行会制度的萌芽

唐朝后期，私营手工业作坊及生产关系有进一步的发展，最主要的现象是，手工业产品的生产过程的分工及雇佣劳动与行会制度有了新的发展。

1）手工业生产过程的分工

前面讲过，唐前期手工作坊多半是简单协作，官营手工业作坊的分工也只是社会的分工、行业的分工，而非生产过程的分工。但是，到唐后期，在私营手工业中，就出现了分工的工场性质的生产。如"上都通化门长店多是车工之所居也，广备其财募人集车、轮辕、辐毂皆有定价。每治片辋，通凿三窍，悬钱百文……有奚乐山者……徐谓主人：幸分别辋材，某当并力"①。

既有木工，也当有铁工等等。可知，这时已出现了马克思所谓的手工工场产生的第一种形式，即把各种不同的手工业者联合到一个作坊内。但从上述记载来看，生产的组织似乎很涣散，工匠的来去也很自由，还不是固定的手工工场。这种手工工场是什么性质的？材料不很清楚，但以雇佣劳动为基础是可以肯定的。然而，却未见得是资本主义性质的。因此，当时整个社会还处于封建社会中期。

2）雇佣劳动

雇佣劳动是很早就有的。战国、秦汉间，便有雇佣劳动的记载。如有名的陈涉，少时与人佣耕。《韩非子·外储说》有"麦佣"及"佣客"的记载。恩格斯说，这种雇佣劳动，"包含着全部资本主义生产方式的萌芽"。②但这非资本主义生产关系，亦非我们所通指的资本主义萌芽。这种萌芽，转化为资本主义生产关系所必须之条件为：A.封建社会处于解体阶段；B.由资本所购买，为了增强资本及创造剩余价值；C.自由劳动，即基本上摆脱了封建束缚。由此可见，在唐代之雇佣劳动，当非资本主义性质的雇佣劳动。

唐代雇佣劳动有了进一步的发展，农业中的佣保，为私人服务的仆役，数量却很多。在手工业生产中，也有比较自由的雇佣劳动者，如前引之车工。韩愈之、圬者（泥瓦工）王承福等均是。这些雇佣劳动者的来源，一是失去土地到城里谋生的农民，如圬者王承福。一是由于行会的发展，

---

① 李昉《太平广记》卷 84《奚乐山》，引《集异记》。

② 恩格斯：《反杜林论》，吴黎平译，人民出版社 1956 年版，第 283 页。

新出徒的工人无法开设新作坊或不能与旧作坊竞争而受雇于人。有的则是在官府上番、和雇制度下破产的工匠及官营手工业工匠之流出者，少付丝麻，多要绢布或营造器物，雇无半直。如当时令其织锦。①

由于唐后期商品经济的发展及土地所有制的变化，与农民对封建国家与地主阶级人身依附关系的削弱，雇佣劳动遂有一定的发展。这种雇佣劳动者的生产比较自由，如前之奚乐山、王成福等亦然。他们自己有简单的工具，如奚乐山，王有镘，登门自售或自由出卖劳动力，且可上下其庸值（王承福）。他们在都市中往往由佣作坊负责为他们介绍，且因此受到包工头的剥削。如柳宗元《梓人传》中的梓人即为一有技术之包工头，指挥工人劳作，自己不动手，"吾指使而群工役焉。舍我，众莫能就一宇。故食于官府，吾受禄三倍。作于私家，吾收其直太半焉"。②他们的工资有记日、计年、记月（多为佣人）。亦有计件者（奚乐山），他们的工资收入，有的能养活自己一家，且可周济别人，但也有的穷到只能行乞（广陵木工，因病，手足皆举缩）。他们的工作不太固定，有时到处流浪以求生活。如长安城外铸钱，募画工，自汴、滑、徐、泗、扬、润、潭、洪及天下画者，日有至焉。沛州段公到常山县工作，洛阳观景坊织宫锦巧儿流浪到长安，投本行求授，以花样不同，只好来归。

这种雇佣劳动者的生产关系不很清楚，但从他们仍受行会制度的束缚，如梓人、投行等则可知，他们当非资本主义生产关系下的工资劳动者。另外，他们还比较分散、零碎，还没有成为一种势力。

3）行会

"行"有多种意义，也可指某一行业之组织。长安东市有二百二十行。一次失火，焚东市曹门以西十二行四千余家。一行平均当有三百、四百家。这里，除去许多商店，当有不少的手工业作坊。同业的行组在一起，而又为官府组为团、伙，以更番服役。因而行会（基尔特）的组织也就产生了。大概每行都有行老（到宋亦称"行职"），每行都有特定的行规，外

① 《唐太诏令集》卷82《申理冤屈制（仪凤二年十一月十三日）》。
② 《河东先生集》卷17《梓人传》。

来工匠必须通过行老才能投行做活。否则，便被摒弃于本行之外。

行会的其他任务为祭神，与官府交涉（纳税、上番）。可能亦规定产品的质量与生产的数量。至于产品的价格，则中国与欧洲不同。大城市中，非由行会而系由政府规定。

行会的萌芽，意味着在狭小的市场上，已经产生了同业之间的竞争，因而需要利用这种组织，来维护本行在当地的利益。这种制度，在手工业发展的初始过程中曾起过一定的进步作用。而各行分工之细亦说明当时社会分工的发展与行会竞争的剧烈。

2. 商业和城市

随着手工业生产的进步和提高，商业贸易也得到进一步的发展。这表现在以下几个方面：

（1）商业城市的增加和贸易的扩大

北方的城市，一般因战乱而衰落，南方的城市即日益增多。其中，最重要的是扬州与益州，号为"扬一益二"。扬州，为运河与长江之汇，为东南水路交通枢纽，也是国际贸易要道，船只多至数千。东南八道财富全由此转运关中。商贾如织，雄富冠天下。唐于该地专设有盐铁转运使，判官多至数十人，征收赋税。许多诗歌亦歌颂扬州繁华，如"十里长街市井连，月明桥上看神仙。人生只合扬州死，禅智山光好墓田"[1]、"夜市千灯照壁云"[2]、"腰缠十万贯，骑鹤上扬州"[3]、"十年一觉扬州梦"[4]等，都指明其繁华。

益州物产丰富，为纺织品、井盐、药材之集散地，有水路与长江各都市联系。陆路与关中交通。有三市，一年十二月各有专市。"人物繁盛，悉皆土著，江山之秀，罗锦之丽，管弦歌舞之多，伎巧百工之富，其人勇且让，其地腴以善，熟较其要妙，扬不足以侔其半。"[5]

此外，南方特别是长江下游出现了大批的商业城市，如苏、湖、洪、

---

① 编者补注：张祜：《张承吉文集》卷 5《纵游淮南》。

② 编者补注：王建撰，尹占华校注：《王建诗集校注》卷 9《夜看扬州市》。

③ 编者补注：无名氏《言志》，收于《全唐诗》卷 872。

④ 编者补注：杜牧《樊川集·樊川外集·遣怀》。

⑤ 卢求：《成都记序》，载《全唐文》卷 744。

潭、鄂、夔等。其中，洪州与苏州为玄宗天宝以后兴起者。杭州有户十万，城周二十里，每年税收五十万贯。广州二十万户，且有专为外商居住的蕃坊。此外，交、泉、福、明、温等州亦为对外贸易重要港口。

在大商业城市之外，农村中、城乡间及大城市附近之草市、村市、墟市等也有进一步发展。这种市集与城内受官府控制的封建色彩的坊市不同，不仅说明商业发达及城乡联系进一步密切，且说明坊市制度已渐趋于崩溃。

（2）商品交易的繁荣与货币流通量的增长

随着城市的增加与市场的扩大，特产品和贩运商逐渐为日用品和固定市肆及店铺代替。当时，多以日用品为主的批发商人（大客商）异常活跃。一次陕州运船失火，烧船251艘，客商船货即达100艘。商税的出现，说明商品交易繁荣的事实。782年（建中三年），唐于诸道津要都会之所皆置吏，阅商人财货及钱，每贯税二十文。天下所出如竹、木、茶、漆皆十一税之。海港外货亦纳税百分之三十。

随着商品交易的发达，货币使用量有显著的增长。从税收看，749年（天宝八载）入钱200万贯，762年至400万贯，779年（大历十四年）增至1200万贯。这反映了市场货币使用量的增长。两税法规定用钱亦这一现象之反映。另外，此时南方交易以用银为媒介。此后，至明，终于成主要货币。

（3）柜坊与"飞钱"的出现

柜坊亦名附寄铺，是一种货币信用机关。大都市之邸店多附设此种业务，代人保管贵重物品及金银货币。需给保管费，亦可不给。因主人可以用以经营高利贷，亦叫"僦（赁雇，柜）"。取钱有时以物为凭，如帽子。有时用帖或书帖，帖上有付款数目、出帖日期、收款人姓名及出帖人姓名。最多有取十万钱的记载。这种帖可能为世界上最早的支票。此外，柜坊还代人出售贵重物品。

"飞钱"也叫变换，是中国最早的金钱汇兑业务。产生于9世纪初。当时可分两种，一是官办。京城进奏院是地方最高行政机关的办事机关，往往代营变换。诸道商人在京城售完货物后，可将现款交于所属地方政府的进奏院。该院发给两个联单式文牒或工具，一给放款人，一寄往本道，以备放款人回乡后凭据领取。一是私办，大商人往往在各道或主要城市有联号或交易往来，也代营变换，以此牟利。

总之，柜坊与"飞钱"是在商品经济发展的直接刺激下产生的，它也反映了商品经济发展的一个方面，并成为社会经济生活中的进步现象。但也有人反对，认为这是唐政府剥夺商人的一种手段。这与对唐社会性质、社会经济发展程度之理解有关。

(4) 市民阶层的产生

所谓市民阶层，主要是包括以商品生产为主的作坊主、雇佣劳动者、城市商人及居民等。这个新兴的阶层，包括了后日的资产阶级与无产阶级。这个阶层，在中国封建社会史上势力一直很微弱，没有成为欧洲那样强大的力量，与欧洲市民也是有所区别的。这里原因很多，不便在这里讲。其产生，大概是在玄宗以后。根据是：手工业及商业有新发展。

城市发展、人口增加、生活繁华；有大批作坊主及富商，而且商人地位有所提高；大者上污卿监，小者下属州县，前面已有介绍。从意识形态上看，此时，为市民阶层所需要的小说、曲词等等已经开始发展。所以说，这时市民阶层当已产生且有发展。但其详细情况及对政治、经济、文化的影响，尚待进一步的研究。

3. 南方经济的上升

安史之乱以后的百余年间，唐代社会经济由于战乱频仍而呈现了衰落。最主要的表现是户口的急速下降，其中，北方最为严重。

安史之乱以后，北方洛阳、畿内不满千户，"东至郑汴，达于徐方；北至秦淮，经于相土(今河南安阳)；人烟断绝，千里萧条"[1]。此后，由于北方藩镇割据，统治十分残暴，征敛繁重，战乱频仍，北方的经济就更加衰落了。但是，南方这时经济却有上升。一方面是战争较少，一方面是北方大量人口南迁，参加了南方的开发，劳动力大量增长。如730年（开元十八年），洪州55000户、吴郡68000户、鄂州19000户。到810年（元

---

[1] 编者补注：《旧唐书》卷 120《郭子仪传》。

和五年）前后，洪州 91000 户、吴郡 100000 户、鄂州 39000 户。不到八十年，这三处人口都增加了一倍。这就使南方经济得到较快的发展、中国经济重心南移。

南方经济的发展表现在以下几个方面：

（1）经济地区的扩大

过去，南方地区经济的开发，多限于长江三角洲及苏湖一带。这时，不但上述地区有进一步的发展，而且，过去比较落后的福建、两广、湖南、江西等地也得到一定的开发，不像过去那样主要是少数民族聚居之区。如唐前期，湖南地区中进士的绝无仅有，唐后期则中进士、明经的就多起来。文化的发达，也反映了经济的发展。

（2）农业生产的发展

这时农业生产工具有显著的改进。唐末，长洲（松江）陆龟蒙所撰《耒耜经》所载十一个部件的犁即已于唐后期普遍行用于江南地区。唐政府又为增加收入而在江南一带广泛开凿灌溉渠。江浙、淮南、江西、湖南到处沟渠纵横，到处是池塘，大的可以灌溉万顷，小者亦有几百顷、几十顷。许多田每亩年收二百。唐政府由此北运之粮食，每年总有几十至一百多万石。

（3）矿业的发展

采矿业多半集中在南方。据武周时期的统计，有四个州（在今江西、安徽、浙江交界之处）有银山五十八处（饶州，安史乱前采银，年产十万两）、铜冶九十六、铁山五、锡山二、铅山四。此外，湖南郴州有银矿、铜矿，湖南西南则产水银、朱砂。

采矿业发达的同时，南方金属铸造业也有发展。扬州铜镜、句容金属器物均驰名全国。另外，南方盐井亦极重要。江浙海盐、四川井盐估计最高年产当在 200 万石以上。江淮一带，盐仓输盐经常在 2 万石以上。

（4）手工业的发展

1）纺织业

唐后期，北方经纬纺织技术传到南方。亳州有名的轻纱"举之若无"，十分名贵，宣州织工用兔毛织鹤，又出著名的织线毯（类似丝绒）。特别是浙东越州地区，以前不事纺织。但唐后期，不少纺织工人流入该地，于是"竞添花样，菱纱妙称江左"[1]。

2）造纸

浙东出产有名的上细黄白状纸，皖南出产的纸当时均及有名，成为贡品。成都一带，是唐一大造纸业中心。官府的公文，往往都限定用成都附近出产的麻纸。

3）焙制茶叶是新兴的一种手工业

南方是当时重要产茶地区，尤其是皖南和浙东。当时四川茶号称第一，福建、湖南、湖北、江西也都产名茶。祁门一带，千里之内，"业于茶者七八"[2]，不少地区有大型茶园和作坊。四川九陇人张守珪茶园，每岁召采茶人力百余人。茶税亦成为唐政府主要收入之一。

4）瓷器

当时南方最有名的是越器，即青瓷，前已有介绍。到晚期，邢瓷衰落，越器更盛，并输往外国。印度、波斯、埃及都曾发现唐朝越器碎片。

5）造船

南方亦有发展。刘晏曾在扬子置十个造船厂，造船达两千余艘，专攻内河运输。远洋海船更驰名世界。且以令造人力手摇发动之，以二轮为动力之小船。据说发明者为李皋。

（5）商业及城市

上述手工业及农业、商品之不断增长，刺激了商业及城市的繁荣，介绍已如前。

（6）江南人民负担的加重

统治阶级残酷剥削，使江南人民负担十分繁重，不能充分享受经济发展所带来的好处，江南经济的发展受到严重的阻碍。唐前期，唐对东南财富已相当仰赖。因洛阳与江南漕运可通过通济渠、洛水等到达洛阳，高宗、武后曾数去东都就食，甚或常住，以少漕运之劳。并多次整顿

---

[1] 李肇《唐国史补》卷下。

[2] 张途：《祁门县新修阊门溪记》，载《文苑英华》卷 813。

漕运。

安史之乱后，北方因藩镇割据赋不上供，"天下以江淮为国命"，① 赋税出江淮者达十分之九。据李吉甫《元和国计簿》所记，总计天下州府 295（244 万户），每年赋税止于浙江东西、宣歙、淮南、江西、鄂岳、福建、湖南八道四十九州，一百四十四万户。为了把征收上来的江南财富运往北方，763 年（宝应二年），刘晏任江淮转运使，又对漕运做了整顿。主要内容是：A. 疏浚河道、造船。B. 以盐利为漕佣，不发丁男，不劳郡县。C. 据江垫河，为航道插翼。采分段运输法，减少技术上的困难。D. 建立运输组织，十船为纲。每纲三百人，篙工五十人，使军将领之。

经过此番整顿，运费大为减省，每年少十余万漕运费，运米少则 50 万石，多则 110 万石。这种沉重的负担，只要举一个例子就可知道。当时中央养兵 83 万，平均起来，江南人民每两户就要养一个兵。唐政府又用一些善于勾剥之臣到江南做官。在这样残酷的剥削下，江南经济发展受到严重阻碍。安史之乱后不久，最繁荣的长江下游地区，如苏、扬等州，已有据州岛为根据地的起义军。代宗时（8 世纪末），皖南、淮南、淮西都爆发起义，淮西义军且攻破汴州（今河南开封）、襄城，杀官军四万余人。说明社会和阶级矛盾都日趋尖锐。

第三节　统治阶级内部的矛盾和斗争

唐后期，统治阶级内部的矛盾与斗争主要是三个方面：中央与地方（藩镇）的矛盾与斗争、中央政府内部把持朝政的两派宦官之间的斗争、中央政府内部与各派宦官相勾结的新旧官僚地主集团（朋党）之间的矛盾与斗争。这三个方面互相纠缠、互相影响，造成极为复杂的形势。

---

① 《樊川文集》卷 22《上宰相求杭州启》。

（一）藩镇

1. 藩镇割据局面的形成

安史之乱以前，节度使权势已经极大。在安史之乱后，唐中央政府权力削弱，再加上在战略方针上急于收复两京，而未听李泌之言以主力打击幽、燕地区，直捣安、史老巢。及安史之乱平定后，唐君臣均求一时苟安之举。不仅军力不足以根除安史势力，且由于掌握最高军权之仆固怀恩（安史余部大多归降，在他麾下，而他的部署也于最后追击史朝义，直至幽州），与其他诸将一起被解除了兵柄。这使他意识到，只有让大敌继续存在，才可始终保持其功名和禄位。于是，极力主张分河北之地为数个大镇，委任给已归降之安史旧部。因此，唐中央政府遂把河北分为成德、幽州（后兼卢龙）和魏博三镇。多委安史旧将一人为节度使。

成德，张忠志以恒、定、赵、深、易五州降唐，赐名李宝臣，治恒州（今河北正定）。

幽州（兼卢龙），李怀仙拒史朝义入幽州，降唐，唐命其为幽州节度使，据幽、蓟、瀛、涿、檀、妫、营、莫、平九州，治幽州。

魏博，763 年（宝应二年）以田承嗣为魏博节度使，治魏州（今河北大名），据魏、博、贝、相、卫、沧、磁等州。

此即所谓"河朔三镇"。此外，还有泽潞节度使，治相州，据泽、潞、相、卫、邢、洺诸州，后为田承嗣所并。此后，尚有李正己所据之淄青、李希烈所据之淮西，亦为强有力的藩镇。[①]

这些人，宛如古代诸侯一样，辖区官吏即自行委派，所收租赋，也全归本镇，以自己的子侄为副贰。以原来的部曲做令长，土地视为私有，爵位相约世袭，与中央政府展开长期的对抗。

2. 藩镇与中央对抗的三个阶段

（1）763—805 年（宝应二年—永贞元年）

这时，回纥、吐蕃相继为唐大患，特别是唐还需要集中力量对付吐

---

① 编者补注：河北藩镇领州前后有变化，宁先生于此处综括言之。

蕃，对藩镇采退让办法，以至藩镇割据势力得到进一步的发展。各藩镇之间，有时因扩张自己的势力而有嫌隙，但在反对唐廷以确保自己割据地位这点上却有共同利害关系。因此，他们之间还通过婚姻而相援接。如，779 年（大历十四年）田承嗣死，李宝臣提出，由承嗣之侄田悦继位魏博节度使。781 年，李宝臣死，其子惟岳自为留后，又由田悦出面向唐请求惟岳正式继宝臣之位，唐中央政府没有答应。田悦、李宝臣遂与李正己联合举兵抗命。后李惟岳被部将王俊武杀，李正己死，其子李纳自袭位，于 782 年（建中三年）共推幽州节度使朱滔为盟主而各自称王。唐先后遣马燧、李怀光、李抱真、李晟进击魏博，终因统帅不一、四镇相连而未成功。其年，又命淮西节度使（治河南汝南）李希烈援马燧，而李希烈亦叛。于是，五镇联兵，半天下皆遭兵祸。

783 年（建中四年），唐又调泾原（今甘肃平凉、庆阳一带，原为防御吐蕃）东下讨之。路过长安，借口饷薄叛变（泾原之变），拥朱泚为帝，称大秦。德宗逃往奉天（今陕西乾县），将李晟等兵东调应付朱泚，赦王武俊、李纳、田悦、朱滔等人罪。朱滔此时勾结回纥兵南下，约田悦等去应援朱泚，但河北藩镇之连接，基于势力相等，朱滔、朱泚等势力陡长。王武俊、田悦遂与朱滔分离，并且与朱滔火并起来。784 年（兴元元年），唐军收复长安，王武俊等亦击败了朱滔，朱泚之乱平。诸镇专擅，骄恣如故。唐政府只好采取姑息优容之策，节度使死，即派宦官到镇，察其所属，即加任命。

当五镇联兵之际，运河漕运为之断绝，唐政府的衣粮都发生了恐慌。784 年（兴元元年），汴州收复，打通汴路。786 年（贞元二年），韩滉将江南米运至陕。德宗时，德宗对太子说："米已至陕，吾父子得生矣。"①又速告军士，皆呼万岁。可见江南对唐中央政府之重要。

在唐政府的这种姑息政策之下，藩镇势力更大，与唐俨为敌国，或父死子握其兵柄，拒不授代，或士卒自推将校为留后，以邀命于中央。此时，凡有一州之地和一军兵马的便都可胁迫唐政府加以任命，或操纵部下

———————————
① 《资治通鉴》卷232，唐德宗贞元二年四月甲申。

加以拥戴。甚至，只要对中央稍存礼貌，如节度使自动来朝、上表请柬派代驻之人，便被大家视为异事。此时，唐中央政府的有效控制区便几乎只剩下东西二京了。

（2）806—820 年（元和元年—元和十五年）

8 世纪末，吐蕃因与大食斗争，唐西川节度使韦皋又联南诏以御吐蕃，故吐蕃暂时无力南下。回纥曾被沙陀、吐蕃战败，与唐继续通好，唐的边境局势暂时和缓下来。与此同时，唐对东南八道的财富也加以控制。在这两个条件之下，宪宗开始了对藩镇的用兵。

805 年（永贞元年），西川节度使韦皋死后，刘辟自为留后。806 年，唐遣神策军攻入四川，削平了刘辟。807 年，镇海节度使李锜亦被削平。魏博，一方面由于它是河北三镇的屏障，一用兵首遭打击，政府动摇，另一方面，内部矛盾此时有所发展。812 年（元和七年），归附朝廷。而宪宗时期，对藩镇之最大一次战役，则为平淮蔡之吴元济。

李希烈之后，吴少诚、吴少阳割据淮西三十余年。809 年，少阳子元济立，仍与中央政府对抗，且出兵攻略附近州县。淮西是一个孤立无援的藩镇，如听其发展，与淄青李师道等联合起来，切断汴路，对唐中央政府的打击将是致命的。因此，朝中以宦官吐突承璀、宰相武元衡、御史中丞裴度等为首的一批官僚就力主用兵。淄青的李师道、成德的王承宗不仅支持吴元济，派人烧河阴转储院的仓储，而且派遣刺客杀死武元衡、击伤裴度。但唐中央政府用兵决心并未因此转变。814 年开始对淮西用兵，发天下之兵还而攻之。但由于淮西城邑坚固，其地人心又乐为元济所用（可能剥削稍轻、久置其地之故），故三年之中，皆战皆败，所克仅一县。817 年，唐中央政府重新调度力量，宰相裴度亲临前线。最后采用吴元济部下降将的计划，同年冬十月，李愬雪夜突袭，攻下蔡州，俘虏了吴元济。818 年（元和十三年），又利用魏博军田弘正的力量，并发诸道兵，讨平了淄青的李师道。此后，卢龙、成德二镇也相继归朝。唐中央政府统治力量暂时压服了地方割据势力，藩镇割据局面至此似告一段落了。

（3）820 年以后

820 年（元和十五年），宪宗死，穆宗继位。政府中，主武力压制一派为妥协派所代。萧俛和段文昌提倡销兵之议。下令天下有兵处百人中每年八人逃死，除其军籍。认为这样便可以达到逐步削弱藩镇力量的目的。实际上对藩镇力量并无大的影响，却反使落籍之旅者皆合而为盗，伏于山林。于是，822 年（长庆二年），朱滔之孙朱克融及成德将王廷凑、魏博将史宪诚乘机反叛，一呼而亡众皆集。于是，河北复失，其他各镇亦相继而叛，再度形成天下尽裂于方镇的局面。之后，又相继对回纥、党项用兵，无力治内。唐廷的有限控制区局限于关中一隅之地，肯接受其命令的只有东南八道之地，实际上也就只等于一个大的藩镇。

3. 藩镇割据的影响

藩镇割据是唐中央集权势力削弱与地方军阀集团势力加强的必然结果。这种割据纷争，不仅表现在中央与藩镇的矛盾，也表现在藩镇之间的矛盾与藩镇内部矛盾之上。节度使多由将士拥立及节度使之间离和无常，即可说明此理。即王夫之所说："天子听命于藩镇，藩镇听命于将士"[1] 的局面，即所谓"数年不解甲兵，数日屡交锋刃"。造成政治上的动乱与人民生命财产的大量损失。

各藩镇为维持自己的割据局面，乃加重了对农民的剥削，以养活大量的军队。如田承嗣于魏博："计户口重赋敛，厉兵缮甲，使老弱耕，壮者在军。不数年，有众十万。"[2]吴少阳在淮西，"时夺掠寿州茶山之利"[3]。而且藩镇统治者极多残暴、黑暗。被强征为卒的壮丁，其全家就是人质，如逃亡，全家即要被杀。有些藩镇，如淮西、淄青，人民不许在街上说话，"有以酒食相过从者"[4]，即为死罪。夜里甚至不许张灯。

由于上述两方面的原因，北方割据地区生产大大衰落下来，文化亦大为落后。

由于北方地区征取赋税，唐政府又加重了对江南地区人民的剥削。又奖励各地节度使以"进羡""月进"等名目向中央送纳钱帛。各地官吏

---

① 王夫之《读通鉴论》卷 24《德宗》。

② 《新唐书》卷 210《田承嗣传》。

③ 《旧唐书》卷 145《吴少阳传》。

④ 《资治通鉴》卷 240，唐宪宗元和十二年十月辛巳。

也趁机搜刮，加重了各地人民的痛苦。因此，《新唐书》说，唐亡于藩镇。更有人说："藩镇之强，唐势已弱；藩镇之弱，唐势已亡。"[①]（这是后话）

（二）宦官

宦官专政，是封建统治阶级腐化、封建政治腐败的产物。在封建时期，宦官是皇帝的家奴，和皇帝特别接近。最高的封建统治者荒淫无度，不问政事，或国内政治局势十分动荡的时候，皇帝的大权往往就为宦官窃取。唐以后的形势就是这样。

1. 宦官把持朝政

（1）宦官开始把持政权

唐初，宦官人数极少，主管宫内琐事。武则天时，宦官人数虽稍增，但亦未干政。到玄宗时，情况便发生了变化。当时好多宦官都得到玄宗宠幸，他们的片言只语对政治很能起一些作用。一般趋炎附势的官僚也就纷纷巴结。其中，高力士权势最重，四方尽奏表章均先送呈高力士，看过才交玄宗。有些视为小事者，即随便加以处理。太子呼为"二兄"，王公呼为"阿翁"，驸马辈呼为"爷"。营建佛寺、道观各一，中丞举行"斋庆"，一叩钟，纳礼钱百千。有人极力巴结，连叩二十下，少者亦不减十下。不少将相大臣即以此而身居高位（如王鉷、杨国忠、高仙芝等）。

玄宗又常派宦官出使，或做监官。宦官璆琳因受禄山贿赂，力陈其不反。封常清及高仙芝退守潼关，宦官边令诚竭力夸大其败退状，两大将遂于同日赐死。

宦官又在长安大置田产。当时京师膏腴之地，甲第名苑，中人索，鸣者半惊悸。但玄宗时，宦官只是得到玄宗的宠幸，才能假借名义窃弄威权，故其威权还不能超越皇上。唐后期，这种情况便发生了根本的改变。

---

① 编者补注：我们未能核对到该句，能够找到的与之相近的一句话为"唐之弱者，以河北之强也；唐之亡者，以河北之弱也"，见于《宋史》卷 442《尹源传》。

（2）宦官掌握财政

唐中叶后，宦官集团威势之所以超越皇帝之上，也是逐渐而来的。最先是掌握财政，其次是军权，再次是参与密谋大计。由此三权，宦官便能挟制中外。又因其处深宫之中，外人不易干预，故连皇帝的废立及生杀大权也操于宦官手中了。

安史之乱时，由于在长安的将领十分骄横，随便动用左藏库的钱财（本归太府寺及尚书、比部同管），主管官员无法禁制。到第五琦为度支盐铁使时，便向肃宗建议，天下财富一律归大盈库收储。名义上说由皇帝直接掌管，实际上却由宦官主管其事了。

（3）宦官掌握军政大权

玄宗时虽已派宦官监军出使，但只是临时差遣，没有成为定制。肃宗出奔灵武，为宦官李辅国之策，肃宗乃委以心腹，令其为判元帅府行事司马事，把御前符印、军号一一委之，以致他气焰日高。宰相李揆见他要执弟子之礼，称之为"五父"。其后，更拜李辅国为兵部尚书，军政处决及调遣大权全交给了他。

宦官监军之成为制度，也自肃宗开始。

758 年（乾元元年），唐调九节度使兵 20 万去安阳攻安庆绪，不置元帅，以宦官鱼朝恩为观军容使。观军容之名，自此为始。监军的制度也从此确立。此后，史思明再度攻占洛阳。其时，以神策军屯镇陕州，以鱼朝恩为神策军观军容使。不久，即由他统帅这支军队。763 年（广德元年），代宗避吐蕃之乱逃往陕州。及长安平，朝恩率军随代宗归长安。此后，即代前此的北军而成为皇帝的中央禁军。由是，朝政朝恩无不干预，甚至怒曰："天下事有不由我乎？"[1]

兵权和财权既以全入手，统治集团中遂以宦官集团权力最高。

肃宗死后，李辅国、程元振等杀害越王李系及张皇后，而拥立代宗。从此，唐室继承问题也由宦官决定，皇帝成了宦官傀儡。代宗继位之后，李辅国以有定策之功，更加骄横。竟向他提议说："大家但内里坐，外事

---

[1] 《新唐书》卷 270《鱼朝恩传》。

听老奴处置。"①代宗虽怒其不逊，但因他掌握禁军，不敢加责，且尊之为父，事无巨细，皆委决之。

代宗与元载合谋诛鱼朝恩后，一时不让宦官典兵。德宗时，泾原兵变，急诏禁军抵御。但由于典兵者受贿，禁军皆为市人，居于肆中，无法召集，德宗仓皇出奔。回长安后，又把禁军交给宦官窦文场与霍仙鸣掌管，以致二人之权，震于天下。

藩镇节将多出禁军，台省清要，十出其门。当时神策军待遇优渥，外军如遥隶神策军待遇提高三倍。于是塞上诸军大都改称神策行营，遥隶于神策，内统于宦官。宦官所能支配的军队达 15 万人。掌握军队，这是宦官弄权最主要的条件，乃至当时亦以北司称宦官。

（4）宦官参与机密

德宗时增设枢密使一职，由宦官担任。其职是承受诏旨、出纳王命。于是，宦官又参与机密。这就更易弄权而无法限制。德宗之后，顺宗在位一年，由宦官操纵，而传位宪宗。此后，直到唐亡，十代之中八人为宦官所立。但顺宗、敬宗却为宦官所弃或所害，故兴废之权完全操于宦官之手了。

2. 宦官把持朝政对唐政府的影响

（1）引起唐政局动荡不安

这主要表现在以下几个方面：

1）两派宦官的斗争引起皇帝的弑废及新立时的矛盾与动乱。

2）当政的官僚，所谓南衙亦成为北司附属和陪衬，而且随宦官分成两派。这样，宦官派系经过一次倾覆，外朝派系亦随之而有一次变动。这就使政局长期不安。不仅如此，政策也常随之变动。如李吉甫、武元衡、裴度等人所以能实现对藩镇强硬的主张，即因宦官吐突承璀等人亦为如此的主张。及至穆宗为另一派宦官陈弘志等人拥立，吐突承璀一派失利，强硬政策随之放弃。外朝宰相如萧俛、段文昌等人而主抑藩。其后，牛李党争亦与宦官派系相呼应，故文宗常慨叹"去河北贼非难，去此朋党实

① 《旧唐书》卷 184《李辅国传》。

难"①，即因有宦官支持之故。

3）宦官权势之大，也激起李唐王室与外朝士大夫对宦官集团之斗争。这前后有三次：

A. 顺宗继位，王伾、王叔文、韦执谊、杜佑、刘禹锡、柳宗元等谋灭削宦官权力。派范希朝为神策军京西行营使，企图接掌禁军。为宦官识破。一方面不许诸将将兵应援，一方面借口顺宗有病，迫其禅位太子（永贞内禅）。王叔文等均被贬逐。即历史上有名的"二王八司马"事件。

B. 甘露之变。文宗图诛宦官，先与宰相宋申锡谋，宦官闻知后，宋被贬逐。后文宗又擢用李训、郑注，先把毒死宪宗的陈弘志正法，并毒死拥立文宗的王守澄。后又派郑注出镇凤翔，谋选精兵入京，趁王守澄下葬时，寻机尽诛宦官。未到约定的日期，李训欲独乘其功，诈言有甘露降于左金吾石榴树上，派宦官全部去看，伏兵其地，欲一网打尽。被宦官窥破。仇士良、鱼弘志等领神策军杀害李训及宰相王涯，并大索贼党。长安恶少趁机剽掠，史称"甘露之变"。此后，大权尽入宦官之手，宰相不过奉行文书。文宗晚年自谓还不如周赧王、汉献帝。因他们受制于权臣，而自己受制于家奴。

C. 昭宗时，先收宦官兵权归诸王。宦官与凤翔节度使李茂贞勾结，李茂贞遂进兵长安杀诸王。后又与宰相崔胤相谋，几经波折，密诏朱温为援。温未至长安，宦官胁昭宗至凤翔。朱温围凤翔，李茂贞杀宦官，送回昭宗。朱温即在凤翔及长安大杀宦官，挟昭宗回洛。不久，自立为帝。宦官灭，唐也随之而亡。

（2）引起政治之黑暗与腐败

宦官不仅强占土地，而且十分残暴。以德宗贞元间宫市为例，宫市即在长安闹市，以宫廷需要名义强买货物。往往以值百钱的东西强换百姓值数千之物，"名为宫市，其实夺之"②。因此，商贾都将好货深藏。有的农民以驴垛柴卖，给几尺绢，连驴也牵去。白居易《卖炭翁》即为咏宫市之

① 《旧唐书》卷176《李宗闵传》。
② 《旧唐书》卷140《张建封传》。

苦者之名篇。另外，连鹰坊、狗坊的五坊小儿也依仗宦官的权势行勒索敲诈。德宗时，皇室与藩镇对抗的激化即与宦官有关。

（三）朋党

1. 朋党的形成

朋党的形成有两个原因：一是士族出身的旧地主集团与科举出身的新地主集团的矛盾，一是"内廷"两派宦官之间的矛盾与斗争，给"外廷"官僚的影响。南北朝时期，土地被豪族地主（士族地主）把持着，土地所有权不大转换。皇帝选人做官，要用门第高低做标准。所谓九品中正制是"上品无寒门，下品无势族"。

到隋唐之时，由于均田制的实施及封建中央政权对豪族地主的打击，山东豪族地主的经济地位衰落下去。

在政治上，山东豪族地主从隋末到唐初，也一直受到最高统治集团的排斥和压抑。有一时期，且被排挤在最高统治集团之外。这些士族，仍以旧地、衣冠相矜夸，其社会地位也还未见大削弱。且后来，这些山东大姓任高官的也不少。这些士族中人，以"茹素德业"自高，把经学和礼教作为世代相传的"家学"和"门风"，也以此而一直得到社会人群的尊崇。

这些士族之家，又最重视缔结婚姻之事，力求门当户对。一般新官之辈及多财之家，也都愿多输钱物，以求与此等人家结成亲戚，借以提高自己的社会地位。直到 836 年（开成元年），唐文宗还对宰相说过，"民间修婚姻，不计官品而尚阀阅。我家二百年天子，故不及崔、卢耶"①。这反映了，直到此时，山东旧族社会地位还是很高的。而对当时一般能遵守礼法的贵族，誉之为"如山东衣冠之族"②。

这些山东旧族，其社会历史背景大致相同，世代互为婚媾，又多主张依门第阀阅进身。故自然结合为一无形派系，且为唐代士大夫中一主要派

---

① 《新唐书》卷 172《杜兼传附杜中立传》。
② 《资治通鉴》卷 248，唐宣宗大中二年十一月庚午。

系。他们鄙薄词赋，诋毁文选，更排斥以词赋文选之学经由进士科出身的一般士大夫群体。

另一方面，从南北朝末期起，随着生产力的提高，土地所有权经常转换，新兴中小地主逐渐增多了，他们要求在政治上占有地位，科举制即适应他们政治要求的一种制度。由于士人多尊崇进士科，应试人越来越多，及第人比例越来越小了。及第既不容易，举子就多去投谒名人，求得他们延誉，以便造成时运。以致有这样的事："举子先投文，名之为求知己。如是，而不问。则再如前所为者，名之为'温卷'。如试而又不问，则有直至于马前。反赞曰：'某人上谒者。'"①

一般大官僚为扩大自己的权势和地位，也就逐渐操纵科举，作为培养自己党羽、加强自己势力的重要手段。穆宗时，宰相崔群罢相之后，夫人劝他买田。群说，他有三十所美庄良田，遍在天下。夫人奇怪追问，他说，前年主考，放三十名进士，这就是最好的产业。可见，官僚把门生当自己的私产，而士人也必须依附有权势的官僚贵族的推荐才能考取。考取之后，又必须依附有权势的官僚才能做高官。因此，新进士对其主考官呼为"座主"，自称门生。与同榜的进士趋其门，又大宴于曲江，题名雁塔。

不仅座主、门生关系十分密切，凡属同榜及第者亦互称同年或同门。对前次及第之进士，则称前辈。因其接席词章之夜，气味相投，出身又多为相同，利害一致，又有一层座主、门生之渊源，故易结成一无形派系。与出身山东旧族而不由科举出身的士大夫们，成为互相排斥、倾轧的两个对立阵营。

一个是基于封建门第和婚姻关系的旧士族地主官僚集团，一个是基于封建的师生同门关系的新型地主官僚集团。他们互相攻击并分别勾结宦官，在唐朝政府里展开了激烈的党争。

这一斗争的另一根源，则是两派宦官的争权，已见前述。二因素互相纠合影响，即形成唐后期的朋党之争。

---

① 马端临《文献通考》卷 29《选举考二》。

2. 牛李党争

代宗继位之初，礼部侍郎杨绾即奏停进士等科，而照古法举孝廉。这实际上代表了旧地主集团的利益。当时一般官僚认为不宜实行，翰林学士更是反对。此一提议遂未实现。代宗末年，常衮为相，凡非词科登第之人全受排斥，竞争遂渐表面化了。

朋党之争最激烈的时期，是从宪宗到宣宗的四十年内（806—846 年）。宪宗时，李吉甫（栖筠子）为相。有诏举贤良方正，应试者有李宗闵、牛僧孺。对策时，对时政多加指斥，实则攻击李吉甫，而为杨於陵、韦冠之等人所赞赏。李吉甫向宪宗反诉。杨、韦等人遂遭排斥。

穆宗即位，李宗闵子婿苏潮进士及第。时李德裕（吉甫子）为翰林学士，与人共同检举考官所试不公。于是，前此所形成的二大朋党斗争乃表面化。表现为李宗闵、牛僧孺与李吉甫、李德裕的斗争，即所谓牛李党争。

文宗时，牛李两党人士掺杂并竞，斗争最烈。每延英议政，多异同率无成效，以至文宗也慨叹说，"去河北贼非难，去此朋党实难"[①]。但文宗虽好经学，却折中其间，不肯废进士科。

武宗时（841—846 年）是李党全盛时期。牛党一派受到排斥，深抑进士科出身之人。

宣宗继位，李党又全遭罢黜，李德裕后即死于崖州。非科第出身而曾受其拔擢之恩者，遂有"八百孤寒齐下泪，一时回首望崖州"[②]之诗。其后，乃为牛党全盛时期。

宣宗之时，内廷宦官合成一片，外廷朋党亦渐消灭。前此两派生死斗争的迹象亦渐泯灭。

3. 朋党斗争的影响

两派官僚的长期斗争，对当时的政治产生了重要影响。在对藩镇与外患这两个问题上，两派官僚存在着严重的分歧。在对藩镇问题上，旧地主

---

① 《旧唐书》卷 176《李宗闵传》。

② 《太平广记》卷 181《李逢吉》引《撼言》。编者补注：王定保：《唐撼言》卷 7《好放孤寒》作"一时南望李崖州"。

官僚集团（李党）倾向于用兵，而新地主官僚（牛党）则反对。宪宗时，李吉甫、裴度等坚持削平藩镇，并收到一定效果。穆宗时，新兴地主集团所实行的销兵政策则便利了藩镇的割据。对藩镇，新兴地主始终主张妥协退让。831年（大和五年）幽州兵变，驱逐了节度使李载义。唐文宗曾向牛僧孺询问应付办法。牛认为，范阳得失，与国家安危无甚关系。从安史之乱以来，范阳就常反复。虽然归附，朝廷花费百万，终没有得到范阳一尺布、一斗粟，不久又复抗命。藩镇割据就割据好了。故新兴地主集团的主张客观上纵容了藩镇割据。

在对外患问题上，旧地主官僚集团主张利用各族的矛盾，抓紧机会，以打击最凶猛的外敌。新兴地主官僚集团对边患则采取妥协退让制度。831年，吐蕃守将要求以维州降唐。这是吐蕃攻守最重要据点，号"无忧城"。李德裕为西川节度使，接受了投降。牛僧孺则反对，以致把维州送还吐蕃。

大体上，在李德裕派执政时期，对边患较有办法。新兴地主企图维持苟安局面，旧派地主官僚则企图积极加强统治。但两派官僚却从维护唐封建统治及自己集团利益出发，在本质上没有什么不同，且同时无视人民痛苦。

在两派官僚长期斗争下，唐代政治贫弱无能，社会矛盾愈加尖锐。

第四节　唐和吐蕃、回鹘（回纥）、南诏的关系

（一）唐和吐蕃的关系

1.吐蕃成为唐最严重的外患

安史起兵之后，"潼关失守，河洛阻兵。于是尽征河陇、朔方之将镇兵，入靖国难，谓之行营"[①]。西北边疆上，大军先后调至东方，吐蕃乃乘

[①] 《旧唐书》卷196《吐蕃传上》。

机极力侵扰。

当时受侵扰最烈的是两个地方，一是陕甘边境，一是与南诏配合侵川西南及川西一带。到 758、759 两年，凤翔之西、邠州之北尽为吐蕃所占，失去陇右数十州之地。

代宗继位之后，宦官程元振有定策之功，重权在握。有关吐蕃入侵、边将告急的各种情报皆不报予代宗。763 年，吐蕃长驱入关中，各道兵皆不至。唐以闲置之郭子仪为副天下兵马元帅抵御，临时募得二十骑而往，吐蕃却有二十余万众。代宗乃出奔陕州。吐蕃入据长安，大肆剽掠，长安为之一空。后经郭子仪努力，征调诸道军队，吐蕃这才于入侵长安十五日后退出。代宗又回长安。但也就在同年，剑南的西山诸州（松、维、宝）也陷入吐蕃手中了。此后，吐蕃仍然经常入侵，长安数次宣布戒严。764 年（广德二年），叛将仆固怀恩引吐蕃、回纥十万众抵奉天，长安宣布戒严。后郭子仪利用吐蕃与回纥间的矛盾，与回纥结盟，共击吐蕃。此后，767 年、768 年（大历三年）亦曾宣布戒严。此时，从 764—776 年，凉、甘、肃、瓜等甘肃西部各地亦全被吐蕃攻占，去安西四镇的道路被切断了。

780 年（建中元年）德宗即位后不久。由于藩镇联兵，曾借吐蕃兵平朱泚之乱，力图与吐蕃讲和。曾答应割安西、北庭之地。后虽未割，但吐蕃仍骚扰不已。785 年，长安又为之戒严。786 年，又入陇川，大肆掳掠。787 年（贞元三年），唐与吐蕃在平凉定盟。但吐蕃却背盟，唐蕃战争又继续下去。

2. 唐防御吐蕃的计划和吐蕃的西侵

此后，吐蕃、大食相攻不已。北方的回纥称雄于沙漠，南方的南诏又不堪吐蕃的压迫，希望独立。牵制吐蕃，使其因此无力东侵。而唐政府亦找到防御吐蕃的对策，那就是联络邻接吐蕃的诸族，对吐蕃进行环夹包围。如李泌在 787 年对德宗说："愿陛下北和回纥，南通云南，西结大食、天竺。如此则吐蕃自困，马亦易致矣。"①此外，如韩滉、贾耽、韦皋等也都在不同时期、不同场合提到这个问题。

---

① 《资治通鉴》卷 233，唐德宗贞元三年九月丁巳。

这种策略并非空谈而已见诸实行。787 年回纥求和亲，唐同意了。788 年，西川节度使韦皋派人使南诏。次年，南诏愿与唐结盟共同对付吐蕃。此后，唐对吐蕃的防御渐由被动转为主动，并取得胜利。801 年（贞元十七年），唐大举还攻吐蕃，回纥太原兵营出其北，剑南东西川、南诏攻其东，大败吐蕃。战果以四川为最大，尽克嶲州（今四川西昌）之地，又转战千里，攻克七城，五个军阵，焚毁吐蕃堡垒 150 所，斩杀万余骑，俘虏 6000 人，降 3000 人。在此前后二十年内，不但使四川与吐蕃接近之处，吐蕃不再能为大患，而且也牵制了吐蕃北上侵略朔方、灵武的军队。

但此时，吐蕃却极力向西扩张，当吐蕃攻陷陇东、陇西之后，长安通西域的道路就被切断了。但驻在安西、北庭二都护府的唐军仍在坚守。他们凭借唐长期经营西域所形成的巩固势力及在西北各族间颇高的威信，联络北方的回纥与沙陀族，抵抗吐蕃的进攻，孤立无援地坚持了近三十年。785 年，河西走廊最后一个据点沙州（今甘肃敦煌）失陷。790 年，吐蕃陷北庭，唐朝势力才最后退出西域。

宪宗继位之后，虽也有意收复河湟，但因集中力量于内政的休整与对地方军阀的压制，故又只好暂与吐蕃和，且答应吐蕃互市要求。但吐蕃仍对边境各地不断加以侵袭。

3. 唐蕃战争给两族人民带来的痛苦

吐蕃与唐的战争是十分残酷的，战争给双方人民带来极大的痛苦。吐蕃对沿边生产的破坏是十分厉害的。786 年，一度攻至泾陇、邠宁，"掠人畜，取禾稼，西境骚然"①。泾州城外皆成吐蕃之境，桥断路绝。每收货，必陈兵责之，多失时，一无所得，由是泾州曾受乏食之苦。另外，就是残酷的屠杀，俘虏大批汉人做奴隶，强迫他们番化。790 年，攻到泾阳吴山（今陕西陇县西）及宝鸡北界。烧夺之后，百姓丁壮驱之以归。老弱咸杀之，或断手、股、目，弃之而去。俘男女万余人，悉送至安化、峡西。将分立羌、浑，乃回。从耳背东向，哭词纷回，久岁大哭。其实亦痛而绝者数百人，投崖而死伤者千余人。结果，经过屡次破坏，泾、陇、邠

---

① 《旧唐书》卷 196 下《吐蕃传下》。

之民荡然尽矣。

唐对俘虏的吐蕃人民也十分残暴，经常把他们发配到吴越一带做奴婢。白居易的《新乐府·俘戎人》就是最好的写照。

但吐蕃与唐也有和平相处的时期，而且战争也是统治阶级发动的。至于两族人民则不但没有任何仇恨，而且同受战争的痛苦。另外，汉藏两族从唐代开始，在经济文化上有了密切联系。这对两族的发展有很大好处。

4. 吐蕃的衰落

强盛了二百年的吐蕃，到了 8 世纪 40 年代以后，因为长期的战争、天灾及内乱而衰落。不仅发生剧烈地震，且鼠食稼、人饥疫，死者相枕藉。后又为王位继承问题发生内战，青海河西一带的尚恐热与尚婢婢又互相攻击，吐蕃更为衰落。于是，唐宣宗趁机恢复河湟一带失地。

849 年，秦、原、安乐（长乐）三州及石门等七关均自动脱离了吐蕃而归附于唐。河西一带虽陷于吐蕃，但每岁时计，仍服中国衣冠、号痛而藏之。唐使者去，老人皆拜泣，"问天子安否。言顷从军没于此，今子孙未忍忘唐服，朝廷尚念之乎？兵何日来？言已皆呜咽。"[1]有着强烈的民族感情，至此时，遂在当地大族豪酋张议潮领导之下起义。驱逐吐蕃官吏，且耕且战。张议潮又发兵，略定临近伊、西、瓜、甘、肃等十州。851 年（大中五年），张议潮以十一州之地归唐，河湟之地尽入于唐。

吐蕃衰乱，唐的统治于此时也进入尾声了。

（二）唐和回纥的关系

1. 安史乱后唐与回纥的关系

安史之乱时，唐曾向回纥请兵，相约光复两京后，土地悉数归唐，金帛子女归回纥。回纥遂先后三次拨人马相助，肃宗且以其亲女下嫁回纥可汗。洛阳攻陷后，曾被回纥大掠。而且，凡是其居地及行军所经之地，都被剥掠，人民的生命财产受到极大损失。

---

① 《新唐书》卷 216 下《吐蕃传下》。

从出兵助唐平定内乱的过程中，回纥看出唐政权力量薄弱，遂有轻中国之心，企图进攻唐朝。唐则用和亲、送礼（每年绢二万匹）等办法企图缓和回纥的南进。但回纥仍在 765 年（永泰元年），受唐叛将仆固怀恩勾引，联合吐蕃、吐谷浑、党项等二十余万人进攻长安。长安震动，代宗西逃。元帅郭子仪竭力抵御。因为怀恩暴死，吐蕃、回纥合围泾阳之后互争雄长，郭子仪利用此一矛盾及唐政府和他本人在回纥酋长中的影响，单骑入回纥营，说服回纥与唐结盟，共击吐蕃，并大破之。这才转危为安。

此后，回纥虽在 783 年（建中四年）助幽州之朱滔，但大体上说，回纥与唐长期保持和平关系。但回纥十分强盛，唐朝时常迁就、让步。

2. 唐与回纥的贸易

唐对回纥的迁就、让步，可从双方的马绢贸易看出来。唐边疆驻军乏马，需回纥马。从肃宗以后，回纥每年遣使以马换缯帛。马一匹换绢四十匹，一来就是几万匹乃至十万匹。马多病弱，不可用，而唐每年需付出绢帛百余万匹，以致中国财力屡竭。这实在是一种不等价交换。但唐朝为了避免战争，也只好忍痛迁就。

又，回纥人居住在长安和其他城市的人很多，经常上千人，他们不仅举放高利贷，而且横行霸道，使人随意掠人子女。以三百骑犯金光门及朱雀门。又曾追夺长安令邵悦的马，随便杀人劫狱。唐政府均不敢与之争。

773 年，一批回纥使人辞归，把所得马价及劫掠所得物品一起运回。共载一千余车。一些杂胡及西域胡人也多伪装为回纥，照样能得到唐朝政府的供给。有的回纥人又着华服迎娶妻妾。779 年（大历十四年），唐政府才下令不许其穿华服。后又停止一批久居长安的胡人供给。

但是，当时吐蕃虽然切断了唐政府与西域的交通，陆路贸易却还没有完全断绝，商人可从回纥往来，并受到回纥的保护。回纥自己也进行贸易。代宗时，长安回纥商人及冒充回纥之西域商胡有数千人。对中外贸易的发展与文化的交流，回纥起了积极的作用。

3. 回纥的衰落

回纥称雄于北方时，对北方诸部族经常加以侵扰。故 790 年（贞元六年），吐蕃攻陷安西、北庭时，曾联合这些部落给回纥以严重的打击，促使回纥逐渐衰落。而回纥西北的戞黠斯(吉尔吉斯族祖先，居于伊吾之东、焉耆之北)强大起来。从 9 世纪 20 年代之末与回纥展开了近二十年的斗争，大大削弱了回纥的力量。839 年，回纥国内，"连年饥疫，羊马死者被地。又大雪为灾"①，统治阶级内部也发生剧烈斗争，社会秩序大乱。840 年（开成五年），戞黠斯趁机攻破回纥，牙帐被焚，余众四散。一支南逃到唐的天德塞下，所率人众六十里而不见其后。当时，就有人主张与吐谷浑、沙陀等共击之，而李德裕坚持怀柔为主。回纥内部亦发生矛盾，一部投降唐朝，一部驻于北方，为患边境，不久为唐击败。戞黠斯又收其余众归碛北。大部则西迁，有的留在今新疆，即今维吾尔族祖先；有的远到葱岭；剩下一些归甘州。势力渐弱，最终衰落。

关于回纥与唐的关系，《旧唐书·回纥传》论曰："比昔诸戎于国之功最大。为民之害亦深。"

（三）唐和南诏的关系

1.755 年—859 年间唐与南诏的关系

安史之乱时，南诏一度进攻西康东部，俘虏了一个叫郑回的汉人。阁罗凤十分敬重他，让他教自己的子弟读书，并令其参与政事。郑回最后做到宰相（清平官）。不但促进南诏接受汉文化，且对南诏的政策有极大的影响。

南诏之投归吐蕃，并没有使自己得到多少好处。吐蕃虽封伊莫循为日东王，但对南诏却课以极沉重的赋役，夺取南诏险要地区，设立城堡，加以控制。每年征调南诏大量兵员去防守。吐蕃攻唐时，又以南诏军队为前锋，南诏十分怨恨。到 8 世纪末，国王伊莫循（阁罗凤孙）遂有脱离吐蕃、归附唐朝之心。郑回就极力进言说："中国尚礼义，以惠养为务，无所求取。"②归附之后，将"无远戍之劳，重税之困"。③其时正值韦皋镇蜀，亦

---

① 王溥：《唐会要》卷 98《回纥》。
② 《旧唐书》卷 197《南诏蛮传》。
③ 《旧唐书》卷 197《南诏蛮传》。

认识到南诏在与吐蕃斗争中的重要作用。于是在788年遣崔左石使南诏，双方定盟。794年，吐蕃与回纥争夺天山北路一些地方，牺牲很大，向南诏征兵。伊莫循派五千人假充应征，自己领兵几万人随在后面。趁吐蕃不备，用猛烈的突袭在金沙江上把吐蕃打得大败。此后，唐既封伊莫循为"南诏王"。801年(贞元十七年)，对吐蕃大围攻，南诏攻入吐蕃核心地区，俘获最多。

唐与南诏携手，双方在军事上均有好处。韦皋镇蜀时，又开清溪道（汉源、岳西间)，以通南诏。又选南诏蛮子弟，送之成都，教以书术。业成则去，复以他子弟继之。这对南诏文化发展也有良好的影响。南诏的势力也日益膨胀起来。

829年（大和三年)，西川节度使杜元玉专务聚敛、苛待士卒。西南戍边之卒衣食不济，皆入蛮境抄掠，南诏人反资以衣食。于是士卒将西川实情告诉南诏，且竟相为向导，引南诏兵大举入蜀，攻下嶲州（今四川西昌)、戎州、邛州等地以及成都外郭。留居成都西郭十日，大抢子女、百工数万人及珍货而去。自是，南诏工巧，类于蜀中。次年，李德裕做西川节度使，于大渡河北修筑城堡，增兵防戍。双方互不侵犯达三十年之久。这样，七十年中，只有一次较大的冲突。唐与南诏基本维持和平关系。

在这三十年中，吐蕃势力日渐衰落，唐的势力也日益衰落，南诏的力量却强大起来。于是，当唐帝国刚从吐蕃的威胁下解脱出来的时候，又陷入与南诏的长期战争之中。

2. 唐与南诏的长期战争（859—877年）

战争起因是唐对安南人民残暴的剥削。先后为安南都护的李卓及李户为政贪暴。李卓强购安南人民的马牛，一匹马或一头牛只给一斗盐。而当地一个最强的部落杜氏，其酋长先后被李卓、李户杀掠。另一方面，唐将又苛待士卒。如四川将官"给帛则以疏易良，赋粟以沙参粒。故边卒怨望"[1]，造成边境各族人民的反抗及边防的空虚。南诏便是在这种情况下，

---

[1] 《旧唐书》卷215上《突厥传上》。

成为西南边防的严重威胁。

安南人民起而反抗唐的暴政，起源于南诏。南诏势力从此深入安南，旁及广西、贵州。859 年，南诏兵一度攻下播州（今贵州遵义）。860—863 年，两度攻下交趾。861 年，一度攻下邕州。唐不得不调许、滑、徐、汴、荆、襄、潭、鄂等各地兵去抵挡。但始终无功而士卒冒瘴雾而死者达十之六七。864 年，唐用高骈为安南都护。他用了极狠毒的屠杀政策，仅866 年（咸通七年），攻防交趾之役即屠守城兵民凡三万余人，才逐步把唐在安南的颓势挽救过来，把南诏打退，把安南人民的反抗力量镇压下去。此后，唐为防止南诏向安南发展，便在广西一带设有重兵戍守。

南诏于出兵安南的同时，又不断向今四川、西康出兵骚扰。865 年（咸通六年）一度攻入嶲州（今四川西昌）。及在安南失败之后又以全力侵扰四川、西康方面。869 年，击败防守大渡河的唐军，遂全师渡河。攻占黎（今四川汉源）、雅（今四川雅安）二州。870 年（咸通十一年）正月，进逼成都。围攻多日，未下而退。875 年，唐又把高骈调任西川节度使。高骈采取极残酷的屠杀政策，一次便杀害南诏方面酋长数千人。此时，南诏与唐战争已延续近二十年，中国为之虚耗，南诏也疲弊了。877 年（乾符四年），南诏王死，继位者便改变政策，遣使求和亲。双方签订停战议和。南诏衰落下去。这时，唐爆发黄巢起义，也不能再打了。唐帝国不久也在农民战争的打击下走向灭亡。

唐与南诏的长期战争，对唐有严重影响。自从唐对吐蕃的斗争取得胜利之后，边患稍疏。859 年（大中十三年）时，"内库之积如山，户部盐资充满"[1]，各道库钱亦积蓄甚多，西川达三百万缗。经过十几年的战争，"赋输不纳京师者过半，中藏空虚[2]"，这是一方面。另一方面，征戍的戍卒大量死亡，造成"燎骨爨灰"的惨状。而一些久戍不归的戍卒，为了返回故乡，便起而反抗。庞勋起义就是这样起来的。《新唐书·南诏传》说："唐亡于黄巢，而祸基于桂林。"便指明了唐与南诏长期战争所产生的后果。

① 《新唐书》卷 222 中《南蛮传中》。

② 冯甦《滇考》卷上《唐与南诏和亲》。

本章小结

在前期欣欣向荣的唐帝国到后期就开始了衰败和崩溃的过程。其崩溃与衰败表现在以下四个方面：经济的残破与衰落、统治阶级内部矛盾的激化、唐与边疆各族矛盾的激化、地主与农民矛盾的激化。地主与农民的矛盾是主要矛盾，而统治阶级内部的矛盾及唐与边疆各族矛盾的发展与激化又促进了地主与农民矛盾的激化。这一切不是偶然的，这是被地主阶级腐朽本质所决定的。这是历史发展的必然过程。

唐朝后期，土地兼并更加激烈，无数农民失去了土地。这是阶级矛盾激化的根本原因。连年的内外战争，是阶级矛盾激化的第二个原因。腐败的政治和统治阶级奢侈腐朽的生活是阶级矛盾激化的第三个原因。人民再也不能忍受压迫了。

藩镇的割据与混战、长期的对外战争与腐败的政治（宦官、朋党）削弱了统治阶级，统治阶级腐烂了，已经成为历史发展的障碍。统治者不能再照旧统治下去，被统治者不能再忍受压迫。谁能改变这个对人民说来是无比痛苦的局面呢？谁能扫荡、摧毁这个阻碍历史发展的唐政权呢？这力量不是别的，就是人民自己，就是农民起义。875 年（乾符二年），农民起义爆发了。

在各种矛盾激化发展的同时，社会经济在量上衰退，在质上仍在曲折地发展着。由于人民的辛勤劳动，江南地区经济有了很大的发展。农业、手工业均如此。土地所有制度有了变化，私人地主土地所有制成了主要形式。两税法及其在赋税制度上的反映。商品经济有了进一步的发展，雇佣劳动、行会、商业、"飞钱"、变换等均反映了商品经济的发展。然而，自然经济还占统治地位。资本主义萌芽此时不可能出现。这也看出了劳动人民的伟大及其是历史的主人这一真理。

中国境内三个兄弟民族祖先吐蕃、回纥、南诏与唐关系均有进一步发展。我们要看到战争的一面，同时更要注意人民之间的和平交往、经济文化交流的一面。

第五章　唐末农民战争、五代十国

唐朝末年，社会矛盾的尖锐达于极点，统治者不能再照旧统治下去，被统治者不能再忍受压迫。唐末农民起义爆发了。

农民起义经过八年战争，横扫全国，最终攻破长安，建立了新政权，但却未能彻底摧毁唐政权。再加上自己的弱点及错误，起义失败了。但腐朽的唐政权也因之瓦解，腐朽的封建势力也受到沉重的打击，然而，未受到致命的打击。唐末军阀割据混战的局面继续下去，形成五代十国的分裂割据。

与中部地区的分裂同时，契丹强大起来并侵扰中国，成为10世纪到12世纪中部地区最大的威胁。

经过军阀的割据混战与契丹的侵扰，中国黄河流域遭到更大的破坏。但是，南方的经济却因战争较少、社会比较安定而有了上升。

第一节　唐末农民战争

（一）唐末社会矛盾的激化

1. 土地兼并的加剧

唐朝后期，均田制完全被放弃，土地兼并更加无限制地发展起来。"京兆二十四县，半为东西军所夺"[1]，郡县善田"不为中、贵人所并，则籍东

---

[1] 《孙樵集》卷2《寓汴观察判官书》。

西军，居民百一系县"①。全国其他各地也多如此。他们对农民实行残酷的剥削，"泾大将焦令谌，取人田自占，给与农，约熟归其半。是岁大旱，农告无入，令谌曰：'我知入，不知旱也。'责之急，农无以偿"②。大批农民失去土地，成为佃客。

土地兼并的加剧，这是唐末社会矛盾的激化与农民起义爆发的根本原因。

2. 统治阶级对人民剥削的加重

两税法的实行，使人民的负担稍轻了一点。但中央与藩镇战争不停，再加上地方赋税多不上供，遂使统治者又加重了人民的负担。如 782 年（建中三年），既增两税，每贯增二百，再加上日后物轻钱重，人民遂有"倍输"、"三输"之苦。至穆宗时，原为绢二匹半者为八匹，大率加三倍。豪商大贾积钱以逐轻重。故农人日困，末业日增。

两税之外。又有各种苛捐杂税。如 782 年，借长安富商钱，搜刮得八十万贯。又征僦柜质钱，间架税、除陌钱（公私买卖，每缗官留五十钱）。这些收入，比两税还多。又由于实行食盐专卖，盐价也不断提高，有的人只好淡食。私盐贩也多起来。

由于赋税繁苛，迫使人民大量逃亡。如渭南长垣乡，本四百户。宪宗时（818 年，元和十三年）才一百余户。寿乡县本三千户，余才一千户。其他州县大抵相似。原来户口逃亡之后，其应缴赋税全数由未逃亡各户均摊，这又引起更多户口逃亡。而美地膄产尽归豪奸，助长了土地兼并，形成了恶性循环。

3. 官僚、僧道、士兵的增多

官僚机构随政治的腐败而日益庞大。德宗末（805 年，贞元二十一年），文武官吏及诸色胥吏总 368，668 人。807 年（元和二年），士兵达到 83 万，而全国纳税之户只 144 万。不到二户就得养一兵。以致李吉甫奏"自秦至隋，设官之多，无如国家者"③。沈既济疏则曰："计天下财赋，

---

① 《孙樵集》卷 4《兴元新路记》。

② 《新唐书》卷 132《段秀实传》。

③ 《续通志》卷 245《李栖筠传》。

耗斁大者为二事，一兵资，二官俸。其他费，十不当二者一。"①三十多万官僚、八十多万士兵加上商贾、僧道不赋田亩者，十有五六，是尝以三分劳筋苦骨之人，俸七分，代一做十之军。

4. 统治阶级的日益腐化

唐后期，统治阶级的生活更为腐化。懿宗时，殿前乐工常进五百人。每行幸，内外诸司护从者十余万人。870 年，同昌公主出嫁，赐地、商户、街市杂宝、景蓝、药灸、漕柜亦以金银为之。编金履，以为奇光。赐钱500 万缗，他物称是。871 年，公主死。送葬服玩，每物一百二十余，冥器辉煌三十里，赐酒万壶，炳盐四十妥坨，以祀体肤（举旧之夫）。为思念公主，做叹百年曲，舞者数百人。发内库杂宝，为其首饰。以绝八百匹为第一。舞罢，诸姬附地。873 年（咸通十四年），懿宗遣使赴法门寺迎佛骨。仪仗皆饰以金玉，锦绣珠翠。自京城至寺，三百里间，道路车马，昼夜不绝。

继懿宗之后的僖宗，继位年仅十二，专事游戏，政事全委宦官田令孜。令孜招权纳贿，除官及赐妃子皆布官百于上。僖宗赏赐乐工，动辄以万钱，府藏空竭。令孜说，上及两市商旅空货，悉输内库。有陈诉者，赴京兆杖杀之。宰相以下，缄口莫敢言。再加上对边疆各族的战争与统治阶级长期内战，就使得唐朝已到了不能维持其统治的地步。

（二）农民大起义的前奏

从代宗开始（763—779 年），各地农民起义不断。到 859 年（宣宗大中十三年）以后，农民斗争的形势已由零星暴动汇合为规模较大的起义。其中，最主要的两次为浙东裘甫领导的起义及徐州庞勋领导的起义。

1. 浙东裘甫起义

859 年末（宣宗大中十三年），裘甫率先在浙东起义。860 年初，攻陷象山。当时江浙久安，人不习战，甲兵朽钝，健卒不满三百。这一带又没

---

① 《新唐书》卷 132《沈既济传》。

有强大的藩镇，是唐统治力量薄弱的地区。因此，起义军得以顺利发展。不久，即率众千余人攻陷剡县，队伍迅速发展到三万人。浙东各县纷纷落入起义军手中。

唐政府派王世为浙东观察使进行镇压。王世恐义军与江淮一带小股义军汇合影响唐政府粮道，故主速战。此时裘甫部下刘睢建议取越州为根据地，沿浙江设垒防守，然后尽取浙西。过长江，入扬州，据石头城。再派人由海道取福建，使唐更赋之地尽入义军手中。这本是很好的战略计划。但裘甫却听从进士王陆的"据阴自守、陆耕海战"的退守计划，没有积极进取，被王世争取了主动。在大军及王世所组织的江淮一带吐蕃、回纥骑兵的包围下，裘甫退守剡县（今浙江嵊州）。在卫城战中，义军英勇抵抗，三日曾历十三战。城中妇女自动编为女军，也上城投石杀敌，坚守三月。终因粮尽援绝，城陷。裘甫壮烈牺牲，城中居民惨遭屠杀。持续七个月的起义失败了。但唐军兵力也大受削弱。

2. 徐州庞勋起义

868 年（懿宗咸通九年），屯戍桂州的徐（苏北）、泗戍卒七百人原定三年一代。因久不代还，愤怒异常。乃推粮料官庞勋为首，夺库兵自动北还。走到宿县（今安徽宿州），发现唐统治者阴谋屠杀，遂乘船东下，并号召农民共同起义。"一日之中，四远云集"，"自旦至暮，得数千人"[1]，并乘胜进攻徐州。此时起义群众已有六七千人。

前此六年，银刀军曾受到武宁节度使的一次屠杀。此时，散亡者及其家人纷纷响应，进入徐州。人民群众积极支援，至父遣子，妻支其夫，皆断锄头而锐之，直以应募。庞勋又切断了运河交通，打击了唐的补给线、形势本极有利。

但庞勋此时却自高自大起来，自谓无敌于天下，一心盼唐封他做节度使。部分部下又驱人为兵，劫掠财物、妇女，于是境内民皆厌苦之。庞勋军队至此已脱离了人民。

而唐此时以诸藩镇之兵及沙陀、吐谷浑兵共二十万逐步进逼。经过多

---

[1]《资治通鉴》卷251，唐懿宗咸通九年十月庚年。

次激烈战争，起义军节节失利，不少部将投降，徐州失守。庞勋于 869 年（咸通十年）战死，起义失败了。但余众仍散在闾里，反抗始终没有停止。

与庞勋起义同时，867 年，怀州人民暴动（今河南沁阳），869 年陕州人民暴动，870 年，光州（今河南潢川）人民逐刺史，874 年（咸通十五年），商（今陕西商县）州人民逐刺史。这都是爆发在统治者腹心地区的暴动。说明起义时机已逐渐成熟。裘甫及庞勋起义只是所有起义中规模较大的两次。

（三）王仙芝、黄巢领导的大起义

唐末农民大起义可以分为四个阶段，前后一共十年：

875—878 年：王仙芝和黄巢起义。起义军第一次流动作战。

878—880 年：起义军第二次流动作战。

880—883 年：起义军占领长安。

883—884 年：起义军退出长安与失败。

1. 农民大起义的爆发

（1）农民起义在山东爆发的原因

现在的山东西部，处于黄河下游沿岸，几乎每一年都处在黄河水患威胁之下。特别到唐末，黄河下游全被军阀割据。他们尽量剥削当地人民，却绝不肯拿出一点力量来修堤与疏通沟渠。黄河下游一带，人民的灾难因此格外深重。当时已有这样的民谣："金色蛤蟆争努眼，翻却曹州天下反。"足见社会上已有这样的预测，这带地方将成为农民大起义爆发的区域。

870 年以后，山东一带水旱特别严重。873 年（咸通十四年），从河南西部直到海滨，麦收只有一半，秋收几乎全无。一般人只能把蓬蒿的种子和树叶、树枝当成食粮。而州县照例催逼各种捐税。缴晚者或坐牢，或被打。有的人家因此拆掉房屋，有的更被迫出卖妻子。然而所得仅够下乡差役酒食之资。为了活命，不少人亡命山泽，与州县相抗。小股农民起义不断发生。

（2）王仙芝与黄巢起义

874 年末或 875 年初，濮州（今山东鄄城县）人王仙芝及尚让等聚众数千，起义于长垣。875 年初，传檄诸道，言吏贪赋重，赏罚不平。自称天补平均大将军兼海内诸豪都统，取濮、曹二州。同年夏，曹州（今山东菏泽）人黄巢聚众数千人起兵响应王仙芝。

黄巢家为富豪，少以贩私盐为世。擅骑射，喜任侠。粗涉书传，屡举进士不第。当时与群从八人（或云弟兄八人）计议起义。两军合并，民之困众，领者争归之。数月之间，众至数万。已被击溃的庞勋余部其时正匿伏于鲁西南及皖北一带，也乘机而起，加入起义队伍。起义军进攻郓州、掠沂州。876 年（乾符三年），平卢节度使宋威击走之。黄巢与王仙芝都是贩私盐出身，他们的徒众成为起义的骨干（如尚让、尚君长、毕师铎、黄巢等）。

为什么贩运私盐的人这时会成为农民起义的领袖和骨干呢？有以下原因。唐朝政府为增加财政收入，曾把食盐改为官卖。把盐价大大提高，严禁人民私自煮盐或卖盐。私卖盐到一石以上要处死。但私盐贩仍然很多，他们偷运盐到各地，并用较官价为低的价格把盐卖给人民。为了保护自己，他们组成大队人马，携带武器，以抗拒官兵的搜捕。他们和唐统治者有尖锐的矛盾。虽然他们之中也包括一些地主、富户，如黄巢就是一个。但作为一个社会集团来看，这些人是比较接近人民群众的。

由于他们比较接近下层民众并和唐统治者有矛盾，因此，他们有可能参加农民起义，由于他们经常组合为武装集团并有和统治者斗争的丰富经验，因此，他们便可能成为农民起义的骨干。他们的领袖，并可成为农民起义的领袖。而他们的特点和弱点，也给这次农民起义的特点及弱点带来影响。

2. 农民大起义的发展

这次农民起义最主要的特点就是流动作战。流动作战共有两次。

（1）起义军的第一次流动作战

876 年夏，王仙芝在沂州城下被宋威击败。威奏仙芝已死，纵遣诸道兵，身还青州，百官皆入贺。但仙芝却于此时第一次出山东流动作战，转入河南，从河南西南转入湖北，于年底陈兵蕲州城下（今湖北黄冈市蕲春县）。到达蕲春的农民军，一共有五千人（流动性大，一部分分散）。在攻陷汝州时，王仙芝俘虏了刺史王镣（宰相王铎之弟）。

此时，王仙芝受王镣影响，开始动摇。王镣为仙芝置书刺史裴沃，开城迎降。并上表为之求官。在此之前，唐政府已有招安之意。此时乃授仙芝左神策军押牙兼监察御史，并派中人连夜以告身授之。仙芝得书甚喜，镣、沃皆贺。未退，黄巢却气冲冲地赶了来。一进门，就质问王仙芝，当初共立大誓，横行天下，现独取官、赴左军使，你有何脸面去见跟你打了两年仗的弟兄们？你打算怎样安置他们？越说越生气，上去照着王仙芝的脸就打了一拳，士兵亦喧噪不已。王仙芝一看众怒难犯，又晓得自己理亏，只好拒绝唐政府的任命，攻下蕲州。可是起义军却因此分裂了。黄巢带二千余人回山东去了，王仙芝及尚君长带三千多人留在湖北及河南。

黄巢一走，王仙芝又进行投降活动。877 年底，遣尚君长等请降于招讨副都监杨复光。复光送君长等赴长安求官爵，途中为宋威截获，杀死，冒充被掳，邀功。仙芝大怒，攻江陵。但在荆门被唐军及沙陀骑兵击败。到 878 年（乾符五年），在黄梅被捉，杀掉。五万余人溃散。但别部王崇尹、曹师雄等仍在江西一带活动了一段时期。

王仙芝一直动摇等候官爵并因此驻守湖北、汉南一带地区，结果，起义军虽发展到五万余人，却终不免溃败的命运。

（2）起义军的第二次流动作战

1）南征

黄巢在山东活动了一段时期，与唐节度使之兵进行了好几次战斗。878 年，又一次打击山东，围攻亳州。此时仙芝余部由尚让等率领，北上归黄巢。巢被推为首领，称冲天大将军。意思是，让他带领大家去冲翻唐朝的天下。这时有众十余万人，但形势对黄巢并不有利。唐朝正准备将各地进攻王仙芝的部队调过来打黄巢。为了避免唐军集中的打击，于此年三月黄巢率众开始了大规模的转移。这在中国历史上是空前的。能相比的，只有元末红巾之北伐与明末农民起义、太平天国的进攻。

878 年春，黄巢假装要去打东都洛阳，吸引了唐对这方面的注意力。

可是却突然带领十万起义军急速南下，渡淮，入淮南。等到唐军醒悟过来，跟踪追击时，起义军已在此年夏天从和州（今安徽和县）渡江攻宣州（今安徽宣城），转入浙西。秋，由浙西入浙东。由于唐朝派高骈负责此一带的防务，唐军渐渐对起义军形成了包围的形势，联络王仙芝余部的计划也受到了挫折。此年秋，乃由浙江入福建。到福建的路很不好走。走海路，队伍多，没有船，陆路却又十分艰险，要越过仙霞岭。但困难没有吓倒起义军。黄巢组织士兵筑路，在极短的时间里，整修了一条七百里长的山路（原有）。起义军由此进入福建。十二月，即占领福州。此后，这条山路就成为浙江和福建之间的交通要道。

福建在唐朝经济并不富裕，起义军的给养成为问题。因此，不久，部队即向广东进发。此次进军路线不详，有谓从水路者，似不可能。879年（乾符六年）夏，到广州。在攻城之前，黄巢曾请求朝廷授予广州节度使。唐以广州市舶宝货所据，不许。巢乃攻下广州。岭南东道节度使李调，并攻占岭南一带州县。据阿拉伯人阿布赛德·哈散记载，黄巢攻陷广州后，杀回教徒、犹太人、基督教徒、火祆教教徒十二至二十万人。这一记载显然夸大。因当时广州总共不过二十万人，不可能全是外侨。但杀掉一些外族富商及高利贷者却是可能而且是正义的行动。

在一年多的时间里，起义军从北方的山东一直打到最南方的广州，在长途行军与作战里，起义军不仅得到丰富的战斗经验，而且队伍也从几千人扩大到五十万人。起义军已经在战斗中成熟了、壮大了，对腐朽的唐朝做最后冲击的时候到了。

2）北伐

黄巢本拟在广州休整一段时期，但北方来的将士不服南方水土，流行传染病，死者十之三四，纷纷要求北返。879年深秋，黄巢领兵号五十万人北伐，自称"义军百万都统兼韶广等州观察处置等使"，露布告将入关：因数宦竖柄朝，垢蠹纪纲，朝臣与中人赂遗交构及铨贡失材诸弊，一面"禁刺史殖财产，县令犯赃者族"①。这十分有利。再加上起义军一路纪律

① 《新唐书》卷225下《黄巢传》。

严明，并不剽掠，因此，大批农民纷纷参加起义的队伍。879 年初冬，起义军入桂州，自桂州编大筏数千，乘暴水，沿湘江东下，还不到一个月，就打到潭州（今湖南长沙）。此处为唐朝防御起义军的第一道防线，由李系领兵五万防守。再加地方诸军部队，号为十万。不到一天，即被攻陷，系仅以身免。

起义军乘胜攻江陵。江陵系唐军事重地，对付黄巢的唐军总指挥、节度使王铎急征调各路军队。但因起义军进展太快，各路唐军未及调齐，江陵守军一共不到一万人，王铎乃诡言要去北面的襄阳视察防备，堵住义军进攻长安之路，而令部将刘汉宏以三千人守江陵，自己带领多半兵马逃走。

刘汉宏为土匪出身，他等王铎一走，就纵兵大掠，并放火把繁华的江陵几乎烧光，自己也跑了。未死的百姓逃往城外山谷，又逢大雪，死者遍地。等到半个月后起义军打到时，江陵已经成为一座死城。

起义军由江陵北攻襄阳，前锋轻敌，在荆门，中江西诏讨使与襄阳节度使刘巨容之埋伏，失利。起义军被迫放弃江陵，东下沿长江入江西。880 年（广明元年）七月，自宣州采石矶渡江。淮南节度使高骈不敢出战，起义军遂渡过淮河。抵御的唐军却发生兵变。

起义军利用藩镇之间的矛盾，宣称要诸藩镇"各宜守垒，勿犯吾锋。吾将入东都，及至京邑。自欲问罪，无预众人"[1]。因此，如入无人之境，一直向洛阳打去，纪律亦十分严明。880 年冬，攻入洛阳。共遁而去，闾里晏然。紧接着向潼关进发。

3）潼关之战

潼关是长安的大门，关的一边是险峻的高山，一边是湍急的黄河，形势十分险要。守将是一再被黄巢杀得大败的齐克让。他这时带了一万残兵败将守在关外。眼看起义军就要来到，心里十分发慌。一件件告急文书像雪片一样送进长安去。文书上说："我收拾败兵，退到潼关，食粮与军器都十分缺乏。潼关一带因常有军队来往和驻扎，骚扰得很厉害。老百姓早

---

[1] 《资治通鉴》卷 254，唐僖宗广明元年十一月辛酉。

都跑掉了，又没处去找给养，士兵们又冻又饿，只想回家，不想打仗。队伍随时都有溃散的危险。我实在是没法支持了。希望朝廷赶紧运粮食、派援兵来。"僖宗接到这些文书，也是毫无办法，只好与宰相相对痛哭。后来只好勉强凑了二千八百名禁军去增援。

照理，禁军应为全国最精锐的军队。可是，实际上是全国最腐败的军队。这支军队里面的士兵多半是长安富豪人家子弟。因为贪图高额军饷，贿赂了宦官，才补上的缺。他们平时只知穿着漂亮衣服，骑着高头大马，耍威风，摆架子，欺压老百姓，从来没有上过战场。这时听说要出征了，这些冒牌士兵纷纷与家人抱头痛哭。有的干脆雇一些乞丐和病房的穷人来顶替，有的连刀枪都扛不动。这支乌合之众的队伍出发时，僖宗还亲自装出镇静的样子对他们说，他们先走，援兵随后就到。

这支军队到了潼关，与齐克让军队汇合后，好不容易才抓到一百多个民夫替他们搬石头，运水，修筑防御工事。这两支军队连饭也吃不上，士气消沉，只是捱一刻算一刻。

广明元年十一月二十六日，起义军的先头部队很快地打到了潼关。从潼关的城楼上望去，白旗满野，不见其迹。唐军勉强应战，刚一接手，黄巢骑着骏马在阵后出现。起义军战士们都知道这是有决定意义的一战，又见自己领袖亲自前来指挥，不禁同声欢呼，向阵前杀去。在这呼声震荡下，湍急的黄河似乎停止了奔流，远处的华山似乎也被震得发抖。唐军更是心胆俱碎，哪里还敢交战，一下子就溃散了。连关下的营盘也被溃军烧掉。齐克让等好不容易从乱军中逃得性命，赶紧速进关去，紧闭关门，再也不敢出战了。

关南有一山谷可通关后，平时不许走，以免漏税。谓之禁谷。匆忙中，唐军忘了在这里设防。溃败的唐军又大批从这里逃跑，把原来的山谷踩出一条路来。黄巢知道后，迅速派兵从这里偷渡。等唐兵想起时，义军已到关后，前后夹攻。唐军死的死，逃的逃，降的降。天险潼关就落到了起义军的手里。

到长安去的道路打开了，起义军更不停留，以每天一百多里的速度沿渭河向长安疾进。

4）攻克长安

881 年 1 月 8 日即攻克潼关的第三天上午，僖宗带着自己的几个妃子及儿子，由田令孜及五百禁军护送，偷偷出长安西门，向四川逃去。消息一传出去，城中顿时大乱。官僚们乱藏乱躲，一部分胆大的士兵及市民就冲进府库，把官府财物拿出来平分。当天下午，起义军的先头部队已经到长安城外，老百姓也如潮水一样地涌去观看。黄巢乘金装肩舆，卫侍者乘铜舆，其徒皆披发，围以红缯。兵卫者绣袍华帻。甲骑如流，辎重塞途。入自春明门，尚让谓众人曰："黄王起兵，本为百姓。非如李氏，不爱汝曹。汝曹但安居毋恐。"①军众遇穷民于路，争相施慰。大官吏及皇族许多被杀害。1 月 16 日，继皇帝位，国号大齐，改元金统。宣布唐朝官吏三品以上一律撤职，四品以下仍旧供职。尚让为中书，皮日休等为翰林学士。其他起义军领袖及唐降臣亦多封官。农民起义发展到此，为光辉的顶点。唐统治阶级的老巢长安，起了地覆天翻的变化。

3. 唐末农民大起义的特点

这次起义有如下的特点：

（1）起义军有鲜明的政治口号

王仙芝起义时，自称"天补平均大将军"，黄巢也称过"天补大将军"，表示要替天来补社会上不平均现象，使之平均。起义军又曾充分揭露唐政权政治上的黑暗、宦官专权、官吏贪污、压迫人民及科举流弊，并曾提出"禁刺史殖财产，县令犯赃者族"②这样的口号。这些揭露与口号，都符合当时社会的实际情况与人民要求。所以，连统治阶级修的唐史也不得不承认黄巢布告中所说的都是当时的实事。因此，得到广大人民的拥护。也赢得一部分在政治上失意的知识分子的同情或拥护（如皮日休）。

这些口号很明显已不是反对一个人或某些集团，而是针对封建制度下的腐败、黑暗的政治措施而提出的。并且，也提出了明确的政治纲领。另外，"天补""平均"之类的口号，也说明农民军已朦胧地接触到了社会上

---

① 《资治通鉴》卷 254，唐僖宗广明元年十二月甲申。

② 《新唐书》卷 225 下《黄巢传》。

不平等的现象。因此，比起隋末农民大起义来，是进了一步。但是，口号仍没有接触封建社会矛盾的实质、经济问题、土地问题，所以，仍不如以后的几次起义。

（2）起义军有严明的纪律

对此，统治者做过不少的污蔑，现在还流传什么黄巢杀人八百万之类。但事实正好与统治阶级史学家所说的相反。

从王仙芝起义到黄巢攻破长安的七年里，起义军始终保持着严明的纪律。特别是从广州北伐以后，这一点更是明显。所过不剽掠，未取丁壮一兵，入东都里闾晏然。进长安，秩序严整。而大量农民之加入，亦足以说明这是一支纪律良好，得到农民支持的部队。这连地主阶级史书也无法歪曲。

在战争中，双方都有杀掠。黄巢也杀人，但杀的是大官僚、大贵族、大商人，这是农民对官僚地主、高利贷者的报复行动，是合理的。对穷人，起义军则是十分爱护的。

至于真正杀人的，却是唐军。江陵之掠就是一例。881年，唐军偷袭长安。抢的东西太多走不动了。因此，被反攻的义军打得大败。就连站在地主阶级立场污蔑起义军的诗人韦庄的《秦妇吟》也不得不说"千斯仓兮万丝箱，黄巢过后犹残半。自从洛下屯师旅，日夜巡兵入村坞……入门下马若旋风，馨室倾囊如卷土"。可见，残害人民的实在是唐军。

（3）起义军采取流动作战方式

运用流动作战方式并获得光辉的胜利，是唐末农民大起义最重要的特点。运用流动作战方式，是中国历史上农民战争的特点之一。但并不是每次农民起义都采用流动作战方式。如隋末农民起义中，除杜伏威等几支外，就看不到流动作战迹象。而李密等更是留恋洛口仓，未能远略。

为什么农民起义能够采用流动作战方式，就必须结合当时的历史条件来具体考察。在唐末历史条件下，采用流动作战，有其主观条件亦有其客观条件，有其必要性亦有其可能性。可以从以下几点分析：

（1）从农民军的主观条件下，由于农民军主要由下述三种成分构成，所以就具备了流动作战的条件与愿望：A.流民与逃户。由于唐朝剥削的繁重，引起大批农民流亡。他们或沦为客户，或逃亡山泽，渐渐向武装起义方向发展。所在群盗，多是逃户。B. 由于兵士职业化，故屡次发生兵变，兵变往往转为起义。如庞勋起义就是最好的例子。C. 私盐贩。

上述三部分人在起义军领导集团与群众中都有相当比重。这三种人乡土观念都比较淡薄，愿意流动与攻占大城市，同时也有流动和战斗的经验。眼界比一般农民广，因此，他们在遇到强大的军事压力时，便能向有利地区进军，并能在一定程度上适应斗争情况。运用比较正确的战略与策略，表现出他们的才能。

(2) 从客观上说，采取流动作战，有其必要性亦有其可能性。必要性有如下三方面：

第一，农民军最初爆发在山东一个地区，部队不过数千人，但唐朝却集中极大力量来进攻（宋威率好几个藩镇的兵）。唐当时虽和南诏作战，但未倾全国之力，不像隋炀帝倾全力进攻高丽，因而给农民起义以发展的机会。和唐统治力量比起来，起义军起义的力量是较弱的。因此要设法避开唐军的集中打击。两次流动作战均如此。

第二，唐末各地的藩镇集中了大量的地方军队。他们虽然不听中央的号令，但对于维护他们割据地区的统治却是十分重视的。因此，他们必然要对长期活动在他们割据地区内的农民军进行残酷的镇压。因此，农民军就要设法避免和地方藩镇的军队打损失很大的消耗战。

第三，当时起义的中心地区就是山东一个，人数只有几万。而山东的情况十分险恶。它是藩镇力量强大地区，经常遭受围攻。为了保护自己，壮大力量，扩大影响，为了号召其他各地农民起义，以壮大自己的队伍，使力量对比变得对自己有利，农民军就必须采取流动作战方式。

所以，为了避免集中的唐军打击，为了避免和藩镇军队作消耗战，为了号召发动广大农民起义及为了保有与壮大自己力量，消灭敌人，客观形势决定农民军必须采取流动作战方式。

可能性有以下三方面：

第一，唐末藩镇割据的形势使地方和中央、地方和地方之间存在了许多的矛盾，使统治阶级不能结成一条坚强的战线来堵截起义军。如荆门之战，黄巢看出"藩镇不一，未足制己"①，充分利用了这一矛盾。要他们各守其略，不许轻动。他要直捣东都，与藩镇无关。

第二，唐朝统治力不平衡，南方是薄弱地区，便利了起义军的长驱直入与补充发展。起义军北伐时，已是一支极为强大的力量了。

第三，全国农民大起义条件已经成熟，起义开始时，即得到庞勋余众支援。此后转战各地，均能得到人民支持。故虽转战十二省，战斗多次，队伍不断分散，但更多的农民参加进来。到进长安时，号为六十万。在这样的客观条件下，及农民起义的流动作战有其必然性与可能性的条件下，农民起义军中的那些有利于流动作战的主观因素就能充分发挥作用。熟悉交通路线、各地地理情况的私盐贩们的才能与经验才能充分发挥。起义军的流动作战也就在他们领导下取得了辉煌的胜利。

要没有主观条件，农民军胜利不会如此辉煌。但要无上述客观条件，这种流动作战亦不能取得胜利。客观条件是最主要的。

然而，单纯的流动作战不能彻底摧毁唐政权的基础，不能建立自己巩固的根据地，而成为农民起义失败的因素之一。长期的流动作战，显示了农民力量的伟大，表现了农民的坚毅精神。但也说明了单纯农民战争的弱点所在。

4.农民大起义的失败

（1）起义失败的经过

攻入长安，是农民起义胜利的顶点，也是失败的起点。起义军在长安驻了下来，忙于改元、封官等等，却没有去追击僖宗（仅日行四十里），让他从长安逃到了四川，重新组织了朝廷，号召各地官僚军阀联合起来反攻。这些人本来多也接受黄巢的封号，这时，他们看见全国的统治并不牢固，唐朝仍未消灭，又联合起来进攻黄巢。关中诸军由郑畋统帅，利用义军骄傲、轻敌的弱点，在凤翔设伏，将义军打败。881 年（中和元年）四月，乘胜近逼长安。巢前军东出，唐军入城，士卒不受约束。纷占地宅，尽掠货财。黄巢趁其不备，进行偷袭，大败官军，复克长安。巢怒百姓迎

---

① 《新唐书》卷 225 下《黄巢传》。

唐军，下令洗城。凡丁壮皆杀之。但黄巢只据长安附近地区，四外各地均被包围，十四路军队展开对起义军的围攻。

此时，长安百姓多藏于山谷，长安几为空城，赋输无入，谷食腾涌。米斗三十千，后来甚至一斗黄金一斗粟，以树皮为食。或以金玉买人于官军，每每值数十万。山寨避乱者多为诸军所卖。《秦妇吟》中描述道："尚让厨中食木皮，黄巢机上刳人肉。东南断绝无粮道，沟壑渐平人渐少。"起义军处境越来越艰难了。

在这种情况下，义军内部发生变乱。有的将领投降了。到 882 年八月，镇守抗拒山西唐军的大将朱温叛变，使起义军受到极大打击，长安门户大开。这年底，唐又遣沙陀骑兵一万七千人，在酋长李克用率领下来参战，速败起义军。883 年（中和三年）正月，各路唐军合趋长安，起义军据守渭桥，大败。长安已无法再坚守下去了。黄巢乃由蓝田道，经陕南向河南撤退。唐及沙陀军入城，大肆烧杀，唐宫室完全化为灰烬。

黄巢在河南又坚持了一年多，但错误地围陈州三百天，不克。朱温、李克用等进兵援救，义军失败撤退。在渡汴河时，遭到沙陀军突袭，杀伤万余。部队大溃。尚让投降，其他将领亦然。黄巢率余众向山东退去，仅剩千余人。克用仍紧追不舍，黄巢又速被其他唐军所败。884 年（中和四年）六月，黄巢又退到秦州狼虎谷，追兵已迫，自杀。轰轰烈烈的大起义至此整十年最后失败了。

巢之从子浩在巢死后率众七千游击江湖间，自号"浪荡军"。901 年（天复元年），被恶霸打杀。

（2）起义失败的原因

起义失败的原因可以分成两方面。

1）农民军方面

第一，起义军只进行简单的流动战争，没有彻底摧毁唐政权的统治基础，也没有能替自己建立巩固的根据地。长期流动战争充分显示了农民力量的伟大，表现了农民勇敢坚毅的精神。但也说明了单纯（没有先进阶级领导）的农民战争弱点所在。起义军转战南北，虽然打垮了唐朝大部分地方统治机构，但得地不守，没有建立自己的政权，更谈不上彻底摧毁唐朝的统治基础。随着起义军的向前推进，曾被打垮的唐朝地方统治机构又被新起的或旧有的藩镇联合当地地主重新建立起来。起义军这种做法充分表现了流寇主义作风。结果，在起义军打到长安时，所能控制的地方仅是长安及其附近的几小块地区。但是，这带地区是不宜于做根据地的。一方面，这里经过唐统治者多年的榨取与摧残，早已残破不堪。而运河运粮之道也被切断，没有任何经济基础可以依靠，兵员也成问题。另一方面，这带地方唐朝统治力量比较雄厚，地主阶级势力也极强大。当时，长安附近地主、富户纷纷组织反动武装与起义军对抗。在唐军一次进入长安城的战斗中，长安市民曾拾砖瓦击起义军以助唐军。此外，他们还纷纷囤积粮食，把米价抬高到每斗三十千（玄宗时每斗值三至五钱，安史之乱后的代宗时期每斗也不过一千四百钱），断绝起义军的供应，使得起义军发生恐慌。

这样，起义军进入长安后，经济上发生严重困难，军事上也陷于孤立被动。

第二，起义军既然建立了新政权，这就需要有各方面的具体政策和实行办法。但是淳朴的农民缺乏创造制度的能力。而农民军的上层集团却忙于设官、封爵、改元，对于其他重大问题却都未见有什么措施。农民起义解决的是土地问题，获得安定的环境从事生产。但起义军进入长安后，在当时情况下没有也不可能满足农民及士兵群众的停止战争与获得土地进行生产的要求。

起义军进入长安以后，虽然启用了一些旧地主官僚分子，但并未实行一般所谓笼络人心的政策，反而却对大官僚地主、商人、贵族实行无情的屠杀。再加上当时逃向四川的唐中央政府及各地藩镇还有相当大的势力。因此，这些投降的地主阶级分子不是怀疑观望，便是暗中与唐统治者及藩镇联络，进行奸细活动。如，首先迎降的金吾卫大将军张直方，就因阴谋叛变而被杀。

这样，一方面起义军的领袖没有也不可能满足农民最迫切的要求——获得土地与安定生活，因而渐渐失去自己的阶级基础。另一方面，起义军的领袖也没有转化为地主阶级，成为地主阶级新的代表人物，因而没有得到地主阶级的支持。因此，在封建社会的历史条件下，起义的失败不可避免。

第三，进入城市后，以流民和私盐贩、叛兵为主体的起义群众，纪律逐渐败坏。在城市生活的腐蚀下，他们的散漫性与狭隘性的缺点渐渐显露。首领渐渐腐化，设官封爵，占人地宅，霸人妻女。首领与首领之间矛盾逐渐激化，如朱温。另外，士兵群众也开始涣散。黄巢的命令无法贯彻，纪律也逐渐败坏了。在时刻受着敌人包围进攻、分化、收买的复杂形势下，起义领袖失去应有的警惕，不仅骄傲轻敌，而且也没有采取措施来防御敌人来自内部和外部的打击，以至力量日益削弱，叛者也日益增多。

第四，进入长安后，起义军接连犯了许多战略错误。一是没有及时去追驱逃往四川的小朝廷，以至使他又成为号召全国的封建力量，反抗起义军的旗帜。对于各地藩镇，只满足于他们的纳款，也没有采取任何积极的措施。二是长期驻守长安，连关内的敌人也不去消灭，听任郑畋把他们召集起来。并没有向四外发展，以至三面受敌。前此机动灵活的流动作战局面一变而为被动挨打的局面。三是在撤出长安之后，并未接受教训，建立巩固根据地。就连流动作战也不再进行。反而凭一时意气长期围攻陈州，坐视敌人聚集力量，进行毁灭性的打击。这就使得起义军一再失败，终于瓦解。

而上述一切，又都是农民，特别是流民、盐贩本身弱点发展的结果，这是历史的悲剧。

2）唐廷方面

第一，中央与藩镇暂时联合起来共同对付起义军。在长安失陷以后，面对这样强大的敌人，唐统治者与藩镇的矛盾暂时缓和下来，共同对付起义军，故起义军所面临的敌人比过去强大也团结。

第二，唐朝统治者联络沙陀部落的军队来镇压起义军。这样，进入长安以后，力量就变得有利于唐军而不利于起义军了。

附：对于王仙芝及黄巢请求投降的问题

王仙芝是动摇分子，因为他的动摇，而使他所领导的农民军遭受重大损失。这是无可讳言的事。黄巢也曾有过几次。

（1）一次是 876 年（乾符三年）王仙芝受唐封爵，黄巢以官不及己大怒。

（2）878 年（乾符五年）因屡为官军所败，乃召天平军乞降。授右卫将军，不从。

（3）879 年（乾符六年），求做天平军节度使，不许。又求做广州节度使，只予帅府帅，未受。

（4）880 年（广明元年），在信州（今江西上饶市）遇疾疫，士卒多死。乃至书高骈求保奏。后知为藩镇兵多散去，又告绝于骈。

对这些记载，如果可信，我们看法是这样：从总的方面来看，黄巢是没有投降而坚决斗争到底的。自始至终是一个农民领袖。另外，这几次投降，可能出于策略的改变，特别是最后一次。那时北伐檄文已提出要打进唐的东都去。但有投降意图也似可能的。这反映了农民，特别是出身地主富豪的农民领袖黄巢的妥协动摇的一面。这是可以理解的。但他仍然是一个斗争到最后的农民领袖，不能因为他的缺点和错误对他全盘否定。

5. 唐末农民大起义的作用

唐末农民大起义虽然最后被镇压下去，但它对历史的发展起了很大的作用。虽然这些作用有的不免比较隐蔽。

（1）唐末农民大起义瓦解了腐朽的唐政权，使新兴的政权有了出现的可能。农民起义转战南北，使农民起义这一作用大大发展。有一个阿拉伯人搜集起义时逃回国去的阿拉伯商人的观感，写了一段文字说："由于中国出现了一个统治阶级的叛徒黄巢，由于黄巢率领了一支日益壮大的武装力量，因而凡其所到之地，官僚和地主、豪绅的生命财产全都受到了损害。唐政府的法律亦被推翻，威权亦被捣碎。唐朝简直已经整个被黄巢毁灭了。"

但是，由于前述起义军流动作战弱点及其最后的被镇压，安史之乱以来一百多年的藩镇割据局面不易扭转，所以，新的统一政权还不能很快出现，还需要经过一段艰难曲折的道路。

（2）唐末农民大起义严重地打击了地主阶级的势力，特别是东汉以来北方世家大族势力。经过隋末农民大起义的扫荡，在唐时，这些士族在统治阶级内部还有一定的势力。但到五代十国及宋，就再也不见这些士族的活动与气焰了。

北宋初期，吴越所编的《百家姓》以赵钱孙李为首，就是一例。

（3）唐末农民大起义迫使南方一些新起的割据势力为巩固自己的政权，采取某些对农民让步的积极措施。因而，对南方生产的发展起了某些良好作用。

关于唐末农民起义影响问题，需要做更深入的讨论（这当放在以后）。

（四）唐朝的瓦解

1. 藩镇割据局面的扩大与唐的灭亡

随镇压农民起义的战争而兴起的新藩镇，为扩大自己的势力与土地，更加激烈地展开了割据与混战。这时藩镇割据地区已从北方扩大到全国。唐后期视为财政收入最大来源的江淮地区，也成了藩镇割据区域。运河也阻塞不通。唐中央直接控制的地区不过陕西东部、南部，四川、广东等数十州，和一个大的藩镇也差不多，控制地区即大大缩小，财政收入也发生问题，各地藩镇又不听命令，唐朝中央政权实际上等于瓦解了。这些藩镇有些就成为日后五代十国新兴势力的基础。

藩镇之中，最强的为河南、山东的朱全忠、陕西凤翔的李茂贞和太原的李克用。他们时常逼近或攻入长安，干涉中央行政。唐朝内部宦官更为跋扈，朝臣与宦官斗争也更尖锐。但二者都勾结藩镇。最后，依靠朱全忠的宰相崔胤战胜了依靠李茂贞的宦官一派，大杀宦官，宦官专权局面消灭。但大权也就落入朱全忠的掌握。

907 年，朱全忠废掉唐的最后一个小皇帝——昭宣帝，自立为皇帝，国号梁，建都开封，统治 290 年的唐朝灭亡（618—907 年）。中国开始五代十国的新的历史时期。

2. 藩镇混战中人民所受的痛苦

藩镇之间的混战，使已经在农民起义中受到统治阶级残酷屠杀的人民遭受更大的痛苦，已经残破的社会经济就更加残破了。西到关内，南到江淮，东到山东，北到河北，这一大片地方，五六年间，人民无法耕织。千家之县，往往只剩下一两户。

藩镇的军队，等于是一群土匪，没有粮食就吃人。军士出战，都带上盐尸。人民不但被剥削得干干净净，而且最后连身体也被统治者吃掉。过去没有经过大破坏的江南，这时也遭到极大破坏。荆州、襄樊一带人口绝灭。荆州一市，只剩下 17 户。而富饶的淮南、江南地区，却成了韩偓诗中所描述的样子："水自潺湲日自斜，尽无鸡犬有鸣鸦。千村万落如寒食，不见人烟空见花。"① 这就是农民大起义被镇压后的残破景象。

第二节　五代十国

五代十国时期，是指从唐灭亡的 907 年到北宋建立的 960 年这 54 年。在这个时期里，在黄河流域有后梁、后唐、后晋、后汉、后周五个朝代相继建立。他们占据地盘较大。过去的历史学家把他们当正统来看，统称五代。与五代同时，在中国各地，主要是南方，还先后出现过十个较大的割据政权，即吴、南唐、吴越、闽、楚、荆南、南汉、前蜀、后蜀、北汉（在山西北部）。历史上称之为十国，或单称南方的九国为九国。

五代十国分裂割据局面是由唐末的藩镇割据发展起来的，是唐末藩镇割据的延续，也是统一因素逐渐成长的时期。

（一）"五代"概况

1. 割据中原的五代

（1）后梁（907—923 年）

朱温建立梁朝时，北方尚有在山西的沙陀族李克用与在河北幽州的刘仁恭。除刘仁恭与契丹经常进行斗争外，朱温与李克用则争与契丹相结。这三大势力相互斗争，主要是李克用及其子存勖和朱温的斗争。

---

① 韩偓：《翰林集》卷 2《自沙县抵龙溪县值泉州军过后村落皆空因有一绝》。

907 年，李克用死，李存勖继位，统治山西地区。910 年（后梁开平四年），李存勖趁梁与河北地方军队发生矛盾的机会。攻占梁的河北地区。从此开始，梁、晋长期战争。913 年（后梁乾化三年），李存勖消灭刘仁恭父子政权。923 年，李存勖灭梁（当时为末帝友贞，温第三子）。

为阻挡李存勖进攻，梁曾开决黄河。

（2）后唐（923—936 年）

李存勖灭梁建后唐，是为庄宗，建都洛阳。他骄傲自满，重用伶人、宦官，造宫室，捐税繁重，人民饿死满路。未久，为克用养子李嗣源所杀。嗣源继位，是为明宗。明宗对人民剥削稍轻一些。明宗死，二子一婿（石敬瑭）争夺帝位。石敬瑭在契丹帮助下灭唐。

（3）后晋（936—947 年）

石敬瑭为西夷（石国）人，或曰沙陀人，为唐河东节度使。他为求夺帝位，勾结契丹，称比他小 11 岁的契丹主耶律德光为父，并答应灭唐之后，将北方地区（幽云十六州）割给契丹，东北格局为之一变。这样，他当上了皇帝，国号晋，是为晋高祖，建都开封。死后，其侄石重贵继位，即末帝，被契丹攻陷汴京，俘走。

（4）后汉（947—950 年）

晋河东节度使、沙陀人刘知远曾在动乱中据太原称皇帝。契丹北退，他领兵入开封，建国号为汉，即汉高祖。在位一年，死。其子承佑，在位三年，为大将郭威所灭。

（5）后周（951—960 年）

郭威建国号为周，是为周太祖。在位三年死，养子柴荣立，是为周世宗。

2. 五代对人民的统治

（1）繁重的赋税

除梁、周外，其他各朝租税极重。田税每斛加征二斗，粮雀鼠耗，后汉又加二斗，称省耗。大抵正赋之外，复征农契税、曲钱，披帛钱、鞋钱、地头钱、蚕桑钱等等。除征之外，稻草、绸绢、布匹、鞋、现钱等等都要抽税。此外，还有省陌（八十钱出入以八十文为陌，后汉入八十文出七十七文）、禁民私藏牛皮，或以低价售给国家，或干脆没收。

此外，还有盐法。后晋把官卖收入摊到各户为税，让商人自由贩运。盐价降落。然后又重征盐商税，盐商绝迹。官又抬价卖贵盐，而摊派盐钱却从此变为常赋。严禁私盐。犯罪往往不问轻重，一律处死。

以上还算正式税收。此外，地方官吏随意苛派，名目更是繁多。赵在礼做归德节度使，人民苦疾。在礼去职，人民奔走相告，如眼中拔钉，何等痛快。不久在礼复职，征辖区内每人钱一千文，称"拔钉钱"。南唐张崇守庐州，想尽各种搜刮办法。后入朝，人民相贺曰，渠伊（他）也许不回来了。不久崇回来，即日征渠伊钱。第二次崇又入朝，人民不敢再说渠伊，彼此捋（摸）胡须微笑。崇回来，征捋须钱。

统治阶级本身也相互勒索。大小官吏要向皇帝纳尚书省礼钱等各种名目，从四十千到十千不等。官吏要自出办公费，官员对皇帝送礼，小官对大官送礼，最后实际出钱的自然是老百姓。

（2）残酷的刑法

五代刑罚十分残酷，如石敬瑭规定，凡强盗捉获，赃物一钱以上，一概处死。盗所住本家及四邻，一概诛戮。官吏凭能杀人，得赏寓园。郓州捕贼使者张令柔，尽杀平阴县十七村居民。卫州刺史叶仁鲁帅兵捕奸，有十余村民逐盗入山中。仁鲁后至，诬指其为盗，全数处死。这些为官的强盗却是执法者，而被杀者却是无辜的小民。

从朱全忠开始，强迫农民为兵，面上刺字，即名军号。军士逃归乡里，尽遭擒杀。唯一的生路，是据山谷为群盗，但被抓住，仍要被杀。梁以后，一直到宋朝，军士黥面，成为定制。一入军籍，终身为兵。前代兵士还可溃逃归乡，从事旧业。五代以后，军士不当兵就当盗，成为一个破坏社会的特殊阶层。

（3）人为的天灾

唐末朱温决黄河，分为二河，阻李克用东进。从此黄河下游水灾严重。照朱熹《通鉴纲目》载，从战国至五代，河决十六次，五代竟占九次。再加上连年战争，水利不修，人民流散。山东地区更为贫瘠。这样，再加上契丹的南下，北方经济连年遭到破坏。

（二）契丹的发展与南下

1. 契丹的发展

玄宗开元时，前契丹八部改分为十部，而以其中大贺氏一部为世袭酋长。835 年（大和九年）之后，大贺氏衰，乃由十部中的遥辇氏一部代之而为世袭酋长。此时契丹复分为二十部，并开始设立官署，创立制度，并刻木为契，穴地为牢。二十部各有各的分地，而且"教稼善牧"。有了农业，又"创置铁冶"。国益殷富。

当时，十部中的迭剌部与遥辇氏同样强大，世掌契丹兵马大权，官名"夷里堇"（三部号为三耶律）。这样迭剌部势力渐渐强大起来。到 907 年，其首领阿保机遂又推翻了遥辇氏的统治而成为各部共主。

阿保机继位之前。契丹氏族社会正趋解体，国家雏形开始出现。此时，契丹一再深入侵扰北部，俘掠人口，扩展势力。当时分裂局面便利了契丹的侵袭，也因而更促进了社会制度的变化。①

2. 耶律阿保机建立契丹国

在契丹侵袭北方时，北部各割据势力如李克用、朱温等均竞相与之联结。契丹遂乘机扩大自己的力量。907 年，阿保机代遥辇氏为契丹共主。916 年（契丹神册元年）遂正式建立契丹国。他出兵攻占南方的营州、平州（今东北、河北）及东方的渤海等国，击走西方的党项、回纥，和梁、唐南北对峙，成为当时最强大的国家。

3. 契丹占领幽云十六州

926 年，阿保机死，子耶律德光继立，即辽太宗。936 年（契丹天显十一年），后唐河西节度使、沙陀人石敬瑭企图夺取后唐政权。他向契丹称臣，并称比他小 11 岁的耶律德光为父(依契丹习性)，答应灭后唐之后，把北部地区割给契丹。这一年，石敬瑭在契丹帮助下灭了后唐。契丹册封其为大晋皇帝。石敬瑭乃把以幽（今北京）、云（今山西大同）为中心的

---

① 上述材料是据《辽史》纪、志、表、传的各种资料得出的结论，与《辽史》世表、新、旧《五代史》、《新唐书》、《五代会要》及《通鉴》均不同。

幽云十六州之地割给契丹（当时没有固定称呼，北宋始称为燕云十六州）。

幽云十六州的丧失，使当地汉族人民从此直接遭受落后契丹族奴役。同时，北方险要地区全失，大河以北便全部暴露在契丹面前，胡骑可以长驱直入。后来，宋朝的东北边境始终受契丹、女真严重威胁，最后亡于蒙古。幽云十六州的丧失是重要原因之一。

契丹得到幽云十六州广大土地、财富与人民，势力更为强大。于是，以幽州为燕京，改国号为辽（937—1125年）。

4. 契丹侵入黄河流域与中原人民英勇抗击契丹的斗争

因为受不了契丹的欺凌，石敬瑭死后，后晋统治者中，有主张以武力抵抗契丹的。对待契丹，也不如石敬瑭那么恭顺。耶律德光大为不满。于是在944年、946年（契丹会同九年）两度南下。944年失败。946年再度南下，他利用"汉奸"，解除了后晋坚决抵抗的军队的武装，攻破开封，俘虏了以石重贵为首的后晋皇族。耶律德光自称皇帝，他派兵四处抢劫，称为"打草谷"。又派使者搜刮钱帛，派契丹贵族把驻地地方官派去从事搜括。契丹的残暴统治使开封东西二三千里间财富即尽，城邑成墟。

中原人民不甘忍受奴役压迫，纷纷起来反抗。大的队伍几万人，小的队伍千百人。在强大人民力量的打击下，耶律德光异常恐惧，对左右说，想不到中国人这样难治。只好放弃做中国皇帝的美梦，被迫撤退。撤退时，掳走大批人口、财物，并在沿途进行残酷的屠杀。仅相州（今河南安阳）一地，在契丹走后，死人骨骼就十几万，全城只剩七百人。耶律德光走到半路病死，这时刘知远已在太原称命。契丹退后，他进入开封，建立后汉。

5. 契丹的社会制度

（1）契丹的社会

耶律阿保机之前，契丹已处于氏族制解体的阶段。在耶律阿保机和耶律德光统治的半世纪内，在汉族文化影响下，契丹族得到飞跃发展而进入了封建制。

从阿保机以来，曾攻占了许多汉族聚居区域与俘虏了许多汉族居民。对此，阿保机采纳韩延徽的建议，仍为之建立城镇与可以从事农耕之地，使之从事农业及手工业等生产。取得幽云十六州之后，亦仍维持原有生产方式而收赋税。这样，农业生产就在契丹的经济生活中的比重迅速增长起来。

至于契丹族人，阿保机则有意不使之汉化，仍与畜牧、田渔为稼穑。目的是保持勇武善战、长于骑射的优点。并且仍旧过着"转徙随时，车马为家"[①]的生活。这反映到契丹政治生活上就是"四时捺钵"制度，即契丹贵族在四季各有其特定的游猎、畋渔地点。届时皇帝率领大批贵族前往，于其地设置行宫，称为"捺钵"。

但是，此时契丹已是"分地而居，合族而处"[②]。氏族宗法关系虽仍存在，但以丁户为一生产单位，且战争中俘掠的人口亦都由契丹贵族按地区分配，使之团聚一处，建州县以居之，称为"投下州军"。除酒税上缴外，凡收井役、商贾之家的税都归投下。这种领有投下州军的贵族们，州军中人民便等于他们的奴婢或部曲。向他们交租赋，尽经济上的职责；做他们私甲，尽军事义务。故这些贵族按地区享有投下州军中行政、经济、军事三方面大权。其对契丹国朝廷关系有很大独立性。这说明氏族纽带虽存在，但封建制却已确立了，而这种封建制却还带有氏族宗法的色彩。

（2）契丹的军政制度

在军事制度方面，契丹族丁壮在平时全实行军事部勒，遇战争立刻可以集中，及时应调。此外，皇帝及贵族还保有一定数目的兵马。皇帝拥有精锐的亲卫军，耶律德光时为三万人。作战时主要靠临时调集士兵，而这些御帐亲军则留屯国都之内而为部族根本。贵族及部落首领经常带领之私甲则称投下军。数目多者千余人，少者数百人。

行政制度的基本特点是番汉分治，即所谓以国制治契丹，以汉制待汉人。阿保机时，不仅建立汉儿城，且建立汉儿司。幽云十六州割让之后，把汉儿司扩大，组成南面朝官系统，负责统辖汉人行政，组织大体用唐之制度，有汉官，但不主兵。而与负责契丹族军政事宜的北面朝官，成为同

---

① 《辽史》卷 32《营卫志中·行营》。

② 《辽史》卷 32《营卫志中·部族上》。

时并存的两个行政系统。南北系因在皇帝帐衙之南或北得名。两者最上层组织叫南枢密院或北枢密院，都有宰相、枢密使等官。

南北面官的设置，是适应国内畜牧与农业两种经济生活的。但这里还反映了即以南面官来榨取汉人租赋、用来支持契丹统治，而以北面官统治契丹人，发展强大军事力量，保卫契丹统治。

（三）"十国"概况

1. 南方诸王国

与五代并存的还有十国。即：吴、南唐据今苏、赣、皖、鄂一带；吴越据浙江、江苏；闽据福建；楚据湖南；荆南据湖北西部；南汉据广东；前蜀、后蜀据四川；北汉据山西北部及中部。

十国中，除北汉在北方，可以当作后周境内的一个割据势力外，其余全在南方，即在长江与珠江流域。

2. 南方社会经济的进一步发展

（1）南方生产力上升原因

一方面，是大量北方人口南逃，另一方面，唐末农民大起义摧毁了南方旧统治机构，迫使新起统治者为巩固其统治地位不得不向人民让步，采取一些有利于生产和安定社会的措施。故南方经济在五代十国混乱局面下，仍能继续发展。这说明中国劳动人民的伟大，并不能算到统治者身上。特别是江淮地区，成为当时全国最富庶地区。这些统治者的出身经历有助于这些改革的施行及有效贯彻，但非根本。

（2）南方经济的发展

1）吴与南唐

唐末以来。残破最厉害的江淮流域，经过吴与南唐的先后经营，如奖励耕织等一系列措施，在劳动人民辛勤开发下，又恢复了过去的繁荣景象。南唐李昪（弁）即位后，明确地指出，他不会打仗以加重人民的负担。废除吴令人民输纳的人口税，又把田租从缴钱改为缴实物。又把绢帛价钱抬高两倍到四倍，以奖励人民耕织。并抑制富豪放高利贷。奖励人民种桑，达到三千株的赐帛五十匹。每丁垦田到八十亩的，赐钱二万。并且，五年都不收租税。不到十年，江淮之间野无闲田，桑无空地，国力富强。此外，大修水利，最大的水利工程可溉田万顷。

2）吴越

太湖流域及浙江东西本是富饶地区。吴越统治 86 年（893—978）未发生战争。统治者大兴水利，在河上修闸，以阻遏海潮入河。并调节水旱，使农田不畏旱涝。奖励农民垦荒田，不收租税。这样，沿海一带，尽成肥田。米价每石五十文，一度仓库有十年蓄积，而使吴越下令免三年租税。

随农业生产的发展。商业也发展起来。为了适应商业发展的需要，吴越统治者修钱塘江石堤，凿平江中礁石，以利航行。太湖区域经过几十年的建设，成为水利灌溉的优良区域。吴越的首都杭州，成为美丽繁荣的大都市，"余杭百事繁庶，地上天宫"①。

由于陆路常受南北战争的阻难，因此，从东海到山东蓬莱的水路交通大为发达。这对维持南北贸易和促进南北文化交流都有很大作用。

此外，吴越与日本及新罗也有贸易关系。

3）其他各国

楚和南汉所占据的湖南、岭南，过去经济较为落后。这时，由于北方人民流亡、落户的很多，因此生产逐渐发展。湖南的纺织业及制茶业有很大的发展，广州对外贸易很兴盛。

闽国的统治者修筑福州城，开辟其为商港，也促进了福建生产的发展。

先后占据四川的前蜀与后蜀，其农业特别是蚕桑也有很大发展。四川成都甚至被称为"锦城"。

3. 南方人民所受的苛重剥削

然而，五代十国时，南方的统治者对人民的让步是极其有限的。因为，让步只是手段，而非目的。因此，当农民因让步而能从事与发展农业生产之时，统治者的苛重剥削又落到农民的头上。

南唐京城外有雨，城内无雨。李昪问臣下何以无雨。伶人申渐高说：

---

① 袁裒：《枫窗小牍》卷上。

"雨畏抽税，故不敢入京。"① 吴越的赋税，下至鸡鱼卵鷇，必家至而日取②。南唐使者入吴越，半夜似闻獐麂号叫之声，天明询问，才知是县司催税，拷打老百姓所发出的惨叫。③ 南唐和吴越还是赋税较轻的地方，尚且如此，其他小国更是可想而知。

闽王任杨思功肆行据领，升田亩、山泽之税，至鱼盐蔬果，无不征税。国人谓之"杨剥皮"④。楚专令人丈田，虚增亩数以加税，逼得农民逃亡。楚王还说："但令田在，何忧无谷？"⑤ 荆南甚至靠抢劫商旅贸易为生。

对于这些掠夺的财富，南方诸国统治者多半用来满足自己奢侈腐化的生活。楚王涂壁用丹砂数十万斤，南汉主饰一殿柱，用银三千两，后蜀主孟昶的溺壶以七宝装之，吴越贡北送瓷器（秘色金银饰）一次至万件（一云十四万余件），而非用于再生产，则大量财富被浪费。

另一方面，农民被剥削得无法维持生活，如吴越民众多裸行⑥，楚国民众多失其业，前蜀民不堪命，连维持简单再生产都很困难，更谈不上扩大再生产了。这样，在当时的割据政权上，社会生产的发展受到很大的阻碍。

（四）后周的统一事业

1. 五代十国历史发展的特点及其末期统一因素的出现

在唐朝灭亡后，为什么会形成这样一个五代十国割据的局面呢？为什么北方五代政权更替那样迅速，而南方十国的割据王朝却比较长久并和北方五代对峙呢？为什么又终于统一呢？五代十国历史发展究竟具备哪些特点？下面，我们来试图回答这些问题。

五代十国的历史发展是十分复杂的，一方面是唐末藩镇割据局面的延

---

① 陆游：《南唐书》卷 17《申渐高传》。

② 参见《新五代史》卷 67《吴越世家》。

③ 参见郑文宝：《江南余载》卷上。

④ 《资治通鉴》卷 283，后晋齐王天福八年二月。

⑤ 《资治通鉴》卷 283，后晋齐王天福八年。

⑥ 参见郑文宝：《江南余载》卷上。

续，另一方面，又是统一的宋朝的前奏。在这里，割据的因素与统一的因素相互交织，而割据趋势终于渐渐让位于统一的趋势。而这一切，又都与唐末农民大起义时打击封建势力极其不幸被镇压有关。

（1）五代十国是唐末藩镇割据局面的延续

五代时期割据的因素在这里还起着作用，这主要是由以下五方面情况所造成的。

第一，藩镇割据局面不易扭转。唐后期藩镇割据的局面已经延续了一百五十多年，它的长远、雄厚的经济、政治基础一时不易改变。而唐末农民大起义也没有能给这些藩镇及其支持者的各地地主力量以最沉重的打击。相反，由于镇压了农民起义，各地反倒出现了一批新藩镇。藩镇割据的地区遍及全国，唐朝也因此瓦解。藩镇混战局面一时仿佛更盛了。

第二，旧政治军事中心瓦解，新政治军事中心还没有最后形成。安史之乱以后，唐政府失去了对黄河下游的控制权。但借助运河，位处关中的中央政府和江南经济中心还保持密切联系。吐蕃和回纥的威胁，也使得关中在军事上还有重大的意义。因此，从西魏、北周以来的全国政治军事中心的关中地区还能勉强成为当时的政治军事中心，唐朝也还能维持统一的虚名，甚至可借关陇的兵力和江南的财富发动一些对藩镇的战争。但是，唐末农民大起义被镇压后，关中地区经过多年战争与唐及沙陀兵的破坏，更加残破。扩展到全国的藩镇割据局面又使"江淮转运路绝，两河江淮赋不上供"[1]。关中已经再也没有条件成为全国政治军事中心了。唐朝也不得不随之瓦解，而五代无都长安者。

在旧的政治军事中心瓦解、新的全国的政治军事中心还没有最后巩固地形成以前，全国没有一个足以抗御各方的力量与中心，分裂割据的局面就不易结束。

第三，五代版图较大，却又更替迅速。五代建立在黄河中下游这一带，自古称中原。潼关以东，各处地理环境大多类似，交通颇为方便，经济联系十分密切，经济发展趋势是统一的，政治发展趋势也是趋向统一的。因

---

[1]　《旧唐书》卷 19《僖宗纪》。

此，五代各王朝的版图都比较大。历史发展的趋势也是从割据走向于统一，但多半用战争形式。而且，由于领土较大、人口较多、经济发展的统一与集中，中原地区也具备了统一全国的条件。

但是另一方面。五代各王朝（除去后周），都未能构成一个政权中心，也没有建立起一个巩固的封建政权所应有的各种制度。在他们统治的地区内，许多将帅、节度使也还各据一方。五代许多皇帝，就是由将士拥立起来的。在这里，统一趋势与割据势力、割据势力之间斗争非常激烈，战争也就十分频繁。政权的转移也十分迅速。

第四，十国能够长期割据而且战争较少。十国除去北汉，都建立在南方。自隋唐以来，南方广大地区的经济发展形成了若干个突出的区域。各区域具有一定的独立性与地方特色，如稻米的生产就形成成都平原、长江下游、淮南、荆湖等几个中心，茶的生产集中在楚，手工业也如是。有适当的人力、财力以供军阀利用。因此，就有可能形成许多独立的割据政权。

既然全国新的政治经济中心没有巩固地最后形成，经济比较发达而又比较分散的南方，就能脱离北方的控制，形成独立的、分散的割据局面。

南方各国既然建立在这样分散的、地方性的经济基础上，就无法积极向外扩张。所以虽然形成割据局面，但战争较少，大体能维持和平均势。而他们割据地区，此时大部分经济较发达，而破坏较少，又未受落后族的侵扰，社会比较安定。而他们立国的年代，也多半超过五代的任何一个朝代。

由于安定及宽松政策，南方九国不但保持了中国传统的经济与文化，而且，不少地区还有所发展。但是，正由于南方各国建立在分散的地方性的基础之上，所以，历史发展中统一趋势不很显著，没有任何一国具备统一全国的条件。

第五，在五代前期的历史条件下，统一固然是全国人民的愿望。但是，人民所希望的统一是安定的、剥削较缓和的统一。这在统一条件还不具备时是做不到的，即使有，也是残暴的军事统治，并不能给人民带来任何好处。而且统一必须经过残酷的战争，这对北方人民来说是极大的灾难。而对南方人民来说，与其统一于北方暴君之手，不如苟安于南方割据政权之下（这时割据政权的让步政策对人民有利）。所以，统一愿望虽有，但却不愿意战争，即军事上的统一。人民不大支持，对经济发展也不利。所以，统一的条件尚不成熟。

（2）五代十国是统一的宋朝的前奏

在五代十国历史发展的曲折过程中，统一的因素也同时存在，而且还渐渐强大。到五代末期，就渐渐成为历史发展的主流。这表现在以下四个方面：

第一，经济的恢复与发展使统一有了必要。

南方各国经济恢复与发展，北方特别是后周社会的安定，经济也渐渐恢复。这样经济的交流也就频繁起来。例如，十国中割据江陵一带的南平（荆南），就是当时南北交通的中枢。北方商人买茶必到江陵，江陵成了最大的茶市。吴越的明州与山东蓬莱的海路交通也很频繁。分裂割据的局面自然不能适应这种情况，税制多不一，钱币不一，或禁止通商，如宋与南唐的情况。由于经济的恢复，不但使统一事业因有较发达的经济基础而有了实现的可能，而且由于各地经济联系的密切，而使统一成为当时的需要。

第二，久困的人民希望统一。在战乱条件下，苟安活在割据政权统治下的思想是很强烈的。但随着社会逐渐安定，战争较少及南方割据势力横征暴敛的加强，人民深深感到生活在割据政权下的痛苦，向往一个统一的、剥削较轻的政权。

第三，中国政治军事中心的转移逐渐完成。唐时，随经济中心东移，政治中心也有东移趋势。五代时，整个政治军事中心是在逐渐东移的。这一方面是为了屈就江淮经济中心，另一方面是国防需要。契丹在正北，而非西北。但军事中心又不能在黄河北岸。五代除后唐定都在洛阳外，其他各朝均在开封，即反映了这一趋势。五代末期，这一中心就巩固地形成了。全国有了一个中心，这给统一制造了有利条件。

第四，辽国的强大及其对中原地区的威胁，使封建割据的多个部分之间有了共同的国防利益，因而加速了统一的形成。不仅中原的统治者认识到抵抗辽国与统一的关系（所谓先南后北或先北后南的政策，"凡攻取之道，必先其易者"的议论，都是这一思想的反映），就是地方割据政权的统治者们，也往往意识到这一点。如，相传北汉名将杨业就曾在北宋进攻辽国来援时说过这样的话："契丹贪利弃信，他日必破吾国。今救兵骄而无备，愿袭取之。获马数万，因籍河东之地，以归中国，使晋人免于涂炭。陛下长享贵宠，不亦可乎?"① 可见这一趋势不仅是历史发展的趋势，而且也被当时人认识到了。

各种统一因素既然出现，五代末期统一已是历史发展必然趋势。剩下的问题便是由谁来完成这个统一事业，以及如何来完成这个统一事业了。自然，后周的统治者是最有资格来完成这一统一事业的。

2. 后周统一势力的形成

（1）周太祖的内政改革

950 年（后汉乾祐三年），郭威代汉，建立后周，他就是周太祖。郭威是兵士出身，逐渐升到节度使，颇知民间疾苦。他做皇帝后，对内政和军队纪律都有一些改革和整顿。

首先，他注意恢复农业，把中原各地屯田的土地、房屋、耕牛、农具一并给予现有耕户为永业。并将耕户改立州县，不归将帅统辖。农民在获得土地之后，生产情绪大为提高，收入比过去多几倍。此外，他对幽州流亡来的人民，也分给一些无主土地让他们耕种。这样，既安定了流民生活，也增加了农民生产。仅 953 年（后周广顺三年）一年，即增三万户。

他又取消后梁以来最为人民痛苦的租牛税（起于朱全忠。朱进攻淮南时，掠得大批牛，分于东南诸州农民，并每年纳租牛税。其后牛死而税不除）。又废除过去残酷的刑罚，如"盗一钱以上皆死"及"罪非反逆，往往族诛籍没"② 等。

此外，他又整肃军纪，规定行军时，军队不得入村扰民，犯者军法从事。

周太祖三年的政治措施，对安定社会，发展生产起了很大作用。黄河流域开始出现了澄清现象。

---

① 《续资治通鉴长编》卷 10，太祖开宝二年六月癸巳。

② 《资治通鉴》卷 290，后周太祖广顺元年正月丁卯。

（2）周世宗的改革

郭威死，养子柴荣于 954 年（显德元年）继位，是为周世宗①。他早年做过商贩，去过很多地方。对官吏的贪暴、人民的痛苦与要求有相当的了解。他继位后，继续执行郭威的政策并加以发展。

1）整顿军队

柴荣刚继位，和北汉及辽作战几乎失败，因此决心加强中央禁军的力量。过去禁军累朝相承，羸老者居多。每遇大敌，不战即降。柴荣决心把禁军中的老弱裁去，招募天下体格健壮的人来当中央禁军。这样，不仅加强禁军的战斗力，省冗食之费，又削弱了藩镇力量。

2）恢复农业生产

规定《荒田开垦法》，下令流亡户的庄田许人承佃，供纳租税。并规定三年内本户来归，交还庄田一半，五年内归者还三分之一。从"蕃界"归来的特予优待，五年内归来还三分之二，十年内归来还一半，十五年内归来还三分之一。这就使土地不至荒废，也增加了政府的收入，又可诱使流亡者回到自己土地上去。对农业生产有很大好处。

3）减轻赋税

他派人四处均定田税，取消免税特权。连历朝优待免纳租税的曲阜孔家也照平民纳租。

4）限制佛教发展

955 年（显德二年），下令非政府敕建的一律废除，今后不得建寺。禁止私度僧尼。当年现存寺院 2694，废 30336，从寺院收回不少田产授予民众。

5）修治河道

长期混乱的中原地区，经过后周统治者的整顿，才获得相对的安定。和南方割据政权相比，后周后期，有地 118 州、户 96 万余。而南方最大的割据政权不过三四十州，人口最多不过五六十万户。后周地大人众，内部较稳定，政治较好，军事力量和经济力量大大超过南方任何一国。本身

---

① 编者补注：根据宁可先生的表达习惯，以下统称"柴荣"。

具备了统一全国的条件，统一因此有了可能。

3. 统一战争的开始

（1）打败南唐和后蜀

柴荣曾南下打败南唐，逼使南唐把长江以北的十四州割让给他，并向他称臣纳贡。他取得江淮一带丰富农产品及淮盐，国力更为增加。

柴荣又攻下后蜀的陇西四十州，打败后蜀及南唐，大量增加了后周的领土与财富，消除了后方的威胁，便利了世宗的北伐，并给后来的北宋统一中国打下了基础。

（2）打败辽国

后周一开始就和辽及北汉进行战争。政权稍获巩固，柴荣便决计收复燕云失地，以解除北方的威胁。

柴荣决定北伐，是经过相当时期准备的。他认识到，辽是强敌，并了解了辽国内部的矛盾与弱点。这时，辽穆宗继位，残暴好杀，荒淫腐化，每日睡到日中才起，辽人称为"睡王"。契丹贵族统治集团内部斗争也颇激烈。这都是柴荣所深知的。

959 年（显德六年），柴荣亲自领兵北伐，大军进入河北。辽统治下的汉将纷纷举城迎降，后周兵直入瓦桥关（今河北雄县），收复石敬瑭所割瀛、莫二州。在这种极具胜利鼓舞之下，北方人民多持牛酒来迎。

而辽方面，虽辽穆宗故作镇静，说三关"本汉地，今以还汉，何失之有"[1]，以图安定人心。但留在幽州的契丹旧部多连夜逃走，很多契丹人也纷纷逃跑。

在幽州马上就可攻下的时候，柴荣突然患病。全军只得暂退。不久，柴荣死，军权落到赵匡胤手中，终于建立北宋。攻辽的事也就暂时搁置下来。但是，瀛、莫二州的收复，使北方防御比较巩固，这是柴荣北伐的重要收获。

---

[1] 《契丹国志》卷 5《穆宗纪》。

本章小结

唐末农民大起义是唐后期以来内外矛盾发展与激化的必然结果。农民大起义严重地打击了腐朽的地主阶级，并促使唐政权瓦解。但农民起义由于本身的弱点及客观条件而失败。这就使历史的发展还要走一段曲折的道路，统一的局面还要过几十年才要出现。

五代十国一方面是藩镇割据的延续，一方面又是统一的宋朝的前奏。历史发展中，割据因素与统一因素互相交织，构成极其复杂的局面。但是，统一趋势终于成为历史发展的主流，后周统治者及其政策与事业即体现了这一发展趋势。

契丹在这时建立了国家，进入了封建社会。并且进行了对北部地区的侵略。幽云十六州的丧失，给以后历史发展带来的影响，也成为北宋人民念念不忘的问题。汉族与契丹族的矛盾，在一个长期内成为中国社会的主要矛盾。

第六章　隋唐五代的文化

隋唐五代时期，中国文化有进一步的发展。这发展的主要原因是：

封建社会在隋唐时期有进一步的发展。文化是上层建筑，它随基础的发展而发展。毛主席说过："一定的文化（当作观念形态的文化）是一定社会的政治和经济的反映。"①如唐诗的社会生活背景、题材，市民对文学形式的影响等等。

唐代继承并发扬了中国优秀的文化遗产。有些在前代萌芽的东西，到唐代就成熟了，如诗歌（近体诗）、绘画（南宗、北宗）。

由于魏晋以来亚洲各族文化的大量输入及唐代与亚洲各族接触的频繁，这就使中国文化吸收了新的成分，发出更大的光辉。

第一节　宗教

（一）佛教

1. 求法高僧与佛经翻译

隋唐统治者大多提倡佛教，所以唐初佛教非常盛行。由于僧侣有免赋役的特权，所以出家的人很多，寺院也集中了大量土地。

由于佛教的流行，佛经也大量被翻译过来。在四五世纪内，是译经最盛的一段时期。隋及唐初也设翻经馆，主管译经的事。其办法多为蕃僧口

---

① 编者补注：毛泽东：《新民主主义论》，《毛泽东选集》第 2 卷，人民出版社 1952 年版，第 656 页。

译、华僧笔授，文臣学士润色。译经事业改由中国人主持，是从太宗时的玄奘（596—664 年）① 开始的。

玄奘于 629 年从长安经甘肃、新疆、中亚去印度学佛。出国共十七年，到 645 年（贞观十九年）回国，带回许多佛经。唐太宗令他把所携梵本佛经于弘福寺译为汉文，并召集了硕学沙门五十余人相助整理。在此后十九年内，昼夜以继，先后整理出佛经 1330 卷。

此外，出游印度二十五年之久的义净在 7 世纪末归国之后，也以十几年工夫译出 230 卷佛经。

由于这些精通梵语的大师翻译及唐政府的大力协助，故译经人数虽不及四五世纪之多，而成就反在其上。经过这样大量翻译，印度佛教中的各种派别如唯识——法相宗、密宗、禅宗等，或初来东土，或更为盛行。而一般士大夫及民众之中对佛教、佛学之传习亦更为广泛。

2. 中土佛教新宗派的创立

（1）十宗

从南北朝到隋唐，有多种佛教宗派流行，盛行的凡十宗。影响最大的是净土、法相及禅宗。

净土宗不讲高深哲理，只教人一心宣念佛号，心想佛像、佛德，死后即可往生净土。故在下层社会流传极广。善导大师于唐初在长安传教，门徒甚众，长安肉店几无人买肉。信徒有念弥陀经十万卷至五十万卷，有的每天念佛一万声至十万声。此后，成为弥勒教或白莲教之中一脉，对元明清农民起义有影响。

法相宗讲心、性、情、意识、忠道、三学（戒、定、慧），在各宗派中最精、最密，给宋儒理学建立了一定基础。

禅宗不说法、不著书，讲思考、话语、行动，反对迷信、反对权威。

由于佛教学说在中国的发展，朝鲜、高昌、日本都有人到中国来学佛，中国代替印度成为佛教中心。天台、华严、法相实际是中国化的佛教。

---

① 　编者补注：玄奘生年诸书记载有异，为佛教史之疑案。宁先生采信了 596 年说。

（2）佛教对中国文化的影响

1）佛教在中国已成为古代中国意识形态的不可分割部分。

2）佛教经典很多是一半小说体、一半戏剧体的文字。由于阐述佛经，又出现所谓变文。这种形式，对后来中国俗文学，如弹词、评话、小说、戏剧的发达都有直接或间接的影响。

3）平易流畅的翻译佛经，对古文运动有重大的影响。

4）佛教中的禅宗提倡顿悟、轻视习惯的道德。这对中国思想界有很大的影响。当时许多文人都过着放纵、无拘束的生活。禅宗及法相宗对宋元理学的形成有很大的影响。

5）佛教影响中国人民生活习惯。长期流行的吃斋、中原道场、盂兰盆会、进香、烧纸钱等都是从唐流传下来的。

3. 会昌灭佛

佛教流传之后，儒、佛、道三者在思想上展开强烈的斗争，并且互相渗透。而这一矛盾的基础，在于寺院地主与世俗地主之间在经济上有一定的矛盾，政治上、思想上却都要互相倚靠利用。因此就使斗争及关系十分复杂。

由于僧尼有免除赋役的特权，并且寺院参加土地的兼并，因此，和一般世俗地主之间有一定的矛盾。唐前期，已有不少地主阶级的代表人物反对尊崇佛教，唐朝中央政府也几次下令限制佛教的发展。到唐后期，反佛最有名的人物便是韩愈。

武宗尊崇道教，反对佛教，845 年（会昌五年）下令毁佛。当时封闭的寺院有 4600 余所，勒令还俗的僧尼有 260500 人，没收的良田有数千顷（一说万顷），奴婢 15 万人。

但是，佛教对统治阶级究竟还是有利的。而且，佛教的流行有深厚的社会基础，很难禁绝。武宗死后，佛教又盛行起来。

（二）几种新传入的宗教

1. 火祆教

公元前五六千年，波斯的苏鲁阿是德（琐罗亚斯德）根据波斯拜火旧

俗，创立了一种宗教。说天地间有善恶二神，善神清净而光明，恶神污浊
而黑暗。人应当弃恶就善、弃黑暗就光明。以火代表善神，用以崇拜。中
国称这种教为火祆教（祆为天神之意）。226 年（魏文帝黄初七年），波斯
定火祆教为国教，一时盛行于中亚。南北朝时传入中国。625 年（武德八
年）大食灭波斯，据有中亚，火祆教徒迁入中国的渐渐多起来。

唐初统治者对火祆教颇为优待。在长安、洛阳及西北诸州均建有祆
祠。武宗毁佛时，排斥外来宗教，火祆教被禁。武宗死后，禁令渐废。

经过五代、两宋，祆祠还有存在的。但火祆教徒来中国并不传教，也
不翻译经典。信奉的只有胡人而无汉人，所以后来也就渐渐衰落了。

2. 景教

景教是基督教的一派，发源于 5 世纪叙利亚人安都主教聂（涅）斯托
留被当时的基督教斥为异端，聂斯托留一派在西方站不住脚，便向中亚一
带传教。

635 年（唐太宗贞观九年），聂斯托留派教士叙利亚人（当时称大秦
国人）阿罗本等数人来中国传教。这派基督教到中国后，遂名为景教。

贞观时，长安有几处景教教堂，称为波斯寺。玄宗改波斯寺为大秦
寺。武宗毁佛，景教也连带被禁。勒令还俗的教徒有 2000 人。后来景教
也渐渐衰落了。明末，陕西出土一块立于 781 年(唐德宗建中二年）的"大
秦景教流行中国碑"。唐时景教流行中国情况从碑文中可知大概。此碑现
存于西安碑林博物馆。

3. 摩尼教

摩尼教是 3 世纪波斯人摩尼所创，混合火祆教、印度教、基督教教
义。武则天时，摩尼教徒佛多诞到中国传教，传布在西北各地，回纥人信
的尤其多。当时叫"大云光明寺"。武宗时也被禁，但在民间仍十分流行。
后与佛教、道教教义汇合，成为民间的秘密宗教，如白莲教，成为农民阶
级斗争的一种形式。

4. 伊斯兰教

唐时伊斯兰教随大食人至中国。但因不传教，故唐无专门名称，杜环
《经行纪》中称之为"大食法"，并说明宗教内容。这是中国著述中关于伊

斯兰教最早的记述。

伊斯兰教与回回发生关系则是在元代，当时称西域之伊斯兰教徒为回回人。至于回回教易名，则见于明初著述。大概元代也成立了。

第二节　文学与史学

（一）文学

1. 唐诗

（1）唐代诗歌发达的原因

唐代是中国诗歌发展的最高峰。无论从作品、作家的数量、有名的篇章、作品的艺术水平、题材的新颖广泛、作品的形式等方面来看，都是如此。最大的唐诗集是《全唐诗》，收诗近五万首，有名的诗人2200余人。唐代诗歌发达的原因有以下几个方面：

一是由于社会生活的安定与经济的发展，及各族接触的频繁，物质生活基础是十分丰富的。因此，人民及作家的眼界与情感也就大为扩张。不但题材广阔、形式多样，而且作风方面也大多健康、淳朴、浑厚、雄壮，充满了时代精神。

二是由于经济的发展，市民阶层及中小地主大量出现，唐朝政府又不曾如秦汉那样地对之加以限制、打击或统治思想，而门第之风也大为衰退。中下层阶级在封建制度下多少呈现一种自由、活泼的精神。文学也就因此从半贵族式的宫体作风上回到人民的怀抱中来。它为一般平民所爱、所歌、所创作，因此得到丰富的创作源泉，涌现出大量作家。

三是科举制度与学校制度使大批中小地主有受教育的机会，因而扩大了知识分子的队伍。进士科的考试项目中，加进了诗赋等所谓杂文一项。一方面反映了社会的风尚，另外，也给了唐诗发展以极大的推动力。

四是唐代诗歌继承前代文学优厚的遗产及当时民间民歌，而臻于成熟期。所继承的遗产，一方面是古代乐府歌词与当代民歌，但又能推陈出新，提高一步。另一方面，五、七言诗特别是七言诗这种形式及声律对仗到南北朝时已有相当的发展。这种技巧与形式，也被唐代诗人继承发展并注入新的内容，而使之成为内容及形式都十分成熟、完美的作品。此外，骈文的优点也被揉到诗里来了。

（2）唐代诗歌的演变

唐诗发展时代很长，作家极多，题材风格十分多样。一般可以分作四个阶段。

初唐：开元以前

一方面承袭六朝遗风，如尚声律、雕琢、虚浮等等。但在表现上，已注意典型、洗练及思想感情的真实表现，熔南北朝的纤巧与质朴风格于一炉。在形式上，律诗已成定格，七言诗大量出现。著名的诗人便是王勃、杨炯、卢照邻、骆宾王、沈佺期、宋之问、杜审言、陈子昂。

盛唐：开元到大历

这时唐代诗歌发展到最高峰，形式更加多样。题材更加广阔，情感开朗奔放，热情健康。在主张上，一反齐梁纤细之风，提倡以前的优良传统、建安风格。这时的作家有王之涣、孟浩然（田园诗）、高适、岑参（边塞诗）、李白、杜甫等。

中唐：大历到大和

由于社会矛盾的尖锐，此时不少诗人注意到民生疾苦，诗歌现实性较强。形式方面更加注意格律、排比（排律）。著名诗人有元稹、白居易、韩愈、贾岛、李贺、李益、刘禹锡等等。深入浅出，各走极端。艺术性与现实性失去统一。

晚唐：大和以后

诗歌开始走下坡路，温庭筠、李商隐、杜牧为巨子。另外，皮日休等仍注意人民疾苦。

（3）几个著名的诗人

李白（701—762 年）

李白是哪里人，现在还没有弄清楚，但从小生长在四川。他主要生活在唐朝的强盛时期，即开天之际。当时城市繁华，有些文人过着放纵、浪漫的生活。在诗歌中也出现一种浪漫的风格。李白就是这种风格的代表。

他的诗想象丰富，感情豪放。他用诗来表明他的态度，"安能摧眉折腰事权贵"，因为这使他不开心。他不爱富贵、虚荣，愿意无拘无束地饮美酒，游名山。他写了许多诗来歌唱祖国山河的壮丽、歌唱酒和月。他的诗比起当时的一些歌功颂德诗、讨统治集团欢心的人的诗来，是一种进步和解放。

李白又是新格律的创造者。在他以前，诗人多半承袭了六朝颓废、淫靡、形式主义作风。李白冲破了旧传统的束缚，创造了新的、自由的、真实的诗的作风。

杜甫（712—770 年）

杜甫是中国历史上最伟大的诗人，被人称为"诗圣"。他比李白稍小，是李白的好朋友。他是一个没落的贵族，中年以后一直过着比较穷困的生活。

由于自身的饥寒，他逐渐体察到人民的痛苦。他 40 岁左右的时候，正是天宝末年。那时，统治阶级剥削人民已经非常严重。他看到统治阶级的腐化，也看到劳动人民的痛苦，他就用诗来描述这些。他看到开往边疆的兵士出发时的凄惨景象，听到他们诉说自己痛苦的悲凉谈话，就写出第一首替人民说话的诗——《兵车行》。他想到贵族豪华的生活与长安街头的饥民，于是写出千古的名句"朱门酒肉臭，路有冻死骨"①。

安史之乱时，杜甫经历了艰苦、危险的逃亡生活。在逃亡途中，他把看到、听到的人民悲剧写成很多首伟大的诗歌（"三吏""三别"等等）。在这些诗歌里，他一方面替人民诉苦，一方面又为国家着想，鼓励人民去抵御来犯的异族军队。这是杜甫写作最重要的时期。

杜甫是一个现实主义的、热爱祖国、热爱人民的大诗人。

白居易（772—846 年）

白居易生活在唐后期，也是非常热爱人民的诗人，他非常推崇杜甫的诗。他经过藩镇的变乱和大灾荒，对于人民的痛苦有所体会。

他主张，诗应当"为实""为世"而作。也就是说，要有目的性和战

---

① 编者补注：《杜工部集》卷 1《自京赴奉先县咏怀五百字》。

斗性，要结合现实生活。在这种见解指导之下，他写了许多讽刺诗，深刻地描写了劳动人民的勤劳和贫困，并且揭露了一些宦官、武将、贵族的奢侈与残暴。

他希望当时的皇帝看了他的诗以后能够改良政治，改善人民的生活。他的《秦中吟》十首和《新乐府》五十首就是其中最有名的。这种思想当然有极大的阶级局限性，但仍有一定的进步意义。他的一些描写情感的诗也很好，如《长恨歌》《琵琶行》等。

2. 古文

从东晋南朝以来，盛行讲究辞藻、声律对仗的骈文（四、六）。这些文章往往辞藻华巧，朗读顺畅，但内容空虚，记事累赘，说理也说不清楚。从唐初开始，就有人主张改革这种文体。到唐后期的韩愈（768—824年）即完成了这种文体的改革。

韩愈主张复古，也就是文体要回复到三代两汉的体裁去。在这种复古口号下，他们实际上完成了文体的革新。此后，文章的体裁便变为平易通畅的散文。

与韩愈同时的"古文"作家还有柳宗元（773—819 年）。他的《永州八记》是极好的散文。

3. 小说

由于佛教经典之流行，其文章之结构与体裁，其记述长篇故事的办法，其丰富的想象力，均给中国文人以极大的影响而加以模拟，遂有传奇小说之出现，

另外，唐代举子纳卷、请托之风极盛。为了使达官贵人有兴趣，又能表达自己才能（史才、诗章、议论），则小说体的传奇是最合适的一种形式。因此，当时人做了不少传奇小说。其中有不少优秀作品传到现在，并成为以后戏曲的题材。最有名的如元稹的《莺莺传》，讲张君瑞和崔莺莺的恋爱故事，也是一篇典型的传奇作品。以后有名的《西厢记》就是根据这个故事编的。

（二）史学（略）

第三节　艺术

（一）绘画和书法（略）

（二）雕塑（略）

（三）建筑

1. 宫室、木构、台基、斗拱。
2. 塔。五种形式：亭式、单层密檐式、楼阁式、窣堵波式、金刚宝座式。后两种为晚唐风格。
3. 都市建筑。

（四）敦煌艺术、石窟艺术

敦煌千佛洞、西千佛洞、西万佛峡、伊阙、天水麦积山、永靖炳灵寺、太原天龙山、峰峰矿区南北响堂山、大足、广元千佛崖。

（五）音乐和舞蹈（略）

第四节　雕版印刷

（一）雕版印刷的起源

中国最早的文字是刻在龟甲和兽骨上的，也有铸或刻在铜器上的。其后，又有刻在石上或玉版上的。战国时，书籍写在缣帛或竹木简上，但缣贵而简重。对文化的发展有限制。

公元前 12 年（西汉元延元年），近似布制纸的缣帛已出现，汉和帝末年（105 年，东汉元兴元年），蔡伦又改良造纸法，制出廉价的纸，写本书籍随之大量出现。

随着纸的大量生产，中国劳动人民又发明了印刷。印玺可以说是印刷的雏形。汉末以后出现拓本，六朝时其中有反字拓的。道教徒扩大用印的范围。东晋有印章一百二十字的。用印之法是盖，拓之法是刷印。扩大印（汉文）、章面积应用拓碑方法，就是印刷二者之结合。

雕版印刷的发明，过去许多人认为在五代冯道时，这不确实。有人认为是隋代，根据是：

（1）明人说，隋开皇十三年十二月八日敕"废像遗经，悉令雕版。此印书之始"[①]，根据是费长房《历代三宝记》。但原文是雕撰，与印书无关。

（2）有人认为敦煌书中有太平兴国五年雕版"大（随）咏陀罗尼"。但原书标题为"大隋求陀罗尼"。大隋（随）求及自在之意，是佛教术语。后亦无翻刻字样。故为北宋刻本。[②]

（3）斯坦因在吐鲁番发现一张残纸张，上有"官私……延昌三十四年甲寅……家有恶狗，行人慎之"等文。有人以为系公元 594 年的印刷品。但这是门的招贴，似无印刷的必要。字亦优美，如手书。初期雕版印刷不能如此，且年代久远，不能断定它是印刷品。如果 6 世纪末印刷术已盛行于西域，则在中国内地应用更普遍。但事实上却毫无此等迹象。反之，中国史书载隋文帝伐陈之前，写了三十万纸诏书，散布各地，暴露陈的罪恶。如果印刷术在当时已发明，甚至像高昌那样的地方也已应用，则诏书三十万纸断无不印之理。这样，也就可以反证，当时印刷术并未发明。至少，亦不能肯定为隋时所发明。

日本皇室曾于 770 年（唐大历五年）刻成陀罗尼经四部藏在小木塔里分赠各寺院，至今尚有存者。这种雕版印刷方法，自然是唐传过去的。因此可以断言，中国之有雕版印刷至迟为 8 世纪前半期的事。

①　胡应麟：《少室山房笔丛》甲部《经籍会通四》。

②　此文书见罗振玉：《莫高窟石室秘录》中记载。

（二）雕版印刷的发展

初期的雕版印刷，多刊印一些大量需要的佛像、日历及有名的诗文。例如白居易的诗，就有人印了在市上卖。日历印量也很大。本来日历应当由政府颁布，但唐末期，往往每年政府尚未颁布新历，四川、淮南等处印本历书已满天下。唐政府几次下令禁止都无效。这种历书曾在敦煌发现，但已被法国人伯希和盗走。

佛教徒也常利用雕版印刷来做宣传工具。他们有时刻些佛像，如观音、千佛之类。有时刻些短的佛经。现存最完整、最早的佛经印本，就是敦煌出的卷子《金刚经》。这卷子用七张纸缀合而成，前面有一幅画，以下是经文。末有"咸通九年"（868年）等字样，距今已1089年。图和经文，线条劲挺，笔法圆熟，已是成熟期的作品。但这卷中外驰名的唐印本，已被斯坦因劫到英国去了。

从唐末到五代，雕版印刷发展很快，篇幅较大的书也能印行了。当时印刷的中心是四川和开封。刻书的范围也很广。文集、诗集、小学、字书亦有印者。后唐宰相冯道建议后唐政府刻九经及《论语》《孝经》等书。这一空前未有的、规模巨大的出版工程，历唐、晋、汉、周四朝才全数刻成。这就是后世盛传的五代监本。五代监本今已不传，但今传的某些南宋刻本是根据它刻成的。

在没有印刷术以前，一部比较大的书往往要花几个月甚至几年去抄写。印刷术发明以后，很快地可以印出大批书籍，这对文化传播是有很大意义的。

本章小结：（略）

宋辽金元史讲义 1956 年版

概说：宋元历史的主要线索

（一）宋元时期历史发展概况与分期

宋元史在整个中国历史发展中的地位和隋唐史一样，也是富于发展的或繁荣的封建制时期，只是各方面比隋唐史更加成熟一些。

宋元历史（960—1368 年）共 409 年，可以分作四个小阶段：

1. 北宋建立到仁宗晚年（960—1058 年）。这是北宋初期的历史，由于统一和安定，割据局面消失，社会经济也有一定程度的发展。

2. 仁宗晚年到金建国（1058—1115 年）。这时北宋社会内部各种矛盾日益严重，企图缓和危机的王安石变法失败了，社会矛盾愈来愈剧烈。

3. 金建国到蒙古建国（1115—1206 年）。这是女真族进入黄河流域时期，民族矛盾成为社会主要矛盾，中国形成宋金南北对峙的局面。

4. 蒙古建国到元朝灭亡（1206—1368 年）。这是蒙古统治中国时期，已经遭受金人严重摧残的北方经济受到更严重的破坏。人民无法再忍受下去，最后推翻元朝统治。

这个时期历史发展的基本特点，一方面是统一的中央集权封建王朝的再建，及随统一与安定而来的社会经济的进一步发展；另一方面是北方少数族的逐步进入及至完全统治中国，这主要是由于统治阶层的腐朽及其政治黑暗的结果。在这一时期内，尖锐的族与族的矛盾与尖锐的阶级矛盾互相交织在一起，人民处境十分艰难痛苦。但这时的社会仍在各种矛盾下曲折地发展，在经济、政治、文化各方面，两宋都给后来的明清创造了前提或打下了基础。

（二）这一时期经济的发展

1. 生产力

农业方面：这一时期农业生产力又有发展。农具的改进仍不显著，但水利事业及耕作技术有很大的发展与进步。因此单位面积产量从每亩一二石提高到某些地区（长江下游）的五六石，耕地面积的扩大及人口增加的趋势也是显著的。但由于各种原因，无法与前代作具体的比较。新产品中的棉花最为重要。在手工业方面，生产过程连续性分工的作坊已出现，为棉花加工而制作的工具出现且有改进，冶金技术有很大发展，瓷器、纸、纺织等技术、数量均有进步或增加。

2. 生产关系

农业：所有制。私人土地所有制占了统治地位。官庄比重比唐后期更大。生产关系及分配。依附关系进一步减弱，租佃关系有了发展。国家税收，实物与货币并重到实物为主，农村中以实物为主，经济作物有实行货币地租的，且有一种定额地租。

工商业：商品经济极为发展，城市十分繁荣，出现纸币，城乡联系日益紧密，农产品商品性发展，已有远距离贸易。封建国家对商业的束缚减弱。手工业中，雇佣劳动者出现，自然经济虽占统治地位，但新的经济因素已经出现了。这时期，经济重心的转移完成、经济发展不平衡已经比较严重。

（三）这一时期的阶级关系及政治情况

阶级关系：在地主阶级方面，士族地主已完全不见，中小地主参加统治，官僚政治转变完成（科举制发展）。但封建国家与大地主间，大地主与中小地主之间，有一定矛盾，且一度矛盾尖锐，王安石变法可以看作是两者矛盾尖锐的反映。这时主要在均税问题上，但由于封建国家腐朽无力，这一斗争未能限制与打击大地主的无限剥削，而以中小地主失败与封建国家的妥协告终。

农民身份与唐后期相比没有什么变化。在女真及蒙古统治下，奴隶用于农业劳动，仍大量存在驱口，手工业者中，雇佣劳动者大量出现及原始资本家（官僚转化的，商人转化的）出现。市民阶层人数及活动均较唐时发展。

阶级斗争：农民起义在中国历史上第一次提出了"均贫富"的口号。说明农民提出了经济的要求，比"平均"的思想又进了一步。

政治上：中央集权及其有关各种制度、雇佣兵、科举有进一步发展。官僚政治成为主要组织形式，豪族地主从此不再成为一个强大政治力量与中央抗衡。从此中国历史上再也没有出现过长期割据局面。

（四）这一时期的各族状况

基本上是几个国家对峙的时期。最初是宋辽夏，后来是宋金夏，再往后是蒙古灭夏金宋。随王朝的更替，少数族逐步向内地深入。各族之间的斗争，一方面带来破坏，另一方面，在客观上又促进各族间的融合及其与汉文化的交流。这是这一时期历史发展的极为重要的内容。

（五）这一时期的文化

这一时期文化发展的特点是：

1. 随封建经济的发展，科学技术有很大进步。突出表现在印刷（活字印刷）、指南针、火药。这对世界文化的发展有很大影响。

2. 随中央集权及封建经济的发展，儒家学说发展成为体系完整的理学。理学反过来又禁锢了封建秩序，特别是三纲五常的政治学说。

3. 市民阶层的发展。市民文学成为宋元以后文学发展的主流。中国文学上的现实主义也从此开始（中国传统社会现实主义传统较少）。反映市民思想的各种学说也开始出现。

中国封建社会已经进入成熟期，且为末期资本主义萌芽创造了前提条件。

第一章 北宋初期的政治：辽、北宋、西夏的关系（960—994年）

第一节 北宋初期的政治

（一）北宋的建立及其统一

1. 北宋的建立

959 年，周世宗柴荣在北伐军中患病，回开封后不久病死，幼子柴宗训即位，年仅七岁，即后周恭帝。全国最精锐的禁军掌握在殿前都点检赵匡胤手中。

赵匡胤是河北涿郡人，将门之子。他在周太祖时投军，周世宗时几次重要战役，如高平之役、攻南唐、北伐等，他都参加，立下许多战功。北伐归来，做到殿前都点检，主少国疑，使他产生了篡位的野心。

960 年阴历正月，周君臣正在朝贺元旦，忽然北方边镇来了一个辽及北汉合兵南下的急报，朝廷仓促间派赵匡胤率领禁军去抵御。军队到开封北四十里的陈桥驿，士兵不再前进，拥立赵匡胤做天子，把黄袍披在他的身上。赵匡胤急率军回开封，逼迫宗训"禅位"，自己做了皇帝。国号为宋，史称北宋（960—1127 年），赵匡胤就是宋太祖。其实，辽及北汉合兵南下的消息并不确实，也许就是赵匡胤自己制造出来的。

军士拥立将帅的风气，唐后期藩镇割据时已有，五代后期更是连皇帝也多半由军士拥立，后周太祖郭威即是一例。赵匡胤利用了这一习惯，轻易地当上了皇帝。他即位之后，立刻开始了一系列巩固自己政权的措施。

为了减少夺取政权的阻力，他在兵变之后，严禁军士掳掠，维持开封市内秩序。对于后周的皇族，予以优待，对于后周的官僚，一律留用，不少人并且升了官。对于那些既非亲信又原来和他地位一样的，对他威胁最大的地方节度使，采取了恩威并施的办法，有的加以升迁，有的加以调动，有的迫令入朝，有的派人监视，有的借故撤职，所谓"杯酒释兵权"。镇守上党的昭义军节度使李筠联络北汉在 960 年五月举兵反抗；镇守扬州的淮南节度使李重进在这年的四月举兵反抗，也都被他派兵很快镇压下去。

内部初步安定，赵匡胤开始考虑统一全国问题了。

2. 长期割据局面的结束

北宋的统一事业是在由分裂走向统一的历史发展趋势下进行的。

五代后期，特别是后周时期，黄河流域渐渐出现了澄清的景象，蓄积统一的因素渐渐形成。

首先，是久战的人民希望统一，以求安定生产环境，这不待言。

其次，经济的恢复使统一有了需要。南方各国在社会相对安定的条件下，经济都有了恢复和发展。北方从后周开始，经济也开始恢复。随着经济的恢复和发展，经济交流也就频繁起来。例如十国中割据江陵一带的南平（荆南）国，就是当时南北交通的中枢。北方商人买茶，必到江陵，江陵成了最大的茶市。吴越的明州和山东蓬莱的海路交通也很频繁。分裂割据的局面自然不能适应这些情况。

再次，在五代后期，中国新的政治中心的转移逐渐完成，这也给统一创造了有利条件。秦汉以来，中国的经济、政治、军事、文化中心是在关中地区。可是从安史之乱以后，经济重心已转移到了江南地区。而在黄巢起义被镇压以后，关中地区也不再成为政治文化的中心了。随着经济重心的东移，政治文化中心也逐渐东移。五代后期，政治军事文化中心最后移到了开封，这给统一创造了有利的条件。

最后，辽国的强大及其对中原地区的威胁，使封建割据的各个部分之间有了共同的国防利益，因而加速了统一的形成。不仅中原的统治者认识到抵抗契丹国与统一的关系（所谓先南后北或先北后南的政策），"凡攻取之道，必先其易者"①的议论都是这一思想的反映，就是地方割据政权的统治者们也往往认识到了这点。如相传北汉名将杨业，就用共御契丹，保境安民作为理由，劝北汉主投降。可见这不仅是当时历史发展的趋势，这一趋势也为当时人意识到。斯大林在论述俄罗斯中央集权的封建国家的形成时说："为了抵御土耳其人、蒙古人和其他东方人的侵犯，必须立即建立能够抵御外侮的中央集权国家。"②

这一结论也适用于北宋统一的中央集权封建国家的建立。

各种统一因素既然出现，统一已成为历史发展的必然趋势，剩下的问题就是由谁来完成这个统一事业以及如何来完成这个统一事业了。

后周的统治者是最有资格来完成这个统一事业的。长期混乱的中原地区，经过周太祖郭威和周世宗柴荣十年的整顿，社会秩序变得相对的安定，农业生产也在逐渐恢复，和南方的割据政权相比，后周有地118个州，户96万余，而南方最大的割据政权南唐，全盛时不过36个州，65万户，后来只有21个州。后周地大，人众，而内部比较稳定，政治较好，经济恢复，特别又拥有一支周世宗训练的精锐的军队，力量大大超过南方任何一国，本身已经具备了统一全国的条件。而后周的统治者也确实开始进行统一事业。

周世宗的策略是对内加强中央权力，削弱藩镇权力，对外则"先北后南"，即先打败威胁最大的辽国，再回过头来统一南方。从当时的形势看，这一策略无疑是正确的。可是，唐后期以来的割据势力来了一次最后的回光返照，赵匡胤当了皇帝，建立了北宋。

北宋继承了后周的经济政治基础，特别是建立了一支强大的军队，也继续进行了后周已经开始了的统一事业。在对内政策方面，北宋在后周的基础上对中央集权制度有了进一步的发展。但在对外政策上却来了一个转变，即把"先北后南"的政策改成"先南后北"的政策，理由是"凡攻取

---

① 《资治通鉴》卷292，后周世宗显德二年三月丙辰。

② 编者补注：《关于党在民族问题方面的当前任务的报告》，《斯大林全集》第5卷，人民出版社1957年版，第28页。

之道，必先其易者"①。这表面似乎有理的策略，却没有考虑当时的具体形势，其实有不可告人的目的。实际上是为了赵宋政权新建，担心进行殊死的战争会危及自己的统治（或被打败，或引起内部的叛乱）。在这种怯弱的政策指导之下，以致使北宋放过了收复幽云十六州的最好时机，使辽的势力又逐渐恢复强大起来，结果导致宋太宗时的两次挫败。而对宋的积弱之势的形成起了很大的影响。当然根本问题是决定于宋政权的本质，先南后北政策不过是这本质的一方面。

赵匡胤预定的计划是"先取西川，次及荆广江南"目的是使"国用富饶"，②而暂时放过北汉，把它当作宋辽间的缓冲地带，但后来却因形势的发展而稍有改变，即变先取四川为先取两湖。

历代对宋太祖实施先南后北的战略方针多有质疑，但如果我们注意到以下几个原因，先南后北的战略也可以从另一个角度考虑：

对契丹国力不应作过低估计。穆宗时，北宋在太原城外两次被契丹打败；

对周世宗北伐不应作过高估计。幽州之攻坚战胜败不可预料；

赵匡胤念念不忘北伐之举，但在无后顾之忧的太宗时代北伐仍然失败，则不能苛责太祖。

南唐灭亡后，湖南又为楚将所据。962 年建立在湖南武陵（今湖南常德）的政权发生内讧，向宋乞师援助，赵匡胤乃假道江陵出兵湖南，袭用"假道于虞以伐虢"③的故智，结果，963 年，荆南及湖南两个政权都被消灭。

965 年，宋又两道出兵灭后蜀。971 年，从湖南进军灭南汉。974 年吴越王钱俶归附于宋（纳土归朝在太宗时，978 年）。975 年灭南唐，割据泉州、漳州的政权也自动归附。至此，长江流域及其以南地区完全归入宋的版图。④

---

① 《资治通鉴》卷 292，后周世宗显德二年三月丙辰。

② 编者补注：魏泰：《东轩笔录》卷 1。

③ 春秋时期的典故，离间两国，然后分别消灭之。

④ 《续资治通鉴长编》（编者补注：依作者习惯，以下简称《长编》）卷 6—卷 19。

969 年，赵匡胤认为北汉立刘继元新主，有机可乘，乃亲自领兵攻太原。三月未下，辽国出兵援救北汉，赵匡胤急速撤退。丢弃大批军粮及茶绢。976 年宋兵又攻北汉太原，辽兵再援。宋兵无功而返。这年冬天，宋太祖便死了。①

宋太祖死后其弟赵光义立，是为宋太宗。他继续了宋太祖的统一事业。978 年吴越纳土归朝。979 年宋太宗灭北汉统一了中国。

统一对于历史的发展具有十分重大的意义。中央集权的君主专制制度反对割据，在一切国家的历史发展的一定阶段上是一种进步现象。斯大林在庆祝莫斯科建城八百周年的贺词中写道："如果不从封建割据和各公国的混乱状态下解放出来，那末，世界上任何一个国家都不能指望保持自己的独立，不能指望真正的经济和文化的高涨。"②因此，北宋的统一是具有进步意义的。

（二）北宋初期恢复和发展农业的措施

经过五代十国的长期割据混战及契丹的侵入，黄河流域的经济受到惨重的破坏，到北宋初期也还没有恢复过来。后周是五代最盛时，也不过96 万余户。就连当时国都开封附近的二十三州，幅员至千里的地区，到宋太宗至道二年（996——上距北宋建国已近 40 年）时，也还是"地之垦者十才二三，税之入者又十无五六"③。人口流亡，生产荒弃现象十分严重。

为了巩固自己的统治，增加税收，需要让流散的农民回到土地上去。北宋统治者继位后，就采取了一系列的与民休息、发展生产的政策。而全国的统一则给这些政策的实施创造了有利的条件。

在消极方面，北宋政府曾规定租赋只按现有田地交，新垦土地不必交

---

① 《长编》卷 10，太祖开宝二年五月戊辰。

② 引自康士坦丁诺夫主编：《历史唯物主义》，刘丕坤等译，人民出版社 1955 年版，第226 页。

③ 《宋史》卷 173《食货志上一·农田之制》。

税，后来又规定州县荒地许人佃为永业，免三年租赋，三年之外只输三分之一。用这种办法来招诱逃亡的农民复业，并奖励丧失土地的农民租种农田。另外，北宋政府又陆续废除五代以来的苛捐杂税，如耕牛、橘园、鱼池、水碾、鹅鸭、溉田、水利、农器等十几种税，并且因经常水旱而减免全国或一地农民的田赋，农民负担减轻了。

在积极方面：北宋政府奖励人民开荒。州县官吏劝人垦田，能够致户口增加的给以奖励。此外，又组织选种配种。过去南方光种稻子，北方则种麦粟黍豆等作物。北宋政府下令南方也种麦粟黍豆等，北方也种稻子以防水旱之灾。北宋又曾大力兴修水利。河北陂塘（蓄水池塘）对农业帮助很大，两湖淮南水利事业也有很大发展，引水灌田面积常达数万顷。此外，北宋政府又规定选拔精通土质及懂得耕种方法的人为县农师，可免租赋，与地方小吏共同组织人民垦荒。又帮助农民调剂劳动力和牲口。提倡植林防灾，奖励互助凿井等等。这些措施有一部分虽是具文因执行时扰民太甚而很快废弃，但总的来说，这些政策对农业的恢复与发展起了良好作用。主要是由于统一后的社会安定局面，由于农民在这种局面下的辛勤劳动，同时也是由于北宋政府的上述一些措施。北宋的农业逐渐恢复，这可从垦田及户口数字的增加看出来。在封建社会里，由于农民是分散的个体经济，扩大再生产进行得十分缓慢，生产技术很难提高，农业的发展主要是看农村劳动力的增加及耕地面积的增加。

垦田数字的增加

太祖　开宝九年（976）2，952，320 顷

太宗　至道二年（996）3，125，251 顷

真宗　天禧五年（1021）5，247，584 顷

这个数字比过去任何一个统一朝代（西汉隋唐）少得多，这是因为不交赋税的田没有统计在内。按照当时人的估计，这类田占十分七八。故真宗时，实际垦田数当在 3000 万顷以上。

人口的增加

太祖　开宝九年（976）3，090，504 户　口（缺载）

太宗　至道三年（997）4，132，576 户　口（缺载）

徽宗　2000 万户　4382 万口

平均一家两口，北宋统计户口时，妇女不计在内。故加上妇女及隐漏人口，北宋末年户口当在一万万以上。

可是，北宋政府和两汉隋唐不同，他的建立是统治阶级内部互相兼并的结果。地主阶级的腐朽势力并未受到沉重打击。北宋政府并没有采取任何限制地主兼并土地的政策，而且自己也日益腐朽。因此，在与农民辛勤劳动，恢复与发展生产的同时，地主阶级也展开了对土地的大量兼并与对农民的疯狂掠夺。北宋政府也逐渐加深对农民的压榨。农民的生活并没有多少改善。阶级矛盾从北宋一建国起就十分尖锐。这是我们所不能忽视的。

（三）中央集权政治的加强

1. 北宋王朝的基本国策与中央集权制度的实质

北宋政权建立的前后，中国社会政治发展中，存在着如下的三个基本矛盾：

首先是中央政权与地方割据势力的矛盾。在日益发展的经济与政治之下，这个矛盾越来越尖锐，而且解决的条件也日趋成熟了。

其次是农民与地主阶级的矛盾，这个矛盾在当时不如前者明显，但是唐末农民大起义教训了地主阶级，必须大大加强国家机器，以便更有效地保护地主阶级利益，镇压与麻痹农民的反抗。包括经济与政治两个方面。

最后是汉族与契丹族的矛盾。

北宋政权是怎样来对待上述的三个矛盾呢？

完全从北宋所代表的那个地主阶级集团的利益及惧外心理出发，北宋统治者集中力量来解决前两个矛盾，即把削弱地方割据势力，镇压人民反抗当作主要任务，而把抵抗契丹的侵扰放在次要的地位。因此，在这一基础上制定的国策就是所谓的"守内虚外"的国策，也就是全力对内，对外妥协的国策。其理由用宋太宗的说法是，"国无外忧，必有内患，外忧不过边事，皆可预防，奸邪共济为内患，深可惧也。"① 这种守内虚外的政策和后周的政策相比，不能不说是一种退步。它不符合民族的和国防的利益。

在对内政策方面，北宋采取了加强中央集权制度的办法，这个政策具有两面性：一方面削弱地方割据势力，一方面镇压人民。经济政治的发展与地主阶级的利益，使中央集权制度的实施不仅必要，而且可能。

然而，由于北宋政权的建立是统治阶级内部互相兼并的结果，腐朽的地主势力没有受到打击，因此在削弱地方割据势力的同时，北宋王朝又给地主阶级以多种经济上、政治上，特别是经济上的优厚待遇，以缓和他们的不满情绪，换取他们的支持。而这一切，又不免是以更多地榨取农民为代价换来的。

由此可见，北宋的中央集权政策，归根到底是建立在保护地主阶级利益，更大地榨取农民的基础上的，这就决定了这种制度的进步作用的极大局限性，及其本质的极端腐朽性，也决定了它从根本上不能巩固地主阶级的统治。

北宋统一的过程，也就是中央集权制度加强的过程，但在统一以后，中央集权的加强还在继续，一直到 11 世纪初真宗时，才得大体完成。

北宋的中央集权制度十分错综复杂，大体可以从以下三个方面分析，即集中军权、地方权力，加强皇帝权力。

2. 集中军权

从安史之乱以后起，军事力量支配政治的情况就很显著，所谓"兵权所在，则随以兴，兵权所去，则随以亡"②。军官出身，后掌握军事力量到进而掌握政治权力的赵匡胤，对这问题的认识是十分深刻的。而如何控制大量军队作为政治统治支柱，而又不使它危及自己统治，就成为赵匡胤建国后面临的一个严重问题。

当时军队主要有两类，一是中央禁军，一是藩镇军队。为了削弱地方藩镇的武力，宋代统治者采取了一系列的措施。首先，从 965 年（乾德三

---

① 《宋史》卷 291《宋绶传》。

② 范浚：《香溪集》卷 8《五代论》。

年）起，就选择各藩镇精兵补充到中央禁军里来，并设法撤换藩镇武将，以文臣或心腹代之。后来正式订出兵制，把全国军队分为禁军、厢军、乡兵、蕃兵四类。禁军成为主要武力，内卫京师，外供戍遣。厢军就是原来的诸州镇兵，后来停止训练，专供役使。乡兵从民兵中抽调壮丁，用以维持治安。蕃兵利用落后族组织用以防御边疆。后二种不常普遍设置，故军力全由中央控制指挥了。禁军占全国兵数一半以上，多时达 2/3，禁军除大量集中首都外，并派驻全国各地和边防要地。

这样，中央在军力上就较之地方有了绝对的优势，但是对于禁军也不能完全放心。宋太祖为了避免禁军中大将像自己那样地夺取政权，便在夺取政权之后先把不是自己亲信的将领撤掉或调出就藩。在 961 年（建隆二年）秋天的一次宴会上，逼迫禁军重要将领石守信等人辞职，让他们多半去做节度使，这就是有名的"杯酒释兵权"的故事。在这之后就委派一些易制的二等将领去典禁军。很多重要职务，如殿前都点检等在此前后空缺，就不再补人。而最后则以"殿前都指挥使""马军都指挥使""步军都指挥使"即所谓三帅典禁军，禁军将领的权力因此大大削弱。

与此同时，宋太祖又因袭唐末五代的枢密院制度设置枢密使，掌握调动全国军队的大权，这样一来，"天下之兵，本于枢密，有发兵之权，而无握兵之重；京师之兵，总于三帅，有握兵之重而无发兵之权"[1]。调兵权与握兵权便析为二。

这样皇帝对中央禁军的控制便大大加强，而禁军将领的权力，便大大削弱了。

宋太祖说过："吾家之事，惟养兵为百代之利。盖凶岁有叛民而无叛兵；不幸乐岁变生，有叛兵而无叛民。"[2]

这样宋朝统治者还不放心，又采取以下的两个办法来防止禁军将领权力过大：

---

① 范祖禹：《上哲宗论曹诵不可权马军司》，收于赵汝愚编：《宋名臣奏议》卷 64。
② 邵博：《邵氏闻见后录》卷 1。

一是以"习勤苦，均劳逸"为名，实行所谓更戍法。把汴京驻军轮流派到各地或边疆，或到他地就粮，实际上是使"兵无常帅，帅无常师"[①]，"兵不识将，将不专兵"，使将领手头不致有亲信的军队。

一是"内外相维"政策，即把京师及以戍边为主的各地驻兵分配均匀，各占 1/2，"使京师之兵足以制诸道""合诸道之兵足以当京师"，使无"外乱""内变"[②]，这一政策实施得极致，甚至，汴京城内外的府畿（京师属县）、汴京城内外，皇城内外之兵，也都是互相牵制，内外相维。

把军队当作政权的支柱，同时又将军队中各种危害于专制统治的因素加以防制，这就是北宋中央集权的军事制度的一个极重要的特点。

北宋政权军事制度的另一个极重要的特点，那就是不仅利用军队来镇压人民反抗，而且利用募兵制度来麻痹人民的反抗。北宋统治者懂得单纯军事力量不足以镇压农民起义，故宋太祖就定下每当灾荒年景招募饥饿农民当兵的办法，这是十分有效的。

北宋集中军权的积极意义，就在于消除了安史之乱以来藩镇割据的局面，也消除了唐末以来禁军将领权势过重而引起的政权迅速转移或动荡不定的局面。但是，也带来了恶果：一方面，由于过度不信任武将、不信任地方力量，而募来的兵士多为无赖、罪犯、饥民，又是终身当兵，极易骄惰，成为所谓的"兵混子"，而老弱也不能淘汰。禁军训练后来也趋于废弛，将领随政治的腐败而腐败等原因，所以军队的战斗力大力削弱。另一方面，由于辽的威胁加深及招募饥民政策，也由于军队战斗力削弱而大量扩充兵员（宋初 37.8 万人，仁宗时 125.9 万人，增加三倍以上），这不但使大批农民脱离生产，增加人民负担 [1065 年（英宗治平二年），军费占全国岁入 5/6]，而且也不能有效地抵抗外敌。北宋政府因此日益陷到严重的国防危机与财政危机中。

3. 削弱地方权力

集中军权的同时，宋太祖采纳赵普的建议，对各地藩镇实行"稍夺其

---

① 王应麟：《玉海》卷 139《庆历兵录》。

② 《长编》卷 327，神宗元丰五年六月壬申。

权，制其钱谷，收其精兵"①的政策，即从政治、财政、军事三个方面来加强中央对地方的控制。

为了削弱节度使的政治权力，宋太祖采取了如下的一些措施：

一是撤销支郡。晚唐五代的节度使，除本州外，多半掌握许多州郡，称为支郡，宋太祖在平定荆湖后便开始使支郡直属中央。太宗即位后，在977年（太平兴国二年），下令将全国18个节度使所领支郡全属京师（占全国节度使2/3左右）。这样节度使名义虽保留，实际上只等于一个州郡的长官了。

二是设置通判。为了监视新收地区，在963年（建隆四年）曾在湖南各州设通判，"凡本州公事，并同签议，方得施行"②，后来推行到各地。通判可直接向皇帝奏事，并管理本州各项事务。通判和知州的关系，"既非副贰，又非属官，故常与知州争权……举动为其所制"③。利用知州与通判的互相牵制，一州之政便不致为长吏把持而危害中央集权的统治。

三是选用文臣，陆续把武将迁移、退休，任用文臣去"知州府事"，以防止地方军事将领称兵逞强，割地自雄。

为了从财政上加强中央对地方的控制，宋太祖采取了下面的一些措施：

一是把地方收入集中到中央。唐朝地方财政有留州（地方自用）、送使（送节度使）、上供（输中央）之别，藩镇更有截留上供财富。宋朝则令各州，"度支经费外，凡金帛以助军实，悉送都下，无得占留。"④又禁止藩镇派亲信部曲直接管理场院等事务及税收。并派文臣"权知所在场院，间遣京朝官廷臣监临"。又置转运使，"为之条禁，文簿渐为精密。"⑤用转运使来掌握一路财赋，使之全归中央。

一是禁藩镇往诸道回图贸易。

这样，财政权也集中到中央来了。

---

① 编者补注：《长编》卷2，太祖建隆二年七月戊辰。

② 《宋会要辑稿》87册，职官47之2。

③ 欧阳修：《归田录》卷2。

④ 《长编》卷6，太祖乾德三年三月乙未。

⑤ 《长编》卷6，太祖乾德三年三月乙未。

为了制其精兵，宋太祖除了采取前述措施外，还拆毁许多州郡的城廓，使之不再能成为藩镇与中央对抗的设施。

为了进一步加强中央对地方的控制，北宋又在地方行政制度方面作了许多改革。

北宋的地方组织是分为路，府、州、军、监，县等三级。路是全国最高行政单位，最多时达 23 路。各路不设总的主管，只设转运使管财政（南宋谓之漕司），提点刑狱公事管刑法（南宋谓之提刑司），提举常平司，提举盐茶司（南宋时合并，谓之仓司），管平定物价及政府未竟事宜。经略安抚使等使（南宋谓之帅司）管军政民政。其中转运使权力比较大。太宗后，各事无所不总。一路职权分得极细。又常分监司路（长官为转运使或提点刑狱）及帅司路（长官为安抚使或经略安抚使），区域或同或不同。一般路均指监司路，监司路下往往又分二帅司路。这些措施的用意无非是使地方官互相牵制，防止其权力过大。

至于府州军监（府位最尊，州次之，监则必须是矿冶中心区，军监皆有隶州与直属京师之分），则均不设正式长官，而以"差遣"形式，由京朝官外补称为知其（府、州、军、监）事。县也有差遣的知事，这样，各级知事都由中央政府任命和分派，地方长官没有独立用人之权。而且"知事"从形式上看，又是一个临时的职务，可以随时撤回，也是加强中央权力之一法。此外，各大州还设通判一至二人，如系武臣知州，小州也得设通判。

此外，北宋政府又规定，重要的刑狱，地方官吏不得自行处理，必须由中央甚至皇帝本人论决，把司法权也集中了。

4. 加强皇帝权力

地方州郡的一切权力几乎都收归中央政府，但这对北宋王朝来说还是不够，中央政府的权力必须集中于皇帝。为此，北宋皇帝采取了两方面的措施。一是分化宰相事权，一是用"官与职殊""名与实分"的办法来削弱官僚机构的权力。

在宋朝以前，宰相曾是皇帝以下的最高官僚，所谓一人之下万人之上者，事无不领，而且往往与皇帝抗衡。宋太祖为了防止宰相权柄太大，而采取了分割其事权的办法。

首先，宋太祖把宰相的职权分为三个机构掌握，一是所谓宰相，名为同中书门下平章事，由枢密使管军政，与宰相抗衡，号二府。三司使或一人或三人，即盐铁、度支、户部三使，管财政，称计相。宰相只剩下一般的行政权。这样皇帝就使之互相牵制而总揽大权。

不仅如此，宋朝又设参知政事、枢密副使、三司副使等官作为宰相、枢密使、三司使的副职以削弱他们的权力，宰相之相六部只存空名，并无职掌。二十四司也废为闲所，这个机构实际上是运转不灵的。枢密使的职权如前所述，也是不大的。

此外，为了加强对各级官吏的监视与控制，又大大加强监察机构，御史台的职权很大，可以据风闻（无实证）弹劾执政大臣，又限御史到任百天必奏事，否则要处分，又规定一月必奏事一次，以致形成宰相"但奉行台谏风旨"的局面，其职权大大被抑制了。

另一方面，宋朝皇帝还用"官与职殊""名与实分"的手段削弱各级官僚机构的权力，加强皇帝对各级官僚的直接控制，这种办法就是，在用人行政方面，把官位分成"官""职""差遣"三种。

所谓"官"，只是"请俸之具位，乃称呼之号"①，"寓禄秩，序位品"② 而已，是指中书令、侍中、六部尚书，以至刺史、县令等，有这种头衔的官司其实并无相应的职事可管，不用到差办公，这类名义只是用以叙薪俸的，故又称为寄禄官。

所谓"职"是指学士院中的学士以及皇帝左右的文学侍从之臣，所担任的各种名义，例如龙图阁学士等，这在当时被认为是清高的头衔。这有两种意义，一是把它加给一些有名望的各级官僚，一是把一些文学才华之士搜罗在馆阁中，授以职名，使之充当高级官僚，其后凡有清望而外任地方官者，也多带有职名。

所谓"差遣"，是指官僚们实际担任的职务，从中央到地方各级官僚机构，都以"差遣"治事，例如侍中、中书令为官，而同中书门下平章事、

① 夏竦：《文庄集》卷 13《议职官》。
② 《宋会要辑稿》58 册，职官 1 之 74。

参知政事为差遣。刺史为官，知某州某事则为"差遣"，甚至官至尚书而差遣为知州者。这种做法，使宋代的官僚制度极其混乱。

"居其官，不知其职者十常七八"，[①] 而位其职而不居其官者，也不下十之七八。这就造成官、职、差遣和名实分离的现象。

这种官与职殊，名与实分的禄乱制度，使一般官僚产生禄乱的感觉，认为自己职务不过是临时性的，因此也就使一般官僚不能长久掌控权力，以危害专制主义统治。

这种做法就必然引起如下的一些弊端，首先是官僚数目大为增加。宋真宗咸平时（998—1003 年），有人建议裁减冗吏，可裁者即达 19.5 万多人，没裁的官必更多，这就大大增加政府负担。其次是官僚机构的重叠、臃肿、运转不灵，行政效率低到极致，这也就造成政治的腐败。

5. 优待地主阶级

北宋中央集权制度主义的发展，皇帝权力的加大，并不是凭空得到，而是赋予地主官僚以更多的特权换来的。这样，便形成了中央集权专制主义的两个方面，即一面限制官僚的政治权力，另一面又给他们种种剥削特权，优厚待遇，以换取他们的支持，而这些特权之得到却是靠更残酷地盘剥人民而来。

在夺取石守信等人兵权时，宋太祖就明白地告诉他们，让他们多购置田宅，这就是说，对官僚的兼并土地，宋朝政府是予以支持的。各项徭役，官僚之家全不承担，赋税不是负担很少，就是全不承当，这一切都落在农民的头上。

同时，又对官僚给以极优厚的待遇。北宋夺权后周政权后，对柴氏后裔非常优待，后周旧臣也加以重用，对于其他被宋灭掉的各统治者，也极优待，网罗了许多旧官吏，这虽对减少战争破坏，加速统一起了一定的作用，但也加重了人民的负担。

在统一以后，对官吏也十分优厚。俸禄有各种名目：官俸最高每月四百千，另给绫罗绵等各有差；禄粟，最高每月百石；职钱，最高每月

---

① 　编者补注：《文献通考》卷 47《职官考一·官制总序》。

一百千；公用钱，最高每年二万贯；职田，最高四十顷；茶汤钱（无职田处给）；给券（出差路费）等等。退职还有恩礼，只要一做了官，一生就吃穿不尽，又设立许多闲职，安插退职大官，各级官吏还时常受到皇帝优厚赏赐，对于中上级官僚又给以"恩荫"特权，不但他们的子弟兄弟，而且连亲戚朋友门客医生均可由此得官，享受各项特权。

官吏犯罪，除反叛外，罪大恶极的也不过充军。

在北宋政治无限制地优待官僚的情况下，政治的腐败不堪言状，官吏贪污十分普遍，有官缺出，部吏公开评价发定，长官自己也待过缺，只好不问。大小官员公开讨论某处有职田，某处供给优厚，谋求好处去做。神泉（今四川安县）知县张某到任，标榜廉察政治，某日张贴告示说，某月某日是本官生辰，诸色人等不得献送礼物。众吏到时献财帛，知县表示感谢，悉数收下并说，某月某日是夫人生辰，你们切莫再献。到时众吏再献，知县又悉数收下。全国吏人例不给禄食，准他们收受贿赂，往往致富。神宗时方制吏禄，受贿依然如故。

6. 发展科举制度

为了巩固其统治，取得地主阶级更广泛的支持，北宋统治者又加强并扩展了隋唐以来科举考试制度，作为扩大统治基础的工具。

在科举制度上的一些改革，同样也反映了权力的集中，和北宋统治者巩固其统治的苦心。

赵匡胤为了防止唐代通过科举制而形成的座主、门生、同年等结合成的政治集团，特别规定禁"谢恩于私室"，及第人不得呼春官（主考官）为"恩门"①，并不得自称"门生"，同时又实行"殿试"，使及第人自认为"天子门生"。宋代又规定，中举之后不必再经"身、言、书、判"等吏部考试手续，即可"释褐"为官。也反映了权力的集中。

为了扩大统治基础，北宋又把各科录取名额一再增加。唐时每次不过二三十人，宋太祖初也如是。到 [977 年（太宗太平兴国二年）] 一次放了五百人，之后又增加到七八百人，几乎是十中取一（应试人通常 1—

---

① 《宋会要辑稿》108 册，选举 1 之 3。

2 万人），到 983 年（太平兴国八年）又分进士为三等：一等称及第，二等称赐进士出身，三等赐同进士出身。使寒族心怀希望，消磨场屋。

此外，宋朝还规定进士应考五次（后改六次），年过五十，诸科应考六次（后改九次），年过六十，得特奏求恩经过皇帝亲试（殿试）形式，赐出身资格，就有小官可做，这也使人甘心考到底。

所以，宋代科举制度笼络人的办法确比唐精，收效也大。从宋到清一千年，这些制度大体不废。

这种做法，一方面把选拔官吏的大权集中到中央和皇帝手中，地方官吏不能选人做官，要做官也必须经过科举。另一方面科举制度成为中小地主，甚至一部分小商人及个体获得晋升的途径。

由上可知，宋代中央集权制度一方面是前代，特别是隋唐的中央集权制度的延续，但另一方面，也有它自己的特点，比隋唐更进了一步。

说宋代是唐朝中央集权制的延续，是由于唐朝前期贵族政治的色彩比较浓厚，所谓"关陇集团"沿袭北朝以来重门第之风，把持政治，与皇帝分庭抗礼。比如，把宰相职权分为三省，三省并立：中书定旨出令（秉承皇帝意旨），门下掌封驳（贵族），尚书受而行之。经过武则天及唐玄宗的改革，到唐后期，一方面，藩镇割据局面发展，另一方面，中央政府也在制度上做了一些改革，例如三省长官不派人充任，政务改由皇帝派参议得失、参知政事或中书门下平章事等主持。而中央各部及地方政务也往往由皇帝专派的使臣及枢密使来管理。如果说唐初政治贵族政治的色彩还很浓厚，唐后期，皇帝权力的扩张及官僚政治的色彩就更加浓厚了。上述的唐朝这些措施及官职，此外，如与中央集权制度有关的雇佣兵制、科举制度等，大都被北宋承袭下来，虽然有些改变。

说北宋的中央集权制度比隋唐更进了一步，这是指：①消灭了地方割据现象，且权力集中于中央更为彻底；②中央事权分割愈细，而皇帝权力愈大；③官僚机构成为主要掌握政务者；④建立一支直属于中央的庞大的雇佣兵（非私人部曲），而且没有强大的地方武装能与之抗衡；⑤科举制度的发展，选拔用人之权也集中到皇帝身上。

农民中的上层分子，参加统治集团是升官发财的唯一正确途径。真宗

（赵恒）曾御制劝学诗用"书中自有千钟粟""书中自有黄金屋""书中自有颜如玉"来勉励世人，通过科举谋取升官发财，这就大大加强了地主阶级的团结，扩大了统治基础，减少了不得意的中小地主对当权地主阶级的反抗。

7. 中央集权制度的作用

由上所述，可以看出，赵宋的中央集权制度，对于消灭割据、巩固统一、安定社会、抵御外侮是起了积极作用的。这一作用，在北宋建立的初期显得特别显著。应当说，这是评价北宋中央集权政策的主要注意的方向。

但是应当看到这一政策，不仅是对人民加以直接的镇压。而且因其给予地主阶级特权，而使农民受到更残酷的剥削，所以它又充分表现了其压迫性。

另一方面，这一政策虽然削弱地方政治势力，保证了政治上的统一，但是它不但没有在经济上给以地主阶级任何限制或打击，反而为得到他们在政治上的支持，而在经济上给予他们许多特权。这样北宋中央集权政策的基础仅是腐朽的地主阶级，而这也就使它十分软弱无力。

军权的集中带来军力的削弱与冗兵的增加，使北宋在对外斗争中软弱无力。分化事权及科举的办法使官僚机构臃肿瘫痪，冗官增加及政权腐败。由于冗官与冗兵的增加，冗费也增加了，这就带来繁重的财政危机与国防危机，而使北宋政权形成软弱且贫困的局面，促使了阶级矛盾的激化。

从北宋中期起，这一切恶果就都充分地显露出来了。

在对北宋中央集权制度的研究上，有些错误或模糊的观点是应当提出来加以注意的。

第二节　北宋初年对辽的斗争

宋太祖及其继承者虽然采取守内虚外的政策，但是也还是把对辽的斗争摆在一个相当重要的地位。但是由于这种政策的恶果，及北宋统治者的腐朽，使北宋在对辽的斗争中连连遭到失败。

（一）宋太祖的防守政策

宋太祖虽然是借契丹南下的急报夺得政权，但是他继任后却采取先南后北的政策。对辽采取守势，在瀛州、常山、易州、棣州等地屯以重兵，而将兵力集中于南伐之中。968 年（开宝元年），攻太原，因辽来援而仓促撤退，说明宋太祖对辽的持重政策，但是，攻辽的愿望始终存在，从宋太祖与赵普议取幽州及议"封桩库"的故事可知宋太祖是念念不忘北伐的。

辽国荒淫的穆宗于 969 年被杀，继位的景宗耶律贤虽然好些，但也无力对宋发动攻势，所以辽宋还维持着互不侵犯的局面，并曾互相遣使，但边境的冲突则时常发生。

（二）宋太宗第一次攻辽

宋太宗在 976 年冬即位，979 年（太平兴国四年）二月亲征北汉。五月北汉投降，五代十国分裂局面最终结束，太宗仍想乘胜攻辽。

这时北宋政府内部在攻辽问题上意见并不一致，少数将领如崔翰等主张"此一事不容再举，趁此破竹之势，取之甚易，时不可失。"可是大多将领却看出，经过长期围攻北汉的战斗，"馈饷且尽，军士罢乏"，所以皆不愿行。[1] 所以当参政赵昌言对太宗说，"自此取幽州犹热鏊翻饼"。时名将呼延赞却说，"书生之言，不足尽信，此饼难翻。"[2]

可是宋太宗却没有采纳诸将意见，也没有研究当时的不利条件，就轻率地决定从太原转攻幽州。

战争初期，宋军取得了一些胜利，许多州县不战而降，宋军直到幽州城下，并且在和幽州守将耶律沙在高梁河的战斗中得到小胜。

但是这时辽国已非穆宗统治时的情况了。在景宗耶贤赞的统治下，辽国政治经济略有一些改进，统治力量加强了。在宋军与耶律沙在高梁河大

---

[1]　《长编》卷 20，太宗太平兴国四年五月丁未。

[2]　王得臣：《麈史》卷上《忠说》。

战之际，辽国援军在耶律休哥及耶律斜轸率领下，恰恰赶到，分左右两翼而进，夹击宋军于高梁河上，宋军大败，死者万余人。宋太宗也股中两箭，与近侍等人深夜随溃兵南逃，凡他带在军中的服御、宝器与嫔妃、仆人也都被敌人俘获。宋太宗一直跑到涿州，才乘驴车逃回，此后每年股疮复发一直到死，从这次惨败以后，宋太宗再也不敢亲自出师了。

（三）宋太宗第二次攻辽

986 年，雍熙三年正月，边臣奏，"契丹主少，母后专政，宠幸用事。"① 宋太宗以为有机可乘，便发动第二次对辽战争。

宋兵分成三路：

东路 { 曹彬为幽州道行营都部署。
      米信为西北道都部署（出雄州）。

中路——田重进为定州路都部署（出飞狐）。

西路——潘美为灵应朔等州都部署，杨业副之（出雁口）。

大体说来，东路宋军是主力，有 10 万人，沿现在的京汉线向北。中路沿现在山西河北交界，西路则出现在山西北部，向大同打。出兵之后，西路军得地最多，收复寰、朔、灵、应四州。中路军次之，攻占飞狐、灵丘、蔚州。东路军最少，攻占新城、固安、涿州。按照行前宋太宗所规定的战略，本来决定东路军采用持重缓行政策，把辽的大军牵制在幽州，中路西路便可乘机追击并会师东下，与东路合攻幽州。驻守幽州的辽军大将始终监视曹彬大军的行动，当曹彬攻下涿州之后，耶律休哥即以轻骑断了宋兵粮道，曹彬缺粮，只好撤退到雄州。但是西路、中路的胜利，使东路诸军浮动起来，许多将领都要求曹彬迅速进兵，以防军功都被西路夺去。曹彬虽为主帅，却无决定权，在诸将怂恿之下，再度开始与米信合兵攻涿州。

可是，当时正当五月炎暑，军士疲乏，粮食不继，沿途又被辽军轻骑骚扰，三五天喝不上水。等到幽州时，辽太后与幼主耶律隆绪亲率大军，

---

① 《宋史》卷 258《曹彬传》。

自驼罗口趋涿州，彬、信只好撤退，在歧沟关（涿州西南三十里）被耶律休哥集中骑兵大败。军士溃散，无后行伍，夜渡拒马河（易州）为追兵所及，溺者不可胜计。至易州，方濒沙河而爨，闻休哥引兵后至，惊溃死者过半，沙河为之不流，弃戈甲如山积，死者数万。

曹彬既败，西路的潘美也为耶律斜轸所败，各路宋军都只好撤退。第二次收复幽云的战争又失败了。

（四）抗辽英雄杨业的事绩

在第二次攻辽战争中还产生了一个悲壮的插曲，那就是抗辽英雄杨业的壮烈牺牲。

杨业为并州（今山西）人，弱冠事北汉主刘崇，在保卫北汉边境免受辽的侵扰的战斗中屡立战功，被人称为"无敌"。宋攻下太原，杨业随着归降北宋，宋太宗因他有长久抗击契丹的经验，命他知代州（授郑州防御使）。980 年杨业曾以数百骑迂回敌后，配合正面宋军，击败辽军十万之众，杀辽节度使驸马侍中萧咄李、擒马步军都指挥使李重海。从此辽军看见杨业旗号，便迅速撤退。

在 986 年的战斗中，西路军实际上是由杨业指挥，功劳最大，因此激起主帅潘美、监军王侁等的嫉妒。在各路退兵之后，辽军集中全力十余万人与宋争夺山西北部的寰、朔、云、应四州。诏令美等以所部四州之民撤到内地。杨业建议从辽军之东出兵，以吸引其东来，而掩护人民撤退。但王侁却坚持主张将少数宋兵迎头进攻辽军，并称其怯战，怀疑杨业有异志，杨业只好自请为先锋。但请潘美等伏军于陈家谷口（今山西朔州南）作为援应。王侁等在杨业出兵后，以为他得胜，就放弃陈家谷口前去争功，中途听到杨业战败又仓卒撤退，连陈家谷也放弃了。杨业带领少数宋军与辽军殊死斗争，待撤到陈家谷时因无援兵接应，全军覆没。杨业重伤被俘，三日不食壮烈牺牲，其长子杨延玉也在此战中战死。

杨业之子延朗是宋真宗时在河北一带抗击辽国的名将，屡次以少胜多，最后病死在自己岗位上，其孙文广曾在甘肃筑筚篥城（甘谷）抗击西夏。因此杨家将的故事广泛流传至民间，一直受到人民的尊敬，并且在很长时间成为人民抵抗外来侵略的精神力量。

（五）北宋攻辽失败的原因

北宋攻辽失败，固然有时机（辽当时统治已较前巩固）及地理方面的原因，"自飞狐以东，重关复岭，塞垣巨险，皆为契丹所有。燕蓟以南，平壤千里，无名山大川之阻，蕃汉共之。此所以失地利，而困中国也。"①但是更重要的却是在军事制度、军事部署和士兵素质方面。这些缺陷在第二次攻辽之役中表现得尤其明显。

第一，在军事制度方面，政府不肯把战场上调度指挥的大权完全交给前线将帅。宋太宗不时直接指挥，在前线的将帅中，也没有一个人能总揽全军。如三路军没有总指挥，官阶最高的曹彬受部下挟制，以致将领间互相牵制（如杨业之被王侁牵制），无人能有适应具体情况、临机应变之权，以致动不动就打败仗，甚至连将领身边亲信卫兵也予以撤裁，以致在战场上无法保卫自己，如杨业即因此被俘。

第二，在军事部署方面，宋政府不把军队集中在数个重要据点上，却分散在各个县城中分师而守，敌人却能集中兵力或攻一城或长驱直入，如入无人之境。宋军却无法互相配合，集中军力予以打击。

第三，在士兵素质方面，太宗时，军队久无征战经验也缺乏战斗训练，所以在涿州战场上表现得极为混乱，在已经布阵之后，有的还在索取兵仗，有的还在调动部队。"万口传叫，嚣声沸腾，乃至辙乱尘惊，莫知攸往"，②还没有打仗，自己就先混乱了。

曾经发挥过很大威力以结束五代残破局面的北宋军队，这时充分暴露了自己的弱点，这就是宋朝过分中央集权，不相信武人，及政治腐败的结果。而其根本原因却又是因为宋朝政权的建立是统治阶级内部兼并的结

---

① 《长编》卷30，太宗端拱二年正月癸巳。
② 《长编》卷30，太宗端拱二年正月癸巳。

果。从此以后，宋军再也没有振作过，再也不敢向北进攻。积弱之局，已从此时开始了。

（六）辽的南下与北宋的防御战争

986 年，也就是第二次攻辽失败的同年十一月，辽以耶律休哥为前锋，大举南下，宋遣刘廷让等领兵数万还击，战于君子馆，由于援军先逃，宋军遂被围，全军覆没，刘廷让仅以身免。此后每年八九月秋高马肥之际，辽国骑兵便抄掠于河北大平原上，宋朝被迫采取防守政策。988 年，采纳何承矩的建议，从河北顺安砦（今保定高阳境内）开决旧有九条河道及泉水，东合原有的滹沱、滋阳、漳、卫、易、白沟等水，利用这些河道湖泊，建堤储水，以为屯田。于是西自保州西北的沈远泺，东到沧州尼姑海口，东西屈曲九百里，南北百七十里，尽成水田，用以遏制敌骑，并派兵防守。这种办法对防御辽国骑兵南下曾收到一定效果。

第三节　王小波、李顺起义

（一）起义的社会背景

北宋政权一定程度上是统治阶级内部兼并的结果，而其建国之初放纵地主兼并土地，无限制地剥削人民。因此，北宋一开始阶级矛盾就十分尖锐。爆发在四川的王小波、李顺起义运动就是这一矛盾的集中表现。

四川是当时阶级矛盾最尖锐的地区，所以起义首先从这里爆发。

从唐末五代以来，四川就是当时土地兼并最剧烈的地区。佃农比例，据《元丰九域志》记载，占总人口的 50% 至 70% 之间，有的一些边缘州郡甚至达到了 80%，多比内地要大。许多豪族大姓往往拥有数十家、三五百家甚至数千家佃户。这些佃户在当地被称为"旁户"或"排户"，他们所受的剥削也比内地一些客户深重。一般的客户，大体就向地主纳租而不向政府纳租（当然也有例外，而且一般地主还把租税、服役等转嫁到客户身上），但四川的旁户却除向地主纳租外还要负担地主转嫁到他们身上的"租调庸敛"，非常痛苦。

五代以来割据四川的孟氏政权又拼命搜刮人民。在孟昶降宋前，府库里堆满了"重货布帛"。入蜀的宋军并不比孟氏政权强多少，他们军纪涣散，大肆搜刮，因此激起蜀人大规模的反抗。这一反抗从平蜀之当年（956年）开始，一年多才渐渐平息下去。

然而，北宋的统治者并未从此得到多少教训。他们仍然残酷地剥削人民，使"民有加赋之苦"，而"州县督税，上下相急以剥民，里胥临门捕人，父子兄弟送县鞭笞，血流满身，愁苦不聊生。"①此外，还对人民实行残酷的镇压，"民有犯法者，虽细罪不能容，又禁民游宴行乐。"②

不仅如此，北宋统治者又把原后蜀统治者的府库贮藏陆续运往开封。为此大肆征调两川人民运送货物，重货布帛由水路船运，轻货设立"传置"，以四十人为一纲，传递相送，十余年始充内库（一说数年）。这样大的征调，自然给人民带来很大的苦恼。

与此同时，除常赋以外又设"博买务"，管制民间商业，禁民私市布帛，强迫人民把主要的手工业产品——布帛，完全地卖给政府，以致商贾不行。而北宋政府则依此"日进上供又倍其常数"。四川本是商业比较发达的地方，商税收入在全国占很大比重，而其中纺织业又最著。这样一来，农民、小手工业者、小商贩的利益就蒙受极大的损害。茶叶也在太宗淳化（990—994年）时受到管制，许多依靠茶为生的小商贩因此纷纷破产。王小波就是其中一个。

由上可知，北宋初年两川农民负担最重、痛苦最深，这里成为全国矛盾最尖锐的地区。而且，四川是北宋统治比较薄弱的地区。加上赵匡胤的"强干弱枝"政策，重兵集中在京师及西北边境，内地兵力较少，四川兵力尤薄。再加上两川长期封建割据，独霸一方，只需固守剑门天险，即可抵抗敌军进攻。所以，两川内部城池修筑较善。这些都给农民活动提供了有利条件。

---

① 《长编》卷35，太宗淳化五年二月己酉。
② 《长编》卷35，太宗淳化五年正月申寅。

（二）起义的大爆发及其高涨

993 年（宋太宗淳化四年）二月，四川青城许多饥民在贩茶失职的王小波领导之下举行起义。王小波根据四川的具体情况，提出"吾疾贫富不均，今为汝辈均之"①的口号，这一口号与广大农民的愿望相符。"旬日之间，归之者数万人"。②起义军在王小波的领导下迅速地攻下青城、彭山诸县，杀死彭山县令齐元振。齐元振是北宋褒奖过的官吏，但在释放愤怒情绪的需求之下，却因其平日受钱之故而被"剖其腹，实以钱"。深刻地反映了统治阶级嘉奖的官员贪污诈民到何种程度，也反映了人民对贪官污吏的深刻仇恨。

占领彭县后，起义军经过短期休整。这一年发生的旱灾及宋朝官吏的依然不减轻剥削，遂使起义军队伍更加扩大。十二月，王小波领军向北进攻，与西川都巡抚使张玘战于江原。双方损失均大，张玘被杀；王小波也负伤后牺牲。起义军推小波妻弟李顺为领袖，继续斗争。

994 年（宋太宗淳化五年），李顺攻下汉州、彭州与成都，称大蜀王。西川十余郡之地都被起义军占领。起义军扩大到数十万人，起义也发展到高潮。起义军均贫富的口号有其实际内容，李顺在被推为领袖后不久，即下令将富家大姓的粮粟悉数调出，以赈济一般贫苦农民。起义军又"号令严明，所至一无所犯"，此外，制定"录用材能，存抚良善"③的政策，因此得到农民的拥戴，也壮大了自己的队伍。这一切都说明农民起义的本质，也说明他们是有能力改变自己的境遇的。

（三）北宋统治者对起义的镇压

起义军攻占成都之后，宋太宗极为震惊，他一面派遣宦官王继恩统

---

① 《宋史》卷 276《樊知古传》。

② 沈括：《梦溪笔谈》卷 25《杂志二》。

③ 沈括：《梦溪笔谈》卷 25《杂志二》。

领京师禁军，由剑门进军，并由峡路配合；一面下诏"除剑南东西川、峡路诸州主吏民卒淳化五年以前逋负。"① 但诏中同时又说，"其贼党敢抗王师，即当诛杀"，只有"本非同恶，偶被胁从而能归顺者，并释之，倍加安抚"②，才能赦免。

由于起义军缺乏战斗经验，没有及时地攻占剑门这一险要地区，这就使宋军顺利地进入了四川。宋军进入四川后，即解除了被围八十余天的梓州之围。紧接着，成都以北的绵州、阆州、巴州、彭州、剑州均失守。起义军则完全被动，日益削弱了。

王继恩入川后大肆屠杀，杀人为戏谑，"争先谋剽掠"③，人民被杀者达数万之众。这与起义军的纪律严明恰好是一个鲜明的对照。

994年五月，王继恩向成都发起攻势，起义军坚持抵抗，但终因寡不敌众及供给不足，以致城破，十余万起义军大都牺牲。李顺逃亡后，在仁宗景祐年间（1034—1038）不幸在广州被俘遇难。

宋军入成都更是疯狂地屠杀掠夺，一次即"斩首三万"。宋太宗又下所谓"罪己诏"，把责任推在四川地方官身上。

成都陷落后，起义军余部在张余领导下坚持斗争，复攻下东川入川，杀死开州监军秦传序，但最后在占压倒优势的宋军围攻下失败了。全部战士壮烈牺牲无一投降。995年（太宗至道元年）二月，张余在嘉州被俘，不久牺牲。至此起义被暂时镇压下去。

起义虽然失败，矛盾并未解决，五年之后四川又爆发了王均起义。

（四）起义失败的原因及其历史意义

这次失败的主要原因是阶级力量对比的悬殊（农民没有先进阶级领导这点不论）。当时北宋在全国的统治比较稳固，而全国当时又没有形成新

---

① 《宋史》卷5《太宗纪二》。

② 《长编》卷35，太宗淳化五年三月甲寅。

③ 编者补注：张咏：《悼蜀诗四十韵》，收于《宋文鉴》卷14。

的革命形势。所以，爆发在四川一地的农民起义就不可能扩展开去，形成全国性的起义。反之，北宋政府却可以集中国内精兵来进行残酷的镇压，革命形势的高涨仅仅是"下层"不愿意照老样子生活下去往往不够，而还要上层"不能够照老样子生活下去"①。但是，北宋初年却不具备这一条件，因此起义失败了。

起义失败的另一个原因是农民军在战略上的错误，他们未能及时占领剑门天险，以阻止宋军入川并打开向陕西发展的道路，以致在军事上陷于被动。此外，起义军缺乏武器和作战经验，对守械齐备的敌军作战往往居劣势，梓州之战及对王继恩军作战失利就是例子。

但这次起义具有重大的历史意义。这次起义爆发在北宋初年，充分说明了北宋统治的腐朽实质及一开头就很尖锐的阶级矛盾。更重要的是，起义军在中国农民战争史上第一次提出了"均贫富"的口号，这不仅前所未有，而且也对以后的农民运动产生了重大影响（方腊、钟相，一直到李自成太平天国）。这个口号的提出，一方面说明了中国社会发展到新的阶段②，地主及高利贷经济的发展使社会上贫富悬殊，阶级关系从等级制的外衣下更清楚地呈现出来，另一方面也说明农民在长期斗争中已经渐渐找到社会矛盾问题的所在（过去充其量是皇帝不好，官吏贪暴，赋税不公等政治方面），并针对这一社会分配问题提出了比较鲜明的政治口号。这说明农民起义随社会发展进入了新的更高级的阶段。

然而这一口号仍有其阶级与时代的局限性。农民革命实质上是土地革命，然而农民却往往不能直接地明确地认识到这一点。封建社会的贫富不均实质上是由于地主阶级的封建土地所有制而来，但农民还不能认识到这一点，还只看到贫富不均的现象，而他们所实现的政策，也只是征夺富家大姓的有余财粟以赈贫乏，还没有着手来解决土地问题。起义军的这种政策显然带有乌托邦的色彩，但在当时以此号召农民解决其困难、打击地

---

① 编者补注：列宁《机会主义和第二国际的破产》，《列宁全集》第 22 卷，人民出版社 1958 年版，第 99—112 页。

② 封建国家对农民的剥削从劳动力转为地租。

主，仍有重大进步意义。到后来李自成提出均田、太平天国提出天朝田亩制度，直接提出土地问题就更进一步了。

本章简短的结论

适应当时统一的历史趋势（经济、政治、抵抗外侮），宋太祖赵匡胤在后周统一事业的基础上统一了全国，并且实行了某些恢复发展经济、减轻人民负担的措施，这对于历史的发展来说，无疑是一个重大的进步。社会经济因此有了进一步的发展。

为了消灭唐末五代以来的地方割据势力，为了镇压农民的反抗（防弊的两个方面），归根到底为了巩固自己的统治，北宋统治者实行政策的具体内容是：守内虚外政策；对内则是高度的中央集权政策，集中军权，削弱地方权力，加强皇帝权力。为取得地主阶级的支持，北宋统治者又采用残酷剥削人民、优待地主官僚的办法。因此这一政策在当时虽有其积极意义，但本身却带有极大的腐朽性与软弱性，不仅不能缓和当时社会的矛盾，而且也不能最终巩固北宋的统治。

守内虚外政策及过度的中央集权导致了北宋对辽战争的两度失败，并且增长了北宋统治阶级内部失败主义情绪，积弱局面也从此时开始，和西夏的长期战争也暴露了这个问题。

由于北宋政权的腐朽性及地主的大肆兼并土地，北宋阶级矛盾一开始就极尖锐，它集中反映在四川的王小波李顺起义中。这次起义虽因力量对比悬殊而失败，但提出的均贫富口号却开辟了中国农民战争的新阶段。

北宋初年的社会在错综复杂的矛盾下发展着：一方面，统一与安定及北宋政府的某些政策给农民创造了发展生产的有利条件，社会经济在曲折地发展着；另一方面，统治阶级的残暴统治与兼并土地却又阻碍生产的发展和激化阶级矛盾并造成国防危机，造成社会危机的严重，这就是下章我们要讲的主要内容。

第二章　社会经济发展的矛盾（960—1101年）

第一节　经济的发展

由于统一后的社会安定局面，由于农民在这样相对安定条件下的辛勤劳动，同时也由于北宋政府所实行的一些发展生产与减轻农民负担的措施，社会经济就开始发展起来，超过了唐代。但是这种发展带有畸形的性质，一方面，由于地主经济的发展及地主与封建国家的残酷剥削而使农业生产发展迟滞，农民十分痛苦；另一方面也同样由于地主经济的发展及剥削的加重而引起手工业和商业、城市的畸形繁荣。整个社会就在这样的特点下缓缓地前进着。

（一）宋初农业生产的恢复和进步

1. 北宋农业力的发展，主要表现在以下的几个方面。

首先，是农业区域扩大了，边缘地区也进行了开发。一是内地尚未开发地区，为河南邓州以西地区，唐代还是游猎之所，这时已全部辟为农田。边远地区开发更多，真宗初年，桑枣种植到贵州、湘西一带，在神宗时也改变了刀耕火耨的落后状态。到北宋晚期，广西的一些地区在王党的推动和劳动人民大力支持之下，开垦了上万顷田地，那些在唐时还是疠瘴之地、蛮貊之乡的南方与西南地区这时纷纷开垦出来。

其次，在农业工具及技术方面，北宋也比过去有进步。为补耕牛的不足，宋太宗、真宗又曾将使用人力的锅犁赈与农民，它"可代牛耕之功半，比镬（镢）耕之功则倍"①。此外又做到轮作间作，土地不必如唐代休耕，而可"种无虚日，收无虚月，一岁所资，绵绵相继"②。这时农民还懂得利用石灰预防虫螟灾害，又初步认识到多种作物秧苗栽植的深浅疏密会直接影响产量的丰歉，从根本上否定了农田耕种三五年后其力已乏的学说。在作物品种方面，北宋政府又组织选种配种，把豆、黍、粟、大麦、荞麦等北方作物推广到岭南各州县。1012 年（大中祥符五年），宋真宗因江淮两浙等地遇到天旱，地势比较高的水田容易枯竭，稻米产量因此减少，乃遣使到福建取得占城（越南中部及柬埔寨）稻种三万斛，分给农民种植。这种稻比中国稻轻小穗长，成熟期较早，可在旱处生长，因而增加了农业产量。

再次，水利事业也颇有发展。宋太祖每年春，调民夫修河防止黄河决口，河北的陂塘纵横数百里。太宗时（995 年）陈尧叟等请依汉晋旧规修复陈颍东至寿春等七州境内八丈沟故迹，计绵延 380 余里，溉田 2 万顷以上。明年皇甫选、何亮等又奉诏相度关中京兆州两郡六具境内郑、白二渠。溉田达 44500 余顷。1026 年，王沿等奏请修复河北诸渠溉田近 2000顷。大湖附近因公私运输，常筑堤建桥，以致湖水壅塞。范仲淹等先后申请开五大浦等导泄转水，保证太湖丰收。江浙境内海塘，经钱塘江和海宁、海盐、平湖、金山等六县 300 余里，大约筑于 8 世纪时。北宋中叶在转运使张夏、田瑜主持下动员民夫 30 余万，采石修塘，随损随治，高广各四丈。海塘规模基本完成。同时张纶督修泰州捍海堰，自吕洪至徐渎，连数百里。浙江定海方塘，高十一层，侧厚数尺，全长六百五十余丈。此外真宗初，汝州（今河南）导汝水灌田 600 顷，一年收粮 23000 石。襄阳的灌溉工程可灌民田 3000 顷。1068 年（神宗熙宁元年），襄州宣城县官朱纮修浚旧日水渠可灌田 6000 顷。从这些例子看，北宋水利事业是颇为发达的。

由于农业技术与水利事业的发展，土地单位面积产量大大提高了。大

① 《宋会要辑稿》155 册，食货 63 之 163。

② 《陈旉农书》卷上《六种之宜》。

体说来，在极大部分地区，土地产量每亩在一石以上，其中长江下游三角洲地区的苏州一带，每年产量达七百万石，因此宋代有"苏常（或湖）熟，天下足"的谚语。据范仲淹的记载，苏州地区每亩年产米可达三石，这一产量是前所未有的。浙东地区的好田，甚至亩产六七硕（同"石"）。

更能说明农业的发展的还是户口的增加与垦田面积的扩大。因为，在封建社会里，不仅主要劳动力是农民，主要生产资料是土地，而且，由于农业生产是分散的个体经济，生产技术的提高及扩大再生产的进行都十分缓慢，所以农业的发展主要表现在农村劳动力——户口的增加及耕地面积的增加上。

户口的增加 [①] ：

976 年（宋太祖开宝九年）3,090,504 户

997 年（宋太宗至道三年）4,132,576 户

1021 年（宋真宗天禧五年）8,677,677 户　19,930,320 口

1058 年（宋仁宗嘉祐三年）10,825,580 户　22,442,791 口

1083 年（宋神宗元丰六年）17,211,713 户　24,969,300 口

1100—1126 年（宋徽宗时期）20,019,050 户　43,820,769 口

一百多年内，户数增加近七倍，（较唐每户4.8—5.8）平均一户两口多，这是因为北宋统计户口时（妇女是不计算在内的）征收赋税差派差役是以人户占有土地的多少和人丁的多少为主，故人口大量隐漏，户籍十分分散，曾发生分户、杀子等等情况。

垦田数字的增加 [②] ：

976 年（宋太祖开宝九年）2,952,320 顷

996 年（宋太宗至道二年）3,125,251 顷

1021 年（宋真宗天禧五年）5,247,584 顷

1049—1053 年（宋仁宗皇祐中）2,280,000 顷

1082 年（宋神宗元丰五年）4,616,556 顷

---

① 据《宋会要辑稿》127 册，食货 11 之 26。

② 张亮采、杨树森、李洵编著：《辽宋金元史》，第 16 页。编者补注：最后一行数字《辽宋金元史》系于元丰六年。

2. 北宋土地所有制在农村的阶级关系大致如下：

（1）土地所有制

国有土地。宋朝政府本身就是全国最大的地主。宋初，除原有官田及由荒地组成的官庄外，检括所得民田也统收归官有。当时有所谓屯田、营田、官庄、职田、官田等，这样，这些国有土地和私人地主土地一样招佃户耕种。北宋政府很关注官田的扩大，曾不断借机检查和搜括民田。不过，当时官田数量还不太多，总计六万三千余顷。而且，北宋政府对官田的管理和经营也不大重视，经常将之出卖，如宋仁宗时，一次在福州就卖出一千顷，又诏"公田重复取赋者皆罢"[①]。但是，官田在北宋土地所有制中仍占重要地位对中央集权制度方面起了一定的巩固作用。

除去官田，北宋绝大部分土地也都为地主阶级所占有。北宋政府一贯实行田赋不立、赋役不均的政策，纵容地主兼并土地，因此形成土地的高度集中。

北宋政府的大小官僚享有优厚的封建特权，被称为"官户"或"形势户"。北宋政府允许并保护他们占有一定数量的土地（仁宗时为三十顷以下，徽宗政和中为百顷到十顷），免除他们"限内"之数的一切赋役、负担，这就助长了他们疯狂的兼并。所谓限田，也成一纸空文。实际上，限额以外的田，也仍凭借特权不纳赋税和徭役，这样加上同样享受特权的占全国人口极少数的寺观户，官僚地主与寺院就占了全国土地的十分之七以上。据前引垦田数，北宋全部垦田数一千余万顷中，有十分之七不纳赋税，其中主要是上述两类人所有。其中大官僚占有极多的土地，如徽宗时的"六贼"之一朱勔"田产跨连郡邑，岁收租课十余万石，甲第名园，几半吴郡，皆夺士庶而有之者"[②]，被解黜后"籍其赀财，田至三十万亩"[③]。蔡京，占田更过之。甚至一个小小的河南汜水县（成皋）酒务官李城的田庄也都是"方圆十里，河贯其中，尤为膏腴；有佃户百家，岁纳租课"[④]。

① 《宋史》卷 174《食货志上·方田赋税》。

② 王清明：《玉照新志》卷 3。

③ 《宋史》卷 470《朱勔传》。

④ 魏泰：《东轩笔录》卷 8。

剩下来的十分之三的土地，又多被私人地主所占有。按照宋代户籍制度，人口分为三大类。除官户等外，有主户及客户两大类。根据几个材料的统计，客户占总人口 35% 左右，主户占 65%。所谓客户，就是佃耕地主土地而不纳赋税的户，他们当然都是贫农。而主户，则是需要向政府纳税的户，又称税户。但是，这里面情况也很不同，宋朝一般把主户按资产（主要是土地）分为五等（有时分为九等或十等），大致上三等是大地主或中小地主，下二等中有一部分是占有小块土地的贫农或自耕农，也有一部分是兼并土地的"无产税户"，下户在主户中占的比例没有精确统计，大致从十分之九到三十分之二十九。

由此可见，占全国总数不到 10% 的地主阶级占全国土地 70%—80% 以上，而其中极少数的官僚地主与私人地主则占全国土地 70% 以上。占全国总户数一半以上的自耕农及贫农只占有不到 30% 的土地。另外还有占全国总户数 35%—40% 以上的全部客户及无产税户一点土地也没有。

由此可见，北宋土地是高度集中的。大地主利用土地及其他特权，不仅残酷地剥削佃农，而且也倚仗封建特权，用兼并土地及转嫁赋税的方式，掠夺自耕农与贫农的土地，甚至也大大地损害了中小地主的利益，"后承平寖久，势官富姓，占田无限，兼并冒伪，习以成俗"[1]，而北宋政府并不过问地主兼并，所谓"田制不立"，为地主之田亩转易大开方便之门。这就形成了北宋中期以后的阶级矛盾尖锐的形势，并且形成了代表中小地主的王安石改良的经济的与政治的基础。

（2）农村阶级关系

地主对农民的剥削和压迫是十分残酷的，客户的地往往尤其悲惨，"乃乡墅有不占田之民，借人之牛，受人之土，庸而耕者，谓之客户"[2]。他们在户籍册中常常附于主户名下，作为主户的附籍而存在。由此可见，客户对主户表现了一定的从属关系。在北宋初期，客户常被私人地主强迫固定在土地

①　《宋史》卷 173《食货志上一·农田之制》。

②　石介：《徂徕集》卷 8《录微者言》。

之上，不许随便迁移，直到仁宗时才下诏可以在收获后和主人商定去就，多少带点契约性质。在官庄中工作的客户，限制更为严格，北宋政府常常强迫卖掉土地的农民或欠账过多的农民去当官庄的客户，并强迫其家属也当客户。客户死掉，其妻不得随便自行改嫁，女儿不得随便嫁人。这些规定，直到南宋才稍宽。四川等边远地区的客户——旁户，如豪民役使之为奴隶①，随意鞭笞。生产较为发展地区，似乎好些，地主对客户可以打骂，但不能杀死，杀害客户在宋初曾是论如律，到后来则减死一等。由此可见，客户的身份还是近似农奴。

司马光曾上疏专门描述了农民的艰苦生活："四民之中，惟农最苦。寒耕热耘，沾体涂足。戴日而作，戴星而息。蚕妇治茧，绩麻纺纬，缕缕而积之，寸寸而成之，其勤极矣。而又水旱霜雹蝗蜮间为之灾，幸而收成，公私之债，交争互夺。谷未离场，帛未下机，已非己有。所食者糠籺而不足，所衣者绨褐而不完，直以世服田亩，不知舍此之外有何可生之路耳。而况聚敛之臣，于租税之外，巧取百端，以邀功赏。"②

而中下地主的生活也有文人的描述，"仕宦之人，南州北县；商贾之人，天涯海岸。争如农夫，六亲对面，夏绢新衣，秋米白饭，鹅鸭成群，猪羊满圈，官税早输，逍遥散诞，似此之人，直金千万"③，生活过得如此逍遥，一定程度上是对农村富户的真实描述，也可能是带有一些理想化的成分。

地主对农民的经济剥削是多种多样的，主要形式当然是地租。这时除了边缘地区还存在力役地租外，实物地租成为主要形式，一般是对分制，也有客户用己牛分 60%，用主牛分 40% 的，称为牛米。此外，在江南一带出现了定额地租，这种地租是按土地肥沃程度分为上中下三等定的④，它是分租制的变形，其剥削率最初可能与分租制完全一致，但确定后，可刺激农民耕作兴趣，使他加意耕作，提高单位面积产量，以增加自己的收

---

① 《宋史》卷 304《刘师道传》。

② 《宋史》卷 173《食货志上一·农田》。

③ 罗大经：《鹤林玉露》卷 16《十全色》。

④ 参见苏洵：《嘉祐集》，沈括：《容斋随笔》，罗愿：《新安志》。

入。因此，这在实物地租中是一种比较进步的形势。此外，在长江下游三角洲还出现了货币地租①，但只是萌芽，不仅数额少而且多半在不产粮食商业性较大的经济作物区，如少部分桑田中征收。

除地租之外，地主还往往将自己应担负的国家赋役转嫁到客户身上或农民身上，并且勒令客户担任杂役（看宅等）。并且佃户还受着高利贷的盘剥，客户"乏时尝举债于主人，而后偿之息不两倍则三倍"②。此外，客户还时常受着"夺佃加租"的威胁。这样客户经常陷于"谷未离场，帛未下机，已非己有"③的悲惨境地。耕种官田的佃户不仅不会比耕种私田的佃户稍好一些，而且所受的痛苦反有过之而无不及。

至于贫农及自耕农，处境也十分恶劣。他们垦租全国耕地不到 30%，但却几乎负担了全部赋税和差役。还在太宗时，就已民苦税重。即便是宋初实行许不加租的政策，也是极有限度的，所谓"朝耕尺寸之田，暮入差徭之籍，追胥责问，继踵而来，虽蒙蠲其常租，实无补于捐瘠。况民之流徙始由贫困，或避私债或逃公税，亦既亡遁，则乡里检其资财，至于室庐什器桑枣材木，咸计其直，或乡官用以输税，或债主取以偿逋，生计荡然，还无所诣，以兹浮荡，绝意归耕"④，或沦为佃户。而且，一般小土地所有者们为了逃避职役负担，常愿将自己部分土田分别隐寄在官户名下，以求降低户等，当时名为之诡寄、挟佃，还有部分客户，因垦荒而落户。

这就是北宋土地所有制度和农村阶级关系的大略情况。

3. 封建国家对农民的残酷剥削

北宋农民的赋税负担也是十分繁重的，客户名义上不纳租赋，可是却间接替纳赋税的地主交税，另外，客户还要为封建国家从事各种繁重的劳役，因此客户实际上是受着封建国家与地主阶级的双重剥削。由于地主阶级特别是大地主的隐田漏税，全国绝大部分租税落到了自耕农民头上。

---

① 参见王安石：《王临川集》。

② 欧阳修：《欧阳文忠公集》卷 59《原弊》。

③ 《宋史》卷 173《食货志上一·农田》。

④ 《宋史》卷 173《食货志上一·农田》。

（1）两税

北宋名义上是承袭唐的两税法，但实际上并无定制，征收的标准，有的依土地面积，有的依收获多少，有的依有无耕牛、丁口多少、地租多少计税。按亩计税的有上田、中田、下田的分别，据收益多少时，则又二十税一或三十税一。这种混乱现象，不仅使农民感到极大不便，而更重要的却是由于豪强逃漏、转嫁赋税，形成"田制不立，畎亩转易、丁口隐漏、兼并伪冒者未尝考按"①的现象。

两税法按原来的精神应当是以钱为主的。但经过五代以来的演变，其征敛方式从简化又到复杂。据《文献通考》田赋考三九的记载，租税包括谷、布帛、金铁（包括铜钱）、物产之类。每类下又分若干品，合计二十七品，细目不下一百二十多种。唯其中以谷帛及钱为主，因此，农民缴纳的各项产品，各地虽有不同，都在六七种以上，而且没有具体规定，可随时变通办理。这样一来，不仅使农民感到极度苛扰，而且大大便利了官吏的欺诈，他们往往借故退拣，向农民勒索。

（2）支移、折变

两税之中更扰民的还有所谓"支移""折变"的办法，所谓支移，即不令民输有常处，并就近便处交纳，而借口以有余补不足或特殊需要，令民"移此输彼，移近输远"②，往他州甚至到边远州郡缴纳。因此，还在宋太宗时期，这些支移的方式就使"关辅之民""往返千里，费耗十倍"③，蒙受极大痛苦。如果不去，则强迫农民出脚钱，官府又反复把脚钱增加几倍，往往使农民卖牛变产还缴其数。

折变，即北宋既没有规定两税究竟应收钱还是收实物，于是就随时随地变通办理。以这物折那物，或以物折钱，或以钱折物。这就叫折变。官府常常借口需要某物，停收规定的实物改要农民纳某物，例如农民按照规定把绢交给政府，政府说要折钱，折钱之后又要折麦，折得都不依市价，

---

① 《文献通考》卷4《田赋考四·历代田赋之制》。

② 《宋史》卷174《食货志上二·赋税》。

③ 《宋史》卷277《张鉴传》。

比率由官府规定。绢折成钱，绢价定得比市价高好几倍。钱折成麦，麦价定得比市价低很多，这样一再转换，农民凭空付出多几倍到十几倍的钱物。这种折变，到宋仁宗时期，成为搜刮人民的一个重要方法。如包拯举的陈州折变（《请免陈州添折见钱疏》），就是一例：转运使下令陈州当年夏税大小麦不收实物，"与免支移"，而缴现钱每斗折钱一百文，脚钱二十文。诸般头子仓耗又纳二十文。是每斗麦纳钱一百四十文。但市上小麦每斗实价五十文。人民凭空增加了两倍的负担，而这还是"灾伤年份"的措施，要是常年，就更重了。同文又指出，当年客户应纳之蚕盐一斤例折现钱一百文，将这一百文折成小麦二斗五升，但又令这二斗五升的小麦按一百四十文一斗折钱缴纳。反复之间，年纳一斤土盐却缴纳三百五十文，增加负担两倍半。

（3）杂变之赋、丁口之赋

除了两税以外，北宋政府又继承了五代以来的多种剥削，其中一部分叫杂变之赋，本是以皮革业、食盐叶等原料加工业为对象征收的。其中虽然减去一部分，但存者也还有数十种之多，称作杂变之赋，也叫沿纳。各地区也不一致，通常见到的有农具税、牛皮钱、盐钱、麴钱、脚钱等等，品名苛细，其类不一。官司岁附帐籍，因缘侵扰，为民患。宋政府不但不予免除，到仁宗明道中（1030）下令各地，反令其"以类并合"[1]，随同两税输纳了。

另一部分是所谓丁口之赋，即指原以身丁为对象而征取的。五代十国，割据在江南、湖南和岭南的政权，大都巧立名目向其地人民征收"民丁钱""身丁米麦""丁口盐钱""身丁钱米"之类。北宋消灭了这些政权之后，在北宋初年，两浙湖广丁钱岁为四十五万缗，一度废除后又恢复。当时各地名目不同，两浙每丁征丁身钱 360 文，即为一例。[2]

杂变之赋及丁口之赋虽多限于南方，但这带地方是北宋的经济中心，所以对经济损害很大，一般人民往往溺婴。

---

① 《宋史》卷 174《食货志上二·赋税》。

② 参见《建炎以来朝野杂记·甲集》卷 15《身丁钱》。

此外造屋要输木钱，分别居住要出罚钱，卖田有田契钱等等，这些征敛虽兴废不常，但也可看出北宋政府凡是可剥取之地，决不放松。

(4) 其他

但农民的负担应不止上三种。古代的税收历来有所谓"布缕之征、粟米之征，力役之征"，唐的租庸调即此三者。两税法的精神本来是合三者为一，但是，宋的两税，又渐渐变为单一的田租，人民在这之外还得出布帛、力役，因此负担无形之中大大加重。

两税之中，本已包括田租，但宋代除正赋之外，又有下述几种粟米之征。一是被称作"润官"的斗面加耗，使粟米之征多增加了 10%—20%。二是随同两税征纳的贮存于"义仓"中的粟米，本来是作备荒之用，但这却成为北宋政府另一种粟米之征。三是为了征购军粮，北宋政府又沿袭唐代的所谓"和籴"，实际上是在这种名义之下用极小的代价榨取大量粟米，"至于计其家产而均敷之，量其蓄积而括索之，甚至或不偿其直，或强敷其数，则其为民病有不可胜言者。盖始也官为商所亏，终也民又为官所亏，其失一也"①。这样和两税中的田租算在一起，粟米之征四种了。

两税之中，本已包括了布调之征，但在宋代布缕之征又有"和预买"绢帛。这个制度在宋太宗时期由三司判官马元方制定，真宗时由李士衡推广而成定制。其法为，于青黄不接时预支给农民一千钱，后令其纳绢一匹（一千二百文）。②这个制度到北宋晚期成为一个严重剥削手段。"其始也则官给钱以买之，其后也则官不给钱而白取之。又其后也则反令以每匹之价折纳见钱，而谓之折帛。倒置可笑如此，则官价之不给久矣。"③

(5) 差役

两税之中，已然包括了庸，可是在宋代，除某些地方缴纳丁身钱及全体人民负担不从事战斗而供役使的厢军的费用以外，还是得负担各种各样的力役。这种力役与过去的徭役不同，它主要是应官府的差遣，因而被称

---

① 《文献通考》卷 21《市籴考二·常平义仓租税》。

② 参见范镇：《东斋记事》补遗。

③ 《文献通考》卷 20《市籴考一·均输市易和买》。

为差役。

宋代差役一般把民户按财产分为九等，下五等免役，上四等服役，财产多的服役较重。但制度也很乱。品初分为五等，上三等应役，四五等免役①。但又有将城郭户分为十等者。至于等第区分，"有只将堪任差配人户定为十等者，有将城邑之民不问贫穷孤老尽充十等者，有只将主户为十等者，有并客户亦定十等者"②。可见是否包括客户，并无明文规定。但形势户等是免役的。上四等中有权有势的可以设法免役或转嫁，所以负担差役的主要是中小地主及富裕农民。

宋代差役名目繁多，大体分为以下四类：

衙前——主运送官物或典掌府库

里正、户长、乡书手——督课赋税

承符、人力、手力、散从——供州县衙门役使

耆长、弓手、壮丁——逐捕盗贼

其中上四等户量其资产而分别给以轻重之役，一等户多为衙前里正，二等户为户长等。

其中最重要的是衙前役，按照规定应当由第一等大地主担当。但实际上是由有田一二顷，三百千、二百千家产，甚至家产为一百贯至数十贯家产的中小地主和富裕农民充当③。充任衙前的如遇府库财物或押运财产有伤耗损失，便须负赔偿之责。一进衙门，又遭胥吏欺压，花费百贯，乃至运用物品上京或其他州县"脚程，关津出纳之所，动用钱物"，到后还须花钱才放，有千里之外押送官物到开封，因七钱金子成色问题，库吏百般挑剔，一年不放回的。因此，充任衙前的人终不免倾家荡产，其后乃至定衙前时"差人依条估计家活"④，凡家中东西，以致鸡、犬、箕、帚、匕箸之类，只要是值上一文的，就都被计入。够二百贯即差做衙前，并作将来

---

① 参见张方平：《乐全集》卷 26。

② 欧阳修：《欧阳文忠集》卷 116《乞免浮客及下等人户差科劄子》。

③ 参见欧阳修：《欧阳文忠集》卷 59，王得臣：《麈史》，郑獬：《郧溪集》，《长编》卷179，《包拯奏议》卷 7。

④ 郑獬：《郧溪集》卷 12《论安州差役状》。

赔偿之用。

充任里正、户长的，如其乡里之中有不能按期缴纳赋税，或无力缴纳者，或贫民流亡者，就必须自己垫付赔纳，或遇恶霸地主硬不交纳的，也需赔纳。应收之人也往往因此破产或被迫逃亡。[①]

至于壮丁年限达七年之久（宋仁宗时改为三年），因此担当此次力役的农民往往不能及时进行生产，甚至破坏家产。[②]

因此一般人对应役，特别是充任衙前里正多半视为畏途，尽量设法逃避，有的把土地交给"形势户"虚报逃亡，有的故意浪费不敢勤劳增产，不敢多种一桑，多置一牛，蓄一年之粮，藏十匹之布，唯恐被人看成富户，"指抉以为衙前"[③]。有的为减低户等，亲族分居，有的甚至为把家减剩成单丁，宁愿自杀，或将六十多岁的祖母嫁出。[④] 由此可见，北宋农民所受的封建国家的剥削是极度残酷的。

4. 封建国家与大地主在剥削农民问题上的矛盾关系

北宋地主阶级及封建国家在加紧对农民的剥削上是一致的。而且，土地兼并的激烈使封建国家剥削得更加残酷（对象少了），而封建国家的剥削又使土地兼并加速进行，二者互为影响，交相为用。然而，在争夺对农民更大的控制权上面，封建国家与大地主存在着一定的矛盾(在另一方面，更主要的方面，北宋国家与大地主的利益是一致的。北宋政权需大地主的支持，北宋政府则给他们以极大的特权)。因此，和唐朝一样，北宋国家与大地主之间，即展开了一系列的斗争。可是，由于北宋王朝的腐朽软弱及大地主势力的强大，也由于北宋更多地依赖大地主的支持，所以这一斗争的规模和激烈程度绝不能和汉唐相比。

北宋王朝自其建国之日起，就不断下令"均田税"，企图把一些隐漏的田税收入国库之中，赵匡胤屡次下令均田税，并将检田不实的官吏，不是贬官降级，就是撤职问罪。宋太宗到仁宗的七八十年中，也陆续不断地

① 参见欧阳修：《欧阳文忠公集》卷116，司马光：《涑水记闻》卷60。

② 参见《宋会要辑稿》89册，职官48之61。

③ 编者补注：《文献通考》卷12《职役考一·历代乡党版籍职役》。

④ 参见韩琦：《家传集》。

在个别地区举行过多次检田。

这些多次检田证明，宋代大量大地主占有极多的好田而逃税或负担很少的税，而农民却刚刚相反。宋仁宗时郭谘在洛州肥乡使用"千步方田法"（王安石方田均税法之本）清丈土地，"除无地之租者四百家，正无租之地者百家"[①] 即为一例。

但这些多次检田多因大地主的反对而不了了之或半途而废，不仅士大夫畏之而不敢议，北宋统治者也不敢坚决执行这一政策，拖拖拉拉不是说三五年之后再行（太宗），便是不可遽行（真宗），马马虎虎过去。

由此可见，北宋政权是极端软弱无能的，到处形成富者有产无税，贫者产去税存的现象，这就不仅加深了北宋的阶级矛盾，也加深了政府的财政危机。

简短的结论：

第一，由于社会的统一和安定，及北宋统治者的某些有利于生产的恢复与发展的政策，农民得到生产的较良好的环境，农业生产有了缓慢的恢复和发展，农业技术、水利事业等都有所发展。但最足以说明农业发展的还是耕田面积和户口的增加。

第二，然而农民辛勤劳动的果实却不能为自己所享有，占全国总户数仅不到 10% 的地主占有全国土地 70% 以上；占总户数 90% 的农民只占有全国土地不到 30%。在地主土地上耕种的客户多数还对地主存在不同程度的人身依附关系，身份近似农奴。地主对农民主要剥削形式的地租形态这时以实物地租为主，剥削率达 100%。以上包括分租制，但也有较进步的定额地租，且经济发达的江南地区还出现了货币地租。

第三，自耕农民及一部分中小地主是封建国家赋役的主要承担者，北宋赋税不仅名目繁多，而支移与折变尤为扰民，农民凭空要因此增加几倍到十几倍的负担。差役特别是衙前里正，也极扰民，富裕农民甚至中小地主因此受到倾家荡产的威胁。

第四，在地主及封建国家的双重残酷压榨下，农村经济的发展就不得

---

① 《宋史》卷 326《郭谘传》。

不十分迟缓，而且在北宋中期以后陷于疲敝。这从垦田数字在中期以后无甚增加及北宋多种记载中均可看出来。而这一状况又和北宋政权具有的腐朽性质及其政策与地主阶级未受打击这些事实是分不开的。

第五，统治阶级内部，封建国家与大地主为争夺对农民无限剥削权的矛盾、封建国家及大地主与中小地主为争夺土地与分担负担而引起的矛盾，最后也是最主要的，地主阶级与农民的矛盾，构成了北宋中期以后的社会发展的错综复杂的图景。这些矛盾引起了深刻的社会危机，而其具体表现则为北宋中期以后的财政危机与国防危机。这些矛盾的发展与变化构成了王安石变法的基础，也是北宋覆亡的根本原因。

（二）手工业的发展

北宋时期，自然经济仍旧占主要地位，农业仍然与手工业紧密地结合着，但是随着农业生产的发展，农民经济及地主经济的商品性均有增长。脱离农业而独立的手工业发展起来。当时手工业有多种形态，即与小农经济结合的手工业、与地主经济结合的手工业、"官监民营"的手工业、私营手工业、官营手工业。前二者主要存在于农村中，第三种比较复杂，第四、五种均存在于城市中。

1. 官私手工业的发展

手工业的四种类型在北宋时期均有发展。

（1）与小农经济相结合的手工业

与小农经济相结合的手工业，在当时仍占最主要的地位，其中最主要的产品布帛，由于两税法的按资产收税的规定，不仅收成品，而且桑麻的种植也要收税，成为封建国家剥削的对象，这就大大影响了农民的生产积极性，使农民不敢多种桑麻，甚至把它砍掉。五代时南方的一些统治者为了增加财政收入，曾奖励种桑，并在一定期限内免收租税，由是"江、淮间旷土尽辟，桑柘满野"①。北宋政府继续这一政策，严禁砍伐桑麻，并用

---

① 《资治通鉴》卷270，后梁均王贞明四年七月戊戌。

免税或减税的方法奖励人民种植，因此农民的副业——家庭手工业又有了发展。

可是北宋这种鼓励人民种植桑麻的主要目的是扩大剥削量，因此，不仅大批农民生产的布帛以赋税形式落入政府手中，而且农民的布帛生产也受到官府的监督，充分呈现了农民对封建国家的一定程度的依附关系。史书中所谓"课民织作"①，甚至可令"减两蜀岁输锦绮绫罗透背花纱三之二，命改织绸绢以助军"②。

至于以赋税形式缴纳的布帛数量较大。1077 年（熙宁十年）岁入二税匹帛 2672323，匹绵 5850356 两（每匹 600—1200 文），折钱在 300万贯以上，成为赋税中仅次于粟、钱的第三位收入。当年斛斗收入为17887257 石，钱为 5585819 贯。同年杂色之赋中也必然包括了一些农村手工业产品，如薪炭、漆、蜡油，等等。此外，对农民的布帛，除了赋税外，还用折帛和买形式榨取，其数量极大。到后来按户摊派成为新的剥削形式。北宋神宗时，两浙岁上供 98 万匹，民备偿，而当时又增和买 12万匹，困难极多。崇宁时江西和买绸绢岁 50 万匹。南宋初仅两浙路即达117 余万匹，一说则为 527654 匹。两浙人口为 3432644 人，平均每户出绢一匹（每户 2 口多）。甚至十口之家，养蚕十箱，可制绢 31 匹许，而此一岁所收，仅可纳租税，充足布帛。③生产的绢帛全被剥削了去。

这种残酷的剥削对家庭手工业的发展自然起了阻碍的作用，而且也使手工业不易与农业分离。

这时，虽然农业与手工业结合十分密切而且不易分离，但终究随手工业产品商品性的增长，出现了两个值得注意的现象。

第一，某些经济作物的生产与加工业大为发展，如茶与糖（可能还有漆）。据王灼《糖霜谱》的记载，四川约十分之三的人户都靠种糖为生，而且有作坊制糖。这就是说，经济作物的种植与加工已有脱离副业地位而

---

① 陈均：《宋九朝编年备要》卷 4，太宗淳化四年二月己未。

② 《宋史》卷 175《食货志上三·布帛》。

③ 参见《陈旉农书》卷下《种桑之法篇第一》。

作为单独商品经济而存在的现象。①

第二，某些经济发达地区最重要的手工业——布帛已有成为商品经济而脱离农业的迹象。文同诗中，织妇送官之帛不合规格，乃买丝而织。欧阳修诗中有（东阳镇）"千室夜鸣机"②之句，则原料生产与机织分离之迹象更显，③则农业与纺织之分离之迹象亦显。

（2）与地主经济结合的手工业

脱离副业地位及商品化与前者类似。

大地主养十二三女，带有封建强制性质，形成官僚地主商人一体。

"歙之大姓汪氏，一夕山居，涨水暴至，迁寓庄户之庐。庄户，砚工也"④。这个庄户的身份可能是佃农兼营手工业，也可能就是为地主工作的。

（3）官营手工业

分为几类：

官府直接经营的手工业。

官监民营的手工业，管制比过去更严。

为了缴纳地租和赋税，并且使自己还能生存下去，如四川"蜀地狭民稠，耕作不足以给"⑤，必须靠纺织维持，因此北宋之禁市布帛，引起农民起义。农民不能不兼营手工业，而农民也很少有可能脱离农业转变为独立的手工业者，因这种手工业如是其他农民所兼营，势必不能容许独立存在。反过来，如果不是农民兼营，它的产品势必非人们大量和经常需要的，在城市经济不发达及地租赋税繁重的条件下，在农村独立存在也很困难。

这种农民兼营的手工业的一部分也投入了市场，商税之中，布帛列为

---

① 糖还未完全脱离。茶在唐时已有，此时更发展。糖为此时出现者。
② 欧阳修：《欧阳文忠公集》卷10《送祝熙载之东阳主簿》。
③ 何明远的事例见《太平广记》卷243，及唐官锦坊有织宫锦巧儿也是一例。
④ 何薳莲：《春渚纪闻》卷9《歙山斗星研》。
⑤ 陈均：《宋九朝编年备要》卷4，太宗淳化四年二月己未。

第一项①。北宋在四川禁市布帛引起农民起义，也说明布帛中必有一部分是农民生产后直接投入市场的。这说明了农民经济中商品因素的增长，但是商品因素不等于商品生产，农民的出卖还带有偶然的、少量的剩余品的性质。

这种农民兼营的手工业主要还是自然经济的形式，在残酷的地租及赋税剥削下，往往是"帛未下机，已非己有"②，以致使农民经济商品性的增长受到极大的限制，没有可能来为市场生产的商品及扩大技术作物的种植，也较难发展为商品生产。

手工业的第二种形态是与地主经济结合的手工业，在地主的田庄上，多有水磨酒坊等农产品加工工业，此外，纺织、造纸、茶、瓷诸业，也或多或少地经营着。这其中农产品加工工业，是除地主自用之外，还成为剥削农民的一种形式。其他手工业，则也多供地主自己消费，但也有一部分当作商品出售。生产力的提高、地主剥削量之增加及奢侈性需要的增加，使地主的物品更多地流入市场。但不管是出售农产品也好，或是手工业产品也好，都还不是纯粹的商品生产。因为不仅地主的剥削手段主要是靠地租，而且出卖的也仅是地主自己不需用的剩余产品。地主经济的基础仍是自然经济，这种手工业因此发展是有限的。

第三种是官监民营的手工业。这主要是某些生产量较大，为人民必需的矿冶业及农民所需的作物加工业技术，有铸钱、盐、茶、酒（有一个时期包括醋）、矿冶、矾等六种。生产者称为亭户（盐）、扑户（酒）、园户（茶）、镬户（矾）、坑冶户等。照北宋规定，这六款产品一律官卖。但也有一些是由官府就地收得，售与商人，听其运往指定地区贩卖，实质上还是变相的官卖，仅是让出一些利润给商人而已。

北宋初期冶户负担十分繁重，多少带有力役性质，王安石变法对冶户征收十分之二的税，后来也一度征收过十分之一，才使锻冶生产有进一步的改变。冶户纳税有时悉数卖给官府，有时又可自卖，办法时变。自卖的

---

① 《文献通考》卷 14《征榷考一·征商关市》。

② 《宋史》卷 172《食货志上一·农田之制》。

利润是很大的。例如，利州的三十七冶坑户"皆大家，藏镪巨万"。①

凡属官卖事业则生产必受政府、官府的严格控制，但情况也有不同，共三类：

一类是民户自己生产，但没有自己经济，政府给以本钱，产品一部分折作租赋，余下的全数低价卖给官府，不许私藏私卖，一旦查出严厉惩罚。如种茶的园户、煮海盐的亭户等，岁课入官受钱，或折租赋。这是主要形式。低价购来的产品，政府再以高价卖出。如盐每斤买入 4~6 文，卖出 8~47 文。这还只是表面定价，实际贪官、奸商勾结操纵，每斤贵至数百文，至"贫家至以盐比药"②，茶利也常在十倍左右。每年政府收入仅酒盐茶三项而论，最多时达 2500 余万贯（仁宗庆历），最少时亦有 300 万贯（太宗至道），占全国总收入 10%~20% 左右。

这类民户，虽是自己经营，实际上是封建劳役制下的劳动者，他们与官营手工业工匠之不同仅在于后者是按工作的数量提供劳动力，而前者是按产品数量提供劳动力，类似实物地租。他们所受的封建束缚是明显的，政府设有专官管理（三司使中的盐铁使），在各路设专使（提举常平盐茶公事），在产区设监，出售地又设务设市。这些民户，没有人身自由，也没有处置自己生产品及生产资料的自由。例如园户想减少赔累（赔钱亏累），砍伐茶树则有罪，受害不堪只有逃亡或寻死，但邻伍却需代纳租税，因此他们的身份实际上近似农奴。这些民户经常起而反抗，"亭户贫困，往往起为盗贼"③，"盗贩者众……捕之急，则起为盗贼"④，虔州汀州二州不产盐，"民多盗贩广南盐以射利，每岁秋冬田事既毕，往往数十百为群，持甲兵旗鼓，往来虔汀漳潮循梅惠广八州之地，所至劫人谷帛，掠人妇女，与巡捕吏卒斗格至杀伤吏卒，则起为盗，依阻险要，捕不能得"⑤，"闽越山林险阻，连亘数千里，无赖奸民比他路为多，大抵盗贩

---

① 苏轼：《苏文忠公全集》卷 26《徐州上皇帝书》。

② 《宋史》卷 182《食货志下四·盐中》。

③ 《长编》卷 113，仁宗明道二年十二月。

④ 《长编》卷 196，仁宗嘉祐七年二月辛巳。

⑤ 《长编》卷 196，仁宗嘉祐七年二月辛巳。

盐耳"。①

一类是民户的生产，也有自己经济，如井盐。"土民干鬻，如其数输课"。②铁冶中及其他矿冶中也有"出备工本，为官开浚"③的。酒在偏僻地方也曾许民私酿，"定其岁课"④。产品仍由官府统一收买（酒待考）。但这一类甚少，而且如铁冶"元佃之家已施工力，及自用财本起创，未享其利，而哗徒诬胁。检踏官吏方且如追重囚，黥配估籍"，⑤很难开采成功，即使成功也受重重封建束缚。酒则"民有应募者，检视其赀产，长吏及大姓共保之，后课不登，则均偿"。⑥

一类是由官府直接经营的（这一类比较特殊），各州县设酒务酿酒，有的地方专造酒曲售给酒户，蕲春铁钱监每日雇工三百，十日可铸一万缗，一年工作九个月，得钱 27 万缗。大致本钱（包括原料、工资）四文可铸 10 文，铁炭贵时，本钱 6 文可铸 10 文。旧制铸钱工人是召募（强迫）贫民，刺面隶军籍，近乎奴隶的待遇。徽宗因军工工作效率低微，官得利不多，便募民间铸私钱匠人充铸钱之匠。官造房屋（称营屋），许工匠一家人在营屋居住，自由出入。官发给物料，让工匠一家人全力鼓铸，按产品多少给工资。此后军工与募工并用，这类工人与亭户等不同的是，他们在政府直接组织监督下劳动，其收入不是政府所给的官价，而是工资。前者产品名义上归自己所有，用卖给政府及交租赋的形式被政府剥削，后者产品直接归官府所有，以发放工资形式被政府剥削。但他们与工匠不同的是，他们的工资是采取计件形式，而非计日（官府直接经营的工厂，即按产品数量提供劳动力），他们的劳动是以全家为单位进行，而非以个人为单位进行。从前者看，似乎是一种进步因素（计件工资），其实这与他们的工作性质有关（铸钱），从后者看，其滞后性是很明显的。此外，在上

---

① 《宋史》卷 183《食货志下五·盐下》。

② 《宋史》卷 183《食货志下五·盐下》。

③ 《宋会要辑稿》138 册，食货 34 之 24。

④ 《宋史》卷 185《食货志下七·酒》。

⑤ 《宋会要辑稿》138 册，食货 34 之 24。

⑥ 《宋史》卷 185《食货志下七·酒》。

述生产中，半奴隶的军工、夫役、囚徒等去作辅助劳动的现象仍然存在。

上述这几种官营事业，有一定程度的商品性，然而却不是商品生产。在这里，生产者生产资料私有制形式是不完全的，商品的生产的目的不是为了交换，而是带有封建强制性的色彩。在这里，在价格问题上，超经济的强制代替了价值规律作用的范围。他们不仅不能遵循商品生产或促进商品生产的发展，反而由于政府的垄断而使这些生产部门内的商品生产发展受到极大的阻碍，糖霜户就是一个例子。

手工业的第四种形态是私营手工业。宋代的私营手工业比唐代发达。表现为第一是随着国内市坊的扩大与经济的活跃，许多城市或市镇的手工业发展起来。农村手工业工人纷纷向城镇集中，形成许多地方性的经济中心。第二是作坊的数量、生产品的种类比以前多了，这时生产的不仅是提供地主阶级消费的奢侈品，而且也包括了日用品。如糖果点心、衣服冠帽、家用杂物、文房用具、妇女用品、儿童玩具之类，应有尽有，均有专门作坊制造。第三是多种地方性手工业大大发展。《宋史·地理志》中所载多地土产多至三百余种，其中绝大部分是手工业品。

第四，这时已有较多大型作坊。在农业品加工业中，如四川的制糖业作坊称为糖霜户，除用自己原料，并收买蔗农糖水熬制糖霜。制糖业虽密切联系农业，但他们本身却变成了一种专门性工业，变成生产商品经济部门，并引起农产品之内的交换。特别是糖霜的制造，它需要一定的技术，也需要相当多的工具。规模较大的作坊，需要20多人工作，有时还多少有一点粗略的分工：削、剉、砺（春）、蒸、榨、煎，反复数次。

造墨业的工艺流程已用5人，分为和煤、丸捍，5人轮流相次，经过光剂、硬剂、热剂等阶段，然后入匠手丸捍，可见也有分工，但为家庭手工业性质，即为买而卖，非为卖而买。

在采矿方面，利国驿的铁矿中，用工达万人以上。有采矿的，有采煤的，矿外还当有提炼铁矿的，所以冶铁场至少分为三部分。信州炼钢，亦当有采矿、碓磨、淘洗、冶炼、采炭业等部分，则采矿业中亦当有分工。工作场所亦不止一处。有矿坊、碓磨作坊、锅炉房，工匠亦当有上述几种。

制瓷的分工，北宋材料未见，但从瓷器技术之精良看来，想必并非简单协作。不仅如此，就连城市中开封饼店亦招雇有数十人或百余工人，五十余炉，分捍剂、卓花入炉等几道工序。

由此可见，马克思所说的工场手工业发展之二类型，此时坊已出现，而且遍及各种行业之中。

一般情况下手工工场总是资本主义性的，但亦并非全都如此。分工是属于生产的组织，即生产力发展的范畴，它是资本主义生产的重要前提。但并非直接联系。资本主义从简单协作中产生，最早的资本主义与小商品生产具有数量上的区别，主要仍要从生产关系上看，即所有制关系分化，资本家剥削剩余价值，工人获得剩余劳动和劳动力价格，非使用价值。

第五，手工业作坊内的生产关系大致如下：小的手工业作坊大概仍和唐时一样，每个作坊内有师傅和徒弟，师傅也就是业主，徒弟学手艺，大概师傅专供伙食，有技艺的工人也投在作坊中，大概每月可得钱或米（主要是钱的雇直）。雇佣工人已经常见，成为比较普遍的现象。这里面有些是自由出卖佣力的农民及农村中有手工艺技巧的农民及工匠。另外城市中自由受雇的工匠更是常见，如北宋汴京城中"傥欲修整屋宇，泥补墙壁，生辰忌日，欲设斋僧尼道士，即早辰桥市街巷口，皆有木竹匠人，谓之杂货工匠，以至杂作人夫，道士僧人，罗立会聚，候人请唤，谓之罗斋。竹木作料，亦有铺席，砖瓦泥匠，随手即就"[1]，可见数量之多。这种雇佣劳动者是自由受雇的，自由出外找工作，另外亦有劳动力市场。此外，退雇、罢工、解雇亦均有一定程度的自由。但是，他们之受雇佣仍多受行老的引领，即受行会管理，仍带有封建色彩。这些行老不等于就是生产者，类似近代把头制。另外，上述雇佣工人也还多半从事非技术性劳动，真正技术工匠多半固定，较少流动。另外，上述这些雇佣工人是否已参与生产资料分配，也需要进一步探索。如竹木铺席与工匠之关系即不明。所以，这种雇佣工匠是否已是失掉生产资料（完全靠出卖劳动力为生）的无产者，

[1]　孟元老：《东京梦华录》卷 4《修整杂货及斋僧请道》。

还需要进一步研究。

这种雇佣关系究竟是什么性质的关系呢？特别应当探索手工作坊中作坊主与工匠的身份与关系，这里明显的是采矿业：

《宋会要辑稿》记载信州铅的情况（从"顷年"可见是北宋时的①。）"坑户"向政府领取官山凿坑，自出本钱，募工开采，达十余万人。彼时百物俱贱，坑户所得有赢。可见这种坑户掌握了生产资料，而雇工则为没有生产资料的工人。

徐州铁矿材料，三十六冶，冶多百余人，冶户皆大家，藏镪巨万，可见是有生产资料的。冶铁所需的资金、设备，恐怕也非一般的矿工所持有。至于工匠，则多饥寒亡命强力鸷忍之民，则可知也是没有自己生产资料的无产者。

煮盐。四川的井研县的井盐，"豪者一家至有一二十井，其次亦不减七八""每一家须设工匠四五十人至三二十人"，皆"他州别县浮浪无根著之徒……来就此佣身赁力，平居无事，则俯伏低折与主人营作。一不如意，则递相扇诱，群党哗噪，筹索工直，偃蹇求去……已复又投一处，习以为业。切缘井户各须藉人驱使，虽知其如此，横猾实亦无术可制，但务姑息，滋其狡暴。"② 由此可知：

①井盐要用机械，生产资料价值颇高。

②工人是失去生产资料的浮浪无根之人，且无任何人身依附关系与财产束缚，只有经济上的隶属性。井户为了利润，必须购买劳动力，而劳动者也终于要出卖劳动力。一方务为姑息，一方皆以为业。

③劳动者有阶级斗争，雇包浮浪，是因为解放出来的劳动力少。由此可见，这种雇佣关系已不同于前述关系：

①雇佣劳动在这里不是作为个人的使用价值（货币交换），而是创造剩余价值了。

②没有人身依附关系，经济隶属。

---

① 编者补注：参见《宋会要辑稿》138 册，食货 34 之 27。

② 文同：《丹渊集》卷 34《奏为乞差京朝官知井研县事》。

③劳动者无多。

因此这种雇佣关系可以说是带资本主义色彩的雇佣关系，是不是资本主义萌芽，还待进一步研究。

零星的，少数矿业地区，政府和行会控制较严，因此发展但影响不大，不能与城市作坊相比。

采矿业多数是官监民营，其生产是否为商品成问题。即使是商品，也带有浓厚的封建色彩。

矿主的身份是否是原始资本家，其公式是否为资本运动公式"货币——商品——货币"。

第六，同行业的手工业作坊都有行会的组织，各社中都有"行老""行首"，行会的任务，一是应役，"今世郡县官府，营缮创缔，募匠庀役，凡木工……平日皆籍其姓名，鳞差以俟命，谓之当行。间有幸而脱，则其侪相与讼挽之不置，盖不出不止也，谓之纠差"①，一是收税，一是介绍工人，"凡雇觅人力，干当人，酒食、作匠之类，各有行老供雇觅"②。一是组织行内手工业者利润平均化，以利竞争。"诸行百户衣装各有本色，不敢越外"③，"其供人家打水者，各有地分坊巷"④，"承揽排备，自有则例，亦不敢过越取钱"，⑤用这种办法来组织小手工业者的地位，以保持一定范围的购买人。

由上述可知，这种私营手工业所进行的是商品生产，其中已出现了手工工坊，也出现了一定数量的雇佣工人。但手工工坊及雇佣工人显然还没有在生产中占到较大的比重。而作坊主及工人身份与彼此关系一般也还不太明了。另一方面，行会制度的发展是这一时期手工业的特色。由此可见，一方面，这时的商品生产还是与封建经济联系，为封建经济服务的。是否有资本主义因素萌芽的问题还要好好研究。另一方面，

①　岳珂：《愧郯录》卷 13《京师木土》。

②　《东京梦华录》卷 3《雇觅人力》。

③　《东京梦华录》卷 5《民俗》。

④　《东京梦华录》卷 3《诸色杂卖》。

⑤　《东京梦华录》卷 4《筵会假货》。

手工工坊及雇工的出现，使手工业的生产力大大提高一步。"（分工）它生产了资本统治劳动的新条件，因此，一方面它表现为社会经济形成过程中的历史进步和必要的发展因素，另一方面，它又是文明的和精巧的剥削手段"。①

官（直接的）营手工业。北宋官营手工业比前代有进一步发展，分工也更细。作坊大体承袭唐制，但就原有组织单位加以扩大。五监之中除国子监外，少府、将作、军器、都水四监仍存在。如少府监之下有四案八所五院，还有诸铸铁监；将作监有五案二十七所，十个附属单位；军器监有五案，十三所，四附属单位。此外还有内侍省的后苑造作所，司农寺的都曲院，水磨务、炭场等等。少府监的一个附设机构——文思院"掌金银犀玉工巧之物，金彩绘素装钿之饰以舆辇、册系、法物凡服之用"②，其下就领有打作、棱作、钑作、镀金作、鋳作、钉子作、玉作等四十二作。另外，内侍省里有一个造作所是掌造禁中及皇属婚娶名物的。领有生色作、缕金作、腰带作、打造作等八十一作。文思院和造作所的产品都不过是皇帝日常使用的器物，已经有这样多作的设置了。土木工程、军器制造、车舆制造、礼器，织染等等还不在内。又如神宗的军器监中作坊有火药作、青窑作、猛火油作（石油）、金火作、火作（火箭、火毬、火蒺藜等）、大小木作、大小炉作（冶锻）、皮作、麻作、窑子作等。

在这些组织管理下的作坊，规模都很巨大，有的作坊屋舍多到几百间，工人多到几百几千，如前述军器监执役军匠工匠。开封官绫锦院，有绫机四百张③，四川锦院，机百五十四，用挽综之工百六十四，用杼之工五十四，练染之工十，纺绎之工百十一（共 338 人）④。以此类推，开封绫锦院工人当在 880 人（或 900 人）上下。蕲春铸钱监，每日雇工三百，10

---

① 《资本论》第 1 卷，人民出版社 1975 年版，第 403 页。编者按：我们核对了宁先生生前出版的多个《资本论》的译本，此译本与宁先生手稿的文字最为接近。

② 《宋会要辑稿》75 册，职官 29 之 1。

③ 参见《建炎以来朝野杂记》甲集卷 18，御前军器所。

④ 参见费著：《蜀锦谱·序》，达 8000—9000 人。

日铸万缗，一年工作 9 月，可铸钱 27 万缗。这些作坊产量也极巨大，如京师弓弩院，岁造角弝弓等一千六百五十万余具，诸州军器作坊岁造黄桦黑漆弓弩等六百二十余万具，即是一例。

这些作坊技术精良，如单是织锦就有四十二种不同的做法，绫则有二十多种。又如军器，宋神宗曾招募军器专家精究器械法式，成书 110 卷，内分辨材、军器什物、杂物、添修、制造、弓弩式等类。①

官营作坊物料来源（与唐情况没什么两样），一是由官府直接经营——官监民办手工业中得来，这是最广大的物料来源，盐、金属、竹木柴炭等均如此得来。物料之第二来源是土贡或称岁贡、岁课、岁办。全国各地方的特产，官手工业所需要的原料或半制成品，皇家及官府所需的供应，"任所出州土以时供送"。据《宋史·地理志》的记载，这类岁贡达 300 多种。第三来源是折帛或和买，实际上是不给钱或少给钱。甚至成为一种科派。太宗淳化五年诏，"官中买物，有元不出产处毋得抑配扰民"。② 正说明和买本质。第四类是坐派或租赋（杂变之赋等）。从物料来源看，差不多都是各种形式的封建贡赋。

宋代手工业（官营私营）有所谓户头，开宝四年（970—971）左拾遗梁周翰说："在院见管户头逐人料钱七百文……各用女工三四人……有一户头并女工……每人只管机三四张；或布帛低弱，即科校匠人，户头不管，欲乞不置户头，令工匠自管供机，各与女工一分请受。"③

有的每日得七十文钱，月获七斗半米的雇值。南宋初年采茶工匠，亦日支钱七十文足。由于物价高涨，他们生活很苦。

贵族官僚又往往占有工匠自己牟利。赵抃曾指出陕西禁军中多有"匠氏、乐工、组绣、书画、机巧，百端名目"④，五七百人或千余人被各级武将占有。有些兼并大地主也往往从事这类活动，"尝见一家养十二三女（将养女嫁给九个更番士兵），请五十余分（口粮），而所养女日夜纺绩，与其

① 编者补注：该段参考了范文澜《中国通史简编》。

② 《文献通考》卷 20《市籴考一·均输市易和买》。

③ 《宋会要辑稿》156 册，食货 64 之 16。

④ 赵抃：《赵清献公文集》卷 13《奏状论陕西官员占留禁军有妨教阅》。

家作婢耳"①。

前述之文思院、造作所、军器监之外，性质上也有了新的变化。这里有两种类型，一种是把多种不同的手工业者集合在一个工场中，并使各种劳动者数保持一定的比例，同时协力来劳动，工作总体，由这各部分劳动者合力来进行。如前述之成都锦院，整个生产程序，被列分为不同而互相补足之诸过程，每个劳动者已经不是在独立生产，其所生产的只是同一产品在生产过程中的一个特殊阶段，并且各劳动者间还有一定比例。另一种是同一种手工业被按生产程序分为不同过程，每个劳动者只担任其中的一道工序，如蕲春的铸钱监分为沙模作、磨钱作、排整作三部分。上述两个类型正是《资本论》中提到加工场手工业产生的两种形式，因此这已经不是作坊，而是工场手工业了。

至于这些在作坊中工作的劳动者的身份，及半奴隶性质的军工，虽为大量来源，但招募来的雇工在劳动者中的比重却愈来愈大了。他们领取钱米作为工资，称为和雇。虽仍带有强迫性质，由行老引领称为当行②，并且许多工人不愿去，有所谓户头，但已多少带有雇佣的色彩，和唐实行的短番长上之徭役性质已有不同了。唐代征调工匠服役形式已全不采用，官奴婢和囚徒比重也大为减少。在工资方面，此时已有计件工资的趋向，如前引蕲春铸钱监之计件工资。及神宗时王安石因斩马刀局工匠曾反抗该局官吏③，主张增其月食钱。及神宗宣仁太后死，修山陵募工匠采石，"能倍功即赏之，优给其值"④，及因雇直优厚"无刑余"，以致"匠者之乐役"⑤，愿意拖长工作时间等记载来看，当时计日算工资，不仅多少反映了劳动情况而且包含了多劳多得，计件给值的趋向。这多少也反映了社会上雇佣工人数量的增加。

综上所述，可知宋代官营手工业在唐代基础上已经向前发展了一步，

① 李觏：《直讲李先生文集》卷28《寄上孙安抚书》。

② 参见前引《愧郯录》。

③ 参见《长编》卷262，神宗熙宁八年四月己丑。

④ 《金石萃编》卷140《宣仁后山陵采石记》。

⑤ 岳珂：《愧郯录》卷13《京师木土》。

规模大、分工细，出现了两种类型的手工业，工人身份也发生了变化。官手工业中生产组织与劳动者身份是最易墨守陈规的。官手工业的这种改变，正说明了宋代手工业生产关系是处在变化之中的。

这种官手工业的生产主要是供皇室消费及赏赐臣下之用，也有一部分是供政府及军队之用的。作坊规模虽大，分工虽细，但对民生没有很大影响，也不是商品生产。与唐基本相同，仍属封建性质。但社会上商品经济的发展也多少影响到官营手工业，如雇值之可上下。

有些虽出卖，如酒、曲，但非商品生产，不按价值规律交换，仍属于是一种封建剥削。

由于官手工业其材料的来源多出自封建贡赋，形成对人民的残酷剥削，服役的工匠又多被强迫雇佣，影响民营用品的生产，因此这种手工业的发展反倒引起人力物力巨大浪费，增加人民负担，阻碍商品生产发展。此外，这种手工业虽也能集中全国优秀工匠交流各地经验，发展技术，但另一方面，由于工匠应募近乎强迫，积极性不高，再加上管理腐败，墨守成规，又加上技术保守世代传袭，如神宗时"天下岁课弓弩、甲胄入充武库者以千万数，乃无一坚好精利实可为备者"[1]，所作衣甲不能防弓矢。原因是"诸州作院兵匠乏少，至拘市人以备役，所作之器，但形质而已。武库之吏，计其多寡之数而藏之，未尝责其实用，故所积虽多，大抵敝恶"[2]，木匠"其入役也，苟简钝拙，务闷其技巧，使人之不已知；务夸其工料，使人之不愿为，而亟其斥且毕，谓之'官作'"。[3]（南宋情况）

成都锦院338人，丝，39种，锦，岁690匹，蚕丝，125,000两，染料，211,000斤。

由此可见，中国商品生产，一方面在封建主义条件下为封建主义服务，成为封建经济的支柱；另一方面，也在封建经济的严重束缚下发展受到极大阻碍，但仍有相当的发展。

---

① 《宋史》卷197《兵志十一·器甲之制》。

② 《宋史》卷197《兵志十一·器甲之制》。

③ 岳珂：《愧郯录》卷13《京师木工》。

手工业者对强加到他们头上的封建束缚采取了不同程度与形式的反抗，在官营作坊中常用的形式是罢工，及反抗（见前引）。在官监民营的手工业中常用的形式是逃亡和私贩私运，乃至武装反抗，甚至起义（方腊起义即一例）。私营手工业中则有辞职，加工资斗争或罢工。这种反抗多少迫使封建统治者考虑放松对他们的封建束缚，如优给其值，或给予人身自由，多少而使手工业者有进一步发展的机会。所以手工业工匠的阶级斗争是手工业发展的重要动力。

2. 几种重要的手工业

（1）矿冶业

矿冶业在北宋手工业生产中占有极重要的位置，第一，表现为采矿区的扩大。如登州在唐代就是产金区，宋代继续在此开采，可是北宋初年，登州附近的莱州也发现金矿，又如神宗 1081（元丰四年）在邕州兴置填乃等洞金坑，每年采买金三千两上供。① 这类例证举不胜举。今就《文献通考》所记的坑冶数字 ②，列表于下，以说明矿冶发展之一般状况。③

项目	北宋初年的矿冶状况	北宋中叶矿冶状况
金	4 州 1 军（产地）	6 州
银	3 州 51 场	23 州 3 军一监 84 冶
铜	35 场	11 州邵武军 46 冶
铁	4 监 12 冶 20 务	24 州 2 军 77 冶
铝	36 场务	9 州 1 军 30 冶
锡	9 场	7 州 16 冶
水银	4 场	4 州 5 冶

从上表可知，北宋中叶的矿冶特别是银、铁、铜、铝业大大超过宋初，这证明宋代矿冶是在不断发展和完善的。

第二，宋代矿冶业的发展表现在从事矿业工匠人数的增多和组织规模

① 参见《长编》卷 312，神宗元丰四年五月庚寅。

② 参见《文献通考》卷 18《征榷考五·坑冶》。

③ 此表见漆侠讲义。

的进一步完备。宋代许多矿区人数增加到相当大的数字，如徐州东北的利国监，是个重要的冶铁中心，这里共有 36 冶，冶各百余人，合计至少在3600 人以上。信州铅山一带是个盛产铜铅的地区，从北宋到南宋"常募集十余万人，昼夜采凿得铜铅数千万斤"①。韶州一带是盛产铜铅锡银等矿的地区，在这里"四方之人，弃农亩、持兵器，慕利而至者不下十万。"②采矿组织，铜铁等矿，一般有采炭、采矿和冶炼等分工。

第三，矿产业也有显著增长，今将北宋时期官方坑冶税额数字列表如下：

项目	宋太宗至道末	真宗天禧年间	仁宗皇祐中	英宗治平中	神宗元丰中
金		14，000 两	15，095 两	5439 两	1071 两
银	145,000 两	883,000 两	219,829 两	315,213 两	215,385 两
铜	4,122,000 斤	2,675,000 斤	5,100,834 斤	6,970,834 斤	14,605,969 斤
铁	5,748,000 斤	6,293,000 斤	7,241,000 斤	8,241,000 斤	5,501,097 斤
锡	269,000 斤	291,000 斤	330,695 斤	430,695 斤	2,321,898 斤
铅	793,000 斤	447,000 斤	98,551 斤	298,151 斤	9,797,335 斤

上表所引数字多时期虽至有增减，但从其总趋势来说则是上升的。宋代官府如何收税，《太平寰宇记》记估为斗 10，宋当亦如是。宋神宗熙宁年间，"金银坑冶召百姓采取，自备物料烹炼，十分为率，官收二分，其八分许坑户自便货卖"③。由此可知，表中宋神宗坑冶之税，乃是全部产额十分之二，如果这样计算，宋神宗时矿产量已极可观。一般说来，宋代坑冶之税皆超过唐代数倍④，因而宋代矿产亦必超过唐代数倍。可以铁为例，《太平寰宇记》江南西道信州上饶条云："铁山，在县东南七十里，又名丁

---

① 《宋会要辑稿》138 册，食货 34 之 27。

② 《金石萃编续编》卷 14《韶州新置永通监记》。

③ 《文献通考》卷 18《征榷考五》。

④ 此推定自《文献通考》中有关唐宪宗时期坑冶之税比较得来。

溪山。先任百姓开采，官收什一之税。"①因此税率大致为10%，如此说不误(可能包括和买数)，太宗时总产量当达2800万斤左右或14000吨左右，英宗时为4000千万斤或20000吨左右，这样的产量在当时是颇为惊人的，远远超过同期世界其他各地产量。

第四，是技术有很大提高，在冶铁方面，这时的冶铁炉据推测已经很大，其形制当与明末宋应星的记载相去不甚远，以坑冶数77冶与现产量相较，每炉每日平均产量可达1000斤—1500斤，与宋应星一炉教土二千余斤相较，二者大致符合。这种冶炼法系以盐泥为炉，以人力鼓风，其特点一是炼铁炉与炒铁炉串连使用，炼铁炉铁水直接流入炒铁炉炼成熟铁，相当于今日鼓风炉铁水直接用以炼钢。二是炼铁炉操作之半连续性，可边出铁边加料。三是先炼生铁再炼熟铁，然后以生熟铁合炼成钢。这些方法与现代世界通行平炉炼钢方法相仿，而大大超过当时欧洲水平。在钢铁加工与处理方面，这时也有新的发展，一种是所谓团钢或灌钢，即把强度高、硬度高的生铁嵌在柔铁里，锻令相入②，炼成一种兼有韧性和硬度的制成品，这种锻的方式演变为后世的夹钢，今天乡间制造的锄头、菜刀、洋锹，仍往往用到。另一种是磁州所产的所谓"真钢"，用含碳较高的精铁（熟铁）锻之百余，火把其中的渣子锻炼，故越锻越轻，到最后就胆水炼钢，每斤44文，铸钱每贯省600文。铸钱本四铸十，六可铸十，比唐75钱铸3文省，铁2斤4两当铜一斤，则铁价更便宜，成文不到20文一斤，反过来也证明铁冶炼技术的发达及大量使用。"累锻而斤两不减，则纯钢也"③。上面两种都是热锻，另外还有冷锻，据说是西夏或青堂羌所善，其法"不用火，冷锻之，比元厚三分减二乃成，其末留筋头许不锻，隐然如瘊子，欲以验未锻时厚薄，如浚河留土笋也，谓之瘊子甲"④。这种瘊子有冶金学的意义，目的是在表示锻前与锻后的差别，用实物记下冷作的程度，和今天改变用缩减数来表示冷轧

① 《太平寰宇记》卷107《江南西道五》。
② 《梦溪笔谈》卷3《辩证一》。
③ 《梦溪笔谈》卷3《辩证一》。
④ 《梦溪笔谈》卷19《器用》。

钢经过冷作的程度是一样道理。据说这种甲色青黑，坚滑光莹，柔厚而韧，非劲弩可入。

另外许多铁制品都在其旧有基础上提高一步，成为驰誉一时的特产，如耒阳（东汉时即出铁）出产的针，"四方所推……大三分以制衣，小三分以作绣"[1]，雷州铁工所造茶碾、汤瓯、汤匦等等"皆为铸就""河间善造篦刀子，以水精美玉为靶，钑镂如丝发"[2]，十分精致。

冶铜技术在这时也有新的发展，即创造了胆水炼铜办法。将这一办法最先记载下来的大致是沈括，他曾提出"信州铅山县有苦泉，流以为涧，挹其水熬之，则成胆矾。烹胆矾则成铜；熬胆矾铁釜，久之亦化为铜"[3]，可见在神宗以后便知此法。徽宗崇宁间（1102—1106 年），提举江淮等路铜事游经（官吏）曾在铅里措置胆铜，"信州胆铜古坑二：一为胆水浸铜，功少利多，其水有限；一为胆土煎铜，土无穷而为利寡。计置之初，宜增本损息，浸铜斤以钱五十为本，煎铜以八十"[4]，不仅产量大增，比起唐代，七十五钱可铸一斤，成本也降低了。"自兴置信州铅山场胆铜以来，收及八十九万八千八十九斤八两，每斤用本钱四十四文省，若制扑胆铜铸钱，每一贯省六百余文，其利厚重"[5]。与此同时，也知道胆土也能炼铜，并与生铁浸于胆水中"三炼成铜，大率用铁二斤四两得铜一斤"[6]。胆水炼铜是我国矿冶史上的重要贡献。

第五，由于上述的技术进步、生产规模的扩大及组织改善，生产成本也有降低，胆水炼铜及前引铸钱都是例子。

第六，是矿冶中出现了新的重要产品，一是煤，一是石油。煤在春秋战国时已发现，《山海经》中已有记载，秦汉记载中也不少，称为"石墨""黑丹""石涅""栌（卢）丹""糜石"等。西汉时，煤已用于炼铁，

---

① 陶穀：《清异录》卷 3《金头黄钢小品》。

② 编者补注：庄绰：《鸡肋编》卷上《定州刻丝与各地工艺》。

③ 沈括：《梦溪笔谈》卷 25《杂志二》。

④ 《宋史》卷 185《食货志下七·坑冶》。

⑤ 《宋会要辑稿》138 册，食货 34 之 25。

⑥ 《文献通考》卷 18《征榷考五·坑冶》。

东汉到魏晋南北朝，石炭逐渐成为人民生活日用的燃料，到宋代，石炭矿已设专官管理，与木炭并课税收，曾一度官营。这时，石炭产地遍于多地，主要用于炼铁，"以冶铁作兵，犀利胜常云"①。河北、山东、山西、陕西等已开采。"汴都数百万家尽仰石炭，无一家燃薪者"②，可见石炭用途已十分广阔，成为人民生活中的必需品。

石油的发现也较早，《汉书·郡国志》及张华《博物志》内已有记载叫做"石漆"的石油。《酉阳杂俎》亦有记载，并发现它能燃火（有水可燃）及当车上的润滑剂（膏车）。范仲淹在陕西时，曾用水上浮的黑块作军中燃料。九十年后，沈括又对之作了介绍。此外玉门油也被发现。当时石油用途已不限燃料膏车照明，而且以其碳黑作于烟墨之代用品。更重要的是用于国防，"西北边域防城库皆掘地作大池，纵横丈余，以蓄猛火油……用油者以油涓滴自火焰中过，则烈焰遽发，顷刻虏营净尽，油之余力入水，藻荇俱尽，鱼鳖遇之皆死"③。官营作坊中有猛火油作，当即制此。

由上可知，北宋矿冶业的发展概况。

（2）丝织业

纺织业在宋代最重要的还是丝织业。这时，除四川外，东南地区已代替北方成为另一个丝织中心，所谓"茧簿山立，缫车之声，连甍相闻"④，而两浙路的上供帛在宋神宗时即达九十八万匹之多，足可说明此种情况。丝织品种繁多，光锦就四十二种，技术也有显著提高，各地均有其特产。婺州红边花罗、东阳花罗、越州寺绫（为尼僧所织）、抚州莲花纱（莲花寺尼织）都是名贵的产品。单州成武县制造的薄纱，"修广合于官度，而重才百铢，望之如雾"⑤。缂丝手工艺亦在宋代出现，"定州织缂丝不用大机，以熟色丝经于木杼上，随所欲作花草禽兽状。以小梭织纬时，先留其

① 《东坡文集》卷17《石炭》。

② 庄绰：《鸡肋篇》卷中《石炭》。

③ 康与之：《昨梦录》，《说郛》卷21。

④ 李觏：《直讲李先生文集》卷16《富国策三》。

⑤ 庄绰：《鸡肋编》卷上《定州刻丝与各地工艺》。

处，方以杂色线缀于经纬之上，合以成文，若不相连，承空视之，如雕镂之象，故名'刻丝'"[1]。定州一直是丝织业中心，取得此种成就不是偶然的，由此也反映了手工业生产分工的细致。

在纺织业中还有值得提出的大事，便是棉花成为纺织的原料。棉花原产地一说出于印度，早在汉唐即已输入中国边疆地区，南道自东南亚到海南闽广，北道自中亚到新疆，当时称为"吉贝布"或"白叠布"，有木本和草本二种，南道输入者为木棉。北宋中叶以后，闽广即颇普遍种植，并用以纺织。据王明清的记载，宋神宗时一个叫陈彦辅的官吏曾"役使广州军人织造木棉生活"[2]。到南宋以后，木棉就渐渐推广，到明时就取代丝麻成了最重要的衣料。弹弓、纺车已经出现。

与纺织业密切有关的染业也有发展。官府开有染院，专门煮染官家缣帛。城邑中出现不少私营染坊、染肆，有一些染工。青、皂、蓝、红、紫诸色均可染，更重要的是唐玄宗时出现的印花技术，这时极为流行，小孩子不见印花衣服，就不肯穿。

（3）瓷业

瓷器是中国人民的伟大发明之一，在世界文化史上占有极为光辉的地位。瓷器的制造是从陶器发展而来的，制造瓷器的条件是：①具有高岭土 [二分子的硅酸铝 $Al_2Si_2O_5(OH)_4$] 质的胎骨，而陶器则是一般的黏土；②上釉（白或彩），陶器则可不上釉。③高温烧成（300℃以上，细致不透水，陶器多为 800℃ 左右）。

中国新石器时期，陶器就已非常精美，到商朝时，劳动人民又制造了精美的白陶（即用高岭土烧成的陶器），并已学会在陶器上上黄或绿色的釉，汉晋以来，陶器制造技术有很大进步，文献中已出现了"绿瓷"等名称。从近年考古所得材料看，三国时期（229—260 年），已肯定发明了瓷器。晋代关于瓷器的记载更多，唐朝瓷器制作技术更为精美，宋朝瓷器制造业更为进步。从五代起，各地统治者即竞设官窑，其中最著者为吴越的

---

① 编者补注：庄绰：《鸡肋编》卷上《定州刻丝与各地工艺》。

② 王明清：《玉照新志》卷 1。

秘色窑及后周御窑（紫窑）。秘色窑属青瓷系统，光妍如美玉，有金扣、银棱和金银陶器（镶镂金银瓷器）。这个窑的规模从吴越王一次进宋太宗瓷器五万件金扣瓷器一百五十件可知。① 另外，还有记载其前后入贡金银饰瓷器十四万余的事。②

显德年间（954—959 年）后周御窑，俗称"柴窑"，后人称之"雨过天青器"，被人誉为"青如天，明如镜，薄如纸，声如磬"③，可惜没有流传到现在的。

宋代名窑有定、汝、官、哥、钧五窑。其中白瓷器又以定窑为代表（今河北曲阳灵山镇），在装饰艺术上有很大进步。青瓷在南北方均大量制造，北方钧窑以天青为主，可能继承柴窑釉色（今河南禹州）。官窑（开封）、汝窑（汝州）均是官窑，以青色为主，青料中的铜质往往经窑烧起化学作用变为绿，或红紫，多色斑，俗呼为"窑变"。这种现象最初是偶尔的，后来才找到规律，作人为的安排。南方青瓷以浙江龙泉最有名。处州人章生一、生二兄弟，在龙泉各设一窑，俗称哥窑弟窑（也称章窑）。哥窑的特点是有碎纹，这本因釉及胎冷热缩胀率和冷却时收缩速度不同，因此发生裂纹开片现象，原也是一种毛病，后人喜其自然美丽，发现其规律而加仿造。弟窑胎骨厚实，没有纹片，釉色以粉青、翠青为主，光润纯洁，其美如玉。此外昌南镇越窑等也极有名。这时不仅有窑变及裂纹而使瓷器多彩，而且也有青花及釉里红等发明创造。由本色釉上胎到模印印花纹进展到自由描绘，更进而在白釉下显现青红二色，这是我国瓷史上极重要的发明。由此开创了以后多彩施釉和种种彩绘的新途径（又有彩瓷）。这些瓷器不但品质优良、种类繁多，而且式样优美，色彩鲜艳。瓷器除供国内需要，还向欧洲、东南亚，特别是南洋群岛各国输出，成为这些地方人的珍品。13 世纪初，日本学会烧造瓷器。16 世纪中，中日造瓷技术传入意大利，从此，欧洲各国也学会造瓷了。

---

① 参见《宋两朝供奉录》，袁褧撰，子袁颐续《枫窗小牍》。
② 参见《宋两朝供奉录》，《枫窗小牍》。
③ 谷应泰：《博物要览》卷 2《汝官哥窑》。

（4）造纸业

宋代造纸业也有许多进步。由于印本书籍的大量流行，纸的产量大为增加。四川、两浙等地是当时产纸的重要地区。[①] 造纸的原料，仍以麻、竹为主要原料，大体四川主要为麻纸，浙江则多竹纸。此外藤、楮等也来做原料。至于名噪一时的宣纸，则为檀树皮和稻秆所制。在造纸技术方面，这时大概还没有利用碱性物质（石灰等）去处理，而只是用人力去搅打。但是，当时所制的纸却极为精美，有墨光、白滑、冰翼、凝霜等名目。有一种称为椒纸的，可以防蛀，据说是浸过辣椒水的。当时较名贵的纸有澄心堂纸，大概是在纸造成之后，用贝壳一类的东西将纸面磨得很光。经过这一加工，纤维间的毛细管减少了，书写起来时就不会有渗开的情形。[②] 苏州的彩笺，名闻四方，"以诸色粉和胶刷纸，隐以罗纹，然后砑花"[③]。四川粉笺是从此学去。手工纸一般都是一面光，但曾出现过两面光滑的纸，"其纸极坚厚，背面光泽如一，故可两用"[④]（一说为朝鲜输入，名"鸡林纸"），似已接近机器纸了。另外，一般贫苦农民也往往以纸为衣，也可反映纸之坚韧及便宜。

造纸技术上还有一件值得一提的事，歙州（安徽绩溪）造纸"复有长者可五十尺为一幅，盖歙民数日理其楮，然后于长船中浸之，数十夫举抄以抄之，傍一夫以鼓节之；续于大熏笼上周而焙之，不上于墙壁也。于是自首至尾，匀薄如一"[⑤]。这么长纸及规模之大与焙烤方法都是新颖的。

与此相关联的，造笔、造墨的手工业也很发达。

（5）造船业

海外交通贸易的发达，刺激了造船业的发达。当时从中国海岸到波斯码头，运货的大都是中国大型海船，不但有帆、锚、自卫的武装，船桅还

---

① 米芾十纸说。《文房四谱》、陈槱《负暄野录》、施宿《嘉泰会稽志》、《东坡志林》。

② 《纸の话》，内藤虎编《东洋文化史研究》，1933。编者补注：中译本题为《说纸》，见林晓光译《东洋文化史研究》，复旦大学出版社 2016 年版，第 73 页。

③ 范成大：《吴郡志》卷 29《土物》。

④ 张萱：《疑耀》卷 3《宋纸背面皆可书》。

⑤ 罗愿：《新安志》卷 10《纸》。

有转轴设备，可以自行起倒，制法曾传入日本。另有救生小船和拖拽的柴船。最大的海船长十余丈，深三丈，阔二丈五尺，桅高十丈，外露水面部分呈四角形，下侧还逐步尖狭有如刀削，这给举帆破浪增加不少方便。①此外，有隔水舱，使船只在运航时更为安全。每船可乘坐五六百人，篙师水手六七十人，载重量可达 2000 斛左右。当时造船业主要地区在荆、江、淮、浙一带，京师设有造船务，凤翔、吉、虔等十一州，每岁可造 3000余艘。其中，温、明两州每岁可造 600 只（元祐五年，1090）。神宗时，为修理长达 20 多丈的大船，曾在汴京设置船坞，坞上可蔽风雨，下面设置大柱梁引水通坞，将船置挂梁上，然后将水排出从事修理，这也是造船过程中前所未见之事例。

关于这个时期手工业的发展内容还有许多，火药、指南针、印刷术之发明，留待宋之文化中叙述，其他从略。应指出的是，即农产品加工工业中，水力利用有进一步发展。"水转连磨"（九磨）是宋代最高成就。可以磨粉（日得谷食，可给千家）②，也可利用水力做成特大纺车，昼夜纺绩至百斤。

简短的结论：

在农业恢复和发展的基础上，手工业发展起来。一方面，在生产地区，产品种数、产品数量、质量、生产技术方面，都有长足的进步及发展。另一方面，手工业者的增长、产品商品性的增长及劳动者雇佣性的增加，手工工场也进一步出现。就是这一时期的特点。

但是，必须指出，在手工业生产力发展方面，机械的使用仍居极次要地位，生产主要还是人力。闭塞、保守的现象仍未消除。一些精致产品因其对象为地主、贵族，故仍浪费大量劳动力。另一方面，由于受到封建势力在各个方面的不同程度的束缚，所以手工业者商品性及雇佣劳动力出现增长很慢而且带有极大的封建束缚。

因此，从手工业看，北宋仍处于封建经济高度发展时期。不能说已经出现了资本主义因素的萌芽。

---

① 参见《萍洲可谈》《梦溪笔谈》《宣和奉使高丽图经》等。

② 编者补注：参见《王祯农书·农器图谱集》卷 14《水转连磨》。

（三）商业和城市

随着农业的发展，农产品中的商品性大大增加。而随农业而发展的手工业也大大发展起来。这样，投入市场的货物就日益加多。另一方面，地主阶级的剥削收入也随农业的发展大大增加。统治阶级需要供养官僚兵士，需要并且自己奢侈浪费，而农民也还具有一定程度的购买力，因此，需要量也大起来。而在统一和安定的环境下，交通发达，商业的流转也较少受人为的阻碍，因此，商业大大发展起来。

1. 商业

北宋商业的第一个应注意之处是商业的发展已经不限于奢侈品贸易，而且也扩大成为各种日用品的贩运。到南宋时，城市里的商业，不仅有珠子市、金银盐、钞引交易，而且故楮羽毛，皆有铺席发客。[1] 至于农村墟市的交易，更是日用品。日中为市的遗习也已清除。这样商业愈发侵入自然经济领域，作用范围愈来愈大了。"是大规模的而不是以少数顾客为对象的销售当作前提来假定的。"[2] 贩运贸易（在这场合，商人资本是纯粹的，与其诸极［那就是商人资本所媒介的各个生产部门］相分离的）虽然仍是主要的商业形态，但是，商业对农村自然经济的侵蚀与对手工业的控制已渐渐见其萌芽。[3] 远距离的贩运多半是奢侈品，一般地在一个地区的贩运则是日用品。

第二个应注意的是除大中城市商业兴盛之外，地方性城市商业也远比唐代兴盛。唐代的定期集市——草市、墟市这时都有不小的发展。如东京开封府界所辖的四十一个税务中即有三处设在村落中。这反映了农村中定期集市的发展。此外，许多过去的草市墟市经过多年来的发展，形成许多市镇。许多商贩和手工业者便在这些市镇上定居下来，开封府界所设四十一个税务，设在市镇上的就有十七处之多。如熙宁十年，京东路青州

---

① 《梦粱录》卷 13《铺席》。

② 《资本论》第 3 卷，人民出版社 1953 年版，第 403 页。

③ 《资本论》第 3 卷，人民出版社 1953 年版，第 407—408 页。

辖六县四镇，每镇每年商税最少 400 贯，多的千余贯。县城多的达 5000 余贯。州城则达 40000 余贯。可见宋代商业点之普遍集中于城市。[1] 这些草市、墟市、市镇一面起着组织农村中农产品和日用品交换的作用，一面又成为大城市与广大农村之间的桥梁，从而活跃了商品经济。

第三个应注意之处是政府对商业的管理和干涉较过去为少。

唐代市场聚散有定时，市场均限于一定区域之内，市中商店以类相从（称坊或市），政府便视该市所居都会等级而委任大小不同市令、市丞等官吏用以管理和征收赋税。宋代已无这些限制。商店可随处开设，不再受时间和地域限制。大约从北宋中叶，不仅市内"不闻街鼓之声"[2]，"坊市之名，多失标榜，民不复称"[3]。这给当时城市经济的发展，提供了不少便利。但这时某类商店集中在一起的现象自然存在，还有行会及习惯影响。

2. 城市

宋代著名城邑全国不下百余处，这些城邑散处在水陆交通线上。在 8 世纪中叶唐玄宗时，全国十万口以上都市为十三处。到北宋中叶，已增到四十六处。二十万口以上都市也有六处之多。长沙、汴京、京兆府（西安）、杭州、福州、泉州等，尤其是首都汴京，总户数在二十六万以上[4]，真是"人烟浩穰，添十数万众不加多，减之不觉少"[5]。城内有许多大街，街上酒店"彩楼相对，绣旆相招，掩翳天日"，"金银彩帛交易之所，屋宇雄壮，门前广阔"，"每一交易动即千万"。有些楼店，"三层相高，五楼相向，各有飞桥栏槛，明暗相通，珠帘绣额，灯烛晃耀"[6]，城内又有相国寺庙会，又到处有晓市、夜市、鬼市、货摊、小贩等。

以商税征收款计，90 万贯者有东京等三所，20 万贯有五所，10 万贯

---

① 参见《宋会要辑稿》129 册，食货 15 之 1。

② 宋敏求：《春明退朝录》卷上。

③ 朱长文：《吴郡图经续记》卷上《坊市》。

④ 参见《元丰九域志》卷 1、5、6、9。

⑤ 《东京梦华录》卷 5《民俗》。

⑥ 《东京梦华录》卷 2《酒楼》。

以上者有开封、杭州等十九所，5 万贯以上者有西京（洛阳）等 30 所。[1]

现传之于世的张择端《清明上河图》，就是北宋首都繁华情况很好的写照。

在开封城中，集中了大量的手工业者。1085（元丰八年）时，"在京诸色行户，总六千四百有奇；免轮差官中祇应，一年共出缗钱四万三千三百有奇"[2]。这和开封全部人口比起来，虽然是个不大的数目，但值得重视。同时也说明这时的城市主要是消费城市，是官僚地主贵族及为其服务的商人集中地区。由于集中了大量人口，消费量也极大，需从各地运来。每年约有 600 万石粮从江南运到淮河一带仓库中再往北运。城外"近新城有草场二十余所。每遇冬月，诸乡纳粟秆草，牛车阗塞道路，车尾相衔，数千万辆不绝"[3]。南薰门"民间所宰猪，须从此入京，每日至晚，每群万数"[4]。

其次是内地江河航运往来冲要所在如西京（今洛阳）、成都、兴元、大名（今河北）等。西北沿边重要城镇主要有：沧州、雄州（今河北）、保安军（今陕西）、镇戎军（今宁夏固原）等。至于东南沿海对外贸易的口岸，像广州、泉州、杭州、明州等，也全是"通蕃互市""商贾交凑"的城市。

由上可知，这些大中城市还不是生产城市。城市中手工业仍是不算发达的，城市繁荣主要依靠统治阶级及其附属者的消费。商业也还是贩运贸易。这种城市，在政治上虽控制农村，但在经济上却依附农村，剥削农村，而远不能瓦解农村中根深蒂固的自然经济。

3. 对外贸易

宋代对外贸易更形发达，对辽国的贸易，设有八处榷场。以雄州为最重要，宋以外来的香料、犀象为出口物。与夏则在保安军一处贸易，宋以缯帛、绫罗、瓷器等换夏国的驼马、牛羊和甘草等类药物。东南滨海地带主要是和大食及南洋（占婆、三佛齐）、日本、朝鲜贸易。其中大食与南洋是对外贸易最重要部分，在一些大的通商口岸及开封，都居留着大食及其

[1] 参见《宋史》卷 186《食货志下八·互市舶法》。

[2] 《长编》卷 359，神宗元丰八年九月乙未。

[3] 《东京梦华录》卷 1《外诸司》。

[4] 《东京梦华录》卷 2《朱雀门外街巷》。

他国家的商人，广州并有专门为外人居住的"蕃坊"。宋政府在广州（971）、杭州（989）、明州（999）、泉州（1087）和密州（今山东胶州，1088）、华亭（今江苏松江）等地先后恢复和设置了管理对外贸易的市舶司。宋以金银、缗钱、铅、锡、帛、瓷器换取香药、珠玉、犀象、苏木、玳瑁、珊瑚、玛瑙、葛布等物。外船来经商的先经市舶司检查抽十分之一到十分之三当关税。重要的货物全由市舶司收买，不重要的货物才由商人收买。当时货物数量颇大，熙宁十年市舶司所收仅乳香一项数目即达 354,418 斤。

随着对外贸易的发达，中国铜钱大量传到国外，成为许多国家的通货。中国商船队也是南中国海和印度洋上最活跃的船队。一般有防水舱，又使用罗盘，安全可靠。许多大食、波斯商人来中国贸易，多乘中国海船。这一切说明中国造船业当时生产水平居世界前列。而中国手工业品给世界其他国家特别是较落后的如辽、夏和南洋诸国以极大的帮助，丰富了他们的物质生活。

这种对外贸易，由于主要是统治阶级的奢侈品，因此对国民经济影响不大。另外，却因此造成金银或铜钱的外流，给国内经济带来一些恶果。

4. 交通运输业的发展①

商业及城市的发展引起了交通运输业的发展。宋代陆路交通包括驿传和邮铺两种。宋制六十里有驿，内部组织有驿长、驿吏、驿子。设备上有驿舍、驿乘、地图。乘驿者皆给银牌。这些情况都未能超越唐朝的规模。邮铺方面，则有步递、马递和急脚递三种。步递多用军卒充役，马递可日行 300 里，急脚递只限军需时应用，能日行 400 里。邮铺的使命，最初本为传递文书的机构，后来常令担负"诸般纲运"，甚至"略无休息"②。但驿传和邮铺还仅是官府使用，对一般商人影响不大。

至于水运，宋代有更大的发展。当时主要水运干线以开封为中心，有黄河、御河（由黎阳北边界河雄州榷场，南至黄河徐曲口，于 1075 年开凿）、广济河，宋初也称五丈河，京东十七州的漕运主要赖此。惠民河也

---

① 讲义原稿旁注：参阅《辽宋金元史》。

② 《长编》卷 297，神宗元丰二年三月丙戌。

称蔡渠，沟通淮南各州水道。汴河在沟通南北经济上发挥了巨大作用，其漕运量太宗时为 580 万石，真宗时达 700 万石，仁宗时达 800 万石。均采取编纲及分段运输办法。外加商民的一般贩运往来，遂使汴河形成"舳舻相衔，千里而不绝"①的壮观景象。

5. 货币数量的增加与纸币的出现

国内外商业的发展，刺激了货币的流通及其发展。北宋王朝的收入中，货币经济成分逐渐增加，神宗时已占全部收入的 51.6%（其中商税又是货币收入主要部分）。货币中铸钱乃为主要部分。五代十国时期，各国钱有铜、铁、铅等多种。宋统一初期，曾计划全国一律使用铜钱，但是结果未能完全成功，于是各地铜钱与铁钱分区使用。大约今四川专用铁钱，陕西以西采用铜钱和铁钱。其余多省使用铜钱。在这时期，全国铜钱铸造额从太宗时的每年 80 万贯增到神宗时的 506 万贯，比唐朝最高铸钱数——天宝年间的 32.7 万贯，高出几倍到十几倍。但是，货币虽然逐年大量增加却仍然产生钱荒这一流通不足现象。其原因，一是大量货币流出国外，一是大商人、官僚地主把货币当作贮藏手段。②

此外，金银也开始在市面上流通。并有销铸兑换的金银铺。北宋开国之初，统治者还颁布过限制伪造金银的禁令。

此外，宋初，赵匡胤取消唐朝飞钱故事，许民入钱京师，于诸州便换。其后许外地闲慢州乃许指射。③"其法：商人入钱左藏库，先经三司投牒，乃输于库。开宝三年，置便钱务，令商人入钱诣务陈牒，即辇致左藏库，给以券。仍敕诸州凡商人赍券至，当日给付，违者科罚。至道末，商人入便钱一百七十余万贯，天禧末，增一百一十三万贯。至是，乃复增定加饶之数行焉。"④

这时货币方面最重要的现象是纸币的出现。川陕地带一向使用铁钱，千钱计重 25 斤（仁宗时减半），小钱一贯重六斤半（十贯折大钱一贯），

① 编者补注：周邦彦：《汴都赋》，收于祝穆《事文类聚》续集卷 2《居处部》。
② 这也说明货币当时还未当作资本，即增殖货币的资本。
③ 参见《长编》卷 85，真宗大中祥符八年闰六月丙戌。
④ 《宋史》卷 180《食货志下二·钱币》。

一般小铜钱一贯五斤，这给商旅贸易带来很大不便，乃由商人十万户商印造"交子"的钱券以代铁钱流通。北宋政府见有利可图，乃将发行交子的事收归政府接办。1023 年正式创设益州交子务，规定"一交一缗，以三年为一界"①，每界限额为135万余缗，这就是中国早期的纸币。宋徽宗时把交子改为钱引，大量印发，流通范围也从四川扩大到全国大部分地区（除闽浙广）。但是，这种大量发行的纸币是没有准备金的，所以贬值很快，"大观中，不蓄本钱而增造无艺，至引一缗当钱十数"②，对社会经济和商品流通造成很大破坏。

纸币的出现是经济史上的一件大事，说明了商品经济的进一步发达，纸币反过来又便利和促进商业交换关系的发展。但是从它刚一出现开始，纸币就变成了封建国家掠夺人民的工具。不仅兑换时"每小铁钱一贯文，依例克下三十文入官"③，而且更厉害的是大量发行，又无准备金引起的纸币的贬值。

6. 商税和官卖

由于商业的发展，北宋政府对商业的利润也就采用多种方法进行攫取，主要方式有二：一是商税，一是官卖。

商税的名目有：过税——即过路税，抽 2%，"行者赍货，谓之'过税'每千钱算二十"；住税——市卖税，抽 3%，"居者市鬻"，谓之"'住税'，每千钱算三十"④。多项货物中如为官府所需要的则抽 10%。看来虽然不重，但由于税务林立，全国大小城镇，设坊置务，征收商税的地方凡 1835 所，每至一处即须抽纳，因此从南方到汴京要抽到 50%，各种商品无不纳税，甚至运货的空船折回也要纳税，叫作"力胜钱"。道路巡丁税吏勒索，每纳税百钱，提出十文给税吏，称"事利钱"，后被官府收回称"市利钱"，自然税吏勒索不会因此停止。只是商民负担增加。商贩入市，还得缴"免行钱"。商税剥削的对象，不是那些有钱有势的大商贾，而是

---

① 《宋史》卷 181《食货志下二·会子》。

② 《宋史》卷 181《食货志下二·会子》。

③ 李攸：《宋朝事实》卷 15《财用》。

④ 《宋史》卷 186《食货志下八·商税》。

一般的小商贩和农民。商税和其他税一样，逐年增长，997 年（太宗至道三年）全国 400 万贯，1021 年（真宗天禧五年）1200 万贯，1045 年（仁宗庆历五年）1975 万贯，超过两税限额。此后具体不详。五十年中商税的收入增加约为 5 倍，商税的苛刻与商业的繁荣可以想见。

至于官卖事业，北宋统治者为了增加自己的收入，把人民生活必需品如盐、茶、酒、曲、醋、白矾和多种矿产都收归官卖，人民私造酒几升，私贩盐十几升等就是死罪。官卖物的价格提得很高，如盐每斤成本只有 4 文—6 文，出卖时为 8 文—47 文，这还只是表面定价。实际贪官污吏奸商乘机操纵，每斤高达几百文。茶税之重也使一般园户感到极大痛苦，认为种茶是一种灾祸，许多茶叶积压过久多腐恶不可食，官府则硬配给民户，仍照旧加收钱。茶利常在十倍左右。官卖酒亦品质极恶劣，由官府分配给户征钱。盐、茶、酒等专卖给宋政府带来极大利益。如 1077 年（熙宁十年），每年盐利 952 万贯，酒利 1228 万贯。1042 年（仁宗庆历二年），盐利 715 万贯，酒利 1710 万贯。商税和专卖事业也使商业的发展受到阻碍。

由于商业的发展，商人势力扩大，因而商人经济地位也提高起来。在较大的城市中，都有商业行会的组织以应付官府的征税和采买。当时商业行会成为"行""团"或"铺"，往往普通铺户不能与其他商行发生关系，而仅经过本行首领市头或行头，先讲好价格才能发货给钱。此外市场还又有牙商（牙子）及运输行的首领"甲头"。行会常为大商人把持。①

宋代科举制度向商人开放，商人摇身变为官僚，储有大量货币的商人，兼并大量土地，又摇身变为地主。官僚利用政治权力，从事各项商业活动，有的官僚派亲信向各处贩卖（如符彦卿），有的官僚到处张设邸店，有的官僚和商人勾搭在一起，由商人替他们经营，有的官僚甚至自己兼营商业，如江淮发运使李溥借进贡名义，自率大船多艘运东南名产进京，单是两浙笺纸就装三大船，他物数量可以此类推。哲宗正式承认官员免税经商，名义是品官本家服用物免税。此外，许多大官僚（文武都有）则广占

---

① 参见《东京梦华录》《梦粱录》。

兵士（往往达六七百人至千余人），不仅为他们营缮房屋，而且为他们刺绣鬻巧，做各种手工艺品市卖，许多贵族、大官将城市的各行会把持在自己手内，他们和大商人勾结在一起，共同操纵物价，一般商贩都会遭到他们的沉重盘剥。

官僚、地主、商人的结合，构成当时社会经济重要力量，对当时社会经济起很大阻碍作用，使商业资本与土地封建所有制紧密结合，更少更慢侵入手工业生产领域，不能破坏封建经济，反而起了巩固封建经济的作用。

简短的讨论：

1）北宋时期，商业和城市有进一步发展，表现为：商品范围扩大，地方商业繁荣，政府对商品控制的某种程度的松弛，城市人口的增加，货币流通量增加，特别是纸币的出现，交通的发达。

2）然而这种商业还没有能克服自然经济作用，相反地起巩固作用。这表现为，主要形态为贩运贸易，城市还是消费城市，手工业比重在城市人口中不大。

3）北宋政府对商业的控制——官营事业及商税对商业的发展起了一定阻碍作用，使之不能有效地侵入工业及农业领域中去。

4）地主、官僚、商人三位一体，浪费了大量资金，使商业与封建土地制度紧密结合起来，使之不但不能破坏封建经济，反而起了巩固封建经济的作用。

这一节的简短的结论：

从农业与手工业生产力的增长上看，宋代比唐代有很大的进步。农业的发展有限度且不久即因剥削太重而陷于疲敝；手工业有很大发展，商业则呈畸形发展。然而农业仍是个体生产，手工业机械的使用及工场也极个别。总而言之，封建社会内部生产力还未出现、还未达到与旧生产关系发生矛盾的程度。

在农业中地主占土地在 70% − 80% 以上，私人地主土地所有制成为主要形式。国有土地已退居次要地位，农民主要以佃户身份受地主剥削。在手工业中，雇佣关系愈来愈多地出现，但基本上仍是封建生产关系。

农业及手工业生产的商品性有进一步的增长，但绝大部分却不是商品生产，地主阶级及封建国家对生产的控制阻止了商品生产的发展。

商业此时仍以贩运贸易为主，且因商人、地主、官僚结合及封建国家的控制与限制，它还只起一个巩固封建经济的作用，而未能起破坏作用。

因此，宋代经济情况是新的生产力尚未在封建社会内部产生，资本主义萌芽尚未出现，但商品经济的发展则为萌芽的出现创造了前提条件。

由于土地绝大部分集中在地主手中及封建官僚与地主剥削的严重，北宋阶级矛盾特别是农民与地主的矛盾十分尖锐，这就是北宋危机的根源，也是王安石变法的主因。

第二节　国防危机的加深

由于宋政府的守内虚外的政策及政治的腐朽，使得北宋在对外关系上，一再屈辱退后，11 世纪初期大敌是辽，11 世纪初期以后，大敌则是西夏。

（一）澶渊之盟

986 年，北宋攻辽失败后，曾用塘泺之制以阻遏辽兵，但在秋冬之时，或雨量缺少、河道浅涸的年份便没有什么用。1004 年（真宗景德元年）九月，圣宗耶律隆绪和太后萧氏便率大军南下，由于北宋仍和过去一样，在边境布置的兵力过于分散，再加上有压抑武将的政策[①]及朝廷上下的失败主义情绪，河北军民虽在杨延昭等人的领导下进行了英勇的抵抗，却只能采取守势而无法阻遏辽兵的南下，所以辽兵在十一月下旬就长驱直入，直达黄河北岸的澶州之北。

在"急求一夕之安"的情况下，北宋统治阶级内部充满了恐怖和惊惶，

---

① 名将杨延昭曾因小败即被撤职，而他领兵最多时也不过一万人。

从宋太宗以来就产生的懦弱畏惧，这时便发展成为退却逃跑，宋朝在临江（今江西清江）的大臣王钦若劝真宗向金陵逃避，宋朝在关中的大臣陈尧叟就劝真宗迁都成都。其中只有以宰相寇准为首的一小部分人，主张抵抗。他一方面多少意识到，在两河组织起来的"习其川原，识其形势""以战则力，以守则固"的民兵是阻击辽军的重要力量，主张动员他们在敌人后方进行邀截。① 另一方面，他看到敌人深入缺乏补给，势不能久，故主张以河北的定州、贝州两个据点为中心集结军力，再与其他各据点策应，以牵住敌人深入之势。配合这种军事部署，他极力动员真宗渡河亲征以鼓舞斗志，并主张把那些主张献策逃走的大臣"斩以衅鼓"②。

动摇不定的宋真宗多少懂得，如果逃跑，不但要丢掉大河南北的地方，而且连自己的统治地位也会发生动摇，因此他不得不勉强北上抵挡辽国。但满朝慌张、恐怖、混乱的气氛却并未因此消失。在真宗将行之际，司天监报告太白昼见，流星出上台北，天象不利。宰相毕士安以昼见太白，对宰相不利的口实，不但不肯随军领征，反而还要寇准"交取鹘嵛官家"③。被派往大名防守的王钦若，闭上门念佛。《宋史·王旦传》记载了一件事，说宰相王旦本随军进发，后被派回开封任东京留守，临行前向真宗云："十日之间未有捷报当为何？"真宗默然良久曰："交皇太子。"按：1004 年时真宗尚未得子，仁宗生在 1010 年，故此事流传但显然是误传的故事，从中也可推见当时朝廷中的惊慌状态。

宋真宗虽然勉强亲征，但也畏缩不前，走到半路，又想南迁金陵，寇准再度说明只有抗敌是唯一出路，"今寇已迫近，四方危心，陛下惟可进尺，不可退寸。河北诸军，日夜望銮舆至，士气当百倍，若回辇数步，则万众瓦解。敌乘其势，金陵亦不可得而至矣"④。殿前都指挥使高琼也支持这一主张。真宗走到澶州南城，寇准请渡河，真宗又犹豫不进，经寇准、高琼一再敦促才经过浮桥，移驻澶州北城。当真宗率御盖在北门楼上出现

---

① 参见张方平：《乐全集》卷 13《武备论·民兵》。

② 编者补注：魏泰：《东轩笔录》卷 1。

③ 叶适：《习学记言》卷 48《吕氏文鉴》。

④ 《长编》卷 58，真宗景德元年十一月壬申。

时，远近兵民都欢呼起来，"声闻数十里，气势百倍"。

这时，辽孤军深入，粮饷不继，专靠劫掠人民来供给，由于遭到人民的抵抗，又下令军中"凡获男子十五以上者皆杀之"①，以致引起河北民众坚决的抵抗。如保州民兵小校孙密领十卒侦事中，路遇辽军，杀其十余人及其军校。辽军所过城邑只攻下两城，其他城邑皆在宋军坚守中。②辽太后领兵攻瀛州，知州李延渥率所部兵及"强壮"（民兵）抵抗，相持十余日，打退敌之多次进攻即是一例。其后，定州等地尚有宋的重兵牵制，有的宋军如杨延昭等已转守为攻进入辽国境内，辽军后方受到极严重威胁。另一方面，宋军这时集中在澶渊的不下数十万，士气旺盛，在真宗到澶州的前几天，在一次小的战斗中用伏弩射死了辽的重要将领。真宗到澶州之后，又得到一次小胜利，士气极为旺盛。两军相较，宋占优势，可能获胜。但是北宋统治者被失败主义情绪所控制，没有抗战的信心。真宗到澶州北城巡视一次又回到河南，悉以军事付寇准又不放心，不断地派人去探听寇准情绪究竟如何，在做什么，回报说"相公饮酒矣，唱曲子矣，掷骰子矣，鼾睡矣"③，真宗见他十分镇定，也才安定下来，但是仍然没有决战信心。

辽军也看到局势对自己不利，乃遣使前来议和，想从和议中得到一些好处。真宗在这以前，已派曹利用去与宋降将仕辽的王继忠联系求和事宜，这时正求之不得，于是双方就开始正式议和了。而这年十二月朔的日全蚀，又因司天监的解释"主两军和解"而使这次议和有了根据。

寇准等当时主张拒绝和议，乘势进军收复失地，邀其称臣及收复幽蓟之地，杨业的儿子杨延昭（宁边军部署）曾上疏："契丹顿澶渊，去北境数千里，人马俱乏，虽众易败。凡有剽掠，率在马上，愿饬诸军扼其要路，众可歼焉。即幽、易数州，可袭而取。"④但真宗等却拒绝了这些

① 《长编》卷 58，真宗景德元年十二月壬午。

② 《长编》卷 57，真宗景德元年闰九月癸酉。

③ 陈师道：《后山谈丛》卷 1。

④ 《宋史》卷 272《杨业传附延昭传》。

意见，借口"吾不忍生灵重困，姑听其和也"①、"屈己安民"等堂皇借口，甚至搬出"汉以玉帛赐单于"②的故事来作掩饰，对坚决主张抵抗的寇准则加以打击，说他"幸兵以自取重"③，这样，抗战派的主张无法实现。1005年1月双方和议告成，其要点为：

宋辽双方境界为旧（以白沟河为界）；

宋岁赠辽银十万两，绢二十万匹；

辽主称宋帝为兄，宋帝称之为弟，宋帝尊辽太后为叔母；

双方解战撤兵，在辽退兵时宋沿路放行，不得邀击。

这就是历史上有名的澶渊之盟。④

这样一个屈辱的和议，真宗却喜出望外，《长编》卷58记载：

"（曹）利用之再使契丹也，面请岁赂金帛之数，上曰：'必不得已，虽百万亦可。'利用辞去，寇准召至幄次，语之曰：'虽有敕旨，汝往，所许不得过三十万。过三十万勿来见准，准将斩汝。'利用果以三十万成约而还。入见行宫，上方进食，未即对，使内侍问所赂，'利用曰：'此机事，当面奏。'上复使问之，曰：'姑言其略。'利用终不肯言，而以三指加颊，内侍入曰：'三指加颊，岂非三百万乎？'上失声曰：'太多！'既而曰：'姑了事，亦可耳。'宫帷浅迫，利用具闻其语，及对，上亟问之，利用再三称罪曰：'臣许之银绢过多。'上曰：'几何？'曰：'三十万。'上不觉喜甚，故利用被赏特厚。"⑤

这一幕君臣之间的滑稽剧，说明宋真宗之失败主义情绪与畏惧心理之浓厚强烈。

和议告成之后辽国退兵，不仅北方人民遭到一次惨重的蹂躏，而且全国人民从此每年又加上了巨大的负担。可是真宗及臣下却认为这是一个空前的胜利，他们回到汴京不仅不讲求防御，听任军队腐败，反而粉饰太

---

① 编者补注：《长编》卷58，真宗景德元年十二月戊戌。

② 《宋史》卷290《曹利用传》。

③ 《宋史》卷281《寇准传》。

④ 澶州一名澶渊郡，澶州西南有水名澶渊。编者补注：今河南濮阳一带。

⑤ 《长编》卷58，真宗景德元年十二月丁亥。

平，搞起西祀汾阴东封泰山的把戏来。而北宋积弱之局却从此最终形成。在以后的岁月中，辽的威胁不但没有减轻，西夏又成为宋的严重敌人。宋之北方虽然得到暂时和平，但在这两大敌人的威胁下疲于奔命。

至于寇准，在和议告成后，"不为流俗所喜"，终在 1006 年二月免相职，此后一再遭受排挤，最后被贬到雷州（今广东）。1023 年，这个具有爱国主义精神的官吏在雷州以六十三岁高龄病死。

在外敌入侵的严重威胁下，大部分统治阶级不是投降就是逃跑，寇准却能坚定依靠人民力量，坚决主张抵抗。寇准是一个爱国者。

（二）澶渊盟后宋辽关系

澶渊之盟以后，宋辽没有经过大战，但在交涉中宋仍处于不利地位。1042 年春，正当宋以全国之力阻挡西夏的攻势时，辽却趁火打劫，派使臣至宋要求收回瀛莫二州之地。仁宗及其大臣被这种讹诈手段吓住，派使臣富弼去辽，反复交涉，宋允诺岁加赠银绢各十万两匹。国书改用"纳"字（辽主用献）才算了事。

1074 年，辽又乘宋有事于西夏，举兵攻入现在的西北部，并派使来争议河东地界，争执未决，最后神宗听王安石的"将欲取之，必姑予之"主张，割河东七百里给辽。

以后辽势渐衰，宋辽冲突得到长期停顿。

第三节　西夏的兴起，西夏、宋、辽的关系

（一）党项的发展

1.党项人的经济文化生活

西夏是党项族建立的国家，党项是羌族的一支，原住四川西北外，党项社会据史籍记载看来，在川、青、甘边境时尚处于原始社会末期，他们

"以姓别为部"不相统一，一姓又分为许多小部落，"大者万骑，小数千"，著名的有细封、费听、往利、颇超、野离、房当、米擒、拓跋诸部。在婚姻制度上，虽还存在"妻其庶母、伯叔母、兄嫂子弟媳"这种落后的原始状态，但已经发展到"不娶同姓"的族外婚制度了。他们过着不耕稼地的牲畜生活，并能"取他国麦以酿酒"，由于没有文字只能"候草木记岁"。其人则尚武喜剽劫，"不知稼穑"[1]，也无"法令赋役"之可言，可见私有财产制度已在社会内部萌芽。各部间"三年一相聚"，大部已出现部落联盟一类组织。[2]

唐中叶因避吐蕃侵袭，迁到陕甘边境的庆州、夏州带，臣服于唐。庆州一带者称东山部，夏州一带的称平夏部。平夏部的首领是拓跋氏，他们自称为北魏后裔，这大概根据不足。唐末平夏部首领拓跋思等，曾纠合夷夏兵援助唐朝镇压黄巢起义，被封为夏国公，赐姓李氏，并取得"权知夏绥银节度事"[3]的名义，这是夏国得号之始，此后拓跋氏遂世世以术为姓了。经过五代十国纷争局面，党项便在夏、银、绥、宥、静这带地方巩固并强大起来。

2. 党项势力的发展及其与北宋的关系

982年，党项族内部发生分裂，首领李继捧无力统抚部众，宋太宗乘机对之施以压力，令其到开封朝觐，并将五州之地献与宋，继捧本人也被留在开封。

继捧之族弟继迁反对此举，率众逃到夏州以北的地斤泽中，与当地豪族联合反宋，不久又投降辽，受封册为夏国主（986），不时出入宋境，劫掠居民财物。宋遂再令继捧出镇夏州，阴图继迁，赐姓赵保忠，继迁也假装归降，但不久竟被继迁诱降投辽。后来继捧虽又被宋俘获，但宋也感到疲于应付。

到真宗时，李继迁又要求投降，宋朝于是封他为平西王，并特授夏州

---

① 参见《新唐书》卷221上《西域传上·党项传》。

② 参见《旧唐书》卷198《西域传上·党项传》。

③ 《新唐书》卷221上《西域传上·党项传》。

刺史，兼夏银绥宥静等州观察处置押蕃落等使（997），后此夏的立国基础得以巩固，但乃叛服不常，并且照旧称臣于契丹，结为外援。

1002 年李继迁攻下灵州（据诸路上游，控扼西陲要塞），改名为西平府，并迁都其地，同时盐州（甘肃盐池）青白盐产区也并为己有，势力更加雄厚。继迁更欲向西扩充势力，却为六谷首领潘罗支设计败于西凉府附近。继迁中流矢，于 1004 年正月死。

继迁子德明嗣位后，一方面夏国所属诸藩部多叛而附宋，又以继迁一代，长期从事攻战，内部疲弊不堪需要休息，一方面德明看到侵宋占不了便宜，而准备向西发展，因此与宋修好，奉表归顺。此时宋正苦于辽的侵扰，就答应德明的请求，以德明为定难军节度使、西平王，赏赐金帛缗钱四万贯匹两（银一万两，绢一万匹，钱两万贯），茶一万斤，又在保安军设置榷场，开展两国的交换贸易活动。

在此后二十年中，德明屡次向西进兵，与回鹘展开了争夺凉州及河西走廊的斗争。那时凉州为潘罗支（后为厮铎督）为首的吐蕃族，甘州则为回鹘族。1015 年取徐州后为回鹘所夺，1028 年德明之子元昊又攻下甘州，1032 年终又夺回凉州，也就在这一年，德明死，子元昊立。

继迁徙到陕甘边境的一百七八十年中，由于接触了汉族高度发达的封建文化，党项族发生了极大的变化。在元昊统治的时候，党项的占地东是今内蒙古自治区，西到河西走廊，南是陕甘边境，北是沙漠，这片地区内既有灌溉之利的河套地区和肥沃的河西走廊，也包括有极为丰盛的水草田。在这些地区内，有从汉以来就颇为发达的农业，也有大批汉族农民，因此党项的农业与畜牧业均迅速发展起来。

这个地区又产铁，在德明、元昊以前，冶铁技术落后，武器很不锋利，往往派遣使臣到宋仿造（宋因此下令禁止）或设法购买，到德明、元昊时期，在夏州设置冶铁务，并能用"冷锻法"，把甲胄打得非常坚固平滑，武器不仅式样多，而且也极锋利。在这个地区又盛产青白盐，盐质优良，可供输出。此处又是宋和西域各国往来必经之处，所以党项的商业也发展起来，可从中取得商业利润。

由此可见，党项在取得这个地区之后，物质资料的生活显著地提高了。

随着生产力的发展，社会生产关系也就发生了改变。

前此的氏族酋长，到元昊时期已经成了封建王公，他们都有一定的地区，握有这个地区的政治权力，每一氏族王公都控制着许多臣民。这些臣民，都是以前氏族公社的成员，一家称为一帐，大的王公有千余帐，小的有数百帐，王公以上就是党项族的最高统治者，他是党项族中最大的氏族长，他有权力征调各氏族的臣民出兵打仗，各氏族则"随族之大小出丁助阵"。①

在这个地区的域廓内还有许多汉人或汉化党项或他族蕃人。后者即当时所称之熟户或属户，域廓之外的不曾汉化的蕃人则称为生户。

居民的绝大多数仍然从事农业生产，承担兵役或赋税负担，党项统治者诱徕蕃汉居民或俘虏，或派他们充军，或是迁"河外耕作"，而耕作的收获大部分归他们所有。

由此可见，在德明、元昊时期，氏族制已飞跃到封建制，氏族酋长转化为封建贵族，但由于党项族的极度落后，故这种封建制带有深厚的宗法制气息及强烈的掠夺性质。

在这一基础上，元昊建立了党项的国家机构而完成了党项族由氏族制到封建制的飞跃。

3. 元昊改制

元昊是党项族有名的领袖，他自幼通晓蕃汉语言，熟悉兵法和律书。他对其父德明的臣属于宋极度不满，曾说"吾部落实繁，财用不足……不若以所得俸赐招养蕃族。习练弓矢，小则四行征讨，大则侵夺封疆，上下丰盈，于计为得"②，"英雄之生当王霸耳"③。所以他在即位之后便进行了一系列的设施，并在1036年自制蕃书，命野利仁荣（沈括《梦溪笔谈》作野利遇乞）演绎之，成十二卷。形体方整，类

---

① 吴广成：《西夏书事》卷12，景祐三年九月。

② 吴广成：《西夏书事》卷11，天圣六年五月。

③ 《长编》卷111，仁宗明道元年十一月。

八分书，而书颇重复，令国中记事悉用蕃书，并分设番汉字院，可知这时西夏统治者一方面致力于汉化，另外也在努力创建自己的文化。

1038 年元昊在张元和吴昊的策划下自称皇帝，都于兴庆府（今甘肃银川），建国号曰夏。仿效宋制设官分等，有中书及枢密院"对持文武二柄"，三司掌财政，此外又有御史台、农田司、群牧司等，后二者并置。显然是照顾统辖地区的特殊措施。境内又置十二监军司，意由"豪右分统其众"[1]，每逢战事征调照例须"随族之大小出丁助阵"[2]。这种部族与军事编制结合的军制，使国内几乎成年男子都成为兵，共计蕃汉骑兵不下四五十万，其中丁壮称正军，另有抄军随正军负杂役，大致以十万名配备在宋边境，七万名安置在卧啰娘山，专防契丹，三万名屯甘州扼河西走廊，十七万名驻在中心地区。这样一支强大的军队正说明了西夏的强烈掠夺性，而从其军事布置看，西夏主要也以宋为掠夺对象。

这时元昊控制的地区"东尽黄河，西界玉门，南接萧关，北控大漠"[3]，地方万余里，一时河西诸羌与生熟番户"莫不从伏"[4]。而所辖大河内外州郡，凡二十二处，所辖地又多汉唐旧壤"地饶五谷"，颇有"灌溉之利"[5]。河南河西大量地区更有丰美的牧草田。这种情况，不但可以减除侧面及背后威胁，而且也大大加强其军事经济力量。故元昊以此为基础，开始了对宋的军事掠夺行动。

（二）西夏与宋的和战

自 1036 年元昊结束向西扩张的战争前后，就开始了向宋的大规模的掠夺性的战争。而北宋方面，从 1004 年宋真宗对契丹妥协以来的三十年当中，没有大战，北宋的军队更加腐败了。禁军在"更成法"的兵将分离

---

① 《宋史》卷 485《夏国传上》。

② 吴广成：《西夏书事》卷 12，景祐三年九月。

③ 吴广成：《西夏书事》卷 12，景祐四年五月。

④ 《宋史》卷 485《夏国传上》。

⑤ 《宋史》卷 486《夏国传下》。

的制度下，"饱食游嬉，安作终日"，没有受到任何战斗训练，骄惰不堪。所招募来的禁军，步伍杂乱，不成行列，有的听说打仗，吓得要死，有的"材质绵薄"，骑不上马，有的放箭只二三十步就着地。因此，西夏军每听说宋禁军来战，"即举手相贺"。

另外，由于对武将的处处防制，主将与部将平时"各以宾礼相接""无节级相辖之理"。所以一到战阵，则又"号令不能相通"①，不是各不相顾，就是临阵退却，这样就无法部署战斗，打败敌人。

由于这种情况，宋在东自鄜延，西到秦凤绵延千余里的防线上，虽然配备了四十万大军，但不仅挡不住西夏的进攻，而且处处失败。1038 年战端开启。

宋的边境延州，是夏人出入之所，但宋军在这里的防御却是"地阔砦疏"，驻兵亦极寡弱，又无宿将镇防，于是夏人以延州为第一个攻取目标。1040 年正月元昊攻下了延州的保安军。这时延州守臣范雍是个无用的文臣，钤辖卢守勤是一个胆小的宦官，他们见元昊兵盛，乃以书召屯于庆州的鄜延的副总管刘平及石元孙来援。而元昊已破金明砦，俘虏都监李士彬，又攻破安远塞内诸砦，乘胜直到延州城下。范雍闭门乞求神灵援助，卢守勤则对范雍号泣。刘平率军八千来援，与夏军战斗三日，都监黄德和临阵脱逃，宋军被围，全军覆没，刘平、石元孙全被俘，只是由于大雪，夏人自动退去，延州才没有失陷。

这一仗大大震动了宋政府，二府三司虽旬休也照常办公，用范仲淹的话说是"今缘边城寨有五七分之备，而关中之备无二三分。若昊贼……深入乘关中之虚……或东沮潼关，隔两川贡赋……则朝廷不得高枕"②。

因此，1040 年秋，宋以韩琦、范仲淹并为陕西经略安抚副使，并以仲淹兼知延州。但是二人对战略的看法却有不同。韩琦主攻，范仲淹主守，韩琦以为元昊倾国入寇，也不过四五万人，而且是老弱妇女举族而行，而其所以成功，则在于宋方有一弱势：逐路重兵自守，势分力弱，故

---

① 编者补注：蔡襄：《端明集》卷 23《请改军法疏》。

② 《长编》卷 127，仁宗康定元年五月甲戌。

遇敌不支。若改取攻势，则可免此弊，但他完全忽略了宋军的腐败，与战斗力之低弱及西夏军队的掠夺好战性质。"大凡用兵当先置胜负于度外"，状似壮语，实际是一种冒险主义。

1041 年二月，元昊攻渭州（今甘肃平凉）逼怀远城，韩琦派镇戎军尽出其兵，又募勇士万八千人，命环庆副总管任福将之深入敌境，但任福等临敌受命，所统皆非亲抚之众，夏人接战即佯败，任福遂有轻敌之心。进屯好水川（今名甜水河，在今甘肃隆德县界）与别路军相约会于川口，结果反被元昊所将之精兵十万包围，任福战死，士卒死者万余人，关右大震。1042 年闰九月，元昊大举进攻泾原路（治渭州）的镇戎军，副总管葛怀敏方率大军往御，归路竟为夏兵所断，军队被包围，全军大溃，将校死者十四人，军队损失万余人。元昊乘胜直捣渭州，焚荡庐舍，屠掠民畜，自泾邠以东皆闭垒自守，生产本不甚发达的陕甘边境，这时更受到了惨重的破坏。这次战事即镇戎军之战。

经过这几次大败，韩琦等主战派人士只好接受范仲淹的坚壁清野、轮番进扰的守策。

范仲淹在 1040 年五月被派到延州以后，观察当时形势，认为宋军屡经创败，是无力发动攻势的，故力主坚守，不求"近功小利"。但 1041 年朝廷采韩琦的攻势主张，遂有好水川之败。但经此次重创，才证明守策正确，于是沿边大力修筑城寨。在延州，在范仲淹倡导之下修了青涧城，控制夏人自横向南犯的要冲，在庆州则收复了一些失地，兴筑大顺城和许多砦子。与此同时范仲淹击退西夏进犯，规范了这些工程的修建。

其次，范仲淹针对军队中"兵无常帅，帅无常师"等许多弊端，建立了新制度，将延州驻防的一万八千人分隶六将，每将各三千人。六将统帅所属佐校，平时负责训练士卒，战时估计敌人的强弱而轮流接战与策应。经过短期整顿，这支军队就具有了坚强的战斗力。后来王安石的将兵法，就是以此为蓝本的。

再次，范仲淹又看到夹在宋夏敌对势力之间的少数蕃族，乃是阻挡西夏的一个重要力量，因此，他坚决主张不能用暴力来迫害这些蕃户，即使对那些曾经引导西夏南进的蕃户，也要努力争取。他屡次命其僚属，为蕃户解决耕田牛具问题，按口借给蕃户粟米，解决其缺食问题，并仍"常切照管，无令失所"①。这样，将许多蕃户争取过来，并使之在反抗西夏的掠夺战争中发挥重大作用。

经过范仲淹的这番努力，包括修城、置将、用蕃等举措，西夏的进攻受到阻遏，西北边防才从危急的局势中稳定下来。"军中有一范，西贼闻之惊破胆"②"小范老子腹中自有数万兵甲，不比大范老子（指范雍）可欺也。"③

至于辽在宋夏斗争中的态度：辽与夏经常保持着"宗属"与"甥舅"的关系，把夏当作北汉之后的一个与宋敌对的势力来扶植。宋夏战争中，宋如损兵折将，辽即置若罔闻。夏稍有败挫，辽必出面代为缓颊或诘责，所以宋不敢一意图夏，而辽却与夏狼狈为奸。1042年春，正当宋以全国之力阻击西夏十分吃紧的时候，辽却趁火打劫，派使至宋，要求收回周世宗所复之瀛莫二州之地。仁宗及其大臣被这种讹诈手段吓住，派使臣富弼去辽，往复折冲。宋被迫允诺岁增银绢各十万两匹，国书改用纳字（辽主用献），争端才暂告解决。

经过长期战争，双方均困弊不堪，都有罢兵求和之意。在西夏方面，一则由于积年战役，宋防御严密，进展不大，人马死之颇多。二则由于宋将沿边榷场市易一律废弃，实行经济封锁，而感到物资的极度缺乏。三则国内发生天灾，人民多有厌战情绪，国内发生"十不如"④一类的反战歌谣，因而不愿再战。再加上看到辽不费一兵一卒而多得银绢二十万，也想一试。

在北宋方面，这种防堵的战术，陷于被动，所需兵力特别多（耗兵、耗材）。大兵集中陕西，计禁军二十万，乡兵十几万，厢军近十万，河东屯兵也近十万。而维持军队的费用自然也大量增加。为了弥补财政亏空，北宋政府就一再增加税收，把商税、酒税、盐税增加了好几倍，但仍入不

① 《宋会要辑稿》119册，选举32之12。

② 编者补注：孔平仲：《谈苑》卷3。

③ 《长编》卷128，仁宗康定元年八月庚戌。

④ 《长编》卷130，仁宗庆历元年正月。

敷出，日常收入六分之五都用作军费还不够，造成北宋严重的财政危机。

粮饷的运输、税户的负担，使关中、河西等地人民遭到很大的痛苦。北宋政府又害怕长期战争会引起国内骚动。再加上，西夏依附辽国，宋政府又怕两国联兵进攻，更难招架。在这种形势下，考虑到耗兵、耗财、人民骚动以及面临辽的威胁，因此，北宋对西夏的态度始终是容忍妥协，只要西夏罢兵称臣，就准备毫无吝惜地送他大量财物。

双方既然都有求和之意，于是在 1044 年元昊又表示歉意求和，还誓表，仍以从前宋所册封的夏国王自称。于是双方重新订合约，北宋每年"赐与"西夏银七万两千两，茶三万大斤（一大斤等于六斤），绢帛十五万三千匹，共二十五万五千两匹斤。延续七年的战争（1038—1044年）至此结束。

宋夏和议后，宋朝政府又向西夏开放互市，西夏用马匹和宋交换米及茶。这时，西夏的农业也渐渐发展起来。

宋在对辽夏的斗争中，充分地暴露了守内虚外的政策及自己政治军事制度的种种腐败。而其根本是宋统治者过度腐朽的结果。这种政策使北宋在一连串的战役上遭到严重的失败。

守内虚外政策反映北宋对内及对外都以各种矛盾因素的恐惧，这两种矛盾的发展，使北宋统治集团愈趋无能，从而转向对外妥协以换取对内防制，这就必然造成外交上的丧权辱国。

由于对辽夏的斗争，北宋添置了大量的军队，支付了大量的军费，因此人民的负担更加沉重了。而且，对外妥协下的岁币、绢帛，也都转嫁在人民头上。这样一来，人民更加痛苦，内部矛盾便在原来基础上更加发展起来。

第一至三节简短的结论：

北宋的统一对历史发展起了积极作用，但北宋政权的建立是统治阶级内部兼并的结果，因此，其传统的国策就是守内虚外，即一方面限制地主阶级中那些不利于中央集权统治的因素，但又用更多的剥削人民的办法、给予特权的办法换取他们的支持以求团结整个地主阶级的支持；另一方面则无限制地剥削与压迫人民。为此，对外不惜妥协退让甚至逃跑。先南后北、中央集权、优待地主、科举等等都是这一政策的反映。

然而，在当时的历史条件下，北宋的某些政策，如中央集权，对于消灭割据、巩固统一、安定社会秩序，起了积极作用。但由于这一政策的基础及实施者是腐朽的北宋统治阶级，因此一开始就带有较大的腐朽性与压迫性。而这一方面随历史的发展逐渐转化为这一政策的主要矛盾，导致北宋无法解决的社会危机。

这种守内虚外政策的后果是：内部，阶级矛盾一开始就很尖锐，其标志是北宋初的王小波、李顺起义；外部，对辽夏战争连续失败，不免于屈辱退让。

但是，不管北宋这种政策具有何种压迫性与腐朽性，由于社会的统一与安定，在劳动人民努力之下，北宋社会经济仍在曲折地发展着。

第四节　积贫积弱局势的形成和阶级矛盾的尖锐化

到 11 世纪中期，北宋不仅因对外战争的连连失利，促使国防危机的进一步加深，而且国内危机也日益加深。

由于北宋初年社会的统一与安定，农民们得到了一个比较有利地主与农民的生产环境，在他们辛勤劳动之下，社会经济繁荣起来。但与此同时北宋统治者却是"田制不立，甽亩转易"[1]放任地主兼并土地。到 11 世纪初的仁宗时期，已是"势官富姓，占田无限，兼并冒伪，习以成俗"[2]。而北宋政府自己也是"恩逮于百官者，惟恐其不足，财取于万民者，不留其有余"[3]，日益加重对人民的剥削。用朱熹的话说，是"古者刻剥之法，本朝皆备"。[4]

---

[1] 《宋史》卷 174《食货志上二·赋税》。

[2] 《宋史》卷 173《食货志上·农田之制》。

[3] 赵翼：《廿二史札记》卷 25《宋制禄之厚》。

[4] 黎靖德：《朱子语类》卷 110《论兵》。

（一）积贫积弱局势的形成

北宋初期，对于抑制地方割据势力，巩固统一的一些中央集权制度和政策，由于它根本上是代表并保护地主阶级的利益，因此，前此不甚显著的消极因素，这时渐渐暴露并且发展了。主要表现在冗官、冗兵和冗费三个方面。

1. 冗官

由于宋代把优待地主阶级当作换取他们对中央集权制度支持的主要手段，官吏数目逐年增加，因此，官员的冗溢到北宋中期就十分严重了。1001 年（真宗咸平四年）曾裁减天下冗吏 19.5 万余人，则未被裁减的当远在此数之上，官宦体系还逐年庞大。而由于机构臃肿重叠，职权分割及北宋的"防微杜渐"的原则，对各级行政人员只求其能"遵循绳墨，习故蹈常"，而不致其"趋事赴功"，有所作为。而官吏的升迁又只是"资深者序进，格到者次迁"①。故此整个机构形成一种瘫痪状态，效率极低。所谓"至于嘉祐末年，天下之事似乎舒缓，萎靡不振，当时士大夫亦自厌之②""本朝自李文靖公（沆）、王文正公（旦）当国以来，庙论主于安静，凡有建明，便以生事归之，驯至后来天下弊事极多。③"

2. 冗兵

由于北宋执行其以募兵之法来麻痹人民的反抗，并执行所谓"内外相维，上下相制"④之法，及政治中心开封无险可守，只好"国依兵而立"⑤"连营设卫以当山河之险"⑥等原因，遂使兵额逐年扩大。历年兵额如下：

开国之初　20 万

---

① 叶适：《水心集》卷 3 前集《资格》。

② 朱熹：《三朝名臣言行录》卷 6 马永卿元城语录，记刘安世语。

③ 黎靖德：《朱子语类》卷 130《自熙宁至靖康用人》。

④ 《文献通考》卷 152《兵考四·兵制》。

⑤ 《乐全集》卷 23《论京师军储事》。

⑥ 《乐全集》卷 24《论国计事》。

967—976 年（太祖开宝年间）37.8 万

995—997 年（太宗至道）66.6 万

1017—1021 年（真宗天禧）91.2 万

1041—1048 年（仁宗庆历年间）125.9 万

1064—1067 年（英宗治平年间）162.2 万

百年之内，凡增八倍。但军队主要用于对内，而且战斗力极低，所谓"夫警备于平居无事之时，屯守于阆奥至安之地，未尝有一日之战……此所谓斥地与敌，守内虚外，以常为变，以易为难"①（屯田），"循目前之弊而狃于后世兵农之既分，则真以为兵者，所以卫民；而民者，所以养兵也，天下岂有弥历数百十岁，养百万之师，未尝有战斗之事，而饱食安坐以嬉者哉？盖历代兵制之失未有过此者。"②（兵制）

3. 冗费

冗官和冗兵及对辽和西夏所输纳的大批银绢，大大地增加了政府的财政支出。此外，统治阶级的奢侈腐化，也加大了财政开支。真宗的东封泰山西祀汾阴，耗费金帛不可胜计。仁宗时宫中开支，仅一才人月俸，便值"中户百家之赋"③。嫁一公主费七十万缗，而统治集团所畜养的僧尼道士，自仁宗初年，已近四十三万余人，列添寺额不下千余处，道场斋醮几乎"无日不有"④。寺庙等修建也是"无一日暂停"⑤。三年一次的郊天典礼，犒赏用费最多达 1300 万缗。库藏不足竟至密令诸路转运使于常赋外大加搜括"进羡钱以助南郊，其余无名敛率，不可胜计"⑥。

这样，财政收入每年虽有增加，但国用仍是不足。

1021 年（天禧五年）收入 150，850，100（其中钱 26，530，000），支出 126，775，200。有余。

---

① 吕祖谦：《历代制度详说》卷 91《屯田·详说》。

② 吕祖谦：《历代制度详说》卷 11《兵制·详说》。

③ 《长编》卷 189，仁宗嘉祐四年六月丁卯。

④ 《长编》卷 125，仁宗宝元二年十一月癸卯。

⑤ 《长编》卷 180，仁宗至和二年七月乙酉。

⑥ 《长编》卷 179，仁宗至和二年四月乙卯。

　　1049 年（皇祐元年）收入 126，251，964（其中钱 39，000，000），支出不详。不敷。

　　1065 年（治平二年）收入 116，138，450（其中钱 60，000，000），支出 131，864，452，15，726，047[①]。不足。

　　其中主要开支是兵费。"天下之入，不过缗钱六千余万，而养兵之费约及五千。是天下六分之物，五分养兵，一分给郊庙之奉，国家之费"[②]。每名禁军平均每年开支约为五十贯，厢军约为三十贯，十户人家赋税二十亩土地生产量才可供一名士兵的脚用。[③]

（二）农民的逃亡与起义

　　土地高度的集中与剥削的残酷使得大量农民逃亡。北宋政府虽一再实行招辑流民的政策，但却无效。早在太宗时，归业之农民即因残酷剥削而再度浮荡，绝意归耕。仁宗时，百姓多去农为兵，民罕土著，或弃田流徙为闲民。神宗熙宁时，复业流民，本应五年内免科役，但汝州一带复业流民不到一二年，被迫服役。因此，即又逃窜，田土荒芜。问题始终十分严重。

　　土地的日益集中，剥削的日益残酷，使阶级矛盾尖锐起来。真宗时，四川及广东都曾发生过暴动。仁宗时，号称北宋极盛时代，其改元为庆历的几年（1041—1048 年）更号称是仁宗一代当中最好的年份。然而就在 1043 年，在欧阳修的奏策中，就有如下的话："今盗贼一年多如一年，一火强如一火，天下祸患，岂可不忧？[④]"即以此年而论，其可以查知的武装暴动事项便有以下几桩：

　　京东路王伦起义——沂州兵变，自沂州转延到江北。

　　京西路张海起义——领袖除张海外尚有郭邈山、党君子等，活动地区

---

① 编者补注：宁先生原稿在"不足"之后又写"15，726，047"并未给出出处。《宋史》179《食货志下一·会计》计有一"非常出者"，但数字与宁先生所列不合。

② 蔡襄：《端明集》卷 14《国论要目·强兵》。

③ 陈傅良：《历代兵制》卷 8《本朝》。

④ 欧阳修：《欧阳文忠公集》奏议卷 4《再论置兵御贼劄子》。

在陕南京西。

此外，较小的暴动尚有七八桩记载。1047 年，王则在河北贝州（清河起义）利用"释迦佛衰谢，弥勒佛当持世"①的说法以秘密宗教组织起义，攻下贝州将坚持 66 天，终为明镐、文彦博等攻陷，王泽也被杀。

这种连续不断的起义，使当时统治者深感忧虑。"近日四方盗贼渐多""可谓心腹之大忧"②"四五年来，贼入州城打劫者，约三四十州""今盗贼已起，乃是遍满天下之渐"③。这都说明，当时地主阶级的统治已非绝对巩固，而全国骚动局面，也确使北宋统治阶级惶恐不安。

由上可知，统治阶级的统治，已渐到统治不下去的阶段。

第五节　王安石变法

（一）变法的背景

北宋到中期以后，北宋初期的三个矛盾中中央与地方割据的矛盾已经解决，但其他两个矛盾十分尖锐。第一是阶级矛盾，它集中表现在土地集中，赋役负担繁重，农民生活困苦，农民起义不断发生。

第二是民族间矛盾，它集中表现为北宋统治者对外族屈服，对辽夏贡纳巨额岁币。由于此举违反人民利益，而岁币又出自人民，故民族间矛盾加深，必然使阶级矛盾更加尖锐。

此外，第三是大地主和中小地主之间的矛盾。集中表现为土地兼并剧烈，及赋役不均。

第四是封建国家与大地主之间的矛盾，集中地表现为大量土地不纳税。

---

① 《宋史》卷 292《王则传》。
② 《长编》卷 141，仁宗庆历三年六月癸丑。
③ 《长编》卷 143，仁宗庆历三年九月丁丑。

北宋中央集权制度的腐化，则又加深了上述矛盾。在这些矛盾之中，阶级矛盾又是最主要的矛盾。

这些矛盾的严重，最突出地表现在政府的财政危机上。

对于这样一个既贫且弱、内外紧张的局面，各阶级有它自己的看法及对策。

农民：他们的办法是起义，推翻这一腐朽政权。

大地主大官僚：在现政权之下，他们得到的利益最大，因此主张维持现状，用政治军事力量保障他们的现得利益，加强对农民起义的镇压。"祖宗法制具在，不须更张，以失人心"① （文彦博），司马光就是这一派在政治上的代表代物。

中小地主：一方面中小地主不少不能享受免役免税特权，他们和大地主之间有矛盾。当前的一些政治经济措施继续下去，他们之中将有大量的人失去土地而成为破落户。一般富裕农民则将更大量地从土地上被挤压出来。另一方面如果将有更普遍更大规模的农民起义大爆发，这是他们所深切恐惧而极不愿意的，所谓"汉之张角三十六方同日而起，所在郡国莫能发其谋。唐之黄巢横行天下，而所至将吏无敢与之抗者。汉唐之所以亡，祸自此始"②。他们既不想现状继续维持下去，又反对农民起义，因此就希望对社会经济进行某种程度的改革，以相对地抑制大地主势力，缓和阶级矛盾，从而保障他们的政治权利和经济地位。因此他们主张改良。这种主张也反映了一部分富裕中等农民和小商人、独立手工业者的要求，他们以王安石为政治上的代表。

封建国家的最高统治者，他们以皇帝为代表，这个集团，首先代表大地主利益，因为大地主不仅是经济政治上的统治者，而且皇帝本身就是最大的地主，但当时封建国家面临的是一个外患深重、困窘、四处骚然的窘境。因此为维护地主阶级的根本利益，这个最高统治集团中某些稍有远见的人就主张进行政治改革，以达到富国强兵、摆脱困境的目的，以巩固其

① 《长编》卷221，神宗熙宁四年三月戊子。
② 王安石：《临川先生文集》卷39《上仁宗皇帝言事书》。

统治。在财政税收方面，也与大地主有一定矛盾。他们以神宗为代表，一部分大地主也同意这一主张。这样封建国家最高统治者要求政治改革的与中小地主的改良经济制度的愿望，在具体要求及做法上都有一致地方。二者虽然都是维护地主利益，但出发点及看法仍有区别。然而二者结合起来进行，因此就出现了变法运动。

（二）范仲淹的改革及其失败

从 11 世纪中叶开始，宋政府内的许多大臣就不断提出改革的主张，如欧阳修就主张裁减冗员，其中最著名的是范仲淹的改革。

1043 年范仲淹从西夏前线上调回，升任参知政事（韩琦也同除参知政事，富弼为枢密副使），一时成为政府中的中心人物，不久，范仲淹就提出了十条改革方案。

属于澄清吏治方面的有：

（1）明黜陟——反对年限一到，照格升迁（磨勘）及权势子弟多就京官的弊病。

（2）抑侥幸——针对恩荫之滥，提高任子条件，减少任子数目。

（3）精贡举——进士先策论后诗赋，诸科墨义之外，须通经旨，各州郡解发进士及诸科人时，本乡举里选之士，先履行考艺业，在各州郡设学校。

（4）择官长——针对无考绩以资升的弊病，建议中书枢密院慎重选拔各路监司及州郡长官，小州长吏和知县也须中央高级官员负责保荐。

（5）均公田——凡做外官，均给职田，使其衣食得足，以免贪污。

属于富国强兵方面的有：

（6）厚农桑——兴利去害，修水利。

（7）修武备——先在近畿试行府兵之制，然后推广。

（8）减徭役——省并行政单位，使原用公人，可以归农。

（9）覃恩信

（10）重命令

当时宋仁宗正对范仲淹等人怀着信心，因此除修武备一事遭到在朝大臣一致反对外，其他各项都陆续规定了具体实施方案，渐次颁行，这就是所谓庆历新政。但是，"然规摹阔大，论者以为难行。及按察使出多所举劾，人心不自安。任子恩薄，磨勘法密，侥幸者不便，于是谤毁浸盛，而朋党之论滋不可解①。"

这样，在朝官反对并诬陷范仲淹等阴结契丹之下，范仲淹等只好请求出任外职。1044 年六月，以范仲淹为陕西河东路宣抚使。之后，他所建立的许多改革政令也先后被一一取消了。

范仲淹的改革主要着眼于改革吏治方面，虽然不失为一种补偏救弊的办法，但却是极不彻底的。可是也正因为他首先明黜陟，抑侥幸，精贡举这些方面，因而直接与当权的大地主大官僚的利益发生冲突，因而流产（南宋的叶适也认为范仲淹的改革失之猛）。

中央政府在全国范围内实行的改革虽然失败了，但是改革已经成为当时的一种趋势。仁宗时，部分地区的个别改革，始终在不断进行，如李参曾在陕西实行过"青苗钱"，李复圭、钱公辅、张诜等均在浙江实行过出钱免役的办法，并且为司马光所肯定。千步方田法在仁宗时曾由郭谘在洛州肥乡县实行。保伍法为吴育行于蔡州，燕度行于陈留，并且尹洙提出军民合一制度建立的问题。民户养马法始于曹讳知秦州时，将兵法由范仲淹行于陕边；均输法行于转运使许元；学校规模的建立，亦始于 1042 年（庆历二年）。这些局部地区的局部改革。一方面说明了变法已成一种趋势，推动与促进了王安石变法的实行。另一方面，其具体做法也被王安石新法所采取和发展。

（三）王安石的变法

1. 变法的主张

王安石（1021—1086 年），字介甫，江西临川人，他从小和父亲宦游各地，对于各地人民生活与民间疾苦很有一些了解，在他做地方官以后，

---

① 《长编》卷 150，仁宗庆历四年六月壬子。

就曾进行过一些兴革，如兴修水利，贷谷与民等办法，收到很好的效果。由于有长期从政的经验，并且对地方情况更为了解，因此对一些社会政治问题已有更清楚的认识。1060 年奉令入朝，他就给仁宗上了一封万言书，提出了三项原则性改革的意见。

（1）现行法度本为防弊而定，须全盘改革，以求能合当世之变。

（2）由于政府对士大夫的教养和任用之法皆非其道，导致称职的行政人员的缺乏空前严重，应引导一般士大夫致力于经术研究，并依其对经术造诣的高下，使其身荷各级行政职责。

（3）上下窘急，公私交困，症结所在，非为官吏之多与俸禄之厚，而是在于理财不得其道。最正当的理财方法应当是"因天下之力，以生天下之财，取天下之财，以供天下之费"①。这一件万言书中所揭示的原则，也就是王安石以后创立新法的原则。

但是王安石的建议并没有被仁宗采纳，不久，就因母丧回江宁守制了。王安石的学问文章，难进易退的操守，早已被当时士大夫所景仰，其行政才能、济世方略，也在其政治实践及万言书中表现出来。大家都认为他是一个心存万里的政治家，因此，宋神宗即位之初，即因其一心想改革政治，将积贫积弱的局面变为国富兵强的局面，而又久慕王安石之名，因此，1068 年遂召安石至京师越次入对。1069 年拜参知政事，1070 年拜相。

王安石上台之后首先上《本朝百年无事劄子》，说明北宋一代民困国贫和兵弱的原因所在，作为着手改革的张本。1069 年设制罢三司条例司，作为制定新法的机构。并引用新人执行新政，从此，各项新法第次颁行。

王安石认识到，如果让目前的情况继续下去，整个统治阶级的崩溃将无法避免。因此他觉得必须由统治者方面给予广大人群（包括中小地主、富裕农民、中农、小商人、独立手工业者）一些实惠，使尖锐的矛盾缓和下来。这就需要限制大官僚、大地主、大商人（包括高利贷者）的一些利益，使他们分担一部分赋税。因此，和神宗的只求富国强兵的效果而要求政治改革有别，王安石的改革计划的主要部分是建基于社会经济生活需求

---

① 《长编》卷 188，仁宗嘉祐三年冬十月甲子。

之上的。

在经济方面，王安石的主张是"因天下之力，以生天下之财，取天下之财，以供天下之费"①。也就是说，王安石的着眼点首先是在经济方面，发展扶持生产，限制地主剥削和减轻农民负担，使农民得以提高其生产积极性，从而增加整个社会财富，在社会财富增加的基础上来解决政府财政困窘的问题。这在当时条件下，是有进步意义的。

但王安石的理想远不止于此，他还有一个更高的目标，那就是"均天下之财，使百姓无贫"②。可是对于如何达到这个目标，他却没有提出更明确的主张。相反，他后来也不曾起过改变土地所有制度的想法，而其抑制豪强兼并的一些措施，也是极其无力，因此，这一目标是王安石永远也不能达到的。

在政治方面，王安石的着眼点从培育人才入手，改革科举制度；在军事方面，改革军事制度，以扭转积弱的局势。而不是像范仲淹那样首先去限制大官僚大地主的特权。

为了改革，就必须得到神宗的支持，但神宗却只知道富国强兵，而不认识社会经济改革的必要，于是王安石便把社会经济改革工作全解释为与富国强兵有关，以换取神宗的支持。

范仲淹的失败使王安石对把持政权的、对皇帝有极大影响的大官僚大地主小心从事，他虽对之做了一些限制，但却极其有限。而在执行过程中又需处处迁就妥协。另外，又尽量不去触动他们政治上的既得利益和特权。另一方面，他也引用了一些新人来执行新政，免得受大官僚大地主的掣肘。

由此可见，王安石的变法是比范仲淹的改革大大地进了一步，这表现在：（1）主张全盘改革而非枝节变动。（2）着眼在社会经济方面，而且是着眼于增加生产和减轻负担的积极方面，而不像范仲淹只着眼于政治问题，而且仅限于整顿吏治。（3）但也有一个难处，那就是避免与大地主、

---

① 《长编》卷 188，仁宗嘉祐三年十月甲子。

② 《长编》卷 223，神宗熙宁四年五月丙午。

大官僚作正面冲突。特别是在政治的改革方面，在经济方面也是十分软弱，照顾，但因变革就不免限制，故冲突便不可免。

2. 新法的内容

王安石的新法，大致可以分为三个方面：财政经济方面的改革，军政方面的改革，教育和科举制度的改革。

（1）财政经济方面的改革（按时代先后）

1）均输法

宋代不但赋税重，而且征收之法也不讲求，所收实物（所谓地方上供）本应在出产季节向出产地方去征收，但北宋政府却常常求之于不产之地或缺乏之时，农民们只好向富商大贾之家高价赊求，忍受勒索。另外就是中央和地方缺乏联系，不管收成好坏，各地必须机械地按定额征收，平时不能积蓄以待不时之需，一遇临时特殊用项，就又在额定赋税之外再向农民摊派。

王安石执政后就仿西汉桑弘羊及唐代刘晏及仁宗时许元所推行过的成法，在1069年定均输法。先在东南六路设发运使一员，总管六路财赋，逐知六路生产情况，使其能互相调剂、移用。不至非时征收或向不产地征收。又使其详知中央需要和库藏，并由中央拨大批款项。可据需要，乘便宜购买，并作一些储存。不但在产地采购，而且更尽量在较近的产地采购，以省价款及运费。遇有荒歉，发运使又可与丰收之地调剂。这样，中央就掌握了物资和货币的主动权，使国家库存充足，减少不合理的费用。又制止富商乘机囤积居奇，操纵物价。同时也可省运费，又多少了减轻农民一些不合理的负担，过去桑弘羊、刘晏等人行均输法效果是"民不加赋而国用足"，王安石的效果却是"民得减赋而国用足"。

2）青苗法

过去农民在青黄不接时，常以田中青苗作抵押，向地主、高利贷者借贷，利率往往达到百分之百（或200%）。过去北宋曾仿效前代，于诸路州县设常平仓，五谷丰收时，由政府酌量提高市价大量收购。到荒年时则以极低价格将存粮粜卖，但制度形成具文，拨充本钱本极有限，又大半被挪用，仁宗时，更明令以各地本钱挪作军费，常平仓的作用遂完全消失。

1069 年，王安石乃根据自己及参考过去的做法，将常平仓法改为青苗法。即在夏秋两季谷熟之前（正二月与五六月之间），各州县两次借现钱或实物给当地各等级的民户，以免他们受高利贷者的盘剥。凡愿贷者，每五户结为一保，互相检防，以免游手浮浪无业之人混入冒领。资产最高的民户，每户可借十五贯，次十、六、三、一贯五百，春夏两次所借，分别随当年夏秋二税于六月和十一月内归还政府，照所借钱款加纳利息二分。这样，以极低利息来限制地主、高利贷者的盘剥，减轻人民的负担，并增加政府财政收入。

3）农田水利法

均输法及青苗法施行之后，农民既解除了一部分的负担，又得到一些物质资助。因此为修农田水利创造前提，故紧接二法之后农田水利法也颁行了。法中规定，各地水利工程需要修复或新修的，不论百姓、官吏或懂水利的工程人员，均可向当地政府提出，经派人勘察确应修的或组织民户依户等高下供备工料，由州县政府派人夫去兴修。凡单靠人民财力不能兴修的，其不足部分可向政府贷款，规模更大的，可联合数县数州共同负责。法中又规定：凡许多人家可利用之水渠，如被某一豪强之家隔断，可以查清情况，估定其可能发挥的历史作用，重新疏通整修，使之能再为许多人家服务。法令颁布后，即派程颢等八人分往各道观察实况，并协助各地政府推行这一工作。从 1070 年至 1076 年在全国范围内，除疏浚无数河流港汊外，修浚的水利工程有一万多处。灌溉的民田有 36.1 万多顷，官田两千余顷。在中国历史上，除秦代外，这是一次最大的水利工程的兴修。成就归于人民，但王安石能坚持此项工作，并将取之于民钱部分地用之于民，这项从积极方面看，对发展农业生产的功绩是不可湮没的。

4）募役法（一称免役法）

北宋官府差役繁重，往往使应役的人倾家荡产。王安石对这问题十分注意。但这项改革涉及的范围太广，而王安石又认为他的最高理想"均天下之财，使百姓无贫"①，主要不能靠别的法，而要靠新的役法。另外，各

---

① 《长编》卷 223，神宗熙宁四年五月丙午。

地募役轻重多少也有不同，因此王安石对此法之实行采取极端慎重的态度。1070 年初下了一道命令只就提出要改革役法，要依资产令各级民户出钱由政府募人充役，令各地政府提出意见，然后制定具体办法，在开封附近施行，办法是：

将民户依贫富分为十等，上四等（过去应役的）按等级随夏秋两税缴纳免役钱。下等户免除一切杂差，专充逐捕盗贼的壮丁，可不输钱。

原规定免役的富户、女户、僧户等，也要按户等照前条减半纳助役钱。

官府用免役钱和助役钱雇人充役。再按其数增加二分"免役宽剩钱"，以备水旱欠缺。

办法颁布后，又听取民户意见然后施行。在开封附近得到成功。方于 1072 年颁行全国。

免役法也是限制豪强地主特权，减轻人民痛苦的，在王安石看来，这是他新法中理财部分最重要的一个法令。因为照他的看法，理财以农事为主，农事以去疾苦，抑兼并，便农为急，"此臣之所以汲汲于差役之法也"①。

5）市易法

目的是仿青苗法，且较农民一样地照顾城市小工商业者。当时物价升降之权，控制在富商手中，政府及小商贩均受其害。于是在 1070 年根据王安石在西北设市易务的经验及魏继宗的建议。在 1074 年创市易法，先在京城开封试行，办法是，设市易务，拨一百万贯资金，供小商贩借贷。小商贩可以产业向政府抵押，以二分年息借钱，照市易务所评定的价格收购市上滞销的货物。有愿卖与市易务或与官中货物交换的，也可由市易务评价收买后，由小商贩均分赊购，另加合理利润向民间销售。于半年或一年后，依原定价格加年息二分偿还市易务。

由于开封市易务收到预期效果，遂在杭州等城市陆续设置。大城市的商业因此活跃起来。对防止大商人垄断及平定物价起了良好的作用。

---

① 《长编》卷 220，神宗熙宁四年二月庚午。

6）方田均税法

北宋的大地主除享受许多特权外，更经常隐匿产业漏报人口来逃避赋税，在夺占别人土地之后，又往往不办转移产权手续。因此政府仍以旧日业主为催督赋税对象，至于买进田地也往往不肯承担赋役或只肯承担少量赋役，即形成所谓大地主有产无税，而孤单卖掉土地的人却是"产去税存"的现象。赋役逐渐都转到广大贫苦农民身上。

为纠正这一现象，王安石继过去的千步方田法制定了新的方田均税法。办法是，由政府重新丈量土地，单位是东南西北各千步，当四十一顷六十六亩一百六十步为一方。每年秋收之后，由县派人丈量，先确定每一民户土地面积，然后再依土地之高下厚薄好坏分为五等，再依其面积与好坏规定税额以便税额平均一些，又规定地中所种桑树不在征税之列，以鼓励经营副业。在规定税额时又禁止增奇零（如米不及十合而收为升，绢不满十分而收为寸）。从 1072 年到 1085 年中，全国耕地中共被丈量了 248 万顷（约占收税耕地的半数以上）。

方田均税法不仅使官吏不能借端勒索，同时使豪强地主不能不纳税，并且限制他们将赋税转嫁到贫苦农民身上去。所以实行起来可以收到减轻农民负担、增加财政收入的效果，但因为损害大官僚大地主的利益，故最为他们反对，结果施行十二年，速度极慢，最后被迫停止。

（2）军政方面的改革

1）保甲法

这是军政方面改革最主要的一个方面。

冗兵之害是当时许多人都见到了的，不少人都主张提高军队的素质，裁减军队数目，以减轻人民负担，减少政府支出。王安石却看得更远一些，他认为大量士兵若被裁减，必须使他们获得土地，即为他们"制产"。因此裁兵不仅是军事问题，而且是政治问题与社会问题。

因此，王安石想恢复古代的征兵制度，但由于募兵制度从唐玄宗以来实行了三百多年，"制产"问题又不易解决。所以他决定不先改革现有军制，也不大量裁减军队，而是在现行军制之外，推行保甲制度。其办法是：

十家为保，这是先推行于五路及府畿时的办法，后改为五家为保。选一保长，五十家为一大保，有大保长，十大保为一都保，有都保长。主客户家有二丁，出一丁当保丁，二丁以上有亲丁及壮勇者皆免，每一大保夜出五人，轮流巡逻，其后又利用有农闲时教练保丁武艺，其目的是使农民受到军事训练，逐步地以民兵制代替募兵制，减少冗兵，增加国防力量。同时由于以地主掌握保甲武装，也可巩固封建秩序，防止农民起义。到1076 年，全国已经训练的民兵已近七百万人，效果是很大的。

2）减兵置将

宋仁宗号称养兵 120 万，其实许多兵逃亡或被将官吃空额，兵额往往不足而饷额不减。如禁军步兵 500 人一营，神宗初不过 200，马军 400 一营，实际一营只九十匹马，兵饷多被各级武将吞没。王安石将禁军老弱裁汰各营合并，厢军也加裁汰。九年之后，一百万军队裁为七十九万六千人，财政状况因而好转，裁下军人则安置到各地去从事农业生产。

此外，又在各路置将，使兵有固定的将，以克服过去更戍法的"兵不知将，将不知兵"的流弊。各路共置将 92 员，每将领兵 3000—10000 人，不久又将大部分军队集中到西北防线上去(河北防契丹 17 将，防夏 42 将，占 6/10 以上)。

3）保马法

诸路保甲可代官府养马，以备习战之用，但共只养了八千多匹，作用不大。

4）设军器监

在汴京设军器监，在各地设都作院。招募八九千高手工匠，集中起来制造兵器，并鼓励他们彼此竞争，以求所制兵器精良。同时向民间征求兵器制造法式，奖励有关兵器制造的创造发明，以改进兵器。

（3）教育和科举制度的改革

1）兴学校

王安石看到当前的官僚不足以言改制，而改制又要解决人才问题，因此主张以"学校养士"之法代替"科举取士"之法。1079 年，创太学三舍法。外舍 2000 人，内舍 300 人，上舍 100 人，月一私试，岁一公试。上舍上

等可直命以官，中等免礼部试，下等免发解。此外又令于诸路府州设官学
（1071），此外又陆续设武学、律学、医学等科。

2）改科举

宋代科举内容偏重诗赋及帖经墨义（解释），因此应试举子多闭门学
诗赋，"世事皆所不习"。1071 年，王安石奏解诸科，独存进士科。解试
由诗赋、帖经、墨义改试经义策论。由中书颁大义程式。以通经有文采者
为中格，非如过去明经墨义粗解章句而已。此后又规定选人荫子，须先
试律令，然后放官。不久又诏进士以下试法律。这些办法虽为当时官僚
士大夫所反对，并且由于将《三经新义》（诗、书、周礼）及学说当作
科举考试的绝对标准，以统治当时思想界，使通经致用之学变为采取一
家之言局面，但在当时却比过去办法实际。这种试经义的办法，以后虽
有变化（南宋进士科曾分诗赋、经义两科），但终被沿袭下来。几经演变
为明清的八股，影响极大。

3. 新法的效果

新法的效果是显著的。

首先，神宗所希求的富国强兵的效果已有了某种成就。在富国方
面，财政收入增加了许多，"今诸路常平、免役、坊场、河渡、户绝、庄
产之钱粟，积于州县者，无虑数十百钜万"[1]，可供中央二十年之用。"熙
宁元丰之间（1068—1085），中外府库无不充衍，小邑所积钱米亦不减
二十万"[2]，神宗且因此建了 32 所大库来贮存。在强兵方面，保甲法的实
施，特别是在河东重点推行的结果，组织了 639 万义勇民兵（1076 年，
熙宁九年，统计）。后来金人南下，大河南北自发组织的抗金武装特别活
跃，王安石的保甲法是起了相当作用的。此外还整顿了军队，积蓄了大量
的军事物资。虽然在这段时期，由于神宗没有听王安石的建议，冒昧对西
夏用兵以致遭到两次失败，但这责任却是不应该由王安石来负的。

其次，新法更重要的结果是社会生产的发展。新法施行的结果减轻了

---

① 编者补注：毕仲游：《西台集》卷 7《上门下侍郎司马温公书》。

② 《宋史》卷 328《安涛传》。

一部分农民的负担，限制了地主的兼并。农田水利法更从积极方面推进了农业生产的发展。这从当时物价下落，就可看出来社会经济的发展。

	仁宗	神宗
米斗	70—200 文	50—80 文
麦斗	50—60 文	30—40 文

与仁宗时期相较普遍降低 20%—30%，而且长期保持稳定。若不是有欣欣向荣的社会经济提供了具体保证条件，是不可能取得这样效果的。

自然，北宋的腐朽官僚机构在执行新法时产生了不少弊病。如青苗法在有些地方强迫摊派或贷给富民，反而增加人民痛苦，变成豪强兼并的工具；方田均税法曾将"不食之山而方之俾出刍草之值，民户因此废业失所""乃有二百余亩方为二十亩者，有二顷九十六亩方为七十亩者……有租税一十三钱而增至二贯二百者，有租税二十七钱则增至一贯四百五十者……盖方量官惮于跋履，并不躬亲而行红缠拍峰，验定土色，一任之胥吏"[1]，但这些弊病究竟无损于新法总的精神和它的成绩。

4. 新法的局限性

王安石的新法，究竟是改良的办法，由于这是中小地主阶级代表的主张，因此主要还是从维护北宋地主统治政权的阶级利益出发。因此在王安石所制定的一系列新法中，完全没有也不可能有对土地占有形态加以改变的企图。因此，任凭新法如何发展下去，终究还是不能解决封建社会的根本矛盾。王安石虽为新法定了一个最后目标，"均天下之财，使百姓无贫"，但这一目标本身就很抽象。如何均法却未想到改变土地所有制及地主对农民的剥削，充其量也只是限制一下大地主大商人，使他们也负担一些赋税（方田均税法、募役法），还没抓住主要矛盾核心，而且，就连这也很难做到。

采取改良变法，不但不推翻大地主大商人势力，反维护地主利益。其结果，就必然使其对于所企图要解决的社会问题表现得软弱无力，表现了

---

[1] 《文献通考》卷 5《田赋考五·历代田赋之制》。

极强的妥协性。不敢过于触动大地主利益，这在方田均税法①的施行过程中表现得最为明显。多种记载均只说到"均定"了若干顷亩，却没有说查出豪强之家隐漏未报的土地有若干顷亩，也没有说政府从此增加多少税收。可见这次方田还只是单纯地以均税为目的，即把现有税收均摊在现有田亩上，单纯纠正一下"有产无税""产去税存"现象。过此以往，至于隐漏田地便不在查问追究之列了。因此新法是无法解决社会根本问题，也达不到自己所想的目的"均天下之财，使百姓无贫"。

5. 新法失败的必然性

新法虽然软弱，虽然只限于企图限制大地主大商人的某些利益来挽救危机，但仍遭到腐朽的大地主大商人集团及其在政府中的代表的猛烈反对，因此新旧党争异常激烈。

新法依靠什么力量来与旧党进行斗争呢？新法既是一种自上而下的改良方法，又是代表着封建国家与中小地主的利益，就没有、不愿也不敢依靠人民群众，而只能依靠封建国家的最高统治者——皇帝及一部分新官僚。但是皇帝统治的基本支柱是大地主大官僚，利害共同，政权依靠他们支持，文彦博所谓"（皇帝）为与士大夫治天下，非与百姓治天下也"②，正是这种情况最好写照，因此不能完全反对或不听他们的意见。新法所赖以执行的机构既然十分腐朽，其中又多是大地主大官僚及其代表人物而新官僚本质上又与旧官僚没有根本不同③，因此，随皇帝改换及党争发展，新法就必然遭到失败或变质。因此这种地主阶级内部自上而下的改良道路在封建社会不但不能解决根本问题，而且迟早必然变质或失败。

王安石这个人一直遭到多年诟骂，今天我们应当承认他是一个有远见、有魄力的政治家。

---

① 方田均税法的精神，本来是要查出豪强隐漏的田地而令他们分担一些税收的，但实践中却打了很大的折扣。

② 编者补注：《长编》卷 221，神宗熙宁四年三月戊子。

③ 就是地主阶级内部的改革，没有新的阶级力量可依靠和资产阶级的改良主义不同，和商鞅变法也不同。

（四）变法时期的对外战争

在变法时期中由于理财、整军诸法的施行，不但国内危机有了好转，同时使军队的质量及边防力量也有所加强，多少改变了过去对外战争的被动地位，"熙宁始务辟土"①。

1. 对川南湘西地区的经营

住在川南湘西各族，本属苗瑶族系统，散居各地，经常互相攻击。从宋开国时起，对他们一般采取"以夷致夷"的怀柔政策，但各方仍不时有小的战争。獠猺各族不时出入边地，起兵反宋。

1072 年（熙宁五年），宋派章惇为荆湖北路按访闻使，对两湖傜族进行镇压。惇用怀柔用兵相结合的办法，得地四十余州，拓境数百里。

1073 年，四川泸夷起义，宋派熊本为梓夔两州察访使镇压。1075 年（熙宁八年），渝州南川僚族起义，宋又派熊本镇压，得地五百里。1080 年（元丰三年），泸夷又起，宋派韩存宝镇压，无功，杀存宝。之后因对夏用兵，战争遂停止。

2. 熙河开边

吐蕃自唐末以来，开始衰落，各部一直未能统一。1070 年（熙宁三年），王韶提出平戎三策，指出"欲取西夏，当先复河湟；欲复河湟，当先以恩信招抚沿边诸种"②。为对西夏包围，神宗、王安石采纳这一建议，以王韶为洮河安抚使。韶到任后，先招纳蕃部进行交易，并募人营田，又招降蕃族二部。1072 年，击吐蕃，洮西大震，宋遂置熙河路，以韶为经略安抚使。

1073 年，王韶出兵"尽复洮河地方二千里"③，得牛羊以万计，又招降西河"蕃族"30 余万人，史称"洮河之役"，这在北宋对外战争史上是空前的一次胜利。

此后，宋军又继续向外扩张，也取得一些成果。黄河上游甘青之交的

---

① 《宋史》卷 85《地理一·京城》。

② 陈邦瞻：《宋史纪事本末》卷 41《熙河之役》。

③ 王称：《东都事略》卷 129《附录七》。

地区大部分都归入了宋的版图。

这次用兵虽有包围西夏的防御意义，但实际上还是对外扩张。

3. 对西夏的用兵

宋夏言和后，1070 年，夏又大举进攻，宋军在种谔统帅下，与之相持近十年之久。1081 年夏主遇弑，其国内乱，宋乃在当年七月派宦官李宪率陕西、河东五路大军进攻西夏。李宪不懂边事，且恃宠跋扈，进到西夏灵州城下，被夏人切断粮道。夏人又决黄河水灌宋军，大量宋兵被饿死淹死，李宪只好仓率撤退。1082 年九月，宋又派李宪、徐禧等人经略西夏。徐禧是个贪功生事却又虚浮的文人，和李宪率师在今陕北米脂、榆林、横山三县交界处筑了一座永乐城作为进攻基地。城刚修好，却被西夏大军攻陷，徐禧败死，李宪等救兵被隔不能前进，将校死者数百，役夫及士兵死者二十余万。总计灵州和永乐两次战役中，宋死伤六十万人，"钱粟银绢以万数者，不可胜计"[1]。熙宁以来积贮的军事物资损失尤大。这次战役后，西夏困弊求和，条件如前。此后宋夏之间就没有再爆发过大的战争。南宋时，金人据北方，宋夏隔绝，仅有使臣往来。

（五）新旧党争

王安石一开始变法，就遭到以司马光为代表的守旧派的坚决反对，他们究竟代表谁的利益，从他们的反对言论可以看出来。王安石认为要抑兼并，他们都认为贫富悬殊是合理的。富人是好人，是北宋政权的基础，因此不能损害他们的利益。司马光在《乞罢条例司常平使疏》中说："夫民之所以有贫富者，由其材性愚智不同，富者智识差长，忧深思远，宁劳筋苦骨，恶衣菲食，终不肯取债于人，故其家常有赢余，而不至狼狈也。贫者蚩蠢偷生，不为远虑，一醉日富，无复赢余，急则取债于人，积不能偿，至于鬻妻卖子冻馁沟壑而不知自悔也。[2]是以富者常借贷贫民以自饶，

---

① 《宋史》卷 486 《夏国传下》。

② 编者补注：宁可先生旁批："贫富原因，和资产阶级发家之说一样"。

而贫者常假贷富民以自存，然虽苦乐不均，犹彼此相资以保其生也……贫者既尽，富者亦贫，臣恐十年之外，富者无几何矣"①。就是认为，没有穷人，富人也就无法生存，目前的贫富关系是合理的。苏辙在《诗病五事》中说，"惟州县之内，随其大小，皆有富民，此理势之所必至……然州县赖之以为强，国家恃之以为固，非所当忧，亦非所当去也"②。文彦博说得更具体，他和神宗应对说，"彦博又言'祖宗法制具在，不须更张，以失人心'"，上曰："更张法制，于士大夫诚多不悦，然于百姓何所不便?"彦博曰："为与士大夫治天下，非与百姓治天下也"③。阐明富民与封建国家关系，指出：官僚地主是支持封建国家统治的力量。

王安石要动员各阶层各行业人力去发展生产，"因天下之力，以生天下之财"，他们却把"无一人得袭，故而守常者纷纷扰扰，莫安其居"④当作王安石的罪状。王安石要用发展生产来富国富民，使"民不加赋而国用足"，他们认为天地所生财货百物只此数，不在民则在官。然而旧党的反对或多吹毛求疵，如指摘青苗法不应由官来放钱取息或取息二分过重，或是挑新法在执行中由于官吏弄权而产生的流弊，实际上无法打中新法要害。再有就是对王安石进行人身攻击。1069年二月开始变法，五月吕诲上疏论王安石十大罪，第一条说他在英宗时托疾不朝，神宗即位时也不朝见，没有尽人臣之礼。其他多条也和这差不多，没有什么道理，而其总的意见，则认为王安石"外示朴野，中藏巧诈，骄蹇慢上，阴贼害物""惟务改作""误天下苍生必斯人矣"⑤。司马光认为王安石的举措将"动摇天下"。后来1074年（熙宁七年）郑侠反对新法，进"流民图"，认为天旱不雨，也是王安石新法的罪过，"旱由安石所致，去安石天必雨"，甚至说他是"天变不足畏，祖宗不足法，人言不足恤"⑥的乖戾人物。

---

① 《温国文正司马公文集》卷41《乞罢条例司常平使疏》。

② 苏辙：《栾城集·第三集》卷8《诗病五事》。

③ 《长编》卷221，神宗熙宁四年三月。

④ 《温国文正司马公文集》卷60《与王介甫书》。

⑤ 吕诲：《上神宗论王安石奸诈十事》，收于《宋名臣奏议》卷109。

⑥ 《宋史》卷327《王安石传》。

由于旧党的反对，王安石新法的推行受到很大的阻碍。就连只主张富国强兵的神宗也不免有时受他们的影响而表现了一些犹疑动摇，间或向王安石提出一些有关新法的质询。除司马光外，还有韩琦、文彦博、富弼等人。有些原属新党的人物，如吕公著、程颢、苏辙等人也转向旧党，反对新法。而新党如吕惠卿等人也互相争权夺利。王安石十分孤立，因此在1074 年被迫一度解相。1075 年再度拜相，不久又辞职。1076 年十月王安石终于最后退出政府。但新法仍继续执行，直到神宗死（1085），前后凡十七年。

神宗死，哲宗立，年仅十岁，祖母高太后临朝听政，起用旧党首领司马光为相。司马光任用旧党，废解一切新法，完全恢复旧制。旧党之间又争夺权利，分为蜀、洛、朔三党，政治十分混乱。1093 年哲宗亲政，又起用新党章惇为相，复行新政。但他们的主要目的却是报复旧党。徽宗初立，何太后执行新旧党并用。徽宗亲政，又引用新党蔡京等人，但这时新党实际上已是为大地主大官僚服务的贪污腐化集团，新法至此完全变质成为统治阶级掠夺人民的招牌和手段。蔡京执政时，诸路保甲锐减到六十一万多人（1113 年），保长保丁被迫供徭役，保甲教阅也严重妨碍着农时，免役法成为勒索人民的工具，有的地方役钱比神宗时增加了七十多倍，这就促使了社会危机的进一步严重。

简短的结论

北宋一方面是一个统一的政权，一方面是一个一开始就十分腐朽的政权。因此，在生产的繁荣与发展的同时，土地十分集中，地主阶级与封建国家的剥削十分繁重，这就不能不使北宋经济的发展带有畸形的性质。主要表现在：农业生产进一步发展受到阻碍因而迟滞，大量财富被浪费，手工业商业因地主的奢侈腐化而畸形繁荣，大量财富被浪费，生产对进一步发展经济无补。并且也使北宋阶级矛盾进一步尖锐，社会危机日益严重。

统治集团的腐朽与守内虚外政策的恶果，导致北宋对外战争的失败。而对外战争的失败一方面促使了统治阶级失败主义与投降主义情绪的增长；另一方面加深了国内危机，财政和国内阶级关系等都陷于危机。

在严重的社会危机之下，一部分以王安石为首的代表中小地主及富裕农民、小工商业者的官僚企图用改良的办法来挽救统治阶级灭亡的命运。但他们具有较大的妥协性与软弱性，而且只能是从上而下的改革。因此没有足以支持实现自己主张的强大社会阶级力量。在大地主大官僚的坚决反对之下，改革不免终于失败。

改良既然没有解决任何问题，社会危机就不免日益严重。北宋统治阶级的彻底崩溃乃成为不可避免。大的农民起义正在酝酿。但历史的发展出现新的途径，女真族的入侵使得族与族间矛盾上升为主要矛盾。

本章简短的结论

由于统一和安定，在人民辛勤劳动下，社会经济进一步发展，但这种发展带有畸形的性质——即农业发展停滞，城市畸形繁荣。

农业中值得注意的是单位面积产量的提高，垦田及户口数也有一些值得注意的现象。手工业中，农业与家庭手工业分离的趋势出现，雇佣劳动极为普遍，分工的工场出现，手工技术有很大进步，封建制度的基础，但还未发生动摇，商业及城市十分繁荣，纸币的出现值得注意。

阶级矛盾，民族间矛盾，封建国家与大地主，大地主与中小地主的矛盾发展起来，在这个背景上出现了封建国家与中小地主要求结合的王安石变法。

王安石变法，一是主张根本变革；二是从经济上限制大地主，缓和剥削，增加收入；三是政治改革，培育人才，增强国防。虽然取得成效，但终于失败，此后变质。

阶级矛盾愈发尖锐。

第三章　女真的兴起，辽、北宋的灭亡
（1101—1127 年）

北宋末年，整个中国呈现着如下的形势：

由于新法的变质，阶级矛盾不但没有缓和，反因统治阶级的进一步腐化与统治阶级内部斗争的进一步激化而更加尖锐起来。并且因此爆发了大大小小的农民起义。起义虽然被镇压下去，但北宋也到了崩溃的边缘。

曾经是北宋强大的敌人的辽和西夏，这时也因统治者的腐化而逐渐衰落。就在这时，东北又兴起了一个强大的女真族，它不仅直接威胁辽，也同时威胁着北宋，最后终于将辽和北宋灭亡，使当时社会的主要矛盾由阶级矛盾转化为族与族间的矛盾。

第一节　金的兴起和灭辽

（一）女真族的兴起

1. 完颜部的发展

女真族属于通古斯族，散居在长白山北松花江流域及黑龙江下游一带地区，即所谓白山黑水之间。北魏时称勿吉，隋唐时称靺鞨（曷），五代时改称女真（女直），勿吉、靺鞨、女真是一声之转。唐初有粟末靺鞨和黑水靺鞨两部，粟末靺鞨活动在松花江以南，曾以龙泉府为中心（遗址在今黑龙江宁安县东京城）建立渤海国，创造了相当发展的文化，五代时为契丹所灭（712—926 年）。辽灭亡后，在其故地建有东丹国。黑水靺鞨先附于渤海，渤海灭后附于契丹。其西南部直属于契丹的称熟女真，东北部不直属于契丹的称生女真。

生女真包括十九个较大的部落，如完颜部、乌古伦部、徒单部等，小者千户，大者数千，总共有户口十余万，后来发展为最大的是完颜部。

完颜部是居住在按出虎水(今滨江①东南的阿什河)沿岸的一个部落，在11世纪之前这一部落的生活还是"无室庐，负山水坎地，梁木其上覆以土，夏则出随水草以居，冬则入处其中，迁徙不常"②，过着游牧采集的原始生活。到始祖函普时，则已进入氏族社会末期。相传函普从高丽来到完颜部，与该部一位未嫁女子结婚，并且被"女真众豪结盟推为首领"③，成为完颜部落联盟的酋长，这一职务，以后乃由其子乌鲁继其父业而世袭了。这说明三个问题：①一夫一妻制家庭出现，标志着文明时代的开始。②军事首领的世袭则意味着未来的世袭元首或君主的最初萌芽。③也说明由儿子继承财产的父权制，已促进了家庭中财产的积蓄。事实上，函普时代，家庭私有财产制度已经有了发展。这在完颜部与其邻部交斗时赔偿损失的约定中可得到说明，即"凡有杀伤人者，征其家人口一、马十偶、牸牛十、黄金六两，与所杀伤之家"④。同时在保护私有财产上，也有一项规定"人举债生息、勤于耕种者，遂至巨富，若遇盗窃鸡、豚、狗、马者，以桎梏构械，用柳条笞挞外，赔偿七倍"⑤。这一事实不仅说明了私有财产的合法存在，同时也反映了作为国家组成部分之一的法律也有了萌芽，并且也意味着农业的出现。

11世纪中叶时，完颜部的经济生活有了显著的进步。这时东丹国人大部南迁，旧地空虚，遂定居于按出虎水之侧，并且也开始建筑屋宇、种植五谷，于是便走上定居的农业生活。到五世祖石鲁时，因女真无书契、无约束，不可检制，乃稍用条教，约束部人。最初几被部人坑杀，但终于行通，且能耀武于不肯用条教的诸部（国家的职能渐次具备）。至其子乌

---

① 编者补注：哈尔滨市的旧称。

② 《金史》卷1《世纪》。

③ 《三朝北盟会编》卷18，宋徽宗宣和五年六月庚子，引《神麓记》。

④ 《金史》卷1《世纪》。

⑤ 《三朝北盟会编》卷18，宋徽宗宣和五年六月庚子，引《神麓记》。

古洒为酋长之时，已可役属诸部。"自白山……乌古论之属，以至五国之长，皆听命"①。这时，乌古洒被契丹任为节度使，官属纪纲渐立。邻国朝鲜的铁刃铁制兵器也传到完颜部，最初是买甲胄，后来得铁既多，因之以修弓矢、备器械，不仅兵势稍振，而且生产力也提高了。

这时，完颜部已开始侵扰他部，掠夺财富及人口（当奴隶）。完颜部内部，也出现了因不能还债而卖掉自己妻子当奴隶偿债的情况，当时已成严重问题。由此可见，在 11 世纪中叶以后，12 世纪初，1111 年，康宗时期，生女真完颜部已开始向奴隶社会转化。

辽国皇帝每年春天到鸭子河泺②去钩鱼捕鹅，其捕鹅用的一种鹰——海东青为日本海或大彼得湾一带所产，辽国每年派遣大批人员到滨海的五国部求取此物，而且特别因此开放一条鹰路（海东青路）通过完颜部的重要分布地区以达五国部。求海东青又须与五国部人争夺，每年辽国派人前往必以完颜部人为前锋，于是乌古洒自告奋勇帮辽国打通鹰路，一方面扩张自己势力，另一方面也免得辽国深入完颜部境。乌古洒之后的完颜酋长仍常以打通鹰路为借口向五国部用兵，到 1113 年阿骨打继其兄为完颜部酋长时，完颜部所辖的境土已是北起松花江流域以北，南至今朝鲜的咸镜北道了。

2. 阿骨打建立金国

阿骨打善于骑射。他一面"力农积谷，练兵牧马"③加强自己的力量，一面又以金珠交结辽国权贵，渐次统一诸部。而在阿骨打时"猛安""谋克"制度也开始固定下来。这是一种部落的编制制度，在阿骨打之前，尚无定制，当时"诸部之民，无它徭役，壮者皆兵。平居，则听以佃渔射猎，习为劳事，有警，则下令部内及遣使诣诸孛堇征兵。凡步骑之仗糗，皆取备焉。其部长曰孛堇（首领之意），行兵则称猛安、谋克，从其多寡以为号。猛安者，千夫长也；谋克者，百夫长也"④这是女真氏族制末期的

① 《金史》卷 1《世纪》。

② 编者补注：辽代四捺钵之一。在长春州西北，即今吉林洮儿河入嫩江之月亮泡一带。

③ 《三朝北盟会编》卷 3，徽宗重和二年正月十日丁巳。

④ 《金史》卷 44《兵志》。

部落军事组织，到阿骨打时乃以三百户为谋克，十谋克为猛安。猛安谋克的组织，不仅是女真的一种军事制度，同时也是女真的生产组织与行政机构。这在以后的官制中可以见到，如"猛安，从四品，掌修理军务，训练武艺，劝课农桑，余同防御；谋克，从五品，掌抚辑军户、训练武艺，唯不管常平仓，余同县令"①。故猛安谋克制度为女真军事、行政、生产三者合一制度。

阿骨打用这种制度加强女真军事力量，征服附近各部，并在向外发展过程中，进一步发展了私有制度，加深了女真族内部的阶级分化，族内负债奴隶已成严重问题，"虏（敌）得南人，视人立价卖之"②，则是把俘虏当作奴隶。随女真社会的变革与内部力量的加强，对于压迫他们的契丹贵族就存在着强烈的反抗力量。

辽国末年，对女真的压迫更为厉害（奸淫妇女）。要海东青的使者络绎不绝，沿边官吏也勒索礼物。此外又有所谓"打女真"。"先是，州有榷场，女真以北珠、人参、生金、松实、白附子、蜜蜡、麻布之类为市，州人低其直，且拘辱之，谓之打女真"③，其"后多强取，女真始怨"④。这就激起女真族的普遍愤怒，于是阿骨打便利用女真各部人民反辽情绪，掀起反辽奴役的战争。

1114年，阿骨打会合各部能战者二千五百人举兵伐辽，辽国当时在边境上的军事布置是北起土河店（今吉林省扶余县境），稍南经黄龙府（今吉林农安）再西南经咸州（今辽宁开原）而达东京辽阳府（今辽宁辽阳），对于在发展中的完颜部构成一道从北到南的封锁线。1114年，阿骨打首先在宁江州（今吉林五家站）大败辽兵，辽再增兵，又在出河店被女真打得大败。阿骨打相继攻下宁江州及出河店之间及其附近的一些城镇，就把辽的这道封锁线粉碎了。在这次战斗中，获得了许多军器马匹，而且兵力也有发展。在辽国有传说女真兵若满万，则不可敌，而这时阿骨打已有精

---

① 《金史》卷57《百官志三》。

② 《三朝北盟会编》卷98，《靖康中帙》引《燕云录》。

③ 《契丹国志》卷10《天祚皇帝纪上》。

④ 洪皓：《松漠纪闻》卷上。

兵一万多人了。

1115 年，阿骨打称帝，国号大金，建元收国，都于会宁（黑龙江阿城）。又攻占辽国最重要的军事据点黄龙府，"诛杀不可胜计"①，"丁壮斩戮无遗，婴孺贯之槊上，盘舞为戏，所过赤地无余"②"应辽东界内熟户女真，亦为阿骨打吞并，分拣强壮人马充军，遂有铁骑万余"③。

阿骨打之建国标志了女真族社会的飞速发展。同时必须指出，此时女真社会正处于向外扩张的军事掠夺时期，但由于其长期处在契丹贵族奴役之下，因此就这个意义来说，女真对契丹的军事行动是正义的，而在以后的对宋战争中，则表现了残酷的种族奴役性质。

（二）辽的灭亡

1. 辽的腐朽

与女真族的强大同时，辽国的社会危机日益严重。

从建国以来，契丹贵族即日益腐化，末年更形严重。

一方面，在对人民的剥削上，由于统治着社会发展阶段不同的各族，故在剥削上也采取了不同的形式。对农业区的汉族人民是用封建剥削方式，一般汉族人民都陷于"赋调不均""税法太重"的境地，对内部的自由民，也有军役戍边等特殊剥削。对落后的属国与部族，则用"岁贡土宜"的办法。到天祚帝时，已是"财日匮而民日困"了，"上下穷困，府库无余积"④。

一方面，统治集团内部日益腐朽。辽末诸帝崇佛，寺观遍于全国，赏赐无节。道宗"一岁而饭僧三十六万，一日而祝发三千"⑤，天祚帝"好畋猎、淫酗，怠于政事，四方奏事，往往不见省"⑥。加上契丹贵族的仰慕汉化，

---

① 《三朝北盟会编》卷 3，徽宗重和二年正月十日丁巳。

② 《契丹国志》卷 10《天祚皇帝纪上》。

③ 《契丹国志》卷 10《天祚皇帝纪上》。

④ 《辽史》卷 60《食货志下》。

⑤ 《辽史》卷 26《道宗纪六》。

⑥ 《金史》卷 2《太祖纪》。

不仅自己日益腐化，也使某些汉人成了勋阀富盛之家，参与了统治阶级内部的斗争，而原来倚为长城的军队这时也腐朽到了不堪一战的地步。

再一方面，统治阶级内部矛盾日益加重。自立国以来就把持政治的耶律和萧氏二族，不时争夺帝位，"宗王反侧，无代无之"①。

到天祚帝时期，各种矛盾纷纷爆发，契丹贵族与境内少数族的矛盾成为当时主要矛盾，且与阶级矛盾及统治阶级内部矛盾互相交织。各族人民纷纷起义，除女真外，渤海族、汉族等也纷纷起义，使辽国的统治大为削弱。

1115 年九月，阿骨打攻下了辽黄龙府（今吉林农安），天祚帝亲率 70 万大军出征，由于前锋耶律章奴的叛变，被迫撤退，阿骨打乘机追击，辽军大败，"死者相属百余里"②，主力全部丧失。1116 年，金攻陷辽东京一带州县，1120 年又攻下辽上京。③

2. 宋金对辽的夹击

在辽军屡次被金人打败之后，宋廷君臣看到辽国有必亡之势，就想乘机出兵恢复燕云诸州，于是在 1118 年，派马政以市马为名，渡海使金。1120 年，又派赵良嗣（原名马植）使金，与金相约击辽。1120 年五月，金攻下辽的上京后，双方正式订约，出兵，各以长城为界限，金取中京（今热河平泉）④，宋取燕云故地，双方兵均不得越过长城关口，胜利之后燕云失地归北宋，北宋则把每年送辽国的岁币二十万两银及三十万匹绢转输给金，双方联盟正式成立。

北宋企图借金人势力收复燕云失地，这一企图虽然没有什么错误，但宋徽宗及蔡京、童贯等一群腐朽的统治者，只不过是想用对外战争和收复失地的招牌来麻痹人民，缓和广大人民群众对他们残酷压榨的愤怒，并借所谓"为国兴利，以备兵兴支用"⑤ 的名目，向农民及中小工商业者进一

---

① 《辽史》卷 72《章肃皇帝传附喜隐传》。

② 《金史》卷 2《太祖纪》。

③ 辽五京：东京：辽阳，西京：大同，南京：燕京，上京：临潢，中京：平泉。后亦有变化。

④ 编者补注：今河北平泉。热河省于 1955 年 7 月撤销，故可知该讲义这一部分完成时间在 1955 年 7 月之前。

⑤ 《三朝北盟会编》卷 1，宋徽宗政和七年七月四日庚寅。

步榨取勒索。它们并非决心收复失地，解放在契丹奴役下的汉族人民。

1120 年，宋金联盟成立后，宋因内部问题未即时出兵，将征辽大军调去镇压方腊起义。到 1122 年五月，北宋搜括了人头税 6200 万缗，派童贯率大军十五万伐辽。童贯下令不许杀一人一骑，期待辽的豪杰能以燕京来献。结果辽军出击，宋前锋小败，童贯又下令退兵雄州（今河北雄县）。辽兵一直追到城下，宋兵因童贯命令不敢还击，结果大败。同年九月辽将郭药师以涿、易二州降宋。十月，童贯复命刘延庆领兵十万，以郭药师为向导，进取燕京。刘军全无纪律，连郭药师也认为不能作战，果然被不足一万人的辽军打败，刘延庆与辽军对峙于卢沟河（今北京西南），燕京空虚，郭药师又献计偷袭燕京。刘光世（延庆子）逾约不至，郭药师等进入城中失援，又大败，仅以身免。刘延庆率大军与少数辽兵隔卢沟河对峙，不敢前进。一夜，刘延庆望见对岸火起，误以为敌军绕道进袭，仓皇烧营而退，军队大乱，士兵互相践踏，死者陈尸百余里。王安石以来积储防御北边的大量军事物资几乎全部丧失。

3. 金灭辽

宋金联盟成立时，辽国的内部矛盾仍在继续发展。1122 年正月，金人攻下中京大定府（今内蒙古自治区宁城大明城），天祚帝这时正在外游猎，仓卒逃到西京大同府（今山西大同），金兵紧追，遂轻骑遁入夹山（今内蒙古萨拉齐县西北）。是年三月，金兵攻下大同，辽的西京路各州县部族遂皆降于金。

当天祚帝逃亡之后，耶律淳即称帝于燕京，实际政权由大将耶律大石掌握，降天祚帝为湘阴王。

与宋兵的接连失败同时，金人却节节胜利，占领了山后数州，态度因此骤变，只答应灭辽后北宋收复燕、蓟、景（今河北遵化）、檀（今河北①密云）、顺（今河北顺义）、涿、易七州。童贯为了掩饰自己的失败，私自遣使促请金兵夹攻燕京。当时天祚帝西走，燕京孤立，北宋以大军压境，并曾一度击败辽守军，故金兵得以顺利南下，在 1123 年占领了燕京。

① 编者补注：1956 年时尚属河北，今为北京密云区。顺义亦同。

金兵攻占燕京后，辽余部在耶律大石率领之下，于 1124 年开始西迁，征服了东部和西部土耳其斯坦、花剌子模，在中亚一带建立了将近一世纪之久的西辽国（或称黑契丹，1132—1211 年）。西辽在中西文化交流上起了相当作用，在 13 世纪初被乃蛮所灭。

1125 年，天祚帝被金人俘获。辽国灭亡。

辽国灭亡后，金人继辽成为北宋更主要的敌人，而在宋金联盟夹击辽国的过程中，宋统治集团的腐朽与无能已完全暴露在金人面前，从而也就增强了女真贵族的掠夺愿望，从此便积极准备南下。

第二节　方腊、宋江的起义

（一）北宋末年社会危机的严重

王安石的新法既然不能根本解决当时的各种问题，而后来的新法又逐渐变质。因此，北宋末期，社会矛盾日益严重。

徽宗时期，专营政治投机的蔡京乘机上台。他与朱勔、李邦彦、梁师成、王黼、童贯等共同执政，时人称之为"六贼"。在他们执政的时期中，新法完全变质，成为剥削人民的工具。

首先，大肆奢侈浪费。他们迎合徽宗的享受心理，乃倡"丰亨豫大"之说，即做皇帝的要尽量铺张享受，于是大兴土木广建宫室，并且把全国主要是江南的奇花异石、珍宝均集中到开封来，为了掠夺东南各地财利，特在苏杭各设"应奉局"专管其事，用朱勔为管理人，管理进奉花石纲事宜。

所谓花石，实际上是指皇帝所喜欢的各种珍奇玩物，不一定限于"花"和"石"。所谓纲，是指一种运载的包装，用粗绳网起成一大帮之意，往往又指一般比较大的有组织的水路或陆路运输的名称，一批称一纲。水路称纲是从唐朝开始的，那时政府从江南沿运河运米到北方，十船为一纲，每纲三百人，篙工五十人。到宋朝仍沿用这个名称，运米称"米纲"，运花石称"花石纲"。

朱勔在江南，凡百姓家有一石一木可供观赏的，全被指名强取，一点代价不给，运走时，或拆屋或破墙取出来，毫不顾惜。一家人只要被摊上，多半就要破产甚至被迫出卖子女。一块太湖石高四丈，用大船运，光民夫就用了几千人，所过州县往往拆桥凿城令其通过，沿途居民大受骚扰。①

宋徽宗迷信道教，在开封及各地普遍修造道教寺院，设置道官等级，使道士皆有薪俸，其宠信的道士林灵素的门徒，由政府支给薪俸的即达二万人。每一道观"给田不下数百千顷"，每一斋施动辄也是数十万贯。神宗以来的积蓄，用之几尽。与此同时官僚的奢侈浪费也到达极度，蔡京父子到处拆毁民房来为自己修造楼阁，蔡京请客光蟹黄馒首一项即用1300 万缗。厨房分工极细，有的婢女只会劈葱。童贯家藏财物多于府库，王黼光库内所存黄雀鲊，自地积至栋即达三楹之多。

其次，政治十分黑暗。蔡京、童贯、朱勔等人，还公开出售官爵，如王黼为相，三千贯，索直秘阁；五百贯，擢通判。梁师成一次就卖了一百多名进士。这样，官吏数目激增，徽宗即位七八年后，官吏数目即比前多至十倍，徽宗又滥施赏赐，以至形成支用无穷，一岁之入，仅了（满足）三季之用。

复次，为了应付日益增长的开支，北宋统治者加紧了对人民的剥削。从 1111 年起，北宋设置了一个管理公田的机构，用种种借口，如契券不符、天荒瘠卤，等等，把一些最好的土地收归政府所有，迫使原业主成为佃户，令其依对分方式向政府缴纳租课。此法最初行于河南，鲁山县境内土地竟全被当作公田，成千成万农民因此饥冻致死。后来更推行到各地，每年没收的田最多达三万四千三百余顷。

人民一方面丧失土地，但赋税徭役的负担更苛重于往日，如田赋，有的地区不管农民有地多少，每亩得纳"受种"七斗。有的地区，租税

---

① 宋徽宗用这些花石在开封修了很多宫院，其中最有名的是艮岳，其中石头曾被金人迁到北京，堆成现在北海的琼岛。

原为一十三钱，而增至二贯二百者；有租税原为二十七钱，而增至一贯四百五十者。如茶税，真宗时为三万缗，仁宗时为三十三万缗，政和以后（1111—1117年）则达四百万缗。如和买，到徽宗时，已从给钱买而变为不给钱而自取之，成为人民极其沉重的负担。又如支移，这时在支移之外，加征"地里脚钱"斗五十六文，又"反复纽折"（折变），以至数倍于昔，农民卖牛变产，还出不起，在役钱的摊派上，有的地方由神宗元丰时的四百千增到近三万。为了征燕京，又在全国搜括免夫钱一千七百万贯。此外，苛捐杂税层出不穷。政府又滥铸钱币，以至物价由神宗时的斗米百文涨到崇宁时的三四贯，而且灾荒迭起，就连开封也是"贫民饥饿，布满街巷，死者盈路"①。

最后，与此同时，地主官僚们加紧了对土地的兼并，如朱勔"田至三十万亩""田产跨连郡邑，岁收租课十余万石，甲第名园，几半吴郡，皆夺士庶而有之"②。蔡京占田更过之，其他地主官吏，更是纷纷侵夺。

在这样残酷的压迫和剥削之下，阶级矛盾发展到了极尖锐的程度。"人不堪命，遂皆去而为盗，胡马未南牧，河北蜂起，游宦商贾已不可行"③。农民起义的爆发已是不可避免了。

（二）方腊起义

两浙（浙东浙西）地区是宋代重要的经济区，这个地区盛产茶绢，因此茶税及和买绢的负担最重，而且还要收一种"身丁钱"，更是输钱给盐，后来盐由商卖，钱仍不减，就成了税，每丁三百六十文。此外，两浙上供之物也大大增加，如婺州（今浙江）宋初供罗一万匹，宋末即达五万八千多匹，因此两浙成为全国负担最重地区。据1119年统计，两浙上供钱物之数为四百四十三万五千七百八十八贯匹两④，而其他各项杂税（如茶税）

① 佚名《宣和遗事》后集卷下。
② 王明清：《玉照新志》卷4。
③ 王明清：《挥麈录·后录》卷2。
④ 秦湘业辑：《续资治通鉴长编拾补》卷41，徽宗宣和二年二月乙亥。

还未包括在内。而这些征敛又主要取自五等下户，这就把农民推向破产。

此外花石纲的苛扰也加深了这带地区人民的痛苦。因此，1120 年，方腊即以魔教组织人民起义。

魔教或曰食菜事魔教，是唐时传入中国的摩尼教后来加上中国的佛教、道教及农民朴素的原始信仰的某些因素，而成为流行于南方的一种新秘密教派，也称明教。其教义有所谓"二宗三际"之说，二宗指明暗这两个斗争势力而言，三际（初、中、后）则标明两个势力斗争发展的三个阶段。摩尼教徒认为，在混沌初开的初际，明暗势力均敌地对立，但在现实的中际阶段，暗的力量超过了明并压迫着明，因此每个教徒就须挺而与暗斗争，只有经过斗争，明才可以战败了暗，然后进入后际，这时明暗又各复原位。正因为明教具有这样的斗争性，与农民的自发的反封建要求结合，所以就被农民起义用来作斗争手段。此外，魔教又主张素食、裸葬、助财、助用、平等，这些办法符合农民的生活情况，也反映了农民朴素善良的品质及斗争愿望（平等），也反映了农民的农业社会主义思想。一定条件下，宗教是可以作为农民组织斗争手段的。在不同的历史阶段和不同的历史条件下，不同的革命阶级往往采用合于他那个时代要求的特殊斗争形式。在资产阶级革命时期，法国资产阶级曾用恢复罗马的自由生活相号召；辛亥革命党人以恢复汉官旧仪为号召。在封建时代，农民起义就往往披着宗教外衣。

宗教迷信和其他一切社会意识形态一样，是反映着一定的社会物质生活条件的，是社会生产发展到一定阶段的产物。它反映了低下的生产力水平，人们不认识自然规律及社会生活、现象，同时它可以被统治阶级利用，但也可以成为劳动人民反抗剥削及压迫的工具，可以含有革命因素（如最早的基督教）。

方腊起义的地点是浙西睦州青溪（今浙江淳安），这里虽然四径多山，但却"民物繁夥，有漆楮松杉之饶"①，成为商贾辐辏之区。而统治者的剥削也就日趋苛重，每年从这里榨取成千成万斤漆料。方腊是一个漆园主，

①　方勺：《青溪寇轨》。

也是个魔教首领，是个中产之家（中小地主），在北宋政府的残酷剥削下，也濒于绝境，于是决心起义。①他请乡中贫民百余人饮酒，酒酣，他起身说：

"天下国家本同一理。今有子弟耕织，终岁劳苦，少有粟帛，父兄悉取而靡荡之，稍不如意，则鞭笞酷虐，至死弗恤，于汝甘乎？"皆曰："不能！"

腊曰："靡荡之余，又悉举而奉之仇雠，仇雠赖我之资，益以富实，反见侵侮，则使子弟应之，子弟力弗能支，则谴责无所不至。然岁奉仇雠之物，初不以侵侮废也。于汝甘乎？"皆曰："安有此理！"

腊涕泣曰："今赋役繁重，官吏侵渔，农桑不足以供应，吾侪所赖为命者，漆楮竹木耳，又悉科取，无锱铢遗。……且声色、狗马、土木、祷祠、甲兵、花石靡费之外，岁略西北二虏，银绢以百万计，皆吾东南赤子膏血也。二虏得此，益轻中国，岁岁侵扰不已。朝廷奉之不敢废，宰相以为安边之长策也，独吾民终岁勤勤，妻子冻馁，求一日饱食不可得。诸君以为如何？"皆愤愤曰："惟命！"

腊曰："三十年来元老旧臣贬死殆尽，当轴者皆龌龊奸邪之徒，但知以声色土木淫蛊上心耳，朝廷大政事一切弗恤也。在外监司牧守亦皆贪鄙成风，不以地方为意。东南之民苦于剥削久矣。近岁花石之扰尤所弗堪，诸君若能仗义而起，四方必闻风响应，旬日之间，万众可集。守臣闻之，固将招徕商议，未便申奏，我以计靡之，延滞一两月，江南列郡可一鼓下也。朝廷得报亦未能决策发兵，计其迁延集议亦须月余，调习兵食非半年不可，是我起兵已首尾期月矣。此时当已大定，无足虑也。况西北二虏，岁币百万，朝廷军国经费千万，多出东南。我既据有江表，必将酷取于中原；中原不堪，必生内变。二虏闻之，亦将乘机而入，背腹受敌，虽有伊（尹）吕（尚），不能为之谋也。我但划江而守，轻徭薄赋，以宽民力，四方孰不敛衽来朝！十年之间，终当混一矣。不然徒死于贪吏耳，诸君其筹之。"皆

---

① 曾敏行：《独醒杂志》卷7。

曰："善。" ①

这真是中国农民战争史上一篇最好的宣传煽动文字，他从激起群众的阶级仇恨入手，使群众认识到只有起义才是唯一出路，然后进而从全国局势来分析进行起义的各种有利条件，从而坚定起义群众的信心与决心。其立场之鲜明、认识之深刻、情绪之热烈、方式之通俗，在那个时候是达到了最高水平。

由这篇文字也可以看到方腊起义的一个重要特点，那就是反映了当时反抗北宋的阶级斗争与反契丹、夏的族与族斗争的紧密结合，反映了人民除反抗封建统治之外的反抗外侮的要求。但也可以看到农民在对待这个问题上的局限性，即"二虏闻之，亦将乘机而入"这种打算，自然是不符合汉族人民的利益的。其所以有这样的主张，一方面是东南农民主要仇视者是宋王朝，另一方面，由于起义地点远在东南，而非国防前线，因此对外侮的仇恨主要还是由于北宋政府搜括岁币及民族地位低落而来，尚未亲身经历少数民族侵扰对社会经济破坏而遭受的痛苦之故。而归根到底，还是由于在当时历史条件下劳动人民的局限性，对此问题没有更深切的认识（古埃及奴隶暴动曾与叙利亚人入侵者结合，唐末有些农民领袖曾向契丹称臣即为例子），我们应看成是农民起义的缺陷。

在方腊号召之下，其部众千余人在 1120 年十月进行了起义。方腊以魔教形式将部下组织起来，自号圣公，改元永乐，置偏裨将，以巾饰为别，自红巾而上凡六等。以诛朱勔为名，见官吏使人皆杀之，但对比较清廉的官吏却又宽大处理，是非分明 ②。久苦于剥削的群众纷起响应，数日有众十万。十一月底，将宋将蔡遵等所带领的五千人剿灭，不久即占领青溪。起义发展极快，到这年底，已攻下两浙六州五十二县，占领了杭州，而其响应者活动的地区却远不止此数。尽管当时农民军缺少器械，唯以人众为援，常以数百人前后奋拳，辄困官兵，童子妇人在前，饰以丹黛，假为妖怪以惊官兵，并在四处设陷阱来和敌人周旋。无数农民如浪水一般参

① 方勺：《青溪寇轨》。

② 佚名：《宣和遗事》。

加到起义队伍中来，很快发展到众约百万的大队伍，这充分说明了这次起义的高度群众性。

当起义军攻下杭州的消息传到汴京以后，北宋统治集团惊慌失措，因为两浙是北宋王朝搜刮财赋的首要地区，而起义军的发展又如此迅速，因此北宋王朝便倾全力来镇压。

与方腊起义前的估计恰恰相反，这个腐朽的朝廷在这样生死关头却以意想不到的速度动作起来。而这时北宋正把防守西夏的精锐军队调到开封来，准备与金配合攻辽，起义发生之后，就由宦官童贯带领这些军队迅速地投入了内战战场。参加镇压起义的还有素称精锐的京畿禁军，各路兵马共二十万人。由金陵、镇江向两浙进迫。为了更有效地镇压起义，又赋予童贯临时处置的全权，包括可以代徽宗下诏的权力。

北宋统治者一方面采取了一些欺骗手段，如下令罪应奉局及花木进奉，又罢去朱勔父子的职务，以缓和人民的反抗情绪；另一方面，也是更重要的一方面，是派大军镇压。1121 年正月，起义军六万攻秀州（今浙江嘉兴），与童贯大军接战不利，退守杭州。1121 年二月，起义军被迫退出杭州，宋军分散进攻，将起义军的根据地包围起来。

在宋军压倒优势进攻之下，再加粮食不足及武器缺乏，坚持到四月，起义军被迫退到青溪的梓桐石洞中。四月二十六日，方腊及其他起义领袖三十二人被俘，而俘获方腊的就是后来的抗金名将韩世忠。方腊被俘后，余部七万人坚决抵抗，最后全部光荣就义。八月，方腊父子在汴京被反动统治者惨杀。这次起义最终失败了。在这次起义中死亡的民众不下二百万。宋朝在镇压了起义军后仍又设应奉局，朱勔后又得志，人谓之东南小朝廷，依旧照样剥削与压迫人民。

人民并没有被残酷的屠杀压倒，他们隐藏义军，有的地方民众十之七八均藏有义军。在北宋统治者严令禁止之下，魔教却愈来愈盛，而宋朝统治者也没有放下屠刀，一直在屠杀，经常是"流血积尸，至于庐舍积聚，山林鸡犬之属，焚烧杀戮，靡有孑遗"①。自方腊之平到南宋绍兴初年

① 《建炎以来系年要录》卷76，绍兴四年五月癸丑。

的十余年内，不幸而死者，不知多少万人。尖锐的阶级矛盾就一直这样持续下去。

这次起义失败的原因主要是阶级力量对比悬殊。在起义军方面，严重缺乏武器，对少数敌人尚可将其消灭，但面对多数装备精良的敌军，则无办法。而宋军方面，则因装备精良，攻辽之后，集中了大量精锐的军队在汴京，并于短期内投入战场，因此使起义军处于劣势。其次，起义军缺乏统一的战略部署，起义之初本应直捣金陵，这样做无疑会更有利，但此后起义军却分散兵力，忽东忽西，错过进攻良好时机，这充分表现了农民起义的自发性和分散性。这也表现了食菜事魔教虽然起了团聚农民的作用，但终究带有很大的局限性。

（三）宋江起义

与方腊起义的同时或稍前，在北方也爆发了一系列的农民起义，其中最重要的是宋江领导的起义，起义的地区主要是鲁西的梁山泊，时间最晚不过 1119 年。

从后晋到宋神宗时，黄河决堤三次，遂使下游各州的水汇入东平府（郓州，今山东东平）的梁山泊，梁山泊周围达八百里。这带地方也被北宋收为公有，强迫入湖采蒲捕鱼的人民缴纳高额的租赋，违者科罚。每县在常赋之外增加十余万贯，在因水旱而蠲免租税时，梁山伯中应纳租赋也独不许蠲免。对于鲁西一带人民，北宋统治者又一向认为他们是"专为盗贼"，富于反抗精神，因此派特别严酷的官吏去统治，宋江等人就是在这种情况之下被迫落草为寇的。

这次起义在历史上十分有名，可惜史书记载十分缺略，我们只能知道下面一些情况：

1. 宋江颇有领导群众的才能，利用天书谶语作为组织起义的手段；

2. 起义群众阶级成分颇为复杂，农民、渔民、游民、中小地主、军官都有。人数有说三十六人，未免过少，但也绝非千军万马，否则北宋史书就要大书特书，而也不允许他们扩大势力。

3. 起义活动地区，初起于京东，辗转于青齐单濮诸州之间，后移向今苏北沭阳，作战方式为游动作战，"官军数万，无敢抗者"①。

4. 北宋官吏侯蒙，采用招降，未果，侯蒙就死了。1121 年春夏间，又派张叔夜招降。张叔夜先派人偷探义军所向，知其劫大船十余艘，遂派兵士千人"设伏近城，而出轻兵距海，诱之战，先匿壮卒海旁，伺兵合，举火焚其舟。贼闻之，皆无斗志，伏兵乘之，擒其副贼，江乃降"②。似又未必全信，又据折可存墓志，1121 年，方腊平后他才将宋江擒获，二说不知孰是，恐应从第二种说法。宋江起义失败的原因，是他们未从事战略性的经济储备，不懂得建立根据地及扩大起义部众，终于失败。

5. 宋江是否在降后征过方腊，有的书记载征过，但如宋江之擒在方腊失败之后，则此说自不可能。

6. 宋江余部如杨志、史文龙等，曾参加过抗金斗争，然而宋江等人的传说，因其活动地区广，又在开封附近，故在民间却有很大影响，最后便在《水浒传》集中地描绘下来，给后世以很大的影响。

除宋江外，北方各地农民相继起义，如鲁东张万仙、山东贾进、河北高托天等，号称数万、数十万不等，但这些起义都在北宋政府的分化诱降之下失败。

北宋末年农民大起义最主要的特点就是阶级斗争和民族斗争的结合。方腊宣言中不仅揭露北宋统治者对外屈辱的恶果，也反映了人民抵抗对外侵略的愿望。而宋江余众之参加抗金斗争也充分说明了这一点。这一特点正说明了北宋末年社会矛盾的复杂与尖锐。

其次，北宋末年的起义在时间上都不长，范围也就是一个地区，这和北宋统治者对外屈辱、对内镇压的传统国策分不开。

最后，北宋末年的起义，在利用宗教上，比前代有所发展，其历史意义在于方腊平等口号的提出，从经济上的均贫富到政治上社会地位上的平等，反映了农民的空想的农业社会主义思想的发展，也反映了农民为力求

---

① 《东都事略》卷 103《侯蒙传》。
② 《宋史》卷 353《陈过庭传》。

平等而完全推翻地主权力，完全消灭地主土地所有制的革命理想发展为等贵贱、均贫富，是农民起义进步的标志。

起义虽被宋朝用屠杀收买手段镇压下去，但北宋政权也到了摇摇欲坠的地步。正当北方农民酝酿更大的起义时，严重的外患发生了，女真族进入中原内地，腐朽的北宋统治者不能倚靠人民抗战，致使中原沦陷，宋政权被迫南迁。

第三节　北宋的灭亡

北宋末年的形势正是所谓山雨欲来风满楼，国内酝酿着更大的农民起义，北方形成了新的女真的威胁，但北宋统治者仍过着腐朽淫逸的生活，执行开国以来的对外屈辱投降对内镇压屠杀的政策，终于无法抵挡女真南下，给人民带来无限痛苦。

（一）收复燕云的交涉

金人在 1123 年占领燕京之后，即违约利用燕京作为向北宋讹诈的手段。另一方面，北宋不但想把燕云诸州收归己有，还想连平州、营州、滦州也一并得到。金人则谓：若宋必欲平滦等州，并燕京不与，"燕京用本朝兵力攻下，其租税当输本朝"①。双方几经交涉，昏聩腐朽的北宋统治者就怕金人继续南进，并且为了欺骗人民，最后与金订约：金把七州之地归宋（山西各州不再归还），宋除将输辽岁币五十万两匹改输金人外，又别输"燕年代税钱"每年一百万贯，且设置榷场与金人交易。这些条件答应之后，金人又得寸进尺地向宋勒索二十万石粮食，当然最终未给。

由于燕京一带人民纷纷反抗，袭击金兵营寨，金兵人数很少，骤然夺

---

① 编者补注：《大金国志》卷 2《太祖武元皇帝纪下》。

取辽国广大地区，统治尚不巩固。同时北宋又有三四十万大军驻在附近，形成对他们的威胁，所以金人在北宋交付财货之后，即发挥其野蛮的贪欲，大肆劫掠后退兵。凡燕京及其附近所有职官、富民、金帛、子女，全被金人掳掠而去。北宋所得，仅是几座空城，但劫后余生的燕京汉族人民，仍然热烈地欢迎宋军入城。为契丹割占一百八十余年的燕云地区，终于部分地暂时地回到了汉族政权手中。

（二）金兵第一次南下

在联宋灭辽的战争与收复燕云的交涉的过程中，女真看透了北宋政权及军队的腐朽无能，同时又在与宋接触过程中，了解宋君臣积累金玉宝物，富裕无比，因此积极准备南下。1123 年八月，阿骨打死，其弟吴乞买继位，是为金太宗，屡次派使臣搜集宋情况，辽降臣也供给金人情况，认为"师不必众，因粮就兵"[1] 即可制胜。

在这种紧张局势下，北宋统治者却以为天下从此无事，可以高枕无忧，他们毫不加强西北边防，反而撤除在京以南的某些军事设施，把燕京防务交给降将郭药师，派童贯在太原总领北方军队，尽情地剥削人民，淫逸享乐。他们害怕也不愿听边界上的警报，并用掩耳盗铃的办法（鸵鸟战术）拒绝臣下对边事的建议，下令"敢妄言边事者，流三千里，罚钱三千贯，不以赦荫减"[2]。虽然赴金使臣已经知道金人于 1125 年就集中兵力准备南下，却不敢上报，各地报告金人南下迹象的消息，也被童贯等截留。

在宋金攻辽时，辽平州守将张觉降金未几，以平州叛归宋，宋纳之，后平州被金夺去，觉留在宋。金人以此责宋，宋乃杀觉以谢，于是郭药师等辽降将，都生怒心。

1125 年冬十月，金人以此为借口分兵两道攻宋，两路一支由粘罕（宗翰）率领，从云中南下进攻太原，东路一支由斡离不（宗翰）率领，自平

---

① 《大金国志》卷 3《太宗文烈皇帝纪一》。

② 《三朝北盟会编》卷 20，徽宗宣和七年正月二十日壬辰。

州攻燕京。金人的计划是以西路兵攻下太原后截阻北宋陕西的援军，然后两路合围开封。西路由于边将叛变，金兵得以直趋太原，童贯平日一点不做准备，这时，"气褫扶手无他策"①，仓皇逃往汴京，太原遂被包围。东路金兵由于燕京守将郭药师叛变并由他作引导，长驱南下，向汴京进攻。北宋君臣惊慌失措，庙堂上既无可以主持大计的重臣，军事上也无可以倚恃的将帅，手头也无可靠军队，徽宗只好取消花石纲，下诏罪己，号召天下勤王，并传位于其子赵桓，是为钦宗，准备南逃。

1126 年（钦宗靖康元年）一月，东路金兵攻到相滑二州，迎战宋军不战而溃，金兵进逼黄河，守河宋将望见金兵旗帜，烧桥而逃，金兵遂以小舟从容渡河，零零散散，五天才过完骑兵，步兵还在河北未过。过河金兵笑道，南朝可谓无人，如用一两千人守河，我们哪能渡过。

在金兵直逼开封之际，宋徽宗带领蔡京、童贯、朱勔等人逃到镇江。

在金人深入的严重威胁下，宋朝的君臣处在忽而紧张忽而松弛的状态中。每当军情稍紧，便有"求言之诏"，要求臣民献计献策，每当军情稍缓，又对抗敌舆论设法钳制，以致当时有"城门闭，言路开，城门开，言路闭"②之语，但是由于广大军民之坚决要求抵抗，所以北宋朝廷中便分裂为"降走"与战守两派，以宋钦宗、李邦彦、白时中、张邦昌等人为首的降走派，代表大官僚大地主利益，到处散布投降妥协言论，竭力煽动宋钦宗逃跑，力求向金人讲和。以李纲为首的少数大臣与将领，他们在人民支持与监督之下，主张依靠士兵和人民，守城抗敌。在人民和士兵激昂的爱国热情与抗战情绪高涨的情况下，宋钦宗被迫放弃南逃打算，当这一消息传出时，士兵都"伏呼万岁，其声震地"。钦宗被迫出面向将士宣读固守诏令，"每读一句，将士声诺，须臾六军感泣流涕"③，声势极为壮烈，战守派暂时取得胜利，李纲被任为"亲征行营使"，掌握了防守汴京的军权。李纲积极布置防务，三五日内即准备完毕。汴京人民也行动起来捕捉

① 王称：《东都事略》卷 121《宦者传·童贯传》。

② 编者补注：《三朝北盟会编》卷 96，《靖康中帙》引《靖康小录》。

③ 李纲：《靖康传信录》卷 1。

奸细，帮助军队准备守城器械并纷纷参军。钦宗数次想逃，都被李纲设法留了下来。

金兵包围汴京数次攻城，李纲亲自登城督战，军民将金兵打退，这时，西路金兵由于太原军民的坚守而被牵制不能前进，河北许多地方也因人民英勇抵抗而并未失陷，到达开封城下的金兵仅号称六万人，而北宋各地勤王军已陆续赶到，仅种师道所率西北军队即有二十余万。金人深入，粮草不继，而宋军士气旺盛，人民坚决支持，显然，形势对宋不为不利。驱逐金人解开封之围是完全可能的，即或不行，"扼河津，绝饷道，分兵复畿北诸邑，而以重兵临敌营……俟其食尽力疲……纵其北归半渡而击之"① 也完全是可以做到的。但是宋钦宗及降走派仍十分恐惧金人，不顾李纲等人的反对违反军民意志，遣使向金人求和。金人正求之不得，乃趁机勒索，条件如下：

1）割太原、中山（河北定县）、河间（河北河间）三镇，宋金以黄河为界。

2）输金五百万两、银五千万两、帛 100 万匹、牛马一万头。

3）宋主尊金主为伯父，并以亲王宰相为质。

宋钦宗一一答应，为了交纳这笔巨款，下令用军法将汴京城内凡民间的全部金银都搜刮出来，才凑了二十万两金和四百万两银。

这时由于宋各部勤王军内号令不一，宋将姚平仲邀功，以步骑万人偷袭金营失败，这本是一次小挫折，但却成为降走派口实，大肆攻击李纲，并以此为借口，将李纲、种师道革职，起用投降派分子蔡懋守城，蔡懋不但解散民兵而且号令将士，金人近城不得辄施矢石，因而激起人民极度愤怒。1126 年二月五日，太学生陈东等到皇宫请愿，要求诛杀六贼，痛斥李邦彦、白石中等投降派，反对割让三镇，要求起用李纲，种师道，坚决抵抗金军。军民不期而集者数十万，呼声动地，在群众压力下，宋钦宗被迫恢复李纲、种师道职务，宣召李纲的宦官朱拱之因传召稍迟而被愤怒的军民当场打死，直到李纲、种师道出面，群众才散去。

---

① 《宋史》卷 358 《李纲传》。

李纲再度出来守城，重新布置防务，金兵一时攻不下。这时，宋各路勤王兵又陆续到达，金西路兵被阻于太原不得南进，斡离不畏惧，不等勒索金银足数，于 1126 年二月间北退。李纲、种师道建议乘金兵过河之际，以大兵追击，钦宗与投降派不听，并下令军民凡擅自出兵打击金兵者，以军法论罪。这样金兵便从容北退，一路掳掠破坏，开封以北地区惨遭蹂躏，造成几百里不见人烟的惨象。

（三）金兵第二次南下与北宋的灭亡

金兵北退，中山、河间两镇坚守不降，宋廷遣种师道等等待金兵退走，主和派又得势，他们遣散各路勤王军队，李纲力主准备抵御，反被贬逐到江西，种师道也被夺去军权（不久即死），主战派的一切抗战措施，全被破坏无余。宋徽宗又从镇江回到汴京，仍旧过着荒淫无道的腐朽生涯，"防寇御边之策，反置而不问"[①]。

与此同时，宋廷又想冒险以图侥幸，又下令固守三镇，但不采取任何积极措施，还暗中与辽时降金将领及辽余部尚在西北地区者联系，约为内应，二事皆为金所知。1126 年秋，金兵又分兵两路发动第二次南下。西路金军在太原军民坚决抵御下，始终未完全撤退，这时，太原被围已二百五十多天，太原的坚守，牵制了西路金兵，对保卫汴京起了很大作用。但是最终因孤立无援，缺乏粮食，甚至吃树皮煮衣甲，饿死者十有八九，仍坚持抵抗。最后城陷，守将王禀巷战而死，全城军民也壮烈就义，太原军民的艰苦斗争，在中原人民反对外来侵略的历史上写下了光辉的一页。

当西路金军南下之际，宋廷又一再召集廷臣议论三镇是否可割，议论未决，并下令阻止各路勤王军不能擅动，又派使者求和。金人口头许和，进攻未停止，西路金军已攻陷太原，由山西南部渡河趋开封。东路金军也渡河，直驱汴京。

---

① 李纲：《靖康传信录》卷 3。

与此同时，钦宗忙派其弟赵构到斡离不军前议和，赵构到长垣（今河南）被人民阻拦，要求抵抗金军，到磁州又被宗泽及当地军民留住。及至金军占领潼关，宋钦宗又派耿南仲至粘罕军为河东割地使，聂昌为河北割地使，南仲辞以年老，昌辞以有父母，钦宗强令其出使，昌道："两河之人勇劲忠义，如太原城守经年，隆德既破复守，人人死战者，盖不负祖宗二百年之泽。今一旦割以予敌，万一不从，则臣必为金人所执，死不瞑目矣。"①果然，两河义军蜂起，山东有张仙，号称十万众，张迪五万，贾进数万，河北有高托山号三十万，此外两三万者不可胜数。山西忠义豪杰遍据山寨纷纷抵抗，反对割地。耿南仲过卫州（河南汲县，今卫辉），人民闭城不纳，南仲只好去相州（今河南安阳）。聂昌到绛州（今山西新绛），人民挖其眼将其碎割，但统治者始终坚持求和，因此二路金军在开封城下会合将其包围。这时，钦宗再下令各路勤王，但各路军不是被阻，就是被击破，已无一兵一卒能来了。

开封各阶层人民英勇地进行了卫城战争，保甲五千多人自动出击，汴京城坚持了六、七日之久，但腐朽的统治者不敢也不愿相信人民和士兵的力量，却依赖无赖郭京的神法及神兵的保佑，金兵攻城，郭京尽撤城上守军，命其训练的神兵队出战，结果神法不灵，神兵溃散，郭京逃跑，开封也随之在 1127 年 1 月沦陷。城陷之夜，钦宗不愿突围。军民请求巷战，钦宗不许，反而遣使、后来亲自到金营乞和。金人索金一千万锭、银两千万锭、帛一千万匹，一一应允，大括民间金银。又遣大臣二人任西河割地使，遣二十人伴金使持诏书到各州县令开城归降。因金银未搜刮足数，钦宗且被金人拘留，这年二月，钦宗被废。

当时，河北河东大部分地区仍在坚守中，各处军民都不听宋钦宗的投降命令，继续坚守。被金人侵扰的地区人民纷纷组织义军，大者数万，小者百千。多路勤王军连败金兵。陕西北宋勤王军收复潼关，继续东进。在宗泽指挥下的义军，在磁州连破三十余砦，多路宋军均向开封进军。金人兵力有限，无力占领开封，更无力久据中原广大地区，所以在侵占开封四

---

① 王称：《东都事略》卷 108《聂昌传》。

个月后，于 1127 年四月被迫北撤。金人撤走时，把徽钦二帝及几乎是全部宋室后妃公主均掳走，开封内外财物被掠一空，所有金帛、珍宝、天文仪器及百工技艺、图书乐器等都捆载而北。建国 168 年的北宋王朝自此遂告灭亡（960—1127 年）。

金人北退时，立投降派丞相张邦昌为楚帝，做他们的傀儡。

北宋的最后几年，全国的阶级矛盾已经到了极尖锐的程度，大规模的农民起义正在酝酿，北宋统治也已到了灭亡的前夕。但是，北方新起的女真构成了对北宋新的威胁，民族之间的矛盾上升为主要矛盾。在这种情况之下，人们暂时缓和阶级斗争，转而支持北宋政府抗金，这充分表现了人民的爱国热情及其深明是非大义。在人民的坚决支持下，北宋统治者本是完全有可能打退女真的。

但是，腐朽的北宋统治者却采取了完全相反的作用。由于长期守内虚外政策的恶果，北宋的统治机构及军队在强大的外敌面前已经腐朽到了不堪一击的地步。不仅如此，在女真已经直接危及北宋统治的时候，北宋统治者还是执行其一贯国策，对内抑制抗战言论及人民抵抗斗争，对外一味委曲求和。而且议论不绝，举措失当，结果广大北方沦陷于女真铁蹄之下，北宋朝廷也不能避免覆灭命运。

因此，北宋灭亡的根本原因在于北宋长期腐朽罪恶统治及其在女真南下时所执行的投降政策。

本章简短的结论

女真族在社会形态变革的形势下，在阿骨打领导之下对辽战争，这一战争性质是正义的，但是由于女真社会的发展阶段，正处于奴隶制刚建立时期，故本身带有严重的军事掠夺与族对族的奴役的性质。

契丹在统治阶级十分腐败、内部阶级及各族矛盾十分尖锐的情况下，无力抵御女真，终于灭亡。

北宋政权末期，统治者愈形腐朽，阶级矛盾极为严重，方腊、宋江等的起义严重震撼了北宋的统治。

在女真南下、族间矛盾成为社会主要矛盾的形势下，腐朽的北宋统治阶级仍然违反人民意志，依旧执行守内虚外的国策，以致导使北方的失利与自己的覆亡。

南宋政权是腐朽的北宋政权的继续，但南宋人民却掀起了反抗金人的轰轰烈烈的正义斗争。两宋之际是中国历史上最可歌可泣的时代之一。

第四章　金军继续南下与人民的抗金斗争（1127—1164年）

第一节　人民的抗金斗争和南宋政权的建立

（一）宋政权的重建及其对金和战的基本政策

1. 宋政权的重建

1127年，金人攻陷开封，徽宗第九子康王赵构这时正好在相州（今河南安阳）当所谓"天下兵马大元帅"。他并没有援救开封，却绕道跑到了开封东南的应天府（今河南商丘）。1127年四月，金人从开封撤退时，掠走了后妃太子宗室三千余人，并册立宰相张邦昌为楚帝，以便使其在金人势力的支配下，代宋而统治黄河以南的广大区域的中国人民。金人退走后，宋廷文武臣僚鼓动复立赵室，张邦昌既得不到宋廷旧臣的支持，也颇不自安，于是自动退位，以哲宗废后孟氏名义下诏，立康王为皇帝。1127年五月，赵构在南京应天府即皇帝位，改元建炎，从此北宋政权开始南迁，史称南宋（1127—1279年），赵构就是南宋高宗。

2. 南宋政府对金和战的基本政策

自金南下以来，当时的人民就展开了自发的抗金斗争，大河南北义军异常活跃，并一度成为抗金的主力。在敌人面前，他们宁死不屈，表现了崇高的民族气节。当时人民是坚决要求抗金并且坚持了抗金斗争的。

但是，在当时的封建统治阶级中，对抗金斗争的态度却不是这样。反映腐朽的大地主利益的官僚分子，组成了降走派，对金人恐惧万分，可耻地坚持向金人屈膝投降的政策，以求保持自己的财产和剥削人民的封建特权，对北方人民和大好河山毫不顾惜。降走派的代表人物就是汪伯彦和黄潜善以及比他们更有名的汉奸、卖国贼秦桧等人。他们的主张完全违反了人民的愿望和要求。

在统治阶级中，却有少数人，他们继承了中华民族酷爱自由的优秀传统，在人民英勇抗金斗争的鼓励与支持下，不顾个人利益，坚持抗战主张，并以他们的英雄行动保卫了江南半壁河山，在历史上留下了光辉业绩。他们组成了南宋政府中的战守派，其代表人物是李纲、宗泽以及有名的民族英雄岳飞等。他们的主张符合当时人民的要求和愿望。

对当时的主要矛盾——民族矛盾，这两派不仅在当时最主要的问题——抗金这一点上有分歧，而且也在其中的一些重要的问题上有分歧，而这种在实质上所代表之阶级（内容及形式不同）也正是北宋以来新旧党争的继续。主要是三个问题：

首先，在对待抗金人民武装的问题上，两派是存在着分歧的。对抗金人民态度的分歧又是与其对抗金态度的分歧相一致的，反映腐朽地主阶级势力的降走派，他们不仅轻视人民力量，说什么"中原决无豪杰，若有之，何不起而亡金""胜、广以锄耰棘矜亡秦，必待我兵，非豪杰矣"① 这种恶劣的话。而且，更为重要的是，害怕人民在抗金斗争中力量强大起来危害到自己的统治与特权，因此他们就执行北宋以来一贯对外投降的政策，进行卖国活动，打击人民的抗金活动。相反地，战守派虽然站在地主阶级立场，认为援救河北义军是为了"绝其从敌之心，又可资其御敌之力"②，但还是多少认识到人民力量的强大，主张更积极地团结人民抗金力量，从事抗金斗争。

其次，在对待国内阶级矛盾与人民起义问题上，两派也仍存在着矛盾。虽然这一矛盾不如前者尖锐，因为在国内阶级矛盾问题上，地主阶级各集团利益是较民族斗争问题上更甚一致的。李纲、岳飞、韩世宗都镇压过农民起义就是证据。但是，由于战守派多少认识到人民力量的伟大，并组织他们参加抗金斗争，因此，他们也就多少注意人民利益。在处理农民起义问题上，

① 《宋史》卷396《史浩传》。
② 《宋史》卷358《李纲传上》。

也就多少能采取比较缓和的手段，并且注意减轻人民负担，做好善后工作，而降走派在国内问题上且仍坚持北宋以来一贯的对内镇压的国策。由于战守派不仅在坚持抗金这点上符合人民利益，而且在实际斗争中能与人民力量相结合，并且能多少照顾人民利益，这就使战守派某些人物的事业中，多少贯注了人民性，而这就是这些人物成为英雄人物的根本原因。

最后，在对待北宋以来的中央集权问题上，两派还存在着分歧。战守派从抗金斗争的实际需要出发，主张改变祖宗成法"天下之势，治平则宜内重，遭变则宜外重"[1]，"稍复藩镇之法，裂河南、江北数十州之地，付以兵权，俾蕃王室，较之弃地夷狄，岂不相远"[2]，主张分军四道，帅臣各付一面，使将帅有较大的军权。但降走派却坚持削减武将权力，慨叹"自陕以西，不知有陛下"[3]，反对守将自署僚属，等等。

两派斗争十分错综复杂，大体上述问题依次削弱对外尖锐对内矛盾减少，上面只是一个粗略的分析。

至于宋高宗，为了保持自己的帝位，还不能完全放弃抵抗，但他又怕胜利之后哥哥钦宗回来和他争夺帝位，而且，执行北宋以来一贯对内防范的政策，他既不愿发动与依靠人民去参加抗金斗争，也不愿武将统兵过多、权力过大，更不愿二者结合起来。所以，他既不能完全放弃抵抗，又不愿抗金斗争得到彻底胜利。他所希望的只是坐稳皇帝宝座，为此不惜称臣纳贡，却不顾收复失地，不管作这个偏安小朝廷的皇帝和向敌人称臣纳贡是如何污辱国家，也不管落后的金人为何蹂躏北方人民。由此可见，宋高宗基本上是属于降走派的，而且他所真正信赖的也一直是降走派。

这样，在南宋建立的最初几十年中，虽因战守派与降走派的斗争，而使政府在对金和战问题上表现摇摆不定，但由于降走派与宋高宗卖国主张基本一致，而战守派主张及抗战行动却与高宗利益背道而驰，因此，降走派在南宋王朝内部经常是占优势的，战守派只在一定的短时期内，即当不

---

① 　黄宗羲：《宋元学案》卷 34。

② 　《宋史》卷 362《范宗尹传》。

③ 　《宋史》卷 377《陈规传》。

抵抗而南宋就要灭亡的时候，才能稍稍有所作为。而战守派之所以能坚持抗战并迫使宋高宗有时采纳他们的抗战主张，则又与人民的抗金要求及英勇斗争分不开。因为人民的抗金要求与斗争指出，如果不表面虚为应付一下的话，那人民是要抛弃甚至推翻这个腐朽的王朝的。

一方面是人民和战守派的坚持抗战，一方面是宋高宗及降走派的屈辱投降，双方展开剧烈斗争，这就构成南宋初年历史发展的基本线索。

只是由于人民及战守派的艰苦的英勇的斗争，南宋才能免于灭亡，才能维持偏安局面。

但是，以宋高宗和秦桧为首的南宋腐朽统治者，在解除灭亡威胁，稳定偏安局面以后，却拼命打击战守派，摧残全国抗金力量，把全力放在对内搜刮上面，致使南宋始终不能复失地，只能偏安江南，成为中国历史上最衰弱的王朝。

3. 南宋建立初期的军政措施

宋高宗是在北方人民抗金斗争高潮掩护下即皇帝位的，即位之后，为稳定帝位，不得不起用战守派李纲作宰相，但他同时又依靠他的亲信降走派黄潜善、汪伯彦作左右手，牵制抗金斗争，准备南逃并向金人求和。

为了取得抗金的胜利，李纲提出克守、备战，战以求和的政策，"不务战守之计，惟信讲和之说"[1]，则将无以自主，坚决反对单纯求和，为了进行战守，李纲不仅提出"修军政""变士风（惩办卖国贼）""裕邦财""宽民力""改弊法""省冗官""诚号令""信赏罚""择帅臣""选监司"等一系列的政治改革，而且更主要的是他提出"料理河北河东"[2]，结合人民力量，共同打击金人的主张。他认为河北河东是国之屏障，这带地区大部分还在义军坚守之中，一定要加以经营，联络该地多支义军，作为巩固中原、战败金人的重要措施。这是"今日之急务"[3]。为此，举老将张所为河北招抚使，傅亮为河东经制使，进行这一活动。一时北方人民热烈响应。

---

① 《三朝北盟会编》卷 105，高宗建炎元年六月庚申，引《议国是奏札》。

② 《宋史》卷 358《李纲传上》。

③ 《宋史》卷 358《李纲传上》。

此外，李纲又对南宋的军队进行整顿，包括：又于陕西、河北路募兵三万人，京东西募兵各两万，合计十万，分为十号，每号四军，每军 2500 人，并买马。此外，又募民（官僚地主商人）出钱助军费以保卫国家。并举宗泽为东京留守。宗泽到开封后，即招募义军守城，沿河筑垒 24 处，并联络两河陕西义军。一时有兵百万，粮支半年，中原局面稳定下来。南宋政权粗粗稳定。故朱熹说"李纲入来，方成朝廷"[①]。

（二）北方人民抗金斗争的高潮

1. 北方义军的缘起

金人虽于 1127 年四月从开封撤退，但黄河以北地区却从此落入金人统治之下。金统治者在这一带开始了对汉族人民的野蛮残暴的统治。他们强迫汉人剃发辫发，禁止汉人穿汉服，征发汉族壮丁入伍作战，号为"签军"。又曾令索两河之民把所有客户都没籍入官，作为奴隶，定价出卖，或卖到国外去。又下令把一切欠债人降为放债人的奴隶。此外，还在北方进行大规模的屠杀，如粘罕军在大同时，怕贫民太多生事，就曾借散米救济为名，诱三千人到大同城外，一起活埋。

北方人民本就不能忍受别族的统治，再加上金人的暴行，就激起千百万汉人团结起来抵抗。据宗泽在 1127 年五月间的一道奏章中说：河东河北人民不肯屈服而保聚山寨从事抵抗的，不知几千万处。人数据宗泽估计当在百万人以上。他们此仆彼起，力量越来越大。从 1127 年到 1128 年秋，形成第一次抗金斗争的高潮，北方义军一时形成抗金斗争的主力。他们多半集中在太行山两侧，成为黄河南岸的南宋政权的强大屏障，有力地牵制了金兵的南下，使新建立的南宋政权得以稳定下来。

在这些大大小小的义军中，声势最浩大的是以下这三支：

第一是庆元府（今河北赵县）五马山的朝天、铁壁诸寨。其领导人是

---

① 《建炎以来系年要录》卷 6，建炎元年六月癸亥。

马扩、赵邦杰和一个冒充宋徽宗儿子信王赵榛的赵筑。在"信王赵榛"的旗号下，十万以上的民兵集合在五马山。而河北各地义军与之互通消息互为支援。以信王为号召的，还有几十万人。马扩和信王不断用腊书向高宗呼吁，要求物资接济并调拨军队去应援。高宗一概置之不理，等到传闻信王将去开封，这个一贯拒绝宗泽请求他回开封去的宋高宗，也连忙下诏宣称他将回开封，借此阻塞信王入据京师之计划。可见，宋高宗为了怕皇位受到威胁，是只愿信王及其号召下的人民武装失败而不愿其成功的。

第二是以共城县（今河南辉县）太行支脉西山为据点的"八字军"。王彦是在张所受命经营河北时所任命的一名副统制，他率领岳飞等十几名低级将领和士兵七千人渡河，在沦陷的州县中，招抚不肯归顺金人的军民，曾一度攻入卫州新乡县，后为金人所败，部众溃散。王彦乃逃到西山，部众还有七百人。他的部下为了表示抗敌的决心，都在脸上刺"赤心报国，誓杀金贼"八字，因此被称为八字军。没有多久，两河响应。王彦的部众又扩大了十几万，根据地绵延几百里，金鼓之声相闻。太行山两侧义军都受王彦节制，他们常常袭击金人，斩杀金人及夺还被金人俘虏的人口财物不可胜计。金人若来进攻，他们便"且战且行"主动转移阵地。在八字军胜利的鼓舞下，黄河以北各处都传腊书，准备在宋兵北上时作内应，并与王彦互通声气。金人对他们很畏惧，有的金将听到要派他去攻打王彦的军队，竟跪地而泣，死也不敢去。1127年北撤之后，金人本来积极准备南下，但被王彦领导的义军牵制住了。

第三是河东地区的红巾军。他们有比较严密的组织，很熟悉打击金军的战术，他们到处袭击金兵，保卫乡土。有一次在山西晋城长治一带袭击金军元帅粘罕的营寨，几乎消灭了寨中全部金兵。金人痛恨红巾，拼命搜捕，但因广大人民群众的支持和拥护，捕不到真红巾，只好屠杀平民泄愤。红巾军在抗金斗争中表现了高度的英雄气概。他们说："只俟天兵（指南宋官军）过河，亦不须多，当藉声势，执蕃人戮之"①。

---

① 熊克：《宋中兴纪事本末》卷3，建炎元年十二月丙子。

2. 北方人民抗金事业被降走派断送

在这样有利的条件下，李纲、宗泽坚决主张联合义军力量，准备北伐。可是李纲的各种措施及北伐主张，遭到降走派多方阻挠和反对。宗泽再三请求高宗回开封，李纲也主张"车驾不可不一到京师见宗庙以慰都人之心，度未可居，则为巡幸之计。以天下形势而观，长安为上，襄阳次之，建康又次之"①。

宋高宗因在金营作过人质，有严重的恐金病，他一心想逃到扬州去。李纲则以为"天下精兵健马皆在西北，若一旦委中原而弃之"②，则必失掉天下的精兵健马，其势不但不能再复中原而有西北，甚至要还开封而不可得。及所言不从，遂以去就力争，在仅仅做了七十多天宰相之后，李纲便因此被罢免了。

在李纲被罢免之后，河北招抚司及河东经制司便相继明令撤废。李纲在任时规定的种种措施，也一一废罢。太学生陈来和布衣欧阳澈先后上书请留李纲而罢免汪伯彦、黄潜善，也被杀害。

1127 年十月，宋高宗不顾人民愿望与战守派的反对，带着黄潜善、汪伯彦逃到了扬州。

金人听说高宗南逃，即以大军分路南下，可是，却遭到各地义军的迎头痛击。进犯陕西的西路金兵和进犯山东的东路金兵，都被义军击退。宗泽拒守黄河，击退了中路金兵。

北方义军更大规模地活动起来，在这种有利的局势下，宗泽准备渡河，收复失地并请高宗还都开封。但高宗及汪、黄唯恐五马山赵榛的抗战成功对他们不利，反而积极向金人求和，并拒绝派兵支援宗泽北伐，还怕宗泽与人民结合，不利于自己的统治，派一个叫郭仲苟的副留守到开封去监视宗泽。在降走派的排挤之下，宗泽忧愤成疾疽发于背。这个年已七十的老将临死时还没有忘记恢复两河，他对身旁诸将说："你们能御敌，则我死而无恨"，连呼三声渡河而卒。这是 1128 年夏天的事。

---

① 编者补注：《宋史》卷 358《李纲传上》。

② 编者补注：《宋史》卷 358《李纲传上》。

宗泽死后局势大变，高宗派降走派杜充任开封留守，酷暴而胆怯。到任之后，首先破坏宗泽与起义军相结合的这个措施，于是多支起义军不堪压迫，纷纷散开，王彦也被高宗召回。马扩到扬州请兵，也没有成功。这样，不但渡河北伐的有利时机失去，而且给金人提供了南下的便利条件。同时，也使金人得以集中力量去进攻两河义军。

在降走派的这种措施之下，金人首先由达赉①统率大军集中力量进攻五马山的义军的朝天、铁壁诸寨。由于奸细告密，水源被切断，五马山便失陷了。紧接着，金人就占据了两河中原多地，给了分散缺乏组织与战斗经验的义军以不小的打击。1129年，杜充更弃开封南逃，第一次抗金高潮就在降走派的出卖、妥协之下断送了。

可是，北方人民并没有放弃斗争，他们仍此起彼伏地袭击金兵，在艰苦的条件下坚持斗争。

（三）宋金战争形势的变化

1. 金军南下及其失败

出卖人民的力量，一味求和的政策并没有给南宋带来苟安，金人打击了北方抗金势力后，便在1129年初分路向山东、河南、陕西进攻。1129年二月，攻下徐州，打败韩世宗、刘光世的军队，渡淮直指扬州。高宗等遂仓皇逃往杭州，并不断向金人哀请投降，愿去皇帝尊号，用金正朔，当金属国。金人不理，继续南进。

长江防务本有杜充负责，由于他的残暴无能，诸将多不听令。1129年十月，金人遂渡过长江，杜充就投降了。

金人攻入长江以南地区后，南宋官军大都望风逃遁，宋高宗从临安逃到明州(今浙江宁波)一直乘船逃到海上。金兵下海穷追三百里不及而还。金兵在长江中下游大肆蹂躏，对长江下游的繁华城市，金人先加抢掠，谓之"搜山抢海"，再继之以焚烧，因此全都残破不堪，往往几百里地面都

---

① 编者补注：又译挞懒。

断绝炊烟，成为狐兔出没、草莽荒榛的区域。

江南人民不能容忍金人暴行，纷纷起来斗争，到处保聚山寨、水寨抗击金兵。他们缺乏武器，甚至徒手与敌人相搏斗。由于江南人民的英勇斗争，这次进攻目的意在抢掠的金兵乃被迫于 1130 年初纷纷北退。

同时，南宋官军中部分优秀爱国将领和他们所率领的士兵群众，也给金人以严重打击。其中突出的如：岳飞率领少数军队在广德（今安徽广德）等地屡败金兵，并且首先收复了建康。韩世宗在镇江黄天荡以八千人阻挡金兵兀术十万兵北退，凡四十八日，终因兵力单薄，金兵才突围而北去。这些事实，说明由农民组成的南宋军队只要有好统帅，是能以少胜多打败金兵的。

金人北退后，宋高宗才从海上回来，正式定都临安。

2. 南下失败后战争形势的变化

1130 年，金兵北退之后，宋金对立的形势发生了一些新的变化，这就是：金对南宋的战争暂时废弛了，而宋却还无力也没有打算北伐。

在金人方面，他们本想用速决战一举灭宋失败后，情况如下：首先进攻废弛，人口少又落后，再加上汉人反抗，对新占的广大地区是极不巩固的，因此急于巩固两河地区的统治。其次，经过长期战争，他们的军事力量受到损失，再加上金人南下过程中深感人民力量的强大，不敢轻于尝试，因此在 1130 年就攻下陕西地区，解除西侧威胁，并对宋构成威胁四川上游的形势之后，便暂时废弛了对宋的进攻。于 1130 年九月，立刘豫为皇帝，建立傀儡政权伪齐，划黄河以南淮河以北地区为伪齐领域。表面上，以此作为宋金间缓冲地区，实际上是企图麻痹中原汉族人民的民族意识，利用伪齐作工具，实现以汉制汉的阴谋，以便使自己获得休整机会，好发动新的进攻。另外，又在 1130 年 11 月派秦桧回南宋，从内部破坏南宋抗战。

南宋方面，由于金人不许求和及刘豫的威胁，宋高宗不得不采取一些抗战措施，用岳飞、韩世宗等人来抵抗金的进攻以稳定其统治地位，但却没有也不愿组织北伐。而且由于南宋统治者的残暴统治，南方各地区爆发了大小农民起义，南宋政府急于对内镇压，因此，对伪齐的进攻只是进行防御，反而调集精兵去镇压农民起义。

因此，这时虽然战争没有停下来，但已经没有从前那样大规模的主力作战了，在这些较小的接战中南宋取胜的居多。

南宋人民虽然和统治者有深刻的矛盾，但在抗金这个问题上是和统治者合作的。另外，南宋在长期战争中也锻炼出来了许多优秀将领及广大的英勇善战的士兵群众。

因此从力量对比上来看，南宋政府和抗金力量也不像初期那样软弱和涣散了，而金人也不如初期那样强，形势正渐渐向对南宋有利的方面变化。

但是，南宋政府却不去积极地组织北伐，反而调转矛头去镇压内部的农民起义去了。

北宋末年和南宋初年，阶级矛盾和族与族之间的矛盾都尖锐地存在着。由于南宋王朝的腐朽与金人的南下，这两种矛盾的发展表现为错综复杂。但必须指出，当时社会主导的矛盾还是民族间矛盾。在主导的族间矛盾前提下，由于南宋统治者的残酷压榨，使矛盾的开展也表现了不平衡性，大致在金人进入较久、破坏最严重的北方，族与族间矛盾表现得极为尖锐，因此北方人民极力地争取与南宋政府共同联合起来，打击共同的敌人。在金人未能进入的南方地区，阶级矛盾则仍在继续发展，当然阶级矛盾也包涵了民族斗争的内容，如范汝为起义。在金人曾经侵扰而未能长久占领及接近金人占据的边缘地区，人民不但遭受金人的掠夺与蹂躏，同时也饱受南宋统治者的残酷剥削，因此这个地区族与族的矛盾与阶级矛盾同时在发展着。洞庭湖钟相杨幺的起义，就是这两种矛盾错综发展的产物。所以说，钟相杨幺起义与北宋末年的宋江、方腊起义，同样都具有阶级斗争与族与族间斗争相结合的特点。不过到钟相杨幺时期，这个特点就更加明确具体了。

第二节　钟相、杨幺的起义

（一）钟相杨幺领导起义

1. 南宋初年的社会矛盾

北宋末年和南宋初年正是族与族间的矛盾与阶级矛盾互相交织互相开

展的时代。族与族间的矛盾虽然上升到主要矛盾的地位，但它并没有掩盖阶级矛盾。而且，由于南宋政府继续执行对内剥削、镇压的政策，阶级矛盾反而在江南地区尖锐起来。

1129—1130 年的金人南下，主要是靠人民力量才把金人打退，但金兵退去后，南宋王朝反而加紧压榨人民，溃败的官军也到处抢劫，于是南方人民纷纷聚众起义。这些起义队伍中较大的有范汝为义军、虔州、吉州等处义军，其中最著名的是以洞庭湖为根据地的钟相杨幺起义。这支起义军声势最大，坚持的时间也最长。

2. 钟相杨幺起义

早在北宋末年，农民中间常流行一种集会结社的风气，他们为了田蚕丰足，为了抵抗天灾人祸，常常彼此结合起来，结成会社，攒集一些钱物，以便需要时互助共济。当时鼎州武陵（今湖南常德）人钟相，是一个信奉巫术的人（一说是奉五斗米教之类的道教），他替人治病常能生效，附近农民对他有些信仰，因此以钟相为中心组成一个会社。由于互助共济，入社的人都能田桑丰足，因此愿加入的人越来越多。钟相自称"天大圣"或"钟老爷"。人民入教，叫做投拜法下，或拜爷。与布教同时，钟相针对当时统治阶级的腐败与豪强的兼并，提出了他的主张："法分贵贱贫富，非善法也。我行法，当等贵贱，均贫富。"[1]由此可见，他的主张是政治上等贵贱，经济上均贫富，包括了王小波李顺起义及方腊起义口号的内容，并在他们的基础上又进了一步，这是农民平均主义思想的反映，反映了农民对土地的要求。

由于这种主张符合广大农民愿望，所以周围数百里内，人民纷纷投拜，甚至较远地区人民也有来投的。

当金兵包围开封时，钟相曾派自己的儿子钟子昂带 300 人北上勤王，但高宗即位后，义兵被遣散，这 300 人也就回乡了。由此可见，在金人的严重威胁下这些农民还是懂得民族大义，准备和统治阶级联合抗金的。

由于当时局势极端混乱，钟相父子便决定把参与勤王的人马保存下

———————

① 《建炎以来系年要录》卷31，建炎四年六月甲午。

来，并且修建营寨，造甲练兵。

1129 年末，有一个在宋金之间叛顺无常的军阀孔彦舟从江陵来到鼎州，将自己部下剃头辫发，伪装成金人模样大事烧杀，与此先后，一支北退金兵从江西入湖南在长沙烧杀之后又北退洞庭湖。这一带人民为了抵抗金人侵扰和抵抗南宋政府残暴统治，对内外敌人进行反抗，便于 1130 年春在钟相领导之下组织起义。钟相建号楚王，改元天载，响应者达 40 万人，地区遍 19 县，他们到处烧毁官府豪右之家，并杀官吏僧道等人，与孔彦舟展开大战，相持很久，最后孔彦舟以欺骗手法，派匪徒假称入法，打入起义部队内部，在敌人里通外合夹攻之下，起义军主力被战败，钟相及钟子昂被俘，不久牺牲，这是 1130 年四月的事。

钟相死后，部下杨幺、黄诚、杨华、周伦等十多人，继承钟相事业，继续战斗。他们奉钟相之子钟子义（仪）为首领，实际上是在杨幺领导之下。他们以龙阳（今湖南汉寿）为根据地，分别在沿湖多地设立许多水陆营寨，春夏生产，秋冬攻战。在作战中采取水陆两栖战术，"陆攻则入湖，水攻则登岸"①，并且从俘虏的南宋工匠那里学会了造车船的办法。他们的武装力量强，根据地坚固，战术灵活，又不愁给养，所以是不易被单纯的军事进攻所打败的。

3. 起义军的爱国行动

在杨幺领导下的起义军，仍然坚持外抗金兵，内抗南宋政权的两面奋斗政策。1134 年初，盘踞襄邓的伪齐将领李成看到杨幺这支起义军声势浩大，很想加以利用，曾几次派人到洞庭湖上去见起义军的首领们，要他们从水道进兵，与伪齐的陆路军队联合攻宋，并提出条件，凡水军攻到之地得州者做知州，得县者做知县。

起义军对伪齐的诱降采取了严正的态度，第一批李成派来的人，起义军首领还让他们活命而归，对第二批人员则将他们用酒灌醉，投入水中。此外，刘豫也曾派人到水寨联络，也同样被起义军所杀。为了坚持抗金斗

---

① 《建炎以来系年要录》卷90，绍兴五年六月癸丑。

争，他们还致书南宋官吏，要求他们严守边境，不让奸细入境，并要求共同抗击金人。但是，他们的要求被南宋拒绝，并且遭到镇压。

（二）南宋政府对起义军的镇压

在南宋统治阶级中，尽管有人认为钟相杨幺的起事乃是由于"政烦赋重"与暴吏侵民过甚而引起，但是多数人却仍旧把这支起义军当作心腹之患，打算加以消灭，于是先后派程昌寓、王躞等人加以镇压，然而却无功。1134 年二月，枢密使张浚见到镇压无效，便主张招安，但招安活动在臭名昭著的刽子手程昌寓、王躞等人主持下，基本上失败了。官军再度进攻，又遭大败。这时南宋政府才清楚地认识到这支起义军不能单凭武力解决，于是在 1135 年二月，派力主招安的张浚负责处理这一件事件，定下以分化诱降为主，军事进攻为辅的且招且捕的方针，并把岳飞从抗金前线上调回来，充当镇压起义军的主力。南宋统治者是把这一支起义军当作心腹之患的，不少人认为，他们阻塞长江上游巴蜀汉水与长江下游的交通要道，影响南宋岁入。另外则根据一个捕风捉影的报告，说起义军已与李成联合，打算南下。其实这都没有根据，在岳飞收复襄邓六郡之后，战线北移，更与江南畅通无阻，即使在这以前，起义军也是安寨固守，未见其有何远略迹象，后者更不可能。

张浚清楚地认识到对起义军不能单凭武力解决，故采取一些缓和手段，不令诸将进兵杀戮，并一面令各将包围封锁，破坏起义军生产，以便逼迫他们投降；另一面，宣布投降的起义军首领可以得到官职，群众可以分得闲田，免去几年租赋。他又释放俘虏数百人，令他们回去劝降，并且令属下和起义首领商洽投降的事。

岳飞也是这种缓和手段的积极与主要执行者，而前此坚决反对招安的宋高宗也改变态度，听从岳飞请求，打算在杨幺等投降后给他们官做。

作为镇压起义军的主要执行者的岳飞，充分掌握了起义军的特点与弱点，即，各寨不相统率，起义群众多为不脱离生产的农民，组织颇为涣散，也没有明确的政治目标与长远的作战计划，长期困守在一个狭小地区内，因此易于被包围。

第三节　岳飞的抗金斗争、宋金的和战

（一）金和伪齐的南下

1130—1135 年，是宋金形势转变的时期。在这几年中，金人一方面利用刘豫建立的伪齐争取当前锋，不断进攻襄邓两淮地区，以牵制南宋中原兵力，自己则集中力量进攻南宋屯有重兵、构成对金人侧翼严重威胁的川陕。1130 年秋，金人攻陷秦川五路，击败南宋四十万大兵，直扣四川大门。但是，进攻四川的金兵，遭到吴玠、吴璘的痛击。1131 年（绍兴元年）十月，金兵在和尚原（今陕西宝鸡西南）大败，主将兀术连中流矢两次，仅以身免。1134 年二月，兀术又攻仙人关（今甘肃徽县东南），又大败，从此不敢轻易窥探四川，川陕的局面稳定下来。① 在中原两淮的漫长战线上，宋军和伪齐军队也不时进行大大小小的战争。在这些战争中，从战争中锻炼出来的南宋军队经常取得胜利。防守长江下游的大将韩世忠进到了淮水以北。年纪最轻而最后起的岳飞立下了更大的战功，特别是1133 年从伪齐军队手中，夺回了以襄阳为中心的湖北、河南一带的六个州郡以后，岳飞的军队已经成为一支最重要的抗金斗争力量，并且渐渐成为抗金斗争的领导力量或中心支柱。

与正面战场上的战斗同时，北方人民仍在此起彼伏地坚持艰苦的抗金斗争，并和南宋军队配合。

由于南宋军民的英勇斗争，从 1131 年以后，金人的进攻及利用刘豫的阴谋都遭到失败。正面战场上出现了相持局面，而从力量对比上看，形势正向有利于南宋的方面转变。

---

① 据《宋史·高宗纪》《建炎以来系年要录》。

（二）民族英雄岳飞领导的抗金斗争

1. 岳飞的出身及其早年抗金事绩

岳飞是相州汤阴人（今河南汤阴），出身佃农，在宋朝准备攻辽时，岳飞才 20 岁，应募从军，曾为刘延庆部下，驻在卢沟河上。战争结束后，他因父丧退伍。1127 年，赵构在相州当所谓天下兵马大元帅，岳飞又应募从军，他曾先后隶属于宗泽、张所、王彦部下，屡次以少胜多，立下许多战功。特别是他曾随王彦北上太行，和当地义军共同进行活动。早年的劳动及战斗，使他具有强烈的爱国主义思想，使他能了解人民的利益和疾苦，也使他认识人民有巨大的抗金力量，这对岳飞性格的形成与他以后抗金活动起了颇大的作用。

1129 年，金人南下时，岳飞曾以少数兵力在苏皖边境一带屡败金兵，以后又曾首先进入建康。在金人北退后，岳飞曾在长江下游一带防守，后来又曾奉诏剿除南宋境内的溃兵游寇，并镇压了江西及湖湘的农民军。

1134 年，岳飞收复襄阳六郡。1136 年，又北上进攻伪齐所设的镇汝军，大军直抵蔡州城下，只因孤军深入，粮饷不继才被迫回师。这使岳飞不但取得许多胜利，而且各地豪杰纷纷投到岳家军中来，如山东忠义军首领李保、河南忠义军首领牛皋、太行起义军首领梁兴等等。岳飞这支军队在 1134 年后，渐渐成为抗金中心支柱、领导力量，岳飞成了当时最卓越的抗金将领。

2. 岳飞在抗金斗争中的地位和作用

为什么说岳飞是抗金斗争的中心支柱，是当时最卓越的将领呢？岳飞军队人数不过三四万，防守的不过是漫长战线上的一个地段。

第一，在南宋政府中，岳飞是主张抗金最坚决的人，而且始终尽一切力量来为这一主张奋斗，从来没有怀疑或动摇过，这就赢得广大人民及战守派的尊崇和拥护。

第二，岳家军的抗金意志及战斗力之强，在南宋各军中是首屈一指的。岳飞的军队不仅几乎没有打过败仗（这在南宋就连名将韩世忠、刘锜也不能免），而且经常主动向敌人采取攻势。至于其他各军，却往往是敌人进攻时才被动地应战，并且还时时需要岳家军的援助，才能招架。南宋政府也常常把岳家军当作一张王牌，调去援救最吃紧的地方。金人最怕的也是岳家军，甚至说出"撼山易，撼岳家军难"①这样的话。因此，这支军队确比南宋各支军队不同，它的作用是不能用人数多少及防区大小来估计的。

第三，岳飞的防区——以武昌为中心的长江下游和汉水流域——虽然只是宋金从淮河下游到陕西西部漫长战线上的一个地段，但却是最重要的一个战略地段。从防御金人进攻方面看，加强了川峡与江淮间的联系。

第四，岳飞一贯重视人民的抗金力量，不但是把联络两河义军作为他抗金战略中的重要环节之一，而两河义军也都把他当作抗金的中心人物，或远道来投，或在沦陷区抬出"岳"字旗帜。特别是1136年岳家军一直攻到黄河南岸，太行义军首领梁兴等投入岳飞军中，岳飞与两河义军的联系就更加密切了，他经常派人去联络，每次出兵北伐之前，更大量遣派人员潜入敌后，策动义军配合，而河北一些被打败了的义军也纷纷渡河投奔岳家军去，供给岳家军一些情报，使之对敌情了如指掌。正因为这样，所以他所进行的战役，特别是1140年（绍兴十年）反攻开封之役，都因为得到了义军的配合，就不只是正面战场取得胜利，而且是侧翼后方一齐发动，其给予金人的威胁和打击是远远不能用兵数多少及正面战场上的战争规模来衡量的。岳飞和抗金主要力量——广大军民间的关系，应当是我们估计岳飞在抗金斗争中的地位和作用的基本出发点。

正因为岳飞及其军队具有上述的一些特点，特别是他能与广大人民的抗金斗争相结合，这就使他不仅成为南宋政府中战守派的代表人物，而且也成为南北军民心目中一面抗金斗争的旗帜，享有很高的威信。岳飞的抗金斗争之能取得重大胜利的原因就在这里，岳飞之能成为民族英雄的根本原因也在这里。

3. 刘豫被废与1139年的宋金和议

由于伪齐无用，金人便在1137年废掉刘豫，一直坚持反攻的岳飞再

---

① 《宋史》卷365《岳飞传》。

一次请宋高宗乘刘豫被废，金人无备，增兵北伐，可是宋高宗再一次拒绝了他的请求。

这时金统治集团中的挞懒等得势，他们主张暂时与宋议和，宋高宗大喜过望，又在 1138 年起用秦桧为相（秦桧刚回来时当过宰相，不久因战守派坚决反对而去职），积极进行投降活动。岳飞上书指出，"金人不可信，和好不可恃"[1]，但高宗与秦桧一意投降，他们不惜向金的使臣行跪拜之礼，奉表称臣于金，并且向金纳五十万两匹的岁贡，金则归还南宋陕西与黄河以南之地。

但和议刚成，金统治集团内部发生政变，挞懒等被杀，主战的兀术得势，破坏和议，在 1140 年以全部兵力大举南下，战线东到淮水下游，西到陕西。为了反击金人的进攻，中原人民在前线和敌后掀起了从 1127—1129 年以来第二次抗金斗争高潮。

4. 1140 年反攻开封之役

在这次宋金战斗中，各路金兵都被击败。1140 年五月，刘锜率领王彦的八字军在顺昌（今安徽阜阳）大破金兀术，韩世忠则进攻海州，王德军攻下亳州，吴璘败金兵于扶风，而中路的岳飞更取得空前的胜利。

在这次战争中，岳飞除派出一部分军队去支援刘锜外，不顾高宗、秦桧的阻挠，亲自率领军队北上。岳飞一面派重兵分路渡河联络两河义军作战，一面派部将牛皋分路作战，抵达河南中部及汾阳、郑州等地，岳飞自己则带领少数军队驻在郾城（今河南漯河）。兀术听到这个消息，便在七月率领最精锐的军队一万三千人直攻郾城，摆开大阵，以重装的铁塔兵到正面，以拐子马布两侧，岳飞令将士多持麻扎刀大斧和敌人肉搏，上砍敌人下砍马足，杀死敌人无数。这一战从下午一直打到晚上，金人大败，不久之后，兀术领金人精锐三万多又在颍昌（今河南许昌）和岳飞部将王贵大战，岳家军又一次获胜，此外还进行了大小战役多次。岳家军表现了高度的英勇精神，因此无一不胜。在这些战斗中，岳家军无不以一当十，血战不退，因此金人说"撼山易，撼岳家军难"，进攻矛头直指开封。在金

---

[1] 《宋史》卷 365《岳飞传》。

人残暴统治下的北方人民，听到宋军胜利消息十分振奋，都盼着宋军渡河北伐。在人民直接支援下，北方义军更加活跃，军兵汇合太行义军，收复怀（今河南沁阳）、卫（今河南汲县）二州，切断金人与山东、河北的联络，使金人补给遭到很大困难。北方各地义军都存粮草兵仗，积极准备与宋军会师，并揭出岳字旗号。人民争献军粮慰劳义军，自燕京以南，金人号令不到，兀术想在河北整军补充势力，没有一人肯从。

在这一沉重打击下，金人的凶焰被完全杀灭。兀术感叹说，自我起兵以来，没有遭过这样的大败。据说，伪军将官纷纷投降，其中一些兀术的亲信也准备投降，有的愿为内应，有的劝部下别轻动，等岳家军来再降。黄河南岸的金人多快走过河，山东金兵制造船舶，练习驾驶，准备从水路逃跑。甚至燕京金人也大搜财货，准备北逃。一时形成北伐空前有利的形势，宋军将兵都欢欣鼓舞，士气振奋，岳飞兴奋地对部下说："直抵黄龙府（今吉林农安），与诸君痛饮尔"①。

这时，金人在黄河南岸的重要据点，就只剩下了一个开封。如果南宋的各路军队配合，则开封很快就能攻下来，渡河也能很快实现。可是，就在这个时候忽然接到了退兵命令。高宗一方面害着恐金病，另一方面害怕人民力量强大，害怕抗金将领的力量强大、威信提高，更害怕人民力量与战守派力量结合起来，对自己的统治不利，也怕胜利了的金人会把钦宗放回。因此，就在这个紧要关头，急令岳飞退兵。

岳飞坚请尽快进兵，以为时不再来、机难轻失。但高宗、秦桧先下令撤退其他各路军队。这样，岳飞的军队就成了孤军，不撤退便得丧师。这样岳飞不禁气愤地叫道"十年之功，毁于一旦"，而终于不得不贯彻南宋政府这一命令，下令退兵。为了避免敌人追击，岳飞先扬言要去攻打汴京，金人听到这个消息，果然撤退很远，岳飞乘机下令班师。

岳飞既退兵，新收复的河南各地又相继被金人攻陷。这场战争，从交战的规模及金人惊慌失措的一些情况来看，如果摆脱降走派的百般阻挠，各路军马配合并进，不但汴京的收复是确有把握的事，即渡河北进去收复

---

① 《宋史》卷365《岳飞传》。

河朔，也是具有很大可能的事。对此，不但岳飞具此信念，就连金人也这样认为，直到 20 年后，金主完颜亮再一次南下时，在金军队中还流传着一种议论：如果岳飞不死，金早被灭掉了。

1141 年，兀术又以大军渡淮南下，宋高宗下令岳飞赴援，金人听到消息，皆望风而逃。

金兵退兵后，高宗、秦桧以岳飞、韩世忠等拥有重兵、反对议和，因此就解除他们的兵权，给他们当空头的枢密使和枢密副使，又解除刘锜兵权，阴谋加以迫害。

第二次抗金高潮又这样在降走派的阻挠下夭折了。

如果说第一次抗金高潮是以两河的人民武装为主力的话，那么这次抗金高潮就是以南宋政府的抗战军队为主力，而岳飞及其军队则在斗争中起了支柱作用，两河义军则是起的配合作用了。

5. 岳飞被害与宋高宗、秦桧的向金投降

（1）岳飞的被害

高宗和秦桧一心只想求和，兀术也看到宋朝一时不能征服，加以金人在北方的统治也不巩固，因此一方面摆出准备南征的模样，一方面告诉高宗和秦桧，必杀岳飞才可许和。1141 年 11 月，秦桧诱捕岳飞及其子岳云下狱，诬告他们想谋反，历时两日，罪状还是编不好。1142 年 1 月 27 日，秦桧手写了一个小纸条赴狱毒杀了民族英雄岳飞，这时岳飞才 39 岁，岳云也随同被害。

岳飞被害时，韩世忠气愤不平，到秦桧处质问岳飞罪状，桧说岳云给岳飞部将写信谋反，其事"莫须有"，韩世忠愤慨地说："'莫须有'三字何以服天下？"[1]

人民听到岳飞被害，无不悲愤，金人则置酒相贺。

（2）绍兴和议

在岳飞入狱之后，1141 年十一月，在卖国贼秦桧主持之下，南宋与金缔结了投降卖国的绍兴和议，主要内容如下：

[1]　《宋史》卷 365《岳飞传》。

1）宋高宗向金奉表称臣，金册立其为皇帝。

2）宋岁贡金银绢各 25 万两匹（共 50 万两匹）。

3）宋金东以淮河、西以大散关为界。

和议缔结后，秦桧独揽军政大权，竭力摧残抗战力量，凡同情岳飞、反对秦桧、反对和议的人，不是被害就是被逐，人民恨秦桧切骨。小军官施全刺秦桧未成被捕，狱内施全大骂道"全国人民与金为仇敌，我不杀你杀谁"。施全的话反映了南宋人民的愤怒心情。

从此，南宋王朝丧失了收复失地的力量，北方两河从此陷入女真的统治之下。

（3）对岳飞的评价

岳飞是民族英雄，他和他的军队在反抗金人的过程中作出了很大的贡献。虽然宋高宗和秦桧时刻未忘记限制他的军队壮大，但由于他依靠人民，获得人民的支持和拥护，因此岳家军终于成为全国抗金势力的中心支柱。南方广大人民得以免受金军蹂躏，高度发展的社会经济及现有的汉文化得以保存，是与岳飞的积极努力分不开的。岳飞被汉奸秦桧陷害，虽然使人民的抗金斗争遭到严重挫败而没有得到胜利，但抗金斗争的成绩仍然是巨大的和不可磨灭的。岳飞虽然被害，他英勇善战的精神，他的善于打击敌人的智慧，他所表现的崇高的民族气节，却继续不断地鼓舞着中国人民，培养中国人民的民族斗志。几百年来，每当祖国危难，许多人就被他的精神感召而走上反抗外来侵略的道路。《满江红》歌词，一直到现在还在广大人民中间传诵，激起我们强烈的爱国情绪。杭州西湖的岳鄂王墓永远受到千百万人的追慕和景仰，跪在墓前的秦桧夫妇铁像却永远遭到中国人民的唾骂。

然而，在解放前后，一些史学著作中对岳飞的评价也出现过一些错误的、片面的论点。一种是替秦桧、高宗辩护的，他们或者认为南宋当时打不过金人，因此秦桧的投降是对的，是有远见的。或者认为宋高宗的限制武将是对的。这种人多半站在地主阶级反动立场来看问题，错误是显然的。解放前引起过大争论，目前这种论点很少见了，但《中华二千年史》中还是会出现这样的看法。

中华人民共和国成立后，出现的较多的是从另一方面否定、缩小岳飞的贡献，甚至否认岳飞是民族英雄，其论调主要有下面一些：

一是，岳飞是地主阶级的代表人物，是替宋高宗服务的，抗金是为了地主阶级利益，因此他不算民族英雄。

二是，岳飞镇压了洞庭湖的起义军，因此他是镇压人民起义的刽子手。

三是，岳飞军队很少，最多时不过三四万人，对金战争又不全是他打的，刘锜、韩世忠、吴璘、吴玠等，有的资格比他老，有的功劳比他大，为什么独立推崇岳飞。[①]

四是，反攻开封之后形势既然空前有利，就应遵循"将在外君命有所不受"的古训，甚至联络两河义军，以配合抗金斗争，取南宋朝而代之，以取得抗金斗争的最终胜利，可是，岳飞却遵命撤兵，充分表现了他的奴才根性，也违反了人民利益。

这些问题，曾经有过一次争论，散见《历史教学》1、2 卷内。

这些问题，现在似乎已经解决了，但是又出现了另一种偏见，那就是过分夸大岳飞个人的作用，忽视甚至是抹杀了他的阶级本性。其主要论调有下面一些：

一是，过分夸大岳飞个人在抗金斗争中的作用，忽视乃至抹杀其他抗金将领及人民作用，在教学中过分渲染，认为岳飞及其军队当作抗金斗争的唯一或决定力量，甚至认为东南半壁河山的保全都是岳飞的贡献，南宋无法摆脱灭亡的命运，也全是由于岳飞被害。

二是，对待岳飞镇压农民起义军问题，或则认为杨幺等与金人勾结叛国，并妨碍抗金斗争，岳飞镇压杨幺是为解除后顾之忧，因此从抗金整体利益上来看是对的；或则对岳飞这些事加以粉饰，忽视其阴险毒辣的一面而说岳飞"见不及此"时代限制而心甘情愿地去用武力荡平，对此我们不能不替岳飞把罪过承担下来。或者对岳飞屠杀分化起义的过程和手段一字

---

① 编者补注：宁可先生原稿在此摘引了陈郊《读"岳飞传"》（《读书月版》1956 年第 7 期）的一段话，今从略。

不提。另一方面却特别强调岳飞由于爱戴人民并且尊重起义人民的阶级立场，坚决对起义人民作出妥协让步政策，采用了好些让步的具体措施，而且一直贯彻下去。不仅如此，岳飞的贡献还要大一些，他收编了绝大部分起义军，使之转化为抗金力量，没有这些是不成功的，甚至认为这一措施影响了起义军首领积极的来投与日后的"朱仙镇"大捷。最后，认为由于历史的多样性与阶段性，对于岳飞和相关的评价绝不能采取二者必居其一的简单办法去处理，杨幺应当肯定，岳飞对待起义军的态度，在总体上看尚不是一个刽子手，而且对历史的发展起了良好作用，因此也是可以肯定的。

三是反攻开封之役撤兵问题，认为岳飞遵命撤兵全是出于战争的考虑有其不得已的因素，即不撤兵就将丧师，而没有从阶级性上来分析论述到他之何以最终服从了宋廷的命令。

上述的这些纷纭的看法，反映了有些人在评价人物时的非历史主义观点及研究方法上的实用主义倾向（仅仅摘引材料，甚至无中生有），到底如何正确地估计岳飞在历史上的地位，到底对上述论点如何评价，我们将在课堂讨论中加以研究：

主要三个问题：

一是阶级分析——人物所代表的阶级利益及要求，这一阶级在当时历史条件下的作用、人物的作用，阶级与时代的局限性。

防止两种偏向：

①随意的阶级分析。

②忽视其阶级局限性。

二是全面观点。

人物在历史事件中的地位，个人与人民之间的关系，某个措施之后所发生的变化（抗命）。

三是史料的取舍。

①全面。不能断章取义，不能附会，不能以个别例子证明自己(难题：大胆假设、小心求证)

②分析史料的阶级性。

（三）南宋中期的宋金关系

1141 年绍兴和议以后，宋金统治者双方日益腐朽堕落，内部社会矛盾更加尖锐，国力都渐趋削弱，此后宋金虽然还进行过三次战争，但都没有引起双方对峙形势的重大变化。

1. 1161 年金军南下

1161 年，以篡弑即帝位的完颜亮想缓和统治阶级内部的矛盾，就想伐宋以转移视线，并且树立自己的威信。为了更好地接受汉族文化与控制北方地区并为准备攻宋，完颜亮在 1153 年把国都从会宁迁到燕京，改称中都。1161 年，又迁到开封（金世宗在同年又迁回燕京）。不久，完颜亮即凑合多方军队二十万人南下攻宋。

南下金人分为 9 路，一路由海道趋临安（今浙江杭州），一路由宋州南进，一路由凤翔（今陕西宝鸡）攻大散关，一路由汴渡淮，最后一路由完颜亮自将兵进迫长江，多次从采石城(今安徽当涂附近）对岸抢渡长江，宋将虞允文集合南宋溃兵誓以死战，击沉敌船三百多艘，金兵大败，完颜亮退到扬州。

在完颜亮南下时，北方义军大为活跃。河北义军收复了大名，苏北鲁南义军收复海州（今江苏连云港）、沂州（今山东临沂），其他多地义军也风起云涌，有的只是以数十骑张旗帜而行，金兵却无可奈何。这一情况，自然要严重影响前线金军的战斗情绪。

在北方各族人民纷纷起义的形势下，金统治集团的内部矛盾激化，突发政变，金世宗自立，完颜亮攻宋失败，所部金兵闻讯骚动，杀完颜亮仓皇北退，金世宗还都燕京，这次攻宋的战争就此结束。

2. 1163 年宋兵北伐

1162 年，宋高宗传位于孝宗，孝宗企图收复失地，乘金人南下攻宋失败，派兵北伐。但这时南宋国力已衰，军队战斗力随统治阶级的更加腐朽及降走派的摧残而大为削弱，加上腐朽的大官僚地主对北伐极力牵制，前线将领又不听号令，以致在符离（今安徽宿州）战败，金人则因世宗新主统治不稳，无力进行较大的战争，于是双方在 1164 年议和，条件比绍兴和议稍宽，改称金主为伯父，改岁贡为岁币，银、绢各减五万两，为二十万两匹，宋割唐（今河南唐河）、邓（今河南邓州东）、海（今江苏连云港）、泗（今江苏盱眙北）四州外，再割商（今陕西商县）、秦（今甘肃天水）二州与金，即所谓"隆兴和议"。因和议至次年即乾道元年（1165年）正式生效，故又称"乾道之盟"。

3. 1206 年宋兵北伐

宋宁宗时韩侂胄为相，为了树立自己的威信，乘金人与蒙古连年战争，国势衰弱，在 1206 年北伐。但南宋这时国力更弱，军队更腐朽，结果战败，南宋杀韩侂胄求和。1208 年宋金再度达成和议，条件又较隆兴和议苛刻，银绢增加至 30 万两匹，献金犒军银 300 万两。

此后宋金两国日趋衰弱，无力抵抗新兴的蒙古的侵扰，终于先后为蒙古所灭。

本章简短的结论

在金人南下形势下，人民坚决抵抗，南宋政府内部则展开了战守与降走两派的斗争。战守派在坚决抗金这个问题上代表了当时的民族利益，但终于最后失败。南宋初期的历史即在人民及两派斗争中错综曲折地发展着。

在南宋初年，掀起两次抗金高潮。1127—1129 年的高潮以人民武装为主力，地区在河东、河北。1140 年的高潮以抗战军队为主力，地区在淮水流域，但却因降走派的破坏而失败。

岳飞是中国历史上有名的民族英雄，他反映了中华民族酷爱自由、反抗压迫的传统，坚持斗争，因此赢得人民的爱戴与崇敬，并且因此对他镇压农民起义的阶级性加以原谅。

由于人民及战守派的坚持斗争，南宋终于保住了半壁河山，由于统治阶级的腐朽及降走派的破坏，人民却因此不能收复失地，南宋政府始终只能偏安江左。

第五章　宋金对峙下社会经济的发展
与衰敝（1127—1234 年）

第一节　南宋的社会经济

由于人民及战守派的坚决抵抗，东南半壁江山得以保全，在劳动人民辛勤劳动之下，这个地方的社会经济比诸北宋时期有进一步的发展。

（一）农业的发展与土地问题

1. 农业生产力的提高

随着金人南下，大河南北及西北各地的人民便大量南迁，其规模超过安史之乱以后，而与永嘉之乱时相仿。其主要集中地区，则为东南地区及四川。南宋疆域不及北宋的 2/3，但户口最多却达 2800 万，比北宋末年全国户口的 3300 万，只耗减 500 万左右。这种户口增加的情况，一方面反映了南宋社会经济的发展，但另一方面无疑是大量人民南迁的直接后果。北方人民的大量南迁，增加了南方的劳动力，南宋政府和地主招募他们充当佃户垦种土地，这样，不但战时荒芜的土地又重新种上五谷，而且湖南、广西和东南沿海地区的大块土地也逐渐开垦出来。

另一方面，南宋政府在疆域缩小而开支不能缩减的情况下，就不能不设法注意开展生产，以增加税源。例如：奖励增加垦田亩数的州县官吏，奖励各州县兴修水利，招致流民或逃户回家生产，对有些无力生产的农民，给予一些帮助（如免欠租，贷款，等等）。虽然这些措施多是在一时一地施行，而且不少还成为具文，但终究也起了一点作用。

在上述条件下，主要由于南方农民及迁来农民的辛勤劳动，南方农业生产在原有基础上大大发展起来，远远超过北方。特别是两浙地区（今浙江和江苏南部），那里土地肥沃，农民深耕密植技术也比较进步。例如在"大暑之时，决去其水，使日曝之，固其根，名曰靠田根既固矣，复车水入田，名曰还水。其劳如此，还水之后，苗日以盛，虽遇旱暵，可保无忧"①。

南方农业生产发展最突出的表现是水利事业的发达，而水利事业最发达的地区则是人口最密集的两浙地区。此外，两湖、淮南地区水利事业也多发达，而这其中最值得注意的，则是圩田的发达。

所谓圩田（围田）就是人们把地势比较低湮在河湖之旁的，易于成涝的田地或者是草荡、荷荡、菱荡，甚至于湖泊，把它用高厚的堤防围起来，排尽内中的积水，种上庄稼，以扩大土地利用面积。这种田多半低于外面的湖水、河水，但由于有堤防的保护，可以排水或放水，天旱开闸引水灌溉，天涝关闸不致受涝，因此不怕水旱之灾，可保常年丰收。

圩田之名，在五代之际即已出现，与湖争田，开湖为田。到北宋神宗时曾加以推广，每圩300亩、500亩不等。到南宋时期圩田更加发展，不但数量增多，而且规模更大。如建康附近的永丰圩（今江苏高淳县西），四至相去五六十里，有田960顷。②当涂境内的五十四个圩田，堤岸宽阔，共长约480里，靠水一岸，广种榆柳，望之如画。这种大圩往往包括许多小圩，小圩之间，沟渠纵横，用以排水或灌溉。

在浙东地区，又有所谓"湖田"，也是圩田之一种。由于明、越二州地势湖比田高，田比江海高，故过去多是旱年放湖口水溉田，涝年决田水入江海。当时，湖常被人围作田，称为"湖田"。③

这种圩田、湖田，由于土地肥沃，灌溉适当，因此稻米生产量大为提

---

① 高斯得：《耻堂存稿》卷5《宁国府劝农文》。

② 《建炎以来系年要录》卷67，绍兴三年七月壬戌。

③ 《辽宋金元史》解释"湖田"是错误的。

高，常可一年两收，每亩收获量甚至能达谷六七石之多，已经达到封建社会生产的顶点。

圩田之所以能在南宋时发达的原因，主要是两浙地方这时集中了大量劳动力，能够精耕细作，进行水利事业。另外，也由于人口众多，土地较少，必须开辟新的土地，因此圩田多是与湖争田，甚至开湖为田。

在封建土地所有制度下，圩田多半是落在政府或地主控制之下，用以恣意剥削劳动人民。另外，由于占湖为田，以致水流无处蓄积，且又排泄不畅，原来灌溉系统大量被破坏，河道淤塞，导致圩外民田泛滥成灾，或天旱无处放水，导致生产大量损失，往往是废湖以来所得租课每县不过数千斛，而所失民田常赋动辄以万计①。所以废圩田后为湖，往往成为南宋地方官吏与当地富农斗争的主要内容。

圩田有得有失，因此不能夸大圩田的作用，大体上江东圩田利多于害，浙东害多，失去灌溉之利，浙西为害更烈，造成水患。圩田、湖田只是不同称呼，有人说圩田、围田的区别在大小或地区，②不一定说得通。

圩田的出现及兴盛有以下一些原因：

主要是江淮地区农业经济进一步发展的结果。农业发展及人口增加，使向湖面夺取土地成为必要，充分的劳动力及进步的农业技术又使圩田的兴修及精耕细作成为可能，而地主阶级对农民的贪欲和对农民扩大剥削的野心，则促进了这一过程的进行。北宋，特别是南宋的政策也有一定作用。南宋政治中心南移，地主势力增长，使圩田更为兴盛。

这样，劳动人民兴修的圩田就成了封建国家与地主剥削农民的工具。另一方面，圩田既是废湖、河道为田，则其发展引起原来水道的变化。大体江东利多害少，浙东失灌溉之利，浙西则壅塞水道，反使一般田大量减产，废湖以来所得租课不过每县数千斛，而民田所失去的赋税常以万计，损失多过收入数倍。豪强又借围田之名强占民田，引起许多问题，激化了阶级矛盾，也引起封建国家与地主矛盾。故南宋经常禁止废湖或填湖，禁

---

① 参见《建炎以来系年要录》卷 86，绍兴五年闰二月戊申。

② 编者补注：宁可先生原有旁注"圩大围小，圩浙东，围浙西"。

止政策效果始终不大。

故知圩田兴起为农业发展需要。劳动人民对自然环境改造，但往往被地主用去牟利，但其自然和社会后果则为始料未及，终于成为南宋一大问题。

圩田对不同地区、时代、阶级，利害有所不同。大体上，江东利多，两浙害多；北宋利多，南宋害多；官僚地主得利，农民受害。

除了圩田以外，两浙一带又有高田、低田之分，高田往往缺水易旱，除了推广占城稻种外，对于这些高田，还修浚了许多坡塘及渠道储水，引水以资灌溉，并且也大量使用水车。此外又曾在海边作坝设闸，以免海湖入田，又可宣泄积水，对于泥沙淤集的河道也都加以疏通，以免成灾。

除稻米生产外，原在两广福建一带种植的棉花，南宋中期以后普遍地传到江南，使江南纺织业增加了新的原料。桑、麻、茶等作物种植已更普遍。江南的蚕可一年八育，技术大为提高。

这些农产品中，大部分对市场的依赖性增强了，如浙西的米大量运销到湖北和地接全国而常受战争而破坏的两淮。其次运到产米不足的浙东及福建等地。此外，广州等地的米也运自杭州，并从海道出国。临安城每日交易的米有四五千石。这说明了主要作物——粮食的商品性之增长（至于茶，则简直成了商品生产而非农村副业）。这就反映了农村自然经济已经开始发生了变化。

2. 经界法

南宋初年，由于战乱，从中央到地方的户籍图册大多丧失，地主及官吏狼狈为奸，在田赋问题上"以有为无，以强吞弱"，以致"有田者未必有税，有税者未必有田"[1]，形成田赋极不公平的现象，而且大大减少了南宋政府的收入。例如平江（今江苏苏州）每年原应收赋税七十万斛多，当时按籍收只到三十万斛，而实收才二十万斛。造成南宋财政的严重危机。

为了增加赋税，南宋政府遂将李椿年于绍兴年间（1131—1162 年）在平江实行的经界法，逐步推行到全国各地。这种办法是由官户、民户

---

① 编者补注：《宋会要辑稿》册 123，食货 6 之 36。

自报田亩（非为清丈土地）多少、四至，填写在政府颁发的簿籍上，并附图，由保长等检查签字，交给地方政府作为产权依据及纳税凭据。如果有不实不尽者重新勘断，如有隐漏查出没官。然后把全县原应负担的全部赋税均摊到这些田亩之上，这样做的结果据说是"订田亩税色，载之图册，使民有定产，产有定税，税有定籍"[1]。这样做的结果使政府有较固定的税籍及岁入，也使民户的负担能多少平均一些。和方田法相较，比较简便，因为不再丈量土地，但也比较粗略。方田均税法是以土地多少及好坏定税等，经界法只是以土地多少为比例均摊，但由于豪强隐匿及此法本身并不公平，因此不但不能真正均税（穷者田多瘠薄，富者田多肥沃），而且无法彻底施行。

绍兴年间，经界法在边境及泉、汀、漳三州（因有农民起义）未行，后来朱熹拟在漳州实行，即因富豪反对而失败。

3. 土地的高度集中

（1）官田

南宋土地的集中更盛于北宋。首先，是南宋政府直接经营管理的官田（包括营田、垦田、圩田、湖田、沙田等），已比北宋大为增加，达到二十万顷左右，比北宋时的六万顷增加三倍。其所以增加的原因，则是由于战争及动乱，出现了大批荒地，被政府收归官有。南宋政府把这些大量的官田组成官庄，由士兵、难民、客户等人来租佃耕种。这种官庄的组成形式大体上：1）以五顷为一庄，由客户五家租佃耕种，组成一甲，甲内推一人为甲头，其实大体是能招收客户耕种官田的土豪充任，负责接洽事务，催纳赋税；2）每庄通常由官府供给耕牛、种子、农具及本钱，以后按年归还；3）租额采取对半分租制（地方用官牛而四六分或三七分）；4）每十庄募一土豪充监庄。由此可知，封建剥削的实质及佃户的依附关系是很明显的。

这种官田的地租额与私人地主地租相等，但佃户却还要负担远比佃种私人地主田地还重的赋税，因此农民生产积极性不高。南宋政府对之也不很重视，常因国用不足，将其出卖，然而由于管理中饱勒索及负担过重，

---

① 《宋史》卷 173《食货志上一·农田之制》。

常是无人购买，甚至只好抑配。

虽然如此，但官田收入仍在南宋政府财政收入中占相当地位。据不完全统计，绍兴初年，官田收入约为 100 万石租粮（供全国军食 1/3），孝宗乾道年间（1165—1173 年）约为 640 万石，可供应全国军食 3/10 以上，宁宗初年（1194 年）则为 72 万 7 千余石，钱 131 万贯。对于供应当时军队及官机构食用，起了一定的作用。

但是这种官庄劳动力编制情况不很清楚，似乎还是分别独立生产，并不自成一个经济单位。所谓土豪充任的甲头，到底职权有多大，是否全部负起管理庄园的责任，也不清楚。因此是否是所谓的庄园，需要再深入探讨。

（2）私人土地的兼并

一般私人地主首先是官僚军阀的土地兼并也十分激烈，其兼并途径有的是经皇帝赐予，但更多的则是向人民抢夺。如南宋初，大将张俊每年收租 64 万斛，高宗赐秦桧永丰圩最好的水田 100 顷。私人地主又大肆包占荒田，以贱价收买官田，更用各种欺诈方法掠夺农民土地，或侵占湖面及周围湿地，造湖田、围田，夺取附近农民灌溉及副业生产利益。此外，再加上经界本不彻底，地主利用多重手段将纳税和服役的义务转嫁到农民身上，加速了农民破产的过程，便利了地主对土地的兼并。所以到南宋末年，田地绵至数路，收入租米百万石以上的大地主已不在少数。

在地主这样疯狂兼并之下，全国佃户人数已上升到全国总户数的 2/3。

在地主这样疯狂掠夺土地情况之下，租佃关系有了新的发展。这时地主往往设立庄舍，供佃客家居，并派遣官庄干仆来收租，当时租税比例一般为对分，但是佃户没有耕牛、粮种，则收租更重，四六分，三七分，情况不一。

这时的地租形式，分租制是最普遍形式，包佃制及货币地租也在某些地区施行，和北宋大体差不多。因此这种庄舍在当时农业生产中占很大比重，这就是所谓庄园制，也还要进一步研究。

但是，这时农民对地主的人身依附关系多少有些改变，从宁宗时湖南贵州交界地区的地主引诱官庄客户去耕垦自己新占土地，以致使南宋政府官吏被迫上疏，改变过去对官庄客户的残酷人身依附关系，提出：1）为客户者，只许役其身，毋及其家属；2) 典卖田宅，听其离业，毋就租以充客户；3) 凡贷钱止凭文约交还，毋抑勒以为地客；4) 凡客户身故，其妻改嫁者听其自便，女听其自嫁，等等。这就说明，上述的一些客户人身依附关系，至少是在私人地主与佃户之间，或多或少地改变着，因此引起官庄客户逃走，使政府被迫放宽限制（农民身份不断下移之说不对）。这也就说明佃户对私人地主之间的人身依附关系比起过去来是要减轻了一些。

4. 南宋政府对人民的繁重剥削

官僚地主不但公开兼并土地，而且还享受免役免税的特权，一般地主也都与地方小吏通同作弊，用种种手段将赋役转嫁给农民，这样一来，南宋政府全部赋役负担就全落到耕有一小块土地的自耕农身上。

南宋虽然偏安一隅，但官僚机构日益庞大。而军队的数目却与北宋并无二致（军队最多时达百万人），而向金负担的岁币也和北宋时差不多。统治阶级的奢侈腐化也和北宋时期一样到了惊人的地步，高宗在临安大造宫殿，仅花园即达 40 余所，甚至以水银为池，以金鱼放其上，以供玩赏。臣僚们也竞相奢靡，他们一心过着腐化奢靡的生活，早忘掉了中原的失地与人民。当时的诗人林升曾经用悲愤的心情，描写临安的情景，"山外青山楼外楼，西湖歌舞几时休。暖风熏得游人醉，直把杭州作汴州"（《题临安邸》），这正是统治阶级末日生活和心理的最好写照。

由于应付庞大的官僚机构与军队的开支，由于要献纳大批的岁币，由于统治阶级的奢靡腐化，所以南宋领土虽不及北宋 2/3（北宋 320 州，南宋 120 州），但每年收入却与北宋全盛时期相等（北宋岁入最高年达 6000 万贯，南宋孝宗 [1189 年] 时已达 6500 万贯），因此南宋各级政府就想尽一切办法来向人民勒索。

南宋赋税的特征是正赋在全部税收收入中不占重要地位，而杂赋占了最主要地位，其数别大体如下：

（1）正赋：仍以税收为主，此时正税不但较徽宗时增加一倍，且较唐代增加 7 倍。但虽如此，田赋上供每年却只有 200 万缗，只占全国岁入 1/30 左右。

（2）经制钱，660 万缗；

（3）总制钱，780 万缗；

（4）月椿钱，400 万缗；

仅此三项，即达正赋九倍。

（5）版帐钱；

（6）折帛钱，1700 万缗。

此外还有和籴、盐、茶及多地方的各种名目的苛捐杂税，不胜枚举。

在征收手段上除去沿袭北宋以来的支移、折变之外，又增加了加耗、揽纳等弊害。加耗，即官府任意追加，往往使民户需多纳两倍之赋；揽纳，即民户为免官吏吹毛求疵，多由土豪劣绅们代办各项手续，每经手一石需收手续费数百乃至一贯以上，不但受到官吏百般挑剔，人民损失更大。

在役法方面，南宋多沿北宋旧制，雇役、募役并存，这时所谓雇役，因役钱多移作他用，故对雇来人夫多少给钱或不给钱，实际上等于派役。并以此骗收民户的雇役钱。至于应役，虽原则上以户等高下为标准，但由于保长等多从中作弊，使人民遭到极大痛苦。为了防止人民逃避徭役，南宋政府还采取了种种限制办法，如：推割、推排、批朱、白脚等等，都是检核、强制人民是否充役的举措和称呼。

在繁重的役法下，1169 年（乾道五年），处州（今浙江丽水）松阳县人民创立了义役之法，即以一乡或一都保为单位，由出役钱之户，即当役户多出田若干，组成一个应役团体，推一人为役首，管收田租及排定役次，乡户轮者，即以所收田租供他应役时之各种费用，出田的多少以贫富为标准，下户田少者，或出谷或以钱买田。这个办法后来推行到了各地。但久之弊病丛生，由于役首把持，故常常"虐贫而优富，凌寡而暴孤"[1]，因之形成应役户又要输钱又要应役的双重负担。叶水心《义役跋》上有九句话，可作宋代役法总结：

> 按：差役，古法也。其弊也，差设不公，渔取无艺，故转而为雇。雇役，熙宁之法也。其弊也，庸钱白输，苦役如故，故转而为义。义役，中兴以来江浙诸郡民户自相与诸究之法也。其弊也，豪强

---

[1] 《文献通考》卷 13《职役考二·历代乡党版籍职役》。

专制，寡弱受凌，故复反而为差。盖以事体之便民者观之，雇便于差，义便于雇，至于义而复有弊，则末如之何也已。①

在地主及南宋政府的残酷剥削下，人民生活陷于极悲惨的境地，"民所甚苦者，催科无法，税役不均；强宗巨室阡陌相望，而多无税之田，使下户为之破产"②。

5. 人民的反抗

在这种残酷剥削下，农民不得不进行起义以反抗封建主的统治。高宗时期已然，孝宗一朝暴动历年不绝。如：

（1）1165 年，因强迫民众购买乳香，激起以李金为首的湖南峒民暴动，与此同时，淮北楚州也有萧荣的反抗；

（2）1170 年，浙西、江西农民进行了分粮斗争；

（3）1172 年，沅州瑶族有以杨再彤为首的暴动；

（4）1175 年，由于南宋政府禁贩私茶，激起了以赖文政为首的茶民起义，起义军从湖北入湖南、江西，最后一直打到广东，在同年九月失败；

（5）1179 年，陈峒等在湘南起事，五月失败。

此外，还有一些暴动。

这些起义规模虽小，并且时间不长，地方不广，其原因为：当时族与族的矛盾成为社会主要矛盾，而且南宋政府执行北宋以来的一贯国策。但起义的频繁，终究说明南宋阶级矛盾的尖锐。

（二）手工业的发展

在北宋发展的基础上，南宋手工业有了进一步的发展。

1. 各种类型手工业的发展

在手工业的各种形态方面，官营手工业及与地主经济相结合的手工业

---

① 《文献通考》卷 13《职役考二·历代乡党版籍职役》。

② 《宋史》卷 173《食货志上一·农田之制》。

（没有更多资料）变化不大，其他各种形态的手工业都有各种不同的发展。

与农业结合的手工业，其牢固性已开始分解。这时农村中已经出现了"税户"，即脱离农业生产而专为市场生产的独立纺织手工业者或小型的手工业作坊。纺织业是与农业经济结合得最紧密的，纺织业在农村中开始脱离农业，说明与农业相结合的家庭手工业已开始分解。

在官监民营的手工业方面：在生产日益发展及劳动者反抗日益激烈的情况下，政府对这种手工业的管理与监督，也就是对这种手工业的封建束缚日益松弛。例如在制茶叶方面，由于茶叶生产的商品性日益增长，民多盗贩，数百为群，突破北宋的管制，甚至茶贩反抗官府，形成所谓"茶寇"（赖文政起义）。

在矿冶业方面：抽分制比北宋更为发展，一般私人下户也有可能借官家的坑冶，自备物料雇佣工人，从事生产。如1137年（绍兴七年）准依熙宁旧法，在官家的金银坑场上，"召百姓采取，自备物料烹炼，十分为率，官收二分，其八分许坑户自便货卖"①，并视之为经久可行的办法。即已视为故常，而非为北宋之经常悉数收购。

另外南宋官冶矿场之萎缩与政府岁入的下降，也足以说明这个问题②。

南宋时期南方矿产量表列如下：

	绍兴三十二年（1162年）	废者	旧岁额（北宋时）	孝宗乾道（1165—1171年）岁入
金	267	142		
银	174	84		（这种岁入大概指 2/10）①
铜	109	45	705 万斤	26 万斤
铁	638	251	216 万斤	88 万斤（蜀境内）
铅	52	15	321 万斤	19 万斤
锡	118	44	76 万斤	2 万斤

（坑冶数目不好和北宋比，但废者多，可知萎缩，废者或不在前数内，但只说明北宋官府废弃了）

---

① 《宋会要辑稿》册138，食货34之16，《文献通考》卷18《征榷考五·坑冶》。

② 下表参见：《宋史·食货志》《建炎以来朝野杂记》。

① 编者补注：这句话在原稿中位于边栏对应第二行的位置，《建炎以来朝野杂记·甲集》卷16《金银坑冶》载："绍兴七年诏江浙金银坑冶并依熙丰法，召百姓采取，自备物料烹炼。十分为率，官收二分。"故暂将此句移入表格内。

这里当然要除去北方金朝控制区的生产数字，但那是微乎甚微的。另外这个统计也不甚完全。有些地方也还解释不清楚。但有一点是很明显的，那就是坑冶岁入，南宋比北宋是大大地减少了，这并不等于整个生产的相应大量萎缩，而更多的是说明南宋对坑冶的控制较前松弛了。

在私营手工业方面，变化是最大的。内部分工分业的大作坊更多地出现了。如印刷业内部一般都有分工，最简单的并分为雕工、印工、裱镌工三部分。各部都有作头领导。另外还有专设的校对。曾做过台州知府的唐仲友，在其家乡婺州开设綵帛铺，不仅经营商业，且有手工作坊。坊内分工包括染色、印花、机织三部。它一次可卖出高价的暗花罗及瓜子春罗，三四百匹，及染料红花数百斤。同时又经常大量买进生丝及素绢以供织造、印花和染色，可见其作坊规模之大。自然，这是南宋官吏借助势力经营工商业的例子，与纯粹的民间私营工商业有所不同，但它基本上是属于雇工生产的私人工坊手工业范畴。因此可以看出：①这时已有规模相当大的手工业作坊；②商人控制手工业生产的现象已经出现。此外窑业及造船业因其规模之大，及技术之复杂，可能也有一定程度的分工，可惜还未能找到具体记载。

雇佣工人此时更大量地存在，都市中已有固定的劳动力市场，受雇劳动者多半从事非生产性劳动，如仆役、跟班等。但有一部分是生产性的如药铺制药工人、园丁等。[①] 这些劳动者一方面是契约性质的雇佣工人，有较过去更多的自由。但一方面仍须受行老的引领，即仍在行会制度束缚之下。

在商品生产进一步发展，作坊分工日益精密，雇佣劳动日益普遍的情况之下，在南宋末期，在经济最发达的长江下游地区已经出现了资本主义性质的手工业。元朝初年（1275—1289 年）的《马可波罗行纪》中说："临安有十二种职业，各业有一万二千户，每户至少有十人，中有若干户多至二十人、四十人不等。其人非尽主人，然亦有仆役不少，以供主人指使之用。诸人皆勤于作业，盖其地有不少城市皆依此城供给"，"此种商店富裕而重要之店主皆不亲手操作……其国王虽命居民各人子承父业，第若致富

---

① 资本家掌握生产资料自由雇佣工人。

以后，可不必亲手操作，惟须雇佣工人，执行祖业而已。"①

由于这两段记载颇有夸大之处，如说杭州城内手工业人数至少达一百四十余万人，这是不可信的，但它也反映了一些真实情况。由此可知：

当时手工业作坊一般已在 10 人以上，多达 40 人；

作坊主不劳动，而雇佣大批工人从事劳动，手工业者已开始分化，这也说明这里资本家的来源大概是手工业者，而非商人（唐仲友一例则为商人）；

作坊主多兼营商业，这往往是他们资本积累的来源；

政府命令子继父业，不得因大利而执他业，封建束缚依然存在。但元初已放宽；

这种作坊到底是简单协作的作坊还是有分工分业的手工工坊，记载不清楚，但从前面的其他的记载看，其中应当有一部分已是手工工坊了。

一方面，有占有生产资料的、有大量资本的、不从事生产劳动的作坊主，另一方面有大量的雇佣工人，而且，封建束缚已逐渐放宽，部分工人予以改行，二者同时存在于一个作坊内。"较多数劳动者在同时，在同地（或在同一工作场所），在同一资本家的命令下，生产同种商品，在历史上，和在概念上，都是资本主义生产的出发点"②。马可波罗所记，显然已经属于资本主义性质的手工业。

自然这时的手工业及劳动者的身份还可能受着某种封建关系的束缚，但这是资本主义萌芽的最初的必然的现象。因为它是从封建关系中发展起来的，所以在一开始就追求纯资本主义的生产关系是不合事实的。我们需要研究的是，在上述手工业生产关系中，何种占主导地位，而不能因其尚带有某些程度的封建色彩就否定其为资本主义萌芽。

马可波罗的记载是在元初，则其所载现象必然为南宋末年以来的现象，这也是可以肯定的。

由上可知，在南宋末年资本主义萌芽已在当时经济最发达的长江下游地区开始出现了。

---

① 编者补注：当据冯承钧译本，可参见上海书店出版社 2001 年版，第 353、360 页。

② 马克思：《资本论》第 1 卷，人民出版社 1953 年版，第 358 页。

这带地方商品经济的发达，也足以为资本主义萌芽出现的旁证。因为商品经济的发展乃是资本主义萌芽出现的历史前提。商品经济的发展下面就要讲到。

2. 几种重要的手工业

（1）动力工具的进步

南宋手工业生产力有了进一步发展，这首先表现在动力工具的进步上，这时在江西出现了一种利用水力发动的机械——水转连磨，其做法是在水之激流处装一大轮，用水的冲击力使大轮转动，大轮转动后可带动其他多轮运转，然后使磨转动起来。这种工具最初用以制茶，后来也用于碾米、溉田、制香。此外，又出现水转大坊车，可昼夜纺绩百斤，因此使纺织业有了进步。这是水利机械的一大进步，同时也可知：

①水利机械的运用十分普遍；②非大型作坊不能使用。

（2）纺织业

江南地区的丝织业大为发展，刻丝织锦技术大为发展，染色业也有发展，但更重要的还是植棉业的发展，这时棉花已逐渐移入东南沿海地区。为了纺花，已发明了简单的纺车，及弹棉花的弓，也有了专为织棉布用的织机。①

（3）造船业

由于指南针的运用及海外贸易的发达，南宋造船业有了进一步发展。南宋初年能造车船（有轮的船），用人力踏车，船行快利。这种船有的高达五层，桅长十余丈，能载千余人。海船有的可载五六百人。这些都说明了造船业的发达与造船技术的进步。

此外如瓷器、造纸、印刷等等，不再一一赘述。

（三）**商业和城市**

1. 商业和城市的发展

由于政权南迁和经济的进一步发展，南宋都市在北宋原有的基础上进

---

① 艾可叔《木棉》诗："收来老茧倍三春，匹似真棉白一分。车转轻雷秋纺雪，弓弯半月夜弹云。衣裘卒岁吟翁暖，机杼终年织妇勤。闻得上方存节检，区区欲献野人芹。"

一步发展起来。

城市发展最突出的例子就是临安。临安在北宋时就是东南的一个重要都市，有天堂之称。南渡后成为政治中心更形发展，真宗初年就被人目为，视京师甚过十倍，末年，视中兴尤过十倍。其城区周围凡七十里，虽然"城郭广阔"，"居民屋宇高森，接栋连檐，寸尺无空，巷陌壅塞，街道狭小，不堪其行"①。因此，市区向城外扩展，"城南西东北，各数十里，（南北二厢分住三地皆占七十里）人烟生聚，民物阜蕃，市井坊陌，铺席骈盛，数日经行不尽，各可比外路一州郡"。②临安府管辖九县之中仅钱塘、仁和两赤所辖下的市镇即有十五处。③在这样广大地区内，人口繁盛，人口即从北宋初年的七万户增至高宗时的二十万户，又增至南宋末年（度宗咸淳年间，1265—1274 年）的 39 万户，124 万人口，其中城区城郊两赤县内则达 18 万户，43 万人。④这是一个惊人的数字，然而根据多种材料推断，却大体上是事实。这样人口众多的城市在当时的世界上来说还是罕见的，如中世纪欧洲最著名的城市威尼斯，当时只有 29 万人，而巴黎直到 13 世纪才有 10 万人口。

人口的增加，反映了商业的发展，当时除官府、地主、官僚、富室有租税或俸禄米来供养外，城内有十六七万人靠买米吃饭，每日需米三四千石（不包括南北二厢及客旅之人）。⑤可见这十六七万人主要是手工业者、平民与商人。在城内，铺子林立，"自大街及诸坊巷，大小铺席，连门俱是"⑥，客贩往来整日不绝，就可证明这一点，"夜交三四鼓，游人始稀，五鼓钟鸣，卖早市者又开店矣"⑦。此外还有各种市集，如日市，早市，夜

---

① 《梦粱录》卷 10《防隅巡警》。

② 《梦粱录》卷 19《塌房》。

③ 《咸淳临安志》。

④ 参见［日］池田静夫：《支那水利地理史研究》，生活社出版 1940 年版。另说 124 万为城区数，90 万户 500 万人为周围各地人口总数。可略备一说，但不甚可信。

⑤ 参见周密：《癸辛杂识续集》卷上《杭城食米》。

⑥ 《梦粱录》卷 13《铺席》。

⑦ 《梦粱录》卷 13《夜市》。

市等。这里包括上户经营的金银钞引交易铺，及以千万计的几十处解铺及买卖，动以万数的珠子市及绵帛铺、绒线铺等等。也有一般商人经营的头巾铺，铁器铺乃至饭馆，等等。也有手工业者开设的作坊如碾玉作、腰带作，等等（这些作坊也兼营出卖自己产品）。在街头又有大批流动手艺人如补锅、修鞋以及叫卖各种商品的货郎如卖铜铁器、梳篦等等。

在商业中有值得注意的两件事。一是"塌房"，即官僚或大富商利用自己的钱财修建塌房，而租与一般私人铺户供寄藏钱货及开店之用。一是所谓"盘合"，即小贩赊租得铺户的盘具与材料（多系吃食）沿街叫卖，至晚以所值偿之。"虽无分文之储，亦可糊口"①。二者均说明了大商人对中小商人控制的加强。

行会在这时对整个工商业还起着控制的作用。这时，行会组织不但普遍，而且对自身利益的维护，也较以前有所进步。所谓"官司和雇，支给钱米，反胜于民间雇倩工钱"②，这种行会组织，商业方面称为团或行或市，手工业则多称为作。他们对工商业者的控制可从下面的事实看出，如米铺"城内外诸铺户，每户专凭行头于米市作价，径发米到各铺出粜。铺家约定日子，支打米钱。其米市小牙子，亲到各铺支打发客……米船纷纷而来，早夜不绝可也。且又袋自有赁户肩驼，脚夫亦有甲头管领，船只各有受载舟户，虽米市搬运混杂，皆无争差，然铺家不劳余力，而米径自到铺矣"③。可知从米的来源到规定价格，到运输与批发、卖，皆在行会控制之下。

这样一座大的商业城市，它和国内其他城市的关系，必然很密切。例如食米即从江北、苏湖甚至广州运来，其他货物，也多如是。如柴炭来自庆州富阳，水产来自浙东，猪来自秀州，羊来自会稽，食品多来自两浙，牛来自婺州，水果来自浙江、福建等。丝织品来自苏州，布来自闽广，木材来自浙闽，竹来自广东。海外奢侈品有直接入口的，有转贩自广州、泉

① 周密：《武林旧事》卷6《作坊》。

② 《梦粱录》卷13《团行》。

③ 《梦粱录》卷16《米铺》。

州的。单胡椒日食即达 43 担。从上面的记载可知临安也还是一个消费城市，而非生产城市。

除临安之外，其他内地都市，如平江、建康、江陵、成都等都十分繁荣。而在大城市之旁又往往发展了许多市镇，如临安旁的明州，辖一镇八市。建康府辖 14 镇二十余市。其中有些可与大城市相比，如鄂州城外以南市盛，川广荆湖贸易之会，货物之至者，无不售，且不论多少，一日可尽。另外北宋以来所发展的许多草市、墟市，这时也发展成为市镇。而原来的市镇则往往变成了商业繁荣的大市场。

2. 对外贸易

（1）宋金贸易

宋金之间的陆上贸易，主要以淮水流域为中心。淮南的盱眙和淮北的泗州是宋金之间的主要榷场。南宋商客贩货到盱眙后，首先由官吏检查有无违禁物品，然后估计货值，满百贯以上的称为大客，不许过淮，须北商前来交易。百贯以下称为小客，可以过淮，但须十人互保，并留下货物的一半为担保。交易时两国商人不得相见，而把货物交给主管官牙人来往评议，交易成后，商人每贯纳息税 200 文，牙钱 20 文，脚钱 10 文。牙钱 9/10 归官，1/10 归牙人。脚钱全归脚户。贸易的货物，宋对金输出的以香药、茶、棉花、犀象牙角为大宗。金对宋输出以北珠、毛皮、人参、北绫、蕃罗等为大宗。

由于南北政治的分裂及两国法令的重重束缚，这种贸易并不能适应南北经济的情况，不能满足南北经济密切联系的要求，因此走私贸易极为发达。走私贸易也以淮河流域为极盛，此外也走海运及川陕襄樊。除商人外，双方牙人、官僚及外交官也大都进行走私贸易，以贩运违禁品及逃税来得到大量利润。在走私品中，南宋的官僚商人以米、茶、金银、铜钱、书籍、军需品等偷贩给金，金则以盐、麦、马匹偷贩给宋。这种走私贸易的繁盛正说明了在商品经济进一步发展的条件下，各地经济联系之密切与交流之需要。

（2）海外贸易的扩大

国内都市商业的发达，必然促使海外贸易的继续发展。而指南针之用于航海及造船工业的进步都给海外贸易提供了有利条件。再加上宋室南渡以后，由于财政收入不足，故奖励海外贸易，以期增加收入。这就使南宋的海外贸易比过去任何一代更为发达。

南宋时的海外贸易，仍以广、泉、明、杭各州为主要地区。不过贸易中心已渐由广州转向泉州，其原因为：一是，广州距长江下游比泉州远，而长江下游尚没有一个更好的良港；二是，泉州过去即已相当繁荣，易于在原有基础上进一步发展，以致马可波罗叹泉州为世界第一大港，贸易量超过亚历山大里亚百倍以上。这时和中国通商的有五十余国，主要为大食、占城（越南）、阇婆（爪哇）及日本、高丽等。在南中国海上，中国船只来往频繁，船只巨大，且有定期航线。

贸易商品中，中国输出的为茶、漆、绢、瓷、铁器等手工业品，输入则为珍宝、香药等奢侈品。和北宋时一样，在广州、泉州等地有专设的蕃坊，以便外商居住。

在这样繁华的贸易下，市舶收入成为南宋收入的重要部分，每年可保持 200 万之数，约占全国财政收入 5%。进行贸易的除大商人外，也还有大官僚大地主。

和北宋一样，海外贸易主要服务对象是大地主大官僚大商人，因此它的发展并不能动摇自然经济的统治地位。虽然如此，它却促使货币资本的积累，同时也刺激了国内商品生产的发展。对中国文化之西传及南传及欧洲文化的发展，起了良好的作用。

3. 纸币

商品经济的发展使纸币需要量增加，而南宋统治阶级的淫佚奢侈，及对金贡纳和军费的大量支出，使财政大大亏空，为弥补其亏空，南宋政府更毫无准备地滥发纸币掠夺人民。这就使纸币数量大大增加。

南宋纸币有会子(行使于两浙、福建、江东、江西)、川引(行于四川，陕南)、淮交 (行于淮南)、湖会 (行于湖广) 等名目，流通地区各各不同。孝宗以前发行额不算庞大，没有引起大的物价波动。从宁宗开始（1205—1207 年）发行额开始激增。到南宋末年，国家岁入只有支出的一半，这样巨大的财政亏空，全靠发行纸币来弥补。发行额从孝宗时（1165—1187

年）的二千万缗增到理宗时（1246 年）的六亿五千万缗。到 1263 年，更
每日增印十五万贯救急。纸币的剧烈贬值，引起物价的飞涨，以致到理宗
后期，斗米从一千涨到十千，后来甚至到三十四千、五百千。到南宋灭亡
前夕，200 贯还买不到一双草鞋。滥发纸币的结果引起国内经济生活的崩
溃，使广大人民生活极端痛苦，成为南宋灭亡的一个重要内部原因。

第二节　金在北方的统治

金人在进入北方的过程中，屠杀和俘掠人口，抢劫牲畜财物，毁灭城
市村庄，严重地破坏了北方的社会经济和文化，在它占据北方后，由于汉
族封建经济和文化的影响，汉族士大夫对他们的帮助，金人在北方建立了
封建的国家制度。社会也向封建制转化。但是由于女真族当时正处在奴隶
制初期阶段，氏族社会解体不久，在氏族社会狭隘性的支配之下，他们的
统治就带有浓厚的奴隶制特点。因而就进一步摧残着北方高度发展的汉族
经济文化，并使以汉族为主体的各族人民陷入痛苦的深渊。

（一）迁都燕京

1153 年，完颜亮将金都从黄龙府迁往燕京。这是女真社会发展的一
件大事，使女真与汉人的融合加速进行（一如北魏之自平城迁往洛阳）。
也是中国历史上的一件大事。这是北京成为中国四都之始，自此之后，除
了金末、明初及国民党统治的一小段时期外，北京一直是中国的首都，到
现在已经 803 年了，这在世界各国的首都中，是少有的。

北京在中国古代称蓟。唐时为幽州，辽升幽州为南京，但其作用不过
岁时巡幸，并就幽州粮秣，作为前线兵站，并未展筑。

1125 年（金太宗天会三年），完颜宗望（斡离不）下燕京曾起迁都
之意，在城外筑四子城，到完颜亮时，定都燕京，遂加展筑城为正方形。
周二十九里（七十五里之说不可靠）。西到现在广安门外，北到复兴门南

的驸马大街一带（今新文化街），东至陶然亭一带，南在右安门外，共门 12，六十二坊，中为皇城。正殿九重，殿凡 36。在修筑时，土从涿州运来，"人置一筐，左右手排立定，自涿至燕传递"①。"役民夫八十万，军匠共四十万，作治数年，死者不可胜计。"②可见耗费民力之大。修筑十分富丽，以致燕京城大半为宫禁，百姓绝少。

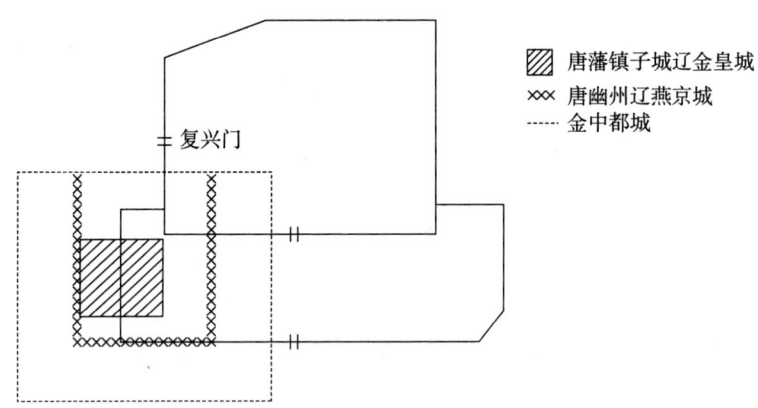

女真的政治制度乃在宋辽政治制度影响下，大筑离宫别院。现在的北海琼岛即为当时的大宁宫。西山一带，也无处无其宫院。

此外，为了解决当时的粮食漕运问题，金人曾利用今永定河从石景山以南分水东下，经过中都北郊，东入通州运河（因北京较通州高 20 公尺，通州运河到北京的 20 公里的一段无法打通，故需在北京一带找水源），全长 40 余公里。这是北京建都以来直到永定河引水工程动工前的最伟大的一个改造自然的计划，但结果没有成功，这主要是因为永定河的流量太不稳定，多雨的季节河水暴涨常常泛滥为灾，缺雨的时候来水太少，又常常有断流的危险，因此最后不得不把这个计划放弃而另寻水源。③

金的中都城在金蒙战争时遭到毁灭，经过剧烈的巷战，城外民居拆作柴薪，城内屋宇在巷战时焚毁，后来元建大都就舍弃中都旧址，而在东北

---

① 朱筠等：《日下旧闻考》卷 37《京城总记》。

② 《三朝北盟会编》卷 245，宋高宗绍兴三十一年十一月丙申，引范成大《揽辔录》。

③ 1. 现在有官厅水库；2. 在金中叶时，引玉泉山水入高梁河，再到城北运河。

部营建新城，这就是现在北京内城的前身。

现在，辽金遗址极少，天宁寺塔为辽塔，陶然亭一带曾出土辽金墓葬及石碑，外城西南角外一带尚有金城残垣，有些地名尚留金代残迹，如广安门尚称为彰义门（此为金中都城门之一，但元改为广安门），会城门村仍存中都城门之丘，等等。

（二）女真统治者的政治制度与民族政策

女真统治者以少数族入主北方，本身经济文化又极落后，故其政治制度与政策带有极浓厚的民族色彩，但是由于其落后而终不免与汉族融合。

女真人在建国初期，中央采勃极烈(孛堇，贝勒，各部首领之意) 制，皇帝是各部最高的勃极烈，皇帝之下，又有各勃极烈，与皇帝共同议定国事，即所谓氏族贵族合议制，其基层政权单位，则为军事、生产、行政合一的猛安谋克制，酋长（孛堇）平日管理其部落，战时则称为猛安谋克，率所部成年男子出征。

进到中原地区之后，为了统治新征服的广大地区，适应新的情况，女真的政治制度乃在宋辽政治制度影响下进行了多次改革，到金熙宗时（1135—1150 年），则大体根据宋辽制度而颁行了新官制。中央设尚书省，有尚书令，职同宰相，下设六部。与尚书省平行的有掌军务的元帅府（枢密院）及司监察的御史台。地方则有二种平行的制度，一种是路府州县，治汉人；一种是猛安谋克，为女真的行政组织。二者各不相统。猛安为从四品，职同防御，谋克为从五品，职大体同县令，但仍是军事、生产、行政三者合一的制度。目的很明显，是将女真部落杂厕于汉人之中，保留其原来军事部落组织，以镇压汉人的反抗，其民族压迫色彩是很鲜明的。

在统治机构确定之后，民族统治政策也日益完善，在这些政策中充分体现了各族之间严格区别待遇的特色。

兵权。最初因宗室国人较少，汉人及契丹人投效的都授予猛安谋克称号，后来渐废此制，猛安谋克成了清一色的女真人，并分三等，宗室为上。

任官。尽量先用女真人，其次是渤海人，契丹人及汉人只能担任一些不重要的小官。

科举。因袭宋辽旧制，但北人（女真）、南人（汉人）分别考试，北人只考词赋一场，南人则需考三场，南人录取名额不到与试者 1/10，北人却有各种优待办法。

法律。制度兼采本族旧制及隋唐宋辽之法，执行上由于地方官吏多为女真人充当，故极不公平。

风俗习惯。强制汉人辫发，改穿金人服饰，企图在生活上来消灭汉族人民的民族意识。另一方面，对女真本族人则规定不得改姓汉姓及学汉人装束，以防止女真族的汉化。

防止人民反抗。女真统治者除用猛安谋克制度监视汉人外，又实行"保甲连坐法"，经常检查户口，监视居民平日活动，一家若有义军或其他从事反金活动的人，全保连坐。为了防备和镇压义军及人民的反抗活动，金统治者甚至严格限制旅行，并把沿大路两旁的居民房屋都焚毁，强迫迁入邻保。

（三）金统治者对各民族人民的剥削

1. 大量兼并土地

为了加强女真统治中原的力量，从 12 世纪 40 年代起，便开始了大批猛安谋克内徙的浪潮，这时把大量女真族人迁到中原，计其户口，授以"官田"（其实是搜刮来的民田），令其耕种，号屯田军，有令则出征，人数有六万人。到完颜亮迁都燕京之后，一方面要加强其对华北各地的控制力量，另一方面也为了要把女真族中的强大力量放在首都附近，以制约东北方面的实力，遂又一再把猛安谋克从上京（会宁府）向河北、山东迁徙，而原在中都的某些猛安则又被迁往开封附近。到 1183 年统计，全国有猛安 202，谋克 1878，领户 61 万 5 千余，口 615 万 8 千余，当全国总户数 650 万、总人口 6420 万的 1/10 弱。

对于这些迁来的猛安谋克，金政府给以极大的优待，一方面尽量搜刮良田给他们，以致最肥沃的土地都落到女真人手里，有一家而占地 800 顷者，有一家一口至30顷。据当时统计，七十几家贵族共占土地3000余顷，平均每家在40顷以上。在这以后，又多次以各种各样名义和借口，把汉族人民的土地强行收夺，重新分给女真户，甚至凡遇有以皇后庄、太子务、长城、燕子城等为名的地区，故被指为官田，加以掠夺，仅在山东、河北，就强行占了三十多万顷民田。

此外女真统治者还占了许多民田作为牧场或猎场，如燕京周围500里即做了皇帝的猎场。

然后，女真贵族集团在掠夺了广大良田之后，却鄙视劳动，听田地荒芜，有一家百口，而垄无一苗者，但大量汉人却无田可耕，徙居阴山之恶地，女真统治者对农业生产的破坏，可以想见。

另外，女真族又大量使用奴隶劳动，从女真贵族统治者到猛安谋克都占有数量不等的奴隶，其奴隶的来源，大多为战争中的俘虏或买来的。另外，女真族内部在长期统治中国过程中，内部发生分化，女真贵族往往"豪压贫民为奴"，每个谋克有奴婢一二人到二三人不等，高等贵族更多，金世宗未即位时即有奴婢万数。据1183年统计，金国奴婢数为134万多人，这种大量使用的奴隶劳动，也严重地阻碍了北方经济的发展。

汉人除被掳去当奴隶外，还有许多被迫当驱丁（类似奴隶的农奴）。

在这种情况之下，分给猛安谋克户的官田，因他们已习惯于游牧生活并转化为统治者，故并不自己耕种，而是役使奴隶或驱丁代其耕作，或是强迫佃给汉人坐食田租。有的还强迫预借两三年田租。另一方面，少数女真人却开始贫困。在这种情况之下，女真人中开始了分化——一部分变为地主，一部分破产。他们在经济生活上与汉族无别，而且和汉族地主一样地剥削农民。因此就加速了他们与汉族的融合。

2. 残酷的赋税和徭役

女真族不但掠夺了大量肥沃的田地，而且将繁重的赋税和徭役完全转嫁到占有极贫瘠土地的北方汉族农民身上。

金人规定所谓本户（猛安谋克户）只须负担极轻的牛具税（三牛为一具）或牛头税。最初一年纳粟一石，后（1126年）改为每年五斗。而这样轻的负担，也还是由种猛安谋克田的租户负担，即使如此，女真族仍有五年拖欠不缴现象。

所谓杂户（汉人及契丹人），又称为课役户，他们负担几乎全部赋役。金人税制系沿袭唐宋以来的两税制，夏税每亩三合，秋税每亩五升及一束（15 斤）的草。看来不重，但由于良田被女真贵族所占，农民收入有限，而且实际征收数量又远远超过此数，如叶县薄田 1 万 7 千亩，岁入却为 9 万石，平均每亩征收将近 4 石，而且征收时不管田地好坏，一律以上田计税。再加上税收人员的勒索，就使人民负担极重。而金统治者还不以此为满足，因官田亩收租五斗，民田则法定税五升余，不如用官田剥削农民来得方便。因此便大量拘刷民田为官田，以加重对人民的剥削。

除两税外，女真统治者又按人民各种财产征税，称为"物力"。此外又有"军须""河夫"等等各种名目的苛捐杂税。此外又常借整理税收之名实行掠夺，而且常妄加民产数倍，人民如向官府申诉，反加刑罚，甚至当场打死。

徭役和兵役也十分繁重。时有所谓签军，用女真旧俗，即强迫汉人成年男子从军。从军的人衣食均需自备，作战时派在最前线，使女真兵在后督战，死者不可胜数。至于未被征调者，则须负担各种运输、修建等杂役。

残酷的赋税徭役使北方人民陷于痛苦的深渊。

（四）北方生产的破坏

1. 农业生产的破坏

由于女真统治者的残酷压迫与剥削，北方人口大量南迁或死亡。号称户口最盛的金章宗时代，北方连同塞外迁来的人口也不过 4000 多万（北宋神宗时是 5000 多万）。人口的减少，特别是农村劳动力的减少，使土地大量荒芜。如金宣宗时，河南军民田总数 197 万顷，实耕者仅 96 万顷，还不到一半。水旱灾更是时常发生。1168—1189 的 21 年中，黄河决口即达 8 次。1194 年黄河大决口，分二支入海，北支由北清河到利津入海，南支从南清河流入淮河。这是历史上黄河九次改道中的一次，造成生命财产的巨大损失。

2. 工商业的凋敝

随北方农业的衰落，工商业自然衰敝。金人对商品征税，原定金银 1%，其他物品 3%，但实际征收数量远远超过规定。当时一般小商贸易，就要收 4/10 的重税。因此，北方工商业更进一步受到限制，造成汴京残破，徒有虚名。号称富庶的真定府还不如江南的一个小镇。

而金人的滥发纸币，则给经济带来更大损害。由于金银现钱都被女真贵族吸收去储藏起来，公私支付都用纸币，于是金统治者将滥发纸币作为掠夺人民的重要手段之一。金人发行的纸币叫交钞，大量印发大额交钞，引起物价飞涨，到后来万贯交钞，只能买烧饼一枚。后来货币名目繁多，强迫使用，钞一贯，只值一钱。以致使北方出现"市肆昼闭，商旅不行"[①]的惨象。

（五）女真统治者的腐化

女真统治者随残酷的掠夺与剥削，积累了大量的财富，因此他们便接受了汉族封建地主腐化的生活方式，从而汉化起来，完全过着寄生生活，酒食游宴，赌博成风，不耕不战，连从军的义务也不愿承担。

为了挽救这种危局，金世宗从 1175 年起便开始了对猛安谋克的整顿。以"制其奢靡，禁其饮酒，习其骑射，储其粮糒"[②]，企图防止其汉化，加强女真族的统治，但这一切均无济于事。"野蛮的征服者总是被那些他们征服的民族的较高的文明所征服"，这是"一条永恒的历史规律"，[③] 更何况女真贵族所接受的汉文化正是汉族地主阶级最腐朽的生活方式。这样，到章宗以后，他们更是"无所营为，唯有张口待哺而已"[④]，完全成为无用

---

① 《金史》卷 48《食货志三·钱币》。

② 《金史》卷 44《兵志》。

③ 编者补注：马克思：《不列颠在印度的统治的未来结果》，《马克思恩格斯全集》第 9 卷，人民出版社 1961 年版，第 247 页。

④ 金好问：《遗山先生文集》卷 18《嘉议大夫陕西东路转运使刚敏王公神道碑》。

的废物。在这种情况下，不但猛安谋克完全丧失了战斗力，而且猛安谋克制度也全部隳弛。宣宗时。一谋克才 25 人，一猛安只 4 谋克，相反，官倒比兵多，致使"十羊九牧，号令不一，动相牵制"，"不足成其队伍"①。

猛安谋克制度的崩溃，使金统治力量大为削弱。

（六）金统治时期的人民起义

金人在北方的残暴统治，激起了北方以汉族为主体的各族人民的反抗斗争，这使金人在北方的统治极不巩固。

汉族人民不仅掩护义军活动，积极支援南宋的北伐军队，而且即使被强迫从军，遇宋军时也往往故意战败或一哄而散。北方人民更直接组织起来进行武装斗争。南宋初期活跃在大河南北的义军曾长期坚持了抗金斗争，这种斗争在金人统治北方的整个时期内一直没有停止过。韩侂胄北伐时，金人统治北方已近百年，但陕西方面仍有义军响应。广大中原地区人民均准备积极支援。此外契丹各族人民也曾不断起义。各族人民的不断起义，更加削弱了金人的力量。

在金人日趋衰落的同时，蒙古开始兴起，成为金人最严重的威胁，最后终于把金灭亡。

本章简短的结论

在南方社会相对安定、北方农民大量南迁的条件下，南宋时期的南方农业经济有了进一步的发展，最突出的是水利事业的发达，但南宋土地集中的程度很高，地主及封建国家的剥削极其残酷，都给农业发展带来了很大阻碍。这在水利事业上也有反映。在农业生产中值得注意的是：①租佃关系的变化，即农民对地主及封建国家的人身依附关系比过去稍微松弛；

---

① 《金史》卷 109《陈规传》。

②农业商品化的趋势较前强烈。

手工业及商业乃和北宋一样呈现畸形的繁荣。值得注意的是封建国家对手工业生产控制松弛，商人对生产的控制的加强，资本主义萌芽在部分地区的出现。

金统治的北方呈现一片衰敝景象。女真族之民族统治政策及汉化后的日趋腐朽，使北方人民遭到极大痛苦，而女真族之落后经济文化，如拘刷民田，使用奴隶，残酷剥削，则给北方经济带来惨重的破坏。

金、南宋后期，阶级矛盾均十分尖锐，到处爆发农民起义，整个社会处于风雨飘摇之中。

第六章 蒙古的兴起和西夏、金、南宋的灭亡（1206—1279年）

蒙古史并非纯粹的中国史，本课将着重讲其中与中国有关的部分，特别是元史，而对其与世界史有关的部分则省略。

第一节 大蒙古国的建立，西夏和金的灭亡

（一）蒙古族的兴起

1.蒙古的起源

公元11—12世纪时，在东到兴安岭，西到阿尔泰山，南到大戈壁，北到贝加尔湖草原的广大的蒙古高原上，有许多部族在活动着。这些部族中的一部分曾被称为鞑靼，及阻卜（阻鞑）。这些部族的种属及名称在文献记载中极为混乱，因此引起许多学者多年的争论。大体说来，其中有突厥种人，也有突厥及通古斯族的混血种。在成吉思汗建立大蒙古国后，他们均被称为蒙古族。而在当时，蒙古族只是这许多部族中的一支。

蒙古部在唐时曾被称为蒙兀，宋辽金时期则被称为萌古、蒙古里、盲骨子、黑鞑靼等等。他们游牧在斡难河（鄂嫩河）、怯绿连河（今作克鲁伦河）流域的不儿罕山（今蒙古境内）附近。照他们自己的传说，他们的始祖是一匹苍白色的公狼和一匹惨白色的母鹿。[①]这可能就是该族图腾的标志。而狼生的神话也往往是北方诸族共同的神话，如突厥族即如此。从这一传说及蒙古语中含有许多突厥语成分看来，可知蒙古族与突厥族关系

[①] 谢再善认为这是人名，而非兽名，但二者并不矛盾。

颇为密切。而另一方面，则其语言与通古斯族也有密切之关系。

2. 蒙古诸部

11—12 世纪时，蒙古高原上分布了如下的一些重要部族：

（1）塔塔儿部——在东部区呼伦贝尔地区，是当时诸部中最强大者，有人认为系属东胡（通古斯）种。

（2）克烈部——在西南部，土拉河（今蒙古境内）和杭海山（今杭爱山，今蒙古境内）附近，为突厥与蒙古之混合种，但突厥的因素仍很大。

（3）蔑儿乞部——在薛灵哥河（今蒙古、苏联境内）下游处，为突厥或突厥与蒙古之混合种。

（4）乃蛮部——在杭海山南阿尔泰山附近，完全是突厥血统。

（5）汪古部——在长城迤北处，又被称为白鞑靼（塔塔）。

（6）蒙古部——则在斡难河、怯绿连河流域的不儿罕山附近。东为塔塔儿，西为蔑里乞及乃蛮，南为克烈，北为贝加尔湖畔的森林居民部落。

这些部族有的奉景教，有的奉原始的珊蛮教（即萨满教）或佛教，他们是分散的、不统一的。有些部族更受到金人的侵扰或奴役，但由于辽金多致力于南下及西夏企图利用它们来牵制辽金，因此他们最终并未被辽金所奴役。

3. 蒙古人的生活和社会制度

在 11—12 世纪时，蒙古高原诸部族经济生活大体有下述两类：

一类是贝加尔湖畔、阿尔泰山北麓、叶尼塞河及额尔齐斯河畔及兴安岭一带的森林居民，即所谓兀良合（和后日蒙古族之一支兀良哈有别）。他们经营狩猎生活，并驯养动物，主要是鹿，也有马，住在白桦及树皮盖成的小屋中。在蒙古族中，他们的经济生活是比较原始的。

另一类人数众多，也更为重要的是生活在草原上的游牧居民（应系由前者发展而来）。他们剃发垂辫，穿皮衣，住帐幕（最初为毛皮，后来用毡，最后演化为现在的蒙古包），赶着牲畜，带着粗笨的双轮大车，①逐水草而居，牲畜以马牛羊为多，最主要的是马。当时还没有多数的

---

① 19 世纪的蒙古大车还没有轮辐及金属套，只用四根横木架成一个十字架，放入轮缘，代替轮辐和金属套，都是牛车，马是骑的。

骆驼①。由于马和羊对水草的需要有别，所以移动特别频繁。但是，他们也不单纯游牧，而兼营狩猎。他们和第一类居民的经济生活，有时不易区别，而二类之间的过渡部落，也往往存在。

主要的生产资料是牧场及牲畜（有人认为牧场不是主要生产资料，这是不对的）。手工业产品极少，只生产单纯游牧经济所需要的东西，一类是大车、马鞍、马具、弓箭、枪、甲胄、刀及其他武器等等。另外就是生活用具，如天幕的居边、革纽、网、天幕的木制骨架家具等等。除了弓箭，其他武器非常稀少。甚至到后来大蒙古国时期，优良的武器乃极贵重，而弓箭在早期箭镞乃用骨制，无从得铁，其他用具中用金属更少，直到 19 世纪 20 年代，一个蒙古家庭用品及工具只有 15—12 种，其中金属工具只占少数。从这些情况看来，9 世纪时蒙古族已知开采铁矿加冶炼之说②是值得怀疑的。即在 11—12 世纪时，铁还是很贵重的金属。

由上可知，这时蒙古族的经济还是自然经济，虽然社会内部已出现某种程度的分工，如铁匠、木匠等人，但他们还未脱离畜牧经济，而不是农业及手工业的社会大分工。这时还没有货币，但交换已开始出现。蒙古人曾以自己的畜产品去换取外来的面粉和武器，以后还有属于奢侈品的织物。从记载上看，中亚商人曾经远道到过蒙古。

这时，蒙古族的社会正处在氏族制度末期。由于畜牧业的发展及部落内掠夺的频繁，私有财产开始发展起来。蒙古人有时是许多氏族成员聚居在一起放牧，形成所谓的库伦（古列延）的游牧形式，移动时大家一起移动，驻屯时形成屯营，四外是各氏族成员的车子集成环形，酋长则居于轮形的正中。但是某些家庭或较小的集团已形成小的团体，在一定地区内单独游牧。因而这样在使用牧场及保护自己家畜不被偷盗等方面更为方便。由此可知私有财产这时已经出现。这种小村落在战争及掠夺时常常无法保护自己，因此，大库伦常常分为小的库伦（村落）。氏族贵族游牧于库伦

---

① 骆驼是在成吉思汗征服唐古特，即党项族建立的西夏（后渐用以泛称青藏地区及当地藏族诸部）之后才多起来的。

② 何况这种说法是后来蒙古族的传说且神话化了的，因此可能带上后代的色彩。

内，而将其家畜类，尤其是马类，放在村落里面，库伦经济与村落经济的结合是 11—12 世纪蒙古游牧经济的特点。（这种经济在成吉思汗建立汗国之后，即衰落下去）

蒙古这时还属于父系社会，实行族外婚，经济经营以个人为中心，但牧场是公共的。这时氏族社会内盛行私有财产。父母遗产父死男儿特别是末子和(村落)都保存私有财产，父母家畜、天幕大车均为私有，土地(牧场)则为氏族共同所有（虽无直接材料，但有许多材料旁证），家畜中有一部分也是氏族共同所有。氏族部落内掠夺极为频繁，掠夺来的俘虏多用作奴隶。但这时奴隶多为家内"茶饭使唤"(家仆)、"放马的人"(马丁)(称为 atalebogol[单纯的奴隶])，尚未用以直接参加主要生产劳动，数量也还不多。由于受到周围封建社会的影响，蒙古族内封建因素也开始出现。

这时担负主要生产劳动的，除氏族成员——自由民外，还有氏族贵族的属民——汪古、布古尔(牧奴)。他们多半是被征服的氏族贵族，从属于另一征服者的氏族（其实是从属于其氏族[或因穷困]长）。他们要把自己劳动成果的一部分交与领主氏族，并有人身依附关系，连妇女及儿童视为是领主氏族的"奴隶"。他们还要负担徭役，主要是与领主氏族共同游牧，形成库伦或村落方式。在大牧场上替主人游牧畜类，围猎时站在中坚地位驱捕野兽。但是另一方面，他们有自由的私有财产及一定的自由，劳动成果也可保留一部分。他们还维持其原来的氏族组织，甚至还可与领主氏族通婚。因此他们还带有浓厚氏族制特点，非奴隶也非自由民，而是近于农奴的边牧奴。这些牧奴有时也有集合同族、反抗领主氏族而独立的事。但是后来新的汪古、布古尔往往成为氏族贵族个人的而非全氏族的牧民。

这时，蒙古的氏族部落组织是氏族内包含着小的氏族"家族"，有时好几个氏族合并成一个部族，称为"兀鲁思"，又有自己的部落长。几个多氏族以库烈尔台大会的形式推选汗王。但这种组织极为松懈，汗的权力只是指挥战争及围猎。

由于生产力的进一步发展，掠夺的频繁及部落氏族的巩固，氏族贵族渐渐出现了。这种氏族贵族已非氏族的长老或氏族血缘上的长辈，而是依其强力、有能、贤明、勇敢(太师等领主)等资格换来取得权力。他们一般被称为"诺颜"（主君），但又被称为"把阿秃儿"（巴图鲁，勇士）等等，并且已经出现了氏族贵族个人的武力奴古如（亲兵）（由贫困投附的自由民组成）。

以家庭为单位的个体生产者要求强化氏族部落长的权力，以统一分散各部，使大家免受掠夺及金人侵扰。成吉思汗就在这种历史要求之下统一蒙古诸部。

由上可知，11—12 世纪时期，蒙古各部经济有了发展，私有制、奴隶及牧奴均已出现，氏族贵族开始形成，但分散与掠夺阻碍了生产力进一步发展，如何统一分散各部，不仅成为必要，也因为社会制度的发展而有了可能。

这就是成吉思汗统一蒙古的客观条件。

（二）成吉思汗统一蒙古

1. 金对蒙古诸部的压迫

金国对蒙古诸部的压迫也是诸部统一的一个重要的外来因素。金人曾多次与蒙古作战，并且筑长城防御他们。由于蒙古各部的统一及各部内掠夺战争频繁，因此金人便采取分化、利用、离间的手段来统治他们，利用汪古部守长城防御蒙古，又曾计诱蒙古酋长俺巴孩，将其钉于木驴上处死。金世宗更下令每三年出兵一次，向北剿杀，杀戮蒙古人民，叫"灭丁"，俘虏来的就当奴隶，给蒙古人带来很大痛苦。

2. 成吉思汗统一蒙古

成吉思汗（1162—1227 年），原名铁木真，是蒙古族最有名的领袖，他的父亲也速该曾在战争中并吞和联合蒙古诸部落，结成一个强大的部落联盟，也速该为塔塔儿人所毒死，部众随之离散。这表示蒙古政治组织的松懈。这使年轻的铁木真遭到极大的困难，但他终于收集他父亲所臣属的部众，并吸收了蒙古族中的其他人，终于又强大起来。大约在 1189 年时，他被许多蒙古氏族的首领推为成吉思合罕（皇帝，成吉思是为海）这可以说是统一蒙古和漠北事业的开端。此后，成吉思汗和他的部下征服了蒙古部之外的各部，如塔塔儿部、蔑儿乞惕部、乃蛮部、弘吉剌部等等。整个漠北从阿尔泰山到黑龙江，全部统一了。1206 年，成吉思遂在斡难河的源头，被库烈尔台推为合罕（大汗），尊称成吉思汗，并以蒙古为国号。这样，成吉思汗就做了整个塞外游牧部族的领袖。

3. 大蒙古国的制度

统一之后，成吉思汗遂进行蒙古国家组织的建立工作，其重要措施如下。

（1）封建等级制度的确立。成吉思汗把征服地区的百姓加以编制，分给他的亲族及其战将（从前的氏族贵族及领兵——奴古如）或原有部族王公作为领地。每一领地作战时都得向成吉思汗派遣一定数目的战士，因此，各领地依其所派遣的战士数目万人、千人、百人而被称为万户、千户、百户，统治者称为万户那颜、千户那颜、百户那颜等（万户长，千户长，百户长）。万户那颜之下又统率千户那颜，千户那颜又统率百户那颜，作战时，万户那颜等即为军事长官（万户那颜等故为世袭）。编制方法大体上是根据原来氏族组织，但在很多情况是把原来人民所属的氏族打散分割重新组织，以便凑足数目。这样就拆散了原来基本上按血缘关系组织起来的氏族而成为按地区关系组织起来的军事行政单位，因而使旧氏族制的残余受到严重打击。代替原来氏族名称和组织的是万户、千户或百户，过去的氏族首领成了直属成吉思汗的万户长、千户长、百户长。蒙古社会内部所久已进行的封建化过程到这时已从政治组织上予以肯定。同时这个组织也把过去散漫的蒙古部族严密地组织起来，在军事行政组织统一的情况之下，几乎全国成年男子都要当兵，大小贵族就是指挥官。

这样，在蒙古内部就形成了秩序井然的封建隶属关系：

汗、皇子——万户长——千户长——百户长——牧民——牧奴——奴隶

（2）法律的制定。成吉思汗又把蒙古族的许多风俗习惯固定下来编成他的法律（蒙语称扎撒里）。同时对不利于蒙古的恶劣风习也在法律上加以禁止。他说"先是窃盗奸通之事甚多，子不从父教，弟不从兄教。夫疑其妻，妻忤其夫。富不济贫，下不敬上，而盗贼无罚。然至统一此种民族于我治下以后，我首先着手之事，则在使之有秩序及正义"①。这也就是说

---

① 编者补注：宁先生原注"《多桑蒙古史》161"，当是据冯承钧译本。此据《多桑蒙古史》上册引《史集》，冯承钧译，上海书店出版社 2001 年版，第 154 页。

用法律来确立上下、父子、夫妻、兄弟之间的社会秩序。并对盗贼予以治罪。用法律来维护封建秩序及等级等关系，也用法律来统治人民。

（3）近卫军的组织。成吉思汗选精壮勇士一万人做他的卫队，称为"怯薛"。他们是从贵族子弟中选出的。地位很高，这等于常备军。从此成吉思汗便直接拥有坚强的武力，足以控制其他的部落首领。这就使蒙古政治组织更为严密，因而能巩固大蒙古国的统一。

（4）文字的应用。成吉思汗使用畏兀儿人塔塔统阿，教他把畏兀儿字母教给皇族和用来拼写蒙古语。从此蒙古有了文字，而且也接触了畏兀儿文化。今天的蒙古字就是从那个时候流传和演变而来的。这对于蒙古文化的提高及政令的推行，都有极大的帮助。

这样蒙古族遂完成了其社会的封建制度的飞跃。大蒙古国的组织巩固了，文化也提高了，这一切都对蒙古社会的进一步发展提供了有利条件。

公元 13 世纪时的蒙古社会在成吉思汗的各种措施之下，封建生产方式进一步得到巩固和发展。

在这时，自然经济仍占统治地位，基本的经济形式仍是游牧和狩猎，商业、高利贷及货币虽然开始发展，但没有使自然经济领域发生变化。主要的生产资料仍是土地（牧场、猎场）及牲畜。[1]一切"土地"均归各级封建领主所有，他们按照自己的意思将其属下的牧民分配在各个牧场之内，并决定他们在不同的季节应当在何处游牧。没有他们的命令，下级领主或牧民就不能在土地上放牧。在狩猎时，领主们也占有最好的猎物。此外，领主们又在其领地上画出禁止地，即汗[2]的氏族的墓地或领主的狩猎地。他人没有进入的权利。狩猎时，牧民要强制为领主服役，作为一种徭役负担。猎取品往往多归领主所有。至于家畜，则为牧民的私有财产，但牧民需向领主缴纳牲畜、乳肉作为贡赋，称为食粮赋役。数额不很清楚，但在领主需要时，常常可以全部剥夺。所以，在 13 世纪的大蒙古国里面，游牧经济的主要生产资料被操纵于领主手中，甚至人民均为其自由处理。

---

① 13 世纪库伦衰落，村落成为主要形式。

② 编者补注：宁可先生原稿旁注西文，未能识别，暂略。

这样人民不但为首领的隶属，同时对于首领提供他们的剩余劳动，自然，也不过保持一种得以经营个人经济的某一程度的私有权和身体的自由而已。

至于战利品及征服其他部族后所受的贡赋，则只在领主间分配，贫穷的人要以牲畜、皮革交换才能得到。

在蒙古社会内，分成下述几个集团：

（1）领主——大领主（皇子）、小侯、诺颜、驸马、万户（大部族）、千户（汗选，他们为大汉分封之采领），百户有时属领主阶级，有时属中间阶级。

（2）平民——"自由身份者"即平民的战士，他们为过去氏族自由民及得到自由的牧奴，从这里出十户长，有时也出百户长。他们从领主的采领中得到固定的游牧村落。

（3）牧奴——里骨。他们大都是被征服的部落或氏族的牧奴，或是本族或他族的各种奴隶出身的人，他们多有私有财产。

（4）奴隶——完全从属于其主人，没有任何个人财产的奴隶或奴仆。这主要是战争中被捕虏过来的各族人，在游牧生活条件下，蓄奴者大多为大领主，小侯及平民的士兵们是否使用奴隶，大为可疑。手工业者的地位，有人谓之"工奴"，其情况俟后介绍。

在领主与平民牧奴之间，人身隶属关系是非常强烈的。牧奴不许随便脱离领主，否则处死，必须定期缴纳贡赋及当兵与徭役（驿站），"皇帝和首领随意剥夺人民的财产，随意处置他们的肉体""塔塔儿皇帝对他的万民拥有最可怕的权威"①。由上可知，13世纪的大蒙古国中，蒙古游牧经济的主要生产资料，是集中在汗、皇子、诺颜们之手，甚至人民也都是他们自由处理的东西。这样，人民不但为首领们的隶属，同时对首领提供剩余劳动，所以他们仅保持了一种经营个人经济的某种轻度的私有权及身体的某种轻度的自由而已。

关于游牧民族的封建制度问题，苏联曾经有过一次争论，关键在土地在游牧民族社会中的地位。有人认为土地不是主要生产资料，牲畜才是；

---

① 编者补注：宁可先生原稿旁注西文，连笔严重，未能识别，暂略。

有人肯定前者是主要生产资料，因牧民自己有自己的牲畜——经济，封建主则占有土地进行剥削及超经济强制。这一问题在苏联已经作了讨论。从蒙古族的社会史来看，也可证明这一点。

关于蒙古族的社会性质问题，曾经有过不同的看法。如吕振羽的《简明中国通史》及《辽宋金元史》都认为成吉思汗所建立的为奴主帝国，当时为奴隶社会。这根据是不足的。蒙古史料中所谓的奴婢，其含义并不等于我们的"奴隶"的概念（包括贵族自由民等等）。而实际上奴隶在蒙古族中牧业甚至生产上的作用不大，而主要的生产者则是交纳封建贡赋，承当封建义务的牧奴。故我们从苏联学者"符拉基米索夫"之说，认为它是封建制度，是飞跃。尚钺也是此意见。当然，社会有氏族制残余及奴隶制色彩，这也是没有问题的。

（三）西夏和金的灭亡

1. 灭夏侵金

成吉思汗统一漠北完成了内部改革以后，就开始了对外的扩张。蒙古对世界的征服，先从西夏开始。攻金必先攻夏。1209 年，西夏被迫献出自己的女儿察合投降蒙古。

1210 年开始对金作战，1211 年大破金兵四十万，杀得金兵像烂木似的堆积如山。攻占居庸关，乘胜攻占金长城以北地区及西京大同。1213 年蒙古包围燕京，并攻金河东、河北地区。但蒙古此后以主力西征，只派部将侵夺河北以西、关中以东地区，金人放弃燕京退居河南苟延残喘，但却攻宋以资补偿损失。宋金之间战争，从 1217 年到金亡（1234）未曾停止。

1227 年，成吉思汗西征回师途中灭了西夏，也就在这一年，成吉思汗死。子窝阔台继位为大汗。

2. 红袄军的反金起义

在金统治的末期，统治阶级愈趋腐朽，统治阶级内部争权倾轧之事接连不断。军队成为"不耕不战"之人。为了应付庞大的军政费用及统治阶级腐化的生活需求，金统治者加紧对全国人民的搜括，"加赋数倍，豫借数年"①，人民不堪其苦。1214年迁到河南之后，又徙河北军户(猛安谋克)百余万口来居河南。几经裁减，还有42万多人每年要用粟380多万斛来供养他们，于是契丹汉族人民纷纷起义。

1214年，山东地区人民开始起义。分三支，泰安沂州一带由刘二祖领导，在青、潍、莒、密诸州的由杨安儿领导，在临朐等一带由李全领导，统称红袄忠义军，从忠义二字可知他们和南宋初年北方义军的渊源关系。1214年底，杨安儿牺牲，其妹杨妙真与李全结婚，两支义军合而为一，成为一支著名的抗金义军，1218年，1219年当金军南下攻宋时，李全在敌后的斗争有力地牵制了金兵南下。但是南宋统治者把他们当作贼，加以限制、歧视，再加上红袄军部分领袖立场不坚定，因此叛顺无常，最后李全降蒙古，并攻宋。1231年，在扬州城外被宋军所杀。

除此之外，1211年，契丹族耶律留哥在咸州（今辽宁开原一带）起义，众达十万余人。

各族人民的反金斗争，动摇了金的统治，加速了金的灭亡。

3. 蒙古和南宋联合灭金

1232年，蒙古分两路攻金，北路自山西直攻汴京，南路迂回汉中，绕过潼关，二路包围汴京，金哀宗突围到蔡州。在此之前，蒙古约宋夹攻金，条件是宋接济军粮。灭金后，宋得河南地。于是蒙宋二军围蔡。1234年，蔡州破，哀宗自杀，金亡。

（四）蒙古的西征与四大汗国的建立

在攻夏攻金前后，蒙古进行了三次西征。

第一次（1219—1227年），成吉思汗率领，主要是征服了中亚大国强国花剌子模，同时一支两万人的部队侵入高加索，用佯败法打败斡罗斯十万阻击大军，六王七十侯投降后被杀。这次西征区域东南到印度河，西南到

---

① 《金史》卷135《食货志一·户口》。

底格里斯河下游，西到俄罗斯东部及南部。1227 年回师途中灭了西夏。

第二次（1235—1241 年），成吉思汗孙拔都西征，这是规模最大的一次，征服俄罗斯，军队到达波兰、捷克、德国、匈牙利等处。前锋到达亚德里亚海边，只是由于俄及波兰人民的英勇抵抗，西欧才免于毁灭。

第三次（1252—1259 年），旭烈兀西征，征服里海西南及地中海东部并进入阿拉伯半岛。

三次西征的结果，大蒙古国跨亚欧两州。但是后来分裂为五个不相统属的部分，即元与四大汗国，后者即钦察、察合台、窝阔台、伊儿，名义上算是元朝藩属，实际上不相统属。

这是暂时的不稳固的军事政治的联合，故分裂，分裂后也不能长久统治。

在西征过程中，蒙古军队大肆屠杀抢掠，整城的人被杀光，城市被烧掠，水利事业被破坏，特别是中亚遭到惨重的破坏。

蒙古人为什么能在很短的时间内成为半个世界的统治者呢？一方面是由于当时蒙古人处在以掠夺战争为正当职业的社会发展阶段，他们有一支以氏族血缘为纽带而组织起来的强悍善战的军队，同时，他们又以分配掠夺制为号召，组织被征服的部落参加他们的掠夺战争，后来，更从金宋及西域学得火器及攻城战术，再加上杰出的军事领袖成吉思汗的指挥，因此使得蒙古军队成为几乎不可战胜的力量。

另一方面，当时围绕着蒙古的亚洲和东欧的封建国家正处在分裂与衰落的阶段，因此，他们虽有比蒙古人更为优越的武器，但不能集中力量抵抗蒙古的西征，这样，蒙古就在短期之内征服了几乎半个世界。

应当怎样来估计蒙古的征服对欧亚社会发展所起的作用及成吉思汗的历史地位呢？

在成吉思汗以前，蒙古是个被统治的落后的分裂的部族，但新的生产力及生产关系在社会内部产生，因此，统一和改革社会制度，以适应新的生产力与生产关系，就成为蒙古社会发展的客观要求，成吉思汗的兴起正适应这个要求因而获得了极大的社会力量。成吉思汗的兴起不仅使蒙古与漠北诸部得到统一，而且建立了蒙古的封建制度，提高了蒙古文化水平；

成吉思汗的兴起，改变了蒙古族的落后状态，提高了蒙古族的社会地位，使蒙古族成为历史上及现在的一个重要民族，这是成吉思汗最大的贡献。

在征服其他各族过程中，由于接触文明世界，蒙古族的眼界扩大了，精神和物质生活丰富了。另外，横跨欧亚的大蒙古国的建立，保障了商业与交通的安全，促进了东方和西方文化的交流，但是，由于蒙古当时还处在落后的社会发展阶段，成吉思汗及其部下又嗜杀成性，所以蒙古军队对被征服地区的经济文化的破坏是极为严重的，多少有文化的古国被消灭了，人民被大量屠杀，幸存的也十分痛苦，许多原来先进的国家民族发展停滞（如俄罗斯），这对世界历史的进展起了严重的阻滞作用。

蒙古在接触中国及俄罗斯先进经济文化过程中引起自身社会文化的发展及眼界扩大，但是由于这种接触是在战争及掠夺中进行的，所以战争并没有给蒙古社会带来很大的好处，在战争中数量很少的蒙古人大量死亡，甚至有时连十三四岁的孩子也被征发从军（如西征钦察的长子军，就是由各支宗室的长子组成），严重影响蒙古本身的经济发展。从根本意义上说，靠掠夺为生不能发展自己的经济，反而会阻碍自己经济的发展，而且由于蒙古征服地区广大，蒙古人分散到各地成为统治者，很快就成为寄生阶级，仅靠掠夺及剥削为生，对蒙古社会经济发展不利，因为根本没有可能发展自己的经济，这就使蒙古社会的发展停滞下来，在被击败后，蒙古族又回到游牧经济生活中去，一直到十月革命，蒙古人民共和国成立及中国内蒙古自治区建立之后，才又开始变化。

第二节　南宋军民抗击蒙古军的斗争及南宋的灭亡

（一）南宋末年的社会危机

1. 统治阶级的腐朽

南宋末年，统治阶级的腐朽达于极点。

皇室的奢侈淫逸到了惊人的地步，从宋高宗赵构开始，各代有增无减。例如，皇帝生个儿女要用布 200 匹，绢 4674 匹，金 24 两 8 钱 7 分，银 4440 两。皇子食单有珍肴数十种，皇帝出宫有仪仗队 12220 人，以致宋末高斯得说：当今两大财蠹，第一是军队，第二是皇帝。

一般官僚地主也是相当奢侈，吃羊头脸，五人需头十个，食葱韭，只要葱心，众人拾其余，被厨娘晒为"狗子"。食后例赏厨娘千券数匹，至三二百千双匹。①

南宋大小官吏对上行贿，对下暴敛，成为定例，无需隐瞒。陈自强做宰相，官员上书，信封上必写明"并献某某物"，否则搁置不阅。行贿之外，还得献媚，程松谋升官，买一美人名松寿献于韩侂胄，侂胄问为何与松同名，程松答，为要贱名常达尊听，侂胄欢喜，便给同知枢密院四川宣抚使官职。许及之谋升官，跪在侂胄面前，哀求哭请，也得同知枢密院。侂胄做寿，许及之迟到一步，大门已关，忙从门闸下爬进去，登寿堂行礼。某次，侂胄带一批官员游山庄，指竹篱茅舍说，这真是田野间气象，可惜没有鸡狗声，说犹未了，忽闻草中有狗狂吠，仔细一看，原来是临安府尹照侍郎伏在那里学狗叫。南宋末年，权臣史弥远、贾似道等十分跋扈，互相倾轧，以至贿赂公行，党争时起。

此外南宋统治者还用程朱理学来麻痹知识分子思想，利用道学家们来讲一些服从长上、奴颜婢膝的学问。贾似道看透道学中人昏愦冬烘，高巾破履，貌似清高，行实卑污，空谈正心诚意、修身治国平天下，实际言行各不相顾，无一事能为。贾似道独掌朝政，怕人分他权势，专引用道学中人做大官，知道他们不会别立主张与自己对立。果然，贾似道淫乱妄为，使南宋灭亡，道学家从不表示一些相反意见，宋亡后相率投降元朝，依然讲他们的道学。

除去皇室官僚的奢侈及政治的腐败，南宋军队的质量也日益下降。士卒多为老弱，训练废弛，将领则多贪暴克扣军饷，放高利贷，以致根本不能作战，反谓"战不如溃，功不如过"，不仅如此，军队数额也不足，"核

---

① 洪巽：《旸谷漫录》，收于《说郛》卷 73。

实官兵才六万余人，忠义万五千"①。在这种情况之下，南宋财政支出大量亏空，乃滥发纸币，因之引起社会危机的进一步严重。

2. 公田法

在社会危机日益严重的情况下，封建国家与大地主的矛盾又有进一步发展。到南宋末年，又出现了贾似道的公田法，企图通过强制手段，收买逾限田地充作公田，以解决政府的财政困难。1261 年开始先在浙西施行，其法为以低价收购逾限之田，1/3 约 1000 万亩，使岁有六七百万斛的收入。最初议收买者仅逾限之田，实行起来却成为"派买"，除 200 亩以下免行派买之外，余悉各派买 1/3，其后虽百亩之家也不能免。定价以租一石者偿 40 贯纸币（当时亩值千缗，即仅合价 1/25），买少的全支楮币，② 多的银券各半，又多的则副以度牒，再多则加告身。在实行的时候，只求买数之多，凡租六斗七斗者皆依一石，及收租之际，元额有亏，则取足于田主，或内有硗瘠及租佃顽恶之处，又责换于田主。这种做法不仅使大地主受到损害，而中小地主及部分富裕农民也受到损害，贾似道大遭攻击，结果始终只能在浙西推行，贾似道去职后，南宋政府便公开把收买来的土地尽还原主，而且免索原钱，以缓和因收买公田而加深的阶级矛盾。

贾似道在 1264 年（景定五年），又行经界推排法，承南宋初之经界法，即清丈田土以杜匿税。最初行于平江、绍兴及湖南路，其后推行全国。这种做法也遭到地主阶级坚决反对，曾写诗讽刺云："三分天下二分亡，犹把山川寸寸量。纵使一丘添一亩，也应不似旧封疆"③。

另外，推排时又往往需加寡弱口田租，损害一般民众利益，后来即被废弃。

这两个措施本意是要缓和南宋的社会危机，但结果反而加深了地主阶级内部矛盾，促成了南宋的灭亡。

---

① 魏了翁：《鹤山全集》卷 19《被召除礼部尚书内引奏事·第四札》。

② 宋、金、元时发行的"会子""宝券"等纸币。因其多用楮皮纸制成，故名。

③ 编者补注：刘一清：《钱塘遗事》卷 5《推排田亩》。

（二）南宋的灭亡

1. 蒙古与宋长期战争的开始（1234—1251 年）

金亡后，蒙古划出陈、蔡二州地给南宋。宋乘蒙古退兵进取三京（开封、洛阳、归德），这个地区在盟约中未明确，结果蒙古还兵攻宋，决黄河淹宋军，宋军大败。蒙古、宋间 46 年长期战争开始。蒙古曾进入湖北、四川地区，攻掠成都等地，但这时蒙古主力西征，没有全力攻宋，会窝阔台 1241 年死，战争停顿。

2. 蒙哥攻宋（1251—1259 年）

1251 年，蒙哥继立为大汗，他除以主力西侵外，又竭力巩固河南、关陕一带新征服地区，并派忽必烈、兀良哈台等率军经临洮、经青海山谷2000 余里，渡金沙江，先后征服吐蕃及南诏人建立的大理（1252—1253 年）。大将兀良哈台引兵深入（1257 年），对南宋形成三面包围的形势，南宋已经到了灭亡的前夕。

1257 年，蒙古分兵三路大举南下，一路由忽必烈率领，渡江围鄂州（今湖北武昌），一路由兀良哈台率领，带兵北上后西入湖南，包围潭州（今湖南长沙），企图与忽必烈会师，一路由蒙哥率领攻入四川，蒙古军的意图是夺取长江上游，再会师东下，一举灭宋。1259 年，蒙哥围合州（今四川合川)[①]。宋将王坚等团结军民死守，合州被围三月，久攻不下。蒙哥且在合州受伤战死。鄂州潭州也在军民坚守中，蒙古军毫无进展。南宋投降派首领贾似道这时奉命援鄂州。他害怕作战，屯兵不进，反向忽必烈求和，答应称臣，割江北地，纳岁币银绢各 20 万两匹。谈判期间，忽必烈已知蒙哥死讯，急于回去争夺汗位，就接受了贾似道的请求，全军退去。

贾似道乘机谎报诸路大捷，论功行赏，又把忽必烈派来要求履行条约的使者拘禁起来，斥逐一切谈及边事的朝臣，甚至连谈及襄阳被围的宫女也被杀掉，企图永远欺骗下去，昏聩腐败的南宋皇帝竟信以为真，称他为"再造之勋"，举朝上下依然过着荒淫无耻的生活，毫不作战守准备。

---

① 编者补注：今隶属于重庆市。

忽必烈回到北方，采纳汉族士大夫的建议，不顾蒙古"库烈尔台"①选汗旧制，在 1260 年自立为皇帝，是为元世祖。1264 年，他将国都从开平（今内蒙古多伦东南）②迁到燕京（后定名大都）。1271 年改国号为元。

忽必烈的自立，引起有些蒙古贵族的强烈反对，演成内战，因此，大蒙古国暂时无力南下。

3. 元世祖灭宋（1267—1279 年）

1267 年蒙古内部渐稳定，忽必烈开始攻宋，先集中力量围攻襄樊二城及鄂州，企图控制长江中游，然后沿江东下，直攻临安。从 1267—1273 五年内，蒙古军队全力围攻襄樊二城，城中军民坚决死守，长期牵制元兵东进，宋军几次赴援，皆无功而返。当时城中几次请援，贾似道都置之不理，日与妻妾斗蟋蟀取乐，蒙古军用大炮(抛石机、回回炮) 攻城，樊城先陷，襄阳守将吕文焕投降。

1274 年，元世祖派大将伯颜等分路东进，以叛将吕文焕为先锋，贾似道被迫率兵十三万抵抗，宋军不战溃散，元兵分三路进逼临安。南宋统治者弃贾似道，任陈宜中为相，号召各路勤王。但终于又不听抗战派文天祥、张世杰等坚守临安或迁都抗战的主张，而向元军请和。元将既不拒绝又不停止进兵，1276 年临安陷落，宋恭帝及两个皇太后都被元兵俘虏北去。

当宋军节节败退、临安陷落的同时，多地军民展开了顽强的自卫战争，到处抗击元军。在人民支援之下，出现了许多民族英雄，其中有至死不屈、坚守扬州的姜才、李庭芝，坚守静江的马坚，困守合州的张珏，他们多次打败敌人的进攻，一直战斗到最后，流尽了最后的鲜血。

临安失陷之后，南宋尚拥有南方广大地区，兵力尚有张世杰、文天祥各部勤王兵十余万人。1276 年张世杰、陆秀夫退往福州，立赵昰（shì）为帝，文天祥在江西一带活动，企图恢复。

文天祥是中国历史上有名的民族英雄，他是江西吉水人，曾中过状

---

① 编者补注：又译"忽里台""库里尔台"等，意为大聚会。本书遵宁先生使用的译名"库烈尔台"。

② 编者补注：今内蒙古锡林郭勒盟正蓝旗。

元，在元军攻宋时，他坚决主张抗敌，临安危急时，他奉命去和元军议和被拘，不久逃回，组织义军在江西、福建一带抗敌，1278 年元军攻江西，义军失败。文天祥退到广东潮州，遭到元军突然袭击，为元军所俘，元将张弘范用多种方法诱降他，他都不理，又令他招降张世杰，他拒绝作书，只书旧作《过零丁洋》与之，诗为：

《过零丁洋》

辛苦遭逢起一经，干戈寥落四周星。山河破碎风飘絮，身世浮沉雨打萍。

惶恐滩头说惶恐，零丁洋里叹零丁。人生自古谁无死？留取丹心照汗青。①

张弘范不能折其节，乃送他到大都去，中途绝食八天未死，到大都后，元人、"汉奸"继续诱降，并把他关在大牢中三年，折磨他，但他始终不屈，1282 年就义于菜市口，死后衣带中有赞曰："孔曰成仁，孟曰取义，惟其义尽，所以仁至。读圣贤书，所学何事，而今而后，庶几无愧"②。

陆秀夫等在福州不久，元军追至，秀夫等由海道至泉州，泉州市舶司提举阿拉伯人蒲寿庚叛降元朝，以舟船助元军攻宋，陆秀夫等被迫退到广州海上。1278 年，赵昰病死，其弟赵昺为帝，1278 年张弘范攻南宋最后的根据地厓山（今广东新会以南海中），陆秀夫投海死，建国 153 年的南宋最后灭亡（1127—1279 年）。

张世杰召集残军，准备再战，又遭风覆船，张世杰殉难，南宋军队最后被消灭了。

南宋灭亡的原因，正如当时人所说"言当时之大弊：曰民穷，曰兵弱，曰财匮，曰士大夫无耻"③。统治集团的腐朽，葬送了自己，也葬送了大好河山。

---

① 以火炙竹简令汗，取其青，易书后不蠹，故曰汗青。

② 文天祥：《文山集》卷 19。

③ 《宋史》卷 438《黄震传》。

第七章 元朝（1280—1368年）统治下中国社会经济的衰败与各族人民的反抗斗争，元末农民战争

第一节 元朝的政治

蒙古建立起对全国的统治后，以其野蛮的武力及其落后的社会制度统治形式，加在中国人民头上，从而也多少改变当时中国社会诸阶段的状况，原来居于统治地位的大地主阶级，除少数抗战派外，基本上依附了新的民族征服者，全国一般地主阶级尤其是江南的地主阶级，在蒙古的无限制的掠夺下，与蒙古统治者之间存在了一定的矛盾。蒙古诸王贵族侵夺土地，垄断商业贸易等都侵害他们的切身利益，他们的政治出路也受到严格的限制，因此他们对于蒙古统治者也表现了不满情绪。全国广大人民在蒙古武力下成为奴隶，大批变为驱口，农民大批沦入农奴地位，在大土地所有制发展下，对他们的超经济强制的影响也进一步加重了，从而全国人民与蒙古统治者的情绪也日益加深，所以在元朝统治下社会阶级的基本情况是：全国除少数大地主投降蒙古，一般地主阶级的一部分人对蒙古统治持一定的对立态度，广大人民则对蒙古统治持反抗及敌对态度，而且时时作反对蒙古统治者的实际斗争。因此，在元朝统治下，阶级斗争和民族斗争都是十分尖锐的。

（一）蒙古统治集团内争夺政权的斗争

1. 统治集团内的斗争

蒙古大汗的地位本系遵从氏族社会末期遗风，由库烈尔台大会推举，但统治集团之间的相互斗争，使这一制度渐渐破坏，窝阔台死，子贵由汗即位，遭到成吉思汗之孙术赤拔都的反对，贵由汗死，成吉思汗幼子托雷之子蒙哥受拔都的支持，经过几次库烈尔台后继位，窝阔台系的蒙古贵族有的被杀，有的被放。蒙古族统治集团内部的纷争加深了。

1257 年蒙哥在攻宋时负伤死去，统治集团内的斗争表面化，诸王中的两大势力：忽必烈与其弟阿里不哥进行了相互斗争，二人各召库烈尔台，宣布自己是蒙古大汗，进行内战。1264 年阿里不哥出降，忽必烈完全得到胜利。1271 年忽必烈宣布改国号为大元，但从此也进一步促成了大蒙古国的分裂，反对忽必烈的诸王叛乱，日趋频繁，但都被平定。

忽必烈即位并没有切实通过库烈尔台手续，而是自封的，库烈尔台成为形式。1273 年立长子为皇太子时，更指明其继承者无需由库烈尔台承认。再加上忽必烈又广泛地平定了诸王的叛乱，至此王权高涨，打击了蒙古贵族的政治势力，蒙古国家渐走向集权制。这种库烈尔台制度由削弱乃至被破坏，是蒙古国家逐渐挣脱氏族制残余在政治上影响的结果，同时也是蒙古国家为了进行对外战争和加强对被征服的人民的统治，而必须加强国家的对内对外职能的结果。

2. 大蒙古国的分裂

大蒙古国是建立在武力征服的不可靠的暴力基础上的，随着历史的发展、统治集团政治分裂是各汗国历史发展不平衡的结果。地跨欧亚二洲的大蒙古国渐趋于分裂，忽必烈名义上还是大蒙古国的大汗，但实际上只是中国及蒙古本土的最高统治者，四大汗中的窝阔台汗国不久为忽必烈攻灭，领土并入察合台汗国，其他三汗国也分裂为各自独立的国。

（二）元朝的建立及其政治机构

1. 忽必烈采用汉制和汉人地主的投靠

成吉思汗、窝阔台相继任用汉化的契丹人耶律楚材，草创了不少统治汉族的制度，忽必烈未即位时，就了解到要统治中国，必须采用中国旧有的统治方法，因此留心罗致儒生，并加优礼，这些儒生替他想了许多办法，元朝制度大体上在忽必烈时代建立起来。蒙古人不强迫汉人改衣冠、剃头打辫，又令吐蕃僧八思巴制蒙古新字，凡四十一字母，成字一千余，颁行全国。新字没入声，影响中国北部语音也没入声。1271年改国号为元，取《易经》"大哉乾元"之意。在征服南宋过程中，汉人地主纷纷投靠，或替其谋划，或充当先锋，使元的征服减少许多阻力，得到许多便利。

2. 迁都燕京

蒙古人筑城，从窝阔台开始，他选定和林为都会，筑四个城门为土城，城内有两条大街，一名回回街，住商贾，一名契丹街，居工匠。东门买卖粮食，西门买卖山羊、绵羊，南门买卖牛及车，北门买卖马匹，规模简陋如此。

忽必烈正式迁都燕京在 1264 年，当时称大都，从初建到现在存 680多年，城周 60 里成四方形，东面与现城墙情况一致。北面出去五里，南面当现长安街，中心是钟鼓楼。元大都城的创建在我国都市建设史上是有极重大的意义的。

第一，它是经过周详的设计而后施工的，在我国历史上先经过设计而后建造的都城并不自北京始，但能够把它的原始计划基本上保留到今天的却只有北京城。关于这一点，就是在全世界各大都市中，我们首都也是独一无二的。

第二，大都的建造不但有一定的计划，而且这计划有一定的历史渊源，这是中国封建社会建筑思想的最高体现，这在中国封建社会初期就有一种企图以城市建筑的形式来具体表现封建统治者的尊严的思想，即所谓

"匠人营国，方九里，旁三门……左祖右社，面朝后市"①，以及把封建帝国的宫殿放在全城最重要的位置上，元大都即在最近似的程度上具体表现了这种古代设计思想的典型。

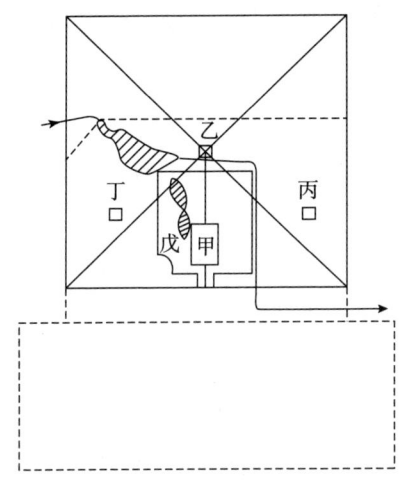

甲：大内（后来的紫禁城）
乙：钟鼓楼（在全城的几何中心）
丙：太庙
丁：社稷坛
戊：萧墙（后来的皇城）

---今城
—元城

由图可知，元代的大致情况，当时市中心是钟鼓楼、日中坊。太庙和社稷坛是明朝迁到紫禁城城南左右的，皇城在中轴线上。

第三，元代对北京城的水源问题也给了极大的重视，因为，作为大都市的北京的最大缺点，就是缺乏水源，这成为军食民需漕运的主要干线大运河，只到通州，要使北京有水，还得改造北京的自然条件。

元朝改建大都城时，选择金中都城东北的一片湖泊作为新城设计的中心，这就是今日北海和中海的前身（南海是后开凿的）。北海和中海的水，最初来自今西直门外的一条水河即高梁河，上通玉泉山。玉泉山水本顺地势流向东北，金中叶才把玉泉水引导到高梁河上源，然后令高梁河水同流入中都城北的运河。元朝改建大都后，这条水道下游入城中，当时因玉泉山水专供宫廷使用，因此不得不另开水源，以济漕运。经过详细考察后，曾把今日北京西部泉水西北的瓮山泊（今昆明湖前身），完全汇集起来，仍经高梁河故道，引入大都内的积水潭（今什刹海前身），并从这里穿过大都城东向直入通州运河。当时水道的开凿、闸坝的修建，工程至为浩

————————————

① 《周礼·考工记下》。

大，工程完成之后，运河粮船可直入积水潭，停泊于积水潭，史书有"舳
舻蔽水"①之称，可见当时变化。

参加这次修建大都的除中国工匠外还有阿拉伯人。这次修建基本上奠
定了今北京城的基础，由此可见劳动人民的智慧及创造与改造自然的伟大
成就。

3. 元朝的统治机构

成吉思汗初起漠北，至有万户管军政，达鲁花赤管民政，窝阔台依耶
律楚材议始立十路征收课税使，忽必烈靠汉人定官制。

元朝的统治机构，一方面沿袭了宋金的政治机构和中国封建主义国家
形式，而另一方面则根据其民族统治需要而有所变更。

（1）中央机构

皇帝之下有中书省，设中书令（常以皇太子兼任），右左丞相②平章
政事，右、左丞，参知政事等官，省中长官实际是右左丞相。省下设参议
府，置参议中书省事官多员，省下有六部，右尚书侍郎，执行右左丞相及
参议府命令，所以元朝中书省权限甚大，既与皇帝参决国政，又可执行命
令。枢密院管军事，设枢密使、副使、知枢密院事等官。御史台管纠察，
设御史大夫、中丞、侍御史等官。这是元朝中央主要政权机构，此外还有
宣政院管宗教，通政院管驿站等。

（2）地方政权

为贯彻中央集权及加强地区统治的企图，元朝把全国划分为11个行
中书省，除腹里（河北、山东、山西）由中央中书省直辖外，其他均由行
省管理。行省设丞相平章政事、右左丞参知政事等官，一省之内钱粮征
收、军政管理、屯田漕运等无不统辖。地方另有行御史台，下有监察区
（与行省区划并不一致）称道，归御史台或行御史台统辖。枢密院有时也
在地方设行枢密院，不作定制。

行省之下有路府州县四级，各级均设达鲁花赤一员，握重权，另于路

---

① 齐履谦《知太史院事部公行状》，载苏天爵：《元文类》卷50。

② 元人尚右。

设总管，府设知府或府尹，州设知州或州尹，县设县尹，处理一般行政。另有万户（府）、千户（路）管军政。

元朝统治机构的一个特征是充分贯彻了民族统治的方针，政府重要职位都必须掌握在蒙古贵族之手。内外官府其长则蒙古人为主，而"汉人、南人贰焉"①，右丞相必用蒙古勋臣，御史台非四姓不授，至于枢密院则事关军机，汉人、南人不许预军机，阅军籍。州设守令，虽许参用汉人，但必置蒙古人充任之达鲁花赤一人以监视之，又合数省后置一宗王镇之，各级官吏更参用各族人，使其互相牵制便于统治。

蒙古政治机构的另一个特征是由于历史条件，此前贵族政治的色彩是浓厚的，但这时官僚政治机构也加强了，表现为：

（1）中央中书、枢密二府对立，并以御史台作皇帝耳目，地方的府由万户与知府分管军民，其上又有中央两特派机关，一是行中书省，一是行御史台。有时还有行枢密院，贯穿了中央集权的精神。

（2）政府把贵族司法权收回。1261 年谕"诸王驸马，凡民间词讼，无得私自断决，皆听朝廷处置"②。

（3）禁止超越中书省奏事，并禁止贵族阻碍中书省处分。年谕"除奉行本管职事外，一应干系军、民、站、金场、银冶、茶、盐、铁户、课程、宝钞、刑名、选法、粮储、造作、差役等事，毋得隔越中书省辄便闻奏"③。1308 年圣旨说："刑名、粮储、造作、军民站赤、差发金银茶盐铁冶诸项课程，并听中书省节制施行，诸王公主驸马不以是何势要人等毋得搅扰沮坏；近侍人员及内外诸衙门勿得隔越辄便奏闻"④。

由此可知贵族渐渐失势，中央集权及官僚政治精神渐浓厚。

4. 利用宗教

蒙古统治者在内外战争中与各种宗教接触，很快懂得保护被征服者的宗教对自己非常有利，因此保护一切宗教成为蒙古传统政策。忽必烈认为

① 《元史》卷 85《百官志一·序》。

② 《元史》卷 4《世祖纪一》。

③ 《元典章·圣政》卷 1《振朝纲》。

④ 《元典章·圣政》卷 1《振朝纲》。

全世界崇奉的预言人有四，基督、莫哈默德、摩西、释迦牟尼，他一体崇奉。

在征服吐蕃之后，利用当地盛行的喇嘛教来统治吐蕃人。尊大喇嘛八思巴为国师之后，喇嘛权势力更大。当时道教徒称先生，封龙虎山张道陵36代孙张宗演为天师，基督教徒称也里可温，回教徒称答失蛮，佛教徒称和尚。他们都享有免赋免役及种种特权。

（三）蒙古统治者的民族政策

1.民族等级的划分及待遇上的不平等

蒙古统治人口之多、以汉族为首的具有高度反抗侵略斗争传统的中国是极端困难的，而且全国绝大多数人是反对其统治的。蒙古统治者最恐惧的是被征服被统治的人民内部团结，一致反元，为了达到破坏被统治者内部团结和加强其统治力量的目的，就必须：①隔离和挑拨被统治者内部的关系；②找寻自己统治的支持者以增强阵营。在这种要求下，蒙古统治者把社会等级区分为蒙古、色目、汉人、南人四种，这种区别，既是民族的又是阶级的。

蒙古：官贵；

色目：西域或中亚人，被当作蒙古统治者的助手和支持者，属于当时统治集团之内；

汉人：包括原金统治下的汉族及契丹、高丽、女真、渤海等族；

南人：原南宋统治下反抗元朝最激烈的一部分汉族。

汉人、南人基本上都是汉族，但被分为二等级，目的是分裂汉族团结，达到削弱其反抗力量的目的。

各族之间待遇是极不平等的，除了任官之外，重要的还有如下一些：

法律：一方面保障奴隶及封建主的利益，如：奴婢逃，杖七十七；奴詈殴主因而主殴奴者免罪；无故杀奴杖八十七，醉杀减罪一等。良人因斗殴杀人奴杖一百七，罚银五十两，地主殴死佃客同。另外一方面，法律中各族差别待遇也极明显。如，蒙古人与汉人争殴，汉人不许还手，打死汉人,罚令出征,并征烧埋银;蒙古人犯罪,由宗人府处断,畏兀儿及回回人由专门机构审理。汉人词讼则由刑部。汉人犯盗窃罪要刺字,蒙古及色目人可不刺。蒙古人犯罪,入监要供应茶饭,不许拷打。可是汉人入狱连囚粮也要亲属供给。法律的阶级的与民族的特征是十分明显的。

科举:蒙古多用本族人及色目人,排斥汉人南人,分润做官利益,虽汉官屡次请开科取士,总被阻止。1315 年始行科举,蒙古色目、汉人南人分场考试,后者严前者宽。分左右两榜发榜,进士授官时蒙古人比色目人高一级,色目人比汉人南人又高一级。自 1315 年至亡国,仅行七次,每次最多 100 人,少则 50 人,汉人、南人想从科举做官十分困难。

2. 军队的驻防制

忽必烈时改革蒙古军制,兵种主要有蒙古人组成的蒙古军,色目人组成的探马赤军,中原汉人征发而成的汉军,及整编南宋降兵及征发江南人而成的新附军。蒙古征服中原以后,令蒙古军留驻河洛、山东、江淮一带,与民杂耕混处,以镇压人民。1285 年时,大江南北共 18 万人。汉军及探马赤军则驻在江淮以南,也是错居民间。一方面加强对各地的军事镇压,一方面也实行种种措施来削弱人民的反抗力量。元朝统治者一再禁止民间私藏武器,并多次下令没收民间武器。违者情节重者处死,甚至连围猎练武也被禁止。同时又大量拘收马匹,色目人有马者收 2/3,汉民的则完全入官。从 1286 到 1328 年,至少拘刷马匹 11 次,总收马超过 70 万匹,还不许用马拉车、推磨及耕田,民间车船也常被大量征发。目的在于剥夺人民反元斗争武装,但结果严重破坏民间生产,同时对人民集会结社,严厉禁止,江南地区并实行夜间戒严制度,甚至不许人民夜间点灯。

3. 站赤与急递铺

由于疆域辽阔,所以设站赤(驿站)作为传递消息的机构,最初为各封建地主下的民户的义务,出交通工具及人力、粮食,后来则有专门的驿站,称陆站、水站、牛站、狗站、马站、骄站、步站等,多以其交通方法不同为名。各站赤长官,皆以蒙古人充之,下辖有站户,以供备一切,或供应往来使臣、贵族住宿、吃饭、交通工具、需献的财物;或出人力运送官物或传递文书。后来,站户强迫当地人民充任的,忽必烈时北方多至二万五千四百余人，他们生活是很痛苦的，他们往往因赔偿马匹草料而被迫卖家产。

忽必烈时又立急递铺，其制为随处设传递、铺、驿，每铺置铺丁五人，专司传递紧急文书，一昼夜行四百里。铺丁腰带悬铃，闻铃声沿途车马皆让路，辗转传递速度极快，当时有二万余处。

站赤及急递铺的设立便利了元各部的联系及交通，但也增加了人民的痛苦。

4. 疃社的编制

蒙古统治者为了更严密地统治人民，一方面沿袭宋金的保甲制度，在县的辖境内，每二十家编为一甲，以蒙古人为甲主，监视居民活动。而且简直就由居民供养，并且凌辱妇女。另一方面，也设各县所属村疃，每五十家组成一社，立有社长，监督农民生产，输纳贡赋，社内设义仓学校，一家遇疾病凶丧，他家全力助耕。一社遇灾病，他社合力助耕。社民游手好闲，不遵父兄教训，社长得严罚充夫役。这种疃社组织，犹古农村公社遗风，但蒙古探马赤军一体入社，显然立法之意在监视汉族农民。

保甲及疃社组织都是元朝用以直接统治人民的工具，保甲组织主要监视人民的政治活动以及日常生活，疃社组织主要监视人民生产，保持税收，使人民从生产劳动到政治生活都在元朝的严厉监视之下进行，以保证其统治的稳固。

5. 元朝统治者的对外扩张

在元朝统治者灭宋的过程中及以后，曾进行了一系列的扩张，重要的如下：

征服云南：1252 年征服大理，之后又攻略其他各地，云南遂入中国的版图。

交趾：1257—1281 年，大军打到交趾，之后交趾投降。

缅国：1282—1287 年，缅国入贡。

占城：1284 年，占城入贡。

爪哇：1286 年，招降南洋各国入贡贸易，爪哇反对。1292 年，攻爪哇，明年爪哇降。

高丽：攻高丽，高丽投降，之后经过多次大战，1270 年后完全被蒙古统治。

日本：1269 年备战，1274 年与高丽合兵攻日本，遇风大败。1279 年，再次攻日本，共 22 万人，仍因遇风大败。此后因国内农民起义频繁，遂放弃对日本的进攻。

战争的结果给人民带来可怕的灾害，百姓迫于转输，服役繁重，因而元朝的对外战争又促使了国内矛盾日益尖锐。

第二节　元朝的经济

蒙古族征服中国之后，由于其氏族制残余及奴隶制色彩，把游牧族的生产特质一齐加在中国封建制之上，这种落后的生产方式严重地阻碍了中国社会生产的发展，使两宋以来高度发展的封建经济遭到破坏，呈现衰敝状态。

（一）农业生产的破坏

1. 大量人口的死亡

当蒙古军进攻城市、掠夺土地时，如遇有反抗，则视为“抗命”，城破之后，即进行残酷的屠城，中国人民，特别是北方人民，被屠杀的不知有多少。史载“两河山东数千里人民杀戮几尽”[1]。蒙古军攻南宋时，虽屠城的事较少，但伯颜灭宋，也曾屠城二百。大量屠杀，加上天灾，使人口大量减少，史载：

1207 年（金章宗泰和七年）户 868 万余，口 4581 万余；

蒙古灭金后所得户 87 万余，口 475 万余。

几乎减少 9/10，这里包括了逃亡及贵族地主隐匿之户口，但人口大量减少，却是事实。南方的人口也减少了 1/4：

---

[1]　《建炎以来朝野杂记》乙集卷 19《边防二》引《鞑靼款塞》。

1218 年（宋宁宗嘉定十一年）户 1360 万。

元灭南宋后得户 930 万。

对人民的残酷屠杀严重破坏了社会生产力。

2. 掠夺土地

蒙古族原来的经济生活是牧畜，所以他们最初占据北方之后，不重视耕种土地，曾经建议把汉人农田圈作牧场，把种地农民都赶走。尽管这个荒谬的建议没有全部实行，但蒙古王公大臣在华北、西北圈占牧场仍然很不少，而凡和这些游牧临近的土地，莫不巧取豪夺，甚至安西王（领地在今陕西）围人恃势，冒夺民田十万余顷以为牧场，这就严重地破坏了北方经济。

后来由于蒙古贵族受了中国封建制度的影响，懂得了经营农业的好处，同时也懂得把土地租给佃农，可以榨取更多的利益，因此他们除了把农田变为牧场外，还没收了金和南宋的全部官田，并大肆收夺因人民被屠杀、俘虏或逃亡而遗留下来的"荒地"和侵占现有的民田，而把原有农民当作佃户，官田一律分归朝廷管理。多为屯田，有军屯及民屯，根据不完全统计为 17 万 2 千顷。明初，平江收秋粮 274 万石，其中民田粮仅 15 万石，当时官田未必这样多，但民田远比官田少却是事实。大部分赐给蒙古贵族、大臣。凡蒙古诸王、后妃、公主均有所谓采邑封地。有的分地广达 3000 里，有的分地佃户数达 18.4 万。据不完全统计，全国分地佃户数 280 万，占全国户数 1/5。所赐给大臣的田多的竟达 5000 顷。赐给伯颜（贵族）的田达一万顷。另外还有大量的田被赐予寺院。前后两次赐予大承天护圣寺的山东地十六万五千余顷。大护国仁王寺有水陆田地十万多顷，佃户三万七千。延祐间（1314—1320 年），大地主和尚沈明仁竟拥有僧徒十万人，这些僧徒大部分是佃农性质。以致当时有人说天下十分之九的人是僧道，只十分之一是农民。与此同时，元代汉族地主也借投靠元统治者的机会大肆兼并土地。北方投靠元的大地主往往可世袭官职，因而借机兼并土地。南方大地主在南宋灭亡时经济地位没有受到大的损害，再加上元政府更以江南官田大量赏赐寺观及大臣，因而也形成土地高度集中现象。江西大地主有的每年可收租二三十万石，占佃户二三千户，甚至多至万户。杭州等地寺院竟占有僧徒五十万。

与此相反，农民则多数沦为奴隶、驱户或佃户，没有或只有很少土地，以浙江绍兴府为例，佃户一家最多种还不到十亩地，一般只能种两亩，还有许多户只种一亩。《两浙金石志》载，福建崇安应纳官粮六千石，其中五千石官粮的土地归五十余大家所有，千石官粮土地归庶民四百余家所有，五十大家应出徭役，官府摊给四百余家负担。因此农民继续破产，土地继续集中，崇安如此，他处可类推。因此，元代土地集中程度更甚于南宋。

3. 人民沦为奴隶或驱户

蒙古统治者在灭金灭南宋战争中，除攻城掠地大量屠杀外，更掠夺人口，作为奴婢，称为驱口。所生子孙永为奴婢。蒙古、色目、汉人官吏也多强占民户。上都（多伦）、大都设马市、牛市、羊市、人市，人畜同样买卖。江南贩卖人口更盛。主人怕驱口奴隶逃走，或使饮哑药，或用火烙足，驱役同禽兽。奴隶与驱户在法律上待遇同等，实际区别是在军前俘获称奴，掠卖人口称驱。驱得自立门户，但不得自由迁徙。驱丁对国家每年纳丁税粟一石，对主人负耕田、供役纳供赋，代主人服兵役等义务。无论出舍不出舍（别居），驱本人及子孙身体永远为主人所有，只有主人提不出实证，驱又充当军诏工匠等差役，才得免除隶属关系。这种驱实际上是一种类似奴隶的农奴。元代奴隶及驱户在人口中占有相当大的比例。大将阿里海牙破湖南，没降民 3800 家为奴。14 世纪初，江南官僚地主强占民户为奴的，动辄数百千家，有多到万家的。

幸未成为奴隶或驱的北方农民生活也很悲惨。他们比南方农民更痛苦，赋税更多，剥削更重。收的庄稼常被牧马践踏，有的索性被占为牧场。马与耕牛常被刮刷。因此北方农民成群逃往南方。仅 1283 年一次逃移的农户就有 15 万户。

南方农民也不比北方更好，江南佃户按规矩和田主对半分成或四六分成。每年租税高达三石。赶上灾荒或青黄不接，向地主借钱。到秋收时往往交租之外剩余粮食还不够还债，只好卖身或逃走。有一等佃户缴纳高额地租，还要承担地主家的杂泛差役，买不起农具肥料，地里收成少了就被夺佃。收成若加多地主就要加租。有的地方佃户生男供田主奴役，生女作田主婢妾，甚至计口立契，随田地买卖，成为农奴。元代法律，佃户与驱丁地位相同。

在这种情况下，农业生产的发展受到十分严重的阻碍。

4. 繁重的赋税与徭役

（1）赋税

蒙古贵族从接受耶律楚材的建议之后才懂得用收税的方法来榨取人民的血汗。

正赋：北方实行"丁税""地税"制度，纳丁税的不纳地税，反之亦然。丁税每亩三升。一户之中，若丁税多则不纳地税，地税多则不纳丁税。

在江南则实行秋税及夏税法，秋税每亩以一石为准，折钱三贯至一贯七百不等。夏税则纳木棉、布绢、丝锦等物（得用钱代替）。

正赋之外，别有科差，也就是差役税，分丝料、包银、俸钞三种。普通民户每年纳丝一斤六两四钱，包银四两（州县征收，往往加收数倍到十倍），俸钞一两。僧道儒军户免纳。江南豪富之家很多仗势逃避役税，把它摊派给贫户，自己得免，这就加重了贫民的负担。其他，金、银、珠、铜、玉、铁、硝、碱、竹木、盐、茶、酒、醋等都要课税。全国总收入盐利居 8/10，可见政府在食盐方面剥削人民的残酷。常课、额外课等竟有三十多种，甚至连买一本日历也要上税。

元代也有宋的和买制度，实际上和买就是强买。老百姓没有什么，官府就要买什么，价钱由政府定。这样也就大大地增加了人民负担。

（2）徭役

元代徭役制度，也极其苛刻，尤以北方最甚。如普遍施行于北方的和雇制度，实质就是强雇，强迫人民为蒙古贵族从事无偿劳动，如搬运东西、造船、修城、开河等等。如果哪家不出人力，就要按户分摊银两。一般人户再加军役负担，是无路可走的。所以住在淮河流域以及更北的河南、河北等地农民都成千上万地逃到南方。逃跑原因，不是为了其他，而十之八九是为了逃避徭役。这充分说明北方劳役剥削比南方更重。

蒙古贵族还强迫人民到驿站应差。贵族、官吏经过驿站，当地人民要负担车船马轿，请他喝酒吃饭，还要向他献纳若干金银财物。

5. 贵族商人高利贷剥削

日益贫困的人民为了维持最低限度的生活，不得不忍受残酷的高利贷剥削。元朝统治者自皇帝以至朝廷大臣都经营高利贷，称为"羊羔儿息"或"斡脱钱"。这种复利贷一年本利相等。如一锭本钱到年底为二锭，第二年底为四锭，到了十年以后本利可达一千零二十四锭，好像母羊下小羊，隔一年小羊又成母羊，故称之为"羊羔儿息"。1271 年更设立官立斡脱所，专管官营放贷和追征利息等事。同时江南富豪也多举放高利贷，其荼毒亦不下蒙古贵族。贫民若无法清偿，往往将妻女作为奴婢抵债，自己也不免沦为驱丁。

在这种残酷的剥削之下，农民生活陷入十分悲惨的境地。

（二）手工业、商业和交通

1. 手工业

蒙古入主中原之后，农业既惨遭破坏，手工业也被蒙古贵族，首先是中央政府所垄断。一方面集中全国工匠生产兵器和为少数贵族生产消费品。另一方面大批手工业者被俘，沦为工奴，这不但使手工业者丧失其劳动兴趣，也阻碍了民间手工业的发达。所以在蒙古贵族及色目人垄断下的手工业，主要也就成为官营手工业，专为统治者生产武器和消费品，虽然在技术或规模上有一定的进步或扩大，但对国民经济的发展却起了垄断或阻碍的作用。

蒙古政府十分重视官营手工业，管理机构比宋更多，有工部、将作院、大都留守司、武备寺、徽政院等等单位所属。仅至 1279 年（至元十六年）时的造作局院就有七十余所，名目有玉局、金局等等。有的局院是有分工分业的手工工坊，如染织业有打络、变染、织造等部。但有的就只是一些同类小作坊的总合体。结果一局造不出一件完整的工艺品来，例如为装饰一件皇帝像，需木局造紫檀木轴杆，打钑银局造银环，等等。分工既太细，只好多局合作。

关于作坊内的匠人身份，有人主张主要是奴隶，但实际上是封建关系下的匠户，他们人数很多，因蒙古政府在攻城时，独不杀工匠。工匠被俘，一部分分给贵族，大部分分归皇帝所有。在统一中国的过程中，曾几次大规模搜到工匠，每次多则七十万户，少也有二三十万户，此外有籍、拨、抽、收等方式来招集匠户。这些匠户许多是冒籍的，经过拣选，大约经常有三十万户，四十万人左右（一部分是全家入局）。

这些匠户，有三种类型：一是系官人匠，他们在官局工作，物料自官库支领，或领支物料钱，由官局或匠人自行采购。二是军匠，他们的户籍在军籍中，战时是工兵，平时或许设局为军人造军器。三是民匠，他们可以自由地造作买卖，有时也有定额的课税，有时官府也差遣他们，依例给他们口粮工价。他们与官局人匠不同的地方是他们只是临时雇佣，临时得支口粮工价。而官局人匠，则终年关支口粮。前二者，即官营手工业工匠。

这种官营手工业工匠的地位与一般平民不同，他们另有户籍，有专门机构管理（包括词讼），他们可免去重役，且例支口粮、衣装、钞、盐。工匠粮米最多每月四斗，最少每月二斗三升，一般是每日一升。有时有盐，月半斤，有白麦面，月十五斤，有钞，月一两五钱。衣分冬夏二季，食粮支法或按季或半年一次。养活一人尚可，养活一家就十分困难。匠户迁徙，或给行囊。有疾病或因公致死可支抚恤费，家属子女得支公粮。另外，他们是世袭的，系官匠户，除须为官营作坊工作外，也可以自己耕种土地，及用剩余时间从事一些私人订货，不需要他们或技术不好时，则放为民。

由是可知，官营手工业中匠户与元朝政府是封建依附关系，受的是封建剥削，有一定的自己的经济及人身自由。因此，他们不是奴隶，当然也不是雇佣的工匠。但在官营作坊中，也使用囚犯及官奴婢，他们地位近于奴隶，但比重不大。

这些官营手工业中的工匠常被贵族影射（私占）为自己生产牟利。

这种匠户的编制，一方面使工匠丧失了劳动兴趣，大大地损害了他们的创造性与积极性。另一方面，阻碍了民间手工业自由经营，也就阻碍了手工业的发展。可见元朝手工业中的生产关系，较之宋代以雇佣工匠为主的生产关系，是一种严重的倒退。

但尽管如此，历史的发展终究不能阻遏，元代私营手工业仍较前代有进一步发展。

一方面，政府对许多官监民营手工业的管理进一步松弛。矿冶业中抽分制进一步发展。1323 年，许上都、灵州等地金银冶，听民采炼，以十分之一输官。1317 年，霍邱豹子崖银洞以生产品 3/10 输官。此外，各路铁冶，由百姓自备工本，二八抽分。但行未久，因纳官之数不实而废。

另一方面，私营手工业中资本主义萌芽更多出现。据前引《马可波罗行纪》中记载杭州情况已可知。前此出现的机户已开始分化，其中一部分或为手工业资本家，一部分成为工匠劳动者。14 世纪中叶，杭州被方国珍占据后，资本主义工坊主徐一夔的《织工对》中得到极好的描写。他记杭州相安里丝织业作坊，在一所朽旧衰老的住宅中，十多个工资劳动者在机户主人的压迫之下[1]，为自己及家人的生活在内劳动到深更，累得面黄肌瘦，"苍然无神色"。由此可知手工业主人对工人的剥削是如何的残酷。同一文章中，也反映技艺高明的熟练织工还有选择其他资本家"倍其值而佣之"[2]的自由。由此可以看到马克思所说的"生产者从封建义务和行会束缚解放出来的运动"[3]的现象存在。

在手工业技术层面，这时最大的发展是棉纺业。元初流落在崖州的黄道婆回到故乡松江带回海南岛人民纺织棉花的工具，即擀（铁杖，擀尽棉籽）、弹花弓、纺车及织机，并由碾棉子、弹花、纺花，到织布立下一个系统化的手续，使人有所遵循。

王祯《农书》(1313 年)中的记载更详，大概是就黄道婆的技术加以发展，有搅车（踏车、轧车）以去棉籽，有更强有力的弹弓，有卷棉的卷筵，纺车，绕线的拨车，分络棉线的軒车（缫丝车）及绕线线架，后来又在弹弓上加椎子，使弹花更为利便。

这样，棉织业在长江下游大大发展起来。

[1] 徐一夔：《始丰稿》卷 1 《织工对》。

[2] 徐一夔：《始丰稿》卷 1 《织工对》。

[3] 马克思：《资本论》第 1 卷，人民出版社 1953 年版，第 904 页。

2. 城市和商业

元代由于疆域辽阔，交通方便，国内外贸易呈现一时繁荣，城市商业发达，如汗八里城（大都），每日入城之丝即达千车（每车 500 多斤，每日入城的丝平均有 50 万公斤，一年共 18 万吨）。南方的杭州城中，有大市十所，每周有三日为市集之日，交易者达四五万人，每日食胡椒即达 44 担（每担 220 磅）。当时城市中许多食品并非中国所生产，而经由外国运来贩卖的，如河西米、回回豆子、阿剌苦酒等等，但是商业却多由蒙古贵族，特别是色目人垄断。色目人佩金符，乘驿马，不当差役，来往欧洲及中国，受到元朝政府的保护。他们且凭借特权侵占到一般商贾的利益，获得高额利润，而民间正常的商业因此受到破坏。

3. 运河和海运

元代交通十分发达，除驿站外，重要运输水路就是运河。元朝建都北京，财政收入仰仗东南各省，漕运问题十分严重。旧日南北大运河由于宋金对峙，遭到严重破坏，仅保留山东东平到河北临清一段。1289 年，元朝为漕运江南粮食开凿会通河，由须城安山至临清全长 250 里，根据地势建闸引水，以节蓄洩，用工 250 余万，但这时漕运仅达北京附近，还需改陆路。1291 年，郭守敬议开通惠河，长 164 里，建闸 20 座，引西山诸水入运河，漕运乃可直抵大都城内。这样纵贯南北，从大都到杭州的大运河告成了。

但当时河运量小，运费大，故元代南方粮食多从海运。1282 年开始，每年续有增加，从 1282 年的 4 万 6 千石到 1329 年的 352 万余石。海运重要性已超过漕运。

另外，元代国际贸易也十分发达，仍以泉州为中心。当时海上商船以中国船最大，大者可载千人，甲板四层，桅杆二十，有风扬帆，无风摇橹。大橹多至二十，每橹需水手二三十人操作。但这种规模巨大的国际贸易也掌握在蒙古贵族和色目商人手中，成为他们吸食人民财富的工具。

4. 钞法

元统治者为支付庞大的军费及财政开支，为了夺取现货金银，输往海外换取奢侈品，进一步搜刮人民血汗，乃行纸币政策——钞法。1260 年，发行中统钞，分"以丝为本"的交钞及"每贯同交钞一两，两贯准银一两"的中统元宝钞，后因币值下跌，1287年又发行"至元通行宝钞"。元代钞币流通很广，对当时交通贸易在客观上起了促进作用，但元朝统治者发行纸币的主观目的却是借此搜刮人民。因此钞币发行结果进一步使全国人民受到更严重的剥削，同时也造成元朝国内经济恐慌与财政混乱。

第三节 元末农民战争

(一) 元朝统治集团的内部矛盾与腐化及阶级矛盾的尖锐

1. 元朝统治者集团的内部矛盾与腐化

蒙古统治集团的内部矛盾和腐化为元朝自己掘下了坟墓。

从元世祖破坏库烈尔台制度，采取汉人封建制度之嫡长子为皇太子后，帝位继承的争夺造成统治阶级上层矛盾的深化。军人贵族利用武力互相残杀，宫廷政变不到四五年就大爆发一次，从1328—1333年五年间换了六个皇帝。政局变化极快，统治阶级的基础就进一步更加削弱了。

一面是统治阶级内部的争权夺利自相残杀，一面是统治阶级的荒淫无耻，堕落腐化。

经济财政方面，灭宋之后，元朝统治者为了积累更多的财富，发动了长期的海外扩张战争，军费负担天天扩大，财政困难，只好雇用一批刮钱能手的商人作大臣，专门搜刮财富，增加赋税，卖官鬻爵剥削人民，造成贪污腐化的政治风气。

军费之外，还有对诸王贵族的定期巨额赏赐、额外赏赐、朝会赏赐。由于成吉思汗子孙遍布欧亚两洲，凡有赏赐，均能摊到。所以这笔开支是无法计算的，仅1311年的额外赏赐即达钞300余万锭(锭50两)。这种不同名目的赏赐，实质上都是为了争取诸王贵族的支持所付出的费用。此外还有供养僧侣的大批费用。因为要利用佛教麻醉人民和怀柔西域，元朝历代都崇奉佛教，历代皇帝在即位前都先受佛戒，尊番僧为国师，穷极供奉内廷做佛事，一年多至五百余次。各寺作佛事，有的每天用羊万头。据1310年统计，国家经费用在寺院的竟占2/3。1311年，岁出钞2000万锭，岁入只400万锭。上缴京师的只280万锭，只好用豫（预）卖盐引加税加赋，甚至动支钞本等办法来弥补。元代钞法原有极好制度，发行有定额，可以随时兑现和物价有一定比例通行全国，信誉极好。到了财政无办法，支用完钞本，变成不兑现纸币，加上无限制发行，币值大跌，物价极高，民间只好物物交换。国家财政和国民经济遂陷于崩溃。

在政治方面，从武宗以来，用人不问才力，只要得到皇帝欢心，都可做大官。诸王贵族随便杀人，随便骂人，也可作官。地方豪民犯法该杀，只要买通帝师国师，就可以得到皇帝特赦。后来索性卖官鬻爵，贿赂公行，尤其是蒙古色目官吏，本不知廉耻，向人讨钱各有名目。下属来拜见有"拜见钱"，无事白要叫"撒花钱"，逢节要"节钱"，过生日要"生日钱"，管事要"常例钱"，送迎有"人情钱"等等。除得州美说是"好地分"，补得职近说是"好窠窟"。肃政廉访司官巡查州县，各带库子，桧钞秤银，争多论少，和做买卖一般。大官吃小官，小官吃百姓。民间有诗嘲官道："解贼一金并一鼓，迎官两鼓一声锣。金鼓看来都一样，官人与贼不争多。"[1]温州台州一带老百姓，给官府剥削苦了，在村边竖起旗子，上面写着："天高皇帝远，民少相公多。一日三遍打，不反待如何！"[2]

军队从平宋之后，驻防在内地繁华都市，日子久了，生活腐化，忘记了怎样打仗，也不愿打仗了。军官们大都是世袭贵族子弟，懂吃、懂喝、懂玩，会发脾气、会克扣军粮、会奴役虐待兵士，更会抢劫百姓，就是不会打仗。蒙古初起时的强悍军队，这时完全变质。

除此之外，元末各地灾荒也极其严重，有的灾荒，饥民多至数十万户，元朝所采取的赈灾的各种措施，不仅不能收效，只是便利了大批官吏

---

① 编者补注：叶子奇：《草木子》卷4《谈薮篇》。

② 编者补注：孙承泽：《春明梦余录》卷34《升除》。

贪污中饱。

在蒙古统治者的残酷压迫下，不仅农民，工匠奴婢等与蒙古统治者形成极尖锐的矛盾。而且中小地主、中小工商业者等由于蒙古、色目人经济上的掠夺与政治上的压迫，而与蒙古统治者及汉族大地主大官僚有一定矛盾。这种矛盾随元朝统治者进一步腐朽及全国反元形势日益成熟而日趋尖锐起来，他们和农民等虽有阶级矛盾，但在反元这一点上可以结合。这种社会各阶层的反元联盟的形成与民族矛盾的增长，一方面扩大了反元的阶级基础，增加了斗争力量，一方面更使元陷于孤立，走向灭亡。

2. 南宋灭亡后人民的不断起义

在南宋灭亡之后，人民始终没有放弃斗争。尽管元朝统治者防范十分严密，但人民仍是此伏彼起爆发起义。特别是元朝征服较晚的江南地区，斗争更为激烈。1283 年，征日本之后，由于拘刷水手兴造海船，引起暴动 200 余起。1289 年，"江南盗贼凡四百余处"①。此后江南的反抗也没有停止过，其有名姓地区可考的，仅据《元史》所载，即有 113 处，其中较大的汀、漳民军领袖陈吊眼领导的汉族及畲族人民起义，多达十万人，连五十余寨。至元朝末年，北方地区也是义军纵横。甚至连北京及其附近的通州，也都"强贼"四起。这些起义或系响应抗元宋军，或系以赵宋旗帜相号召，此起彼伏，声势十分浩大。此外，其他各少数民族也纷纷起义。湖南广西的瑶族、西北的西番、东北辽阳吾者野人（东北少数族）及水达达（亦作水鞑靼）等也都不断起义。起因虽不完全相同，但目标都是为解除阶级的和民族的压迫。汉人南人虽同样被奴役，但元朝的主要的强大的军事力量，用在控制以大都为中心的腹里地区，保护根本。江南地区的军事控制力量是比较薄弱的，这样南人的武装反抗就可能一次接一次爆发，到了北方汉人也揭竿起义的时候，腹里地区"盗贼"四起的时候，这是元朝腹里地区军事力量失去控制的信号，全面起义的条件成熟了。

---

① 《元史》卷 15 《世祖纪十二》。

（二）以红巾军为首的反元大起义

1. 反元的秘密组织

元末人民反元大起义的组织者是白莲教、弥勒教。

白莲教的产生，最早是在南宋初期苏州地方。最早是佛教的一支，以高德沙门为中心的念佛忏悔专修的道俗净业团体。僧侣能有妻室，吃素，有一定的教义①及仪式，后来被禁，但仍传播。但在南宋时期记载却不多。到元朝时白莲教大盛，14 世纪的白莲教已是一种把摩尼教、弥勒教、佛教、道教以及在广大人民群众中起影响作用的宗教汇合在一起的混合宗教。其中最重要的是二个：一是摩尼教。白莲教吸收了摩尼教的二宗三际之说，明宗一定战胜暗宗的教义，作为自己斗争纲领的一部分。一是弥勒教。弥勒教属于佛教净土宗，教义是认为几时弥勒佛降生，世界就会变好。"谷食丰贱，人民炽盛，……时气和适，四时顺节，……人心平均，皆同一意"②，"所营农稼，一种七获，自然成实，不须耕耨"③。这在当时自然是空想，可是这种美好远景却给当时被压迫被剥削的广大人民以莫大鼓舞作用。弥勒教多流行在北方地区，曾多次以此组织群众起义。白莲教吸收了"弥勒下凡"的口号，以号召群众斗争，说明白莲教也吸收了弥勒教的大部分教义。

白莲教在元代是以南方的摩尼，北方的弥勒等教的联合形式出现的。弥勒教也常被称为白莲教。

白莲教在元朝时是受压迫的，由于他不禁娶妻，按元朝规定，不能有免役免税特权，并且多次被禁(只在 1313—1322 年一度受到照顾)，因此，凡当时被压迫的宗教莫不团结在白莲教内，大部分被压迫人民也多团结在白莲教周围，酝酿反元起义。

2. 红巾军起义

元顺帝时期，民族矛盾更形尖锐，由于汉人不断起义，丞相伯颜甚

---

① 如主念佛五声（非十声）之类。

② 《弥勒下生经》。

③ 《大阿罗汉难提密多罗所说法住记》。

至要杀掉全国张王刘李赵五姓汉人南人等等。起义已迫在眉睫。1351 年，全国农民大起义首先爆发在淮水流域。从金人入主中原以来，这带地方就是抗金根据地，红袄军的基地正在这里，有良好的革命传统，又有秘密结社组织，起义条件是很好的。这带地区是南宋以来白莲教盛行地区，在元末又是连年灾荒，特别是1343年到1344年黄河连年决口，大水延续五年，人民受到极大损失，更使人民痛苦。

1351 年，为了疏通漕运，元派贾鲁治河，集合十几万民工。由于民夫工食费多为官吏克扣，劳役又极繁重，因此普遍引起骚动，白莲教首领韩山童早就准备起事，这时就暗地凿了一个一只眼的石人埋在河道当挖处，又叫人四处散布童谣说："石人一只眼，挑动黄河天下反。"又派几百徒众去当挑河夫，宣传天下将要大乱，弥勒佛已经降生。不过几天工夫，河南、江淮一带农民全部骚动起来。果然，挖土到黄陵岗，掘出一眼石人，几万河夫水泄不通，人人念佛，大家心里明白，起义的时候到了。

刘福通聚集三千人在白鹿庄宣布起义，宣称韩山童是宋徽宗八世孙，当为中国主，宣称刘福通是南宋大将刘光世的后人，该辅佐旧主起义，恢复天下。大家齐心推奉山童为明王，克日起兵。四处派人通知，准备同时发动，以头裹红巾为号。不料，消息走漏，被永年县官派人包围，韩山童被杀，刘福通逃到颖州（今安徽阜阳），山童妻刘氏带儿子林儿逃到河北武安山中。

刘福通在颖州重整队伍，出敌不意攻占颖州，进军河南，攻占罗山、上蔡、真阳等地区。分兵取舞阳、叶县等处。黄陵岗的挑夫得到信号，也杀掉监工的河工，进行起义。不到十天，部队就发展到五六万人，他们占领元朝米仓朱皋（今河南固始）开仓散米。很快地又发展到十万人。并且得到各地红巾军的响应。

当时在南方白莲教起义的组织者是彭莹玉，又称彭和尚。在湖北、淮西一带传教。过去就曾在江西组织过起义，这时就在湖北蕲、寿、黄州一带掀起起义，也称红巾，推布贩出身的徐寿辉为首领，彭莹玉为军师，攻占湖北、江西诸州县。徐寿辉遂在湖北蕲水称帝，国号天完。

这时各地重要的红巾军有如下几支：

东系	刘福通、杜遵道	皖西豫东
	芝麻李	皖北苏北
西系	徐寿辉	鄂东赣北
	布王三	汉水流域
	孟海马	汉水下游

大家响应韩山童号召，前后不过几月，东到淮水流域，西到汉水流域，都插满了红旗，像腰斩似的把元切成了两段，使元朝失去了搜刮财富的主要地区——东南。

除了红巾军系统之外，尚有其他各支起义队伍：

郭子兴　1352 年　土豪　也入白莲教受杜遵道号令　濠州（今安徽凤阳）

张士诚　1352 年　盐贩　在吴县称王　国号周

方国珍　1348 年　渔夫　浙江沿海

各处起义军，特别是红巾军，到处攻占城池，开仓库，救济穷人，建立政权，严守教规，不杀平民，不奸淫，不抢劫，大得人民拥护，当时民间流传一首歌谣：

天遣魔军杀不平（不公平人）

不平人（不公平人）杀不平人（被压迫人）

不平人（被压迫人）杀不平者（不公平人）

杀尽不平（不公平人）方太平。①

反元大起义开始后的全国形势显然对元不利。粮道断绝后，大都已经发生饥馑，镇压起义的兵力异常不足，统治阶级内部纷争不已，而全国性的起义仍在继续扩大。但元朝还在努力作进一步挣扎。

在反元大起义开始后，元朝首先部署了一部分军队进攻各地起义军。如遣丞相脱脱镇压徐州芝麻李起义，攻破徐州，进行大屠杀，又遣军分攻张士诚、刘福通、徐寿辉等起义军，但却遭到大败，同时纪律极坏。据元人自己说，当时元兵情况是："将帅无不贪暴怯懦，纪律丧尽，战败报

---

① 陶宗仪：《南村辍耕录》卷 27《扶箕诗》。

功，军溃求赏，经过地方，虏劫人财，鸡犬一空，探闻民军在南，急引兵向北；民军到西，急引兵向东。不幸遭遇民军，急飞奔溃逃，恢复城邑，悉成荒墟，河南全省三千余里，仅存封邱延津登封偃师等四三县。两淮南北、大河内外（北南），燕、赵、齐、鲁旧境，一望荒凉，人烟断绝，关陕地区，保全无几。"① 这倒迫使更多的人民参加反元起义。

其次，元朝为挽救军事败退危机，1355 年下令"听富民愿出丁壮义兵五千名者为万户，五百名者为千户，一百名者为百户"②，企图组织各地豪强地主帮助元朝镇压起义。

最后，为了解决漕运不通问题，在汴梁设都水庸田使司，进行屯垦，并招降方国珍，命为海道运粮万户，海运粮食接济大都。

但是这些措施却已无补大局。长江以南，元军据点已被分割，逐渐被消灭。组织地主武装参加作战也不能挽回元朝的军事颓势。自从元朝吸取东南财赋的道路被割断之后，财政实际上已破了产，甚至连维持暂时稳定的局面都不可能。元朝已无法挽救其灭亡的命运了。

1355 年，刘福通等又把韩山童的儿子韩林儿找出来扶上王位，在亳州登基，成为小明王，建元龙凤（这也是白莲教的标记），国号大宋。1358 年，刘福通破汴梁，迎韩林儿于该处定都。在以白莲教作为起义旗帜，以复兴宋朝作为反民族压迫的口号之下，韩林儿的确起了作用。各地农民军在韩林儿号召之下，"势相连结"起来。可是这只标志农民军一定程度的联合。其实这种联合，也正像农民个体经济在其他方面所表现的缺点一样，是散漫松弛，并不能建立坚固的统一。

3. 红巾军的北伐

1357 年，红巾军分路大举北伐，目标是大都。几路大军如下：

一路攻关陕（由李武、崔德率领）；

一路攻山东河北，直取大都，由毛贵率领；

---

① 编者补注：此段引自范文澜《中国通史简编》。

② 《元史》卷 44《顺帝纪七》。

一路由河北转山西，由关先生、破头潘率领。这路①军的一支从山西的大同，攻下上都，烧毁元上都宫殿。又东转辽阳，直到高丽境内。

一路攻陕西，由白不信、李喜喜率领，攻占兴元凤翔，直到四川北部；

一路由刘福通率领，攻占汴梁大名等地，迎韩林儿迁都汴京。

这样，红巾军北伐战争到达高潮。

可是，轰轰烈烈的小明王北伐战争，仅仅两年就失败了。由于北伐军缺乏巩固的根据地，同时与南方各反元势力也缺乏必要的联合，内部又不团结，在战略上也犯了冒进的错误，因而攻占上都的一路孤军深入，最后不得不溃散于辽东；进入陕西、四川等路军也因后援不继，只有溃散；进攻山东、仰攻大都的一路由于各路军不能配合，只能屯驻山东，不能北进。

1359 年元朝乘小明王北伐军事失败，遣察罕帖木儿军攻陷汴梁。刘福通、韩林儿突围至安丰（今安徽寿县）。张士诚又乘机进攻，刘福通被张士诚将吕珍所杀，韩林儿逃至滁州（今安徽滁州），起义最早、势力最大的反元势力削弱了。当时全国反元势力明显地转入割据状态。

4. 北伐失败后的割据局势

这一时期全国起义形势较反元起义初期有了很大的变化。在北方，元朝尚保有河北及西北地区，但在这样的广大地区中，各支元军及参加镇压起义的汉人武装纷纷割据，并且相互纷争，元朝已全陷于瘫痪。在南方，广大地区也在割据之中，情况如下：

（1）张士诚：进据平江、杭州，称诚王。领土北至山东济宁，南至杭州，东到海，西至徐州。张士诚及其主要部众的出身是盐民——流民无产者。他们最初曾在农民起义中起过积极作用，但由于这一阶级毕竟是"旧社会最下阶层腐化过程中的消极产物"，②故被元军招降，曾一度漕运江南的粮食去接济北京，又曾派兵攻安丰，杀刘福通。张士诚的部将全部都是贪污聚敛，他的文臣则是一些落魄的农民所极端反对的地主文人，他自己

---

① 《元史》卷 45《顺帝纪八》。

② 马克思、恩格斯：《共产党宣言》，解放社 1949 年版，第 35 页。

的生活极端奢侈腐化。由此可知，他与元朝统治者及大地主阶级站在同一立场。他与起义农民军并不相同，而且他们也认为自己与朱元璋这样后来转化为地主阶级立场的队伍也不相同，而称后者为红寇。在张士诚统治下的农民是极端痛苦的。他们生活并未得到改善，甚至连反动文人也批评他"用吏术以括田租"。①

（2）陈友谅。1360 年，徐寿辉由于部下教徒无纪律，为其部下陈友谅所杀，陈友谅自立为汉帝，改元大义，领地北至襄阳，南至江西吉安，东至广信（今江西上饶），西至衡州（今湖南衡阳），占地最大，势力最盛。

（3）明玉珍。徐寿辉另一部下，在陈友谅杀徐寿辉后自立。割据四川，以重庆为首都，建元大统，国号大夏。明玉珍是地主阶级出身，他最重用的人也是地主阶级人物，他在四川，大概与地主阶级全部妥协，因此不能有大发展。

（4）方国珍。据浙东，仅能维持局面。

（5）陈友定。据福建。

（6）何真。据广东。

（7）巴匝剌瓦尔密。元梁王，是元朝在南方唯一残余势力。

（8）朱元璋。在张士诚、陈友谅之间，领地以应天府（今江苏南京）为中心。北至安徽北部，南至浙江西部，东面在镇江与张士诚接界，西面在安庆与陈友谅接界。占地虽小，但兵力强盛，根据地巩固，内部团结。

在南方许多割据势力中，最强盛的只有三个：一个是朱元璋，一个是陈友谅，一个是张士诚。而其中张士诚政治腐败，无所作为。只有陈友谅与朱元璋两大势力的活动影响着南方乃至全国的局势。

（三）朱元璋的反元事业

1. 朱元璋的兴起

当韩林儿、刘福通举行北伐，元朝惊慌失措，无力对南方反元势力进

---

① 贝琼：《清江文集》卷 2《铁崖先生传》。

攻时，在南方又崛起一个强大的反元势力，其首领人物就是后来的明太祖朱元璋（1328—1398 年）。在北方红巾军的屏障下势力从容发展。

朱元璋是安徽凤阳人，出身贫农，幼年曾为地主看牛放羊。1344 年，朱元璋 17 岁，因灾荒瘟疫，家人相继死去，家贫无依，乃在钟离皇觉寺做了和尚。因为岁饥，又不得不乞食于河南、安徽交界一带地方，与当地白莲教发生接触，并结识了一些农民起义军的朋友。1351 年全国农民大起义开始，朱元璋为生活所迫，处境危险，在起义军友人的招致下卷入了反元斗争，参加了当时濠州郭子兴部的红军。由于他的领导天才与作战勇敢，很快就成为起义当中重要首领之一。从 1353 年起，朱元璋开始自己独立势力的建立。1355 年郭子兴病死，郭部又收归属下，实力大增。1356 年，攻取采石、太平等地，乘胜渡江，攻占元集庆路（治今江苏南京），改称应天府作为自己根据地，并接受小明王龙凤年号。攻下集庆之后，朱元璋即一面作战，一面大力开展巩固根据地和恢复社会秩序的工作。

第一，恢复与发展农业生产以供应军需。

第二，巩固和扩大根据地。他每攻占一地，一面派兵防守，镇压元朝残余势力，一面派较贤明的州县官治理县政。1358 年，又设"管领民兵万户府"，编壮丁为民兵，渐渐以之代正规军维持地方秩序，而抽出正规军来作战，而民兵又成为正规军主要来源。

第三，团结士大夫分子。

第四，军事方面，他特别注意纪律与训练，严明赏罚。此外，优抚将士，优待俘虏，战略思想及计划也较完整严密。

由于反元斗争不仅是反对阶级压迫和阶级剥削的斗争，主要还是反对民族压迫的斗争，而推翻残暴的元朝统治是当时广大人民的普遍要求。因此，为推翻元朝统治，重建汉族政权，抛弃农民阶级的狭隘性和宗教迷信的偏狭组织形式，而代之以恢复中华的政治号召，团结士大夫分子，孤立敌人，扩大自己力量，从策略来看，是可以的。也正因为此，朱元璋在他们影响之下逐渐走向本质的转变，终于建立了新的汉族封建政权。[①]

① 渡江攻应天之后的一系列措施，标志着朱元璋阶级立场的开始转化。

在当时的社会历史条件下，这样的转变是不可避免的，却标志着农民的悲剧，标志着农民起义根本弱点之所在。

1357 年小明王北伐，元朝无力兼顾南方，朱元璋利用这个时机，首先消灭了南京附近的一些元军据点，攻占常州、江阴、扬州等地，巩固了根据地。次年又南下攻占元朝的婺州 (今浙江金华)、处州 (今浙江丽水)，取得战略上的有利地位。

建立了根据地之后，紧接着来的是两大问题。第一是如何解决战乱频仍之下的军需民食问题，第二是为对待江南素有势力的大地主阶级及其武装问题。

对于军需问题，过去起义军多向人民征收寨粮或抢掠。朱元璋起，下令军士屯田。1358 年，以康茂才为营都水田使，负责修筑河堤，兴建水利工程，恢复农田生产，供应军需。又分派诸将在各处开荒垦地，定下规矩，用生产量的多少来决定赏罚，且耕且战。几年之后，军食充足，乃明令停收寨粮。人民负担减轻，足食足兵。又整顿浙江盐税收入充浙江军饷，设税课司收商税，奖励与邻近势力的商业交易而扩大商税收入，同时也保证了物资供应。

在对待大地主方面，朱元璋也一反过去农民军做法极力拉拢。

农民军的散漫自流，使他们在军事上、政治上造成很大损失。而且由于地主阶级的顽强抵抗，更使他们势力日益缩小。因此在 1355 年朱元璋渡江以后，他的态度便大大改变。他开始竭力拉拢地主阶级读书人。每攻一城，即延聘一批人来做官。1360 年，又把代表浙东学派的大地主刘基、宋濂、叶琛、章溢等人礼聘到南京。在明朝开国的前几年，刘基对朱元璋的影响非常大。而刘基等人都是大地主，曾组织地主阶级武装坚决反对农民起义。

自然，这并不是说，朱元璋已被地主阶级的知识分子所完全同化，而像传统史书所称为"尊崇儒术"等。由贫农出身的朱元璋起用这些江南浙东的文人，正是想通过他们收买地主阶级，借以减轻在统一全国道路上所遇到的阻力。所以他收编了很多地主阶级的"寨堡"军队，而这些军队在打击元朝和削平其他的农民军上是起了很大作用的。

在 1365 年声讨张士诚的檄文中，朱元璋已痛骂红军（红巾军）为妖术、妖言，否定弥勒佛，打击烧香党，说他们为凶谋、放火、杀人，一律抹杀了红军意义。标志着朱元璋阶级立场实际上日益转化。但檄文中还用着韩林儿的龙凤称号，还不敢和农民军完全断绝关系，到 1366 年初朱元璋谋杀韩林儿，朱元璋就完成了从一个农民领袖向地主阶级的转化。这一年成为朱元璋一生的一个分水岭，也成为元末农民大起义的一条明显的分界线。

另一方面，朱元璋与元朝统治者的关系却颇为暧昧，至少，在许多问题上，他是表明与元朝同站在一个地主阶级立场上而斥红军为奴。

从此之后，朱元璋就从韩林儿所领导的农民军中渐渐蜕化出来，其开始，则当在 1355 年时，而其正式蜕变，则在韩林儿死后。

这样，这在群雄之中最为后起的朱元璋，就获得了巩固的根据地，充足的经济力量，精锐的军事力量，开始与其他新群雄一较短长了。

2. 朱元璋势力的扩大

（1）与陈友谅的战争（这是两支农民军之内的火并，但也是当时历史条件下农民起义的不可避免的悲剧）

群雄中，陈友谅的军队最精锐、野心最大、疆土最广。从 1360 年起，陈友谅与朱元璋进行了决定生死存亡的战争。陈友谅先遣使到张士诚处相约夹攻朱元璋，自己亲率水军从江州顺流东下，攻占安庆，直抵应天城下。朱元璋与刘基研究对策，决定陈友谅是主敌，张士诚是配角，兵力陈强张弱，士气陈骄张惰，水军陈多张少。因此，只有先集中力量打击陈军，然后再对付张军。决策之后，又令康茂才诈降，引诱陈军入伏，一仗把进攻的陈军主力消灭，光俘虏就有两万多人，朱元璋乘机收复安庆及江西东北地区。

1361 年，朱元璋遣军进攻陈友谅，攻入赣东北地区。陈友谅为人嫉能护短，部下溃散，许多将帅投降朱元璋。正在这时，刘福通失败，张士诚部包围安丰，刘福通向朱元璋求援。朱元璋救援后，陈友谅乘机包围洪都（今江西南昌），并沿江东下进攻。朱元璋回师来援，双方在鄱阳湖大战，陈军号称六十万，朱军号称二十万，陈军舰只白色，朱军红色，双方苦战三十六日，就水战规模来说，也许是中国有史以来规模最大的一次。

论船舰，陈军大，朱军小；论兵力，陈多朱少。但是朱元璋也有占优势之处：就士气说，陈军在南昌顿挫三个月，寸步未进，动摇了必胜的信心，朱军方面则千里救危城，生死关头决于一战，情绪大不相同；就船舰说，陈军数十条船舰联在一起，行动不便，朱军小船进退自如，运用灵活，体积方面虽存劣势，运动方面却有优势；就指挥而论，朱军有经验丰富的幕僚，作战勇敢的将帅，上下一心，友谅性情暴躁多疑，将士不敢贡献意见，产生内部裂痕。更重要的是补给，朱军人少，有洪都和后方接济，陈军后路被切断了，粮尽士疲，失去斗志。

朱元璋军的重要战术是火攻，一直打到最后，陈军绝粮，准备突围，在冲出湖口时，陈友谅被飞矢射死，全军溃败，其子陈理逃回武昌。1364年，陈理出降，陈友谅的势力瓦解。也就在这一年，朱元璋称吴王，1366年，派人到滁州迎韩林儿，中途沉船，韩林儿死。朱元璋成为南方最大的割据势力。

(2) 与张士诚的战争

从 1356 年，朱张接壤时起，双方便不时冲突，到朱元璋攻灭陈友谅后，便集中力量攻张士诚。

朱元璋的攻势分三步。第一步从 1365 年十月到 1366 年四月，主要攻占东吴北境的泗水流域，使张士诚的势力局限在长江之南。第二步从 1366 年八月到十一月，分兵两路，攻湖州（吴兴）、杭州，切断东吴的两双臂膀，形成北西南三面包围平江的局势。第三步是平江的攻围战，从 1366 到 1367 年，共十个月，攻下平江，俘虏了张士诚，结束了十年来的拉锯战。

同年，方国珍出降。1367 年，朱元璋的疆土大体上据有现在的两湖、豫东南、赣、皖、苏、浙，包括汉水流域和长江下游，是全国最富庶、人口密度最高的区域。接着派兵平定福建两广，同时准备北伐。

3. 朱元璋的北伐及其胜利

(1) 北方元朝军阀的割据混战

与南方割据势力进行兼并战争的同时，北方的元朝军阀也正进行着混战，消耗着元朝最后一丝生气。1361 年，军阀孛罗帖木尔在河北与扩廓帖木儿发生摩擦，孛罗帖木尔联合关中军阀张良弼进攻扩廓帖木儿，当时元朝宫廷正在内讧，后党联合孛罗帖木尔势力，帝党及皇太子联合扩廓帖木儿势力对抗。1364 年孛罗帖木尔军进攻大都，皇太子命扩廓帖木儿讨之。孛罗帖木尔内部发生叛变被杀，余众北逃。扩廓帖木儿入朝，受封河南王，势力大增。1367 年，关中军阀李思齐、张良弼军大会，推李思齐为盟主，声讨扩廓帖木儿。于是产生混战，直到元朝灭亡不止。

（2）朱元璋的北伐

福建、两广平定，南部除四川、云南外，都联成了一气，雄厚的人力财力，供给北伐军以无限的助力。朱元璋乃利用敌人混战的矛盾，在 1367 年出兵北伐。这次北伐进行了充分的准备工作，在众将领商讨北伐战略的会议上，常遇春主张直取大都，以百战精兵，消灭元朝疲惫军力，然后分兵扫荡，其他城市也可不战而下。朱元璋看法刚刚相反，指出元朝大都防御工事一定坚强，孤军深入，前有坚城，后边补给线被切断，元朝援兵四面八方赶到，不能进又不能退。不如用砍树之法，先去枝叶，再挖老根，先取山东，撤掉大都的屏障，回师下河南，断掉他的羽翼，进据潼关占领其门户，军事要点都拿到手了，再进围大都，那时势孤援绝，自然不战可取。这种稳扎稳打步步扩大，占领地和后方联在一起，补给线在自己兵力控制之下，立于不败之地的打法，确是胜算，得到诸将一致的同意。

在人员的配备上，朱元璋也作了慎重的准备，他派徐达做大将军，节制诸将，因为他用兵持重，有纪律，特别是小心谨慎，听话服从，靠得住。常遇春，勇敢坚决，任为副将军。朱元璋特别告诫他不能轻敌，其他诸将，也一一安排。

朱元璋又再三声明纪律约束诸将，告以战争目的不止是略地攻城，重要的是推翻这个坏政府，解除人民痛苦，所以不许乱杀人，不可抢财物，不要毁房屋、杀耕牛，掠人子女。

最后，为了使北方人民明白大军北伐意义，要解除北方官僚地主对红军恐惧心理及瓦解元军士气。朱元璋又令宋濂告北方人民檄文，大事主张，在文告里，一方面指出此举是"驱逐胡虏，恢复中华"，"使民各得其所""拯生民于涂炭"。[1] 明确提出了民族斗争口号，比红军初起时提出的恢复赵宋政权的口号，有了一个极大的进步。这一口号再加上复兴道统的内容，就更有利于争取北方广大的反元地主知识分子。另一方面，也指出元朝政府破坏传统文化，政治贪污腐化，已为上天所弃，讨元是符合天意。再一方面又骂妖人（红巾军），明白显示了朱元璋立场的转变。最后特别提出蒙古、色目人如愿居留中国将一体看待，以瓦解元朝势力。

这种号召及其约束军队纪律的措施，对于北伐的胜利发挥了极大的作用，受到北方广大人民的热烈欢迎。在政治上产生极大效果，使军事行动很快取得胜利。在经济上也保证了被元朝统治者严重摧残的生产力、劳动力及生产资料，不因战争而再受损害。

1368 年正月，朱元璋在部下拥戴之下，即皇帝位，正式建立汉族的封建政权，国号为明，[2] 建元洪武。同年徐达及常遇春等军队，遵循朱元璋指示的战略路线，大举北伐。

第一步，1368 年正月，攻下山东。

第二步，1368 年三、四月两路攻占河南，别将克潼关，堵住元关中军出路，三面包围大都，局势已定。这时，元朝统治者才感到局势的危急，组织力量南征，可是已经太晚，北伐军已向大都推进。

第三步，1368 年七月，徐达以大军从汴梁北上，从临清（今山东临清）沿运河而上，直捣北京。元顺帝仓皇退出大都，逃往上都（开平、今内蒙古多伦东南[3]）。八月初二，北伐军进入大都。从五代时起落入少数民族手中的大都，经过四百三十年之后，又重新回到汉族手中。元朝政权对中原的统治宣告结束。

第四步，元大都虽攻下，但顺帝在上都，仍可发号施令，元军实力依

_____

① 《明太祖实录》卷 26，吴元年十月丙寅。

② 编者补注：边栏中宁可先生对"国号为明"有进一步解释：一方面照顾原红巾军后人的情绪，也使农民安心。另一方面又照顾儒生。古孔有"祀大明、朝日夕月"的说法，说是朝廷正祀，从儒家旧说。

③ 编者补注：今内蒙古锡林郭勒盟正蓝旗。

然强大完整。徐达、常遇春移师进攻山西、陕西，整整一年，才完成第四步战果。在这一年内，元军不但坚持抵抗，而且还有力量进行几次大规模的反攻，其整个北伐战争中可算最艰苦的一段。

但残余元军仍在扩廓帖木儿率领之下，驻屯宁夏，不时出兵攻掠。明军两路进攻都遭大败，连同过去几次损失，共损兵四十万人。至1375年（洪武八年），扩廓死，边境才能休息。

（3）西南的平定

1371年，明军攻克四川，夏国王明玉珍之子明昇势穷出降。1382年平定云南，1387年平定辽东。至是，最后完成了统一的事业。

（四）元末农民起义在历史上所起的作用

由上面叙述可知，元末农民大起义可分为前后两个阶段，从1351年刘福通起义到1366年韩林儿死，是起义的第一个阶段，在这个阶段中，起义的主力是红巾军。从1366年后是第二阶段，这时大部分农民军失败，而一支农民起义军以朱元璋为首正式开始转化，终于攻灭割据的地主武装，驱逐元朝统治者，建立统一的明王朝。

为什么红巾军等会失败呢，主要有下述几个原因：

第一，由于农业个体经济造成农民组织散漫，觉悟不高，不能单独担负伟大的革命运动，并进行到底。如各系红巾军各自为战，刘福通部下也是各自发展，互相矛盾。徐寿辉部也是互相屠杀。其起义无统一计划，又无远大目标，对元朝统治者及某些地主阶级，他们是深恶痛绝的，但不能把这些人当一个阶级来反对。因此力量分散，目标不明确。另外，就是流动游击，不愿建设，得地不守。使敌人能组织广大反动地主武装夺回攻下的城市。

第二，由于农民的迷信和落后性，他们的斗争是自发的，不能有明确的纲领加以实践。因而不能建立广泛的反元统一战线，团结和吸收地主阶级的爱国分子来参加反元斗争。

第三，农民的自私性，使领袖渐渐腐化，纪律渐渐松弛。大家争做皇帝享受。刘福通则在亳州刚站住脚跟便贪图享受，陈友谅造镂金床等均是如此。

第四，农民军最初是推翻元朝统治者，对地主阶级的反抗并不明显，所以很多地主保持中立，而且有些中小地主甚至参加到农民军这边来（如郭子兴、明玉珍），但随起义军的斗争发展，农民军的锋芒渐渐扫到地主身上，因此引起地主联合元军进行抵抗，使农民军遭到很强的抵抗，这对农民军的失败起了很大作用。

朱元璋一方面从农民军中蜕化出来转化为地主阶级，另一方面，却也或多或少地避免了或减少了上述的几个缺点的影响。因此，反元斗争以农民起义始，以朱元璋结束，这就是当时历史矛盾的发展。

这次农民起义对历史的发展起了极大的进步作用。

首先，随蒙古贵族被打倒，他们霸占的牧场和庄田都交了出来，使无地或少地的农民得到了土地，这在北方尤其明显。

其次，朱元璋虽然建立了地主阶级政权，但他却没收了蒙古贵族和反抗过他们的大地主的全部土地。为了缓和阶级矛盾，对一般地主也加以限制，所以明朝和以前的元朝政府有所区别。

最后，朱元璋深刻了解到农民起义是封建统治王朝最有力的颠覆者，故而在惩治贪污、休养生息方面很努力。

由于农民起义及明初政策，就出现了一个强盛繁荣的统一的明朝。

对朱元璋的评价以后再讲。

第八章 宋元的文化

第一节 哲学理学

作为上层建筑的哲学反映了当时的经济、政治的情况，"一定的文化（当作观念形态的文化）是一定社会的政治和经济的反映"。[①] 宋代的哲学思想也不例外。当时，由于社会经济的发展，及其他种种因素，社会矛盾显著的有三类：一是封建统治阶级与人民的矛盾（人民中包括自由商人与手工业者）；一是民族矛盾；一是统治阶级内部的矛盾（包括大地主与中、小地主的矛盾及地主阶级抗战派与地主阶级投降派的矛盾），这些矛盾斗争都在一定程度上反映于哲学思想。

与封建经济相适应，宋代自然科学也有进一步发展。宋代特别是北宋自然科学知识的积累对唯物主义思想也有一定影响。

文化除了是当时社会的政治和经济的反映以外，还有其继承性，有自己的发展史。宋代哲学——通称理学或道学，一个渊源是儒家的经学，孔子、董仲舒、韩愈，这是所谓儒家的道统，即学术思想的正统；另一个渊源是佛教唯心论的影响。另外，还从道教中吸取了"道"这一概念。可见宋代理学是佛道糅合而成的一种哲学思想，主要是儒家思想。

所谓理学其实各派内容大体相同。各派的不同与斗争反映了阶级矛盾与民族矛盾，也反映了哲学史上的唯物主义与唯心主义的斗争。

---

① 毛泽东：《新民主主义论》，《毛泽东选集》第 2 卷，人民出版社 1952 年版，第 656 页。

随着地主阶级与农民矛盾的深化，地主阶级中出现了开明的同情人民的知识分子，他们主张解决贫富不均问题，减轻对人民剥削，他们发展了唯物主义哲学。

代表自由商人的思想家表现了唯物主义的倾向，但又表现了一种轻视深刻理论研究的狭隘态度。

维护封建统治阶级根本利益的思想家提出了唯心主义学说，他们为中央集权的封建制度提出理论辩护，把封建制度说成是永恒的。

宋代哲学思想的斗争基本上是要求统治集团对人民让步的唯物主义学说，与表现了统治阶级根本利益的唯心主义学说之间的斗争。

在对外问题上，双方都主张抗敌。因抗敌符合人民及地主根本利益，至于大地主降走派，他们不可能提出哲学理论来。

1. 理学的各派

宋代重要的唯物主义哲学家是周敦颐、张载，唯心主义的重要代表是程颢、程颐、朱熹、陆九渊，代表商人的思想家是陈亮、叶适。

宋代唯物主义、唯心主义斗争所环绕的中心问题是对宇宙起源问题的探究，即气、理、心的关系问题。肯定气是第一的是唯物主义，认为理是第一的是客观唯心主义，断言心第一的是主观唯心主义，从这一基本命题出发，各派思想家进而探究人类社会生活实践。理，是指客观世界的规律；气，是指物质；心，是指个人的意识；性，指理在人意识中的体现。

（1）周敦颐

周敦颐在《太极图说》及《通书》里，提出了一个对于世界形成简单而有系统的解释。

他把宇宙最原始的状态，称为无极而太极（无极是无形象，太极是最高最初，即混然的总体）。太极自己运动的结果产生一种叫"阳"的东西，运动的极致便达到动的反面，所谓"动极而静"，由静又产生一种叫"阴"的东西。由于太极不断运动，这两种对立的物质势力相互作用，所谓"阴阳交互"，便产生金、木、水、火、土五种原素，即所谓五行。宇宙一切存在的东西都是五种原素产生的，即所谓"化生万物"。人类也是"二五之精，妙合而凝"的，人先有了形体，然后才有精神知觉，"形既生矣，神发知矣"，这是一种朴素的唯物主义的关于世界形成（本体）和发展的学说，是和佛教神学的宇宙观相对立的。① 另外也有自发的辩证法因素，即事物是在不断地运动和发展着，这一变化是永恒的。事物发展变化时由于事物内部的矛盾与矛盾的斗争。周敦颐认为太极是混然的总体，但没有明确指出太极是气，因此他的学说有被加以唯心主义解释的可能。

不过，周敦颐认为自然界同样具有道德的意义。人的品质和道德上的善恶，也是从自然来的。他说"天"用"阳"的势力产生万物，是体现了"仁"的道德，用"阴"的势力使万物发展，是体现了"义"的道德。因此圣人应当效法天地，"以仁育万物，以义正万民"，从这种观点出发，他又把人的道德意识——"诚"也看成是万物的根源，阳气是诚的根源，实际是认为应如何就如何，即照合理的去做，而这种合理，就是封建道德（君君臣臣、父父子子、兄兄弟弟之序）。因此他一方面主张封建道德是人的本性，一方面主张应按封建道德行事（君民切守道德），反映了中小地主欲望。这就是儒家的"天人合一"的思想。由于他把人的道德活动夸大，看不出社会和自然的质的差别，从而陷入神秘主义，并使后来朱熹得以歪曲他的学说，做出唯心主义的解释。

（2）张载

张载②是反对佛教唯心主义哲学的杰出人物，他斥责佛教以世界为假象、为心造的学说，而认为物质世界是实在的，是巨大根本的，是离开人的意识而独立存在的，而心是微小从生的，这就明确地肯定了物质世界的独立存在，肯定了物质的第一性。

张载提出"凡象皆气"的学说，即一切客观存在的现象，不管有形无形，都是气的一部分。气的两个特点，一是有运动静止，一是有深度角度的实体，这和我们今日物质的概念是相似的（不依赖于感觉而存在的客观实在）。他还肯定气在未凝聚时，是无形的肉眼看不见的，即"太虚"，故没有气的虚空世界是不存在的。而具体事物的形成是气的凝聚，具体事物

---

① 周敦颐：《周元公集》卷9《太极图说》。

② 张载的主要作品：《崇文集》《正蒙》《横渠易说》等。

的消灭意味着气的消散并回到太虚状态，明确肯定气只有聚散没有生灭，这些观念实际上承认气在时间上是永恒的，在空间上是无穷无尽的。这摆脱了过去唯物论者把气看成是某些特殊物质的缺点。

关于物质与精神的关系，张载认为天只是气，没有意识，"天无心，心都在人之心"①，心是后起的，而有其根源，即物"人本无心，因物为心"②，外物作用于人的身体，然后引起人的认识活动，即认识论中也含有唯物主义成分。

此外张载也研究了关于物质和运动的关系，他认为气本身就有运动变化的能力，即有能动之本性，称为"神"或"能"，即运动变化是物质的本性，而且变化是有规律可循的，这种规律即是"理"，"万物皆有理"③，并指出理是有客观性的，"理不在人，皆在物"④，是在物中的，是不能离开物的。

张载更说明了气、理、道之间的关系，气是本体，道是气的总变化过程，理是变化的条理，道普遍，理特殊。

张载对于事物的变化及其规律的理解，是含有辩证法的因素的。他认为，事物都是互相联系的，"物无孤立之理"⑤。世界不仅是一个"生生"的变化过程，而且是一个"进进"的更新过程。事物的变化有两种形式，一种是显著的"变"，一种是渐进的"化"，渐进的化中断引起显著的变，而显著的变又引起进一步的渐化，这颇类似量变与质变及其相互关系的学说。他又提出"动非自外"的观点，认为运动和变化的原因，存在于事物本身的内部。并且把事物对立两方面相互作用斗争看成是事物变化的源泉，即所谓"两"与"一"，"一物两体气也"，即统一与对立（虚实、动静、聚散、清浊等等）。"有象斯有对，对必反其为，有反斯有仇，仇必和

---

① 编者补注：张载：《经学理窟·诗书》，《张载集》。

② 编者补注：张载：《张子语录·下》，《张载集》。

③ 编者补注：张载：《张子语录·中》，《张载集》。

④ 编者补注：张载：《张子语录·上》，《张载集》。

⑤ 编者补注：张载：《正蒙·动物》，《张载集》。

而解"①，这种斗争终会和解，而斗争却是相对的。这是 11 世纪中的哲学家在古代辩证法史上的重要收获。

在认识论方面，张载的学说有唯物主义成分，也有唯心主义成分。张载肯定知识来源于感官接受外界的事物，"人本无心，因物为心""感亦须待有物，有物则有感，无物则何所感"②，这是鲜明的唯物主义观点。张载又认为有两种知识，一是"见闻之知"，即感性知识，高一级的叫"德性之知"，但这一知识却不依靠见闻，这以道德修养为基础，分成两级，进步但却不免神秘化，又否认他与见闻之知的关系，就不免陷于唯心主义。

张载提出一种神秘的人性论，认为人性有两层，一是"天地之性"，即人与万物所共具的本性，一是"气质之性"，即一个人因其特殊形体而有之特殊之本性。前者有普遍性，后者人与人不同。天地之性也就是"气之性"即气之本性，即物质世界一般本性。人是物质世界一部分因而具有物质世界之本性这是事实，但另一方面张载认为气之性就是人之本性，气之性是永恒的，故人的本性也是永恒的，生前存在，死后不灭，这就陷入了神秘主义了。③

既然一切事物都是"气"的体现，张载就提出"民吾同胞"，一切人都是天地之子，从这个意义上说大家是平等的，应当兼爱。在北宋中期的情况下，这就是主张统治者让步，有进步意义。但张载又宣传"视天下无一物非我"④，陷于神秘主义。又宣传乐而不忧，把全宇宙看成一个大家族，用宗法关系来说明人的义务，这就含有承认宗法关系是永恒的而起了巩固宗法制度的作用。此外又强调礼之重要，还没有突破封建传统观念的束缚，义利是统一的，人民利益就是公共利益，就是义，在政治上主张"均平"，行井田，这是进步的。

张载提出关于中国唯物主义基本范畴"气"的明确的、比较完备的解

---

① 编者补注：张载：《正蒙·太和》，《张载集》。

② 编者补注：张载：《张子语录·上》，《张载集》。

③ 认为自然界也有道德属性，混淆了人是自然与社会的人。这往往是唯物论者犯错误的地方。

④ 编者补注：张载：《正蒙·大心》，《张载集》。

释，明确地论证了世界的物质性，论证了物质自己的运动，提出了事物变化基本规律的学说。他对中国古典唯物主义与辩证法思想作出了精湛的贡献，他是宋明哲学中唯物主义思想的奠基者。

（3）二程

程颢、程颐出身于中等地主阶级，他们是封建统治阶级的根本利益的维护者，企图在理论上证明封建制度是永恒的、神圣的。他们建立起客观唯心主义哲学，把"理"看成是物质世界存在的基础，是最高的实体，又叫天理，天即理即心。

这理，其实就是封建伦理关系的标准，即"父子君臣"之理，理"不为尧存，不为桀亡"，是脱离社会生活和具体事物永远存在的东西，不受个别人物行动的影响，即脱离社会物质关系独立存在的东西。依据这种观点，他们对唯物主义"气"的学说进行了攻击，说"形而上者谓之道（即理），形而下者谓之器（气）"，①即理是"形而上"的抽象的东西，是超越自然的实体，是最根本的、第一性的。这是一种客观唯心主义世界观，实际上把当时的封建社会秩序看成永恒的"理"的表现，以论证封建社会秩序的永恒合理性。他们把这种世界观推广到社会伦理方面，认为人们的行为如果违反了封建道德规范，就是违背了天理，从而叫被压迫的人民群众死心塌地做封建统治者的奴仆。理就是心性，性即理。其中心内容就是仁义礼智信，即封建道德的基本标准。

程颐、程颢在哲学上还稍有不同，他们同是宋代理学的奠基者，程颢有客观唯心主义，也有主观唯心主义。

二程对张载多所批判，这里不详细介绍了。

（4）朱熹

南宋时，理学家的代表人物朱熹继承和发挥二程的学说，在理与气的关系上，他认为二者不能相离，"天下未有无理之气，亦未有无气之理"，但理是"形而上之道也，生物之本也"，气是"形而下之器也，生物之具也"，理是事物的最初根本，但没气也不行。这是唯心主义。朱熹断

---

① 程颢、程颐：《二程遗书》卷 11《师训》。

言，理在物先，理在事先，"未有君臣，已先有君臣之理，未有父子，已先有父子之理"，①故理是永恒的，事物是有生灭的。未有事物以前，理已存在，故理是脱离事物而独立存在的，但事物的规律不可能脱离事物而存在，那想象中脱离事物而独立的理事实上已不是客观规律，而只是人的观念而已，故朱熹的学说是一种客观唯心主义。

朱熹把程颐的学说作唯心主义的解释，认为太极即是理，而所谓太极或理中，最主要的是仁义礼智信，即封建道德最高标准，这实际是把封建道德标准永恒化了。

朱熹根据当时自然科学的知识，认为天地的起源是阴阳之气运行演化而成，气之清者为天，天地形成时最早出现的是水火，天地有成毁，十二万九千六百年为一期，这是他哲学中的唯物主义成分。

在理、性、心方面，朱熹没有接受二程的理即性即心的说法，而与张载同，认为性与心有别，有天赋观念的理，但具有天赋观念的个人意识（即心）却后于物质世界，这鲜明地表现了客观唯心主义观点。

在认识论方面，朱熹提出"即物穷理"的学说，即事物之理也存在人们意识之中，但必须经过对客观事物的观察和修养方法"格物"然后才能获得关于"理"的全部知识，这实际承认理性知识是人先天所具的，而感性知识不过是促使意识中潜在的理性知识变为现实的一个条件而已（格物）。这同样是客观唯心主义观点。

在伦理观点上，朱熹认为人性有二层，"天地之性"（客观的），即理是纯善的，"气质之性"是理气之统一，有善有恶，气禀之清浊即为善恶贤愚之不同，这是替封建等级制度作辩护，其阶级性是很明显的。这种气质之性中的不善部分即"人欲"（即过分的要求）应加克制使合天理，即要放弃个人欲望中与天理即封建道德观念中相违背的东西。这种学说维护封建道德的意图是十分明显的，成了后来封建统治者宣扬"饿死事小，失节事大"的理论基础，把天理人欲之辩应用于政治，即王道与霸道。王道是实现天理的政治，实质是封建统治阶级根本利益，这成为后来封建统治

---

① 朱熹：《朱子语类》卷95《程子之书》。

者利用朱熹的学说来压制人民的有力工具。

（5）陆九渊

陆九渊发挥了程颢学说中主观唯心主义部分，成为所谓心学，与朱熹的理学对立。陆九渊认为"心即理也"，"宇宙便是吾心，吾心即是宇宙"，[1]世界基础只是一理，而此理在吾心之中，即理非脱离个人而存在之客观实体，而是客观世界的规律存在于人们主观意识之中，断言人的主观精神可以包容宇宙一切道理。在认识论上他宣称"心外无理"，即关于客观事物规律的知识早存在于人的观念之中，主张"反省内求"，反对认识研究客观物质世界以探求真理。他所谓的心实际上也是指仁义礼智等封建道德观念，即把封建秩序说成是人的内在心理需求，叫人们永远不要反对。他和程朱学派有不同，朱学中心是性即理也，即事物是离开人的主观意识而独立存在的，但却以理为事物存在的依据，理、性第一，心后有。陆是"心即理也"，事物都在人心中，理也在人心中，心是第一。即一为客观唯心论，一为主观唯心论。至于维护封建秩序，则朱、陆都是一样。

这是唯心主义内部不同派别之争。

---

[1]　编者补注：陆九渊：《象山集》卷 22《杂说》。

宁可先生年谱

宁可，湖南浏阳人，1928 年 12 月 5 日生于上海，2014 年 2 月 18 日逝世。首都师范大学历史学院教授，博士研究生导师。北京大学、兰州大学、西北民族大学等校兼职教授。

曾任中国史学会理事、中国敦煌吐鲁番学会副会长兼秘书长、中国唐史学会顾问等。

1928 年

12 月 5 日，出生于上海北四川路永安里 4 号，小名"小鼎"，大名黎先智。父亲黎宗烈（原名黎熙章），湖南浏阳人，母亲胡良桢，后改名武良桢，湖南长沙人。6 个月后随母亲返回长沙。

1931 年

随父亲任职至南京生活。

1932 年

入南京鼓楼幼稚园。春，随父母从上海乘船赴南洋。先随母亲到马来西亚巴生，母亲在当地做小学校长。入读马来亚巴生中华女校。

1934 年

春，与母亲、弟弟一起经新加坡至越南堤岸与父亲汇合，父亲任当地华侨报社《安南民报》经理（社长）。

1935 年

春，随父亲经香港回国。先到南京，先后入读南京三条巷小学一年级下期、南京山西路小学一年级下期、南京鼓楼小学二年级下期至四年级上期。

抗战爆发，与弟弟黎先慧避难到武汉，后至长沙。秋季，考上长沙楚怡小学，插班为四年级下。后因日机轰炸长沙避至距长沙 38 公里的黄花市，转黄花市小学四年级复式班。

1938 年

春，继续撤退到沙坪县，就读长沙沙坪县立第四高级小学五年级上学期至五年级下期。

因父亲职务变动，又回到南京。4 月 4 日儿童节，《河南民国日报》发表整版黎先智事迹，同时刊载了本人写的小文章、画和字。

11 月深秋，武汉、广州相继沦陷，日寇逼近长沙，与母亲和弟弟从长沙南撤到贵阳。

1939 年

就读于贵阳正谊小学（男校）。转学至尚节堂小学继续读六上。

夏，参加贵阳小学生演讲比赛，未获名次。

9 月，参加国立中央大学实验中学（简称"中大实中"）初中一年级的入学考试，并通过入学。当年北师大附中、天津南开中学、扬州中学、上海中国公学、南京中大实中号称五大名校。

1940 年

国立中央大学实验中学改名为贵阳国立十四中。因病休学一年。

1941 年

夏，赴洛阳，投奔任职中央通讯社洛阳办事处主任的父亲。

秋季，入读洛阳私立明德中学初中二年级。

1942 年

春季，就读省立洛阳中学初中二、三年级。

1943 年

从洛阳赴重庆参加考试，考上重庆私立南开中学，就读高中一年级，直到 1946 年高三毕业。

1945 年

在《南开高中》创刊号上发表《测知天体距离的七个方法》。可以看作是第一篇文章。

1946 年

据自传体《流年碎忆》记述，高中毕业后，将月球旅行可能遇到的种种问题写成一篇三千多字的文章，发表在一家报纸的副刊上以及一家杂志上，认为可算得是"我的第一篇学术论文"。（编者：因题目和发表时间不清楚，未查到）

8 月，第一次公开发表文章：《天文望远镜发展简史》（上、下），刊载于南京《中央日报·科学周刊》，1946 年 8 月 21 日、28 日。

9 月，考上北京大学先修班，12 月先修班开学，地点在宣武门内国会街四院。参加北平历次学生运动。

发表《论〈离骚〉与〈九歌〉的创作年代》，刊载于南京《中央日报》副刊《泱泱》233 期，1946 年 9 月 30 日。作者（宁可）按：1946 年 9 月 30 日，在南京《中央日报》副刊《泱泱》233 期上发表第一篇学术文章，以南开高中国文教师孟志孙先生所授《楚辞》课程内容为基础，对郭沫若《屈原研究》中所考定的《离骚》与《九歌》的创作年代提出了不同意见。

重庆南开中学毕业。

抗战胜利后不久，母亲去世。

1947 年

7 月，加入新民主主义青年团（后改名为共产主义青年团）。

10 月，先修班结业，正式升入北京大学史学系一年级。

1948 年

2 月，发表《屈原生年问题》，刊载于北平《平明日报》副刊《星期艺文》，1948 年 2 月 22 日。作者按：1948 年 2 月 22 日，在北平《平明日报》沈从文、周定一合编的副刊《星期艺文》第 44 期发表《屈原生年问题》，仍以孟志孙先生所授《楚辞》课程为基础，对陈炀、刘师培、郭沫若三人所考定的屈原生年进行质疑，同时指出郭沫若因错看新城新藏《战国秦汉长历》而将其考证的屈原生年晚算了一天。

11 月，与刘宁（后改名刘淮）、赵立生等同学共赴华北解放区参加革命工作。在泊镇中共华北局城工部城市干部训练班学习，改名宁可。平津战役中，随队北上至良乡整备待命，准备进入北平接管。

1949 年

2 月 5 日，进入北平城至第三区（今东城区），任区工公所科长（据委任状修改），进行摧毁伪保甲，以人民币兑换金圆券，登记国民党军散兵游勇，收缴流散枪械武器等工作。

1950 年

改任北京市人民政府第三区文教科副科长兼鼓楼文化馆东四区分馆馆长。（据委任状核实）

1952 年

7 月，患肺结核、胸膜炎，到北京西郊黑龙潭结核病院治疗休养。

1953 年

1 月 16 日，与曾为南开重庆中学、继而北大同学刘淮结婚。

7 月，参加中国共产党。

9 月，肺结核痊愈出院。调北京市教育局《教师月报》社任编辑、中学组组长。

《教师月报》停刊后，调北京教师进修学院历史组任研究员，参与初中一年级中国古代历史课教学参考资料隋唐五代宋元部分的编写工作。

10 月，双胞胎女儿宁欣、宁静诞生，为纪念抗美援朝胜利，取名和、平，为小名。

1954 年

受命参与筹建北京师范学院（首都师范大学前身），先招一年制专修班学生，被任为历史科讲师，兼图书馆副主任，担任专修班历史科中国古代史隋唐宋元部分课程的讲授。

撰写并讲授的"中国古代及中世纪史：东汉—元（1954）"，原手稿保留约 19 万字，部分与"隋唐五代史讲义"重。

1955 年

北京师范学院于 1955 年正式建院，参与创建历史系。先后担任一年制二年制及四年制本科学生的中国古代史隋唐宋元部分及历史要籍介绍及选读课程的讲授。参加了肃反运动和反右运动。

1956 年

1 月 9 日，小女儿宁卿出生，小名"小妹"。

发表《对"正确估价农民起义在历史上的作用"一文的意见》，刊载于《光明日报》《史学》副刊 84 期，1956 年 6 月 7 日。这是进入历史研究领域后的第一篇论文，《光明日报》"史学"副刊在学术界具有权威刊物的地位。农民战争问题此后也属宁可重点研究的五大领域之一。

现存有 1956 年撰写的"中国古代及中世纪史：宋辽金元"讲义手稿，约 17 万字。应是当年讲课的讲义。

开设"中国历史要籍介绍及选读（1957—1958）"，现保存讲义手稿，约 7—8 万字。

兼任北京师范学院图书馆馆长。

1957 年

发表《有关岳飞评价的几个问题》，刊载于《文史哲》1957 年第 5 期。

1958 年

11 月，参加"大跃进"运动。被学校任命为北京师范学院教育电影制片厂副厂长兼总编导，随副教务长兼厂长仓孝和去上海科学电影制片厂及美术电影制片厂参观、学习。

发表《关于唐代租庸调数量讨论的几点意见》，笔名胡云谖（有纪念已去世的母亲之意），刊载于《史学月刊》1958 年第 2 期。这篇文章是关于中国古代经济史研究的第一篇公开发表的论文。中国古代经济史亦属宁可重点研究的五大领域之一。

发表《宋代的圩田》，刊载于《史学月刊》1958 年第 12 期。

1959 年

年初，改调为带领中文系、历史系各一个年级学生去北京市几十所中小学，组织《北京志》的中小学教育志编写。

发表《〈隋唐制度渊源略论稿〉中唐代中央财政制度"江南地方化"问题》，刊载于《光明日报》1959 年 1 月 22 日《史学》。

4 月，发表《明嘉靖中期的倭患与东南人民的抗倭斗争》，笔名胡云谖，刊载于北京师范学院《文史教学》试刊第 2 期，1959 年 4 月。

《读〈宋明间统治阶级的内部矛盾〉》，刊载于《新建设》1959 年第 8 期，第 671—678 页。作者按：对吴晗的《宋明间统治阶级的内部矛盾》一文提出了不同看法。开始注意对农民战争史问题的讨论。重点想放在农民战争的历史作用上，并对隋唐五代时期的三种类型的三次农民战争做重点剖析。

发表《唐前期农民赋役负担户等的关系》，刊载于《光明日报》1959

年 9 月 8 日。

9 月，开始讲授本科一年级新生的中国古代史课。未几，卷入反右倾运动。

在北京师范学院首次开设"历史科学概论课程"，现保存有"历史科学概论（1959—1981）"讲义（手稿），约 4 万 8 千余字。

年底，被任命为北京师范学院历史系总支第一副书记（无总支书记），随即投入接踵而来的下放农村劳动、三结合编写教材、抗击浮肿病，以及批判封资修、拔白旗插红旗等运动中。

出版《黄巢起义》（中国历史小丛书），中华书局 1959 年；1985 年增补后收入中华书局汇编的《历代农民起义史话》。

1960 年

发表《从〈唐代政治史述论稿〉看陈寅恪先生的史学观点》，刊载于《江海学刊》1960 年第 10 期。

发表《中国农民战争史上的农民政权问题》，刊载于《新建设》1960 年 10—11 月号合刊。

发表《关于中国封建社会农民战争中的皇权主义问题》，刊载于《光明日报》12 月 13 日。

发表《有关中国历史上农民政权的几个问题》，刊载于《文汇报》1960 年 12 月 27 日。

1961 年

发表《唐代宗初年的江南农民起义》，刊载于《历史研究》1961 年第 3 期。作者按：这是准备为隋唐五代时期的三次三种类型的农民起义进行重点剖析的第一篇论文。因有其他任务，后两篇即隋末、唐末农民战争的文章，只搜罗了一些材料而未能写出。

1962 年

3 月，《历史研究》杂志主编、近代史研究所副所长黎澍负责主编高校教材《历史科学概论》，点名借调宁可等几人参与编写。与胡绳武、李时岳一起被高校文科教材办公室借调到中央党校，共同编写。

9月，秋季学期，讲授"中国古代社会经济史专题"。

发表《读王仙芝黄巢受敌诱降、乞降考辨诸文质疑》，刊载于《光明日报》1962年7月18日《史学》。

发表《中国农民战争的自发性与觉悟性问题》，刊载于《红旗》杂志1962年第7期。作者按：1961年下半年，《红旗》杂志约写关于农民战争史的文章，写成后原稿约2.5万余字，包括农民战争的性质、作用等当时争论最热烈的问题。《红旗》杂志选择其中的一段题为《中国农民战争的自发性与觉悟性问题》发表。由于未发原稿结束语中涉及历史主义问题，《红旗》杂志编辑相嘱就此问题再写一篇文章。

发表《尚让的结局》，原文曾以武慰营的笔名刊载于《江海学刊》1962年10月号，增补后刊载于《北京师院学报》1979年第1期。作者按：针对吴泽、徐德璘等在《光明日报》前此发表的关于王仙芝及黄巢非受敌诱降、乞降而是坚持作战到底的论点提出质疑。作者附记：原来曾以《全唐文》卷793《大赦庵记》作为说明尚让投降的一条依据，方积六先生《大赦庵记真伪考》已明指其为伪作。删去。

《从事实出发是历史认识的规律》，收载于《宁可史学论集》，第157—173页。文末注明1962年。

1963年

发表《对农民战争后封建王朝一些政策的分析》，刊载于《新建设》1963年3月号。作者按：对当时流行几乎成为模式的"让步政策论"提出了不同意见。

发表《论历史主义和阶级观点》，《历史研究》1963年第4期，中国社会科学出版社，1999年（下同），第1—40页。作者按：3月，林甘泉在《新建设》1963年第3期发表《历史主义与阶级观点》，不指名地批评了翦伯赞、吴晗、蔡美彪等人的一些观点。阅读林文后认为批评中肯，《红旗》杂志所约历史主义文章可以不必写下去了。但黎澍提出需对林甘泉文进行反驳，要害是历史主义和阶级观点应是二而非一，并提出应当指名批评林甘泉，随即在《红旗》所约义初稿基础上写成《论历史主义和阶级观点》，黎澍阅后未作改动，仅加上"阶级观点是唯物主义历史观的核心，历史主义是辩证法对历史过程的理解"一句，交《历史研究》1963年第4期发表，之后《人民日报》及《北京日报》先后将该文摘要发表。文章发表后，引起了史学界关于历史主义与阶级观点的讨论。

1964 年

7 月，因黎澍受命组织写批判苏修和有关中俄关系和边界问题的文章，于是宣布编写"历史科学概论"工作停止，一度调到黎澍主持的"现代史讨论会"参加写批判苏联修正主义的文章。随即又转调到黎澍主持的"近代史讨论会"写关于中苏边界争执的文章，均无成果。

发表《论马克思主义的历史主义》，刊载于《历史研究》1964 年第 3 期。作者按：林甘泉于 1964 年 3 月在《新建设》1964 年第 3 期上发表反驳文章，强调历史主义和阶级观点，作为唯物史观统一的观点和方法，有着不容分割的内在的联系，黎澍令续写文章反驳，仍强调历史主义和阶级观点是两个而不是一个，于是续写《论马克思主义的历史主义》。

发表《士兵刺字》，原文曾以武慰萱的笔名发表于《人民日报》1964 年 5 月 18 日，增补修改后刊载于《北京师院学报》1979 年第 1 期。

1965 年

4 月，请求回校工作。被校领导指定负责历史系行政工作，并参加北京市委组织的"不是四清的四清"，即没任何名义的"四清"，为工作组成员。结束后，随历史系师生下到北京十三陵泰陵沟农村搞开门办学。

发表《谈戚继光斩子的传说》，刊载于《人民日报》1965 年 7 月 27 日。

年末，参加对《海瑞罢官》及"三家村"的批判。

1966 年

6 月，"文化大革命"开始，被扣上"反动学术权威"等若干顶帽子，被打倒批斗。

1967 年

年初，进劳改队。

利用一段时间到中国科学院图书馆查阅敦煌文书缩微胶片，并抄了数十件社邑文书，包括"社条""社司转帖""社历""社文""社状牒"等，开始关注社邑文书的整理与研究。

1968 年

年初，劳改队解散，清理阶级队伍后，随军工宣队暨历史系师生疏散到顺义和平谷农村，参加整党。

1969 年

夏，与夫人刘淮一同到北京大兴县天堂河农场"五七干校"参加劳动。

8 月 24 日，送女儿宁欣、宁静赴黑龙江农场(后改制为生产建设兵团)至永定门火车站。

1970 年

从顺义转到平谷县设在镇罗营的"干校"，继续参加劳动。

1972 年

返校，参加新招收的工农兵学员的学习活动。被任命为政史地系革委会副主任。

夏，北京师范学院、北京师范大学、河北师范学院三校教师 15 人，共同编写大学中国古代史教材。现存有未正式发行版。

1974 年

年初，教材编写组解散，返校参加"反回潮运动"，随即参加"批林批孔运动"。

上半年，去各处讲解儒法斗争。夏，参加评论法家会议。

夏，被国务院科教组借调去参加复刊的《历史研究》工作，任编辑领导小组副组长（胡绳武任编辑领导小组组长，曹青阳任党支部书记）。

1975 年

《历史研究》转由中国科学院哲学社会学部主管，转到该处任编辑领导小组编务副组长。黎澍任编辑领导小组组长。

1976 年

发表《痛打落水狗梁效、罗思鼎》，署名本刊编辑部，刊载于《历史研究》1976 年第 6 期（12 月）。

发表《清算"四人帮"利用历史反党的罪行——部分工人与史学工作者的笔谈》，刊载于《文物》1976 年第 12 期。"文革"刚结束的作品。

1978 年

离开《历史研究》编辑部，返回北京师范学院。任历史系副主任，学报副总编辑。继续担任历史系本科生及研究生的"中国古代史""中国古代史研讨""史学理论研讨"等课程的讲授，并兼任北京大学、兰州大学、天津师范学院、宁夏大学、复旦大学、河北大学等校的"中国古代史专题""史学理论专题"等课程的讲授。

真正开始进入敦煌吐鲁番学研究领域。

建立北京师范学院中国古代经济史研究室，宁可任主任，成员有杨生民、翁俊雄、蒋福亚等老师。

1979 年

晋升副教授。

发表《汉代农业生产漫谈》，刊载于《光明日报》1979 年 4 月 10 日《史学》。

发表《记晋〈当利里社碑〉》，刊载于《文物》1979 年第 12 期。

1980 年

应北京大学历史系主任邓广铭先生邀请，为历史系 80 级本科生讲授"中国通史：先秦—魏晋南北朝"，保存当年的讲义手稿约 15 万字。

负责《北京师院学报》编辑工作，创建"中国社会经济史研究"专栏。

发表《有关汉代农业生产的几个数字》，刊载于《北京师院学报》1980 年第 2 期。

发表《试论中国封建社会的人口问题》，刊载于《中国史研究》1980 年第 1 期。

发表《汉代的社》，刊载于《文史》第九辑，1980 年。

参加"唐史研究会"成立大会，当选为"唐史研究会"（即现在的中国唐史学会），第一届理事会常务理事。

1981 年

晋升教授。

开始招收硕士研究生。

发表《"论"与"史"》，刊载于《学习与研究》1981 年试刊第 1 期。

发表《宋代重文轻武风气的形成》，刊载于《学林漫录》第三集，1981 年 5 月。

应邀为《中国历史年鉴》（概述一年史学研究栏）撰写《古代经济史》，人民出版社，1981 年 9 月。

7 月 15 日至 9 月 9 日，组织领导第一次大型历史考察——丝绸之路考察。参加者有北京大学吴宗国、邓文宽、赵和平，中国人民大学沙知，北京师范学院宁可、杨檀、蒋福亚，中国科学院姚蜀平，国家科委叶捷春，南开大学傅玫，山西社会科学研究所阎守诚，四平师范学院刘恩惠，徐州师范学院刘希为，郑州大学高敏，中山大学胡守为，西北大学周伟洲、胡戟，兰州大学齐陈骏、陆庆夫，西北师范学院刘曼春，敦煌文物研究所孙修身，新疆社会科学院考古研究所王明哲等二十二人。在兰州，考察队员们推举宁可为队长，胡守为为副队长，并聘请北京大学的宿白、王永兴为学术顾问。这次考察，自 1981 年 7 月 15 日起，至 9 月 9 日止，累计行程八千公里，历甘肃、青海、内蒙古、新疆和陕西五省区，考察访问点近百个，重点是河西走廊到乌鲁木齐一线。

1982 年

发表《中国封建社会的人口问题》，刊载于《光明日报》1982 年 6 月 21 日。

发表《关于〈汉侍廷里父老僤买田约束石券〉》，刊载于《文物》1982 年第 12 期。作者附记：此文发表后，读到俞伟超先生 1988 年出版的《中国古代公社组织的考察——论先秦两汉的"单—僤—弹"》一书。此书探源溯流，考索全面精详。下略。

7 月 10 日至 18 日，主持并组织第二次大型历史考察——"河东两京考察"（秦晋豫）。担任队长。考察队由北京、山西、陕西、河南四个省市 17 个单位的 32 位学者组成。首都师大党委书记崔耀先等人为顾问，张海瀛负责山西境内的考察，胡戟负责陕西境内的考察，张文彬负责河南境内的考察。这次考察，从 1982 年 7 月 10 日起至 8 月 18 日止，历时 40 天，累计行程 8000 多公里，历经山西、陕西、河南 3 省 9 市 37 县，考察访问点 140 个。参加考察的学者撰写的考察论文，汇集成《晋秦豫访古》一书，由山西人民出版社于 1986 年出版发行。

发表《河西怀古》，刊载于《丝路访古》，1982 年。

在北京师范学院历史系开设"隋唐五代经济史"。

1983 年

被国务院学位委员会历史学学科评议组评为博士生导师。

发表《历史研究之成为科学》，刊载于《纪念马克思逝世一百周年论文集》，北京师范学院科研处，1983 年 3 月。正式进入历史理论和史学理论领域，亦是宁可重点研究的五大领域之一。

发表《介绍〈敦煌吐鲁番文献论集〉》，刊载于《人民日报》第 5 版，1983 年 3 月 30 日。敦煌吐鲁番研究是宁可重点研究的五大领域之一。

8 月，出席在兰州召开的中国敦煌吐鲁番学会成立大会，被选为副会长兼秘书长。会长为季羡林先生。会议秘书处设在北京师范学院。

10 月，发表《历史研究和资料工作》，刊载于中央教育科学研究所、教育情报研究室编：《教育情报学术报告文集》，1983 年 10 月 19 日。

应邀在兰州大学开设讲座：中国封建社会人口的几个问题。

1984 年

发表《什么是历史科学理论——历史科学理论学科建设探讨之一》，刊载于《历史研究》1984 年第 3 期。

发表《唐末五代的山西》（与阎守诚合作），刊载于《晋阳学刊》1984 年第 5 期。

发表《从事实出发是历史认识的规律》，收载于《宁可史学论集》，中国社会科学出版社，1999 年，第 157—173 页。

在《平准学刊》第 3 辑上发表了《中国古代历史发展的地理环境》一文。为了撰写此文，前后花了将近二十八年的时间，从 1956 年完成初稿，到 1984 年 5 月发表五易其稿。

7 月 14 日至 8 月 25 日，第三次大型历史考察——唐宋运河考察。前两次考察都担任考察队长，第三次因故没有参加，考察活动开始之前，在胡戟先生的陪同下沿运河考察路线做了细致的安排，为这次考察的筹备、组织和总结做了大量的工作。

7 月 23 日至 8 月 21 日在徐州范学院举办的第一期唐史讲习班，讲授题目《唐代经济》，中山大学的胡守为先生、东北师范大学的吴枫先生、中国历史博物馆的史树青先生、北京大学的王永兴先生、上海音乐学院的叶栋等先生亦为主讲人，宁可为最后一讲。

被聘为中国文化书院导师，院长为北京大学汤一介教授。

1985 年

发表《述社邑》，刊载于《北京师院学报》1985 年第 1 期。

发表《充分发挥史学的社会功能》，刊载于《光明日报》，1985 年 12 月 25 日，《文摘报》第 274 期摘载，1986 年 1 月 2 日。

主编的《平准学刊》第一辑出版，中国商业出版社，1985 年。

与中国社会科学院经济研究所、历史研究所、近代史研究所合作创办了以书代刊的《平准学刊》，其中吴承明、陶大庸担任顾问，宁可、萧帆先生担任主编，方行、李根蟠、郭松义、蒋福亚等诸多专家组成编辑委员会，可谓阵容强大，该刊总共出版了五辑八册。

夏，经过和其他敦煌吐鲁番学会学会领导的精心策划，一个规模空前的敦煌吐鲁番学国际研讨会在新疆乌鲁木齐、吐鲁番成功举办，包括几十位国内外一流专家在内的一百多位学者相聚天山南北，在热烈而兴奋的气氛中切磋研讨。时自治区的主要负责人王恩茂书记专门在"八楼"（昆仑宾馆）接见并宴请了会议代表。

秋，赴江西庐山参加漆侠先生主持的中国农民战争史研究会的年会。与会者有孙祚民、孙达人、田昌五等先生。在开幕式上就新中国成立后的农民战争史研究的一系列问题作主题发言。

1986 年

在北京师范学院首次开设"《资本论》选读"课程。

发表《学习翦老治学态度和方法的两点感受》，刊载于《翦伯赞学术纪念文集》，北京大学出版社 1986 年。

发表《地理环境在社会发展中的作用》，刊载于《历史研究》1986 年 6 期。

发表《中国古代历史发展的地理环境》，刊载于《平准学刊》第三辑，作者注明：1956 年初稿，1984 年五稿。

1987 年

发表《五斗米道、张鲁政权"和社"》，刊载于《中国文化与中国哲学》1987 年。作者附记：本文写作时，论及先秦的社的地方，主要参考了杨宽：《试论中国古代的井田制度和村社组织》《古史新探》，李亚农：《中国的封建领主制和地主制》第一章《中国古代的村社制度》，徐喜辰：《井田制度研究》。论及两汉的社的地方，参考了瞿宣颖：《中国社会史料丛钞》

甲集九《传说·社》及该书其他部分有关记载。作者对道教史非所素习，本文涉及五斗米道之处，得陈国符《道藏源流考》特别是其中的《南北朝天师道考长编》之赐甚多，谨志。又，本文论述中有转述作者的《汉代的社》《关于汉侍廷里父老买田约束石券》二文之处，不再一一注明。

《历史上的中国》，收载于《宁可史学论集》，第159—229页，作者附记：这是一份讲稿，讲于1987年至1996年间。

春，赴云南大理参加吴慧先生主持的有关中国经济史的学术研讨会，吴慧先生推他为总评议人。从大理回到昆明，为云南大学历史系师生作了题为《中国古代历史的特点》的学术报告。李埏先生设宴招待。

夏，赴太原参加武则天研讨会。

7月20日至8月8日，在昆明举办第二期唐史讲习班。这次邀请来讲课的学者有河北省社科院胡如雷先生、武汉大学陈仲安先生、北京大学张广达先生、云南大学李埏和尤中先生、云南师范大学的潘镛先生等。宁可先生是最后一位授课，授课题目是《环境对历史发展的作用》。

赴香港参加国际学术研讨会。

1988 年

应邀为何兹全夫人郭良玉女士《唐太宗演义》撰写序言，该书由河南人民出版社出版，1988年8月。

唐长孺主编的《中国大百科全书·隋唐五代卷》，由中国大百科全书出版社出版发行，撰写长词条"社邑"词条。

保存有20世纪80年代"隋唐五代社会经济史讲义"，约8.6万字。

11月，赴英国伦敦英国国家图书馆从事《英藏敦煌文献（汉文非佛经部分）图集的有关文书的选择与拍照工作》。历时一年。筛选全部英藏敦煌文献，即从英国国家图书馆、印度事务图书馆、英国国家博物馆所藏敦煌遗书中挑选佛经以外文献。用了整整一年的时间，过目敦煌文书15000余件，从中选出了2000余件。这2000余件文书，由高级摄影师负责拍摄，即《英藏敦煌文献（汉文非佛经部分）》收录的图版，为全书的编撰工作奠定了基础。为中国学者中阅读过全部英藏敦煌文献的第一人。

被评为北京市有突出贡献专家。

1989

6月—11月，夫人刘淮赴伦敦探亲，与宁可团聚。

在中国商业史专题研讨会上的发言，后收录于《平准学刊》第五辑下册，光明日报出版社，1989年，第156—159页。

1990 年

发表《北朝至隋唐五代间的女人结社》（与郝春文合作），刊载于《北京师范学院学报》，1990年第5期。

6月，应漆侠先生邀请，赴河北保定主持李华瑞等博士研究生答辩。

赴敦煌参加"敦煌学国际会议"。

1991 年

出版《史学理论和方法》（与汪征鲁合作），中央广播电视大学出版社，1991年。

获得国务院颁发的政府特殊津贴。

1992 年

论文《地理环境在社会发展中的作用》获得北京市第二届哲学社会科学优秀成果奖二等奖。

发表《地理环境和中国文化》，以朝鲜文刊载于高丽大学出版部，1992年。

保存署有"1992年6月"中国社会经济史专题讲义，约10万字。

1993 年

出版《敦煌的历史与文化》（与郝春文合著），新华出版社，1993年。

1994 年

发表《中国历史上的皇权和忠君观念》（与蒋福亚合作），刊载于《历史研究》1994 年第 2 期。

发表《关于历史发展的动力》，刊载于《首都师范大学学报》1994 年校庆增刊。

参加"闽台文化学术讨论会"，论文题目"关于区域文化研究"。

1995 年

《关于文化问题的笔记》，收载于《宁可史学论集》，第 323—335 页，作者附记：这是 1995 到 1996 年读书时所写下的一篇笔记，原来还有第三部分，即文化建设，但感到收获不多，未录入。

参与筹划的《英藏敦煌文献（汉文佛经以外部分）》（图录本），主编了十二到十四卷的编纂及全书定稿工作，由四川人民出版社出版。该图集共十五卷，由中国社会科学院历史研究所、中国敦煌吐鲁番学会、敦煌古文献编辑委员会、英国国家图书馆、英国亚非学院四方合作。该书获得了 1995 年第二届国家图书奖一等奖，还带动了《俄藏敦煌文献》《法藏西域敦煌文献》等一批敦煌文献图集的编辑和出版。

赴福建师范大学讲学。

发表《敦煌遗书散录二则》，刊载于《敦煌吐鲁番研究》第一卷，北京大学出版社 1995 年。

1996 年

《〈藏书绝句〉非杨守敬作》，刊载于《杨守敬集》第八册，1996 年。

《关于历史事实——〈中华五千年纪事本末〉序》，人民出版社，1996 年。

主编《中华五千年纪事本末》，人民出版社 1996 年 10 月出版发行。全书 219 万多字。

1997 年

《敦煌社邑文书辑校》（与郝春文合著）出版，江苏人民出版社，1997

年，约 40 万字。

发表《我所认识的何兹全先生》，刊载于《何兹全先生八十五华诞纪念文集》，中国社会科学出版社，1997 年。

发表《〈中国农业百科全书·农业历史卷〉品评》（与魏明孔合作），原载于《博览群书》1997 年第 3 期；《农业考古》1997 年第 3 期；《光明日报》1997 年 3 月 18 日（改写）。

发表《〈历代食货志注释〉述评》（与魏明孔合作），刊载于《古籍整理情况简报》简报 1997 年第 5 期。

发表《关于隋炀帝》，刊载于《〈隋炀帝〉电影创作与隋炀帝研究》1997 年。

9 月 14 日，赴浙江海盐县参加《敦煌学大辞典》编纂工作会议，并与部分编者合影。

《中国经济史研究》承办了"中国封建社会前期和后期经济发展"研讨会，与中国社会科学院历史研究的林甘泉先生、中国社会科学院经济研究所中国经济史研究室的方行先生和李根蟠先生等共同倡导推动，以在京的教学和科研单位为主，主办每年举行一次或数次的"中国经济史论坛"，在学界产生很大的影响。

1998 年

《敦煌社邑文书辑校》（与郝春文合著），获北京市第五届哲学社会科学优秀成果一等奖。

年初，参加北京大学举行的邓广铭先生告别会。

季羡林主编，唐长孺、段文杰、宁可、沙知为副主编的《敦煌学大辞典》，由上海辞书出版社出版发行。该书由中国敦煌吐鲁番学会、敦煌研究院与上海辞书出版社联合发起，以当时中国敦煌学界的"现役主力"为主要作者，积十余年之功，编纂而成。该辞典是迄今为止海内外第一部也是唯一一部以工具书形式，全方位展示 20 世纪敦煌学研究成就的大型专科辞典，首次系统、全面地对敦煌学进行了总结，出版后获 1999 年第四届国家图书奖一等奖。宁可参与了这本大辞典的策划、组织和编撰的全过程。

主编《中华文化通志》十典之一的《地域文化典》。该大型志书由中华炎黄文化研究会会长萧克将军主持编纂，是迄今为止我国第一部全面系统地记述中华文化的巨著。共十典，每典十志，共一百卷，约 3600 万字，1998 年 10 月该书由上海人民出版社出版发行。江泽民总书记接见了主编萧克及部分编委和作者。

1999 年

《宁可史学论集》出版，中国社会科学出版社，1999 年。从历年所发表的学术论文选出 46 篇结集出版，约 56 万字。

为首都师范大学历史系教师刘振中《中国民族关系史》一书撰写序言，该书 1999 年由中国青年出版社出版。

发表《斯坦因怎样骗盗了敦煌文物》，刊载于《百年潮》1999 年第 9 期。

主编《中国经济发展史》（全五册），中国经济出版社，1999 年。

5 月 24 日应田昌五先生之邀，赴山东大学主持刘玉峰博士论文答辩。

11 月，刘玉峰作为宁可先生首名博士后，也是首都师范大学首名博士后，顺利入站。

2000 年

发表《中国社会形态研究中应当注重的一个方面——商品经济》，刊载于《历史研究》2000 年第 2 期。

发表《敦煌文献与中国历史研究》，刊载于《英国收藏敦煌汉藏文献研究：纪念敦煌文献发现一百周年》，中国社会科学出版社，2000 年；又见《郭店楚简与早期儒学》，台湾古籍出版公司，2002 年。

主编《中国经济通史·隋唐五代卷》，经济日报出版社，2000 年。撰写该书的后记。

8 月 2 日，夫人刘淮因病去世。葬于北京市门头沟区的万佛陵园。

2001 年

9 月，赴加拿大和美国探望女儿宁静和宁卿一家。

11 月 3 日，赴河北省保定，参加好友、著名宋史专家漆侠先生的追悼会。

2002 年

发表《从传统社会特征看中国农器发展》，刊载于《光明日报》2002 年 4 月 2 日。

4 月，赴武夷山参加《中国审计史》（五代宋元）文稿评审会。

5 月 26—29 日，赴云南昆明云南大学参加由中国史学会和云南大学举办的"21 世纪中国历史学展望"学术讨论会。提交会议论文《历史研究与马克思主义》。

与重庆南开中学旧同学在北京恭王府聚会。

2003 年

《历史研究与马克思主义》，刊载于"21 世纪中国历史学展望学术讨论会"会议论文集《21 世纪中国历史学展望》，中国社会科学出版社，2003 年。

应邀在"部级领导干部历史文化讲座"上讲述《中国古代吏治的得失与借鉴》。讲义经整理，刊载于《部级领导干部历史文化讲座》，北京图书馆出版社，2003 年。

应邀在国家图书馆"敦煌与丝路文化学术讲座"上讲述《敦煌的历史和文化》。

6 月，应西北第二民族学院（后改为北方民族大学）邀请，赴宁夏银川进行学术讲座。

12 月 20 日，赴北京友谊宾馆参加中华文化书院团拜会，与汤一介、戴逸、杨辛等先生（旧同学）合影。团拜会每年年底举办一次。

2004 年

出席由首都师范大学主办的"中国经济史论坛",在大会上发言。

发表《什么是历史——历史科学理论学科建设探讨之二》,刊载于《河北学刊》2004 年第 6 期。

主编《中华大典·经济典》(全 32 册,《中华大典》任继愈总主编),于 2004—2017 年,陆续由巴蜀书社出版发行。《经济典》下设若干七个分典,计有:《综合分典》《经济思想分典》《货币金融分典》《土地制度分典》《财政分典》《户口分典》《商业城市贸易分典》等。撰写了序言。《中华大典》被列为《国家"十一五"时期文化发展规划纲要》重大出版工程。

3 月,应邀在国家机关团委历史讲述《隋唐五代历史概述》,讲义经整理收载于《宁可史学论集续编》,中华书局 2008 年,第 78—106 页。

4 月,应邀在国家图书馆文津讲坛作"六至十三世纪中国的社会生活"演讲。

2005 年

发表《关于对黎澍和史学理论研究的点滴记录》,刊载于《博览群书》2005 年第 3 期。

出版《史学理论研讨讲义》,鹭江出版社,2005 年,约 35 万字,在讲义的基础上修改成书。

4 月 22 日,参加纪念清华大学国学院建院 80 周年纪念活动,与北大旧同学田余庆先生等合影。

应邀在国家图书馆"部级领导干部历史文化讲座"上讲述《中国王朝兴亡周期率》。

11 月 30 日,赴北京金悦饭店参加好友聚会。经常参加者有汤一介乐黛云夫妇、孙长江孙伟夫妇、李泽厚、包遵信、庞朴、沈昌文、余敦康等先生。

12 月,为《成庆华史学文存》撰写序言。该书于 2006 年由中国社会科学出版社出版。

2006 年

发表《关于文化的随想》，刊载于《博览群书》2006 年第 1 期。

发表《中国经济史研究中要考虑的几个提法》，刊载于《中国经济史研究》2006 年第 2 期。

发表《对历史科学理论的不懈探讨》，刊载于《历史教学问题》2006 年第 4 期。

发表《中国王朝兴亡周期率》，刊载于《部级领导干部历史文化讲座·2005》，北京图书馆出版社，2006 年。

6 月，应邀赴广州讲坛举办讲座，题目"敦煌的历史和文化"。讲稿收载于《广州讲坛讲演录》第二辑，商务印书馆 2006 年。

发表《关于中国封建经济结构》，刊载于《学术月刊》2006 年第 11 期。

12 月 30 日，参加汤一介任院长的中华文化书院导师新年团拜会。

2007 年

3 月，参加北京大学纪念邓广铭先生诞辰 100 周年纪念大会。

5 月，赴江西南昌应邀赴江西财经大学参加方宝璋教授指导的博士研究生答辩会。

发表《中国封建经济结构的运转和发展》，刊载于《中国经济史研究》2007 年第 2 期。

发表《中国封建社会的专制主义中央集权制度》（国家图书馆文津讲座），刊载于《文津演讲录》之六，北京图书馆出版社，2007 年。

12 月 16 日，应邀在国家图书馆分馆"文津讲坛"讲述《中国封建社会的专制主义中央集权制度》。

2008 年

《宁可史学论集续编》出版，中华书局 2008 年，约 20 万字。

4 月 14 日，参加首都师范大学校庆纪念活动。

发表《我的奥运情结》，刊载于《光明日报》"奥运专栏"2008 年 7 月 12 日。

发表《看似偶然，势所必至——记第一架望远镜诞生四百周年》，刊载于《博览群书》2008 年第 12 期。距发表的第一篇有关天文望远镜的论文已经 62 年。

5 月，《史学理论研讨讲义》（鹭江出版社，2005 年）获北京市第十届哲学社会科学优秀成果奖。

7 月 13 日，应邀在国家图书馆"文津讲坛"进行学术讲座。

7 月 15 日，在首都师范大学历史学院讲授史学理论课。

12 月 5 日，80 华诞，个人拿出长期朴素生活而积攒下的 50 万元人民币，设立"成庆华宁可史学奖"奖项，敦促和鼓励有志于中国古代史研究的青年学子。因成庆华先生作为历史系的创始人之一，在教学和科研方面得到他的常年提携和支持，特以共同的名义设立奖学金，表达缅怀、感恩和继续奋进之情。该奖每年 9 月颁奖一次。截至 2024 年 9 月，已举办 16 届，32 名学生（含本科生和研究生）获奖。

12 月 6 日，出席首都师范大学举办的"宁可先生八十华诞庆典暨宁可先生史学思想研讨会"。

2009 年

6 月 25 日，出席首都师范大学建校 55 周年庆祝大会并做大会发言。

9 月 1 日，出席首届"成庆华宁可奖学金"颁奖仪式并为获奖学生颁奖。

12 月 27 日，与丝绸之路考察队老队员合影。聚会者有吴宗国、杨坛、蒋福亚、阎守诚、赵和平、邓文宽、女儿宁欣等。

2010 年

《敦煌的历史与文化》（与郝春文合著）再版，中国国际广播出版社，2010 年，约 10 万字。

《宁可谈敦煌》出版，湖南少年儿童出版社，2010 年，约 5 万字。"中国文化丛书"系列之一。

2011 年

2 月，赴北京八宝山殡仪馆参加何兹全先生遗体告别仪式。

发表《从二重证据法说开去——漫谈历史研究与实物、文献、调查和实验的结合》，刊载于《文史哲》2011 年第 6 期。

参加首都师范大学历史学院年底辞旧迎新团拜会。与历年所指导的博士研究生、博士后和硕士研究生共计 29 名合影。

2012 年

任士英、刘玉峰：《历史学领域的多头并进——宁可先生访谈录》，《中国文化研究》2012 年春之卷。

1 月 12 日，参加中华炎黄研究会新年团拜会。

4 月 15 日，参加北京大学举办的"邓广铭先生纪念会"。

2013 年

5 月 10 日，在首都师范大学参加"丝绸之路"考察队队员聚会。曾被誉为"终身队长"。

8 月 18 日，出席"中国敦煌吐鲁番学会成立三十周年国际学术研讨会"。生前参加的最后一次学术活动。

11 月 27 日，首都师范大学党委书记张雪探望已经因病住进空军总医院的宁可教授。

在此前后，首都师范大学校长宫力辉到空军总院探望。

12 月 1 日，已经毕业的校外博士研究生到空军总医院病房祝贺宁可85 岁生日。

发表《琐忆昕若》，收载于《纪念张昕若》，长江出版社，2013 年。

受邀于邓广铭先生哲嗣邓小南教授，为邓广铭先生《隋唐五代史讲义》撰写序，该书由中华书局于 2013 年出版。

受邀于邓广铭先生哲嗣邓小南教授，为邓广铭先生《宋辽夏金讲义》撰写序，该书由中华书局于 2013 年出版。

发表《回忆邓广铭和他的〈隋唐五代史讲义〉》，《中华读书报》2013

年 12 月 11 日第 10 版《书评周刊》。

2014 年

1 月 14 日，用竖排书写"六半堂记诗话"。

1 月，留下的最后文字，是续写他的旧同学，但字迹小而不清，难以为继，未成文而终搁笔。

2 月 18 日，病逝于北京。遵遗嘱，与先逝夫人刘淮合葬于北京市门头沟区万佛陵园。

2 月 22 日，在八宝山举行告别仪式。

3 月 29 日，宁可先生追思会在首都师范大学召开。

4 月，遗著《中国封建社会的历史道路》出版，北京师范大学出版社，2014 年，约 34 万字。

根据生前愿望，将所收藏的图书大部分捐赠给首都师范大学图书馆。图书馆为此设立了宁可捐赠书籍专架。

2015 年

遗著《流年碎忆》出版，北京师范大学出版社，2015 年，约 34 万字。去世前已见到样本。

《永远的怀念——宁可先生追思集》出版，郝春文主编，上海古籍出版社，2015 年。

2017 年

《宁可文集》编委会成立，编纂工作正式启动。《文集》主编郝春文、宁欣，副主编张天虹，编委（以姓氏汉语拼音为序）郝春文、李华瑞、刘玉峰、刘屹、鲁静、宁欣、任士英、魏明孔、杨仁毅、张天虹。由人民出版社出版发行。

2018 年

12 月 8 日，首都师范大学历史学院召开"宁可先生诞辰九十周年纪念座谈会"，邀请宁可先生的家人、学界友人、学院同仁、授业弟子 50 多人，追忆宁可先生的生前往事，评述其学术贡献，以及对首都师范大学及历史学院建设所做的贡献和功绩。

2023 年

与女儿宁欣合著的《隋唐五代史》，由人民出版社出版。

2024 年

5 月 21 日，女儿宁欣、宁静代表姐妹三人（宁卿）将宁可先生遗留的手稿（主要是从上世纪五十年代从教以来的讲义）捐赠给国家版本馆。包括九本讲义、零散讲稿、《流年碎忆》部分手稿、学术卡片（4—5 千张）和 1946—1948 年北京大学四院学运材料等。

宁可先生指导的研究生、博士后名单

一、硕士

陶文牛　1982—1985

孙文泱　1982—1985

何　力　1983—1986

郝春文　1983—1986

李德龙　1983—1986

郭　媛　1985—1988

李杰锋（与翁俊雄先生合作指导）　1985—1988

张桂萍（与杨生民先生合作指导）　1985—1988

刘德雄（与蒋福亚先生合作指导）　1985—1988

孙玉琴（与蒋福亚先生合作指导）　1986—1989

徐庆全　1986—1989

施　红（与杨生民先生合作指导）　1986—1989

李黎冰（与蒋福亚先生合作指导）　1986—1989

顾梅先（与阎守诚先生合作指导）　1993—1996

刘　慧（与阎守诚先生合作指导）　1993—1996

张伟民（与阎守诚先生合作指导）　1994—1997

王亚春（与阎守诚先生合作指导）　1994—1997

刘　屹（与郝春文合作指导）　1994—1997

史　睿（与郝春文合作指导）　1994—1997

共计 19 人。

二、博士

汪征鲁　1986—1990

高凯军　1987—1990

孙文泱　1987—1991

方宝璋　1988—1991

李向军　1988—1991

孟彦弘　1991—1994

王永平　1992—1995

李卫东　1992—1995

高小斯　1993—1996

郑显文　1994—1997

魏明孔　1994—1997

郝春文　1995—1999

李嘉郁　1995—1998

李书吉　1995—1998

李　方　1996—1999

宋　杰　1996—1999

李　肖　1996—1999

郗志群　1997—2001

刘屹（与郝春文合作指导）　1997—2000

邓京力　1998—2001

任士英（与阎守诚先生合作指导）　1998—2001

史睿（与郝春文合作指导）　1999—2002

尚平（与李华瑞合作指导）　2006—2009

赵晨昕（与王永平合作指导）　2009—2012

朱舸（与李华瑞合作指导）　2010—2013

共计 25 人。

三、博士后

刘玉峰　1999—2001

王义康（与郝春文合作指导）　2002—2004

陈　丽　2007—2009

后晓荣　2007—2009

共计 4 人。

后 记

《中国通史（夏—魏晋南北朝）讲义》

父亲很重视教学工作，这也体现在他撰写并保留下的若干种十几厚本讲义上。计有：先秦—魏晋南北朝讲义（1954 年，1980 年）、隋唐五代史讲义（1957 年）、宋辽金元讲义（1956 年）、中国历史要籍讲义（1957—1958 年）、中国经济史讲义（1962、1978、1987、1992 年）等。所用都是正式的讲义（或笔记）活页稿纸，16 开，浅蓝色格线，纸边有专门用作写提纲、补充、注释等的边栏，每本讲义都用紫色硬皮双面夹住稿纸，用紫色细绳扎紧，封面贴有一条白纸，注明讲义撰写的时间，有的注明教授的对象。

《先秦—魏晋南北朝讲义》，是 20 世纪 80 年代应邓广铭先生之邀，为北大历史系 78 级学生讲授通史的讲义，由张天虹组织文字录入，工作从 2018 年开始，参加者为北师大和首师大的在读或已毕业的研究生和本科生。他们是：黄图川、王慧、吴宇翔、刘夏欣、张跃飞、欧燕、李永、王溪、王博、周晓楠、闫悦、付钰、姚昊宇、张睿祎、韦瑶函、张海威、孙俊、李明阳、钱信、田戈、李瑞华、南芳。当时是按照每位同学负责 10 页稿纸的原则，因为字难辨，花费的时间会远远超出普通录入所需时间的若干倍，但很多同学承担了更多的工作，如黄图川承担了 40 多页，钱信、吴宇翔、王慧等承担了 20 页。可以想见的艰辛与坚持。没有他们的努力和付出，这本讲义大概也就只能保留"原始"的面貌了。这本讲义的出版就是对他们付出的最好回报。天虹又对初稿进行了校对，工作异常艰苦，也做得非常细致。由于字小，经常连笔，极不好辨认，正校、理校等方法都用上了，还特地将他自己的修改用蓝色标出。我又认真通读全稿，将辨认有误、辨认不出的字改写和补写，逻辑上和词语中的问题也尽量给予修正。出版之前，中国社会科学杂志社李明阳先生、首师大燕都学院本科生陈朗、历史学院本科生刘庆昭两位同学参与了校对。

《隋唐五代史讲义》

这本讲义是 1957 年为北京师范学院历史系学生授课的隋唐史讲义。电子版是请我的研究生王溪同学（现为国家博物馆副研究馆员）朗读录音；父亲的博士后、现为河北师范大学教授陈丽具有听音快速打字的"绝活"，主动承揽了根据王溪录音而录入的艰苦工作。王溪本、硕、博都是在北师大读的，多才多艺，性格沉稳而恬静，是学校电视台的"金牌主播"，声音圆润而清晰，认字水平也很好，十几万字的讲稿再加上字小难辨，由她诵读字正腔圆，效果最佳。录入讲稿的工作，陈丽教授除了亲力亲为，也组织了一些同学帮助录入，我最后进行了校对和修订，她们的前期工作令我非常感动。遵循整旧如旧的原则，尽量保持原貌，主要对缺、漏、讹的部分进行修补。

出版之前，天虹先后带领首师大历史学院研究生吴楠、朱楚乔、杨轲，本科生李骏秋同学核对了全部引文。天虹核对了全部手稿，并对个别字句提出一些意见，经我审核最后予以认定。

《宋辽金元史讲义》

1956 年版的这本讲义由我组织学生录入，校对后请河北大学张春兰教授（我的第一届博士生）推荐了河北大学的刘云军教授进行审读，非常感谢他发现和指出了很多错误，并提出了很宝贵的意见。

讲义由于成稿时间较早，从今天的研究和教学角度看，不免存在以下问题：一是最新的考古资料当时看不到，最新的研究成果也无法引用；二是 20 世纪 50 年代，思想意识形态领域已经走向一花独放的局面，因此难免会影响到讲义撰写时的用语和思维模式。

参加录入的都是我曾经的和现在的研究生：张天虹、张海威、李红梅、廖靖靖、王夫一、刘夏欣、李刻羽、王博、刘占凤、张春兰、万晋、蔡晓燕、欧燕、王溪、史少卿、张跃飞、胡平、于笛、李明阳、孙俊、李永、宋佳霖、李瑞华、南芳、吴宇翔、陈瑞、张文斌（27 人）。参加人员比较多，都是主动加入的，为尽量减少录入者的负担，人员多多益善也是我的初衷。

出版之前，天虹先后带领首师大燕都学院本科生夏薇、历史学院博士生韦瑶函、硕士生杨鹏颖、本科生王路安同学核对了全部引文。天虹核对了全部手稿，并对个别字句提出一些意见，经我审核最后予以认定。

父亲生前，并不赞成出版这些精心保存、悉心撰写的讲义，他认为很多内容都是引用别人的成果，或是在引用时进行了适当加工，原创的不多。但实际在整理时，发现这些讲义也体现了父亲的治学和教学态度，一丝不苟，严谨认真，他始终坚持每句话都写在讲义上，虽然在讲课时并不照本宣科。他上课和举办讲座时，没有一句赘言和寒暄语，直接进入主题，结尾大多是"好，今天的课就讲到这，下课"。据学生回忆，最后一句话说完，往往后面跟着的是下课的铃声，时间掌控得恰到好处，且能做到收放自如，从不拖堂。讲课时条理分明，思路清晰，深入浅出，视野开阔，具有理论高度，又有高度的概括能力。

没有大家的参与帮助，这些讲义手稿录入电子版会异常艰辛，亦有可能遥遥无期，不会这样顺利完成。

谨代表编委会和我本人，对所有参加录校工作的老师和同学一并致以衷心的感谢！

宁欣

2024 年 12 月

总 后 记

　　《宁可文集》是宁可教授 70 余年来的著述结集，一生的心血毕集于此。
　　感谢首都师范大学历史学院的资助及刘屹院长的支持，感谢编委会全体成员的不懈努力，感谢人民出版社及参与编辑工作的鲁静、郭岭松、刘松弢、彭代琪格几位先生付出的心血，感谢参与录入、校对、整理工作的所有老师和同学。

编委会

2024 年 12 月

责任编辑：刘松戣　彭代琪格

图书在版编目（CIP）数据

宁可文集 . 第十卷 / 宁可 著；郝春文，宁欣 主编 . —北京：
　人民出版社，2024.11
ISBN 978 - 7 - 01 - 026462 - 2

I.①宁…　II.①宁…②郝…③宁…　III.①中国历史 - 文集　IV.① K207-53

中国国家版本馆 CIP 数据核字（2024）第 085431 号

宁可文集
NINGKE WENJI

（第十卷）

宁 可　著

郝春文　宁 欣　主编

人民出版社 出版发行

（100706　北京市东城区隆福寺街 99 号）

北京新华印刷有限公司印刷　新华书店经销

2024 年 11 月第 1 版　2024 年 11 月北京第 1 次印刷
开本：710 毫米 × 1000 毫米 1/16　印张：45.5
字数：672 千字

ISBN 978 - 7 - 01 - 026462 - 2　定价：180.00 元

邮购地址 100706　北京市东城区隆福寺街 99 号
人民东方图书销售中心　电话（010）65250042　65289539

域外漢籍珍本文庫

域外漢籍珍本文庫編纂出版委員會

第一輯
子部

西南師範大學出版社
人民出版社

禅林象器箋（二）

第八類　身肢門

●周羅髮

敕修清規沙彌得度云。戒師用淨瓶灌頂。以指滴
水於頂上。執刀剃頭。乃至本師執刀云。最後一結謂
之周羅。唯師一人。乃能斷之。我今為汝除去。汝今
許否。答云可爾。

行事鈔沙彌別行篇云。與剃髮時。當頂留五三周
羅髮。來至和尚前互跪。和尚問云。今為汝去頂髮。
可不。答言爾便為除之。

資持記云。周羅。經音義
云。此翻為小。梵僧云小髻也。留五三者。趣舉其數。
留一亦得。準知落髮本是和尚。恐其煩久故令闍
梨為除。餘者但留少許和尚親落。

釋氏要覽云。周羅髮。即今親教和尚最後為剃頂
上髮也。梵語周羅。此云小結。且三界九地煩惱見
修所斷有八十一品。即第九地末品煩惱。名為小結。

微細難除。今此頂髮。喻彼煩惱。九十六種外道皆
不能盡除。唯佛弟子能斷故。親教師最後剃者。表
為除殘結令出三界故。

玄應經音義云。周羅此譯云小。謂小髻也。

●上肩

日用軌範云。以上肩順轉。註謂左肩也。

忠曰。己身之左。為上肩。己身之右。為下肩。其己
身左為上義。詳禮則門。上肩順轉處。

又曰。凡上肩下肩有二義。其自他相望。以上
位下位為上肩下肩者。別見座位門。

●下肩

忠曰。己身之右也。上肩處箋。

●觸指

日用軌範展鉢法云。以兩手大拇指迸取鑷子從

小次第展。不得敲磕作聲。仍護第四第五指。爲觸

指不得用。

忠曰。上廁畢。洗淨時。用第四第五指。故常以此

二指爲觸。指不用。潤者汚也。雖左右四五指故爲觸

指就中洗淨用左日用軌範。故特忌左手四五指矣。

第九類　叢軌門

叢軌不止視篆開堂之類。凡禮則乖說報縞喪

薦。無非叢軌矣。今就中更條分類從貴易撿尋

焉。又諸清規所列詳細行事。皆是叢規。若逐一

舉之。不若但從頭閱清規。故今特撮其中名色

顯著者。

● 出世

禪士得法之後。隱退長養。一旦龍天推轂。而住大

小寺院。此謂出世焉。蓋比佛世尊之瑞于世。其爲

代佛揚化也。其所住寺院。須奉綸命公帖方著黃

紫之服。世俗途見著黃紫。以爲出世可笑。

舊說曰。自首座轉西堂。可謂之出世。自諸山轉

十刹。不可謂之出世。

忠曰。諸山轉十刹。如清拙由南禪住臨川

聯燈會要南泉願禪師章云。有一菴主人謂之曰。

南泉近日出世。何不去禮拜主云。非但南泉直饒

千佛出興。亦不去師問。令趙州往勘之。州纔見菴

主便作禮。主不顧。州從西過東。從東過西而立主

亦不顧。州云。草賊大敗撥下簾子便行。舉似師師

云。我從來疑著這漢。

法華經方便品云。諸佛世尊。唯以一大事因緣

故。出現於世。

● 入院

出世入某院也。

敕修清規入院云。古人腰包頂笠。到山門首下笠

入門燒香。有法語。就僧堂前解已。屏處澀足。取衣
披搭入堂燒香云云 彼如

●視篆

舊說曰。中華寺院。有其寺印。如天童印。以帝號巖
主四字篆刻。凡住持退院時。小軸列書闔山大衆
名。軸尾使寺印。又別片紙。打寺印。不動其紙貼印
仰之。納于印籠。若少動印。則所粘紙可破。易破紙是
關住之際。禁盗掛搭之法也。住持封其印籠託都
寺令傳後住之人。都寺至新住持入寺日。於室間
度與之。　忠曰。日本禪刹。皆亦有寺印。
敕修清規入院云。知事捧呈寺印。新命看封付知
事開封。新命視篆。
唐書百官志云。節度使入境。州縣齎印迎于道
左視事之日。設禮案三日洗印。視其刑缺。
潛確類書云。職官分紀節度使視事三日洗印
視其刑缺。故曰視篆。又曰滌篆。篆印也。壯
滿曰解篆

●滌篆

視篆。亦曰滌篆 トモ見篆處
舊說曰。小器盛水。備傍。削細木以為滌印之用。

敕修清規受請人陞座云。若新命。是嗣法弟子住
持付法衣。有法語披衣。又開堂祝壽云。如受請
時。未披衣。當舉法語披衣畢。
舊說曰。衣表信而已。不可數披之。又曰凡開
堂披法衣。一生當唯一度也。昔慈氏和尚入寺
公方滿。請披衣。答曰貧道嘗在鎌倉一回披黃
梅衣。今若再披。近乎衒名。不可也。

●拈衣

日工集云。義堂受南禪鈞帖三會院大義來曰先
師所留金襴泊先祖法衣二頂。當探府君意以入
寺日護送堂曰按清規凡入院有嗣法之師送法
衣至。則披衣佛事。乃披為嗣法之信。不復還於師

處今則不然。吾先師嘗以衣爲爭端。留在三會院。不許外出。然先師滅後。好名者出而披之。誇入院。覩睨不爲玩弄哉。余昨告府君曰。無相爲衣。況嘗拈黃梅所傳衣耶。固辭。又按無準行狀。破菴遷寂之日。以密菴法衣及頂相等付無準。不受。惟領圓悟墨跡及密菴法語。蓋不必貴衣。故曰。衣表信而已。

東漸清規曰。如初出世人。在別處受請已。拈衣有法語。此處更不重疊。如未拈出。當先拈衣。有法語然後披衣。

● 一家宴

入院不請別刹名爲一家宴。宴亦作燕醼筵。或不局入院。凡不請他寺。皆一家宴也。

五祖演禪師四面錄云。結夏無可供養大衆。作一家。臨管顧諸人。逐撞手云。囉逤招囉逤怂囉逤送。

古林茂和尚。永福錄。舉五祖作一家燕。又小參云。開東山家筵。

南浦明禪師崇福錄。舉五祖作一家宴。

物初觀禪師智門錄云。山僧未免作一家宴。以當賞勞。

清拙澄禪師錄小參云。山僧未免將無作有。作一家宴也要大家暖熱。

● 開堂

敕修清規云。古之開堂朝命下。或差官敦請。或部使者。或郡縣遣幣禮請。就某寺或本寺官給錢料設齋開堂。各官自有請疏及茶湯等榜見諸名公文集近來開堂。多是各寺自備。至時入院。〔其規詳清規〕

祖庭事苑云。開堂廷譯經院之儀式每歲誕節必譯新經。上進祝二人之壽。前兩月二府皆集以觀譯。譯謂之開堂前一月。譯經使潤文官又集以進新經謂之開堂今宗門命長老住持演法之初亦

以謂之開堂者。謂演佛祖正法眼藏上祝天算。又
以為四海生靈之福。是亦謂之開堂也。
春明退朝錄云。太平與國中。始置譯經院於太平
與國寺。延梵學僧。翻譯新經。始以光祿卿湯公悅。
兵部員外郎張公洎潤色之。後趙文定楊文公晁
文莊李尚書維。皆為譯經潤文官。天僖中宰相丁
晋公。始為使。天聖三年。又以宰相王曾公為使。自
後元宰繼領之。然降麻不入銜。又以參政樞密為
潤文。其事寖重。每歲誕節必進新經。前兩月。二府
皆集以觀翻譯。謂之開堂。亦唐之清流盡在也。前
一月。譯經使潤文官又集。以進新經。謂之閉堂。慶
曆三年。呂許公羅相以司徒為譯經潤文使。明年
致仕。章郇公代之。自後降麻入銜。
湘山野錄云。景祐中。景靈宮鋸傭解二木。既分。
仁宗遣都知羅崇勳譯經潤文使夏英公竦詣
傳法院特詔開堂導譯。則謂之開堂。甚得祥異

之。
聯燈會要。香嚴開禪師。章云。師開堂日。溈山令人
送書并挂杖到。師接了云。蒼天蒼天。僧問和尚為
甚如此。師云。只為冬行春令。
已下暑錄先入院。後開堂。
禪苑清規入院云。至晚。小參。三日為準。次日早晨
看官。次第人事。擇日開堂。
佛果擊節錄云。第二代保壽。參前保壽。後前保壽
遷化。祝三聖云。且令作山主住十年。始得開堂。後
三聖作請主令開堂日。三聖推出一僧保壽
便打三聖云。怎麼為人。瞎却鎮州一城人眼去。在。
便歸方丈。
慈受深禪師慧林錄云。師宣和三年。五月五日。入
院。五月二十二日。就大相國寺中三門上開堂。
中有蟲鏤文數十字。如梵書旁行之狀。因進呈。
密菴傑禪師徑山錄云。淳熙四年。正月初七日。在
常州華藏受請。次有入寺上堂。次云。淳熙四年。五
月初十日。恭奉聖旨。就景德靈隱禪寺開堂。又

靈隱錄云。淳熙七年。六月二十四日。在徑山受請。

次有入寺上堂次云。淳熙七年八月二十九日。恭

奉聖旨就本寺開堂。

已下略錄先開堂。後入院者。

楊岐會禪師錄云。住潭州雲葢山海會寺。於興化

寺開堂。

雲峯悅禪師翠巖錄云。師在同安受受翠巖請。在上

藍開堂。次云。師入山六衆出接入院陞座。

大慧杲和尚年譜云。紹興七年。丁巳。師四十九歲。

張浚造朝遂以臨安府徑山延之七月十七日至

臨安二十一日開堂。於明慶寺二十四日入院。

又云。紹興二十八年戊寅師七十歲。正月初十日。

被旨遷住徑山。二月二十八日就靈隱寺開堂。三

月初九日入院。

已下畧錄入院開堂同日者。

五祖演禪師海會錄云。師入院開堂日。僧問白雲

山下祖令當行。如何是祖令師云。一二三四五。學

云。恁麽則昨日太平今朝海會師云高着眼。

忠曰。今時入院開堂例在同日凡新命自入門

到視篆草賀至入院也。自後法座祝聖壽爲開

堂也。

虎關錄禪師禪儀外文序云。唐宋之間迄于汴

京入院開堂兩也。南渡後合爲一焉是我門之

大儀也。以故疏榜出焉。

忠曰。如上所錄保壽在五代時。楊岐雲峯慈

受在宋。南渡已前大慧密葢在南渡已後。而

五祖演禪師在南渡已前時月別行之。五祖演禪師在

南渡已前而入院開堂同日行之。故外文序

所言未必如此矣。

開堂就三門行之者。如前錄慈受。又僧寶正續

傳佛鑑懃禪師傳云。政和二年有詔。請住東都智

海十月九日就大相國寺三門開堂。

就本寺開堂。如前錄密葢住靈隱。

聯燈會要合珠哲禪師章云。

有請首座開堂者。

師因檀越請二堂中首座開堂主事報師師云是卽
是欠悟在首座聞得束裟而去師拈拄杖隨後打
出

有尼師開堂者　聯燈會要談空和尚章云有尼
欲開堂師云俑有五障不得開堂尼云龍女成佛
有何障師云龍女現十八變俑試變看尼云不是
野狐精變窗甚麽師便打

又祝聖之外有新堂慶讃稱開堂者　明極俊禪
師錄勝因寺慶讃觀音開堂普說云由是涓卜今
月二十七日吉旦命諸山宿德安寶座點光明標
懸寺額仍命建長住持比丘陞于寶座舉唱宗乘
謂之開堂演法慶讃妙嚴樓閣觀音聖像　又新
法堂開堂普說云大日本國相模州巨福山建長
禪寺新造法堂成主事者與大檀越教請當寺住
持某於結制日陞此寶座普說一切法要謂之開
堂演法

開堂發得法　普燈錄五雲悟禪師章云乾道戊

子秋同冷泉爲西堂十二月望示微疾至二十四
夜請二堂頭首座龍華本禪師爲衆普說發師出處
及得法　註師未開堂故也　忠曰堂頭當作堂中

● 祝聖拈香

劉熙釋名云拈黏也兩指翕之黏著不放也
忠曰拈香者拈起香而燒之也
忠曰開堂拈香者祝天子蓋葉縣神鼎爲始
葉縣省禪師錄云師開堂捻香示衆云此一瓣香
不從他方得卽汝州水土然願皇帝萬歲重臣千
秋文武百僚常居祿位
忠曰此錄無別嗣法香其不從他得等似寓嗣
法意又以臣僚合拈往時朴署如此
神鼎諲禪師錄云開堂日拈香此一炷香奉爲今
上皇帝聖壽無疆
爾後香語稍文有對語四六見演祖佛眼等錄

● 將軍拈香

忠曰。日本禪林開堂。祝聖香次必有為將軍拈香。

約翁儉禪師。建長錄祝聖香次。拈香云。此一瓣香。

爇向爐中。奉為征夷大將軍。增崇祿算。伏願。華夷

一致。車書混同。八埏風清。四海浪靜。

鏡堂圓禪師圓覺錄征夷大將軍香云。伏願。壽山

高聳。福海淵深。永佐聖明長居祿位。

● 臣僚拈香

忠曰。開堂。為官僚拈香。亦葉縣神鼎為始。

神鼎諲禪師錄祝聖香次云。第二炷香。為府主學

士合郡寮官。伏願。長光佛日。永佐明君。

● 敕使拈香

忠曰。如大德妙心兩剎敕差住持。故開堂日天使

臨法筵。便為敕使拈香。

● 檀那拈香

忠曰。日本禪林開堂。為大檀那拈香。

蘭溪隆禪師建寧錄。丞相文武官僚香。次拈檀越

最明寺禪門香。

約翁儉禪師建長錄將軍香次。拈香云。此一瓣香。

爇向爐中。奉為本寺大檀那。最勝園寺殿。伏願。除

細行之枝蔓窮大德之淵源。福海愈廣。壽山彌堅。

● 嗣法拈香

忠曰。開堂。為師拈香。發露得法所由。與化獎禪師

為始。又信貢。見器物門。

興化獎禪師錄云。師開堂日。拈香云。此一炷香。本

為三聖師兄。三聖為我太孤。便合承嗣大覺。大覺

為我太賒。我於三聖處。會得賓主句。若不遇大覺

師兄。洎乎誤卻我平生。我於大覺處。喫棒。見得臨

濟先師。在黃檗處喫棒底道理。此一炷香。供養我

臨濟先師。

石門山慈照禪師鳳巖集云。第一首　師開堂拈香
云。西天二十八祖。唐土六祖。過去聖人。盡得傳衣
付法。至唐代六祖之後得道者。如稻麻竹葦不傳
其衣。只傳其法者以香為信。今日一辦香。為什麼
人通信。某甲雖已言。大衆已悉燕此一炷香也。日
祖庭事苑云。世典所謂。人而無信。不知其可也。日
大車無輗。小車無軏其何以行之哉是以釋氏之
作佛事。未嘗不以拈香其為先者。是所以託香而表
信。經曰。信是道源功德母長養一切諸善根此其
意也。今開堂。長老必親拈香者以所得之法必有
所自所行之道。其外衛者。必藉乎王臣俾三福慧雙
資必圖報於此日豈偶然乎。
敕修清規開堂祝壽云。拈香祝聖。次拈香帝師省院
臺憲郡縣。文武官僚。香侍者遂一度香。惟法嗣香
師以酬法乳。又次雲居真如禪院開堂。為演
住持懷中拈出。自拈爐中。
普燈錄諸方廣語。本覺法真一禪師示眾云。古人

雖則偏參知識。承嗣燒香。只為最初發明之師非
是別底不如此人揀人承嗣蓋不忘本也。今時見
人會參某人卻不承嗣卻承嗣蓋某人。便謂前人不
如役人生輕重心。父有殷底。或受他磨折或希他
如斯之輩閻羅王未放你在。古人接得弟子卻指
令承嗣他人則睦州與雲門大愚與臨濟是也。不
似今時勾扒人家男女硬斷送與三間屋子令承
嗣他若總如此佛法豈得殊勝敗壞宗門有現世
報者自不省耳。
有數回拈嗣香者。圓悟勤禪師。金山錄云。此
一辦香。佛眼也。觀不見江淮十載七回拈出此
旦白雲打破漆桶六處忝領大剎七回拈出此
香奉為蘄州五祖山真慧禪院第十二代演禪
師以酬法乳。又次雲居真如禪院開堂。為演
禪師拈香。
虛舟度禪師徑山錄云。拈香云。此一辦香三十

年、八回拈出、更看末後慇懃、奉爲前住常州褒
忠顯報華巖禪寺、先師無得和尚、爇向爐中、用
酬法乳之恩、

中巖月禪師建長錄云、此香、本無許多五回拈
出供養金華草堂先師、

有爲會見知識拈香者、義堂信和尚曰、東福
白雲和尚嗣香之次、更拈香云、供養會所見諸
知識、

◉ 從香

忠曰開堂祝聖侍者捧拈香更拈一炷或新住持
爲嗣法師親捧燈訖中立侍者進夏撮香炷並謂
之從香、

舊說曰、從者副也、檀弓、所謂涕之無從之從也。

或曰、從者隨也、小辨香、隨從大辨香之後、故東
福則左手挿大香、未放手、而右手燒從香矣、可
武也、

禮記檀弓云、孔子之衛、遇舊館人之喪入而哭
之哀、出使子貢說驂而賻之、子貢曰、於門人之
喪、未有所說驂、說驂於舊館、無乃已重乎、夫子
曰、予鄉者入而哭之、遇一哀而出涕、予惡夫
涕之無從也、小子行之、疏謂我感舊館人恩
深涕淚交下、豈得虛然行更無他物易換此
馬女小子、但將涕馬以行之、副此涕淚、

敕修清規聖節云、侍者接香、以左手挿爐中、右手
拈從香一炷畧問訊。

校定清規告香入室請益云、再進前燒大香一片、
有處初請開示、前不燒香、但同大衆問訊、便往請
開示因緣、此際燒大片香、又燒小片、謂之從香、

◉ 行香

忠曰、有巡堂燒香曰行香、有出班上香曰行香、有
官人來寺行香曰行香、有施主自來寺行香曰行
香、

漢書高帝紀行田宅誌。蘇林曰。行音行酒之行。
猶付與也。此諸韻書。欠此訓。
已下錄巡堂燒香曰行香者。
敕修清規聖節云。燒香侍者覆住持來早上堂至
五更住持行香回再覆。
忠曰住持巡堂燒香。在朝暮二時。故敕修清規
鐘云殿鐘。住持朝暮行香行時。鳴七下此益住持
人巡庫堂韋天東司烏瑟砂摩明王山門觀音。
浴室跋陀婆羅菩薩僧堂聖僧炷香。
尚直編云行中仁禪師每旦行香。至世尊前於小
合中別取好香一炷進之。　詳器物門大香合處
已下錄出班上香曰行香者。
備用清規達磨忌云。行者鳴行香鈸維那轉身爐
前揖住持上香云云
已下錄官人來寺行香者。
僧史路行香唱導云。香也者解穢流芬令人樂聞
也。原其周人尚臭冥合西域重香佛出姬周遠同

符契矣。經中長者請佛。宿夜登樓手秉香鑪以達
信心。明日食時。佛即來至。故知香為信心之使也。
大遺教經曰。比丘欲食。先燒香唄讚之。又經中
呼比丘自說宿緣。令為懺悔并將仙提來。取我行
香。此方教法既行。經律散漫。故安法師。三例中第
一是行香定座上講。斯乃中夏行香之始也。後魏
及江表皆重散香。且無沿革。至唐高宗朝辭元起
李義府奉敕。為太子齋行香。因禮裝三藏。又中宗
七聖忌辰設齋行香。敕旨宜依。尋因多故。不齋但
行香而已。文宗朝中書崔鑾上疏曰。國忌設齋百
官行香事。無經據。伏請停廢。敕曰。崔鑾所奏。遂遣
討尋本末禮文令式皆不該明。其兩京天下州府
國忌於寺觀行香。令後並宜停罷管試論之崔鑾
言。無經據者。蛇之行香。豈無經也。安公引教設後。
豈無據也。敕曰。討尋本末禮文令式皆不該明者。

三代之禮、何嘗言飯釋子而行香耶。且令式唯是
歷代沿革之法律、如代宗後之條格、豈標在隋末
唐初之令式乎。矧以禮出儒家距可將釋書爲據。
事因釋氏無宜用儒典爲憑就驗證之方曰合理。
儒流不許遵引儒書何異獄訟之八召親黨而作
證若欲除廢其無辭乎。夫孝子事祖考准善是從、
徇葬不益於生生固宜褒也。行香是薦於冥漠知
無不爲親文宗薄於祖宗宜其寄坐矣。或曰何必
行香爲通日如周之尚臭燔柴。血膋薌蕭言天歆
其臭也。天豈食血膋薌蕭之氣耶。由人尚其臭故
以臭而事天也。若然者佛教重香寧可奪乎。況百
官行香代君也。百官事祖宗亦臣于也。苟欲廢之。
如忠孝何宣宗即位再與斯道大中五年敕京城
及外州府國忌行香並須清潔不得攜酒肉入寺
烹炮餼失嚴格之心頗乖追薦之道云自此至于
哀帝行香如舊朱梁廢唐七廟方止開平三年大
明節百官入寺行香祝壽後還薦祖宗行香于今

不絕晉天福五年竇貞固奏國忌宰臣跪爐百官
列座今欲宰臣跪爐百官立班行香後飯僧百人。
永爲常式宋太宗淳化三年虞部員外郎李宗訥
奏國忌行香請宰臣巳下行香後禁酒食表其精
潔敕下御史臺依行。
因學紀聞云忌日行香始於唐崔鑒奏罷之本朝
宋景文公奏云求於非福則是詔祭懺於無罪則
是諷親其言不行。
行香歷代與廢宋姚寬西溪叢語詳說同僧史
畧。
宋洪邁容齋四筆云樞密行香唐世樞密使專以
內侍爲之與它使均稱內諸司五代以來始參用
士大夫途同執政案實錄所載景德二年三月元
德皇后忌中書樞密文武百官並赴相國寺行
香初樞密院言國忌行香惟樞密使副依內
諸司例不赴恐有虧恭恪今欲每遇大忌日與中
書門下同赴行香從之樞密使副翰林樞密直學

士。故自兹始也。然則樞密之同内諸司久矣。隆

與以來。定朝臣四參之儀。自宰臣至于郎官御史

皆班列殿庭。拜舞惟樞密立殿上不預。亦此意云。

釋氏資鑑云。唐高宗永徽三年。上壬子幸感業寺。

忌日行香。

唐玄奘傳云。高宗顯慶元年。敕遣朝臣行香。

已下錄施主行香。

廣燈錄濟上座（嗣三克）章云。師行脚。到洛京南禪安

下。有朱行軍設齋。入僧堂内顧視上下云。直下是

又作麼生行香。次口不住道。至下間師便問直下

是箇什麼。行軍便喝。師云。行軍幸是會佛法底人。

又惡發作什麼。軍云。喚作惡發即不得。師便喝軍

云。鈎在不疑之地。師又喝。

法苑珠林云。增一阿含經云。若有設供者手執香

結而唱時。至佛言香爲佛使。故須燒香。徧請十方。

既知燒香。本擬請佛。爲凡夫心隔目觀不知佛令

燒香。徧請十方。一切凡聖表皇福事勝案普赴。正

行香作唄時。一切道俗依《准嚴經》各說一偈云。戒

香定香解脫香。光明雲臺徧世界。供養十方無量

佛見聞普熏證寂滅。又三千威儀經云。坐受若香亦

得爲女人行香。恐觸手染著故。開坐受若恐譏慢。

令懸放下。亦得男子行香。女人受香。翻前即是。

行事鈔趣請設則篇云。賢愚經云施金巳令人行

香瓷僧手中。乃至執香爐遥請佛僧如富那奇中

說。資持記云即行香緣。彼第七云。佛告阿

難過去無量阿僧祇劫浮提有一大國。名波羅

捺時有二人好修家業意偏愛金勤力積聚因得

一瓶。於其舍內掘地藏之。如是勤身乃得七瓶。悉

取理之。後遇疾終。作一毒蚖守此金瓶。如是展轉

受形。經一萬歲。最後受身厭心忽生。見有二人順

道而過地呼之云。吾今此處有一瓶金欲用相託。

供僧作福。設食之時。阿先提草籠來取我彼

至日。擔地至寺。著衆僧前食時已到僧住行立。

令彼人次第賦香給也衆僧食訖。爲地說法。歡喜轉

禪林象器箋　第九類　燒軌門

○燒香

增將俗維那到本金所餘六瓶金盞用施俗命終
生切利天佛告阿難時持地人者則我身是是
毒蠱者今舍利弗是富那奇亦即彼經第六云佛
在舍衛國長者有子名富那奇後出家證阿
羅漢化兒美那造旃檀堂請佛各持香爐共登高
樓遙望紙桓燒香遙命念佛及聖僧香煙乘空至
佛頂上作一煙蓋佛知即語神足比丘同往

儒禮有言行香者　月令廣義云行香國初詔
正諸臣封號惟孔子封爵特仍其舊每月朔望
造內臣降香朔日則祭酒行釋茶禮洪武二十
四年令各處儒學每遇朔望有司官至日早詣
學謁廟行香

便燈籙睦州陳尊宿章云問敎意講師提綱師云
佛殿裡燒香三門外合掌
法苑珠林云佛言香為佛使　見香遠

禪苑清規煎點燒香法云兩手捧香合起以右子
拈合安左手內以右手捉香合盞放香盞上右手
上香向時為八燒之却右手蓋香合兩手捧安香
臺上並須款曲低細勿令敲碰或磐地
宋吳曾能改齋漫錄云李相之貿己集謂焚香之
始云本佛圖澄傳襄勒國城塹水源暴竭石勒問
澄澄曰今當敎龍下取水乃至澄上坐繩床燒安
息香咒數百言水大至予按江表傳有道士干吉
來吳會立精舍燒香讀道書制作符水以療病又
按漢武帝故事亦云昆邪王殺休屠王以其眾來
降得其金人之神置之甘泉宮金人者皆長丈餘
其祭不用牛羊唯燒香禮拜然則焚香自漢已然
矣

○挿香

挿藏香於爐也
敕修清規告香云住持就座副參返大香一片與

參頭同衆問訊・插香・各大展三拜。

● 答香

凡有永插香者・我亦爲彼插香・此謂答香。

● 還香

答香亦名還香。

備用清規方丈特爲新首座茶云・請客侍者寫茶・榜詣首座窯炷香・首座還香觸禮一拜・還拜。又交代茶云・具威儀懷香・躬往交代人前插香・觸禮一拜・云茶畢・交代人詣爐前還請香・觸禮一拜。敕修清規兩序交代茶云・新職事・具威儀懷香・躬詣各受代人處插香・對觸禮一拜・云茶畢受代人起・將元請香・插爐中・觸禮拜謝而退。

● 安居

敕修清規節臘章云・西域三時・以二時爲安居出

入有禁止。又云・五竺地廣・暑炎霖潦・氣候之弗齊・故結制・有以四月五月十二月・然皆始以十六日・所謂雨安居者・因地隨時・惟適之安・或曰坐夏・或曰坐臘・戒臘之義始此。

行事鈔安居策修篇云・律通制三時意・存護道文偏約夏月情在三過・一無事遊行・妨修出業二損・傷物命・違慈深三所爲・飢非・故招世謗以斯之過・致與在茲・然諸義不無指歸護命・故夏中方尺之地悉並有蟲・即正法念經云・夏中・除大小便餘則加趺而坐・故知護命爲重佛深制之。又云・上總三時・分別今但就夏・亦有三時・初四月十六日是前安居十七日已去・至五月十五日・名中安居・五月十六日・名後安居・故律中有三種安居謂前中後也・前安居者住前三月・後安居者住後三月・雖不云中三月・然文中具明前後日數中間不辦。於理自明。

羯磨疏諸衆安居法篇云・出家慕道馳散非業・故

禪林象器箋　第九類　叢軌門

當計時擇念義無浮逸今乃泛隨邑野追逐情塵
顯仁互聖無思返迹是以大聖以法遮防不許遊
涉當居靜盧故律文中三時通制然有待之形許
緣不一必量遊起夏暑偏多一則損生害命深乎
慈道二招世謗故不及禽獸三為過既深故非道
業春冬過少待緣開赴有斯別故名曰安居釋名
者形心攝靜曰安要期在住曰居也
忠曰護謗不及禽獸者僧祇律云安居法者佛
住舍衛城爾時諸比丘雨時遊行多所踐害為
世人所嫌九十六種出家人尚知安居如鳥隱
巢而自守住沙門釋子自稱為善而不安居
諸比丘以是因緣白世尊佛言正應為世人
所嫌從今已後雨時應聽安居演明二安居法
梵網經古迹記云夏坐安居處者北并洲疏云昔
來經論或名坐夏或名坐臘者由不善二
方言也今依大唐三藏譯云雨安居謂雨時安居
故然西方立時不同或立四時謂從正月十六日

至四月十五日為春時從四月十六日至七月十
五日為夏時如此秋冬竝各三月至正月十五日
總為一歲或總一年分為三時謂即佛法依此為
定謂從正月十六日至五月十五日以為熱際從
五月十六日至九月十
六日至正月十五日即為寒際雨蟲多令入發
誹謗故制安居又云今此四月十六日至七月十
五日實為疎謬既非夏時言雨安居
忠曰太賢意謂佛制自五月十六入為初安居
自六月十六入為後安居然此方結制以四月
十六既不依佛制實為疎謬矣又稱坐夏臘
尤謬矣蓋不依佛言正應為世人
古迹文紛紛沒頭別故我今贅言
謂坐夏夏臘等但當稱雨安居耳諸律講解
夏時其後安居滋晚焉不待論之依彼此不可
六已後非天竺夏時此方亦自七月朔已後非
圓覺經云世尊告圓覺菩薩言若經夏首三月安

居。當為清淨菩薩止住。心離聲聞。不假徒衆。至安
居日。卽於佛前作如是言。我比丘比丘尼優婆塞
優婆夷某甲。踞菩薩乘。修寂滅行。同入清淨實相
住持。以大圓覺為我伽藍。身心安居。平等性智涅
槃自性。無繫屬故。今我敬請。不依聲聞。當與十方
如來。及大菩薩。三月安居。為修菩薩無上妙覺大
因緣故。不繫徒衆。善男子。此名菩薩示現安居

僧祇律云。比丘至四月十六日應安居。不安居者。
越毗尼罪。到後安居。復不安居者。待二越毗尼罪。

⊛ 結制
結安居之制也。見二安居處一結制禮儀。如二敕修清規一

⊛ 坐夏
安居曰坐夏安居其。雜見二居處一

⊛ 過夏

敕修清規謝掛搭云。近時稊子到處坐席。未遑移
單東西。多致不謝掛搭。旣曰經冬過夏折中。當在
冬前夏前兩期報謝。

廣燈錄盧山慶雲禪師章云。僧。什麼處過夏。僧云
洪州來。師云。什麼處過夏。僧云翠巖。師云。踏破多
少草鞋。又見二節時門、冬安居處一

碧巖錄云。天平和尚行脚時。參西院有二兩錯一因緣。西院
云。且在這裏過夏。待共上座。商量這兩錯。云
忠曰。科舉名目。有二過夏一取佛書準做也。或看此
為。此目出二俗書一非也。

唐國史補云。進士籍而入選謂之春關。不捷而
醉飽謂之打毷氉。名造謗謂之無名子。退而
肄業謂之過夏。執業而出。謂二之夏課一

逰齋聞覽云。長安舉子六月後落第。不出京。
謂之過夏。多借靜坊廟院作文曰二夏課一

太平廣記引盧氏小說云。唐德宗至西明寺。宋
濟在僧院過夏。上忽入濟院。方在窓下礦鼻葛

巾抄書。上問曰。作何事業。彙問姓。行濟云。姓宋。
第五。應進士學云。

◉ 坐臘

安居。亦曰坐臘安居。臘義節時門法臘處詳說。

◉ 賞勞

梵網古迹作償勞。韻會陽韻云。償辰羊切說文
逗也。廣韻報也。增韻酬也。行事鈔作賞勞。
祖庭事苑。賞勞註云。勞郎到切。尉也。
忠曰。國史補云。大出金帛賞勞。此殺賞勞勞。
當從郎到切耳。
行事鈔安居策修篇云。五事賞勞。忠曰。五利大下策。
羯磨疏安居法篇云。迦提賞勞使作衣服受用。資
身弘道利俗也。
梵網經古迹記云。然初安居。即從五月十六日。至
八月十五日。良以雨時將畢。恐至寒時不濟故開。

一月為償勞月。若後安居從六月十六日至九月
十五日。即無償勞。三月雨時盡故。善圓鈔云。從
八月十六日。至九月十五日三十日。為償勞月。
已上證賞勞字畢。已下辯其義。
行事鈔安居策修篇云。問何為但結三月者。生死
待形必假資養故。結前三月。開後一月。為成供身
衣服故。
忠曰。如來聖教。歲為三時。乃一時有四箇月故有
此問言何故不結一時全四箇月耶。
又云。若四月十六日結者。至七月十五日夜分盡
已。訖名夏竟。至明相出十六日。後至八月十五日已
來。名迦提月。明了論云。本言迦稀那。為存略故。但
云迦提。此翻為功德。註以坐夏有功。五利賞德
也。
忠曰。由是可知賞勞者。賞坐夏功勞也。又宗覺
律師語。余曰。此一月。二百五十戒中。開五種戒。
恣意出入往來。而造功德衣。以償前九旬功勞

也。止此依此說則勞即刀切。老平聲。疲也。勤也。功
也。字事苑爲去聲。郎到切。慰勞義。恐不知律文
賞勞。目護下義乎。若知則必可辯其義而欠之。
五利者。行事鈔自恣宗要篇云。次明五利通塞
者。律中受此衣故。畜長財離衣宿。背請別衆
食前食後。至他家等各如隨相所明。隨相篇
僧祇律云。衣時中間。捨五罪。別衆食處處食離
同食。不白畜長衣離衣宿。無罪。
毘尼母論云。佛聽畜迦絺那衣有五種利。一得
中前數數食。二得有檀越請得別衆食。三得
畜長財不說淨。四得離衣宿。五不白得出界。是
迦絺那衣者。自恣篇云。二明衣體四分云。若得
新衣。若檀越施衣。若糞掃衣。新物㲲作淨。若已
浣浣已納作淨。即日來不經宿。不以邪命得不
以諂曲得。不以相得。不以激發得。不捨墮作淨
者應法。四周有緣。五條作十隔。若過是條數應

自浣染舒張碾治。裁作十隔。鍼治。又云。不得大
色染衣。聽用裂㲲色。
釋氏要覽云。迦㮏提。梵語。其云迦栗提迦。即九月
望宿名也。謂西國三月安居。至九月十六日解。
後安居。比丘行化故。取望宿爲名也。
忠曰。是與事鈔義大異。未知何據。
已下禪錄用賞勞語。
普燈錄大通本禪師章云。僧問。九夏賞勞即不問
從今向去事如何。曰。光剃頭。淨洗鉢。
虛堂愚禪師寶林錄。結夏小參云。於是九十之期
各證本法。然後升雙橋堂。入息耕室。向無星等子
上較其重輕。以憑賞勞。又淨慈後錄上堂云。忽
有箇眼皮綻底出來道。乞師賞勞只向他道三貫
㮏錢三味食相招擡手上高臺
忠曰。律則五事賞勞。其文明皎。今按錄所舉似
以施財供養等爲賞勞焉。

⊕ 坐堂

忠曰、坐堂與坐參規同、但上堂已前少時坐禪於

僧堂、此曰坐堂、小參已前及每日晚參已前少時

坐禪於僧堂、此曰坐參。今以小參已前稱坐參。

例解之、坐堂者、上堂之堂之堂者、法

堂也、故非坐堂僧堂之義、謂坐禪於上堂已前也。

敕修清規聖節上堂云。鳴鼓堂司

行者預鳴眾寮前板三下。集眾坐堂、如尋常坐禪

向內坐、鼓鳴則轉身向外坐、頭首先集堂外候鼓

鳴、即入堂、首座後入就坐、西堂勤舊蒙堂諸寮並

外坐。

忠曰、集眾者、集於僧堂也。

一山寧禪師曰、坐堂不赴者、首座罰之、眾頭首

自末班次第入堂、故首座自最後入也。

大眾坐堂時。住持亦坐堂。敕修清規大坐參云。

待住持入堂坐定、堂司行者。鳴首座寮前板三下。

⊕ 坐參

坐參者、坐禪於參前也。住持晚參已前、大眾集於僧

堂坐禪澄心。以待參謂之坐參。若住持有事息參、

住持頭首次第出堂。

又坐參云。鳴堂前鐘三下。眾就位普同和南。

忠曰、依此可知、住持參前陪大眾坐參。既

然亦當上堂前陪眾坐堂而已。

舊說曰、住持說法已前、亦自澄心靜慮益世

說法華時先入無量義處三昧。即從三昧安詳

而起、方說法華。此其榜樣也。

又凡坐禪於僧堂曰坐堂。日用軌範云。住持并

首座坐堂時。不得從前門出入。

入眾日用軌範云。莫待打坐板。次第歸堂坐禪。

忠曰、軌範所謂坐堂、乃四更一點坐禪也。入眾

所謂坐堂、亦是每日坐禪也。並非上堂已前者。

故此坐堂乃僧堂也。

則行者報曰和尚今晩放參。

敕修清規晩參云。叢林坐參。猶旦望五參陛座將
（總）法時。大衆坐堂也。又坐參云。蓋古者毎晩必
參住持以求開示。故率衆齊集坐待鼓鳴而往參
之。名曰坐參。因汾州地寒昭公罷之。遂有放參之
說。

忠曰。坐參。坐堂。名異規同。見坐處。清規已云。坐待
鼓鳴。而往參之。乃知。禪於僧堂畢。往參於住持
之處。故曰坐參。非禪坐即是參之義。

備用清規云。諸方謂。放參不披袈裟轉身方搭衣
非法也。唯徑山寺。古規不墜。披衣坐參。當力行之。

清拙澄和尚錄晩參云。毎日晩參已前坐以待參。

謂之坐參。且如坐參又參箇甚麼莫是參父母未
生前事麼莫是參空劫以前自己麼莫是參宗乘
向上向下事麼莫是參古人玄言妙句。一機一境
麼若與麼總是將心湊泊擬心承當擬心領解本
分事上總沒交涉。

又不遊方而參禪曰坐參。大慧正法眼藏云。
或者道琅邪慈舉公道箇杜撰心中疑惑。即時
倒戈卸甲。遂挽留舉公咨決此事。謂之坐參一
犬吠虛。千猻哢實。

忠曰。此不離己住處。居參禪於他之義。蓋大
慧舉俗說。故其義不足取焉。

● 大坐參

敕修清規大坐參云。今時叢林。有多衆處。猶特講
晩參以存古意。謂之大坐參。與常坐參同。但首座
入堂。不燒香。云云。其

● 放參

舊說曰。住持有事。或修臨時祈禱。則放免晩參。此
謂放參。即鳴鐘三下。此謂放參鐘。又見坐參及垂
　　　　　　　　　　　　　　　　説門晩參處
禪苑清規首座坐堂云。大衆入堂。依單位相向而
坐堂司行者。先禀堂頭掛放參牌。然後堂前上簾。

行者於二首座前一問訊。低聲云。和尚放參。復於二聖僧一
前躬身正立。喝二放參一然後打二放參鐘一展單下帳罷。
歸寮問訊。喫湯隨意。
僧寶傳慈明圓禪師傳云。公冬日旁二僧堂一作二此字一
白氏文集昭國閣居詩云。時暑放朝參。
中有二首座者一見之謂曰。和尚今日放參。
　忠曰。可レ知二放參之目一本在二官制一
又有二晚食名二放參者一見二飲啖門一放參飯處一
　忠曰。此方禪林。晡時念經。爲二讀誦一放參失レ義當
　曰念經。或誦二晚課一蓋放參鐘後誦經。故轉訛。

○ 展單（テン）

舊說曰。無二晚參一時。鳴二放參鐘三下一其時展二半單一蓋
爲二黃昏坐禪一也。然放參鐘名二展單一者。陟近釋也。
日用軌範云。坐參了。各出二半單下一地。

○ 坐禪

敕修清規坐禪詳二發其規一
敕修清規坐禪云。大衆歸堂。向レ裏坐。又聖節云。
坐堂。如二尋常坐禪一。向二內坐一
永平清規辨道法云。早晨坐禪。首座大衆。搭二袈裟一
入レ堂就二彼位面壁坐禪一。首座不レ面レ壁。自餘頭首一
如二大衆面壁一而坐。住持人就二椅子坐禪一。又云後
夜坐禪。大衆不レ搭二袈裟一。住持人袈裟掛二于椅子一而
坐禪。是レ法也。
　忠曰。住持就レ椅坐禪。則知亦是不二面壁一矣。夫面壁
坐禪。匪二但準依初祖風規一復可レ攝二定散心一然二今
清朝禪僧。例向レ外。誠失二古矣一
日工集云。典座免二僧直歲三人一免二坐堂一免二僧直處一
南禪規式云。四月廿一日。舊規。自二今日一四時坐禪。
不レ赴二佛殿勤行者一罰二金壹斤一。不レ赴二坐禪者一罰二金同
此一。又云。初夜并曉天二時坐禪。住持巡堂。若有二

被位空處則令聽叫取被巾歸方丈若兩班察之
看寮而空被位者僧堂坐牌前植看寮簡板則不
取被巾。

忠曰。坐禪用心。諸祖有箴有銘有儀有論。不可
悉錄。今且舉其目備辦道士檢尋。

杭州五雲和尚坐禪箴　傳燈錄載
鵝湖大義禪師坐禪銘　緇門警訓載
天台大靜禪師坐禪銘　諸祖偈頌載
同安察禪師坐禪銘　諸祖偈頌載
佛眼遠禪師坐禪銘　緇門警訓載
長蘆賾禪師坐禪儀　禪苑清規載
佛心才和尚坐禪儀　普燈錄載
中峯本禪師坐禪論
蘭溪隆禪師坐禪論
明極俊禪師坐禪訣
永平元禪師坐禪儀幷銘
瑩山瑾禪師坐禪用心記及三根坐禪說
　　　　　焰慧語要載

大慧杲禪師告香普說云。近來諸方打板坐禪若
要莊景即得我不信便坐得定往往閒怱悤道卻
謂妙喜不教人坐禪又是鉛認何曾解方便只
夜裏睡縱覺便起來坐旣久都無所思自謂諸
佛境界只這是然不不要把為極則不是放身命處
況更言靜是根本悟是枝葉此處談人諸方說靜
了方悟我是悟了方靜不敢相瞞未悟時心識紛
飛悟了方貼貼地。
大比丘三千威儀云欲坐禪有五事。一者當隨時。
二者當得頓座四者當得開處。五
者當得善知識復有五事。一者當得好善樂二
者當有善意三者當有善樂四者當能服藥五
者當得善助爾乃得隨時者謂四時安林者謂繩
林輕座者謂毛座開處者謂山中樹下亦謂寺中
不與人共善知識者謂同居善樂者謂令人
無所求善意者謂能觀善藥者謂能伏意能服藥

者謂不念離物善助者謂禪帶禪帶有五事一者
當廣一尺二者當長八尺三者當頭有鉤四者當
三重五者不得用生韋亦不得用金鈎

又天台次第禪門詳説坐禪用心内外方便其

第二第三卷最爲要云

日本坐禪規短道元禪師爲初　無生和尚雜

談集云建仁榮西入宋雖傳禪門戒律後歸朝

之後且順國風象行天台眞言未得專講禪規

其坐禪但擾狹床而已佛法上人道入宋歸朝

始行廣床坐禪於深草寺也道俗初見聞此規

故敬信者衆當時所目撃之僧爲予説之自後

東福開山聖一國師行其坐禪法

蘭溪隆長老宋國僧也故建長寺坐禪規一依

宋朝自此後天下禪院儀禮通行矣

坐禪坐法見禮則門結跏坐處

坐禪累手法　請觀音經云若欲得見觀世音菩

薩端身正心使心不動心氣相續以左手置右手

上與舌向齗俱介息調匀　智者疏約世間陽上陰
下隨世俗故右陽居下左陰處上者欲將定靜之
法鎮於陽散也世俗既有威儀此即是以戒法禁
約危獷即對戒也二陽勤陰相以靜鎮動是
制亂方便即對於定三者右表方便而居下
左是寶智居上是則自權而顯實此即表慧南卷
鈔釋

或曰一夏九十日坐禪即一行三昧也摩訶

止觀明四種三昧常坐常行半行半坐非行非坐中云一常坐

出文殊説文殊問兩波若名爲一行三昧乃居

一靜室或空閑地離諸喧鬧安一繩床傍無餘

座九十日爲一期結跏正坐項脊端直不動不

搖不萎不猗以坐自誓脇不挂床

⦿ 四時坐禪

四時者依永平清規辨道法黄昏坐禪成後夜坐

禪四更早晨坐禪粥已辰喺時坐禪申也。

又幻住菴清規云。裝香一盤。且以三炷為率。自黃
昏燒起。至第三炷約四鼓時分也。窓下燒面湯堂
前鳴板三下。大眾收枕。推被於裏床收牛單下地
洗面歸堂坐禪。至開靜板鳴。即摺被搭衣。
佛前禮拜。歸鉢位坐展鉢受粥。粥罷佛前諷經
畢。小歇堂前火板鳴下。地少頃長板鳴。歸鉢位受
食。食畢小歇堂前鳴板三下。復歸室坐禪。永
也、至放參板鳴。開枕展被右脇而息。又云。凡一
日夜之間。四次坐禪之際宜各屏心絕慮息念忘
緣深究死生力窮道業。
大比丘三千威儀云坐禪有五事二一者當隨時謂
四時坐禪
夢窓石國師錄臨川家訓云。四時坐禪唯除浴日
坐參其餘極寒極熱修正蘭盆時節亦不可開於若

坐禪時特有二事
可作、則可閉之、趙州和尚云。我在南方三十年。除
粥飯二時是雜用心處。趙州寧謂粥飯二時。不是
正用心處耶。只是言其除粥飯外。更不雜餘事耳。
至乃古德又云。大事未明。當如喪考妣古人苦口叮嚀。其意豈在令人限日
約時。工夫不純乎上古道人。皆是卜辟洞深巖居
樹下石上更有何事可作。廢寢忘飡。一味存道百
丈建立叢林。以來。普請作務。其事不少。雖然人人
以道聚頭。故辦道工夫。不曾為事緣所奪。百丈滅
後造于三百年。叢林規繩漸衰。緇流少有慚愧始
有聲版坐禪之儀謂之四時坐禪後生猶嫌四時坐
禪動則欲令省略。無慚無愧莫甚於此
曲設方便以誘懈怠者耳。今時後生。
義堂日工集云。在黃梅院訓眾曰。夏安居三時諷
經。四時坐禪。本朝不論大小刹者例行之合不忘
怠者罰。

㊂三時坐禪

四時坐禪中省後夜也。

瑜伽師地論云。言初夜者謂夜四分中過初一
分是夜初分。言後夜者謂夜四分中過後一
分。是夜後分。

㊁再請禪

忠曰。定式坐禪。到定鐘鳴而止。此後再禪坐。此曰
再請禪。

敕修清規大坐參云。如坐再請禪。住持後門入歸
位。不巡堂首隨衆。或抽解者即歸被位更深住
持出。閣首座開枕聲。衆方偃息。在道兄弟不以此
拘。

㊀伴禪

舊說曰。住持五更行香之次入僧堂伴於大衆坐

禪。此謂伴禪也。

㊁陪禪

陪禪同伴禪義。

舊說曰。住持燒香巡堂之次入僧堂陪衆之禪坐
少時以勵衆。故曰陪禪也。住持已是得法人。非是
為自修行。坐禪於僧堂而已。

又道話曰陪禪。蓋訛名也。愚中及和尚年譜
云。應永十三年丙戌。師八十四歲尼松嚴與造
合暉為師塔所。師一冬宴安于此檀施甚厚。普
施衆僧。輪次齋會禪坐道話曰陪禪曰夜話。

㊀放禪

敕修清規坐禪云。堂司行者候齋次第復首座放
禪。轉從聖僧後右出。搽簾下牌輕搣作聲。住持頭
首出堂。

鑑山清規云。凡坐禪者首座之管領也。已香欲了

時。聖僧侍者。問訊首座是稟放禪也。

幻住清規。首座云。凡打板坐參。放禪行道種種。

動靜。豈不關心。

◉ 經行

日用軌範云。開小靜習被。或歸衆寮。喫湯藥。或茶

堂經行。次第歸鉢位。

瑩山坐禪用心記云。坐中。若昏睡來常應搖身。或

張目又安心於頂上髮際眉間。猶未醒時。引手應二

拭目。或摩身猶未醒時。起座經行。正要順行順也

若及一百許步昏睡必醒。經行法者。一息恒半步。

行亦如不行。寂靜而不動。

南海寄歸傳云。五天之地。道俗多作經行。直去直

來。唯遊一路。隨時適性。勿居鬧處。一則痊病。二能

銷食。畏中日映。即行時也。或可出寺長引。或於廊

下徐行。若不爲之身多病苦。遂令脚腫肚腫臂疼

膊疼。但有衆廢不銷。並是端居所致必若能行此

釋氏要覽云。慈恩解云。西域地濕壘壘爲道。於中

往來。如布之經。故曰經行。十誦律云。經行有五利。

一勘健。輕捷也。二有力。三不病。四消食。五意堅固。

三千威儀經有五處。可經行。一閑處。二戶前白房

前。

瑜伽師地論云。言經行者。謂於廣長稱其度量一

地方所。若往若來。相應身業。睡眠法。如彼

佛陀波利修禪要訣云。問行法云何。答行即經行

也。宜依平坦之地。二十二步以來。十四五步以上。

於中經行。經行時。覆二左手。以大指屈著掌中。以餘

四指抱大指作拳。然復覆右手抱左手腕。即端立

時。攝心令住三鼻乃行。行勿太急太緩亦攝心

行。至三界畔。即迴身還向來處住立少時。如前

後行。行時即開目。住即輕閉。如是復稍倦。即休經

行唯在晝夜不行也。問多人同處經行得不。答稍

下徐行。若不爲之身多病苦。遂令脚腫肚腫臂疼

須相離全近不得。問繞塔行道。與經行何別。答經

事實可資身長道。

行者。直往直來豈同繞塔耶。又塔是多人往來處。

不可於中經行問此方有逆日行道稀爲右旋未

知是不答西方旋塔並遂日輪會無逆行。

忠曰遂日者。自東而南而西而北也遂日者從

東而北。而西而南也遂日者順日輪之行與上

肩順轉同

十誦律云經行法者比丘應直經行不遲不疾若

不能直當晝地作相隨相直行是名經行法

摩得勒伽云經行不能直者安繩

● 行道

敕修清規藏殿祝讚云住持領衆合掌繞行道

三市多衆則一市。又佛降誕云維那舉唱浴佛

偈行道浴佛。

幻住清規津送云舉楞嚴咒一遍行道。

村寺清規云行道尤須端謹叉手當胸徐行細步。

瞻顧前後須使疏密得中。或出入門戶上下階級。

皆當先舉左足須照應袈裟不得拖地衣服領袖

須當齊整

萬善同歸集云行道一法。西天偏重繞百千市方

施一拜經云一日一夜行道志心報四恩如是等

人得入道疾。又云南山行道儀云夫行道障盡

爲期無定日限若論障盡佛地乃亡。

翻譯名義集云半行半坐方等云旋百二十市

却坐思惟法華云其人若行若立讀誦此經

忠曰禪林懺摩法楞嚴咒或住立或行道盖

是半行半坐三昧也。

● 炙茄會

禪苑清規監院云。如多齋乃炙茄會詳職位門

五祖演和尚海會錄炙茄會上堂云。六月三伏天。

火雲布郊野松間臨水坐解帶同歡釋耒侶弄荷

花。賓朋傾玉斝紅塵事繁華。碧洞何瀟洒重會在

明年。相期莫相捨白雲會有約願結青蓮社。

西陽雜俎云。茄子茄字。本蓮莖名革遐反。今呼
伽。未知所自。茄子僧人多炙之甚美。

忠曰。炙茄會。蓋炙茄開筵也。依酉陽言僧家
炙茄尚炙。

● 茶湯會

松源岳禪師錄茶湯會求頌曰。春風吹落碧桃花。
一片流經十萬家。何似飛來峯下寺。相邀來喫趙
州茶。

● 冷淘會

石菴珌禪師錄。有結冷淘小參云。湖南人賣上麵。
福建人喫冷淘云云
正字通云、淘
晉陶浙米也。

● 銷藟會

無學元禪師支那真如錄。有銷藟會燒駱駝秉炬。
偈。

● 蓮華會

圓悟勤禪師天寧錄。有蓮華會上堂。
慈受深禪師慧林錄。有資福作蓮花會供養羅漢。
陞座。

● 菩提會

大慧杲禪師普說。有雪峯建菩提會普說。

● 拈閣會

西巖惠和尚能仁錄。有謝幹拈閣會上堂。
閣義詳執務門閣拈處。

● 焙經

舊說曰。設火爐焙藏經去其蒸濕也。
忠曰。蓋烘綿拭經也。
敕修清規知藏云。函帙目錄常加點對缺者補完。

燕潤者。焙拭。殘斷者粘綴。

北磵文集。常熟道友。焙經得二舍利無數。榜云。豈不
在二魚在二執紙上語一者。焙非待火。待二忘言外詮時。
明極俊和尚錄。跋二天目淨海真禪人焙四大部經。
得二舍利頌什後一云。天目西峯淨海真禪人。發心焙
四大部經二一。用二綿拂拭。及火煴二其綿殘一設利一
顆。

偃溪聞禪師雪竇錄。謝二衆僧焙經一上堂云。鑪鞴之
所鈍鐵擂多。黃面老子。具二正偏知一只知撒土抛沙。
欺二胡謾漢。不知性命落在二弟子手中二二千年後。橫
拕倒搜。只如雪竇恁麼。舉一也是把火助一來。
南浦明禪師崇福錄。有二焙經上堂一。

⦿拭經

以綿拭經。見焙經處。

鏡堂圓禪師禪興錄。拭二藏經一上堂云。五千餘軸眼
中塵。不識無端貴似二金。盡底掀飜知落處。掃二堦松一
已下錄。世與稱二僧上堂一。

影又沉西。
佛祖通載云。元世祖詔二僧大內念經。行香侍臣奏
云。僧多不二識字在帝乃云。但教二舒展拭去庭埃一亦
有功德。

雪上堂　齋粥

粥飯上僧堂。此謂二上堂與法堂說法稱二上堂別。
傳燈錄。藥山儼禪師章院主報打二鐘也請和尚
上堂。師曰。汝與我擎二鉢盂去。又云。師曰。二時上
堂不得二䂣破一粒米一。
翠巖會要石梯和尚章云。見二侍者托鉢上堂一乃
喚云。侍者者應諾。師云。甚處去。云上堂齋去。師云。
我豈不知二儞上堂齋去。云除二此外別道箇甚麼一即
得師云。我只問二儞本分事云和尚若問二本分事一某
甲實是上堂齋去。汝不二認為二吾侍者一
教誡律儀云。師欲二上堂一為師滌鉢。看二閉門戶等事。

酉陽雜爼云。玄奘言那蘭陁寺僧。食堂中。熱際有

互蠅數萬至。僧上堂時悉自飛集于庭樹。又云。

著謠於軍中曰。齋鐘動也。和尚不二上堂月餘。

天中記云。撫言。王播客於揚州木蘭院僧厭苦之飯

後擊鐘。後二紀播鎭二楊州訪二舊詩有曰。上堂已了

各西東。慙愧闍梨飯後鐘碧紗籠之矣續云。二十

年來塵拂面。如今始得碧紗籠。

已下錄官人飲食亦稱上堂。

李肇國史補云。鄭相珣瑜方上堂。食二王叔文至韋

執誼遽起延入閣內。又云。三院上堂有除改者。

不二得終食。

◉　過　堂

上僧堂喫食。亦云過堂、

備用清規送鉢位云。兩班退職。維那先送首座入

鉢位次接二都寺送鉢位二首座都寺掛鉢過堂。

六學僧傳惟儼傳云。二時過堂。不得二咬著一粒米二

◉　赴　堂

傳燈作二上堂一
如二上堂處引二

忠曰。與上堂過堂同義。

敕修清規都監寺云。齋粥二時必赴堂則行僕行

益自然整肅。

五燈會元鵝湖孚禪師章云。師一日不赴堂侍者

來請赴堂師曰。我今日在莊喫油餈飽者曰。和尚

不二曾出入師曰。儞但去問取莊主者方出門。忽見

莊主歸謝和尚到二莊喫二油餈。

◉　陪　堂

客僧陪二僧堂之外堂受二食此日二陪堂二

◉　下　堂

大休念禪師錄頌古。舉云。鵝湖孚禪師侍者請二過

堂。湖云。我下莊喫二油餈了。
會元作二
赴堂二

粥飯畢。下僧堂。此謂下堂。與上間下間。稱上堂下
堂別。

敕修清規。每日祝讚云。齋粥二時。下堂僧衆必須
登殿。　又見二頭器門　下堂椎處一

見職位門。喝食行者處二

● 喝食

※ 光伴

敕修清規。告香云。請客侍者。預依戒次。具茶狀備
卓袱筆硯。告香罷。列法堂下間。請茶。各斂名請首
座光伴。

金鎞新話龍宮赴宴錄云。神王開潤筆宴。王曰。
余欲與秀才光伴。故邀闍酒進樂作。

或曰光伴者。言我得前入恩光。允容我令相伴
也。不敢自專之謂矣。此義未是。

忠曰光者。猶如榮也。字係伴人言我得伴此人

是己之光榮也。如入院展詞云。光據法筵又王
梅溪小簡云光膺宸命榮乙陟臺端甲當例此而解
耳。

竺印先師曰。明朝百丈清規淪亡久矣。隱元
來朝。禿翁懷百丈清規質難解處二元皆不能
通。翁問光伴義二元曰。光者空也。謂不設茶果
藥石而空。光伴之謂也。然觀清規光伴皆是備
茶果點心者。非空伴之義。

● 相伴

聯燈會要柏巖哲禪師章云。洞山與密師伯到師
問二上座。甚處來。洞云。湖南來。師云。觀察使姓甚
麽。洞云不得姓。師云名甚麽。洞云不。師云。還理
事也無。洞云自有廊幕在。師云。豈不出入。師云不
出入。師云掃袖而出。師次日侵晨入
堂。召二上座。二人便出。師云。昨日老僧對二上座一
轉語不稱意。一夜不安。今請上座別二轉語若惬老

僧意。便開粥相伴。過夏。洞云。請和尚問師。云。不出
入洞云。太尊貴生。師乃開粥同過夏。

傳燈錄仰山寂禪師章云。若說禪宗身邊要一人
相伴亦無。

敕修清規嗣法師忌云。方丈容頭。請西堂兩序。晚
間對真相伴喫湯。

外典有接伴名。且附此。　事物紀原云。宋朝會
要曰。契丹使于。命樂黃自康宗元詣雄州接伴。
廻日充送伴使于。此疑接伴之始也。

宋史袁韶傳云。韶爲右司郎官。接伴金使。

● 巡堂

忠曰。巡僧堂也。有數種。謂住持巡堂茶。入院。旦望
衆巡堂。三八。首座巡堂。參。結制。大坐禪。維那巡堂。
頭巡堂活。都寺巡堂。庫間。知事巡堂。結茶。旦請客
燒香巡堂。方丈　沙彌巡堂。參也。此有數義不同。謂
點撿義。持、首座、住告報義。維那、節時、請謝義。茶湯禮

賀義。入院時、掛搭時、結制時也、三八念誦
後巡堂、益亦是住持大衆、互相禮也、

中峯雜錄冬安居示徒云。爲懶墮懈怠之舊習
之所障。乃其巡堂人。三回五度警省。畧不肯少
加精進。似此參禪。要明心地。要敕生死。要脫
略情塵。莫曰。莫說八十日。便是八十年。
八十劫惟增業識。但長癡迷。

忠曰。此巡堂人者。住持首座之外。別設人巡
堂。以警策坐禪者。睡惰也。

敕修清規坐禪云。住持入堂燒香巡

住持巡堂。敕修清規云。住持入堂燒香巡
堂。自上間至下間一市。歸位坐定。

東福清規云。住持入僧堂坐禪者。益爲點撿大
衆也。其入堂巡堂一市。是點撿之儀也。

又入院云。鳴僧堂鐘。大衆先歸鉢位立定。新命入
堂灶香。參隨人同展三拜。維那當面問訊引巡堂
一市。參隨人先出。兩序送新命歸鉢位觸禮三拜。

旦望住持巡堂。見次下知事巡堂。

大衆巡堂。敕修清規念誦外事念云。住持入堂。

前堂首座入次名德西堂挿入歸聖僧板頭立頭

首領衆三人一引聖僧前問訊轉身住持前問訊

合掌巡堂順左肩轉依圖位立暫到侍者隨衆入

只巡半堂至聖僧後侍者向後門立暫到向侍者

立次知事入堂聖僧前問訊轉身住持前問訊合

堂巡堂出暫到接侍者後隨出云

首座巡堂　敕修清規坐禪云首座聖僧前燒香

巡堂自下間至上間一币就歸被位坐

校定清規云巡堂之法住持從上堂巡至下堂

首座從下堂巡至上堂益首座未出世人故從

下巡上若已出世人則不拘以理論之亦合從

下巡上免得於住持位前行故也

定云免得於住持位前行也區別義見後

又敕修清規大坐參云首座入堂不燒香便歸位

待住持入堂坐定堂司行者鳴首座寮前板三下

大衆轉身向外坐首座下地從後門出復轉從前

門入聖僧前燒香如常巡堂歸被位坐少定

忠曰如常者澤坐禪時首座巡堂也如坐禪時

首座巡堂自下間至上間一币益自下間巡起

者但是已私推其理坐禪則首座巡之後有

住持巡堂故首座先巡時欲異于住持而示其

位階區別矣今大坐參巡堂則自上間巡起是

尋常巡法乃如聖節維那巡堂自上間至下間

也

忠曰校定初義位階區別亦義敬師法式益

此時雖住持未入堂若首座聖僧前燒香了

直向上間則橫過住持空椅前也若聖僧前

燒香了直向下間巡堂自聖僧後至上間而

歸自被位則得不橫過住持空椅前也故校

又敕修清規結制禮儀云首座離位聖僧前燒香

大展三拜巡堂一币歸位行者喝云首座禮謝大

衆觸禮三拜

敕修清規聖節云維那於僧堂早粥

維那巡堂　敕修清規聖節云維那於僧堂早粥

遍食椎後再鳴椎一下云白大衆粥罷聞鐘聲各詣大佛寶殿

諷聖號畢。復鳴椎一下。往住持前。問訊從二首座一板起。

巡堂一帀。出外堂下間。至二上間一歸二內堂中間一問訊。

而出。

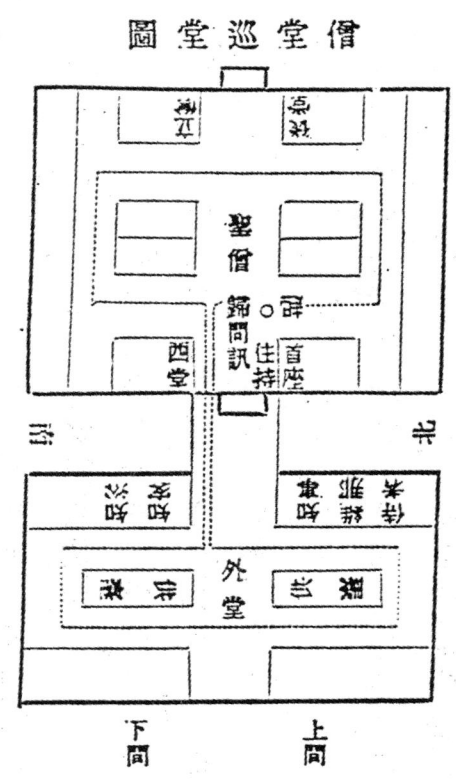

僧堂巡堂圖

參頭巡堂

敕修清規。大掛搭歸堂云。參頭領眾。

前門右手入堂。至聖僧前排立。參頭燒香。同眾。

大展三拜。巡堂一帀。自上堂至下堂。仍如前排立問

訊。

都寺巡堂

敕修清規。庫司四節。特為首座大眾。

湯云。鳴齋鼓一通。大眾歸鉢位。頭首一班。齊歸前

板。都寺隨入堂。揖首座離位。却揖以次頭首進板。首

隨送首座歸位。從聖僧後右出堂外迎住持入堂。

供頭後鳴堂前鐘七下。送住持入位。仍往首座前

揖坐。仍如前出。從首座板起。巡堂一帀。至聖僧前

間。歸堂中立問訊。忠曰此是揖香巡堂。次有揖香巡堂。次

知事巡堂。敕修清規。結制禮儀云。知事燒

香。大展三拜。巡堂。觸禮三拜。

又旦望巡堂茶云。鳴堂前鐘七下。住持入堂燒香。

巡堂一帀。歸位。知事入堂。排列聖僧前問訊。轉身

住持前問訊。從首座板起。巡堂一帀。

請客巡堂。見巡堂請茶處。

燒香侍者巡堂。

又旦望巡堂請茶云。敕修清規。方丈四節。特為首座

大眾茶云。鳴鼓集眾。燒香侍者行禮。同庫司湯

沙彌巡堂。見參堂處。

●巡堂請茶

忠曰。住持請ニ衆。故請ニ客侍者巡堂。

敕修清規方丈四節特爲ニ首座大衆茶一云。掛ニ點茶

牌長板鳴。請ニ客侍者入レ堂。聖僧前。燒ニ香一炷一大展

三拜。巡堂一匝。至ニ中間訊而退。謂ニ之巡堂請一茶。

卍 巡寮

校定清規云。侍者先於ニ上堂時。令ニ行者挂ニ巡堂牌。

住持巡寮。自ニ東廊第一寮巡起。寮衆各出ニ外接入。

仍送出ニ衆寮人多處。但寮元一人。迎送出入ニ大衆。

只立ニ門外一。忠曰。巡堂牌之堂。當レ作ニ寮。

備用清規云。方丈客頭。先行通覆ニ住持先ニ

於ニ門前下手立。迎入。請跌坐。插香。住持答香。略敘ニ

寒温。致謝送出。聽叫收ニ香。蒙レ堂四寮衆。皆列ニ門外

下手同接入。同送出。謂ニ衆寮人衆。只レ寮元接送。非ニ

法次第巡寮畢。歸ニ方丈一照拂ニ官客諸山一。

敕修清規結制禮儀云。住持次第巡寮。各寮嚴設

坐椅香几。於ニ門外候ニ住持從ニ東廊第一寮巡起。至ニ

各寮香几前。寮主同レ衆。插香云。此日禮筵再拜。答香

云。適辱此致謝。送ニ住持數步。復側立。香几之右合掌

問訊。待ニ衆行盡。就隨ニ其末次第巡過。各寮人隨後

接巡至ニ法堂一。上ニ住持於ニ香几內一中立。大衆三人一

引問訊而過。又巡寮云。古規住持巡寮。僧堂前。

掛ニ巡寮牌報ニ衆。如彼云。或旦望巡行則不掛牌今惟

以ニ四節報禮。爲ニ巡寮餘日不講。能復古者當ニ行之。

祖庭事苑云。僧祇云。世尊以ニ五事故。五日一按ニ行

僧房。一恐弟子著ニ有爲一事。二恐著ニ俗論一。三恐著ニ睡

眠。四爲ニ看病僧。五令ニ年少比丘。觀ニ佛威儀庠序一生

歡喜故。禪門巡寮。正擬ニ大聖之遺範今天下率叢

林爲ニ師匠者。莫ニ不遊ニ依此式。

按韻會云。按察行也。考也。撫也。

● 巡案

僧堂則日巡堂衆寮則日巡案

敕修清規大掛搭歸堂云。行者引至ニ衆寮一云。寮主

引掛搭人排列朝觀音問訊引逆案一帀。復朝觀
音問訊而退。

◯喝參

喝參者唱參。蓋報某伺候在此之義也。

品字箋云，參趨承也。晉謁也。

敕修清規訓童行云，凡旦望五參上堂罷，參頭行
者，令喝食行者報各局務。行堂前掛牌報眾昏鐘
鳴，行堂前鳴板三下。集眾行者，先佛殿次祖堂僧
堂前前堂寮喝參。方上寢堂，排立參頭入方丈請
住持出就坐參頭進前插香退身歸位綏聲喝云
參衆低聲同云不審齊禮三拜。又為行者普說
云侍者燒香請法參頭領眾鴈立。插香喝參三拜。

傳燈錄瑞鹿先禪師章云，黃昏唱禮了僧堂前喝
參僧堂前喝參了。主事處喝參主事處喝參了。和
尚處問訊。

沙彌亦喝參。傳燈錄趙州諗禪師章云師問沙
彌喝參向侍者云，教伊去，侍者乃教去，沙彌便珍
重去。師云，沙彌得入門，侍者在門外。

祖忌有喝參。敕修清規達磨忌云，維那舉楞嚴
咒畢，回向云，次參頭領眾行者排列，喝參禮拜訖
經。忠曰準事生也。

◉開浴

又見殿堂門浴室處。

敕修清規知浴云，凡遇開浴齋前掛開浴牌，寒月
五日一浴，暑天每日淋汗。

◉施浴

傳燈錄普淨院常覺禪師章云，師以時機淺昧，難
任極旨，苟啟之非器，令彼招謗，讁之我寧不務，
開法每月三八施浴僧道萬計。師常謂諸徒曰。但
得慧門無壅，則福何滯哉。又見殿堂門浴室處。

佛說溫室洗浴眾僧經云，者域欲請佛及僧菩薩

大士入溫室澡浴。佛告醫王。吾當爲汝說澡浴及
報之福。澡浴之法。當用七物除去七病得七福報。
七物。一然火。二淨水。三澡豆。四酥膏。五淳灰。六楊
枝。七內衣。除七病。一四大安隱。二除風病。三除濕
痺。四除寒氷。五除熱氣。六除垢穢。七身體輕便眼
目精明。如是供養衆僧。便得七福。一四大無病二
面貌端正。三身體香潔。四肌體潤澤。五多人從。拂
塵垢識宿命。六口齒香好白齊所說肅用七所生
處。自然衣飾珍寶乃至寶誌說、及經本作反、

◉入浴

敕修清規知浴云。鳴皷第一通。僧衆入浴。第二通
末。頭首入浴。第三通行者入浴。此時住持方入以
屏風遮隔而浴。第四通人力入浴監作行者知事
居末浴。
日用清規云。如遇入浴浴具攜右手入下間門閫
內問訊歸空處。把左右人云。如彼說或有瘡或洗灸

瘡或使阶藥。宜隨後入浴。
寄歸傳云。須饑時浴。詳殿堂門
五燈會元石梯和尚嗣藥。章云。因侍者請浴師曰。
飢不洗塵。亦不洗體。汝作麼生者曰和尚先去某
甲將皂角來。師呵呵大笑。傳燈聯燈不收

◉淋汗

夏月入浴曰淋汗。見陰盦熱時常有汗故每日淋
沃也。又見文疏門淋汗疏處。
正字通云。淋音林。說文以水沃也。
清拙澄禪師録淋汗頌云。陝府鐵牛遭日炙嘉州
大象汗交流有人浴得這箇佛萬兩黄金也合收。

◉洗脚

舊說曰。洗足多於西淨矣。
日用軌範云。洗脚板鳴。不得爭奪脚桶。

◉淨髮

剃頭髮也。

牧修清規坐禪云。或山門有迎接祈禱普請看誦。

送亡及衆寮淨髮洗衣則不坐禪。

行事鈔諸雜要行並篇云。五分佛制半月一剃髮。

除無人難緣。論家四種次第。一上座。二髮長三。

先洗頭。四有緣欲行並前為剃。毗尼母剃髮者。

但除頭上毛及鬚餘毛一切不合剃。所以剃者。

為除憍慢自恃心故。四分比丘不得為白衣剃。

髮除欲出家者。若頭極長。若兩月。若廣兩指。一

剃爪極長如二麥。㸌之不得用剪刀。㸌髮聽畜。

盛髮器。十誦髮當蘿坑中涅槃頭髮爪悉皆。

長利破戒之相。增一佛告比丘沙門出家。有五。

毀導法一頭髮長二爪長三衣裳垢泝四不知。

時宜五多有所論。

逆剃順剃　毘奈耶雜事云。阿難入城乞食。有。

婆羅門於高堂見已。以拳擬阿難頭。時鄔波難。

陀聞巳口中唱我今解治彼小人。使剃頭人逆。

順淨剃揩摩以油著衣入城。捉婆羅門臂至王
門見王。白其事。王大怒斬婆羅門手。

● 燻髮

燻得度人之髮也。

斷橋倫禪師錄。新化燻髮佛事云。銅頭鐵額馬
領驢腮倒順剃除千萬萬零星收拾幾堆堆作者
出手。爐輔新開從前毛病到此一時灰紅個白個
青個紫個赤個以火打圓相云。盡從者箇流出來。

應菴華禪師蔣山錄燻衆僧髮佛事云。拈火把云。
一呼善來鬚髮自落積累既多無處安著普請大
衆。把火燒却。且道燒却後如何不用撥灰求舍利。
無邊頂相放毫光。

長翁淨禪師錄燻髮上堂云。活剃莘牛腦後毛。風
吹日炙轉腥臊。不堪狼藉薰天地罪惡重將業火
燒。惡見得切忌死灰尋舍利臭煙蓬烊猷頭高。

◉開爐

敕修清規月分須知云。十月初一日開爐。方丈大
相看。(門、爐頭處一)

僧寶傳法昌遇禪師傳云。法昌在分寧之北千
峯萬靈。古屋數間。過至止安樂之。火種刀耕粉
子時有至者。不堪其枯淡坐此。成單丁開鑪
日。輒以二力韁敲陞座曰。法昌今日開鑪。行腳
僧無一箇。唯有十八高人。減口圍鑪打坐。不是
規矩嚴難免見諸人話墮直鏡口似秤槌未免
燈籠勘破。不知道絕功勤安用修因證果。喝一
喝云。但能一念回心。即脫二乘羈鎖。

◉閉爐

敕修清規月分須知云。二月初一日。僧堂內閉鑪。
或山寺高寒。毋拘。(門、爐頭處一)

◉向火

日用軌範云。寒月向火。先坐爐圈上。然後轉身正
坐。揖上下肩。不得弄香匙火筋。不得撥火飛灰。不
得聚㷔說話。不得煨點心等物。不得灸脚焙脚烘
衣裳。不得攙起直綴露袴口。不得吐唾並彈垢膩
於火內。

傳燈錄南泉願禪師章云。師在方丈。與杉山向
火次。師云。不用指東指西。直下本分事道來。杉
山插火箸叉手立。師云。雖然如是。猶較王老師
一線道。

曹山寂禪師錄云。師一日入僧堂向火。有僧曰。
今日好寒。師曰。須知有不寒者。曰。誰是不寒者。
師笑火示之。僧曰。莫道無人好。師下火。僧曰。某
甲到這裏不會。師曰。日照寒潭明更明。

四分律云。向火有五過失。一令人無顏色。二無力
三令人眼闇。四令多人鬧集。五多說俗事。

僧祇律云。佛告諸比丘。然火有七事無利益。何等
七。一者壞眼。二者壞色。三者身羸。四者衣垢壞。五

者壞林嗣六者生犯戒因緣七者增世俗言論有

此七過故從今日後不聽然火。

行事鈔引僧祇資持記釋之云壞色謂面無神色

生犯戒緣即露地然火掘壞等戒因而成犯。

●普請

忠曰集衆作務曰普請。

因學紀聞云普請出吳呂蒙傳。

根本說一切有部毗奈耶雜事云如世尊說若壞

地時有五勝利時有老宿苾芻藥禪誦業入逝多

林皆親壞地佛言我於知事人作如是說非謂者

宿苾芻修行業者然於我所依善法律而出家者

有二種業一者習定二者讀誦苾芻聞佛爲知事

人密作是說其知事人不能通壞苾芻地佛言叢

林普請之據〈五勝利、見三執務門壞地處一〉

傳燈錄禪門規式云行普請法上下均力也。

僧史畧別立禪居云共作者謂之普請。

敕修淸規云普請之法蓋上下均力也凡安衆處

有必合資衆力而辨者庫司先禀住持次令行者

傳語首座維那分付堂司行者報衆掛普請牌仍

用小片紙書貼牌上云某時某處或聞木魚或聞鼓聲

各持鏵鍤搭左臂上趁普請處宣力除守寮直堂

老病外竝宜齊趁當思古人一日不作一日不食

之誠。

幻住淸規云公界普請事無輕重均力爲之不可

執坐守靜拗衆不赴但於作務中不可諠呵戲笑

誇俊逞能心存道念身順衆緣事畢歸堂靜默

如故動靜二相當體超然雖終日爲之而未嘗爲也

臨濟玄禪師錄云一日普請乃至黃檗竪起钁頭云

祇這箇天下人拈掇不起師就手掣得竪起云爲

什麼却在某甲手裏黃檗云今日大有人普請便

歸院。

聯燈會要華嚴休靜禪師章云。師在沿浦作維那。
普請白槌云。上間殺柴下間鋤地首座云聖僧作
甚麼師云。當堂不正坐不趣兩頭機。
大慧普說如山主請普說云。乾峯示眾云。舉一不
得舉二。放過一著落在第二。雲門出眾云。昨日有
人從天台來却往徑山去。峯云。今日不得普請舊
時叢林中日日普請。不似今時禪和家十指不沾
永百事不干懷。著好衣服要受人天供養不生慚
愧。舊時無這般衲子。每人有一柄舍刀一柄鋤頭。
謂之一日不作。一日不食若是普請處有一人打
發時一眾賴他便免普請所以道今日不得普請。
後來眾中多把作禪會了。
聯燈會要佛日和尚章云。師到夾山一日大眾普
請次維那令師送茶師云。某甲為佛法來不為送
茶來那云。和尚教上座送師云和尚尊命即得乃
攜茶去作務處城盞作聲夾山回顧師云釀茶三
五盌意在鍾頭邊山云。瓶有頃茶勢籃中幾箇甌。

師云。瓶有頃茶勢籃中無一甌便傾茶行。時大眾
一時舉目師云。大眾鶴望請師一言山云。路逢死
地莫打殺無底籃子盛將歸師云。手執夜明符幾
箇知天曉山云。大眾有人也歸去來。歸去來。
忠曰。大眾有人也歸去來。此即是大慧所謂賴
他免普請者。
已下錄非作務。而但集眾稱普請者。
敕修清規送亡云。白大眾粥罷普請送亡除守寮
直堂外並當齊趣。
雪峯存禪師錄云師示眾云。盡大地撮來如粟米
粒大拋向面前漆桶不會打鼓普請看。
聯燈會要真淨文禪師章云。今日莊主設鑱飯集
觀錢參退僧堂內普請喫茶去。一本作鑱之錢
清拙澄禪師錄除夜小參云。爆竹已催殘年去明
朝普請賀新年。

● 交代

新職者。與舊職者相代也。
困學紀聞云。交代。出蓋寬饒傳。
敕修清規兩序進退云。交代。與舊人交代。互轉身對觸
禮一拜。送舊人出。

◉ 交承

交代。亦曰交承。承繼也。
康熙字典云。承繼也。詩小雅。如松柏之茂。無不爾
或承疏新故相承。無彫落也。
物初賸語。淨慈請無極諮山疏云。先與東寺交承
於鳳城南畔。
虛堂愚禪師錄。有芝峯交承惠茶偈。
官人交代。亦曰交承。魯應龍括異志云。當湖
酒庫有二聖廟。在炊淘之後立祠以來閱歲滋
久。前後交承祀之奉之甚謹。每一任初到則上
兩輻既解印。則復兩輻。酬神之庇以為定例。

◉ 交堂

僧堂直堂人交付曰交堂。
大鑑小清規僧堂衆僧須知云。直堂。須自開靜後
看守衆僧被鉢一日。至晚不諷經不出外不入衆
舍。專此一日。至放參了。名曰交堂。交付聖僧侍者。
看管。

◉ 掛搭

初入叢林者。掛衣鉢袋於僧堂單位鉤也。故凡住
持容行脚人依住曰許掛搭。
楊億古清規序云。所哀學衆無多少無高下盡入
僧堂。依夏次安排。設長連床施椸架掛搭道具。
敕修清規遊方參請云。如求掛搭參頭領衆。回身
進住持前稟云。某等生死事大無常迅速久聞道
風特來依附。伏望慈悲收錄。稟訖。不伺允否。即普
觸禮一拜云。謝和尚掛搭。云云。如彼。

住持亦有拄搭儀。敕修清規入院云。就僧堂前。
解包屏處澡足。取衣披搭入堂炷香。聖僧前大展
三拜。參隨人同拜掛搭巳。到佛殿拈香。

● 掛錫

大鑑小清規侍者寮牓云。昔雪竇明覺禪師。在靈
乘日。與曾侍郎談道交契。一日明覺入浙曾公
隱相看得掛搭。到靈隱明年會曾公訪靈隱問去
年有書送僧掛搭。到否珊和尚云。無取床歷看。
有重題上座名問之。乃作淨頭曾公乃相見問
其書明覺出其書還之。緘封未開曾公大悅知
其遠大之人也。今日本僧人人求舉書掛搭全
無羞恥。實使人愁。有高見遠識兄弟別有格外
相見。不舉書為妙。

忠按雪竇顯公。不達曾公贈靈隱書以顯薦
達珊禪師故不傳也。見僧寶傳。

掛搭亦曰掛錫。
祖庭事苑云。西域比丘行必持錫。有二十五威儀。
凡至室中。不得著地。必挂於壁牙上。今僧所止住
處。故云挂錫。二十五威儀。具錫杖經。

● 掛鉢

粥飯畢。掛鉢於單後之鉤也。
敕修清規掛鉢時。請知事云。預分付堂司行者於
僧堂。早粥罷。掛鉢時。喝云。大眾少立請新知事。
有官人掛鉢於禪刹者。普燈錄徐師川居士
章曰。為尚書外郎。與朝士同志者。挂鉢於天寧
寺之擇木堂力參圓悟。

● 止掛塔

敕修清規夏前出草單云。叢林以三月初一日出
草單。方丈止掛搭。又月分須知云。四月初一日。
鎖曰過。見穀堂門過察處。

●謝掛搭

敕修清規謝掛搭云。古規掛搭歸堂者。即時謝掛搭。後以冬節歲節夏前三次謝掛搭。近時秋子到處坐席未溫。移單東西。多致不謝掛搭。既曰經冬過夏。折中當在冬前夏前兩期。報謝。如笠其規具

●參堂

沙彌歸堂曰參堂。堂者謂僧堂也。

敕修清規新戒參堂云。得度受沙彌戒已復住持。於何日參堂至。乃至期早粥遍食椎後。新戒參頭領衆入堂聖僧前列問訊插香大展三拜。至乃轉身住持前列問訊從首座板起巡堂。至外堂復歸內堂中間問訊而出。然後歸堂插單。隨衆諷誦

●暖寮

忠曰入冬人辨茶果等。饗先居人曰暖寮予聞大

德寺亦曰暖寮。妙心寺此謂暖席矣。

清拙小清規云。凡入祖堂當一一歷代位牌平等。供養云云。比之生人入寮暖寮同。

輟耕錄云。今之入宅與遷居者。隣里醵金治具。過主人飲謂之曰暖屋。或曰暖房王建宮詞。太

儀前曰暖房來。則煖屋之禮其來尚矣。

忠曰此煖房隣里煖於入宅者之房。故與禪林煖寮義少異焉。

●暖洞

義堂日工集云。守亨書記。求預會下。乃容石屏洞脚。又云勸淨智長老春谷令停止兩班官錢。且告云今時佛法屬吾宗門宗門弊在名之弊在暖洞暖洞之弊。至官錢極矣與古之寶爵無異請和尚誓革此弊。以為永則焉。又康曆二年記云。承僧錄之會巡報建仁兩序西堂諸寮禁止暖洞之儀盍余之宿志也。

● 揷單
初〈テシ〉厠〈シ〉衆揷單位於僧堂衆僧之間〈ニ〉也。
敕修清規新戒參堂云。歸堂揷單隨〈ニ〉衆禪誦〈詳二參堂處一〉
又移〈ニ〉單位〈ヲ〉亦曰揷單。敕修清規後堂首座云。如
缺〈ニ〉前堂〈ヲ〉住持別日上堂白〈シ〉衆請〈ニ〉轉前板揷單唱食〈ス〉。

● 起單
忠曰。會裏僧。辭去某寺曰起單言〈ハ〉起〈ニ其〉單位〈ヲ〉也〈詳二
請假處一〉又
敕修清規月分須知云。八月本色羿子未邊起單。
碧巖錄云。則監院。說〈ニ丙〉丁童子來求火法眼云。監
院果然錯會了也。則不憤。便起單〈ヲ〉渡〈ニ〉江去〈ト〉云
密菴傑禪師錄云。應菴一日喝〈ニ〉上座〈ヲ〉云。備常在
此作〈ニ〉什麼〈ヲ〉恭頌惱。打併起單。

● 抽單

● 抽單
起單亦曰抽單。抽下單位〈ヲ〉也。
大慧武庫云。保寧勇禪師初更衣。依〈ニ〉雪竇顯禪師〈ニ〉
問〈フ〉道。雪竇呵〈ス〉為〈ニ〉央庠座主勇不意堂儀總滿即抽
單。望〈ニ〉雪竇山〈ニ〉禮拜。誓曰。我此生行脚參禪道價若
不過〈ニ〉雪竇〈ニ〉定不歸鄉。

● 請假
舊說曰。暫請假〈ニ〉外出者。須不過十五日〈ニ〉却回若外
出過十五日〈ナレハ〉則稱〈ス〉為〈ニ〉起單。非是請假也。須更講〈ニ〉掛
搭儀那〈ヲ〉〈搭儀者。到二侍司一附レ名。侍司發レ榜。下二維
那一維那出二度牒一上二床曆一途歸堂也。詳二敕
修清規遊方參請一〉
篇海類編云。假去音駕。假告休沐。
正字通云。假暇音義別〈ナリ〉舊註與暇同非。
居家必用云。喪病告報曰假謂借勾當月日〈ナリ〉。
節朔旬休曰暇。謂公務空閑日也。
忠曰。諸韻書並假字。下旬休休沐註〈ニ〉而必用
獨暇字為〈ニ〉旬休〈ニ〉按禪林請假非〈ニ休〉沐例〈ニ〉故不

可用韻書假義為辨私事請假故可用必用
假義又今時起單辭請假更假作暇皆謬矣
敕修清規遊方參請云或有故出入須守堂儀半
月方可請假古云請假遊山者常將半月期過期
重掛搭依舊守堂儀
南禪規式云請假先上方丈報之次報維那察看
寮看寮出紙榜貳片壹片再上方丈呈之便貼衣
鉢閣壹片貼僧堂己單名肩呈榜時首尾粘糊以
便貼書牓法

請假　公界

某甲　限來幾日

堂司某甲書

請假或病堂司字印也本寺用則書公界二字亦
不書日限
又云義堂和尚住南禪日罰榜式中云某上座不
請假出京不趣四更坐禪理合出院且從宥恕罰
油四斤

已下錄住持亦言假
敕修清規鐘云僧堂鐘過住持每起眾入堂時鳴
七下住持或不趣堂或在假則不鳴
忠曰在假出外也此住持亦言暫假也
傳燈錄隆宗守玭禪師章云一日不上堂大眾入
方丈參師曰今夜與大眾同請假未審還給假也
無若未聞給假即先言者負珍重
請假本世禮語朝野僉載云權龍襄不知忌
日謂府史曰何名私忌對曰父母忌日請假獨
坐房中不出襄至日於房中靜坐有青狗突入
龍襄大怒曰衝破我忌

● 暫假

請假亦曰暫假謂暫時請假也
敕修清規維那云或有他緣或暫假出入將戒臘
簿假簿堂司須知簿親送過客司令攝之
雲臥紀談云真淨和尚住寶峰日洪明一祖同在

侍寮。祖請暫假。真淨不許。及上己日。呼俱侍行。為
賓道莊主具飯。真尋題偈于壁曰。元符二年三月
三。春餅撥餕桐飯兼。真淨來看信道者。洪明一祖
相隨參祖匪笑謂同列曰。元來老和尚以我名剛
於偈。故不給假也。

● **寮假**

寮假。書上中下限在十五日。
清拙小清規云。浴佛在近。沙彌喝食。不可請假病
假寮假。

● **病假**

病假

忠曰。為養病請假者。
幻住清規云。忽過病緣。宜白之公界。移單屏處。乃
病或少間。當具威儀。謝直病人歸堂參假。

● **參假**

參假

凡暫假者。不過十五日。而再歸堂曰參假。若過二十
五日。則抽籍。故初出外。為起單。非請假也。若歸則
可再行掛搭禮。故不可言參假矣。
忠曰。今時新依栖某寺曰參假說也。須稱掛搭。
清拙小清規云。參假僧。無維那寮。先請假禮者。不
可免參。維那照了。
瑩山清規云。不請假而起單人。不可免再參。
又云。或為請假參禪白事詣方丈。及諸寮省
座等。寮不拘時候。必搭袈裟也。
雪巖欽禪師錄普說云。頓起鄉念。且請假歸鄉
自此一放。都放了也。兩月後。再來參假。又却從
頭整頓。
忠曰。過六十日。再來亦曰參假。依清規非禮
住持亦有參假。虎丘隆禪師錄參假上堂云。病
起雲山草木秋。浮華世事謾悠悠。從來萬法不為
侶。何似韶陽六不收。喝一喝下座。
參假本世禮語。戴植鼠璞云。唐文武職事官。

九品以上。望朔朝文官五品以上及兩省供奉。
監察御史員外太常博士。日朝爲二常參二武官三
品以上三日一朝。爲二九參二五品以上及折衝當
番五日一朝。爲二六參二三日不趁常參卽橫行參
假時多御宣政正衙立仗廊廡而退。

● 分散

大衆一同退去曰分散。
臨濟玄禪師錄云。徑山有五百衆少人參請師到二
徑山裝腰上法堂見徑山徑山方擧頭師便喝徑
山擬開口師拂袖便行導有僧問徑山這僧適來
有什麼言句便喝和尚徑山云這僧從黃蘗會裡
來。猶要知麼且問取他徑山五百衆太牢分散。

● 得度

忠曰。落髮爲二沙彌此謂得度蓋生死比海今超之
到彼岸故言度因中說果也。

増壹阿含經云。佛在道場樹下。初得佛。作是念羅
勒迦藍諸根純熟應先得度空中天曰已死復念。
欝頭藍弗先應得度空中天曰已死世尊便往波
羅奈國度阿若拘隣等五人。

● 試經得度

佛法金湯編云唐中宗神龍二年八月。詔天下試
童行經義挑通無滯者度之。史試經度僧始此。
編年通論云。唐肅宗至德二年聽白衣能誦經五
百紙者度爲僧。
佛祖統紀云。宋仁宗詔試天下童行誦法華經中
選者得度。參政宋綬夏竦監試。
又見二簿劵門祠部牒處。
歐陽修歸田錄云。宋宣獻公綬夏英公竦同試
童行誦經者有一行者誦法華經不過。問其智業
幾年矣。曰十年也。二公笑且閔之因各取法華
經一部誦之宋公十五日。夏公七日。不復遺

一字ハ人性之相遠也一有二字一如此。

懺悔

敕修清規。沙彌得度云。戒師云。汝今至誠隨我懺
悔。舉云。我昔所造諸惡業。皆由無始貪瞋癡從身
口意之所生。一切我今皆懺悔。
華嚴經疏清涼鈔云。懺者梵云懺摩。此云請忍。
即此方體是惡作厭先過。求請三寶忍受悔過。
罪云悔者非是六釋。合二即是依主。
根本說一切有部毗奈耶音釋云。言懺摩者。此方
正譯當乞容忍收謝義也。若觸誤前人欲乞
歡喜者皆云懺摩。無問大小咸同此說若悔罪者。
本云阿鉢底提舍那。阿鉢底是罪。提舍那是說應
云說罪云懺悔者。懺是西音悔是東語。不當請恕。
復非說罪誠無由致。
毗奈耶雜事義淨注云。懺謝所言懺者。梵云懺摩。
是謂容恕義後人加悔喚為懺悔。此即與說罪義

不同也。
義爭言後人加悔。不然經律中。皆有懺悔字。
四分律毗尼增一法云。佛告言比丘。汝自懺悔。於
我法中能至誠如法懺悔者。便得增益汝懺悔應
生厭離心汝比丘。至誠如法懺悔我為受之。
合部金光明經懺悔品云。願當受我誠心懺悔。令
我恐懼悉得消除。

登壇受戒

禪苑清規云。三世諸佛皆曰出家成道。西天二十
八祖唐土六祖。傳佛心印蓋是沙門益以嚴淨毗
尼方能洪範三界。然則參禪問道戒律為先既非
離過防非。何以成佛作祖受戒之法應備三衣鉢
具并新淨衣物。如無新衣浣染令淨入壇受戒不
得借借衣鉢。一心專注慎勿異緣像佛形儀具佛
戒律。得用此非小事登可輕心若借借衣鉢
雖登壇受戒並不得戒。若不曾受一生為無戒之

人濫厠空門虚消信施云々

●納戒

傳燈錄趙州諗禪師章云。從諗禪師。曹州郝鄉人也。姓郝氏。童稚於本州扈通院從師披剃未納戒。便抵池陽參南泉云々

虚堂錄納牌普說舉之。作詣南泉請戒。

●謝戒

敕修清規沙彌得度云。俟他時登壇受戒謝戒詞云。某等獲登戒品濫厠僧倫仰荷庇廕特此拜謝。

傳燈錄中邑恩禪師章云。仰山初領新戒到謝戒。師見來。於禪床上拍手云。和和仰山即東邊立。又答云。某宿承記僧戒圓成堅忍受持力荷宗教。傳燈錄中邑恩禪師章云。仰山初領新戒到謝戒。師見來。於禪床上拍手云。和和仰山即東邊立。又西邊立。又於中心立。然後謝戒了。却退後立。

●白四羯磨

忠曰。如沙彌得度戒師先云。汝聽。受某戒白白也。次三說某戒相。汝能持不。三羯磨也。通初白。名白四羯磨。翻譯集羯磨疏云。就眾法有三。一者單白。事或輕小。或常所行。或是嚴制一說告僧。便成法事二者

宗覺六物纂註云。就眾法有三。一者單白。事或輕小。或常所行。或是嚴制一說告僧。便成法事二者白二由事參涉義須通和一白牒事告知一羯磨量處可不便辨前務通白及羯磨。故云白二白三者白四受戒懺重治舉訶諫事通大小情容乖舛自非一白告知三法量可焉能辨得以三羯磨通前單白故云白四。四有三十九白二有三十八白一百八十四種羯磨。

四分律藏云。佛告諸比丘有三羯磨攝一切羯磨。何等三。白二羯磨。白四羯磨。是為三羯磨。

十誦律云。白者。白眾是事故名白。有僧事初向僧說。故名白。白羯磨受具足戒。布薩說戒自恣等是名白羯磨。白二羯磨者。若白已。一唱說。如是白二名白二羯磨。白二羯磨者。若白已。二唱說。羯磨。是名白二羯磨。白四羯磨者。若白已。三唱說。

是三羯磨。并白為四。是名白四羯磨。

又見雜心論行事鈔等。

慧苑華嚴音義云。羯磨。此云辦事。謂諸法事。由茲成辦也。

第十類　禮則門

四分律云。佛告比丘云。何攝持威儀比丘。若出若入屈伸俯仰。執持衣鉢。若飲若食。若服藥。大小便利若眠若覺。若來若去。若坐若住。若睡若覺若語若默。常爾一心。是謂此比丘攝持威儀。

●禮拜

道宣歸敬儀云。禮者。履也。敬而已矣。經云。恭敬塔廟謙下比丘者是也。

禮者履也。出說文。敬而已矣。出孝經廣要道章。經云。出法華。

六祖法寶壇經云。僧法達常誦法華經。來禮祖師。頭不至地。師訶曰。禮不投地。何如不禮。乃蘊吾偈曰。禮本折慢幢。頭奚不至地。有我罪即生。亡功福無比。

大鑑小清規云。禮拜之法。自謙之法。坐具不敢全展。須上兩角。摺轉些子。若新為僧坐具。但半展。兩手托重。狹而禮拜。又拜時。合掌低頭至地。次兩膝至地。低腰。安身。仰展開兩掌。頭額至地。名五體投地。又拜佛之法。仰開兩掌。承如來雙足。叩頭而禮拜佛也。故曰頭面接足禮。今此方人。以兩手退舉。不知何義。又云。禮拜之法。低頭問訊。先兩手掌至地。徐徐五體投地。低腰伸手掌。而拜有一等執拗之人。禮拜時。先跪兩膝至地。次方兩掌至地。威儀不雅。如俗人不知次第。此大訛謬之人。不依真正法度。誤之後來錯習惡相之甚也。

大鑑展坐具法。見服章門坐具處。

翻譯名義集云。那謨悉羯羅。此云禮拜。今謂禮之

與拜名有通局。長短經曰。禮者履也。進退有度。尊

卑有分。謂之禮。禮記云。禮也者。猶體也。體不備。君

子謂之不成人。故孔子云。非禮勿視。非禮勿聽。非

禮勿言。非禮勿動。是則凡所施爲皆須合禮。此顯

禮名通也。白虎通云。人之相拜者何。所以表情見

意。屈節卑體。尊事者也。拜。周禮明九

拜。此顯拜名局也。若依釋氏。如南山云。四儀若無

法潤。乃名枯槁衆生。故天台明四種三昧之法。是

知四儀法則名禮。身業恭敬名拜。此亦禮通拜局。

今此翻譯禮即是拜。故大論云。禮有三種。一者口

禮。二者屈膝。頭不至地。三者頭至地。是爲上禮。一

口禮者。如合掌問訊也。觀音義疏云。此方以拱手

爲恭。外國以合掌爲敬。手本二邊。今合爲一。表不

散誕。專至一心。僧祇律云。當安慰舒顏先語。

問訊。爾雅云。訊言也。地持論云。禮拜不得如瘂羊當相

平視。和色正念。在前問訊。善見論云。比丘到佛所

問訊云。少病少惱安樂行不。二屈膝者即互跪也。

音義指歸云。不合云胡跪。菱梵世遣種居五竺間。

蔥嶺之北諸戎羌胡。今經律多翻互跪以三處翹

聳。故名互跪。即右膝著地也。混槃疏明三義。一右

膝有力。跪能安久。二右膝有力。起止便易。三右膝

躁動著地。令安若兩膝著地。則名長跪。既奈耶云。

尼女體弱互跪。要倒佛聽長跪。三頭至地者。即五

體投地。故大論云。人之一身頭最爲上足最爲下

以頭禮足。恭敬之至。輔行云。準地持。皆以雙

膝雙肘及頂至地。名五體投地。亦名五輪。五處圓

故。

華嚴經十迴向品疏云。勒那三藏說七種禮。今加

後三。以成圓十。一我慢禮。謂依次位立。無敬心故。

二唱和禮。高聲喧雜故。此二非儀。三恭敬禮。五輪

著地捧足。殷重故。四無相禮。入深法性。離能所故。

五起用禮。雖無能所。而禮不可禮之三寶。一一佛

前皆影現故。六內觀禮。但禮身中法身佛故。七寶

相禮。無內無外。同一實故。八大悲禮。前雖有觀。未
顯為生今。二禮普代眾生故。九總攝禮。總攝前
六為一觀故。十無盡禮。入帝網境。若佛若禮。重重
無盡故。鈔禮佛十重。初二非儀。今其知非。故辨
之耳。三通權小四是始教順空義故。五是終教通
事理故。六七頓教。但禮心佛無禮禮故。八通終教
同敬一乘故。後三合成圓教八是能禮一。其一切
故。九融深淺事隨理勐。容容無礙故。而言攝前六。
二非儀故。十重重無盡故。下經云。一毛孔中悉明
見不思議數無量佛。一切如是。普禮一切
世間燈舉身次第。二恭敬禮。如是無邊諸佛
言辭普稱讚窮盡未來一切劫。於一微塵中見一
切諸佛菩薩團繞法界座亦然。一一如來所
切剎塵禮等。若依此禮。一禮則無有盡功德豈可
量哉。

忠曰。勒那七禮廣說。如法苑珠林致敬篇及道

宣歸敬儀。

西域記云。致敬之式其儀九等。一發言慰問。二
首示敬。三舉手高揖。四合掌平拱。五屈膝。六長跪。
七手膝踞地。八五輪俱屈。九五體投地。凡斯九等。
極唯一拜。跪而讚德。謂之盡敬。遠則稽顙拜手近
則舐足摩踵。

智度論云。何名頭面禮足。答曰。人身中第一貴者
頭。五情所著。而最在上故。足第一賤處最
在下。故以所貴禮所賤。貴重供養故復次有
二下中上者。揖為中者。跪為上。稽首頭面禮足是
上供養以是故。佛毘尼中。下座比丘。兩手捉上座
兩足以頭面禮。又云。天竺以捉足為第一恭敬。

忠曰。清拙仰開兩掌。按承如來雙足。此固無間
然。而智度論已言毘尼中。兩手捉上座兩足。此
今且引律證。復開兩掌執觸前人足上。

毘奈耶雜事云。難陀執持衣鉢。入城乞食。巡至
鹿子母家時毘舍佉見彼容藏光飾便起淨信

禮其雙足。將手觸著彼身柔輭。女是觸毒近便
損害難陀。便起染心。鈔

又十誦律云。爾時諸比丘以油塗足上是國多
塵土著比丘脚。諸居士婦。以兩手接比丘足作
禮。然後洗手捉鉢下食。比丘言。先洗手已捉鉢。
答言已洗。若汝不油塗足者。當有何過佛見婦
呵責。遠僧房語。比丘從今不應油塗足上入白
衣家。

又十誦律云。毗舍佉鹿子母。信衆僧。兩手接足。
頭面作禮。

釋氏要覽云。長阿含經云。二肘二膝頭頂謂之五
輪。輪者。圓轉之義也。亦云五體。凡禮拜必先並足。
正身合掌俯首以手襃衣
罪。先以右膝著地。次下左膝。以二肘著地。舒二掌。
過額承空。示有接足之敬也。以頭在地良久方成
一拜。若以中拇指相挂或以掌承面或捺地或
儀也。　又云。大方廣寶篋經。智燈聲聞問文殊言。

云何禮佛文殊言若見法淨名見佛淨身若心
不低不昂正直而住不動不搖其心寂靜行寂靜
行是名禮佛。

萬善同歸集云。若行道禮拜時不生般重旣無覩
慧又不專精雖身在道場而心緣異境著有為之
相迷其性空起能作之心生諸我慢不了自他平
等能所虛立懺涉茲倫深當客春磨牛責。

野客叢書云。古者拜禮非特首至地然後為拜
也。凡頭俯膝屈手動皆謂之拜按周禮辨九拜
之儀。云肅拜但俯下手。即今之揖也。何嘗專以
首至地為拜邪乃知禹聞善言則拜如揖之類
是也。豈僕僕之謂哉。

周禮九拜解見頓首處。

朱子語錄云。古人之拜。正如今道士拜二膝齊
下。唐人。先下一膝謂之雅拜。

李濟翁資暇錄云。夫拜者禮之雅。所以申敬恭
之儀。故周禮有三稽首頓首振動吉凶奇褒肅九

禪林象器箋　第十類　禮則門

必再拜何。法陰陽也。尚書曰。再拜稽首也。
忠曰。尚書云萬拜稽首皐陶拜手稽首等。無二
再之言。

●再拜

等之拜。以示威靈。而觀容止也。其非至親行拜
者拜。則接捧示止之。不敢當之意。今卑諫大過
反不敢接捧而鞠躬側立悒受。翰合前人。待以
盡禮深拜。又書狀弔慶辭竭。並削去拜字以敬
尊官。都乖古風。
周祈名義考云首與要平。爲拜。荀子平衡曰拜。
平衡謂磬折正首與要平。

史記周本紀云。商人省再拜稽首武王亦答拜。
通鑑前編載之作載拜稽首。
大鑑附錄云。中吳承天南楚師悅載拜。
正字通云。載與再同小雅賓載手仇。
忠曰。釋氏要覽再拜爲俗法。見三拜處然師悅有載
拜。
白虎通姓名篇云。人所以相拜者。何。所以表情
見意。屈節卑體尊事之者也。拜之言服也。所以

●三拜

敕修清規聖節云。出班上香乃至大衆同展三拜。
廣燈錄菩提達磨章云。命門人曰汝等盍各言乎。
乃至二祖出禮三拜。依位而立。師云汝得吾髓。
釋氏要覽云。俗中兩拜者。蓋法陰陽也。今釋氏以
三拜者。蓋表三業歸敬也。智論云。內式禮拜大約
身口業也。佛法以心爲本。以身口爲末。故三拜爲
禮數。
南海寄歸傳云。凡禮拜者。意在敬上。自卑之儀也。
欲致敬時及有請白先整法衣乃至足跟雙覽脊項
平直。十指布地。方始叩頭。然其膝下。廻無衣物。復
還合掌。復遠叩地。慇懃致敬。如是至三。必也尋常
一禮便罷。中間更無起義。西國見爲三拜。人皆怪

之至乃如經律云來至佛所禮佛雙足在一邊坐不

云敷坐具禮三拜在一邊立

祇洹圖經受戒登壇儀云當佛禮三拜運想請

十方現在諸佛諸大菩薩等又云面北禮佛三

拜

又法苑珠林引西國寺圖云行至佛所禮三拜

竟圍繞三而唄讚三契禮佛既已方至僧房房

外一拜然後入見上座次第至下各設三拜僧

多一拜

忠曰若據此說則天竺非無三拜法

外典亦有三拜國語云蔡聲子曰子尙良食

吾歸子漱舉降三拜納其乘馬註拜善言也

夷俗亦有三拜法宋史外國傳云闍婆國王

椎髻戴金鈴衣錦袍躡革屐坐方牀官吏曰謁

三拜而退

大展三拜

敕修清規告香云參頭同眾問訊插香各大展三

拜又大掛搭歸堂云參頭至聖僧前排立參頭

燒香同眾大展三拜

睦州蹤禪師錄云問僧莫是從河北來麼僧云某

甲近離江西師云大展坐具禮三拜著其僧禮拜

聯燈會要保寧勇禪師章云少習天台致後更衣

了便出法

大隋真禪師錄云投子和尙呼侍者令裝香大展

坐具望西川大隋山遙禮三拜

謁雲資顯禪師顯熱視之呵曰殃祥座主師氣不

平發憤下山望雲資山大展坐具禮三拜誓曰我

此生行脚參禪名不過如雲資誓不歸鄉

五祖演和尙太平錄云將四大海水為一枚

倪須彌山作一管筆有人向虛空裏寫祖師西來

意五字太平下座大展坐具禮拜為師

虛堂忠和尙錄普說云踈山云若數某甲道須遠

師資之禮始得香嚴乃下座大展坐具禮三拜准

前問。

南堂欲禪師開福錄云。衆中忽有忍俊不禁底出來。掀倒禪床喝散大衆。山僧大展坐具禮他三拜。

忠曰。或解展開手也。將合掌時。先大開展兩手。於左右却合掌。此謂大展矣。禪苑清規入室云。已言大展坐具。非開手明矣。

有室大展。有處獨禮云。此亦以獨禮。對大展則有義。

展開坐具義。爲正爲若大展開手拜者。大儀式時然。表恭怡也。

敕修清規沙彌得度云。沙彌插香。大展三拜。

解者曰。侍者小師拜。不全展坐具然今言大展也。

忠曰。大鑑小清規云。禮拜之法。自讓坐具不敢全展。須上兩角。摺轉些子若新爲僧。坐具但半展兩重狹而禮拜。止解者憑之恐清規失辭。

○同展三拜

敕修清規聖節云。出班上香。大衆同展三拜。備用清規聖節云。出班畢。大衆同展三拜。此拜佛。爲告天祝壽也。

忠曰。凡聖節。二祖。三佛會。皆有此規。行者先高聲喝云。大衆列拜。此大衆一同展坐具三拜。有二切一靖上發。一知識見二次下兩展三禮處。

○九拜

舊說云。禪林九拜者。展坐具三拜者三度。遂成九拜。

敕修清規當代住持受請云。專使插香。大展三拜。詞云。來奉山門使令一擧三屈。屈惟得旨不勝三感激之至。復三拜。收坐具。又三拜。詞云。節日時令合諧時。共惟新命堂頭大和尚聲候起居萬福。又三拜收坐具。

村寺清規行脚須見尊宿。見尊宿須預見。侍者託通名候見合致三九拜敬方請尊宿跌坐當中問訊出所懷香雙手把進插香爐中退展坐具禮三拜四穿鞋自坐具左以進尊宿坐右鞠躬叉

手云某久仰道風此日幸遂展拜下情不勝多感
之至復側身顧尊宿歸坐具再禮三拜又進云即
日共惟某山堂上老師大和尚尊候動靜多福復
退禮三拜合掌問訊尊旨就坐喫茶茶罷復出香
爐前問訊謝茶而退

律苑事規云大展九拜詞語先叙事次寒暄並同
禪苑清規掛搭云入室弟子洎法眷卑行並大展
九拜

右證三拜三度而成九拜

禪規

備用清規結制行禮云方丈客頭行者進堂恩椅
子住持卽跌坐侍者一班進前揷香九拜次辨事
小師揷香九拜又開堂祝聖云進望恩椅子擡
坐侍者揷香大展九拜小師揷香大展九拜
敕修清規爲行者普說云參頭緩聲喝云不審衆
低聲和畢同禮九拜又請盆云侍者引入住持
前問訊揷香大展九拜乃至諷聽雲誨畢進前揷香

大展九拜謂之謝因緣（詳參請盆）門
雪巖欽禪師錄普說云明天目和尚久侍松源
是松源的子必得松源說話移單過淨慈掛搭
懷香詣方丈請益大展九拜
聖一國師年譜云弘安三年庚辰師七十九歲
無傳珪（諱徑山叟）自越後來揷香作禮師曰最後相
見須致九拜拜畢而坐
或十二拜若請盆則不必用九拜十二拜或觸禮
一拜或三拜或稽首拜或六拜其一拜三拜六拜
永平元和尚曰結解冬年及且望參師燒香九拜
竝額叩地此名頓首拜
永平清規典座敎訓云齋粥辨了方發食也
坐具先望僧堂焚香九拜了乃發食也日本國僧
食之法先德未記僧食九拜之說未嘗見在
唐昐成式（酉陽雜俎）云長樂坊安國寺彌勒
像法空自光明寺移來初移像時索火如虎口
數十牛曳之索斷不動法空執爐依法作禮九

拜像身忽迸分不終日移至寺焉

人天寶鑑云道曇法師凡閱經炷香九禮趺坐
良久然後開帙常訓諸徒曰夫窺聖敬意在明
宗若不端己虛心爭到如來境界

忠曰面墻之徒妄謂禪林門狀及文翰言九拜
非也夫周禮有九拜此依位高下分九品拜也
又佛祖忌九拜乃三回三拜也豈有一時爲九
拜者哉故今略錄數證

敕修清規附二山書云了万九拜復前智者堂上
和尚雲翁老師兄凡几

雪峯存禪師錄二十四景總詩尾云當代住山遠
孫比丘智明九拜書

南堂欲禪師錄松源老祖家書跋云頓首九拜謹
誌乎下方云

月江印禪師錄應菴與烏巨書跋云三復感慨焚
香九拜而爲之書

清拙澄禪師錄示寂前一日預代小師作祭文云

謹以湯茗果馔之儀九拜致祭于眞慈又附錄

瑤首座字玉淵大悼拙偈後云小師堅瑤九拜

又祖柏和瑤首座悼偈序云梓末比丘祖柏九
禮

明極俊禪師錄附寶屏雲長老詩序云口占數語
尚希慈眤門人大雲九拜

⊙ **佛祖忌九拜**

敕修清規佛降誕云住持上香三拜不收坐具進
前上湯進食請客侍者遞上燒香侍者捧置于几
畢復位三拜再上香下觸點茶又三拜收坐具

又達磨宿忌云住持上香三拜不收坐具上湯退
身三拜再進前問訊揖湯復位三拜收坐具

餘忌例同不用煩錄

舊說曰九拜法諸規相同惟建仁寺所講上香
三拜次上湯上食下觸點茶畢三拜次進揖三
拜頌異餘刹東福寺進食之次獻果子建仁點

茶之次獻果子、蓋果子是爲茶子之謂歟。中華二八
則供具外、無更備菓。而日本則更備菓矣。

●祖忌十八拜

敕修清規達磨忌云。住持上香三拜。不收坐具進二
爐前。上湯上食請客侍者供遞。俟燒香侍者就二祖
位側捧置一几上退就位三拜。仍進前燒香下蹋畢。
三拜收坐具鳴鼓講講特爲茶。如湯禮。
忠曰。特爲湯宿忌記之。故不二煩重錄一特爲湯有二
九拜佛事餞之一。今亦如此。合二前成二十八拜。
十八拜兩回九拜也。先住持上香歸行者展席。
住持三拜。不收坐具進上湯進食歸三拜進上
香下蹋歸三拜收坐具行者捲席。復住持進上
香歸行者復展席。住持三拜。不收坐具行者鳴
茶鼓住持進上茶歸三拜。又進深揖歸三拜行
者此鼓住持收坐具行者捲席。

●百拜

希叟曇禪師正宗贊序云。寶祐甲寅西蜀比丘紹
曇百拜書于靈鷲放山寮。
忠曰。百拜。直爲二一百度一、拜也。或又但言二數多一
耳。不必禮拜百度矣。論二衡儒增篇一云。百與二千數
之大者一也。實欲言二百則言二千矣。是與二
書言二協和萬邦一詩曰二子孫千億一同二一意一也。
儒亦有二百拜一。禮記樂記云。壹獻之禮賓主百
拜。疏。謂二士之饗禮一。唯有二壹獻一言二所獻酒少一也。
從初至末賓主相答、而有二百拜言拜數多一也。
明契君初政記曰。洪武三年。五月。諭中書省
曰。今人書劄。多稱頓首再拜。百拜。非二實禮一也。
宜定其式凡致書于尊者一稱二端肅奉書一。答則
稱二端肅奉復一。
儒論再拜禮重。野客叢書云。漫錄曰。安元獻
與二兄手帖一曰。殊再拜莊客至知大事禮畢云云

此外希順變不備。殊再拜。十一哥十一婆。僕家有富鄭公一帖。正與姜元獻一同。前後皆云弼再拜幾叔幾嬸。乃知前輩以再拜二字。施於尊長。不肯輕用。而今人或用此二字。則以為輕己。弟平交亦不敢。況兄與叔乎。

儒有四拜。李涪刊誤云。夫郊天祭地。止於再拜。其禮至重。尚不可加。今代婦謁舅姑。其拜必四。予輒詳之。婦初再拜。次則跪獻衣服支史承。又再拜。即其事也。士林威儀豈可做諸下里耶。其筐篚則跪而受之。常於此際授受多誤。故四拜相屬。因為疑。又婦拜夫家長老。長老答之。則謁拜姑嫜。宜修典故。再申掃地拜。其儀可觀。

儒有八拜。邵伯溫聞見前錄云。韓魏公留守北京。李稷以國子博士為漕。頗慢公。公不為較。待之甚禮。俄潞公代魏公為留守。未至。揚言云。李稷之父絢。我門下士也。聞稷敢慢魏公。必以父死失敬至此。吾視稷猶子也。果不懌。將庭訓之。公至北京。李稷謁見。坐客次久之。公著道服。出語之曰。而父吾客也。只八拜。稷不獲已。如數拜之。

儒天子前有二十四拜。水滸傳云。宋江等朝觀東京。待御史引至丹墀玉階之下。宋江盧俊義為首。上前八拜。退後八拜。進中八拜。三八二十四拜。揚崖舞蹈。山呼萬歲。

儒有萬拜。葷談採餘詔媚頵云。羅志仁姑蘇筆記。賈似道當國時。浙曹朱泌。每有剳子白事。必稱某萬拜復。時人謂之朱萬拜。泌晦翁曾孫也。（余冬序錄亦載之云朱泌字深源）趙世題客窗隨筆云。李涪謂唐世郊天祭地。止於再拜。其禮至重。不可加。而以婦拜始章必四為非禮。然則彼時不行四拜也。方十處士每拜必三。時謂之方三拜。宋朱元晦孫為淮東提刑。與顯者書必云萬拜。時謂之朱萬拜。方未免好奇之過朱則諫佞。發嚴祖風矣。

● 千拜

忠曰又有千拜者。
大寶積經護國會云。福焰王子。即乘吉利意如來。
光至如來前。舉身投地。如大樹倒。禮彼如來一千
拜已說偈。

● 不住拜

永平元和尚曰。法盆之時。亦有不住拜。謂禮拜而
不止也。可到百千拜。是皆佛祖之會所用來拜也。

● 兩展三禮

字彙云。展之輦切。旒上聲。開也。舒也。
小補韻會云。展。知輦切。舒也。
舊說曰。展者。初欲展坐具。師家挪揄止之。故作摺
勢復欲重展。復止之。復作摺勢。然不拜則情不足。
故不展坐具而手持觸地拜而已。或曰展者。挿
手於坐具也。至第三度抽之。點額而禮。
忠曰。或曰展者。展禮話也。謂叙事寒暄。予謂展
固係坐具。初欲展具。師家約免。即不展具。但叙
事情第二展義同。叙寒暄耳。非展禮詞之義。
敕修清規遊方參請云。起至爐前。兩展三禮謝茶。
初展云。某等重承煎點。特此拜謝。下情不勝感激
之至。再展云。即日時令謹時。恭惟堂頭和尚尊候
起居多福。退身觸禮三拜。又謝掛搭云。參頭一
展坐具。住持展手約免之。即收起參頭進前云。某
等宿生慶幸。獲遂依棲下。情不勝喜躍之至。仍如
前退身。香几右手轉歸位問訊。再展坐具。住持復
如前。約免收坐具。再進前云。即日時令謹時。恭惟
堂頭和尚尊候起居多福。仍如前轉歸位問訊。觸
禮三拜。住持答一拜。　又大鑑說　見三展禮處一
忠曰。上來所錄。到第三度觸禮三拜。其三拜但
是三度點額也。然又有第三度真三拜者。敕修

清規受法衣云。挿香兩展三禮。免則觸禮。此止此
既免。眞三拜。故但觸禮。點額三度也。
校定清規云。兩展三拜。亦有議論高者。凡前兩展。
住持不答拜。只以兩手作三分開勢。蓋彼欲展拜此
以手免之。故彼抽之。彼又展此。又免之。故彼觸拜。
則住持亦當觸拜酬之。
僧史略云。近以開坐具便爲禮者。得以論之。昔梵
僧到此。皆展舒尼師壇就上作禮。後世避煩。尊者
方見開尼師壇即止之。便通叙暄凉又展猶再拜
也。尊者還止之。由此只將展尼師壇。擬禮爲禮之
數。所謂蓬拜也。如此設恭。無乃太簡乎。然隨方爲
清淨者。不得不行也。
祖庭事苑引僧史略文了云。今叢林尊宿。亦行此
禮。所未便者。僧方展坐具即反答一拜。實爲倒置。
往往輒謂。一展即當二拜。不知據何。而爲此言。所
謂蓬者詐也。卑以詐拜。而尊寶答之。既重輕之不
分。使後世將何以爲法邪。而今而後。慎勿言答拜

之禮。以取笑於傍觀。蓬祖臥切。
釋氏要覧云。南方以抽坐具爲禮。律檢無文引僧
史略。又云。蓬音挫拜。失容。又云詐也。
村寺清規叙九拜了云。然今叢林。多只兩展三拜。
或謂。昔有梵僧來。參仰山僧方展。而山恰其遠來。
特止之。僧即進前切叙云久。仰道風意欲展拜。山
又止之。故只通塞溫。而後觸禮三拜。云後世因
之。而爲叙見之禮。又。或更簡。而只觸禮三拜。但
梵僧參仰山之事。清規諸書所不載。後學不知兩
展三禮之由。竟昧見尊宿。當九拜之敬耳。
村寺清規萬一山跋云。予初遊方。一尊宿曰。昔仰
山有西土僧來參。手展坐具。山把而辭之。遂通仰
參。復欲展禮。山又止。乃通塞溫。僧則觸禮三拜。叢
林若不本此說。則此禮無義理。後予任職衆中。暗
師徒行禮。其徒方展坐具。而師乃答拜。次日予詰
曰。詎有爲徒者。方展具。而師即拜於理未通師曰。
近代宗師皆然。予舉前話以應。遂以予言爲是。茲

事。蓋清規所不載。

忠曰。僧史略。開坐具為禮。引梵僧緣。通慧博該。
必有所據。後世因作梵僧參仰山兩展三禮之
說。夫仰山別有楚僧來參緣乘之傅會矣宜哉
清規諸書不載。

律苑事規云。禪規二展三禮。今律規併作大展
三拜。詞語先寒暄次叙事。一併稱之住持不答
拜。

舊說曰。兩展陳辭。每展別初展言某事。再展言
起居。

舊說云。或規有初展叙時令異于敕修清規
忠曰。或規者。指律苑乎。若然則卒見律苑
云先寒暄次叙事謬解為二展三禮。而自
以為異餘規然律苑實以禪規二展三禮合
為一箇大展三拜。間不交詞語。拜前一
併稱唱之其語先寒暄。次叙事也。若到大展
九拜則每三拜展詞其語先叙事。次寒暄。並

同禪規九拜[律苑]敕修清規亦一併稱之則先
起居次叙事見遊方參請及謝掛搭敕修何
異律苑耶舊說又云。澤山清規先叙時令止此
妄謬惑人有如此者備用兩展皆先叙事次
寒溫。與敕修全同。

　因錄一併唱語法。

敕修清規遊方參請云。參頭領衆。至客司方詞云
即日恭惟。知賓尊長禪師。尊候起居多福久欽道
譽獲奉瞻際下情不勝感激之至。又云。知客詞
云移刻恭惟諸位尊長禪師。尊候起居多福適承
降重特此拜謝下情不勝感激之至。

一併詞語先拜。次詞語。敕修清規謝掛搭云。參
頭轉身。至爐前。對觸禮一拜。詞云。移刻恭惟堂頭
和尚。尊候起居多福某等重荷收錄禮合拜謝茲
蒙降尊下情不勝感激之至。又云次揖兩序入
對觸禮一拜。詞云。即刻恭惟座元都總諸位禪師。
尊候多福某等獲遂依附迤承隆重下情不勝感

激之至

◯觸禮

見兩展三禮處。

舊說曰。以頭觸地。故云觸禮。　忠曰。以坐具觸地。

三叩頭。故云觸禮三拜。

舊說曰。觸義未詳。義堂岐陽皆不明說。　忠曰。

觸義明見大鑑清規語。何疑焉。

大鑑小清規云。古法小比丘見大比丘必須展

一問訊。便展坐具大比丘堅以手約免之。或以坐

具約而免之。小比丘收摺了又慇懃必欲展拜又

展坐具大比丘又堅約免之。小比丘又收摺了敬

禮之心未息。乃以坐具觸地三而拜之。大比丘遂

答之一拜。此其兩展三拜之本意也。

舊說曰。觸禮三拜。有數說。一曰三折坐具當額

於其一折面三叩也。一曰執坐具正中四折當

額於其上面三叩也。一曰前兩展後一拜。合稱

三拜。

忠曰。第三說非是。敕修清規中有但觸禮三

拜。而無前兩展者。

敕修清規。方丈四節特爲首座大衆茶云。首座

住持前謝茶。兩展三禮。初展。云再展。云退觸禮三

拜。住持每一展則約止之。至觸禮則答一拜。

舊說曰。觸禮如軍中菱拜。兩展三禮處。見菱拜畧

拜也。軍中負兵器身體不自在。故然。

會云。菱祖臥切說文拜失容也。禮記介者不拜。

爲其拜而菱拜。朱氏曰。菱猶言有所枝拄不利

屈伸。

律苑事規云。原其坐具之制爲護身護衣。故觸

禮之法。頭若至地。身衣有汙。非所宜也。又云。

禪規觸禮之法。有污身衣。盡除去之。

◯觸禮一拜

敕修清規聖節云。維那詣書記寮。觸禮一拜。稟云。

啓建等節。煩製疏。畢。掌記製畢。具草。先呈住持親
送堂司。觸禮一拜。答失禮也。

●對觸禮

敕修清規入院云。新命受草賀了。鳴僧堂鐘領衆。
船送前代歸寮。對觸禮一拜。

●對轉觸禮

備用清規侍者進退云。當日批下堂司。請舊侍者
茶送歸衆寮維那上首。對觸禮一拜。對轉觸禮一
拜。送維那出門。

敕修清規侍者進退云。與維那交互對觸禮一
拜止。即是對轉觸禮也。

備用清規小挂搭歸堂云。參頭同到衆寮維那上
間入對觸禮一拜。對轉對觸禮一拜。

敕修清規小掛搭歸堂云。維那居上間。對觸禮
一拜。轉下間又對觸禮一拜。

●普觸禮

敕修清規諸方名勝掛搭云。凡欲求掛搭。次日赴
茶罷。稟云。某等爲生死事大。特來依棲。伏望收錄。
普觸禮一拜。

備用清規侍者進退云。受請人。進前普觸禮一拜。

忠曰。衆人一時觸禮。故曰普也。

●普同作禮

敕修清規結制禮儀云。行者喝云。大衆普同作禮。
觸禮三拜。

解者曰。大衆各各。互禮也。

●丈夫拜

雪峯存禪師錄云。師領徒南遊。時黃涅槃頭知師
至搭策造前途。接之。抵蘇谿邂近相遇師遂問曰。
近離什麼處。峯云。離辭支殼師云。巖中還有主麼。

槃以竹策叩師篝師乃出篝相見槃云曾郎萬福。
師遂展丈夫拜槃亦作女人拜答師云莫是女人
麼槃又設兩拜云云

⦿ 女人拜

傳燈錄南泉願禪師章云師與歸宗麻谷同去參
禮南陽國師師先於路上畫一圓相云道得即去
歸宗便於圓相中坐麻谷作女人拜師云恁麼即
不去也歸宗云是什麼心行師乃相喚迴不去禮
國師。〔又見二丈夫拜處〕

傳燈一山解云女人拜女人立拜屈膝而巳又曰。
以兩手當胸前些子鞠躬。
事物紀原云禮曰。拜則尚左手。女拜則尚右
手又居喪之禮男拜稽顙女子則否是古者男
女之拜一也。古詩曰長跪故夫前五言之作自
漢李陵。推此則由漢而來其拜猶同耳孫甫唐
書云唐武后欲尊婦人始易今拜是則女屈膝

而拜。始於唐武后也。〔忠按女屈膝恐屈上脫二不字〕
鶴林玉露云。宋朱文公云。古者婦女以蕭拜爲
正謂兩膝齊跪手至地而頭不下也。拜手亦然。
南北朝有樂府詩說婦人曰。伸腰再拜跪問客
今安否伸腰亦是頭不下也。周宣帝令命婦相
見皆跪。如男子之儀。不知婦人膝不跪地而變
爲今之拜者。起於何時程泰之以爲始於武后。
不知是否。余觀王建宮女詞云。射生宮女盡紅桃
請得新弓各自張。臨上馬時齊賜酒。男兒跪拜
謝君王。則唐時婦女拜不跪可證矣。
事言要玄事集云。代醉篇禮婦人與丈夫夾拜爲禮。
則俠拜俠者夾也。謂男子一拜婦人兩拜夾男
子拜。今婦人之拜不跪則巽於古所謂俠拜江
浙衣冠之家尚通行之。閭巷則否。江鄰幾嘉祐
雜志載司馬溫公之語乃謂陝府村野婦人皆
夾拜城廓則不然。南北之俗不同如此。又曰。
古者男女皆跪。男跪尚左手。女跪尚右手以此

為別。自唐武后會婦人始以今拜而不屈膝此
見張建章渤海國記。不謂無操然大觀北史周
時詔內外命婦拜宗廟及天臺者俛伏則知前
此婦人蓋已不跪者矣。

文海披沙云。婦人拜而不跪。自古已然。宋王貼
孫對趙中令謂古詩長跪問故夫則古婦人亦
跪。不跪自唐則天始今制婦人亦跪但拜時不
如男子一揖間一拜耳。然連拜不起揖者俗謂
之叩首。万賤者之禮非貴之也。至於揖則男子
雙手至地婦人略縮膝而已。此禮不知與古同
否也。

●團拜

衆人聚拜。曰團拜。

敕修清規庫司四節特為首座大衆湯云。各鄉曲
依所出榜詣各處團拜。

●答拜

敕修清規尊宿遷化。奠茶湯云。主喪炷香禮眞小
師眞左答拜。

尚書顧命云。太保受同降盥以異同秉璋以酢
授宗人同拜王答拜。

春秋左氏傳文十三年云。鄭伯拜公答拜。

周禮九拜有襃拜正字通云。詩話謂襃拜為答
拜古文報亦作襃。

宋陳賓桃源手聽云。史越王罷相歸里。經從慈
溪邑宰蔣鴞遠迎。既見邑吏而下。皆參羅拜庭
下越王答拜。蔣宰局脊。請免王曰閤下與之有
名分某與之為鄉曲。

●還拜

答拜亦曰還拜。

敕修清規尊宿遷化。下遺書云。住持詣靈几前炷

香點湯上祭。點茶展拜。專使座右還拜。

⊙ 頓首

九拜之一也。

周禮大祝云。辨九撵。一曰稽首。二曰頓首。三曰空首。四曰振動。五曰吉撵。六曰凶撵。七曰奇撵。八曰襃撵。九曰肅撵。

註稽首拜頭至地也。頓首拜頭叩地也。空首拜頭至手。所謂拜手也。吉拜吉拜。而后稽顙凶拜稽顙。而后拜奇拜謂一拜。襃拜報拜也。肅拜但俯下手。

振動者。正字通云。振動。如儀禮之撵厭推手曰揖。引手曰厭。今謂之打躬連拱手。詩詁謂戰栗變動恐悚迫蹙。而下手。

其詳一云。須撿彼。

忠曰。凡九年辭釋正字通用二拾註疏一欲得。

文獻通考云。朱文公熹白鹿禮殿塑像說曰其爲頓首則又以頭頓手上也。其爲稽首則又卻其手。

野客叢書云。今人或以頓首施於卑下不知拜頭叩地豈卑下之所安乎。

經國大典註解云。臣之於君。稽首者。引首稍久在地。稽留之意。下官於上官頓首者。頓首稍領至手。即起也。上官於下官空首者。頭不至手。即起也。平交者亦空首。

賓退錄云。其爲稽首則又卻其手而以頭著地。

⊙ 叩首

永平元和尚云。凡禮拜以頭叩地或至血出此名頓首拜。

⊙ 磬折

史記滑稽傳云。西門豹簪筆磬折。註磬折謂曲體揖之若石磬之形曲折也。磬一片黑石凡十二片樹在虡上。上聲之其形皆中曲。乘兩頭言人腰側。

傾也。

後漢書馬援傳云。公孫述警蹕就車磬折而入。

註。磬折者。屈身如磬之曲折敬也。

禮記曲禮云。立則磬折。疏。僂折如磬之背故云磬折也。

韓詩外傳云。立則磬折拱則抱鼓。

藝圃球琅威儀篇云。立以磬折坐必抱鼓。註。磬折鞠躬也。抱鼓手拱也。

莊子漁父篇云。夫子曲要磬折。

孝經援神契云。孔子作孝經。使七十二子。向北辰磬折。

●叉手

洪武正韻云。叉手相錯也。今俗呼拱手曰叉手。

事林廣記載。王日休速成法云叉手法。小兒六歲入學。先敎叉手。以左手緊把右手。其左手小指則向右手腕。右手皆直其四指。以左手大指向上。如

以右手掩其胸。不得著胸。須令稍離。方爲叉手法也。

敕修清規裝包云。途中雲水相逢。彼此叉手朝揖而過。

十誦律云。民大居士。從座起叉手合掌。白佛言。世尊。願佛及僧。受我舍宿佛默然許之。

佛說方等般泥洹經曰。佛告阿難。汝爲空無菩薩。自西方樂圓世界而來者。叉手十指說是偈言。其雄根爲寂定空無出大光明。我爲勇猛叉手爲師子大吼禮。云佛告阿難。汝用是叉手功德。我般泥洹已後。六月中。當獨作佛。天上天下人。皆當稽首向汝作禮。云如來今現在。若泥洹後。以直心無諛諂之意。一心叉手向說法者。諸佛天中天。皆當授其決。及少功德者。皆當具足。得是法。何況樂喜無瑕穢者。忠曰。須知此經所謂叉手者。拾妄心收歸一眞法界者。故其功德。如經所說。後漢書馬援傳云。豈有知其無成。而但委腰咋。

話叉手從命族乎。

傳燈錄南泉願禪師章云。有僧問訊叉手而立師
云。太俗生其僧便合掌師云。太僧生。

忠曰。合掌西竺之法叉手本中華古法為俗禮。

故南泉以為太俗生。

舊說曰。凡進退法進前叉手。退後合掌是其通
式也。

◉ 合掌

日用軌範云。合掌手指不得參差須當胸高低得
所不得以手托口邊古云。參差合掌不當胸兩手
交加揣鼻中拖履揭簾無款細嘔聲泄氣逞英雄。

永平清規赴粥飯法云。合掌指頭當對鼻端頭低
指頭低直指頭直頭若少斜指頭亦少斜其腕
莫敦近於胸襟其臂莫敦築於脇下。

又與問訊同看。

智者觀音義疏云。合掌者此方以拱手為恭外國

合掌為敬手本二邊。今合為一。表不敢散誕專一
一心一心相當。故以此表敬也。觀解者昔權實不
合而今合。乃至合掌表於返本還源。入非權非
實事理契合。故合掌也。

法苑珠林致敬篇云。律云。當令一心合十指爪掌
供養釋師子。或云。叉手白佛者。皆是斂容呈恭制
心不令馳散。然心使難防。故制掌合而一心也。今
禮佛者。多有指合掌不合。或有掌合而指開。良由
心慢而情散也。寧開指而合掌。不得合指而開掌。
本欲來求福却反招慢過。

釋氏要覽云。合掌者此方之叉手也。法苑云若指
合其掌不合者。良由心慢而情散故也。必須指掌
相著不令虛也。

資持記云。合掌者。定心想也。兩掌相抵指掌齊合。
今人但合指耳。

忠曰。禪林有人。但合十指頭不合其掌像未開
蓮因名蓮華合掌矣。夫蓮華合掌別在儀軌道

遙闉記羅什答秦王問供養法華正用蓮華合
掌葢依供養蓮經若尋常合掌則不可徒虛掌
黏指端旣當諸師到折好善兄弟勿從非法焉
又理趣六波羅蜜多經云以無量功德莊嚴之
手如新生蓮華合掌恭敬此止是謂手之清淨非
合掌如蓮華也。

● 和南

敕修清規聖節云住持和南登座又寮元云每
日粥罷大衆歸寮至副寮出燒香歸位茶頭喝云
不審大衆和南。
翻譯名義集云槃那寐或名槃談訛云和南皆翻
我禮。
行事鈔僧像致敬篇云四分至上座前脫革屣偏
袒右肩合掌手執二足云我和南度我而作禮也
出要儀云和南者爲恭敬也娑論云槃那寐此翻
爲禮。

菀珠林云依經云和南者梵語也或云那謨婆
南等此猶非正依本正云槃淡唐言我禮或云歸
禮歸亦我之本情禮是敬之宗致也或云歸命者
義立代於南無也理事符同表情得盡俗人重南
無而輕敬禮者不委唐梵之交譯也況復加以和
南諸佛迷之彌復大笑又南無者善見論翻爲歸
命覺亦云禮大壽又和南者出要律儀翻爲恭敬
善見論翻爲度我准此而言恭敬度我義通凡聖
豈和南偏在尊師亦通上聖
僧祇律云佛言和南有三種身口心身者若前人
坐若立住頭面禮足是名身口者若前人遠遙合
掌低頭作是言和南是名口心者若以背去應合
掌作敬是名身口心恭敬
玄應一切經音義云南無或作南謨或言那模皆
以歸禮譯之言和南者訛也正言煩淡或言槃淡
此云禮也或言歸命譯人義安命字

○普同和南

同普同問訊

敕修清規念誦云。候頭鳴堂前鐘三下。衆普同和
南。

○問訊

祖庭事苑云。訊亦猶問。古之重語也。
釋氏要覽云。爾雅云。訊言也。善見論云。比丘到佛
所問訊云。少病少惱安樂行否。僧祇律云。禮拜不
得如擿羊。當相問訊起。持論云。當安慰舒顔先語。
平視和色正念在前問訊。維那往住持前問訊。巡堂一帀。
歸內堂中間問訊而出。
忠曰。舊說謂日本問訊。但合掌低頭。闕不審詞。
太簡乎。此蓋見僧祇擿羊之誡云爾歟。然不可
一定說。清規問訊合掌低頭。如大鑑說。不必叙言詞

聖節中亦云。兩序對出。向佛問訊上香。此日用
軌範云。摺袈裟了。亦當問訊而去。此般豈亦
出語曰不審耶。
大鑑小清規云。兩掌相合。但名合掌。若合掌低頭
敬揖。此名問訊。今此間人。但合掌名曰問訊。此亦
錯誤傳習也。又云。凡兩掌相合。只名合掌。如十
佛名時。大衆合掌。默念佛名。不名問訊。如揖香
茶此時合掌低頭。揖諸佛。衆。此名問訊。如自己於佛前。
合掌低頭。敬揖諸佛。此名問訊。如主賓相見合掌
相揖。此名問訊。如合掌巡堂。不名問訊。巡堂
村寺清規云。事畢。或轉身圍藥問訊。或只就位。略
轉面。相顧左右和南。却以頭面隨手略轉相揖
左右而問訊。不得但俛首。以手搖拽左右。
舊說曰。凡問訊。但曲腰而直項非也。須傾首
敬意。
僧史略云。如比丘相見。曲躬合掌。口曰不審者。何
此三業歸仰也。心若不生崇重。豈能動身口乎。謂

之問訊。其或卑問。尊則不審少病少惱起居輕利
不。上慰。下則不審無病惱乞食易得住處無惡伴。
水陸無細蟲不後人省其辭止曰不審也。大如歇
後語乎。
智度論云問曰。寶積佛一切智何以方問訊釋迦
牟尼佛答曰。諸佛法爾知而故問復次大貴大賤
不應相問訊等故應相問訊問曰何以問少
惱少病不答曰寒熱饑渴兵刃墜落外病四百四
病內病。如是二病有身苦故問少惱少患不人
雖病差未得半復故問與居輕利雖病差能行步
坐起氣力未足。不能造事攜輕舉重。故問氣力雖
舉重攜輕。有貧窮恐怖。不得安樂。故問得安樂不
力是問訊身若言安樂不是問訊心內外諸病名
為身病貪瞋嫉妬九十八結等名為心病問訊二
病故。言少惱少病。與居輕利氣力安樂不紗
華嚴經梵行品云若語業是梵行者。梵行則是起

居問訊。略說廣說。乃隨俗說顯了說。

● 普同問訊

忠曰。有二種普同問訊。一行事人。普問訊大衆。如
上堂登座時二大衆一時問訊名普同問訊。
敕修清規迎待尊宿云尊宿往住持前問訊歸中
普問訊登座云說法畢下座住持前問訊普與大
衆問訊。又四節秉拂云秉拂人往住持前問訊。
次知事前問訊。巡至班末次至同班前問訊。亦巡
至班末即舉手與大衆普同問訊。又大夜念誦
云維那請鎮龕佛事受請人出班燒香退身問訊。
次住持前問訊。轉東序前問訊。巡至班末問訊。次
西序前問訊。然後與大衆普同問訊。
右行事人。與大衆普同問訊者。
忠曰。行事人與大衆普同問訊之法。先低頭問訊
了以其合掌直下身左邊折少譽。更以其合掌身
轉下身右邊折少譽。即以合掌致胸前解合掌又

手。或處稱二十問訊。謂若畫十字然。

敕修清規告香云。普說竟。仍齊向法座立。參頭插
香。同衆三拜。免則觸禮進云。云普同問訊而退。

又赴齋粥云古規。每日住持赴堂早粥時。先於堂
外坐。待堂前鳴鐘。即入堂。大衆齊下床。普同問訊
就坐。

日月軌範云。堂前鐘鳴下床。為迎住持入堂。大衆
普同問訊。不得以手左右搖曳。

右大衆一時相問訊者。

● **普通問訊**
即普同問訊也。見東福寺入寺規。

● **普問訊**
即普同問訊也。
敕修清規迎待尊宿云。尊宿住住持前問訊歸中。
普問訊登座。〔詳普同問訊處〕

● **十問訊**
即普同問訊也。合掌橫豎。若畫十字故名。
東福清規上堂日住持到法堂東月壇冬則脫帽
子到中央十問訊登座。

● **暑問訊**
忠曰。不深低頭也。
敕修清規聖節云。侍者接香以左手插爐中右手
拈從香一炷暑問訊下座歸班。

● **小問訊**
即略問訊也。
敕修清規謝掛搭云。參頭小問訊叉手進爐前左
手插香。

● **趺坐問訊**

忠曰秉拂人請堂頭跌坐故令侍者問訊此謂請
跌坐問訊或省言跌坐問訊到此攛椅矣如
日本禪林入院開堂比住持舉歪語侍客爲請跌
坐到列剎和尚上位前問訊轉身到末位西堂問
訊此謂跌坐問訊

忠曰此問訊即是跌坐問訊也

敕修清規開堂祝聖云住持當令侍者請官員坐
又四節秉拂云秉拂人就座云侍者請堂頭和
尚跌坐秉拂侍者至住持前問訊

◉ **座前問訊**

忠曰座前者謂法堂正前撐天柱之間也按上堂
凡有兩次座前問訊初住持未出時西序東序望
空座前問訊後住持登座兩序復座前問訊請
法日本禪林未聞行初空座問訊焉
敕修清規聖節云堂首下床坐僧前問訊領衆出
堂至法座前列二行問訊歸西序立大衆鴈列于

後知事侍西序歸位畢亦列二行座前問訊上首
居後都寺引歸東序立定又云住持和南登座
乃首座領班出列座前問訊大衆同問訊知事轉
班列座前問訊行者隨問訊

忠曰頭首知事空座問訊初未知何義後於敕
中得其意

大般若經百二十七卷云天帝釋言我坐在三
十三天善法殿中天帝座上宣說正法無量天
子聽說恭敬禮拜而去我不在時諸天子亦來

咸言此處是帝釋爲諸天說法之處我等皆應
如天主在供養右繞禮拜而去

又正法念經云迦迦村陀佛上初利天爲諸
天說法遠閣浮提後天帝釋入俱吒殿以淸淨
心舉身投地禮師子座心自念言此是如來故
坐之處以敬重心念如來故

忠曰今空座問訊亦此義也堂頭說法座故雖
堂頭未坐亦禮揖或不得其意妄爲兩序互問

訊之義。非也。固依=百丈澄貫大藏-所制。作=有淵
源=矣。

●座下問訊

忠曰。座下者。法堂須=弱座前=直下也。
敕修清規聖節云。待=住侍者_云=跌坐侍聖
引過座下_列=一行問訊。燒香侍者引=班歸位_首座
前問訊_西堂東堂出=座下問訊。
知事座

忠曰。兩序座前問訊。侍者座下問訊。盖侍者=也=
右乎住持可=謂=親於=兩序所=以座下問訊=也其
西堂東堂之於=座下者。彼無=有別_問訊=位況其
八與=侍者=位階懸隔。無=混雜之嫌=故亦用=座下
也。

舊說曰。侍者位舉=於=兩序。故於=座下=此予不
與=此義=

●四處問訊

忠曰。僧堂四板頭。燒香問訊。此謂=四處問訊。
敕修清規專使特爲=新命煎點=云。專使揖=衆坐聖
僧前燒香。次=上下間=次=堂外燒香。仍歸=堂內住持
前上下間=及外堂問訊。仍歸中間問訊。又庫司四
節特爲=首座大衆湯=云。都寺揖=坐巡堂歸堂中立。
問訊=衆坐。進前燒香。次=上下間外堂=歸=香合安=元
處即往特爲=人前問訊。右出=住持前問訊=仍巡問
訊一帀,及外堂歸堂中間問訊。側立。
東湖路清規四節別式云。庫司特爲=首座大衆茶。
乃都寺進前燒香四處=或七處=首座板。後堂板。分
手板。聖僧板也。次=外堂=上下間=歸=首座前問
訊。右出=住持前問訊,仍巡堂問訊一帀,及外堂歸
堂中間問訊側立。依=聖僧板頭立。
鎌倉清規燒香侍者巡堂禮云。待=大衆坐定而進
簡前把=香合燒香聖僧之前=次=自首座床始=而於
四所燒香。及外堂=香合置=本處=又向=四所問訊=及
外堂然=而立=中央=問訊=是揖香之禮也。

問訊。

瑩山清規云。聖僧上下間。堂外。問訊。是云二四處

問訊。

忠曰。東漸云。二四處。但是僧堂四板頭也。外堂則

不在其數。錄倉及言。亦爲二外堂。然

瑩山歷指聖僧上下間堂外以爲四處。太可疑。

盖取僧堂上下間爲二處。四板中。捨何二間耶。若

取外堂爲二處。外堂有上下間。捨何間耶。又共

問訊。復成五處矣。我恐瑩山卒見二敕修等清規

聖僧上下間外堂問訊語。不及審訂妄加二外堂一

爲二四處一也。

僧堂巡問訊圖

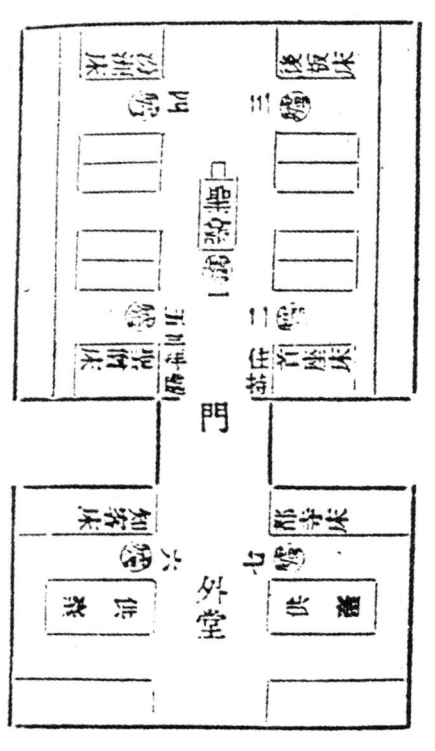

依二東福清規一

●七處問訊

忠曰。東漸清規云。都寺燒香四處。或七處。見二四處問訊一

雖二不指七處一名二僧堂及外堂一有二爐七處一。見二僧堂圖一

七處燒香了。七處問訊。是揖香之禮也。此可レ稱二七處

問訊一也。

忠又按。衆寮茶湯禮。亦七處安爐。中間上下間燒

香問訊。亦可レ稱二七處問訊一。謂中間觀音前一上間二

三ッ下間三也。

敕修清規衆寮入寮出寮茶云。進中間上下間一

燒香。復中間上下間問訊。仍中央問訊。

此圖見于濟規舊解。

眾寮點湯行禮之圖

● 三巡問訊

敕修清規方丈小座湯云、客集、侍者揖引至住持前問訊、依照牌入位立定、燒香侍者、請客侍者分往特為人前巡問訊揖坐已、復位立、燒香侍者進前燒香、仍歸位、與請客侍者同時轉身分巡訊揖香、候鳴板二下、行湯遍、仍巡揖湯畢、燒香侍

者進燒光伴香、鳴板一下、收盞鳴鼓三下、退座。

解者曰、此揖坐、揖香、揖湯、三次問訊、是謂三巡問訊、燒香請客二侍者、各合掌而巡、及至末班。署問訊了、各叉手歸位、僧堂湯禮、亦有三巡問訊、見二欲門、大座湯處、先住持前問訊、次第巡堂如常。

● 一問訊

竺仙小清規云、住持并侍者、接入大眾時、台掌立而已、是名接入一問訊。

大鑑小清規、求掛搭禮云、方丈行者、請粥罷方丈獻茶、粥罷、參頭領眾、方丈前候住持入了、參頭領眾進門外肅立、侍者一問訊、接入香爐前。又四節日、巡堂禮云、凡茶湯禮、侍者門外立、候兩班者舊皆集、但一箇問訊、眾入、無人問訊之理、與眾察不同。

● 借香問訊

揖班上香。有借住持香者。即先向住持問訊。此爲
借香問訊。燒香了。復向住持問訊。此爲謝香問訊。
敕修清規。兩序出班上香云。兩序相朝而出。轉身
問訊住持謂之借香。然後上香。若聖節。佛祖嗣法
師忌。無借香問訊。〈洋二報燒門。出班上香。忌〉
大鑑小清規。兩班出班拈香法云。三佛初祖百丈
臨濟開山嗣法師。無借香問訊。其餘前住忌則兩
班人人借住持香合內香燒之。故先問訊住持借
香。又回身問訊謝住持也。又諸祖忌云。維那揖二
兩班燒香借香問訊。先問訊住持轉身燒香問訊。
了。又問訊住持歸位。
瑩山清規。土地堂念誦云。維那出班燒香。倚卓左
邊向主人問訊。請主人燒香。侍者開香合分香於
函蓋置。兩班一位出班進前問訊。主人轉身問訊。
土地燒香又轉身問訊主人遠位。諸位皆如此。

●謝香問訊

見借香問訊處。

●茶禮

禪苑清規赴茶湯云。院門特爲茶湯。禮數慇重受
請之人。不宜慢易。〈又見湯禮處〉
忠曰。禪林茶湯禮。諸清規具在。不用煩記今錄
夢溪筆談云。百官於中書見宰相。九卿而下即
省吏高聲唱一聲。屈躬趨而入。宰相揖及進茶
皆抗聲贊唱。謂之屈揖待制以上見則言請某
官。更不屈揖臨退仍進湯。皆於席南橫設百官
之位。升朝則坐。京官已下皆立。後殿引臣寮則
待制已上宜名拜舞庶官但贊拜不宜名。不舞
詔中書略貴者示與之抗也。上前則略微者殺
禮也。又云。禮部貢院試進士日。設香案子階
前主司與舉人對拜此唐故事也。所坐設位供
帳甚盛有司具茶湯飲漿。

● 湯禮

見茶禮處。

南禪規式云、特爲湯雲峯爲雲峯講此爲始。

● 送入席

大鑑小清規四節僧堂茶禮云、侍者叉手、至首座前問訊、便至後堂面前問訊、便至特爲人前問訊。此名送入席。却從聖龕後轉、出堂外報住持、住持入堂立定、侍者從住持前、直至特爲人前問訊、此名揖坐。又從聖龕後轉、從上間一問訊、合掌巡堂、內外一帀、爐前中立問訊。此名揖大衆坐。

● 送歸位

忠曰、與送入席同。

備用清規、方丈特爲首座大衆茶云、侍者外堂俟頭首一班歸前板、次首座入堂揖請、離位揖次肩

上位、即送首座歸位、從特爲位、從聖龕後出堂前、報住持入堂、鳴堂前鐘七下、住持歸位、侍者往特爲人前問訊、從聖龕後轉、首座板頭巡問訊一帀、外堂自下而上間、歸中間問訊、大衆就坐入堂後、方名揖坐、圓照和尚會中、盛講此禮。

● 揖 附長揖

敕修清規聖節云、維那轉身爐前揖住持上香、舊說曰、僧家言揖者、即問訊是也、若叉手著胸、是又手所謂揖也。

忠曰、如揖班揖坐、揖香揖湯茶、皆問訊名揖也。但祖忌眞前之揖湯揖茶、及觸禮之後相揖正是又手低頭。故僧家亦非無此法。

智度論云、有下中上禮、下者揖、中者跪、上者稽首。

釋氏要覽云、揖即周禮第九肅拜也、又是內法下品禮也。書云、揖如磬折若仰首直身又手不謹即

慢甚也。故孔子曰。爲禮不敬。吾何以觀之。

日用軌範云。聞偏食椎看上下肩以面相朝揖食。

不得正面以手搖曳兩邊。

經國大典註解云揖下官於上官隔等則舉手齊

眼下致敬差等則舉手齊口下致敬上官於下官

隔等則無答差等則舉手齊心答禮相等者各舉

手齊心下致敬。

居家必用載。王虛中訓蒙法云。凡揖人時。則稍闊

其足。其立則穩揖時。須是曲其身以眼看自己鞋

頭。威儀方美觀揖時。亦須直其膝不得曲了。當低

其頭使手至於膝畔。又不入膝內則手隨時起。而又

於胸前揖時須全出手。不得只出一指謂之鮮禮

揖尊位則手過膝下。亦以手隨身起。叉手于胸前

也。

因學紀聞云。鄭司農注蕭揖但俯下手。今時擅是

也項氏云古之揖折腰而已介胄之士。

不拜故以蕭爲禮。以其不可折腰也。其儀特斂手

向身徵作曲勢。此正今時婦人揖禮也。漢時婦人

之拜。不過如此。

周祈名義考云。手與胷平爲揖詁訓推手曰揖引

手曰厭。推手則著手於胷。

正字通云。揖手著胷也。六書故拱手上下左右之

以相禮也。周禮秋官詔王儀南鄉見諸侯。土揖庶

姓。時揖異姓同姓註鄭氏曰。土揖推手小下

之也。時揖平推手也。天揖推手小舉之也。

小補韻會云。儀禮註。推手曰揖引手曰厭。今詳上

手當曰厭。謂手厭於胷引手當曰揖揖而左揖而

右。又見二頓首處。

程大昌演繁露云。公羊僖二年。晉謀伐郭荀息

進獻公揖而進之注以手通指曰揖。

史記周本紀云武王乃揖諸侯。

湖海新聞云宋徽宗宣和元年。降手詔曰寺院

改爲宮觀自今設禮合掌和南不審。並改作擎

拳稽首。

長揖附　前漢書高帝紀云酈生不拜長揖曰
足下必欲誅無道秦不宜踞見長者註師古
曰長揖者手自上而極下

〇聲喏

敕修清規迎待尊宿云侍者燒香行者問訊僕從
聲喏

忠曰本寺儀從要中尊宿之使用故唱喏敬揖
相隨侍也

品字箋云喏爾者切音惹敬言也俗以長揖呼為作揖
又轉而謂之唱喏永言之謂唱喏敬詞也言人於
作揖時必有喏喏之辭以將其敬故不僅曰作揖
而直謂之唱喏耳　又唱註云古人謂長揖為唱
喏唱聲之長喏辭之敬也

正字通曰喏爾者切音惹俗謂長揖曰唱喏舊註
音社非餘多序錄曰揖相傳曰唱喏或古人相揖
作此聲唱喏者引氣之聲也宋人記鹵庭事實云

揖不聲名曰啞揖不如是則為不知禮法衆所嗤
笑契丹人置手胷前亦不聲謂之相揖宋人以為
怪宋以前中國揖皆作聲今曰承元之後揖不作
聲久矣而其名曰唱喏猶存官府升堂公坐與卑排
衙獨引聲稱揖豈非唱喏之謂與此回自有本也
說諾喏同俗音惹或曰今與卑無稱揖者伏地叩
言部諾奴各切古文从若从口作喏疑即諾字六書統
又六書故喏應聲也古無此字篆作嘆
首而起序錄說非

周祈名義考云唱喏惹晉左傳使訓鞏驅知禮注
驅喏喝聲也喏玉篇敬言也喝訶也貴者將出唱
使避己故曰唱喏亦曰鳴驅即孟子行辟人也今
俗謂揖曰唱喏不可曉

老學菴筆記云古所謂揖但舉手而已今所謂喏
乃始於江左諸王方其時崔王氏子弟為之故支
道林入東見王子猷兄弟還人問諸王何如答曰
見一羣白項烏但聞喏喏聲即今喏也
　　　　忠曰此說大異二

餘録
序録

廣燈録洞山聰禪師章云・上堂云・聞二鼓聲一來到
法堂上・佛法向二什麼處一去也・還有レ人道二得麼莫
是去來又手當レ胸唱二一聲喝一東邊却過二西邊一是
麼云

● 連珠喝

聲喝・受レ賜而去。東軒筆録

皇朝類苑云・英宗即位・赦二天下一加レ恩・荊南所
給縑帛・皆故惡・軍士睨レ之・揚言不レ肯レ受レ賜・偶語
紛紛不レ已・時張師正爲二鈐轄一呼二將卒前一曰・朝廷
非次之恩・州郡固無二預備一今帑中所レ有・止如レ此。
汝輩不レ肯レ拜レ賜・將何爲也・必欲レ反則非レ殺レ我不
可・遂擲レ劍於二庭下一披二胸示一之・羣校茫然自失遽

忠曰・連珠喝・蓋數人連聲唱レ喝・如二珠連環一也。
夷堅志云・崑山縣一老叟錢三萬買二滿船盞一解
綯放二諸水一是夜夢二數百人被一レ甲・於二門外一唱二連珠喝一

驚出視レ之・相率列拜・謝二再生之恩一云

● 揖坐

忠曰・立爲レ敬・坐爲レ懈・今請レ坐者・欲レ弛レ勤・就レ安故
度論云・若得レ道諸阿羅漢・如二舍利弗目連一須菩提
等所レ作已辦・是故聽レ坐・餘雖レ得レ道亦不レ聽レ坐・大
事未レ辦・結賊未レ破故・譬如二王臣大有功勳一故得レ坐
敕修清規山門特爲二新命一茶湯云・知事揖レ茶遍入
堂歸レ位・燒レ香一炷・住持前揖レ香・從二聖僧後一轉
歸二中間一訊立・行レ茶遍・瓶出・往二住持前一揖レ茶。
又見二送入席處一

● 揖大衆坐

見二送入席處一

● 請坐問訊

南禪規式入院方丈煎點云・法堂人事畢・侍者立

方丈門左揖衆而入乃至揖坐揖香撤湯畢侍者引

一班侍者入至住持前問訊爲上首謂之請坐燒

問訊侍者各歸位坐行者進飯卓飯畢收卓次茶

禮

滑規畧要新舊兩序管侍者云屆時住持出接或遣

侍者接各依位立定訊或侍香詢入堂訊大請坐問訊入侍住持復

歸位侍香侍客分上下間先至新兩序前問訊巡至末

至末問訊叉手復至舊兩序前問訊巡至末問訊

同歸中間訊衆坐侍香引同列住持前一行問訊

左肩爲首入位飯畢鳴鼓侍香侍客難廕至盞前

立侍香炷香轉身如前新舊前行禮歸中間訊而

行者入湯盞行瓶候喫了又如前行禮歸中間訊

而立侍香即燒光伴香侍客同問訊復歸位乃點

果子幷茶畢收盞鳴鼓三下退座

◉ 請香

校定清規特爲新舊入湯云燒香請客二侍者分

東西兩邊巡位揖坐訖各歸中央立客人就坐燒

香侍者進前燒香一炷至爐前小問訊謂之請香

然後開合取香云云

◉ 揖香

忠曰東漸清規侍者進退亦如此予謂管待新

舊兩序新舊侍者故燒香侍者亦在客中故此

香亦係爲自一分故有請香之禮歟

敕修清規新掛搭人點入寮茶云新掛搭人列衆

寮前右遊立候衆下堂茶頭即鳴寮前板衆至揖

迎歸位立定點茶人列一行問訊揖坐坐畢分進

中爐上下間爐前燒香人多不過九八則三三進

前退步轉身須相照顧詳緩列一行問訊仍分進

爐前問訊退仍一行列問訊而立謂之揖香復作一

內小板二下行茶遍仍如前進前問訊復退作

行問訊謂之揖茶

又見揖坐處

舊說曰。如巡揖香時。先灶香了。次巡堂揖。如前
揖坐法

● 揖大衆香

大鑑小清規。四節僧堂茶禮云。衆坐定。侍者小問
訊。進爐前燒香。次上下間。堂前燒香。安香合畢。直
至。特爲人前問訊。此名揖香。又從簷後轉。至上間。
巡堂內外又爐前中立問訊。此名揖大衆香。

● 光伴香

舊說曰。燒香謝光伴人。謂之光伴香。
備用清規。方丈特爲首座大衆茶云首座轉身竈
後右出。住持略送復位執盞陪衆燒光伴香二炷。
鳴鐘一下收大衆盞。
敕修清規受嗣法人煎點云。若諸山煎點人。
待行食偏起燒香。往住持前問訊。下顧儀衆人開
燒光伴香歸位伴食。

舊說曰。凡煎點人。燒光伴香揖時。但光伴人席
盞而答之。餘人不用舉盞。

● 揖茶

見揖香及揖大衆茶處揖而勸之也。
舊說曰。如巡揖茶時。理應俟揖畢。而喫茶。然巡
揖經時稍久。若俟揖畢。恐茶冷。故各少報左右先喫
了。及巡揖人歸堂中立問訊。但當舉空盞而應
之也。

● 揖大衆茶

大鑑小清規四節僧堂茶禮云。行者行茶湯瓶出
侍者直至特爲人前問訊。此名揖茶。又從簷後出
上間聖僧前大展三拜外入中立。此名揖大衆茶。

● 勸茶

行者收茶盞。

忠曰。勸茶。亦是揖茶義。但至特爲人前問訊名勸茶也。

敕修清規受嗣法人煎點云。行者食徧煎點人起燒香下闋問訊。問訊從聖僧後收鉢退住持卓。煎點人燒香往住持前。飯。飯訖衆收鉢退住持卓。煎點人燒香往住持前。香下闋問訊。復從聖僧後出爐前問訊鳴鐘行。前勸茶。復從聖僧後出爐前問訊鳴鐘行。

備用清規煎點。住持云。煎點人爐前問訊鳴鐘行。茶徧。往住持前勸茶。儀同敕清規。

校定清規諸山尊宿相見云。至喫飯時待者燒香下闋。至喫茶時行者鳴茶鼓侍者燒香一炷。至特爲人前問訊勸茶。仍轉身上手側問訊進前燒相伴香一炷歸位問訊而退。

● 謝茶

禪苑清規謝茶云。堂頭員食點茶。特爲罷。如係單

行之人即時於住持人前大展三拜。如不容。即觸禮三拜。如平交已上。即晚間詣堂頭陳謝詞云。此日伏蒙管待特爲煎點。下情無任不勝感激之至。古人云。謝茶不謝食也。

● 揖湯

忠曰湯禮則有揖湯。當準揖茶而知之。揖而勸之。即勸湯也。敕修清規達磨忌揖湯備用作勸湯。

● 勸湯

忠曰亦是揖湯義。可準勸茶知之。

敕修清規迎待尊宿云。寢堂釘掛帳幕排照牌設特爲光伴位鳴鼓行禮。揖坐揖香勸湯。湯罷藥石。

● 謝湯

忠曰謝湯之禮。有湯前頂謝者有湯畢爐前謝者。

敕修清規念誦云。請客侍者。即往西序問訊。請湯

怱過。次請東序。就歸位。乃各出全單而散。住持出。

兩序隨出。至堂前謝湯。住持止之。下八匕挂三湯寢堂一鳴レ板、侍者燒香一

行續、如二常式一

湯罷藥石、

之。

右湯前預謝者。舊說曰。謝湯當下觸禮一故住持止二

身出詣二鑵前一謝湯畢。抽之就二座藥石。

敕修清規。庫司特爲二新舊兩序湯藥石一云。湯罷起

右湯畢謝者。

● 謝衆臨屈

敕修清規。新掛搭人點入二寮茶一曰。寮元出二爐前一對

點二茶人一代衆謝二茶。衆人就位。同時合掌。謝畢。寮元

復位點茶人。復一行列問訊。再各分進二鑵前問訊。

謂之謝衆臨屈。仍退作二一行一問訊。鳴二寮前板三下。

● 退座

敕修清規。專使特爲二新命一煎點云。鳴レ鼓三下一退座。

大衆和南而散。

● 門送

清拙澄禪師錄。晩參云。麗居士。因二辭二藥山一山命二十

人一禪客門送。

● 草賀

舊說曰。草賀者。小賀也。或曰。草賀權賀也。

忠曰。入院草賀者。草草先賀也。草畧也。謂入寺次

後禮繁。故且省畧二五侍沙彌。喝食行者等一三拜其

受二全賀一在二開堂下座之後一

論語子路篇云。禪諢草二創之一朱註草畧也。

敕修清規入院云。住持起身知事全班進列。上首

挿香至二諸山及頭首勤舊進前挿香草賀畢。客頭

行者喝云。請二諸山兩班勤舊一就レ座獻湯。

● 展賀

忠曰、開堂說法畢、下座後、大衆賀、入寺是ヲ名ク戌賀ト

敕修淸規開堂祝壽云、客頭行者即進爐燭一字

排列座前導使插香、兩展三禮畢、堂司行者喝云、

人者、次喝云、西堂人、展禮、喝云、知事、兩展三禮、又喝

云、首座大衆、勤舊蒙堂前資諸寮齊插香、同大衆兩

展三禮畢、莊庫菴塔法眷郷人暫到展賀畢、據座

侍者小師插香大展三拜、次執局行者插香禮拜、

次參頭領衆行者插香禮拜、次直廳轎番莊甲作

頭、老郎人僕、參拜畢。

●相看

敕修淸規月分須知云、九月重陽日、住持上堂許ス

方來相看。

●大相看

敕修淸規月分須知云、十月初一日、方丈大相看。

●人事（ジンシ）

忠曰、人事有三義、一見ユ人行禮、曰人事、二餽贈物、

曰人事、三姓氏生緣曰人事。

已下錄見ユ人行禮、稱ニ人事ト者。

永平元和尙曰、人事者、相禮拜也。

觀心論疏云、人事者、慶弔俯仰低昂造聘此往彼

來、往來不絕。

敕修淸規告香云、入院後、人事定、爲衆告香、又

開堂祝壽云、堂司行者喝云、諸山人事、又結制

禮儀云、先與西堂人事、觸禮一拜、乃至堂頭和尙與

大衆人事、普觸禮三拜。

臨濟玄禪師錄云、有一老宿參師、未曾人事、便問、

禮拜即是、不禮拜即是、師便喝、老宿便禮拜云、

大慧武庫云、兜率悅禪師、張無盡徐語及宗門事、

悅曰、今日與運使相陪、人事已因珍重睡去。

論語學而篇云、禮之用和爲貴、朱熹注禮者

天理之節文、人事之儀則也。

已下錄餽贈物、稱ニ人事ト者。

一山寧和尚曰以物贈人曰人事

廣燈錄西院思明禪師章云。師未住時。在許州聞

汝州南院和尚住元是同參。特往看。人事了。啟和

尚某甲別無人事買得江西剃刀獻上和尚南院

便問汝從許州來。甚處得江西剃刀。師把南院手。

掯院喚侍者收收師以衣袖拂一拂院云。阿莿莿。

阿莿莿。

忠曰。初人事、謂三行禮。後人事、謂餽贈物。

葉縣省禪師錄云。因僧人事一箇書筒云云　又

有人事手巾頌。

大慧杲和尚。示方輔法語云。臨行袖此紙求指

示以頌繼之云。惠然訪我鄮峰下。剡溪與我歸心

起禪家無物贈君行。前面有山兼有水。要知妙喜

敢將常住物作人事耳。

韓昌黎集。謝許受王用男人事物狀云。緣臣與

王用撰神道碑文。令臣領受用男沿所與臣馬

一匹。幷鞍銜。及白玉腰帶一條者。云云令臣受領

人事物等承命震悚。

宋。許觀東齋紀事云。今人以物相遺謂之人事。

韓退之奏韓弘人事物狀云。奉敕撰平淮西碑

文。伏緣聖恩。以碑本賜韓弘等今韓弘寄絹五

百疋。與臣充人事物。未敢受領謹錄奏聞又杜

牧謝許受江西送撰韋丹碑。絹等狀云。中使

奉宣聖旨。令臣領受江西觀察使許于泉所寄

撰章丹遺受碑文入人事。綵絹共三百疋。方知此

稱。自唐已有之。

徐充暖姝由筆云。今人凡交遊往來。及贄見。不

論貴賤。但有餽送之禮貨物不等。皆謂之人事。

白樂天奏于頔裴均欲入朝事宜狀云。上須進

奉。下須人事。其來已久昌黎集。亦有奏韓弘人

事物狀。

人之姓氏生緣。稱人事者。見稱呼門人氏處。

● 挪揄

忠曰。挪揄。亦作歈邪揄。禪錄多爲約兔義。

僧寶傳汾州善昭禪師傳云。時洞山谷隱皆虚席

衆議歸昭。太守請擇之。昭以手耶揄曰。我長行粥

飯僧。傳佛心宗。非細職也。又西余端禪師傳云。

後漢書王霸傳云。市人皆大笑。擧手耶揄之。

章懷註說文曰。歐手相笑也。歐音乇支反。歐

音踰或音由。此云耶揄語輕重不同。

通鑑集覽云。耶揄喻說文學手相笑也。

正字通云。歐歙舞手相弄笑也。

世說新語補云。晉陽秋曰。羅友同府人有得郡

者。溫爲席起別友至尤晚問之友答曰。於中路

逢一鬼。大見我只見汝送人作郡何以

不見人送汝作郡。

孤樹裒談云。蔣君廷貴聽試經行敎坊群婢夾

擁蔣不一顧妓揶揄引其裾蔣絕裾去亦不怒。

●約免

忠曰。約免者。省約煩禮而放免之也。乃出手作止

之勢。或曰揶揄

正字通云。約簡也。節省也。禮內則適子庶子不

敢以貴富入宗子之家。雖衆車徒舍于外以寡

約入。

敕修清規謝掛搭云。本引三人。一展坐具住持展

手約免之即收起。　詳兩展三禮處　又見潤禮處

●回禮

忠曰。回禮者。答他之禮也。

敕修清規遊方參請云。參頭領衆至客司乃歸旦

過。知客尋往回禮。

希叟曇禪師開善錄。有回諸山禮歸上堂。

●還禮

回還又謂還禮。

禪苑清規請立僧云。退院尊宿首座藏主如合衆

緊可擧立僧知事大衆。詣寮禮請。請詞云。大衆煩
𡠉慈悲。請詞云。請レ心。久思三示二誨一伏
𡠉開允。如允。即時還禮。云。賤累二堅辭一
不レ敢固辭一

●復禮

同禮又曰復禮。

玄沙備禪師廣錄云。師問招慶云。我如今去。看王
太傅。乃來日太尉出招慶復禮。

●習儀

居家必用云習儀。學制禮也。謂凡有二大典禮一必到
先習儀也。

敕修清規告香云。預集衆習儀。又謝掛搭云。參
頭當具小圖習儀三人一引每引一人爲二小參頭一
須詳記詞語進退折旋。合度。免二致臨時參差一

春秋左傳昭公五年云。女叔齊曰。禮所以守其
國。行其政令。無失其民者也。云而屑屑焉習儀
以亟言善於禮。不亦遠乎。

●具二威儀一

永平元和尚云。參師具威儀。著二袈裟持坐具整
理鞋襪帶二一片沈香椽香一等也。

敕修清規聖節云。維那鳴レ椎一下云。白二大衆一粥罷
聞二鐘聲一各具二威儀一詣二大佛寶殿一啟建天壽聖節諷
白。

敕誡律儀入溫室法云。具二威儀持坐具一
云。具二威儀一著二五條一也。
贊行鈔二

舊說曰。大覺大鑑拜曰。具威儀者。謂二帶坐具一也。
忠曰。具威儀。當隨處通解之。敕誡具威儀著二五
條一義則。是入溫室時具威儀也。永平所言者。是
參師時。具威儀也。大覺大鑑但爲二帶坐具一義夫
如啟建聖節豈但持二坐具一披二五條一而可。耶凡七
條坐具帽襪二一切服章具足。方可言二具威儀一而
已。又曰。帶坐具者也。云。者恐由二敕誡文有此轉解一
余謂。敕誡文若持業。而具威儀即持坐具義則

與著五條解違與大覺大鑑順若相違而具威
儀更別持坐具其義則著五條解成大覺大鑑義
不成我恐此解非出於二師若其威儀即是帶
坐具義則不可重言持坐具矣
因錄佛說其威儀

長阿含經云世尊告諸比丘云何比丘具諸威
儀於是比丘可行可止知止左右顧視屈
伸俯仰攝持衣鉢食飲湯藥不失儀則善設方
便除去陰益行住坐臥覺寐語默攝心不亂是
謂比丘具諸威儀
大寶積經云有四法威儀具足一者知時二者
知處三者寂靜四者真實

⊕ **朝**

忠曰朝者面相向前人也
小補韻會云朝馳遙切戲君之總稱又禮記王制
耆老皆朝于庠註云猶會也疏云忍有朝王之嫌

故云會者老聚會於鄉學
康熙字典云朝馳遙音潮爾雅釋言陪朝也註
臣見君曰朝又曰又同類往見亦曰朝史記司馬
相如傳臨邛令謬為恭敬日往朝相如
敕修清規樂節云出班上香兩序對出向佛問訊
上香畢兩兩相朝轉身歸位又曰用軌範云聞
偏食權看上下肩以面相朝揖食

⊕ **朝立**

忠曰立為敬揖坐處詳說朝立者向佛祖及靈位
立也
校定清規遷化遺書云住持升座乃下座詣靈位
前朝立

⊕ **廟立**

忠曰中立南面如太祖廟位故曰廟立
備用清規謝挂搭云至時侍者同參頭入請住持

出廟立。參頭歸眾同問訊。

律苑事規新來挂搭云。至時侍者同參頭入請住
持出廟位立。參頭歸位眾同問訊。

◉ 鴈立

忠曰。鴈立者。凡列立。或横或竪總此謂鴈立也。與
鴈行班不同。

楊億古清規序云。長老上堂陞座主事徒眾鴈立
側聆。

敕修清規四節土地堂念誦云。眾集相對鴈立
右竪列立者。

敕修清規帝師涅槃云。鳴鐘集眾。向座鴈立。
右横列立者。今爲下有拶班上香。故預向座耳。

◉ 鴈行班

村寺清規云。若横列佛神而立。謂之鴈行班事畢。
或轉身圜變同問訊。或只就位畧轉面相顧左右和

南

忠曰。又見前人背後。次第列行。言鴈行。

四分律云。佛言。若檀越來。自時到上座。應在前
如鴈行而去。

敕誡律儀食了出堂法云。出堂門外須旁廊一
邊行。令威儀序鴈行而行。

戰國策云。魏朱忌曰。爲天下鴈行頓及。　註鴈
行言以次進。　此德通四分律等一

又竝行而稍後也。

禮記王制云。父之齒隨行。兄之齒鴈行。　註鴈
行竝行而稍後也。

又次第行。言鵝行。

十誦律云。起行時來往相亂。佛言。應如鵝法。
次第行。

◉ 鴛班

村寺清規云。凡諷經。面面相看而對立謂之鴛班

事畢。候回向人歸位。與衆俛首和南。不必更轉身。
面佛神而問訊。

● 朝坐

忠曰。朝坐者。面於前人坐也。與朝立之朝同義。譬
如新命辭衆茶湯東序西序。同面於新命坐是也。
敕修清規新命辭衆上堂茶湯云。中敷高座向內。
首座向外攝居主位。西堂勤舊。分手光伴。東西序
兩邊朝坐。

朝
坐南
圖

主位新命諱		
〔朝三新命一〕		
西序	首座位	東序
	北	
	〔朝三新命一〕	

● 廟坐

忠曰。中位坐。如廟位故。云廟坐。廟義。見廟立處。
山門管待新命幷專使座次圖。

寢
堂

南		
	廟位	
	北	
專使		住持

特爲諸山尊宿湯果藥石管待廟坐之圖。

恣公清規

位次	知事	住持	首座	頭首	位次

校定清規特爲住持煎點云。煎點人請特爲人出。

有處只就主位坐有處廟坐或是法嗣亦當廟坐

在住持意

忠曰住持或坐主位若法嗣人煎點則住持廟
坐以此可知廟坐曾於主位矣

諸山法眷特為住持煎點寢堂廟坐之圖

校定清規

都寺	知事	頭首	首座
同	知藏	維那	典座
同	知殿	典座	直歲
煎點人	者者		

諸山特為住持煎點寢堂分手坐位圖

校定清規

都寺	位次	前首
同	西堂	
同	首座	住持人
同	知殿	

● 分手坐

忠曰住持在煎點人分手位也分手義見座位門

● 胡亂坐

東福清規云兩序交代禮東西新兩班人共到無
價軒先東序與住持觸禮外出次西序與住持觸
禮外出兩序共到茶堂據堂內床東序西首列東
西序東首列西位次未定故謂之胡亂坐亦謂不
臘次也住持坐中央椅子點茶蓋為定兩班集眾
點茶也請客頭呈目子住持下椅向西立先讀東
序目子侍客進次第請東序受請了都寺引維那
監寺到住持前都寺植香兩展觸禮都寺引班到

茶堂ノ横廊ノ東壁ノ北首ニ向テ西ニ立。次ニ讀-西序目子禮如シ

東序首座引班到茶堂横廊西壁北首ニ向テ東ニ立。

又侍者交代胡亂坐見飲啜門七香湯處。

忠曰。胡亂坐者。蓋對新職之位次得名謂若欲受

請。未受已前列坐時。未知誰人可為何職且依舊

位ニ坐ス以後受職位親今坐位則成雜亂故為胡亂

坐矣。及受職畢交互轉位依某職位次於是位方ニ

定。所謂東序都寺竪寺副寺等西序前堂後堂書

記等。五侍燒香書狀請客等。如此列次敕修清規。

兩序進退。言轉位者是也。

〇 不臈次

即胡亂坐也見胡亂坐處。

〇 趲近

敕修清規聖節云。粥罷上堂。乃衆行者列知事後。

稍離遠立至乃住持至法座前行者趲近知事後立。

正字通云。趲則板切贊上聲。逼也走也。六書故

行第相趲也。

品字箋云。趲催趲也。俗以緊行謂之趲步。

忠曰。衆行者初少離也知事後者為開出住持出路。

若過已背後則成失體況復住持至。迎問訊清見

規。故退立今住持既過前去。故進走近知事背

後立。此謂趲近也。

〇 右繞

敕修清規藏殿祝讚云。繞藏行道。見行道處

忠曰。繞者須右繞也。

四分律云。客比丘於塔邊左行過。護塔神瞋佛言

不應左行過。應右遶塔而過。

薩婆多毘尼毘婆沙云。右繞者順佛法故所以右

繞。又密迹力士若有左繞者。即以金剛杵碎之。又

佛世世已來常順三寶父母師長一切教誡無遠

無逆。令得果報無有逆者。又佛身淨衆生於中各

見所事。或天或神莫不見者。是以畏敬。右繞而去。

大毘婆沙論九十八云。不吉祥故說名為左。如乙有

於佛賢聖制多。及天靈廟不右繞者。以不吉祥故

名為左。

萬善同歸集云。繞塔功德經云。勇猛勤精進堅固

不可壞。所作速成就。斯由右繞塔。得妙紫金色相

好莊嚴身。現作天人師。斯由右繞塔。

淨源法師楞嚴道場修證儀云。夫右繞者。順向殷

重瞻望不足也。如是三帀。乃至百帀亦無定數。

行事鈔僧像致敬篇云。大論如法供養。必應右繞

資持記諸經論皆令右遶。古今諍論紛紜不息。

大途餘廣如別。初明右遶佛者。歸敬儀云。右遶者。面

都緣不曉遶佛遶壇兩儀自別。且直據祖敎略明

而恭正。此見有僧非於此法。便東廻北轉。此為

西北轉。如像面南行者。面西而去。從北廻右肩祖侍向佛

右遶見一也。西竺梵僧闍聚京邑。經行旋遶目閱其

蹤並乃西廻而為右遶。以順天道如日月焉。此引親見

之事。證上。次夫明右遶壇者。感通傳云。天人述西竺戒壇云。

衆僧登壇受戒說戒事訖。東廻左遶南出而返戒

壇。經祖師對眞懿云。律師勿見東廻左遶以為非

法耶。此乃天常之大理也。感通傳云。天人常。乃左右祖訓明

顯。人妄穿鑿。或出引俗書。真者之說是也。李或妄惑

世事。如執二千路綱之類。且遶佛者。本乎致敬遶壇者。

便乎行事。致敬則必須右遶。表執侍之恭勤行事。

則必須左遶。使上下而倫序。恋時入堂及說上必依

此判。寧復疑乎。若爾壇經云。東廻北轉遶佛後。故云遶佛豈

者。答。此本登壇為行受法。因旋佛後。遶佛一帀

同殿塔。特申卑敬耶。古此引秀州靈光舍利。予親瞻禮。但觀金鐸動

忠按禪林巡堂者。左遶。而準遶壇儀。尋常行道

者。右遶。而準遶佛儀。資持記云。行事則必須左

遶。注云。如入食堂。此止禪規巡堂。左遶。正合律文。

又資持云。有僧東廻北轉。此為右遶。此余按此

亦非無據。天文家曰。天左旋。日月五星逆右旋。

止此以東廻爲右旋。然天文家説左右反常途。

蓋人仰面於北斗而以人左右爲天左右乎記

曰西廻爲右遠如日月者且約現見耳矣。

〇 上肩順轉

日用軌範云。以上肩順轉。　註謂左肩也。

敕修清規念誦云。順左肩轉。依圖位立。

忠曰。左爲上者古者尚右。後世尚左。蕘林亦從

時尚而已。如上堂已前寢堂侍者東立行者西

立是尚住持左也。住持登法座趺坐時侍者及

東西序請法問訊逆節規中必以住持左爲上

位而列行。皆斯義也。如今於己一身亦爾以左

爲上。故左肩曰上肩也。順轉者。即以左肩自面

前向右方而廻轉此爲順轉矣。若以右肩自面

前向右方而廻轉。或以左肩自背後向右方而

廻轉是逆轉也。

僧祇律云。經行時。不得背廻應面向右廻。

忠曰。是即言上肩順轉也。

戰國策趙策云。趙國豪傑之士多在君之右。註。右

者人道所尊補曰。秦漢以前用右爲上。

史記廉頗傳正義云。秦漢以前用右爲上。

忠曰。秦漢已後用左爲上。可知也。

瑯邪代醉編云。朱承爵曰。古者賓位尚右。史記陳

平顯以右丞相讓周勃語云。無能出其右者及行

尚西禮記主人就東階客就西階諺呼主人爲東

道則古人坐尚右。行尚西。甚明矣。後世不察遂以

東左爲尊。

齊東野語云。按古人主當坐。以右爲尊。而遜客。而

己居左。則左非尊位也。後世以左爲主位而貴不

敢當則以左爲尊也。如魏無忌迎候主而虛車左

何也。地道陰道尚右。故後世之祀。以右爲上。今宗

廟亦然。　野語詳，載古今左右之辨

〇 結跏趺坐

禪苑清規坐禪儀云。欲坐禪時。於閑靜處。厚敷坐

物。寬繫衣帶。令威儀齊整。然後結跏趺坐。先以右

足安左䏶上。左足安右䏶上。或半跏趺坐亦可。但

以左足壓右足而已。

瑜伽師地論云。何因緣故。結跏趺坐謂。正觀見五

因緣故。一由身攝斂速發輕安。如是威儀順生輕

安最為勝故。二由此宴坐能經久時。如是威儀不

極令身速疲倦故。三由此宴坐是不共法。如是威

儀外道他論皆無有故。四由此宴坐形相端嚴。如

是威儀。令他見已極信敬故。五由此宴坐佛佛弟

子共所開許。如是威儀。一切賢聖同稱讚故。正觀

如是五種因緣。是故應當結加趺坐。

大毘婆沙論云。問諸威儀中皆得修善。何故但說

結跏趺坐。答此是賢聖常威儀故。謂過去未來現

在也。案金剛頂及毗盧遮那等經。坐法差別非一。

宛伽沙數量諸佛及佛弟子皆住此威儀而入定。

今略舉二三明四威儀皆有深意。結跏趺坐。略有

故復次如是威儀順善品故。謂行住身速疲勞。

若倚臥時。便增惛睡惟結跏趺坐。無斯過失。故能

修習殊勝善品。復次如是威儀。違惡法故。謂餘威

儀順婬欲等。諸不善法。惟結跏趺坐。違彼故。乃復

次住此威儀。外道怖魔。故謂佛昔於菩提樹下結跏

趺坐。破二魔軍。謂自在天及諸煩惱。故今魔衆見

此威儀。即便驚恐。多分退散。復次此是不共外道

法故。謂餘威儀外道亦有。惟結跏坐外道無故。乃

問結跏趺坐義。何謂耶。答是相周圓而安坐聲

論者曰。以兩足跏致兩䏶。如龍盤結端坐思惟

是故名為結跏趺坐。惟此威儀。順修定。故大德

盤。正觀境界。名結跏趺坐脅尊者言。重疊兩足。左右交

慧琳經音義云。跏。上音加。下音夫。皆俗字也。正

驗作跏蹲鄭注儀禮云。蹲足上也。顧野王云。足面

上也。案金剛頂及毗盧遮那等經。坐法差別非一。

說曰。此是賢聖吉祥坐。故名結跏坐。

今略舉二三明四威儀。皆有深意。結跏趺坐。略有

二種。一曰吉祥。二曰降魔凡坐皆先以右趾押左

股。後以左趾押右股。此即左押右。手亦左居上名

曰降魔坐諸禪宗多傳此坐若依持明藏教瑜伽
法門即傳吉祥為上降魔坐有時而用其吉祥坐
先以左趾押右股後以右趾押左股令二足掌仰
於二股之上手亦右押左仰安珈趺之上名為吉
祥坐如來昔在菩提樹下成正覺時身安吉祥之
坐手作降魔之印是故如來常安此坐轉妙法輪
若依秘密瑜伽身語意業舉動威儀無非密印坐
法差別並須師授或曰半加或名賢坐或象輪王
或住調伏與此法相應即授此坐者佛密意有所
宗也。

又慧琳經音云結加趺坐趺音府無反三蒼云足
趺也鄭注儀禮云足上也案攝持鞋履之處名為
足趺慧琳云結加趺坐者加字只合單作跏結跏
二足更互以左右足加於二髀之上名結跏趺
坐其坐法差別名目頗多不可繁說今且略敘二
種坐儀先以右足趺加左髀上又以左足趺加右
髀上令二足掌仰於二髀之上此名降魔坐二手

亦仰掌展五指以左押右安在懷中諸禪師多傳
此坐是其次也若依持明藏教灌頂阿闍梨所傳
授即以吉祥坐為上降魔為次其吉祥坐者先以
左足趺加右髀上又以右足趺加左髀上亦令二
足掌仰於二髀之上二手准前展指仰掌以右押
左此名吉祥坐其足百福莊嚴之相能與
成正覺時身安吉祥之坐左手指地作降魔之印
若修行人能常習此坐其身百福莊嚴之相能與
一切三昧相應名為最勝也。
止觀輔行云結跏者先左後右與兩膝齊大論第
九問云有多坐法何故但令結跏趺坐耶答最安
故攝持手足心不散故魔王怖故故偈云得道漸
愧人安坐若龍蟠見結跏趺坐魔王亦驚怖不同
俗坐及異外道翹立等也字書云大坐今佛法坐其相如
故知此方未曉坐法但云大坐令佛法坐其相如
結二趺相加故云結跏
釋氏要覽云結加趺坐毗婆沙論云是相圓滿安

坐義。聲論云。以兩足跏加致兩胜。如龍盤身結跏趺身。
者云。是吉祥坐念誦經云。全加趺是如來坐半加
趺。是菩薩坐。

智度論云。問曰。多有坐法。佛何以故唯用結跏趺
坐。答曰。諸坐法中。結跏趺坐最安隱。不疲極此是
坐禪人坐法。攝持手足心亦不散。又於一切四種
身儀中。最安隱。此是禪坐。取道法坐。魔王見之其
心憂怖。如此坐者。出家人法。在林樹下結跏趺之。
衆人見之。皆大歡喜。知此道人。必當取道。如偈說。
若結跏趺坐。身安入三昧。威德人敬仰。如日照
天下。除睡嬾覆心。身輕不疲懈。覺悟亦輕便安坐。
如龍蟠見者。菩跏趺坐魔王亦愁怖。何況入道人安
坐不傾動。以是故。結跏趺坐。復次。佛教弟子應
如是坐有外道輩。或常翹足求道。或常立。或荷足。
如是狂狷心沒邪海。形不安隱以是故。佛教弟子
結跏趺直身坐。何以故。直身心易正故。其身直坐
則心不嬾端心正意繫念。在前若心馳散攝之令

薩婆多毘尼毘婆沙云。結跏趺坐為正身
正意。為正心故。故是正於心必先正身又云。九十六
種外道。皆不結跏趺坐。欲異外道故。為此坐法又
云。欲止睡眠故。又云。欲生前人信敬尋歸本國又云。
有異國。來罰賓。入其界內見諸比丘。在山林樹
下結跏趺坐。正身正意即生信敬心故。如一時
佛坐道樹時。結跏趺坐。利根辟支佛。亦結跏趺坐。
以是諸緣故。結跏趺坐。

供養次第法不可思議疏云。跏趺坐者。凡坐法。聖
善之寺三藏和上邊。面受左足先著右胜上右足
次著左胜上名為蓮華坐單足著左胜上名為吉
祥坐也。別此坐者。非聖坐也。若欲求菩提學佛坐
為得。又云。蓮華座者。結跏坐。是所謂先左脚著
右胜上後右脚著左胜上也。吉祥坐者。右脚著左
胜上亦言半跏坐是也。作蓮華座。

忠曰。不思議所謂。蓮華坐者。慧琳所謂吉祥坐

也。不思議所謂。吉祥坐者。半跏坐而又異于

禪苑坐法。余謂。禪苑是降魔之半跏。以左壓右

故。不思議是吉祥之半跏。以右單足壓左䏶。故

◉ 半加趺坐

以左足壓右䏶是菩薩坐。見結加趺坐處。

四分律曰。比丘尼結跏趺坐。血不淨出。汙脚跟指

奇間。佛言。比丘尼不應結跏趺坐。彼疑不敢半跏

趺坐。佛言聽半跏坐。

毘奈耶雜事云。諸苾芻尼受用隨時供身臥具跏

趺而坐。宴默思惟。遂有蟲來。入不便處。因生苦惱。

世尊聞已。告諸苾芻諸尼不應跏趺而坐。以修寂

定應半跏坐。

◉ 胡跪

敕修清規沙彌得度云。引請闍梨。至戒師前大展

三拜。胡跪合掌。

歸敬儀云。言胡跪者。胡人敬相此方所無存其本

緣。故云胡也。或作胡跽者。撿諸字書。跽即天竺國

屈膝之相也。俗禮云。授立不踞。遊謂屈膝。俗所謂

之。凡有所授。膝須起立。通眞記授立不踞文出

曲禮。俗所謂者。由是受刑之狀故。

劉熙釋名。釋姿容云。跪危也。兩膝隱地體危倪

也。跽忌也。見所敬忌。不敢自安也。

文獻通考云。朱文公熹白鹿禮殿塑像說曰古

人之坐者。兩膝著地。因反其蹠而坐於其上正

如今之胡跪者。

耶邪代醉編云。古者席地而坐。即今之跪也。故

禮記稱跪者曰坐。以愚意觀之。跪則兩膝用力。

坐則膂近于肵。

賓退錄云。莊子云跪坐而進之。則跪與坐似有

小異處。疑跪有危義。故兩膝著地。伸腰及股而

勢危處者。爲跪。兩膝著地。以尻著蹠。而稍安者爲

坐也。

⊙ 互跪

歸敬儀云。言互跪者。左右兩膝交互跪地。此謂有
所啓請悔過授受之儀也。佛法順右。即以右膝拄
地。右骹在空。右指拄地。又左膝上戴。左指拄地。使
謂心隨其身行慢失矣。

忠曰。三處者。右膝右指左指此三拄地。餘皆在
空也。

釋氏要覽云。互跪。天竺之儀也。謂左右兩膝互跪
著地。故釋子皆右膝若。又言胡跪。音訛也。

文獻通考云。跪與坐。又自有少異處。疑跪有危
義。故兩跪著地。伸腰及股。而勢危者為跪。兩膝
著地。以尻著蹠。而稍安者為坐也。

宋史衛膚敏傳云。膚敏使金。及受書。欲令雙跪
膚敏曰。雙跪乃北朝禮。安可令南朝人行之哉。
爭辨窳時。卒單跪以受。

又見禮拜處。

⊙ 長跪

歸敬儀云。僧是丈夫剛幹事立。故制互跪。尼是女
弱翹苦易勞。故令長跪。兩膝據地。兩脛翹空兩足
指拄地。挺身而立者是也。

南海寄歸傳云。言長跪者。謂是雙膝踞地。豎兩足
以支身。舊云胡跪者。非也。五天皆爾。何獨道胡。

釋氏要覽云。長跪。即兩膝齊著地。亦先下右膝為
禮。神足無極經云月天子即從座起。更整衣服前
下右膝叉手長跪。毗柰耶云尼女體弱互跪要倒
佛聽長跪。

忠曰。今人所為互跪者。右膝著地。右蹠承尻植
左膝屈之。左蹠踏地。都無在空者。不知所謂三
處翹翹為何物。如此互跪。易於長跪。寧長跪可
踏。互跪不可倒。翻令人疑互跪難為長跪易為
之說。

⊙ 跂跪

長跪又作踞跪。

慈琳一切經音義云。踞跪上丈良反。方言云。東郡
謂跪曰踞跪。廣雅踞登拜也。古今正字從足長登。
登音務。下違位反。雙膝跪地也。

⊛住持位前不可行過
住持座位之前。横行過爲失禮。
校定淸規云。巡堂之法。首座從下巡上。免得於住
持位前行故也。

第十一類　垂說門

⊛上堂

楊億古淸規序云。長老上堂陞座。主事徒衆鴈立
側聆。
傳燈錄弘忍大師章云。能居士跪受衣法至禮足
已。捧衣而出。是夜南遯。大衆莫知忍大師。自此不
復上堂。凡三日。大衆疑怪致問。祖曰。吾道行矣。何
更詢之。又南嶽讓禪師章云。後馬大師闡化於

江西。師遣一僧去云。待伊上堂時。但問作麼生。伊
道底言語記將來。僧去。一如師旨。廻謂師曰。馬師
云。自從胡亂後。三十年。不曾闕鹽醬。師然之。又
百丈海禪師章云。馬祖上堂大衆雲集。方陞座良
久。師乃卷却面前禮拜席。祖便下堂。
忠曰。五祖章。已有上堂語。盡其盛行。自馬祖百
丈時而已。

祖庭事苑云。或問。每質諸佛經所集四衆未嘗不
坐。今禪門上堂必立而聽法。何謂也。曰。此百丈禪
師之深意也。且佛會說法。四衆雲萃。所說法義。不
局性相。所會時節。未知久暫。今禪門。自佛致東流
後六百年。達磨祖師。方至漢地。不立文字單傳心
印直指人心見性成佛。所接學者。俾於一言之下
頓證無生。所聚之衆。非久而暫故。不待坐而立也。
百丈曰。上堂升座。主事徒衆鴈立。側聆賓主問酬
激揚宗要示依法而住。此其深意也。
古德曰。睦菴所辯如此。而後代不然。如諸錄普

說五六紙。或至二十餘紙。豈可謂一言下。證二無生一。

所聚非二久哉一。

忠曰。質之佛經。四衆皆坐者。益經首聽法往往

有退坐一面。文三十誦律云。比丘尼到祇洹聽

法。諸比丘敷敷具竟。多有殘。在二比丘尼語二比丘

言。餘者借我等坐。比丘白佛。佛言聽敷敷具竟。

殘與二比丘尼坐一。又毘奈耶雜事云聽法之時應

敷座席。止此亦容坐聽。然而立聽。是佛制也。智

度論云。佛法中諸外道出家及一切白衣來。到

佛所皆坐。外道他法輕佛故坐。白衣如客是故

坐。一切五衆。身心屬佛。是故立。若得道諸阿羅

漢。如舍利弗目連須菩提等所作已辦是故坐

坐。餘雖得三道。亦不坐。大事未辦。結賊未破

故。止此。由此出家五衆。除得道者外。不許坐而聽

法者。西竺古制。而龍樹之論。如揭日也。非百丈

深意。為說不多。集不久。創立此規。睦菴不後智

度而酬二問。而臆斷為二百丈新立者一殆乎誣矣。智

論復言坐者。於二供養一不レ重。立者恭敬供養法重

止此。是故華嚴善財聽法。無レ不言レ起立合掌白言。

頂禮其足。合掌而立等。又大集經云。金剛光藏

世界大衆。至二娑婆世界一觀見釋迦牟尼如來頭

面禮足。右繞三帀。却在二一面一合掌而立。此是

實客亦立。益敬法重於二供養一也。

舊說曰。以二上堂一對二小參一則可レ稱大參也。

忠曰。凡四節開爐。元宵佛祖忌。國忌。請兩班謝。

秉拂謝。都寺齋祈雨雪禳旱。澇出隊。病起客至。

赴二一切因事一。無レ不レ上堂。不レ可レ枚舉二載在諸錄一。

又曰粥飯過僧堂云二上堂一見二軌門一又上間下間。

稱二上堂下堂一位見二座門一皆義別也。

◉旦望上堂

敕修清規上堂云。凡旦望。侍者隔宿。裏二住持一云。來

晨祝聖上堂。住持登座。拈香祝壽。其規如レ常。

又見二節時門一旦望處一。

舊說曰上古朝參暮參中古五日一參近代旦
望參而巳〔見三忠日〕備即所設

春明退朝錄云唐在京文武官職事九品以上
朔望日朝又曰其武官準令五品以上每月六
參處〔許引〕

㊂ 五參上堂

忠曰六參中亦有朔望雲章旦望上堂且
循俗禮也止此其說有據。

一月總有六參但旦望別有祝聖上堂故除之
餘四日名為五參即每五日一參也非謂一月
五度參矣益擬朝制五品以上官五日一朝若
鼠璞及退朝錄則十日作十一日二十日作二
十一日餘同此參義見小參處

敕修清規上堂云五參上堂兩序至座下徑歸班
立住持登座不拈香

舊說曰五參上堂同小參鳴法鼓唯一通

唐書百官志云文武官職事九品以上及二王
後朝朔望文臣五品以上及兩省供奉官監察
御史員外郎太常博士日參號常參官武官三
品以上三日一朝號九參官五品以上及折衝
當番者五日一朝號六參官

五代史李琪傳云明宗初即位乃詔羣臣五
一隨宰相入見內殿謂之起居琪以謂非唐故
事請罷五日起居而復朔望入閤明宗曰五日
起居吾思所以數見羣臣也不可罷而朔望入

校定清規云如初五初十二十二十五此四日謂
之五參上堂座上不鋪設衆中有未盡齊整及常
住缺典事畧而提之欲衆知也不可多談世諦厭
人聽古人朝暮咨參何有限日今從簡要於五日
一陛堂也侍者當隔宿復住持恐住持事繁或有
失記是日開靜前令行者報覆知事頭首察舍及
再請後挂上堂牌

忠曰朔日五日十日十五日二十日二十五日。

開可復。
宋欶求、春明退朝錄云。唐在京文武官職事
九品以上朔望日朝其文官五品以上及監察
御史員外郎太常博士每日參武官五品以上
仍每月五日十一日二十一日二十五日參三
品以上九日十九日二十九日文參品以
品以上其長上折衝果毅若文武散
官五品以上直諸司及長上者各準職事參其
文館及國子監博士學生每季參
洪服失容及泥潦並停制令凡京百
若有常參官謂五品以上職事官八品以上供
奉官以上比正宗元二年敕文官充翰
林學士皇太子諸王侍讀武官充禁軍職事並
不常朝參其在三館等諸職掌者並朝參各
歸所務是年御史中丞資參常參文武官準
令每日參自艱難以來途許分日待戎非稍平。
即依常式其武官準令五品以上每月六參三

品以上更加三參頃並停廢今請準令却復舊
儀十三年御史臺奏諸司常參文官隔假三日
以上並以橫行參假其武班每月先配九參六
參九參與一月九次今後每經三節假滿縱不
是本配入日並依文官例橫行參假以上唐後
所同光二年四方館類令以於內殿
方造奉使文武兩班三品以上官可於內殿
對見其餘並非詣正衙從之天成元年御剳賜文
武百僚每日正衙常朝外五品以上每月一赴內殿起居
日朝退賜食謂之廊飧自乾符亂離能之惟月
旦入閣日賜食明宗即位諫官請文武百僚五
日一起別見帝於便殿李琪以為非故事以五
日為緊請每月朔望日入閣賜廊下食能五日
起居之儀至是宜罷朔望入閣外五日一起居
以為常天成元年敕今後若過不坐正殿日未
御內殿前便令閣門使宣不坐放朝班退是年

御史臺奏凡新除官及差使者合於三正衙謝辭
每遇內殿起居日百官不於正衙敘朝其差使
及新除官辭謝不介參謝每內殿起居日百僚
先敘班於文明殿庭候辭謝官退則班入內殿
從之晉天福二年中書門下奏在內廷諸司使
等每除正官請令赴正衙謝謝後不赴常朝其京
官未陞朝朝官祇赴朔望朝參以會要國朝
諸在京文武陞朝官每日朝其有制免常朝者
五日一參起居令文按唐制文武職事官並赴
常參武班五日一參又有三日一參
乃三日參所謂常參官未有無職事者由後唐
同光中乃分常朝內殿凡隨衙將校外方進奉
使文武三品以上官即於內殿對見其餘並詣
正衙至天成初詔文武百官每日常朝外五日
一赴內殿起居其趨朝官遇宜不坐放朝各退
歸司本朝視朝之制文德殿日外朝夕朝
朝臣日赴是謂常朝垂拱殿日內殿宰臣樞密

使以下要近職事者并武班日赴是謂常起居
每五日文武朝臣盞務令盞務並赴內朝謂之
百官大起居是則奉朝之制自為三等益天子
坐朝莫先於正衙殿於禮羣臣無一日不朝者
故正衙雖不坐常參官猶立班俟唐制有
朝事一參謂三之常參今於諸外
朝一不坐務者謂之常參

又鼠璞說見叢軌門參假處
大慧為真空道人慈行普說云方是時大鴻驚竦如
法席甚盛龍象蹴踏每遇陞堂三通鼓罷大衆鴉
行而立風滲滲地趺坐良久乃舉箇古人頌子云
欲識本來心境青山綠水深不是身心境徒將聞見
尋識得便識取不用更沈吟參便下座後五日又
當參復舉是柱不見柱非柱不見柱是非已去了
是非襄蔫取參但是陞座除拈提公案外其餘多
類此有簡川僧滑稽從鴻山下來有問大鴻法道
如何僧云規矩法度甚好只是念誦多聯曰三八
念誦叢林定法何言苦多僧云大鴻獨不然三八

一一二

日。僧堂前維那。念誦了。五日法堂上。長老又念誦。

粉子傳以為笑。

普燈錄佛海遠禪師章云。上堂。昨夜來報五日正。

儂老偶洗脚起來抖擻精神。末上輪他一著。

雪巖欽禪師錄云。凡過五參。見曲彔床上箇漢胡

說亂道何不也歷在耳根。又云。前日有兩箇兄

弟來侍者察說。要上方丈請益我與侍者說。每過

五參。須說做工夫一段。他何不領畧。又何須到方

丈聽說方總便是這裡無口傳心授底佛法待此

後五參把我自己為伊再說一遍。

普燈錄西禪舜禪師章云。上堂五日一參三八

普說千說萬說橫說豎說云。

又簡堂機禪師

章云。上堂曰。五日一參三八普說自揚家醜更苦

問理問事。問心問性。克由回耐。

別峯印禪師錄慈航到上堂云。每過五日一參雖

是諸方舊例。今日宗師面前。豈容亂呈情袋。雖則

恁麼不可放過云。

別峯雲禪師錄云。上堂支提門下。五日一參。我後

合掌。汝便和南。云

無準範和尚錄普說云。凡過五日須要上堂三八

須挂牌勉强以拳方丈之責。亦不是矜誇學解。眩

曜見知。及造妖捏怪。只據自家所見赤骨律地與

兄弟相見。

偃溪聞禪師香山錄上堂云。五日不陞堂三八不

入室。供是衆人辦飯。是借米喫。

淮拙燈禪師建長錄舉龍濟修山主。諸佛不出世

四十九年說頌師和二首代五參上堂。

忠曰。日本古亦有五參。中巖月禪師崇福錄

云。五參衆立定。師出來。大衆如例問訊云。

● 五上堂

五參上堂又名五上堂。

備用清規五日上堂云。古宿朝夕激揚此道。晚參

曾不起宿。今時過五上堂。單提正令。亦不易得也。

● 九參上堂

退耕錄云。九參。謂一月九次。又云。三日一參。乃九參也。

古德有行九參上堂者。

傳燈錄羅漢琛禪師章云。衆僧晚參。聞角聲。師曰。

羅漢三日一度上堂。王太傅二時相助。

● 聖節上堂

天子生日爲聖節。辨設上堂。祝壽。詳敕修清規。

續燈錄禾山志傳禪師章。有聖節看經上堂。

日本亦行聖節上堂。清拙澄禪師建仁錄。有天壽節上堂。

● 謝秉拂上堂

四節。頭首秉拂之後。住持上堂。謝勞。此謂謝上堂。

敕修清規。四節秉拂云。次日方丈請茶。如都寺辦齋。併請茶。半齋點心。別日上堂。致謝管待。

虛堂愚和尚寶林錄。謝頭首秉拂上堂云。以壇拜將。爲求活國之英。以拂授人。要見祜心之士。雲黃峯下象龍所歸。虛堂薄處。先穿引得證龜作鱉。

● 謝都寺齋上堂

四節秉拂。都寺辦齋。住持上堂。謝之。見下謝秉拂上堂處。

虛堂愚和尚育王錄。謝秉拂夏齋上堂云。一稱南無佛。皆已成佛道。若說到金輪水際。崑崙山椒。功歸何所。驀拂子。咄咄。有甚髑髏子。快下將來。

希叟謝都管冬齋上堂。見職位門。

南堂謝秉拂冬齋上堂。見都管門。

北磵簡禪師續集。化齋偈云。解結冬年辦四齋。赤洪崖打白洪崖。信心檀越家家是。只告語天次第排。

● 出隊上堂

出隊義見雜行門。

大川濟和尚天章錄、出隊上堂云、爲衆持鉢去。七
佛舊儀式、菴園塔廟間、處處逼巡擊、施主一聲漸
愧化主當面著賊、賊已著了、且道如何抜本太無
厭生。

元叟端禪師錄、出隊寄歸、示衆偈云、太湖三萬六
千頃、垂白西來把釣竿、蝦蟹魚龍都不見月明空
照夜潮寒。

北磵簡禪師道場錄、出隊歸上堂云、半月出去鼻
孔不見眼睛、一日歸來、眼睛不見鼻孔、失却惺惺
換得骨董、然只是澁骨董、貪者不與、廉者不取。
卓拄杖云、打歸常住。

● 出鄉上堂

密菴錄多出鄉上堂、蓋即出隊也。

密菴傑禪師靈隱錄、出鄉歸上堂云、持鉢去持鉢
歸、草鞋跟斷通消息、玲瓏八面盡光輝、遊魔宮入

虎穴當機撞著惡聲頭、直教心地頓休歇、且籬笆
什麼道理便乃如是、老不以筋力爲能。

● 因事上堂

忠曰、雖其事不定、多是有毀逆違難因此説法不
露言其事、故稱因事也。

虎堂和尚育王錄因事上堂云、天之有雲也、可以
蔽日月、降甘雨、地之有水也、可以濟舟楫潤焦枯。
人之有心、可以與禍福制剛柔、三才既明理歸一、
挨所以然者何也、卓拄杖、大鵬展翅蓋十洲、雖邊
燕雀空啾啾。

祖庭事苑云、因事、往往安議當日猥瑣
世諦雜事、豈其然也、夫宗師唱道、無不因此事、而
有語言偈頌、以接引學者、豈存誠於世諦者哉、若
宗師因世諦因事頌曰、豈以出示人天又何足爲後
世法耶、至如初洞山因事頌曰、五臺山上雲蒸飯、
佛殿前頭狗尿天、刹竿頭上煎鎚子、三箇猢猻夜

箴鏡又慈明因事頌。時來開鉢展巾。單飯了收盂
困即眠。石人撫掌呵呵笑。木女彊等備自筭。又詔
九峯因事頌。收得便除四足兩耳。却挂金鎚好是
月明深夜。一聲清透松關。此皆因事而作。豈留情
於是非動靜之間者哉。

忠曰。睡菴以因事彊爲因此事。不因此世誦若然
則宗師語言。上堂偈頌。無不因此。則都可名二
因事上堂偈頌一矣。特標因事。何爲凡佛祖出乎
五濁惡世。垂化。動則過魔難。宗師即託魔難開
示道法。此云因事上堂。因事偈頌而已。何復彼
非此是耶。

⊕ **引座**

忠曰。引座者。導引他陞座也。若突然敕演。則衆可
疑。故住持先表白。故語尾必有恐人無憑等語。
舊說曰。引座有二。一他寺尊宿來訪時。首座勘請
說法。住持爲之先引座。以申尊宿當爲衆聞揚之

意。二他刹虚席。請本寺西堂。或首座等。遷補即再
使先請本寺住持引座。次受請新命陞座。
敕修清規上堂云。若尊宿相訪。特爲上堂。或引座
又迎待尊宿云。如大尊宿則首座衆頭首
舉揚。

若住持勘請。爲衆開示法要。住持先到客位陳□意。
請允首座具狀。兩序大衆同詣客位插香拜請。次
請住持引座。至住持先引座與常上堂同。
右爲尊宿引座者。

敕修清規受請人陞座云。住持出陞座與五參禮
同。令請客侍者。請新命趺坐褒美新命爲法而出。
勘請舉揚。慰喝仰。舉話有無不拘。引
松源引座。皆爲不舉話。石揚爲□堂
引座。息菴爲三復菴引座。皆舉話。

無準範禪師徑山錄。爲石谿和尚赴蔣山引座云。
寶公寶山之寶。非青黃赤白等色。亦非大小方圓
等相。三賢莫辨。十聖那知。是故公亦秘惜。若非其
人。未易分付。今日石谿不涉安排計較。突然在前。
無心而得。既得之已。亦不以爲奇特眩瞳於人。是

則故是。爭奈我此千百粉子。虛心久矣。皆欲一見。
是以鳴鼓集衆。慇懃請願陞此座。於香煙起處。
放此寶光。令我一衆因此寶光。獲見此寶。同得受
用。盡未來際。永無退失。然雖恁麼。更有一事不得
不疑。或有箇沒意智漢。不識好惡。犯衆出來道。蔣
山蔣山。不得將常住物。作自己人情。吾廷却須自
作支遣。莫敎累及老叔。恐人無憑。先此奉白。

右為受請新命引座者。

○ 陞座

舊說曰。普說爲陞座。或上堂亦稱陞座。
忠曰。古有上堂稱陞座者。如臨濟錄後世陞座與
上堂不同。請錄已分二名不可槩爲一也。又日本
釋陞座者。多有散說與普說同。如唐僧無學大休
竺仙清拙等日本錄中陞座。亦有散說者益觀土風。
悟時機而已。按陞座有散說無學爲濫觴焉。
瑞溪臥雲曰件錄云。妙智太岳曰陞座與普說有

異。然此方陞座。全同普說。有散說。其弊自絕海矣。
予按絕海已前。嘗宿陞座。早有散說。
敎修清規受請陞座云。侍者覆住持鳴鼓。如常上
堂式。
聯燈會要釋迦牟尼佛章云。世尊一日陞座。大衆
緣集定。文殊白槌云。諦觀法王法。法王法如是。
六祖法寶壇經云。韋使君請益師陞座。
臨濟玄禪師錄云。府主王常侍與諸官請師陞座。
師上堂云。山僧今日事不獲已。曲順人情。方登此
座云。

已下畧錄來朝唐僧日本錄中陞座有散說者。
無學元禪師建長錄。慶懺釋迦繪像陞座。先提
綱次散說。百六言。後說偈。
又越州太守夫人請慶。三百七言。後
讚釋迦像褙嚴經陞座。先提綱次散說十言。後
又圓覺錄開堂。大光明殿慶懺陞座。先
拈香次趺坐提綱。次散說。四百七言。後長偈。
忠曰。無學錄陞座數則。但此三則有散說。然不

〇如後人繁長。

大休念禪師壽福錄武藏守三祥供淨智寺開山
陞座。先拈香。次就座散說。後說偈。

竺仙仙禪師淨妙錄足利觀心公周年忌陞座。先
問答。次提綱。次散說。後長偈。

清拙澄禪師錄近江太守直菴居士。七七日陞座。
從頭散說。次回向後拈提。又直菴百日拈香陞
座。先拈香。次問答。次散說。次回向。次敘謝後四句
頌。

已下畧錄日本禪祖陞座中有散說者，

南浦明禪師萬壽錄龜山法皇大祥奉敕就嵯峨
殿陞座。先拈香。次就座。索話問答。次提綱。次散說。

夢窓石禪師天龍錄後醍醐天皇十三回忌就多
寶院陞座。先拈香。次就座問答。次提綱。次散說志
趣回向後長偈。　又慶讚京城東山八坂寶塔陞
座。全同上。

月菴光禪師錄。前豫州太守。爲考正受院殿陞
座。先拈香。次志趣回向。後拈提就座。索話問答。次提綱。
次散說志趣。回向後拈提說偈。

忠曰。支那諸錄陞座無散說。且如續燈錄所載。
淨因臻。圓通秀。佛國白等。自餘不遑枚舉。

〇 說禪

忠曰。日本禪林有說禪一規。而今詳之。只是陞座
耳矣。其必挂文殊像者。蓋行之於僧堂也。有處沒
意智對機之後。不提綱。直敘志趣。或初歪語敘志
趣者。失體裁。其提綱之後。說志趣者。如宋時慧林
德遜禪師。佛陀慈德殿陞座見續燈錄。

夫說禪者。何謂也。但是謂提綱說法而已。故大鑑
禪師叢林細事云。秉拂提綱。不必押韻。但據半生
參學所見滔滔地說將去。所貴宗眼正。手段高。如
臨濟德山趙州雲門可以爲法。若能如是。古風可
復。古來但云說禪。不言做禪。此然說禪。而無提綱

何說禪之有。

忠曰中華未有規矩語說禪者其禪史祖錄中。
唯有說禪文字畧錄一二。
聯燈會要仰山寂禪師章云溈山云寂子說禪如
師子吼驚殺狐狼野狐之屬。
傳燈錄歸宗常禪師章云師上堂云吾今欲說禪。
諸子總近前大衆進前師云汝聽觀音行善應諸
方所。
大慈為照超二大師普說云有箇月和尚法嗣大
通首座信禪不及每日在方丈內修長懺所以端師
子有箇頭發之曰何山長老修長懺壇上闍梨愛說
禪子細思量無別事都只為大光錢。
中峯山房夜話云今之禪流將欲擧大麈揮塵尾。
嘗取諸家語要揀擇記持及漁獵百氏之雜說以
資談柄者是說禪之師也不惟不能與人解黏去
縛而亦自失本真喪卻道眼。

● 小　參

舊說曰小參不時講之鳴鼓唯一通其規約於大
參故曰小參大參者上堂也參者交參義。
敕修清規云凡集衆開示皆謂之參見晚
祖庭事苑云禪門詰旦升堂謂之早參日晡念誦
謂之晚參非時說法謂之小參。夫是皆以謂之
參也其主法者以半等一心應勤植萬類令法久
住豈曰小補或以小參為家訓恩未之前聞。
龍並臻飢無間於聖凡豈輒分於僧俗是以謂之
者何乎曰小參之為言其廣且大矣謂幽顯皆集神
敕修清規小參云小參初無定所看衆多少或就
寢堂或就法堂至為鳴鼓一通衆集兩序歸位住持
登座與五參上堂同提綱敘謝委曲詳盡然後擧古結座。
又晚參云如住持入院或官員檀越入山或受
人特請或為亡者開示或四節臘則移於昏鐘鳴
而謂之小參可以敍世禮曰家教者是也。

禪苑清規。小參云。小參。家訓也。綱紀叢林。夫小參之

法。初夜鐘鳴。寢堂設位。集知事徒衆。賓主問酬。並

同早參。提唱之外。上自知事頭首下至沙彌童行。

凡是衆中不如法度。事無大小。並合藏規乃至。出

家行腳入衆參禪。粥飯茶湯。晨參暮請語言事業。

勤止威儀應保衆中規矩。並當委曲提斯若其緘

銘肌鏤片善以無遺剔蘗瑕而必去。小參之設意

在斯焉。

有行堂講之者。

希叟曇禪師錄有行堂小參。（見）

立參

義堂曰工集云。建長衆寮聽長老中嚴講清規。

云天童淨和尚小參。不必於法堂隨處行之。故

今日本永平寺猶講此規。

傳燈錄藥山儼禪師章云。大衆夜參。不點燈師垂

語曰。我有一句子待特牛生兒。即向汝道。時有僧

曰。特牛坐兒也。何以不道。師云。侍者把燈來。其僧

抽身入衆。

聯燈會要德山鑑禪師章云。小參示衆云。今夜不

答話。問話者三十棒。時有僧出作禮師便打僧云

某甲話也未問。為甚便打。師云。儞是甚處人。云新

羅人。師云。未跨船舷時。好與三十棒。

汾陽小參見提綱處。

元亨釋書藏山空禪師傳云。空曰。石林老鍪行禪海

波瀾。吾雖不得。而盡偏洲傍濤黨打浮詠。我昔辭

林。林告曰。小參雖家訓又自有家法子歸故里敬

唱宗乘妙叶之一路。不可亂做也。即與二篇多至

曰。擬著即錯鐵牛製斷黃金索。不擬猶乘搬手還

同萬仞崖這裏一咬便斷。如花開鐵樹似笋迸石

頭無陰陽地。盡自寬閒。爭奈東山山前。一片松根

竹腳未曾踏著在。驀拈拄杖一畫云。不得侵疆越

界。除夜曰。似地擎山。不知山之孤峻鳳縈金網超

寰漢以何期。如石含玉。不知玉之無瑕蛇護神珠。

蘊風雷而未化。設使翔霄漢鼓蕩風雷閞者震

藉見者眩惑也只間開地可可地豈不見僧問洞
山年窮歲盡時如何山云家家門底野狐兒拍床
云鯨吞海水盡露出珊瑚枝

●家教

小參又曰家教（見小參）

黃龍死心禪師語錄云夫小參者謂之家教何謂家
教譬如人家有三箇五箇兒子大底今日幹甚
事小底今日幹甚事是與不是晚間歸來父母一一
處鞫叢林中亦復如是究問今日幹甚事是與不
是住持人當一一處鞫

清拙澄禪師聖因錄云古德小參謂之家教說此些
細大法門汾陽六七人夜夜小參德山小參不答
話問話者三十棒令行千古如在耳目雲峯悅禪
師小參舉百丈示衆語至今叢林膾炙人口莫不
皆是從悲智海中流出血滴滴地親切為人處豈
似後來攢花簇錦對句押韻以當宗門提唱又

日本錄小參云古德小參謂之家教細大法門一
一指陳後來法道不古競出新樣攢花簇錦以巧
妙為奇特不知古人寶頭處正是拙中之巧

雲峯小參聯燈錄載

笑隱訢禪師龍翔錄云明日結制今夜小參謂之
家教如家裡人說家裡話

●家訓

小參曰家訓（見小參處）

校定清規云小參謂之家訓初夜鳴鼓寢堂排設
有處只就法座前問訊云古之叢林每夜咨參汾陽以夜
若其緘口無言迤邐綱宗墜地小參之法意在斯
焉鳴鼓一通侍者候衆集定請住持出踞座侍者
於法座前問訊云古之叢林每夜咨參汾陽以夜
寒罷參不特為規矩家訓而設意專激勵學者
其做處偏枯各自討生涯立地成佛作祖今時叢
林每遇解結多年四節小參益為鼓謝兩班及大

行事云。大兒當行其事。小底當作何事。以至奴婢
僕隸。一一示其當行事。便如我宗門中兩序諸職
事。人人教它排列法座下。一一標示當行底事。乃至
四來兄弟。在僧堂裹究明己躬大事。斯乃最要緊
事。近來佛法弊甚。在小參時。長老力作文言。謂是
提綱。或舉古則拈之。以當宗旨。以予輕之。當
得甚麼椀脫丘。兄弟家說道。新長老不會說法。
只會弄口黃才。方入院雜談惡言。以當佛事。便是
雜惡言談。不會文章詞語。他後到閻王面前。未知
他愛惜文言耶。又聽我條直言語乎。兄弟各自諦
審思惟。勉之。次結座、其語見結座處

⊛ **朝參**

釋
朝參

早朝參禪也。

禪門規式云。閤院大衆朝參夕聚。

僧史畧別立禪居章云。有朝參暮請之禮。隨石磬
木魚為節度。

小職務。又緣諸方專係都寺幹齋。故當晚小參時。
敘謝心力為衆之勤。若常住自辦不必言也。如
施主請二小參。觀其來意。或咨扣因緣。則又與家訓
不同也。或齋後。或夜靜。俱得。又有所至處。官員請
小參者。又有出隊處。衆人裹率請小參者。雖名為二
小參。乃與升座事發一同。此尊宿家遇緣即宗之
謂也。

備用清規小參云。百丈謂之家訓。古法只就寢堂
筬誨垂示。委曲提撕乃前輩時時激揚宗旨開發
後昆。

忠曰。祖庭事苑云。或以小參為家訓。恐未之前
聞此　余謂。死心敷衍小參謂家教義。見家睦菴
與死心同時人。或怪其說乎。然備用已言百丈
謂之家訓。蓋其目在古清規而睦菴偶不見也。
中巖月禪師建長錄。入寺當晚小參語問答畢。
師乃云。小參者家訓也。古德喻之有二大家底主
人。朝暮使令屋裹兒女庭弟排列座下。分付家中

忠曰。禪林朝參。於粥罷。

普燈錄楊岐會禪師章云。一日當參。粥罷久之不

聞擊鼓。師問行者。今日當參。何不擊鼓。云和尚明恕

出未歸師逕往婆養粥師曰。和尚

今日當參。大眾久待。何以不歸明曰。儞下得一轉

語。即歸下不得各自東西。師以笠子蓋頭上行數

步。明大喜。遂與同歸。

忠曰。世禮言朝參者。蓋入朝參謁義。見上堂處〔忠曰。當參者。當〕〔五參之日也。〕

杜工部集。重過何氏詩云。頗怪朝參懶。應耽野
趣長。

皇明通紀集畧。弘治紀云。今朝參外。不得一覩
天顏。

● 早參

朝參。又名早參。

祖庭事苑云。禪門詰旦升堂。謂之早參〔詳二小參二忠〕

廣燈錄洞山聰禪師章。夏日早參頌云。晨參暮請

無別事。古代相傳直至今。折旋俯仰全體是。莫累

曹溪與少林三月鶯啼春樹老。九旬時雨日霖霖。

滴滴不離盧界。海上番人笑夜深。又早參頌

云。璐色綵分便即參。九年面壁過多談。俱眠一指

虛勞力。禪客豈待口喃喃。

● 晚參

舊說曰。晚參。對朝參爲言。

敕修清規晚參云。凡集眾開示。皆謂之參。古人匡
徒。使之朝夕咨扣。無時而不激揚此道。故每晚必
參。則在晡時至今。叢林坐參。猶旦望五參陞座將
聽法時。大眾坐堂也。若住持不復首座。不
者。稟命住持覆首座。鳴僧堂鐘三下。謂之放參鐘也。

備用清規坐參云。若晚參。住持司行者。不首座。不
鳴僧堂前鐘。方丈客頭。鳴僧堂鐘。住持出堂首座
頭首領眾。隨至法堂。或寢堂隨方毘尼。上座坐定。
侍者出班。兩班東西堂。各出班問訊。晚參畢。眾散

各歸寮藥石、

臨濟立禪師録云。師晚參示衆。

僧寶傳汾州昭禪師傳云。幷汾地苦寒。昭罷夜參。
有主比丘振錫而至謂昭曰。會中有大士六人柰
何。不説法言訖陞室而去。昭密記以偈曰。胡僧金
錫光。請法到汾陽六人成大器勸請為敷揚。又
楊岐令禪師傳云。慈明飯罷。必山行禪者問道多
失所在合縣其出未遠即撾鼓集衆。慈明遽還怒
數曰。少叢林暮而陞座何從得此規繩會徐對曰。
汾州晚參也何為非規繩乎。慈明無如之何今叢
林三八念誦罷猶參者此其原也。

清拙澄禪師録晚參云。晚參之舉盛起於汾陽汾
陽老人日日晚參。楊岐撾遍慈明晚參。正謂此
也。或暫此立參則云。和尚今晚放參。

祖庭事苑云。日晡念誦謂之晚參參處一
忠曰。晚參直如鴎濟晚參示衆。楊岐所謂汾
州晚參是也。然日之於日晡念誦者。當時託

言又如晡時念經。言誦放參也。

● 廣參

忠曰。大衆一同參故言廣、
鹽山拔隊和尚行録云。大衆廣參、次國師光遠問
師曰。道州因什麼道箇無字。

● 立參

忠曰。立地說法故云立參而已。即晚參也。
希叟曇禪師法華録及小參中有為行者立參四
則。又晚參普說云。慈明出遊楊岐乃撾鼓請歸
立參。

● 訓童行

備用清規訓童行云。五參上堂罷。當訓童行。參頭
行者。令喝食行者。報各局務。行堂前挂牌。報
衆。昏鐘鳴行堂前。鳴板三下。集衆。行者上寢堂排

立定。參頭入方丈。請住持出。就座。參頭進前插香。

三拜珍重而退。

喝參。同問訊九拜。進前屏息。拱聽規誨巳。又同衆。

禪苑清規訓童行。有立身陪衆作務三章。文繁。又

監院云訓誨童行之法。宜以方便。須先處置不得。

安行轄捶設有懲戒。當庫堂對衆行遣。不過十數

下而已。不虞之事。不可不慎。

村寺清規云。童行方入寺。須先訓之。以祖師偈頌。

近世所刊緇林寶訓。及了禪師訓童行歌鴻山警

策證道歌永安僧堂記等是也。次訓之以大悲楞

嚴諸秘咒。觀音圓覺金剛諸經。若語孟中庸大學

周易禮記并可兼訓之至。乃早以佛祖書入諸肺腑

多應作好人。葢先入者為主。他日雖中之雜毒亦

不足以害其正念。亦不可只訓其歌唄鼓鈸以

規爲。宜教觀音聰明神咒久而漸漸聰明縱

未即聰明。亦足以資性長福消災。
　　　　　　　見觀音聰明咒門

　童行義見職位門

禪月大師戒童行偈。　　　　諸祖偈頌載。

月窟清禪師訓童行。　　　　諸祖偈頌載。

慈受深禪師訓童行頌。　　　慈受偈頌載。

中峯本禪師訓童行。　　　　幻住清規載。

慈航朴禪師沙彌訓練法。　　人天寶鑑載。

●說規矩

希叟累行說規矩。葢有所特警誡敕修清規備用

清規等訓童行之類也。

希叟曇禪師開善錄上堂。謝遠首座拜說規矩云。

結繩爲政。畫地爲牢。堯舜之君。猶有化在。拈挂

杖子罪犯彌天。剛強難化。非結繩可以取其信。非

畫地可以格其非商令至嚴惡心轉熾瑞巖老朽

既司其職。當言不避截舌卓枴。輕輕點著返朴還

淳。何故。不過虎溪橋誰識東林遠。又爲新歸堂

兄弟晚參註云。說規矩不錄。又衆寮晚參說規

矩云。妙斷去浮巧運風斤之手專工修月細無玉

斧之痕。木之就規矩。在梓匠輪輿。金可作瓶盤。假
洪爐烹煉。學道謹繩羊之戒。希賢思畫虎之羞。蠅
附驥千里可期。葛倚松九霄有望。馬勝熟威儀攝
衆忍不步趨婆羅門聚會無殊。速須敬遠隄防六
賊守心城莫使穿窬。埽蕩羣邪行正路須教透徹
百丈頹綱要人提撕楊岐破屋要汝支撐灼然皮
下有血人終不隨他語脉轉徜能深信彼此無羞。
其或未然拍膝一下時得血流無用處不如緘口
過殘春。

教苑清規訓童行云訓童行之法當說出家因緣
或說規矩禮度或說經中大意。

◉ 聽教

義堂日工集云中華禪院每夜坐禪罷隨意就于
諸寮而夜話商量古今事謂之聽教今日本不然。
是以兄弟見聞局於冊子上而不通方。

◉ 普說

舊說曰普說即陞座也上堂亦陞座也但普說不
拈祝香不搭法衣以為異普說自眞淨始三佛亦
行之到大慧方盛普說須是知見廣博人而始得。
或曰今時陞座即普說也多唯演五部大乘經本
緣施食法亦由耳中華宗師豈如是耶少讚柷主
者則有之如今普說與唱導之師經供養何異
養其經則為作之也又曰陞座如諷經拈香如願
經供養者紐家請之供二

文正述諷經之功德。

忠曰如供養五部大乘經普說則何得不演五
部功德若復餘時陞座而演五部功德則或剎
可當也原夫末代道薄無開示宗要之普說多
是檀那薦亡供養經時為普說故語路自然不
似中華師普說而已或不鑑其本而但責其
末何足鍼起膏肓哉。

教修清規普說云有大眾告香而請者就據所設

座有橙超特請者。有住持為衆開示者則登法
座。凡普說時侍者令客頭行者掛普說牌報衆鋪
設寢堂或法堂彌罷行者覆住持後擊鼓五下。侍
者出候衆集請住持出據坐普說與小參禮同

舊說曰。普說者。一時說普於一切時也。或曰。普
說一切法也。或曰。普說法也。普法者。即普賢
說。不變真如曰普。隨緣不變圓

悲。隨緣真如曰。普。不變真如曰普賢。隨緣不變圓
融無礙法門也。

忠曰。華嚴經毘盧遮那品。演義鈔云。言普法
者。一具一切。一稱性同時具足等。

太清曰。普說非明眼人。則不可也。語中必演自
家悟道緣。蓋人天衆前。吐露自悟境界豈未悟
人而得普說哉。

忠曰。普說若不明眼。何說而可是。太清之言可笑。
又云普說中必說自悟處。古人普說何必如
此是太清自枉立格式。

大慧泉和尚為虎丘沼長老普說云。一百年前本

無普說因。熙寧元祐間真淨和尚居洞山歸宗時。
方有普說大意以開悟學者為心然古人立言臨法
門。亦自有出處。何以知之。不見大華嚴經離世間
品普慧菩薩雲與二百問普賢菩薩瓶瀉二千酬。
於中有一問曰何等名為普說三世。答曰。佛子菩
薩摩訶薩有十種說三世何等為十。所謂過去世
說過去世未來世說未來世現在世說現在世未
來世說過去世未來世現在世說現在世未
世說過去世未來世現在世說現在世無盡
現在世說過去世未來世現在世說現在世平
等。已上是九世。却把當人這一念如貫數珠相似。
穿過九世。以此一念通為十世。故曰。現在世說三
世。即一念是為一。所以李長者有言。無邊剎境自
他不隔於毫端。十世古今始終不離於當念。云

忠曰。按華嚴普慧問。但云何等為說三世五十
乃無普字。普賢答云。有十種說三世何等為十。
此是為十菩薩以此普說三世。止此至此方有普

又離世間品云。有十種智慧觀察至於

說字。

一切世界。普說正法。智慧觀察。四五十經。亦有普說字。

又永大師請普說云。師云。叢林舊無普說有來方五六十年。始因真淨和尚。尋常不入室時。便為大衆普說。如普說。入室一般。

東山外集答普賢書云。正月二十九日。堅上座自衡陽歸來。得鈔喜老書。此老名雖未脫罪籍。其身甚安樂。道愈光。衡之伊山開福花藥三院。與之館參徒無事。即騎馬入三處。坐方丈。與之入室普說。來者皆湖海英爽有志之士。是臨濟一宗。未至委地矣。

備用清規普說云。洞下尊宿。每遇朔望。衆寮設位。為衆普說。惟大慧和尚。宗通說通。不拘時節。不擇方所也。

虛堂愚和尚錄告香普說云。古之宗師。為人直截。只有所問。只就問處與之破。初無實義。後來梁生招箭。形於語言。乃有普說。普說首出於真淨和尚三佛以來。皆有普說。無非怒罵呵咄。鞭策誨勵。使其大心衲子。勇於進工。近世宗師間有普說。尚多文體。不見古人直截為人處。大似場屋中論策。一般。及攷其所從。乃藥貼上語。不能療人之病徒使其末流紛紛傳集秘蓄。以當本參。殊不知我王庫內無如是刀。

明極俊禪師普說。舉華嚴普說三世法畢云。由是東震旦禪林中有普說之舉。即宗此式。然此普說亦不易舉。無非法性寬波瀾濶。有變通逸格之才。回乾轉坤之作方可任此責。前輩大珠南陽臨濟德山嚴頭羅山。亦不敢舉此。黃龍南。死心新。靈源清長靈卓。亦不敢舉。至於真淨文方有普說之舉。以後圓悟大慧應菴皆宗。此式中峯密菴下惟無準石田凝絕虛堂外。餘者法性不寬。波瀾不濶。雖有此舉。終是不能通暢。況乎山僧眉髮末學孤陋無聞。詎敢當此責耶。

華嚴經離世間品云。佛子菩薩摩訶薩有十種

説三世何等為十。所謂過去世説過去世過去
世説未來世。過去世説現在世。過去
世説現在世。未來世説過去世。未來
世説未來世。現在世説未來世。現在世説
世説三世即一念是。為十。菩薩以此普說三世。
又十定品云。此菩薩普入三世。而於世
界無所著。到於一念中普得知
一切三世法普説一切諸佛教普轉一切不退
輪於去來現在一一世普證一切菩提道於此
一一菩提中普了三一切佛所説。
忠曰。禪林普説目。當援十定品為證。貴徑截
而易曉人耳矣。又大慧言。真淨和尚方有普
説。撿古宿錄中。真淨語錄。不載普説。

◉ 告香普説

普説。有告香者。
小補韻會號韻。告居號切。增韻啓也。又沃韻姑沃

切。增韻啓告也。爾雅請也。註云求請也。
正字通云。告古到切。音誥啓也。爾雅請也。
忠曰。今告香者。謂插香于師家請求普説。或啓
求開示之意也。韻會姑沃切正字通古到切
有啓也請也訓則二音相通。
漢書高帝紀註孟康曰。古者名吏休假曰告古
曰。告者。請謁之言。謂請休耳。
忠曰。今告香。請謁插香。求開示也。漢書注告音
如噑呼之噑。又音嗸。
雲章曰。告字上之告下音鄒。下之告上音嗀學
者就師家插香。以告之請法。則用嗀音師家順
學者之請。而説則用鄒音。日本禪林未曾行之。
忠曰。韻會毛氏曰。凡告命告假之告。止音去
聲。餘經史告示有音。合二韻通用。此云
章。何從得二音義別耶。蓋周禮大祝作六辭。
一曰告。上曰誥。此是文告之辭

也。雲章依二此妄說一至二今學徒傳二妄無辨一。

敕修清規告香云。每夏前告香新歸堂者推參頭

一人。維那和會定同衆。詣侍司稟云。新掛搭兄弟。

欲求和尚告香普說。敢煩侍者咨稟至　如住持允

從即退堂司出告香圖。其現詳彼

備用清規告香云。四月五日告香開示方來

校定清規云。夏前列於四月初五日已前看新掛

搭兄弟若干人。就中推二一人為參頭。

恣公清規云。或頭首中未告香者亦可為參頭、

北磵簡禪師語錄告香普說云。告香乃叢林盛禮前

叢未嘗遵行道。大德備。如慈明和尚且至二再至

三。然後受二南禪師告香。況非慈明乎。

舊說曰。夏前新掛搭人。請普說者。蓋列利宗師。

自證雖可無異。為人演法門風或不同。新到要

識之。或意在若說入做因緣。可以為榜樣焉。

叢林典故。

瑞溪夢語集云。即菴錄曰。告香普說叢林典故。

予謂。普說尋常可行之。告香普說行之不多。何

以知之。普說之盛。無如二大慧。然六十則內告香

唯一耳。大慧曰。一百年前。無普說。然則告香蓋

有普說以來。有此式也。大慧引經證普說字其

告香字亦可證。而未檢出矣。

入寺之初告香普說是又叢軌也。今畧錄。

敕修清規告香云。住持入院後人事定庫司備香。

首座領衆懇請為衆告香。然後開室。

大慧有告香普說在其普說第二卷。

偃溪聞禪師語錄靈隱告香普說云。叢林新人入門。

例有開室告香二事諸方臨夏告香一節不舉行

久矣。山僧明冒此來已及兩月泪泪人事日不暇

給向後入室之際。兩班單寮暨諸宿德不必訪及。

若是晚學有志慕道者。來自大方不妨商確。

清拙澄禪師語錄夏前告香普說云。諸方舊例今古

常儀入寺之初為衆普說近日堂中首座諸耆德

同上方丈堅請告香普說務欲復見古道顏色

● 開室

忠曰。開室即入室也。言開室。令衆入參也。猶如公
孫弘開東閣延賢人之開矣。
敕修清規云。住持入院後。爲衆告香。然後開室。
又入室云。過開室時。粥前侍者。令客頭行者。
僧堂前諸寮。掛入室牌。
偃溪錄新人入門。例有開室告香二事。
虛堂愚和尚錄靈隱立僧普說云。旦夕必爲諸公
開室相見。

● 入室

舊說曰。入室者。師家勘驗罷參的學者見解深淺。
敕其無底滯矣。
敕修清規入室云。入室者。乃師家勘辨學子策其
未至。攻其偏重。如烹金鍛銑汞不存。玉
人治玉砥礪盡廢。不拘昏曉不擇處所無時而行

之。故昔時拂子小香合常隨身。但開室三下鼓鳴即
趨入室。令持以三八入。備三攻事一也。又云。粥罷。下堂。客頭即
後擊鼓三下。住持至達磨前炷香。同侍者三拜入
據室坐。侍者問訊班。左立。行者問訊班。右立。頭首
頷衆。達磨前各炷香三拜聯接而至室前後至者。
依次炷香展拜接排而立。次第相還。不許攙先亂
序。侍者燒香問訊出。外揖首座入。先左足。仍以
左手上香。進前問訊。至禪椅右側立聽舉話。或下
語。或不下語。隨意過禪椅左問訊退步觸禮一拜。
舉左足出。揖次人入。一出一入。相向問訊聯接不
絕。又告香云。古法未預告香不許入室。
雲章曰。凡有入室。侍者以竹篦度與住持云。請
入室。是即天童如淨和尚之規也。
禪苑清規入室云。或分郭。或分簀。或隔日。或排
日。或早或晚。各逐住持人建立入室時到。侍者令
行者裝香。當面設三拜席。竟咨稟住持人。
如有指揮入室。則掛入室牌。或打鼓。或打板。或敲

入室牌警二集、大眾住持人坐、侍者方丈外東邊叉手、叉如眾稍集、排立定、或一行面東、或兩行相對。

侍者入方丈、當面問訊、轉身禪椅東邊香臺後面立。

先問訊、左手上香問訊、當面問訊、出於大眾前、問訊請入室、侍者歸寮入室、人略轉身問訊。

大眾依次第、叉手而進、不得接前、令眾動念於方丈門右邊入、先舉左足、當面問訊、轉身叉手禪椅西南角、問訊而立、叉先問訊、然後吐露消息、不得說話多時、亦不得說世諦閑話、久滯大眾吐露。

覺問訊、退當面禮拜、有盡一拜、有處三拜、面東轉身、叉乎從左邊出、先舉左足、所以避後來之人、免有兩擺出方丈外、望住持人問訊、乃去、大眾前又問訊、面出、或作兩行入室、入門便分南向東西次第。

覺侍者入室、仍捲席而退。

以表下敬二重人二之意上也、曉諭侍者、非緊急人客、要切事務、於入室時不得通報、仍令行者、不得出聲說話、敲磕喧。

校定清規云、入室之法、或三八日、或不定時節、鳴鼓三下、集眾、侍者預令行者、掛牌、住持於方丈內坐、侍者於室外東邊列、一行立、仍於室門限外設席。

眾人燒香、大展三拜、不問戒臘臔行而立於室外西邊、如頭首知事挿入不妨、餘人攙行、令人動念、侍者排稍定、侍者入室內、住持前問訊了、燒香復當面問訊、出室外二對入室上首人問訊、當先舉左足叉手進、住持前問訊、轉身於禪倚角西南。

舉左足叉手而立、住持舉話下語畢、復正面問訊、叉手從東邊出、亦先舉左足出門外席、內觸禮一拜而退。

據清規所載入室例、合燒香之法、初入方丈、當面問訊、轉身叉手於香倚南面、向住持問訊、右手上香、却當面問訊、方過禪倚西南角、擧話、今以滯時妨眾、故不燒香、就門外設席、一拜而退、亦。

號入室。又禪門規式云。除入室請益任學者勤

怠。或上或下。不拘常準。

廣燈錄。大陽堅禪師章云。在靈泉入室。靈泉問云。

儞從什麼處來。師云。僧堂裏來。泉云。儞爲什麼不

築著露柱。師於言下省悟。

松源嶽禪師錄云。上堂。舉馬大師入室罷。西堂百

丈南泉隨侍翫月。

已下略錄規矩入室者。

黃龍書尺答筠陽聖壽禪師書。題注云。來書勉夏

中。爲僧入室。

癡絕冲禪師雪峯錄云。上堂。舉善侍者。在大愚芝。

入室次。大愚趯出一隻履。善侍者退身而立云。

文字禪。泐潭準禪師行狀云。師槌拂之下。常三百

人。而宿戶外者。又百餘許。求入室就學師難之。

僧寶傳大鴻喆禪師傳云。遷住大鴻。衆二千指。無

所約束。人人自律。唯粥罷。受門弟子問道謂之入

恐妨衆。或行古法。燒香。亦在住持意。當於寢堂中。

或挂達磨頂相。設香燭供養。其住持當展拜了。方

歸室中坐。侍者隨住持後。入室弟子。次第入室。

前燒香一炷。設三拜。如前焉行而立。次第於像

備用清規入室云。開二大爐輔煖煉。方來。眞正舉揚。

克盡厥責曉昏不拘時也。近代三八。聊應故事。漸

寂無聞。可不痛心耶。又云。按大慧竹菴雲門議

遣敎頬謝證明令法久住。

集入室罷。住持復出達磨前炷香。大展九拜。仰遵

禪林寶訓云。萬菴曰。古人入室。先令掛牌。各人爲

生死事大踴躍來。求決擇。多見近時無問老病盡

令求納降款。有辭自然香。安用公界騙之。因此妄

生節目。賓主不安。主法者當思之。

已下略錄上古言入室者。恐非用今入室規者。

傳燈錄牛頭融禪師章云。命入室上首智巖付囑

法印令以次傳授。

又百丈海禪師章云。屬大寂

開化南康万頃心依附。與西堂智藏南泉普願同

室齋罷。必會大衆茶話。方終月一再而喆講之。無

虎曰。

大慧禮侍者斷七普說云。有時入室了。却上方丈。

見老和尚同在火爐頭坐。老和尚曰。或有簡禪和

子。得似老僧儞。又如何支遣。老漢曰。何幸如之。正

如東坡說作創子。得一箇肥漢。剗我却倒與老和

尚入室。被我拶得上壁。老和尚呵呵大笑。思量還

盡是宣揚第一義諦。

又大慧為蘇宜人普說云。馬祖百丈已前無入室

之說。要識真箇入室麼。尋常鐘鳴鼓響。鵲噪鴉鳴。

老和尚粉骨碎身。亦未能報得。老和尚國悟也。大慧自言。

大慧武庫云。師云。今時一般宗師。為人入室。三五

偏辨白他。不出却教他說悟處。更問儞見處如何。

學人云。某見處說不得。却云。儞說不得。我如何見。

得儞去。若恁麼地。如何為人。不見泉大道到慈明。

明云。片雲生谷口。遊人何處來。泉云。夜來何處火。

燒出古人墳。明云。未在更道。泉便作虎聲。明便打。

一坐具。泉推明向禪牀上明却作虎聲。泉云。我見

八十四八善知識師繼得臨濟宗風。看他恁麼

問答數句子。那裏便是見他處。須是如此始得。

隱元琦和尚錄。有入室。每人為雲一語勘挍其中

有居士二人侍者亦進。

已下略錄入室之後。行普説者。

破菴先禪師錄云。徑山西堂寮入室罷。眾請就座

普説。

雪巖欽禪師錄。有入室後普説。

大休念禪師壽福錄。有相模守殿府中入室陞座

永平元禪師曰。如淨和尚入室已前行普説。

已下畧錄日本國行入室者。

榮西興禪護國論云。入室謂過和尚開暇之日。建

立之此宗一大事也。

聖一國師年譜云。後宇多天皇建治元年乙亥。師

七十四歳。九月。藤丞相實經。洎其子家經季語官

從入山請師上堂。且復行入室禮。

約翁儉和尚塔銘序云。上船入山。請師為眾入室。

御龍床於籌室之左。顧謂侍臣曰。此叢林盛典也。

朕深敬悅。師後醍醐天皇也、時住南禪上、

大休念禪師壽福錄相模守府中入室。見前　又法

光寺百日陞座云。法光寺殿休沐之暇。會言話山知

識茶話。命僧入室下語。激揚宗旨。要使未信宗乘

者。知有自己一段大事因緣。

義堂日工集云。府君問。古人入室儀式如何。余答

曰。日本則吾先師住天龍時。有入室之儀近來不

聞行之。

入室有每三日行之者。

參云。死心和尚云叢林小參謂之家訓。莫是談玄

說妙。舉古明今。五日上堂三朝入室。瞹跳錯莫是行

須綾步語。要低聲殷淨律儀精持戒行瞹錯。

入室有隔日行之者。

云。柏山小小叢林安居九十日。五日不陞堂隔日

不入室。

日本入室不妨入觀臨中華亦有例。　東坡外紀

云。師民瞻詩注云。佛印禪師。法名了元。饒州人公

久。與之游。時住持潤州金山寺。公赴杭過潤爲留

數月。一日值師挂牌與弟子入室。公便服入方丈

見之。師云。內翰何來。此間無坐處。公戲云。暫借和

尚四大用作禪床。師曰。山僧有一轉語內翰言下

即答。當從所請。如稍涉擬議所係玉帶。解以鎮

山門。公許之。便解玉帶置几上。師云。山僧四大本

無五蘊非有。內翰欲於何處坐。公擬議未即答。師

急呼侍者云。收此玉帶永鎮山門。公笑而與之。師

遂取衲裙相報。因有二絕公次韻答之。其詩今譯　又見東

牧詩集

祖庭事苑云。入室參問。祖師傳云。五祖大師。至

夜密令侍者於碓坊召盧行者入室。遂傳衣法

又法華云。著如來衣入如來室。阿含經云。佛告

芯蒭。吾欲兩月宴坐汝等不須參問唯除送食

及灑地時。可至於此應知。佛祖當時有入室參

問之儀也。

舊說曰、大慧謂、馬祖百丈已前、無入室之說。止
此可知事苑所後、可證入室文字耳、其實非
甚。
今之所謂入室也。

○受牌
忠曰、立僧首座、奉堂頭、命、或普說或入室、堂頭先
令送某牌、立僧謹受之畢、或普說或入室。
虚堂和尚、靈隱立僧普說云、盍蒙堂頭舉衆俾山
野受牌、與兄弟舉話。此亦叢林任重之責既不敢
寧居恐旦夕必爲諸公開室相見。

○納牌
忠曰、立僧奉堂頭、命受入室牌爲衆開室畢、却納
其牌於方丈也。
虚堂和尚立僧納牌普說云、盍來至節任運久在
首座寮入室、殊覺不便、恐妨山門諸人次第方丈
納牌、既緣會許時、以道義故、遂舉些古人履踐處

以當末後殷勤第衰老出語太過望兄弟救之幸
甚。

○示衆
六祖法寶壇經云、師示衆云、善知識我此法門以
定慧爲本。此外理經示衆多
忠曰、諸錄示衆此爲最古也。

○垂示
忠曰、垂示、即示衆也。語見諸錄。
臨濟玄禪師錄云、第二代德山垂示云、道得也三
十棒道不得也三十棒。

○登座
勅修清規受請人陞座云、指座與法語。
忠曰、登座語、永與琛和尚爲始、鑑闕支。
傳燈錄福州遠華山永與琛和尚章云、問玉請師

開堂曰。未陞座。先於座前立云。大王大衆聽。已有
眞正舉揚也。此一會總是得聞。豈有不聞者。若有
不聞。彼此相覷去也。方乃登座。

●垂語

又是垂示也。
雪竇顯禪師錄云。雲門垂語云。十五日已前不問
汝。十五日已後道將一句來。自代云。日日是好日。
敕修清規受請人陞座云。指座有法語。登座垂語
問答。又開堂云。住持垂語問答。
忠曰。上堂垂語稱索話非也。見索話處。

●索話

校定清規。住持受請云。次索話問答提綱。
虛堂愚和尚育王錄云。師斂衣就座索話八天交
接。兩得相見。莫有不承言不滯句底麼。
備用清規云。古之學者。有疑未決。出衆請問宗

師答話。貴在解粘去縛。今之索話。已失古意。先
大慧潑非之。
清拙澄禪師錄圓覺前堂首座寮銘序云。古德
未說法已前。先垂語。令學者有疑請問以決
疑。一言之下。超越生死之岸。後來變其名曰索
話。此二字。已訛謬矣。

●索語

索話又曰索語。
敕修清規秉拂云。秉拂人索語問答了。提綱。
竺仙東度語建長寺結制秉拂垂語云。凡到者裏。
必須垂語。俗曰索語。去古既遠。源流益別。本其宗
猷。無有是處。雖然。者裏亦不妨。隨例顚倒。正恁麼
時。還有并却咽喉唇吻。出來。道得一句底麼。

●釣語

索話又曰釣語。或曰釣話。蓋釣學者問話之義。

禪林寶訓云。萬菴曰。古人上堂。先提大法綱要。審
問大衆。學者出來請益。途形問答。今人杜撰四句
落韻詩。喚作釣話。一人突出衆前。高吟古詩一聯。
喚作罵陣。俗惡可痛。前輩念生死事大。
對衆決疑。飢以發明未起生滅心也。

提綱

說法曰提綱。提起宗旨大綱。而說。又曰提要萬菴
曰。古人上堂。提起大法綱要。見語是也。
敕修清規開堂云。住持乗語。問答提綱。又見欲謝點
睦州蹤禪師錄云。問佛法大意。請師提綱。師云。拈
將來。與儞提綱。
廣燈錄汾州善昭禪師章云。師因北地寒。僧衆難。
立云。且住小參。候春暖。不經旬日。忽有一僧兩耳
帶環。手持金錫。來到方丈云。和尚何得住却小參。
衆中自有不憚寒暑爲佛法者。堂中見有六人是。
法器言訖而退。不知處所。師却小參。乃成一頌。胡

僧金錫光。請法照汾陽六八成大器。今我爲提綱。
又普安道禪師章。提綱。商量頌云。若欲正提綱。
直須大地荒。欲來衝雪刃。不免碎鋒鋩。又桃園
朗禪師章云。若是唱道門風權且強名若論祖宗
提綱直下難爲開口。
雪巖欽禪師錄。有乾會節提綱。
杜工部詩集。石犀行云。安得壯士提天綱。再平
水土犀奔茫。
已下略錄論提綱體裁。
忠曰。古德語錄。上堂提綱。有押韻。有不押韻。有
用偈頌其體不一定。本無挂唇齒法。何有拘章
句式舊說曰提綱拈提。不用押韻只據自家所
見。宣發道蘊滔滔地說將去爲妙。
大慧示鉽遠二禪人法語云。近世前輩老宿皆已
化去。正宗日益淡薄。叢林日益凋弊。邪法日益增
燄禪販之流。各各自謂得上人法。以無義語。綺飾
言詞。砌鬭排疊。裏襍佛祖。致乗累句。养出謂之秘

密心要魔魅凡庸幻惑無識稱有道之士者。如麻

似衆末世光明種子。未具擇法眼遭其邪毒入其

心腹者。不可勝數。致使後生晚學。隨例骨董臨濟

和尚曰。有一般禿兵向敎乘中取意度商量成於

句義。如把屎塊子口中含了。却吐與別人。嗚呼如

來正法眼藏達磨單傳之宗。如以一絲引千鈞之

石安得此老復出。爲後進錐膏肓而起廢疾乎。

淸拙澄禪師錄晚參云。只如馬祖百丈黃檗臨濟

德山雲門諸大老宿。不得已。爲人開口。莫不直截。

指示根源河傾海涌汗漫無際。又何會撰述言詞。

遂句下語。張王李趙爲人註解來。末代大法澆醨。

無此大模範大力量。弄出小巧禪道製作奇言妙

語讚花簇錦風月煙雲。對句押韻。如作詩一般。當

知此是做禪。非說禪也。說禪早是不中況禪可做

乎。使佛祖正法眼藏。流爲戲論法道下衰。莫甚乎

是。若是大丈夫漢。爭肯咿唔這般野狐涎唾。

竺仙仙禪師南禪錄。爲二品太夫人普說判玉泉

皓開堂兩言。君不見云。是又豈可乙與念語錄習答

問製造提綱。對以四六藻繪文詞以悅時流者。同

日語甲哉。

永覺錄言云。少室心印。豈落文彩。古人聊爲接引

之計始挂脣吻。然皆渾朴簡眞的示人。非誇會

逞能。外飾觀美而已也。後世即大不然。雕章琢句

讚花簇錦。極意變弄。各競新奇。豈獨淫巧之意乎

祝僧之本色。而理因辭晦。道以言喪。欲其一言半

句之下。觸發靈機。不亦難乎。

元叟端禪師錄答慈雲班長老書云。上堂提唱務

在單提簡事。開悟人天。前則馬祖百丈德山臨濟

後則大慧應菴。縱橫波辯。直達心源。得大自在無

出曹溪盧祖。皆可爲法。

● 自敍

忠曰。敍說自不才不德。常有謙遜之語。

大鑑淸規開堂云。垂語問答。提綱。自敍。敍謝

●敍謝

忠曰。敍謝，或爲二。所謂自敍，及謝語也。或爲一。如
此所引。及自敍處，謂敍臨筵，知識，兩序，侍者，單寮。
蒙堂等之德，而謝也。又名謝語。
敕修清規小參云。住持登座，提綱，敍謝。委曲詳盡。
又秉拂云。敍謝方丈。及南序，勤舊，諸宗大衆。
又云。近時敍謝，循邊繁贅使人厭聽。取誚識者。蓋
秉拂以法爲施。苟徇時譏。但總標名。或畧提過足
矣。

●結座

舊說曰。結座有二種。一舉古拈提，名結座，此是提
綱之後。有敍謝途以舉古結一會也。二提綱語尾。
直爲結座語。此是無敍謝拈古。故以此結說法也。
已下畧錄，舉古拈提，名結座者。

敕修清規小參云。提綱敍謝。委曲詳盡。然後舉古
結座。又受請陞座提綱，敍謝，結座。又
開堂祝壽云。住持垂語，問答，提綱，敍謝，結座。
大鑑清規云。提綱，自敍，敍謝，拈提結座。
已下畧錄提綱尾。有結座語者。
保寧勇禪師錄。在蔣山受疏上堂提綱畢。乃云。冶
鈍鎗枉用工，吹毛何必在磨礱。靈光昨夜輝牛
斗。坐致昇平宇宙中。久立此是結座語也。
北磵簡禪師淨慈錄。朝廷供羅漢慶雨澤火祈江。
結座有二句偈。
希臾曇禪師開善錄。郡王忌提綱畢云。結座親聞
彌勒下長汀。一字王曹奉化名輔國功成歸內院。
子孫恩被錦衣榮。
斷橋倫禪師國清錄入寺次日。爲太師越國公上
堂。提綱畢。結座有七言四句偈。
如淨和尚清凉錄入寺上堂提綱畢。結座云。復界
三聖道達人則便出出則不爲人與化道我逢人
則不出。出則便爲人。此兩則公案驗盡衲僧難爲

著眼、忽被我大檀越建康府主等開觀破舉似清
凉、可謂龍吟雲起虎嘯風生未免借尚書身孔為
衆林出氣、有箇口號舉似諸人、一舉首登龍虎榜。
太平親到鳳凰池、全生全殺超言象更透機先向
上機、此此結座舉古又有頌、
明極俊禪師建長錄入寺、上堂提綱舉結座云法
流東去覺花開浩劫之英道自西來憲辯瀉銀河
之碧發綱胃出珊瑚萬樹春、金鎚敲出鳳凰五色
髓、縱說橫說無是不是三世諸佛沒筭、六代祖師
底堆塵起。
沒筭天下老和尚沒筭、須彌峰頂浪滔天大洋海
宗峰超禪師大德錄入寺、上堂提綱後復云昔日
世尊云、此此結座也。
無學元禪師錄長樂慶讚普說終有結座。五言長
已下畧錄普說小參之結座。
中巖月禪師建長錄入寺、當晚小參提綱後結座
篇偈一

云、生緣拋離十三籠威加海內歸故鄉溪谷山川
總依舊殿堂樓閣轉昌昌久立。

● 拈提
拈弄古則也。
大鑑清規云、拈提結座。見三結座處一

● 拈古
碧巖錄第三十九則云、僧問二雲門、如何是清淨法
身門云、花藥欄、僧云、便恁麼去時如何門云、金毛
獅子、雪竇頌云、花藥欄莫顓頇星在秤兮不在盤
便恁麼太無端、金毛獅子大家看。圓悟評云、雪
竇相席打令、動絲別曲一句一句判將去、此一頌
不異拈古之格。
東山外集法語云、建祖禪人問東山拈古、山曰、拈
古之法、無他、只要眼正有出古人手段若只到古

人田地亦動他底不得。先德雖謂之公案。欲内後人

就其節文輕重。而斷之使合其宜。然亦不只於此。

汝不見世間造泥孩兒乎。或捏聚聲碎或擊碎捏

聚爲之心肝五臟爲之眼耳鼻舌衣服鮮明機關

動轉見者隨其好醜愛惡而形之語言造之者方

且袖手仰視。而不知其爲泥孩兒矣若能如是乃

可於古人公案中出一隻手若見他心肝五臟不

得捏聚聲碎他底不破。切不可勤著然則東山此

語。不獨施之於拈古會麼祖佇思東山曰我與麼

弄泥圑也不會乃喝出去。

⊙ 代語

忠曰。代語有二種。一代現前衆。謂師家垂語。令衆

下語不契則自下語。代衆。此是代語。可通別語名。

雲門錄多代語。蓋宗門代別。雲門爲始。爲二代古

人。謂舉古則而他古人無語處。我代他下語。

碧巖錄云。雲門垂語云。人人盡有光明在看時不

見暗昏昏。作麼生是諸人光明。自代云。廚庫三門。

又云。好事不如無。

又云。尋常代語只一句。爲什

麼這裏却兩句。前頭一句。爲儞略開一線路。教儞

見。若是箇漢。聞擧著。別起便行。他怕人滯在此。

又云。好事不如無。依前與儞掃却。

大慧爲永大師普說云。近世爲宗師者。老婆心切

爲人代語。這箇最敎壞人家男女。未說別人。如死

心和尚。也有這箇病痛有箇宜大頭是靈源禪子

來。雲岩掛搭。死心要。請充維那。宜不肯。死心云。儞

與我做維那。待老僧非時入室。爲儞入室。宜乃受之。其

時參靈源底兄弟。多不肯死心。一日宜以職事當

稟方丈上去。見死心心錯認他來入室。叫行者裝

香。宜郎忙退身借香匣坐具去燒香禮拜了。倒問

死心守宜非時上來。請和尚答話。心云。恰值死心

不在。宜云。何得當面諱却。心云。不好儞作老僧。我

却答儞。宜便云。恰値死心不在。心云。謝答話可知

是難得人。死殺那漢。如此尊宿自與人代語。敎

學者自道始得。常記山僧在夷門一日送亡僧老

和尚問亡僧遷化。向甚麼處去。山僧答一轉語老

和尚云。儞這語只道得八成儞問我。與儞道。山僧

掩耳云。莫惡口。老和尚呵呵大笑。這老子古錐有

代語。山僧每見他掛牌。愛去外頭聽。一日又要爲

入室中見禪和子下得語不是。忍俊不禁。也爲他

入代語。望見山僧乃云。風漢在外面壁聽。逐道休。山

僧在雲居秉拂會舉有一僧辭覆船去見雪峯。

問近離甚處。僧云。覆船。峯云。生死海未渡。爲甚麼

覆却船。僧無語。却回。擧似覆船。船云。何不道渠無

生死。其僧歡喜。復往雪峯。僧問這道得也。未僧

道得峯云。試道看。僧云渠無生死。只見雪峯從禪

床上走下來。把住這僧云此不是汝語。僧云不敢。

寶是覆船怎麼道。峯云。我有二十棒打覆船。二十

棒老僧自喫。不干闍梨事。妙喜云是。即是。不干這

僧事。二十棒雪峯何須自喫。當時杲上座添作四

十。只打覆船爲甚麼。如此老老大大。不合與人代

語老和尚聞而笑曰。這漢無狀。蓋師資相忘。敢爾。

所謂代語。只成教壞他於他何益。

● **别語**

舉古則中。雖他古人有語我復別下一轉語。謂之

別語見於諸錄。與代語不同。

● **揀話**

五位顯訣中。有別揀語是也。

傳燈錄瑞鹿先禪師章云。師有時云。大凡參學佛

法。未必學問話是參學。未必學揀話是參學。未必

學代語是參學。未必學別語是參學。未必學捺破

經論中奇特言語是參學。未必學捺破諸祖師奇特

言語是參學。若也於如是等參學。任儞七通八達

於佛法中儻無箇實見處。喚作乾慧之徒。

● **對機**

忠曰師家答學者問也。見二參請門問答處一。

⊗ 乘拂

敕修清規。四節秉拂詳錄。

乘拂五頭首見一驗位門一。

⊗ 分座

敕修清規云。前堂首座。表二率叢林一人天眼目分座
說法。開證後昆。

分座本迦葉錄一。中本起經云。世尊。在二舍衛國
祇樹給孤獨園一爲二衆說一法。天龍鬼神四輩弟子。
嚴整具足。於二時摩訶迦葉一重二髮弊衣而來詣一佛。
世尊遙見歎言。善來迦葉豫分二半床命令就坐一。
迦葉進前頭面作禮退跪自陳曰。余是如來末
行弟子。願命分一座。不敢承旨。大衆僉念此老道
士。有何異德。乃令二世尊分二座命之一。此人俊乂唯
佛明焉。於是如來察二衆所一念。欲二決所疑廣論迦

葉大行齊聖。

書記有二分座者一。大慧年譜云。圓悟著二臨濟正宗
記一。以付レ之。俾二掌記室分座訓一徒。師乃握二竹篦爲一應
機之器一。

⊗ 茶話

永覺晚錄。有二晚間師學問答。次師說法。名曰茶話一。

⊗ 夜話

佛通寺愚中和尚會二裏道話一曰夜話。見二軌門陪
禪處一。

⊗ 佛事

忠曰禪林凡託二事。開示二佛法一謂之佛事。文字出淨
名經一。復次反二魔事一故謂之佛事。見二放光說一。凡開光。
安座。拈香。入牌。起龕。秉炬等。無レ不二稱佛事一。
維摩經菩薩行品云。阿難白佛言。未曾有也。世尊。

如此香飯能作佛事佛言。如是如是。阿難。或有佛
土以佛光明而作佛事。有以諸菩薩而作佛事。有
以佛所化人而作佛事。有以菩提樹而作佛事。有
以佛衣服臥具而作佛事。有以飯食而作佛事。有
以園林臺觀而作佛事。有以三十二相八十隨形
好而作佛事。有以佛身而作佛事。有以虛空而作
佛事。眾生應以此緣得入律行。有以夢幻影響鏡
中像水中月。熱時炎。如是等諭而作佛事。有以音
聲語言文字而作佛事。或有清淨佛土寂寞無言。
無說無示。無識無作無為。而作佛事。如是阿難。諸
佛威儀進止諸所施為無非佛事。阿難。有此四魔
八萬四千諸煩惱門。而諸眾生為之疲勞。諸佛即
以此法。而作佛事。是名入一切諸佛法門。註發
曰。佛事者。以有益為事耳。如來進止舉動威儀俯
仰乃至動足。未曾無益。所以諸所作為。無非佛事
放光般若經不和合品說魔事畢云。若有是善男
子善女人。菩持諷誦般若波羅蜜者便具足五波

羅蜜及薩云若已當知是為佛事。

● 立地

忠曰。佛事名立地。蓋語不多。故立地而成也。
虎關錬禪師十禪支錄序云。師關戌曰予考訂古今
禪冊備十門。一日開堂。二日上堂。三日小參附陞
座。四日拈提。五日普說。六日法語。七日對機。八日
立地。九日偈贊。十日秉拂。

● 拈香

舊說曰。拈燒義也。凡佛祖等前燒香者。皆是拈香也。
敕修清規入院云。到佛殿拈香有法語。此又開堂。
為主臣檀越嗣法師拈香是也今以拈香為佛事
名。備用清規達磨忌云。住持拈舉拈香佛事此是也。
又舊說曰陞座。如諷經拈香佛事。猶如願文也。又
猶如諸經之流通分也。
海藏紀年錄云。康永三年。師六十七歲。六月。武州

刺史高師直遇亡父六七日忌。因金吾衛長史平

氏明。勸師為其拈香。師諱氏明曰拈香。蓋有叢規。

非可常用者。古德未及此。老僧在衆也。竊哂據

師位者。忽遺往哲遠業。以習近圖者。往既獲

武州之須於府命軍將。今烏可失先拒于此邪君

善為我辭焉。氏明曰祖佛出與。隨機赴感。何常之

有。師曰。噫。蕩然無反吾誰與歸。使者三反。師終不

可。識者尚其節義也。

忠曰。拈香。蓋有叢規者。蓋為佛祖拈香。不待言

之。其為居家者。如建寺檀主德業稍大則入院

人為之拈香矣。以習近圖者。曰本國俗薦亡靈

忌辰請拈香佛事。師僧為之屬四六文廣讚亡

靈事業。其間非無虛褒。或以香直供靈則其德

難當。故說道檀家借手山僧供養十方三世佛

祖。大小神祇等。回此功德莊嚴亡者報土。此殷

古德未曾為之。蓋虎關之所惡。在于此又如寧

兀菴為尤木石拈香。直供其靈木石參禪徹悟

人應供無愧不可以為例矣。

● 小拈香

舊說曰。凡陞座已前。有甲長老。拈香。此為大拈香。

大拈香畢。次乙長老出拈香。此拈香名脚踏佛事。

拈香畢。乙長老陞座者。無大拈香人。則長老直出

拈香。轉身陞座。則此拈香。為小拈香。

東漸清規臨時行事陞座云。如本寺開山。或本山

前住諱日。當代住持升座。或就本菴安排若法堂

鋪設掛眞於座上。對靈而設座。至施主守塔比丘。

出衆眞前燒香。請佛事。受請人出燒香。先住持前

問訊。又至證明人前問訊巡。與大衆普同問訊。舉

法語畢。住持前問訊歸位。又施主如前。請住持佛

事。受畢。離位進爐燒香。徑往證明人前巡問訊。纔

直頭首背面透過。次普同問訊據座。兩班轉位排

立法座左邊頭首。住持方為上。右邊知事排立侍

者後至立住持先小拈香之。或云、若無拈香人則

脚踏佛事畢趺座。已下習同、與二
踏佛事。畢趺座。已下習同、與二

脚踏佛事

見小拈香處。

慶懺

禪苑淸規看藏經云。如施主。於看經了日設齋供。
慶懺更須讀。

應菴華禪師錄云。檀起張子明。裝佛竟慶懺。請小參。

如淨和尚錄云。新起妙嚴慶懺陞座。

忠曰。碧巖錄云。長慶云。大似因齋慶讚。此即作
讚。恐作懺者訛。然諸錄多作懺。

開光明

忠曰。凡新造佛祖神天像者。請宗師家。立地數語。
作筆點勢。直點開他金剛正眼。此爲開眼佛事。又
名開光明。

大慧杲禪師錄云。江給事請開佛光明。師執筆云。
敎中道淸淨慈門刹塵敷。共生如來一妙相。一一
諸相莫不然。是故見者無厭足。又道如來眼有大
人相。名自在普見雲。以衆妙寶。而爲莊嚴摩尼寶
光。淸淨瑩徹普見二切皆無障礙。既然如是。爲甚
麼却要他人點眼。還有道得底麼。若也道得。非獨
爲黃面老子出氣。亦使徧法界衆生。悉沾利益若
道不得。聽取一頌。擧頭見。明星現。因茲眼病見
空華。遂以筆點云。今日遠離舊光彩。碧眸爛爛照
塵沙。

應菴華禪師錄希更曇禪師錄已下。不遑枚擧。

敎家開眼法。景谷語燈錄云。問佛之開眼。及
供養。答開眼者。本是佛匠雕開眼。是事開眼。次
僧家誦佛眼真言而開眼。誦大日真言而成就
佛一切功德。此謂開眼也。供養者。持香華燈明。
及珍寶等奉上佛。此謂供養也。

◎安座

忠曰。不拘新像古像。凡奉之安殿內時。請宗師家。
立地數語。此謂安座佛事。或有新像未點眼則點
眼安座。一時請之。語中自具兩意者。或有雖一時
請之。點眼安座。各別請二師者。如曰工
大川濟禪師大慈錄云。門前七塔堅崒主造石佛。
請師奉安云。一二三四五六七。古佛不會過去七
六五四三二一。妙轉如是法輪庵主向崖崩石裂
處領話三十二相八十種好。一時出醜。直得西風
陣陣高秋雨番番急塔戶鎮長開無出亦無入。且
道毘婆尸佛之前釋迦文佛之後還有箇消息
麼。彈指一下。庵毘盧枳帝聿訶。

◎鳴鐘佛事

虛堂愚和尚錄鳴鐘佛事云。燕金鍊玉煅聖鎔凡。
不假鉗錘便成大器。籍清月皎。登圓通三昧之門。

雲淡天低。破勞生昏迷之夢。壽同空有。永鎮化城。
最初一椎。如何話會。聲鐘一下云。劫石有銷日洪
音無盡時。

◎行新橋佛事

無門開和尚錄請行新橋佛事云。雲根架就笑談
中。凡聖如今一路通。箇箇腳跟親踏著人人足下
起。清風不似天台滑石牛蠔牛鱠勝如趙州略約
度。馬度驢。雖然欲行千里要知一步為初從茲不
用頻題柱。來往都乘闘馬車。

第十二類 參請門

◎請益

傳燈錄禪門規式云。除入室請益任學者勤怠。或
上或下。不拘常準。

敕修清規請益云。凡欲請益者。先稟侍者。通覆住
持。乃如允所請。定鐘後。詣侍司候。方丈秉燭裝香
侍者引入住持前問訊。插香。大展九拜。謂之謝因緣。
立。諦聽垂誨。畢進前插香。大展九拜。謂之謝因緣。
免則觸禮次詣侍司致謝。

論語子路篇云。子路問政。子曰。先之勞之請益。
曰無倦。　疏。請益者。子路嫌其少。故更請益之。
禮記曲禮云。侍坐於先生先生問焉終則對請
業則起。請益則起。　註算師重道也。起若今摳
衣前請也。益謂受說不了。欲師更明說之。引論二
忠曰有所已與更復請餘分言請益禪家借
儒典字以命入室請法也。

碧巖錄云久參先德有見而未透透而未明謂之
請益若是見得透請益却要語句上周旋無有疑
滯久參請益與賊過梯其實此事不在言句上。
又雲門倒一說話評云這僧不妨是箇作家解恁
麼問頭邊謂之請益。

僧寶傳佛印元禪師傳云嘗謂眾曰昔雲門說法
如雲雨絕不喜人記錄其語見必罵逐曰汝口不
用反記吾語異時裨販我去今室中對機錄若香
林明數以紙為衣隨所聞即書之後世學者漁獵
文字語言正如吹網欲滿非愚即狂時江浙叢林。
尚以文字語為禪謂之請益故元以是諷之。
祖庭事苑法英序云睦菴卿上人曰輯游叢林竊
見大宗師陞堂入室之外復許學者記誦所聞雲
門雪竇諸家禪錄出眾舉之而為演說其緣謂之
請益。
忠曰此是江浙叢林所謂請益也。

聯燈會要洞山价禪師章云師問忠國師無情
說法後到溈山溈云我這裡也有些子便以拂
子點一點師辭溈山直造雲嚴請益前話嚴云。
不見。彌陀經云。水鳥樹林。悉皆念佛念法。師因
有省。

八方珠玉集云。金峯和尚上堂。至晚。有僧請益
云。和尚今日垂語。有僧出問。為什麼不答。峯云。

大似失錢遭罪。

雪巖欽禪師錄普說云。移單過淨慈掛搭懷香
詣方丈請益。

○謝因緣

見請益處。

忠曰。因緣者。佛祖差別因緣也。師家爲學者說之。
睦菴所謂。爲演說其緣者。(詳請益處)學者聽畢謝之故
言謝因緣。

雪巖欽禪師錄普說云。尋常請益。末上有一炷香
國三拜謂之謝因緣。

○代衆請法

敕修清規聖節上堂云。侍者登座。左手上香轉身
提坐具問訊謂之代衆請法。

竺仙仙禪師錄示燒香侍者法語云。海印提藏主。
是莫不即爲或拈拂子。或拄杖等。并口唠舌沸。無
量作用其猶描盡虛空也。　又送輝藏主偈云。如
來大藏敎演出復演入。光明一照中眨眼覷不及。
手操烏號弓射落日與月。拾得兔角杖。撥出火中
雪由是與我左手燒香轉身問訊八萬高人似鶻
立三千刹界如雷震相別如九州寫作贈行句他
日再相逢清風動寰宇。　(盂輝侍　于燒香)
爲吾侍者數以左手代爲大衆燒香請吾說法於
大家驗看。

○問話

傳燈錄瑞鹿先禪師章云。師云。大凡參學佛法。未
必學問話是參學。(詳揀話處)

廣燈錄寶覺禪師章云。師云。今時師僧問話。印
本打就。箇箇一般。未有一箇本分問話者。看他茱
萸和尚上堂道。汝諸人。莫向虛空裏釘橛有僧便
出來道虛空是橛。茱萸便棒且道者僧出來恁麼
道其眼。不具眼。茱萸當時便棒。且道打他什麼處。

緇門警訓。佛眼遠禪師。誠問話云。近代問話。多招
譏謗。蓋緣不知神問。致疑杳請之意。後生相承。多
用祝贊順時語。並非宗乘中建立。如古人問若爲
得出三界去。又問。聲色如何透得。又問此間宗乘。
和尚如何言論。並是出衆當塲決擇。近時兄弟進
十轉五轉沒巴鼻語。或奉在座官員。或莊嚴修設
檀信俱不是衲僧家氣味。又抽身出衆。便道云云。
或時云。某甲則不恁麼道。又云。和尚何不道云云。
夫問話者激揚玄極也。不在多進語三兩轉而已。
貴得生人信不至流蕩取笑俗子也。
又見職位門禪客處。

●問答

忠曰。學問師答謂之問答。若唯屬師家邊則謂之
對機也。

緇門警訓。佛眼遠禪師。示禪人心要云。近世多以
問答為禪家家風。不明古人事。一向逐末不反。可
怪可怪。昔人因迷而問。故問處求證入。得一言半
句。將爲事究明。令徹去不似如今人胡亂問。趁口
答。取笑達者。

續燈錄崇福祖印禪師章云。師云。問在答處。答
在問宗。一任諸人點頭。忽若問不在答處。答不
在問宗。又且作麼生摸搏。乃展手云。無遺絲髮。
一時分付。請諸人各各子細觀瞻。甚生門風。甚
生標格懞。一念回光。千聖共徹。不歷僧祇。豈勞
修證。截生死河。踞祖佛位。便乃高超三界。永出
四流。萬德圓明。十方獨步。可不同酬佛恩共顯
王化。

●問禪

見職位門禪客處。

●出陣　入陣

入鑑小清規秉拂云。問話禪客。始謂出陣。終謂入

陣。此皆訛謬。古人胸中。疑情未泯。出來對衆決擇。

安有出陣入陣之意。可削除之。古來雖有法戰之

語。不專在禪客分上。

楊岐會和尚錄云。一日七人新到。師問陣勢既圓。

作家戰將何不出陣。與楊岐相見云云。又曰。一日

八人新到。師問一字陣圓作家戰將何不出陣。與

楊岐相見。僧云。和尚照顧話頭。師云。楊岐今日抱

馬拖旗去也。僧云。新戒打退鼓。師云。道僧擬議。師

云。道僧撫掌一下。師云。謝上座答話。僧無語。師云。

將頭不猛累及三軍。且坐喫茶。

● 出衆 入衆

忠曰。出陣入陣。大籖已呵之。則須言出衆入衆也。

● 下語

敕修清規告香云。參頭通椅側問訊。禀云。某等爲

生死事大。無常迅速。伏望和尚慈悲。開示因緣住

持舉話三則。隨下語。

忠曰。葢住持自下語。示學徒也。

敕修清規。下遺書云。專使進前問訊。云。請和尚跋

坐若住持垂語。須下語。插香展禮。

傳燈錄。洞山价禪師章。師垂語曰。直道本來

無一物。猶未消得他衣鉢。這裏合下得一轉語。

且道下得什麼語有一上座下語九十六轉。不

愜師意。末後一轉始可師意。師曰。闍黎何不早

恁麼道有一僧聞請舉。如是三年。執侍巾瓶終

不爲舉。因有疾。其僧曰。某甲三年。請舉前

話。不蒙慈悲善取。不得惡取。遂持刀。向之曰。若

不爲某甲舉。即便殺上座也。上座悚然曰。闍黎

且待。我爲汝舉。乃曰。直饒將來。亦無處著其僧

禮謝。

續傳燈錄。大慧杲禪師章云。勤圜悟舉。僧問雲門。

如何是諸佛出身處。答云。東山水上行。令師下

語。師參及一年。凡下四十九轉語皆不契。一日

勤赴二達官宅陞座舉二東山水上行-若レ是天寒
即不レ然若有レ人問如何是諸佛出身處只向道
薫風自南來殿閣生微凉師聞舉豁然省悟
癡絶冲禪師録先木石序云癡絶師得處超軼
用處灑落故平生室中不レ許レ人下語專以此著
羅龍打鳳而學者鮮能湊泊

○斷禪

忠曰問答挨拶謂レ之二斷禪一斷相也
餘冬序録云唐人詩中字音有下以十讀如二諿諿一相
讀如厮如下恰似二春風相欺得一如何不二相離等一句
者思必切

老學菴筆記云世多言白樂天用二相字一多從レ俗
語作二思必切一如レ問長安月如何不二相離一是也
然北人大抵以二相字一作レ入聲至レ今猶然不二獨樂
天老杜云恰似二春風相欺得一夜來吹二折數枝花一
亦從二入聲讀一万不レ失レ律俗謂二南人一入二京師一教レ北

語過二相藍一報讀一其牓曰大斷國寺傳以爲笑
大慧答二張提刑書一云將二心意識記取遮說底
却去勘二人一一句來一句去謂レ之二斷禪一末後我多一
句倆無語時便是我得便宜了也
大慧爲永大師普說云眞淨和尚愛與學者斷禪
或問監寺近日如何或問首座近日作麼生或
潙山水牯牛倆如何會學者便答一句看來又似
好又似不好何故經三寫烏焉成馬引得後來
叢林有二一般兄弟一專以二斷禪爲事一不レ管道理是
不是末後多二一句一便是贏得禪

○行脚

釋氏要覽云遊行人間今稱二行脚一未見其典所奈
耶律云如世尊言二五法成就五夏已滿得離依止
遊行人間五法者一識レ犯二識レ非犯三識レ輕四識
重五於二別解脫經一善知通塞能誦即戒本也
祖庭事苑云行脚者謂遠離二鄉曲一脚行二天下一脱情

禪林象器箋　第十二類　參請門

捐累、尋訪師友、求法證悟也。所以學無常師、徧歷
為尚。善財南求、常啼東請。蓋先聖之求法也。永嘉
所謂、游江海、涉山川、尋師訪道為參禪、豈不然耶。
中阿含帝釋偈云。我正恭敬彼。能出非家者、曰任
高僧慧乘事祖強為師。年十六、啟強曰、離家千里。又
游諸方、不計其行止往則無所求、唯無為樂、又
猺名在家沙門、請遠游都邑以廣見聞、強廼從之。
夫是行脚之利豈不博哉。

村寺清規云、從上出家、參學之士、未有不發足超
方千里求師著、故永嘉云、遊江海、涉山川、尋師訪
道為參禪。大慧師喜離得業偈曰。古佛放光留不
住、鐵牛無脚也須行。雖、未踏曹溪路。且喜今朝
離火坑。古人既如是、今可不然耶。

趙州諗禪師錄云。師初隨本師行脚。到南泉、乃其
後自煆遊錫、過歷諸方、常自謂曰。七歲童兒勝我
者、我即問伊。百歲老翁不及我者、我即教他。年至
八十方住趙州城東觀音院。

忠曰、從諗自盛年行脚、到八十歲、初住院、此謂
趙州八十行脚。世誤言八十歲、而行脚者、非也。

廣燈錄與化獎禪師章云。常云、我南方行脚、一帀
挂杖、不曾撥著一箇會佛法底人。
三十年、定乘馬行脚法。雲秀禪師聞包腰至著、色
林間錄云。雲峯悅禪師見僧荷籠至、則曰、未也、更
動顔面彼存心於叢林豈淺淺哉。

叢林盛事云。密菴傑禪師初出嶺。至婺州智者、有
老宿問曰。上座此行何處去。曰、四明育王見佛智
和尚去。老宿云、世衰道喪、後生家行脚、例帶耳不
帶眼。傑曰、何謂也。老宿云。今育王一千來衆長老
日逐接陪不暇。豈有工夫著寶與汝輩發機。傑下
涙曰。若、如此、某、今往何處宿去。此去衢州明果有
華嚴頭。雖後生、見識超卓、汝、宜見之。傑依教往明
果依之。

慈受深禪師示小師行脚語云。前輩打包意在
省緣、無冗細、無玩好。如德山挾複子到大潙定也。

今人打包即不惹塵埃鉢盂以梅花衲作袋祠部用
古蜀錦爲襄淨瓶交枕總要光鮮拄杖戒刀莫非
濟楚笠頂上閑文潑字須及數斤線貼裏碇樣針
脫洒補僧必不如是草草地挈箇包子卓卓地做
筒看一擔只要別人道好忘却自己辛勤若是
箇道人直似野鶴孤雲切忌無繩自縛汝等更聽
一偈古人只著兩枚針夏葛冬裘逐旋尋汝輩盤
年脚力健好攜複子歷叢林

汾陽昭禪師錄行脚歌云發志辭親意欲何能投
佛出家異俗專心慕法爲僧既得尸羅具備又能
法服落身父母不供甘旨王侯不侍不臣潔白修
持如氷似玉不名不利去垢去塵受人天之瞻敬
專精何行即能消唯有參尋別無路若身心歷山
承釋楚之恭勤付惠業最承處將何報答爲門戶

投針須鍛鍊驅顯正自應知勿使身心有散亂
道難行塵易漫頭頭物物須明見區區役役走東
西今古看來忙無限我今行勤自辦莫敎失却來
時伴舉足動步要分明切忌殺他虛使喚入叢林
行大道不著世間虛浩浩堅求至理不辭勞剗去
繁華休作造百衲衣雲水襖萬事無心離煩惱千
殺巧妙不施功直出輪廻生死道勤同袍求正見
莫似愚夫頻改變投嚴立雪猛身心方得法王常
照現愚請益勤恭敬速不美榮華不怕辱直敎見
未安然不羨榮華不怕辱直敎見性不從他自家
解唱還鄉曲度平生寶安樂蕩蕩縱橫無依托四
方八面應機緣萬象森羅任寬廓報四恩拔三有
問答隨機易開口五湖四海乍相逢一聲雷音起
子孔悠悠自在樂腾腾大地乾坤無過咎分明報
爾水雲僧記取面南看北斗

領衆行脚　碧巖錄第七則評云韶國師久依疏
山自謂得旨乃集疏山平生文字頂相領衆行脚
伏龍鬼鐵錫飛銅鉼滿不問世間長與短叢林道
水白眉作伴爲參禮胃雲衡霜不避寒渡水穿雲
侶要高旱四句百非一齊翦探玄機明道眼入室

至法眼會下。他亦不去入室。只令參徒隨衆入室。

● 偏參

五燈會元。臨濟聖賢云。善財參五十三員善知識。
未後到彌勒閣前見樓閣門閉瞻仰讚歎見彌勒
從別處來。善財作禮曰。願樓閣門開。令我得入。彌
時彌勒至善財前彈指一聲。樓閣門開。善財入巳。
閣門即閉。

大隋真和尚録云。祇如老僧行脚時不揀叢林有
供養無供養處。祇要看他眼目稍似根性有些些
器量方欲過一夏或一冬。若是根性鄙劣者三朝
兩日。便行。算來參六十餘員。大知識有大眼目者。
邪無一二餘者豈有真實知見。祇是圖備諸人供
養欲呈福報。備又有什麼福報與伊。

傳燈録。玄沙備禪師章云。雪峯召曰。備頭陀何不
徧參去。師曰。達磨不來東土。二祖不往西天。

僧寶傳。汾州昭禪師傳云。剃髮受具。杖策游方所

至少留。不喜親覽。或譏其不韻。昭嘆之曰。是何言
之陋哉。從上先德。行脚。正以聖心未通。驅馳決擇
耳。不緣山水也。昭歷諸方見老宿者。七十有一人。

傳燈録。龍會道尋偏參三昧歌云。天涯海角參知
識。徧咨請。惠我全提力。師乃呵余退步追省貌爾。
從茲息。觀諸方盡帶直。善財得處難藏匿棒頭喝
下露幽奇縱去奪來看殊特逈州關雲嶺陟築壘。
峯前驗虛實據證靈由闢高機橫揮祖刃開三城。
卷舒重重就可委休呈識意謾猶孺衲子攢眉碧。
眼嗔。黃河倒逆崑崙黃鴻山牛道吾唱馬師奮迅。
呈圓相。執水投針作後規把鏡持旛看先匠廣陵。
歌誰繼纔唱擬綾宮商調難況。石人慍色下鞭撻木。
馬奔嘶梵天上麗水金藍田玉祝融峯攢湘浪蹙。
滿月澄谿松韻清雲從龍騰好觀矚。

● 辨道

修行ヲ曰辨道ト

敕修清規侍者進退云。舊侍者咨稟云。某等久侍ス
和尚。今欲告退隨衆辨道ト伏望慈悲悲

雲嚴欽禪師錄普說云。修兄問我。在這裏作甚麼
對他道。辨道他云。偹喚甚麼作道途不能對

永平清規有辨道法章。又典座教訓章云。嘉定
十六年癸未五月。在慶元舶裏。有一老僧來問和
客討買倭椹山僧請他喫茶僧云。吾是西蜀人離
鄉四十年。今年六十一歲。充阿育王山典座明日。
五日一供渾無好喫要做麵汁未有椹在仍特特
來討椹欲供養十方雲衲山僧話次問座尊年何
不坐禪辨道看古人話頭煩充典座只管作務有
甚好專座大笑云。外國好人未了得辨道未知得
文字在。山僧驚且慚便問。如何是文字。如何是辨
道座云。若不蹉過問處豈非其人座。山僧不會座
云。他時後日。來育王與汝商量。便起去。七月山僧
掛錫天童典座忽來相見山僧喜踊說出前日未

了因緣座云學文字者。要知文字所由。務辨道者。
要會辨道所由山僧問他。如何是文字座云。一二
三四五又問如何是辨道座云偏界不曾藏。

● **罷參**

了畢大事罷休參禪也。
傳燈錄京兆草堂和尚章云。自罷參大寂遊至
海昌。又鏡清怤禪師章云。師罷參受請止越州
鏡清禪苑唱雪峯之旨。
虎堂愚和尚錄普說云。則監院謂法即曰某甲曾
見青峯和尚得箇安樂法門所以罷參

● **嗣法**

祖庭事苑云。嗣音寺從口以言傳從冊以書記記
而主之必有傳嗣者矣。宗門之嗣法獨諸侯之嗣
國也。
雲外岫禪師嗣法論云。參禪學道貴在平績佛祖

慧命、非繼身之事也。余嘗曰、嗣其法者、有三。上士
嗣怨。中士嗣恩。下士嗣勢。嗣怨者、在怨。嗣恩者、在
恩。嗣勢者、在勢。在己、在道者、如大火真金、在人者、如三歲
寒松柏。在己者、如春風楊柳。立志有殊、真僞不等。
古今叢林、皆有之。余作此論、自愧學陋才譾不敢。
褒貶是非、明人之功過後、必有班陽史筆、作春秋
者、詳而補之。延祐己未夏、爲與書記。

班陽史筆、本錄陽作楊

第十三類 執務門

輪番

羅湖野錄云。雁山能仁元禪師居連江縣福嚴菴。
揭偈於伽藍祠曰。小菴小舍小叢林。土地何須八
九人。若解輪番來打供。免敎碎作一堆塵。
證法錄樸隱禪師塔銘序云。皇明龍興詔天下名
桑門。延會鐘阜升濟幽靈輪番說戒。

宋史兵志云。槍手。自十一月至二月月輪一番。
閱習。凡三日一試。擇其技優者先遣之。
輟耕錄云。汴梁宮人絕句曰。殿前輪直罷偷去
賭金釵怕見黃昏月。殷勤上玉階

直堂

直僧堂也。
勅修清規坐禪云。堂中有直堂牌刻云。輪次直堂。
周而復始。又見守寮處

守寮

忠曰。看守衆寮也。又曰看寮。
勅修清規普請云。除守寮直堂老病外並宜齊赴

直浴

勅修清規普請云。除守寮直堂老病外並宜齊赴
勅修清規知浴云。參頭差行者直浴。

僉疏

◉ 僉狀

忠曰。僉作僉。爲正。僉書姓名也。見僉押處。

敕修淸規聖節云。維那用黃紙書疏。常行僕捧盤。

敕修淸規議舉住持云。兩序勤舊列名僉狀保申
所司請之。

疏中及可漏。使三寶印使印法。見器物三寶印處。

不書。及僉疏。住持於空處書兩字名維那命行者。

僉疏法疏首尾及可漏上三處。住持於比丘下空闕

袚爐燭香合上方丈請住持僉疏。

◉ 僉押

忠曰。僉作僉爲正。見僉押處。

敕修淸規聖節云。每日堂司行者。將三輪差僧簿須

預先一日。請住持頭衆僧各書雙字名僉押其二

衆多少依戒具寫差單排定日分周而復始。

忠曰。簽押。本官吏語。禪林循用僉書雙字名也。

押書華押也。

敕修淸規入院云。新命視篆訖。就狀上先僉押次
題目子使印於上。

三國演義云。罷統拜。求榜文以安宗族曾操命
寫榜僉押付統。

建仁常菴曰。禪苑淸規作僉押。今僉當改簽簽
者書住持比丘頭首比丘等也。押者。打華押也。

古解言僉省也。僉押。僉省此解非。

忠曰。如言新命就狀上僉押則獨押。亦言僉押。
非者集押義明矣。又僉當作簽。簽作簽爲正。

禪苑淸規庫頭云。十日一次計曆。先同知事簽押。
一月一次通計住持人已下同簽。

夢溪筆談云。唐中書指揮事謂之堂剳子也。
唐人堂帖宰相簽押格。如今之堂剳子也。

十八史畧宋英宗紀云。韓琦一日出空頭敕出
姓名書。歐陽修已僉趙槩未僉修曰第曹之。槩次
署。僉韓公必有說。

譯林彙言　第十三類　執務門

續通鑑綱目書之作歐陽修已簽僉簽通用

正字通云簽同僉俗省從簽爲正　又云簽倉

先切音千說文驗也通雅曰簽求猶今之僉僉

也通鑑馬仙琕簽求應赴李延壽南史故事府

州部論事皆簽前直敍所論之事後云謹簽具

日下當時王府有典簽官今吏書承行亦以紅

也裁貼其旁以便批決故外官坐穿堂謂之簽

押今作簽

揚升菴外集云簽押梁書馬仙琕簽求應赴

李延壽南史故事府州部論事皆簽前直敍所

論之事後云謹簽具日下又云某官簽此即近

日僉押之僉古今字變爾

品字簽云僉僉曰押押字也

建仁常菴曰簽與僉同檢書署也文署者位

之表識也國語簽者書住持比丘頭首比丘

知事比丘等若官人書某官位職等也

忠曰考韻書末見簽檢通然按十八史署註

簽書姓名也韻會檢居奄切說文書署也　此

則簽檢雖字別音異皆書名位也

唐國史補云宰相判四方之事有堂案處分百

司有堂帖不次押名曰花押

宋張溪雲谷雜記云予按東觀餘論云唐文皇

令羣臣上奏任用眞草惟名不得草遂以草名

爲花押韋陟五朶雲是也魏晉以來法書至梁

御府藏之皆是朱異姚懷珍等題名於首尾紙

縫間故謂之押縫或謂之押尾祇是書名耳後

人花押乃以草記其自書故謂之押字菴泌爰此

耳唐人及國初前輩與人書牘或只用押字與

名用之無異上表章亦爾近世遂施押字於

移檄或不書己名字而別作形模非非也又孫公

談圃云先朝人書狀簡尺多用押字非自官也

從簡省以代名耳今人不復識見押字便怒子

頃在武陵於畢文簡公諸孫處見文簡與寇萊

公一帖尾用押字押字之下却有拜啓二字此

正以[二]押字[一]代[レ]名也。景德間。士大夫質厚。故此風
尚存。至[二]元豐間[一]相去方七十餘年。已爲[レ]罕見今
固不復有[レ]矣。
羣談採餘云。古人花押所[レ]以防[二]僞政[一]以[レ]名而花
之凡官府文移[レ]人間私簡俱。前書[二]名姓[一]而後押
字凡朝押字之製。上下多用[二]一畫[一]盖取[二]地平天
成之意[一]凡釋褐入[レ]官者。至[二]吏部書字三日[一]以[レ]驗
異時文移之眞僞也。
經國大典註解云。押署也。以[二]草書[一]名[レ]爲[レ]押古者
書名[二]破眞從[一]草取[二]其便[一]于書記[二]難[一]于摸倣復有
不取[二]其名[一]出[レ]于[二]機巧[一]者唐韋陟始以[二]押字[一]爲[レ]記。

◉ 㒵名

忠曰。㒵作[レ]簽爲[レ]正。及㒵名義見[二]㒵押處[一]。
敕修清規告香云。請客侍者。預依[二]戒次[一]具[二]茶狀備[一]
之凡卓狱筆硯告香罷列[二]法堂下間[一]請[二]茶各㒵名[一]。

◉ 㒵單

㒵義見[二]㒵押處[一]單帳也。見[二]文疏門[一]。
敕修清規唱衣云。唱衣畢。結定鈔數主喪㒵單。

◉ 鳴鐘

敕修清規鐘云。大鐘引杵宜[レ]緩揚[レ]聲欲[レ]長。凡三通
各三十六下。總一百八下。起止三下稍緊。鳴鐘行
者想念偈云。願此鐘聲超[二]法界[一]鐵圍幽暗悉皆聞。
開崖淨證圓通。一切衆生成[二]正覺[一]。
禪苑清規警衆云。打[二]大鐘[一]之法。先輕手擬[二]鐘三下[一]
慢十八聲緊十八聲。三緊三慢共一百八聲。當職
行者燒香禮拜誦偈訖。然後擊之。偈云。三塗八難
息[レ]苦停[レ]酸。法界衆生。同[二]聞聲悟[一]道念竟即時毅之。
羣談採餘云。鐘聲晨昏。叩一百八聲者。一歲之
義也。盖年有十二月有二十四氣又有七十二
候正得此數浙杭州歌曰。前發三十六。後發三

十六。中發三十六聲急。通共一百八越州歌曰。
緊十八。緩十八。六遍湊成一百八。台州歌曰。前
聲七。後擊七。中間十八徐徐發。更兼臨後擊三
聲三通湊成一百八。

忠曰。傳說鐘一百八聲表破百八煩惱。未見
經論說。益出乎世典。取一愨數之義爲正。如
律文鳴犍稚曰作相。鳴之十下三通合一
百二十下也。未聞百八聲之說。

忠曰。行事鈔集僧通局篇。明打犍稚法。簡古難
見。今編合資持記所解取意。經文直下錄去貴
易通解。文云。尋常所行。始終四十下。初十下
漸發聲。此爲虛搥。中間二十七下。漸希漸大。後
三下聲盡。方打一通。如是至三。名爲三通。集三
乘也。長打二十下。挼前四十增兩四十。共百
二十。其第二四十下。虛搥漸大。十八下。中間四
十。下聲盡。方打。此教四惡趣。自二十三已去。十
下漸稀漸小。乃至微末。次第三四十下。同前二
八下。漸稀漸小。乃至微末。次

亦有少異三十六七八三下。名三通末後二下。
名息遶圖經云。念三寶存五衆各八輩故以
四十爲差。三道乘之。則百二十爲節。八聖謂四
道。謂四向三。
三乘。

南山增輝記作相偈云。虛搥十下漸希漸大二
十七下。大長三下。

◉裝香

敕修清規坐禪云。令供頭僧堂內裝香點燈

◉埽地

正法念處經云。若埽如來塔。命終生意踵天身香
氣。熏百由旬。

無垢優婆夷問經云。佛告無垢優婆夷言。埽佛塔
地得五福報。何等爲五。一者自心清淨。他人見已
生清淨心。二者爲他所愛。三者天心歡喜。四者集
端正業。五者命終。生於善道天中。

毘奈耶雜事云世尊在逝多林見地不淨欲令彼
樂福衆生於勝田中植淨業故即自執箒欲掃林
中時舍利子大目乾連大迦葉波阿難陀等諸大
聲聞見是事已悉皆執箒共掃園林時佛世尊及
諸凡掃地者有五勝利云何爲五一者自心清淨
二者令他心淨三者諸天歡喜四者植端正業五
者命終之後當生天上

增壹阿含經云佛言掃地之人有五事不得功德
云何爲五於是掃地之人不知逆風不知順風復
不作聚復不除糞然掃地之處復非淨潔是謂比
丘掃地之人雖有五事不成大功德復次比丘掃
地之人成五功德云何爲五於是掃地之人知逆
風順風之理亦知作聚亦能除之不留遺餘極令
淨好是謂比丘有此五事成大功德

四分律云有五種掃地不得大福德不知逆風順
風掃地不滅跡不除糞不復掃幕本處有五法得

大福德知逆風順風掃地滅跡除糞復掃幕本處
若上座在下風應語言小避我欲掃地

緇門警訓杭州淨慈寺守一法眞禪師掃地回向
文云以此掃地功德回向法界衆生色塵清淨塵
清淨故眼根清淨根清淨故眼識清淨聲香味觸
法亦復如是又願一世界清淨乃至盡法界虛空
界皆悉清淨同諸如來光嚴住持圓覺伽藍清淨
覺地永斷習氣淨穢二邊凡聖垢染一座不立如
是顧清淨智亦復清淨

趙州諗禪師錄云劉相公入院見師掃地問大善
知識爲什麼却掃塵師云從外來

碧巖錄云大隋眞如和尚承嗣大安禪師一日鴻
山問云子在此數年亦不解致箇問來看如何隋
云令某甲問什麼即得鴻山云汝已後覓箇掃地
何是佛隋以手掩鴻山口山云汝已後覓箇掃地
人也無　又見瓶位
　　　　門淨頭處

禮記郊特牲云掃地而祭於其質也

◉釘掛

忠曰、釘掛者、總言鋪設也、或釘柱、或掛帷幕等、

敕修清規迎待尊宿云、寢堂釘掛帳幕、排照牌。

又請新住持發專使云三門下釘掛帳設、向裏設

位、講茶湯禮。又方丈特為新舊兩序湯云、釘掛

寢堂鋪設坐位、至燒香侍者預排照牌。又方丈

小座湯云、寢堂釘掛排位、秉燭裝香。

舊說曰、釘掛者、朱漆板書名位以釘掛之也、非

照牌、蓋如鉢位圖者。

忠曰、舊說謬矣、若如所言、則迎待尊宿豈可掛

漆板、既言釘掛帳幕、何求異解、又若掛名位為

釘掛、則何以下復重言排照牌耶、故舊說必謬

矣。

墨莊漫錄云、兩京牡丹、聞於天下、花盛時、太守

作萬花會、宴集之所以花為屏帳、至于梁棟柱

拱、悉以竹筒貯水、簪花釘掛、舉目皆花也。

●喝火

忠曰、巡寮警火、言喝火、所謂照顧火燭也、見唄器

門、火鈴處。

備用清規日用清規云、喝火過放禪、

開福寧和尚錄偈頌云、夜深閑喝火號聲、故經云、

即時觀其音聲、而得解脫、偈曰、火號更深喝道來、

普門關振一時開、圓通大士呵呵笑、不是蛾蝴與

五臺。

◉行盆

忠曰、行者行食也、盆者盆食也、行猶付與也、見行

僧祇律九十二波夜提中云、若比丘尼、請一比

丘食、一比丘尼去時、比丘臨一一時得波夜提、

盆食比丘尼去時、共比丘坐、一比丘尼來往盆食。

法顯佛國記云、法顯到于圓、僧伽藍名瞿摩帝、

是大乘寺、三十僧共犍槌食、入食堂時、威儀齊

肅。次第而坐。一切寂然。器鉢無聲。淨人益食不

得相喚。但以手指麾。

梁高僧傳佛馱跋陀羅覺此云。賢。傳云。涼部袁豹至

于江陵。賢詣豹乞食。豹素不敬信。待之甚薄。未

飽辭退。豹曰。似未足。且復少留。賢曰。檀越施心

有限。故令所設已罄。豹即呼左右益飯。飯果盡。

豹大慙愧。

右證益字。爲增益食物之義。

太平廣記云。張簡棲見狐憑几尋讀冊子其旁

有群鼠益湯茶送果栗皆人拱手。

禪苑清規赴粥飯云。行食之法。當淨人自行僧家

不得自手取食。淨人行益禮合低細羹粥之類不

得污僧手。及鉢盂綠點杓三兩下。良久行之曲身

斂閑手當胸。粥飯多少各隨僧意。又監院云。非

疾病官客並當赴堂所貴二時行益行者齊整

敕修清規知客云。僧堂前檢點行益客僧粥飯。

又都監寺云。齋粥二時必赴堂則行僕行益自然

整肅。又典座云訓衆行者循守規矩行益普請。

不得怠慢。

傳燈錄瑞鹿先禪師章云。師有時云。晨朝起來

洗手面盥漱了喫茶。喫茶了佛前禮拜。佛前禮

拜了和尚主事處問訊。和尚主事處問訊了僧

堂裏行益僧堂裏行益了。上堂喫粥。上堂喫粥

了歸下處打睡。

忠曰。言僧堂粥飯行益畢。自家方粥飯也。

傳燈錄夾山會禪師章云。小師省覲師曰。汝然

飯吾著火。汝行益吾展鉢。什麼處是孤負汝處。

小師從此悟入。

續燈錄大覺璉禪師。拈雲門。沙喜世界百雜碎

話云。山僧遮裏秖是維那白槌。首座施食。山僧

展鉢行者行益。與麼說話。一任諸方裁斷。

大慧爲秦國大夫人普說云。開諸人。每日上來

下去寮舍裏喫茶喫湯莊上般鹽般麴。僧堂裏

行益長廊下擇菜後園裏擔糞廁坊下推磨當

恁麼時佛眼也覷備不見。

虚堂恩和尚錄普說云。備看雪峰一出嶺來。先

買一把朳頭結一條手巾。到處行盆結緣。

諸祖偈頌阮中大仰山飯歌云。維那白槌似雷

吼十聲佛號備開口行盆懐恣怒生第二念

中都忘了。

◉供遞

忠曰傳送供物也。

勅修清規達磨忌云。住持上香三拜。進爐前上湯

上食。請客侍者供遞。又告香云。住持就座。副參

遥大香一片奥參頭同。茶同訊持香。

字彙云。遞更送也。又傳遞也。

◉化米

◉化炭

雲峯悦禪師在翠巖化炭。見職位門堂司處

如淨和尚錄化炭偈云。一刀兩段沒商量透出無

明大火坑。再入死灰烹得活。歳寒聲價轉崢嶸。

◉化鹽

雜毒海少室和尚化鹽偈云。逆浪堆中淘汰出大

爐鞴裡袞將來。遍身潔白誰能比。點著須教百味

回。

忠曰凡化齋化浴化燈化柴化藏化茶化席化

鐘等有所關乞無不抄化不勝枚舉載在集錄。

◉稟

忠曰白事曰稟。

勅修清規聖節云。維那詣書記寮通報。書記出接

維那觸禮一拜。云。啓建聖節煩製疏語。

小補韻會云。稟筆錦切受命曰稟。左傳稟命則

不威。俗作禀非。毛氏曰今俗以白事爲稟。古無

此義。

③覆

忠曰。白事曰覆。

勅修清規聖節云。行者就覆住持求早殿上啓建
諷經。

小補韻會云。覆。作復。又云。復房六切又白
也。禮記願有復也。孟子有復於王者。

③通覆

忠曰。事通達其意也。

勅修清規湯藥侍者云。或暫缺侍者。客至通覆。

又遊方參請云。到侍司通覆詣方丈禮拜。

⑥守請

忠曰。守請。猶言內報也。

舊說曰守請。

勅修清規兩序進退云。粥罷行者守請新人至寢

堂

和會

忠曰。凡有可議。則與預事人。和同會論揀善行之。

勅修清規新掛牌云。維那和會堂司行者報衆掛新
掛牌。又開堂祝壽云。預先和會維那宣公文首
座宣山門疏。又都監寺云。凡事必會議裏住持
方行。

經國大典註解云。和會和兩順也。會相應也。

⑥提調

忠曰。日本禪林。撰入院同門疏同門衆中。一人

分須知云。六月入伏堂司提調晒薦。

勅修清規寮主副寮云。提調香燈茶湯。又方丈
特為新舊兩序湯云。仍提調送舊人粥飯三日。
又尊宿出喪云。庫司喪司相關。提調喪儀。又月

勅修清規兩序進退云。粥罷行者守請新人至寢
幹蟲率衆告諭成之。及疏後列衆名其人在最

末。此謂提調。人提調者。提起其事。調辨之也。

冥樞會要卷尾云。提調鋟梓萬壽菴舊比丘慧
朗。

宋史卷頭。列修史人名云。提調官。光祿大夫中
書平章政事臣納麟等。

經國大典註解云。提調提舉也。調和也。言舉一
司之事。而調和之也。

提點
忠曰。提振。點起其事令無蓮滯也。

敕修清規下遺書云。侍者一一提點。

備用清規衣鉢之職云。方丈一應盡節究心提點。

又職名。有提點見職位門。

點對
敕修清規察舍交割什物云。數日前副寺常行者。

黃簿到各寮預先點對分曉。

忠曰。總簿所記。與寮舍所有物。對校點撿有無
也。總簿詳二交割處一。

照拂 ヒツ
敕修清規聖節云。維那燒香點湯照拂。

律苑事規住持云。叢林之設。老病爲先。照拂矜怜。
猶須介念。

雲章曰。照者鑒視也。照拂點撿也。

忠曰。照拂者。照顧輔弼也。拂音弼。

經國大典註解云。照謂具見始末也。

前漢書益寬饒傳云。欲以太古久遠之事匡拂
天子。註師古曰。拂讀曰弼。

正字通云。拂與弼通荀子諫諍輔拂。

鋪設
敕修清規百丈忌云。至日隔宿如法鋪設法堂。

品字箋云。鋪俗以排列謂之鋪設。

忠曰。或單言舖。亦是舖設義。

敕修清規上堂云。侯舖法座單堂司行者覆首座。

〇 交

忠曰。相共交參。取與物也。

敕修清規謝掛搭云。堂司行者收香錢足。交侍者。
納方丈。又云侍者付大香一片。與參頭。交副參。
收。

〇 交點

忠曰。相共交參點撿也。

敕修清規察云副寮云。交點本寮什物。又聖僧
侍者云。朝夕交點披位中炤別燈。

忠曰。寮主共副寮點撿。聖僧侍者共袈位主點
撿。故云交點也。

〇 交割

敕修清規入院云。交割祖基什物。又退院云。方
丈什物點對交割。其單目一樣兩本。住持兩序勤
舊僉押用寺記印。又寮舍交割什物云。庫司當
置總簿。其寫諸寮什物。住持知事僉定。仍分置小
簿付諸寮。兩相對同。新舊相沿交割。

忠曰。新舊人相共交參。故言交。分割公私之物。故
言割。凡常住寮舍。必有自己用度。而雜公
界物。及交代與新選人。必對交。分割公器私物也。

舊說曰。如常住交割。方丈及庫司。各有簿。如察
舍交割庫司及寮舍。各有簿。若簿唯一本。則有
改寫剝竊之疑。一簿二本。簿兩處。交代時對同
照勘得無疑焉。

又曰。交割字。未見據。交者交考。兩簿也。割一
一陳列物也。忠曰。對勘二簿也。義可爾以
此解交字。非也。割字亦解不得。交割字。余下
引證。或不得交義而妄改校尤非。

大慧武庫云。五祖演和尚。依舒州白雲海會端和

尙端令山前作磨頭、毎被人於端處闘謀是非。云

端咄云、急退却。演云、俟某算計了、請人交割云

戰國策曰、蘇子說齊閔王曰、明於諸侯之故察

於地形之理者、不約親。不相質而固。不趨而

疾衆事而不反其事。猶三交割而不相償此割也

俱強而加以親。

唐鄒還古博異志、敬元穎傳云、仲躬移居牙人

云、價直契書、一無遺闕並交割訖。

元史河渠志云、分監新官至、則一一交割、然後

代還。

棠陰比事云、唐李德裕鎮浙西、有甘露寺主僧。

訴了交割常住物、被前知事僧隱沒金若干兩引

前數輩爲證、遞相交付。文籍在焉新受代者已

伏盜取之罪、未窮破用之所德裕疑其非實云云

三國演義云、魯肅曰、前者皇叔有言公子劉琦

若任荆州暫時居住、今公子去世、必然見還蕭

正爲此事而來、幾時可以交割。又云、孔明欲

雲長任荆州設一宴、交割印綬。雲長雙手來挼。

宋志傳云、晉主命趙瑩桑維翰等寫定文字撥

取十六州、請契丹主差人前去交割。

桂苑叢談云、太尉朱蛭出鎭浙右、有甘露知主

事者、訴交代得常住什物、被前主事隱用却常

住金若干兩引證前數輩皆有遞相交割文字

分明。衆詞者指以新得替者、隱用之且初上之

時、交領餞分明。及交割之日不見其金鍮成員

獄、伏罪昭昭。然未窮破用之所由、或以僧人不

拘細行而費之以是無理可伸、甘之死地一旦

引盧之際、公疑其未盡、徵以意揣之髡人乃具

寔以聞曰、居寺者、樂於知事前後主之者、積年

已來空交分兩文書其寔無金、群衆以某孤立

不雜流涕欲乘此擠排之因流涕不勝其冤公

乃憫而惻之曰、此固非難也。俛仰之間曰、吾得

之矣。乃立從召兜子數乘令關連僧入對戊

遺簾子畢、令門不相對。命取黃泥各令摸前

交付。下次金樣。以憑證據。僧既不知形段。竟模
不成公怒。令剋前蹤者。一一伏罪。其所排者遂
獲清雪。

揚誠齋江湖集。臘裏立春。蜂蝶發出。詩云嶽日
催青出凍荄。小風吹白落瓊梅。殘冬未放春交
割。早有黃蜂紫蝶來。又朝天集和強功父園
梅未花之韻。詩云。前夕三更月落時。東風已動
萬花知。江梅端合先交割。春色如何未探支只
欠梁溪冰柱句。追還和靖暗香詩張家剩有恩
根指不把瓊酥滴一枝。又答劉修武詩云。解
道征鴻數字秋。清於雪椀映氷甌。老來筆底心
無毒交割風光與子休。

● 收管

忠曰。收納管領也。

敕修清規副寺云。掌常住金穀錢帛米麥出入隨
時上曆收管支用。令庫子。每日具收支若干。僉定

飛單呈方丈謂之日單。

● 交收

敕修清規聖僧侍者云。同維那交收亡僧唱衣錢

● 把帳

敕修清規。請喪司職事。云。聖僧侍者。把帳。又估
唱單式云。把帳執事人。兩序典喪各書名僉押。
又知客云。過亡僧同侍者把帳。又亡僧板帳式
云。把帳。侍者某押。知客某押。
幻住清規。亡僧板帳式云。把帳押。
舊說曰。把帳者。造帳曆也。
三國演義云。曹操喚典韋。就中軍帳房外安歇。
提調把帳親軍二百餘人。非奉呼喚。不許輒入。
忠曰。依此。非帳簿之帳。而帳帷也。把者把守
把斷義。蓋把守帳帷不濫通外人也。猶言守
把關隘也。

雲蓋本禪師錄上堂云。釋迦老子橫眠豎臥樓
至如來把却三門。

孤樹裒談云。今南京孝陵城西門之內有吳孫
權墓在焉當時築城者奏欲去之。太祖曰孫權
亦一漢子也。宜留以把門途不得毀。

參 支用

支分也。分厼錢物等也。　見收管處

肆 結算

敕修清規副寺云。或十日一次結算。謂之旬單。

伍 闍拈

敕修清規諸莊監收云。倘得廉正勤舊輔佐住持。
公選區用或對衆闍拈充之。
松源嶽禪師錄云。紹熙元年。九月十五日。雲居薦
福專使同至。對衆拈闍得雲居万受帖。

忠曰。凡事理無優劣兩可難決則可用闍拈實
息爭解疑謗法也。

篇海類編云。闍擧有切音九。手取拈闍也。

品字箋云。說文闍取也愚公據定仍復各書片紙。
撚紙如九。隨人自取謂之拈闍。
已下錄唱衣闍拈法。

敕修清規唱衣云。今多作闍拈甚息誼爭其法用
小片紙。以千字文。次第書字號每一號作三段寫
於上仍用印記關防量衆多少與衆司合干人封
定至期。呈過主要兩序首座開封知客分俵堂司
行者捧盤隨侍者剗取其牛闍置盤內畢以盤
置首座側安水盆於下抖匀維那拈衣唱价訖首
座臨時呼一童行。信手拈盤中牛闍遞與首座開
看字號分曉說與堂司行者喝某字號衆人各開
所執牛闍字號同者即應。如不願唱此號衣物則
不應。三唱不應。首座以牛闍投水盆中。再令撈起
牛闍復唱起。應者堂司行者往收牛號到首座處

對。同報与維那。称云。某物唱与某人。鳴磬一下。知

客。上単侍者発標。供頭行者遞与唱得人。

忠曰。右且録唱衣閣拈之法。

第十四類　雜行門

● 吹嘘

忠曰。日本禅林賛成某禅士、称揚於主人而請其

許達、是曰吹嘘。聯燈会要、睦州陳尊宿、指臨済参

黄檗、接雲門、嗣雲峰、皆師之力也。止此即吹嘘榜

様也。

魏志鄭渾伝云、渾兄泰、字公業、対董卓十事曰、孔

公緒、能清談高論、噓枯吹生。

杜工部集、贈献起居田舎人澄詩云、揚雄更有

河東賦、唯待吹嘘送上天。又謁文公上方詩云、

願聞第一義、廻向心地初、金箆刮眼膜、価重百車

渠。無生有汲引、茲理儻吹嘘。

山谷詩集、東観読未見書詩云、諸生起孤賤、天子

自吹嘘。

● 輪差

旧説曰。輪差、番也。

忠曰。自上位差、次第到下位、復還及上位、若車輪

環転。故云輪差。

正字通云、差、又皆韻、音釵、使也。唐宣宗詔、毎役

事、委介輪差。

敕修清規、聖節云、輪差僧簿、依戒次各書雙字名。

又祈禱云、輪僧十員廿員、或三五十員、分作発

引接続諷誦。

雪峯存禅師録規制云、衆中或有老者病者不任

自取索、即差了事童行、終始看侍。如無童行輪差

沙彌、如無沙彌輪差大僧、始終看侍、無至逾越。

宋史食貨志云、輪差壮丁。

忠曰。輪差。音訓。今得正字通。不復費言辨。古解
聖節輪差者曰。差又宜切。次也。今謂。戒臘次
第也。若如所解則雪峯輪差。亦若何通至唐
詔。宋志者在俗事。豈有戒臘次第哉。可笑。

〇公差

公界差人也。
敕修清規請喪司職事云。喪司公差庫子客頭茶
頭一行人管辨事。

〇差定

叢林盛事云。混融然。有小師大艤者。淳熙間。住衢
之靈曜時。朝廷方行役法。二浙江淮處並差定。驅
万糾率衞裒處三州僧尼道士造朝免之。今天下
僧由此獲安。不爲國家之差役者。盍艤之力耶。
宋史食貨志云。收租掌納官吏以限外欠數差
定其罰。又云。銅錢闕出江南塞外及南蕃諸

國差定。其法。至二貫者。徒一年。五貫以上。棄市。
募告者。賞之。
經國大典註解云。差定。差擇也。言差任也。定安
也。

〇暗封

舊說曰。暗封者。暗昧選封也。不以公舉。而私請也。
藏叟摘藥跋。趙大監請愚谷住法石書後云。法石
二十年間。主僧更代不一。類非本色寺日入於壞
前守趙大監。一日集諸禪主首曰。法石壞於暗封
久矣。欲革斯弊。非得江湖名衲子不可。某等退而
舉三人。愚谷元智其一也。時愚谷謝事常之芙蓉
居靈隱。爲第一座。有聲叢林間守焚香拈得之且
詢其出處。喜甚。馳書招致寺僧咸謂。泉取浙二
千里餘。如費何某諭之曰。昔以暗封。今以公舉。計
道路費視暗封。不能十之一何患焉。愚谷至。衆果
悅服。未二年。百廢具舉。

日工集云。府君。欲付以天龍。而東歸。與。切也。赴

三會忌齋。與等持物先和會退建仁事云。余日

者聞。諸山新命。暗封已定。而以南禪天龍未動。

且期今日忌齋燒香欲告退。先曰可也。

●接待

正宗賛香林遠禪師傳云。師後歸蜀於水晶宮接

待往來茶湯。

碧巖錄云。大隋真如和尚承嗣大安後歸川先於

堋口山路次煎茶。接待往來凡三年。後方出世開

山住大隋。

●打給

忠曰送食於別處曰打給。打義飲啜門打飯處箋

日用軌範云。木魚響不得入堂。或令行者取鉢堂

外坐。或歸衆寮打給。

禪苑清規庫頭云。如遇打給即時應副。又延壽

堂主云。堂中所用柴炭米麪油鹽醬菜茶湯藥餌。

藍聚烏梅什物家事皆係堂主緣化如其無力唯

米麪油炭。就常住打給。又云。有處病僧在堂並

上文曆以憑庫司打給并請齋嚫。

●隷籍

六祖壇經緣起外紀云。師遊境內山水勝處輒憩

止。遂成蘭若一十三所。今曰花果院。隷籍寺門。

字典云。隷。即計切音麗。說文附著也。後漢書馮

異傳註。隷屬也。又孔融傳皆隷名而已。

宋馬縞中華古今注云。牛亭問籍者。何云答曰。

籍者。一尺二寸竹牒。記入之年。名字物色懸之

宮門。案省相應。乃得入也。

●出隊

忠曰小補韻會云。隊群隊也。此出隊者住持出大

衆之隊在外。勸化財糧也。又見乖說門。出隊上堂

處、簿券門、右具如前處。

傳燈錄招福和尚習二段子〔翠二設于〕章云、僧問東牙烏牙、皆

出隊和尚為什麼不出隊、師曰、住持各不同、闍梨

爭得怪。

一山曰、東牙烏牙俱寺名、出隊勸化也。

應菴華禪師錄示章化士法語云、善章禪人有志

參學不憚數千里來、此道集期透生死大事、未肯

端坐固效古為衆持鉢、繼洪州出隊月錄袖軸求

法語、揮汗聊書、大槩。

〇出鄉

出隊又曰出鄉、見重說門出鄉上堂處。

〇遊山

客相看。

聯燈會要巴陵鑒禪師章云、僧問、為佛法來游

山來、云清平世界、說甚麼佛法、師云、好箇無事底

禪客、云、早是多事也、師云、上座去年、在此過夏了。

云不曾、師云、怎麼則先來不相識下去。

禪林類聚、茱萸禪師問僧、闍梨為復遊山翫水、

為復問道參僧、云、和尚試道看、師云、雕蚶鏤蛤始

不蟾之泥勞君遠至、云、渾身是鐵、猶被一橈師云、

降軍不斬、

已下、畧錄與上義異者。

聯燈會要仰山寂禪師章云、師問、僧近離甚處、云

廬山、師云、曾到五老峰麼、云、不曾到、師云、闍梨不

會游山。又云、一日有二異僧乘空而來作禮而

立、師問、近離甚處、云、早晨離西天、師云、何太遲生。

云游山翫水、師云、神通妙用、即不無、會者佛法須

是老僧始得、云、特來東土禮文殊、卻遇小釋迦途

忠曰、已事了畢人、不要參問、祇覽勝槩也。

敕修清規裝包云、如遊山到處、將及門下包捧入

旦過安歇處解包、取鞋韈濯足、更衣、搭裟裟與知

出西天貝多葉與師作禮、勝空而去。

又長沙岑禪師章云。師游山歸。至門首首座問。和
尚甚處去來。師云。游山來。云。到甚麼處來。師云。始
隨芳草去。又逐落花回。云。大似春意。師云。也勝秋
露滴芙渠。

日用軌範云。祖祖登涸草履遊山。莫踐法堂回互
者舊。

● 閉關

永覺賢禪師禪餘內集。示三峯泰水法師法語云。
余聞古之學道者。博參遠訪。陸沈賤役勞其筋骨。
餓其體膚。百苦無不備嘗。並求有晏坐一室閉關。
守寂以為學道者也。自入元始有閉關之說。然高
峯閉死關於天目。乃是枕子落地後。非大事未明
而盡地以自限者也。自入明。乃有閉關學道之事。
夫閉關學道其最初一念。乃是厭動趨寂者也。既
此一念。便為入道之障。況關中既不受知識鉗鎚。
又無師友策勵癡癡守著一句話頭。如抱枯椿相

似。日久月深。志漸靡力漸疲。話頭無味。疑情不起。
忽然轉生第二念了也。甚至身坐一室百念紛飛
者有之。又何貴於關哉。
文選江文通恨賦云。閉關却掃。塞門不仕。

● 持齋

舊說曰。儒佛收齋義有異。儒氏則欲先祖來歆故
齊心也。佛氏則過日中不食也。
小補韻會云。經傳齋字多作齊。
洪武正韻云。古單作齊。後人於其下加立心以
別之。
請觀音經智者疏云。齋者齊也。齊身口業也。齊者
只是中道也。後不得食者。表中道法界外更無別
法也。中前得喫。而非正中。此得明表前方便但似
道之中。得有證義。故得喫也。亦是表中道法界外
有法也。
智圓闡義鈔云。齊身口業者。祭統云。齊之為言

齋也。齊以致齊者也。是故君子非有大事
也。非有恭敬也。則不齊。不齊則於物無防也。嗜
欲無止也。及其將齊也。防其邪物訖其嗜欲耳
不聽樂。今釋氏以不過中食爲齊。亦取其防邪
訖欲齊不齊之義也。毘羅三昧經云。早起諸天
食。日中三世佛食。日西畜生食。日暮鬼神食。佛
制斷六趣因。令同三世佛。故今約理解故云齊
者祇是中道不得食者。即佛制中前非正食者
食也。今表初住初地圓證中道心外無法。如中
後不得食也。中前得噉者。佛制中前非正食者
得噉之。

釋氏要覽云。齊起世因本經云。烏逋沙陀齊。言增
翻譯名義集云。毘婆沙論云。夫齊者。以過中不食
長謂受持齊法。增長善根。故佛教以過中不食名
爲體。以八事助成齊體。其相支持。名八支齊法
齊。

又云處處經佛言中後不食有五福。一少婬。二少

睡。三得一心。四無有下風。五身得安穩亦不作病。
雜譬喩經云。佛言。一日持齋。有六十萬歲糧復有
五福。少病身安。少睡。少婬。得生天。識宿命。
佛祖統紀天台智顗禪師傳云。師曰。非但步影爲
齋。過午。不能無緣無觀。即眞齋也。是爲境觀俱亡。
步影。善見律云。受戒巳應步影。步影者。正立
住。取住脚。爲初隨身影長短。步影。步影竟。教其
時其時者。或冬時。或春時。或夏時。
莊子人間世篇云。顏回曰。吾無以進矣。敢問其
方。仲尼曰。齋。吾將語若。有而爲之。其易邪。易之
者。皞天不宜。顏回曰。回之家貧。唯不飲酒。不茹
葷者。數月矣。若此則可以爲齋乎。曰是祭祀之
齋。非心齋也。回曰。敢問心齋。仲尼曰。若一志。無
聽之以耳。而聽之以心。無聽之以心。而聽之以
氣。聽止於耳。心止於符。氣也者。虛而待物者也。
唯道集虛。虛者心齋也。

又見欶門。非時食處。

○持鉢

忠曰乞食於城市曰持鉢。

續燈錄拈古門云臨濟持鉢，到一婆子門前云家
常婆子開門云太無厭生濟云飯猶未曾得何責
人無厭婆子閉却門。

傳燈錄風穴沼禪師章云師初見南院。不禮拜便
問曰入門須辨主端的請師分。乃南院曰三十年
住持今日被黃面浙子上門羅織師曰和尚大似
持鉢不得詐道不饑。又漳州羅漢和尚章云始

於關南常禪師拳下悟旨，乃為歌曰咸通七載初
參道，乃從莊蹬蹬以禍碣直至如今常快活只聞
肚裏飽膨脝更不東西去持鉢。

普燈錄懷玉用宣首座章云一日自臨川持鉢歸。
值渤潭群晚參有云一葉飄空便見秋法身須透
鬧啾啾宣聞領旨。

大慧武庫云葉縣省和尚嚴冷枯淡浮山遠參至乃

省一日見遠獨於旅邸前立乃云此是院門房廊。
儞在此住許多時。曾還租錢否。合計所欠追取遠
無難色。持鉢於市化錢還之。

密菴傑禪師錄示殊禪人法語云。同觀此山食指
既多常住不給。不忍坐視發心為眾持鉢。余嘉其
志不凡。臨行欲語。故書此以贈之。

曹源生禪師錄送聞兄持鉢偈云。聞聲悟道烏投
籠。祇麼無聞道未充。利劍拂開慳悋穴。全身輕入
是非叢。腳頭腳尾無虛棄。山北山南有路通。一笑
歸來能事畢。真金百鍊見全功。

金剛般若經云。爾時世尊食時。著衣持鉢。入舍
衛大城乞食。於其城中次第乞已還至本處。

首楞嚴經云。阿難汝常二時。眾中持鉢。其間或
遇酥酪醍醐名為上味。於意云何此味為復生
於空中生於汝口為生食中說。

廣弘明集沈約述僧設會論云。出家之人。本資
行乞。戒律鳥然。無許自立廚帳拜畜淨人者也。

今飯取足寺内行乞事斷。或有三持鉢到門。便呼
為僧徒鄙事下劣飯是。衆所鄙。邪莫復行乞悠
悠後進求理者寡。便謂乞食之業不可復行悠
悠千載之外凡庸沙門。躬命僕堅自營口腹者乎。
淨王子轉輪之貴持鉢行詣以福施者豈不及

托鉢

乞食曰托鉢。或作拓正字通托同拓手承物也。
續傳燈錄淨土院惟正禪師章云有願輪奉歲時
用度俾緇加之院務亦復謝曰聞托鉢乞食未聞
安坐以享聞歷謁諸祖未聞廢學自任况我齒茂
氣完正在筋力為禮非從事屋廬之秋也。
恕中慍禪師錄松巖雜言云念念無生自入微瓶
中米盡腹中饑夜深月下敲門急道者蕉溪托鉢
歸。
又粥飯時擎鉢赴僧堂曰托鉢。聯燈會要雪峯
存禪師章云師在德山作飯頭一日飯運師遲飯

巾次見德山托鉢。至法堂前師云這老漢鐘未鳴
鼓未響托鉢向甚麼處去山便歸方丈云

乞食

見持鉢托鉢處。
佛祖統紀云善見論梵語分衛此云乞食寶雲經
凡乞食為四分。一奉同梵行一與窮乞一與鬼神。
一分自食法集經行乞食者。破一切憍慢十二頭
陀經乞食有三種。一受請食二衆僧食三常乞食前
二食起諸陋因緣若得請便言我有德若不請則
嫌恨彼。或自鄙薄是貪法。則能遮道共僧食者常
隨衆法斷事擯人。料理僧事心則散亂妨廢行道
有如是惱亂應受乞食法。

把針

佛果擊節錄云巖頭擔勁頭行脚到處只做園頭。
雪峯擔枆離木杓行脚到處作典座欽山將熨斗

剪刀針線行脚。到處與人做衣。到所住處三人
互為貧。去作小參舉公案欽山承當不得。後來却
到洞山契證。法嗣洞山。

貞和集。龍巖廬山東林十題。把針頌云。豆花和雨
落繽紛。絡緯催寒徹夜聞。不費機梭衣不盡白綿
山頂自牽雲。清拙和云。千山黃落正紛紛月下
村碪遠近聞寒衲一條重補綴。自憐剗破半溪雲。

● 臥眠

摩得勒伽云。何臥比丘不病。不得盡日臥不得
燈中臥若疲極者應起去不得惱第二人。云何
眠。世尊聽比丘盡日經行坐除睡蓋。初夜過四揲
鬱多羅僧敷卷攝僧伽梨為枕。右脇臥脚脚相累
不得散亂心不得散衣作明相正
念起想思惟然後眠至後夜疾疾起經行坐除去
睡蓋。

● 帯刀臥

宋高僧傳。百丈山懷海傳云。海創意不循律制別
立禪居。不論高下。盡入僧堂堂中設長連牀施椸
架。掛搭道具臥必斜枕牀脣謂之帶刀睡為其坐
禪旣久略偃仰而已
六學僧傳。唐懷海傳云。坐長連牀晝夜不息。倦則
斜枕牀脣偃仰。謂之帶刀臥使不安於寢寐也。
傳燈錄百丈海禪師章云。設長連牀施椸架掛
搭道具臥必斜枕牀脣右脅吉祥睡者。山其坐
禪旣久略偃息而已。其四威儀也。
忠曰。僧傳帶刀臥。即傳燈右脅吉祥睡也。蓋
帶刀者。於左脇故不得左脇而臥因名右脅
臥為帶刀臥也。
白雲端禪師錄雲門餬餅頌云。雲門餬餅圓乂
小爭似法華爐䆁大。餬來一任帶刀眠誰問西
來問達磨。

續燈錄澄惠謐禪師章云。更有一般堪義處長
連牀上帶刀眠。
普燈錄法眞一禪師章云。問如何是玄中玄曰
長連牀上帶刀眠。

◉ 抽解

敕修清規坐禪云坐定久之。僧衆方可次第起身
抽解又須看上下肩起止急緩免見成連單位空
缺。又大坐參云。如坐再請禪。住持後門入歸位
不巡堂頭首隨衆或抽解者即歸被位。又云頭
首與大衆暫從後門出換衣換頭袖抽解即歸守
被位。
備用清規坐參云與坐禪一同但促鳴板耳盞不
起抽解故也。
禪苑清規挂搭云維那云請樂上座於某寮抽解。
問訊而別新到歸寮。又云或自監院首座藏主
退下於獨寮抽解。又云新到挂搭如經本院會

作知事頭首化主並於前資寮抽解。又下頭首
云以次頭首合入前資寮抽解。
忠曰。或坐禪中間出僧堂少休息。或新掛搭人歸
寮安息皆曰抽解也。抽解者抽袈裟也。敕修清
規庫司特爲新舊兩序湯藥石云。謝湯藥畢抽衣就
座藥石又遊方參請云。抽衣就坐藥石云 此抽解義
可例知也。
舊說曰。抽解同抽脫放大小便也。
忠曰。如坐禪坐參抽解則解衣休息時亦應
行便利故可通便利義。如掛搭抽解則唯是
休息義不通便利故抽解不可直以放便利
解之。
竹窗三筆云。念彌陀。飲食抽解皆無間斷
忠曰。此但言便利婉詞稱抽解矣。
或有蕃船抽貢貨物曰抽解者。甚與前義之不相
涉。且錄廣聞見。
宋史食貨志互市舶法云熙寧初立市舶以通

物貨舊法抽解有定數而取之不苛如犀角象
齒十分抽二珠十分抽一。
元史食貨志市舶云每蕃船招集舶商於蕃部博
易珠翠香貨等物及次年廻帆依例抽解於是
定雙抽單抽之制雙抽者蕃貨也單抽者土貨
也。

◉　抽脫

舊說曰放大便云抽脫抽脫上衣也。
忠曰如廁抽脫袈裟僧祇支故云抽脫婉辭也故
行事鈔諸雜要行篇云應脫袈裟僧祇支大小便。
敕修清規日用軌範云若抽脫古例披五條絡也、
以淨巾搭左手解條繁笑竽上脫五條直綴令齊
整以手繁定作記認不得笑語不得在外催促
右手提水入廁其規如笈。
大慧武庫云湛潭深和尚河東人真淨之子有悟
侍者偶在知客寮見掉下火柴頭忽然有省直上

方丈通所悟深和尚喝出自爾失心引繩於延壽
堂東司自縊夜後常在藏院知客寮東司三處出
沒移徙度頫一衆苦之湛堂遊浙回充首座聞其
事中夜故入延壽堂東司抽脫壁燈微明忽然摸
滅方脫衣悟便提水瓶至湛堂云未要且待我脫
衣脫衣罷便接瓶子去當時悟自縊間抽脫須史
又送籌子來及出喚云接瓶去悟纔接捉住摸其
手或似軟或似硬問曰汝是悟侍者賸汝便是當
時在知客寮見掉下火柴頭有省處歷歷參禪學
道祇要知本命元辰下落處汝在藏殿移端首座
鞋履豈不是汝當時悟得底又在知客寮移枕子
豈不是汝當時悟得底逐夜在此與人提瓶度水
豈不是汝當時悟得底因甚不知落處祇管在這
裏惱亂大衆作麼我明日勘汝看癈經袞哀
錢設粥追悼汝汝當別求出離不得滯著於此言
訖乃推一推如兎磋塔子倒索然有聲由是絕跡
湛堂一臂冷如冰踰半月方平復益非人附陰而

至冷氣侵人如此。

上厠法。十誦律毘尼母論等詳說。

○看病

敕修清規延壽堂主云。看視病僧湯藥油燭炭火
粥食。五味常備供須。（壽堂主處）

釋氏要覽云。瞻病人五德。四分律云。食不可食二不惡病人便利唾吐三有慈愍心不
為衣食四能經理湯藥五能為病人說法令歡喜
巳增長善法瞻病人六失增壹經云。一不辯良藥
二懈怠三喜瞋好睡。四但貪食。五不以法供養
六不共病人言語談笑。以今一二合為一、
增壹阿含經云。疾病之人成就五法不得時差恒
在牀蓐云何為五。於此病人不擇飲食不隨時而
食不親近醫藥多愛喜瞋不起慈心向瞻病人是
謂比丘疾病之人。成就此五法不得時差反此此得差、
又云。瞻病人。成就五法不得時差恒在牀蓐云何

為五。於是瞻病之人。不別良藥懈怠無勇猛心常
喜瞋恚亦好睡眠但貪食故瞻視病人不以法供
養故亦不與病人語談往返是謂比丘若瞻病之
人。成就此五法者不得時差。（反此得差、）
敕誡律儀看病法云。一懷孝養心作父
母想。二不得嫌有臭穢三常營湯藥四所忌之
食不與食。五飲食常令得所。六洗澡衣裳七數除
糞穢八勤燒香。九常令衣被厚薄得所。十常與火
燭十一常須作意細心不得麤躁十二常念觀音
菩薩願師所苦早得痊平。
梵網經云。若佛子。見一切疾病人。常應供養。如佛無
異。八福田中。看病福田第一福田。若父母師僧弟
子病諸根不具。百種病苦皆養令差。
華嚴經淨行品偈云。見疾病人。當願眾生知見空
寂。解脫眾苦。
緇門警訓。勸僧看病偈（石巖）三首云。四海無家病
比丘孤燈獨照破牀頭。寂寥心在呻吟裡粥藥須

「人使道流」病人易得生瞋惱健者長懷惻隱心

彼此夢身安可保老僧書偈示叢林氣濕風勞

猶可療不知禪病若爲醫祈僧更擬論方藥便把

舉頭慕口退

已下畧錄事緣

僧祇律云佛住舍衛城按行到一破房中見二病

比丘臥糞穢中不能自起佛問氣力何似所患增

損答言患但有增無損復問得食不世尊我不得

食來已經七日佛問此間有和尚阿闍梨不無有

無此比房比丘耶答言以我臭穢不喜故徒餘處去

佛語比丘汝莫憂惱我當伴汝取衣來我爲汝浣

阿難白言我當與浣佛語阿難汝浣衣我當灌水

浣已曝阿難抱病比丘舉著露地除去糞穢出

佛掃諸不淨器水灑房內掃除已巨磨途地浣靜

床褥諸細床敷著本處深浴病比丘徐臥床上

世尊以無量功德莊嚴金色柔軟手摩比丘額上

問言所患增損比丘言蒙世尊手至我額上衆苦

悉除世尊隨順說法發歡喜心已重爲說法得法

眼淨比丘差已世尊至衆多比丘所以上事具說

呵責比丘房比丘汝等同梵行人病痛不相看視誰

當看者若比丘病不看者越毗尼罪(鈔)

智度論亦載此緣爲舍婆提國事舍婆提卽舍

衛也又增壹阿含有佛羅閱城瞻病比丘緣與

僧祇大同小異羅閱卽王舍城王舍城在摩伽

陀國盖事相似而緣別也西國傳云唐三藏親

至王舍城東北禮佛洗病僧塔止然西域記以

此緣係舍衛國則支奘所禮者舍衛塔也恐西

國傳訛錄

第十五類 罪責門

● 梵壇

長阿含經云阿難白佛言闡怒比丘扈扈自用佛

滅度後當如之何佛告阿難我滅度後若彼開務

不順威儀不受教誡汝等當共行梵壇罰教諸比

丘不得與語亦勿往反教授從事

梵網經法藏疏云梵壇者此翻為默擯良以非理

欲界憍慢地亦不通色有不語故不語治之以

達此法最要

行事鈔云言默擯者五分云梵壇法者一切七衆

不來往交言智論云若心強獷如梵天法治之以

文語五分内闕隨惱俗故用此治語地以語為樂

立一壇天衆不如法者令立壇上餘天不與往來

故通色有者梵天行故言故違者謂特意也

之智度論云佛告阿難車匿比丘我涅槃後如梵天

智度論云佛告阿難車匿比丘我涅槃後如梵天

法治

維摩經略疏引智度論釋云惡口車匿梵法治者

其自恃王種輕諸比丘俗法事時即輕笑言如似

落葉旋風所吹聚在一處何所互論佛去世後猶

自不改佛令作梵壇謂默擯也亦云彼梵天治罪

法別立一壇其犯法者令入此壇諸梵不得共語

忠曰梵壇法藏為梵語智者元照引有義為漢

言其說稍類左傳履薪事闔隨即車匿也

春秋左傳僖公十五年云穆姬聞晉侯將至以

太子罃弘與女簡璧登臺而履薪焉杜預註

罃康公名弘其母弟也簡璧罃弘姊妹右之宮

閉者皆居之臺以抗絕之穆姬欲自罪故登臺

而荐之以薪左右上下者皆履柴乃得通

梵壇擬世間死刑雜阿含經曰世尊告調馬聚

落主調伏馬有幾法答言有三種法一柔輭二剛

彊三柔輭剛彊佛告若猶言不當如之何言便當

殺之聚落主言瞿曇無上調御丈夫當以幾法

調御丈夫佛言瞿曇若三種猶不調當如之何佛言

輭剛彊聚落主佛告我若三種猶不調當如之何

便當殺之所以者何莫令我法有所屈辱聚落主

言瞿曇法中殺生者不淨而今說不調伏者亦當

殺之。佛告。我以三種法。調御丈夫。彼不調者不復

與語。不復敎授。不復敎誡。豈非殺耶。鈔

◯ **默擯**

即梵壇也。詳于彼。

忠曰。僧祇律雜誦跋渠法中。有捨不語羯磨法。恐

繁不錄。大抵悔前過。隨順五事。比丘事、比丘尼事、羯磨事、王

一一如法。學敎律。知罪相者。應與捨。

◯ **擯出**（シュツ）

南本涅槃經云。善男子。譬如國王。諸羣臣等。有犯

王法。隨罪誅戮。而不捨置。如來世尊亦如是也。於

毁法者與羯遣羯磨。訶責羯磨。置羯磨。舉罪羯磨。

不可見羯磨。滅羯磨。未捨惡羯磨。置善男子。如來所

以與謗法者。作如是等。降伏羯磨。爲欲示諸。行惡

之人。有果報故。　又云。有持戒比丘。威儀具足。護

持正法。見壞法者。即能驅遣。訶責糾治。當知是人。

得福。無量。不可稱計。

忠曰。經驅遣。即律中驅出。即今擯出也。自餘訶

責等義。彼疏中詳釋。恐繁不錄。

又涅槃經云。是菩薩擯治諸惡比丘。令清淨僧得

安隱住。流布方等大乘經典。利益一切諸天人故。

大方等日藏經云。彼破戒人。無有慚愧。以劫盜心。

取彼僧物。以爲己有。是如法比丘。隨其住處。若在

林中。或在伽藍。不應共住。應生慈愍方便示敎遣

令出衆。語言。長老。汝等不應住此。如是三諫。是破

戒人。若去者善。若不出者。如法比丘。不得瞋罵應

告國王剎利婆羅門毗舍首陀。及有勢力者。言此

有比丘。不如法行。恒相撓亂。不令我等。安心行道。

惟願檢校。勿令侵惱。而彼國王剎利乃至聚落主

等。應當治之。驅遣令出。若彼剎利王等取彼破戒

比丘。飲食財物。而不驅遣者。如法比丘。亦不應瞋

莫貪住處。及資生等。默然捨去。更求餘處。無難之

所。若在山林窟中。或阿蘭若地。隨其靜處。就彼而

住。

行事鈔僧網大綱篇云。擯出者。謂對俗人倒說四
事廣。如律文又如律中。汙家惡行。倒亂佛法。汙
他俗人淨善之心。以非為是。故須遣出本處折伏
治之。使世俗識。非違正。無復疑惑。此之過罪人多
有之特須禁斷。　資持記云。擯出者。佛在鞞難邪
國因阿溫畢。富那婆娑二比丘。汙家惡行。為緣。故
制羯磨罰巳驅出當界。故得名也。

釋氏要覽云。瑜伽論云。驅擯由三因緣。一為護他
故。二彼不堪為上法器故。三彼能令僧無威德故。
問今僧中。有先驅出人。後却容入。未知可耶。答亦
有此理。何者。瑜伽論云。犯下中品過為教誡餘者。
權時驅擯後遠攝受。若犯上品過罪。應可驅擯。盡
壽不與共住。

十誦律云。賓頭盧頗羅墮座上伸手。取樹提居
士栴檀鉢。世尊訶責云。何名比丘為赤裸外道
物木鉢。故。於未受大戒人前。現過人聖法訶責

已語頗羅墮座盡形壽擯汝。不應此閻浮提住賓
頭盧受佛教已。頭面禮佛足。右遶還自房所受
僧臥具牀榻。盡以還僧。持衣鉢。入如是定於閻
浮提沒。罽耶尼現。　又見賓頭盧後門
迦葉命優波離擯阿難。見職位門維那處。
與化擯克賓出院。又見維那處。
忠曰。僧祇律雜誦跋渠法中。有捨擯出羯磨法。大
抵隨順行五事戲。一一如法者。應與捨是名捨
擯。

⚫擯罰

即擯出也。
敕修清規耆宿入龕云。或盜竊常住。住持依公擯
罰。

⚫出院

大慧武庫云。撫州明水遜禪師。在法雲侍者蔡時

道林琳禪師挂搭、方丈特爲新到茶遜躬至寮請
之。道琳不在、有同行與琳聯按曰、汝去。我
爲汝請遜去。僧偶忘之。齋後鳴鼓會茶。琳不到圓
通問曰、新到在否、趂請之。琳到圓通令退坐、揖立
衆前責曰、山門特爲茶。以表叢林禮數、因何怠慢
不時至。琳曰、適聞鼓聲、忽內偪、趂赴不前、圓通呵
曰、我鼓又不是巴豆擊著、便屎出、云、是某不干侍者
某忘記請之。某當出院時、同行出衆曰、不干侍者
與新到事是某、不合承受爲遜、請偶忘記某當代
二人出院。圓通高其風義、併宥之。

又克賓出院。見職位門維那處。

出院出去呼。若依正字通則入聲。
正字通云、毛詩古音考曰、增韻自內而外曰出、
凡物自出則入聲、使之出則去聲、書寅賔出日、
出納朕命皆此音。又陸德明釋文出字皆直類、
切。易繫河出圖、王弼讀墜。按出雖有去聲出納、
出國當入聲。如本音陸王說泥舊本引增韻非、

又去入互用
康熙字典云、出、正韻凡物自出則入聲非二自出
而出之則去聲、然亦有互用者。

● 滅擯

削二僧籍一也。
行事鈔僧網大綱篇云、言滅擯者、謂犯重比丘心
無慚愧不肯學悔妄入清衆濫居僧限當三根五
德舉來請僧憶念示罪令自言已、與白四法。又
足數衆相篇云、滅擯者、謂犯重已舉至僧中白四
除棄也。
釋氏要覽云、彌沙塞云、梵罰此有二法、一默擯謂
一切人、不與來往言話等。二滅擯雅云、滅即滅名也、留
名字也勻點糊滅律謂、犯重罪心無慚愧衆所不容、不可
共住擧來僧中、示罪驅出、多論云、但實犯罪、大衆
有知、不須自言直爾滅擯驅出、所謂貴安善人也。
地藏十輪經云、佛言善男子、如來成就善巧知根

機智。若諸弟子遠離福慧巧方便智及以布施調
伏寂靜失念心亂。來至我所歸依於我而我善知
彼根意樂隨眠勝解隨其所應爲說治罰毘奈耶
法若諸衆生。其性很戾。於諸學處不能奉持爲令
久住我之聖敎多有所作或爲制立憶念治罰或
以言致恐怖呵責或暫驅擯或令折伏歸誠禮拜。
或不與語不共同利。或如草布。或復波擯。
忠曰。滅擯者當世之死刑謂律乘犯四重者爲
波羅夷罪於是人方行滅擯矣所謂滅者除去
名籍也行事鈔篇云。四分云。波羅夷
者名籍聚名殺篇
譬如斷人頭不可復起若犯此法不復成比
丘故。

●削籍

滅擯也謂削去僧籍名
世典亦有此目。朋通紀集畧云。高擧龍溺園池
死有遺疏曰臣雖削籍僧屬大臣大臣不可屈民

大臣則辱國矣謹北面稽首以敎屈平之選
籍義見前隸籍處

●誠罰

僧史畧別立禪居云。或有過者主事示以挂杖焚
其衣鉢謂之誠罰

●筊擯

敕修淸規肅衆云。若僧人自相干犯。當以淸規律
之若鬬諍犯分。若汚行縱逸侵漁常住若私糺
錢物宜從家訓毋揚外醜。蓋悉稱釋氏準俗同親。
恪守祖規隨事懲戒。重則集衆筊擯輕則罰錢罰
香罰油而榜示之。如關係錢物則責狀追陪惟平
惟允使自悔艾。

●罰錢

見筊擯處又克賓罰錢見職位門維那處

罰香
　見二筆撥處一

罰油
　見二筆撥處一
　南禪規式義堂罰榜多罰油爻見二筆撥規一請假處一

罰茶
　南禪規式義堂和尙住二南禪一日罰榜式中云某甲
　上座衆寮點茶不赴行益無禮甚罰茶一斤今後
　不赴行益者皆准此維那照營

還俗
　居家必用吏學指南篇云還俗謂僧道犯罪歸家
　者
　經國大典註解云還俗僧道出家曰棄俗若犯罪
　令其還歸本俗爲民也

歸俗
　居家必用吏學指南篇云歸俗謂僧道無罪自願
　歸家也

第十六類　報禱門

聖節
　忠曰天子生日曰聖節
　敕修清規聖節云欽遇聖節必先啟建金剛無量
　壽道場　其規詳彼
　小補韻會云聖武正切說文聖通也通論曰通
　而先識曰聖於文耳呈爲聖心通萬物之情若
　耳之通聲
　尙書洪範云睿作聖　傳於事無不通謂之聖

正義曰。鄭玄周禮法云。聖通而先識也。是言識
事。在於衆物之先。無所不通。以是名之爲聖。聖

書言故事云。會稱天子曰聖皇聖帝。
皇乃握乾符。注。班固稱光武爲聖皇。晁錯策。
五帝神聖。其臣莫能及。前漢書。故後人會稱天
子曰聖帝。

僧史略云。生日爲節名。自唐玄宗始也。魏大武帝
始光二年。立道場。至神麚四年。敕州鎮悉立道場
慶帝生日。始光中是帝自崇福之始也。神麚中是
臣下奉祝帝壽之始也。自爾以來。臣下吉祝。必營
齋轉經。謂之生辰節。道場今盛行焉。又云昔
漢祖與盧綰同日生。有奉酒饌相遺。此爲慶生之
權與也。後則束帛壺酒。孩兒服玩。以加祝賀。大則
玉帛。長生久視之意。屬子物品。以爲慶生之豐禮
也。及開佛法中。有弭災延命之說。則以佛事爲慶
也。元魏後周隋世。多召名行廣學僧。與儒道對論

悅視王道。亦憂生之美事矣。唐高宗召貴公等於
御前與道士沙門講說經義德宗誕日。御麟德殿
命許孟容等登座。與釋老之徒講論貞元十二年。
四月誕日御麟德殿詔給事中徐岱兵部郎中趙
需。及許孟容韋渠牟與道士葛參成沙門談筵等
二十八人講論三教渠牟最辯盈於麟德殿九月誕日召
白居易與僧惟澄道士趙常盈於麟德殿談論居
易論難鋒起辭辯泉注上疑宿構深嗟詔之莊宗
代。有僧錄慧江與道門程紫霄談論互相切磋誑
浪嘲戲以悅帝爲莊宗自好吟唱雖行營軍中亦
攜法師談讚。或時嘲挫每誕辰飯僧則內殿論義
明宗。石晉之時。僧錄雲辯多於誕月談讚皇帝親
座累對論義。至大宋太祖朝。天下務繁乃罷斯務。
止重僧講三學爲上。此無乃太厚重。而貞實乎。
宋洪遵容齋三筆云。唐德宗以誕日蕆歲詔佛老
者。大論麟德殿。并召給事中徐岱及趙需許孟容
韋渠牟講說始三家若矛盾然。卒而同歸子善帝

火悦賀予有差。此新書列傳所載也。云。國朝命僧。
升座祝聖焉。本於此。
宋喻文別睡玉集云。德宗每年生日。分僧道及
給事中等官大論麟德殿。相與問難。貨賜有差。
時以為上儀。白樂天有三教論衡。我朝聖節升
座。本於此。
居家必用云。聖節唐太宗以前有宴而無節。至明
皇始日千秋節。歷代節名不同。
事物紀原云。唐會要曰。開元十七年八月五日。源、
乾曜張說等請以是日為千秋節休假三日。至長
慶七年十月十日。穆宗誕日。分天下州府置宴之
宗開成二年誕日。始禁屠宰。此樂節禁屠置宴之
始也。宋朝俱循用之。
忠按舊唐書文宗本紀。開成二年。有聖節斷屠
之制然實聖節斷屠。始於隋高祖仁壽三年。東
齋紀事辨事物紀原之誤。見節時門三長齋月
處。

隋書文帝紀云。仁壽三年夏五月癸卯。詔曰。哀哀
父母。生我劬勞。欲報之德。昊天罔極。但風樹不靜。
嚴敬莫追。霜露既降。感思空切。六月十三日。是朕
生日。宜令海內。為武元皇帝元明皇后。斷屠。
周必大淳熙玉堂雜紀云。錢文僖公惟演。金坡遺
事云。舊規學士六人。遇聖節。共率二百二十緡。寺中
設齋。今送五十千。與樞密院同開道場。前一日赴
宴。當時所記。如此。近覺樞密院滿散聖節。及貢院
賜宴。則學士待制皆與。而無送錢故事。

●六好日祝聖

帝王誕生。支干相當之日。諷經祝讚。一年有六箇
本命好日。故曰六好日也。
幻住清規云。一年內有六日。是本命好日。此六日
亦與朔望同。粥前誦三大悲咒。祝聖切惟皇恩如天
之覆。林泉儒弱之者。仰承帝澤。而獲終身之安其
贊祝之誠。豈可擇日而為之。蓋二六時中。俯仰折

旅皆是謝恩祈禱之時也。今特取本命朔望而爲
者。乃表而出之之意也。

又云。如遇本命好日。回向。稱甲子令辰。

莊子天地篇云。堯觀乎華。封人曰。嘻聖人請
祝聖人使聖人壽。

忠曰祝聖祝壽語。出于此。

使爲政敎也。

文選劉越石勸進表云。高祖宣皇帝。肇基景命。
註良曰。肇始。景大也。

● 景命日祝讚

天子即位之日祝讚諷經。

忠曰。或以六好日爲景命好日。非也。

敕修清規景命日祝讚云。景命好日隔宿堂司行者
報衆掛諷經牌。

忠按景命日益每月有祝蒲室集奉敕重修百
丈清規疏語中。十二箇月。但除正月三月。餘皆
有景命日祝香語。都十道。

詩經既醉篇云。君子萬年。景命有僕。箋云。成
王女既有萬年之壽矣。天之大命又附著於女謂

● 每日祝讚

敕修清規每日祝讚云。讚粥二時。下堂。僧衆必須
登殿。維那舉無量壽咒三遍。回向。

舊說曰。每日三時。祝禱皇風永扇。帝道遐昌者。
唯有禪林而巳。餘所未聞之。

● 萬歲祝君

敕修清規聖節黃牓式云。逐日輪僧上殿。披閱眞
詮宣持密號。所萃洪因端爲祝延今上皇帝聖壽
萬歲。萬歲。萬萬歲。

禪林開堂祝聖有萬歲語。蓋葉縣省禪師爲始。

九門祝聖後代例有萬歲萬歲語。

虎堂恩和尚育王錄入寺云。師陞座拈香云。此一

拈香藐向爐中。恭爲祝延今上皇帝。聖躬萬歲萬

歲萬萬歲。陛下。恭願堯仁廣被。舜德日新。　徑慈

云。此一瓣香。恭爲祝延今上皇帝。聖躬萬歲萬歲

萬萬歲陛下。恭願如日之明。如天之普。九州共貫

無學元禪師。建長錄入院云。驟步登座。祝聖拈香

忠曰。日本有萬歲萬萬歲語。此爲始。自後

幷包有截之區。三景同光。申錫無疆之祚。

大休念禪師。一山寧禪師。皆有此語。

明極俊禪師。建長錄入寺云。祝聖拈香。大日本國

相模州巨福山建長興國禪寺新住持傳法臣僧。

入院開堂之次。虔爇此香一端。爲祝延今上皇帝聖

躬萬歲萬歲萬萬歲。皇帝陛下。恭願統一國聖明

之算。如日如月。欽崇世鴻熙之祚。同地同天。

忠曰。大日本國等語似今時造語者。此爲始。

前漢書郊祀志云。武帝登中嶽太室。從官在山上。

聞若有言萬歲云。

祖庭事苑云。呼萬歲自古至周。未有此禮。按春

秋後語。趙惠王。得楚和氏璧。秦昭王聞之。遺王

書願以十五城易之。趙遣藺相如奉璧入秦。秦

王見相如奉璧大喜。左右呼萬歲。又田單守即

墨。使老弱女子乘城。上僞約降。燕軍皆呼萬歲

馮瑗之薛。召諸民償者。合券。券既合。乃矯孟

嘗君之命。所償民債。因燒其券。民皆呼萬歲

至秦始皇殿上上壽。羣臣皆呼萬歲。見優孟傳

蓋七國之時。衆所喜慶。於君及拜。恩慶賀。以爲常制文詔

後臣下對見於君。皆呼萬歲。自漢已

山呼者。漢武帝。至中嶽翌日親登崇高御乘

屬在廟旁。吏卒盛聞呼萬歲者三。山呼萬歲者。

自漢武始也。

野客叢書云。東漢臣下。多呼萬歲。馮魴既降華

容赦其罪。各返農桑。皆稱萬歲。耿恭於疏勒中

拜井。得泉。衆皆稱萬歲。援曰。今賴士大夫之

力。蒙被大恩。紆佩青紫。吏士皆稱萬歲。歲旦門

下。王望請上太守壽。縁史皆稱萬歲。臣下往往。若此。不以爲僭。此猶可也。觀漢刻中。有故民吳仲山碑。其銘中。有子孫萬歲之語。民猶稱萬歲。官吏可知。鮮有非之者。惟竇憲爲將軍至長安。尚書以下議。欲拜之。伏稱萬歲。韓稜正色曰。禮無人臣稱萬歲之制。議者皆斬。所避忌者。惟此語。此語在當時不無諱避。但不至如後世之切耳。

事物紀原云。萬歲考古。逮周。未有此禮。戰國時秦王見藺相如奉璧。田單約降燕。馮瑗焚孟嘗君債券。左右及民。皆呼萬歲。益七國時衆所喜慶於君者。皆呼萬歲。秦漢以來。臣下對見於君拜恩慶賀。率以爲常。

宋許觀東齋紀事云。萬歲之稱。不知起於何代。商周以來。不復可致考。呂氏春秋。宋康王飲酒室中。有呼萬歲者。堂上悉應。戰國策馮諼燒債券。民稱萬歲。藺相如奉璧入秦。秦王大喜。左右皆呼稱萬歲。韓非子。巫覡之祝人曰。使君千秋萬歲之聲聒耳。新序梁君出獵。入廟中。呼萬歲。曰。幸今日也。紀信乘黃屋載左纛曰。食盡漢王降。楚呼萬歲。陸賈奏新語。君善。呼萬歲。漢武帝登嵩高。呼萬歲者三。元帝送許后入太子家。謂左右。酌酒賀我。左右皆呼萬歲。馮婕趙臣將兵助異。拜送綠縠軍中皆稱萬歲。王尊曰。今日雖擊牛醼酒勞饗軍士皆稱萬歲。伏王馬援封侯。乃首請上壽。縁史皆稱萬歲。吳甘寧入魏營。斬數十級逕入營。作鼓吹稱萬歲。是則慶賀之際。上下通稱之。初無禁制。不知自何時始專爲君之祝也。

孔氏雜說云。人臣不嫌稱萬歲。馬援傳援釀酒享軍士皆伏稱萬歲。是也。

居家必用云。萬歲大雅云。虎拜稽首天子萬年。始於戰國以來。臣下對君慶賀。呼曰萬歲。

又詩經大雅旣醉篇云。君子萬年。介爾景福。

又小雅瞻彼洛矣及駕為篇。有二君子萬年語一。
宋史外國傳云。勃泥國。在二西南大海中一。太平與
國二年。其王向打遣レ使賚二表入貢一。其表以二華言一
譯レ之云。勃泥國王向打稽首拜二皇帝萬歳萬歳
萬萬歳一。願二皇帝萬歳壽一。今遣レ使進貢云云。
三才圖會儀制類。蕃國接詔儀云。司賛唱揖笏
鞠躬三舞蹈三拱手加レ額。山呼萬歳山呼萬歳
再山呼萬歳出レ笏俯伏興。
元史禮樂志云。通賛賛曰揖笏。曰鞠躬。曰三舞
蹈曰跪二左膝一三叩頭。曰山呼。曰再山呼。
凡傳二山呼一控二鶴呼譟一。應三和曰二萬萬歳一一。
萬歳一傳二再山呼一應曰二萬歳一。曰出レ笏。曰就拜曰
興。
忠曰。累言三萬歳萬歳萬萬歳一。見二宋史勃泥國
事中一。及圖會蕃國接詔儀中。其於二中國一見二元
史禮樂志一。然則如二上累言一者。本是西戎北狄
之祝語歟。

●修正

義堂日工集云。永和五年己未正月。在二報恩一正旦
對二衆説一云。吾國叢林。或三日或五日。修正勤行。亦
是同レ國俗也。吾山例定坐七日。以祈二國家安全一。亦
成辨自己修行也。

●二祖三佛忌

二祖者。達磨及某寺開山也。或云。達磨百丈二忌
也。三佛者。涅槃忌誕生會成道會也。
忠曰。誕生成道非レ忌。然言二二祖三佛忌一隨レ多得レ名
也。
正月十七日。為二百丈忌一。十月五日。為二達磨忌一。然日
本古來不レ修二百丈忌一。故加二某寺開山忌一以為二二祖
忌一矣。凡開山忌。自二常住經營一之。達磨百丈二忌率
衆財營辨。非二常住措一致レ之。

●佛誕生會

四月八日、其規如清規。

忠按、佛生日、當以二月八日為正、何緣作此說曰

周書異記云、昭王二十四年甲寅歲四月八日、江

河泉池、忽然汎溢、井皆騰涌、宮殿震動、其夜五色

光氣、貫于太微、徧于西方、作青虹色、時王問太史

蘇由、由對曰、有大聖人出于西方、故現此瑞、玉、曰、於

國無損乎對曰、一千年後、聲敎當被於此、忠、於

以謂、周書異記、周時記錄、必當用周正、則其四月

卯建、是夏小正二月卯建也、故當定二月八日為佛生

日、然今例用四月八日、是以周四月卯建認為夏小正四

月建而已。

僧史略云、今東京以臘月八日浴佛、言佛生日、

者、案祇桓圖經、寺中有玻瓈師子形、如拳許大、

口出妙音菩薩聞之、皆超至地位、每至臘月八日、

舍衛城中士女、競持香花、來聽法音、詳彼不言

佛生日、疑天竺以臘八為節日、其又疑是用二

論二月八日、臘月乃周之二月也、京西遼遠、故

多差異焉。

薩婆多論云、佛、二月、八日、沸星現時生、

忠曰、東京臘八稱佛生日者、以余觀之、周書

異記、四月八日佛生、而周四月、即夏小正二

月建也、然、或以夏小正二月、又認為周二月、

丑建周二月、即夏小正十二月、故以臘八為佛

生日也、又薩婆多所謂二月八日、故以臘八為佛

以合夏小正二月、然贊寧以為周二月、而

夏小正二月、即合周正月、自引周書異記現

瑞證佛生何不主張周四月卯建佛生義耶、又

臘八浴佛、出于譬喻經說、會處引成道然贊寧

不得之、強援祇桓圖經、未足成浴佛義。

忠曰、佛誕生、或省言生、但言佛誕者、非也。

趙與旹賓退錄云、詩誕彌厥月、誕大也、朱文公

則以為發語之辭、世俗誤以誕訓生、遂有降誕

慶誕之語、前輩辯者多矣、書曰、誕膺天命、誕亦

大也、范曄贊光武乃有光武誕命之語、尤不可

論、後漢帝紀云、誕育百餘日、亦誤。

◉佛成道會

十二月八日。其規如清規。

忠曰。八相事略云。佛成道五大院。安然出五說。一〔出西域記一〕二月八日〔出因果經二〕四月八日〔出泥洹經三〕三月八日。忠〔出西域記一〕三月十五日〔又出西域記一〕五。八月八日，

按佛祖統紀正宗記等取二月八日說似以因果經為正。然中華日本古今用十二月八日。此名義集引周書異記云。周穆王二年癸未二月八日。佛年三十成道。

會之云臘月乃周之二月也。此

正當今之臘八也。此

忠曰。周書異記者。周時記錄。必可用周正則其二月。建丑。是夏小正。十二月也。

臘八有浴佛者。

丹霞淳禪師錄臘八上堂云。屈指忻逢臘月八。釋迦成道是斯辰。二千年後追先事。重把香湯浴淨身。諸禪德。古有十六開士。因僧浴時。隨列入室。忽悟水因。洞明妙觸。盡入圓通境。

界大洪今日普請往靈濟殿上灌沐釋迦如來箇中亦有悟底消息。諸人還會麼。香湯敲瀝兩三杓便向如來頂上傾。

臘八浴僧有本緣。法苑珠林云。醫喻經云。佛以臘月八日。神通降伏六師。六師不如。投水而死。仍廣說法。度諸外道。外道伏化。白佛言。佛以法水。洗我心垢。我今請僧洗浴。以除身穢。仍為常緣也。今臘月八日洗〔唯出此經文一〕

釋氏要覽引醫喻經。作請佛僧。洗浴身垢。註云。今淮北及至三京皆用臘八浴佛。

又寶積經云。波斯匿王女無垢施。始年八歲。二月八日沸星現日。與五百婆羅門。俱持滿瓶水出至城外。浴天像。婆羅門見諸比丘。在門外立。皆謂不吉談。依之二月八日浴像。本是天竺風俗。

◉佛涅槃忌

二月十五日。其規如清規忌義。見節時門忌日處。

● 達磨忌

十月初五日。其規如清規。

● 百丈忌

正月十七日也。

清拙澄禪師圓覺錄百丈祖忌拈香語尾云。白丈
祖忌日本未曾講行。今次初設此禮。百丈以前無
住持。今之住持。兩序大小職任堂宇規式。皆百丈
祖立之。爲長老者。不肯設忌。可謂昧本。本且不知。
末矣取焉聞之者。足以勸。

● 開山忌

某寺開山入滅日。修供養其規見清規。

● 嗣法師忌

某寺住持之嗣法師。入滅日。修供養其規見清規。

碧巖錄云。巴陵。衆中謂之鑒多口常。纔三坐具行腳。
深得他雲門脚跟下大事。所以奇特後出世。法嗣
雲門。先住岳州巴陵。更不作法嗣書。只將三轉語。
上雲門。如何是道明眼人落井。如何是吹毛劍珊
瑚枝枝撐著月。如何是提婆宗。銀椀裏盛雪。雲門
云。他日老僧忌辰只舉此三轉語。報恩足矣。自後
果不作忌辰齋。依雲門之囑只舉此三轉語。
備用清規嗣法師忌云。巴陵三轉語作忌。不墮流
俗。後世道不及古務在廣設祭筵修營厚供可無
愧乎。近代大川做浙翁和尚忌橫川設天目和尚
忌。方丈設位置。食一分。燒香一炷大展九拜不許
諷經。二大老深有意焉。

● 憨忌

誕生日。曰憨忌。

中峯本禪師鑠吳江州太湖簡村順心禪菴高峯

和尚愍忌拈香云。順心菴裏太湖中央俄然逢愍
忌世相未能忘。大衆高峯老和尚來也。雨蒸苗葉
綠風皷稻花香。

岐陽曰。幻住清規云。三月廿三日。高峯和尚愍
忌。按高峯行狀師生宋嘉熙戊戌三月廿三日
申時。乃知愍忌是誕生日也。或云。尊宿示寂後。
稱其誕生日爲愍忌也。

雲章曰。高峯生日。中峯設愍忌齋。依此誕生日
亦言忌也。

或曰。善知識爲哀愍衆生出生應世。故其誕
生日曰愍忌。忠曰。此義杜撰。按凝絶冲禪
師錄普說云。爲令尊堂戴氏小一太君愍忌
與百日同時辨香積供此是則婦人言愍忌
非哀愍應世之義明矣。亦不必局尊宿善知
識也。

● 入牌祖堂

入祖師牌於某寺祖師堂也。

敕修清規尊宿全身入塔云。每日三時上茶湯集
衆諷經俟迎牌位入祖堂前止。或待新住持至方
入祖堂有佛事。

有存日逆修入牌養。臥雲日伴錄云。無極和
尚在世時入自牌於天龍祖堂後其孫鹿苑寺
東岳攀例又入自牌於天龍近時景南愍極皆
有是舉矣。

● 千佛會

圓悟勤禪師天寧錄。喬貴妃設千佛會上堂云。千
華顯瑞應。萬善積靈臺廣關解脫門大開無價藏。
至集無涯福祝容筭無彊云

✿ 知識會

忠曰。供養華嚴入法界品五十三善知識也。
北磵簡禪師續集靈隱散知識會首求頌云。無識

無知五十三。勞他童子遍咨參。朝來靈隱羅齋去。
添得從前滿面慚。

⊙ 祖師會

圓悟勤禪師天寧錄。祖師會上堂云。西天二十八
祖也恁麼。唐土六祖也恁麼。天下列剎相望諸老
宿也恁麼山僧也恁麼云

中峯本禪師廣錄。歷代祖師畫像讚序云。臨濟十
七傳。而至仰山雲巖和尚。先師入巖翁之室於羣
弟子未逹之先。誤中其毒。口耳俱聾。餒而深棲天
目影不出山三十年。無一法與人領荷杭之妙行
寺。嘗集五宗傳道之師遺像數千軸。每過歲旦展
拜紆白膽禮。目之曰祖師會。有好事者。圖少林至
天目直下相承二十八代祖師遺像。裒過少林譚
曰。薦三羞粲以酬返代傳持之意。

退菴先禪師錄。有祖師會上堂。

雪巖欽禪師錄。嘯巖居士。請自贊題註云。入錢塘

北關祖師會

備用清規逹磨祖師忌云。住持專誠山門軸事
備辨維那侍者提點法堂敷陳玩具書畫

忠曰。祖師會在歲旦其真逹磨之忌展掛曰
本東福寺每歲十月十七日。坐一國師忌展掛
祖師會而已備用稱敷陳書畫似不局祖像亦是
名盡珍墨數百軸觀者如堵蒸攀中華儀也。

⊙ 楞嚴會

敕修清規云。楞嚴會。乃祈保安居。其規詳彼、
月十三日啓建。至七月十三日滿散。　又云。四
備用清規楞嚴會云。古法放參後。山門首諷誦。真
歇和尚住徑山誦。眾不專誠。則在粥罷。　又云普
回向偈。真歇和尚自製。信知名行身宿一羣四海
一律也。

舊說曰。夏中楞嚴會始於真歇了禪師真歇初
住明州補陀山僧行悉病疫。歇禱觀音大士大

士夢中告云。佛在世時。有楞嚴咒。須令僧行。依
戒臘行道誦持。回向聖凡。覺而依教行法。果衆
病平愈矣。自此叢林依行。但逐一回向歇後住
徑山方作普回向偈。天下遵用。

忠曰。真歇作普回向文。及觀音夢告。誦咒脱
疫沒可疑焉。但如言夏中楞嚴會。始于真歇
為難信耳。備用云。古法放參後。山門首諷誦。
真歇住徑山。在粥罷飯。言言古法。則真歇已前。
有楞嚴會。

又普陀山志有十五卷第三卷云。高宗紹興
元年。真歇清了禪師。泛海結菴于山椒。題曰
海岸孤絕處。郡請于朝。易律為禪。又第六
卷載真歇小傳云。此山禪宗。蓋自師始開
法第一世云。此不言觀音靈夢。誦咒病愈事。

曹源生禪師錄。散楞嚴會上堂云。將聞持佛佛何
不自聞聞。曼殊室利五臟心肝盡情吐露這裡薦
得九十日內異口一音。諷演摩訶悉怛多般怛羅

無上神咒。聲聲無間。無見頂相。無為心佛。時時見
前。若也躊躇龜峯不免重下注脚卓拄杖一下。途
高聲喚云。侍者收取拄杖。

● 盂蘭盆會

盂蘭盆經云。大目犍連。始得六通。欲度父母報乳
哺之恩。即以道眼觀視世間。見其亡母生餓鬼中。
不見飲食。皮骨連立。目連悲哀。即以鉢盛飯往餉
其母。母得鉢飯便以左手障鉢。右手摶食。食未入
口。化成火炭。遂不得食。目連大叫。悲號涕泣。馳還
白佛。具陳如此。佛言。汝母罪根深結。非汝一人力
所奈何。汝雖孝順。聲動天地。天神地祇。邪魔外道
道士四天王神。亦不能奈何。當須十方衆僧威神
之力。乃得解脱。吾今當說救濟之法。令一切難
難愛苦。佛告目連。十方衆僧。七月十五日。僧自恣
時。當為七世父母。及現在父母尼難中者。其飯百
味五果。汲灌盆器。香油挺燭。林敷臥具。盡世甘美

以著盂中供養十方大德衆僧當此之日一切聖
衆。或在山間禪定。或得四道果。或在樹下經行。或
六通自在教化聲聞緣覺。或十地菩薩大人權現
比丘在大衆中皆同一心受鉢和羅飯具清淨戒
聖衆之道其德汪洋。其有供養此等自恣僧者。現
在父母。六親眷屬得出三塗之苦應時解脫衣食
自然。若父母現在者。福樂百年。若七世父母生天
自在化生入天華光。時佛敕十方衆僧皆先爲施
主家咒願。願七世父母。行禪定意然後受食。初受
食時。先安在佛前塔寺中佛前衆僧咒願竟。便自
受食時。時目連比丘及大菩薩衆。皆大歡喜目連悲
啼泣聲釋然除滅。是時目連母。即於是日得脫一
劫餓鬼之苦目連復白佛言。弟子所生母。得蒙三
寶功德之力衆僧威神之力故。若未來世。一切佛
弟子亦應奉盂蘭盆救度現在父母。乃至七世父
母。爲可爾否。佛言。大善快問。我正欲說。汝今復問。
善男子若比丘比丘尼國王太子大臣宰相三公

百官萬民庶人行慈孝者。皆應先爲所生現在父
母。過去七代父母。於七月十五日。佛歡喜日僧自
恣日以百味飯食安盂蘭盆中施十方自恣僧。願
使現在父母壽命百年無病無一切苦惱之患乃
至七世父母離餓鬼苦生人天中福樂無極是佛
弟子修孝順者。應念念中常憶父母。乃至七世父
母年年七月十五日。常以孝慈憶所生父母。爲作
盂蘭盆施佛及僧以報父母長養慈愛之恩。若一
切佛弟子應當奉持是法。時目連比丘四輩弟子
歡喜奉行。

佛祖統紀云。盂蘭盆經言。是佛弟子修孝順者。應
念念中常憶父母。乃至七世父母年年七月十五
日以百味飲食安盂蘭盆中施佛及僧。以報父母
長養慈愛之恩。此盂蘭盆此翻解倒懸言奉盆供於
三寶福田用以解飢虛倒懸之急。又述曰。目連
託救母以與緣。如來云。奉盆以薦法。所以教人道
以報重恩也。自大教東流古今帝王所以奉盆供

者爲多矣。然今之寺舍。多於此日。施斛供亡。如常
法者。雖無奉盆之儀。而不失盂蘭之意。
忠曰。依玄應意。連盆字爲梵語。
玄應一切經音義云。盂蘭盆。此言訛也。正言烏藍
婆拏。此譯云倒懸。按西國法。至於衆僧自恣之日。
盛設佛具奉施佛僧。以救先亡倒懸之苦。以彼外
書云。先亡有罪。家復絕嗣。無人祭神請救。則於鬼
處。受倒懸之苦。佛雖順俗。亦設祭儀。乃教於三寶
田中深處功德。舊云。盂蘭是貯食之器。此言誤也。
又見祭供門。盂蘭盆供處。
雲棲正訛集云。世人以七月十五施鬼神食爲
盂蘭盆大齊之會。此訛也。盂蘭盆緣起目連謂七
月十五。衆僧解夏自恣。九旬參學。多得道者。此
日修供其福百倍。非施鬼神食也。施食自緣起
阿難不限七月十五所用之器。是摩竭國解。亦
非盂蘭盆盖一則上奉聖賢一則下濟餓鬼悲敬
異田。惡惡可等混。

羣談採餘云。中元七月十五日。俗傳地官赦罪
之辰。人家多持齋誦經。薦奠祖考。攝孤判解。僧
家建盂蘭盆會。放燈水中。及塔上謂之照冥官
府。亦登郡邑腐壇祭祀。
又羣談採餘云。七月十五日。盂蘭盆之說。諸
皆主佛經目連救母。於是日以百味著盆中
供佛。然不知何謂盂蘭盆也。及讀釋氏要覽。
云。盂蘭猶華言解倒懸。似有救母之說矣。而
盂字。又無著落。問之博識。不知也。後見老學
菴筆記云。父老云。故都於中元具素饌享先
爲盂狀。貯紙錢於中。承之以竹。道枝倒。
以視方隅。而占歲之寒煖。謂盂蘭盆乃知風
俗祀先全無佛氏之意。因而考夢華錄。
以竹斫成三脚。上織燈窩。謂之盂蘭盆。又買
素食祭素米飯享先以告報秋成。但多目連經
搬其雜劇數言反覆思之。盂蘭盆實起於風
俗。而目連救母之事。偶符是日。且佛氏盂蘭

盂二字之音、又與之同、遂訛而爲二盂蘭盆一也。

或當是此葢籃盆三字、亦不レ可レ知。但佛敎與二

祀先之事一日崇、而風俗之事日遠且微也。故

不レ復知二前知二其義併筆記華錄一抄過亦錯、但於二

三字一難二通因一得二其說一贅之於レ稿二。

忠曰、欲二通盂蘭盆字義一何レ不レ讀二大金經小盂

經一此三字、本出于佛經、而燈窩爲二盂蘭盆告一

報秋成、或視二梵倒占二寒煖一皆起於二俚俗謬作一

倪縮不レ言、世俗訛二轉佛氏盂蘭盆一而爲二盂蘭

盆盆起於二風俗一不レ辨二本末一也、要知二俗儒有レ此

說故收錄一。

釋氏通鑑、唐代宗大曆元年紀云、七月壬午、作二盂

蘭盆會于二禁中一設二高祖太宗已下七聖位一建二巨幡二

各以帝號一標二其上一自二大廟一迎二入二內道場一繞吹鼓舞。

旌旜燭二天是日立仗百僚於二光順門一迎二拜導從一自

是處以爲レ常。

水滸傳云、七月十五日、盂蘭盆大齋之日、年例

各處二點放二河燈一修設好事。

忠曰、河燈、小片板樹二燭流二之於二水上一、今大清

僧寺、七月修二水懺一作此、其實、事係二水懺一而不

關二盂蘭矣。

〇祈禱

舊說曰、有災則祈禱、無災則不レ用レ之。故祈禱無二定

式一

敕修清規祈禱云、凡有レ祈禱一須二如レ法殿治一場鋪

陳供養二住持專心加二謹僧衆各務整肅一。

義堂日工集云、余告二恕義天一曰、禪家大尊二宿病

中或臨終祈禱是何義儒尚言、丘之禱久矣、況

出家視二生死一如二幻乎又今時例爲二住持本命祈

禱于方丈一是則取二笑於有識者一公他日據師位一

莫二隨例顛倒一矣。

〇祈保

忠曰。禱保安也。

敕修清規楞嚴會云。楞嚴會乃祈保安居。又月
分須知云。有處。四孟月。大衆行道諷經祈保。

● 祈晴

敕修清規有祈晴。祈雨。祈雪。遣蝗。禳日蝕禳月蝕。
等疏語。凡有災厲。則無不禱焉。

舊唐書五行志云。大曆四年秋。大雨是歲自四
月霖澍至九月京城閉坊市北門門置土臺臺
上置壇及黄幡以祈晴秋末方止。

忠曰。土臺。土剋水黃亦土色剋水義也。

● 祈雨　祈雪

祈雨祈雪等見祈晴處。

● 祈雪

法藏別傳云。景雲再春。時雨罕潤。多又不雪八皆
顒天君命召藏禁中懇訊救農之術乃啓沃曰有
經名隨求則得大自在陀羅尼若結壇浮寫是總
回向。又青苗經疏云。歲過中夏當植物長茂之

持語。投於龍湫應時必獲詔可其請遂往藍田山
悟真寺龍池所作法。未旬大雪。

● 禳日蝕　禳月蝕

見祈晴處。

● 遣蝗

見祈晴處。

● 青苗會

祈保田稼也。

敕修清規月分須知云。五月端午日。住持上堂次
第建青苗會堂司預出諸寮看誦經單
幻住菴清規云。五月二十八日起青苗經會三日。
至六月初一日散須預備香燭供料并立疏文及
預出經單請大衆結緣披閱然後聚其經目入疏

時啓建青苗勝會用保田疇、仰祈護祐。

南堂欲禪師本覺錄上堂云。毘盧藏中、有大經
卷、主伴互融、理事俱顯及乎點讀開科多是討
頭不見。山門保護青苗。為汝提掇一遍卓拄杖。
乃合掌云。稽首文殊普賢却須管取一百四十
大願下座。

忠曰。益青苗會轉華嚴經也。

介石朋禪師能仁錄、有保苗上堂。

明極俊禪師寶林錄、有散青苗經上堂。

石溪月禪師報恩錄、清拙澄禪師圓覺錄等、有
青苗會上堂。

○ 不斷輪

敕修清規新稿云。如祈晴祈雨則翰僧十員廿員
或三五十員、分作幾引接續諷誦。每引諷大悲咒
消災咒大雲咒各三七遍謂之不斷輪終日諷誦。
必期感應方可滿散懺謝。

忠曰。輪者。自第一引次第精修。數引終則復第
一引臨場如輪環然故言輪。

○ 浴佛

佛祖統紀云。摩訶利頭經。四月八日是佛生日人
民念佛浴佛形像。

舊說曰。浴佛香湯方沉香。白檀各一兩。甘松半
子、半熟透各一兩。芎藭一兩鬱金參分。此七種盛布
裊、投於鐺內用淨水三揲、煎減二揲移鐺冷之、
然後盛浴盆。

天中記云。四月八日。浴佛以都梁香為青色水。
鬱金香。為赤色水。丘隆香。為白色水以灌佛頂。
黃色水安息香。為黑色水以灌佛頂。

誕生佛像法見靈像門。

傳燈錄藥山儼禪師章云。師見沙彌洗佛、乃問、
這箇從汝洗還洗得那箇麼。彌曰、把將那箇來。師
乃休。

臘八浴佛見佛成道會處。

⑤　浴聖

浴聖僧也。

敕修清規知浴云。浴頭澄維那首座住持畢。鳴鼓
三下。浴聖桶內皆著少湯燒香禮拜想請聖浴。
高僧傳道安傳云。安立誓願忽有異僧形
殿夜見此僧從窓隙出入遠以白安。安曰。自惟罪深可度
問其來意答云。相為而來。安驚起禮訊
脫彼答云。甚可度耳。然須更浴聖僧情願必果具
示浴法安請問來生所之處。彼乃以手虛撥天之
西北即見雲開備覩兜率妙勝之報爾夕大眾數
十人悉皆同見。安後營浴具見有非常小兒伴侶
數十來入寺戲須臾就浴果是聖應也。
法苑珠林。洗僧法云。敷揚玄教已自周圓殿儀洗
具後皆備訖唯眾一心。奉請三寶稽首歸依。上請。

十方諸佛。三世慈尊。五分法身。真應兩體。九十八
使。惑經已盡。三十二相。微妙莊嚴寶無四求假同
四事。為眾生故。有感便來唯願各各。乘摩尼寶殿
坐云碼碯雲中。放百億光明照三千剎土梵王持香。
帝釋布華。降此道場入溫室浴次請發心已上補
處已還歡喜離垢之人善慧法雲之士三賢十聖
一切諸菩薩惟願運天人於掌內安法界於毛端
齊取四足之靈鵬俱騁六通之神驥不見相而見
不來相而來降此道場入溫室浴次請山中宴坐
獨覺大人言下證真。四果高士及向題聖僧賓頭
上座等。惟願空中振錫戲六神通雲內持缾具十
八變發波斯之正信伏勞度之邪心及此現前和
合大眾。百千臘已下乃至無臘竝入溫室浴次請
弘慈本誓譬度四生方便善權權形六道隨登即
至。如影赴身。不念即彰。不請之友。竝入溫室浴次
請三界天眾。四海龍王八部鬼神。一切含識有形
之類蠢動之流竝入溫室浴。

又南海寄歸傳出灌沐尊儀法

◯焚　疏

忠曰。日本禪林修正滿散。解夏滿散焚疏及經馬
紙錢。在諷經後。而諸清規未錄此。　化二紙送一見二
　　　　　　　　　　　　　　　　送財門一
大慧爲孟宗丞普說云。本朝仁宗皇帝時京師有
言法華者。不知從何所來。常行闤闠中。飲噉無所
擇。道俗莫能凡聖之時。呂文靖公作相欲驗其眞
僞。焚疏請明日就府第齋言公如期果至。文靖
遂釋所疑。

◯跪　爐

敕修清規聖節云。兩序分班對立住持就跪知客
跪進手爐侍者跪進香合維那白佛宣疏畢知客
跪接爐住持收坐具。
備用清規聖節云。或住持受州縣闔請上首知事。
偏位跪爐庫司客頭跪進手爐復跪接爐庫司茶

頭跪進香合。又如來降誕云。如或住持它緣首
座偏位跪爐聖僧侍者堂司庫子跪進手爐香合。
方丈侍者亦得爲法重也。古宿公論唯佛祖忌當
首座代住持爲傳法故聖節知事代爲山門也。大
慧笑翁省行之。

舊說曰。聖節知事代住持跪爐由山門設供矣。
若三佛二祖率衆財設供則首座代住持偏位
跪爐僧侍者進手爐庫司行者進香合如今
日本三佛二祖山門設供。而住持不在則須都
寺偏位跪爐也。

忠曰。備用重法故首座代住持。舊說則衆財
設供。非由山門。故首座代焉。若依備用意則
三佛二祖雖山門設供須首座代也。又
按備用言知事代。爲山門也者。謂聖節事係
山門世諦也。非謂爲山門設供。舊說應於野
矣。

敕修清規楞嚴會云。原夫大衆拜與住持跪爐宜

疏者,以祝聖壽,報佛恩,當嚴其禮,以示特重.
僧史略云,據寄歸傳中曰,焚香胡跪,歎佛相好合
是導師胡跪爾.（胡跪法,禮則門詳.）

忠曰,跪爐,亦見世禮.戒環法華要解云,偏右
肉袒,示降尊法.右膝虔跪,示屈節,致欽也.祖
跪,不唯西竺之禮,此方春秋,鄭伯肉袒降楚,示
為臣僕,及饗則跪爐,祭則跪,奠皆致欽也.
宋史禮志忌日云,命行香羣臣,班殿下,宰相一
員升殿跪爐,而罷通揖.又云,宰相執政官,分
左右行香訖,執笏俱復位,次引班首升殿,詣香
案前,俛伏跪,搢笏,執爐.俟讀疏畢,執笏俛伏,與
降階復位.又再拜退.

●出班上香

敕修清規聖節云,行者鳴鈸.維那轉身爐前揖住
持上香,燒香侍者捧香合.次東堂西堂出班上香,
次兩序對出,向佛問訊,上香畢,兩兩相朝,轉身歸

位,大衆同展三拜.又兩序出班上香云,凡出班
上香,行者鳴鈸,維那出爐前,向外偏立揖住持上
香侍者捧合.次揖兩序,相朝而出,轉身問訊住持,有
香,捧上香,若聖節,佛祖嗣法師忌,無借香問訊.
然後上香.佛祖降誕,維那揖班上香.
立班西堂,當先上香.或謂首座,已出世,當先上香
者,非蓋必與都寺同出班故也.
忠曰,出班燒香,亦見世禮,宋史所謂宰相執政
官,分左右行香,止此是也.見跪爐處.

●揖班上香

即出班上香也.
敕修清規佛降誕云,維那揖班上香.

●放生

佛祖統紀云,放生,光明經,述流水長者救魚,十千
天子報德,此緣起也.智者買斷蒿梁,悉罷江上採
捕,此立法也.起計詔獄中之難,報修禪堂上之恩.

此顯驗也。此三事並見二知者紀一唐肅宗乾元二年。詔沃下罝二
放生池凡八十一所爲顯真。本朝真宗天禧元年。
詔復天下放生池沿二江淮州郡上下水五里並禁二
探捕通塞志一見二慈雲奏西湖爲放生池以四月八
日會郡人縱二魚鳥法智於南湖以佛生日放魚鳥。
祝聖人壽樞密劉均奉敕撰碑此皆放生之梗槩
也。
釋門正統曰。復次精舍所露。號曰仁祠式警羣迷
津形悲濟於彼坊佐或臨二江湖川澤污沼隄防之
處多有二因高就下普化博施捐以爲放生池者盖
艫雖非於真經滲瀝實推於佛隴自天台海曲買二
鄨梁之地綿亘三百里敷奏王家全宥潛蟄因蚶
巷曰海上漁人截流一網巨尾藏鱗皆爲所有。
一日何止萬死耶智者誓報放生池於海涯當其放
之也。則爲授歸戒說大法然後縱之海中圍圍洋洋
洋得其所也。而不知日活幾千萬億乎智者沒至二
唐末中國台道漸息而海東諸國區緝忠法師謂。

智者緣在此方而道敷于海東者此必放生諸魚
所致耳。聞者莫不笑之以余觀之其語若誕教理
有憑流水十千天子。即脫魚報豈非此乎中與以
來祥開延慶化廣葛川金塘大堤歌放劉禮部之
頌潛潯淥浦酧於王丞相之恩故敕行錄金園集
各有放生犧軌鱗番疊幅率土化之佛生之旦衆
大和會浮泛綵罽演唱竺墳悟流水勝因識御珠
善報者舉鈌揚塵揮汗成雨固不待於百年而後
勝殘去殺也況勤以祝壝爲名則愛國愛君顧不
韙歟。又利生志中廣說文繁不錄。
放生事在外典。列子說符篇云。邯鄲之民以
正月之旦獻鳩於簡子簡子大悅厚賞之。客問二
其故簡子曰。正旦放生示有恩也。客曰民知君
之欲放之競而捕之死者衆矣。君如欲生之不
若禁民勿捕。捕而放之恩過不和補矣。簡子曰。
然。

第十七類　諷唱門

◉諷經

敕修清規祈禱云。鳴鐘集衆諷經。

南禪規式。夏中罰。不赴諷經者。法云籤書衆僧
雙字名寶簡。每日勤行時。堂司行者置簽筒於
佛前諷經畢。住持指筒堂司行者取筒振掉三。
而至住持前。維那出班。至住持右邊。住持抽籤
度之。維那接之。呼所書名三度。若無答者。則知
不赴。乃以籤度聽叫不赴人。上方丈乞籤若懈
及數回。則住持持小片紙。書罰金式貼佛殿柱罰
金壹片。懈者納之方丈。

❀六諷經

忠曰。每月。兩回。六諷經謂。初二日。土地。初三日。祖

師。初四日。火德。初五日。韋天。初六日。普菴。初七日
晚鎮守。自十六日。至二十一日。亦如上次第矣其
初二及十六。土地諷經見幻住清規。自餘未得中
華書所載。又未知。此方何人肇製也。

●二日、十六日、土地諷經

幻住清規云。每月初二。十六。是衆聖衝會之辰。常
住營備香華燈燭。茶果珍羞就土地堂鋪設供養。
大衆諷楞嚴咒。
輿禪護國論云。土地神事。謂每月初二。十六兩日。
諸神法施隨處不同。
忠曰。禪林土地諷經。用此日。而築西時。已立規
焉。

❀每日二時諷經

忠曰。每日。粥罷齋罷。放參罷。此三時。上殿諷經也。
蓋粥前坐禪。不可諷經齋前亦坐禪。不可諷經故

敕修清規亡僧云。齋粥殿堂諷經罷及放參罷首
座領眾。至龕前維耶舉三大悲咒。
備用清規日用清規云。食訖鳴鍾一下住持下地。
次第挂鈝出堂上殿諷經。
祖庭事苑云。日晡念誦謂之晚參參辭小
無住雜談集云。東福開山聖一常令眾早朝諷楞嚴
咒日中諷勝陀羅尼渡宋僧啟曰若依末地規
則此山事行夕矣師曰宋地僧專修坐禪四時坐
禪外更有常坐者故事行少矣如日本僧疎于定
坐若不修誦咒何以消信施或修禪如宋土則止
誦誦亦可乜會游咒功德消信篤見于其說。
夢窓國師夢中問答集云。唐土禪院每朝粥後唯
誦大悲咒一遍耳蓋坐禪為急務故若誦楞嚴咒
名為楞嚴會亦是近代始起然但於夏中矣每晚
誦楞嚴咒名為放參著。日本始行如唐土敎參別有
規矩建長寺。本無日中諷經弘安年中有蒙古襲
我之流言日中始誦普門品以祈寧謐自此為永

武遂戒朝中暮三時勤行雖非宗意慣習既舊後
代長老不得停罷焉。雖然末世僧多懶惰不勤禪
坐苟有此輩則徒路誦誦無益且當負彼重世法
好新護檀主之意故諷經院不可缺三時諷經其回
向意專祈天下太平檀信安穩耳矣。
後隊和尚和泥合水云。敎家未聞有誦咒成
佛道之理。況乎平禪宗若依看經成佛則世常用
六年端坐為什麼何禪錄載事三時勤行耶原
之日本弘安年中有蒙古襲我之說。時官家令
佛寺行新禱此為濫觴矣。山僧熟思者殷賓非
祈禱可是佛法王法衰因緣也。其故何謂若
不為。如此勤行乃至俗學文筆費時日直從出
家本志放下一切單單以坐禪行道為專要扶
豎敎外別傳宗欲則應當佛法王法繁與師檢
同游戲解脫大海然則諸神加擁護天龍生欣
悅魔外悉屈伏矣。現當二世祈禱何以加焉。
忠曰朝午諷經敕修亡僧章可以為證晡時

諷經。事苑文可以爲證。然則中華亦有三時
諷經。夢窓所議。蓋在日本以此爲專行不務
坐禪乎。

● 日中諷經

忠曰。中華齋罷諷經。可在日中見三時諷經處。如
日本日中諷經正在齋前。

義堂日工集云。府君赴西芳精舍。臨齋君就子僧
堂。聽衆僧誦金剛經。云。每寺如是乎。余曰。日本號
日中諷經者。昔爲外國敦來襲建長寺始誦法華
普門品。爾來每寺。或誦金剛法華圓覺等經。今天
龍臨川等。則以南禪爲準等持則讀圓覺經君信
心增發形於面貌。

● 半齋諷經

舊說曰早粥已過午齋未及。在其中間諷經。故曰
半齋諷經又見節時門半齋處。

敕修清規達磨忌云。堂司行者復來日半齋各具
威儀散忌諷經。

● 臨齋諷經

舊說曰祖師半齋諷經。亡者臨齋諷經。臨齋者臨
午齋之時也。又見節時門臨齋處。

● 結緣諷經

敕修清規開山歷代祖忌云。或鄉人或江湖舉咒。
解者曰結緣諷經也。

● 念誦

覺苑大日經演密鈔云。梵語嗢醯此云念誦。
忠曰。今禪林念誦謂念三十佛名也。　三八日念
誦見節時門三八日處。

敕修清規念誦云。維那先離位。至門首向住持立。
台掌念誦。上八中八云。下八云。白大衆。如來大師

入般涅槃至今大元重紀至元元年已得二千二
百八十四載是日已過命亦隨減如少水魚斯有
何樂衆等當勤精進如救頭然但念無常慎勿放
逸伽藍土地護法護八十方檀那增福增慧爲如
上緣念清淨法身十號三云。

忠竊按下八念誦本於西竺法何以知之中論
吉藏疏云外國祇洹精舍銘出在古涅槃經後
載之云佛正法千年像法千年末法萬年天竺
朝夕衆中恒唱此事云佛法若千年已過佛法
欲滅老死至近宜須精進。

每日念誦於食時念之。

大鑑小清規維那須知
法曰凡齋粥二時僧堂念十佛云先出聲念遂日
小回向滿堂聞回向聲次大出聲念十佛名多有
念誦南泉云吉贊行者設粥請大衆爲狸奴白
彼文繁不錄。

還日回向如
傳燈錄甘贄行者章云於南泉設粥云請和尚
維那不依唐僧說堅執曰本古例不不念小回向云

粘念摩訶般若波羅蜜甘乃禮拜便出去南泉
却到廚內打破鍋子。

● 十佛名

舊說曰凡十念之稱可通一切佛號然道安所制
食時十念特稱爲十佛名也即今十佛名也十是存
大數實佛名不到十或復除阿彌陀大勢至拘十十
句之數非也釋迦是穢土佛文殊普賢其弟子而
表理行彌陀是淨土佛觀音勢至其弟子而表悲
智此六名淨穢相待而標舉已取二伴之觀音豈可
去主之彌陀耶凡釋迦現穢國教衆生厭此求彼
彌陀居淨邦迎衆生接取不捨此謂遣迎而今
之揀意亦在此故彌陀勢至不可除也又彌勒是
稷土東宮觀音勢至是淨土東宮也若然則可配
于何位次大偶覽一聲彌勒次云極樂世界阿彌陀
佛又觀音次云大智勢至菩薩吳冠已所錄釋道
安食時念三寶列次亦同此今本宗鑑遠多寶然

禪林象器箋　　第十七類 諷唱門

二一六

釋門正統云佛圖澄有弟子曰道安令僧食時念
佛。取法。報見未。攝攝及二土四大弟子爲十聲。餘
爲結句也。或者昧之。溺於數而缺其所念過矣。
忠曰。法報可知。見現在釋迦未未來彌勒二土。
娑婆極樂四大弟子彼土觀音勢至此土文殊
普賢也。攝攝者何舊說曰彌陁是攝取不捨之
佛。故云攝也。次攝總攝義謂十方三世一切諸
佛也。

東福雲章慶和尚劉十佛科圖自述意曰十佛名
古來諸祖未檢得本據明國亦無明答者予頃於
道安法師傳得之。仍作科線如左。

總念——稽首薄伽婆圓滿修多羅。大乘菩薩衆。功
德難思議。
　忠曰。上三句。
　如次佛法僧。

別念
　佛
　　別
　　　法——清淨法身毘盧遮那佛／圓滿報身盧舍那佛
　　　報——此土——本師——千百億化身釋迦牟尼佛／當來下生彌勒尊佛
　　總——應——他土——西方無量壽佛／十方一切諸佛
　僧
　　別——此土弟子——大聖文殊師利菩薩／大行普賢菩薩／大悲觀世音菩薩／大智勢至菩薩
　　總——他土弟子——諸尊菩薩摩訶薩
　法——摩訶般若波羅蜜

忠曰。彌陁報身。科何爲應身謂勝應身也。復觀
音補處乎樂土授記經則彌陁當入涅槃入涅
槃之佛豈非應身耶。又文殊言大聖者華嚴演
義鈔云大聖言大聖者。即文殊也。不指其名直言大
聖。今山中稱念。但云大聖菩薩。即舉總稱別指
吉祥耳。
　忠曰。山中者。謂五臺山也。
又曰毘盧遮那。此云徧一切處盧舍那。此云光

明偏照文關淨海釋迦牟尼此云能仁寂默語

譯集

忠曰。律苑事規載佛名十方三世一切諸佛下加

大小兩乘昆尼戒藏一切法寶大勢至菩薩下加

十方三世諸大菩薩南山宣師菩薩大智律師菩

薩西天此土傳法祖師歷劫緣受得道真祇而無

諸尊菩薩已下兩句蓋以古來十佛名無己宗祖

名所依法名為關典矣

又曰。永平清規赴粥飯法舉之。加大乘妙法蓮華

經一句古惠福寺十佛名岐陽和尚勢至下加聖

一國師

忠曰。十佛名每日粥飯二時唱之。道安云。令僧

食時念佛此已言食時。則粥時飯時應皆念也

● 五　觀

忠曰。律苑事規展鉢法云作五觀想念云。一計功多少

日用軌範展鉢法云。作五觀想念云。一計功多少

量彼來處。二忖己德行全缺應供三防心離過貪

等為宗四正事良藥為療形枯五為成道業故應

受此食。

忠曰。此全依釋氏要覽所載而要覽不言出處。

行事鈔對施與治篇云。約食時立觀以開心道

略作五門明了論。如此分之。

行事鈔隨戒釋相篇云。食須觀門五。別一計功多

少量彼來處。二忖己德行全缺多減三防心顯

過不過三毒四正事良藥取濟形苦五為成道業。

世報非意。又對施與治篇云。初計功多少量他

來處智論云。思惟此食墾植耘耨收穫踐治舂磨

淘沙炊爨乃成用功甚多。計一鉢之食作夫流汗

集合量之。食少汗多。須臾變惡我若貪心當墮地

獄噉燒鐵丸。從地獄出作諸畜生償其宿償或作

猪狗常噉糞嚢除故於食中應生猒想。僧祇云。告諸

比丘計此一粒米用百功乃成奪其妻子之分求

福故施。云何棄之。二忖己德行噉尼母云若

不坐禪誦經不營佛法僧事受人信施為施所墮

若無三業知故而施俱為施墮。比丘強飽食施主

食憍慢意。或自食己食強飽過。分為施所墮。以其

食亦從施得故。何以故佛長夜中常嘆最後限

食。減三末食。謂三末食施主能受能消。施持戒果報大。破

戒果報少故。如上律文。

但增其患故。不應無度食。三心離過。明了論疏

云律中說出家人受食先須觀食後方得噉凡食

有三種。上食起貪。慈離四事。一喜樂過貪著香味。

身心安樂縱情取適故。二離食醉過竟身身心力

強不計於他故。三離求好顏色過食畢樂於光悅

勝常不須此心。四離求莊嚴身過食者樂得充滿

肥圓故。二者下食。便生嫌瞋多墮餓鬼永不見食。

噉糞樂糞等蟲初貪重故並入地獄且路如此反。

三者中膳不分心眼多起癡捨死墮畜生中作諸

此三毒成三善根生三善道謂無食故病饑渴不

下二可知。四正事良藥觀分二。為除故病饑渴不

治交廢道業不生新病。食飲減約宿食消滅又以

二事。為醫初。如油膏車。但得轉載焉問油之美惡。

二欲度險道有子飢死饑窘餓急便食子肉必無

貪味。五為成道業觀。三種。一為介身久住故。欲界

之身。必假摶食。若無不得久住緣無託故。三為修

戒定慧伏滅煩惱故。持世云。若不除我倒此是外

道。不聽受入一杯之水。佛藏亦爾。必厭我倒於納

衣蠱食。不應生著。

佛藏經云。舍利弗乞食比丘乞食得已心無染汚

持所得食從聚落出。在淨水邊。可修道處置食一

面。洗腳而坐。以食著前。應生獸離想。不淨想。屎尿

想。臭爛想。變吐想。塗瘡想。獸惡想。子肉想。臭果想。

沈重想。又於身中應生如是想。以無貪著。然後乃食。但

利弗。比丘應生如是想。以無貪著。然後乃食。但

以支身除饑渴病令得修道。作是念。我食此食

以破先苦惱。不生後苦。心得快樂調適無患身體輕

便。行步安穩。又念。食此食已。我應當得須陀洹果。

斯陀含果。阿那含果。阿羅漢果。無生法忍。舍利弗

比丘。如是食者。我聽乞食。舍利弗。若乞食比丘。於

所得食生貪心。以爲甘美而作是念。我食此食。舍利

當得好色氣力充盛不作是念。我食此食勤行聖

道。如是比丘。我乃不聽受一飲一水。何況飲食。舍利

弗。若於食中不見出道而便食者。寧自

以手割股肉噉。何以故。我不聽行者得者受他供養

不聽餘人意。謂三行道養。得道者相一大

忠曰。此經文中。有五觀中。後四觀意。第一觀。依二

智度論意。又第二觀。所謂德行。万佛藏得者行

者也。德者得也。

瑜伽師地論云。若飲食時。常當安住爲療病想。

● 咒願

舊說曰。齋粥咒願。前堂首座唱之。粥時咒願云。粥

有十利。饒益行人。果報無邊究竟常樂。齋時咒願

云。三德六味。施佛及僧。法界有情。普同供養。

南本涅槃經云。其食甘美。有二六種味。一苦。二醋。

三甘。四辛。五鹹。六淡。復有三德。一者輕輭。二者

淨潔。三者如法。粥十利見飲啖門

增壹阿含經云。世尊告諸比丘。咒願有六德。施

主檀越。成就三法。信根成就。戒德成就。聞成就。

施物復成就三法。物色成就。味成就。香成就。

忠曰。物色。味。香。是咒願六德中三法。亦可稱

三德。

禪苑清規赴粥飯云。十聲佛罷。良久打槌一下。首

座施食。粥云。粥有十利饒益行人。果報生天究竟

常樂。又云。粥是大良藥。能除飢渴消。一本作除施消饑渴一

受獲清涼。共成無上道齋云。三德六味。施佛及僧。

法界人天。普同供養。饌飯云。施者受者。俱獲五常。

色力命安。得二無礙辯已上。竝引聲高喝作一唱也。

南禪規式云。僧堂粥齋咒願。第一座唱。若闕則

書記。或飯主代之。後堂首座。必不得代之。在後堂

故。

釋氏要覽云。十誦律云。佛言應爲施主種種讚歎
咒願若上座不能。即次座能者作。
舊說曰。凡喫食。每三口咒願。此名三口咒願。蓋
爲防雜念然機劣不堪。故但於初三口而已。
釋氏要覽云。摩德伽論云。若得食時。口口作念。
凡食限三匙。爲一口。第一匙云。願斷一切惡。
第二匙云。願修一切善。第三匙云。所修善根。廻
向衆生普共成佛。但初論。身三口三意念亦得。繁
僧史畧云。西域上座。凡赴請咒願曰。二足常安。
四足亦安。一切時中皆吉祥等。以悅可檀越之
心也。

也。謁食、見軌門

敕修清規維那云。俟首座唱食。至第三句將畢轉
身退。至立僧板頭立。
敕修清規後堂首座云。如缺前堂住持別日上堂。
白衆請轉前板掃單唱食。
敕修清規維那云。首座唱食。至有無字朝龕轉身。
退立板頭。
備用清規維那云。首座唱食。至第三句將畢轉
身退。至立僧板頭立。
二時僧堂內開鉢念佛唱食遍食施財白衆皆鳴
之。

◉唱食

忠曰。一切事緣皆可咒願。如華嚴淨行品。又法
苑珠林受請篇行事鈔卦請設則篇廣明咒願。
無住和尚雜談集亦詳說。
食時咒願曰。唱食謂唱食之咒願也。或作喝食非

◉施食

唱食又名施食。與施餓鬼食。不同。見裏鬻門
釋苑清規云。首座施食粥云。粥有十利云云齋云三
德六味。云施食記。行者喝食入。願處
傳燈錄睦州刺史陳操章云。一日齋僧。自行食次。
日上座施食。上座曰三德六味。陳曰錯。上座無對。

○施財

禪苑清規赴粥飯云。維那打槌一下。首座施財喝。
云。財法二施等無差別。檀波羅蜜。具足圓滿庫頭
或維那。次第行喝。輕手放僧前單上。意任恭敬衆
僧合掌受喝。不得眼覷及不得將閣錢鄭被位作
聲。齋畢收之。

敕修清規維那云。若施主齋僧。行喝偏食槌後從
聖僧後轉左邊。朝首空問訊。復鳴槌一下而出。爲
請施財也。

資持記云。達嚫梵言。此翻財施世謂以財襯食
故名嚫者。不識華梵。又召說法爲施財者並非。

聯燈會要甘贄行者章云。甘至到南泉設齋時黃
檗爲第一座。甘云。請施財。藥云。財法二施等無
差別。甘異錢出去。須臾復云。請施財。藥復云。財
法二施等無差別。甘更行錢。

○懺法

釋氏資鑑云。梁武帝妃郗氏。有三女帝爲雍州刺
史。而妃薨其性酷妬。至是化爲巨蚺入于後宮通
夢于帝求功德拯援離苦帝聞之大驚製慈悲懺法
請僧懺佛懺罪懺化爲天人於空中謝帝功德已

得生天帝畢世不復議立后

南史云。武德郗皇后諱徽。建元末薨于武帝
及武帝爲雍州刺史姐子襄陽官舍年三十二
及武帝踐祚追崇爲皇后諡曰德后酷妬忌及
終化爲龍入于後宮通夢於帝或見形光彩照
灼帝證將不安輒激水騰涌於露井上爲殿。
衣服委積常置銀鹿盧金瓶灌百味以祀之故
帝卒不置后

歷代三寶紀。大隋錄云文帝開皇元年七月制曰
伏惟太祖武元皇帝。間關二代造我帝基追仰神
武事冥真寂思欲崇樹寶剎經始伽藍增長福因

禪林象器箋　第十七門　圖書門

微刷幽旨。其襄陽隋郡江陵晉陽並宜立寺一所。建碑頌德。庶使莊嚴寶坊。比虛空而不壞導揚茂實同天地以久長。所以每年。至國忌日廢務設齋。造像行道。八關懺海。奉資神震。

忠曰。懺悔法。追薦先亡梁隋時已見焉。

神僧傳云。悟達國師知玄。與一僧邂逅京師時僧患迦摩羅疾人莫知其異也。皆厭惡之知玄視侯。無倦色。後別僧謂知玄曰。子後有難可往西蜀彭州茶隴山相尋有二松為誌。後知玄居安國寺慈宗親臨法席賜沈香為座恩渥甚厚。忽膝生人面瘡。眉目口齒俱備。每以飲食餧之則開口吞啖與人無異。求醫莫效。因憶舊言乃入山相尋見二松於煙雲間信所約即趨其處佛寺煥嚴僧立于山陰顧接甚歡。天晚止宿。知玄以所苦告之曰無傷也。山有泉且暹之卽愈黎明童子引至泉所。方掬水間瘡忽人語曰未可洗。公會讀西漢書不。曰曾讀。旣曾讀之寧不知袁盎殺晁錯乎。公卽袁

盎晁錯也。錯腰斬東市其冤何如哉。累世求報於公而公十世為僧。戒律精嚴。不得其便。今汝受賜過奢名利心起。故能害之。蒙迦諾迦尊者洗我以三昧法水自此不復為冤矣。時知玄魂不住驚急掬水洗之。其痛徹髓絕而復蘇。其瘡亦旋愈回顧寺宇莽不復見因卓菴其處。遂成大寺。知玄感其異思積世之冤業非遇聖賢何由得釋因述懺法三卷。益取三昧水洗冤業之義名曰水懺。

釋氏稽古畧云。匡宗大德諱知玄姓陳氏威通四年。制署號悟達國師總敎門事。十二年五月。帝幸安國寺。賜師沈香裝飾寶座高二丈餘珍麗絕甚。僖宗中和二年駕幸蜀避黃巢至成都御史部尊璽書召師赴行在次年師自成都行宮辭還九隴山一珠隆起于左股。楚甚是曰人面瘡過異僧引水洗瘡。知為晁錯袁冤對也。今之水懺三卷者緣起於師也。師亦自知時謝右脅安然而近師三學洞貫名益一時世

稱二陳菩薩一。

⊛圓通懺法

六。學僧傳隋智顗傳云。永陽王伯智出撫吳與。就
山受戒。且建方等懺法。七日夜。在郡畫治事夜習
觀題一日。謂門人智越曰。吾欲勤二于修福攘一災。起
以爲王已。勤於進道。若更有所言。不知者以爲佞
也乃止。俄王出獵墮馬幾絕。顗爲轝衆作二觀音懺
法因而起。憑几坐。見僧摩頂慰問王時王流汗。
未知所答。僧遶王一而痛遂止。〔續高僧傳載、明〕〔今受二文簡。明一〕

故引一
六。學一

清拙澄禪師圓覺錄上堂云。元正五日。或演唐音。
修禮圓通懺法而作佛事。或出日本音唱念法華
懺法而作佛事。又日本錄鐵菴和尚七周忌陞
座云。賢弟子出家在家。同心竭力。修建報恩佛事。
看讀五部大乘算經修禮圓通懺法。
思中及禪師年譜云。曆應四年秋。發博多冬到明

州。船中水盡數日。師與同志修二圓通懺法摩一以祈二
雨水一。密雲忽佈。大雨滂注船中數百人。飲之得活。

臥雲日件錄云。誠中住相國時。林光院某爲衣
鉢侍者。一日勝定相公來聽懺法於方丈及懺
悔文畢。俄起到茶堂召林光某曰。長老不唱懺
雪罪懺增延福壽之語耶。明日懺法宜唱之。蓋
等爲法界之等字下有二此八字一或唱或否。相公
試來聽。果不唱。故告之而已。相公以二叢林爲一念。
至細鎖一如此。

⊛轉經會

臥雲日件錄云。寶德二年庚午九月。天龍寺夢窓
國師一百年忌修轉經會曰廿九日早晨。聞轉經
鐘衆集雲居。伶人作舞。六長老鳴鏡。一長老唱摩
訶般若波羅蜜多景南引衆行道衆各手把二一卷
經一自二雲居一出天龍總門到三會院院內及臨川諸
堂。諸廊行道旋繞。無不到處却出經舊路復到雲

居門外導師未及一而行道幾畢

傳燈錄萬福弘辯禪師章云唐宣宗問曰禪師
既會祖意還禮佛轉經否對曰沙門釋子禮佛
轉經蓋是住持常法有四報焉然依佛戒以身
參壽知慧漱修梵行履踐如來所行之逵

碧巖錄云古人道手不執經豈常轉如是經

法華經玄義云如此解悟手不執經登一遍誦三藏典一
卷常是讀經口無言

◉轉藏

忠曰轉讀大藏經也蓋轉藏與看藏不同看者每
行閱過自首徹尾轉者唯讀每卷初中後散行而
已初七行中五後三行

敕修清規旦望登藏殿祝讚云旦望古來轉藏祝壽
今則必先俊晨登殿御座前祝讚於藏為恭

◉圓覺會

北磵輯集圓覺會首求頌頌曰大圓覺海勝伽

藍七佛之師首發讚引得上乘菩薩子大光明藏
作同參

無門關禪師錄圓覺會頌云十二獸郎欲決疑盟
墨到散護嬰兒若敢知有諸僧事終不入前盟曰
皮

◉華嚴會

曹源生禪師錄散華嚴會上堂云一多相入理事
圓融一門通貫一切門一法徧含一切法云

大慧杲和尚年譜云孝宗隆與元年師七十五歲
時作山出衣盂命闍山清衆閱華嚴經七百餘部用
祝南宮聖壽保國康民

◉讀法華千部

竺仙仙禪師南禪錄左武衛將軍源公爲爲母二
品太夫人請普說云左武衛將軍爲二品太夫人
眞歸以來不知已作多少功德了也今當五七之

辰只於昨日一日之間令諸山僧衆同時看誦妙
法蓮華經一千部

◯讀大般若經

義堂日工集云康曆三年二月四日率衆就于上
府眞讀大般若祈禱府君抱恙平安

◯轉大般若經

忠曰轉讀法見轉藏處轉讀般若見蘇悉地經
蘇悉地羯羅經成就具支法品云猶不成者當作
此法決定成就所謂乞食精勤念誦發大悲敬巡
八聖跡禮拜行道或復轉讀大般若經七遍或一
百遍

◯藥師號

梁高僧傳慧皎論云天竺方俗凡是歌詠法言
皆稱爲唄至於此土詠經則稱爲轉讀歌讚則
號爲梵音

敕修清規聖節云如官員入山拈香鳴鐘集衆諷
無量壽咒舉藥師號

義堂日工集云康曆二年建仁五月十三日府君
入山入佛殿炷香三拜余送歸特揭焼香歸知
事班首與官楊對立行者鳴磬眞珠西堂舉唱樂
師如來莚正仁二僧和之維那舉大悲咒余炷
香三拜回向畢余引君入方丈而點心接官牌門
臥雲日伴錄云普明國師住南禪日以藥師如來
聲明廢絶及五十年欲復與立擇山中能音者五
十人習之皆不稱國師意時誠中爲書狀勤舊在
方丈國師命之一唱得其妙遂與梅靖梅隱同唱
之。

◯四聖號

如如居士錄藏眼語云清辰請念四佛聖號註
南無阿彌陀佛南無觀世音菩薩南無大勢至菩
薩南無大海衆菩薩

敕修清規。尊宿遷化起龕云。山門,維那,向,内,合掌。
中立,舉,往生咒。或四聖號,大衆齊,念。又病僧念
誦,白贊云。仰憑尊衆念。南無阿彌陀佛一百聲觀
世音菩薩大勢至菩薩清淨大海衆菩薩,各十聲。
解者曰。清淨大海衆者。總舉,西方淨土諸菩薩,
也。

● 金剛無量壽佛

忠曰。祝聖回向,畧三寶,有,金剛無量壽佛,無量壽
者阿彌陀,翻名,蓋,今祝天子壽,考。故特舉此佛名,
以充,佛寶,為。金剛壽者。堅固義,所以,禱皇基聿回也。
又有,佛說一切如來金剛壽命陀羅尼經,不空譯。
今祝聖回向,無量壽。上蒙,金剛二字,或取,此等文,
乎。

● 仁王菩薩

忠曰。祝聖回向,有,仁王菩薩摩訶薩,蓋非,定有,一
人所名經有,仁王護國般若,今畧三寶,取,之,充,佛
寶,矣。又祝聖所以,竊對,配,今上,也。
仁王護國般若經吉藏疏云。施,恩,布,德,故名,為,仁,
統化自在,故名,為,王,護國者,仁王,是能護國土,是
所護,由,仁王,如,法,治道,萬民適樂,國土安穩,若,仁
王望,般若,仁王,是能護,般若,是所護,由,持,般若,故,仁
王安穩,由,人柄,法,仁王,是能護,般若,是所護,故,仁王安穩,由,
是能護,國土,是所護。又云,畧簡,仁王,波若,位,地,
名字不同,仁王者。依,瓔珞經云,有,十四王,一,衆散
王,十善,下品。二習種菩薩,銅輪,王性種菩薩,銀
輪,王,四道種菩薩,金輪,王亦名轉輪,王,五,初地菩
薩,四天,王,六三地菩薩,忉利天,王,七三地菩薩,琰
魔天,王,八四地菩薩,兜率天,王,九五地菩薩化樂
天,王,十六地菩薩他化自在天,王,十一七地菩薩
初禪,王,十二八地菩薩二禪,王,十三九地菩薩三
禪,王,十四十地菩薩四禪,王,今言,仁王者,即是十
善,下品,衆散王,十四,王,內,最下品,也。

浴佛偈

敕修清規佛降誕云。維那宣疏畢。舉唱浴佛偈云。

我今灌沐諸如來。淨智莊嚴功德聚。五濁衆生令

離垢。同證如來淨法身。行道浴佛。

忠曰。偈出浴像功德經。唐寶思惟譯。有一卷。

瑩山清規浴佛偈。云讚首大聖薄伽梵天上天

下兩足尊。我等今以功德水灌浴如來淨法身。

此未攺出。何與洞家諸刹唱此偈。

佛說浴像功德經云。清淨慧菩薩白佛言。世尊若

佛在世。及滅度後。未來世中。諸衆生等。云何浴像。

佛言。不作執空有想。於諸善品。心懷渴仰不生疲

厭。何以故。成就如來法報身故。我今爲汝說浴

像法諸供養中。最爲殊勝應以牛頭栴檀紫檀多

摩羅香。甘松芎藭白檀鬱金龍腦沈香麝香丁香。

如是等妙香。隨所得者。以爲湯水置淨器中。先作

方壇。敷妙床座。於上置佛。以諸香水次第浴之。用

諸香水訖。復以淨水淋洗。其浴像者。各取少許洗

像水置自頭上。初於像上下水時。應誦此偈。我

今灌沐諸如來。淨智功德莊嚴聚。五濁衆生令

離垢。願證如來淨法身。

啓請

忠曰。凡諷經。前奉請佛菩薩。此爲啓請

之焚音。是也備用清規作佛菩薩

敕修清規楞嚴會云白佛宣疏畢楞嚴頭喝楞嚴

衆和。

忠曰。喝楞嚴者。即啓請也。謂楞嚴會上諸菩薩

備用清規楞嚴會云楞嚴頭喝楞嚴會上佛菩薩

三聲衆和。

東漸清規楞嚴會云。維那歸位。向佛宣疏畢。行者

鳴磬楞嚴頭。舉啓請衆和。

忠曰。瑩山清規。作啓唱訛矣。

◯序引

忠曰。楞嚴會啓請後咒前念楞嚴經文。

敕修清規楞嚴會云。楞嚴頭喝楞嚴衆和畢仍作
梵音唱念經首序引畢方舉咒。

備用清規楞嚴會云。楞嚴頭喝楞嚴會上佛菩薩
三聲衆和了。起爾時世尊云。舉咒諷畢。

忠曰。爾時世尊即楞嚴經咒前文所謂經首序
引也。瑩山東漸並名爲佛母無義如下辨。

序引文云。爾時世尊從肉髻中湧百寶光光中涌
出千葉寶蓮有化如來坐寶華中頂放十道百寶
光明。一一光明。皆徧示現十恒河沙金剛密迹擎
山持杵徧虛空界大衆仰觀畏愛兼抱求佛哀祐
一心聽佛無見頂相放光如來宣說神咒。

◯咒心

忠曰。七月十三日楞嚴會滿散誦楞嚴經咒後文。

此爲結咒心。

敕修清規楞嚴會云。至七月十三日滿散禮同但
楞嚴頭唱念咒尾之末章維那回向而散。

備用清規楞嚴會云。滿散楞嚴頭須結咒心維那
宣疏禮與啓建同。

忠曰。結咒心者所謂咒尾末章也。瑩山東漸並
名爲佛母無義如下辨。

咒心文云。阿難是佛頂光聚悉怛多般怛羅秘密
伽陀微妙章句出生十方一切諸佛。十方如來因
此咒心得成無上正徧知覺。十方如來執此咒心
降伏諸魔制諸外道。十方如來乘此咒心坐寶蓮
華應微塵國。乃至十方如來傳此咒心於滅度後
付佛法事究竟住持嚴淨戒律悉得清淨。

忠曰。乃至字越却經文貳伯字瑩山清規所載
如此。

◯摩訶

忠曰楞嚴咒尾。唱念摩訶般若波羅蜜是也。

敕修清規楞嚴會云。咒畢。喝摩訶衆和畢維那回
向。

佛母

敕修清規旦望藏殿祝讚云。鳴鐘集衆。往藏殿維
那舉云。摩訶般若波羅蜜多。乃至。回向云。繞旋行道。
稱念摩訶佛母聖號三云。

大品般若經云。佛告須菩提。般若波羅蜜是諸
佛母般若波羅蜜。能示世間相。何以故是般
若波羅蜜出生諸佛。又云。須菩提白佛言云
何諸佛從般若波羅蜜生。云何諸佛說世間相。
佛告須菩提。是深般若波羅蜜中。生佛十力乃
至十八不共法。一切種智須菩提得是諸法因
緣。故名為佛。

仁王般若經云。佛告大王般若波羅蜜應說應
受。是諸佛母諸菩薩母。神通生處。

智度論云。般若波羅蜜是諸佛母。父母之中母
功最重。是故佛以般若舟三昧為父念摩
訶佛母則佛母是稱般若波羅蜜明白也然
忠曰敕修清規念摩訶般若波羅蜜。回向言念摩
東漸清規瑩山清規等。指楞嚴咒前序引咒
後咒心者名為佛母。且有何憑據備用但言
敕修但言經首序引咒尾末章始無名佛母。
爾時世尊又言結咒心次。為經有咒心語也。
予謂楞嚴咒尾。唱咒心。又喝摩訶般若是佛
母。認和咒心為佛母也。是猶可辨乎經序引
稱佛母則都失义。蓋咒尾勞理文認稱佛母。
以謂楞嚴文在前後之著。皆是佛母也其試認
有如此者。猶如楞嚴會上諸菩薩是啟請語。
而咒後摩訶般若。亦稱後啟請也試點撥摩
訶般若有何啟請義又咒尾理可奉達王後
啟請有何事豈非愚昧可笑者乎。

⊕開啓

初開二法事一之場也。

敕修清規聖節云。預於某月某日。啓二建金剛無量一
壽道場一。月日。遂日輪僧上殿。披二閱金文一。今辰開
啓。

⊕滿散

忠曰凡建レ會行二法事一畢。臨二散場一諷誦。曰二滿散一。見レ説
心處一。

⊕散經

忠曰轉二大藏一或某經一畢。修二滿散佛事一也。
真淨文禪師錄。檀越散二畢竟經一。請二上堂一云。奉佛至孝
四郎。及孝荅等。爲二先考二郎一。終七追薦。乃請二真如
聖壽二禪衆一。開二轉大藏經一遍一。供二僧一千員一。斯晨
閤郡齋以用表二微二一云。

應菴華禪師錄。檀越散二畢竟經一。請小參。云云

⊕散忌

修二忌法事一滿散也。
敕修清規達磨忌云。堂司行者報レ衆。掛二諷經牌一當
晚諷二經幷覆來日半齋一。各具二威儀一散忌諷レ經。

⊕普回向

敕修清規楞嚴會云。每日粥罷。乃集レ衆諷レ咒畢。楞
嚴頭舉二普回向偈一大衆同聲念。
普回向偈。敕修清規載二備用一云。普回向偈真歇
和尚自製。止レ此見二報禱門楞嚴會處一。

⊕回向

忠曰諷誦之後願文以レ所レ修善業一回二向所願事一也。
敕修清規聖節云。維那舉二楞嚴咒一回向。
摩訶止觀云。廻二向著一。廻二衆善一向二菩提一切賢聖一。

功德廣大。我今隨喜。福亦廣大。衆生無善。我以善施。施衆生已。正廻向菩提。如廻聲入角響聞、則遠廻向為大利。

知禮修懺要旨云。修廻向者。所謂廻向自向他。廻因向果。初廻向事向理者。元由理具方

有事用一切修證不出理性衆生強執計是有。為今同此心向於實際廻自向他者。昔迷逆徧為所修善莊嚴自身及己眷屬今順本性廻向衆生廻因向果者。一毫善種二業熏修不趣二乘滯三有修既順性。則成緣了二因必顯眞。同歸究竟三德是名廻因向果此三種回向。

一切菩薩共修是故行人依此回向。華嚴經十回向品疏云。廻者轉也。向者趣也。轉自萬行趣向三處。故名回向三處。謂衆生菩提及以實際。上二皆隨相。實際即離相。

レ竦不
レ竦、
忠曰菩提與實際見在回向文其衆生者。所謂

四恩總報三有徧資法界有情同圓種智是也。又華嚴出現品疏云。眞如語其體法界生法所依實際是窮事至實。

凡祈禱三佛二祖忌皆有宣疏。

又見執務門及疏處文疏門道塲疏處

●宣疏

敕修清規聖節云。維那白佛宣疏施主云々

●白佛

忠曰疏及回向首嘆佛語言白佛者表白義。
敕修清規聖節云。維那白佛宣疏。又千秋節云。
維那舉楞嚴咒畢白佛回向。又佛降誕云。維那
白佛云。一月在天。影涵衆水一佛出世各坐一華

●嘆佛

白毫舒而三界明甘露洒而四生潤。

忠曰。同白佛。或偈語一聯。或四句偈。嘆佛功德也。
祝聖回向。首巍巍金相堂堂覺皇是也。
敕修清規景命四齋日祝讚云。維那舉楞嚴咒唱藥師號嘆佛畢回向。
續酉陽雜俎云。平康坊菩提寺李右座林甫。每至生日。常轉請此寺僧就宅設齋。有僧乙嘗嘆佛。施鞍一具賣之。材直七萬。又僧廣有聲名口經數年。次當嘆佛因極祝右座功德。冀獲厚嚫。齋畢薦下出絁香羅怕籍二物。如朽釘長數寸。僧歸失望。遂攜至西市示於商胡。驚曰。此寶骨也。直一千萬。
忠曰。依此嘆佛之目來尚矣。仗處。

⊛ 讚佛

嘆佛又言讚佛。
敕修清規病僧念誦云。排列香燭佛像念誦讚佛。云水澄秋月現。愍纏福田生。惟有佛菩提是真歸

● 白讚

嘆佛。或名白讚。
敕修清規病僧念誦云。如病重為十三念阿彌陀佛。念時先白讚云。阿彌陀佛真金色。相好端嚴無等倫。白毫宛轉五須彌。紺目澄清四大海。光中化佛無數億。化菩薩眾亦無邊。四十八願度眾生。九品咸令登彼岸。

● 白眞

祖師忌回向文。首唱偈語。或偈文言白眞。
備用清規達磨祖師忌云。維那白眞宣疏。

● 嘆眞

即白眞也。
舊說曰。祖師回向首語。菩嘆真謂寶明空海渡死

生漩澓之波是也。

● 嘆靈

舊說曰亡俗回向首語言嘆靈淨極光通達寂照
含虛空是也。

忠曰嘆佛嘆眞其義自存矣如亡俗則不可例
佛祖以嘆其德也唯修善憑佛德而拔濟其靈
耳何用嘆靈德故如施食法回向首語曰佛身
充滿於法界普現一切羣生前是嘆亡靈德
著哉故予謂嘆靈之目杜撰也。

● 嘆經

敎修清規旦孝殿毀祝讚回向云大圓照中有華
藏海功超造化道絶名言三光電卷而寶相涵六
合雷奔而湛然寂。
解者曰此是嘆經也。

● 器三寶

舊說曰凡回向之尾必有三十方三世等語此名略
三寶謂十方三世一切諸佛是佛寶諸尊菩薩摩
訶薩是僧寶摩訶般若波羅蜜是法寶也其鳴磬
法十方一下諸尊一下摩訶般若波羅蜜乃法寶也鳴磬
如祝聖回向金剛無量壽佛乃佛寶仁王菩薩摩
訶薩乃僧寶摩訶般若波羅蜜乃法寶也鳴磬法
準前可知。

● 聲明　梵唄梵放

忠曰稱號諷演流翨其聲此曰聲明瑜伽論說五
明曰內明處醫方明處因明處聲明處工業明處
此佛家聲明亦彼攝也傳燈錄聲明三藏善別音
聲此辨五音亦是五明學流類
瑜伽師地論說聲明中分六相第一法施設建立
曰謂名身句身文身及五德相應聲一不鄙陋二
輕易三雄朗四相應五義善
忠曰所謂五德亦可用梵音聲明阿含五聲稱

同此。

釋氏要覽云。梵音。梵云唄匿。華言止斷也。由是外

事已止已斷爾時寂靜任爲法事又云。諸天聞唄。

心則歡喜。故須作之。十誦云。比丘跋提於唄聲中

第一。長阿含經云。其梵聲有五種。一其音正直。二

和雅。三清徹。四深滿。五周遍遠聞。法苑云。夫唄者。

讚詠之音也。當使清而不弱雄而不猛流而不越。

凝而不滯遠聽則汪洋以峻雅近屬則從容以和

蕭此其大致也。昔魏陳思王曹子建游魚山忽聞

空中梵天之音清響哀婉其聲動心獨聽良久乃

摹其節寫爲梵唄撰文製音傳爲後式梵音茲爲

始也。、

宋劉敬叔異苑云。陳思王曹植字子建嘗登魚

山臨東阿忽聞巖岫裏有誦經聲清通深亮遠

谷流響蕭然有靈氣不覺斂衿祇敬便有終焉

之志即效而則之。今之梵唱皆植依擬所造一

云陳思王遊山忽聞空裏誦經聲清遠遒亮解

音者。則而寫之。爲神仙聲道士效之作步虛聲

也。法華文句疏、引染宣驗記一

行事鈔說戒正儀篇云。彼說戒者。坐已維那打靜。

小者供養。梵唄作之。若準律文唄匿。如法出要律

儀云。此欝鞞國語。翻爲此斷也。又云止息。由是

外緣已止已斷爾時寂靜任爲法事也。

玄應音義云。唄匿。蒲芥切。梵言婆師。此言讚

歎言唄匿者。疑訛也。婆音蒲賀切。

又高僧傳慧皎詳論云天竺此土歌讚梵唄

毘尼母論云。佛告諸比丘聽汝等唄唄者言說之

辭佛雖聽言說未知何等法復諸問世尊佛言

從修多羅乃至優波提舍隨意所說至佛聽諸比

丘引經中要言妙辭直顯其義。

梵唄亦稱梵放。

文字禪雨後得無象新詩次韻落句云入門庭院

度飛螢梵放哀聲兩深殿

又潭州開福轉輪藏靈驗記云寶坊精舍樓觀追

逐煙雲薇麝焚放醐醂。如錢塘之西湖。伊洛之嵩少。

無文印送西苑徑上人詩云。西苑寶峯麓。占地寬一弓。焚放殷青冥。與峯相長雄云云

杜工部詩集。大雲寺贊公房詩云。梵放時出寺鐘。殘仍殷林。千家註淙曰梵放。蓋佛事至焚音必唱而誦之。

平舉

敕修清規。大夜念誦云。知客平舉楞嚴咒。

解者曰送亡維那不舉啓請。直舉南無薩怛多。曰平舉以不舉啓請亦不舉摩訶。蓋恐妨諸方人結緣諷經也。

東漸清規送亡式云。維那平舉楞嚴咒不啓請曰平舉。

表白

忠曰宣讀咒願凡表顯事以白告衆此謂表白。

慈受深禪師慧林錄拈疏云。却請表白宣過。

僧史畧云。唱導者。始則西域上座凡赴請咒願顏佳。二足常安。四足亦安。一切時中皆吉祥等以悅可檀越之心也。舍利弗多辯才。曾作上座讚導顏佳。白衣大歡喜。此爲表白之權輿也。

白槌

碧巖錄云。世尊一日陞座。文殊白槌云。諦觀法王法。法王法如是。世尊便下座。

廣燈錄。金沙禪師章曰。開堂有僧問昔日梵王親請佛。迦葉白槌事若何。師云。從古至今進云。恁歷即徧天徧地也。師云收。

舊說曰。凡鳴槌白事。皆是白槌耳。然禪林獨於開堂稱白槌。乃鳴槌一下。息靜群喧。方白衆發法筵云云。語也。或謂爲肅衆。聽長老說法也。

忠曰後說非也。

二三六

敕修清規開堂祝壽云。演請諸山一人白槌。又
云。諸山上首出白槌。鳴槌一下云。法筵龍象衆。當
觀第一義。乃至結座。白槌人復鳴槌一下。白云。諦觀
法王法。法王法如是。

楊岐會禪師海會錄開堂云。淨行大師白槌云。
法筵龍象衆堂觀第一義。

五祖演禪師四面錄開堂云。法筵龍象衆云。
法筵龍象衆云。（無結座 白槌）（句無槌一）

大慧杲禪師育王錄云。於明州報恩光孝禪寺。
開堂。天童和尚白槌云。法筵龍象衆云。拈提
畢。天童和尚再白槌云。諦觀法王法。法王法如
是。師召大衆云。記取天童和尚語便下座。

祖庭事苑云。白椎。世尊律儀。欲辨佛事。必先秉白。
為穆衆之法也。今宗門白椎。必命知法尊宿以當
其任長老才據座已。而秉白云。法筵龍象衆。當觀
第一義。長老觀機。法會酬唱。既終。復秉白曰。諦觀
法王法。法王法如是。此蓋先德之眞規。者不失佛

意。且見叢林多肇世尊升座文殊白槌。或謂偏陽
求文殊之說以恣無益之論耶。
廢秉不見其緣。然秉白儀範。既出聖製復何區區

忠曰。事苑以秉白為義。可知白者告。事也。謂言
護白大衆也。舊說白明白也。鳴槌令衆明白
知其事也。此義固不足取也。

品字箋云。今以下告。上曰稟白。同輩述事陳義
亦曰白。又梵言羯磨。此云作白言受戒三番。每
月自白其所犯作白者。令其白也。

翻譯名義集云。律云。若作羯磨不如白法作白。
不如羯磨法作羯磨。如是漸漸令戒毀壞以滅
正法隨順文句勿令增減。

已下署錄。維那白槌于開堂說法者。蓋關宿宿
當任人故。如是乎。

傳燈錄法燈泰欽禪師章云。師住金陵龍光院。上
堂陞座。維那白椎云。法筵龍象衆云。又慧濟
禪師法安章云。江南國主。請入居報恩署號攝衆。

師上堂謂衆曰。此日奉命。令住持當院為衆演法。
適來見維那白槌了。多少好介教。當隨第一義。且
作麼生是第一義。又歸宗柔禪師章云。師初上
堂陞座。維那白槌曰。法筵龍象衆。云云。
廣燈錄與教守芝禪師章云。師總升座。僧正宣疏
罷維那白槌云。法筵龍象衆。云云。又及清居素章、雙鑑令斧章、
汾陽無德禪師錄云。師初開堂。讀疏罷維那白槌
云。法筵龍象衆。云云。
雪竇顯禪師開堂錄云。僧正宣疏了。維那白槌云。
法筵龍象衆。云云
雲峯悅禪師翠巖錄云。師在上藍開堂。跏趺而坐。
維那白槌。云云。
已下聚錄開堂外維那白槌。
傳燈錄華嚴休靜禪師章云。師曾在藥普作維那。
白槌普請曰。上間搬柴。下間鋤地。時第一座問雪。
僧作麼生。師曰。當堂不正坐。不赴兩頭機。

⊙ 禮話

禪苑清規掛搭云。參頭曲躬近前云。久嚮和尚道
價。此日獲奉尊顏。下情不任喜躍之至。退身依位，
又一展云。某寒暄。伏惟和尚尊體起居萬福。註，
正月孟春猶寒。二月仲春漸暄。三月季春極暄。四
月孟夏漸熱。五月仲夏毒熱。六月季夏極熱。七月，
孟秋猶熱。八月仲秋漸涼。九月季秋霜冷。十月孟
冬漸寒。十一月仲冬嚴寒。十二月季冬極寒。
忠曰。寒暄處處隨時。以許語也。
敕修清規告香云。即日時令謹時。共惟堂頭和尚。
尊候起居萬福。
忠曰。謹時語。通十二月。時令處可用孟春孟夏
等也。如結制禮儀中云。即日孟夏謹時，
翰墨大全通敍時令警語部正月單句類云。孟
春謹時　春謹孟月　孟春猶寒　孟春漸暄
等。

二月，單句類云：仲春謹時　春謹仲月　仲春　等

猶寒　春半漸暄　等

三月，單句類云：季春謹時　春謹季月　季春　等

極暖　等

首夏清和　等

四月云：孟夏謹時　孟夏謹月　孟夏漸熱

朱夏告闌

五月云：仲夏謹時　仲夏謹月　炎景方中　等

六月云：季夏謹時　季夏謹月　季夏極熱

七月云：孟秋謹時　孟秋謹月　開秋兆涼　等

八月云：仲秋謹時　仲秋漸涼　素景適中　等

九月云：季秋謹時　季秋謹月　三秋向杪　等

十月云：孟冬謹時　孟冬謹月　小春暄妍

初冬薄寒　等

十一月云：仲冬謹時　冬謹仲月　冬半寒隆

仲冬嚴寒　等

十二月云：季冬謹時　季冬謹月　冬晚極寒

等

第十八類　祭供門

◯羅漢供

忠曰：十六羅漢，見靈像門。五百羅漢，名莫聞焉。乘
說近有南宋江陰軍乾明院羅漢尊號碑一卷刊
布，亦不載本據矣。羅漢供，別有式。

又曰：東福寺每歲修正講羅漢供。昔明兆司妙
于繪事，曾畫五百應真。一日過異人授以一軸畫，
不知所往，展視之則羅漢供文也。時人以為諸
像感應，至今為東福寶物。故此軸不識何人賚。

佛祖統紀云：佛滅時付囑十六阿羅漢與諸施主
作真福田。時阿羅漢威承佛敕以神通力延自壽，
景若請四方僧設無遮施，或所住處，或詣寺中，此
諸會者及諸眷屬，分散往赴，藏隱聖儀，密受供具，
令諸施主得勝果報。

傳燈錄翠微無學禪師章云。師因供養羅漢有僧
問曰。丹霞燒木佛和尚為什麼供養羅漢。師曰。燒
也不燒著供養亦一任供養羅漢羅漢
還來也無師曰。汝每日還喫飯歟僧無語師曰少
有靈利底。

密菴傑禪師徑山錄建會上堂云。千巖腹秀尚
木回春羅漢會興賈通今古。一願龍王福護瑞
雲快晴。二願施主歸崇駢臻輻輳。三願大衆同
心同德。狀披叢林滴水氷生始終一致云云

◯ 盂蘭盆供

釋氏要覽云。盂蘭盆。此釋子申。孝報恩救苦之要。
以目連救母為始也。梵語盂蘭此云救倒懸也。盆
則此方器也。此經目華梵雙舉也。若梵語從聲。其
盂字不須從皿必執筆者懼爾若子闕等可知也。
義淨云。盂蘭者。西域之語。此云救倒懸即飢虎危
苦前之倒懸也。盆乃東夏之音。此則救苦之器所

以仰大衆之恩光救倒懸之窘急此從義以制名
也。古師云。盆或是鉢。但譯時隨俗稱盆盆之與鉢
皆器故也。經云。七月十五日僧自恣日。當為七世
父母及現在父母厄難中者安現在父母具百
味五果汲灌盆器。香油挺燭牀敷臥具盡世甘美
以著盆中供養十方大德衆僧又云初受食時先
安在佛前塔寺中衆僧咒願竟便自受食若供養
法苑珠林祭祠篇云問曰七月十五日既開道俗
造盆獻供未知得造寶盆種種雜綵珍獻佛以不答
曰並得若依小盆報恩經略無寶物依大盆淨土
經即有故十六國王聞佛說日連救母脫三劫餓
鬼之苦生人道中母子相見時瓶沙王即敕藏臣
為吾造盆藏臣奉敕即以五百金盆五百銀盆五
百瑠璃盆五百璋璟盆五百碼碯盆五百珊瑚盆
五百琥珀盆各各盛滿百一味飲食事事如法將
來獻佛及僧准此定得問曰依小盆經云。佛告日

連十方衆僧七月十五日。自恣時。當爲七世父母。
及現在父母厄難中者具二百味五果汲灌盆器。
香油挺燭牀臥衆具。盡世甘美以著盆中供養十
方大德衆僧初受盆時。先安在塔前衆僧咒願竟。
便自受食不論諸寺有力富者廣
造襍華。或用襍寶。或用襍綵。或用諸盤。
或用鉛錫。或用襍色等。亦有道俗賞勝讚論此事。
目連爲母生在餓鬼佛令設百味飯食獻佛及僧
何因將此寶華襍物獻之佛僧覺得食此寶華襍
色等不答曰不得以已狹劣妙他大禍故大盆經
云瓶沙王造五百金鉢盛滿千色五百銀鉢盛
滿千色百木香五百華五百紫金香五
百琉環鉢盛滿千色黃蓮華五百碼碯鉢盛滿千
色亦蓮華五百珊瑚鉢盛滿千色青木香五百琥
珀鉢盛滿千色白蓮華王視如法即敕兵臣殿怒
十四萬衆俱到祇洹寺禮佛奉盆及僧以七寶盆
鉢俱施與佛及僧僧受用竟還國七世父母

超過七十二劫生死之罪其次須達居士唄介使
母二百優婆夷波斯匿王末利夫人等頒宣國內
依目連法以爲吾造盆各用五百紫金盆黃金盆
盛滿百一味飲食後以五百紫金甖五百黃金甖
盛滿百一物事事具足遂至王及夫人前見其如
法時王即以殿怒十八萬衆共至佛前奉三千金
千金甖等覺敬禮還歸七世父母超過七十二劫
生死之罪

事物紀原云。今世每七月十五日。營僧尼供謂
之盂蘭齋者按盂蘭經曰目連母亡生餓鬼中。
佛言須十方衆僧之力至七月十五日具百味
五果以著盆中供養十方大德後代廣爲華飾
乃至刻木割竹極工巧也。今人第以竹爲圓架。
加其首以荷葉中貯襍饌陳目連救母盡像致
之祭祀之所失之遠甚矣。
忠曰是亦不見大盆經者也。然依之足知中
華當時風俗故錄之。

又見報禱門盂蘭盆會處

○入門歟

大鑑清規云。一代住持入祖堂新安位牌則前歷
代諸住持皆相迎接問訊歡喜住持之小師當爲
本師修設歷代供養點心餚饌作入門歟若獨設
一位新入住持自靈令歷代住持空坐看別人受
供是何道理兩無面目
忠曰。或作勸勉之勘非也又有作款者款曲也。
希叟曇禪師開善錄入院提綱云入門歟無改
換芝峯一一從公斷事涉春緣何妨花判

○傳供

大鑑清規佛誕生云。住持至。燒香一炷大展三拜。
不收坐具侍者一班進卓排立傳供。
敕修清規聖節云。住持上茶湯上首知事遞上。
忠曰遞上即傳供也。

○貼供

見職位門。貼供行者處。

○上供

備佛餉祖餉也。
敕修清規熙僧侍者云。齋粥二時上供。

○發供

忠曰施食法方木函堆盛飯食。備三界萬靈牌前。
此即斛食也。

○斛食

漢書律歷志云。斛者角斗平多少之量也。
敕修清規月分須知云。七月盂蘭盆會預率衆財。
辦斛食供養。
釋氏要覽云。若比丘各自備斛食施者即依焦

面大士經施與餓鬼也。

佛祖統記云。六道解淨名經云。以一食施一切。別則全供養諸品及衆賢聖然後可食。南岳隨自意三昧云。凡得食應云。此食色香味。上供十方佛。中奉諸賢聖下及六道品等施。無差別天台觀心食法。鳴鐘後歛手供養一體三寶。次出生飯稱施六道。此皆等供十界。即是今人施六道修水陸供之明證也。述曰妙樂云。世人設六道者是梁武見江東多淫祀祭邪鬼。乃以相似佛法權宜替之。此蓋荊溪一往。以祭祀惡法。對佛法論之。將以止天下之殺故。未論十界等供之義。欲口經令供養三寶。即是四聖供婆羅門仙即是人道供歛口衆。即是鬼道。餘四道。雖不備。蓋是當時赴機未普。故經文隱略耳。若大乘行人。圓觀法界。則當依淨名經中義若慈雲謂鬼道得食。餘五道不得者此等意亦是用婆沙論云。若因祭祀唯鬼神得之。餘趣不可盡得甲此是約人世祭祀言之耳。若依出世法用

平等心修無礙供。則當仰觀淨名南岳天台三處之文則理無不在。今有營小斛曰散邊者。或一豆斛者。或至四十九斛者。皆所以等供六道羣品也。可不信哉。

阿難解食緣。見喪薦門施食法處。

● 香饌

敕修清規達磨宿忌回向云。率比丘衆。營備香饌。以伸供養。

忠曰。說文饌具食也。宿忌具謂九味蓋謂之香饌。舊說曰。不烹熟者。言香饌烹熟者言差。或曰香饌此方俗所謂洗米也。忠曰並杜撰。

● 九味齋

忠曰。或作鳩美棠。蓋集美味也。或作供備菜大鑑清規作九味齋今依此為正。蓋果蓏類有九味而已。如今時小器長脚者金銀装飾高餍訂饅頭羊

羹等及諸珍果。或十二器。左右各。或十六器。各左右八。

器。予曾觀建仁千光祖師。五百年忌。其器銀碗雕

華形。橫列四行。每行十器。凡有四十器。

大鑑清規。末後事儀云。正大夜時。念誦諷經。九味

齋器之。

忠曰。九味齋本是宿忌供物。可以之證焉。

雲章和尚講敕修清規。到達磨忌日。兒孫者過二

祖忌則須憲如在之誠。以酬恩德。前晚備設供

具鳩美菜等者。見慇懃之情也。本是前晚供物

故來早宜撤之。然猶留之。嚴飾靈筵耳。或曰。僧

家不可晚食。況祖師乎。是故宿忌回向。但舉茶

湯到牛齋回向。列擧珍羞供物及茶湯也。予謂。

聖賢雖道高世相須同。凡若諸供一時進之則

匕箸難周。調攝違法。故宿夜進鳩美菜來早獻

飯羹。於理得處。又當日供養尋常也。若不以前

晚供具則無可以表丹悃者。徒不可以晚食作

難而妨誠心矣。但茶湯禮則以當日為本。學者

須知之。

江湖紀聞云。至元歸附後。胡雨巖遊學湖湘道

永之境。投宿敝寺。有老僧背燈而坐。曰客來何

暮。胡曰。店艱乏食。行路良苦。僧袖中出二齋令

食。席地就臥。僧誦偈云。百補袈裟舊鉢盂。幾年

同我此山居。寒燈夜照青蓮座。得伴看添貝葉

書。旦覺衣濕而冷捫席。乃知露宿草上青天曠

野。一無所有行至一寺。儼然夜所宿處。驚語行

者。以故曰。此祖師葬處。祖師順寂十五年矣。夜

供五齋訝缺其二也。

忠曰。五齋。蓋九味齋五器也。此可以證九味

齋。書齋字及九味齋。前晚供養也。

●珍　羞

敕修清規。佛降誕上堂云。嚴備香花燈燭茶果珍

羞以伸供養。

小補韻會云。羞膳也。一曰致滋味為羞。周禮享

人註疏牛羊豕調以三五味盛之於豆謂之羞又
食也禮記月令羣鳥養羞註羞謂所食也疏云
若食之珍羞相似
又作饈正字通云饈膳也俗字舊註音脩膳也
薦也義與羞同誤分爲二經傳本借羞
李太白詩集過汪氏別業詩云我來感意氣搥
炰列珍羞

● 生飯（ナシ）

敕修清規日用軌範云鉢刷安第二饋子緣中出
牛寸許盤生飯不得以匙出生飯不過七粒太
少爲慳食凡受食則用出生或不受食却不可就
桶杓內撮飯出生
舊說日施鬼界衆生之飯故日生飯出飯不可
過七粒麵不可過一寸饅可指甲許生飯
不可釘請菜中爲受飯鬼與受菜鬼相爭也凡
鬼中專受生飯者曠野鬼也專受施餓鬼食者

面然鬼也

或說日生飯者人之生氣在左掌故先用右
手拇指中指而撮之少點左熏著生氣於
飯然後置鉢刷唱偈施與鬼子母故日生飯
或日生字義古德未下解有謂生是熟之對
未下筯之新飯是生義以供鬼也
忠日人生氣在左掌未得本據謂生者衆生
也非生熟義佛自言出衆生食後何不見經
文生曲說而爲難解哉資持記云施生不必
多也處出生引乃出於施衆生之食也
佛祖統紀云出生飯此有二緣一者涅槃經令施
曠野鬼旣柰耶律令施鬼子母等此曹本食肉啖
人佛化之受戒不殺乃屬弟子隨處施食今齋堂
各各出衆生食是也此唯出家人行之二者餓口
經託阿難爲緣令施飯鬼今齋堂別具小觚於
食畢衆作法施之或各具其小生觚夜間咒施此通
道俗行之

曠野鬼緣。涅槃經梵行品云。善男子。如我一時
遊彼曠野聚落叢樹。在其林下。有二鬼神。即名曠
野。純食肉血。多殺衆生。復於其聚日食一人善男
子。我於爾時為彼鬼神廣說法要。然復暴惡恐痴
無智。不受教法。我即化身為大力鬼。動其宮殿令
不安所。彼鬼於時將其眷屬出其宮殿欲來拒逆
鬼見我時。即失心念。惶怖躄地。迷悶斷絕猶如死
人。我以慈愍手摩其身。即還起坐作如是言。快哉
今日還得身命是大神王具大威德有慈愍心教
我懲咎。即於我所生善信心。我即還復如來之身。
復更為說種種法要。令彼鬼神受不殺戒。即於是
日曠野村中有一長者。次應當死。村人已送付彼
鬼神。鬼神得已。即以施我。我既受已。便為長者更
立名字。名手長者。爾時彼鬼即白我言。世尊。我及
眷屬。唯仰血肉以自存活。今已受戒。當何資立。我
即答言。從今當敕聲聞弟子。隨有修行佛法之處。
悉當令其施汝飲食。善男子。以是因緣為諸比丘

制。如是戒。汝等從今常當施彼曠野鬼食。若有住
處。不能施者。當知是輩非我弟子。即是天魔徒黨
眷屬善男子。如來為欲調伏衆生故。示如是種種
方便。非故令彼生怖畏也。

訶利帝母緣。鼻崇耶雜事云。懷喜入王舍城所有
男女。次第取食。人民痛惱。當往告佛時諸人曰。此
至五百。其最小者。名曰愛兒。歡喜因。當往告佛此
鬼噉我男女。則是惡賊。何名為訶
梨底母。衆往白佛。佛持鉢入城。以鉢覆其愛兒。母
歸。不見愛兒。上從天宮下至地獄。尋覓不見。佛問
言。汝有幾子。答言。五百。佛言。五百失一。何苦惱。
況他一子。汝何食之乎。母曰。願以示佛。佛言可受
我戒。得見愛兒。我依佛教。舉鉢見愛兒。從佛
受三歸五戒。於食次。白言。我今與子。何所食。佛敕聲聞
弟子。於食次出衆生食。呼汝等名字施之。（略抄）
佛祖統紀云。訶利帝。此翻惡賊。蓋是鬼子母。未
受戒時。食王城男女。居人怨之。故作此目。

又別有阿利陀因緣。灌頂封印大神咒經云。阿
利陀復白佛言。我等鬼神官屬七百。常以精氣血
肉爲食。今日歸命於佛世尊。既授戒法。不殺物命。
唯願天尊敕諸弟子。法食之時。惠施少少飯食之
餘。

● 出生

又與出生交看。

傳燈錄杉山智堅禪師[嗣三聖]章云。師喫飯次。南
泉收生飯云。生。師云。無生。南泉云。無生猶是末。
南泉行數步。師召云。長老長老。南泉廻頭云。怎
麼。師云。莫道是末。

趙州諗禪師錄云。師送生飯與子見。
便總飛去。師云。鴉子兒見。爲什麼却飛去。院
主云。怕某甲。師云。是什麼語話。師代云。爲某甲
有殺心在。

忠曰。生飯亦言出生。出泉生食之畧言也。

行事鈔訃請設則篇云。明出衆生食。或在食前唱
等得已出之。或在食後。經論無文。隨情安置。記云。資持
記云。雖通前後。理合在前。準寶雲經。今與鬼神一分自食。故知前
同梵行人一分與鬼神一分自食。

涅槃因曠野鬼云。四分僧伽藍中立鬼神
廟屋。傳云。中國僧寺設鬼廟。伽藍神廟寶頭盧
自食。後方自食。

久矣。受道下。示三少下。引智論云鬼能授食。故不在
多。智論云。鬼神得人一口食而千萬倍出也。
多。恐費信施。

每至二食。皆僧家送三處食。餘比丘不出。愛道尼
經令出。如指甲大之。資持記云。賓頭盧遊西國。出
生器中若著處。即須更受匙。又云。凡所出生餅
出生粥。不得令淨匙挂著淨人
致誠律儀云。凡欲出生粥。不得令淨匙拄著淨人
手。又云。凡出生法。須安淋
邊淺處。令淨人掠取。不得以手拈
得將所出藥惡食物致生中。又云。凡出生食。不
多。又云。凡所出生。須其事事如法。又云。凡出生食。不
當。如一牛錢大飯。不過其七粒。自餘飯食。亦不得

忠曰。飯出生。用右指粥出生。用匙可按律儀文。

而知也。

釋氏要覽云。今詳若食是米麪所成者。方可レ出レ之。或疏茹不レ用。緣物類不レ食。翻成二藥一也。如愛道經云。出生餅。如指甲大。又出生偈云。汝等鬼神衆。我今施汝供二七粒一遍二十方一。一切鬼神共。默二以食出生時一。誦二此偈一

孤山智圓法師開居編出生圖紀序云。儒禮。食必祭其先。君子有レ事不レ忘レ本也。釋氏之出生具云。出衆生食。蓋祭二曠野鬼神及鬼子母一。沙門用心悃異也。不レ忘レ本仁也。悃二異類一慈也。兩者同出而異名。今觀後學鮮測二厥由一。遂使出生事。乖二謹潔於檀越一家。則或雜以所藥。虔二衆堂一則盤器汙雜。因圖二其形一容。紀二其事跡一。以示二來者一。且祭神如レ神在。享于二克誠一。在儒尚然。況二豪佛制今衆居一。宜下以淨器聚斂安中此。像前。良久施飛走鱗介之屬。檀越家。當二於僧食畢一。取其生飯餅。然後散レ之。然律亦許二二食時先送一。食供二養寄歸一。亦二二於行一末レ安。若或先供。則衆僧不レ須各出レ鉢。恐於時未レ安。今宜

各出。然後聚而供レ之。既人別用レ心。則咸思二佛制庶一幾上士勤而行レ之。所謂賢者之祭。必受二其福一也。涅槃南本第十五云。佛遊曠野聚落。前引。如二寄歸傳第一一云。施主初置二聖僧供一次乃行二食。以奉レ衆復二於行一末レ安。食一盤。以供二呵利底母先身一。因事發願。食二王舍城所有兒童一。遂受二藥叉身一生二五百兒一。日殺二王城男女一。佛途藏二其稚子。名曰愛兒一。盡二母形一故二西方諸寺一。每於二門屋處一。或在二食厨一。畫二遶索二盡母形一抱二一兒一。於二膝下一。或五或三。以表二其像一。每日於レ前。盛陳二供食一。母乃四天王部衆也。大豐勢力。其有二疾病無兒息一。饗二禱焉一。皆遂二願詳說一如レ律。神州先有レ名。鬼子母也。今詳。此方佛寺皆塑二其方遶俗。既二俱受レ祭。故二神後或有二下立二居士一像一上。蓋其手長者也。西壁即塑二神之貝。東壁即佛所化之表。今明受レ祭。唯圖二曠野之像一焉。

三餘贅筆云。古人每二飲食必祭一。未レ有二不レ祭而飲食者。今之釋老食時猶祭。而士大夫乃反不レ行。古云禮失而求レ之野。此亦可レ見。

史繩祖學齋佔畢云。余嘗觀二張橫渠語一云。嘗看

相國寺飯僧、因嗟嘆、以爲三代之禮、盡在是矣。
誠哉斯言。余亦曾觀成都華嚴閣下飯萬僧、始
盡得橫渠之所以三嘆。蓋其席地而坐不設倚
卓、即古之設筵敷席也。未食先出生、蓋孔子鄉
黨所謂疏食菜羹瓜祭、必齊如也。朱文公注云、
陸氏曰、論釋瓜字作必、謂古人飲食、每種各出
少許置之豆間之地、以祭先代始爲飮食之人、
不忘本也。孔子雖薄物必祭、祭必敬如齊嚴、此
聖人之誠也。余又於禮記及左傳有云、子曰吾食
於少施氏而飽、少施氏遇我以禮、吾祭作而曰、
疏食不足祭也。古人以此爲禮。今之腐儒匪惟
不能祭、見有學者行之、則指以溺佛爲笑、是不
曾讀書也、而反使髠徒得竊吾教而堅持之。又
終食之間、寂然無聲、此子所謂食不語也。只此
三者、非三代之禮而何。及到石室、亦看士人會
飯、則撥挈如猿猱者有之、吼喝齋僕庖人者有
之、打損器皿者有之、裴談喧笑、視飯僧爲有愧。

匪獨士也。余嘗出入制總兩幕、士夫會食、亦猶
是也。得不動橫渠之嘆耶。
忠曰、佛氏出生、非斅孔子鄉黨之行、自有嚬
野神鬼子母事緣、皎在誕文、史氏唯知責腐
儒、不曾讀書、亦自不曾讀內典、妄以出生爲
竊儒敎矣。嗚呼士大夫何物、而不踐三代禮而
樂其會食、在是之嘆耶。蓋儒佛之小大
致使異敎發禮在是之嘆耶。蓋儒佛之小大
淺深於此乎。見不待勞焉爲史氏、遂不少轉
腦反思釋迦大聖之敎化、薰陶倍萬於汝儒
而折其優幢、猶軒軒有輕侮之言、實可慨哉。

●齋
●獻齋
●獻粥
●齋僧
雲臥紀談云、池州梅山蒙丘恩禪師、因練塘居士

洪慶善持江東使節夜宿山間相與夜話洪問以
飯僧見於何經其旨安在宗曰四十二章經有云
飯惡人百不如飯一善人乃至飯三千億三世諸佛
不如飯一無住無作無證之者其無修證則是正
念獨脫能飯斯人則功超諸佛然前輩知此旨者
多矣洪曰其為誰乎宗曰且以近說如秦少游勝
州貶所自作挽章有誰為飯黃緇之句東坡既聞
秦訃以書送黃五兩錢范元長為秦飯僧及東坡
北歸至毗陵以疾不起太學生哀之洪曰於東慧林
飯僧蘇黃門撰東坡墓誌首載之洪曰噉金有據
足以盡敬而加贈遺以致慇懃也於是為誦丁晉
公齋僧曰公豈不見毛詩小雅鹿鳴燕群臣嘉賓也
飫飲食之又寶幣帛筐篚以將其厚意蓋飲食不
必須形於景貺謂白衣干祿叩家宰之重權丹陛
宜恩忝先皇之優渥補仲山之袞曲盡巧心和傅
說之羹難調衆口嘗於安寢忽夢清容妙訓泠泠

俾塵心而早悟真儀隱隱恨凡目以邪知蓋智未
周身事乖達害至禍臨而莫測成災及以非常黜
向西京啟聖恩而寬宥竄於南裔當忠遠以甘心
答寶自貽孽非他作念一家上散地望萬里以何
歸既為負國之臣永絕經邦之術程遊湘土道假
靈山正當煩惱之身忽接清涼之衆方知富貴難
保始終直饒鼎食之榮豈若盂羹之美特形歸命
恭發精誠虔施白金充修淨供飯芻之高德答
蠟瓚之深慈襄保此行乞無佗恙伏願天回南眷
詳賜下臨免置邊夷白日便同於鬼趣賜歸中夏
黃泉再感於天恩竣磬丹誠永繫法力洪曰向讀
名臣傳只見補仲山袞和傅說義一聯而已今獲
全聞其精禱若此
大慧為盧時用普說云我初到衡陽諸處道友送
得千百貫錢來自家遣南箇侍者去嶽山洞山諸
處齋僧一巡衡陽人初不知有齋僧之說有來問
妙喜者對他道只是把錢雇和尚喫飯過得幾時

因普說。方與他說齋僧功德。後來稍稍知歸向唐時有箇宣律師。爲他持戒殊勝戒光直透天宮感得韋馱天神。每日供天廚食因問天神世間功德何者最大。曰齋僧功德。最大。

梵網經不行利樂戒第九云。若疾病國難賊難父母兄弟和上阿闍黎亡滅之日。及三七日。乃至七七日。亦應讀誦講說大乘經律齋會求福。

● **夏齋**

忠曰。結夏秉佛都寺辨齋曰夏齋。見正說門謝都寺齋上堂處。

● **冬齋**

忠曰。冬至秉佛都寺辨齋曰冬齋。

南堂欲禪師本覺錄。謝秉佛冬齋上堂云。法離見聞。言詮岡及。道非色相智照洞然。首座用處。即是殿主用處。殿主用處。即是都寺用處。一即三。三即一。木馬火中嘶。黃昏候日出。備諸人向箇裡著得眼便見。都寺用處。要且不是藏主用處。藏主用處。要且不是首座用處。遠會麼。曹溪波浪如相似。無限平人被陸沉。

● **罷參齋**

忠曰。參禪了畢設齋供養大衆也。

傳燈錄洞山价禪師章云。因夜間不點燈。有僧出問話。退後師令侍者點燈。乃召適來問話僧出來。其僧近前師曰。將取三兩粉來。與這箇上座其僧拂袖而退。自此省發去旨。遂罄捨衣資設齋。

忠曰。是所謂罷參齋也。

雲棲袾宏和尚禪關策進序云。警策在手疾驅而長馳。破最後之幽關。徐而作罷參齋。未晚也。

● **罷講齋**

忠曰。教家參禪。有省悟分。即罷講敦辨齋供養大眾二也。

虛堂愚和尚顯孝錄拈提云。良遂座主參麻谷。見來攜鋤去鋤草次日又來谷便閉却門遂發彼契悟乃云。和尚莫謾良遂好若不來見和尚發被十二分教誤却一生途將房計賣却作一罷講齋。

忠曰。聯燈不言罷講齋事。

皇甫冉送陳法師赴上元詩云。延陵初罷講建業去隨緣。

忠曰。此但是休講遊方也。不必參禪之謂也。

● 茶湯

忠曰。凡佛前祖前靈前。每日供茶湯爲恒禮。

宋劉敬叔異苑云。剡縣陳務妻少與二子寡居。好飲茶茗。宅中先有古塚。每日作茗飲先輒祀之。二子患之曰古塚何知徒以勞祀欲掘去之。母苦禁而止。及夜母夢一人曰吾止此塚二百餘年。謬蒙惠澤卿二子恒欲見毀賴相保護又饗吾佳茗離泉壞朽骨豈忘露桑之報遂覺明日晨興乃於庭內獲錢十萬似久埋者而貫皆新提還告其兒兒竝有慚色從是禱醉愈至。

第十九類　喪薦門

● 遷化

聯燈會要。百丈海禪師。章。野狐因緣云。師令維那白槌云。食罷送亡僧。眾皆怪訝云。又無人遷化得途亡僧。

臨濟玄禪師錄云。普化繞街市叫云。我往東門遷化去。云云。

玄沙備禪師廣錄云。雪峯舉神楚闍梨問我亡僧遷化。向什麼處去。我向伊道。如冰歸水。師云。是即是某不與隧道峯云。儞作麼生師云。如水歸水。

釋氏要覽云。釋氏死。謂涅槃圓寂歸真歸寂滅度。遷化順世皆一義也。隨便稱之。蓋異俗也。

忠曰。遷化者。謂遷移化滅也。其實可通二在家一。

要覽且從世之偏稱而已。然或設二義曰。尊宿

出世能事畢。遷化度事於他方世界也。如涅

槃經說。如來見閻浮衆生。受大苦。說二甘露法一

藥療治已。復至他方。有二頹惱毒箭處一。示現作

佛療二其病一。鈔一又唐慧持臨終曰。吾欲往二他方一

教化。續高僧傳。又佛眼寂圓悟上堂云。此方緣盡

他方顯化。此界身死他界出現。續一悟明極計

至。竺仙上堂云。前月二十七日。明極和尚與

三世如來。把二手共行一。轉二化他國一而去。是二淨智一是

遷二於化一之義。余謂非也。遷化僧已言遷化固非二

出世尊宿何化度事之有。故可知遷化之目。

通二出世未出世出家一矣。

前漢書外戚傳云。李夫人卒武帝自作賦曰。云

忽遷化而不反兮。魄放逸以飛揚。

文選魏文帝典論論文云。日月遊二於上一體貌衰二

於下忽然與二萬物遷化一。斯亦志士之大痛也。

華嚴傳記。樊玄智傳云。人見二龕內有光怪一往觀

之乃見居士久從遷化。

忠曰。此三事。並在家之死言遷化。則此目不

必局二釋氏一矣。

●浴亡

敕修清規尊宿遷化云。小師侍者。親隨人安排洗

浴著衣淨髮入龕。又亡僧云。如病僧眼目延壽

堂主。即報二維那一。令二堂司行者一。報燒湯。覆二首座知客

侍者庫司一。差人。擡二龕浴船一。安排浴二亡人一浴畢。淨髮拭

浴衣被酌量俵二浴亡人手巾一與二淨髮人一。維那提督

著衣入龕。

●入龕

敕修清規尊宿入龕云。維那領二小師炷香一。請二首座一。

入龕佛事安排襄堂置二龕爐燭几筵一。供養。

又見浴亡處。

幻住菴清規亡僧津送云。入龕之法。須豫備麻骨
笆等類置臺亡僧兩股之下次用乾柴四面挨排
定當然後維龕。用長條合縫公界印押封閉龕門。
龕前立位牌一座書云。新圓寂某上座覺靈
忠曰麻骨乾柴等。擬便火化也。又有儒家入槨
之法。或可用全身入塔乎。
朱子語録喪葬云。鄉外四圍上下。一切實以炭
末須厚七八寸許避濕氣免水患截樹根櫚裏
用石灰又以篩過細沙相雜灰與沙相乳入。其
堅如石。
圓悟勤禪師録有爲智海法眞和尙入龕佛事。

● 移龕

敕修清規尊宿移龕云。入龕三日。撥龕鋪設法堂
上間。至中間法座上掛眞。乃下間置龕用麻布幝
幕。前列几案爐瓶茶花香燭不絕二時上茶湯粥

飯供養諷經。仍備挑燈繞鈸花籃鳴僧堂鐘集衆
請移龕佛事。

● 鎖龕

敕修清規尊宿移龕云。請移龕佛事罷移龕下法
堂請鎖龕佛事。又亡僧大夜念誦云。維那出燒
香請鎖龕佛事。受請人出班燒香退身問訊次住
持前問訊。然後與大衆普同問訊。從西序末過若見
前問訊轉東序。前問訊巡至班末問訊次西序
職頭首。各依本位空處過。至龕右側立堂司行者
以盤托鎖候舉佛事畢行者以鎖鎖龕畢住持復
位。

● 蓋棺

鎖龕又曰蓋棺。韻會闔轄獼切閉也。通作蓋。
韓詩外傳云。孔子曰學而不已闔棺乃止。
杜工部集簡蘇徯詩云。丈夫蓋棺事始定。

● 掛眞

忠曰。眞者眞儀。即遷化耆宿肖像也。有兩處掛眞。

一法堂掛眞。二山門首眞亭掛眞。

敕修清規耆宿掛眞云。移龕就法堂。龕已請掛

眞佛事。又云龕至山門首請眞亭掛眞奠茶湯。

俱有佛事。

無門開和尚錄告香普說云。先師觀月林圓寂後。

陳提刑譚貴謙作喪主臨時令爲先師掛眞。不

容辭避山僧捧起眞云。老賊一喝虛空迸裂儂

家當下。如桶底脫連伸三拜。納盡散缺這些怨

恨怎生消滅。而今高掛祖堂千古號令不絕。

佛通恩中和尚年譜云。師參金山即休。一日有亡

僧請耆宿幷頭首各演佛事衆中有忌休厚於師

者。俄於闇維場請蓋棺佛事。師卒出唱云云。一衆

吐舌。諸方偶響是年二十五。

● 舉哀

敕修清規耆宿遷化云。主喪白云堂頭和尚歸寂

理合舉哀。舉佛事罷舉哀三聲。大衆同哭小師列

幃下哀泣。

大淸曰。理合舉哀者。非謂舉哀。舉佛事。佛事畢唱

哀哀哀三聲。此爲舉哀也。

圓悟勤禪師錄。有爲佛眼和尚舉哀佛事語尾

云。要知末後句。分明普請大衆齊聲舉哀乃云哀。

東漸海規云。東福定山和尚辭世偈尾書云。煩

堂頭和尚舉哀。時住持性海和尚爲舉哀佛事。

論者曰。定山意。謂下火但忌火言。故爲舉哀而

性海不諭本意可憾。

已下畧錄外書舉哀

梁書明山賓傳云。山賓卒。昭明太子爲舉哀贈

錢十萬布百匹。幷使舍人三顧監護喪事。又

夏侯亶傳亶卒於州鎮高祖聞之即日素服舉哀。

○奠茶湯

敕修清規尊宿遷化舉哀之後有奠茶湯佛事又對靈小參之後有奠茶湯佛事又真亭掛真之次有奠茶湯佛事。又見起龕處。

○直靈

守亡者龕曰直靈。

敕修清規亡僧云直靈行者每日上粥飯。

○伴夜

大鑑清規末後事儀云入滅第三日茶毘先第二日晚夜慇懃供養小師圍繞終夜不寐名曰伴夜。

唯誦金剛經鳴磬。

○送亡

敕修清規送亡云凡出喪庫司預分付監作行者辦柴化亡差撥行僕鐃鈸鼓樂燭花香燭達龕喪儀一切齊備堂司行者隔宿覆住持雨序掛送亡牌次早行粥遍食椎後再鳴椎一下云白大衆粥罷普請送亡除守寮直堂外並當齊赴謹白。

大灌頂神咒經云阿賢者阿難問佛言閻浮提界。有幾種葬法佛語阿難葬法無數吾今當爲略說我此國土水葬火葬塔塚之葬其事有三乃至震旦國中人民葬法莊嚴之具金銀珍寶刻鏤車乘飛天仙人以爲莊嚴衆妓鼓樂鈴之音歌詠讚歎用爲愛樂終亡者身衣服具足棺槨微妙香烟芯芬百千萬衆送于山野莊嚴山林樹木鬱鬱行行相對無慮盈者墳栢茂盛碑闕儼然人民見者莫不歡欣。

毘奈耶雜事云佛言芯芻身死應爲供養芯芻不知云何供養佛言應可焚燒鄔波離曰如佛所說於此身中有八萬戶蟲如何得燒佛言此

諸蟲類人生隨生若死隨死此無有過身有瘡

者觀察無有蟲方可燒殯欲燒之時無柴可得佛

言可棄河中若無河者穿地理之夏中地濕多

有蟲蟻佛言於叢薄深處令其北首右脇而臥

以草稕支頭若草若葉覆其身上送喪茇芻可

令能者誦三啓無常經并說伽陀為其呪願事

了歸寺應可洗身若觸屍者連衣俱洗其不觸

者但洗手足。

行事鈔瞻病送終篇云中國四葬水葬投之江

流火葬焚之以火土葬埋之岸旁林葬棄之中

野為鵰虎所食律中多明火林二葬亦有薶者

五分云屍應薶之若火燒在石上不得草上安

資持記水葬飼魚薶林葬濟禽獸諸部文中。

但無水葬。

忠曰事鈔云律中多明火林二葬亦有薶者

者謂其水葬稀少非謂絕無而資持云諸部

文中但無水葬者失矣如子所援毘奈耶雜

事。

佛不聽塔下葬。四分律云彼於塔下理死人。

佛言不應爾彼於塔下燒死屍佛言不應爾

忠曰中華亦有四葬而人不自省察却以火葬

為佛氏之法。列子云晏平仲曰既死豈在我

哉焚之亦可沈之亦可瘞之亦可露之亦可氏

薪而棄諸溝壑亦可衰衣繡裳而納諸石椁亦

可。　忠曰焚火葬沈水葬及棄葬林葬瘞埋上葬又此四葬濟北集已辯

周易上繫辭云古之葬者厚衣之以薪葬之中

野不封不樹喪期無數後世聖人易之以棺椁

蓋取諸大過。　此亦可見漢土古葬法也。

◉津送

送亡曰津送。

敕修清規尊宿遷化云遺戒一切佛事並免但舉

無常偈同亡僧津送

幻住菴清規津送云其餘袈裟鉢盂并種種行李

抄劄餝定。待出。籠日。估唱錢物入板帳。支收以爲

津送。

正宗贊百丈大智禪師傳云。老人作禮日某已脫

野狐身。住在山後。敢乞依亡僧津送。

一山曰津發也。

舊說曰津送不必局送亡送生人亦云津送謂

送人至津而止也。今謂送亡蓋準生者也。

忠曰津字韻書無發也訓余謂津送者人之去

譬如舟發津。而人送之也。

津字非局於送亡名今畧引數證。

傳燈錄招賢會通禪師章云師乞歸寧省帝厚

其所賜敕有司津遣。

禪林寶訓云。晦堂曰。先師聞衲子省侍親老氣

色穆然。見於顏面盍禮津遣。又云死心住翠

巖聞。覺範竄逐海外道過南昌遂歸山中迎待

連日厚禮津送。

六學僧傳宋道猷傳云宋文帝問慧觀生公頓

悟成佛義。誰能復通者觀以猷對。即詔臨川津

發至都。

寢絕冲禪師錄夏中普說云。是時圓悟道會一

代子蒼先遣書探圓悟口氣。然後津發妙喜歸

雲居。

古林茂禪師錄行實云。省剳下建康津發者再

朝燈餘話芙蓉屏記云。高公贈崔英奴婢各一。

津遣就道。

朱子語錄云。逆亮臨江朝臣震怖各津遣其家

屬他走。

● 押喪

舊說曰押管押也。都寺殿子喪事點撿儀禮令不

亂行列也。又見二類門。

忠曰押者彈壓義殿子送喪列行鎮壓其擾亂矣。

正字通云。押與壓通。

敕修清規葬宿出喪云。主喪領衆。兩兩分出。左右

倭散雪柳齊步並行。毋得挨肩交語。各懷悲感。都
寺押喪。又亡僧送亡云。維那隨龕。都寺押喪。

● 起龕

敕修清規。亡僧送亡云。維那出燒香。請起龕佛事。
舉畢。行者鳴鈸撼龕出山門。首座若奠茶湯轉龕龕。
則向裏安排香几首座領衆。兩行排立維那炷香。
請佛事候事畢。舉佛事而行。

山菴雜錄云。天童西巖和尚。蜀人。南游徧參。至
徑山。見無機語相投。欲入室。授藏主職。或
者以力壞之。次日為亡僧訥侍者起龕柱衆一
辭不吐。無準即令維那。請惠侍者起龕。惠至龕
前連喚訥侍者者三人。亦以為怯。乃曰。三喚不
響果然是。訥頂門放出遼天鶻。無準咄。或者而
以惠侍者代其職。惠侍者即師也。

● 轉龕

送亡中路有奠茶湯佛事。則暫轉龕向裏見起龕
處。

● 轉骨

敕修清規。尊宿遷化佛事云。如衣鉢豐厚。每日奠
茶湯添轉龕轉骨等佛事。
忠曰。轉骨者。在入塔時。即自寢堂起骨。向塔所。
時中路轉回骨。向裏稅下行轉骨佛事。此局唯
茶毘者。

● 秉炬

敕修清規。尊宿茶毘云。喪至涅槃臺。喪司維那俟
都寺上香茶了。進前燒香。引小師。拜請秉炬佛事。
舊說曰。秉炬與下火同。然因師集賢錄。分為二。
或曰。秉炬語長。下火語短。又下火一人行之。秉
炬數人遞為之。凡立地佛事。忌語繁。唯秉炬有
及數句者。秉炬佛事。語長。而復數人行之。若用

真火移刻易熾故刻木炬塗朱擬火狀或紅綿
繪造花著炬首而不點火備更把焉是故其語
落句可言火處或言花而巳
有弟子爲師秉炬者　普燈錄黃龍祖心禪師
入滅黃庭堅強得法上首死心秉炬主義位門、
有子爲母秉炬者　羣玉集云黃檗運禪師得
道之後忽思省侍父母一婆子出問何處曰江
西婆曰我家亦有一子在江西多年不歸因借
宿婆親爲洗足運足心一誌甚大婆失記是其
子次日運辭去於三里外說與鄉人云吾母不
識山僧但母子一見足矣於鄉人報知其母母超
至福清渡運已登舟母一跌而終運不回但於
隔岸秉炬法語云一子出家九族登天若不生
天諸佛安言擲炬火然兩岸人皆見其母於火
焰中轉爲男子身乘大光明上生夜摩天宮後
官司改福清渡爲大義渡

● 下火
見秉炬處

● 茶毘
釋氏要覽云闍維或云荼毘或耶維闍毘正焚云
闍鼻多此云焚燒　升菴外集云茶即古茶字也
茶毘又作荼毘　　　　　　　　　　　　　　至陸羽
周詩記茶苦春秋書齊荼陵顏師古
陸德明雖巳轉入茶音而未易字文也
茶經玉川茶歌趙賛茶禁以後遂以茶易茶
戒環法華經要解云佛設火化之法在巳則題
三昧之力播薰練之功故化火自焚舍利迸透
在人則掩臭腐之穢免蠑蟻之食使其魄不滯
其神清升而此方以臥漱腹骸於荒郊理腐骸於
朽壤爲是且以火化爲不忍方其穴地負土至
體而坑之爲可忍耶二皆出於得不巳耳達者

觀之。一等歸盡則臥淤理腐。不若火化之愈矣。
自道觀之。沈之可也。露之可也。衣薪而棄諸溝
中。袞文而納諸石槨。無不可者。奚足爲焚瘞之
競。
東都事略太祖本紀建隆三年曰三月丁亥。詔
曰。王者設棺槨之品。建封樹之制。所以厚人倫。
而一風化也。近代以來。違用夷法。率多火葬。甚
愆典禮。自今宜禁之。

收骨

忠曰。茶毘之後。收拾化骨也。俗作取骨。訛矣。
敕修淸規尊宿茶毘云。小師鄉人法眷守化收骨。
齋罷鳴僧堂鐘集衆。仍備儀從迎骨。回寢堂安奉。
請安骨佛事。 又亡僧入塔云。茶毘後執事人鄉
曲法眷。同收骨。以綿裹。祇包函貯封定迎歸延壽
堂。[小注：延字上堂字去三薪字]

安骨

見收骨處。

起骨

敕修淸規尊宿靈骨入塔云。鳴鐘衆集。都寺上香
畢。請起骨佛事。送至塔所。請入塔佛事。

入塔

見起骨處。

全身入塔

忠曰。不火化。而以全骸入塔也。
敕修淸規尊宿全身入塔云。龕至塔所。都寺上香

入骨

茶畢。喪司維那進燒香。引小師拜請入塔佛事。

忠曰。蓋僧曰入塔居家類曰入骨。
西巖慧禪師錄。淨日行者入骨佛事云。三日已前。
可憐甘贄到南泉。五日已後。堪笑盧公連夜走。正
今日赤骨律。四顧寥寥誰委悉。流水遠孤村白雲
抱幽石。

● 撒骨
忠曰。蓋入骨撒土也。
北磵簡禪師錄。有陸氏孺人撒骨佛事。

● 撒土
舊說曰。撒土者。全身入塔行之。或曰。盆內鋪紙盛
十呈之。佛事人接之。作撒土勢。或曰。以米錢土三
物撒之。地上。即是入塔佛事也。或曰。古者有執鍬
子行之者呼。唐土固不可有之可笑。
敕修清規尊宿移龕云。候掩壙一切畢備。然
後請撒土佛事迎真回寢堂供養。

● 掩土
忠曰。全身理葬也。
義堂日工集云。凡掩土之法。掘地作窖。切石布底
裏。且隨龕樣。側立其畔岸。塗以泥粉。塞其孔隙。是
俗之所謂窆旁也。龕中立椅子。安身跏趺坐。椅前
置机。机上陳設筆硯水瓶平日資具。龕戶鎖封鑰
子折而藏之。投龕於窖中。覆以石蓋。亦粉其罅。掩
土而深埋。立石浮圖而為表。
應菴華禪師錄。有為留守樞密大資掩土佛事。

● 上祭
敕修清規尊宿移龕云。中間法座上。掛真安位牌。
廣列祭筵。用生絹幃幔。以備上祭。又云。每日。或
兩次三次上祭。無拘。蓋檀越諸山來。有先後隨時。
若法眷門人上祭。到門。知客接已。即報喪司陪送。
孝服然後上祭。

下祭

碧巖錄云。陸亙大夫作宣州觀察使。參南泉。泉遷

化。亙聞喪。入寺下祭。

忠曰。下者猶言安置也。同下喪之下義。宋高僧

傳不空傳云。帝詔高品劉僊鶴就寺置祭。此乃

下祭義也。又錄下字例。

敕修清規聖節云。燒香侍者就佛座前下茶湯。

又歷代祖忌云。就祖堂下食一位。

備用清規念誦致祭云。上祭人。龕右上湯茶行

者下。

寵居士錄云。石林一日。自下茶。與居士云云

估唱

估衣唱衣也。

敕修清規會宿遷化云。示疾。覺沈重預請兩序勤

舊點對封收衣鉢行李。就留方丈差公謹行僕看

守。以俟估唱。

幻住清規津送云。衣盂估唱。板帳支收。既無聞於

死生安可昧其因果。

估衣

敕修清規亡僧估衣云。維那分付堂司行者。請住

持兩序侍者。就堂司。或就照堂。對衆呈過包籠開

封出衣物。排地上席內逐件提起。呈過維那估直。

首座折中。知客侍者上單。排字號。就記價直在下。

依號寫標。貼衣物上。入籠仍隨號。依價逐件別寫

長標。以備唱衣時用。

唱衣

敕修清規會宿唱衣云。至期僧堂前。或法堂上下

間設大衆坐位。中間向裏橫安長卓。置筆硯大磬

其上鳴僧堂鐘集衆。至維那鳴磬一下。白云。夫唱

衣之法、蓋裹常規、新舊短長、自宜照顧、磬聲斷後。

不得翻悔謹白、云云、

持兩序、前巡呈封記、於首座處請鎖匙、呈過開取

衣物、照字號。次第排席上空籠向內側安至維那

解裂裝安磬中、却換掛絡堂司行者依次第拈衣

估一貫、則從一伯唱起、堂司行者接聲唱眾中應

聲次第唱到一貫、云、打與一貫

餘號並同、或同聲應同價者、行者喝住云、雙破再

名上單、侍者照名發標付貼、供行者遞與唱得人。

供頭行者、仍收衣物入籠。一一唱畢鳴磬一下。

又唱衣闔拈法、詳教務門。

釋氏要覽送終云、唱衣律亡僧輕物差

丘、與現前僧分不均。故佛聽集眾、先以言白

眾和、許可賣、共分、粪、不聽受、不聽賣、知得不、亦名

十誦律云、賣衣未三唱、比丘盆價。後心悔疑等彼

衣、闍疑貪者、前佛言、未三唱竟盆價、不犯、曰得迦、云。

佛言、初准衣時、可處中、勿令太貴太賤、不應待其

價極方與之。若不買者、故增價、犯惡作罪、大吡婆

沙論問命過比丘衣鉢等云何得分答彼於昔時

亦曾分他、如是財物、今命過他還分之、增輝記

云、佛制、分衣本意、為令在者、見其亡物分與眾僧。

作是思念、彼既如斯我還若此、因其對治令息貪

求、故今不能省察此事、翻於唱賣之時爭價上下、

喧呼取笑、以為快樂、懊之甚也。仁者宜忌之。

義楚六帖云、薩婆多論云、估唱衣物、未三唱得盆

價、三唱已不應盆、眾亦不得與、唱衣物已不得悔

罪。

校定清規云、唱衣、昔世曾在日、古佛示跡、號烏波

難陀比丘、好聚斂衣盂、身死之後、佛令集眾、以所

畜之物、盡情估唱、使現前比丘觀前人慳鄙、為他

人所積、因茲有證二果者、對治他緣、鈍己行、所有

法衣、不唱、當分留與嗣法弟子。

大川濟禪師淨慈錄有因唱衣上堂。

● 提衣

唱衣。亦名提衣。

敕修清規尊宿遷化唱衣云。開籠出衣。錦依號排
席上請提衣佛事。

● 對靈小參

敕修清規尊宿遷化云。喪司維那同小師燒香詣
客位拜請主喪人大夜對靈小參。預設座候昏鐘
鳴鼓集衆。兩序座下問訊。如常主喪人用常行
侍者燒香。無則聖僧侍者代之。小參下座小師羅
拜致謝。

● 贈別經

大鑑清規末後事儀云。今晚大夜則午後道舊辦
事小師誦經。此名贈別經以表生死道義也。

又見節時門贈別夜處。

毗奈耶雜事云。送喪苾芻可令能者誦三啓無常
經拜說伽陀為其呪願。前送亡處詳引。

忠曰。此即佛制有送亡諷經事。

● 龕前念誦

敕修清規尊宿遷化。首座領衆。龕前上香立定。
請奠茶湯佛事畢。山門維那念誦。

解者曰。此即此方所謂。龕前念誦也。

● 山頭念誦

敕修清規尊宿遷化云。首座領衆龕前念誦。
山門維那念誦。

解者曰。是即山頭念誦也。古劍曰。大唐火浴。
多在山頭。故曰山頭念誦。

敕修清規亡僧板帳式云。參拾貫維那山頭佛事。

解者曰。即謂山頭念誦也。

幻住菴清規云。凡對靈回向。但入禽宿夜念誦山
頭念誦此三遍公界回向。稱亡僧兩字名。

◉ 追薦

忠曰。俗作追善。非也。

丹鈆總錄云。薦者祭之名。士無田則薦是也。

慈受深禪師慧林錄云。只如今日了初侍者。追薦
二親試問諸人。且道他父母在地獄中受苦耶。在
人天受樂耶。

宋史禮志。及周朝忌日。尚有追薦。

春渚紀聞云。明皇時。太真妃得白鸚鵡。聰慧可愛。
妃每有燕遊。必置之輦竿自隨。一日鸚鵡忽低首
愁慘。太真呼問之。云鸚鵡夜夢甚惡。恐不免一死。
已而太真妃出後苑。有飛鷹就輦攫之而去。宮人
多於金花紙上寫心經追薦之者。

灌頂十方淨土經云。命終之人。在中陰中身如
小兒。罪福未定。應爲修福。願亡者神。使生十方。

無量刹土承此功德。必得往生。又云。普廣菩
薩言。眾生不信三寶。不行法戒等。命終墮三塗
八難。親族爲修福。不佛言。七分之中爲獲
一也。何故爾乎。緣其前世。不信道。故使福德
七分獲一。若以亡者嚴身之具堂宇室宅園林
浴池以施三寶。此福最多功德力強。可得拔彼
地獄之殃。便得解脫。往生十方佛土異抄

法苑珠林云。往生亡。亡後作福。死者七分獲
一。餘者屬現造者。

宗鏡錄云。問。若言須與所熏和合一處方名
能熏者。且如先亡父母。及先亡子孫等。後人
爲作功德。此亦是熏他識以獲福故。如何不
許。答此有二解。一云。此但爲增上令亡者自
發心。非熏他識。二云。七分之中許獲一分。難
只此所獲一分功德。便是此人造福。他人受
果。應乖唯識義。答有五力。唯識不判。一定力。
二通力。三借識力。四大願力。五法威德力。

優婆塞戒經云。佛言。或有說言子修善法父作
不善。因子修善。令父不墮三惡道者。是義不然。
何以故。身口意業各別異故。若父喪已墮餓鬼
中。子為追福。當知即得。若生天中。都不思念人
中之物。何以故。天上成就勝妙寶故。若入地獄
身受苦惱不暇思念。是故不得。畜生人中亦復
如是。若謂餓鬼何緣獨得。以其本有愛貪慳悋
故墮餓鬼中。既為餓鬼常悔本過。思念欲得是
故得之。若所為者。生餘道中。其餘眷屬墮餓鬼
者皆悉得之。是故智者應為餓鬼勤作福德。
大毘婆沙論云。生聞婆羅門。白佛言。喬答摩我
有親里。命過。欲施其食。彼得我食不。世尊告
言。此事不定。所以者何。諸有情類有五趣別。若
汝親里生地獄中。人趣亦復如是。若汝親
里生鬼趣中。則能受汝所施飲食。婆羅門言。若
受汝食。生傍生趣。天趣。人趣。以自存活。彼不能
我親里不生鬼趣。所施飲食。誰當受之。佛語彼

言。餓鬼趣中。無。汝親里。無。有是處。乃至廣說。
冥報記云。睦仁蒨。問鬼成景曰。人死當分入
六道。那得盡為鬼。景曰。君縣內萬餘戶。獄囚
常二十八已下。萬戶之內。五品官無。九品已
上官。數十人。六道之內。亦一如此耳。其得天
道萬無一人。如君縣內。無一五品官得入天
道者有數人。如君九品入地獄者。亦數十。如君
獄內四唯鬼及畜生。最為多也。如君縣內課
役戶。就此道中。又有等級。因指其從者曰。彼
人。大不如我。其不及彼者尤多。
忠曰。世脩說應為鬼道作福善。而諸道中。鬼
畜居多之理。景鬼之言。盡矣。審惟彼此追薦
之業。不可廢焉。

● 大行追嚴上堂

忠曰。天子追薦。上堂也。
史記景帝紀註云。服虔曰。天子死。未有諡。稱大
行。

又見節時門大夜處

希叟曇禪師雪竇錄大行追嚴上堂云統御金輪
四十年拱霊衣化育黎元萬機休罷昇還去四海
無思不斷魂云云

◉水陸會

釋門正統云水陸者取諸仙致食於流水鬼致食
於淨地之義亦因武帝夢一神僧告曰六道四生
受苦無量何不作水陸普濟羣靈諸功德中最爲
第一帝問沙門咸無知者唯誌公勸帝廣尋經論
必有因緣於是搜尋貝葉置法雲殿早夜披覽及
詳阿難遇面然鬼王建立平等斛食之意用製儀
文三年乃成遂於潤之金山寺修設帝躬臨地席
詔祐律師宣文世涉周隋兹文不傳至唐咸亨中
西京法海寺英禪師因異人之告得其科儀遂再
與爲我朝蘇文忠公試重述水陸法像賛今謂之
眉山水陸供養上下八位者是也熙寧中東川楊

鍔祖述舊規又製儀文三卷行於蜀中最爲近古
然江淮京浙所用像設一百二十位者皆後人踵
事增華以崇其法至於津濟一也

事物紀原云今釋氏教中有水陸齋儀按其事
始出於梁武帝蕭衍初帝居法雲殿一夕夢僧
致設水陸齋覺而求其儀而世無其說因自撰
集銓次既成設之於金山寺天監七年也大抵
取救焰口經事云爾

釋氏資鑑云唐高宗咸亨二年西京法海寺英禪
師有異人來謁曰弟子知有水陸齋可以利益幽
明自梁武帝歿後因循不行今大覺寺吳僧義濟
此儀文願師往求以來月十五日於山北寺如法
修設苟釋狂牢敢不報英公尋詣濟處得儀文
以歸即以所期日於山北寺修設次日曛暮向者
異人與十數輩來謝曰弟子即秦莊襄王也又指
其徒曰此范睢穰侯白起王翦張儀陳軫皆秦臣
也咸坐本罪幽囚陰府大夜冥冥無能救護昔梁

禪林象器箋　第十九類　喪薦門

武帝、於二金山寺一設二此齋一時、前代祝紂之臣皆免レ所
苦、弟子、爾時亦暫息苦、然以二獄情未一レ決、不レ得レ出離。
今蒙二吾師設齋一、弟子與二此輩一并列二國諸侯衆一等、省
乘二善力一、將三生人間、慮二世異國殊一、故此來謝、言訖逐
滅。自レ是儀文布二行天下一、作二大利益一。江頭集師著
月江印禪師錄、朝廷金山寺、建二水陸會一普說云、大
元佛心主、於二楊子江一建二金山萬僧之海一、修二水
陸無礙之大齋一、披二閱五千四十八卷之尊經一講演
敕、禪直指二難思之妙法一、廣說、復舉二梁武帝夢二神僧
告一曰、六道四生幽囚者衆、何不レ建二水陸大齋一、濟
拔レ之。帝飫二此儀文一、詔二十大高僧一、披二尋大藏一、撰二成儀文一始
於二金山一建二此大會一。於二初夜一分、悉停二燈燭一、帝親臨レ筵、
禱曰、若二此儀文一、理協二聖凡一、願我拜起、燈燭自明、如
未レ符二聖意一燭暗如レ故。帝一拜、燈燭者明、二拜宮殿
震動、三拜天雨寶花、當二時靈異一、不レ可レ勝數、至二於歷
代修建顯驗一、猶多。當二今佛心天子一、以二梁武之心一為レ心、
心、特降二御香七寶絲殺一、修二設齋供一、建二此大會一、宰相

百官光臨、法會諸山碩德、共闡二玄音一、凡聖混融、人
天交接、直得二娑竭羅龍王從レ海涌出一、親獻二寶珠一、天
帝釋空中雨レ花、殷勤讚嘆。
佛祖統紀錄、梁武英師事、記述曰、昔眞隱史越王
嘗過二金山一、慕二水陸齋法之盛一、乃施二田百畝一、於二月波
疏、辭刻二石殿壁一、撰集儀文、刊二板于寺一、既而孝聞
山專建二四時水陸一、以為二報二天地君親之舉一、且親製
而嘉レ之。賜以二水陸無礙道場一、宸翰扁二于殿一逮レ今、百
年、修供惟謹、去二月波里一所有梵苑曰、尊教師徒濟
濟、率二沙門族姓三千人一、施二財置田一、逰二月波四時
普度之法一、先是尊教同人、有二謂越王疏旨之辭一、專
為二平昔仕官報効君親之舉一、美矣、而於二貧賤一
貧、富未レ見、平等修供之意一、乃力挽二志磬一續成新儀
六卷、推廣二齋法之盛一、而刻二其板一、復依二準名位一繪像
證者、二十六軸、及今創立二齋會一、於二是儀文像軸一皆
得二其用一、時主二其事一者、寺沙門處謙、清節文學師、並
以二法施一者、月波住山宗淨也、以二文字施一者、則志磬

也。當願十方ノ伽藍ニ臨ミ視ヨ此ヲ爲シ法ト。大ニ與二普度之道一チ

◉悲濟會

忠曰。水陸會又言悲濟會蓋慈悲拯濟之義。
應菴華禪師報恩光孝錄悲濟會水陸陞堂云。大
智洞明。體無去住。明。逗日月ノ寛。若三太虛天地一以此
爲復載チ日月ト以此爲照臨山嶽一以此爲峰嵐江河
以此爲流注賢聖一以此爲威靈一凡夫一以此爲安養
陣亡一以此爲超升冤讎一以此爲解脱諸佛一以此爲
示現祖師一以此爲單傳諸人一以此爲悲濟矣至以挂
杖卓一卓云。願今得果成寶王還度如是恒沙衆。

◉施食法

敕修清規月分須知云。七月十五日晩設二盂蘭盆
會一諷經施食。 鬼食處 又見二施設一
幻住菴清規載普施法食文與二日本禪林所行一異
也。

救拔焰口餓鬼經云。阿難獨居靜處中夜忽見二一
餓鬼名曰焰口。口中火然。咽如二針鋒一白二阿難言一汝
三日後死我趣中。阿難惶怖。問何方便。餓鬼答言。
汝於明日若能布施百千那由他恒河沙數餓鬼。
幷百千婆羅門仙等ニ以摩伽陀國所用之斛各施
一斛飮食。幷及爲我供二養三寶一汝得二增壽一令我離
於餓鬼之苦得生二天上一阿難白佛告阿難勿怖
我能方便有二陀羅尼名曰無量威德自在光明勝
妙力一即能充足俱胝那由他百千恒河沙數餓鬼
及婆羅門仙等上妙飮食。一一皆得摩伽陀國所
用之斛七七斛食。能食彼衆得解脱苦身得生二天上一

阿難汝今受持福德壽命皆得增長說陀羅尼曰
曩謨薩縛怛佗孽路嚩嚕枳帝唵三跋羅三跋羅
吽。佛告阿難。若人欲求長壽福德增榮滿足檀波
羅蜜。每於晨朝及一切時悉無障礙。取二一淨器盛
以淨水置二少飮紗一及餠飯等。右手按器誦二前陀羅
尼七徧一云云　云實說、不レ能二具引一

●（四）施餓鬼食

施食具言施餓鬼食。

釋門正統云。若夫施食之法。又非二一切人天所知一。惟如來以二大慈普覆一。不レ忍二一切含靈受二其飢餓苦惱一。故假二面然鬼王一緣起。令二阿難尊者一以二一摶食一誦二咒施一之。今緇素通行。謂之二施餓鬼食一。經律所出有二三不同一。一涅槃經。謂之二曠野鬼一。二焰口經。謂之二焰口鬼一。三鼻奈耶律。謂之二訶利帝母一。皆由二如來善權一示迹。俾二後之學者一。依而行レ之。觀二其所行用力甚約。收功甚博一。回視二夫靈賴倒戈漂母返哺之儔一。誠有二天淵之間一。所謂二曠野鬼幷訶利帝母一。今爲二佛弟子一。每食必出二生飯一者。是也。所謂二焰口鬼一及二婆羅門仙一者。今爲二佛弟子一。至心所レ辨解二食者一是也。

●開甘露門

施食法。亦曰二開甘露門一。

●冥陽會

幻住菴清規詳載二其法一。

忠曰。蓋施食法也。與二水陸會一不同。冥者謂二冥界一。餓鬼衆陽者謂二陽界一。婆羅門仙衆。今普供施彼羣生。故名二冥陽會一。是故日本藝州佛通寺施食會之牌。第二世。一笑和尚書曰。天地冥陽一切靈位。

因師集賢錄云。建二水陸冥陽二會一設二大齋一獻二天地水府萬靈一。

物初膌語育王植善庫記云。都鈐邸君謂二夫導往一福存莫善於二冥陽大會一乃設レ之。斥二己財千五百緡一足有奇。入レ寺之植善庫存。本取息以足二厥用一。

●頓寫

忠曰。一座疾書二法華經一爲二頓寫一矣。此方薦二亡修一之。或謂二昉於唐僧法僧行一或謂二起於日本法藏一。竺仙仙禪師真如錄。爲二征夷大將軍仁山大居士一

禪林象器箋　第十九類　喪薦門

預修粘香云。命僧頓書妙法華經一部。及仁山大

居士親手貼書。

思中及禪師叩餘集頓寫法華經脫語云。中有純

孝沙門而為二日頓寫之權與良有深旨可不信

哉。乃嚴飾齋會延之僧眾。於一日內同心戮力頓

書八軸以伸供養。又供養頓寫法華經語云。欽

惟佛所護念。一乘妙法蓮華經開五種行門中以

書寫功德為勝。書寫功德中以頓寫功德為最尊

最上者久矣。

空谷應禪師錄起峰大祥忌陞座云。預就西山景

德開建道場。敦請僧眾三日看閱五部大乘經。計

二百卷。一日頓寫大乘妙典六萬餘言。

僧祥法華傳記云。絳州有孤山。西河造立堂舍。

多樹林木。頗得山居形勝處也。永徽中有二人

僧同房而住。一人名僧行。行三階佛法。一人名

僧法。行法華三昧。二人要契先亡者必告生處。

如昔無著世親。後僧行先亡。雖思慕之三年無

示告生處。堂有觀音像。斷食祈誓必有感應僧

法斷食五日。在堂不出戶外。至五日夜夢。有一

沙門。謂法曰。汝執取我裳角。將見僧行生處即

執裳角須臾至地獄。猛火熾然。不可親近鐵網

七重而覆其上。鐵扉四面閉甚固。百千沙門犯

淨戒不調身心者。在中受苦。又曰。欲見答不。

見沙門僧行不答。有沙門語羅剎昔同行思慕而來。我等佛子汝

如何固惜。答若欲見。隨意即見。

黑炭示之曰。此是僧行也。僧法見黑炭流泣沙

門釋子。如何受重苦。願見時羅剎唱活沙

宛如平生。但身體燒爛謂法曰。吾昔貢高恣犯

汝將救吾苦。法曰。如何救之。答為遣法華經曰

如何造答一日之中。以可畢其功。法曰。貧道豈

可二日中畢答吾苦不可忍。刹那難過。非一日

猛利行為得苦息。爾時羅剎瞋呵以鉾貫之投

地獄中。法隨前沙門而出。夢覺即日捨衣鉢資

雇書生四十人。一日寫之供養禮拜。其夜又夢。
前沙門來告。僧行早離地獄。苦近生第二天。
元亨釋書法藏傳云。天帝屈法藏。慶讚紺瑠璃
觀自在像。藏曰所生之母。去閻浮久。不知報生
為何處乎。天威嚴聳柄持此權。乞令貧道詳得
見知言已潛然。於是天帝敕檢罪簿。藏之母在燒熱地獄、
王宮餤王受天敕。檢罪簿。藏之母在燒熱地獄、
乃付冥使。令藏至獄所。四旁餤煙叫呼音不堪
聞。獄卒開一鐵屏猛火迸出。宛似炭頭。置獄卒以
鐵鉾探釜底羅一鐵而出。不可遍觀。獄卒以
是師之母也。藏心神奪䰟。不能正視。熟看似人。
藏白母言。生平何殃受此極苦。對曰只是生育
兒孩癡愛之故耳。藏曰修何拔濟。對曰冥中資
糧無過法華願。子為我。一日寫之母子相語之
間。獄卒曰。獄中無閑時。今已移刻。何其久乎。便
捉引母。母把藏袖大叫。獄卒強牽以鉾貫母鄭
釜中藏見之。放身投地悶絕而臥。冥使曰是師

母自作。非他所為。早歸閻浮。促拯濟方。天使又
把藏手置肩。須臾在東大寺西室藏乃一日內
寫妙法華回母冥資其夜夢。莊服之天告曰。我
因經功已出苦輪生忉利宮是人命終當生忉
利言。不食乎哉。
無住和尚雜談集云。南都大安寺勤操僧正曾
夢。一僧告曰。請為我及吾母。一日書寫法華經。
供養之則庶幾得超拔矣。操覽而一如其言。南
都以此。為三一日經緣起奧操師弘持之師也。又云
一日經。未見經文本說。日本傳曰昔信州國司
任滿還京。一妣相隨逐。趁之不去從者太惡。
曰請殺之。國司曰。勿殺。必有故夜夢。妣啓曰我
於君無禍福。但君輻重內有長時怨夫。願捉而
與我覺後開櫃見。有一鼠從者曰。所謂怨夫必
是也。欲執與妣。國司仁慈亦不許。便請近寺僧
一日寫妙經一部供養之以濟拔其後妣鼠同
時死復夢。白衣二人來告言吾蒙多生怨害輪

環無窮矣。今蒙君慈濟，共生切利天歡喜禮謝。而昇天去。

● **疾書**

頓寫亦曰疾書。

忠曰疾書法華則表猛利行又大品般若經云若欲書是般若波羅蜜時應當疾書此是恐魔障故也。然疾書文字亦有據。

● **漸寫**

以歚曰書法華也。

竺仙仙禪師淨妙錄足利殿觀心公周年忌陞座云同音誦持秘密伽陀并其頓書漸書妙法華經。恩中及禪師卅餘集開光禪門拈香云沼田居住某。預爲先考某大祥忌辰追薦漸寫法華經二部

● **逆修**

灌頂隨願往生十方淨土普廣菩薩所問經云普廣菩薩白佛言若四輩男女善解法戒知身如幻。精勤修習行菩提道未終之時逆修三七然燈續明懸雜綵幡蓋請召衆僧轉誦尊經修諸福業得福多不佛言普廣其福無量不可度量隨心所願獲其果實。

雲棲正訛集云世人未死先作七七小祥大祥經懺道場名曰預修此訛也言預修者令入掘色身尚在早自修持莫待臨渴掘井逼俊蒤田也。且請他課誦就若自我修之之爲勝乎然肯破慳藥而作佛事良愈於不爲者此理或通高明之士自不聽爾。

忠曰逆修說出乎隨願往生經袾宏以爲俗傳而剡其妄恣作胸臆論矣袾宏不遠致往生經尚可原之。何不近覽佛祖統紀釋氏要覽所載哉所謂隨願往生經在灌頂經第十一卷。又經三七統紀要覽訛寫作生七寂

命。豈可為象凶而聞乎。速去速去。

照堂谷響集云。生七者。謂累七齋也。此從訛

文。無所辨。亦是不閱本經之過也。

竺仙仙禪師真如錄。為征夷大將軍仁山大居士。

預修拈香云。奉佛弟子。征夷大將軍乙己本命當

於今歲謹發善念預修功課。於昨三月二十七日。

以為初七至於七七已過。百日復滿當於今月初

六日為一周忌。乃倩畫工圖繪大勢至菩薩聖像

一尊。命僧頓書妙法華經一部。及仁山大居士親

手躬書。特命比丘某拈此信香供養盡虛空界一

切三寶云云

恐中及和尚年譜云。應永十六年。己丑八月十七

日師示微疾。先是相公。請預修佛事涓取廿四日。

知事因師不安慮乞前日營辨師云。相公涓取某

日。老僧行脚。有何妨乎。廿四日。設大會齋諸般佛

事畢。自書香語付持。一速歸京師持實迫入滅時

到而不忍去。曰。將晡師知持實未去叱。曰。老僧行

脚決。在朝日預修者延壽之善也。這回以慶而復

◉ 物故

劉熙釋名云。漢以來謂死為物故。言其諸物皆就

朽故也。

前漢書蘇武傳物故註云。師古曰謂死也。言其同

於鬼物而故也。一說不欲斥言。但云其所服用之

物。皆已故耳。而說者妄欲改物為勿。非也。

後漢書牟長傳物故註云。按魏臺訪問物故之義

高堂隆。答曰聞之先師。物無也。故事也。言死者無

復所能於事故也。

◉ 尊候

第二十類 言語門

敕修清規告香云。參頭云。即日時令謹時。共惟堂

頭和尚、尊候起居萬福。又謝掛搭云、參頭云、移
刻恭惟堂頭和尚、尊候起居多福。
舊說曰、候者脈之證候也。又曰、八刻爲二一辰一、
二辰爲二一日一夜、五日爲二一候一、三候爲二一氣一、六氣
爲二一時一、四時爲二一歲一。每候人脈變換、故問人起
居曰、尊候如何。言無二有病惱一也否也。
馬祖一禪師錄云、馬祖示レ疾、院主問、和尚近日尊
候如何。師曰、日面佛月面佛。

● 不審

忠曰、不審、禮話也。其義見二僧史畧一、須下與二珍重一交看上。
困學紀聞云、不審、出二韓詩外傳一、此但原二語本一
撥不二必拘禮話一。
敕修清規訓童行云、參頭入二方丈一請二住持出就一レ坐。
參頭進前插香退身歸レ位、緩聲喝云、參衆低聲同
云、不審、齊禮三拜。又寮元云、每日粥罷乃至茶頭
喝云、不審大衆和南。

僧史畧云、如二比丘相見一曲躬合掌、口曰二不審一者何。
此三業歸仰也、心若不レ生二崇重一、豈二能動一身口乎、謂二
之問訊一。其或卑問、尊則不審少病少惱起居輕利
不上慰下則不審、無病惱乞食易二得住處一無惡伴
水陸無二細蟲一不後人省二其辭一止曰二不審一也、大如二歇
後語一乎。
舊說曰、單言二不審一猶是歇語曰、日本禪林但合掌
低頭、而不審二字、亦不唱、毋乃太簡乎。
已下畧舉二事證一。
臨濟玄禪師錄云、麻谷拽二師下座一、麻谷却坐師近
前云、不審。
雲門偃禪師錄、室中語要云、舉二夾山語一云、百草頭
上、薦取老僧、師合掌云、不審不審。

● 珍重

敕修清規訓童行云、屏息共二聽規毎一。華又三拜參
頭喝云、珍重衆齊低聲和問訊而退。

僧史略云。臨去辭曰珍重、何此則相見既畢。情意已通。囑曰珍重。猶言善加保重請加自愛好將息宜保惜同也。

釋氏要覽云。釋氏相見。將退。即口云珍重。如此方俗云安置也。言珍重。即是囑云。善加保重也。若卑至於尊所會長命坐。及受經後去。即不云珍重。但合掌俯首示敬也。

已下略舉事證。

傳燈錄瑞鹿先禪師章云。初夜唱禮了。僧堂前喝珍重。僧堂前喝珍重了。和尚處問訊。又國清院奉禪師章云。如何是出家人本分事。師曰早起不審夜間珍重。

續燈錄香林遠禪師章云。問如何是平常心。師云。早朝不審。晚後珍重。

傳燈錄無等禪師嗣二馬祖一章云。師住武昌大寂寺。一日大衆晚參。師見人人上來。師前道不審。乃謂衆曰。大衆適來聲。向什麼處去也。有一僧欵堅起指頭。師云珍重。又巖頭奯禪師章云。夾山會下一僧。到石霜入門便道不審。石霜曰不必。闍梨僧曰恁麼即珍重。又到巖頭。如前道不審。師曰噓。僧曰恁麼即珍重。方廻步。師曰雖是後生亦能管帶。

續燈錄天衣懷禪師章云。上堂大衆集定。云上來打箇不審。能消萬兩黃金。下去打箇珍重。亦消得四天下供養若作佛法話會滴水難消若作無事商量眼中著屑。且作麼生即是良久云。還會麼珍重。

忠曰。或問。已言早起不審。却晚參道不審。何也。答曰。凡上來見師。主則不拘早晚言不審。下去則言珍重。若常隨者。早起見時。可言不審。夜間退時。可言珍重而已。

●降重

敕修清規迎待尊宿云。請客侍者。具狀詣客位稟云方丈拜請和尚今晚就寢堂特為獻湯伏望慈悲降重。

舊說曰。請和尚。則言降重。請首座。則言光降。蓋分尊卑也。

忠曰按庫司頭首特為新掛搭茶云。衆慈同垂降重。故降重語。不局請和尚也。

品字箋云。重物之不輕者也。又愼重厚重遲重。持重。皆不輕舉妄動之意論語君子不重則不威。

● 光降

敕修清規庫司四節。特為首座大衆湯云。都寺令客頭行者備盤袱爐燭詣前首座寮云今晚就雲堂特為首座大衆點湯伏望慈悲特垂光降。又見降重處。

● 拜覆

敕修清規謝掛搭回禮。榜云。堂司行者某拜覆。

禪居附錄云。希陵頓首拜覆澱山堂上和尚月江禪師席前。

忠曰。覆申覆也。俗訛為反覆酬答之義非也。

前漢書馮唐傳云。賞賜決於外不從中覆也。註師古曰。覆謂白之也。音芳目反。

正字通云。又官府吏文之。申請于上者曰申曰覆馮唐傳云云

● 承准

敕修清規謝掛搭。回禮榜云。客頭行者某承准。

忠曰。承受堂頭命。而依準其所命也。

居家必用云。承受納其事也。又云。準法則也。

● 一中

敕修清規新首座。特為後堂大衆茶狀云。今晨齋退就雲堂點茶一中特為後堂首座大衆。又方

丈。特爲新掛搭茶狀云。今晨齋退就庫司。點茶一
中。特爲伏望衆慈同雲降重。
聯燈會要洞山价禪師章云。師於咸通十年三月
一日。剃沐端然坐逝。大衆號慟移時。師忽開眼云。
夫出家之人。心不附物。是其修行。勞生息死。於悲
何有。乃令主事辦愚癡齋。一中。蓋貴其戀情也。至
八日。方坐逝。
忠曰。傳燈作。一普。一普者普及一堂也。
愚癡齋。一中。一堂之謂也。
一山曰。表衆人愚癡不了生死本空之理。故曰
舊說紛紜。解。一中。或謂中字平呼。盞有大中
小三品。而茶湯用中盞。即如馬上盞者。故云
一中矣。或謂一座之義。或謂中者滿也。誠齋
詩有齋。一中語。或謂夢語集云。近入唐人問
彼土齋宿。答曰。中與鍾音同鍾盞也。一中即
是一盞義也。止忠謂數說皆未是。
忠曰。一中者。中坐一筵之義也。臥雲夢語集云。

常光國師。曾講傳燈錄及法眼傳中。中坐茶筵
未起之語。國師曰。中者。如茶湯榜。一中之中也。此瑞溪
予謂。蓋特爲座。必在中央。故謂一中也。止
所解得中正矣。
已下略舉中坐之證。
敕修清規迎待尊宿云。若法眷尊長至。先講諸
山相見禮。遂客位。請居中座。住持揷香禮講
法眷禮。方丈內坐當中位。又云。若嗣法辦
事。法姪相訪。當躬至方丈。住持即令鳴僧堂鐘。
集衆人事。先請住持中坐。行弟子法眷禮。
解者曰。中位。主人所居。請令居之。示尊敬也。
住持讓。自中位算法眷也。
傳燈錄清涼益禪師章云。初開堂日。中坐茶筵
未起。四衆先圍繞法座。
南禪規式開堂中座云。寢堂有上中下三座。
中座爲上。傳燈清涼章。中坐茶筵是也。
忠曰。可言寢堂有左右中三座。已有上座復

言ニ中座ヲ為ニ上造ニ語拙矣。

塋山清規云。半夏。或法堂或方丈齋立中座接。

名德等。此謂ニ中筵齋或施主接之。

忠曰。中筵齋。見ニ禪苑清規。但未辨中義ノ

今塋山。以立中座解中筵。則亦可以證一中
也。

俗儀亦以中座為崇寶。潮海新聞云。海東ノ
伯視浙西憲洪起畏曰。是我前生父母若不
遇此恩人。安能有今日富貴披憲中坐把盞
也。

周密問勞浹洽。

又徽宗畫題一中字事雖不涉且錄之。臥
雲日件苑錄云。在鹿苑寺看宋徽宗畫題曰宣
和殿御製一中。未知何義也。忠曰。蓋惟精
惟一允執厥中讀大禹之語用為厦名也。

歐陽文忠公全集內制集云。開寶寺福勝院開
啓道場於乾元節曰支散袈裟并設大會齋一
中。

江湖紀聞前集秦檜陰獄章云。就城隍廟建水
陸一中。

中峯雜錄示眾云。前日之晚。首座與維那。到卷
言結夏在近請為眾道話一中。

忠曰。此一中似一座義然且隨俗談耳。未必
求正義。

梁高僧傳法莊傳云。元嘉初出都止道場寺性
率素止一中而已。

忠曰。此言曰中。一食也。

諸色

忠曰。猶言種種也。

敕修清規月分須知云。歲終結呈諸色簿籍。

公用

忠曰。凡公界器物等。不可妄私用此謂公用。

元經世大典賦典有公用錢篇。

●眼同（カンツン）

舊說曰。衆眼一同觀。而爲事也。　忠曰。蓋元朝俗語。

或謂。眼同者。如兩眼不可闕一。凡一具一雙之物。若闕一不全。則令之完備。此云眼同。忠曰。此解可笑。固不足取。

敕修清規察主副寮云。或有遺忘什物者。眼同收拾付還。

幻住清規攝養云。或抱病之人。藥餌不靈。勢將順寂。須宛轉與首座鄉人。眼同抄劄行李。

佛祖通載云。元世祖聖旨曰。應有收藏道家一切經文本處乃令分曉。分付差去官。眼同焚毀。

●差撥

忠曰。又作差發。差役人。發命令也。

品字箋云。差初皆切。差遣役使也。

篇海類編云。撥轉之也。發也。

敕修清規直歲云。撥差撥使令賞罰惟當。又亡僧送亡云。庫司預分付監作行者辨柴化亡差撥行僕。

禪苑清規亡僧云。庫司知事。預前差撥行者。宋史食貨志云。必無肯就招者。勢須差撥。敕修清規卷首聖旨云。不揀甚麼差發休當。

●合用

忠曰。所欲用之物也。

敕修清規副寺云。病僧合用供給之物。即時應付。

●合行

忠曰。合行者。宜作爲之之事也。

敕修清規副寺云。常住財物。如非寺門外護官員檀越。賓客迎送慶弔合行人事。並不可假名支破侵漁。

經國大典註解云。合行移關行猶爲レ也。言ハ合ハ爲二

移關一也。

㊣ 合干 カツカン

忠曰。干關也。可レ關係其事之人也。

敕修淸規。尊宿唱衣云。喪司合干人貴在公心主

行。又云。與二喪司一合二干人封定一。

㊣ 作聲 サツシヤウ

敕修淸規坐禪云。撑二簾下牌一。輕撼作レ聲。住持頭首

出レ堂。又曰用二軌範一云。摺レ被不レ得レ抖擻作レ聲。

解者曰。作聲著。俗話也。

㊣ 生疎 シヤウソ

忠曰。生者未熟也。疎荒疎也。生疎謂二居勤龜糙一也。

小補韻會云。生熟之對。

山谷詩集謝二送銀茄一詩云。蜀人生疎不レ下レ著。

註生疎蓋用二俗語一。

敕修淸規兩序進退云。受職新知事云。某等乍入

叢林。諸事生疎。過蒙二使令下情不勝恐懼一之至。

又曰用二軌範一云。鄰單生疎。當以二善言一誘喩不レ得レ生二

嫌惡心一。

劉仕義新知錄云。歐陽文忠公曰。富醫之至。人

家也。僕馬鮮明。進退有二禮一。爲二人診脉一。按二醫書一述二

病證一。口辨如レ傾。聽之可レ愛。然病兒服レ藥云。無效。

則不レ如二貧醫一。貧醫。無二僕馬一。舉止生疎。爲二人診脉一。

不レ能レ對。病兒服レ藥云。疾已愈矣。則便是良醫。

第廿一類 經錄門

㊣ 大藏經 ダイザウキヤウ

宋景濂護法錄實積三昧集序云。釋氏之書有レ三。

法藏焉曰レ經。曰レ律。曰レ論。經則佛與二菩薩等一所レ說論。

則諸賢聖僧所レ著。唯律必佛口親宣。而非二諸大弟

子之得二與聞一也。然而三藏之間。統爲二十二部一分爲二

大小中三乘廣大殊勝。無所不攝。其文久流中國
至秦而絕。漢遣郎中蔡愔及秦景往使天竺受其
舊以歸。自是譯師疊至。代有所增以卷計者。梁則
五千四百。隋則六千一百九十八。唐承隋亂之後。
稍有廢逸。開元之目則五千四十八。至貞元中則
又增二百七十五。宋太平興國以來。或翻譯或編
纂。或收貞元未附藏者又增七百七十五。逮元有
國又增二百八十六。其中頗不能盡知。今以千文
紀之。自天至遵。爲號者。五百八十六。通爲六千二
百二十九卷。噫嘻其廣矣哉。

舊說曰。大藏以千字文命函。未知始於何人。智
昇開元目錄猶未言天地玄黃等。忠按唐智昇
撰開元釋敎錄略出四卷。自大般若經六百卷
已下。以千字文。天等字命函帙。直到羣字部四
百七十九字。舊說云智昇未命之。益不覈及。略
出也。

釋氏通鑑唐開元十八年紀云。沙門智昇撰開

元釋敎錄二十卷。銓次大藏經律論。凡五千四
十八卷。數十函。系傳錄。及唐宋新譯經一
十八卷。自天地玄黃字。號止室字函一後經一

又護法銷贈分儀藏主序云。三藏靈文。琅函玉軸。
世所嚴奉者。凡五千四十八卷。六百億三萬一千
八百八十言。其刊定因果。窮究性相。則謂之經。
乘範四儀。嚴制三業。則謂之律。硏眞題正。毅俗
邪。則謂之論。三者莫不其焉。

應菴華禪師錄。有散藏經小參。

●五部大乘經

法華玄義云。究竟大乘。無過華嚴大集大品法華
涅槃。

忠曰。大乘經。揀出五部正從智者大師說隋文
帝時。又曰。相傳此五部。華嚴則取六十經。蓋無
八十經者。是時智者大師說隋文
大集六十卷。日藏月藏各十卷。大品三十卷。
法華八卷。涅槃則取四十經者。是時經總一百九
十八卷。則者。以法華一爲二十七卷。

雲棲正訛集云。世人相傳誦五大部。謂是華
嚴涅槃。心地觀報恩。金光明五經。此訛也。五
大部者。一大藏之總名。所謂般若部。華嚴部。
寶積部。大集部。涅槃部。統所屬諸經。如六
曹爲總。而統所屬諸職也。若云。五部中各取
其一。則般若部。一經不取何名五部。

忠曰。五大部。可謂二五部大乘也。雲棲正世傳
之訛。則可尚矣。惜乎不原智者之說私擇五
名以爲大藏總名焉。又惟雲棲不取阿含部。
豈可爲大藏總名哉。若如此。則更重一訛。何
能正訛。

蘭溪隆禪師建長錄。有檀越寫五部大乘經上堂。
南浦明禪師錄。有大通忌讀五部大乘經陞座。
相國空谷應禪師錄有陞座數篇皆能言五部
綱領。
天境和尚無規矩。小笠原泰山居士拈香云爰
有海東宗師證公抽出華嚴方等般若法華涅

槃等名爲五部大乘經。

忠曰。不辨五部。智者抽出。乃是三尺之暗也。
忠按法華經二譯。一西晉時竺法護譯。爲十卷
題云正法華經。二東晉時鳩摩羅什譯。爲七卷
題云妙法蓮華經。然世唯用羅什譯焉。如法護
譯語意艱澁利益不饒。故世不用之。
忠又按智者擇出五部。而其華嚴經智者之時。
但有六十經矣。然今時五部。取八十經者。何蓋
六十經竺法護之譯。而語意不圓。利益惟少。故
取八十經而已。

⊕ 四大部經

敕修清規。祈禱云。或看藏經。或四大部經。或三日
五日七日。隨時而行。
佛祖統紀云。馮楫問道於泉佛日。頓悟心旨南渡
之後。所在經藏殘闕。楫以奉貲造大藏經四十八
所小藏四大部者。亦如其數。註云。世以華嚴涅

槃資積珠林爲四大部。
忠曰。珠林二字訛。當作般若。見物初膝語及北
碼文集。
物初膝語資壽敎院經藏記曰。今所甄藏特雜華。
般若資積涅槃四大部。與夫珠林之文而已。如不
足何。
北碼文集江東延慶院經藏記云。敎有年滿藏無
小大般若資積華嚴涅槃。合八百四十一卷。自五
千四十八卷出。
忠曰。盖世俗以五千四十八爲大藏。以四部八
百四十一卷者。爲小藏北碼欲辨此訛。故云。藏
無小大也。

金剛經

忠曰。禪家專誦此經。弘忍慧能二大師有勸獎語。
又依慧能初聞誦此經。心即開悟。又忍大師爲說
此經。至應無所住而生其心慧能言下大悟一切
萬法不離自性。如壇經說。
法寶壇經六祖自說行由云。見一客誦經慧能一
聞經語心即開悟。遂問客誦何經。客曰。金剛經復
問從何所來。持此經典。客云。我從蘄州黃梅縣東
禪寺來。其寺是五祖忍大師。在彼主化門人一千
有餘。我到彼中禮拜。聽受此經。大師常勸僧俗。但
持金剛經。即自見性。直了成佛。又般若品云。善
知識若欲入甚深法界。及般若三昧者。須修般若
行。持誦金剛般若經。即得見性。當知此經功德。無
量無邊。經中分明讚歎莫能具說。

楞嚴咒

首楞嚴經長水疏云。首楞嚴者。梵語也。涅槃云。首
楞者名一切事竟。嚴者名堅。即一切事究竟堅固
也。得此三昧。觀法如幻。於法自在。又咒末疏云。
此咒四百二十七句。前諸句數但是歸命諸佛菩
薩衆賢聖等。及故咒願加被。離諸惡鬼病等難。至

四百十九二云。路逄他此云二即說咒一曰。從二四百二十
唵字去一方是正咒。如二前云。六時行道誦レ咒。每二一時
誦二二百八徧。即正誦二此心咒一耳。如或通誦更爲レ盡

善。

大明仁孝皇后勸善書云。白傘蓋者。二千一百
三十字。

首楞嚴經圓通疏云。臨川克立曰。昔天台智者大
師聞二西域一有レ是經。夙夜西望願見。而未レ及レ見也。唐
武后長安末。般刺密帝三藏。始持梵本。自二南海一至
廣州會宰相房融。知二南銓在一廣。請就制止寺譯出。
而筆受レ之。中宗神龍元年乙巳五月念三日經成。
腾寫入奏適朝廷多レ故。未遑二頒行一有二神秀禪師入一
內道場見所奏本傳寫歸二荊州度門寺一時慧振法
師訪二度門一而得レ之。經始傳二天寶十年一西京興福寺
惟慤法師復於二故相房融家一得二其筆受之本一始作
疏解而廣傳レ之。

忠曰。克立但言神秀傳寫二此經一歸二度門寺一未レ得
神秀。始誦二此咒一之證。舊說附會此類不レ一。然既
寫得則理可レ誦レ咒。

築西與禪護國論云。楞嚴經云。佛言阿難持二四
種律儀一皎如永霜一心誦二我般怛羅咒一要當選擇
戒清淨者。以爲二其師一著新淨衣燃香閑居誦二此心
佛所說神咒一百八遍然後結界建立道塲求二於
悉地速得現前二於道塲中一發二菩薩願一出入澡浴六
時行道。如是不レ寐。經二三七日一我自現身至二其人前一
摩頂安慰令二誦持一衆生二火不レ能レ燒。水不レ能レ溺乃至
心得二正受一一切咒詛。一切惡星不レ能二起惡一
知二是咒一常有二八萬四千那由他一恒河沙金剛藏
種族二一一皆有二諸金剛衆一而爲二眷屬一晝夜隨侍設
有二衆生一於二散亂一心心非三摩地心憶口持是金剛王常隨從何
況決定菩提心者。阿難是娑婆界有二八萬四千災
變惡星二十八大惡星出二現世一時能生二言災異二有二此
咒一地悉省消滅十二由旬成二結界地一諸惡災障永

禪林象器箋

第廿一類 經錢門

舊說曰。禪刹誦二楞嚴咒一始自二唐北宗神秀大師一。

不能入。是故如來。宣示此咒於未來世。保護初學
諸修行者。文禪院恒修。此是白傘蓋法也。鎮護國
家之義明矣。

僧史略曰。灌頂壇法。始於不空。代宗永泰年中敕
灌頂道場處。選二七人。爲國長誦佛頂咒及免差
科地稅云。

釋氏資鑑云。唐代宗大曆九年甲寅。道士史華
以術得幸。因請立刃梯。與沙門捔法。有旨。兩街
選僧。剋日較勝。負之沙門崇惠常誦楞嚴咒表請
挫之。帝率百僚臨觀。史華革履。刃梯而上。命惠
蹋及而昇。往復無傷。惠乘勝。命聚薪於庭。舉烈
焰。惠入火聚。呼華入。華慚汗。不敢正視。帝大悅。
賜崇惠號護國三藏紫衣。

○ 白傘蓋神咒

楞嚴咒。稱白傘蓋神咒。即八句陀羅尼也。
首楞嚴經曰。一心誦我佛頂光明摩訶薩怛多般

怛囉無上神咒。斯是如來。無見頂相。無爲心佛從
頂發輝。坐寶蓮華所說心咒。溫陵會解云。摩訶
薩怛多般怛囉。此云大白傘蓋。即藏心也。量廓沙
界曰大。體絕妄染曰白。用覆一切曰傘蓋神咒從
此流演。故名心咒。

智廣編密咒圓因往生集。載大佛頂白傘蓋心咒
云。捺麻厮怛怛達引須遏怛引也啊囉訶切
薩滅三莫嘚薛怛涅達引唵啊捺令冥折寧。
冥引囉末唎囉嘚吟末齒舌嘚嚟末唎囉
鉢引稱發怛莎引訶
稱發怛吽嚧嚟引

○ 大悲咒

敕修清規旦望藏殿祝讚云。維那舉大悲咒。
千手千眼觀世音菩薩廣大圓滿無礙大悲心陀
羅尼經一卷。唐西天竺伽梵達摩譯。
經咒功德。如彼說。
大慧普說云。如大悲咒云阿遊孕杜撰者。輒敢易

叢林公論云。乾道間。伊菴權和尚。菴天台平田有士人陳德夫訪之曰。大悲神咒舊本作阿遊孕。新改爲阿逝孕。謂神人現而正之。如何。菴曰。咒乃如來秘密之言。十師未嘗譯也。字或可改。咒已譯矣。遊字爲逝。且言是鬼名。因鬼告以名阿逝孕。由是易之。此由可怪。既云秘密伽陀。又是古聖師譯。豈可信。而誣先聖耶。信知學不經。豈免邪解。

●消災咒

敕修清規祈禱云。如祈晴祈雨。則諷大悲咒消災咒大雲咒。

佛說大威德金輪佛頂熾盛光如來消除一切災難陀羅尼經一卷施護譯。

佛說熾盛光大威德消災吉祥陀羅尼經一卷。經云。我今說過去娑羅王如來所說熾盛光大威德陀羅尼。除災難法。乃至受持讀誦此陀羅尼者。能成就八萬種吉祥事。能除滅八萬種不吉祥事。如

●尊勝陀羅尼

經說一

宋高僧傳唐五臺山佛陀波利傳云。釋佛陀波利華言覺護北印度罽賓國人。忘身徇道。徧觀靈跡。聞文殊師利在清涼山。遠涉流沙。躬來禮謁。以天皇儀鳳元年丙子。杖錫五臺虔誠禮拜悲泣雨淚。冀覩聖容。倏焉見一老翁。從山而出。作婆羅門語。謂波利曰。師何所求耶。波利答曰。聞文殊大士。隱迹此山。從印度來。欲求瞻禮。翁曰。師從彼國。將佛頂尊勝陀羅尼經來否。此土衆生。多造諸罪。出家之輩。亦多所犯佛頂神咒。除罪秘方。若不齎經徒來何益。縱見文殊。亦何能識。師可還西國取彼經來。流傳此土。即是偏奉衆聖。廣利羣生。拯接幽冥。報諸佛恩也。師取經來至。弟子當示文殊居處。波利聞已不勝喜躍。裁抑悲淚。向山更禮。舉頭之頃。不見老人。波利驚愕。倍增虔恪。遂返本國取得經

廻既達帝城、便求進見、有司具奏、天皇賞其精誠、

崇斯祕典、下詔鴻臚寺典客令杜行顗、與日照三

藏於內共譯、詺顗絹三十匹、經留在內、波利乖

泣奏曰、委棄身命、志在利人、請帝流行、是所望也、

帝愍其專切、遂留所譯之經、還其梵本、波利得經、

彌復忻喜、乃向西明寺、訪得善梵語僧順貞、奏乞

重翻、帝愈其請、波利遂與順貞對諸大德翻出、名

曰佛頂尊勝陀羅尼經、與前杜令所譯者、咒韻經

文少有同異、波利所願既畢、却持梵本、入于五臺、

莫知所之。

無住和尚雜談集云。聖一國師住東福、日行事稠

於餘禪院、朝誦楞嚴咒、日中諷誦尊勝陀羅尼七遍、

有渡宋老僧。啓國師曰。若欲行宋樣、則何不一隨

彼事例。國師曰。宋土僧則如法坐禪、四時坐禪外、

猶有常坐者。凡彼國無道無俗、多務坐禪故省於

行事耳矣。如日本禪僧、不然、不專於禪定、若復疏

崟乎行事誦咒、何以消信施。若汝輩修禪、如同宋

僧、則廢行事亦可也。其僧無以答焉。尊勝經說消

信施功能。復令魔外遠遁、一時天狗魔憑人言、我

亦欲往東福、但怖他尊勝陀羅尼。

○無量壽咒

敕修清規聖節云。諷無量壽咒醫藥師號。

佛祖通載云。弘教集云。元世祖命僧念無量壽王

陀羅尼經。能念者賜定帛稱賞。

聖節誦無量壽咒必是此經陀羅尼也。非謂往

生咒。

佛說大乘聖無量壽決定光明王如來陀羅尼經

一卷。那爛陀寺法天譯。

經云。佛言。今此閻浮提世界中、人壽命百歲、於中

多有造諸惡業。而復中天、若有衆生得見此無量

壽決定光明王如來陀羅尼經、功德殊勝、及聞名

號、若自書寫、若教他人書、是經竟、或於自舍宅、或

於高樓、或安精舍殿堂之中、受持讀誦遵奉禮拜。

種種妙華燒香抹香塗香華醫等。供=養無量壽決
定光明王如來陀羅尼經。如是短壽之人若能志
心書寫受持讀誦供養禮拜。如是之人復增=壽命=
滿於百歲。

◉ 觀音聰明咒

村寺清規云。童行方入寺。乃至宜教=觀音聰明咒久。
而漸漸聰明。

忠曰。陀羅尼集經。有觀世音說咒藥服得一聞
持陀羅尼。又有觀音聞持不忘陀羅尼文續觀
音感應集。有觀音智慧咒。所謂聰明咒是乎。
續觀音感應集云。趙師炳事觀音大士甚虔。行徵
嚴道中。璧間有大士所說智慧咒語。且云。若人受
持。滿=二百萬遍智慧不與=我等=我誓不=成正覺咒
曰。唵婆羅婆曜三婆曜三婆曜。印涅唎野。彌輪陀
尼。唵嚕嚕唵嚕。折唎良鑠訶。

◉ 經馬

忠曰。日本禪刹祈禱或孟蘭盆會等。印造心經及
馬圖加=之紙錢。先掛=殿柱=經罷而焚化。未=知何時
起=必是宋國禪林之法此方傳習而已。蓋人鬼道
異。若火化之則得=他受用=詳錢財門紙錢處今繪
馬。火化之則鬼得取而乘=亦如此。
豐後州大分郡眞萱村松岡有松岡山長興寺。
東福門派要翁綱禪師。爲=開基祖其扁額寧一
山書=寺有馬經之印板是要翁時物經則心經
馬圖亦如今所=繪也。要翁即圓爾之第四世。
已下畧引事證=
空谷尚直編云。浙右有人印造佛天三界紙馬=開
張店業店屋楣間。平鋪閣板作=臥室於閣上一夜
綱翩尿器淋漓汚馬。仍將此馬=晒乾賣之之本年從
店中=提出此人=雷打死於門前。
王同軌耳談云。薪水醉府尹均。永樂時人往=巴河

鎮平生清苦上亦甚稱之橐無一錢在任積俸置
紙馬板數副以貽子孫今巴河薛鋪紙馬獨易售
人猶稱薛府尹紙馬可謂厚於貽矣
博異志云。開元中瑯琊王昌齡自吳抵京國舟行。
至馬當山屬風便。而舟人云。貴賤至此。省合謁廟。
以祈風水之安昌齡不能馹乃命使。貰酒脯紙馬。
獻于大王而以一首詩曰青驪一定崑崙牽奉上
大王不取錢。直爲猛風波裏驟。莫怪昌齡不下船。
宋史禮志云。大中祥符二年。十二月。北朝皇太
后凶訃遣使來告。云。焚紙馬皆舉哭再拜。
歸元直指臨終四關云。不求出世善根爲愛家
園長旺以致臨終遺病。怕死貪生。信受童兒呼
神喚鬼。燒錢化馬。殺裂衆生。緣此心邪無佛攝
護。
忠曰此是責貪生詔鬼。不求出經非必言燒
錢化馬是邪業。
元亨釋書云。釋道公居天王寺持法。華有年矣嘗

詣熊野安居。夏終還本寺。暮過一村無居宅宿大
樹下夜半有騎馬者三十餘人呼曰。至樹下一人呼曰。
翁在乎。答曰在。日何不前去答曰。馬足損不任乘。
齡又衰老。不能徒步。諸騎過去。明旦公怪巡見樹
下。有小神祠。其像朽弊。前有片板。上圖馬形。前足
之處。其板破裂公更以絲繫補。欲試神言次夜猶
宿樹下。中夜前騎又來。呼翁乘馬而出。向曉更。翁
歸來謝曰。承師賜治馬脚。不堪幸也。乃出甘饌餉
公公曰。數騎何人。翁曰。行疫神也。神巡管內我爲
前驅若。不出。必受答罵。今蒙師惠嘉慶深矣。
忠曰。焚馬多見。本據焚經難得其證。適得焚瑩
勝咒施鬼事。是可以證焚心經也。
異聞總錄云。李泳子永平生常印符勝陀羅尼幡。
焚施鬼道。淳熙六年。爲坑冶司幹官。分局信州。次
年十二月。彼檄至弋陽邑宰招飲歸已侵夜。臥驛
堂睡未交睫。見二婦人一冠一髻。徘徊往來於室
中知其爲異物不及問少焉微窺則已逼床下李

祝之曰。若有所言。可明告我。不然。托諸夢可也。展

轉間復睡。夢兩人來拜曰。見公無所求。只欲得常

印曾勝幡耳。李曰。吾在役固未嘗携來。柰何。曰候

公歸信州見贈。未晚。扣其姓氏曰。無用問。當自知

之。明旦訪諸人。其從行虞候能言云。比年廣州盧

彝通判之妻。以產終此室。今頂醫者是矣。其冠者

不知何人。李還舍。爲印數十本焚與之。

◉ 語錄

忠曰。禪祖語要不事華藻。以常談直說。侍者小師。

隨而筆錄。此名語錄。

正字通云。錄音鹿。謄寫曰錄。又書篇名梁阮孝緒

七錄。云。宋諸儒有語錄名臣言行錄。

文心雕龍云。錄者領也。古史世本編以簡策領其

名數。故曰錄也。

◉ 話則

丹鉛總錄云。佛書以一條爲一則。洪景盧容齋隨

筆。史繩祖學齋佔畢用之。

品字箋云。則法則。凡制度品式之有法者皆曰則。

祖庭事苑云。宗門因緣不言一節一段而言一

則者。蓋則以制字。從貝從刀。貝人所寶也。刀人

所利也。所發之語。若刀之制物。以有則也。故人

皆寶之。以爲終身之利焉。是知謂一則者不無

深意也。

◉ 公案

忠曰。佛祖說話。可爲學者法則。故言話則又言

話幾則不必用事苑鑿說矣。

中峯山房夜話云。或問佛祖機緣。世稱公案者。何

耶。幻曰。公案乃喻乎公府之案牘也。法之所在。而

王道之治亂實係焉。公者乃聖賢一其轍天下同

其途之至理也。案者乃記聖賢爲理之正文也。凡

有天下者。未嘗無公府。有公府者。未嘗無案牘。蓋

欲取以爲法、而斷天下之不正者也。公案行則理

法用、理法用則天下正、天下正則王道治矣。夫佛

祖機緣、目之曰公案、亦爾。蓋非二人之臆見、乃會

靈源契妙旨、破生死越情量、與三世十方百千開

士、同稟之至理也。

聯燈會要、黃檗運禪師章云、次日陞堂云、昨日尋

羚羊僧出來、其僧便出來、師云、昨日公案、老僧休去。

作麼生、僧無語、師云、將謂是本色衲子、元來是義

學沙門、拈拄杖、即時打出。

碧巖錄、三教老人序云、嘗謂祖教之書、謂之公案

者、倡於唐而盛於宋、其尙矣乃尙世間法中

吏牘語、其用有三。面壁功成、行脚事了、定簑之星

難明、野狐之趣易墮。具眼爲之勘辨、一呵一喝、要

見實詣、如老吏據獄讞罪、底裏悉見、情款不遺一

也。其次則嶺南初來、西江未吸、亡羊之歧易泣、指

海之針必南、悲心爲之接引、一棒一痕、要令證悟、

如廷尉執法、平反出入於死、二也。又其次則犯稼

愛深、繫瓊事重、學奕之志須專、染絲之色易悲、大

善知識爲之付囑、俾之心死蒲團、一動一參、如官

府頒示條令、令人讀陳知法、惡念才生、旋即寢滅、

三也。具方冊作案底、陳機境爲格令、與異祖師所立

金科玉條、清明對起、諸書初何以異。祖師所立

爲公案、留示叢林者、意或取此。

虎關鍊和尙曰、公案者、寄世事而立名。唐土有六

省。曰本有八省者、俗云奉行者、武士訴武家刑

罰事、則屬兵部省刑部省決之。民訴田壤事、則民

部省決之。判文事、則治部省決之。凡諸奉行者、以

自古公界所定法式、聚置之於案上、仍擬于今之

所訟而理之。日本法家人、以延喜式目弘仁式目、

沙汰而理之、即是也。宗門公案亦爾、提撕古人相

師所定之法、是非一人之私法、便天下公共之理

也。

雲棲正訛集云、公案者、公府之案牘也、所以剖斷

是非。而諸祖問答機緣、亦只爲剖斷生死、故以名

之。總其問答中緊要一句。則為二話頭一。如二一歸何處一。
因二甚道理一無二念佛是誰一之類是也。千七百則乃至多
種。皆悉如是。

居家必用吏學指南冊籍類云。公案謂二公事始末一
也。

又靈說部拈古處。東山外集說。

● 偈頌

翻譯名義集云。伽陀此云二孤起一。妙立云。不二重頌一者
名二孤起一。亦曰二諷頌一。西域記云。舊曰二偈一。梵本略也。或
曰二偈他一。梵音訛也。今從二正音一宜云二伽陀一。唐言二頌一。
又云。祇夜此云二重頌一。妙立云。重頌上直說修多羅
也。亦曰二應頌一。頌長行也。

忠曰。禪宗偈頌。尊二源二十八祖一。有二傳法偈一慧能神
秀呈二偈一。見已所解。爾降二倡於趙宋一。而熾二於胡元一汾
陽作二廣智一雪竇圓悟鏜韜二模範一矣。

禪林寶訓云。萬菴曰。頌始自二汾陽一。暨雪竇宏二其音一

顯二其旨一注洋乎不可涯。後之作者馳騁雪竇而為
之。不二顧道德之奚若一務以文彩煥爛相二為美一使
後生晚進。不克見古人渾淳大全之旨烏乎。

山菴雜錄云。竺元先師謂。做頌須二事理俱到一譬如
打索兩股緊綏不同則不堪矣。大川和尚作二蜘蛛一
頌云。一絲挂得虛空住。百億絲頭殺氣生。上下四
圍羅織了。待二無漏網話一方行。末後三字。於二蜘蛛一却
無二交涉一。又題出山相云。龍姿鳳質出二王宮一垢面灰
頭下二雪峯一誓願欲窮諸有海。不知諸有幾時窮。以
雪峯易雪山判韻耳。而此地有二雪峯一其名既顯似
覺有妨。所以不純也。

竺仙疑問云。宗門偈頌。唯是發明佛祖大事。非二達
佛祖之知見一就能為二之一頌者誦也。稱述也。美盛德
之形容歌誦盛德也。謂以二偈言一稱頌其事以美其
德也。所謂游揚德業。褒讚成功是矣。而佛菩薩正
當宣揚之時。皆以二寶音梵唄一演而為二微妙清雅之一

韻悠揚諷咏。優遊彬蔚。婉而成章。乃涵不盡深長
之意。令人樂聞。今茲翻譯。莫能寫之。唯掇其大意
耳。是故經偈。亦無押韻也。東土諸祖。始稍體之。
是皆悟明通達。衝口而成。非假造作法。滋既久華
竺兩狼人心轉巧。機變迭出。遂寄調於風雅之音。
播揚西來不傳而傳之意也。且詩者。止乎六義而
已宗門玄唱則有儗若含於六義者。有超然於六
義之表。而絕去世間翰墨畦逕之外。求不知蹤去
不知迹。非意可求。非情能測。若或體其所翻經偈
之作。則逼似之。唯其達人。千變萬化。所謂青出於
藍。冰寒於水。而成響響者歟。自古至今。不乏其賢
然雖近今。而能超於前作者。時亦有之。第不多耳。
夢巖晬霖集。跋北磵詩集云。詩也者。人之情性也。
因感觸而生云。吾釋偈頌攄彼之方。有祇夜者焉。
有伽陀者焉云。昔人曰。偈或偈佗。蓋梵音之訛路也。
按染僧史略什語慧叡曰。天竺國俗甚重文製其
宮商體韻以入絃為善。凡見佛覲王詠歌功德經

中偈頌皆其式也。但改梵為秦。失其藻蔚傳譯大
意。以詔後世。有如嚼飯與人。非特失味。乃令嘔噦
也。什輒製偈。贈沙門法和曰。心山育明德。流薰萬
由延哀鸞孤桐上。清音滿九天。此土之偈。濫觴于
此自爾以降達磨對揚衒之作偈以至汾陽雪竇
或古或律偈頌獨盛于吾門。向所謂情性之本發
為玄言奇唱。蓋詩律特其寓也耳。卿睦菴曰。詩而
非詩乃此也。然悠悠後學不本宗歟畢筆而成全
無羞愧。如峨嵋鸚臭十倍隱之。何其多耶。至若黃
龍之由有沒二字。服其妙密則益穿矣。其末流甚
者聞云秋水共長天依依。則曰此詩也聞云倒騎
佛殿上天台則曰此頌也。欲不笑而得乎。夫內無
所得語言惟貴。則雖威池三百首。金薤千萬篇。竟
何補於吾道之萬一耶。北磵老子。從涵養醞藉之
中獲超然自得之妙。離文字之縛脫筆墨之畛畦
文章鉅公與交則寂寥乎短章。春容乎大篇謂之
詩也亦得。祝子與酬唱則痛快過乎棒喝之用事。

謂之頌也。亦得與夫休己島可之徒。雕肝鏤腎抽

黃對。白以詩著名者。不亦邈乎。

舊說曰。妙喜中巖月和尚云。詩與頌別。頌者倒

騎佛殿出山門等活語。是也。詩者秋雲秋水共

依依等。細調柔和語也。

忠曰。野哉斯言。此必遂斃風文字禪者之說。

非中巖也。縱作倒騎佛殿等語者。不具眼則

非頌亦非詩。無可名焉。縱作秋雲秋水等語。

若具禪意則可爲頌也。昔鱗一菴。頌於應無

所住而生其心。用司空曙詩全篇曰。罷釣歸

來不繫船。江村月落正堪眠。縱然一夜風吹

去。只在蘆花淺水邊。絕海特賞之。可知頌與

詩之辨。在意旨而不在言語。

頌古

小補韻會。宋韻云。頌似用切。說文。頌皃也。廣韻歌

也。

子夏毛詩大序云。頌者。美盛德之形容。以其成功

告於神明者也。

周禮大師六詩註云。頌之言誦。容也。誦今之德

廣以美之。

毛詩註疏。周頌正義云。頌之言容。歌成功之容狀

也。

詩經周頌朱熹註云。頌者。宗廟之樂歌。大序所謂

美盛德之形容。以其成功。告于神明者也。蓋頌與

于神明者也。如禪家頌古則舉古則爲韻語。而

忠曰。頌名本起于六詩。風賦比歌。頌盛德以告

唐賈島二南密旨云。頌者。美也。美若臣之德化。

發明之以爲人。亦是歌誦佛祖之盛德。而揚其

美。故名頌古。

汾陽無德禪師錄。有頌古一百篇禪家頌古以此

爲權輿。

禪林寶訓云。萬菴曰。頌。始自汾陽。暨雪竇宏其音

頌其旨汪洋乎不可涯。又云。心聞貴和尚曰。天
禧間。雪寶以辯博之才。美意變弄求新琢巧變其宗風。
陽為頌古。籠絡當世學者。宗風由此一變矣。
碧巖錄云。大凡頌古只是繞路說禪。拈古大綱據
款結案而已。

雲臥紀談云。大鴻佛性禪師。為其嗣者。潭州惠通
曰。公嘗頌覺鐵觜先師。無此語話曰。誰道先師無
此語。焦尾大蟲元是虎。胡蜂不戀舊時窠猛將不
歸家裏死。急著眼。勿回顧若會藏流那下行市地
清風隨步武佛性見而誶之曰。及頌黃蘗示眾奢儉
得所。如人解使錢不必多也。

糟話曰。荊棘林中宣妙義蘘園裏放毫光千言
萬語無人會又逐流鶯過短墻佛性頌之。

竺仙疑問云。頌古之作。醫之儒家。則猶詠史也。復
幾數百載矣。蓋始於宋國初汾陽是時尊宿皆悉
渾厚蘊藉。不尚浮靡。天禧間。雪寶以辯博之才俠
宏其音莫不卷舒抑揚。縱橫得妙。後之作者。莫出

其右然亦有以其美意變弄求新琢巧變其宗風。
失古淳全之作矣。至於景定咸淳之間所謂大道
衰變風變雅之作。於是雕蟲篆刻競之。倣効晚唐
詩人小巧聲韻。思惟煉磨。而成二十八字曰道號
頌。時輩相尚道今莫遇於中雖有深知其非而深
欲絕去之者。然以久繁不能頓除勉隨其時曲就
其機亦復不拒來命。時或秉筆覿面信手賦塞所
需。聊為方便接引之意也。然以其音律諧和與夫
事理句意俱到。而脫者使或吸之。誠亦可人。然
譬如食蜜中邊皆甜宜乎人其愛之。若夫欲濟飢
餒不可得也。

● 道號頌

竺仙和尚說。見頌古處。

● 贊

叢林盛事云。前輩贊佛祖偈句。並自贊語。各有矜

式今之例、多杜撰。如自贊亦如贊佛祖之語、良可
笑耶。唯密菴、最得其體贊云。在家不讀書。行脚不
參禪。隨流閑打閧掘地覓青天。如今老大空追悔。
捻人痛處、力加繩塗毒亦云。眼睛耳恒聾鼠技
已瘵。要見嚴中主白雲千萬重咄。其眼者宜辨之。

◎**法語**

東明日禪師錄。示嗣芳侍者語云。法語之作、爲進
道勉勵之助、先輩是皆不得已。而出一言半句示
一機一境。如穿楊之箭不發而已。發則必中近習
師法不嚴以法語爲辨己長發越胸中不平何益
於本分事况復發越已長不平之者其亦鮮矣。
希叟曇禪師錄示曰。日本平將軍法語云。昨承建長
鄉老禪師。賜書爲閣下需語。三思。前輩大老與士
大夫交游未深。不知造蘊不敢輕易通信。恐惧於
人况小僧耶。如
東山空禪師法語云。今時一種風範。直是好笑。如

袖紙燒香、求偈頌覓法語之類是也。更有一般瞎
老師不辨來機便向他雪色紙上扇一堆學家珍
藏以爲護身符子苦哉苦哉。
癡絕冲禪師錄。示巽升維那語云。所謂法語者、蓋
前輩有道之士堤持佛祖不傳之妙警悟學者、余
之不敏烏足以能之。
寂室光禪師錄。示眞源禪者語云。法語者道眼明
白底。本色宗匠事業以其宗說俱通意句圓活而
衲子取爲參禪之標式而已。是故得之者、如袖隋
珠卞璧而歸家也。寶非罕見淺識之流容易所議。
縱使勉強而作、非唯無益於他。恐招誘乎己之必
矣。
恕中慍禪師錄題。無準書浮山遠錄公語後云。昔
玉山癡翁凡有學者、求警訓往往伸紙絲墨作斗
方書般若心經及古德語以酬之。於紙尾惟記年
月、署己名而已。更不別加一字。蓋其與佛祖同一
舌頭、同一宣說。貴在控人入處。實不在馳騁翰墨

且ツ與二右人一述而不レ作之意合ス。

大集經云。佛言。法語者。凡所二演説一依レ法而語。觀レ法念レ法。奉レ行於レ法。至二處法一求レ法欲レ法樂レ法修レ法法

幢法。依。莊嚴。瓔珞。法器。法燈。法明。法念。法意。法有。法所

莊嚴。瓔珞。法床。法儀。法護。法財。法無窮盡廣大無

邊。法事。法身。法口。法意。菩薩。具足成就。如是等法。又

是名二法語一法語者眞實之語。守護法語廣說

云。法者則不レ可レ獲。無二有文字一而無レ所說亦無レ辭無

色。無レ見亦無レ所趣。無レ言語亦無レ所敎無二心意識一無

有二塵垢一無レ明無レ暗。云云

智度論云。菩薩知レ能利益者。若是佛法若不レ能レ利

益。雖二種種好語一非二是佛法譬一如二種種好藥不レ能レ破

病。不レ名爲レ藥。趣得二土泥一等能差二病者一是名爲レ藥。

● 行狀

忠曰。狀書名二德行業一曰二行狀一。

正字通云。狀形象也又形容之也。

文選文宣王行狀注云良曰述二其德行之狀一。

文心雕龍云。狀者貌也。體貌本原取二其事實先賢

表諡一並有二行狀一狀之大者也。

第廿二類 文疏門

● 敕黃

敕修清規書記云。古之名宿。多奉二朝廷徵召一及名

山大刹。凡奉二璽旨敕黃一住持者。具謝表示二寂有遺

表一或所レ賜所レ問俱奉二表進一而住持專柄二大法一無二事

文字特請二書記一以職レ之。

山堂肆考云。唐太宗用二黃麻紙一寫二詔敕文一故杜

詩詔仍兼二縟黃麻一似二六經一唐玄宗別置二學士

院一掌二內命一凡拜二免將相一皆用二白麻一注云黃詔

紙用二黃藥一染成。取二其辟蠹一也。似二六經一者謂二詔誥

之詞一渾厚如二六經之文一也。

野客叢書云。敕舊用白紙。唐高宗上元間。以施
行之制。既爲永式。白紙多蠹。遂改用黃。除拜將
相制書。用黃麻紙。其或學士制不自中書出。故
獨用白麻紙。所以有黃麻白麻之異也。
又見經單處。聖節黃榜處。

● 謝表

見敕黃處。

● 公文

忠曰。知府所降公憑文也。
居家必用云。公文。謂官遣文字。故曰公文。
敕修清規開堂祝壽云。先呈公文舉法語畢。接付
維那宣白。次山門諸山江湖疏。一一遞上有法語
分送宣讀。
雪竇顯禪師開堂錄小參云。僧問。四明侯伯遠
降公文。未涉程途請師速道師云剖。

大慧武庫云。洪州奉新縣慧安院偶法席久虛。
太守移書寶峰眞淨禪師命擇人主之時有淵
首座向北人孤硬自立白眞淨曰。惠淵去得否
眞淨曰。汝去得遂復書舉淵得公文即辭去。
隱山璨禪師錄云入院。指座云。隱山無量罪過
復被公文追到。要得重整頹綱不免再陞此座。

已下署記外典公文語。
魏書高祖紀云二年夏四月癸酉。詔沙門不得
去寺浮遊民間行者仰以公文。
晉洛紀聞云。江淮發運使盧秉元祐初發解赴
闕至泗州夜夢肩輿詣郡守而回過漕司有頂
帽執謁而督視工役丹飾門墻者問之云修此
以俟新官也。盧曰。新官爲誰執謁者屬聲而對
曰。盧秉云　既覺未及盥濯而郡將公文一角
至。即除盧領大漕事。
爲善陰隲曰。王紹爲兩路提刑每斷死囚必焚
香奏天然後行下。一日暮坐恍見一玉女長披

大袖手持一角公文立于簷前遙告、緒曰、此汝
平生所奏事目、一一皆合諸情法、無有枉濫、上帝
嘉汝、已爲汝延壽一紀、兼爲汝倍增福矣、汝
之子孫異日亦省當作監司、更宜自勉言訖而
殞、後果如其言。

●府帖
公文也。
校定清規新住持入院云、都寺預請維那首座宣
疏帖等人。注先讀敕黄省剳或府帖山門疏諸
山疏次第宣讀。

●諸疏帖
文體明辯云、疏者、布也。
正字通云、疏去聲暮韻音數條陳也。
忠曰、疏者條暢布陳其所蓄望也。
禪苑清規請尊宿云、具合用錢物行李人轎等或

舟船要用之物官疏院疏僧官疏諸院長老疏施
主疏閑居官員疏住持帖本州縣開報彼處州縣
文牒官員書信院門茶榜、並須子細備辦如法安
置。

舊說曰、士大夫爲僧製請疏泛論之、則南北朝
時沈休文發講疏爲始。禪林請住持疏、韶州防
禦使何希範等製請疏合雲門偃禪師住靈樹、
爲始。其疏載在雲門語錄後也、僧疏則九峯韶
公作疏請大覺璉和尚住阿育王山此爲始矣。

●官府疏
舊說曰、凡請住持有官府疏山門諸山道舊法番
江湖勤舊等疏官府疏者宣政院選舉之也。
又曰、古者官府疏有祝聖壽之語、今則山門疏有
祝語、蓋無官府疏時、如此而已若有官府疏則山
門疏非必作祝天子語也。

●路疏

忠曰某州路官府。請二住持疏一也。

古林茂禪師永福錄。有二拈路疏語一。

●縣疏

虛堂愚和尚錄續輯云。府疏已刊二前集一縣疏知府陸盤隱撰。

●府僚疏

忠曰僚官僚也。府中官僚。爲二住持疏一也。居頂圓菴集。有二菁遠禪師住二昌國普慈一府僚疏一。蓋居頂代二府僚一製也。

●山門疏

舊說曰。請二住持山門疏一。發二勸請諸山疏一。發二促駕江湖疏一。道二舊疏一。發二展賀一。又見二官府疏、睿疏處一。

敕修清規請二新住持一云。庫司會二兩序勤舊一茶議發二專使一修レ書。頭首知事勤舊蒙堂前資僧衆製二疏山門、江湖、諸山、茶湯榜一。

●同門疏

新命同門人製レ疏。賀二其入院一也。見二法眷疏處一

同門義。見二稱呼門同門處一。

●諸山疏

本寺隣封之諸山。製二新住持入寺疏一也。見二山門疏處一

●江湖疏

忠曰江湖上禪刹人製二新命入寺疏一也。見二山門疏處一。有二東江湖西江湖二疏一。南禪規式入院云。首座宣二山門疏一行者兩人扛レ疏。住持在レ椅。其餘疏以次頭首宣二讀道舊疏一。書記諸二山疏一。後堂東江湖西江湖疏東西藏主宣レ之。但道二舊同門等疏一。頭首出レ衆。向二法座一立定。讀レ之。蓋無レ可二宣揚位一也。

忠曰、江湖者、江外湖邊叢刹也、凡禪刹名山大
刹之外者、稱江湖矣、然舊說、按江西馬祖湖南
石頭、學者憧憧往來之、說寔無交渉、如今此方
江湖疏、題名銜曰、平沙某甲遠浦某乙等是足、
粗知江湖義、莊子云、魚相忘於江湖、蓮社高賢
傳云、周續之曰、心馳魏闕者、以江湖爲桎梏、文
選劉孝標廣絕交論云、寄通靈臺之下、遺跡江
湖之上、註此、此等江湖、其義相通、〔門見第三第四江湖處一〕

● 道舊疏

忠曰、新住持道舊、製其入寺疏也、〔見官府疏處一 山門疏處一〕道舊
者、道友也、詳稱呼門道舊處、

● 法眷疏

忠曰、新命法屬、製其入寺疏也、〔見官府疏處一〕
天隱曰、今時山門疏語、如上表文例祝天子、如山
門疏以山門事、爲發端、以祝天子終之、同門疏以

同門事終之、江湖疏、以江湖事終之、道舊疏、以道
舊事終之、法眷疏、以兄弟故事終之、
竺仙來來禪子集、有杭州大慈成此毀住西興
化法眷疏、蒙頭云、時止時行、何用隔江招手、難兄
難弟、倒却門前刹竿、收結云、懷協入天、光增法社、

● 法親疏

法眷疏、又名法親疏、見義堂空華集、

● 方外疏

在家士大夫、爲新住持製疏也、
居頂圓菴集、有方外交疏、其柄語云、鷄閒 今浙東
天童木菴禪師靖退已久、一旦虎席、其徒失依遂
勸師以輕車熟路、復鎮其虎、人謂師之此舉足、以
崇重天童、而師固無加損也、凡吾薦紳所尚、在道、
道由人與、故疏以賀、

元叟端禪師、杭州靈隱錄、拈方外疏、又杭州徑

山錄拈方外疏語云，言言見誚，句句朝宗。西天昔
日淨名老，東土今朝寵蘊公。

● 江湖友社疏

相國寺香渚和尚告忠曰，江湖友
社疏但新命傑出人而敢當之，非尋常用之。
居頂圓菴集有青遠禪師住昌國普慈友社疏。
又有應中法師住延慶禪林友社疏，蓋今爲敎家
發，故有禪林目也。

● 林泉友社疏

舊說曰，山門諸山江湖疏外復有林泉友社
疏，但非尋常有之。
香渚和尚告忠曰，林泉友社疏例江湖友社疏必
新命傑出人而敢製之。
義堂空華集有芳少室住淨智友社疏。

● 鄉曲疏

居頂圓菴集有元素住開壽鄉曲疏。

● 淋汗疏

忠曰，爲化柴燒浴製疏也。曾聞五岳學製疏者，必
先製之試手淋汗義，見叢軌門。
清拙澄禪師錄化淋汗頌云，陝府鐵牛遭日炙，嘉
州大象汗交流，有人浴得這箇佛，萬兩黃金也合
收。

● 化疏

忠曰，凡叢林化米化炭等皆造疏，化主齎之去，一
展示其意，二證非假竊也。
已下略錄誹僧好化。
笑隱蒲室集化與友人書云，不肖多與士大夫交遊，
聞其言與僧往來，每擢其袖中有物，便殺風景，謂
其持疏也。故五年於此，修造已十成七八，忍貧自
力，未嘗妄造入門，顏似倔強。

雲樓竹窓三筆云。有道者。告予曰。我輩冠簪公等
剃削。夫剃削者。應離世絕俗崇。何接踵於長途廣
行豪化者。罕遇道流。而恒見緇輩也。有手持緣簿。
如土地神前之判官者。有魚擊相應。高歌唱和。而
談說因緣。如醫師者。有扛搖菩薩像神像。而鼓樂
喧填。登勸捨施。如小兒戲者。有整衣執香沿途禮拜。挨家逐
竹筮。如小兒戲者。有整衣執香沿途禮拜。挨家逐
戶。如里甲抄排門冊者。清修法門。或者有珉乎子
無以應。

草疏

忠曰。疏語多四六成之。而間。有散文者。此名草疏。
禪月集上新定宋使君詩云。水盥山屑擎草疏砧
清月苦立霜風
已下暑錄古今草疏。
九峯韶禪師請大覺住育王疏。
圓菴作。笁芳住道塲江湖疏。見圓菴集一

又作。性初住雪竇諸山疏。見圓菴集一
又作峀宗住中竺京剎疏。見圓菴集一
笑隱訴禪師。請虛谷。住徑山江湖疏。見清拙錄一
清拙澄禪師。請明蒙山。住福山門疏。見清拙錄一
又請夢窓。住建仁疏。見清拙錄一
袁中疏集多草疏。
又有以詩準疏宣讀者。義堂日工集云。建長
中山入寺。以余所寄禪詩攝疏付西藏主令讀。
拈云。鐔津語脉筠溪詞源華袞之贈。感佩何言。
蓋日本以詩準疏讀者。始於此。

柄語

忠曰。山門同門等疏小序。名柄語。蓋如器有柄也。
山門疏柄語造語多一律同門疏等柄語有語意
不同者。
瑞溪臥雲日件錄云。普廣院僧。持本寺同門疏來。
疏語意句不到柄語亦冗甚。今時后生。不依師授

明作文往往如此。

⊕道塲疏

舊說曰。道塲疏。多滿散用之。然啓建亦有之。凡啓建。有疏。則滿散必亦有疏。啓疏發頭用儒典語散疏。發頭用釋典詞。

又與諷唱門宣疏交看。

文體明辯附錄云。按道塲疏者。釋老二家。慶禱之詞也。慶詞曰。生辰疏禱詞曰。功德疏二者皆道塲之所用也。

斂疏。法見執務門斂

● 右語

忠曰。道塲疏。首敍某州某寺某甲。值某事諷某經等畢。次正有四六疏語。故疏語首必蒙右伏以三字。是以疏語稱右語也。右者指已前事緣諷誦等。伏以已下。詳述其志趣禱願等事也。

東漸曇清規。佛降誕云。維那宣疏。至右語住持跪

爐

忠曰。住持跪爐。必在右伏以時。東漸言右語跪爐。則以右伏以爲右語。正同余所解也。

文體明辯附錄云。按右語者。宋時詞臣進呈文字之詞也。謂之右語者。所進文字。列于左方而先之。以此詞實居其右。故因而名之。蓋變進書表文之體。而別其稱耳。然考之諸集。唯歐陽俗王安石等。有進功德疏右語。豈其特用於此等文字而他皆不用歟詞皆儷語。而短簡特甚。

忠曰。徐氏言。所進文字在左。此詞居右。故名之右語者。失矣。余謂功德疏。先列數般功德品目。在右方。而此疏語之疏。在左方而次之。以述其志趣之疏語。儷疏文名爲右語耳。非此詞在右矣。徐氏見諸家文集。唯載右伏以已下儷語。未見功德疏全文。故謬以謂。疏前詞在疏語右。故名之。儷疏文名爲右語。故以聯等。畢次見右伏以三字。故以聯字是以疏語稱右語也。

右語。然則不名子本疏爲右語。而却以前序爲右語也。夫一篇文字題不本體。却題前序。豈有此理耶。

忠按山門同門等疏。凡有右伏以者。皆當稱右語。然古來右語名。唯於道塲疏不可稱於餘疏矣。

舊說曰。祈禱等疏語名右語。書記製之其文四六也。凡右方爲尊。故右語。猶言尊語也。非疏文在右方之義。　忠曰此亦一重臆解固不足取也。

歐陽文忠公集云。

太祖皇帝忌辰。道塲功德疏右語九月八日

法會於金園。啓靈文於員業。伏願超登妙果。高證眞乘。瞻不動以常存。祐無疆而永固。下均眼界。庶咸獲乂寧。

白玉蟾集。讌謝朱表云。

上清大洞寶籙弟子五雷三司判官知北極驅邪院事臣白某

右來言。伏以紫鸞嘯月。青皇乘羽葆於樞扆白鶴呼雲。赤帝降霓旌於璇舍。

● 榜

品字箋云。說文榜木片也。古無紙。凡有示告皆用板。言簡。懸之牌。文繁列之榜。後雖有紙而牌榜之名。猶昔焉。

敕修清規肅衆云。大慧禪師。住育王時。榜示堂司僧爭無明決。非好僧。有理無理。並皆出院。

南堂欲禪師錄。大慧和尚墨蹟跋云。參學兄弟未有正見而務外學。故先德有雜毒入心之誡。老妙喜榜之於門。罰及謗案。注洋嶼一夏打發一十三人。夫豈偶然。雪峯龍巖翁得此榜。時以示人不爲無補。

死心揭榜于門。見殿堂門三門處。

● 茶湯榜

文體明辯云。張于食所者。曰茶湯榜。張二道場榜處。

敕修清規。請新住持云。庫司會兩序勤舊茶議發專使修書製疏茶湯榜器名。專使請書記為之。如缺書記。擇能文字者。分為之。用絹素寫榜。

解者曰。山門疏。及茶湯榜。書記作之。分為之者。一人作茶榜。一人作湯榜也。

忠曰。新住持茶湯榜。有入寺前者。有入寺後者。

敕修清規。專使特為新命煎點云。茶湯榜。張于堂外兩側。

是即專使與請疏共持去。於新命本居處設煎點時。所張也。

又敕修清規。山門特為新命茶湯云。茶湯榜預張僧堂前上下間。

是即新命入寺之後。煎點所張也。

● 回禮榜

敕修清規。謝掛搭云。當日侵早。方丈客頭。堂司行者各寫回禮榜。貼衆寮前方丈榜。貼上間兩序榜。貼下間。榜式云。

堂頭和尚粥罷回禮
新歸堂首座。

頭首知事粥罷回禮。
新歸堂首座。

今月　日客頭行者　某　承准

今月　日堂司行者　某　拜覆

● 免告香小榜

敕修清規。告香云。侍者預出小榜。貼法堂柱上云。

奉二堂頭和尚慈旨一名德西堂。首座。並免告二香一侍司。

某謹白。

● **免人事榜**

敕修清規。庫司四節。特爲二首座大衆湯一云。方丈預
出二免人事榜一云。某節。並就二來日法堂上人事。例免
到二方丈一伏希衆悉。

舊說曰。榜有二古式今式一敕修所載。今式也。

古式免人事榜云。冬結制。解制。鼓鈸節。禮數併就二來日法堂
人事一首知事耆舊法眷私下往復。不必講。切希
人事。首知事耆舊法眷私下往復。不必講。切希

新式免人事榜云。某節禮數。並就二來日法堂上人
事。例免到二方丈一幸希衆悉。

悉及住山某咨白。

● **免人事頌**

禪苑清規。冬年人事云。節前一日。堂頭有二免人事
頌一貼二僧堂前一

貞和集。天衣懷禪師元旦免人事頌云。休把二僧儀一
混二俗情一江頭野草幾回青。無角鐵牛眠二少室一當初
豈是賀二新正一。又云。日日相逢日日新。何須特地
致二慇懃一百年三萬六千日。祇是南柯夢裏人。

芙蓉楷禪師錄。歲旦免人事頌云。日出東方夜落
西。急須著眼莫二遲疑一新年不用來相賀。江月松風
是舊時。

圓照本禪師別錄。山中歲旦免人事頌云。報爾玄
徒休賀歲。出家弗比二在家一老僧自看二生來事一七
十年過一夢中。又云。自謂居二山且免閑一豈勞心
力賀二新年一百千萬歲今朝事。成住壞空彈指間。

● **閑人不輒入榜**

臥雲日件錄云。察堂省西堂入寺。據室有二閑人不
輒入之語一問之。省答曰。唐土尊宿之室。例揭二閑人
不輒入之榜一

● 諸寮報牓

敕修清規大掛搭歸堂云。維那發諸寮報牓。
牓式云。

掛搭　一僧某甲上座。某州人氏某戒。
　某甲上座
　某甲上座
　　　　今月　日堂司某　報

報待司曰。申。尊住持也。前堂首座侍司。衆寮必具
戒。次州名。餘皆不具。

● 掛搭報牓

敕修清規遊方參請云。求住。如允。仍濶禮一拜。就
求帖子。到侍司附名云。適奉方丈慈旨。令就上寮
附名。待者次第。發牓頭下堂司。　又大相
看云。次早赴方丈茶。求掛搭。候發牓下堂司送歸
僧家

堂。牓式云。

　　奉　方丈慈旨掛搭　一僧某甲上座。
　某甲上座
　　　　今月　日侍司某　報

● 謝掛搭斈香錢小牓

見錢財門。謝掛搭香錢處。

● 參牓

參牓。即門狀也。見門狀處。
翰墨大全云。凡牓子用白紙濶四寸許。就中心寫
一行橫卷之。平常見人。添取覆兩字。其餘賀謝辭
違。並臨時於名下改之。寫牓子式云。

某院住持僧某　參

● 無頭榜

鏡堂圓禪師錄。示作無頭榜者。偈云。白壁無頭榜
字濃。不知虛費半宵功。損他常住惡徒黨。盡付伽
藍掌握中。

羲堂日用工夫集云。石室出示無頭榜一卷大衆。
舉叢林辨事。不公之論。又云。石屏寮有無頭榜
之嗟。蓋以余不黨門徒之議。獨立弗移也。

一休順和尚年譜云。岐嶽請師。題無頭榜。

忠曰。李肇國史補云。匿名造謗謂之無名子也。若人無
頭。則不可認其人今作榜謗人者。藏己姓名故
言無頭榜。張湯傳。言蜚變亦此類也。寂照堂谷
響集作無住方。素無據。

堯山堂外紀云。唐魏扶進士。太和中。知禮闈入貢院。
題詩云。梧桐葉落滿庭陰。鎖閉朱門試院深。曾
是當年。辛苦地不將今日。負初心及放榜無名

子削其梧桐鎖閉。曾是不將二字。爲五言詩以
譏之。

忠曰。所譏只在削不將二字。

史記張湯傳云。河東人李文嘗與湯有郤湯有
所愛史魯謁居知湯不平。使人上蜚變告文姦。

評林云。劉奉世曰。蜚變謂如無姓名者。甲

岳珂程史云。熙寧七年四月。王荊公罷相鎮金
陵是秋江左大蝗。無名子題詩賞心亭曰青苗
免役兩妨農天下嗷嗷怨相公惟有蝗蟲感恩
德又隨敕旆過江東。荊公一日讌客。至亭上覽
之不悅。命左右物色竟莫知其爲何人也。

● 道場榜

文體明辯附錄云。按道場榜者。釋老二家。修建道
塲榜示之詞也。品題不同。而施用亦異其迎神取
者曰門榜。淨壇塲者。曰藍壇榜衛壇
榜。戒孤魂者。曰戒約榜。限孤魂者。曰結界榜。浴孤

魂者。曰浴堂榜。施法食者。曰施斛榜。施水燈者。曰
水燈榜。張于造齋之所者。曰監齋榜。張于設供之
所者。曰供榜。張于食所者曰茶湯榜。已上數榜二
家鉛陳。而互有違闕其或用或不用亦不可知。

◉聖節黃榜

敕修清規聖節云。啓建之先一日。堂司備榜。張子
三門之右用黃紙書之。又黃榜式云。

某道某路某寺。
某月某日欽遇
天壽聖節本寺預於今月某日恭就
大佛寶殿啓建
金剛無量壽道場一月日逐日輪
僧上殿披閱真詮宣持密號所萃
洪因端為祝延
今上皇帝。聖壽萬歲萬歲萬萬歲。
右恭惟

佛日洞明。
龍天昭格。
某年某月　日都監寺臣僧某　言
住持臣僧某　言

幻住清規云。榜用黃紙書。如臣僧之名。用紅紙貼。
可高四尺闊三尺此亦隨屋大小為掛之佛殿上。
俟道場滿散收起榜用木作骨子。
春明退朝錄云。唐日曆正宗嬪正字犯三右觀十年十
月。認始用黃麻紙寫詔敕又曰上元三年閏三
月戊子敕制敕施行。既為永式此用白紙多有
蟲蠹自今已後。尚書省頒下諸司及州下縣宜
並用黃紙。舊說曰。魏志孫資、劉放、孫勸明帝召二司馬宣
王一帝納其言一節以黃紙一令放作認
舊說曰。塈節榜及經單。用黃紙防蛀也或認
一月日間豈怕蛀災哉。但是敬之至也。
黃紙以黃藥染。遮齋開覽云。古人寫書皆用
黃紙以黃藥染。所以辟蠹。故曰黃卷。

看經榜

忠曰。七月十五日。盂蘭盆會。維那預。於朔日發看經榜。榜語左方。列寫經咒名題。張之僧堂。衆僧隨意。讀誦某經咒幾卷訖。書已名於某經咒目下。維那依所誦列寫之疏中。至十五日。臨會宣讀。

榜式云。

山門

　應以祗子自恣之日。乃是蘭盆救苦之辰。

　稔護等清調御之真規。不墜蠟人氷冷目

　連之報勞有效。眞讀至敎課持秘咒所鳩

　良因。仰贊。

　常住三寶果海聖賢。專祈。亡沒七世。

　父母親眷心鏡初拭。照破萬劫之昏迷慧

　劍忽磨。研開千生之窈嶺四恩總報三有

　齊資法界含靈均登覺道者。具列功課

　品目于後。

大乘妙典　　圓覺了義經

金剛般若經　　梵網經

盂蘭盆經　　般若心經

普門品　　壽量品

楞嚴神咒　　大悲咒

提婆品　　尊勝陀羅尼

光明真言　　隨求陀羅尼

八句陀羅尼　　破地獄咒

一字金輪咒　　阿彌陀名號

　　右具在前

今月　日　　伏希　衆悉

　　　　堂司某甲榜

右經咒名。一行一名。

正月，修正。或亡僧結緣等皆有看經榜。

經單

忠曰。單者，紙片也。經目錄單，紙故。云經單單有二數一種一見下名

禪林象器箋　第廿二類　文疏門

單處、及座位
門單位處一

敕修清規。聖節云。啓建之先一日。堂司備榜、及上
殿經單俱用黃紙書之。
舊說曰經單式。似看經榜。
敕修清規經單式云。

今具經文品目于后。
大方廣佛華嚴經
大佛頂萬行首楞嚴經
大乘妙法蓮華經
大乘金光明經
大方廣圓覺修多羅了義經
大乘金剛般若波羅蜜經
大仁王護國經

右具如前
今月　日綱維臣僧　某　具

茶狀

舊說曰請于茶之狀子也。
敕修清規告香云。請客侍者。頭依戒次。具茶狀備
卓袱筆硯告香罷列三法堂下間。請茶各僉名。又
方丈特爲新掛搭茶云。次日庫司客頭行者。依戒
置字名具茶狀列衆寮前請僉名曹云某甲敬依
來命新掛搭茶狀式云。

新掛搭某甲上座。列名。
堂頭和尚。今晨齋退就寢堂點茶。
特爲伏希。
雲集
今月　日侍司某　拜請

庫司頭首式云
新掛搭　某上座。列名。
右某等。今晨齋退就庫司點茶一中。
特爲伏望。
衆慈同雲
降重。今月
日庫司比丘某　等拜請

頭首當列名止於知客就照堂餘同前。

●門狀

敕修清規月分須知云。正月初一日。有處四五月。大眾行道諷經祈保。次具門狀官員檀越諸山賀歲。

舊說曰門狀者謁見人時所呈單狀也。紙濶六七寸。內不書文字。自在方卷之。用絲束分中少已上題姓名於其上。又名參榜。或曰參狀。

翰墨大全云。凡名刺門狀。用好紙。濶三四寸。左卷如箸大。用紅線束剌腰。須眞楷細書。或倉卒無絲線。則剪胚紅紙一小條。就名上束定。亦得若辭人。則於名下書拜辭。謝人則於名下書拜謝送人則於名下書拜送。又寫門狀式云。

具銜姓某。
右某謹祇候。
參。

某官稱呼伏候
台旨。
月　日具銜姓某　狀

凡門狀用大白紙一幅。前空二寸眞楷小書字疏密相對。如前式武官不用全幅紙。但濶四五寸。後不具年月日。但云某月日。姓某狀。公吏同武官式僧道同官員式尤貴細書。

太平老人袖中錦云。古者未有紙。削竹木以書姓名。故謂之刺。後以紙書。故謂之名紙。唐李德裕爲相貴盛。人務加禮。改具銜起居之狀謂之門狀。

李濟翁資暇錄云門狀文昉以前無之。自朱崖李相貴盛於武宗朝。且近代稀一品百官無以希取其意。以爲舊剌輕之。名紙今相扇留具銜候。起居狀而今又益競。以善價紙。如出印之字巧詔曲媚。猶有未臻之遺恨。并丹禰正平生於今日。其亦如是乎。

丹鉛總錄云。古以通名爲謁。至漢猶然晉人謂之

門牒唐人謂之投刺今人謂之拜帖史記酈生踵
軍門上謁案劍叱使者使者懼而失謁跪拾謁還
走入報漢徐稚傳弔喪酹酒畢留謁則去注謁刺
也。

忠曰門狀辭別則主還之見寇準事

古今詩話云寇萊公寫刺訪魏仲先議論騷雅
相得甚懽將別謂萊公曰盛刺不復還留爲山
家之寶

● 參狀

門狀又名參狀見門狀處

● 目子

忠曰凡人名或事條等其數多而不可諳記者列
寫其品目於片紙以備遺忘此名目子
敕修清規入院當晚小參云提綱畢斂謝行者乗
燭侍者呈目子庶得詳盡

忠曰清規上文云或有相送官客諸山留宿者
逐一條列預用呈目子列此今所呈目子列其名者
敕修清規兩序進退云住持以擇定人名目子拜
西堂勤舊令客頭行者請客頭請罷會茶又掛鉢時
請知事云維那至住持前問訊側立住持付所請
人名目子

忠曰又叢林請入牌祖師堂等語於住持人其孝
子詳錄其入牌祖師屋裏緣語等呈之住持以
充造語之用列此亦云目子矣又請禪師號等於
朝廷時列書其祖師行狀緣語等呈之內記
以備造文之資此亦云目子矣故目子之名廣
焉

● 批子

忠曰敕修清規兩序進退云擇定人名目子詳目
校定清規書之目子作批子然批子少異目子笑
隱改名固有意批者小片紙書事要示人也

舊說曰。批者。但書事簡要者。如禪林批子曰誰
某掛搭。或充某職等也。有首尾語。復用年月日。
日本俗言折紙者。類此。莊子庖丁解牛說云。依
天理。批大郤。導大窾。林氏曰。大郤骨肉交際之
處也。批擊也。止此。蓋以刀背擊其骨肉間憂憂然。
亦此義。如註語多。書要者類之故云。批凡詩文批語。
骨肉自分離也。批手書許臨曰。批進學解。手不停批於
品字箋云。批手書許臨曰。批進學解。手不停批於
六藝之編。
已下。略錄批式亦文有長短。
正字通云。批示也。唐李藩傳。藩遷給事中制敕有
不便者黃紙後批之。帝稱其有宰相器。
華嚴經玄談和尙開講忽然震動具以表聞。
則天大聖皇后親運御筆批云。省具狀具云。若因敷
演微言弘揚秘牘初譯之日。夢甘露以呈祥開譯
之辰。感地動而標異斯乃如來降跡用符九會之
文登朕庸虛敢當六種之應披覽來狀欣暢盈懷。

堯山堂外紀云。唐中宗內出綵花賜近臣武平一
應制賦詩云。中宗手敕批云。平一年雖最少文苦
新悅紅蕊之先開許黃篶之末囀循環吟咀賞
歎兼懷。今更賜花一枝以彰其美。
宋史張方平傳云。方平進詔草帝親批之曰。卿文
章典雅煥然有三代風。又云。新法靈河渡坊場
司農并及祠廟皆宋闕伯微子廟皆爲賈區方言
宋王業所基闕伯封於商丘以主大火微子爲始
封之君是二祠者。亦不得免乎。帝震怒。批牘尾曰。
慢神辱國。無甚於斯。於是天下祠廟皆得不濁。
宋李忠定公奏議。多御批。皆書議後。或云。依奏。或
云。不允所乞。今封還卿奏。勿復有請。
王梅溪集御試策卷末云。御批。任賢輝經學淹通。
議論醇正可作第一人。

● 免遠迎批

敕修清規入院云。專使預當計稟住持必先發批。

免衆遠迎

● 送榻位批

敕修清規。諸方名勝。掛搭云。凡欲求掛搭云。住持
如允。隨職名高下送。蒙堂前資云。受送人。懷香詣
方丈。拜謝榻位。或方丈登榜頭。煩首座請送。則首
座。令堂司行者。請知事一人。維那侍者。及受送人。
同至寮首座燒香獻茶。白住持發批。山門相送之
意。

● 請侍者批

敕修清規。侍者進退云。住持批下堂司請新侍者。
維那。令行者照批請。

● 帖子

敕修清規。遊方參請云。不拘早晚。不擇處所。各知
進退伺候住持求住。方丈近寺人。毋得呵禁如允。

仍觸禮一拜。就求帖子。到侍司附名云。適奉方丈
慈旨。令就上寮附名。侍者次第發榜頭下堂司。維
那令行者。請新到喫茶畢。出度牒上床曆。
忠曰。舊說言帖子。即目子也。差矣。但小片紙書
掛搭一僧某甲。煩侍者附名之語也。
又敕修清規。亡僧云。用小片白紙寫帖子云。

新圓寂某甲上座某州人。
秉炬
佛事
堂頭和尚　　堂司比丘某　拜請

其餘佛事。並準此寫。
舊說曰。祖東傳入元國。求掛搭於龍翔寺。輝東
陽拋出剪刀。令試頌。祖即時呈頌。殺人刀矢活
人劍一句。當機不讓師。自此豁開門戶了。喪身
失命在斯時。東陽親書帖云。掛搭一僧。煩侍者
附名有住持躬書帖。如此者。

●（印）檢子

校定清規侍者職事云。凡上堂及法語。當隨即編
錄。頒呈檢子。籤志書寫。
正字通云。檢程式（ナリ）也。今俗謂文書藥為檢子。

●（印）日子

敕修清規入院云。行者進卓筆硯。知事具狀備盤
袱捧呈寺印。新命看封付知事。開封新命視篆訖。
就狀上先僉押。次題日子。使印於上。知事收狀衣
鉢侍者收印退卓。
忠曰。日子。非助詞。乃十二支之子也。（餘冬解見三于大一）
題曰子者。書朔日子二日子等也。
岐陽和尚曰。狀上者。狀尾也。寺印是山門重寶，
就送來狀子尾僅題日子。使印於其上。年月已
不可容易。但入寺事繁不暇別紙造收納狀。即
詳子彼狀故今只書某日甲子而已。使印於上。

者謂日子字上也。或曰。僉押下日子上之中間。
使印也。
忠曰岐陽言。書某日甲子者。岐陽意謂若入
寺朔日甲子。則押下書申子字。若二日乙丑。
則押下書乙丑字。而其支干上。使住持私印
也。是訛矣。但既書某月下書某日子而日子
上使印而已。
餘冬序錄（春撰）何孟云。年月稱某年月日有云日子者。
或謂此俗語。按文選陳孔璋檄吳將校文。年月朔
日子。云則日子之稱。有自來矣。南史劉之遴與
張續等參校古本漢書稱。永平十六年五月二十
一日己酉郎班固。而今本無上書年月日子隋袁
充上表寶曆之元改年仁壽歲月日子還共誕聖
之時。曰十二時。每日必起子日子亦有所出文選
孔氏雜說（宋平仲孔）云。俗所謂日子。亦有所出文選曹
公檄吳將校部曲文。年月朔日子注。發檄時也。然
則日子日時也。（忠曰。陳孔璋為 曹公作二此檄文一）

忠曰。文選注。以子爲發檄時。則與餘冬解。子較異也。夜半子時。恐非發檄時。余謂餘冬之解得

理也。葉子奇草木子云。北人無識字。使之爲長官或缺正官。要題制署事。及寫日子七字鈎。不從右七轉。而從左十轉。見者爲笑。

◉標

敕修清規唱衣云。行者瞻顧前後。喝定名字。知客寫名上單。侍者依名發標。又亡僧估衣云。排字號。就記價直在下。依號寫標。貼衣物上入籠。忠曰。發者發遣也。發紙片標記。與買人後時以此標照之而取某物也。

◉長標

忠曰。聯紙列寫故言長標。

敕修清規亡僧估衣云。隨號依價。逐件別寫長標。以備唱衣時用。

◉引標

黃檗清規梵行章。第五云。三師七證。共十條。

第一引票。上某下某宗師。爲得戒大和尚。

第二引票。上某下某宗師。爲羯磨阿闍黎。

第三引票。上某下某宗師。爲教授阿闍黎。

第四引票。上某下某宗師。爲會證阿闍黎。

至第十引票。用紅紙長二尺餘。闊五寸。票標俱傚此。

忠曰。票標俗省。上某下某者。檗山僧稱隱元。言上隱下元老和尚之類也。

◉單　名單

忠曰。以名書單片紙。故言單也。凡清規稱單者。數種。名同物別。有名單。有單板。單位(見座位門)眠單(見服章門)並但言單。又有經單。差單。簿單。單帳等(券見簿券門)今此

即名單也。

又曰。僧堂單者。紅紙小片。書各位名。一紙一名。以
貼各位床上。壁外面令太清僧。別源東歸集賀太
庶侍者。侍聖僧偈云。五湖四海堂內客。一單一鉢。
標一名。此是也。門。單位遺一

敕修清規坐禪云。大衆歸堂向裏坐。此解者曰。
面已坐牌坐。此依此。似名單在後壁。如東福僧
堂後壁。當對面處各畫一圓相。藝州佛通寺僧
堂亦後壁當坐可對面處。畫圓相圓相中次第
會坐土大仙心。東西密相付云云。英語同一圓一
字即是第二世。一笑和尚親蹟覽。

敕修清規請喪司職事云。喪司合干人僕。排單揭
示。

● 單票

叢林南序須知撰。知客須知云。在寺及新到僧
衆有懇求進堂者。須先引拜方丈給出單票然後

送入白維那安單。

● 花押

見執務門僉押處。

● 遺囑書

敕修清規尊宿遷化。遺囑式云。

某寺住持某。世緣報謝。風燭不停。所有隨
身衣鉢檀信施利。非常住物。煩兩序抄劄
端請
某人。主行喪事。餘俵衆僧。看經行喪。毋致
繁多侵用常住。幸察此意。伏希
悉及。
　　　年　月　日。住山　某　押。

● 遺書

敕修清規尊宿遷化云。有官員檀越。諸山法眷。遺

書、即當遣送。遺書ノ式ニ云。

早忝ニ
遊從。柰合離之有ニ數。繼承推挽逐ニ肥勉於
微緣。電露俄空。
雲山盆渺。敢祈ニ
保護以
壽斯文。拜橋不備。

鄰封ノ式ニ云。

珍重。
宗風而盆振伏惟
佛日以流ニ輝ニ俾ニ
面別惟切心馳翼
鄰壁之光。夢境元空。幸謝ニ世緣之幻莫諧ニ
住山無補。每ニ依ニ

法眷ノ式ニ云

可漏子書ニ云

珍重。
吾屬之力。行ニ無任傾勤伏惟
先師之令德。道在ニ
面別ニ光昭
・手書聊伸ニ
同門之友因循抱ニ疾。將為ニ畢世之人ト敬奉ニ
叩ニ謁住山ニ有ニ魏ニ

書拜　某人稱呼　某寺比丘　某　　謹封

●病僧口詞

敕修清規病僧口詞ニ云。
抱病僧某。右某。本貫某州某姓。幾歲。給到ニ某處度
牒為ニ僧某。年。到ニ某寺挂搭今來抱ニ病。恐ニ風火不定。
所有隨身行李。合ニ煩公界抄ニ剳死後望ニ依ニ叢林濟

規津送。年月　日。抱病僧　某甲口詞。
又見幻住菴清規。

● 訃狀

敕修清規尊宿入龕云。首座同兩序勤舊商議。發
訃狀。狀式云。

某寺喪司比丘　某。
右某山門不幸。
堂頭和尚。今月某日遽爾歸眞謹以訃
聞謹狀。
年　月　日。某寺喪司比丘某狀。

可漏子書云
訃告　某處堂頭和尚禪師　具位　謹封

● 祭文

敕修清規尊宿遷化云。凡祭文皆喪司書記爲之
東漸清規送亡式云祭文。不拘時節若爲師爲父
則倒展讀之。可也。

● 諡號

僧史略云。僧循離萬行。故有迹焉。善行則諡以嘉名
惡行則人皆不齒。是以六羣比丘。終非杜多之號
六和勝士。方旌所易之名。自漢魏晉宋無聞斯禮
後魏重高僧法果生署之以官。死幸之而臨薨乃
追贈胡靈公此僧諡之始也。果爲沙門統封公。原
此出於太常寺矣。後周隋世唐初皆不行。至天后
朝有北宗神秀居荆州神龍二年詔賜諡大通禪
師矣。
日本禪林諡號。始於大覺見稱呼門禪師處。

● 可漏子

忠曰。納文疏紙簡也。書柬袋。亦名可漏子可漏即

是殼漏殼漏者卵殼也。比人身骸。又言封皮可殼

唐音相近。故假用。猶如弄引作弄鼠此類甚多。

敕修清規迎待尊宿請狀云。可漏子狀請某處堂

頭和尚禪師具位謹封。又山門請新命齋狀云。

可漏子狀請新命云。尊座前具位謹封。

容齋三筆云。蔡京。盜弄威柄有一兵資一雙緘

及紫匣來。乃福建轉運判官直龍圖閣鄭可簡。

以新茶獻。即就可漏上書秘撰運副四字授之。

潛確居類書云。敕黃用蜀中廠紙爲之。其可漏

子又長於敕黃一尺。可漏子註云封皮。

孤樹裒談云。內閣題本用小揭帖楷書斜摺內

封外則可漏封以文淵閣印方銀鑄五筯篆。大

如御史印。

忠曰。書柬可漏。封上下啟之之法。截開其底。

如疏可漏上下不封。如竹筒然。行者度疏於維

那時維那亦自底抽取之。或曰可漏者上下通

透可脫漏之義。余謂若然則上下糊封者亦名

可漏。當如何解之。故此義不足取也。

已下。錄可漏即是殼漏之證。

圓悟勤禪師錄普說云。先師常云。莫學瑠璃瓶

子禪。輕輕被人觸著便百雜碎。參時須參皮可

漏子禪任是向高峯頂上撲下。亦無傷損。

碧巖錄舉之。作皮殼漏子禪。

已下。錄身骸稱殼漏子。

傳燈錄洞山价禪師章云。師將圓寂謂眾曰。離

此殼漏子向什麼處與吾相見。眾無對。

掌珠故事載此注云。殼漏子。身尸也。

傳燈錄長慶稜禪師章云。保福遷化。人問師。保

福拋卻殼漏子向什麼處去也。師曰。且道保福

在那箇殼漏子裏。又南陽忠國師語云。有知

識示學人。但自識性了無常時。拋卻殼漏子一

遂著靈臺智性迥然而去。是名爲解脫豈

已下。錄衣稱可漏。又殼可通用之證。

恕中慍禪師錄云。洪祐和尚。送歸源法衣至上

第廿三類 簿券門

● 憑 由

居家必用云。憑由。謂敘其事因也。
敕修清規聖節云。聖節啓散古規所載堂僧堂司
給由。暫到客司給由。隨身照證蓋往時僧道歲一
供帳。納免丁錢官給由。為憑故遊方道具度牒之
外。有每歲免丁由。有何處坐夏由。有啓散聖節由。
以備徵詰。各亦畏愼。今雖不用。存其事以見古也。
解者曰。古規校定備用也。由者公憑也。謂敘其
事因由也。論語云。觀其所由。張籍內宴詩云。共
喜拜恩侵夜出。金吾不敢問行由。皆謂來歷也。
鐔津文集。上仁宗皇帝萬言書云。其徒苟欲求師
訪道千里之遠。有司不以憑由而阻之。使人無迫
戚之心。往來裕如也。然憑由之制。本用防惡及其

堂。拈衣示眾。云。者箇是先歸源。向異類中遺下
皮可漏子。曰炙風吹而不壞。刀斫鋸解而不開。
舊說云。疏可漏貼小黃紙。者為防蠹災也。雖少時
用之。表其謹至。 忠曰。此義不然。余謂可漏貼黃
紙者引黃之遺範也。菇食法疏可漏貼黑紙者。蓋
黑北方水色取救渴義也。
引黃者。正字通云。貼黃即古之引黃唐制詔敕
有更改以紙貼之曰貼黃其表章略舉事目見
于前封皮者。謂之引黃後世即以引黃為貼黃。
不用黃紙。龍川志曰。富鄭公上章。貼黃言臣與
韓琦言不當起復是以引黃為貼黃也。李肇曰
貼黃或曰押黃。

小吏侮之。而返更防善。此又在言百執事而宜深察。

◉ 免丁由

之。

敕修清規云。往時。僧道歳一供帳。納免丁錢官給
由為憑。 詳二憑 由處一

忠曰。僧人免民丁役。故納錢於官所官收錢了
與憑文。此為免丁由。

又與供帳處。及錢財門。免丁錢處交看。

小補韻會云。丁民丁。唐志男子二十為丁。一説
二十以上。為丁。人壽百年為期。一幹十年則丁
當四十強壯之時。故曰丁。

忠曰。十歳甲。二十歳乙。三十歳丙。四十歳丁。
也。

杜氏通典。食貨篇。丁中云。晉武帝平吳後有司
奏男子年十六以上至六十為正丁。十五以下。
至十三六十以上至六十五為次丁。十二以下。

六十六以上。為老小不事。宋孝武大明中。王敬
弘上言云。十五至十六且為半丁十七為全丁。
帝從之。北齊武成清河三年。乃令男子十八以
上六十五以下為丁。十六以上為中。隋文帝頒新
令男女三歳以下。為黄。十歳以下為小。十七以
下。為中。十八以上為丁。從課役六十為老。乃
免。開皇三年。乃令人以二十一成丁。云大唐武
德七年。定令男女始生為黄。四歳為小。十六為
中。二十一為丁。六十為老。玄宗天寶三載十二
月制。自今以後。百姓宜以十八以上為中男二
十三以上成丁。

通鑑綱目唐武德七年集覽云。三宗史補解曰。
黄謂穉幼髪黄也。四歳為小。小謂細弱也。十六
為中。中者謂上下通也。二十為丁。丁者當也。當
彊壯之貫。

●坐夏由

忠曰。行脚僧。在某寺過夏者。本寺給由文。

敕修清規云。有何處坐夏由。　詳憑由處

●啓散聖節由

見憑由處。

備用清規聖節路由式云。

暫到一僧某甲上座。今月幾日恭遇

天壽節。已於本寺啓散訖憑此爲照者。

年　月　日

　　某寺知客某押給。

●公験

忠曰。自官出與證據文也

廣燈錄三聖然禪師章云。師參德山。參衆堂中蹋

天。太爲首座問云。夫行脚人。須具本道公験。作麼

生是本道公験。師云。嗄首座再問。師以坐具便打

云。者漆桶。前後觸忤多少賢良。首座自後更不勘

僧。

虚堂愚禪師與聖錄知府吳狀元閣盧租公據

立石上堂云。云且道有何憑據卓拄杖公験分

明。

●祠部牒

康熙字典云。牒達協切音燮說文札也。廣韻書板

曰牒。又增韻官府移文謂之牒。

忠曰。祠部給度牒。故度牒稱祠部牒。

釋氏要覽云。祠部牒。自尙書省祠部司出。故稱祠

部。

編年通論云。天寶五年。五月。制天下度僧尼並令

祠部給牒。今謂之祠部者。自是而始。

僧史畧云。案會要曰。則天延載元年五月十五日。

敕天下僧尼。隸祠部不須屬司實知天后前係司

賓也。此乃隸祠部之始也。義取其善擇惡福解災

禪林象器箋　第廿三類籌券門

之謂也。又云案續會要天寶六年五月制所度
僧尼仍令祠部給牒自玄宗朝始也。
忠曰往時依試經得度醫度牒起於後代。
困學紀聞云治平末年始醫度牒致之唐史肅
宗時裴冕建言度僧道士收貲濟軍與此醫牒
之始也。
又見後供帳處又按淮南子齊桓公欲征伐甲兵不
一束箭一足乃令三輕罪者依此收皆濟三軍與一亦有所本。
容齋三筆云唐末帝潞王清泰二年二月功德
使奏每年誕節諸州府奏薦僧道其僧尼欲立
講論科經科表白科文章應制科持念科禪
科聲贊科道士經法科講論科文章應制科表
白科聲贊科焚修科以試其能否從之此事見
舊五代史記不知曾行與否至何時而罷也蓋
是時猶未醫賣祠部度牒耳周世宗廢併寺院
有詔約束云男年十五以上念得經文一百紙
或讀得五百紙女年十三以上念得經文七十
紙或讀得三百紙者經本府陳狀乞剃頭委錄
度為僧。

事參軍本判官試驗兩京大名京兆府青州各
起醫戒壇候受戒時兩京委祠部差官引試其
三處祇委判官遂處聞奏候敕下委祠部給付
憑由方得剃頭受戒其防禁之詳如此非若今
時只納錢于官便可出家也念經讀經之異疑
為背誦與對本云。

　忠曰醫度牒一自唐肅宗洪邁失之致

㋑度牒

即祠部牒也與祠部交看。
敕修清規沙彌得度云凡行者初受度牒以盤袱
托呈本師兩序各處插香禮三拜選日設供剃頭。
又維那云堂僧掛搭辨度牒真偽又亡僧唱
衣云拈度牒於亡僧名字上橫剪破云亡僧本名
度牒一道對眾剪破。
虚堂忠和尚錄示行者智潮法語云自唐以來設
官鬻局試經得度其間獲中僧科者官給黃牒剃
度為僧。

舊說曰、中華人為僧不易、必可受度牒、若未得
買度牒、則只有髮、而隨僧修學而已、謂之行者。
如中峯本禪師二十四歳、而方得度牒剃落。
陸游渭南文集、為行者雷印定求度牒疏云、故
鄉踰八千里、路空手要七十萬錢。
江湖紀聞云、眞西山帥潭州時、有程二者、開旅
店、有子年二十餘、慶謀於所厚者、恐累已、赴官首之、喚其
父母問之、亦云、逮其子、赴左院、推勘隨即準伏。
索到鼠尾刀、解官、但問其故、則卒無說、云獄已
成。西山疑之、云、西山一夕、秉燭香告之天地
神祇、夢神告之曰、此毋怪、其然、乃是二十年前
事了。旦起喚程二屏去左右曰、爾二十年前做
什麼事來、此事我知、已悉、爾其無隱、程乃匭然
曰、然。二十年前、有鴻山行者、在店安歇、欲買度
牒、某貪其財物、殺而有之、所殺屍、見瘞廚中、西
山委官、籍其家產、可二千緡、并掘其屍、果在、遂將

程二送左院、禁審其子、準伏與前詞無異。西
山曰、倘若做甚生計、我自與倘一千貫錢去。其
子曰、若得千貫錢、我買本度牒、鴻山出家去、西
山遂將所籍家產千緡與之、程二編管建昌軍。
時嘉定壬午年也。
忠曰、度牒不易買、可以此知。
今錄中華度牒式。

　　　行在禮部給會到
大明律內一欵、若僧道不給度牒、私自簪
剃者、杖八十、若由家長、家長當罪、寺觀住
持及受業師、私度者、與同罪、還俗除欽遵
外、本部今塡釋字玖千陸百捌拾玖號。
度牒給付靈珍、收執憑照、須至出給者。
釋字玖千陸百捌拾玖號。
　靈珍參拾捌歳、係日本國向州人
　熊谷長男、永樂年間憑父捨送前

住南禪禪寺出家，披剃為僧，投禮
中和德禪為師，習經宣德柒年。捌
月內，蒙本國差來朝

駿州有渡郡久能寺沙彌園窩，俗姓廷氏
公，見年十八、投二於當寺住持惠辨二禮為二
本師一賜二度僧牒一剃髮受具者，

貢請給二度牒一
右給付僧人靈珍。　收執準此。

宣德捌年。伍月。貳拾伍日。

資善太夫行在禮部尚書胡　一押

右　侍
　郎章　一押

奉政太夫祠祭清吏司郎中鄭　一押

奉直太夫員外郎易　一押

承德郎主事馬駿　一押

　　　沈餘慶　一押

　　都吏徐政　一押

　　令史張壽　一押

日本國度牒式塑一國　師度牒

治部尚書

右被太政官符稱右大臣宣本

敕件度者　姓平。宜仰治部
　　　　　　　省與二剃度牒一至。

准二此一。

敕。故牒。

承久元年乙卯十月廿日。左大史小槻宿禰國宗給

參議郎兼治部郎　藤原信行　押

典主　　　　宰事官　　押

鴻臚　　　　丞正六位上行　平貞弘　押

鴻臚　　　　少卿　闕

典　　客郎中署令正五位上橋　成恒　押

治部　主事正六位闕　　　成恒　押

治部　郎中正六位上行　源盛慶　押

治部侍郎從五位　　　紀賴成　押

右度牒白紙。紙高壹尺壹寸捌分。濶壹尺陸寸
陸分。文字皆板刊。蓋出牒繁。故省寫功也。但所
新加者。初驗州有度等細字。又件度者姓平之
平一字。元年之元一字。乙卯字。亦刊。十月廿日
之十字。廿字。人名花押。此等筆書耳。三大印字
不可辨。蓋治部省印也。三印皆同。

● 綾牒

虎堂恩和尙錄。示行者智潮語云。南渡之後出綾
紙易楷幣者。〔詳二行〕

佛祖統紀法運通塞志云。南宋高宗紹與三年八
月。自治平末北宋英宗年號。始罷度牒舊以黃紙印造僞
爲者多戶部朱異始奏。令僧道用敕綾牒。述曰。
嘻。忠曰。正誤字。當作二開元一。

唐明皇天寶中度牒已用綾素。本朝太宗初年。普
度十七萬眞宗天禧。普度二十三萬。慮此時但用
紙牒。使之易辨。今旣汗賣。欲重其價。故用敕綾比
同品官之告身。亦見朝廷之重僧也。

● 供帳

敕修清規云。往時僧道歲一供帳。納免丁錢官給
〔詳二由處一〕爲憑。

佛祖統紀云。唐玄宗開元十七年。敕天下僧尼令
三歲一造籍。供帳始此。志磐曰。出家學道要以
從師受戒爲之制。初未嘗掛名於官籍。自漢明至
唐初。莫不然。至則天延載始令二衆隸祠部。而明
皇正觀。始令三歲造籍。蕭宗至德復令二醫牒謂之清
閒錢。嘻。律言。非我所制。餘方爲淸淨者。不得不行。
豈如來。以佛眼觀。末世爲吾徒者。當勉順國法乎。
香水錢。遶我本朝南渡。則又創免丁之賦謂之清

僧史略云。夫得果之人。且無限剃出家之士。豈有
司存。旣來文物之朝。須設糾繩之任。其有見優閒
競入懼德役而奔來。輒爾冒名實非高士僧之內
律豈能御其風牛馬。邪故設僧局以緝之。立名

禪林象器箋　第廿三類　簿劵門

籍以紀之、周隋之世無得而知、唐來主張、方聞附

麗文宗太和四年、正月祠部請天下僧尼冒名非

正度者、具名申省、各給省牒、以憑入籍時入申名

者、計七十萬造帳入籍、自太和五年始也、若然者、

前豈無籍帳耶、監福曹昭玄寺崇玄署、何統斷或

僧務乎、對曰、勘造僧帳、體度不同、或逐寺總知或

隨州別錄、或單名轉數、或納牒改添、故不同也、然

則出時君之好惡、乃入籍之解張、今大宋用周顯

德條貫三年一造、著于律令也

事物紀原曰、僧帳、唐會要曰、舊制僧尼簿三年一

造其籍、一本送祠部、一本留州縣、又開元十七年、

八月十日、敕僧尼宜依十六年舊籍、則僧尼供帳

始於此耳、僧史略曰、唐文宗太和四年、正月祠部

請天下僧尼、具名申省、以憑入籍造帳、自太

和始也、二文不同、以二會要為正、本朝用周顯德事、

三年一造帳、定著於令

● 籍

前漢書功臣表注、師古曰、籍謂名錄也、

琅邪代醉編云、籍者、一尺二寸竹牒記人之年名

字物色懸之宮門

● 簿

篇海類編云、簿去聲讀如步、籍也帳也、

正字通云、簿、薄故切、蒲去聲、籍也、又手版也、周禮

司書注疏、古以簡策記事、若對君以笏記之、後代

用簿、簿今手版

● 戒臘簿

舊說曰、戒臘簿者、小僧籍也、

敕修清規維那云、或有他緣、或暫假出入、將戒臘

簿、假簿、堂司須知簿、親送過客司令攝之、又謝

掛搭云、侍者先期取堂司戒臘簿檢看、新掛搭戒

膿在上者一人為參頭。

●輪差僧簿

敕修清規。聖節云。輪差僧簿。依戒次。各書雙字名。
又見差單處。

●堂司須知簿

見戒臘簿處。

●假簿

見戒臘簿處。
舊說曰。假簿。即請假帳也。

●砧基簿

敕修清規。交割砧基什物云。入院後。須會兩序勤
舊茶。詳細詢問山門事務砧基契書什物逐一點
對交割。

中峯本禪師錄擬寒山詩云。十冊古傳燈轉作砧
基簿。
舊說曰。砧基礎石也。南海寄歸傳結淨地。法謂
初造寺時。定基石已。此是也。砧基簿者。始建寺
所定。殿堂廊廡柱礎之圖。雖後日無物。然住
持人。不可不知。故入寺後。詢問兩序勤舊矣。今
中峯意謂。今時參徒。泥語不徹本源。故傳燈不
益人。猶如砧基簿。無用於後年也。

●日黃總簿

舊說曰。常住總簿。黃藥染成紙避蠹災。故言黃簿。
敕修清規副寺云。收管支用。令庫子每日具收支
若干。僉定飛單呈方丈。謂之日單。或十日一次結
算。謂之旬單。一月一結一年通結有無見管謂之
日黃總簿。
山菴雜錄云。提點彝正堂云。今歲庫司。知事人懶

慢。常住日黄簿未レ成、詳二職位門、提點處一
雪巖欽禪師。賀二梅溪副寺一頌云。櫃頭一面日黄簿。
列祖玄關無二少差一。詳二職位門、櫃頭處一

◯ 衣鉢簿

僧家錢財。日二衣鉢一見二錢財門一
西巖惠禪師錄行狀云。忽索二衣鉢簿一大書二其後一藏二
付寺之執事者一。起二辨後事一。

◯ 單　簿單

單偏紙列レ寫二目録一也。
敕修清規。尊宿唱レ衣云。行者瞻二顧前後一。喝二定名字一。
知客寫二名上單一。侍者依レ名發レ標。又亡僧抄二剖衣
鉢一云。收二拾經櫃函櫃衣物一。抄剖具單。

◯ 差單

舊說日。差單者差帳也。

敕修清規。聖節云。每日堂司行者。將二輪差僧簿一須
預先一日。請二住持頭首衆僧一各書二雙字名一僉押量
衆多少一依レ戒具寫二差單一排定日分周而復始。
差單式云　用二白紙一番一

今具逐日輪僧上殿名員于后
某日　住持臣僧　某甲首座　某甲書記
某日　某甲藏主　某甲知客　某甲西堂
某甲稱呼　某甲上座　某甲都寺
右具如前
　　　今月　日堂司　某　具

◯ 草單

敕修清規。夏前出二草單一云。叢林以二三月初一日一出二
草單一。方丈止二掛搭一。
草單式云。
　　戒文朱書、名字墨書、
又見二圖牌門。戒臘牌一。

猶不死在茲却後必可與仙真爭年庚矣同遊

大笑絕倒

忠曰至元元貞等修撰敕修清規在此年間故
笑隱權書示例而已實可依某八受戒年曆號
第幾年而已余昔遊一寺仰觀貼草單題曰文
明戒蓋往時文明年間草單沒意智次第寫將
去素不譊文明何義余拍同遊肩語言此間一
衆非凡同遊怪問為甚得知余指言文明戒人

衆戒牒

威音王戒

陳如窣堵者

堂頭和尚

至元幾戒　　元貞幾戒

某甲上座　　某甲上座

大德幾戒　　至大幾戒

某甲上座　　某甲上座

某甲上座

右具如前恐有差悞請自改正伏幸

衆悉

　今月　日堂司　某　具

● 單目

忠曰簿單記品目也

敕修清規退院云方丈什物點對交割具單目

懷兩本住持兩序勤舊僉押用寺記印

● 月單

舊說曰副寺收管支用一月一結曰月單

忠曰敕修清規云一月一結詳二日黃處一是也或清規

脫謂之月單四字

● 旬單

副寺十日一算謂之旬單詳二日黃處一

● 日單

副寺每日斂定收支。謂之日單。總簿處一

飛單

日單呈方丈。此謂飛單。詳二日簿一

忠曰。飛單者。蓋一日所記。條目不多。數紙往來。如
飛。故名之。

床曆

舊說曰。床者。僧堂床也。曆者。記其著床僧籍之帳
也。凡堂僧。依戒臘次第而定位。以首座為首。
敕修清規維那云。戒臘資次床曆圖帳。凡僧事內
外。無不掌之。
僧寶傳。雪竇顯禪師傳云。顯與學士會公會。厚
善。曰。竇隱天下勝處。珊禪師吾故人。以書薦顯。
顯至靈隱三年。陸沈衆中。俄曾公奉使浙西訪
顯。靈隱無識之者。時堂中僧千餘。使吏檢床
曆。物色求之。乃至。曾公問向所附書。顯袖納之

日公意勤。然行脚人。非督郵也。曾公大笑。珊公
以是奇之。

文曆

簿帳。曰文曆也。
禪苑清規退院云。如常住錢物。僧供之類。須與知
事結絕。文曆分明。及堂頭公用。合行交割。亦具文
曆。拘管。用院印印押。通知事知之。
人天寶鑑云。通明集。南嶽讓和尚。有院主二十
年。管執常住。不置文曆。一日有司磨勘四禁。在
獄乃自惟曰。我此和尚不知是凡是聖。二十年。
佐助伊。今日得此苦毒之報。馬祖於寺中覺知。
令侍者裝香。端然入定。院主於獄中忽爾心開。
二十年用過錢物。一時記得。令書司口授筆寫。
計算無遺。

帳

正字通云、今俗會計事物之數曰帳。又云、具（キタル）

歲課役以報度支爲計帳、即今之文簿冊籍。

舊唐書食貨志云、每歲一造計帳、三年一造戶籍、

周祈名義考云、今俗謂簿籍曰帳、目韻書帳幬也、

帷也。無有以簿籍爲義者、按漢制郡國歲時上計、

顏師古曰、計者今諸州之計帳、是師古亦用帳字。

其來久矣。

忠曰、計數記曰帳、唐書已見、師古亦唐人正字

丹鉛總錄云、吏胥下流市井米鹽帳簿、則用省訛

俗字、如錢作𨫒、𡈼作圣、盡作尽是也。

●單帳

敕修清規會宿唱衣云、造單帳。

單式云。

于后

堂頭和尚示寂、謹具衣物估唱鈔數收支、

一收鈔若干　係某件唱到

一收鈔若干　係某項收到

一支鈔若干　係某項用度

一支鈔若干　係某項支使　逐一列寫

已上共收鈔若干

　共支鈔若干

除支外見管鈔若干　淨當七道後留行　經資用

右具如前

　年　月　日喪司行者　某　具

呈　把帳執事人兩序典喪、各書名僉押。

●圖帳

敕修清規、拋香相看云、若圖帳已定、則詣堂司稟

添名入圖、或人多、列戒次後。又謝掛搭云、既日

隨眾、當依戒臘、依戒佛制也。況諸圖帳及眾寮戒

臘牌、不以名字分高下。

忠曰。圖與帳二物也。圖謂楞嚴會圖念誦巡堂
圖被位圖鉢位圖等也。戒臘牌處一帳謂諸記名
帳也。
又曰。舊解者謂。圖者。戒臘牌等圖也。此說非
也。已言圖帳及衆寮戒臘牌可知。圖不攝戒臘
牌矣。

● 火帳
忠曰。飯頭計人口。打飯之帳也。
雪巖欽禪師錄。仰山普說云。莫教被一陣業風吹
入十八重無間地獄中去。被閻羅老漢與儞打算
火帳。問儞索飯錢。

● 板帳
敕修清規亡僧板帳云。板帳之設。蓋古者凡立成
式必書諸板示不可移易也。故叢林亡僧有板帳。
焉凡僧亡以其所有衣物對衆估唱。懲貪積也。估

唱得錢。必照板帳。 板娘式、詳彼

● 契書
入院後詢問契書什物詳砧基簿處。
忠曰。契書和俗所謂手形也。田產等買收之證狀。
或無盡財等證文也。
正字通云。契約也。今謂之劵。

● 印紙
忠曰。禪林以小片紙朱印其寺號謂之印紙。凡俵
關金先俵散印紙後日受關人各持印紙已名來
收關去。
朝廷亦有印紙目。宋史選舉志考課云。太宗
勵精圖治云。諸州掾曹及縣令簿尉省戶部南
曹給印紙曆子俾州郡長吏書其績州懲過秩
滿送有司。又職官志都官郎中云以役之輕
重均其勞逸給印紙書其功過展減勘歲月。

● 俵子

忠曰。俵子。蓋印紙之類。

湖海新聞云。張居士宋朝都吏也。諱道純。好道甚
堅。至元庚辰。常齋僧道一日先散俵子一百箇。至
日憑此赴齋。臨期收俵子只九十九箇。不見一箇。
居士付之不問。徑支齋九十九分。此心終不滿次
夜夢一道人來告曰。俵子在我枴上覺而細思其
日並無策。枴者。想是道院鐵枴先生。亞於井亭下。
覓舟往道院叩門。觀之。果見俵子題得四
句云。特來赴齋見我不采空腹且歸。俵縛我枴因
知仙亦赴凡齋矣。

● 開具

忠曰具者。詳舉物數列記也。

正字通云。具者物數。可目見。故从目。物具可收持。
以克用故从廾。會事物兼備意。

勅修清規亡僧板帳式云。開具內幾貫文云
江湖紀聞云。蘇州張烈卿孫剎廬於枴角得三板
尺餘豕書云。此屋某年某月某日毀。某人買去。
某間。某人買去。共料該得價錢若干。開具甚悉。
造屋者都料尚在其孫問之。但云。當造屋時。有
貧子求役片餘告去。酬價不受。人皆異之。由今
思之。必此人所為。

東都事略。微宗本紀曰。宣和七年詔曰。有司凡
有侵漁蠹耗之事。理宜裁抑應不急之務。無名
之費。令講議司條具以聞。

● 右具如前

凡開具尾。書此四字為結語。

勅修清規。聖節經單式云。今具經文品目于后
云。右具如前。詳文疏門。經單處

或曰。右具在前。又見此單帳處

北磵續集。圓悟和尚出隊疏跋云。圓悟老人還

郷ニ昭覺産薄。亦有廣文飯不足之態發一先聽。
葛藤如許。諄常致人信口道則右具在前若信
牌行則未敎相許。

第廿四類　圖牌門

舊說。以敕修清規。念誦巡堂圖。西爲上頭書寫
非。曰凡造圖掛之壁則北方可在上頭。蓋掛之
必於北壁也。若書籍中造圖。反此。須南方在上
頭。蓋看書者。倚南窓取明。則圖南成南方也。
忠按。行事鈔結界圖。律苑事規戒壇圖省南方
在上頭。又文獻通考。宗廟考。大祐圖。南方在上
頭。又三才圖會。七廟圖。及公劉相陰陽圖。竝以
南爲上頭。故清規圖。實背本式如余此書中但
隨便。不拘本式準古圖而已。覽者須知之。

● 楞嚴圖
敕修清規。出圖根云堂司依戒臘寫楞嚴圖念誦

巡堂圖。被位圖鉢位圖戒臘牌。

● 念誦巡堂圖
見楞嚴圖處。

● 告香圖
敕修清規告香云。住持允從。即報堂司出告香圖
告香圖詳彼。

● 入室圖
入室見垂說門。其規詳敕修清規。
忠曰。解敕修者。造圖多謬。余今依舊圖改正。

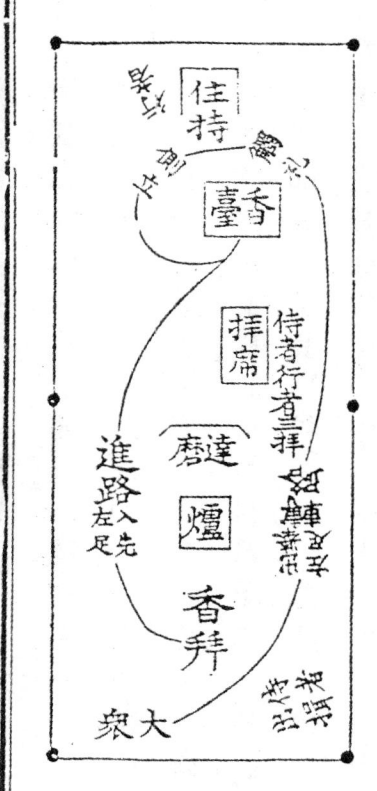

住持
香臺
拜席
達燼
進路　香拜
　　　衆大

解者曰。結緣行禮也。然今日本。預差人定之。

㊀ 茶湯問訊圖

見經櫃圖處。

忠曰。衆寮。一切茶禮湯禮。壇前三巡問訊等圖也。

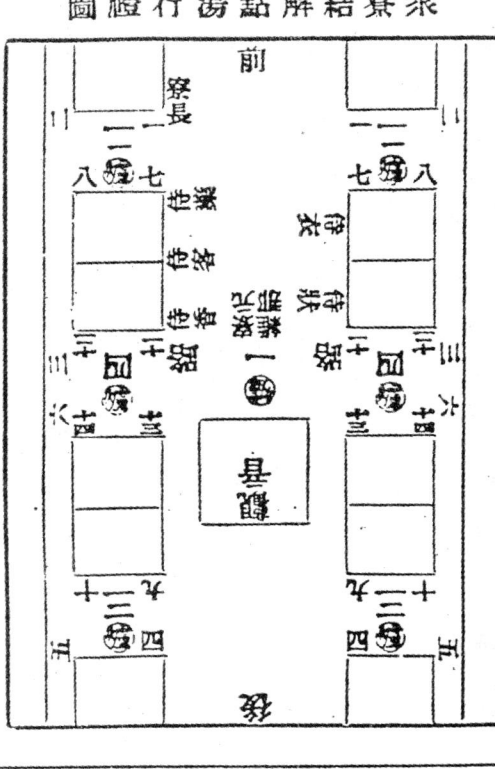

衆寮結解點湯行禮圖

㊁ 僧堂圖

見殿堂門。僧堂處。

㊂ 僧堂出入板圖

見殿堂門。出入板處。

㊃ 鉢位圖　十六板首

舊說曰。被位圖。平僧排僧堂圖也。鉢位圖蒙堂排。

敕修清規出圖帳云。惟鉢位圖當分十六板。一僧堂。二餘隨。

大小不拘。除單寮。西堂。首座。勤舊排板頭外。其餘竝依

戒臘。舊以送蒙堂者排副鉢後。因爭競不排。

又與被位圖交看。

敕修清規僧堂十六板首。鉢位圖云。

㊄ 夏中行茶湯瓶盞圖

見經櫃處。

敕修清規註云。兄弟結緣。隨意書名。

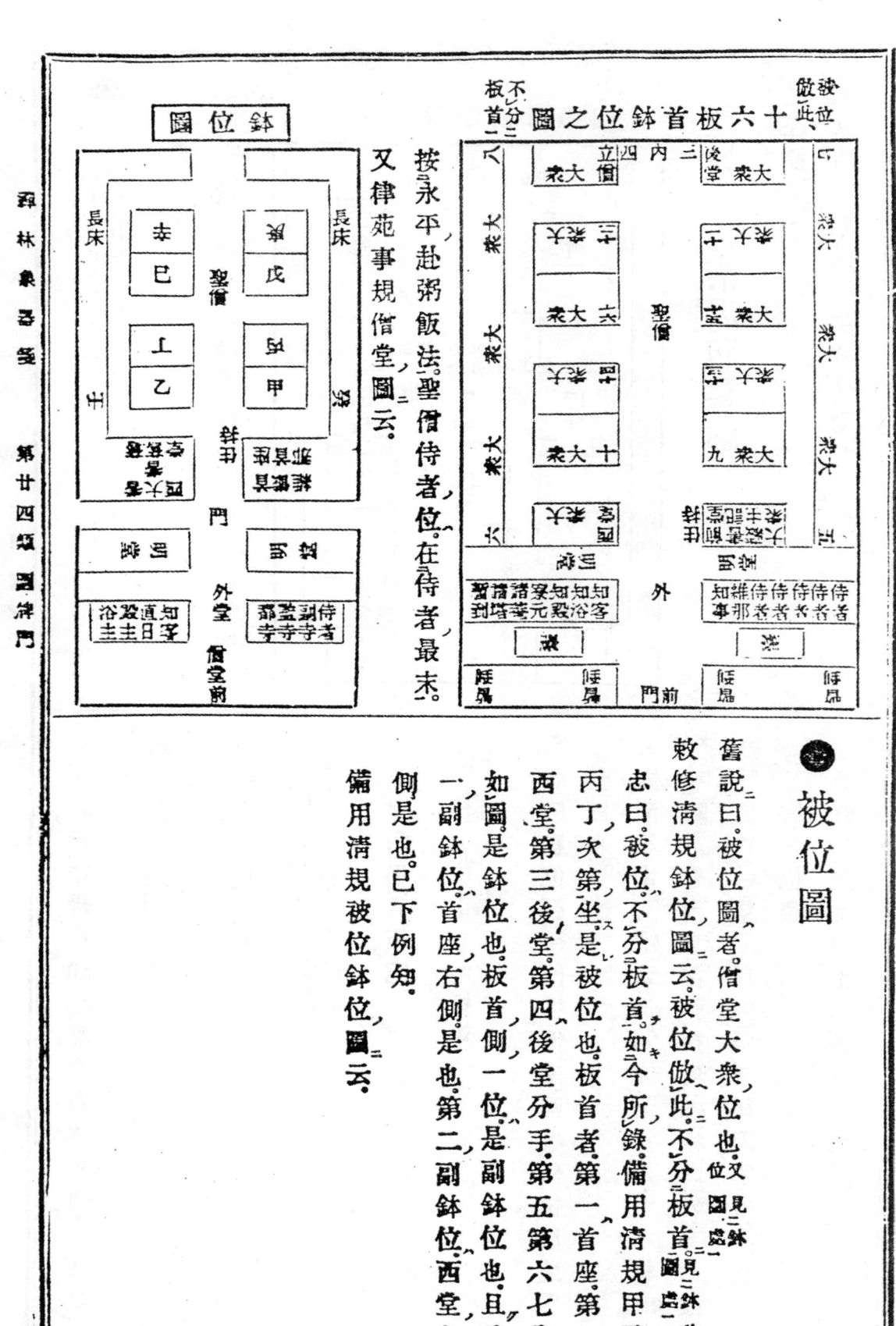

禪林象器箋　第廿四類　圖牌門

○被位圖

舊說曰。被位圖者。僧堂大眾位也。又見二鉢位圖處一。

敕修清規鉢位圖云。被位做二此一。不二分板首一見二鉢位圖處一。

忠曰。被位不二分板首一。如二今所錄備用清規甲乙丙丁次第一坐。是被位也。板首者第一首座第二西堂第三後堂第四後堂分手。第五第六七八如圖是鉢位也。板首側一位是副鉢位也。且第一副鉢位首座右側一位是副鉢位也。西堂左側是也。已下例知。

備用清規被位鉢位圖云。

按二永平起粥飯法一聖僧侍者位。在二侍者最末一。

又律苑事規僧堂圖云。

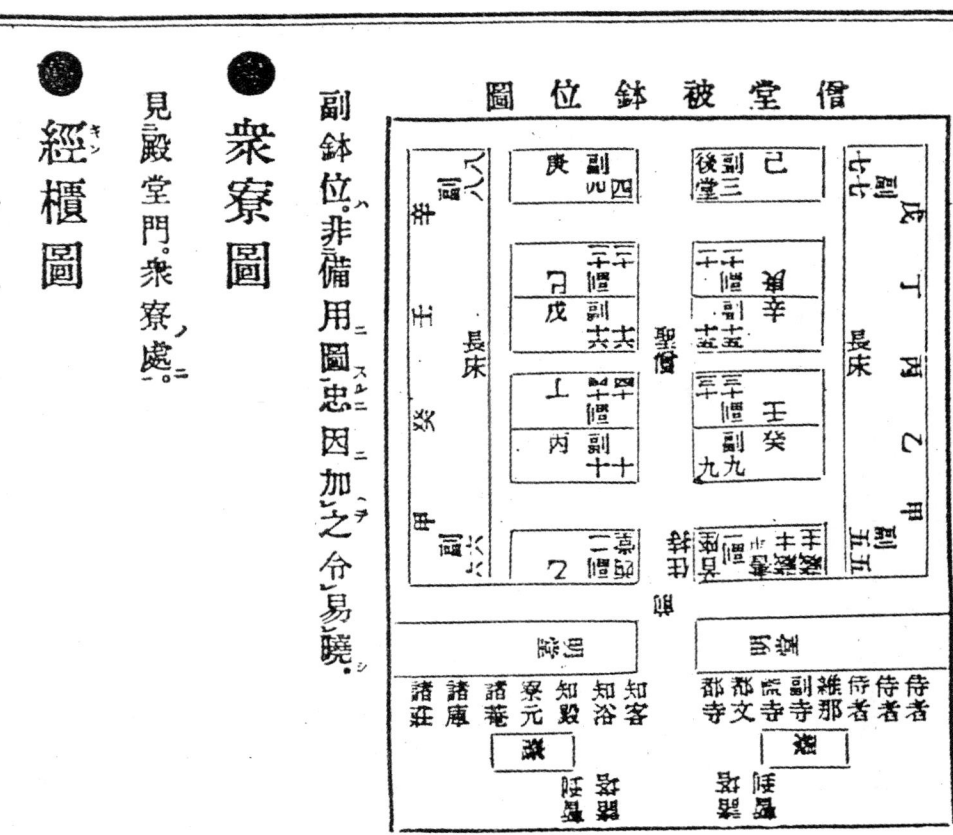

僧堂被鉢位圖

門物一
敕修清規衆寮結解。特爲衆湯云。堂司圖帳已定。
寮元依戒排經櫃圖。茶湯問訊圖清衆戒臈牌入
寮資次牌。淨髮牌。夏中行茶湯瓶盞圖。

●三牌
三牌。排二列於佛殿本會前一。
元朝禪刹三牌式云。
左皇后齊年　齊年者、齊等皇帝萬歳也。
中皇帝萬歳
右太子千秋
建仁寺禪居菴大鑑禪師所建三牌云。
南方火德火部聖衆
今上皇帝聖壽無疆

副鉢位非備用圖。忠因加之令易曉。

●衆寮圖
見殿堂門衆寮處。

●經櫃圖
忠曰衆寮排位圖也。僧堂曰函櫃。衆寮曰經櫃。器見二

┌─────────┐
│ 檀那本命福祿壽星 │
└─────────┘

品字箋云。廣韻牌牓也。以張官府之諭言者也。
詞之長者。列于牓。其短者。則書之牌。即今榜文
牌票之謂。

續燈錄淨因道臻禪師章云。如何是淨因境師
云。法廣殿牌。仁宗親寫。

●位牌

義堂日工集云。位牌。古無有之。自宋以來有之。

敕修清規會宿移龕云。法座上掛眞。安位牌廣列
祭筵。

朱子語錄云。主牌。荀勗禮據隋煬帝所編禮書
有二一篇荀勗禮乃是云。濶四寸。厚五分。八分大
書某人神座。不然只小楷書亦得。

忠曰。八分者。八分字也。據此位牌自宋已前
有之。

●三界萬靈牌

牌二云

┌──────────────┐
│ 三界萬靈。十方至聖。六親眷屬。七世父母。 │
└──────────────┘

大鑑小清規月中。每日粥時念文。廿九日云。祝獻
三界萬靈十方至聖。

古德曰。或謂。先二萬靈後至聖。倒語。非也。有深義在

●善月牌

敕修清規善月云。預先一日。維那和會堂司行者報衆
住持報庫司。掛善月牌于殿門前。

●祈禱牌

敕修清規祈禱云。維那和會堂司行者報衆掛祈
禱牌。

夢窻夢中問答云。弘安年中。有蒙古來寇之流言。
時法光寺禪門宗時無驚懼色。但日日請建長長老。
有之。

佛光禪師及諸宿達法談而已。其奇特事業具載

佛光普說中。其後創立圓覺寺。大與禪宗蒙古不

復來寇父子保世清平。臨終亦自在矣。爾後子孫

相續崇敬佛法。雖然其見世法也重。信佛法也輕。

故天下大禍未現。數數命禪刹行襄被秡。於是乎禪

刹襄事稠故。皆掛祈襄牌。其衆僧唯以諷經諷咒。

為日用。而禪床工夫廢而不做。如諸小院。復有小

檀主。例請祈禳僧家專利名者。亦以此為第一義。

遂忘失本分一大事。豈非禪法破滅因緣耶。

● 諷經牌

敕修清規。聖節云。行者覆住持來早殿上啓建諷
經。仍報諸寮。掛諷經牌。

● 念誦牌

敕修清規。聖節云。節內遇三八日。堂司行者覆住
持兩序諸寮。掛念誦牌報衆。

● 戒臘牌

敕修清規戒臘牌云。堂司侍司衆寮預依戒臘寫
造。至十四日午後。堂司牌。列僧堂前上間侍司牌。
列法堂下間。衆寮牌。列寮內。各備香几爐燭供養。
大衆各炷香展拜畢。仍各收牌掛起。

又見楞嚴圖經橱圖處。

舊說曰。如蒙堂勤舊。則位不依戒次。但侍者以
戒臘為次第矣。又蒙堂中勤舊者。不上戒臘牌
也。

永平道元禪師戒臘牌式云。草單是也。

某國某州某山某寺。今夏結夏海衆戒臘。

如後。

陳如尊者

堂頭和尚

建保元戒

某甲上座

某甲上座　　　某甲藏主

建保二戒

某甲西堂　　　某甲上座

某甲首座　　　某甲上座

某甲上座　　　某甲知客

建曆元戒　　　某甲浴主

某甲直歲

某甲侍者　　　某甲維那

某甲首座

某甲首座

某甲化主

某甲典座　　　某甲堂主

建曆三戒　　　某甲上座

某甲書記　　　某甲首座

某甲西堂　　　某甲上座

某甲上座

右謹具呈若有誤錯各
請指揮謹狀。

某年四月三日　　堂主比丘　某甲　謹狀

❀入寮資次牌

見經樻圖處。

舊說曰入寮資次義未詳。

❀接住持牌

敕修清規入院云。隔宿掛接住持牌報衆。

東漸清規入院儀式云。凡入院前日。掛接住持
牌。

於堂前下間當日掛上間用黃紙。

又東漸清規入院云。夢窓國師粥罷掛接和尚牌段清
隔宿掛之。愚謂。鄰封名德江湖尊宿來訪。則掛接和
尚牌。考鐘伐鼓耳。若入院則掛接住持牌不可
言接和尚也。又見接尊宿牌處。

舊言故事延接註云。延引也。接迎也。

❀接和尚牌

敕修清規報謝出入云。住持出入則知事探詢歸

期、令 堂 司。掛 接 和 尚 牌。報 衆。鳴 鐘、鳴 門 迎 住 持 先 令

傳 語。免 之。

舊 說 曰。住 持 外 出。經 四 五 日。或 十 日。歸 則 掛 接

和 尚 牌。而 迎 之。

忠 曰。東 漸 曰。薜 封 江 湖 尊 宿 來。則 掛 接 和 尚 牌。

詳 接 牌 處 住 持 已 入 院 後。外 歸 則 亦

持 牌 處。余 謂 雖 本 寺 住 持 已 入 院 後。外 歸 則 亦

可 掛 接 和 尚 牌。但 入 院 時 不 可 掛 接 和 尚 牌 耳。

已 下 署 舉 門 迎 因 緣。

聯 燈 會 要。長 沙 岑 禪 師 章 云。師 游 山 歸。至 門 首。

首 座 問 和 尚 甚 處 去 來。師 云。游 山 來 云。到 甚 麽

處 來。師 云。始 隨 芳 草 去。又 逐 落 花 回 云 大 似 春

意 師 云。也 勝 秋 露 滴 芙 蕖。

● 接 尊 宿 牌

敕 修 清 規 迎 待 尊 宿 云。尊 宿 相 訪。須 預 掛 接 尊 宿

牌。鳴 鐘 集 衆 門 迎 彼 若 尚 簡 則 潛 入 寺 住 持 必 於

寢 堂 具 香 燭 相 接。

義 堂 和 尚 曰。接 尊 宿 牌。可 書 和 尚 接 住 持 牌。可

但 言 住 持 也。

忠 曰。卽 書 接 尊 宿 接 和 尚 也。

● 接 官 牌

義 堂 日 工 集 云。康 曆 二 年。五 月 十 三 日。住 建 仁

接 官 牌。奉 迎 府 君 公。義 滿 臨 期 大 小 鐘 鼓 皆 鳴 余 率

兩 班 大 衆 出 迎 三 門 鈞 施 入 門。余 引 自 正 門 入 佛

殿。府 君 炷 香 三 拜 罷。余 送 歸 特 榻 萬 燒 香 歸 知 事

班 首 與 官 榻 相 對 而 立 行 者 鳴 磬 真 珠 西 堂 舉 唱

藥 師 如 來 侑 藝 正 仁 二 僧 和 之 維 那 舉 大 悲 咒 余

炷 香 三 拜 回 向 畢。余 引 君 入 方 丈 點 心 官 侑 管 領

一 人 僧 普 明 國 師 東 堂 蘭 洲 天 龍 大 淸 等 持 物

先 燒 香 淸 祖 侍 者。點 心 罷 余 引 君 歸 歇 處 道 話 少

頃 鳴 鼓 上 堂 府 君 特 榻 諸 山 列 在 座 下 鈞 語 問 答

提 綱 自 敍 謝 辭 拈 提 罷 齋 會 會 罷 還 駕

● 上 堂 牌

敕修清規上堂云、凡旦望侍者分付客頭行者掛上堂牌報衆。

●小參牌

舊說曰小參牌、入院則小片紙書今晚兩字貼之。

左肩四節則書昏鐘鳴三字貼牌

敕修清規入院當晚小參云、侍者令客頭報衆掛小參牌。

●普說牌

敕修清規普說云、侍者令客頭行者掛普說牌報衆。

若告香普說牌、左肩貼告香兩字。校定清規云。

侍者寮行者粥後挂普說牌、小書告香二字。

●告香牌

敕修清規告香云、堂司行者預逐一報衆、掛告香

牌。備用清規告香云、堂司預晚挂告香牌、牌左云告香罷普說。

●入室牌

敕修清規入室云、遇開室時粥前侍者令客頭行者僧堂前諸寮掛入室牌。

●秉拂牌

敕修清規四節秉拂云、秉拂人令行者僧堂前掛秉拂牌。

●坐禪牌

敕修清規辨道法云、早晨坐禪掛坐禪牌。餘時坐禪不掛坐禪牌。

永平清規辨道法云、早晨坐禪掛坐禪牌。餘時坐禪不掛坐禪牌。

忠曰、餘時者晡時黃昏後夜三時也。

壹　静牌

坐禪牌又言静牌。静者静慮也。

諸祖偈頌。慈受深禪師示衆云。静牌才掛。宜各默
然。縱不掛時。豈可談笑。

貳　坐參牌

敕修清規坐參云。齋罷堂司行者覆首座僧堂衆
寮前各掛坐參牌。

參　放參牌

永平清規辨道法云。放參時。掛放參牌昏鐘鳴收
放參牌。

肆　照牌

敕修清規赴茶湯云。先看照牌。明記位次。免致臨
時倉遽。

忠曰。看照牌。明記位次。照義解得過半矣。凡照
著。二物相照。而鑒識也。如照牌座間早有座牌。
貼各位了。然著座人不得入席預見之。故於外
面。別設照牌。造座間樣式小片紙。書衆名貼各位。
著位人審視之。記己所著位畢。然後入座間照
看外牌位。而坐。貴免致倉遽鬪矣。
舊說曰。照牌者。座間不排名牌。只門外設木
坐牌。造排坐位圖。前樹之大衆審照視己之
上下位。及時著席而已。其照視左右著爲能
知隣位則於己位不迷也。是以照視上下爲
照義。或曰。能明視己位故云照。或曰。就照牌
能視己位。在某人下某人上。故云照。皆解
視己位。在自上幾位自下幾位。故云照。
不得照字之故今不取之。
忠曰。今時照牌。用紙數十幅連接令方。上橫題
第一筵照牌圖等字。其下圖席樣以小片紙書
名。以糊排貼。一如本席衆及時入席照依外牌

著坐

敕修清規迎待尊宿云。寢堂釘掛帳裏排照牌。
又方丈特爲新舊兩序湯云。燒香侍者預排照牌。
至時鳴鼓。又方丈管待新舊兩序云。寢堂設位
排照牌。客集報往持出接各入座依照牌立定。
又方丈特爲新掛塔茶云。各依照牌歸位立定。
又尊宿遷化管待主喪等云。排照牌。都寺行禮。
又嗣法師忌云。若講特爲伴眞湯齋罷方丈客頭
請西堂兩序[晚間對]眞相伴喫湯排照牌位
禪林照牌似朝廷混牓。事物紀原云。宋朝會
要曰大中祥符四年五月。晁迥等奏引試進士。
預令於貢院納案子試前一日。貢院出牓曉示。
逐人排坐位處所則引試之有坐位牓自此爲
始。今亦爲之混牓。

● 坐牌

忠曰。日本叢林行禮。用小紙片。書二衆名位而隨

二出四出等座逐位次排之牌首以糊少許貼床。
大衆未著座已前先入認記己位畢而出及時次
第著其牌位貴免顯沛矣。
傳燈錄金州操禪師章云。一日請二和尚齋不
排座位米到展坐具禮拜師下禪床米乃就師
位而坐師却席。地而坐齋訖米便去侍者曰和
尚受一切人欽仰今日座位被入奪却師曰三
日若來。即受教在米果三日後來云。前日遭賊。
僧問鏡清古人遭賊意如何清云只見錐頭利
不見鑿頭方。

● 木座牌

舊說曰小木牌書二衆名牌首穿小穴別設大板板
上列植小釘而以小牌逐位次排掛定之。
又有板上直書名者。敕修清規方丈特爲新舊
兩序湯云。釘掛寢堂鋪設坐位。
解者曰是非紙座牌又非木座牌但朱漆板上。

書二衆名位一、而釘掛其板也。猶如鉢位圖。

一 煎點牌

敕修清規受嗣法人煎點云。法嗣令客頭請二兩序
單寮諸寮掛二煎點牌一。

二 點茶牌

敕修清規方丈特為新首座茶云。客頭報衆、掛點
茶牌。

三 點湯牌

敕修清規庫司四節特為首座大衆湯云。都寺分
付客頭、請二勤舊蒙堂諸寮各掛點湯牌一。
備用清規察元云。朔望係寮元。自燒香。令掛點湯
牌燒湯出盞。

四 特為照牌

敕修清規方丈四節特為首座大衆茶云。請容侍

者巡堂請茶、堂前排二特為照牌一。
特為位見座位門。

特為牌

敕修清規方丈特為新掛搭茶云。侍者令客頭依
戒列名、寫二特為牌一、或作四出六出。首座光伴諸方
名勝必與住持對面位。若有異議、則於名勝內推
戒最高者坐之。參頭與光伴對面位。蓋受送者先
謝二榻位一。此同赴茶耳。
解者曰。書二照牌一、以名勝排定之。特為位、即是住持對面位也。特為位、見二
座位門一。

巡寮牌

見二叢軌門巡寮處一。

直堂牌

敕修清規坐禪云。堂中。有二直堂牌刻云。

輪次直堂周而復始。住山押兩面刻。照依

彼位資次。每日五更鐘絕後。交下次人。終日看守。

◉ 開浴牌

見叢軌門。開浴處。

◉ 浴室內小牌

敕修清規知浴云。室內掛小板。旁釘小牌書云。

鳴板一聲添湯。二聲添水三聲則止。以此為節。

備用清規知浴云。室內小牌白字。

一湯。二水三滿打小板。

三滿。有作三止者。

◉ 入浴資次簡板

敕修清規知浴云。其入浴資次。當刊揭浴室外。
解者曰。資次者。第一通僧眾。第二通頭首。第三
通行者。第四通人力。監作行者。知事等。如此普
編板。掛浴室外也。

◉ 普請牌

見叢軌門。普請處。

◉ 淨髮牌

見經櫃圖處。

◉ 拾遺牌

禪林寶訓云。山堂住黃龍日。有智恩上座為母修
冥福。透下金二錢。兩日不讐。聖僧才侍者因掃地
而得之。掛拾遺牌。一眾方知。蓋主法者清淨。所以
上行下效也。
鏡堂圓禪師錄。示兄弟拾得物。不掛拾遺牌者。偈

云。叢林百丈古清規遺者應須掛拾遺若也便將爲己有亦名偷盜罪無疑

孔子家語相魯篇云。孔子初仕。爲中都宰。男女別塗路無拾遺。

史記田敬仲完世家云。梁王曰。若寡人國小也。尚有徑寸之珠。照車前後各十二乘者十枚。竟王曰。寡人之所以爲寶。與王異。云。吾臣有種首者。使備盜賊。則道不拾遺。將以照千里豈特十二乘哉。

淮南子覽冥訓云。昔者黃帝治天下。而力牧太山稽輔之。云。田者不侵畔。漁者不爭隈。道不拾遺。市不豫賈。

●觸落牌

敕修清規淨頭云。稍有狼藉。隨即淨治。

解者曰。厠有觸落牌。若有狼藉。自不洗之。則挂牌。報淨頭。令洗淨焉。

或曰。牌一面書觸字。一面書落字。觸是不淨義。落是遺落義若有不淨穢污。則挂觸牌。而報淨頭。若鞋履等落厠內。則挂落牌。而告淨頭也。

●唱衣牌

敕修清規亡僧唱衣云。茶毗後堂司行者復住持兩序侍者。齋罷僧堂前唱衣。仍報眾掛唱衣牌。

●送灰牌

敕修清規亡僧入塔云。堂司行者預報眾。掛送灰牌。

忠曰送煅骨入塔。簸其茶毗時餘灰。故曰送灰也。

●過渡牌

江湖集敬叟莊和尚送人之污水頌云。小朵峰前絆草鞋。籑公帆掛待君來。風休水面平如鏡。下却

江頭過渡牌。

聯燈會要。巖頭豁帽師章云。師因三沙汰。逐於鄂
州湖邊。作渡子。兩岸各挂一板。有人過渡打板。
一聲師云。阿誰。或云。要過那邊去師乃舞棹迎
之。

第廿五類　飲啖門

◎ 粥

四分律云。毗舍佉母白佛言世尊。聽阿那頻頭國
諸比丘食粥。若世尊當聽比丘食粥者。我當盡形
壽供給。

十誦律云。佛言。毗舍佉。汝見何因緣故。欲常與比
丘僧粥。答言。大德。若比丘不食粥。有飢渴惱。或時
腹內風起。我常與粥。故則無衆惱。

釋氏要覽云。讀五部律文。粥之緣起有三。初僧祇

律云。佛住舍衛國難陁母。令作釜飯逼上汁自飲。
佛於中風除食消便作念。闍梨是一食人。應當食
粥乃取多水少米煎去二分。然後入胡椒蓽撥末。
盛滿甌持詣佛所白言唯願世尊。聽諸比丘食粥。
佛許。仍為說偈云。持戒清淨人所奉。恭敬隨時以
粥施。十利饒益於行者。色力壽樂辭清辯宿食風
除饑渴消。是名良藥佛所說。欲得人天長受樂應
當以粥施衆僧。次四分律云。婆羅門王阿耆達施
沙施粥佛許之。後十誦律云。佛在那頻頭國。因甕
八般粥謂。乳酪胡麻豆摩沙佳蘇等佛許之。又
云。粥不正食。攝僧祇律云。粥出。釜割不成字。始名
不正食。是名其藥佛所說。欲得人天長受樂。

忠曰。依寄歸傳四分律等。五噉食。謂飯麥豆飯。
炒。肉。餅此為正食。五嚼食謂根。莖葉華果。此為
不正食。若已食前五。必不合餐後五。先食後五。
則隨意噉前五。至啫伽溫樂繁方斷三肉食一

又釋氏要覽云。今析粥十利著。一色。二力。三壽。四

樂。五詞清俱舍云。詞謂訓釋言詞也。六辯俱舍云。
辯謂展轉言。無滯礙也。七宿食消。八風除。九消饑。
十消渴。〔作辯〕

守千蛭峒記附法數中。載粥十利云。一僧徒安樂。
二施主長壽。三不關修道。四不生饞饉。五當來勝
報。六佛果現前。七眾善莊嚴。八先云離苦。九不值
刀兵。十當生淨土。〔二字先云先云可疑〕

四分律云。食粥有五事善。除飢。除渴。消宿食。大小
便調適。除風患。食粥者有此五善事。

義堂和尚日工集云。雪示眾。大雪。人民凍餒。
薪貴如玉。洗面湯不用燒。湯堂準和尚以小杓
湯。洗面。尚餘用溉足。古人用心如此。況斯時乎。
又粥羹宜暫停之。凡粥貼羹湯。日本風俗而已。
中華但用鹽豉窰等。如今建長寺每日堂中粥。
菜用七紋錢買胡麻鹽是也。因舉神鼎諲和尚
住山十年。始有醬食訖曰古人住山安眾。不論
粥飯精麁唯道是行。幸諸人不患暫時粥無羹

矣。

● 小食

忠曰。和訓古豆計。
釋氏要覽云。增輝記云。小食者。粥是。
海龍王經請佛品云。爾時海龍王。白佛言唯佛加
哀詣我宮中屈神小食。

野客叢書云。漫錄謂世俗例以早晨小食為點
心。或謂小食亦罕知出處。僕謂。見昭明太子傳
曰京師穀貴。改常饌為小食。小食之名本此。
忠曰。小食本出佛經律文。蓋昭明時。王公好
佛學。故用其目。王儒效出。未盡原。

● 五味粥

大慧武庫云。葉縣省和尚嚴冷。浮山遠在眾時。特
往參扣。請遠充典座眾苦其枯淡。省偶出莊遠竊
鑰匙取油麵作五味粥。粥熟省忽歸起堂粥罷坐

堂外。令請典座遠至首云。實取油麵羹粥。情願乞
和尚責罰。省令算所直。估衣鉢還訖打三十挂杖。
出院。

事文類聚云。南方專用臘月八日。灌佛。皇朝東
京。十二月初八日。都城諸大寺。作浴佛會。并送
七寶五味粥謂之臘八粥。

忠曰。雜穀衆味。隨意合造。言五味粥而已。月
介廣義云。宋元臘八日。都城諸寺。作浴佛會。
併送七寶以諸果品五穀羹粥謂之臘八粥
春渚紀聞云。湖州孫略敎授家婢名呂媼者服
勤孫氏有年矣。性謹朴。無他能。但常日晨起就
廚中取食器潔之。聚所藥餘粒間有落溝渠者。
亦拾取淘潔。再於釜中或加五味羹食之。未嘗
一日廢也。年七十餘。一日微疾。卽告其家人曰。
爲我髠髮著五戒衣。我將去矣。家人從之。因起
以左手結印而化。家人遂龕置開元寺中觀者。
餘月。丁無穢氣而髮漸生。因與剃之。後一月一

剃。

●紅糟

敕修清規月分須知云。十二月初八日。佛成道庫
司預造紅糟。
解者曰。昔佛成道隨牧牛女乞牛乳喫。今紅糟
學牛乳者也。未知加何紅物羹紅糟或作溫糟。
忠曰。按紅唐晉音俱牟。而和字俱似字。故錯爲
字牟。仍作溫糟溫糟訛音。而訛字者。
義堂日工集云。十二月八日。喫紅糟有人問紅
糟緣起。余曰牧牛女獻乳糜於世會今紅糟其
遺意也。

忠曰。紅糟卽五味粥也。臘八噉之。見三味下
學集云。紅糟調粥正月十五日所食。赤豆粥也。
此然則紅是赤豆色。下學糟作調訛矣。余又
謂。果品五穀雜和造粥米白色爲之變。故言
紅數味相合。故言糟而已。

劉侗帝京景物略云。十二月八日。家效菴寺豆
果雜米。爲粥供。而朝食曰臘八粥。
菊坡叢話云。陸放翁臘八日詩云。臘月風和氣
已春。時因散策過吾鄰。草煙漠漠柴門裏。牛跡
重重野水濱。多病所須唯藥物。差科未動是閒
人。今朝佛粥更相饋。更覺江村節物新。

● 纓絡粥

永覺賢禪師禪餘外集。山中有感詩云。泰壟牛畝
畦。秋收一擔粟。每挑野菜根。和俻纓絡粥。
忠曰。粥麼品不載纓絡粥。蓋糅野菜加米造菜
牽連。如纓絡也。
梅山歷然禪師普說云。見秖對次的。即浩浩作。
得主的。作得主的。即喫瓔珞粥的。

● 蔣簿粥

五燈嚴統金陵蔣山曇芳忠禪師章云。梁王至建

康王詣寺問曰衲子所謂蔣簿粥者。何也。師曰。將
謂殿下忘却王曰衲子所謂三隻襪者。何也。師曰
國內山川都踏遍。今朝親到帝王家。

▲ 晚粥

敕修清規坐參云。堂司行者候晚粥熟覆首座云。
放參乃歸衆寮藥石。
虎關和尚曰。唐樣非時齋粥二百年來事也。
無準範和尚錄解夏小參云。徑山寺裏每日兩粥
一齋是汝諸人九十日內捧鉢盂向長連牀上態
意呷啜。於中還有知飽底麼。
忠曰。兩粥者。朝粥晚粥也。

▲ 齋

佛祖統紀云吡婆沙論齋者。以過中不食爲體。
又云請觀音疏齋者齊也。齊身口業也。齊者祇是
中道後不得食者表中法界外更無別法也。

釋氏要覽云。起世因本經云。烏脯沙陀。隋言增長。謂受持齋法增長善根。故佛教以過中不食名齋。又云。齋正時。毗羅三昧經云。佛爲法慧菩薩說。四食時。一旦時爲天食。二午時爲法食時。佛斷六趣因。令同三世佛。故制日午。爲法食正時也。僧祇律云。午時日影過一髮一瞬。即是非時。

齋字。和訓登幾。即是時字也。經律往往請佛者。先請而再請自時至。

薩婆多毗尼云。問曰。先已請佛。何以重請。答曰。欲生增上功德故。以請今更重請。又欲成三堅法故。又佛時到自行何由得知。一居士在靜處燒香遙供養請佛。香來繞佛三市。又云。佛自知時。不須外緣。

❀ 草飯

忠曰。草飯者。麤飯也。

史記陳丞相世家云。更以惡草具進楚使。注二草粗也。

戰國策云。左右以君賤之也。食以草具。注草不精也。具饌具。正曰草菜也。陳平傳惡草具注去肴肉。

敕修清規請立僧首座云。方丈備草飯。請特爲湯藥石。

❀ 水飯

敕修清規迎待尊宿請狀云。當寺住持比丘某。右某輒以來日就寢堂聊備水飯。

忠曰。水飯。以水澆飯。如日本湯食。由也然舊說曰。飯味淡。如水也。蓋謙詞者。訛甚。

本草綱目云。殂飯。殂音孫。即水飯也。

正字通云。殂飯。蘇昆切音孫。食也。字林水澆飯也。

禮雜記孔子曰。少施氏食我以禮。吾殂。作而辭曰。疏食也。不敢以傷吾子。註禮食竟更作三殂以助飽。殂謂以飲澆飯也。鄭康成釋殂爲勸食誤。

字彙云。殽以飲澆飯也。古者。食後更殽。以盞主
情禮雜記孔子食言於少施氏曰吾殽
正字通云。殽同飯。六書故曰陸德明飰扶萬切。
食飰曰飯扶晚切。謂二二字不同非也。飯與飰一
字。而二音也。

● 黑飰

老學菴筆記云。集英殿。宴金國人使。九盞。第一
肉鹹豉。第二爆肉雙下角子。第三蓮花肉油餅
骨頭。第四白肉。胡餅。第五羣僊䭔肉。太平畢羅。第
六假圓魚。第七柰花索粉。第八假沙魚。第九水
飰鹹豉。施鮓。瓜薑。看食聚鎚子。髓餅。白胡餅。䭔
餅。
睦州躰禪師錄云。師云。後園生菜熟水淘飯。

敕修清規月分須知云。四月初八日佛誕浴佛庫
司預造黑飰。

本草綱目云。陶隱居登眞隱訣。載太極眞人青

精乾石飰飯法。飰音信飯之。爲言殽也。謂以酒
蜜藥草䟒洩而曝之也。亦作迎凡內外諸書並
無此字。惟施於此飰之名耳。陳藏器本草名烏
飯登眞隱訣造飯法。藏器曰烏飯法。取南燭莖葉
搗碎。清汁浸粳米。九浸九蒸九曝。米粒緊小。黑
如瑩珠。袋盛可以適遠方也。時珍曰。此飯乃仙
家服食之法。而今之釋家多於四月八日造之。
以供佛耳。造者又入柿葉。白楊葉。數十枚以助
色。或又加生鐵一塊者。止知取其上色。不知乃
服食家所忌也。
酒𪉷類書云。青精一名南天燭。又曰黑飯草。以
其可染黑飯也。道家謂之青精飯。故仙經云。服
草木之王氣與神通食青燭之精。命不復隕。謂
此也。　　忠曰。南燭異名云草木之王。見本草。
又與桐飯交看。

● 桐飯

雲臥紀談云。眞淨和尚偈云。元符二年三月三。春
餅撮饊桐飯彙。（詳二義執門）（暫假處）

舊說曰。以桐葉染成飯。言桐飯。其色黑故。又名
黑飯。但未知桐染是何義。

忠曰。以南燭葉汁染飯。色青黑。故名黑飯。南燭
異名楊桐（見二本）。故又言桐飯。舊說爲梧桐葉染。
飯。太誤。欲知染義。即仙家服餌也（見詳處）。

山堂肆考云。零陵總記。楊桐葉細冬青。居人過。
寒食。採其葉染飯。色青而有光。食之資陽道道
家謂之青精乾石飯（シ）。杜詩豈無青精飯。使我顏
色好。鄭畋詩圓明青餌飯。光潤碧霞漿。

⊙ 饘飯

玉篇云。饘子旦切。以羹澆飯。

一山和尚曰。饘飯古多用之。川僧最好造之。乃五
味飯也。或曰。日本所謂芳飯是也。

聯燈會要克賓禪師章云。與化云。克賓維那。法戰

不勝。罰錢五貫設饘飯一堂。（詳二職位門、維那處）
普菴肅禪師錄。舉克賓話作糜飯。
寺名請。

⊙ 特爲飯

校定清規迎待尊宿云。次日特爲飯係具狀作都
食。

敕修清規沙彌得度章沙彌十戒。第十二云不非時
食。

⊙ 非時食

薩婆多毘尼毘婆沙云。非時者。從日中至後夜後
分。名爲非時。從晨至日中。名時。時何以故以日初出
乃至日中明轉盛。中則備足。故名爲時。從中至後
夜後分明轉減沒。故名非時。又從晨至日中世人
營救事業作飲食。是故名爲時。從中至後分。
燕會嬉戲。自娛樂。時比丘遊行有所觸惱。故名非
時。又從晨至日中。俗人種種事務。婬惱不發。故名

為時。從中至後夜後分。事務休息。婬戲言笑。若比
丘出入遊行。或時被誹謗。受諸惱害。名為非時。又
比丘從晨至中。是乞食時。應入聚落往來遊行。故
名為時。從中至後夜後分。應靜拱端坐。誦經坐禪
各當所業。非是行(行或往平)來。入聚落時。故名非時。
五分律云。佛在王舍城。爾時未為比丘制非時食。
迦留陀夷。著雜色衣。面黑眼赤。闇中乞食。懷姙婦
人。電光中見。大驚喚言。毗舍遮。毗舍遮。迦留陀夷
言。我是沙門。非毗舍遮。便罵言。汝何冥夜乞食餘
沙門婆羅門。一食便足。汝云何食無晝夜長老比
丘。白佛。佛呵責結戒。若比丘非時食。波逸提非時
者。從正中已後。至明相未出名為非時。
法苑珠林云。毗羅三昧經。世尊為惠法菩薩說云。
食有四種。旦天食時。午法食時。暮畜生食時。夜鬼
神食時。佛斷六趣因令同三世佛故。日午時是法
食時也。過此已後。同於下趣。非上食時。故日非時。
食時也。又薩婆多論云。釋時有四。一始從日出乃至日

中。其明轉熾。名之為時。從中已後。至後夜分。其明
滅沒。故名非時。二從旦至中。是作食時。不生惱
之時。入村乞食。多有觸惱故。名非時。三從旦至中。
俗人作務。婬戲亂未發。乞食不生惱故。名為時。從中已
後。事務休息。婬戲言笑。入村乞食。喜被誹謗。故名
非時。四從旦至中。是乞食時。得食濟身。寧心修道。
非時。故名非時。
佛祖統紀云。僧祇律時食。若午時。日影過二髮一
瞬。即是非時。四分戒本若比丘。非時食者。波逸提。
十誦律。波逸提養翻。墮在燒煮地獄。
法苑珠林云。僧祇律云。食已。若渴佛令取一切
穀豆麥煮。不破者。非時取汁得飲。若酥油蜜及
石蜜。諸生果汁等。要以水淨得飲。若器底殘水。
被雨漬亦名為淨。善見論云。舍樓伽果漿。澄汁
使清。非時得飲。謂是藕根。是摩德勒伽論沙糖漿。亦得

非時飲。

老學菴筆記云。佛經戒比丘非時食蓋其法
過午則不食也。而蜀僧招客草食謂之非時
董仲舒三年不窺園謂勤苦不遊嬉也。館中
著庭有園毎會飯罷輒相語曰今日窺園乎。
此二事甚相類。

●放參飯

竹窓二筆云。越地安禪夜作齋其名曰放參飯競
為移靡。勝於午齋相沿成習久矣。昔有會宿聞隣
房僧。午後作食。不覺泣下。悲佛法之凌夷也。故僧
禁過午食。況夜食耶。律言人間碗鉢作聲。餓鬼咽
中起火。乃於漏深人靜。而砧几盤盂音響徹其耳
根。又煎煮烹炮。馨香發其鼻識。忘慈悲之訓恣口
腹之欲。於心安乎。或曰。中夜饑。如之何則代以菓
核餅餌之類。不煩錦銚者可也。況持過午者。午後
至明。不食纖物。我等晚有藥石。何不知足之甚。

蒙山和尚錄云。我從在家。不喫放參。
解者曰。喫放參者謂喫非時食也。蓋諱非時之
言也。此方亦有此稱其喫食在放參鐘時。故云
爾此隣近釋。

●藥石

敕修清規達磨忌曰。念誦畢。或請就坐藥石。又
告香云。當晚方丈請參頭維那侍者。就坐藥石。又遊
方參請云。當晚特為湯。乃湯罷。起就藥石。若住持
兩展三禮。抽衣就坐藥石。又大坐參云。若住持
晚參。則不鳴堂前鐘。至開示畢。衆散歸寮藥石若
不晚參。則堂司行者。進首座前問訊云藥石和尚
今晚放參。至乃各出全單歸衆寮。
舊說曰。藥石謂晚間之粥。蓋隱語也。凡禪林清
規所舉戒相。止沙彌十戒而已。不舉具足戒。故
禪僧行事。於此十支。無缺漏足矣。不可謂簡易然
猶不堅持過午食可耶。抑喫晚粥為養體療病

進修道業故稱爲藥石也。粥咒願所謂粥是大
良藥是也。
黃檗清規云藥石晚食也。比丘過午不食故晚
食名藥石爲療饑渴病也。
玄應音義云攻病曰藥石。古人以石爲針今
人以鐵皆謂療病者也。
春秋左氏傳云臧孫曰季孫之愛我疾疢也。孟
孫之惡我藥石也。杜預曰常志相違戾猶藥
石之療疾。
唐書高季輔傳云數上書言得失辭誠切至帝
賜鐘乳一劑曰而進藥石之言朕以藥石相報。
居家必用云圓散曰藥鍼砭曰石。

藥食（ヤクシ）

古刊古尊宿錄睦州錄云問大衆云三乘十二分
敎成得箇什麼邊事有僧云今日大衆普請不易。
師云不要將出來僧云打鼓喫藥食〔藥石〕

雲門偃禪師錄云師歲夜問僧餅餤是羅漢藥食。
還將得餧饅子來歷無對代云今日東風起。

今本作藥石蓋依事苑改。

春渚紀聞云裴彥和正言自貶所歸衛城縣寓
居一禪林曰持鉢隨堂供暇日偶過庫司見僧
雛具湯餅問其故云具殿院晚間藥食裴自此
不復晚飡云。

祖庭事苑辨雲門錄羅漢藥食云食當作石取
療病義故曰藥石。夫攻病曰藥劫病曰石古以
砭石爲針也。全元起欲注素問訪以砭石王僧
孺答曰古人當以石爲針必不用鐵說文有此
砭字許愼云以石刺病也。東山經高氏之山多
針石郭璞云可以爲砭針。春秋美疢不如惡石。
服子愼注云石砭石也季世無復佳石故以鐵
代之爾。又以服石子止饑如高僧僧善傳善疾
篤將殞告弟子曰吾患腹中冷結者昔在少年
山居服業粗粒飢斷慣往追求噉小石子用充

日夕因覺爲病死後可破腹看之果如所言思
竊詳二意皆不然也又神仙傳或以藥養石而
食之又非先聖之意今叢林智以爲常非有非
之者焉又況四果眞人詎肯輒違佛制來享非
時之餐雲門欲以誘接學者而正言似反後世
或資以爲口實豈不誤乎痰音淡熱病也
忠曰竊惟雲門示衆不在定盤星睦苾欲辨
藥石強言正言似反可笑是他時世早有晚
食耳但藥食當作藥石也虎關和尚
日中華二百年來養晚粥今自虎關寂年遡
算雲門寂年得三百九十八年故知虎關只
言養粥而已如餅餌爲藥石雲門時已有之

● 送食

忠曰此方俗稱送膳者
牧修清規四節秉拂云方丈請秉拂人藥石免赴
常送往

忠曰往者遺藥石也

● 陪貼

忠曰本版本荼外陪增貼附也
正字通云貼音帖依附文增益贈入又粘置
牧修清規尊宿遷化云計會所遺衣鉢多少默作
三分一分准提司孝服諷經燈燭之費一分歸常
住陪貼供養一分俵大衆看經幷佛事板帳等用

● 貼茶

常住所節茶外自別貼附表供養意曰貼茶
日用軌範云如有茶滓安鉢後屏處
素問藏氣法時論云五穀爲養五果爲助五畜
爲益五菜爲充氣味合而服之以補精益氣此
五者有辛酸甘苦鹹各有所利
忠曰按素問五菜謂葵甘韭酸薤苦藿鹹葱
辛

格致餘論云。凡人饑則必食。彼粳米甘而淡者。
土之德也。物之屬陰。而最補者也。惟可與菜同
進。經以菜爲充者。恐於饑時頓食。或應過多因
致胃損。故以菜助其充足。取其疏通而易化。此
天地生物之仁也。
禮記曲禮云。羹之有菜者。用梜。其無菜者不用
梜。註梜猶箸也。

●再請　シン
舊說曰。請受食也。再請者。兩受食也。
忠曰。俗作二再進誑。
日用軌範云。未三再請不レ得刷鉢盂。

●請折
舊說曰。請受食也。折韻會毀棄也。請折者。捨所受
飯羹等。餘殘也。
日用軌範云。隨量受食。不レ得請折。

●打飯　ダ
鶴林玉露云。陸象山家人計口打飯。
歐陽修歸田錄云。今世俗言語之訛而舉世君子
小人皆同其語者。惟打字爾。打丁雅反。其義本謂考擊
故人相毆以物相擊。皆謂之打。而工造金銀器亦
謂之打。可矣。蓋有槌桿作擊之義也。至於造舟車
者曰打船。打車。網魚曰打魚。汲水曰打水。役夫餉
飯曰打飯。兵士給衣糧曰打衣糧。從者執傘曰打
傘。以糊黏紙曰打黏。以丈尺量地曰打量。舉手試
眼之昏明曰打試。至於名儒碩學語皆如此。觸事
皆謂之打。而徧檢字書。了無此語。丁者。其義主考
擊之打。自音讁。作滴。疑當耿以字學言之。打字從手從
丁丁又擊物之聲。故音讁耿爲是。不知因何轉爲
丁雅也。
俗呼小錄云。俗牽連之辭。如指其人。至某人物及
某物皆曰レ打。丁晋公詩。所謂赤洪
崖打二百洪崖是也。

● 煎點

敕修清規，受嗣法人煎點云，若法嗣到寺煎點，合
帶行知事，到庫司會計營辨合用錢物送納。又
遊方參請云，參頭云，某等重承煎點特此拜謝。
又方丈特為新掛搭茶云，特為人謝茶云，某等此
日，重蒙煎點特此拜謝。
忠曰，煎點者，謂煎熬煎熟食物以點於心也。
正字通云，煎音箋，熬也。方言有汁而乾之曰煎。
今俗凡以水煮物亦曰煎。
舊說曰，煎點者，但是謂點煎茶也。然日本以
點心為煎點非也。縱有點心亦以茶為本，謂
若請人進唯茶則太簡，故先進點心次進茶
矣。點心本為茶，故稱點心為煎點失辭。
五燈會元芙蓉楷禪師章云，新到相見茶湯而已
更不煎點。〔茶湯處〕
忠曰，凡進茶湯時，可有煎食果蓏等之供，喫畢。

方進茶湯矣，茶湯外別有煎點，以芙蓉章可為
證焉，故舊說言但點煎茶為煎點者非也。

● 點心

敕修清規聖節云庫司嚴設香燭備點心。又告
香云，半齋請參頭維那侍者點心。〔更半齋點心
者多，詳二節時〕〔門半齋處〕
舊說曰，點心，謂點于空心也，早旦陰陽未分時，
少喫此攝養法。
文公家禮云，婦其農羞，俗謂點心。〔慶疑〕
煎燈新話註云，點心之點與點茶之點同義，蓋
少食鎮心也。
忠按，點心之點與點茶之點義別，點茶用茶
筅點湯，又點冷水之義，見文公家禮〔點茶、點
心，以食點空腹耳。
宋吳會能改齋漫錄云，世俗例以早晨小食為
點心，自唐時已有此語。按唐鄭傪為江淮留後，

家人備夫人晨饌夫人顧其弟曰治妝未畢我
未及餐爾且可點心其弟舉甌已罄俄而女僕
請飯庫鑰匙備夫人點心傍詬曰適已給了何
得又請

輟耕錄云今以早飯前及飯後午前午後晡前
小食爲點心（劉二郎）此語唐時已然

俗呼小錄云午前午後小食謂之上晝點心下晝
點心明（鄭修爲江進留後夫人曰我且點心始
于別傳曰京師發貴改爲常饌爲小食）
之說心也（即點心也）

● 糍果

舊說曰糍果者攬饘爲毛知之類

忠曰本木實曰果然餅饘之類亦通稱故武林
舊事市肆記中菓子部多列饊餅之名也

敕修清規庫司四節特爲首座大衆湯云惟冬節
湯罷行糍果方行藥石

● 油糍

竺仙和尙出油糍之法

白雲端禪師禪錄慧超問佛頭云一文大光錢買
得箇油糍喫向肚裏了當下便不饑

忠曰碧巖錄載之時切音慈說文稻餅也周禮籩
人羞籩之實糗餌粉餈註皆粉稻黍米爲之餌
言糗餈言粉互足其義也台（飛）曰餌餅之曰餈
疏云今餈餻之名出于此

正字通云餈才時切音慈...

● 湯果

敕修清規嗣法師忌云諷經罷備湯果

解者曰湯稱入麨果稱果子凡食有汁者言湯
也又解湯藥侍者曰湯藥者湯果藥石也湯
果者凡稱食有汁者此方所謂入麨是也

忠曰後說以湯果爲一物蓋初說近是

敕修清規。迎待尊宿云。湯罷藥石。又客頭詣客位
請云。方丈請和尚今晚湯果。又西堂頭首受請
云。晚請新命專使特爲湯藥石湯果。

● 糟雞

忠曰。攝裂蒟蒻瀺淡醬汁煎者曰。日本禪林煎點用
之。然未識所以名之。若以似在家糟藏雞肉名
則改換其目可也。昔在玉泉皓和尚。貴藥石米麪
假作驢腸膳生羊骨鱉臕饅飼八萬四千戶蟲。載通
大通本禪師伊蒲塞饌。以魚菜名者。不食。僧誰不
矜式耶。

● 菖蒲茶

敕修清規。月分須知云。五月端午日。早晨。知事僧
堂內燒香。點菖蒲茶。
忠曰。居家此日。飲菖蒲酒。僧家以茶代之。準世
禮也。

瞿佑四時宜忌云。五月五日。午時。飲菖蒲雄黃
酒辟除百疾而禁百蟲。
月令廣義。五月令云。神農書曰。午日以菖蒲或
縷或屑。泛酒。助陽氣延年。以山澗九節者。佳
談錄。五日。菖蒲末酒服。亦解酒痛飲不醉。

● 茱萸茶

忠曰。世典有九日。佩茱萸飲菊花酒之說。其點茶
萸於茶却見于禪策。
敕修清規。月分須知云。九月重陽日。早晨。知事燒
香。點茱萸茶。
北磵簡禪師詩集九日詩云。瓦鼎松聲漲苦茶替
杯中物。泛茱萸白衣不識緇衣客。自擷寒英插古
壺。
西巖慧禪師開善錄。重陽上堂云。孟嘉已前淵明
去後。誰家籬畔欠黃花。那箇盃中無白酒。重陽只
是九月九。阿呵呵。始信茱萸茶苦澀。展眉人少皺

南堂欲禪師靈巖錄上堂云、今朝九月九、萬物隨

〔眉多。〕

時候、滿泛茱萸茶、何用菊華酒畢覺醉兀兀不似

長醒醒〔又云〕

覺堂圓禪師建仁錄、重陽上堂云、崇茱萸滿泛趙州

茶、清香直透頂門烈。

西京雜記云、戚夫人侍兒賈佩蘭後出爲扶

風人叚儒妻說、在宮內時、九月九日、佩茱萸、

食蓬餌、飲菊花酒、令人長壽。

邸邪代醉編云、重陽佩茱萸、相傳費長房

故事、然武帝宮人賈佩蘭、佩茱萸、食蓬餌、飲

菊花酒、則西漢時、已有此俗、不自長房始也。

〔見西京雜記〕

茶末

敕修清規曰用軌範云、不得包藏茶末。

忠曰、細末茶也、言不可末行湯巳前包末茶而

懷之也。

文公家禮云、古人飲茶用末、所謂點茶者、先置

末茶于器中、然後投以滾湯、詳點

雲門偃禪師錄云、因園頭請師喫茶、師云、儞若煎

茶、我有筒報答、儞處、園頭云、請師報答、師云、多著

水少著末。

點茶

敕修清規新命辭衆上堂、茶湯云、山門首預釘掛

帳設、中敷高座、向內首座向外攝居主位至上首

知事行禮、揖坐揖香歸位、點茶、收盞、再起燒香揖

香、歸位點湯、湯罷起謝上轎。

文公家禮云、主婦執茶筅、執事者執湯瓶隨之。

點茶蓋以神主檳前、先設盞托至、是乃注湯于

盞、用末茶于器中、然後投以滾湯、點以冷水、而

先置末茶于器中、點之耳、古人飲茶用末、所謂點茶者、

用茶筅調之。今人燒湯煎藥茶而此猶云點茶、

者。存舊也。

宋蔡襄茶錄曰。點茶。茶少湯多。則雲腳散。湯少

茶多。則粥面聚。建人謂之。粥面。鈔茶一錢七先注湯。

調令極勻。又添注入滾廻擊拂。湯上盞可四分

則止。眎其面色鮮白。著盞無水痕者爲絕佳。建安

鬪試。以水痕先者爲負。耐久者爲勝。故較勝負

之說曰。相去一水兩水。

宋徽宗大觀茶論曰。點茶不一。而調膏繼刻。以

湯注之。手重筅輕。無粟文蟹眼者。謂之靜面點。

蓋擊拂無力。茶不發立。水乳未浹。又復增湯色

澤不盡。英華淪散。茶無立作矣。有隨湯擊拂。手

筅俱重。立文泛泛。謂之一發點。蓋用湯已。故指

腕不圓。粥面未凝。茶力已盡。雲霧雖泛。水腳易

生。妙于此者。量茶受湯。調如融膠。環注盞畔。勿

使侵茶。勢不欲猛。先須攪動茶膏。漸加擊拂。手

輕筅重。指遶腕旋。上下透徹。如酵蘗之起麵。疏

星皎月。燦然而生。則茶之根本立矣。第二湯自

茶面注之。周廻一線。急注急上。茶面不動擊拂

既力。色澤漸開。珠璣磊落。三湯多寡。如前擊拂。

漸貴輕勻。周環旋復。表裏洞徹。粟文蟹眼泛結

雜起。茶之色十已得其六七。四湯尚嗇。筅欲轉

稍寬而勿速。其清眞華彩。既已煥發。雲霧漸生

五湯乃可少縱。筅欲輕勻而透達。如發立未盡

則擊以作之。發立已過。則拂以斂之。結浚藹藹

凝雪。茶色盡矣。六湯以觀立作。乳點勃結。則以

筅居緩遶拂動而已。七湯以分輕清重濁。相

稀稠得中。可欲則止。乳霧洶湧。溢盞而起。周廻

旋而不動。謂之咬盞。宜勻其輕清浮合者。飲之

桐居錄曰。茗有餑。飲之宜人。雖多不爲過也。

●特爲茶

忠曰。特。トニメニ。爲此人點。故曰特爲茶。

敕修清規。堂司特爲新舊侍者。茶湯云。請新舊侍

者特爲茶。

普茶

忠曰。點茶普及一衆。故曰普茶。

黃檗清規云。常住設普茶。

入寮茶

忠曰。新入衆為衆點茶也。

敕修清規。新掛搭人。點入寮茶云。新掛搭人入寮
後。照例納陪寮錢若干。候寮元。輪排當在何日掛
點茶牌報衆。云候點入寮茶。畢寮元逐日依戒具
名點戒臘茶。

戒臘茶

忠曰。寮元依衆戒臘。自上位次第請于衆寮點茶。
見入寮茶處。

蓋衆多不可一時講。故逐日行之也。

米湯

芙蓉楷禪師錄云。示衆云。夫出家者。為厭塵勞求
脫生死。乃至山僧行業無取。忝主山門。豈可坐費常
住頓忘先聖付囑。今者輒欲效古人住持體例。與
諸人議定。更不下山。不赴齋。不發化主。唯是本院
莊課一歲所得。均作三百六十分。日取一分用之。
更不隨人添減。可以備飯。即作飯。作飯不足。即作
粥。作粥不足。即作米湯。新到相見。茶湯而已。更不
煎點。唯置一茶堂。自去取用。務要省緣。一向辦道

忠曰。與淫湯交看。

淫湯

醉善提濟顛曰。王婆與我喫粉湯。此亦是米湯。

舊說曰。或謂淫湯飲之則能折薄淫心故名。此義
非也。淫當作飲。僧堂鳴開鉢槌時。唱飲湯而行之

忠曰。續字彙云。淫王粲七哀詩。何為久滯淫。文
選註留也。此蓋米粉點湯混濁滯留。故言淫湯
即米湯也。

舊說曰。洞山价禪師辭母出家。母愛惜遺書不許。
旣而隨其志告曰。汝須如目連救母後。其母憶价
不已。躬往尋求四方。遂斃子道路。洞山道知之。為
收遺骸茶毘。母靈中。董米粒少許。山欲行大衆結
良緣。則米少而不及。便投之釜中。以湯普進大衆。
此淫湯之始也。

林間錄云。叢林相傳洞山悟本禪師見母行乞。為
伴為不識母。竟死於路旁往視之。有米數合。為
投大衆粥鍋中。以薦冥福悟本。本洞華寒溪百結
最有年。至住新豊。已六十餘。自晨頭雪峯欽山
三人。相尋而至。於是積衆。幾千人。則母蓋不翅
八十歲矣。借使聞其子題著自東吳孤行來不
亦勞乎。此直不情者記之。以自藏安知誣毀先
德。為罪逆必有任其咎者不可不慎也。

忠曰。依寂音之議則淫湯。為洞山事緣妄矣。

七香湯

東福寺入寺記云。五侍者交代。名小除侍衣。餘四
人。賓位立班。新命主位對立。各問訊觸禮畢坐。此
胡跪茶禮。復各立定。客頭取香案上目子渡與新
命。新命開讀之。客頭接之。安卓上四人轉位侍香
植香歸班。新命答香。與四人對觸禮畢。復坐入盞
行七香湯。入湯瓶喫畢。撒盞各起小問訊退。

七香湯方。陳皮中茯苓中地骨皮少肉桂小甞
歸小枳殼小甘草少

敕修清規。知殿云。佛誕日浴佛煎湯。供大衆。

忠曰。蓋此亦七香湯之類歟。凡中華俗。早朝喫
湯。如水滸傳宋江五更從縣前過遇賣湯藥王
公起早市。為夜來傷酒。便進醒酒二陳湯是也。
律家有甘露湯。早朝喫之。居家必用載湯藥法。
自天香湯。至沃雪湯凡有三十品。
律家甘露湯。未知其方。古杭高濂法製品載
甘露丸法云。百藥煎一兩甘松訶子各一錢
二分牛膝香牛分薄荷二兩檀香一錢六分。

甘草末一兩二錢五分。水撥丸曬乾。用甘草
膏子入。麝香爲衣。

● 粗湯

忠曰。粗不精好也。爲人點湯。謂所稱也。
敕修清規庫司四節。特爲首座大衆湯云都寺行
禮初。展云。此日粗湯。特沐慈悲降重。下情不勝感
激之至。

● 點湯

見點茶處。

● 特爲湯

特爲義。見特爲茶處。
敕修清規迎待會宿云請客侍者。具狀詣客位插
香。拜請特爲湯。

● 小座湯

敕修清規衆寮。結解特爲衆湯云。鳴寮內小板。先
講。小座湯。亦設照牌。特爲寮主副寮榜嚴頭行瓶
盞人也。

解者曰。小座湯。名三行藥。
忠曰。行瓶盞人者。行瓶盞兄弟也。清規上文云。
夏中行茶湯瓶盞圖註兄弟結緣隨意書名。
東福清規。小座湯者。衆寮諷經時。先但爲夏
中執役人進湯也。寮元坐主位寮頭坐賓位
敕修清規。方丈小座湯云。東西堂。前堂首座。都寺
係請客侍者。各詣寮觸禮拜請。云。餘頭首辦事名
勝方丈客頭行者請。云

● 大座湯

忠曰。敕修清規庫司四節。特爲首座大衆湯是也。
東福清規云。四月十四日大座湯。都寺所點。故都
寺。自以榜詣首座寮。又云。凡大座湯則有揖坐。
揖香揖湯三度巡堂。于其規詳三 于彼一

舊說曰。小座湯。長擊內板。大座湯。長擊外板
也。

忠曰。品食。亦是陪食也。相陪如品字。故曰品食

● 三巡湯

舊說曰。四節湯。名三巡湯。

忠曰。四節大小座湯。皆有三巡問訊。謂揖坐揖
香揖湯也。故曰三巡湯〔見禮則門〕

● 陪食

敕修清規達磨忌云。次日。早。住持上香禮拜上湯
上粥座下側坐陪食。

舊說曰。達磨忌。住持不赴僧堂粥於法堂。與祖
師相伴。喫粥。此曰陪食齋師。曾遇達磨忌伴祖
喫粥曰。月中嚴講此禮矣。義堂東漸住南禪皆
準敕修清規行陪食焉。

● 品食

備用清規達磨祖師忌云。山門設供。無問有品食

三拜者。恐體過成諂。

忠曰。品食。亦是陪食也。相陪如品字。故曰品食
也。

● 伴眞湯

敕修清規嗣法師忌云。若講特爲伴眞湯齋罷。方
丈客頭。請西堂兩序。晚間對眞相伴喫湯。排照牌
位列座。右住持揖就座。燒香上湯。幷下相伴八湯。
退身燒香展拜起身問訊謝相伴。鳴鼓三下退座。

● 送湯

備用清規衆寮務殿云。寮元親送方丈湯分送諸
寮湯。

忠曰。日本僧家。有送飯果者。亦有所擬。

● 羅齋

忠曰。羅。猶如羅欲之羅也。品字箋云。包羅。若綱羅

之。無不包。今羅齋。乞食于四方。無遺餘之義。

破菴先禪師錄。上堂。舉普化大悲院裏有齋云。著

風顛漢。不妨令入疑著。及至被人窟詰將來却只

道得箇羅齋打供也。似熟處難忘。

普化赴齋踢倒飯床。因緣云。世諺門中羅齋打供。又舉臨濟同

則無可不可。若是少室門風。未夢見在。

北磵簡禪師。散知識會頌云。朝來靈隱羅齋去。添

得從前蒲面慚。 詳二羅齋門。知識會處二。

有作囉者。韻書不見義。

冷齋夜話云。予往臨川景德寺。與謝無逸崔升閣

得禪月所畫十八應眞像甚奇。而失第五軸子口

占喝之曰。十八聲聞解唾根。林叢林漢亂山門不

知何處囉齋去。不見雲堂第五尊云。

有作選者。字彙選巡也。此此有次第乞食義。

月江印和尚錄。羅漢贊云。不爲自己邏齋供只要

衆生破客懌。

山菴雜錄云。杭下天竺鳳山儀法師。敎門少有醞

鮨。必整理之。高麗駙馬潘王被旨禮賓陪觀音過

杭就朋慶寺設齋。云。師後至竟趨座上問王曰。今

日齋會爲何。王曰齋諸山師曰大王既言齋諸山。

主人今無位。而王自處尊位諸山列兩廂。至有席

地而坐者。與邏齋何異。於禮恐不然。王聞之惶愧。

請謝。即下法座。

貞和集葛無懷謝少林蒲鞋偈云。四稜踏地老無

懷正好重新買草鞋成現送來。雖著了諸方無處

可邏齋。

普菴蕭齋禪師錄。訓行童云。三家村裏邏茶湯十

字街頭覓飯喫。又示小師圓契語云。向野狐

口邊邏些骨頭喫了又東觀西觀。

第廿六類 服章門

義堂日工集云。本覺蕊主曰。日本禪苑。搬於千

光禪僧衣服禮數。始於般若房法印了心。心

亦曾入宋。

◯袈裟

釋氏要覽云。袈裟者。蓋從色彰稱也。梵音具云迦羅沙曳。此云不正色。四分律云。一切上色衣。不得畜。常壞作迦沙色。今略梵語也。又名壞色業疏云。本作迦沙。至梁葛洪。撰字苑。下方添衣。言道服也。

翻譯名義集云。西域記云。僧迦胝。舊訛云僧伽梨。此云合。又云重謂割之合成義。淨云。僧迦胝唐言重複衣。靈感傳云。每轉法輪披僧伽梨南山云。此三衣名諸部無正翻。今以義譯。大衣名雜碎衣。以條數多故。若從用爲名。則曰入王宮聚落時衣。乞食說法時著

忠曰。禪林金襴大衣。獨說法時著之。今靈感傳及南山所言。少通之。但我局金襴又不用於乞食耳。

◯法衣

敕修清規。受法衣云。專使送法衣至云和尚法衣。表信奉上。

忠曰。禪林所謂法衣者。金襴衣。而以表傳法之信也。但說法時。披此衣。故言法衣也。須是大衣。自九條至二十五條矣。　與三條衣交看

舊說曰。凡法衣。上堂座可披之。如小參五參上堂立地佛事。拈香皆不可披之。達磨忌百丈忌開山忌拈香。猶不可披也。況在家拈香耶。

又曰。凡釋法衣作。可通三衣之義者。非禪林所謂法衣義。故今不取之。但暫錄之。合識者擇焉。

祖庭事苑云。法衣者。如法之衣也。

忠曰。三衣皆如法裁之。睦菴以此釋禪宗傳法之衣。恐失辭。

釋氏要覽云。西天出家者衣。律有制度。應法而作故曰法衣。又云蓋法衣有三也。一僧伽梨。

衣即大、二欝多羅僧。即內衣也、七、三安陁會。即此
三呼二七條、褊衫、褊衫之一也。三衣者。懷之也爲二
三衣表、褊衫之一也。

釋門章服儀云。或經云法衣者。謂懷道者服之。
名法衣也。 應法記云。此就二所學法一立號指經
云者。如雜合云。修。四無量服三法衣。業疏云。四
分亦名三法衣。法是軌用之名。被則心行正法。
顔同此釋也。
業疏云。世稱三福田衣。以法畦畔之相。世田用畦
盛水。長嘉苗養形命也。法衣之田。弼弘四利之
盆。增三善之心。養法身慧命也。 濟緣記云。四
利。即四等。名二四無量心一又 三善。謂無貪瞋癡也。
慈悲喜捨。

● 傳衣

忠曰。即是法衣。謂表傳法信之衣也。
最澄將來六祖慧能大師傳法宗旨云。忍大師。即
將所傳袈裟付二能大師一。遂頂戴受之。大師問和上
曰。法無二文字一。以二心傳一心。以法傳法。用此袈裟何爲

忍大師曰。衣爲二法信一。法是衣宗。從上相傳更無二別
付一。非衣不傳於法。非法不傳於衣。衣是西國師子
尊者相傳。令佛法不斷。法是如來甚深般若。知般
若空寂無住。即而了法身見佛性空寂無住是真
解脫。汝可持衣去。遂則受持。不敢違命。然此傳法
袈裟是中天布。梵云二婆羅那一。唐言第一好布。是木
綿花作。時人不識。謬云二絲布一。
舊說曰。達磨大師法衣。以二木綿布裁一。青黑色。有
裏。七條也。名屈朐。以傳於二二祖一。又楊岐和尚法
衣青色也。

忠曰。達磨傳于二二祖一。是屈朐。則傳衣不必局二
金襴一也。

忠曰。釋迦衣傳彌勒。

佛說彌勒成佛經云。爾時彌勒佛與二娑婆世界前
身剛彊衆生。及諸大弟子一俱往二耆闍崛山一。到二山下一
已。安詳徐步。登二狼跡山頂一。已躡足大指躡於
山根。是時大地十八相動。既至二山頂一。彌勒以手兩

向壁山。如轉輪王。開大城門。爾時梵王。持天香油。
灌摩訶迦葉頂。油灌身已。擊大犍椎。吹大法螺。摩
訶迦葉。即從滅盡定覺。齊整衣服。偏袒右肩。右膝
著地。長跪合掌。持釋迦牟尼佛僧伽梨。授與彌勒。
而作是言。大師釋迦牟尼多陀阿伽度阿羅訶三
藐三佛陀。臨涅槃時。以此法衣付囑於我。令奉世
尊。爾時彌勒。持釋迦牟尼佛僧伽梨。覆右手不
徧縫掩兩指。復覆左手。亦掩兩指。諸人怪歎。先佛
卑小者。由衆生貪濁憍慢之所致耳。
忠曰。迦葉授彌勒。即瞿曇彌奉釋尊。金縷衣也。

●金襴袈裟

傳燈錄。釋迦牟尼佛章云。世尊告迦葉。吾將金縷
僧伽梨衣。傳付於汝。轉授補處。至慈氏佛出世。勿
令朽壞。又摩訶迦葉章云。迦葉持僧伽梨衣。入
雞足山。俟慈氏下生。
聯燈會要二祖阿難尊者章云。祖問迦葉云。師兄

世尊傳金襴袈裟外。別傳箇甚麼迦葉召阿難。祖
應諾。迦葉云。倒却門前刹竿著。
忠曰。今禪宗傳衣。必用金襴。原于此。
中阿含經云。世尊遊釋羈瘦。在迦韓羅衛尼拘類樹
園。爾時摩訶波闍波提瞿曇彌。持新金縷黃色衣。
往詣佛所。稽首佛足。却住一面白曰。世尊此新金
縷黃色衣。我自為世尊作慈愍故。願世尊納受世
尊告曰。瞿曇彌。持此衣施比丘衆。施比丘衆已。便
供養我。亦供養大衆。大生主瞿曇彌。至再三白。云
願垂納受。世尊亦供養我。亦供養衆。
比丘衆。施比丘衆已。便三告曰。瞿曇彌。持此衣施。
智度論曰。摩訶憍曇彌。以金色上下衣。奉佛。佛
知衆僧堪能受用。告憍曇彌。以此上下衣與衆僧。
以是故知。佛寶僧寶。福無多少。
西域記摩揭陀國部云。如來化緣斯畢。垂將涅
槃告迦葉曰。我於曠劫勤修苦行。為諸衆生。
求無上法。昔所願期今已果滿。我今將欲入大

涅槃以諸法藏囑累於汝住持宣布勿有失墜

姨母所獻金縷袈裟慈氏成佛留以傳付乃迦

葉承旨住持正法結集既已至第二十年將入

寂滅乃往雞足山乃至既入三峯至慈氏而

所慈氏彈指山峯自開時大迦葉授衣致辭禮

敬已畢身昇虛空示神變化火焚身入寂○客鈔

毘奈耶雜事云大迦葉攝波欲涅槃往雞足山中

於三峯內敷草而坐作如是念我今宜以世尊

所授糞埽納衣用覆於身乃至慈氏下生○甲

彼薄伽梵以我此身示諸弟子及諸大衆令生

厭離即便入定三峯覆身猶如密室不壞而住

忠曰釋迦傳慈氏之衣西域記爲金縷袈裟

毘奈耶雜事及付法藏傳爲糞埽納衣又

毘奈耶雜事及大毘婆沙論智度論等無以

釋迦衣轉付於彌勒之文但增壹阿含付法

藏傳並云彌勒取迦葉僧伽梨著之

菩薩瓔珞經云菩薩露形求袈裟時有天子名曰

福薰知菩薩所念奉八萬四千金縷織成袈裟菩

薩自念過去諸佛法服云何進趣行來斯用何法

虛空神天叉手白言過去諸佛皆著織成金縷袈

裟亦如今日諸天所獻菩薩即受八萬四千織成

金縷袈裟以道神力而合爲一袈裟著體三十二

相八十種好盡皆外現

舊說云迦葉捧而入雞足山轉授于彌勒著金

襴十三條也○衣也下品下

忠曰金襴事見于西域記十三條無本據蓋

依元照妄說

元照芝園集送衣鉢獻淨慈圓照本禪師書

云昔者迦葉如來授我釋迦本師智論所謂

十三條糞布僧伽梨是也迫至垂滅遺飲光

尊者持之於雞足山以待彌勒有以見佛佛

之所嘗也○忠檢智度論無三十

條糞布僧伽梨文一

智度論第三云迦葉卽著從佛所得僧伽梨持

釋林象器箋　第廿六類　服章門

衣鉢ヲ捉ツテ杖、如二金翅鳥ノ現シテ上二昇虚空ニ一、至テ乃チ與二衣鉢一俱ニ。作レ是ノ願ヲ言ク、令メ我ガ身不ルヲレ壞セ、弥勒成ラバレ佛我是レ骨身ナリ。出テ以テ此因緣ヲ度シレ衆生ヲ如レ是ノ思惟シレ已ツテ直ニ入ツテ二耆闍崛山石頭ノ中ニ一如シ人ノ入ルガ二軟泥ニ一入レ已ツテ還リ合シ乃チ至テ二弥勒佛以テレ足指シ扣テ開カバ二闍崛山ヲ一是ノ時長老摩訶迦葉骨身著テ二僧伽梨ヲ一執テレ杖僧伽梨ヲ一而出テ禮シ二弥勒足ニ一上昇シテ虚空ニ現シテレ變即チ於空中ニ滅シレ身ヲ而般涅槃ス。又第六十四。路說云。弥勒以テ足指シ開山頂ヲ二摩訶迦葉骨身一著ケ二僧伽梨ヲ一執レ杖持テレ鉢而出ツ。

〔井無二以釋迦衣一韓二付弥勒二釋迦衣上〕

增壹阿含經云。世尊告グ大迦葉ニ不レ應二般涅槃一要ス須ク弥勒出世ニ乃チ至ル摩竭國界ノ毘提村ノ中ニ大迦葉彼ノ山中ニ住ス弥勒如來將ヰテレ衆ヲ至二此山中ニ一見二迦葉禪窟ヲ一伸テ二右手ヲ一指シ告グ人民ニ過去久遠ノ釋迦文佛ノ弟子名ヲ曰ク迦葉今日現在ニ人民歎末曾有有諸塵垢盡テ得二法眼淨一乃チ至ル弥勒當取二迦葉僧伽梨一著レ之是ノ時迦葉身體奄然トシテ星散ズ弥勒取テ二華香ヲ一供養ス付法藏傳云。迦葉至二雞足山一於二草敷上一跏趺而

坐シテ作レ是ノ願ヲ言ク今我ガ此身ニ著二佛所與糞掃之衣ヲ一自ラ持己ツテ鉢ヲ乃チ至テ二弥勒一令メ二彼ノ弟子ヲ皆見二我ガ身ヲ一而生ゼ二厭惡ヲ一乃チ阿難ニ言ク弥勒出時當ニ將ヰテ二徒衆九十六億ヲ一至テ二此山上ニ一見二迦葉ヲ一時衆作ス二是ノ念ヲ一釋迦如來ノ弟子身形卑陋ニ若シ彼佛亦當ニ無ラン二異一於レ是ニ迦葉踊二身ヲ虚空ニ一作シ二十八變ヲ一爲ツテ二大形ト一充二滿ス世界ニ一時ニ弥勒佛即チ就テ二迦葉ニ一取ル二僧伽梨ヲ一時ニ大衆神力ヲ見テ除テ二憍慢心ヲ一成ル二阿羅漢ヲ一。〔上經傳並ニ言フ弥勒取二迦葉僧伽梨ヲ一著之〕

祖庭事苑云。如二西域記ニ云一商那和修九條衣絳亦色入滅時以二智願力ヲ一留待テ遺法盡ルヲ方ニ褪奬ス云已ニ少シク有二損一詳ニスルニ此傳法大士ノ所レ被ル絳色衣乃チ紹傳授之。又云。碧色衣者或ハ謂ク則天嘗取テ二曹溪衣ヲ一入二內ニ一供養ス以二碧絹ヲ一襯之故ニ後世當位者尙レ之又法眼傳通記ニ云。納衣或ハ青絹者或ハ貼相者始二於唐肅宗ニ詔シテ南陽國師ヲ入レテ內ニ襯衣損壞ス宮嬪以二青絹ヲ一對シ二紫絹ヲ一貼相ス國師多ク著二由テ此相承矣。〔見二釋氏要覽一〕

〔程篇海會領衣也貼二六書故絆帖也〕〔相於衣上安貼〕

又有留衣非付法者。備用清規當代住持涅槃
云。先輩遷化。紙袋封留法衣一頂備請住持非付
法也。以表世尊付衣。待彌勒應世說法後之來者
籤所自也。

●屈眴衣

祖庭事苑云。按寶林傳達磨所傳屈眴衣。此云第
一布正青黑色。

義楚六帖云。屈眴。寶林傳云唐言第一布。紡木
綿華心為之。即達磨所傳之衣。七條也。碧裹自
師子尊者傳與。

釋門正統。亦作第一布。獨名義集云。屈眴音
舜。此云大細布。

忠曰虎關作屈眴。辨以達磨屈眴為佛衣。引劉
眴舊唐書云。達磨自釋迦相傳有衣鉢。劉禹錫
曹溪第二碑云。達磨與佛衣來。以為證焉。又立
總衣別衣說謂總衣。屈眴。正傳表信別衣自衣。

師子付斯多。斯多不傳密多。此嚙世尊所傳迦
葉國師所謂總衣者。金襴白矣。非屈眴布衣抑
專於成辯。偶遺之乎。又凡外俗之鈔佛家多取
乎傳聞而言其大畧雖云通書間有訛謬矣。不
足以為憑據。余今於二劉言亦云。

●大衣

釋氏要覽云。大衣。有三品九種。薩婆多論云。僧伽
黎有三品。自九條。十一條。十三條。名下品衣皆兩
長一短作。十五條。十七條。十九條。名中品衣皆三
長一短作。二十一條。二十三條。二十五條。名上品
衣皆四長一短作。

●九條衣

大衣分三品下品之一也。詳箋大衣品名僧伽黎。
翻譯名義集云。僧伽梨。西域記云。僧伽胝。舊訛云
僧伽梨。此云合。又云重。謂割之合成。義淨云。僧伽

眠。唐言重複衣。靈感傳云。每轉法輪披僧伽梨南
山云。此三衣名。諸部無正翻。今以義譯大衣名雜
碎衣。以三條數多故。若從用爲名則曰入王宮聚落
時衣乞食說法時著〈前法衣處引全同〉

玄應經音義云。僧伽胝。梵云尸切。舊言僧伽黎此云
合謂割之合成也。又云重謂重作也。王宮聚落著
之伏〈外道衣〉

毘奈耶雜事云。佛言。僧伽胝者是衣中主是故不
應隨處著用作諸事業苾芻不知何處應著佛言。
入聚落時行乞食時。隨噉食時。入衆食時。禮制底
時。聽佛法時。晝夜聽法時。禮釋二師及同梵行者
時。如是等處。可披大衣。嗢多羅僧伽應於淨處披
著。及食等事。其安怛婆娑。住於何處隨意著用。悉
皆無犯。

⊜ 七條衣

翻譯名義集云。欝多羅僧。或郁多羅僧。此譯上著

衣。郎七條也。南山云。七條名中價衣。從用云入衆
時衣。禮誦齋講時著。

大寶積經菩薩藏會云。時長老阿難陀。覩觀世尊。
微笑光明。以七條衣覆左肩已偏袒右肩。右膝著
地合掌禮足。以頌問〈云云〉

雲門偃禪師錄云。上堂。因聞鐘鳴乃云世界與麼
廣濶。爲什麼鐘聲披七條。

⊜ 五條衣

日用軌範云。開浴以五條。手巾掛竹竿上。

忠曰禪家稱掛絡是五條衣也。

大慧爲政信寺如山主普說云。舊時佛光無礙禪
師。一生袈裟常不離身。若大小二事時。便摺疊放
淨處。事畢。洗漱了。依前披在身上。睡時也。須披箇
五條就寢。

空谷尚直編云。宋理宗時靈隱凝絕沖禪師。令門
下之僧常衣直裰等服。晝夜不釋其身。臨睡則披

五條袈裟簪佩大衣而臥

● 三事衲 三衣同

忠曰。五條。七條。九條。三種衲也。或為二限袈裟鉢二杜撰。

傳燈錄瑞鹿先禪師章見。色便見心。人來問著方難。答更求二道理說多般孤。頌云。若是見色便見心。人來問著方難。答更求二道理說多般孤。

負平生三事衲。

大慧杲禪師錄自讚云。身著如來三事衣。口中謗。

佛法僧寶云。

世尊制但三衣緣。四分律云。爾時世僧在淨處。

思惟。心自念言。諸比丘。在道路行。多擔衣。有三頭上。

戴。有三肩上擔。有帶著腰中。寧可為制衣多少時世。

尊。初夜在露地坐著一衣。至中夜覺身寒即著第。

二衣。至後夜覺身寒著第三。世尊念著三衣足。

夜過已。集比丘僧告如上緣言。我聽諸比丘。畜三。

衣不得過畜 鈔

忠曰律家有糞掃。一衣三衣諍論資持記云欲。

令節儉少欲省事。一衲之外。更無餘物。止此三衣

師曰三衣各一衲。故云三。亦無相違悲華經

云。當出家時。即得成就糞掃三衣。常在樹下。獨

坐思惟。此止故糞掃三衣。不可復疑

緇門警訓。載大智律師三衣賦云。吾有三衣。古聖

真規。粗疎麻苧。為其體獸毛蠶口。害二命傷慈青黑

木蘭壞其色。五正五間。涉俗生譏。其奉持也。如鳥

兩翼其敬護也。如身薄皮。信是恒沙諸佛之標帳。

賢聖沙門之軌儀。九十六道。起信之首。二十五有

植福之基是以堅誓獸王。忍死而頻加稱嘆蓮華

色女。作戲而盡斷貪癡弘誓甚重。至德難思龍披

免金翅之禍。人得息戴敵之危末流浮薄。正教衰

遲競貿亂朱之服。率遵濫吹之嗟。壯大於貢高我

慢。欺壓於碩德厖眉。智以成俗。愚不知非。汝當敬

遵彝範。仰荷恩慈。時時自慶。步步勿離。潛神樂國。

兮。銖衣自被。歪形忍界兮。報服常隨。劫石可銷想

斯言而不泯。太空有盡諒此志以難移。

●掛絡

敕修清規日用軌範披五條註云即掛絡也

舊說曰掛絡何義謂掛而絡身也或曰上中下
衣皆掛而絡身獨稱此何也答曰唯絡子通掛
左右肩故言掛絡餘衣不然曰若以通掛左右
肩則須名通絡也若但稱掛絡則可三衣通名
矣然今敕修清規解五條言掛絡也則不可復
名於餘衣可以彌紛說矣但此註見于敕修清
規餘處未見也

又舊說曰律家呵絡子曰禪僧通肩搭袈裟
此不如法也今通披左右肩故云通肩　天
台遵式曰此掛絡不如法須焚棄之

忠曰昧者字作掛羅謂以羅紗造又作掛落
謂掛而落胸前皆杜說也

釋氏要覽云絡子或呼掛子蓋此先輩僧創之後
僧劮之又亡衣名見掛絡在身故因之稱也今南

方禪僧一切作務皆服以相不如法諸律無名幾
爲講流非之予因讀根本百一羯磨第十卷云五
條有三品上者豎三肘橫五肘下者減半二內名
中又佛言安陀會有二種一者豎三肘橫五肘二
者豎二肘橫四肘此謂守持衣最後之量限蓋三
輪下掩膝因詳頌是今絡子之量也若作之但五
幅一長一短或砒或貼呼安陀會即免也一切處
著合式律無過實勝空身矣蓋詳律言三肘一
八之肘一黃下肘無二
臂短不及之言也

祖庭事苑引之云予每觀此說益見法師之公
議而嗟乎叢林禪人凡所制作未嘗取此爲則
而又不更挂絡之名復何意邪世典尚云必也
正名況釋氏乎

●掛子

掛絡也見掛絡處

傳燈錄慧曰大師章云姓黃氏生而有異及長名

文矩謁萬歲塔譚空禪師落髮不披袈裟不受具
戒唯以雜彩爲掛子
忠曰慧日嗣長慶大安唐乾寧中示滅乾寧唐
十九主昭宗曆號可知彼時已有掛絡

● 鉤紐

忠曰今時禪林例代鉤以環代紐以條
釋氏要覽云鉤紐僧祇云紐緣集要云前面爲鉤
背上名紐先無此物因佛制尼師壇安左臂衣下
則肩上無鎮衣不整齊乞食時被風吹落佛遂許
安鉤紐佛制一切金銀寶物不得安鉤紐上惟許
牙骨香木之屬
四分律云舍利弗入白衣舍患風吹割截衣墮肩
諸比丘白佛佛言聽角頭安鉤紐
毘奈耶雜事云佛在室羅伐城時有苾芻入城乞
食上衣墮落置鉢于地整理上衣居士婆羅門見
已生嫌佛言爲護衣應安帶紐於肩上安帶胸前

綴紐紐有三種一如藥子二如葵子三如棠梨
子應於緣後四指安帶應重作帖以錐鑽穴帶出
其內繋作雙帶其紐可在胸前緣邊綴之疊衣三
舊說曰觀唐王摩詰畫僧形其袈裟無條環蓋
唐時僧猶不用條環者五代時始有環者宋
朝始有

● 袈裟袋

毘奈耶雜事云苾芻作三衣在肩上路行汙澀佛
言應以袋盛置肩而去袋可長三肘闊一肘半其
一肘半中疊縫之當中開口安鉤紐常用者在上
非常用者在下
鈔

● 帽子

勑修清規聖節云欽遇聖節粥罷上堂乃住持至
法座前行者趨近知事後立冬月則衆去帽問訊

四分律云。世尊在舍衞國。爾時比丘裹頭。至佛所

白言大德。此是頭陀端嚴法。願佛聽。佛言。比丘不

得裹頭。是白衣法。若裹頭。如法治。時諸比丘冷

痛。白佛。佛言。聽以毳若劫貝作帽裹頭。

西域亦脫帽爲禮。　大比丘三千威儀云。有五

事應相入室。一者當於外彈指二者入當脫帽

三者當作禮。四者當正住人敎坐。乃坐五者不

得妄持經入。又云。事師有五事。一者朝暮往

問訊安否。二者往當著袈裟脫帽三者往至戶

當三彈指不得縱橫入。四者當頭面著地作禮

前長跪問消息。五者若師言賢者某人來說卿

所作不如法。汝自知犯過。不設有。即當悔過言

某寔恐懅。若無有。不得還語云

忠曰。著帽時。隨山有別。如南禪自十月五日著

相國自九月晦日忌著大德有四重。前住自

九月九日著。前堂自九月廿一日宿忌著後堂

藏主自十月朔日著。侍者自十月四日宿忌著。

妙心前住自十月朔日著。前堂已下。自十月四

日宿忌著。至大清。黃檗派下常時著之。無復

脫著之禮。大違清規。如滴清規則夏月不著帽。故

無脫著禮。冬月著帽。有敬住持而脫去帽之禮

矣。

虎關濟北集帽子頌云。六稜一貫一絲通機事機

心本不同。可惜眼中羅縠隔。又安頭上幾重重。

●頭巾

日本洞家帽子名頭巾。其制異于濟家者(如濟家行者所披者)

忠謂相傳。濟家六稜帽者。自夢窓國師始爲。

然則夢窓已前。濟家帽。亦同今洞家帽而已。

傳燈錄疏山仁禪師章云。問如何是和尚家風師

日尺五頭巾。日如何是尺五頭巾。師日圓中取不

得。

●頭袖

敕修清規大坐參云。四鼓鳴。住持出。鐘鳴首座出。

以次頭首與大衆暫從後門出換衣換頭袖抽解
即歸守被位

禪苑清規上堂云大衆赴參不得戴帽子頭袖持往
人同

備用清規聖節陞座云行者列知事後衆去頭袖
問訊

忠曰頭巾形似衣袖故言頭袖也蓋即是帽子
故備用清規聖節頭袖敕修清規作帽或曰與
帽子別故禪苑清規帽子頭袖並呼余謂頭袖
之目本國一乎

徑山無準範禪師錄入內引對陞座云唐代宗嘗
宣名本山國一祖師每加禮敬適遇天寒代宗以
銷金龍袖覆其頂後竟以龍袖爲帽至今祖師遺
像儼然猶存

西巖惠禪師錄國一見代宗來起立頌云立在
威儀外全身在裏頭重重賜龍袖難拖面門羞
無門開禪師錄頭袖頌云四海英靈俱套下銅

頭鐵額總兜來莫怪無門施毒手揭翻腦蓋頂
門開

敎家有綟帽子

帽子又名裹頭宗鳳雜集云隋煬帝請天台
大師受菩薩戒時祁寒帝解御衣綟袖令裹大
師頭又曰本桓武帝請叡山傳敎大師受圓頓
菩薩戒帝準隋帝故事賜綟帽自此台家得其
位者披之未得位則不得著之

燕南紀談云台家密家有綟

忠曰煬帝解衣袖裹智者頭中華記傳未見
所載

● 禪巾

忠曰亦是頭巾畫維摩所被者

大休念禪師錄送禪巾越後守殿仍舉文殊問疾
話偈云頭戴禪巾居丈室當機一默坐千差文殊
舉衆同聲讚天女空中雨寶花

●菩薩巾

忠曰、菩薩巾、俗謂觀音帽子。

法苑珠林云、憲振法師、於寺後山上起頭陀屋二間、恒有善神衛護。乃至中大同元年二月五日嶷山神現形。著菩薩巾、披袈裟形貌極端正。

●偏衫

忠曰、合祇支覆肩二物、名偏衫。資持記作褊衫說。

文褊衣小也。

釋氏要覽云、偏衫、古僧依律制、只有祇支覆膊、及褊袒右肩、故即天竺之儀也。竺道祖魏錄云、魏宮人見僧祖一肘不以為善、乃作偏祖縫於僧祇支上相從、因名偏衫。

今閣筆接領者、蓋遠魏制一也。

忠曰、偏祖疑字訛、當作褊袖。

六物圖云、此方往古並服祇支、至後魏時始加右袖、兩邊縫合、謂之褊衫、截領開裾、猶存本相、故知偏衫左肩、即本祇支、右邊即覆肩也。

贊寧僧史略云、後魏宮人見僧自恣、偏祖右肩、乃一施肩衣、號曰偏衫、全其兩扇衿袖、失祇支之體、自魏始也。

忠曰、諸文說偏衫有繆戾惑人者、余試論辨如下文。

西域記云、沙門法服、唯有三衣、及僧却崎泥縛些那三衣、裁製、部執不同。或緣有寬狹、或葉有小大。僧却崎、唐言掩腋、舊曰僧祇支、訛也。右合長裁過腰、泥縛些那、舊曰裙、訛也。其將服也、集衣為襵、束帶以條、襵則諸部右異、色乃黃赤不同。

唐義淨南海寄歸傳云、其僧脚崎衣、即是覆膊、更加一肘、始合本儀。其披著法、應出右肩、交搭左膊、房中恒著、唯此與裙、出外禮會、任加餘服。又云、

准檢梵本無覆肩衣名即是僧脚崎衣此乃祇支
之本號既不道裙多是傳譯參差
資持記云僧祇支經音義翻為掩腋衣謂覆左腋
著帶繫右腋下長七尺二廣四尺五次加覆肩曰
衫右肩也次文謂褊衫又云但世人不識褊衫即是
祇支覆肩二物故復於其上重更覆耳當知褊衫猶
右邊即是覆肩但順此方縫合兩袖截領開裙猶
存本相
道宣律師章服儀云大聖本制三衣西方但有此
衣餘無別服故文云但三衣也後有覆肩祇支之
服相亦晜方故僧祇云長四肘廣二肘是也元制
所與本唯尼衆今僧服著僭通下位而祇支上狹
下廣壞絕淳源
元照應法記云此顯祇崎覆肩覆右膊也
荷支梵語上有僧字正云僧却崎方元下示本制
左腋以襯袈裟祇律約量可驗裴方
尼弱故須僧非所用阿難美貌女見心迷故獨開
耳住法圖贊云今僧服者濫矣即今褊袖左是荷

支右是覆肩二衣綴合非本制耳而下別點荷支
相本晜方而世謂是上狹下廣故壞淳源也然律
云得上狹下廣作荷支謂裁作耳
忠曰元照在資持應法中辨祇支覆肩如此詳
悉矣
或曰元照云僧祇支覆左腋著帶繫右
腋下以襯袈裟語路未明若言覆左腋又繫右
腋則衣總不在左右肩上豈得襯袈裟耶故疑
謂左腋之腋字恐膊字乎膊音博肩膊海篇乃是
僧祇支覆左膊著帶繫右腋下則方得襯袈裟
耳余曰不然祇支覆左肩則左腋亦隱亦應言
覆左腋也非衣不在左肩之上也祇支梵言翻
云掩腋故元照言覆左腋而解掩腋之義也又
按西域記云僧却崎覆左肩掩兩腋左開右合
其制可知先覆左肩出右肩而繞掩右腋著之
則自左腋亦掩其開處在左也
忠又曰要覽云祇支覆左膊掩右腋足以大顯
襯袈裟之義或疑資持應法左腋為左膊者蓋

自此來矣。但要覽以覆膊為僧祇支翻名著訛
矣。西域記及應法師音義僧祇支唯翻掩腋衣
事鈔從相翻上狹下廣衣耳。六物圖云覆肩華
語未詳梵言此止夫覆膊即覆肩也。而覆肩是別
物非掩腋衣矣。

忠又按古有認為僧祇支名覆膊。而搭右肩者
右臂之說者。要覽不正此濫名卻隨同於其訛
認矣。根本百一羯磨唐義淨三藏注云僧脚
欹迦即是掩腋衣也。古名覆膊長蓋右臂定既
真儀向使掩右腋而交搭左臂。即是全同佛制
矣。

虎關和尚直綴辨云。律者來謂曰。禪拒律律拒禪
如柄鑿之不相入是大患也。予曰相拒者庸流也。
真僧不爾曰律家慶言彤服何異之有夫
三衣者兩家皆同。直綴偏衫雖似異亦一物耳。曰
忌其連綴而不合梵裁曰子惑也。今之偏衫不必
梵製矣。我今詳說所由梵語僧祇支此云覆腋衣。
用覆右肩右開左合。忠曰西域記云僧祇支與此反是梵製

也。然魏時請梵僧。自恣於宮內宮人見僧偏袒體
露。不以為善。遂作此衣。忠曰宮人所作、頭施僧覆右
肩。通著兩袖是偏衫之起也。忠曰梵語混盤僧。此云裙
衫裙亦二物也。連綴而稱直綴焉。變製相同何贊
彼毀此。

忠曰濟北祇支之翻。云覆腋衣。覆亦掩也。同西
域記資持應法師翻掩腋衣。但其云用覆右肩者。
認矣。覆右肩者。覆肩衣也。非僧祇支也。資持等
覆左肩耳。寧一如下。蓋濟北卒見祇支覆右
支覆左腋之文。以為衣覆左腋。則其掩肩之宜
右也。終曰用覆右肩不知胳以祇支覆肩混為
一物之認矣。又見要覽以覆膊掩腋衣同為祇
支翻名。遂從其錯歟。又按濟北語自矛盾。夫祇支
僧偏袒者。左肩有裂裟而偏露右肩耳。若祇支
素覆右肩則兩肩皆掩宮人見何證露而醜焉。
故濟北語。自不成義。或曰。覆肩衣。若已在竺制
則魏宮梵僧何不著之。而招露裸之惡耶。答覆

肩雖已在梵制本是爲尼衆制是故梵來比丘。

不服也巳。

或救要覽云。僧祇支。此名爲覆膊衣者。依寄歸傳

傳云。其僧脚崎衣。即是覆膊。更加二肘始合本

儀其披著法。應出右肩。交搭左膊。此所謂覆膊

即覆肩也。何謬之有。忠曰。寄歸云。僧脚崎衣。即

是覆膊者。謂覆左肩。而已。故寄歸次文云。披著

法。應出右肩。交搭左膊。又寄歸。云。即是覆膊者。

非以覆膊。爲僧脚崎翻語。故寄歸傳言。準檢梵

本。無覆肩衣名。此言。未見有覆肩衣之梵語。如

僧祇支。泥洹僧等。定稱呼之也。非謂未翻梵本中。

不言覆肩衣事也。今已翻諸律中。皆有覆肩衣

事。豈謂諸律中。無覆肩衣事耶。僧脚崎已翻二

腋衣。非翻覆肩矣。元照六物圖。亦云。覆肩華語。

未詳梵言。此。若復覆膊。是僧脚崎翻名。則是爲

覆肩衣有二梵語也。義淨元照豈浪言妄說哉。故

要覽僧祇支。此名覆膊之愆。不可救焉。直綴辯

祇支覆右肩之謬。不費彈斥而自破。

昔敎者難虎關曰。律談五衣。祇支覆肩五條。

七條。九條也。然師直綴辯云。梵語僧祇支。此

云覆腋衣。蓋祇支。覆腋二也。而今合爲一。如

何。忠曰。嘗時早有下疑僧祇支、覆腋、名爲二覆

問。誤以覆膊三僧衣二爲二覆肩二耳。關答曰。凡

訶僧祇支諸律。其說非一途。或以祇支覆腋爲

一。或以爲二。吾辯只取大意爲一物。忠曰迂濶

欠二分曉二祇支、覆腋、是一物、何律以二覆腋衣、則何律以斥他

問者。答。皆以二覆腋衣一爲二。覆肩衣。爲二。然但

一相雖到。若其覆肩衣。正須文引證以斥過

言諸律異說。吾取大意

辭一耶。四分律僧祇支、覆腋等、皆僧祇支、覆

二物。如三余肩衣、爲二

所引證一

四分律比丘尼戒中云。彼人當往受戒人所語

言妹此是安陀會。此是欝多羅僧。此是僧伽梨。

此是僧祇支。此是覆肩衣。

忠嘗訪宗覺律師於久修園。質僧祇支。覺曰

僧祇支三衣之襯也、先著之於左肩、如著裟裟

法、次加覆肩衣於右肩、爲左腋有僧祇支不

可遮著、故祇支左腋處穿穴、而覆肩衣施紐、

貫其穴而結定、次著裟裟焉、覺又曰、有左袒

右袒異義、先著僧祇支、後著覆肩則爲左袒、

左袒天竺儀相也、其右袒師、先著覆肩、後披

僧祇支右袒義、不過言順中華風俗耳矣、

六物圖云、尼女報弱故制祇支披於左肩、以襯

裟裟又制覆肩掩於右膊、用遮形醜、是故尼衆

必持五衣。（忠前後引四分 僧祇、當明五衣二）

南海寄歸傳云、東夏諸尼、衣省涉俗、所有著用、

多並乖儀、乃南海諸國尼衆、別著一衣、雖復制

匪西方、共名僧腳崎服、長二肘、寬二肘、兩頭縫

合留一尺許、角頭刺著一寸、舉上穿膊貫頭、拔

右肩更無腰帶、掩蓋乳、下齊過膝、若欲此服、

著亦無傷、線則唯費三兩、絛彌堪掩障形醜、若不

樂者、即可還須同大苾芻、著僧腳崎服、其寺內

房中、俱蘇洛迦、及僧腳崎、兩事便足、（准論梵本二 即是僧御崎衣、此乃祇支之 無覆肩衣本 名、既不道視、多是傳譯參差、應捨達法之服）

佛住舍衛城、爾時偷蘭難陀比丘尼、大乳、著

僧祇支、至長四修伽陀磔手、廣兩磔手、又云、

僧祇支於閣上經行、俗人遙見言、是似如水上

浮弧、佛言從今已後、當作覆肩衣、覆肩衣者、

疊他覆肩上、若不作不著越毘尼罪。

五分律云、有諸貴姓女出家、不著覆肩衣、諸白

衣見其肩臂、共調弄之、皆懷慚恥、比丘尼以

是白佛、佛言聽著覆肩衣。

忠曰、章服儀所謂元制所與本唯尼衆別者、

是也。

乳現出男子笑之、佛言從今已後、比丘尼應作

尼衆露醜、佛製僧祇支覆肩衣線、僧祇律云、

佛住舍衛城、比丘尼年少端正、著衣道行、時兩

四肘五肘、如披五條、反搭肩上、即其儀也、

著順敘之衣、僧腳崎取二幅半或絹或布、可長

名二即是僧御崎衣、此乃祇支之 無覆肩衣本

十誦律比丘尼壇文。受持三衣。次云。覆肩衣長
四肘廣二肘半。是覆肩衣持。又云。僧伽梨鬱
多羅僧。安陀會。覆右肩衣俱修羅。此文如二右字一
智度論云。阿難端正清淨。如好明鏡老少好醜
容貌顏狀。皆於身中現。其身明淨。女人見之欲
心即動。是故佛聽阿難著覆肩衣。
趙州諗禪師錄十二時歌云。鷄鳴丑。愁見起來還
漏逗。裙子褊衫箇也無。架裟形相些些有。視無腰
袴無口。頭上青灰三五斗。比望修行利濟人。誰知
變作不喞溜。義一

● 裙子

釋氏要覽云。裙此方之名。周文王制也。西域記云。
泥縛些那。唐言裙。些字桑根本百一羯磨云。梵語
泥伐散那。唐言裙。諸律舊譯。或云涅槃僧。或云泥
洹僧。或譯爲內衣。或云圖衣。似圖而無盡盡取圓
義一

西域記說。詳偏衫處。
行事鈔二衣總別篇云。十誦。作時。著小泥洹僧三
千云。泥洹僧著法。一不持下著上二使四邊等三襵
頭近左面。四結帶於右面。五當三繞不雲兩頭。
南海寄歸傳云。準如律說尼有五衣。一僧伽知二
嗢呾羅僧伽。三安呾婆娑。四僧脚崎。五裙。四衣儀
軌。與大僧不殊。唯裙片有別處。梵云蘇洛迦譯
爲篅衣。以其兩頭縫合。形如小篅也。長四肘寬二
肘上可蓋臍。下至踝上四指著時入內擡使過臍
各蹙兩邊雙排襞脊繫絛之法量與僧同胸腋之
間迴遶無繫抹。

行事鈔云。十誦云。泥洹僧破應權作俱修羅若
軟體比丘揩蹲破下開五寸許應受之。此似裙
五分有著俱修羅衣著俗人訶言何異我等著
貫頭衣便不許著之。資持記云。俱修羅經。音
義云。此翻爲圖。像其衣形而立名也。謂如部若準
註文即周圓縫合而無兩頭名俱修羅耳。五分

禪林象器箋　第廿六類　服章門

俗呼。則知俱修。本同俗服故並襠開。貫頭衣古
云。南海人開衫資著之穿頭先出次出兩袖謂
之貫頭。

● 直裰〔ジキトツ　コロモ〕

忠曰。以偏衫與裙子直裰合。故曰直裰。

敕修清規云。直裰相傳前輩見僧有偏衫而無裙。
有裙而無偏衫遂合二衣為直裰然普化索本直
裰大陽傳革履布裰古亦有矣。

虎關和尚直裰辨見偏衫處。

忠曰敕修清規。尊宿遷化。孝服云。方丈行者麻
布巾裰止巾裰二物。頭巾直裰也。余謂行者雙
亦著直裰。其相須與僧直裰有異焉何以知之。

沙彌得度章云。聖僧案前置裂裳直裰度牒於
上又云。拜父母。即更僧衣。此時未及披裂裳。
故知僧衣僧之直裰。而初置案上著。今脫行者
裰。而更僧裰也。故余謂行者裰相須異僧裰焉。

下段

臨濟玄禪師錄云。普化一日。於街市中就人乞直
裰。人皆與之普化俱不要。師令院主買棺一具普
化歸來。師云。我與汝做得箇直裰了也。普化便自
擔去。繞街市叫云。臨濟與我做直裰了也。我往東
門遷化去。云云

僧寶傳浮山遠禪師傳云。至大陽機語與明安延
公相契延嘆曰吾老矣洞上一宗竟無人耶以
平生所著直裰皮履示之遠曰當為持此衣履求
人付之。如何延許之曰。他日果得人出吾偈為證
偈曰楊廣山前草憑君待價煒異苗翻茂處深密
固靈根其尾云得法者潛衆十年方可闡揚遠拜
受辭去。

在家有著直裰者。談寶云。富鄭公致政歸西
都嘗著直裰跨驢出郊。

瑯邪代醉編云。至如上衣下衣各為長短之制。
衣總至膝裳乃裙也。今之祭服是也。後魏胡服。
便於鞍馬遂施裙於衣為橫幅。而裰於下謂之

欄。今之公裳是也。則戎狄之服也。

忠曰。今時明僧。裙下橫綴二幅。左右作斜摺。
此所謂欄乎。

●汗衫

日用軌範開浴云。取出浴具放一邊。解上衣

忠曰。中華人。上下二衣。上衣如此方羽藏為汗
衫。又名中單下衣。如此方前乖是名裙也。

慈受深禪師慧林錄。壽春府檀越。就天清寺散千
僧汗衫陞座云。孃生袴子脫體皆空。趙州布衫更
無樣度。袖頭打領腋下剜襟。自然縫罅難尋。直是
針鋒不露。然雖如是。說食終不飽。著衣方免寒。爭
似者箇衫子是檀越段段升。向清淨心中流出布
施諸人正當恁麽時一句作麽生道。良久云。一片
信心清似水。滿天和氣暖如春。

廣燈錄林谿徹禪師章云。問如何是祖師西來
意。師云著體汗衫。

事文類聚引炙轂子云。燕朝冕有白紗中單有
明衣皆汗衫之象。以行祭接神。至漢與項羽交戰。
汗透中單改名汗衫貴賤通服。

●納衣

忠曰。文字雖出經論。禪僧常著之。故稱有衲僧問
有衲衣下事。

類書纂要云。衲補綴也。

衲本作納。佛祖統記慧思會者。傳云。昔禦寒
唯一艾納。

註法華經納衣在空閒律文謂之五
納衣。謂納受五種舊弊。以為衣也。俗作衲字。失義

五納衣者。釋氏要覽云。糞掃衣有五種。一道路
弃衣。脫也。二糞掃處衣。三河邊弃衣。四蟻穿破
衣。五破碎衣又有五種。一火燒衣。二水漬衣。三
鼠咬衣。四牛嚼衣。五妳母弃衣。已上衣天竺人
諱忌故弃之。以不任用義。同糞掃。共納成衣。
名糞掃衣也。

又應法記云。五納。謂五色鬪成也。此亦一解

異要覽。

智度論云。佛意。欲令弟子隨道行。捨世樂故讚十

二頭陀。如轉法輪時。五比丘。初得道。白佛言。我等

著何等衣。佛言。應著納衣。

釋氏要覽云。十誦云。若納衣。不貼田相不許披入

聚落。此衣有十利。一在麤衣數。二少所求索三隨

意可坐。四隨意可臥。五浣濯易。六少蟲壞。七染易

八難壞。九更不餘衣。十不失求道。又云。體是賤物。

離自貪故。不爲盜所貪。常得賤身故。少欲者須濟

形苦。故上士著之。

諸善根經云。世尊告諸比丘。大迦葉。常修阿蘭若。

行乞食衲衣糞弊。三衣邊外遠住。少欲知足樂遠

離行。於一切法心不與合。聲聞功德皆悉具足。

傳燈錄多福和尚章云問如何是衲衣下事師曰

大有人疑在日爲什麼如此師曰月裡藏頭。

糞掃衣

即衲衣也。又見二納

行事鈔云。納衣者。四分云。捨檀越施衣。著糞掃衣。

十住婆沙云。以有十利故。一慚愧。二障寒毒蟲

三示沙門儀法。四一切天人見法衣。尊敬如塔

五厭離心。著染衣。非貪好。六隨順寂滅。非爲熾然

煩惱。七由著法衣。有惡易見。八更不須餘物莊嚴

故九隨八聖道故。十我當精進行道。不以染汙心

於須臾間。

四分律云。世尊在波羅奈國鹿野苑中。時五比丘

白佛。我等當持何等衣。佛言。聽持糞掃衣。及十種

衣。拘舍衣。劫貝衣。欽跋羅衣。芻摩衣。叉摩衣。舍㝹

衣。麻衣。翅夷羅衣。拘攝羅衣。嚫羅鉢尼衣。如是十

種衣。應染作袈裟色持。

又云。糞掃衣有十種。牛

嚼衣。鼠嚙衣。火燒衣。月水衣。產婦衣。神廟中衣。若

鳥銜風吹雜處者得取。冢間衣。求願衣。受王職衣。

往還衣。是謂十種糞埽衣。

●磨衲

六祖法寶壇經云。神龍元年。九月三日。有詔曰。朕
積善餘慶。宿種善根。值師出世。頓悟上乘。感荷師
恩。頂戴無已。并奉磨衲袈裟。及水晶鉢。
東坡全集。磨衲贊并序云。長老佛印大師了元遊
京師。天子聞其名。以高麗所貢磨衲賜之。客有見
而歎曰。嗚呼善哉。未曾有也。嘗試與子攝其齋祫。
循其鈎絡。舉而振之。則東盡嵎夷。西及昧谷南被
交趾。北屬幽都。紛然在吾衲孔綖繢之中矣。佛印
听然而笑曰。甚矣。子言之陋也。吾以法眼視之。一
一綖孔。有無量世界。一一世界滿中衆生所有毛
竅。所衣之衣。綖孔綖繢。悉爲世界。如是展轉。經八
十反。吾佛光明之所照。與吾君聖德之所被。如以
大海注一毛竅。如以大地塞一綖孔。曾何嵎夷昧
谷交趾幽都之足云乎。當知此衲非大非小。非短

非長。非重非輕。非薄非厚。非色非空。一切世間折
膠墮指。此衲不寒。爍石流金。此衲不熱。五濁流浪。
此衲不垢。劫火洞然。此衲不壞。云何衲衣惟師與
生下劣想。於是蜀人蘇軾。聞而贊之曰。匪師而衣。
見衲非而不見師。衲非一非兩。眇而視之。蠛蠓龍象被作故
雞林志云。高麗僧衣磨衲者。爲禪法師衲甚精好。

●紫衣

忠曰。僧賜紫服。中華以唐法朗等爲始。日本以建
仁寺榮西。永平寺道元爲始。
僧史略云。古之所貴名與器焉。賜人服章。極則朱
紫綠皂黃綬。乃爲降次。故曰加紫綬必得金章。今
僧但受其紫。而不金也。方袍諸史
青等色。不聞朱紫。案唐賽則天朝有僧法朗等重
譯大雲經陳符命言。則天是彌勒下生。爲閻浮提
主。唐氏合微。故由之革命。冊聞新大雲經曰。終後則

天勸

法朗辭懷義九人並封縣公賜物有差皆賜
紫袈裟銀龜袋其大雲經頒於天下寺各藏一本
令高座講說賜紫自此始也

延寶傳燈錄建仁寺明菴榮西禪師章曰建仁二
年金吾大將軍賴家源公施地於洛東營大禪刹
先是平侍郎奏賜紫衣

永平雖山淺敕命重重卻被猿鶴笑紫衣一老
方袍號佛法上人禪師師力辭不許作偈奉謝曰
永平道元和尚行狀云後嵯峨帝聽師道譽賜紫

僧史略云東觀奏記曰大中中大安國寺釋修
會能詩嘗應制才思清拔一日聞帝乞紫衣帝
曰不於汝客耶觀若有缺然故未賜也及賜
歸寺暴疾而卒

資持記云今時沙門多尚紫服按唐紀則天朝
薛懷義亂於宮庭則天寵用令參朝議以僧衣
色異因令服紫袈裟帶金龜袋後偽撰大雲經

結十僧作疏進上復賜十僧紫衣龜袋由此弊
源一澆子今不返無知俗子濫跡釋門不務內
修唯誇外飾矧乃輕預耆年之上僣稱大聖之
名國家之所未詳僧門之所不舉致使貪婪滋
慫之蟊各逞奢華少欲清淨之風於茲墜滅且
儒宗人倫之教則五正為衣釋門出世之儀則
正間俱離故論語云紅紫不以為褻服文中子
云君子非黃白不衣尚非俗禮所許豈是出世
正儀況律論明文判為非法苟不信受安則為
之

六物圖云輕紗紫染體色俱非佛判三俗服全乖
道相何善之有或云分宗途者佛教但以三學
分宗而謂形服異者未之聞矣

忠曰則天何因以紫服為貴而賜法朗耶杜預
註在傳曰紫衣君服此即以君服色寵之也杜
預註見哀公十七年而僧賜紫以此發揮者少

又僧殊意癡撰白河燕談云日本玄昉道鏡淨

禪林象器箋　第廿六類　服章門

家然阿賜紫始也。〔蓋言二敕家賜紫一耳、〕

● 黃衣

僧史畧云。後周忌聞黑衣之讖。悉屏黑色。著黃色衣起於周也。

山堂肆考云。僧舊著黑衣。元文宗寵愛僧欣笑隱。賜以黃衣。其徒後皆衣黃。故歐陽原元題僧墨菊詩苾芻元是黑衣郎。當代深仁始賜黃。今日黃花翻澹墨。本來面目見馨香。按今制禪僧衣褐講僧衣紅瑜伽僧衣蔥白瑜伽。今應赴僧也。

忠曰攀談採餘堯山堂外紀亦載此事。然予按龍源清禪師錄有謝杭州賜黃衣師號上堂源則元成宗主第六大德年中人。此時已有賜黃衣。非始於文宗二主也。又天隱筠溪牧潛集初改黃衣詩云。宣詔亭前受牒還。御黃新賜滿城看。臣僧記得沙彌日。齊著青衣上戒壇此至公亦元世祖主第五成宗間人也。又按僧史畧云。尋諸

史。僧衣赤黃黑青等色。止此可知黃衣非始於元朝。但元朝盛賜之耳。

續文獻通考云洪武十四年令凡僧道服色禪僧茶褐常服青絛玉色袈裟。講僧玉色常服綠絛淺紅袈裟。教僧皂常服黑絛淺紅袈裟僧官如之道士常服青法服朝服皆赤色。道官亦如之。惟僧錄司官袈裟綾司官法服朝服皆綠紋飾以金。

雲棲竹窓二筆云。如吾郡則淨慈虎跑鐵佛等禪寺也。三天竺靈隱普福等講寺也。昭慶靈芝菩提六通等律寺也。衣則禪者褐色講者藍色。律者黑色。〔字菀褐黃黑色、今俗謂二之茶褐色〕

● 禪帶

忠曰修禪定時。以帶繞束腰。便於澄慮矣。五分律云。諸比丘廣作禪帶。以是白佛。佛言不應過二人八指諸比丘復狹作禪帶。以是白佛。佛言不

應減五指諸比丘復作雜色禪帶以是白佛佛言

應二種色作若雜種色應浣壞色然後聽畜

⊕ 平江條（ヒンゴウ）

日用軌範抽脫法云解條繫笧竿上

解者曰條者平江條也

篇海類編云條他刀切香沼纓飾編絲繩亦作絛縧

忠曰條兩頭有總繞條束腰而總下垂右左腋下名平江條然支那書未見平江條名方輿勝覽潼川府有平江縣湖北岳州有平江大明一統志南京蘇州平江岳州平江縣並無出條之說

忠按臨安亦有平江見湖海新聞余謂禪林平江條恐出於此且何以言之彼土五山多在臨安府府中平江出此條而日本渡唐禪人取其樣式而傳於斯乎

臥雲日件錄云永安和尚住相國寺時勝定相公賜金襴袈裟平江條及錢貳百貫以助開堂之儀也

徹書記紀談云前探題了俊歲八十餘嘗著墨色無縫衣以平江帶總長者束腰矣

有懸平江帶以裝寶席者太平記云佐佐木道譽拉眾客遊大原野賞花掛平江帶於紫藤枝炷雜舌香於蝸頭爐

忠曰曾觀相國寺修夢窗國師三百五十年忌方丈室中北壁左右柱上懸同心結兩條矣

毘奈耶雜事云佛在室羅伐城苾芻乞食之時下衣墮地置鉢于地整理下裙乃為佛言應用腰條條有三種一區二方三圓

⊕ 坐具

釋氏要覽云梵云尼師壇此云隨坐衣根本毗奈耶云尼師但那唐言坐具淨法師註云文言坐具

此乃敷具坐臥皆得佛制者。本為儆替臥具恐有
所損不擬餘用也。五分律云。為護身護衣護僧床
褥故蓄坐具。僧祇云。若在道行得長疊中疊安衣
襯中。至本處當敷而坐。律聽量作長佛二搩手廣
一搩手（佛一搩手長二尺八寸廣三尺六寸此合律云更增）
者。即向四邊各益。如今坐具四緣有貼。即象也。不
許單作。若新物作。當用故物貼中。蓋壞其好也若
自無故物。又無求處。不貼無過記云。佛先許安左
肩上鎮衣。因有外道問一比丘曰。汝肩上片布何
名。何用。比丘答云。尼師壇是坐具。又問汝所披
衣何名。有三何功德。答云忍辱衣。三寶之相上制天魔。
下降外道又問此衣。旣有是功德。可貴豈得以所
坐之布。居其上若。汝自為師何不教。若師教者。此
法不足可乎。比丘白佛。佛因制移安左臂衣下
慧琳一切經音義云。尼師壇梵語略也。正梵音具
三衣也。以此證不得淨用一
是閞一不得淨用一
足。應云顎史娜曩唐譯為敷具。今之坐具也。顎音
寧頂反。

四分律云。世尊。聽諸比丘。作新坐具。取故者縱廣
一磔手貼新者上。以壞色故。又云若故坐具未
壞。未有穿穴。當取浣染治。牽挽令舒。裁割取縱廣
一磔手貼新者上。若貼邊若中央。壞色故。
忠曰。今於坐具四邊。別貼布或絹紗者。所謂貼
邊之象乎。
南山感通傳云。天人黃瓊云。元佛初度五人。及迦
葉兄弟並制袈裟左臂坐具。在袈裟下。後度諸衆。
徒侶漸多。年少比丘。儀容端美。入城乞食。多為女
愛。由是製衣角。在左肩後。為風飄颺。聽以尼師壇鎮
上。後外道達摩。問比丘肩上片布持將何用答
曰。擬將坐之。達摩云。此衣旣為可貴。有大威靈。
豈得以所坐之布。而居其上比丘白佛。由此佛製。
還以衣角居于左臂坐具還在衣下。但不得垂尖
角。如象鼻羊耳等相。
南海寄歸傳云。禮拜敷其坐具。五天所不見行致

敬起爲三禮四部罔窺其事凡爲禮者拜數法式
如別章所陳其坐具法割截爲之必須複作制令
安葉度量不暇詳悉其所須者但擬眠臥之時護
他氈席若用他物新故並須安替如其己物故則
不須勿令污染虧損信施非爲禮拜南海諸僧人
持一布巾長三五尺疊若食巾禮拜用替膝頭行
時搭在肩上西國苾芻來見咸皆莞爾而笑也
湛堂律師六物圖依釋坐具下云問今每作禮必
敷者何答壇經明阿難結集時迦葉敷尼師壇禮
阿難等則知爲法中定式耳
關中創立戒壇圖經宜南山道云案別傳云迦葉結
集來戒壇上使小目連鳴鐘召百億四天下凡聖
衆乃至大迦葉從座而起披靈布僧伽梨捉尼師壇
至阿難前敷尼師壇禮阿難已右遶三帀大梵天
王執大寶蓋覆阿難上忉利天主進七寶案置阿
難前乃迦葉禮拜已至阿難前問訊起居如世尊
在時不異如賓說法

忠曰祇園圖經感靈所出亦是南山之說大同此　法苑
珠林七百結集部所說亦同
忠又按僧史略云昔梵僧到此皆展舒尼師壇
就上作禮三禮拜處詳引乃合大迦葉禮阿難舊
軌然南海歸傳云禮拜敷其坐具五天所不
見行此大不與上所援數說同恐義淨疎漏耳
已下錄坐具搭臂及展開法
大鑑小清規云坐具搭手須在袈裟之下坐具開
展處向外搭之之多見誤以坐具背向外又妄言前
輩一大聲宿以坐具背向外堅執此說殊不知初
與客人相見時便相背也又展時亦顯倒反逆大
非禮法前輩豈不知禮法如此乃知作此說者齊
東之人也坐具展時須從衣袖內邊拈起坐具角
展開此爲順也今時多從衣袖外邊倒拈坐具展
開此爲逆也順則吉逆則凶知禮人皆從吉也
村寺清規云禮佛披三大袈裟展坐具不得不威
儀搭坐具招口向外拜則先以右手拈起向裏一

坐具此乃行憍未是致敬又有要待設席方始禮
者。亦不可也。如見尊長即須下拜安待覓席以
事詳準。隨時設禮。不可待席。有則從席。無則從地。
可也。如在清廟闕庭公衙之所何有設席以此準
例。則敬慢兩分。
忠曰。此中如來自敷者。大般若經第一第四百
一。第四百七十九皆云。爾時世尊於師子座上。
自敷尼師壇結跏趺坐。此止夫三界獨尊尚自敷
矣。然今觀清國僧主者跨立佛前令侍者展
具。敢作禮乎。日本僧出於其下者。亦效尤矣。夫
佛之所爲而尙不爲憍高自大亦極焉。
緇門警訓載。大智律師坐具賦云。吾有坐具裁量
有據。其色相則一類裂裳。其物體則兩重疎布長
四廣三。壞新操故。彼形之大者。可用開增。吾身之
小兮。從初制度。好大惡小。但責他非。反制爲開焉。
知自誤嘗聞比丘身者。五分之塔也。尼師壇者。四
方之基也。是則道者所資豈宜身之爲護。安禪講

頭。略側身舉開展拜。
忠曰。觀自大清來僧。皆坐具背向外。日本從他
者。例學之。可謂愚矣。
已下錄坐具不得令他人展開。
釋氏要覽云。凡禮佛。須自展尼師壇。不得令他人
展。或至塔殿上。先有地薦便就上禮。先無不得立
佇布席。不得於低床上禮須脫靸履。勿以無儀自
招深罪矣。
釋門歸敬儀云。行事之時。旣脫足已。可踐土坐蓮
在坐具尋討經律。無敷坐具之文。但云脫靸禮足。
今據事用理。須自制坐具。緣云爲身爲衣爲
臥具旣。明知前設又坐具之目。本是坐
之具所以禮拜之中。無文敷者。故如來將坐如
時自敷準此比丘。自敷而坐。不合餘人爲敷今見
常僧來至佛前禮者。必先褰裙以膝拄地合掌長
跪口讚於佛然後頂禮此乃遺風猶在可準用之。
無坐具明矣。比有行敬。在佛僧前仍令侍者爲敷

法。敷之喜失於威儀。入聚遊方。持之。勿離於跬步。
不然諸律有違制刑科。一生無如法坐處。

● 襪

釋名云。襪末也。在脚末也。
釋氏要覽云鈔云。襪亦是衣。四分律云。寒聽著襪。
敕修清規。裝包云。下裳鞋襪有袋繫於後。
日用軌範云。不得赤脚著僧鞋。
忠曰。言須著襪。而方著皮鞋也。
解者曰。清規言可著襪之義。唯在此耳。凡著襪
者。非為禮也。蓋僧鞋皮造。若跣而著則具膩汚
脚。故誡赤脚著鞋而已。非赤脚為無禮。如天竺
風俗皆赤脚也。但日本國以赤脚為失禮。支那
國則士庶皆著襪裹足。蓋其俗懍床垂足。故血
下。令足大。故裹之。防其鄙醜。復非為禮也。
舊說曰。佛通寺愚中和尚不帶坐具。不著襪子。
馬縞中華古今注云。三代及周。著角襪以帶

● 脚絣

繫於踝。至魏文帝吳妃乃改樣。以羅為之。後
加以綵繪畫。至今不易。至隋煬帝宮人織成
五色立鳳朱錦襪靿。
舉毅採餘云。襪實錄曰。自三代有之。謂之角
襪。魏文帝吳妃。裁縫以綾羅紬絹為之。洛神
賦云。羅襪生塵是也。
後漢崔駰集襪銘云。襪衡建子。萬物含滋。黄
鍾育化。以養元基。長履景福。至于億年。皇靈
餃祐。祉祿來臻。本枝萬世。子子孫孫。

入衆日用云。寒月向火。愼不得灸鞋臭。焙脚絣衣裳
等。
敕修清規。亡僧云。須留裝亡衣服。直裰挂絡內外
衣裳。數珠香合。脚絣鞋襪淨髮巾。收骨綿子等。
篇海類編云。絣補絣切。音崩布名。
裩庭事苑云。脚絣律所謂護臕衣也。僧祇云。我弟

子著三衣。足遮寒苦。若性不忍寒者。弊故衣隨意
重著。五分云。三衣儭身衣。雨浴衣。護髀衣。護
踝護臑衣等皆儭寒。故許畜之。然此衣最為凡下。
趣得不破足矣。今見禪人行界細刺動魔時序而
又煩暑如焚。高裙緊禮。自謂雅合禪規豈知佛為
禦寒而設。

● 行縢

忠曰。亦名行縢。禮記內則名偪。日本俗曰脚絆。

字典肉部云。腷。市尤切。音踾。正字通
足曰縢。肚曰忠曰。腷和訓古柱死切。音蔽又匹滅切、又匿匿也、

聯燈會要雲居舜禪師章云。夜間脫襪打睡。早朝
旋繫行縢。

東坡詩集。答寶覺禪詩云。芒鞵竹杖布行縢。又寄

吳德仁詩云。我遊蘭溪訪滑泉。已辦布襪青行縢。

永平清規辨道法云。若換直裰離被位。在位而
換。先將曰。被者。先蓋身上潛解打眠直裰之兩帶。
脫肩袖而落于背後之與膝邊。著如遠蒲圓次結。
曰裹者之兩帶。著定了。收打眠直裰窖在于被位
之後脫曰裹者。著打眠衣。須準之而知。

東福清規正月懺法云。期日維那者。先著打眠衣。
赴方丈請導師等諸職。大悲咒畢。至一心時歸窖
改威儀。至觀音經。更赴方丈。

● 被

忠曰。臥息以蓋身章服儀所謂被單是也。

馬縞中華古今注云。被語云。必有寢衣長一身有
半。

忠曰。臥息以蓋身之法。先尋兩角。以手理伸。向前

日用軌範云。摺被之法。先尋兩角。以手理伸。向前
先摺一半。次摺身前一半。不得橫占鄰單。亦不得
抖擻作聲。不得以被扇風。

永平清規辨道法云。摺被之法。因聞開大靜以兩

● 打眠衣

舊說曰。夜間須著打眠衣。到天曉。方換好衣。

手執被兩角而把合。縱折而作兩重。次又縱折而
作四重。次向内横折而作四重。都計十六重也。以
安眠單之奧頭。次疊斂眠單於被下。揷枕子於被
裏安被之時。有重之頭向身以安之。

紙被

希叟曇禪師廣錄。禪房十事紙被頌云。通身不掛
寸絲單明一色邊事。要知結角羅紋。徑問床子枕
子。

眠單

舊說曰。臥時鋪之。或謂坐時鋪之。本是坐具也。
忠曰。或以眠單爲章服儀被單。非也。又和俗以眠
單稱蒲團。説。蒲團以蒲造。與眠單不渉。
日用軌範云。上被位眠單收二半坐定。
祖庭事苑云。時佛在給孤園。有二比丘赤體而睡。
不謹旃襌臥具人皆譏嫌。佛言宜令著臥具即今

禪家所用眠單。是矣。寄歸傳云。禮拜敷坐具五天
所不見。行其所須者。但擬眠護它旃席也。若用它
物。新故並須安替。不令汙染虧損信施。
禪苑清規首座云。堂司行者。打放參鐘。展單下
帳罷。歸問訊喫湯。隨意。如遇念誦歸察問訊。
喫湯罷。然後入堂。展單下帳。昏鐘鳴即
捲之。堂中大衆。未開靜前。不得令捲單疊被上
帳。恐喧大衆。
敕修清規念誦云。堂司行者。往首座前覆云。放
參。至乃供頭鳴堂前鐘三下。衆普同和南各出全
單而散。
又坐參云。堂司行者。候晚粥熟覆首
座云。放參。乃衆下床各出半單。
忠曰。此中言單。皆眠單也。
舊說曰。凡出半單。爲坐禪矣。日用軌範云。眠
單收二半坐定。是也。初夜坐禪畢。出全單爲
偃息也。所謂單者。可鋪而坐臥之物。要不損
壞常住床席也。

傳燈錄。白水仁禪師章云。鏡清行脚到師謂之曰
時寒道者清曰。不敢師曰。還有臥單得蓋否曰設
有。亦無展底功夫師曰。直饒道者滴水滴凍。亦不
干他事曰。滴水水冰生不相涉師曰是。

● 浴具

忠曰。浴裙脚布等。總稱浴具也。

日用軌範云。如開浴浴具携右手入下間門内。

● 浴裙

忠曰。雖言裙。而非脚布類。但是浴衣耳。故軌範
又云。以脚布摺浴裙内。恐濕浴袱此依此知浴
裙非濕水物也。繫者。掛之笐竿也。

舊說曰。浴裙。以單綿布造浴衣也。

● 脚布

見浴裙處入衆日用作脚巾。

忠曰。脚布圍肚腰。入浴之具與備用清規云。知浴
舖脚布者。別物也。見浴器物門。故日用軌範云。以脚
布摺浴裙内。此可知浴衆隨身者。而非浴主所舖
設矣。

忠曰。此脚布。律稱洗裙者。毘奈耶雜事云。苾芻
洗已濕體披衣。佛言。聽畜拭身巾。無巾可得洗已
片時踞地。以洗裙拭體。然後披衣。義淨註言洗
裙者。可用絹布一幅牛長六尺許。横繞腰髁撒勿
令脱。更不安帶。是西國法也。

● 履

日用軌範抽脱云。古云。入厠用籌分觸淨出時脱
履忌縱横。

行事鈔二衣總別篇云。五百問云。淨潔靴鞋履。得
著禮拜四分聽為護身護衣護臥具故。在寺内著
一重革屣。

歸敬儀云。此土華臣朝謁之儀。皆在殿庭。故履屨
不脫。有時上殿。則劍履皆捨。此古法也。天竺國中。
地多濕熱。以革爲屨。制令服之。如見上尊。即令脫
却自餘寒國。隨有履之。行事之時。既脫足已。可踐
土地應在坐具。

華談採餘云。履屨舄履者。禮也。飾以爲禮履
拘也。所以拘足也。草履曰屛單底曰履複底曰
爲麻履謂之不借言賤者易有。不相假借也。舄
以木置履下。言乾臘。不畏泥濕也。黃帝臣于則
作屛歷。魯國孔民。尚有仲尼車輿冠履狼跋美
周公曰。赤爲几几。

○鞋

日用軌範云。不得拖鞋。咳嗽作聲。
敕修清規裝包云。下裳鞋襪。有袋繫於後。
華談採餘云。鞋實錄曰。夏商舄以草爲之。周以
麻晉永嘉中以絲。或云。唐馬周。始以麻爲之名

鞋也。

馬縞古今注云。麻鞋起自伊尹。以草爲之草屨。
周文王。以麻爲之名曰麻鞋。至秦以絲爲之令
宮人侍從。著之庶人不可。至東晉又加其好公
主及宮貴者絲爲之。

祖庭事苑云。皮鞋。央掘經云。施主買施。不見殺
故。如有施主。牛死賣與屠生轉買皮。令人作革
屣施許受用著。

●拖鞋

舊說曰。拖鞋木鞋也。浴室及西淨用之。
忠曰。拖鞋鞋名。鞋首植一小橛。上開下狹。用將指
第二指挿持之拖曳而得步。故言拖鞋。
日用軌範開浴云。其所脫衣作一袱覆轉方換拖
鞋
敕修清規知浴云。出面盆拖鞋脚布。
拖鞋又名木屐〔見殿堂門〕〔浴室處〕

●袛衣

諸祖偈頌。慈受深禪師示衆云。袛衣登殿草履遊
山。莫踐法堂回互者舊。○忠曰。毅字恐訛。當作聞、
全引此、

永平衆寮清規。寮中兄弟在案頭之時見他人
來。先下床立地。或著衣或袛衣。須隨來者之儀。或
問訊。或觸禮。

永平清規辨道法云。後夜晡時。不掛袈裟。但坐禪
耳。晡時袛衣入室。就單位。出蒲團而用坐禪。未展
單矣。或者有牛展單之古法脫袛衣疊安被上而
坐禪矣。

篇海類編云。袛楚懈切。音瘥。衣袛也。博雅袥結
袉。謂之褸袛。又衣袒也。按袿服謂之袛衣唐億宗
乾符元年。王凝崔彥昭同舉進士。凝先及第嘗

袛衣見彥昭宋太祖召竇儀入禁闥問事儀行
至屏間覘見上袛衣因卻退中宮趣出見儀
曰聖上袛衣。必未知儀來。但奏云。宣到翰林學
士竇儀。太祖聞之起索衫帶著後方召見之據
此說袛在禑韻讀若詫舊本音訓並非。

忠曰。袛衣義。自古欠分曉。近及正字通來。一
埽舊滯矣。

康熙字典云。袛唐韻集韻韻會並楚懈切差去
聲。玉篇衣袛也。又篇海衣袒也。又類篇楚嫁切。
音汊義同。

山堂肆考云。宋帳文定公安道。平生未嘗不衣
冠而食。嘗暑月。與其壻王鞏同飯。命羞饌帶而
已衫帽自如。鞏不敢公曰吾自布衣諸生遭遇
至此。一飯皆君賜也。享君之賜敢不敬乎子自

●袛袒

食某之食雖袛衣可也。袛音震、

袒衣又言袒祖。

康熙字典云。袒音但。儀禮註。袒左免衣也。

備用清規曰用清規云。古云。袒祖不許登殿草履
莫踐法堂。

日用軌範云。古云。袒祖登㕟草履遊山莫踐法堂
袒祖。

舉談採餘清逸類云。清晨燒香。食罷便可岸巾
袒祖。

舊說曰義堂信和尚曾觀唐畫人形屏開衣袷
於背後曰。此所謂袒祖也。謂胸前襟迫阬似袒
字。亦有祖容故曰袒祖乃懶放之貌俗言錢持
頭蓋懸錢於頸者屏襟以廣受防損衣也。

● 卸衣

忠曰。日本禪林僧摺斂七條九條等掛在左臂。此
言卸衣蓋卸下在肩衣也。或作㲯衣者非也。又與
㲯衣義不涉。

楊慎千里面譚云。詩有出于㡇易而神妙者。如西
子洗粧巫娥卸服固勝于羅執綺繢也。

字彙云。卸司夜切寫去聲。舍車解馬脫衣解甲。
皆曰卸。

● 孝服

忠曰。曾宿遷化。法眷會裏。著凶服也。

敕修清規曾宿遷化。孝服云。侍者小師。麻布裰兩
序。苧布裰主喪。及法眷尊長。生絹裰勤舊辦事鄉
人法眷諸山生絹腰帛檀越。生絹巾腰帛方丈行
者。苧布巾方丈人僕。作頭麻布
巾衫甲幹莊客諸僕。麻布巾。

六祖壇經云。師曰。吾滅度後莫作世情悲泣雨
淚受人弔問身著孝服非吾弟子。亦非正法。但
識自本心見自本性。

六物圖云。今時縱息加復無知。反以如來正制
之衣。用爲孝服。且僧無服制。何得妄行釋氏要

覽輔教孝論•相二循訊說•愼勿憑之•近見白布爲
頭經者•斯又可怪•法滅之相•代漸多•有識者•宜
爲革之•則法得少留矣。

又法器章云•新住持入院•諸法器一齊俱鳴。
忠曰•舊說以之爲大開靜•非也•大開靜•但鳴二廚
前諸堂版•而已•不鳴鐘鼓•如今入院•接住持•則
鐘板鼓一同鳴•故云諸法器也。

● 腰帛

忠曰•脅宿遷化•孝服者•白帶圍腰•言腰帛服二孝一或
作腰白。

枯崖漫錄岳翁淳禪師語云•二月初一•好簡消
息•桃花煞紅•李花煞白•劍池邊楊大伯笑中打
失攔腰白直至如今•尋不得•喝云•有甚交涉。

三才圖會文公家體•有腰帛圖]

第廿七類　唄器門

● 諸法器

敕修清規入院云•至時鳴大鐘•諸法器•大衆門迎

● 犍椎

敕修清規維那云•十誦律云•以僧坊中•無人知時•
打犍椎•至衆亂時•無人彈壓等•佛令立維那一

忠曰•須知叢林鳴器•維那掌之。

支應經音義云•犍椎•直追切•經中或作犍遲•案梵
本臂吒犍椎•此云•打犍椎•所以打之木•或
檀或桐•此無正翻•以彼無鐘聲故也•但椎稚相濫•
所以爲誤已久也。

釋氏要覽云•五分律云•隨有瓦木銅鐵鳴者•皆名
犍稚•經音疏云•犍虔音•稚直利切•此云聲•木聲•五
分比丘問以何木作犍稚•佛言•除漆樹•餘木鳴者•
聽作智論云•迦葉於須彌山頂•搥銅犍稚•增一經

云阿難升講堂擊揵稚者。此名如來信鼓也。今詳

律但是鐘磬石板。木板。木魚砧槌有聲能集衆者。

皆名揵稚也。

業疏云。揵槌者。梵本聲論云。揵巨寒切地。此云磬亦

曰鐘也。乃金石二物耳。故五分云。隨鳴者作之意

取聞聲來集召僧法也。

行事鈔集僧通局篇云。出要律儀引聲論翻揵寒巨

稚地。此名爲磬也。亦名爲鐘。資持記云。若諸律

論並作揵槌。或作揵椎。如字而呼。乃是梵言訛轉。

唯獨聲論。正其音耳。今須音槌爲地又羯磨疏中。

直云揵地。未見稚字呼爲地也。後世無知因茲一

誤至於鈔文前後以及一宗祖敎凡揵槌字並改爲

爲稚直呼爲地。請事古本寫鈔。及大藏經律考之。

方知其誤。但以稚相濫容致安改今須依律論。

並作揵槌。至呼召時。自從聲論或作椎亦冐世有打

吒揵槌臂吒。此云打揵槌此云所打之木二或用檀

桐木等。役無鐘磬故多打木集人此則與今全乖。

不可和會且依鈔疏鐘磬翻之謂金石二物也。

云揵遲亦梵言訛轉。宜作稚直致反。呼爲地此迷

久矣。故爲辨之。

正字通云。椎俗作槌鎚。

忠曰。元照意須字從卉木之木而其音地也。

大比丘三千威儀云。揵稚有五事。一者常會時。二

者旦食時。三者晝飯時。四者暮投槃時。五者一切

無常。復有七法。一者縣官。二者大火。三者大水。

四者盜賊。五者會沙彌六者會優婆塞七者呼私

兒。當復知十二時揵稚會時。先從小起稍至

大大下擊二十一下小小十下復大三

下旦食大下八晝食一通投槃亦一通無常者隨

視時縣官水火。此賊亦隨時。會沙彌三下會優婆

塞二下。呼私兒一下持一通至比丘揵稚無後音。

敎乘法數圖五事七法今畧之。

禪林象器箋 第廿七類 唄器門

一常會時　說三四羯磨、講法等集、五十四下、謂之一通、

二旦食時　八下、即小食時也。

三晝食時　同上一通即中食時、

四暮投盤時　同上一通、謂是梵語、如今昏鐘一
投盤時、謂人臨終

五無常　多少聞鐘聲一生義
聞鐘聲一生義

馬鳴菩薩傳云。比丘鳴搥椎外道即問今日何
故打此木耶。

◎ 大鐘

忠曰禪剎鐘有三。大鐘殿鐘堂鐘也。大鐘者號令
闔山諸堂者。

敕修清規鐘節云。大鐘及僧堂前鐘集眾、列殿
上向佛排立。

又法器章云。大鐘叢林號令資始
也。曉擊則破長夜警睡眠。暮擊則覺昏衢疏冥昧。

引杵宜緩揚聲欲長凡三通各三十六下總一百
八下起止三下。稍緊鳴鐘行者想念偈云。願此鐘

聲超法界鐵圍幽暗悉皆聞。聞塵清淨證圓通一

切眾生成正覺。仍稱觀世音菩薩名號。隨扣隨聲。
其利甚大。遇節看經。上殿下殿。三八念誦佛誕
成道涅槃建散楞嚴會諷經齋粥過堂人定時各
一十八下。如接送官員住持尊宿。不以數限庫司
主之。

行事鈔集僧通局篇云。增一阿含云。阿難升講堂
擊犍稚者。此是如來信鼓也。

續高僧傳釋智興傳云。亡者通夢其妻曰。不幸病
死生於地獄賴蒙禪定寺僧智興鳴鐘。響震地獄。
同受苦者。一時解脫。有問與曰。何緣鳴鐘。乃感斯
應。興曰。余無他術。見付法藏傳。罽膩吒王劍輪停
事。及增一阿含鐘聲功德。敬遵此轍。苦力行之。鳴
鐘之始。願諸賢聖同入道場。然後三下。將欲長打。
如先致敬。願諸惡趣聞此鐘聲俱時離苦。如斯願
行志常奉修豈唯微誠遂能遠感。衆服其言。

增壹阿含經曰。阿難即升講堂。手執犍椎並作是
說我今擊此如來信鼓。諸有如來弟子衆者。盡當

釋林采遺語　第廿七頌唄器門

晉集衆術時。復說此偈。　降伏魔力怨。除結無有餘。
露地聲捷稚。比丘聞當集。諸欲聞法人。度流生死
海。聞此妙響音。盡當雲集此。

◯百八鐘　附百二十下

忠曰。大鐘一百八下。昏曉鳴之。

敕修清規云。大鐘。叢林號令資始也。曉擊則破長夜警睡眠。暮擊則
覺昏衢疏冥昧。引杵宜緩揚聲欲長。擊欲勻。凡三通各三
十六下。總一百八下。起止三下稍緊。

禪苑清規云。打大鐘之法。先輕手擬。鐘三下。慢十
八聲。緊緊十八聲。三緊三慢共一百八聲。

聲談探餘云。鐘聲晨昏叩一百八聲者。一歲之
義也。蓋十二月有二十四氣又有七十二
候。正得此數。浙州歌曰。前發三十六。後發三
十六。中發三十六。急通共一百八。越州歌曰。
緊十八。緩十八。六通湊成一百八。台州歌曰。前
擊七。後擊七。中間十八徐。徐發更須臨後擊三

聲三通湊成一百八。

劉氏鴻書云。四季須知。五更鳴鐘前十八緩後
十八急緩急每三轉共一百零八聲者。蓋應十
二月與二十四氣七十二候之數。亦按陰陽也。

聞百八下。其百八下數。出中華世典所謂十二
月二十四氣。七十二候。合成百八。乃知覺
百八煩惱眠者。舉燭燕說也。

或曰。慈照相公時。命京師五山。聲三十五
其曉鐘先鳴九十下及開靜時鳴

忠曰。俗說。佛寺朝暮百八鐘。醒百八煩惱睡。
非也。天竺作相本。一百二十下。見事鈔及
之。詳二十下與未知何據也。

百二十下　附

道宣撰釋門集僧軌度圖經云。念三寶存五衆。
衆各八輩。故以四十爲差。三道乘之則一百二
十。爲節也。　資持記引圖經注云。八輩謂四果
四向三通謂三乘。

● 殿鐘

忠曰、佛殿ノ鐘也。

敕修清規楞嚴會云、鳴三大鐘、會僧堂鐘。殿鐘住持至
佛前燒香。又法器章云、殿鐘、住持胡跪行香時。
鳴七下。凡集衆上殿、必與僧堂鐘相應接撃之。知
殿主之。

● 僧堂鐘

忠曰、僧堂前鐘、其製稍小。或單稱堂前鐘。

敕修清規、請立僧首座云、堂司行者、鳴僧堂鐘。大
衆同送歸寮。

又法器章云、僧堂鐘、凡集衆則撃之。遇住持每赴
衆、入堂時、鳴七下。齋粥下堂時、放參時、旦望巡堂。
喫茶下床時、各三下。或住持在假、則不鳴。堂前
念佛一聲、輕鳴一下。末堂、堂司主之。

雲門偃禪師錄云、師在僧堂前問僧、這箇鐘子
是什麼物作、無對師云、倆問師云、祇
僧作、代但打鐘一下云、摩訶般若波羅蜜又云、
衆僧堂前。

● 集衆鐘

舊說曰、僧堂鐘、謂之集衆鐘。至期鳴僧堂鐘、集衆。又法器
章云、僧堂鐘、凡集衆則撃之。詳僧堂鐘處。

敕修清規國忌云、至期鳴僧堂鐘、集衆。

釋氏要覽云、揵稚。今詳律、但是鐘磬、石板、木板、
木魚、砧槌、有聲、能集衆者、皆名揵稚也。

首楞嚴經云、此祇陀園中、食辦撃鼓、衆集撞鐘。

● 斂鐘

禪苑清規念誦云、住持知事以下、上間立首座以
下、下間立維那斂鐘念誦。

校定清規新住持入院云、挂搭之法、斂僧堂前鐘。

大衆先歸鉢位云。又兩序進退云、首座領大衆

禪林象器箋　第廿七類　唄器門

人事。送出庫堂門。云又斂鐘。首座入寮占西手。與

住持人事。又四節堂中三日點茶云。行者斂鐘

七下。住持歸位。

備用清規尊宿和訪云若法眷尊長即斂僧堂前

鐘隨至方丈人事。

宗門統要云台州幽棲道幽禪師一日斂鐘上堂。

大衆總集乃問什麼人打鐘僧云維那師云近前

來僧便近前師遂打一掌却歸方丈。

敎誡律儀二時食法云待斂鐘聲發即如法夾

巾把鉢。匙柄向身。又云入堂未斂鐘聲禮

拜且收坐具。上床坐。

解者曰食時初後各鳴雲版。今斂鐘者謂初

雲版也。或曰長板是也。

泉涌開山後作相式云。先三下。鐘大小食時、

此俱鳴三下、次雲版。次長板。

雲版。撾板三通、版急打之、諸僧上床前席各展坐具、次直日打靜。

維那鳴鐘。唱二十佛名。收具。前席各展坐具。唱引唄。

身、次誦展鉢偈。開鉢行飯而坐。次引唄。

等偈。及作五觀。誦三食偈等。次衆僧正食食已

行水。用盥漱口。次後唄。應世界等、如次食竟偈。

次雲版。

敎修清規念誦云。大板鳴。方歸圖位住持入堂。

供頭鳴堂前鐘七下。

堂堂前鐘鳴。離位入堂。聖僧前左手上香。又

庫司四節。特爲首座大衆湯云。都寺從聖僧後

右出堂外。迎住持入堂。供頭緩鳴堂前鐘七下。

送住持入位。又法器章云。僧堂鐘遇住持每

赴泉。入堂時。鳴七下。

解者曰。堂前七下鐘。此名斂鐘。齋粥二時。住

持將自外堂入僧堂。稍到明樓邊時。正鳴之。

及入堂。少緊打。與庫前下鉢鼓同時交鳴。其實九下。

起盡二下疊鳴此觸鐘而不與數故言七下。

敛收也。以其緊撞之也。

忠曰。舊說緊鳴爲敛義。以敛爲緊者。二十五點罰、亦言撿韻、反言二緊

書。敛字無緊急訓。但律家食前雲版急鳴此

云敛鐘。引前解者。依之以名於清規齋粥。住持

入堂。七下鐘。然清規却有乙云緩鳴齋前鐘七

下者。此則緊打義。不當也。不宜名敛鐘。仍知

敕修清規。但言堂前鐘七下。而不言敛鐘。固

有以也。

忠按。行事鈔集僧通局篇。說長打鐘法云。如是

漸漸敛稚。漸瀝漸小。乃至微未。此資持記敛謂

收聲止。由是觀之。長打鐘及漸敛收。乃緊打。

此云敛也。而今七下亦緊鳴。故例長打之敛聲。

而亦云敛鐘乎。

● 入堂鐘

忠曰。堂者僧堂也。齋時大衆入僧堂時。鳴大鐘十

八下。謂之入堂鐘。一說、十八鐘、住入堂、如下文。

永平清規赴粥飯法云。粥時、開靜已後。齋時三鼓

已前。先於食位就坐。齋時三鼓之後。鳴大鐘者報

齋時也。城隍先齋鐘。山林先三鼓。此時若面壁打

坐者。須轉身。正面而坐若在堂外者。即須息㫰洗

手令淨。其威儀赴堂。次鳴板三會。大衆一時入堂

已下、詳說入堂
法、恐繁不上錄

敕修清規法器章云。大鐘。叢林號令資始也。曉擊過堂十八下。

薩婆多毘尼毘婆沙云。若僧祇食時。聽作四種相。

一打犍椎。二吹貝。三打鼓。四唱令。令界內聞知此

四種相。必使有常限不得或時打犍椎。或復打鼓。

或復吹貝。令事相亂無有定則不成僧法若不作

四相而食僧祇食者。不清淨名爲盜食。

忠曰。今鳴鐘入僧堂而食。出于佛制。

● 下堂鐘

敕修清規上堂云。掛上堂牌報衆。粥罷不鳴下堂

鐘三下。

舊說曰。粥罷下堂鐘三下。是罷參之鐘也。尋常
鳴之。若有祝聖更復鳴之。若旦望上堂。則不鳴
下堂三下。蓋有大參。上堂。故不可鳴罷參鐘也。
永平清規赴粥飯法云。大坐茶湯罷。住持人。聖僧
前問訊出。即打下堂鐘三下。如監院首座入堂煎
點。送住持人出。却來堂內聖僧前上下間問訊罷。
盞托出。方打下堂鐘三下。

●粥罷鐘

舊說曰。粥了後。打鐘三下。此名粥罷鐘。或曰此是
展單鐘也。非為粥罷。
忠曰。此三下。但是下堂鐘也。

●放早參鐘

校定清規五參上堂云。粥後。更不鳴下堂。放早參
鐘。
舊說曰。粥罷三下鐘。謂之放早參鐘。若旦望。五

參上堂曰。不鳴。
忠曰。放早參鐘。即罷參鐘也。古法每日粥後。有
早參。早參住持說法也。今亡之。故粥罷鳴鐘三
下。此報無早參。猶如晚間放參鐘也。然今有上
堂。故不鳴早放參鐘也。

●小開靜

或曰。開猶放也。靜靜慮也。開靜謂大衆。自四更一
點入堂坐禪。到此放禪。故曰開靜矣。忠謹按。鳴庫
前版為小開靜。行者齊起。固不闔堂僧坐禪者。到
大開靜。庫前板。諸堂板。一齊鳴。亦起闔寺大衆也。
固不局堂僧坐禪者。故余謂。開靜者。開覺靜睡也。
開言發覺。靜是睡眠之婉辭也。
瑩山清規云。五更四點後。庫前版鳴三會。名小開
靜。行者齊起也。卯時將終。五更五點後。鼓版擊動
長打三會也。名大開靜大衆摺被。
忠曰。五更三點之後。鳴三百八鐘。次憂鼓碌了。次

鼓五聲。更五。版四下。四。如此三反。次小開靜。打雲

版三會也。次大開靜。先憂鼓磕直打鼓五聲。更五

版五下。點。五次又憂鼓磕了。版鼓一時和鳴。自緩

漸到急。如此三通。開靜。按禪苑清規長打一規大

開靜鼓版俱鳴。此後得一圖。詳說如上。

古來相傳二十五點圖到百八鐘。但云。然後

禪苑清規擊法小靜二會。大靜一會。詳二次異此。

● 開小靜

小開靜。又稱開小靜。

禪苑清規警衆云。凡聞鐘鼓魚板。須知所為五更

鳴。大鐘者。警睡眠也。次廚前打小鐘子者開小靜

也。諸寮供過行者。及燈頭等。並皆先起。次擊廚前

雲板者開大靜也。衆僧齊起。方得摺疊單被。及上

蚊廚次打長板者。衆僧下鉢也。衆僧一時入堂。次

打木魚衆僧集定也。後至者更不得入堂三通鼓

鳴者。住持人赴堂也。堂前小鐘子鳴者。衆僧下床。

祇候問訊住持人也。又云。開小靜之法。先擊板

三聲。漸漸高大。令聲調暢。從慢至緊從重至輕為

一會。至二會殺聲徐徐打三下。

日用軌範云。開小靜。方摺被。拗枕子。

忠曰。軌範所言。與敕修。大坐參。及禪苑永平

瑩山諸規說相違焉。諸規皆以謂開大靜摺

被。然今云。開小靜摺被。余謂。恐小字訛。當作

大也。

校定清規曰用小清規開小靜註云。鐘絕後版。

忠曰。摺被者。開大靜時也。此時大鐘八百方絕

矣若開小靜。五點。則鐘未絕也。可知。小清規

所謂開小靜。方摺被者。可作開大靜也。

竺仙和尚曰。日本人以下鉢長板稱小開靜非也。

忠曰。下鉢長板者。火鼓後。長擊三通者也。板大今

竺仙所言長擊三通者。五更四點廚下小鐘三

會者也。二會為校定下鉢長板。亦言長擊三通

故今當加廚下小鐘。四字而揀其濫也。

解曰用軌範者曰開靜後。長擊板三通名長板。

此謂開小靜竺或爲大鑑語。是妄說、

忠曰是即竺仙所非。下鉢長板稱開小靜者。

全不可取之。若又依此說似小開靜在大開

靜之後。太非也。

● 小靜

小開靜也。

校定清規進退兩班云。次早五更。小靜鳴堂司請

舊首座都寺喫湯。

● 大開靜

忠曰。大開靜者庫前鼓板長打三會一禪苑一會、是也。此

時諸堂前板一齊鳴起闔寺大衆開。又見小靜處一

或和俗聞百八曉鐘爲開靜鐘鳴者非也。然舊

說曰。慈照相公。命京師五山擊二十五點及三

更尋擊四更五更。次鳴鐘九十下遺十八下。及

開靜時鳴之五點此十八鐘與開靜鼓版同

時鳴故有此濫。

禪苑清規云。次擊廚前雲板者開大靜也。詳開

又云。開大靜之法。如開小靜之法。但只長打一會

也。

敕修清規。大坐參云。四鼓鳴住持出鐘鳴首座出

乃至鐘絶開靜板鳴衆方摺被。又赴齋粥云。早晨

聞開靜板後。齋時候巡火板鳴先歸鉢位。又法

器章云。方丈庫司首座寮及諸寮各有小版開靜

時皆長擊之。

忠曰。敕修清規。不出大小名。所謂開靜者皆大

開靜也。擊法見小開靜處。

● 開大靜

大開靜又稱開大靜見禪苑靜引小

永平清規辨道法云。未開靜前不得收單摺被。方

候開大靜。所謂廚前雲版及諸堂前板一時俱聲。

●放參鐘

敕修清規晚參云。若住持至晚不參。則堂司行者
稟命住持。覆首座。鳴僧堂鐘三下。謂放參鐘也。如
住持入院。或官員檀越入山。或受人特請。或爲亡
者開示。或四節臘則移於昏鐘鳴而謂之小參。然
亦不鳴放參鐘。謂猶有參也。

●昏鐘

初更一點後。大鐘百八下。此名昏鐘。
敕修清規大坐參云。每日如有緣故不坐參時。供
頭行者。代首座。出牛單。與大衆同至。晚衆寮前。鳴
板三下。衆出寮。歸堂昏鐘鳴則頭首入堂。
首座待鐘鳴入燒香巡堂。次住持入燒香巡堂。候
定鐘鳴住持出堂。次頭首出。

●定鐘

敕修清規云。候定鐘鳴。住持出堂。又法器
章云。人定十八下。
瑩山清規云。大鐘。人定十八下。
是稱定鐘是時。主人出堂。
舊說曰。初更五點之後。經少時。鳴鐘十八下。此
名定鐘。又名十八鐘。正當亥時。其後少時。打二
更也。凡坐禪。到定鐘而止。衆便出僧堂。今日本叢林。衆皆自
即時鳴二十八鐘一。板五下畢。若欲更坐禪則報言。
出僧堂則鳴鼓一。板五下畢。瑩規也。
定鐘坐禪乃再入堂也。定鐘後鎖前門。衆皆自
後門出入。

忠曰。舊說言初更五點後。鳴定鐘如二十五
點圖。亦言初更五點後。然瑩山言一更三點
後。鳴定鐘也。蓋大鐘一通牛。四下。總五十。可經一
點時乃自第一點打鐘五十四下。而至第二
點更鐘五十四下。而至第三點總一百八下
畢。未到四點直鳴定鐘也。又見上圖有初更
二點後鳴定鐘者。蓋鐘百八下畢。次鳴定鐘。

次打初更第三點也。蓋早打定鐘解怠之相。

不可尚焉。余於二十五點處有辯之、

余又按、若初更打第三點、則可省二點。第一點第二點方合中華者點法。

義堂日工集云定鐘乃令初夜坐禪鐘也謂之

坐鐘

忠曰坐禪到定鐘而止。非定鐘鳴方坐禪或

定鐘後坐禪者。陪修也此名再請禪修（見敕修）又

曰俗言初夜坐禪者正是定鐘也。

舊說曰大鑑竺仙者怒鳴定鐘之早蓋定鐘鳴

則罷坐禪故怒其早也。

忠曰舊說言定鐘之制大牟於大鐘此恐

謂定鐘鳴堂前鐘故作此說誤矣敕修法器

章云大鐘人定十八下此瑩山云鳴大鐘十

八聲是稱定鐘止可知定鐘直鳴大鐘非別

設焉亦非用堂前鐘如堂前鐘制小見僧堂

鐘處

● 觸鐘

忠曰凡鳴鐘法其起止一聲名觸鐘（見敕鐘處）

● 法鼓

舊說曰法堂設二鼓其東北角者爲法鼓西北角

者爲茶鼓。

敕修清規法器章云。法鼓凡住持上堂小參普說

入室並擊之。發鼓之法。上堂時三通先輕敲鼓磉

三下。然後重手徐徐擊之。使其緊慢相參重相

應。音聲和暢起復連環隱隱轟轟若春雷之震蟄。

第一通延聲長擊少歇。轉第二通連聲稍促更不

歇聲就轉第三通一向緩聲擊之。候住持登座畢

方歇聲。雙椎連打三下。小參一通普說五下。入室

三下。皆當緩擊。

忠曰糧聲者。一大二小相交長擊。則如繩輕木。

一題一隱之狀。故言糧也。然昧者妄改作緩。大

失意義。

續燈錄偈頌門。甘露舒禪師法鼓頌云。一擊隆隆
偏九垓。雲奔雨驟盡趨來。須知不是尋常韻。惺得
人天醉眼開。

● 登座鼓

敕修清規法鼓云。上堂。候住持登座畢。方歇聲。詳法
鼓處

忠曰。住持登須彌時。每蹈一階鼓一聲。古德云。
蹈鼓而登。此是也。余謂此可得名節步鼓也。
慈恩三藏獎傳云。戒曰王行時。每將金鼓數
百行一步。一擊號爲節步鼓。獨戒曰王有此。
餘王不得同也。

● 茶鼓

見法鼓處。

敕修清規法器章云。茶鼓、長擊一通侍司主之。

忠曰。祖忌獻茶湯時。鳴之。又茶禮湯禮鳴之。故
言茶鼓。

敕修清規迎待尊宿云。請客侍者具狀。詣客位。插
香拜請特爲湯。至寢堂釘掛帳幕。排照牌。設特爲
光伴位鳴鼓行禮。又專使特爲新命煎點云。俟
折水出。鳴鼓。又山門特爲新命茶湯齋退。鳴
鼓集衆。知事揖住持入堂云。又方丈特爲新舊
兩序湯云。燒香侍者。預排照牌。至時鳴鼓。客集。
又方丈特爲新掛搭茶云。至日齋罷。鳴鼓。集衆侍
者揖入。又方丈小座湯云。寢堂釘掛。排位秉燭
裝香畢。客頭行者。次覆方丈鳴鼓。
忠曰。所謂鳴鼓。皆是用茶鼓也。
舊說曰。頭首秉拂。待借茶鼓以代法鼓。蓋恐濫
住持上堂也。

● 齋鼓

忠曰。齋鼓、在庫司前。

備用清規僧堂特爲湯云鳴庫堂前齋鼓一通

敕修清規法器章云齋鼓三通如上堂時但節會

稍促而已

忠曰節會者一通爲二會節裁節也言齋時鼓

不可如上堂鼓長久繫也。

◉雲鼓

忠曰蓋齋鼓也此鼓在庫前

瑩山清規云午時魚鼓後雲版長打一會大眾下

鉢次庫前雲鼓三會第三會堂前小鐘合鳴報主

人入堂也。

◉問訊鼓

忠曰鳴庫司前齋鼓即瑩山謂雲鼓三會者。

舊說曰住持問訊鼓可入堂

禪苑清規警眾云三通鼓鳴者住持人赴堂也堂

前小鐘子鳴者眾僧下床祇候問訊住持人也。

忠曰問訊鼓蓋言此三通歟依舊說問訊鼓鳴

下鉢問訊鼓際鳴斂鐘

即問訊鼓也見斂鐘處。

◉下鉢鼓

◉放參鼓

首山念禪師廣敕錄云問如何是學人自己師云

放參三下鼓喫粥五更鐘。

◉昏鼓

忠曰初更一點已前鳴鼓三通七爲昏鼓

敕修清規法器章云鼓早晚平聲三通。

舊說曰聲昏曉鼓法先憂鼓磋三通每通一百

二十搥三通合三百六十搥次鳴鼓三通復每

通一百二十搥三通合三百六十搥蓋表一歲

日數矣昏鼓初大擊大聲後漸小聲小聲以象

日沒曉鼓反レ之。初小聲小聲。後漸大聲大聲。以
象曰出焉。

陳繼儒書蕉云。遏鼓。鼓三百三十三槌爲二一通一
鼓止。角動十二聲。爲二一疊一昏鼓四通爲二大一爲夜
牛三通爲二晨戒一。旦明三通爲二發昀一。

或夜戒守鼓者一禮昏鼓四通。爲二大一鼓一夜
爲二晨旦三通一爲二發明一今作二鼙一

切夜昏旦日出溫
世亦與レ煦同。

● 曉鼓
見二昏鼓處一。

● 更鼓
詳二二十五點處一。
周祈名義致云。更鼓鼓謂二之更一者。率更官名師古
曰。掌刻漏。故曰率更以二漏籌一更易二爲義一更鼓義又
祖レ此。
敕修清規法器章云。更鼓早晚平聲三通餘隨二更

次聲庫司主レ之。

解者曰。更鼓早晚平聲三通者。早者。大開靜三
通。與二板同鳴一。此時處處板亦同時鳴也。晚者。昏
鐘鳴之先鼓三通是也。

江湖風月集九峰昇和尚。鞔更鼓偈云。爛木頭邊
釘釘著。死牛皮有二活機關一須彌槌子輕拈出。撼動
一天星斗寒。

● 浴鼓
敕修清規法器章云。浴鼓四通。次第候二衆聲一其詳
見二知
浴章一知浴主レ之。

● 普請鼓
敕修清規法器章云。普請鼓長擊一通。

● 火鼓
校定清規云。長板者。火鼓後長擊三會者。詳二長

● 鼓磉

敕修清規云。輕敲鼓磉〔見法〕〔鼓處一〕

忠曰。現見憂鼓兩耳而磉韻書但有柱礎之訓。
與今全無交涉。余竊按磉當作顙。或顙音近訛
寫耳。鼓顙者。即鼓額也。引楞殿證之。

楞殿經云。因名身體。如腰鼓顙〔アタマ〕　解蒙云。熏閖
云。額或作顙埠蒼云。鼓瓵。補遺顙息朗切額
也。顙桑朗切鼓匡也。字書鼓材也。

字彙云。瓵音瓦。博雅鼓顙謂之瓵。

篇海云。顙蘇朗切。音顙鼓匡木玉篇鼓材。

瑩山清規云。戌時。打鐘三會終後庫前打鼓三會。
先以鼓槌擬鼓唇三下。後以左槌小打以右槌大
打綴。三打又以左槌小打以右槌連打。如此三
打綴聲三。自綴至緊爲一會。如前三會終又擬鼓唇三
打後。一打名爲一更打版爲一點。
下。一打名爲二更打版爲二點。

● 大板

敕修清規聖節云節內迴三八日佛殿念誦至乃參
前巡廊鳴板集眾。向佛排立住持至鳴大板三下。
雲章曰庫司前板言大板以其製大於餘堂板
也。

板又作鈑。鎣堂圓禪師禪興錄舉善哉三下鈑。
知識盡來參萬作額。

續字彙云。鈑與版同莊子金鈑六發。

● 雲版

庫司大版又稱雲版。

雲章曰。版形鑄作雲樣。故云雲版。

瑩山清規云。巳香欲了時。壁僧侍者問訊首座是
棬放禪也。即庫前鳴版三下鳴是稱火版。詳火版
俗事考云。宋太祖以鼓多驚寢遂易以鐵磬此
更鼓之變也。或謂之鉦。即今之雲板也。

三才圖會云。雲板。即今之更點聲鉦。唐六典
皆聲鐘也。大史門有典鐘二百八十八。掌聲

編鐘。即此是也。

●鐵板

叢林盛事云。廣教會和尚川人。嗣石頭回。初依此
菴于護國因。行者幹鐵版。皆有頌送行。會日。空奮
雙拳與麼去。打成一片早回頭。歸來挂在三峰頂。
惱亂春風卒未休。兄弟皆愛之。

●方丈版

敕修清規聖節云。堂司行者報方丈客頭。先覆住
持。次覆侍者。鳴方丈板三下。鳴鼓。又念誦云。先
鳴方丈板。照堂板。次巡廊鳴板。又法器章云。方
丈庫司首座寮及諸寮各有小版。

●庫堂板

此小板也。見方丈板處。與前庫堂大板異。
敕修清規方丈特爲新掛搭茶云。次日。庫司云庫

堂排位。首座光伴鳴庫堂板。上首知事與維那行
禮。

●照堂板

敕修清規方丈特爲新掛搭茶云。次日。首座衆頭
首。具狀請僉。乃至照堂排位。都寺光伴鳴照堂板云

●首座寮板

敕修清規坐禪云。鳴首座寮前板三聲。初聲出門。
二聲約到牛途三聲入堂。又坐參云。不鳴首座
寮前板。若大坐參時。却鳴三下。又大坐參云。堂
司行者鳴首座寮前板三下。大衆轉身向外坐。首
座下地。從後門出。復轉從前門入。聖僧前燒香。

●衆寮前板

敕修清規聖節云。堂司行者。預鳴衆寮前板三下。
集衆坐堂。

● 衆寮外板

衆寮前板。稱(ト)外板。其内板。小(ナリ)外板大也。

敕修清規法器章云。衆寮内外各有版。外版。每日

大衆問訊時。三下。坐禪參時各三下。候(ニ)衆歸堂(ニ)

次第鳴(ラ)之。點茶湯。時長擊(チテ)之(ヲ)内版。掛搭歸寮時三

下。茶湯。行盞(ニ)二下。收盞一下。退座三下。小座湯長

擊(ツ)之。

● 衆寮中小板

敕修清規。入寮出寮茶云。齋退鳴(ニ)寮中小板。點茶

人。門外右立揖(シテ)衆入。

● 衆寮内板

衆寮中小板。稱(ニ)内板。(許(ニ)衆寮一外板處二)

敕修清規。大掛搭歸堂云。行者引(テ)至(ニ)衆寮。鳴(シ)内板

三下。寮主相接入門。

● 諸寮小板

敕修清規法器章云。方丈。庫司首座寮。及諸寮各

有小板。開靜時。皆長擊之(ニ)報(ニ)衆時。各鳴三下。

● 坐禪板

敕修清規月分須知云。六月初一日。隆暑首座免

鳴(ニ)坐禪板。又法器章云。衆寮外版。坐禪參時。(見(ニ)衆寮外板處一)

各三下。候(ニ)衆歸堂(ニ)次第鳴(ラ)之。

● 齋板

忠曰。庫司大板齋時(ニ)鳴之。此名齋板。

敕修清規受嗣法人煎點云。厨司方鳴(シテ)齋板(ニ)就(テ)行

飯(チ)。

● 下鉢板

忠曰。粥時長板。名(ニ)下鉢板。齋時三下板。爲(ニ)下鉢板。

禪苑清規云。開大靜至乃。次打長板者。衆僧下鉢也。

衆僧一時入堂。次打木魚衆僧集定也。

忠曰。下鉢。有異說謂禪苑清規校定清規則以

木魚已前長擊三通為下鉢板。校定說見入衆

日用敕修清規則以木魚之後三下疊疊者為

下鉢板。如詳辨長板處。

又按禪苑下鉢板。粥時則以長擊三通板為下

鉢齋時則以三下板為下鉢(但打三下疊疊者在

木魚已前。

禪苑清規赴粥飯云。早晨開靜之後齋時三下已

前先於食位就坐候長板鳴及打三下即起身下

鉢。

忠曰。禪苑粥飯雙說。謬解者多。今言早晨開靜

之後。先於食位就坐候長板鳴。即起身下鉢此

為粥時也。齋時三下已前。先於食位就坐及

打三下。即起身下鉢此為齋時也。

又禪苑清規警衆云。齋前聞三下板鳴者。衆僧下

鉢也。次鳴大鐘者。報齋時也。自餘長板魚鼓堂前

小鐘。維那打槌食畢。下堂。並同晨粥之法。

舊說曰。板方二下時可下鉢。或曰。第三下可下

鉢。

舊說曰。一說下鉢板七下。此或可然。何以言

之云。第三下起身故。忠曰。下鉢板七下。何從

得此說蓋轉訛斂鐘七下而已。固不足論矣。

又第三下起身者。蓋謬解禪苑及打三下起

身下鉢之語耳。彼所謂三下者。齋時板名又

非言第三下也。

● 長板

忠曰。下鉢板。言長板。長擊三會。故名長板。日本

俗訛為板通名而稱鑄長板等。非也。其通

名雲板也。

舊說以三下疊疊板。為長板。其義曰。三下非但

三擊。以三下為一疊。疊疊擊之。及住持入僧堂

其擊之久長。故云長板。〔忠曰、此因二聲得名、〕

雲章以齋時三下板爲長板。令其聲長故云長

板。〔詳三下板處。〕

忠曰。長板異說。須以禪苑清規爲正。

禪苑清規警衆云。擊廚前雲板者。開大靜也。次打

長板者。衆僧下鉢也。衆僧一時入堂。又云。打長板木

魚之法。並輕手引聲。漸漸高大。令音聲調暢然後

緊慢相參應。凡至一會略歇少時所貴節

會分明。令聽者不惑。至三會殺聲徐打三下。

校定清規云。長版者。火鼓後。長聲三會者。是也。非

木魚後三下者。今叢林皆以三下板爲長板方行

禮。今只隨時可也。

故但隨板下。然以三時鉢爲下鉢而已。

入衆日用云。木魚響不得入堂。至乃聞長板鳴下

鉢。敕修清規法器章云。大版。齋粥二時。長繫三通

木魚後三下疊疊擊之謂之長板。

舊說曰。齋粥二時。十八鐘後。所擊下鉢之板。此

名長板。

竺仙和尚曰。此說非也。開靜後長擊三通者。

名長板。

忠曰。十八鐘後。鳴木魚。次鳴三下疊疊。故知

大開靜後。火鼓三下。次長聲板三通衆僧下

鉢。次鳴木魚。

忠曰。如禪苑。以火鼓下鉢。然今時叢林早訛。故

三通者。名長板。下鉢然後。十八鐘已前之長聲

入衆日用。以木魚後。三下疊疊爲長板校定雖

識其非。而循習難革。故只隨時焉爲敕修亦

以三下疊疊爲長板。蓋同校定意。

敕修清規山門特爲新命茶湯云。近時有齋時聞

長板鳴知事入堂。炷香展拜巡堂一匝請茶。又

新首座。特爲後堂大衆茶云。長板鳴僧堂內巡請

茶。

● 長擊板

忠曰。下鉢長板外。又有長擊者。雖可通名長板。餘
長擊不受長板名。

敕修清規法器章云。方丈庫司首座寮及諸寮各
有小版開靜時。皆長擊之。又云。衆寮內外各有板。
外板。點茶湯時。長擊之。內板。小座湯長擊之。

● 三下板

禪苑清規云。齋時三下已前。先於食位就坐及打
三下即起身下鉢。 又云。齋前間三下板鳴者。衆
僧下鉢也。

雲章稱此三下板。爲長板。其說曰。每下令其擊
聲長緩。蓋欲有少時刻。使衆遲速齊一。故云長
板。

忠曰。早粥本長擊三通下鉢。譚苑後訛。木魚後三
下疊疊下鉢。余竊推其轉謬源。如齋時。則單三
下板。下疊疊下鉢。是即三下下鉢也。終以三下名訛
爲三下疊疊之。三下。至此下鉢歟。

傳燈錄般若啓柔禪師章云。師上堂。聞三下板聲。
大衆始集。師因示一偈曰。妙哉三下板。諸德盡來
參。既善分時節。今吾不再三。知時節作

忠曰。上堂者。食時上僧堂也。凡板打三下者。皆
當稱三下板。然特名齋時者。爲三下板矣。

● 火板

齋前。三下板也。

舊說曰。火板掛在庫司竈上。及飯熟飯頭打之三
下。則火頭滅火。故名火版矣。但今食前三鐘。蓋擬
火板也。

敕修清規受請法人煎點云。火板鳴。大衆赴堂。

日用軌範云。仍嚼楊枝。歸堂坐禪。火板未鳴。不得
先歸寮。

忠曰。及火板鳴坐禪罷。今言火板未鳴者。坐禪
未了也。若火板鳴後。則與長板有少時。此時須
歸寮矣。

瑩山清規云。已香欲了時。聖僧侍者。問訊首座是
稟放禪也。即庫前雲版三下鳴是稱火板是坐禪
罷也。

● 巡火板

舊說曰。掉火鈴繫板巡諸寮舍。而向僧堂意報衆
警火災也。

敕修清規赴齋粥云。齋時候巡火板鳴。先歸鉢位。
忠曰。蓋寮衆。赴僧堂齋粥諸寮人少。故警之令
理火愼災也。與火板別也。須與火鈴交看。

敕修清規法器章云。版微戒火燭三下。

● 報廊板

敕修清規聖節云。節內遇三八日。佛殿念誦。至參
前巡廊鳴板。集衆。向佛排立。

雲章曰。巡廊鳴板者。先鳴方丈板。次鳴照堂板。
次鳴衆寮首座等板。謂之報廊板也。

敕修清規念誦云。先鳴方丈板。照堂板。次巡
廊鳴板。止此。解者曰。照堂在僧堂之後。亦可在
衆寮之後。而今可言衆寮之照堂也。忠曰。
但是僧堂之照堂也。不用復曲說。今見雲章
所說。照堂板。次有衆寮板。可知雲章亦是為
僧堂之照堂也。又曰。巡廊鳴諸寮所掛板也。
非持版巡諸寮鳴之。

日用軌範入浴法云。古云。三通鼓響入堂時。觸
淨須分上下衣。

解者曰浴時雖聽鼓聲。可有惑窮幾浴者。故
巡廊鳴板以報浴之第一次。鳴板每一下。第
二次。二下。第三次。三下。第四次。四下。名報廊
板。

忠曰。浴第一次板一下等。又是一法。如敕修

知浴中言。但是巡廊鳴板三下。此止又云。鳴板三下徧鳴鼓。此然舊解言聽鼓後方鳴板。恐謬說。

● 巡廊板

即是報廊板也。

敕修清規知浴云。次第巡廊鳴板三下徧鳴鼓。

解者曰。諸餘清規。但鳴庫司板。今怕有三不聞者。

故巡諸寮而鳴板。此名巡廊板。亦云報廊板。每寮鳴三下也。

忠曰。徧者。徧于諸寮也。

● 浴室内小板

敕修清規知浴云。室内掛小板。旁釘小牌書云。鳴板一聲添湯。二聲添水。三聲則止。以此為節。

備用清規知浴云。室内小牌。白字一湯。二水。三滿。

打小板。

● 洗脚板

日用軌範云。洗脚板鳴。不得爭奪脚桶。詳見彼規。

● 圓板

覺浪大師會正規鐘板云。舊來鐘板有橫板直板。而方其式者。予茲獨以圓板。如滿月輪相。蓋以取諸從上圓相之儀。此圓相。不特潙仰家用究其源。來自忠國師徒。六祖已上。遞相傳授。即五家亦何嘗不用。亦非曹洞寶鏡與五位有圓相也。世傳臨濟打板則有一二三板。一槌以表單行。曹洞則一板一鐘。二板二鐘。三板三鐘以表兼帶。此亦世諦流布。無可不可也。雖然如是。祇如今以圓板掛諸堂中。畢竟是箇甚麼意旨邪。

● 椎

沙彌律儀入浴云。湯冷熱。依例擊椎。不得大喚。

忠曰即是浴室内。小板也。三才圖會有二梆圖龍
頭魚形。余辯見二木魚處一。

正字通云。梆博康切音邦。斷レ木三尺許背上穿
直孔今官衙設レ之。為二號召之節一。或以二竹截作筒
兩頭留レ竹節旁鑿二小孔撃一之有レ聲亦曰レ梆似二古
之用柝一。六書故因二字从レ邦謂二聲邦邦狀一。

三才圖會云。梆即柝易繫辭曰。重門擊レ柝以待
暴客一。蓋取二諸豫一。說文檹夜行レ令撃レ木為レ聲以待
更籌一者。是俗曰二蝦蟇更一檹即柝乃古今字耳。

● 椎

正字通云。椎直回切音鎚。撃二物具一俗作二槌一集韻二
作レ棉。

北凉涅槃經云。椎法有二五種一。名世。句世。縛世。法世。
執著世。乃至云。何法世。如二鳴レ椎集レ僧嚴レ鼓誡レ兵吹一貝
知時。是名二法世一。

敕修清規維那云。鐘鼓絕鳴レ椎一下。衆展レ鉢云云

又法器章云。椎齋粥二時。僧堂内。開鉢念佛唱レ食
遍食施財白衆皆鳴レ之。維那主レ之。下堂時聖僧侍
者鳴レ之。

禪苑清規警衆云。維那最初打二槌一下一者。衆僧開
鉢也。圓二槌聲一白二設粥意一也。表二
敕讀一白二念二十佛名一也。次打二槌一下一者。
首座施二粥一也。又打二槌一下一者衆僧下堂也。

云。次打二槌一下一者。粥遍也。粥罷打二槌一
齋時。維那打レ槌。同二晨粥之法一。
下者衆僧下堂也。

云清淨法身等。下二槌一太疾。即打著二佛脚一。下二槌一太慢
則打著二佛頭一。又赴二粥飯一者。

聯燈會要鄧隱峯禪師章云。師在二襄州一。破二威儀
堂只著二襯衣一。於二砧槌邊一立拈起槌云。道得即不
打衆默然師便打一下。

正宗贊大通本禪師贊曰。沒二巴鼻處一。拋二出八稜
槌一

解者曰。造レ槌為二八角一像二須彌八方一也。忠曰
有須彌為二椎之語一故作二此說一。

●槌砧

舊說曰。承槌打之木。言槌砧。砧打小木。言槌矣。槌
為本器為槌而有砧。然交割簿。言槌砧附槌子可
笑。

敕修淸規維那云。左手按砧云云右手鳴槌。高不過
五寸聲絕方下槌。急緩合度。

舊說曰。天竺那蘭陀寺衆多堂廣。故七處設槌。
方得其聲及衆。

龍龕手鑑云。砧砧通正。陟林切。擣衣石也。又踧二
也。又鐵砧等。

忠曰。打槌言打靜。　行事鈔說戒正儀篇云。維
那。至上座前打靜處立。左手捉籌。右手捉打靜
椎。其柄亦須香水淨已。至維那打靜一下云云

又諸雜要行篇云。打靜法。維那先戶外。具儀
斂掌。傍門面入已至打處立。合掌右手取椎。擧
起擬砧訖。然後打一聲。不得有重響方乃臥椎。

手從柄處捉之。然後合掌。有所啓白若有施與
咒願。唱告等得。維那口陳其緣不得打椎以
為事用除為衆亂等。　資持記云。傍門面入者隨
左右頰而擧足也。擬砧使椎砧相當也。等得亦
云等供。即大小食時。唱食平等。不下制非法准
知。打椎。止為白告靜衆。不同鐘磬打為事用也。

舊說曰。槌砧。又名槌靜。

忠曰。事鈔云。打靜。聞律家言。打曰槌靜有南北異
義。北京曰。靜是能打。謂打椎靜衆之義。南都
曰。靜是所打。謂靜即砧也。此按舊說是南都
義也。

●槌磬

槌砧。又曰槌磬。

敕修淸規維那云。至淸淨法身處。左手作蓋勢側
按槌磬。右手打槌。高不過五寸。彼詳如

備用淸規維那云。高不過五寸。彼、如

正字通云。墩音敦。平地有堆者。爾雅註。江東呼

地高為墪鑿同墪。

◉ 遍粥椎

校定清規。兩序進退二。云堂中偏粥槌後知事從後

門入。都寺打槌一下云云

◉ 遍食槌

忠曰。通食名。通齋粥二。

舊說曰。遍食椎者。衆將揲上下肩而喫三口食已

前所擊一下。是也。

禪苑清規。警衆二。云十佛名次。打槌一下者。首座施

粥也。又打槌一下者。粥遍也。

敕修清規。聖節云。早粥遍食椎後再鳴椎一下云。

白大衆啟建事。　又維那云。若施主齋僧行齋偏

食椎後。從聖僧後。轉左邊。朝首座問訊。復鳴椎一

下。而出。為請三施財也。　又新戒參堂。至期早粥

遍食椎後。新戒參頭。領衆入堂。聖僧前列問訊。

◉ 下堂椎

禪苑清規。警衆二。云粥罷打槌一下者。衆僧下堂也。

住持人出堂。衆僧方可上鉢。齋時下堂。衆同二。

敕修清規。法器章云。椎。下堂時。聖僧侍者鳴之。詳二

堂一

解者曰。維那鳴遍食椎後。出堂。故齋粥罷衆下

堂之椎。聖僧侍者擊之。

◉ 戒尺

敕修清規。沙彌得度云。設戒師座几。與住持分手

几上安香燭手鑪戒尺。

敕修清規。鬻髮儀云。几上安香燭花瓶戒尺。

忠曰。兩小木。一仰一俯。仰者在下稍大把上者

擬下者。擊而鳴之。受戒專用之。故得戒尺之稱。

余得古德受戒之具。其戒尺在下者長七寸六

分。厚六分闊一寸一分餘。下面四邊有稜。面在

上者長七寸四分、厚五分餘、闊一寸、上面四邊

有緣面、上木正中豎安木鈕、鈕長二寸五分、高

七分、把鈕聲之。

● 尺

戒尺、或單稱尺。

幻住清規、開甘露門法云、入座鳴尺一下。

忠曰、傅大士以尺揮按者、界尺也、見器物門界

尺處。

● 磬（ケイ）

敕修清規、沙彌得度云、作梵闍梨鳴大磬作梵。

又法器章云、磬、大殿早暮、住持知事行香時、大衆

看誦經咒時、直殿者鳴之、唱衣時維那鳴之、行者

披剃時、作梵闍梨鳴之。

祇園圖經云、佛衣服院阿難所止、常護佛衣、有一

銅磬可受五升、磬子四邊悉黃金鏤作過去佛弟

子、又鼻上以紫磨金爲九龍形、背上立天人像、執

玉槌用聲磬、聞三千世界音、中亦說諸佛教誡弟

子、法磬是梵王造之、及佛滅度、娑竭羅龍王收入

海宮。

石湖梅譜云、蠟梅凡三種、云、經接花疎、雖盛開

花常半含、名磬口梅、言似僧磬之口也。

忠曰、僧磬與樂器磬、其形全別、樂器磬板樣

曲折、考工記所謂倨句一矩有半者、僧磬如

鉢形、祇園圖經云可受五升、可知。天竺磬亦

如鉢器矣、又梅譜以梅花半含比僧磬、支那

人之音也。

文獻通考云、銅磬梁朝樂器也、後世因之、方響

之制出焉、今釋氏所用銅鉢亦謂之磬、蓋妄名

之耳、齊梁間文士擊銅鉢賦詩、亦梵磬之類、胡

宋祁筆記云、樂石有磬、今浮屠持銅鉢亦名磬。

世人不識樂石、而儒者往往不曉磬折義、故不

蜀不識磬又不能知鉢。

● 手磬

敕修清規達磨忌云。行者鳴手磬維那出班。又
法器章云。小手磬堂司行者常隨身遇衆諷誦鳴
之爲起止之節。

解者曰手磬日本禪林所謂鈴也。

忠曰小磬手捧桴鳴者曰日本禪林此名鈴矣然
鈴本木舌內懸倒掉鳴之。與所謂手磬全別。未
知手磬何因得鈴名耶。

● 引磬

忠曰大清禪刹小磬如桃大。底有竅貫緒連縛小
竹枝爲柄。以小鐵桴聲之。名爲引磬蓋因導引衆
故名。

忠義水滸傳云。宋江參五臺山智眞長老鳴鐘擊
鼓。合寺衆僧。都披裟裟坐具。到於法堂中坐下。宋

江魯智深幷衆頭領。立於兩邊引磬響處。兩碗紅
紗燈籠引長老上陞法座。

忠曰。羅貫作此傳是時有引磬目。

敕修清規沙彌得度云引請收坐具起鳴手磬引
剃頭人入堂。又亡僧云。齋粥殿堂諷經罷。及放
參罷堂司行者。即鳴手磬前引首座領衆。至龕前。
住持燒香畢維那舉大悲咒。

忠曰。敕修清規小手磬行者常隨身見手磬處。其
制似極小已言鳴手磬前引。則即是可引磬矣。

● 鐃鈸

敕修清規法器章云。鐃鈸。凡維那攝住持兩序出
班上香時。藏殿祝贊轉輪時。行者鳴之。遇迎引送
亡時行者披剃大衆行道。接新住持入院時。皆鳴
之。

忠曰。清規鐃鈸非爲二物。然按杜氏通典文獻
通考三才圖會等。金鐃與銅鈸全二物。諸韻書

亦爾到[アイ]正字通初得鏡鈸爲二一物一之解

正字通云鈸蒲括切音拔銅鈸今鏡鈸也

江湖紀聞后集云宋咸淳乙丑年汀州范宅鑿畦[カニ]爲レ沼得二鏡鈸一面一鈴杵無レ舌方悟荒畦元慶寺也

杜氏通典云銅鈸亦謂二之銅盤一出二西戎及南蠻一其圓數寸隱起如二浮漚一貫レ之以レ章相擊以レ和南

文獻通考云銅鈸亦謂二之銅盤一本南齊穆士素所レ造其圓數寸中間隆起如二浮漚一出二西戎南蠻扶南高昌疏勒之國一大者圓數尺以レ章貫レ之相擊以レ和樂唐之燕樂清曲有二銅鈸相和之樂一今浮屠氏清曲用レ之蓋出二於夷音一然有二正與和其大小清濁之辨一歟

湖海新聞云宋徽宗宣和元年降二手詔一曰按二先天紀一鈸乃黃帝戰二蚩尤一之兵器胡人之凶具中國自不レ合レ用云云開封尹盛章奏本府所レ納銅鏡鈸一萬六千六百三十六隻計二萬六百二

十斤一兩。

忠曰三才圖會有二金鏡一其制大異二銅鈸一今附二錄解惑一。

圖會云金鏡如二火斗一有レ柄以レ銅爲レ之大者圓二尺

疏云其上如レ鈴中有レ丸執二其柄一而搖レ之其聲

讒說然以止二鼓。

又曰文獻通考有二銅鏡與金鏡一制全別其形如二銅鈸一小。日本名登比與宇志者承覕聲鳴之大濟來朝寺用レ之日本古禪刹所レ用浮漚器亦附レ錄。

通考云銅鏡浮屠氏所レ用之鏡其名雖レ與二四金之鏡一同其寶固異矣。

小而聲清世俗謂二之鏡一其名雖レ與二四金之鏡一同其寶固異矣。

四言對相有二鏡圖一大似レ鈸通考所レ謂銅鏡也。

● 銅鑼[ドラ]

忠曰日本鈸家用レ之搓二布帛一以爲レ桴。

正字通云鑼郎何切音羅築レ銅爲レ之形如レ孟大者聲揚小者聲殺樂書有二銅鑼一自後魏宣武以後好

胡音銅鈸沙羅。沙羅即鈔鑼。六書故曰。今之金聲。
用于軍旅者。亦以爲盥盆。按鑼非獨軍行用之盥
用鑼尤迂泥。

● 火鈴

忠曰。齋時振火鈴（見巡火板處）。又二更一點。四更一點。
並振火鈴（見二十）。微戒火燭。故得火鈴名。
瑩山淸規云。火版鳴從庫下。諸寮前。遠寺。振火鈴。
又云。二更二點後。振火鈴。呼照顧火燭。遠寺。自
忠曰。瑩山云。二點與二十五點圖少異矣。又照
顧火燭者。告泉警火之詞。
破菴先禪師秀峯錄。上堂云。開口即錯擬心即
差倒攜蓆帽。飜著裰衫看看暮天欲雪普請各
宜照顧。且道照顧箇什麼。自云。照顧火燭。

● 巡更鈴

火鈴又稱巡更鈴。
普燈錄道宣知藏章云。久侍天衣聰法。無所契。衣叱
之。宣忘寢食者月餘。一夕聞巡更鈴聲忽省曰。
住伍一聲直透青霄路。寒潭月皎。有誰知泥牛觸
折珊瑚樹。衣聞命職堂司。後住投子凡有所問。以
拂子作搖鈴勢。
忠按。巡更鈴。本官家有傳夜鈴之法。而叢林擬
之乎。史記李廣傳刀斗註云。荀悅云。刀斗小
鈴。如宮中傳夜鈴也。此又文獻通考云。漢舊
儀中宮衞宮城門。擊刀斗篡文曰刀斗。特時鈴
也。此又揚子方言云。無釾謂之刁斗註謂小鈴
也。音貂見漢書。

● 木魚

日用軌範云。木魚響不得入堂。或令行者取鉢堂
外坐。
敕修淸規法器章云。木魚齋粥二時。長擊二通普

請僧衆長擊一通普請行二通

宋孟元老東京夢華錄云。每日交五更諸寺院
行者。打鐵牌子或木魚循門報曉。亦各分地方。
日間求化。諸趣朝入市之人。聞此而起。

忠曰。鐵牌子。蓋謂鐵板也。

已下錄象魚義。

敕修清規法器章木魚云。相傳云。魚晝夜常醒。刻
木象形擊之。所以警昏惰也。

釋氏要覽云。今寺院木魚者。蓋古人不可以木朴
擊之。故刻魚象也。又必取張華相魚之名。或取鯨
魚一擊蒲勞為之大鳴也。

劉斧撫邊云。僧舍木魚者。魚晝夜不合目。修行者。
忘寐修道。魚可化龍凡可入聖。

敕苑清規云。木魚婆沙云。有僧違師毀法。墮魚
身背上一樹。風濤搖擺出血苦痛。本師渡海魚
遂作聲云。汝不教我。致墮魚報。今欲報怨。師曰。
汝名甚麼。魚曰。某甲。師令懺悔。復為設水陸追

拔夜夢魚曰。已脫魚身。可將我樹捨寺以親三
寶。師果見魚樹。刻魚形懸掛警衆。

又或引玄奘指歸曲云。玄奘自天竺歸。經蜀道。
有一長者。喪妻。有兒甫三歲。後母惡之。伺長者
出。攜上鄴兒。投水中。長者悲哀。為設僧齋適
遇奘至。喜迎請第一座。奘不食。謂長途
疲矣。欲得魚肉喫之。一座大驚。長者欲出買之。
奘囑云。非大魚不可也。長者如教求獲。方
上俎割之。所沒之兒啼在魚腹中。長者大歡。奘
曰。如何報魚恩。奘曰。木雕魚形懸之佛寺齋時
曰。此兒夙世持不殺。故今雖被魚吞不死。長者
擊之。可以報魚德。今之木魚是也。忠今改錄。元本和語、

忠曰。余嘗撿阿毘達磨大毘婆沙論二百卷、
阿毘曇毘婆沙論八十卷。並無木魚緣。五百
問經。有師不教誡弟子死墮龍中。害昔師。蓋
妄漢依託撰說。玄奘魚腹得兒事。慈恩傳不
載。亦恐以薄拘羅事捏合。今故錄標其妄矣。

三才圖會云。木魚。刻木爲魚形。空其中。敲之有
聲。釋氏謂閻浮提乃巨鼇所戴。身常作癢。則鼓
其鬐。川山爲之震動。故象其形。擊之。此荒唐之
說。然今釋氏之贊梵唄時皆用之。
忠曰。巨鼇戴山。出乎列子。湯問釋氏本無此說。
釋氏說世界有水輪。金輪賦輪而已。且道何
經律論說鼇戴閻浮提哉。然則荒唐之咎歸
于汝矣。大抵腐儒誣罔。如此者不一又按圖
會木魚圖。魚頭尾自相接。其形圓圖今清國
僧稱木魚者。作龍二首一身。斑背兩口相接。
銜一枚珠之形。亦空肚圓圖蓋與圖會木魚
同。諷唱時。專敲之以成節。如粥飯所用擊木魚。
却非首尾圓聚者。按圖會梆圖龍頭魚身形。
挺直。即是粥飯所用庫堂木魚也。余以謂梆未見。
爲魚形之說。恐圖會以粥飯所用。庫堂木魚。
誤成梆圖歟。今模圖會二圖令讀者揀焉。

三才圖會器用部木魚圖

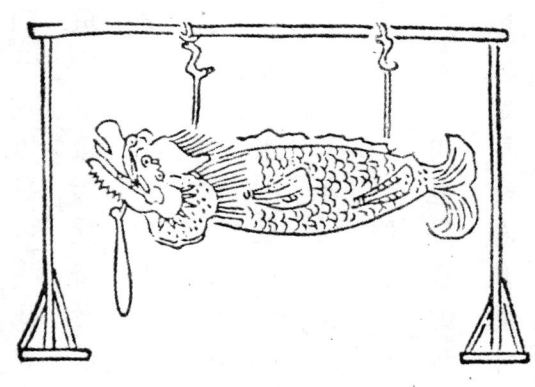

三才圖會器用部梆圖

已下略錄機緣。

傳燈錄。潙山祐禪師章云。庫頭擊木魚。（詳職位門、火頭章。）

神晏禪師錄云。官人指木魚問這箇是什麼。師云驚回多少瞌睡人。官云。泪不到此間。師云。無心打無心。

雪巖欽禪師佛日錄云。佛殿脊金鷗跨跳上天廚堂口木魚走入滄海。

已下略錄賦咏。

聯燈會要。智門寬禪師章云。師訪白兆。兆云。老僧有箇木魚。師云。請舉看。兆云。伏惟爛木一概。佛與衆生不別。若以杖子擊著。直得聖凡路絕。師云。此頌有成襪。無成襪。兆云。無成襪。師云。佛與衆生不別。藝。左右救云。有成襪。師云。直得聖凡路絕。當時白兆一衆失色。

葉縣省禪師錄。木魚詞云。木魚詞橫身三界臥。擺頭掉尾瞬金鱗。凡聖縱橫不奈何。老胡聞。卷耳聽。聲聲振勁古佛心。逍遙自在無私曲蕩蕩

行時任騰騰指日月。太山崩踊踊躍躍魔軍驚哮吼吟時雲隊隊大洋海底霹靂聲。

佛眼遠禪師錄木魚頌云。無端擊此溝中斷鐘鼓相參無雜亂能聞所聞非二緣。以此及此通回換。凡夫何故作追攀。達士若為成智觀。可憐流入薩婆若醉眠尚爾排魚買。

東山外集和壽山木魚韻云。透出波瀾外橫身任探尋只知打我腹不覺痛他心香積晨炊熟秋廊夜月深重重報君道。千眼是觀音

東坡詩集宿蟠桃寺詩云。板閣獨眠驚旅枕木魚曉動隨僧粥。

⊕ 桐魚

寂叟摘藥崇福講經修二兩廊兼化粗疏云。風聲鳴檻看兩行鐵鳳高飛曉粥上鍋聽三疊桐魚普說。

晋書張華傳云。吳郡臨平岸崩出一石鼓槌之無聲。帝以問華。華曰。可取蜀中桐材刻為魚形。扣之。

則鳴矣。於是如其言果聲聞數里。

● 魚鼓

木魚又名魚鼓。

普燈錄神鼎諲禪師章云。僧鼓未鳴時如何曰看
天看地。云鳴後如何曰捧鉢上堂。

趙州諗禪師錄魚鼓頌云。四大猶來造化功有聲
全賞裏頭空莫怪不與凡夫說只爲宮商調不同。

雪峯存禪師錄咏魚鼓頌云。我暫作魚鼓懸頭爲
衆苦師僧喫茶飯拈槌打我肚身雖披鱗甲心中
一物無鷗鵏橫谿望我誓不入湖。又云可憐魚
鼓子天生從地養粥飯不能殄空肚作聲響時時
驚僧睡懶者須惱長住持鬧喧喧不如打游漢。

● 石魚

忠曰。佛寺又有用石作魚鼓者。

秦淮海集石魚詩云。佛宮琢琳琅懸魚警群聰綏
扣集方袍急拊趨百工雖無荀虞器自協徵與宮
犛然當人心邈有炎氏風山泉自疏數珮玉相玲
瓏朝昏間鐘鼓清響傳無窮惟有寶陀山於音猶
圓通一聞如得解石鞏亦投弓。

● 開枕

日用軌範云。候首座開枕後困重者就寢。
敕修清規。大坐參云。聞首座開枕響衆方偃息在
道兄弟不以此拘詳義軌處一

忠曰言開者開闔之開也。開摺枕備于臥用首
座示衆可安息之意故展開枕故令有響也。
舊說曰。枕制令可摺。名橋枕見器物門更深住持亦
出堂。故因重者聞首座開枕可少偃息耳。若其
全身。在道中者。可不問時節豎起脊梁骨何必
事三臥息耶。

● 二十五點

○鼓更　◐版點

○鼓為更黑圈版為點。點局更點此為準、

白圈鼓為更、黑圈版為點、唐書百官志三、漏刻博士、更以擊鼓為節、點以擊鐘為節、

◐版更　□柝點

黑圈版為更、白方柝為點。巡點更點此為準。

初更

昏鼓三通。擊法、見堂鼓處、

一點○○○　○○○　○○○　點局鼓板同、已下例知、

次憂鼓磬三通。

◐巡點版柝。寮、方丈、首座寮、合二

寮板捲簾也、

此三板擊之、而於此一發、乃不打第四更、本更並不打第五更、今自第三而止、於行人一、故三行不打第四更、此圖之後、詳引、依此、則日本、忠曰、余竊此圖者、非也、

大鐘一通牛。以三十四下、其下為一十八一緩打牛次實

更點打初更五點打二點打初更五點、第三點打二、第五點打三更一通、此謂二

又鳴大鐘一通牛。合前八下三通、都八下也、

緩打都五、十四下、十八候二點、若打三點則打二、打三、

故點直接鼓板此大鐘一通牛、

佛殿燒香鳴鐘三下、鐘鳴三下、正面禮拜、自二庫司山門一至僧堂前一、

第山三門一至僧堂前一、住持入殿燒香、鳴鐘七下、查正面禮拜、一下、普菴一下、土地一下、祖面堂一下、一普庵、自山門一至僧堂一、三尊前三下、

三燒香終、巡堂一币、歸位、

通香位、住持入堂時、昏鐘歸位、開二住持燒香鐘一出二寮一入堂二前燒香、

首座開二住持燒香鐘一

三點○○○○○○○○

次憂鼓磬三通。

忠曰、中華初更二十第一點矣、如二日本二十更二但去、省二四五二點去、則都省二四十二同、五更十二中華、第五、二點打初更者、四五打四、二十更二、第二點然則二更一五初更二點間鳴大鼓三、通板總一、如此鼓不共四更鳴、不打四點鳴、去一、三大度、次三更初通牛三、一大鐘絕、初更牛二點、然後鐘初更五、下大鐘絕、初此謂二

鐘定一　五板如四、如此三度、更絕二少時、初鳴鐘更十八點、下鼓一板二

禪林象器箋　第廿七類　唄器門

四點

五點

デンシュ

定鐘十八下

南禪規式、版柝、但於二初更五點一及
四更五點一鳴レ之、餘不レ鳴二版柝一初
更五點後、經二少時一鳴レ之、坐禪
於レ是止、又有二少時一打二三更一

定鐘山清規云、一更三點之後、鳴二定鐘一如二前
定鐘處靜一

二更

一點

鳴二火鈴一照顧二火燭一巡レ廊發レ火、點局行者學レ
火鈴之、或云、鳴二火鈴一在二二更二點後一
自二次二點一至二四更一點二庫司香頭者、主レ之、
火鈴之後、諸寮交レ登

二點

三點

三更

一點

二點

三點

四點

五點

四點

五點

四更
一點

三更五點後、報方丈首座察都寺察以打二
四更之點一

諸寮點燈、

憂鼓礙收時、大疏七下、
諸寺諸堂燒香入室、
龕前燒香、蹄位坐禪、
打南譚規云、憂三鼓獰一拳、復
打二更一、憂二者一遍、

鳴火鈴聲火也。
點局行者掌之、

二點

衆僧入僧堂坐禪、
大坐參云、次早三下板鳴、衆起、翌僧侍者
奉二堂内手巾、
眠者起洗面、衆歸堂。

三點

云、前堂首座入堂
燒香巡堂、住持
隨後入堂、次住持
入堂、燒香
巡堂、大
坐參

四點

規
式
云
住
持
於
三
點
入
堂
、
龕
前
後
一
隨
意
入
堂
、
龕
前
燒
香
、
巡
堂
歸
位
、
南
譚

五點

五更

一點

二點

三點

憂鼓磌。

參云、四鼓鳴、住持出レ堂、次首座出レ堂、住持出レ堂、大衆起レ意、大坐

南禪規見レ此
初更五點レ

打二五更三點一後、三點二者一遍、

南禪規云、憂鼓三點、憂鼓三點後、

大鐘三通。每二一通三十六下、初十八緩、後十八緩、後十八下、然後十

憂鼓磌。

禪苑清規響殺云、五更鳴二大鐘一者、警二睡眠一也。

南禪規式云、大坐參云、五更鼓鳴、首座出レ堂、不レ打二鼓板一鳴二大鐘一配レ之、約二忠曰、復一通牛、到二四點一
南禪規開二靜一云、大坐參云、五更四點鼓鳴、首座出レ堂、不レ打二鼓板一鳴二大鐘一、復一通牛、到二四點一

次曉鼓三通。法兼レ板同擊、學

宋洪邁俗事考云、漢舊斥候士百餘人、五分レ夜擊二
刁斗自守一。師古曰、夜有二五更一、故分而持之。唐六典
太史門典鐘二百八十人、掌二鐘漏一。故詩云、促漏遙
鐘動靜聞其漏五五相遞凡二十五。故李郢詩云、
二十五聲秋點長。韓退之詩、鷄三號更五點。宋宮
而及州縣更漏皆去二五更一。後二點又并二初更一去其
二點一首尾止二十一點。至今仍之。故曰、一更三點
禁二人行一。五更三點放二人行一。宋太祖以二鼓多驚寢一遂
易レ以二鐵磬一此更鼓之變也。或謂二之鉦一即今之雲板
也。陳履常詩、殘點連聲殺二五更一。注元量詩亂點傳
籌殺二六更一。今報更。磬磬鼓將盡則雲板連敲謂之

殺更衛公兵法曰鼓三百三十三槌爲一通角吹
十二聲爲一疊鼓止角動也司馬法曰昏鼓四通
爲大罷夜半三通爲晨戒旦明三通爲發昫今早
晚各止三通也其鐘聲則一百八撞以應十二月
二十四氣七十二候之數

楊升菴外集云夜漏五五相遞爲二十五唐李郢
詩二十五聲秋點長韓退之詩鷄三號唐五點是
也至宋世國初禪長短識有寒在五更頭之忌宮掖
及州縣更漏皆去五更二點又幷初更去其二
以配之首尾止二十一點至今不改爲

品字箋云宋時有寒在五更頭之識始絕去五更
之後二點因而又去初更之前二點以配之嗣後
相沿初更以三點起五更以三點終世逐有一更
三點禁人行五更三點放人行之說

琅邪代醉編云宋祖胤建隆庚申受禪後聞陳
希夷只怕五更頭之言命宮中轉六更方嚴鼓
鳴鐘殊不省庚與更同音也至理宗景定元年

歷五庚申越十七年宋亡而希夷五更頭之數
信矣到元朝延祐七年庚申而至正帝順生帝
乃宋少帝趙顯孝恭南宋子我大明兵入燕都遁去
當時人只呼庚申帝劉尚賓庚申帝大事記是
也後方號順帝云由是觀之則宋祖命轉六更
數亦不爽

謝肇淛文海披沙云入夜每更五點遞爲二十五
點李郢詩二十五聲秋點長是也今禁漏首尾二
更去二點者蓋昏鐘一動郎禁八行初更二
點夜未深後二點天將曙皆不宜禁故以三點
爲起止耳今人不知以爲起於宋太祖因此識
之識遂去之不知宋太祖因此識令宮中皆轉六
更然後鳴鐘又何嘗禁初更耶

代醉編云譚精雋云宋內五更絕郴鼓遍作謂
之蝦蟆更其時禁開而百官入所謂六更也如
方外之攢點即令之發撾耳類聚

楊誠齋江東集詩醉眠管得銀河鵲天上歸來

打六更、自注云、予庚戌考試殿盧夜漏殺五更、
之後復打一更、問雞人云宮漏有六更、
忠曰、余觀日本禪林二十五點圖數本皆未得
初更後更○點來由、或曰、五更四點五點則混
開靜聲故聞之不分明、可笑、又除前後二點之
義、至謝肇淛初得其理焉、又如中華、初更省第
一點、第二點、此方但去第二點、又有以鐘十八
下、爲一通者、竝非也、

又舊說曰昔慈照相公命京師五山令擊二十
五點、而今已廢焉、但今略法、初更、如常式三更
唯一點而止、及三更相接擊四更五更不管時
辰次相接鳴鐘九十下、遺三十八下、及開靜鳴之、
總一百八下也、此忠謂敕修清規大坐參云鐘
總開靜板鳴止、然則非鐘與開靜板同時鳴可
知之、

因錄天竺城門開閉、雜阿含經云王家常法、
待遠使命來往、至初夜盡城門乃閉、中夜已盡、

輒復開門、欲令行人早得往來、

五更義、顏氏家訓云、或問一夜何故五更更
何所訓、答曰漢魏以來謂爲甲夜乙夜丙夜丁
夜戊夜又云鼓、一鼓二鼓三鼓四鼓五鼓亦云
一更二更三更四更五更皆以五爲節、西都賦
亦云、衛以嚴更之署、所以爾者假令正月建寅、
斗柄夕則指寅、曉則指午矣、自寅至午凡歷五
辰、冬夏之月、雖復長短參差、然辰間遼闊、盈不
至六、縮不至四、進退常在五者之間、更歷經
也、故曰五更爾、

◉ 早晨鳴器品次

五更三點後、一八鐘 禪苑　南禪規
舊說曰、百八鐘、先九十下、遺三十八下二大開靜
鳴之、忠曰、若然十八下、可在二小開靜後一
憂鼓願一

曉鼓三通南禪
敕修云、更鼓、早晚平聲三通、
鳴之、

厨下小鐘三會 小開靜 禪苑 登山

厨前雲版三通大開靜。登山　禪苑爲二一會一

此候二五更四點時一
禪苑云、諸察客供過行者、及燈頭等、並皆先起

日用軌範云、開小靜、摺レ被、蓋非也、

此候二五更五點時一　衆僧齊起、
鼓版一時和鳴、自レ粗到レ急、此時迭迭板、亦同時
鳴、
禪苑、永平登山、皆云、大開靜摺レ被、大坐參云、
鐘絶眠靜板鳴、摺レ被、此是大開靜、蓋百八鐘、
超二四點五點時一到レ此聲報、

火鼓。校定

長聲版三通。鳴二大版一　禪苑　校定

禪苑、此名二長板一方下レ鉢、
鼓版一時、衆僧下レ鉢也、校定所謂今叢
堂、大打二木魚一衆僧集定也、
校定濟規云、長板者、火鼓後三下者今只一下者可也、
非二木魚後三下一今只一聲也、
方行續今、禪苑長板、未言二雙通三校定一方言二三會一
忠曰、禪苑長板、開二木魚後長板一可知、無二盡時一、
已譔以二三下一疊二爲二長板一也、校定不レ合二日用清規敦
林一皆以二二下一爲二長板一爲二長板一也、
忠曰、開靜後、長擊三通者、是也、
仙云、合二二長板一名二長板一
且隨二時訛一耳、又竺仙時、敦修清規未二親成一

十八鐘。鳴二大鎚一　敦修

按二敦修法器章十八鐘、在二堂前鎚七下已前一
又赴二齊粥一云、近時諸方住持、大鐘鳴時、先入レ堂
坐、

木魚三通。長擊　禪苑

衆僧集定、
晉說曰、十八鐘後、鳴二木魚一
禪苑云、次打二木魚一衆僧集定也、

版三下疊疊。大板　敦修

日用、敦修、此名二長板一下レ鉢、
日用清規云、開二木魚後三下疊疊長板一非也、
忠曰、十八鐘後、三下板、名二長板一亦
敦修、木魚後、三下疊疊長板擊之、謂二之長板一
已前日用清規時、已譔校定一
仙說、合二禪苑校定一
只隨時、敦修後從二流傳一平、
又名二下鉢鼓一

問訊鼓三通。　禪苑　鼓在二庫前一

禪苑云、三通鼓鳴者、
住持人赴二堂一也、

堂前鐘七下。與二同訊一鼓同
禪苑　敦修

疊說此、此名二敦鐘一
鼓說、此名二問訊鼓同一鳴、
禪苑云、堂前小鐘于鳴者、衆僧下レ床、祇二候問三訊
住持人也、
敦修云、僧堂鐘、入レ堂時、鳴七下、
忠曰、竺仙說、合二禪苑敦
修清規一也、僧堂前雲鼓三會、及二第三會一堂前小鐘同
鳴報二主人
入レ堂一也、

舊說曰。竺仙曰。住持十八鐘可入堂或曰。住持

問訊鼓可入堂何故曰十八鐘時未下鉢此忠曰

住至問訊鼓方下鉢為鉢妨下床且屏之云故禪苑

上然頭當三及住持入堂即下床迎住持上床

畢衆却就座安鉢正面按二說住持問訊鼓入

堂者近理盞堂前斂鐘與問訊鼓同時鳴之而

清規每云堂前鐘七下住持入堂故

忠曰。敕修清規赴齋粥云。近時諸方住持大

鐘鳴時。先入堂坐此止乃知竺仙謂十八鐘入

堂者諸方異規何校是非又或謂十八鐘未

下鉢只依敕修三下疊疊下鉢也然竺仙固

主張開靜後長擊三通板下鉢故十八鐘已

前飢下鉢而已。

巡火板。

● 齋前鳴器

敕修赴齋粥云、齋時、候二巡火板鳴一先第二鉢位一

三下板。禪苑云僧下鉢、

忠曰。單三下也、日本此謂三鐘一按禪苑一如二

長粥時一以二長擊三通下鉢、齋時以三下板下鉢、

長板長擊三通、

敕修法器章云、大版、齋粥二時、長擊三通、

木魚二通

大鐘十八下、禪苑報齋時一

敕修云木魚云、齋粥二時、長擊二通、

三下疊疊板。

敕修云、大版、齋粥云、木魚後、三下疊疊、

問訊鼓。三通又名下鉢鼓一

禪苑云、三通鼓者、住持人赴堂也、堂前小鐘

于鳴者、衆僧下床、既二候問訊住持人一也、

堂前小鐘。

禪苑云齋前開三下板鳴者衆僧下鉢也大鳴三

大鐘者報齋時也自餘長板魚鼓堂前小鐘維

那打鎚食畢下堂並同晨粥之法。

第廿八類 器物門

常住物

碧巌録云。洞山和尚。一生住院。土地神、覓他蹤迹不見。一日厨前拋撒米麵。洞山起心曰。常住物色。何得作踐。如此。土地神遂得一見便禮拜。

忠曰。常住物。謂四方僧物也。

釋氏要覽云。律有二四方僧物鈔言。十方常住有師釋云。四則攝彼方隅二十。則該平凡聖謂此一住處。所有之物。離局三界。而體屬十方一切僧伽。又云鈔云。僧物有四種。一者常住常住。謂衆僧舍宇什物、樹木田園、僕畜米麥等物以禮局當處不通餘界。但得受用不通分賣。故重言常住也。二者十方常住。謂如二一寺中供僧、成熟飲食等以體通十方。唯局二本處。善見律云。不打鐘食。犯二盜罪。今諸寺食

既成熟、乃打三鐘鼓三者、此物十方有分故。三十現前常住。此有二種。一物現前常住。謂亡僧輕物。施體通十方僧故。四者十方現前常住。謂亡僧物唯施此處現前僧故。大凡婆沙論問云。盜亡僧物於誰處得二罪。答若已作三羯磨、者於一切善說法衆得二罪。若未作三羯磨、者於一羯磨來、現前僧物得二根本業道。答若已作二羯磨、者於一切善說法衆得二罪。今詳分二亡僧物於二十方得、若未作二羯磨後來、不得二方羯磨、即

忠曰。所援行事鈔。在隨戒釋相篇要覽依彼文二取意潤删太便於辨相故今却引用。

又與區宇類常住交看。

大寶積經寶梁聚會云。佛言。若所用物。所謂常住僧物及與佛物。若招提僧物彼營事比丘應當分別常住僧物。不應與三招提僧物。招提僧物。不應與二常住僧物。不應與二常住僧物共襟。佛物共襟佛物。不與二常住僧物。招提僧物共襟。招提僧物不與二十誦律云。佛迦尸國遊行迦羅山諸比丘聞之以僧房作二四分避藏諸客比丘諸處立、待臥具

分佛告ニ阿難ニ約ス敕スル舊比丘ニ言フ此處ノ僧房作ス四分ト

與ヘ四比丘ニ非是レ僧物ハ佛不聽サ分ツ僧房ヲ略抄

●什物

敕修清規當代住持受請云知客引專使巡察畢

次第呈納本寺須知儀從什物又交割砧基什

物云入院後須兩序勤舊茶詳細詢問山門事

務砧基契書什物逐一點對交割

華嚴經入法界品天主光女章云我憶念過去供

養恒河沙數諸佛造僧伽藍營辦什物

瑜伽師地論明二十種身資具第八云什物之具

玄應一切經音義云什物時立切三蒼什十也什

聚也雜也亦會數之名也又謂資生之物今人

言家產器物猶云什物即器也江南名什物北

土名五行史記舜作什器於壽丘漢書貧人賜田

宅什器並是也

慧琳一切經音義云什物音十舊音義云什眾也

雜也會數之名也資生之物謂之什物也字鏡云

物即萬物也牛為大物天地之起牽牛故物字從

從牛勿聲也

史記五帝本紀云舜作什器於壽丘索隱云

什器什數也蓋人家常用之器非一故以十為

數猶今云什物也

經國大典注解云什物什數也所用之物非一

故曰什舉成數也猶言若干也

後漢書宣秉傳云秉性節約常服布被疏食瓦

器帝見而歎賜布帛帳雜什物章懷注軍法

五人為伍二五為十則共其器物故通謂生

之具為什物師古曰此本前漢平帝紀者也

傳燈錄甘贄行者章云有住菴僧緣化什物

曰若道得即施乃書心字問是什麼字僧云心

字又自問其妻什麼字妻云心字甘云某甲山

妻亦合住菴其僧無語甘亦無施

文中子云邳公好古物鐘鼎什物珪璧錢其不

具テ

●調度

傳燈錄蘇溪和尚牧護歌云。一條百納鉢孟。便是
生涯調度。

永平清規典座教訓云。盤桶并什物調度。精誠淨
潔洗灌。

行事鈔鉢器制聽篇注云。房舍衆具。五行調度。

資持記云。謂二調養具度一。即衆物之通名。

史記五帝本紀云。舜作什器於壽丘。正義云。
顏師古云。軍法伍人爲伍。二伍爲什。則共器物。
故爲二生生之具爲什器一亦猶從軍及作役者。十
人爲火共畜調度一也。

●道具

道具失義遠矣。叢林諺語。亦名羅紗直裰爲道具
衣道具名。豈獨在茲哉。

傳燈錄禪門規式云。施椸架掛搭道具。

敕修清規辦道具云。將入叢林。先辦道具。

清規所列。三衣坐具偏衫裙直裰鉢錫杖拄杖
拂子數珠淨瓶濾水囊戒刀。

華嚴經入法界品寶髻長者章云。如諸菩薩得不
思議功德寶藏。乃修無分別功德道具。又觀自
在章云。善財作如是念善知識者。至一切智助道
之具。

釋氏要覽云。道具中阿含經云。所蓄物可資身進
道者。即是增長善法之具。菩薩戒經云。資生順道
之具。

摩訶僧祇律云。隨物者。三衣。尼師壇。覆瘡衣。雨浴
衣。鉢。大鍵鎡。小鍵鎡。鉢囊。浴囊。漉水囊。二種腰帶
刀子。銅匙。鉢支。鍼筒。軍持澡鑵。盛油皮瓶。錫杖革
屣。傘蓋。扇。及餘種種所應畜物。是名隨物。

忠曰。凡三衣什物。一切資助進道之身物具名爲
道具。則此目。齊子僧家。然和俗通稱度世器物。爲

十八物者。一楊枝。二澡豆。三大衣。四七條衣。五五
條衣。六瓶。七鉢。八坐具。九錫杖。十香爐。十一漉水
囊。十二手巾。十三刀子。十四火燧。十五鑷子。十六
繩床。十七經律。十八佛菩薩像（許＝詳二楊枝處）
也。

百一物者。釋氏要覽云。百一物。大棨之辭也。薩
婆多論云。百物（各可）蓄一也。

行事鈔二衣總別篇云。薩婆多云。百一物。各得蓄
二。百一之外。皆是長物。

俱舍論通麟記。解言百一雜寶。云。有餘云。百者。凡
義。謂凡是諸物皆一。故言百一。

傳燈錄雲居道簡禪師章云。師久入雲居道之
室。密受真印以膺高居堂中爲第一座。屬膺和
尚將臨順寂。主事僧問。誰當繼嗣曰。堂中簡主
事僧。雖承言。而未曉其旨謂之揀選乃與眾僧
僉議。舉第二座焉。時簡師既密承師
必若謙讓。即堅請第二座。爲化主。然且備禮。先請第一座。
記略不辭。免即自持道具。入方丈攝眾演法主

事僧等。不愜素志罔循規式師瞥其情乃棄院
潛下山。其夜山神號泣詰旦主事大眾奔至麥
莊悔過哀請歸院衆聞山神連聲唱云。和尚來
也。

公用

忠曰公界器具。不得私用者。曰公用也。非器別名。
敕修清規亡僧估衣云。不許以公用爲名。分去物
件。

東都事略祖無擇傳云。無擇與王安石同爲知
制誥。時詞臣許受潤筆物。安石因辭一人之饋。
不獲義。不受以其物置舍人院梁上。安石以
母愛去。無擇取爲本院公用安石聞而惡之以
無擇爲不靡。

刹竿

忠曰刹表居處義近刹土此方刹竿者長竿上有

寶珠焰形皆用金銅造。植之于寺前。蓋與塔上表
剎異矣。如四天王殿前樹剎柱見大寶積經。

玄應音義云。梵言差多羅。此譯云土田。經中或
言國。或云土者。同其義也。或作剎度者。存二音也。

即剎帝利名守田主者。亦是也。案剎書無此字。即
剎字略也。剎音初。一切浮圖名剎者。訛也。應言剎

瑟胝。剎音力割切。此譯云竿。人以柱代之。名為剎
柱。以安佛骨義同土田。故名剎也。以彼西國墖竿

頭安舍利故也。
止觀輔行云。言剎者。具存應云剎摩。此云田也。
即一佛所王土也。或云表剎者。以柱表剎表所居

處故也。
傳燈會要。阿難聲者章云。祖問迦葉云。師兄世尊
傳金襴裟外。別傳箇甚麼。迦葉召阿難。難應諾。

迦葉云。倒却門前剎竿著。
傳燈錄資福遂禪師章云。師謂眾曰。隔江見資福
剎竿便廻去。脚跟也好與三十棒。況過江來。

●水磨

佛祖通載云。牧菴忠禪師。聞佛眼遠禪師居淮西
龍門。於是出蜀。兼程至彼。造次不忘提撕其未至
處。適從步水磨。欲諸淨領書法輪常轉節。於是疑
磨之疑泮然氷釋。遂說偈曰。轉大法輪目前包裝
更問如何水推石磨。而作圓相呈佛眼。眼曰。其中
事作麼生。師曰。澗下水長流。眼曰。必竟如何。師曰。
水推石磨眼曰。歸堂歇去。切不得舉著後五日來。
却向女道一句子。曰。這一句子。也不消得佛眼為
之解顧師遂作禮。

羅湖野錄云。馮給事濟川嘗有請忠。住勝業疏
略曰。佛眼磨頭。悟法輪之常轉。死心室內。容慧
劍以相揮。世以為實錄云。詳見彼。

湛堂準和尚水磨記見大慧武庫。

江湖風月集。石橋思首座水碓磨頌云。得如飛。
雪下千巖下處如流。上末甘勞箭一機能兩斷。

磨推西北碓東南。

● 葛籠

日本禪林。入寺視篆。納寺印器也。

● 經櫃

舊說曰。衆僧貯衣服道具之器。其在僧堂曰函櫃。

其在衆寮曰經櫃。

忠曰。衆寮是看經之所。故曰經櫃。

備用清規寮主云。公界坐禪看經。看守經櫃。夜間

同寮元巡視經枝。

敕修清規亡僧。抄劄衣鉢云。直病者。同執事人。收

拾經櫃函櫃衣物。抄劄具單。又衆寮結解特爲

衆湯云。寮元依戒排經櫃圖等。
詳圖牌門、
經櫃圖處。

● 函櫃

見經櫃處。

舊說曰。函櫃僧堂之衆。貯衣服等之器也。

禪苑清規裝包中挂搭云。如堂中有函櫃。即收行

李安函櫃中鎖之。笠子挂杖歸寮。如堂中無函櫃。

收行李赴寮。

日用軌範云。粥前齋前放參後。不得開函櫃。如有

急切。白主事人寮中。白僧堂白坐者。

人天寶鑑云。德山密禪師會下。有一禪者用工

甚銳。看狗子無佛性話。久無所入。一日忽見狗

頭。如日輪之大。張口欲食之。禪者畏避席而走。

鄰人問其故。禪者具陳。遂白德山。山曰不必怖

矣。但痛加精彩。待渠開口。撞入裏許。禪者

依敕坐至中夜。狗復見前。禪者以頭極力一撞。

則在函櫃中。於是爍然契悟。後出世文殊道法

大振。即眞禪師也。

● 鑰匙

敕修清規。兩序進退云。舊知事。一班。詣方丈。插香

告稟觸禮一拜。納庫記鑰匙。而退。

● 寺印

如。天童有玲瓏巖主印。詳三鼇轤門、日本禪刹皆有
某山印住持人。不得爲私用。

玲瓏巖主印

見備用雲外跋二。

● 三寶印

鑄佛法僧寶。四篆字。故名三寶印。
忠曰。道場疏。使三寶印。其法。初南瞻部州行使三。
一正一斜一正。第二行使一正。自
下每。至紙接處。使一正。疏。必有二至尾三寶證明
行使一。正。次諸天洞鑑行使一。正。次年月日行使
三。一正一斜一正。可漏。亦使三。同疏中法皆窮行

上位使。使三法、正斜問與二字一可漏、皆但與二斜正問
二字一

○巳下係莊嚴具。

● 廚子

忠曰。安像櫃也。
校定清規云。暫到隨大衆後。巡牛堂至後門。對聖
僧廚立侍者。接暫到後。巡堂。至聖僧廚後。

● 龕

敕修清規結制禮儀云。侍者暫到巡牛堂侍者於
習僧龕後立。暫到向侍者立定。
忠曰。安像之櫃。即廚子也。
正字通云。龕克憨切。音堪。增韻。浮圖塔龕韻。
下室。唐褚遂良久葬壘世。與彌勒同龕。
東坡詩集。自金山放船。至焦山詩云。老僧下山
驚客至。迎笑喜作巴人談。自言久客忘鄉井。只
有彌勒爲同龕。

●花亭

敕修清規佛降誕云。至日庫司嚴設花亭中置佛
降生像於香湯盆內安二小构佛前。
忠曰。造二小亭以紅白衆花交覆學蔓瓦之樣寶
蓋垂嶢亦皆累葩蔓巧成之名爲花亭
義堂日工集云。本寺南禪每至佛生之辰紀綱
預命沙喝裝花亭一時沙喝行力俱走山野採
衆色草花而嶭朱蔓碧瓦之樣擬華鬘嶭蓋之
莊嚴各爭優劣遂及鬬諍雖似敬重供養寶末
世荒本勤末之所致也。於是余捨私賁命工新
造花亭五色彩畫金碧光耀繒蓋幢嶢寶珠瓔
珞不假生葬凡所可有者悉備焉乃歸之常住。
以充二每歲浴佛之設矣。自是諸刹皆倣此。

●毗藍園

忠曰。花亭亦名毗藍園。

備用清規。如來降誕云。庫司預令行者嚴設毗藍
園內安二太子銅像。
律苑事規。如來降誕。所云。全同備用
毗藍園。

●毗藍園額

忠曰。花亭當陽揭額題毗藍園三字。
大鑑小清規浴佛云。幡四首四柱每柱一幡額一。

●義成殿額

花亭或揭義成殿額。
東福寺清規佛誕生云。花堂額義成殿也。
翻譯名義集云。西域記云。薩婆曷剌他悉陀唐
言二一切義成舊云悉陀訛也此乃世尊小字耳

●幡

觀心論灌頂法師疏云。圓壇者即寶相不動地也。

繒幡。即翻法界上迷生動出之解幡壇不相離即
動出不動出不相離也。
摩訶止観輔行記云。五色幡者。總舉五色繒畫間
色。亦應無在字應作幡。幡者。旌旗之總名也。經中
多作此幡絁字耳。今佛法供具。相狀似彼。故云
幡耳。凡造幡法。切不得安佛菩薩像。幡是供具。
於所供。如何復以形像爲之。
忠按。幢幡不妨書法文。　華嚴經十廻向品菩
薩施上妙幢幡。廻向云。願一切衆生常以寶繒
書寫正法護持諸佛菩薩法藏。　疏就幢幡書
字故。
已下錄薦亡幡。
釋門正統云。黃白幡者。釋氏類苑云。或薦亡黃幡
者。灌頂經云。若四輩男女若命終時若已命過於
其亡日。造作黃幡。懸著刹上。使獲福德離八難苦。
得生十方諸佛淨土。幡蓋供養。隨心所願。至成菩
提。幡隨風轉破碎都盡。至成微塵。其福無量。幡一

轉時。轉輪王位。乃至吹塵。小王之位。其報無量。諸
經要集問曰。何故經中。爲亡人造作黃幡。掛於塚
塔上者。答曰。雖未見經釋可以義求。此五大色中。
黃色居中。用表忠誠。盡心修福。引中陰不入惡
趣。莫生邊國。
釋氏要覽云。齋七幡子。北俗亡累七齋日。皆令主
齋僧。剪紙幡子一首隨紙化之。按正法念處經有
一十七種中。有謂死時。若生天者。即見中有。如白
氎毳下。其人識神見已。舉手攬之。便受天人中有
身。故今七七日。是中有死生之日。以白紙幡子勝
幢之相示之。故北人招魂帛。皆用白練甚合經旨。
也。

● 蓋

摩訶止観云。五色蓋者。觀五陰免子縛起大慈悲。
覆法界也。
義楚六帖云。本行經云。摩納童子。以花供養定光

佛其花乃於上化成華蓋佛行即行佛住即住。

●斗帳

忠曰。帳形如覆斗故名其。其以粗成飾。即是同心結
也。殯贲宣華夫人。陳氏傳云。太夫人
子一署封。賜二夫人登見有二同心結數枚。
漢劉熙逸雅云。帳張也。張施於床上也。小帳曰斗。
形如覆斗也。

三才圖會衣服部結帛式云。

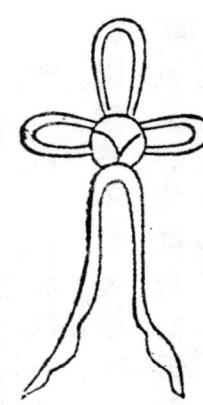

用白絹一匹。結如
世俗所謂同心結
者。朱子所謂結絹。
蓋如此云。

佛本行集經路逢死屍品云。作餅天子。化作一屍。
卧在床上。衆人譽行。復以種種妙色氎衣。張施其
上。作於斗帳。
起世經云。婦女丈夫。命終。作種種斗帳幰蓋。而昔
周帀。

●卓圍　ミツヒキ

見卓子處。

忠曰。圍綵金襴等。周圍卓四面。到地著。言卓圍也。
與卓袱不同。大鑑已言袱子并卓圍二物可知也。
水滸傳云。香車龍亭。擡放忠義堂上中間設著三
箇几案。都用黃羅龍鳳卓圍圍著。正中設萬歲龍
牌。將御書丹詔放在。

●卓袱　ウチシキ

忠曰。圍綵錦繡之類。縫合令方。而覆卓上。或復時
其角在正中與左右垂下。此言卓袱此物正在卓
圍之上面。
字彙云。袱房六切音伏。包袱。
敕修清規告香云。請客侍者。預依戒次。具茶狀備
卓袱筆硯。又受嗣法人煎點云。至日僧堂住持
位嚴設敷陳。及卓袱闕幣之具。

備用清規告香云。請客侍者。預日令客頭至堂司

具。新到戒次寫茶狀。客頭備卓袱。

和俗用亡者衣匆等。作佛龕位前莊嚴卓袱斗

帳等。亦有据。

隨願往生十方淨土經云。佛言。若以亡者殯身

之具。堂宇室宅園林浴池。以施三寶此福最多。

功德力强。可得拔彼地獄之殃。以是因緣便得

解脫愛苦之患長得度脫往生十方諸佛淨土。

○已下係供養具。

● 爐、瓶、燭臺、

忠曰。香爐。華瓶。燭臺三物也。

敕修清規謝掛搭云。法堂設住持位排列香几縛

瓶燭臺。

大鑑清規達磨忌云。前列鑪瓶燭臺

或問。佛經有列三器者耶。忠曰。陀羅尼集經云。

當設二十一種供養之具。作般若波羅蜜多法

會。乃至若不能具二十一種五種亦得。何等為五。

一者香水。二者雜華。三者燒香。四者飲食。五者

然燈。止此中具三物也。

見四板頭香几處。

● 四板頭香爐

● 眾寮香爐

忠曰。眾寮行禮。安七箇香鑪。(見圜牌門、茶)

敕修清規新掛搭人點入寮茶云。進中鑪上下間

鑪前燒香。

● 手爐

敕修清規聖節云。知客跪進手鑪(詳報恩門、跪鑪處)

又沙彌得度云。几上安香燭手鑪戒尺乃至戒師秉

鑪白。

幻住清規開甘露門云。執手鑪戒香定香云

釋氏要覽云。法苑云。天人黃瓊。說迦葉佛香爐略
云。前有十六師子白象。於二獸頭上別起蓮華臺。
以爲爐。後有師子蹲踞頂上有九龍。繞承金華。華
內有金臺寶子盛。香。佛說法時。常執此爐比觀今
世手爐之製少有傚法焉。

虛堂愚和尚育王錄云。朱行軍。一日。入南禪寺齋
僧行香次。以手爐搖曳云。直下是。直下是。時有僧
云。直下是。簡甚麼。行軍便喝。云〔演燈錄燈此 緣無二手爐字一〕
云、有三朱行軍設レ寶、行香次、口不二住道一云
〔但云、直下是、又作二生、入二僧堂一視二上下一〕

○ **香盤**

希叟曇禪師廣錄禪房十事。香印頌云。要識分明。
古篆。一槌打得完全。燒炷旃檀牛糞分僧鼻孔校。
穿。

● **四板頭香几**

忠曰。僧堂內首座板。後堂板。分手板。聖僧板。各安二

香几行禮炷香〔處。詳二禮則門、四 問訊處一〕
校定清規特爲住持煎點云。如就二僧堂上下間一
內外不用設香爐爲主者一人。大衆光伴也。如二
節臘朔望設二香案者。爲大衆。故也。

● **堂外香几**

忠曰。外堂有二。香几。在上下間。行禮炷香〔詳二禮則 門、四處一〕

● **香合**

敕修清規聖節云。維那用二黃紙書一疏。帶行僕捧盤
袱。爐燭香合。上方丈。請二住持僉疏一。又云。知客跪
進手爐侍者跪進香合。又念誦云。燒香侍者捧二

● **大香合**

三才圖會儀制門有圖。

空谷尚直編云。虎丘行中仁禪師。凡得沈檀異香
則以小合貯之。置於大香合中。每旦持以行香。至
世尊前於小合中。別取好香一炷進之。除外不復
他用。客至。惟熱常香而已。
忠曰。叢林現有此法而人不知祖行中矣。

●小香合

敕修清規告香云。衆集。依圖位立各備小香合坐
具。 又見二大香合處二

●香

增壹阿含經云。須摩提女。手執香火上樓向如來
說偈。唯願尊屈神。爾時香如雲。在空中遍滿祇桓
住。在如來前。阿難白世尊言。此是何等香。世尊曰。
此香是佛使。滿富城中。須摩提女。所請。如彼、
僧史略云。香者也。解穢流芬。令人樂聞也。香為信
心之使也。 詳二叢執門、行香處一

觀心論云。燒香者。亦非世間有相之香。乃是無為
正法之香。薰諸晃穢。斷無明惡業。悉令消滅。其正
法香有五種。一者戒香。所謂能斷諸惡。能修諸善。
二者定香。所謂深信二大乘。心無退轉。三者慧香。所
謂常於身心內外觀察。四者解脫香。所謂能斷一
切無明結縛。五者解脫知見香。所謂覺察常明通
達無礙。如是五香。名最上香。世間無比。佛在世日。
令諸弟子。以智慧火。燒如是無價寶香。供養十方
一切諸佛。今時衆生。愚癡鈍根。不解如來真實之
義。唯將外火。燒世間沈檀薰陸質礙之香。希望福
報云何可得。

●瓣香

敕修清規祈雪疏云。庸致瓣香之誠。願集六花之
瑞。
祖庭事苑云。古今尊宿拈香。多云一瓣。瓣皮莧切。
瓜瓣也。以香似之。故稱焉。或作㽦。步還切片也。後

世相襲皆爲此言何必爾也。當云二片一烓庶免

薄俗之譏。

小補韻會云。瓣皮莧切說文瓜中實从瓜辡聲。

廣韻瓜瓠瓣也。又薄閑切瓜中實也又片也詩

碩人註瓠瓣。

詩人有學禪者瓣香語者。陳后山詩集觀袞

文忠公家六一堂圖書詩云。向來一瓣香敬爲

曾南豐。註諸方開堂。至第三瓣香。推本其得

法所自則云。此一瓣香敬爲某人云。曾鞏子

固建昌南豐人。於歐公猶宗門嫡子而后山

又師二南豐乃其孫也。

楊誠齋朝天集雙峯定水璘老送木犀香詩云。

傳語雙峯老。汝師是如來。如何一瓣香却爲楊

久別滕六參儂求普說爲渠拈此一瓣香今身

誠齋又退休集禱雪響應詩云老夫與雪亦

胡姓前身黃云

忠曰。瓣香之製。上圓下方。表裏條條竪雕畦上

如指頭然。蓋像枯枿之狀。以作文而已然或處

直雕造人之手。而指掌宛然。施爪甲。謂是形二

祖斷臂之手也。予曾在周州覿之尤爲可笑也。

●大香

瓣香曰大香也。

敕修清規會宿遷化下遺書云。專使起爐前謝茶。

再插大香一片。

●中香

校定清規告香云。一大二中。

解者曰。謂大香一片。中香二片也。

●箋香

大鑑清規末後事儀云。龕內滿安箋香。

忠曰。恐訛綫香。

●綫香

忠曰。或言仙香、雜抹衆香、加糊粘造之。其炷煙長久。故稱仙香。又云長壽香。其製纖長如線。故稱線香。線又作綫。

●信香

忠曰。開法出世。竇香寄師。通嗣法之信。此言信香。

大慧杲禪師。答鼓山逮長老書云。專使來。收書并信香等。知開法出世。唱道於石門。不忘所從來。為岳長老拈香。續楊岐宗派。

忠曰。逮公於杲師。是師祖也。亦可通信逮嗣蒙菴嶽嗣大慧杲。

石門慈照禪師鳳巖集云。師開堂。拈香云。西天二十八祖。唐土六祖。過去聖人。盡得傳衣付法。至唐代六祖之後。得道者。如稻麻竹葦。不傳其衣。只傳其法皆以香為信。今日一瓣香。為什麼人通。某甲雖不言。大衆已委悉。薰此一炷香。

祖庭事苑云。託香而表信。

●長明燈

敕修清規亡僧云。夜點長明燈。

觀心論云。長明燈者。正覺心也。覺知明了。喻之為燈。是故一切求解脫者。常以身為燈臺。心為燈盞。信為燈炷。增諸戒行以為添油。智慧明達。喻如燈光。常然如是覺燈。焰破一切無明癡暗。能以此法轉相開悟。即是一燈然百千燈。以燈續明。終無盡故。故號長明。過去有佛名曰然燈義亦如是。思癡衆生。不會如來方便之說。專行虛妄執著。有為之途然世間蘇油之燈。以焰空室。妄稱依教豈不謬乎。

傳燈錄長慶稜禪師章云。有人問僧。點什麼燈曰長明燈。曰什麼時點。曰去年點。曰長明何在。僧無語。師代云。若不如此。爭知公不受人謾。法眼別云。利動君子。

本事詩云。宋考功遊靈隱寺。夜月極明長廊吟行且為詩曰鷲嶺鬱岧嶢。龍宮隱寂寥。第二聯搜奇思。終不如意。有老僧點長明燈生大禪床。

問曰少年夜夕久不寐。而吟諷甚苦。何耶之問

告故僧曰。何不云樓觀滄海日門對浙江潮之

問愕然。寺僧有知者曰。此駱賓王也。

隋唐嘉話云。江寧縣寺有晉長明燈歲久火色
變青。而不熱。隋文帝平陳已詔其古至今猶存

法苑珠林云。五百問事云。續佛光明。豈不得滅。佛

無明闇以本無言念齊限。故滅有罪。

諸祖偈頌高邁長燈序云。離婁之目處闇室或
不能觀。燈處之皎如也。澄公之掌在玄夜或不能
照。燈在之了如也。故大雄氏以方便力敎黑暗界。
藉其光誘其人。佛所有燃燈明。法所有傳燈義。大
抵長明燈是其蘊乎。夫日主晝太陽之精中則吳。
吳則沒。我長明燈不沒月主夜。太陰之精滿則虧。
虧則晝。我長明燈不虧。日月尚爾況小光小明哉。
要自積苦爲海。舉足見溺積邪爲山。擧足見礙。竟
不能髣髴之。或髣髴之。不剋成就之。言之可爲長
嘆我邑中有俊傑主此燃燈精進成就於寶融寺
經藏院且夫蘭炷蕊火吾見其盛未見其微也鐵
盂盛膏吾見其續未見其殘也一籠而四時長春
滿室而終歲不夜。人見之一作禮眼蒙則再作禮
心蒙美心眼自相炤了內外由是洞徹然則終日
見燈。未嘗不見燈。終日不見燈。未嘗不見燈。夫達
觀者。乃如是也。意者。不直上照一天二天。
乃至三十三天。無門不闢河沙善人。由茲而入。直
下詔一地二地。乃至一十八地獄皆開。多劫
罪人。由茲而出。若然者。四維上下虛空。可思量而
不可思量耶。我長明燈寶相功德。亦復如是。邁之
數年內願之間。迫賤事未搆。一朝染目疾。
旋不自審從何得也。遂夢神人語迺曰。子於長明
燈其有負乎。邁應聲而悟。悟而起。起而作。頌明日
目愈。頌曰。見外燈長明。見內燈長明。萬惡自光中
滅。萬善自光中生。不見一燈百千萬億燈。乃至於
無窮不見。一人百千萬億人。歸之於大同空即是

色色即是空。弟子作頌。允執厥中。

● 長命燈

忠曰。長明燈也。太平廣記引本事詩。載駱賓王事。作長命燈。必訛寫耳。

● 無盡燈

忠曰。晚近稱長明燈。爲無盡燈。

廣燈錄。石門徹禪師章云。問如何是學人用心處。師云。盡夜常然無盡燈。

續燈錄拈古門云。僧問投子。歷劫來來無盡燈。不曾挑剔鎭長明。時如何。投子云。歷劫來來無盡燈。不曾挑剔鎭長明。

北磵文集瑞巖開田。然無盡燈記云。淨名大士既授二千天女。無盡燈法門。從而諭之曰。冥者明。明終不盡。伊尹所謂。以先覺覺後覺也。後世焚膏繼晷。號無盡燈。非淨名心也。日夜相代爲明者

日月也。大厦既夕。風雨如晦。瞭然者將眊然。待燈而見。燈亦豈無待焉。故連行於人曰月則運行於天運之之殊。不息則一也。瑞嚴丹丘勝處。燈失常運。貨殖取贏。使此燈不夜。莫知發興廢住。山道全謀諸衆。曰。貨殖取贏乎。曇乎。智紹曰。是或一道也。顧主之何如主之有常。則皆永傳不然。則匀出山。旋剗絶淮。積鈿緊銖。關四年而歸。傲則請命山入爲巨炬。徒爾爲也。曰善。工關荒眂歲。入爲無盡燈光。明苗霜蕭蕭雙影婆娑。焦心勞思。恐踏貨殖取贏之轍。求余記其成。將來之勸。

維摩經。持世菩薩章云。維摩詰。語諸天女言。諸姊。有法門。名無盡燈。汝等當學。無盡燈者。譬如一燈。然百千燈。冥者皆明。明終不盡。如是諸夫一菩薩。開導百千衆生。令發阿耨多羅三藐三菩提心。於其道意。亦不滅盡。隨所說法。而自增益一切善法。是名無盡燈也。

佛祖統紀云。賢首法藏師。爲則天以十鏡置八
隅中安佛像。然燈照之。則鏡鏡現像。以表刹海
重重無盡之意。
忠曰。淨名約理。法藏顯事。悉是橫無盡亦兼
豎無盡。眞歇了禪師。佛燈明禪師各著無盡
燈記。而敍此鏡燈重重無盡之旨是也。然世
呼長明燈爲無盡燈唯是豎是。豎無盡。非淨
名康藏之義。然北礀時。已有此目。顧辭斥可
知由來復淹矣。

◯挑燈

敕修清規開堂祝壽云。鏡鈸簫花挑燈迎引至法
堂位前立。又韋宿出喪云。提調龕前傘椅湯爐
挑燈。

◯燈籠

毘奈耶雜事云。緣在室羅伐城。如世尊言夜闇誦
燭。凡禪林法堂佛殿等用之。

經者。彼誦經時。有蛇來至。少年見已。驚忙大喚。唱
言。長春長春。凡夫苾芻。悉皆驚怖。遂合聽者。因斯
廢闕。以緣白佛。佛言。應然燈。苾芻以誦經典故。夏
月然燈。以竹片爲籠。薄氎進障。此若難求。用雲母
片。此更難得。應作百目。苾芻不解。如何當作。佛言
佛言。應作燈籠形。傍邊多穿小孔。
普燈錄保福權禪師章云。上堂舉寒山吾心似秋
月偈云。老僧即不然。吾心似燈籠。點火內外紅。有
之歎曰。權兄提唱若此。誠不負先師所付囑也。
葉縣省禪師錄燈籠偈云。一盞金燈號玲瓏四方
八面不施工。照破乾坤黑暗處。山河大地是家風。

◯長檠

忠曰。長檠高可五尺。上安木盞。植立鐵釘。而燃蠟

韓昌黎集短燈檠歌云。長檠八尺空自長短檠二
尺便且光。
○巳下係儀物。

●罘罳

舊說曰。罘罳逃背後板屏。在椅子後者。
篇海類編云。罘罳古畫切音卦罘硯也。
或曰。罘罳即法被也忠曰。此蓋依蘇鶚以罘罳
爲網之義。然今禪林稱罘罳者只是木屏耳。
敕修清規告香云。至日侍者令客頭於寢堂或法
堂鋪設罘罳椅子。又四節秉拂云。堂司行者排
辨法座左手敷罘罳設住持位。
忠曰。敷者排辨也。排列一謂之鋪設一非鋪展義。
又曰韻書小說但釋罘罳今且錄之。
小補韻會云。說文罘罳屏也。從网思聲博雅罘
罳謂之屏又漢未央宮東闕罘罳災師古曰罘
罳連闕曲閣也。以覆重刻垣墉之處。其形罘罳

然釋名云罘復也罳思也言臣將入請事於此復
思也。通作思。漢五行志罘思。又考工記宮隅城
隅闕門皆有之。禮記明堂位註疏云。以諸文參
之。則桴思。小樓也。唐蘇鶚曰漢師古註釋名所
釋罘罳二說皆誤。按罘罳從网是形。不思是聲
罘浮也罳絲也。謂織絲之文。輕疏浮虛之貌蓋
宮殿簷戶之間也。唐文宗寶錄甘露之變出殿
北門裂斷罘罳而去。溫庭筠補陳武帝書罘罳
畫捲閭閻晨開。皆非曲閣屏障之意相如子虛
賦罘罳彌山。此亦謂羅鳥之網。即罘罳爲網不
謬矣。
宋馬縞中華古今注云。罘罳屏屏之遺象也。塾
門外之舍也。臣來朝君。至門外當就舍。更詳其
所應應對之事也。塾行至門內屏
外復應思惟也。罘罳復思也。漢西京罘罳合板
爲之。亦築土爲之每門關殿舍皆有焉。如今郡
國罳前亦樹之也。

陳繼儒枕譚云。段成式云。士林多稱雀網為罘罳。其誤如此。按漢書罘罳屏也。復也。臣朝君。至屏所奏之事于下。又按劉熙釋名曰罘罳。在外門。復也。臣將入請事于此。復重思也。今之照牆也。

忠曰。罘罳板屏。而在廳前。今禪林罘罳亦板屏。制似罘罳。雖在椅後。亦受罳之名。

●法被

覆裹椅子之被也。

●大法被

忠曰。法堂座上掛下大罘罳當面之被也。北磵續集趙郡主施闍梨法被。篇女偈云。空王座上一片如纈善哉命婦。巧思精究。勸化諸女。如出一手。

●僧堂帳

禪苑清規首座云。行者於首座前問訊。低聲云。和尚放參乃打放參鐘。展單下帳。罷歸察問訊。

忠曰。展眼單。而下帳帷也。

●帳幕

敕修清規迎待尊宿云。寢堂釘掛帳幕。正字通云。帳知亮切音障。帷幔通稱又今人以寢幄為帳。東方朔造甲乙帳。程額本傳。額知扶溝縣內侍王中正。按閱保甲。幟邑競修供帳。來請額曰。吾邑貧獨有令故。青帳可用耳。

●暖簾

忠曰。綿布覆簾面防風氣。故言暖簾。敕修清規月分須知云。四月候天氣僧堂內下暖簾。上涼簾。

●涼簾

見暖簾處。

江湖風月集。奉菴琮和尚凉簾偈二云。絲開渭水蒼
龍骨。織就炎天片雪寒。六用門頭總放下。節紋一
點不相瞞。

●座頭屏風

忠曰。或單呼座頭。小屏又是名隔板。
首。
太岳清和尚曰。座頭小屏高可三尺。設戸口左右座
舊說曰。座有四出六出八出等。如中華叢林。雖諸
寮舍。制亦如僧堂衆寮。此方鎌倉叢林。隨處設座
頭。屏風此日本樣也。其座頭則唯特爲人得坐之。
其餘位。則縱但一人亦只用曲盝行蓋爲異於
特爲也。
忠曰。隔板亦有所原。後漢書鄭弘傳云。弘爲
太尉時舉將第五倫爲司空班次在下每正朔
朝見弘曲躬而自卑帝問知其故遂聽置雲母

屏風分隔其間由此已爲故事。

●香臺

禪苑清規入室云。侍者入方丈當面問訊。轉身禪
椅東邊香臺後面南立。

●供臺

忠曰。大卓言供臺。
東福清規。上堂節禮云。法堂觸禮畢。住持轉身。從
安香爐供臺東入南面立。受沙喝行者三拜。
敕修清規達磨忌云。嚴設祭筵。解者曰。祭筵
郎供臺也。又僧堂之外堂有二供臺。如
卓子圖。

●卓子

大鑑清規接證號儀式云。於山門爐前安卓子莊
嚴祇子幷卓圍。

●盤祇

忠曰。盤與袱二物也。盤上鋪小袱盛疏印等物。

敕修清規聖節云。維那書疏。帶行僕。捧盤袱爐燭

香合。上方丈請住持僉疏。又受法衣云。以盤袱

托呈法衣信物。又山門特為新命茶湯云。庫司

仍具請狀備盤袱爐燭詣方丈插香拜請。又大

掛搭歸堂云。堂司行者。用盤袱托度牒。

●衣裓

忠曰。僧家散花器名衣裓。其器小竹籠以貯花而

散之。蓋襲大通佛故事也。

法華經化城喻品云。大通智勝佛。得阿耨菩提大

光普照爾時東方。五百萬億國土中諸梵天王。與

宮殿俱各以衣裓盛諸天華。共詣西方。推尋是相。

東南方。南方。西南方。乃至下方。亦復如是。

雪竇顯禪師祖英集。送還首座詩云。我忍逃之

逃不得。大方無外皆充塞。茫茫擾擾知何極。

面香風惹衣裓。

忠曰。此用法華事。祖庭事苑解云裓古得切。

衣前襟也。

慧琳法華音義云。衣裓。說文宗廟奏戒衣。從衣

戒聲玉篇衣部古來反戒也。相傳從衣戒孤得

反襟也。今時女人衣前裓是也。天衣類同未詳

字所出也。

小補韻會云。裓訖得切衣君也。梵典有衣裓。

忠曰。韻會之梵典指法華也。所謂衣裓者。諸

天聚眾華。盛衣裙。以擬散佛上。今人摘果盛

亦爲之。故范希文鬪茶歌云。終朝采掇未盈

襜。唯求精粹不敢貪。此礑篇海音艱也。衣

襜前。

●拜席

敕修清規告香云。須用香几三隻。燭臺三對。當椅

前一字間列外設小拜席。

傳燈錄百丈海禪師章云。馬祖上堂。大眾雲集。方

陸座良久。師乃卻面前禮拜席。祖便下堂。

○已下係道具。

●竹篦

敕修清規尊宿出喪云。提調竹篦挂杖拂子香合
法衣等物。

已下畧錄二事緣。

廣燈錄葉縣省禪師章云。參見汝州省念禪師。師
見。豎起竹篦子云。不得喚作竹篦子喚作什麼。
子。即觸。不喚作竹篦子。即背。喚作什麼。師近前製
得。鄉向階下云。在什麼處。念云。瞎。師言下大悟。

大慧昊禪師年譜云。師三十七歲圓悟著臨濟正
宗記以付之。分座訓徒。師乃誓曰。寧以此
身代眾生受地獄苦。終不以佛法當人情。乃握竹
篦為應機之器。於是聲譽藹著。又本錄云。師室
中常舉竹篦。問學者曰。喚作竹篦則觸。不喚作竹
篦則背。衆下語皆不契。因僧請益復成五頌示之。

頌云。雲門舉起竹篦。開口知君話墮上方。香積不
餐。甘伏食人涕唾。一雲門舉起竹篦。禪和切忌針
錐。鸞鳳不棲荊棘。鷦鷯偏守空池。二雲門舉起竹
篦。通身帶水拖泥。奉報參玄上士。撒手懸崖勿遲。
三雲門舉起竹篦。擬議知君亂統。直饒救得眼睛。
當下失卻鼻孔。四雲門舉起竹篦。露出心肝五臟。
可憐猗死禪和。猶自魂飛膽喪。五

●禪鎮

忠曰。坐禪警睡具也。

十誦律云。有二比丘。衆中睡。佛言。聽二水洗頭。乃至若故
睡不止。聽以囷鄉。若故睡不止。佛言。聽用禪杖。取二
禪杖時。應生敬心。云何生敬心言。以兩手捉杖戴二
頂上。應起看餘睡者。以禪杖築。築已還坐。若無睡
者。還以禪杖著本處。已坐諸比丘。故睡佛聽用禪
鎮作孔。以繩貫孔中。繩頭施紙。掛耳上去二額前
四指著禪鎮時禪鎮墮。故睡佛言。禪鎮墮者。應起

行時來往相亂佛言應如鵝法次第行。〔略〕

資持記鉢器篇云。禪鎮如笏坐禪時鎮頂須作孔
施紐串耳上睡時即墮地佛言。一墮聽舒二足二
墮舒二足三墮聽起經行。

釋氏要覽云。禪鎮木版為之。形量似笏中作孔施
紐串於耳下頭戴去額四指坐禪人若昏睡頭傾。
不落若睡時頭動則落膝上

止觀證真私記云。四分抄批云。禪鎮者用骨牙角
者。可方一寸許若有睡者放著頂上頭若正時則
則墮以自警。

● 禪帶

釋氏要覽云。禪帶此坐禪資具也。經云。用韋為之。
熟皮廣一尺長八尺頭有鉤從後轉向前拘兩膝
令不動故為坐習坐禪易倦用此檢身助力故名
善助用罷屏處藏之。

● 禪杖

釋氏要覽云。禪杖。以竹葦為之。用物包一頭令下
座執行坐禪昏睡以軟頭點之。

十誦律說見禪鎮處。

● 禪毬

釋氏要覽云。禪毬。毛毬也。有睡者擲之令覺。

十誦律說見禪鎮處。

智度論云。菩薩供給坐禪者。衣服飲食醫藥法杖
禪毬禪鎮。令得好師教詔。令得好弟子受化與骨
人令觀與禪經令人為說禪法如是等。三十七助
道法因緣。

● 禪板

舊說曰。禪板者坐禪時安手。或靠身器也。

臨濟玄禪師錄云。師一日辭黃檗檗問什麼處去

師云。不是河南便歸河北。黃檗便打。師約住。與一
掌。黃檗大笑。乃喚侍者云。將百丈先師禪板机案來。
師云。侍者將火來。黃檗云。雖然如是。汝但將去。已
後坐却天下人舌頭去在。
希望疊禪師錄禪板頌云。要成片段工夫須是全
身倚靠。雖然只見一遍。未許睦州擔荷。
忠曰。禪板者倚版也。上頭穿小圓穴。此名向上
一竅。蓋此穴貫索。縛著繩床背後橫繩谷板面
斜。以靠身也。希望頌意可見。然今時夏月。橫安
膝上定印乎其上。或支頤。與助老同用而已復
別有倚板。余於一古寺見中峯和尚禪板之模
長壹尺七寸八分。濶壹寸九分餘。厚參分半。上
有小窠一面。鑄萬法歸一。何處万峯親書
之模也。別有小板。即所謂倚板。長壹尺八寸濶
三寸九分。厚三分餘。上下施二竅。盖是禪板本制。
而其上下穴。一貫索。縛著床面橫繩。一貫索。縛
著床底橫繩。其板之斜勢。令起倒。得稱意焉。今

之禪板。桼濶不過貳寸則不便安躬。但可手搢
耳。

● 倚版

釋氏要覽云。倚版。今呼禪版。毘奈耶攝頌曰。倚版
為除勞倦。私皆許畜。
忠曰。倚版坐繩床時。倚之所以安背也。余曾獲
之於古寺。其制新版。厚三分半。長一尺八寸。橫
三寸九分。上下穿小竅。用時以紐縛定床之橫
繩。而其斜之急不急。隨意而已。

● 數珠

釋氏要覽云。牟黎曼陀羅咒經云。梵語鉢塞莫。
云數珠。此乃是引接下根。牽課修業之具也。木槵
子經云。昔有國王名波流黎。白佛言。我國邊小頻
年寇疫。穀貴民困。我常不安。法藏深廣。不得遍行。
惟願垂示法要。佛言。大王若欲滅煩惱。當貫木槵

子一百八簡。常自隨身。志心稱三南無佛陀南無達
磨。南無僧伽名。乃過一子。如是漸次乃至千萬能
滿二十萬遍身心不亂。除諂曲命得生炎摩天。
若滿百萬遍當除百八結業獲常樂果王言我當
奉行。

百八結者要覽云。小乘見修合論煩惱共有三
百八數。且明見惑三界四諦下煩惱共有八十
八。謂苦下具一切。即十使貪瞋癡慢疑身邊見
邪見見取戒禁取也。集滅離三見謂集滅二諦
下。各除身邊邪三見也。道除於二見謂道諦除
身邊二見也。上界四諦謂上界四諦下各除
瞋一。已上三界四諦共有八十八也。修道所斷
惑欲界有四謂貪瞋癡慢。上二界各除瞋共有
六。已上成十。計九十八也。更加十纏謂無慚無
愧昏沈惡作惱嫉掉擧睡眠忿覆合前都有一
百八也。

佛說校量數珠功德經〔大唐寶思惟〕云曼殊室利告大

衆言。汝等諦聽受數珠校量功德差別。如是若用
鐵為數珠者。誦掐一遍得福五倍。若用赤銅為數
珠者。誦掐一遍得福十倍。若用真珠珊瑚等為數
珠者。誦掐一遍得福百倍。若用木槵子為數珠者。
誦掐一遍得福千倍。若求往生諸佛淨土及天宮
者。應受此珠。若用蓮子為數珠者。誦掐一遍得福
萬倍。若用因陀羅佉叉為數珠者。誦掐一遍得福
百萬倍。若用烏盧陀羅佉叉為數珠者。誦掐一遍
得福千萬倍。若用水精為數珠者。誦掐一遍得福
萬萬倍。若用菩提子為數珠者。或用掐念。或但手
持此珠不能依法誦佛名及陀
羅尼。此善男子但能手持隨身行住坐臥所出言
語。若善若惡斯由此人以持菩提子故得福等同。
如念諸佛誦咒無異。得福無量其數難得或
滿一百八顆。如其難得或為五十四顆或二十七。
或十四顆亦皆得用此即數珠法相差別諸善男

子。以何因緣。我今獨讚用菩提子獲益最勝。諸人
善聽。我爲汝等重說。昔日過去有佛出現於世。在
此樹下成等正覺時。一外道。信邪倒見。毀謗三寶。
彼有一男忽被非人打殺。外道念言。我今邪盛。未
審諸佛。有何神力。如來。就是往此樹下成等正覺。
若佛是聖樹應有感。即將亡子。臥著菩提樹下作
如是言佛樹若聖。我子必蘇。以經七日誦佛名。
其子即得重蘇外道讚言。諸佛神力。我未曾見佛
成道樹。現此希奇甚大威德。難可思議諸外道等。
悉皆捨邪歸正相共發菩提心。信知佛力不可思
議諸人咸號。爲延命樹以是因緣。有其二名應當
知之。我爲汝等現其所要佛讚善哉文殊如汝所
說爲異云耳。
陀羅尼集經云。佛說作數珠法云有其四種何者
爲四。一者金。二者銀。三者赤銅。四者水精其數皆
滿二百八珠。或五十四。或四十二。或二十一。亦得二
中用。

子部　第六册

四七九

古今原始云。東漢章帝時。僧西域人。時作念珠。
以象一年十二月。二十四氣。七十二候之義共
一百單八。

忠曰。象十二月等百八鐘也。詳百八
鐘一。如念珠。
經有明文儒家不知之。作此妄說。
忠按專念宗用三十六珠。者。三分於百八之一
也。便易攜矣。近自支那來禪僧。用十八珠。者。六
分於百八之一也。掐六遍。而滿百八耳。

數珠母珠

陀羅尼集經云。作是相珠一百八顆。造成珠已。又
作一金珠以爲母珠。又更別作十顆銀珠以充記
子。

數珠記子

忠曰。百八顆外。有十顆小珠。爲記子。詳二母
珠一

籌

忠曰。籌人數器。布薩等用之。宗覺律師曰。籌長周尺而壹尺八寸。八寸準今尺二可許。其大如小指。

行事鈔。說戒正儀篇云。十誦云。行籌者。爲檀越問。僧不知數。佛令行籌。不知沙彌數。行籌數之。又云。五分籌極短並五指極長拳一肘極長不過小指。極細不得減箸。有客來不知。行籌收取數之。一人收。乃至收已數之。知數。已唱言。比丘若干。沙彌若干。出家人和合若干。

又行事鈔云。四分云。聽行籌。舍羅。此云籌也。資持記云。準聲論翻之。疏云。舍羅草名。以爲籌計。

釋氏要覽云。梵音舍羅。此云籌。律因有婆羅門問。比丘近多林。現住幾人。比丘不知。佛言。應可行籌。

祇園圖經云。最初成道。於鹿野處。中度五拘倫。便說法。答戒壇初上集。佛諸佛之中須彌登王。

最爲長宿釋迦佛問。往古諸往何方法。教諸比

○以下係資身細器。

丘登壇布薩用何作籌。往古諸佛布薩之時。金剛爲籌。乃至籌相者。當用檀等諸香木作之。內外寶者。竹草中空。皆不可作。又不得畫繪。及以漆塗。爲損衆生迦之飾好。應以素函盛之。籌極長如佛一搩手牛短者一搩手。

付法藏因緣傳云。憂波毱多。化度無量衆生皆悉獲得阿羅漢果。其得道者。一人一籌。籌長四寸。滿二石室室高六丈。縱廣亦爾。於是名稱滿閻浮提世皆號爲無相好佛。乃至聲者。於無餘涅槃而取滅度。以室中籌而用耶旬。

錫杖

佛說得道梯橙錫杖經云。佛告比丘汝等應受持錫杖所以者何。過去未來現在諸佛。皆執故。又名智杖彰顯聖智故。亦名德杖。行功德本故。聖人之表幟。賢士之明記。道法之正幢。迦葉白佛。何名錫杖

杖佛言錫者輕也。倚依是杖除煩惱出三界故錫

明也。得智明故錫醒也。醒悟苦空三界結使故錫

疏也謂持者。與五欲疎斷故。義一今略之。是杖有三

錞念三塗苦惱。則修定慧。念三灾老病死則除

三毒貪瞋癡。復有四股者。用斷四生念四諦修

四等。入二禪云。通中高五。用斷五道苦惱修五根。

云十二環者。用念十二因緣通達無礙修行十二

門禪云。三重四股。以念如來七覺意法云通錞鑽。

八。用念八正道云。或有二股。或有四股環數無別。

但我今用四股十二環二股者。迦葉如來所制立

也。令諸衆生記念二諦世諦第一義諦以立其義。

音釋錞徒對切銅鑽也。

彼經更有持錫二十五事。並說表相功德。

毘奈耶雜事曰。苾芻乞食。入人家作聲警覺。拏打

門扇家人怪問。佛言。應作錫杖。苾芻不解。佛言。杖

頭安鐶。圓如盞口。安小環子搖動作聲。而爲警覺。

狗便出吠。用錫杖打。佛言。不應以杖打狗。應舉怖

之。時有惡狗怖時瞋劇。佛言。取一抄飯擲地令食

至不信家久搖錫時遂生疲倦。而彼家人竟無出

問。佛言。不應多時搖動。可二三度搖。無人問時即

須行去。

南海寄歸傳云。言錫杖者。梵云喫棄羅。即是鳴聲

之義。古人譯爲錫者。意取錫作聲鳴杖錫任情稱

之。就目驗西方所持錫杖頭上唯有二股。鐵捲可容

三二寸許。其竿用木。麤細隨時。屈

高與眉齊。下安鐵纂。可二寸許。其鐶或圓或匾。屈

合中間。可容大指。或六或八。穿安股上。銅鐵任情。

元斯制意。爲乞食時。防其牛犬。何用辛苦勞

心。而復通身總鐵。頭上安四股重滯將持非常令

澁。非本制也。

忠曰。義淨說。似未讀錫杖經也。

釋氏要覽云。梵云隙弃羅。此云錫杖。由振時作錫

聲故。十誦云。聲作錫杖三千威儀經云。持錫不得入衆。

日中後。不得復持。即中午。不得擔於肩上。五百問云。

持錫有三。事能警惡蟲毒獸故。

忠曰。要覽云。二股六環。是迦葉佛製。此按錫杖經。無六環說。但言二股四股。環數無別。學者須知。

四分律云。諸比丘道行。見地蚰蜒百足。未離欲比丘見皆怖。白佛。佛言聽。投錫杖搖。

六組法寶壇經云。永嘉玄覺禪師來參。遶師三帀。振錫而立。詳如彼。

唐高僧傳僧稠傳云。稠詣懷州。西王屋山修法。聞兩虎交鬪。咆響震巖。乃以錫杖中解。各散而去。

傳燈錄章敬惲禪師章云。有一僧來遶師三帀。振錫而立。師曰。是。是其僧又到南泉亦遶南泉三帀。振錫而立。南泉云。不是不是。此是風力所轉始終成壞。僧云。章敬道是。和尚為什麼道不是南泉云。章敬即是。是汝不是。

傳燈錄。五臺隱峯禪師鄧氏章云。師以冬居衡嶽。

夏止清涼唐元和中荐登五臺路出淮西。賜吳元濟陽兵遠拒王命。官軍與賊交鋒。未決勝負師曰。吾當去解其患。乃擲錫空中飛身而過兩軍將士。仰觀事符預夢。鬪心頓息。師既顯神異。慮成惑眾。遂入五臺於金剛窟前示滅。

● 拄杖

釋氏要覽云。十誦律云。佛聽蓄杖。其積用鐵。為堅牢故。斯蓋行李之善助也。（言積用鐵、即小拄杖、大者上呢）

奈耶云。佛聽蓄拄杖。有二因緣。一為老瘦無力。二為病苦嬰身故。隋煬帝在邸時。送法巖禪師靈壽杖書云。每策此杖時。賜相憶。

毘奈耶雜事云。佛在驚峯山有老苾芻登山上下脚跌到地。佛聞佛許已。六衆即便以金銀雜綵等物。雕飾其杖。俗旅嫌賤苾芻。白佛。佛言苾芻有二種緣。應蓄拄杖。一為老瘦無力。二為病苦嬰身。鈔

祖庭事苑引毘奈耶雜事文畢云。正如今禪家
游山拄杖。或乘危涉險。爲扶力。故以杖尾細怯
逐存小枝許。串鐵釟者是也。行脚高士。多攜鑞
重堅木。持以自衞。且曰。此足以禦寇防身。往往
愚俗必謂禪家流。固當若是。不薄吾佛之遺訓
乎。

◉ 拄杖觸頭淨頭

已下略錄事緣。

篏燈錄蓮華峯祥菴主。臨示疾時。舉拄杖問衆云。
汝道古佛到遮裡。爲什麼不肯住。衆無對。師云。爲
他途路不得力。復云。作麼生得力去。乃橫肩拄杖
云。穭標槢擔不顧人。却入千峯萬峯去。言畢圓寂。

百丈以拄杖拂子付潙山。[見潙子處]

希叟曇禪師廣錄。禪房十事拄杖頌云。格外叢林
選出。生緣不在天台。雖然烏律卒地。方狀多少人
來。

禪苑清規裝包云。拄杖之法。有枝者爲觸頭。無枝
者爲淨頭。行時淨頭在前。右手攜之。如下笠時。在
左手內。路上逢人。如畧問訊。仰左手把拄杖。仰右
手下笠。斂杖笠當胸。

◉ 探水

忠曰。拄杖下頭。可二三尺。別存小枝。撓繞本榦向
下名爲探水。蓋路行過水。則先下杖驗之。水到小
枝上。下而量其深淺。然後敢渡。故名探水。碧巖錄
云。玉將火試金將石試。劍將毛試。水將杖試。[此止是]
也。然事苑云。以杖尾細怯。逐存小枝。[見拄杖處]依此只
爲護細弱也。無復探水之用。

已下畧錄拄杖探水因緣。

趙州諗禪師錄云。師一日。將拄杖上茱萸法堂上。
東西來去。萸云。作什麼。師云探水。萸云。我者裏一
滴也無。探箇什麼。師將拄杖子倚壁便下去。

洞山初禪師錄云。問如何是洞山圓鏡。師云。人將

語試水將杖試。

續燈錄天衣在和禪師〈嗣雪竇明覺〉章云。問祖祖相傳傳祖印師今得法嗣何人師云。人將語試水將杖探。

希叟曇禪師正宗贊永明智覺禪師贊云。迅瀑千尋不停殺翠探水杖痕深。

虛堂愚禪師淨慈後錄舉趙州斷却命話云。趙州過頭杖子到處探水當時者僧若與本分草料管取別颺炊香。

古林茂禪師拾遺錄送敬上人偈云。參方須具參方眼法戰須諳法戰機探水鳥藤好牢把莫同趙老到菜莫。

● 拂子

毘奈耶雜事云。佛在廣嚴城獼猴池側高閣堂中。時諸苾芻爲蚊蟲所食身體患痒抓搔不息俗人見已問言。聖者何故如是以事具答。彼言聖者何故不持拂蚊子物。答言世尊不許。以緣白佛。佛言。我今聽諸苾芻畜拂蚊子物。是時六衆聞佛許已便以衆寶作柄辮牛尾爲其拂。俗人既見曰此是何物。答言。佛令苾芻畜拂蚊子物。是故我持彼言聖者仁雖剃髮貪染未除以緣白佛。佛言。有五種袪蚊子物。一者撚羊毛作。二用麻作。三細裂㲲布。四用故破物。五用樹枝梢若用寶物得惡作罪。

釋氏要覽云。僧祇云。佛聽線拂裂㲲拂芒拂樹皮拂制若犛牛尾馬尾拂并金銀裝柄者皆不得執。

三才圖會儀制類有圖。

已下略錄事緣。

碧巖錄云。百丈當時以禪板蒲團付黃檗拄杖拂子付溈山溈山後付仰山仰山既大肯三聖聖一日辭去仰山以拄杖拂子付三聖聖云某甲已有師仰山詰其由乃臨濟的子也。

希叟曇禪師廣錄禪房十事拂子頌云。才得柄覇

窐

入手。便要阿。佛罵祖還他本色真梭不比尋常談

● 如意

釋氏要覽云。梵云阿那律。秦言如意。指歸云。古之
爪杖也。或骨角竹木刻作人手指爪。柄可長三尺
許。或脊有痒。手所不到。用以搔抓。如人之意。故曰
如意。誠嘗問譯經三藏。通梵大師清沼字學通慧
大師云勝皆云。如意之制蓋心之表也。故菩薩皆
執之。狀如雲葉。又云。此方篆書心字。故若局爪杖
者。只如文殊亦執之。豈欲搔痒也。又云。今講僧尚
執之。多私記節文祝辭。於柄備於忽忘。要時手執
目對。如人之意。故名如意。若俗官之手版。備於忽
忘名笏也。若齊高祖賜隱士明僧紹竹根如意梁
武帝賜昭明太子木犀如意石季倫王敦皆執鐵
如意。此必爪杖也。因斯而論則有二如意蓋名同
而用異焉。

忠曰。如意之制心之表也。如此方篆書心字。此
此義不通印度焉。又曰文殊豈欲搔痒也。此是
亦不然。世尊尚示有圓便疾病。既同凡受五蘊
色身。何無復背痒耶。余竊謂凡佛菩薩所執器
物。動有所表。蓋說法到人疑處。令彼能通曉。猶
如爪杖搔痒處。痛快故。執此表其相。若復依此
義則文殊雖執。亦何妨焉。

義楚六帖云。淨名經義抄云。牛呵羅漢。說法時以
有口病恐大衆生輕。龍現爪。以遮口。因作如意。猶
象龍爪。

佛祖統紀。智者大師紀云。南岳造金字般若命師
代講唯三三昧及三觀智用以咨審。餘悉自裁。南
岳手持如意。臨席讚之曰。可謂法付法臣。法王無
事。又云。師有疾。口授遺書略云。達華香鏽犀角
如意。是王所施。今以仰別。願德香遠聞長保如意
也。

釋氏資鑑云。周建德三年。五月。武帝邕。惑於道士

張賓等妖言。與黑衣之讖。乃欲偏廢釋教。命二沙門
道士。辨其優劣。且云。長留短廢。云襄城公何安。自
行如意。座首少林寺行禪師。發憤而起。諸僧止曰。
師爲佛法大海衆。咸仰知。可令末座對揚共推。以如
意付智慈安。詳而起。徐升論座。坐定執如意折二張

賓理屈〔詳如後〕

忠曰。論議執如意。可以證焉。
三才圖會器用部云。如意吳時。秣陵有掘得銅
匣開之得白玉如意。執處皆刻蝌蚪蠅蟬等形。
胡綜謂。秦始皇東遊。理寶以當王氣。則此也。蓋
如意之始。非周之舊。當戰國事歟。
事物初畧云。胡綜別傳曰。時有掘地得銅匣。長
二尺七寸。開之。得白玉如意。所執處。皆刻蝌蟬
等形。時人莫知其由。吳大帝以綜多識。乃問之。
答云。昔秦始皇東遊。以金陵有王者氣。乃鑿諸
山崗。起處理寶物。以當王者之氣。此抑是乎。則
是如意。始于戰國。

顧元慶十友圖贊如意爲直友曰。右如意煉鐵
爲之。長二尺有奇。上有銀錯。或隱或見。識者知
其宣和舊物也。中時以副直。自持山房呼爲直友。

●癢和子

忠曰。如意言癢和子。

希叟曇禪師廣錄禪房十事癢和子頌云。既就良
工雕琢。何妨出手扶持。抓著疥處賞伊一
荔枝。

●印

毘奈耶雜事云。時有賊來盜僧庫藏。并及私物。爲
無記驗。苾芻不知何時失物。佛言。苾芻可畜其印。
應用五種物爲印。所謂鍮石。赤銅。白銅。牙角。佛言。
凡印有二種。一是大衆。二是私物。若大衆印。可刻
轉法輪像。兩邊安鹿。伏跪而住。其下應書元本造
寺施主名字。若私印者。刻作骨鎖像。或作髑髏形。

欲令見時生厭離故。

輟耕錄云周禮璽節鄭氏註云璽節者今之印章
也。按許慎說文云印執政所持信也。徐鍇曰從爪
手以持信也。衛宏曰秦以前民者以金玉為印龍
虎鈕惟其所好。然則秦以來天子獨以印稱璽獨
又以玉。群臣莫敢用也。七雄之時臣下璽始稱曰
印。漢制諸侯王金璽璽之言信也。古者印璽通名
漢舊儀云諸侯王黃金璽橐佗鈕文曰璽謂刻曰
某王之璽。列侯黃金印龜鈕文曰某侯之章。又曰
太尉與三公前後左右將軍黃金印龜鈕文曰章。
中二千石銀印龜鈕文曰章。千石六百石四百石
至二百石以上皆銅印鼻鈕文曰印。建武元年詔
諸侯王金印綟綬公侯金印紫綬中二千石以上
銀印青綬千石至四百石以下銅印黑綬及黃綬。
陳制金章或龜鈕魏鈕獸鈕豹鈕銀章或龜鈕熊
鈕羆鈕羔鈕鹿鈕銀印或珪鈕兔鈕銅印犀環鈕
吾衍云漢有摹印篆。其法只是方正篆法與隸相

通後人不識古印妄意盤屈且以為法大可笑也。
多見古家藏得漢印字皆方正近乎隸書此即摹
印篆也。玉球嘯堂集古錄所載古印正與相合凡
屈曲盤回唐篆始如此今碑刻有魯公官誥尚晉
省印可考其說漢晉印章皆用白文大不過寸許。
朝爵印文皆鑄蓋擇日封拜可綬也。軍中印文
多鑿蓋無知此者。故後宋印文皆大繆白文印皆
為官職信令急於行令故不可綬者也古無此字以印章
南渡絕無知此者。故後宋印用朱文古法漸廢。至宋
用漢篆平正方直字不可圓縱有斜筆亦當取巧
寫過三字印。右一邊一字。左一邊兩字者以兩字
處與一字處相等。不可兩字中斷又不可十分相
接四字印。若前二字交界有空。後二字無空。須當
窒一畫別之字有有腳無腳。故言及此。不然一邊
見分。一邊不分。非法度也。軒齋等印。古無此式唯
唐相李泌有端居堂白文玉印。或可照例。終是白
文非古法不若只從朱文朱文印。或用雜體篆不

可太怪擇其近人情免費辭說白文印用崔子玉
寫張平子碑上字及漢器上并碑蓋印章等字最
爲第一凡姓名表字古有法式不可用雜篆及朱
文白文印必逼於邊不可有空便不古朱文印
不可逼於邊當以字中空白得爲相去庶免
印出與邊相倚無意思耳字宜細四旁有出筆皆
帶邊邊須細於字邊若一體印出時四邊虛紙皆
昂起未免邊肥於字也非見印多不能曉此黏邊
朱文建業文房之法多有人依款識字式作印此
大不可蓋漢時印法不曾如此三代時却又無印
學者愼此周禮雖有璽節及職金掌其徵惡揭而
璽之說註曰印其寶手執之印也正面刻字如
秦氏璽而不可印則字皆反矣古人以之表信
不問字反淳朴如此若戰國時蘇秦六印制度未
聞淮南子人間訓曰魯君召子貢授以大將軍印
劉安寓言而先辭耳道號唐人雖有不曾有印故
不可以道號作印用也三字屋扁唐印有法凡印

文中有一二字忽有自然空缺不可映帶者聽其
自空古印多如此凡印僕有右人印式二冊一爲
官印一爲私印具列所以寶爲甚詳不若嘯堂集
古錄所載只具音釋也凡名印不可妄寫或姓名
相合或加印章等字或兼用印章曰姓某印章
不若只用印字最爲可回文寫姓下
著印字在右二名在左是也單名者曰姓某之印
却不可回文寫名印內不得著姓氏字表德可加氏
字宜審之表字印只用二字此爲正式近人或加
姓氏於其上曰某氏某若作姓某父古雖有此稱
係他人美己却不可入印人多好古不論其原不
爲俗可也漢人三字印非複姓及無印字者皆
非名印蓋字印不當用印字以亂名漢張安字幼
君有印曰張勢君
呂化光此亦三字表德式諸印下有空處縣之最
佳不可妄意伸開或加屈曲務欲塡滿若寫得有
道理自然不覺空也字多無空不必問此李陽冰

曰摹印之法有四功佟造化冥受鬼神謂之神筆

畫之外得法妙謂之奇藝精于一規矩方圓謂

之工繁簡相參布置不紊謂之巧趙彥衛云古印

文作白文蓋用以印泥紫泥封詔是也今之米印

及倉敖印近之矣自有紙始用朱字間有為白字

者通典云北齊有木印長一尺廣二寸五分背上

為鼻鈕長九寸厚一寸廣七分腹下隱起篆文曰

督攝萬幾惟以印籍縫今鯤合縫印蓋原於此

秦有八體書三曰刻符印古所謂繆篆五曰摹印

蕭子良以刻符摹印合為一體徐鍇謂符者竹而

中刻之字形牛分理應別為二體摹印屈曲填密

則秦璽文也子良誤合之宣和譜四卷楊克一圖

書譜一卷又名二集古印格王厚之復齋印譜顏叔夏古印

譜二卷姜夔集古印譜一卷吾衍古印文二卷趙

孟頫印史二卷

正字通云漢官儀吏秩比二千石以上銀印龜

紐其文曰章刻曰某官之章二百石以上銅印

鼻紐其文曰印刻曰某官之印今士大夫私用

姓名圖記曰某章某印又云刻之印章則陽

文曰朱文陰文曰白文蓋右今金石同一例也

客窓隨筆云古人印章元自圓整有殘缺處乃沙

土久蝕而然今人乃以新製者故擊碎而摸糊之

以為古大非也且以施於泛印猶可若自己姓字

必殘缺磨滅而使之古何為者哉

忠曰趙世顯是論最確矣印名人見存而其印

却為古物之狀違理之甚

明僧獨立印章說云印章之作由國璽符篆而別

士民得用自漢而與但紀姓名無引首別號表字

悉用銅鑄在公者用龜鈕曰之印大夫者稱之章

私記者用瓦鈕曰私印不刻朱文羇用小篆白文

今稱漢白文為宋始與齋居別號字氏至我明國

人爭尚開文詩句途分福文小篆縵篆署書方朱

圓朱玉箸切玉急就之體井井不紊取諸金玉凍

石以飾珍玩成弘之際由用犀象刻印今鄙棄之

萬曆初。有何雪漁文三橋者。益新二秦漢一篆法。曰鑄
體。曰鑿體。曰牛鑿體。曰飛走流動體。中鋒正
筆。鐵畫銀鉤。舉說文應正用。其道始光。從元吾衍
子說。以詳其制。予居關門竺印師。以青田印石索
筆者。繩之正之。予昔曾與陳文叔鄧正叔梁千秋
丁秋屏諸名公。校酬精覈。是得金石心傳不與刊
梨鑄彙同二十。而語但予情厭操刀不及其好是爾
捐棄。今日本但曰刻印。不知配字合道奏刀有訣
玄玄至理。豈是鹵莽滅裂可爲。是特紀此數言以
付雕蟲者。作明眼。壬寅姤月。廿有四日。天間野祕
　塡

●書剪

獨立氏識（和本在三　龍龕一）

敕修清規尊宿遷化。下遺書云。行者備書削托書
物乃住持熏燒。送與維那。行者度剪開緘宣讀
至　

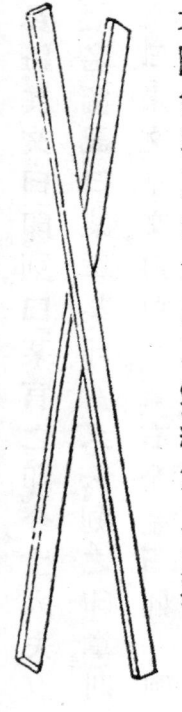

●界尺

忠曰。界尺文具。以畫界罫線。兼鎮紙幅。與戒尺不
同。戒尺見唄器門。
禪林類聚云。梁武帝。請傅大士講經。大士陞座。以
界尺揮案一下。便下座。帝愕然。誌公問。帝云。陛下
會不。帝云不會。誌云。大士講經竟。
聯燈會要。但作尺。是界尺。可依類聚而知也。
北礀文集。界尺銘云。惡圓曲。尚方正直而剛。重以
塡
輟耕錄裱背十三科之一曰。界尺裁版桿帖。
五代史唐趙光逢傳云。趙光逢字延吉。在唐以
文行知名。時人稱其方直溫潤。謂之玉界尺。
三才圖會器用類云。尺以鎮紙。錐以刺書。

●針筒

見戒刀處。

世尊不聽作象牙骨角鍼筒緣。見于僧祇律。

雲門偃禪師錄云。或云。佛法遠有變易也。無代云。

鉢盂鞋履。拄杖針筒。又云。紐牛破三針筒鼻孔

裏道將一句來。代云。海裏使風山上船。

續燈錄天衣懷禪師章云。上堂云。須彌頂上不扣

金鐘。畢鉢巖中。無人聚會。山僧倒騎佛殿諸人反

著草鞋。朝遊檀特。暮到羅浮。拄杖針筒自家收取。

佛果聲節錄云。欽山將針線行腳。到處與人做

〔衣。詳雜行門、把針處〕

●鏡

資持記云。坐禪處。多懸明鏡以助心行〔詳靈像門、寫照處〕

釋氏要覽云。僧祇云。若病差若新剃頭。若頭面有

瘡。照無罪。若為好故照者。得越毘尼罪。

已下署錄因緣。

傳燈錄。僧伽難提章云。一童子持圓鑑直造尊者

前師曰。汝手中者。當何所表。童曰。諸佛大圓鑑。內

外無瑕翳。兩人同得見。心眼皆相似。尊者受其戒

訖。名伽耶舍多。

聯燈會要。仰山寂禪師章云。師住東平。潙山寄鏡

子一面。拜書至。師陞堂受。書畢。提起鏡子示衆云。

大衆且道是潙山鏡是東平鏡。若道是東平鏡又

是潙山寄來。若道是潙山鏡又在東平手裏。若道

得即留取。若道不得即撲破去也。如是三說。衆皆

無對。師遂撲破。

●剃刀

敕修清規。沙彌得度云。戒師用淨瓶灌頂。以指滴

水於頂上。執刀剃頭。

傳燈錄南院寶應和尚章云。思明和尚。未住西院

時。到參禮拜後。白曰。別無好物。人事。從許州買得

一口江西剃刀來獻和尚。師曰。汝從許州來。什麼
處得江西剃刀。明把師手指一下。師曰。侍者收取。
明拂袖而去。師曰。阿剌剌。

◉ 戒刀

敕修清規辦道具云。僧史畧云。戒刀皆是道具表
斷二切惡故。
僧史畧云。及持澡鑵漉囊錫杖戒刀斧子針筒此
皆為道具也。
釋氏要覽云。戒刀。按律許蓄片頭刀子為割衣故。
今比丘蓄刀名戒者。蓋佛不許研截一切草木壞
鬼神村故。草木尚戒況其它也。
祖庭事苑云。戒刀根本雜事云。佛在室羅伐城尒
芻欲裁三衣。便以手裂衣財損壞。佛言。可刀子裁
刀不是刀子。汝等應知。有三種刀子謂大中小。大
者可長六指。小者四指。二內名中其狀有二。一如
也。

敕烏羽曲。二似雞翎。不應尖直。
五分律云。諸比丘無刀。用竹蘆片割衣壞。佛言。
聽畜裁物刀。諸比丘蓄刀。賊來得以害比
丘。佛言不聽。作大刀。犯者突吉羅。聽長一指一邊
作刃以木作柄除漆樹。
梵網經十八物中有刀子 枝
見 處
二一。 古迹記云。刀子
割甲。
行事鈔鉢器制聽篇云。毗尼母聽畜刀子。六種。一
用割皮。剪甲。破癰。裁衣。割衣上毛縷六用淨果。乃
至食時。種種須故。
希叟曇禪師廣錄。禪房十事。戒刀頌云。惡鉗鎚下
飜身。未必鋒芒發露不惟斬得猫兒也。解殺佛殺
祖。

◉ 法瓶

舊說曰。布薩時所用瓶。名法瓶。乃盛二香湯及香水

●淨瓶

敕修清規辦道具云。淨瓶。梵語招稚迦。此云缾。

釋氏要覽云。淨瓶。梵語軍遲。此云瓶。常貯水隨身。
用以淨手寄歸傳云。軍持有二。若瓷瓦者是淨用。

若銅鐵者是觸用。

忠曰。余曾問入修圓宗覺律師曰。今律士。但攜
一瓶。未審是觸是淨。覺曰。一瓶貯淨水。觸淨兼
用。

義淨受用三水要行法云。舊律十誦五十九云。有
淨澡罐厠澡罐四十一云。有淨水瓶常水瓶又新
譯有部律文淨瓶觸器極分明。此並金口親言。非
是人造寧容唯一銅瓶。不分淨觸。雖同告語不齒
在心豈可以習俗生常。故違聖教。

祖庭事苑云。淨缾。四分律云。有二比丘過無水處。水
或有蟲渴殺佛知制戒。令持觸淨二缾以護命故。

傳燈錄鴻山祐禪師章云。百丈召師入室。囑云。
吾化緣在此。鴻山勝境汝當居之。嗣續吾宗廣
度後學。時華林聞之曰。某甲忝居上首祐公何
得住持。即指淨瓶問云。不得喚作淨瓶。汝喚作什
麼。華林云。不可喚作木㮮也。百丈不肯乃問師。
師踢倒淨瓶。百丈笑云。第一座。輸却山子也。遂
遣師往鴻山。

●濾水囊

篇海類編云。濾良據切。音慮。漉去滓也。

敕修清規辦道具云。濾水囊。增輝記云。為器雖小。
其功甚大。為護生命。故中華僧。有受持准律標
示。根本百一羯磨云。水羅有五種。一方羅用二尺。或三
若用三時大小作。須細密。不透水蟲者。二法瓶陰陽
三軍遲。沈於水待滿引出。四酌水羅。五衣角羅衣
角一者。非裂破角也。但取密絹方一探。慈覺大師隨
手或繫瓶口。或安鉢盂中。濾水用也。

公集經律。凡三十一偈。文多不錄。末謂。世云。濾羅
難安多衆。宗賾崇寧元年。於洪濟院厨前井邊安
大水檻上近檻唇。別安小檻穿角傍出。下安濾羅
傾水之時。全無進溢亦乃大衆沾足浴院後架做
此僧行東司亦皆濾水出家之本道也後住長蘆。
諸井濾水。二十餘處。常住若不濾水。罪歸主執之
人。普冀勉而行之。

行事鈔二衣總別篇云。濾水袋法。物雖輕小所爲
極大。出家慈濟厥意在此。薩婆多云凡用水法應清
淨者。如法濾水置二器中。足一日用。取上細氈一
肘作囊。令持戒審悉者漉水竟。著淨器中向日諦
視看。四分作漉水袋。如杓形。若三角若作宏梛不
得。無漉袋。行牛由旬。無著僧伽梨角漉。此國多用
絹作者。余親取己漉竟水內黑色器中微小細蟲
無數。後取絹練作袋漉之方盡。

傳燈錄牛頭智巖禪師章云師姓華氏弱冠智勇
已下畧錄事緣

過人身長七尺六寸。隋大業中為郎將常以弓挂
一濾水罐。隨行所至汲用。累從大將征討頻立戰
功。唐武德中。年四十。遂乞出家。

六學僧傳唐僧竭傳云。竭每以複帛爲漉水罐。日
漉水投蟲井中井恒盈。未嘗涸世因以護生井目
之。

丹鉛總錄云。唐人白行簡以濾水羅賦得名。其警
句云。焦螟之生必全有以小爲貫者。江漢之流雖
大。蓋可一以貫之。靈一詩曰。濾泉侵月起掃徑避
蟲行。濾水蓋僧家戒律有此。欲全水蟲之命。故濾
而後飲。今蜀中深山古寺。猶有此規。白居易送文
暢詩山宿馴溪虎江行濾水蟲

● 手巾

忠曰。手巾二種。一隨身攜手者。一公界者。或在僧
堂内。或在浴室内。或在後架皆長丈二掛之輥輼
令牽轉就其乾處拭用。

巳下錄三隨身手巾。

梵網經十八物中。有三手巾(謁二器物門、楊枝處一)詳

行事鈔二衣總別篇云。又開三鉢嚢革屣嚢針筩禪

帶腰帶帽拭脚巾攝熱巾裹革屣巾等及拭面巾。

拭身巾。捫淚巾。

續燈錄龍潭圓禪師章云。師辭汾陽汾陽云。別無

送路與子一條手巾。師云。手巾與和尚。

受用挂杖不用得。昭云。但將去。有用處在。師便收。

昭云又道不用師喝一喝。便下去。昭云。已後不讓

臨濟師云正令已行。(師謂汾陽善昭)

事物紀原云。禮浴用二巾一上絺下綌雖上下異

用而無異名。此三代之制也。漢王莽之斥逐王

閎也。閎伏泣。元后親以二手巾拭之。於是始見手

巾之目。其事雖出於三代。而制名當自漢世也。

巳下錄三公界手巾。

大比丘三千威儀云。當用二手巾一。有五事。一者當拭

上下頭。二者當用二頭拭手。以二一頭拭面目。三者

不得持拭臭與四者以用拭膩污。當即浣之。五者不

(得拭身體。若澡浴。各當自有巾。)(忠曰。若濯下、說二身巾一)

敕修清規大坐參云。聖僧侍者牽堂內手巾轆轤

驚酬眠者。

日用軌範云。拭面不得爭抽手巾。不得以巾拭頭

用畢須攤掛或焙火上

永平道元和尚曰。手巾一幅布長一丈二尺也。不

可白色。(巳上僧堂巾、)

敕修清規知浴云。鋪設浴室掛手巾。出面盆拖鞋

脚布。

日用軌範開浴云。公界手巾係。著衣後。淨手拭之。(巳上浴室巾。)

緇門警訓登廁規式云。後架手巾。須多備三兩條。

頻頻洗換莫令垢染。以污淨手。入衆處。五日一洗。

人少處。十日一洗。(巳上後架巾。)

忠少時聞古老說謂行脚人。以二手巾一束腰。其巾

取二幅布長丈二。一頭豎折橫縫定其唇。若道

淨巾

舊說曰。淨巾即手巾也。

日用軌範抽脱云。以淨巾搭左手。

路遇亡骸。則不容見過。便以巾縫首納亡人一
脚。自骸背過肩負之。於己背上尋可瘞處下。
葬之。諷誦而去。余按毛詩云。行有死人。尚有瑾
之。此仁儒秉心。猶若是況為度生大士乎。

面盆

敕修清規水頭云。手巾面盆燈燭牙藥。毋令缺少。

枕子

日用軌範云。五更鐘未鳴。輕輕撼身先起將枕子。
安脚下。未要拗恐驚隣單。

祖庭事苑云。寄歸傳云。南海十島。西國五天。並皆
不用木枕。支頭。神洲獨有斯事。西方枕蘂樣式其

類相似。或取帛。或布。染色隨意。縫為直袋長一
肘寬半肘。中間財者。隨處所出。或可填毛。或盛麻
縕。或蒲黃柳絮等。或決明麻豆。隨時冷熱量意高
下。斯乃取適安身實無堅強之患。既而軟物除風麻
頭下通風。致使時人。多苦頭疼。然此為木枕疎
豆明目。且能有益用實無爽。又為寒鄉凍頂多得
傷風。冬月鼻流。斯其過也。今禪人多畜木橋枕蓋
便於行脚收拾易然。故利時之用亦不可革也。

法華文句記云。南山注經音云。西方無木枕皆以
赤皮內著綿毛用倚臥也。

靈源拾遺云。昔哲侍者。夜半不睡。以圓木為枕。
小睡時枕轉覺。而後安坐如故。

傳燈錄。仰山寂禪師章云。僧問法身還解說法
也無。師曰。我說不得。別有一人說得。曰說得底
人。在什麼處。師推枕子出。潙山聞云。寂子用劍
刃上事。

橋枕

忠曰。橋枕。日本名摺枕。者。其製兩小板。內安細木
柱兩頭。有機令。可開闔。開則柱斜撐起板一左一
右。任安頭。摺則小柱臥填。南板凹處。太便于收藏。
敕修清規大坐參中。再請禪云。更深住持出聞首
座開枕響眾方偃息。止此。乃開枕以備臥用也。
祖庭事苑說。見枕子處。

扇

釋氏要覽云。西天多用。如阿含經云。阿難羅云省
執扇侍佛。優波離。結集律藏時。波斯匿王。與象牙
裝扇令執誦律。古高僧慧榮。講時。執扇隋煬帝賜
高僧敬脫。大竹扇濶三尺入內講經論。
大慧為如山主普說云。我老和尚。悟。曾說五祖
師翁每於盛暑中。常披裰裝禪床上坐。更不使
扇。先師便問和尚何不使扇。祖云。倆理會不得。

我是順時保愛。因問其故。祖云。天地之氣。既有
四時。便有寒暑。既在寒暑中。須與他受些子倆
若逃寒畏暑。便是逆其時候了也。這箇便是老
僧順時保愛。
鹽官齊安禪師索犀牛扇子。見傳燈錄。
忠曰。中華所謂扇。多是圓扇而已。如此方言扇。
皆是摺疊扇也。
春風堂隨筆云。今世所用摺疊扇亦名聚頭扇。
吾鄉張東海先生以為貢於東夷。永樂間始盛
行於中國。予見南宋以來詩詞。詠聚扇者頗多。
予收得楊妹子所寫絹扇面摺痕尚存。東坡謂
高麗白松扇展之廣尺餘。合之止兩指許。正今
摺扇。蓋自北宋以有之。倭人亦製為泥金面烏
竹骨充貢出自東夷果然。
徐氏筆精云。國朝大明不用圓扇。用摺扇。

●頭末紅扇

釋氏要覽云。律云。跋難陀比丘持大蓋行。傘一也、今凉
諸居士遙見。謂是官人。皆避道。及近元是比丘乃
譏嫌之。佛乃制戒。不應持大蓋若天雨即聽。

忠曰。日本禪林兄弟者所執金面中啓扇子上頭二
繪深紅雲容。名言頭末紅扇子。
○已下係資身癈器

❀ 法蓋

忠曰。法蓋者。葫蘆頂繪羅三簽大傘新住持入院。
行者執面覆之。
水滸傳云。梁中書出堺前坐定交椅。左右祇候
兩行。喚打傘的。撐開那把銀葫蘆頂茶褐羅三
簽凉傘來。蓋定在梁中書背後。
忠曰。禪林法蓋之制正是也。
增壹阿含經云。世尊受須摩提女請。至滿富城。廣
乃至是時梵天王。在如來右釋提桓因。在如來左
執拂密迹金剛力士。在如來後手執金剛杵毘沙
門天王手執七寶之蓋處虛空中。在如來上忍有
塵土空如來身。
忠曰。蓋之用在防塵穢。此文可為證。

⚘ 涼傘

忠曰。日本禪林。長老者。行路。執傘覆之。遮日。製小
於法蓋。以油紙造之。
餘多序錄云。按宋人私錄。京城士人。舊通用青
絹凉繖。大中祥符間惟許親王用之。餘並禁止。
後又許中書樞密院。依舊用繖。
堯山堂外紀云。劉子儀爲侍郎。三入翰林。希望
大用意頗不懌。賦詩云。蟠桃三竊成何味。上盡
鼇山迹轉孤移疾。不出朝士問候者。嘗至詢之。
云虛熱上攻。石中立在坐云。只消一服清凉散
意謂。兩府始得用青凉傘也。
忠曰。僧家凉傘有所擬也。

●笠

敕修清規入院云、古人腰包頂笠、到山門首下笠、入門焫香、有法語。又裝包云、古者戴笠、笠內安
經文茶具之類。

釋氏要覽云、蓋律有二種、一竹蓋二葉蓋、寄歸傳
云、西域僧有持竹蓋、或持傘者、梁高僧惠韶過有
請則自攜杖笠也、今僧戴竹笠棕笠乃竹蓋之遺
製但去柄爾、今又加油絹於上、郎唐馬周製在蓆
帽、以禦雨、故效之也。

●轎

傳燈錄、金華山俱胝和尚章云、初住菴、有尼名
實際、到菴、戴笠子執錫繞師三币云、道得即拈
下笠子、三問師皆無對、尼便去、後天龍和尚到
菴、竪一指師當下大悟。

字彙云、轎渠妙切、橋去聲肩行之車也。

品字箋云、轎肩輿也、漢淮南王安諫聲聞越、輿轎
蹄嶺註、今竹輿嚴助傳註服虔曰陸路車也。

容齊四筆云、漢書淮南王安諫武帝伐越書曰輿
轎而蹄領、服虔曰、轎音橋、謂陰道輿車也、臣瓚曰、
今竹輿車也、江表作竹輿以行、昭曰、轎音驕、說是也、項氏謬矣。

轎音旗廟反、顏師古曰、服音瓚、何云轎過領耳、
此直言以轎過領乎、旗廟之音無
所依據、予謂、項音轎字是也、而云陵絕水則謬。

云陵絕水曰

●蒲龕

希叟曇禪師廣錄、禪房十事、蒲龕頌云、百币千重
包裹未免黑山裏坐、古今多少生盲引得全身入
草。蒲義見蒲團處。

●溫蒲

蒲龕又言溫蒲。
江湖集月庭忠和尚溫蒲頌云、業履人亡肉未寒。

滿汀柔綠帶三春煙全身入草重扶起門拖昭州二
十年。

◉ 蒲團

忠曰坐物以蒲編造其形圓圓故言蒲團和俗稱
眠單爲蒲團大失義

坤雅云蒲水草也似莞而褊有脊生於水涯柔滑
而溫可以爲席

永平清規辨道法云晡時攷衣入堂就單位出蒲
團而用坐禪未展單矣

忠曰單謂眠單可知蒲團眠單二物也

大慧杲禪師普答曾侍郎云公旣與竹椅蒲團
爲侶

希叟曇禪師廣錄禪房十事蒲團頌云百草頭
邊薦得何妨打塊成團直下千差坐斷無心猶
隔三重關

聯珠詩格註云蒲團僧房坐具也東坡詩後夜

當獨來不願主與賓蒲團坐紙帳自要觀我
身

◉ 椸架

毘奈耶雜事云緣在室羅伐城苾芻隨處而安衣
服便多垢膩被蟲蟻穿傷佛言不應隨處而置衣服
當作衣架苾芻卽便穿壁安衣令壁損壞佛言不
得穿壁初造寺時應出木坎上置衣竿時諸苾芻
房內置竿簷前不作佛言簷前亦作。
正字通云椸衣架曲禮男女不同椸架又方
言楊前几趙魏間謂之椸凡直植曰椸橫架曰桁
禪門規式云僧堂設長連床施椸架掛搭道具
執門掛搭處

◉ 几案

詳禪板處

正字通云案几屬

●經案

敕修清規遊方參請云。古規。首到客司相看。次往堂司掛搭。送單位。經案定。然後到侍司通覆。詣方丈禮拜。

舊說曰。衆寮案位。言經案蓋衆寮是看經之處。故以名之。

●牀

僧祇律云。佛住舍衞城。制戒。不聽過量作牀。乃至牀脚。應量作高修伽陀八指。至修伽陀者。如來應供正遍知。八指者。佛八指。忠曰。翻譯集曰。佛指濶二寸。此即八指一尺六寸也。

●繩床

聯燈會要百丈海禪師章云。師再參馬大師侍立

次。大師目顧繩床角拂子。師云。即此用。離此用。祖云。汝向後開兩片皮。將何為人。師取拂子竪起。祖云。即此用。離此用。師挂拂子舊處。祖振威一喝。師直得三日耳聾。

摩訶止觀云。安一繩床傍。無餘座。

五車妙選云。杜詩花影在繩床。注云。以繩穿為坐具。即今之交椅也。一云胡床。隋惡胡改名交床。唐改繩床。

事文類聚云。今之交床。制本自虜來。始名胡床。桓伊下馬。踞胡床取笛三弄是也。隋以讖有胡。改名交床。胡瓜亦改黃瓜。唐柴紹弟西戎藏胡床。使南女子舞。則唐史臣追本語。以書也。唐穆宗長慶二年。十二月。見羣臣禮。紫宸殿御大繩床。則又名繩床矣。

邸邪代醉編云。古者席地而坐。未嘗有椅。至晉乃有繩床。即今上馬交床之類。此用椅之漸也。

椅子

敕修清規告香云。鋪設里罥椅子〔見二室〕。

琅邪代醉編云。古未レ有二椅床一〔詳二頭〕

正字通云。椅音倚。借二高坐一具後。有レ椅者。今俗呼二椅子一。

品字箋云。桌椅。桌。几之高者。椅。人所レ倚坐者。此後世之借用非二古音義一。

椅子又作二倚子一。傳燈錄。羅漢琛禪師章云。玄沙嘗問曰。三界唯心。汝作麼生會。師指二椅子一曰。和尚喚二這箇一作二什麼一。玄沙曰。倚子。師曰。和尚不レ會二三界唯心一。玄沙曰。我喚二這箇一作二竹木一。汝喚作二什麼一曰桂琛亦喚作二竹木一。玄沙曰。盡大地覓下一箇會中佛法底人上。不レ可レ得。

參 椅

忠曰。參椅者。交椅也。脚木乂字交加〔ハラス〕。合〔アハ〕。可二折疊一參

亦交也。或云。學者參問レ時。師家坐二此椅一。故云二參椅一也。

敕修清規遊方參請云。凡寢堂中。必設二參椅二示二會二師道一也。

事物紀原云。搜神記曰胡床。戎翟之器也。風俗通曰。漢靈帝好二胡服一景師作二胡床一。此蓋其始也。

今交椅是。

三才圖會儀制類有二交椅及椅踏圖一。

竹 椅

忠曰。以レ竹所レ造椅子也。

大慧杲禪師書答會侍郎云。公既與二竹椅蒲圑一為レ侶。不レ異二善財見二最寂靜婆羅門一。

曲彔

五祖演禪師錄云。上堂云。行者不レ報レ來。打レ鼓。曲彔木頭上。不レ免將レ錯就レ錯。參

碧巖錄。評云。龍牙參臨濟話云。他致箇問端。不妨要
見他曲彔木床上老漢。亦要明自己一段大事。
普燈錄。慈菴華禪師章云。虎丘忌日拈香曰。平生
沒興撞著這無意智老和尚。做盡伎倆瀍泊不得。
從此卸卻干戈。隨分著衣喫飯。二十年來。坐曲彔
木。懸羊頭賣狗肉。知他有甚憑據。雖然一年一度
燒香日。千古令人恨轉深。
盧堂恩和尚錄示三如足首座法語云。以平等大心。
待四方衲子。方可擐曲彔床。
雪巖欽禪師錄。普說云。凡遇五參。見曲彔床上箇
漢。胡說亂道。何不。也。歷在耳根。
篇海類編云。彔。盧谷切。音祿。刻木也。
正字通云。說文彔。別為部。刻木彔彔也。象形以
篆形推之。與互別。奮本附。互部。非。
忠曰。曲彔。蓋刻木屈曲貌。今交椅製曲彔然。
故異名曲彔木。遂省木。單稱曲彔也。
碧巖錄云。古人行
又有作曲彔者。依音同訛寫。

脚。徧歷叢林。直以此事為念。要辨他曲彔木床上
老和尚具眼不具眼。
又有作曲頴者。亦依音同訛。續燈錄與化仁岳
章云。問如何是和尚家風。師云。曲頴禪床。又上
方曰。金章。上堂云。五葉芬芳。千燈續燄。向曲頴木
裡唱二作三。
晦菴光狀元錄云。行到汝州葉縣。被一陣業風吹
上首山曲頴木床上見箇老和尚云。

曲木

忠曰。曲彔木床也。
雲門偃禪師錄云。上堂云。諸方老禿奴曲木繩床
上坐地。求名求利。問佛答佛。問祖答祖。屙屎送尿。
也。三家村裏老婆。傳口令相似。識箇什麼好惡。總
似這般底。水也難消。
祖英集送勝因長老偈云。韶陽間出多慷慨。權要
雄雄曾絕待。曲木據位知幾何。利刀翦卻令人愛。

○ 長連床

見牀架處。

傳燈錄香林遠禪師章云。問如何是玄中玄。師曰長連床上

眠。明日去如何是玄中玄。師曰今日

南海寄歸傳云。西方房連居人復多臥起之後。

牀皆舉攝。或內置一過。或移安戶外牀闊二肘

長四肘半襯席同然。又云。西國講堂食堂之

內元來不置大床。多設木枮并小牀子聽講食

時用將跪坐斯其本法矣。神州則大林方坐其

事久之雖可隨時設儀而本末之源須識。

○ 踏床

禪苑清規赴粥飯云。上床之法。云。提面前袈裟次

併以左手提之。即踏床近裡而坐然後棄鞋。

保寧勇禪師錄。上堂云。森羅及萬像皆於鏡中現。

以杖指云北面是厨庫南面是僧堂中間是佛殿。

直下指云。者裏是什麼乃云。踏床子也不識。

大慧武庫云。張無盡至兜率悅語及宗門事曰疑香

殿獨脚頌德山托鉢因緣悅曰既於此有疑其餘

安得無耶只如言末後句是有耶是無耶無盡曰

有悅大笑。途歸方丈閉却門無盡一夜睡不穩至

五更下牀。觸翻蹋床忽然省得。

忠曰踏床。椅子前承足小几也又言脚凳　竺

原證道歌註舉張無盡因緣云。至五更起來路

翻脚凳忽然大悟。

踏牀。律名承足牀。毘奈耶雜事云。緣在室羅伐

城佛言應誦經者。可昇高座其人坐師子座下乘

雙足不致有勞倦佛言應作承足牀苾芻不解佛言

若座不移動應以頻作若移轉者可用版為雖以

版作移衆時難可於四角各安鐵鐶隨意擎去

僧祇律作承足机。

○ 橙子

忠曰。椅子前承脚。小几也。

大慧正法眼藏云。法眼指凳子云。識得凳子周帀
有餘。雲門云。識得凳子天地懸殊。天衣云。識得凳
子。椶楠木做。

僧寶傳。華嚴隆禪師傳云。乘侍者曰禪門親見石
門。如何却嗣廣慧隆曰。我初見廣慧渠方欲剃髮
使我擎橙子來。廣慧曰。道者我有橙子詩聽詩
曰放下便平穩。我時便肯伊。禪門、恐、
几屬字林作凳。

正字通云。凳舊註。丁鄧切登去聲。牀凳正韻。橙
品字箋云。高而可凭者。爲几。爲桌。低而可坐者。
爲椅。爲凳。

三才圖會云。机、櫈。皆胡床之別名。但机之制方。
櫈之制脩皆後人以意爲之者。

● 卓凳

忠曰。卓前之凳子也。或卓。凳二物也。

敕修清規亡僧云。或勤舊有田地米穀房舍床榻
卓凳當盡歸常住。

● 脚凳

忠曰。凳子也。
備用清規。聖節陞座云。住持上脚踏問訊。斂衣。跌
坐。

○已下係行裝具

● 脚踏

忠曰。踏床也。見踏床處。

● 祠部筒

敕修清規裝包云。衣被。束前後包。插祠部筒戒刀
禪苑清規裝包云。先插戒刀於右腋下。次插祠部
筒於左腋下祠部袋。用絛或帶。絡肩上。更用絛帶

一條橫繫腰間如未打後包以前繫掛定倒飜起

祠部簡然後上爲包更足便

哲說曰自唐已來度牒外有祠部牒（見海牒見門一）以

竹簡盛之行脚人隨身

●複子

臨濟玄禪師錄云大策子上抄死老漢語三重五

重複子裏不教人見道是玄旨以爲保重

開悟心要示圓上人語云刻意息心擇眞正具頂

門宗眼知識放下複子裝取成辦

聯燈會要德山鑑禪師章云師到鴻山挾複子於

法堂從西過東從東過西顧視方丈鴻山不顧師

云無無便出去

忠曰複當作袱字袠六切音伏包袱此

又云複方六切音幅重也說文重衣也此非今

義慈二字音同袱字訛作複也敕修清規裝包

云裝包之法用青布袱二條此布袱即複子也

○已下係飲食器

●鉢

玄應衆經音義云鉢孟（補沫切）鉢多羅多云波多

羅此云薄謂治厚物令薄而作此器也鉢亦近字

敕修清規辦道具云鉢梵云鉢多羅此云應量器今

略云鉢又呼云鉢盂即華梵兼名佛本行集經云

北天竺有二商主一名帝利富婆二名跋利迦奉

世尊麨酪蜜摶世尊思惟往昔諸佛悉皆受持鉢

器我今當以何器受商主食時四天王疾共持四

金鉢奉上世尊不受以出家人不合蓄此彼四天

王更將四銀鉢玻瓈鉢瑠璃鉢赤珠鉢瑪瑙鉢琕

璩鉢奉上悉者不受時北方毗沙門天王告三天

王言我念往昔青色諸天將四石器來奉我等可

用受食時別有一天子名毗盧遮那白言仁等愼

勿於此石器受食但供養如塔當有如來號釋迦

牟尼出世宜將二此四石鉢一奉二彼如來一時四天王共二
將二四石鉢一奉二佛世尊一念二四天王一以二信淨心一奉二我四
鉢一若我於二一人邊一受二餘各有一恨。我今總受二四鉢一持二
作二一鉢一次相重安置。左手右手按下合成二一鉢。
外有二四唇一而說偈言我昔功德諸果滿以發二哀愍一
清淨心是故今四大天王清淨牢固施二我鉢一
勝天王般若經云。或有二衆生見二此菩薩今始成道一
或見二菩薩久遠成道一或見二一世界四天王獻鉢一或
見二十方恒河沙世界四天王獻鉢一菩薩爾時度二衆
生故一即受二衆鉢重疊掌中一合而為二一其諸天王各
不相見一皆謂世尊獨用二我鉢一菩薩摩訶薩行二般若
波羅蜜一以二方便力一示現此云々
忠曰三世佛法得道時皆四天王上自然石鉢
見二大智度論一
六物圖云。梵云二鉢多羅一此名二應器一有云。體色量三
皆應二法故若準二律儀一云。垢受二供者一用之名二應器一
故如二鉢一是梵言此方語簡省二下二字一明二體者一律云二

大要有二一泥及鐵也。五分律中用二木鉢一犯二偸蘭罪一
僧祇云。是外道標故又受二垢膩一故祖師云。今世中。
有二夾紵漆油等鉢一並是非二法義一須二毀明一色者二四分
應二薰作二黑色赤色一僧祇薰作二孔雀咽色鴿色者一如
法善見鐵鉢五薰土鉢二薰律中聽作二薰鉢爐一等。
此間多用二竹一則易二上明量者一四分中大鉢受二三斗一斗
一唐斗小者受二斗半一即升二中品一可知之大小之間。
宗覺律師纂註云。此方古德傳說昔者南京有二
唐朝升一以二日本弘安年中所定升一計之唐一升。
即弘安六合五勺仍量二下品五升一正得二參升二
合五勺以二弘安壹升一校今寬永年中所定升二正
是七合即弘安參升貳合當二寬永貳升貳
合七勺五撮一也。今時行事家爲二深防一故更增二貳
勺五撮一而以二貳升參合一爲二下品鉢量一加受二之。
行事鈔鉢器制聽篇云。四分大鉢受二三斗一小者受二
斗半一中品可知此斗升不定。此律姚秦時譯彼國
用二姬周之斗一此斗通二國準用一一定不改二量一法二俗算一

名也。準唐斗上鉢受二斗下者五升。資持記注指

俗法者孫子筭經十粟爲圭十圭爲撮

十撮爲勺十勺爲合十合爲升十升爲斗十斗爲

斛相因增法示可準據云唐朝雜令用黍周三斗

爲一斗今此俗中例用唐斗宜準爲量

毘尼母論說鉢中云齊量應者升半已上至二升

半是名應不滿一升半過二升半是名不應

希望盡禪師廣錄禪房十事鉢盂頌云做處全無

滲漏用時開口向天盡大地人飫飽只圖箇不知

恩

時之甘美爲劫之饑渴尚金可受保若未徹杯

水難堪聖教明說是宜五觀無違三匙有節慎勿

拒彼信施以養穢軀曾須藉此資緣以求自脫

已下錄禪律辨難。

虎關濟北集木鉢辯云。或問禪家持木鉢律辯多

生誹如何答曰禪門古德知佛意故不忌木鉢耳。

曰佛意如何曰佛制木鉢有三意一垢二簡三因

其垢者木鉢用已洗滌垢穢不除木之性爾也蓋

印度俗王臣貴族用金玉寶器賤庶之者多川木

器之不漆者沙門法藥寶器若用不漆木器垢不

除故薰瓦鐵二鉢而用耳雖瓦鐵不薰有垢薰即

無垢木鉢不堪薰故制焉其簡者天竺梵志種古

來用木器如來後出爲異也故立瓦鐵而爲簡也。

其因者佛在王舍城時樹提居士客從海邊持辦

檀段與之居士作檀鉢置高杙上作是言沙門婆

羅門不以梯杖能得者取時富樓那迦葉尼犍陀

等諸外道挑頭皆去。賓頭盧尊者現神足取鉢使

綱門警訓載大智律師鐵鉢賦云。吾有鐵鉢裁製

合轍斗牟爲量。不大不小竹烟熏治唯光唯潔似

二分之胡珠若將圓之皎月清晨入緊葷心發越

黃浆傾散有若金沙白淅高堆宛如積雪與香積

之變現無殊比之自然之天供何別吝爾同舟宜自

榮括不耕不耘不劲不割有生之命。自何而活。且

夫口腹無厭貪源叵竭。正念微乎羅刹已發嗟一

示諸比丘言。汝等若是鉢可愛。佛種種呵責。云何

一木鉢故。現過人法。汝不應此閻浮提住賓頭盧

自此到罽耶尼起僧坊畜弟子宣佛法佛集比丘

語從今不聽畜八種鉢。金。銀。琉璃。摩尼。銅。白鑞。木。

石畜者突吉羅聽二種鐵鉢瓦鉢是知佛

必在木以檀鉢寶木併制衆木也。佛意若嫌八種

鉢自鉢何用石耶明知制戒皆有事因不畜木鉢

矣唐朝禪門古德以謂支那古德無禁志亦非檀鉢

異木漆器易洗無垢亦制鉢三種制意支那不欲簡

午況隨方毘尼何有拘忌支那本朝木鉢勝於鐵

鉢矣言其易辨而非寶者木鉢勝於鐵鉢賤於鐵

三義。且就三藏小敎而言大乘方廣不必爾也文

殊師利根本儀軌經第十曰若是瓦鉢洗巳薰乾

其餘木鉢金銀等鉢洗淨無垢即得受用又蘇婆

呼童子經上曰復次童子念誦人須持四種應器

木鐵瓦匏等鉢極須圓圓細密無缺勿使破漏以

此等而言菩薩比丘大乘正業不必拘三藏偏軌

也。禪門古德不護立規矣網經云。袈裟皆使壞

色二一切國人所著衣服。比丘皆應與其俗服有異。

是亦如來簡異之意也。非獨鉢也。服已無定色鉢

何拘木乎是以禪家持木鉢知佛意故耳矣

忠曰。大智海元無為辨木鉢援蘇婆呼經早在虎

關前義堂日工集云。前代律家。難禪宗木鉢曰。

是外道制也。時有東福無為和尚稱博治答曰。

大藏中有蘇婆呼童子經。聽比丘畜鐵木瓦匏

四鉢。今檢極樂寺藏中有此經。爾後虎關和尚

作木鉢辯其謗破木鉢者智芳庭和尚說云。

近久修園院律師宗覺覆破木漆器是方土風俗

俗也。支那本朝俱用木鉢乎。此言不然。旣為簡異外

焚志種。不必欲簡異外

異於此者。何笑可畜木鉢乎。

忠曰覺之辯爽矣。夫世尊之簡異者材兼形

也。支那日本之俗。雖通用木器材然未曾用

其如佛制應器形者。汝若言不取形唯取材

者、彼ノ章服田衣、豈ニ非ズ亦爲ニ簡ニ俗服ヲ耶。俗服用ルニ布

材綿材ヲ而佛徒モ亦著ル綿材布材ヲ則チ何ヲ以テ爲ン簡ト之

異ナリト哉、但シ其ノ簡異ハ在リ田相ト與ニ非田相トニ而已。

覺又云、虎關引ク二經ヲ爲ニ憑據ト。然モ此ノ經中ニ。唯是レ説ク

密乘不共之教典ヲ。自リ非ズ修瑜伽者ニ。就ク敢テ依行セン。

持ツ眞言行者律儀ヲ。則チ非出家之五衆通制是レ則チ

木鉢知ル佛意ヲ故ニ。此レ止ム。是以テ禪家語ハ。棟ブ於汝ニ也。又

忠曰、呼ヨ覺公何ゾ不見ル虎關能別語ヲ曰フ禪家ハ持

誰カ言ハン汝律家ハ。自今當ニ輕カルベシ瓦鐵而從フ吾ガ木鉢ニ耶。

世豈ニ既ニ聽ス於修瑜伽者ニ。夫レ到ル禪知佛意ヲ復次

者ハ則チ劇シ於修瑜伽律者ニ。拘言スル迹ニ禪知佛意ヲ見性

世豈ニ敎修密者ニ用ルヲ不應律儀之器ヲ耶。此レ是

佛之密意ヲ固ヨリ非ズ博地容測矣已。二經聽ス木鉢ヲ。

而餘ノ小乘律ハ不聽サ。則チ濟北曰捨テヨ小乘偏軌有ニ

何ゾ答ン。

覺又云、汝若シ藥ニ捨テテ三藏ヲ別ニ求メヨ菩薩具足律儀。請フ

問フ何者カ是レ耶。

忠曰、噫嘻覺乎我指ス桃ヲ。則チ汝罵リ李ヲ。又誰カ言ハン大

乘行者ハ。詳細行事。當ニ捨テテ小乘律儀ヲ而別ニ求ムルヲ之

耶。正今所論ズル木鉢耳。謂フ須ク捨テテ三藏制ス木鉢ヲ者

而依ル大乘ニ。偏軌之言廣ク明ス大小通戒

又覺怒ルニ於三藏偏軌之言ニ者則チ濟北所援ク二經是レ也。

之義ヲ予別ニ有リ辨。今不ズト與ニ木鉢ト故ニ不繁ニ于此ニ。

忠曰、傳説東福開山ノ與ニ法泉涌寺差一僧

到リ慧峰詰リテ曰、禪家用ル木鉢ヲ何ゾ違フ佛制ヲ請フ聞ク其ノ説ヲ。

一衆相顧ミテ以テ爲ス難酬ト。遂ニ欲シテ告ゲント出

衆曰、般ニ不足ラ煩ハス國師脣吻即チ對ヘテ使メヨ曰、汝須ク回

言東福維那聊カ開ク工夫ヲ。到ル合子邊使回命スト謂フ者ハ爲ニ

念有リ何カ開工夫。到ラバ問來レバ禪家以テ此ノ事ヲ爲ニ

住隨宜飲食。忠謂フ雖モ亂部引ク頌ニ云、隨宜覆身隨宜處

無三衣復身佛亦許ス之。僧伽藍内住佛亦開許

界外モ亦許ス。時食佛隨許ス。非時午前食佛亦許ス故ニ

衣處食皆名ク隨宜ト。唯言フ疾斷煩惱止此准ジ此ニ敎律

家若專證承則瓦鐵木鉢應許隨宜刻破相者
耶或徒人我是非忘本競末則恐扶律敎主不
以倩饞乎瓦鐵鏒爲內善住乙威儀甲焉。

忠曰濟北和尚辨木鉢木有條理唯其言佛
意若嬾八種鉢自鉢何用石耶此止者失辭夫佛
自用石鉢而不聽弟子畜石鉢二在三大智度論問
雜決擇焉濟北適遣之乎。

又四分律云瓶沙王以石鉢施諸比丘比丘白
佛佛言不應畜此是如來法鉢若畜得偷蘭遮。

又五分律云若畜金銀七寶牙銅石鉢皆突吉
羅若畜木鉢偷羅遮。

雲門偃禪師錄云師因喫茶次云茶作麼生滋味。
僧云諾和尚鑑師云鉢盂無底尋常事面上無鼻
已下辨無底。

智門祚禪師錄云問如何是無底鉢師云拄向
壁上進云未審將何齎粥師云瓦椀竹筋。
笑殺人。

普燈錄冶父川禪師章云上堂曰群陰剝盡一陽
生草木園林盍發萌唯有諸僧無底鉢依前盛飯
又盛羹。

忠曰律家鉢無足云無底。章服儀云袈裟無領標
解脫之衣鉢盂無底表難量之器應法記云相傳是廬山遠
師語合云袈裟無領非朝宗之服鉢盂無足非
施廟之器今又易之難量謂之無盡也止此可知鉢
制本無底令時禪家之鉢多上濶下窄而有環
足延非法好古之士宜復其正矣更致詳辨

梁高僧傳廬山慧遠傳云管桓玄書曰袈裟
非朝宗之服鉢盂非廊廟之器沙門塵外之人。
不應致敬王者。

○傳無領無足之字。

● 應量器

鉢多羅飜應器詳鉢處。

行事鈔鉢器制聽篇資持記云準下加法云應量
受則是應量之器對法為名。又云言應量者明
合法也體色少濫品量多乖故特標之。
忠曰應義三一對法引如此二對人鉢處引三對
食。資持記云或處說云量腹而食故云應器
即對食為名。

● 頭鉢

忠曰應量器又名頭鉢。
日用軌範云不得將頭鉢盛濕食。

● 頭鐼

第一鐼子曰頭鐼十誦名半鉢四分名次（鉢子詳三鐼處一）
日用軌範云鉢刷安第二鐼子縫中。
舊說曰第一鐼子稱頭鐼盛羹者三箇鐼中最
大故名頭鐼今以刷安頭鐼與第二鐼之間也。

● 鐼子

忠曰應量器內累三箇小鉢自大到小總名鐼子
世尊成道受四天王四鉢重作一鉢外有四唇（鉢見
處一）今鐼子三與應器重成四唇蓋本二世尊故事
五分律音釋云鍵鐼瓷焚語音訓
鐼子也鍵渠焉切瓷茨鐼音訓

釋氏要覽云鉢器大小數十誦律云鉢半鉢大鍵
鎡（鍵音虔鎡音咨）中之小鉢助鉢用故云小鍵鎡僧祇四分律
云鍵鎡入小鉢小鉢入次鉢次鉢入大鉢（此律言二
十誦大鍵鎡也次小鉢也進一鉢即半鉢也即一
也今呼為鐼子鐼音訓切頭鉢云鐵鉢也非器故）

五分律云諸比丘於鉢中歠粥苦熱不可捉佛
言聽別作歠粥器。
忠曰。如今粥受鐼子而歠。蓋當歠粥別器
子湖神力禪師錄云問法身還喫飯也無師云鉢

盂鐼子什麼人受持云
廣燈錄洞山聰禪師章云僧問學人進又不得退

又不得。時如何。師云。抱頭哭蒼天。學人無語。師又
云。汝還知鉢盂鑽子落處歷。
續燈錄慈明圓禪師章。上堂云。鉢盂籭鑽子細胘、
匙筯短長無一截。註鑽許運切。
翻譯名義集云。鍵鎯。經音疏云。鉢中之小鉢今呼
為鑽訓子。

● 鍵鎯 コンシ

康煕字典云。鑽唐韻。火運切。集韻。吁運切。竝音
訓說文鐵屬又集韻通昆切音奔平木器。

忠曰。大鍵鎯即第二鑽子。小鍵鎯第三鑽子。
雜阿含經云。譬如二器。有一處人名為攦茨有名
鉢。有名匕比羅有名遮留有名毗悉多有名婆闍
那。有名薩牢。如彼彼所知。我亦如是說。
音釋云。攦茨。梵語。亦云鍵鎯。母論譯。為淺鐵鉢。
今呼為鑽子。是也。攦巨言切茨才資切。
四分律云。欲分粥不知何器分。佛言。若以鍵鎯若

小鉢若次鉢若杓作分。
又四分律云乞食比丘得飯乾飯麨等非著一處
佛言。不應。爾雜著一處若是一鉢應以物隔若樹
葉皮若鍵鎯若次鉢若小鉢麨應手巾裹。
出要律儀云。鍵鎯者為助食器。
毗奈耶云。鍵鎯者為淺鐵鉢也。
翻譯名義集云。鍵鎯者淺鐵鉢也。鍵鎯音虔咨母論譯為淺鐵鉢或
作攦茨。建鎯並梵音輕重。

● 鉢支

四分律云。鉢若不正應作鉢支。
五分律云。比丘以鉢盛食著地翻之。佛言。聽作鉢
支用銅鐵牙角瓦石竹木除漆樹乃至結草著下。
亦聽。
又作鉢枝。十誦律云。鉢枝法者。佛聽用鍮石銅
鐵錫白鑞瓦作應好掌護莫令失。更求覓妨行道。
是名鉢枝法。

又作鉢鈠。 僧祇律云。雜物者鉢鉢鈠匙腰帶刀
子等

蓋鉢支也。然字書不通支。 集韻鈠語綺切音

蠶玉篇釜也。

又作鉢撘。傳燈錄衛國道禪師章云。師因疾有
入來問疾師不出其人云。久聆和尚道德忽承法
體違和尚請和尚相見師將鉢鎮盛鉢撘令待者擎
出呈之其人無對。

忠曰。近來禪家鉢上闊下窄。底平有淺環足。本
不傾動父加以鉢支已為無用。余竊推之古製。
下圓而無底。別有鉢支停其轉動後以鉢支形。
直貼鉢底而造支導處有下輪紐。而象鉢支者上若
如今製則鉢支已貼本鉢不用更造鉢支承本
鉢。展轉訛認有二如此者。

⊕ 楪

日本禪家稱鉢支為楪。

雲門偃禪師錄云。師拈一楪果子與一僧其僧接
得便去。

事始云。崔寧女以金盞無儲病其熨指取楪子
承盛之。 詳托子處

⊕ 鉢單

日用軌範云。先展鉢單仰左手取鉢安單上。

忠曰。鉢單之製柿汁累合厚紙造之。横摺三之
一更豎三摺。如乙字展鋪以承籃子展時墨短
摺方在床外。

⊕ 匕

南海寄歸傳云。西方食法。唯用右手必有病故開
聽畜匙。其筋則五天所不聞。四部亦未見而獨東
夏共有斯事俗徒自是舊法僧侶隨情用否筋既
不聽不遮。即是當平略敎用時衆無譏議東夏即
可行焉。若執俗有嫌嫌西土元不合捉略敎之旨。

斯其事焉。

西域記云。食以二器。衆味相調。手指斟酌略無匙
箸。至於老病。乃用銅匙。

永平清規赴粥飯法云。退尋西天竺之佛儀如來
及如來弟子。右手搏飯而食。未用匙箸佛子須知
矣。諸天子及轉輪聖王。諸國王等。亦用二手搏飯而
食。富知是尊貴之法也。西天竺病比丘用匙。其餘
皆居手矣。予箸未聞名。未見形矣。西天竺佛子須知
諸國見用而已。今用之。順土風方俗矣。既爲佛祖
之兒孫。雖應順佛儀。而用手以飯。其儀久廢無師
温故所以暫用匙箸兼用鑷子矣。

事物紀原云。方言曰。匕謂之匙。説文曰。匕所以
取飯文王之贊易。至震旦不喪匕鬯。大東之詩
曰。有捄棘匕。注云。載鼎寶則匕三王之
制也。

巳下錄手搏食支竺法。

五分律云。諸比丘以食手提淨飲器肥膩汗穢餘

比丘惡之。佛訶責告諸比丘食時不應以右手捉
淨飲器。應淨洗手捉飲器。

忠曰。可知。右手搏食故有肥膩

行事鈔訃請設則篇云。僧祇食時應護右手。當以
左手受。資持記云。彼國用手搏食。此土餅果。亦
多用手。

禮記曲禮云。共飯不澤手。註。爲汗手不絜也。澤
謂接莎也。禮飯以手。止後曰。絜淨也。若澤手。手必
汗。共飯不絜。疏共飯不澤手者。亦是共器盛飯也。
澤謂光澤也。古之禮。飯不用箸。但用手。既與人共
飯手宜絜淨。不得臨食始接莎手。乃食恐爲人穢

也。

●筯

與匙交看。

篇海類編云。筯。治據切。與箸同。

事物紀原云。禮記曰。飯黍無以箸棒子曰。紂爲象

答觀之明答前有商約始以象爲之耳

筋淨頭 入衆日用云入則先匙出則先筋手把

處爲淨頭向上肩

● 匙筋袋

日用軌範云鉢拭摺合小并匙筋袋近身横放入

則先匙出則先筋

● 匙筋籠

匙筋袋又名匙筋籠

拈八方珠玉集云佛海云雖則匙筋籠横且圓得三

餤飯喫

普燈錄卍菴顔禪師章上堂云粥足飯足俯仰隨

時筋籠不乱提匙老鼠不皎飯莫山家活計淡薄

長情

● 鉢 刷

日用軌範云鉢刷安第二鑽子縫中出半寸許盛

生飯

小補韻會云刷所以刮說文刮也爾雅清也

忠曰刷者小板一頭圓形漆髤刷清鉢內粒粘

之器

● 楊枝

忠曰十八物之一也

梵網經云若佛子常應二時頭陀冬夏坐禪結夏

安居常用楊枝澡豆三衣瓶鉢坐具錫杖香爐漉

水囊手巾刀子火燧鑷子繩床經律佛像菩薩形

像而菩薩行頭陀時及遊方時行來百里千里此

十八種物常隨其身頭陀者從正月十五日至三

月十五日八月十五日至十月十五日是二時中

此十八種物常隨其身如鳥二翼

華嚴經普賢行願品甘露火無畏足章云嚼楊枝

其功德者一銷宿食二除痰癊三解衆毒四去齒

垢。五發口香。六能明目。七澤潤咽喉。八脣無皴裂
九增益聲氣。十食不爽味。晨朝食後皆嚼楊枝諸
苦辛物。以為齒木。細心用之。具如是德。
永平道元禪師曰。嚼楊枝當顧衆生心得正
誦華嚴淨行品偈云。手執楊枝。取楊枝呪願可
法自然清淨。及嚼復誦偈云。晨嚼楊枝當顧衆生。
或十六指。摩訶僧祇律云。楊枝長四指。或八指。十二指。
得調伏牙。噬諸煩惱。楊枝量用極長十六
指。極短四指。大如手小指。或更細無妨。形如手小
指一頭纖。古云。如如來指形。嚼其蠱頭令
。如縷。須指磨齒表裏。

諸經要集云。十誦律。佛言。嚼楊枝有五利益一
口不苦。二口不臭。三除風。四除熱病。五除痰癊復
有五事利益一除風。二除熱。三別味。四能食五眼
明。三千威儀云。用楊枝有五事。一斷當如度。二破
當如法。三嚼頭不得過三分。四梳齒當中三齒。五
當汁澡自用刮舌有五事。一不得過三反。二舌上

血出當止。三不得大振手。污僧伽梨若足四棄楊
枝莫當人道五當著屏處。
十誦律云。佛聽嚼木三種枝。上中下。上者尺二寸。
下者六寸餘是中。是名齒木揩齒法者。不
應用利物揩齒不應強揩齒。令傷。是名揩齒法。
南海寄歸傳云。每日旦朝。須嚼齒木揩刮令淨。
令如法。盥漱清淨。方行敬禮。若其不然。受禮禮他。
悉皆得罪。其齒木者。梵云憚哆家瑟詫。譯之
為齒家瑟詫。即是其木。

如小指。一頭緩須熟嚼良久。淨刷牙關若也逼近
尊人。宜將左手掩口用罷。擘破屈而刮舌。或可別
用銅鐵作刮舌之篦。或取竹木薄片。如小指面許。
一頭纖細。以剔斷牙屈處。凡棄齒木若口中吐水及
罷。即可俱洗棄之屏處。
以淺唾皆須彈指經三。或時磬欬過兩。如不爾者。
棄便有罪。

又云。少壯者。任取嚼之。耆宿者。乃推

頭使碎。其木條以苦澀辛辣者爲佳嚼頭成絮者

爲最。齧胡葇根極爲精也。即蒼耳、井裁堅齒口香。

消食去癊用之半月口氣頓除牙疼齒齼三旬即

愈。要須熱嚼淨揩令涎癊流出多水淨漱斯其法

也。次後若能鼻中飲水一抄。此是龍樹長年之術。

必其鼻中不慣口飲亦佳久而用之便少疾病。

又云。齒木名作楊枝。西國柳樹全稀譯者輒傳斯

號。佛齒木樹實非楊柳那爛陀寺目自親觀既不

取信於他聞者亦無勞致惑檢涅槃經梵本云嚼

齒木時矣。

釋氏要覽云。嚼楊枝。僧祇律名齒木。嚼一頭碎用

剔刷牙齒中滯食。若口有熱氣及生瘡。應嚼楊枝

咽汁。百一羯磨云。嚼楊枝。須在屏處。不得顯露。及

往還潔淨處。或弃齒木先以水洗乃彈茲戒彈指。

警覺方可棄於屏處若其異者得起法罪。

● 鉢拭

鉢巾也。

日用軌範云。鉢拭摺令小并匙筋袋近身横放

永平清規赴粥飯法云鉢拭長壹尺貳寸。註布

一幅也。

● 鉢祫

日用軌範云。展鉢之法。想念偈然後解祫帕展淨

巾覆膝。帕摺轉三角莫令出單外。

● 蓋膝巾

日用軌範喫食法云。不得先收蓋膝巾不得以膝

巾拭汗。

● 淨巾

蓋膝巾。亦名淨巾。

日用軌範展鉢法云。展淨巾覆膝。

● 鉢囊

毘奈耶雜事云。佛在江猪山施鹿林中。時有苾芻

手擎鉢去。在路脚跌鉢隨逐破。因斯鬪事。以緣白

佛。佛言。苾芻不應手擎其鉢。便以衣角裹鉢而去。

廢鬪同前。佛言。應作鉢袋盛去苾芻手攜招過如

上。佛言不應手持而去。應可作襻掛膞持行。若異

此者。得越法罪。

又毘奈耶雜事云。鉢袋擎。應鬪作內安氈以線絡

之。勿令合卷縮。

又毘奈耶雜事云。佛言。乞食。應持鉢絡揜蓋而去。

應作方尺布袋。提上兩角置鉢在中。角施短襻將

行乞食。得遮塵土復易擎持。

鉢袋下留尖角鉢不動搖不同平巾轉動流溢作

時應取布小尺二尺宜使正方傍邊剪却衣橫襻。

用時極理安穩也。

四分律云。手提鉢。難護持。佛言。聽作鉢絡盛不繫

盞口鉢出。佛言。聽襻手捉鉢盞護持。佛言。聽作帶

絡肩。

十誦律云。佛言。從今行時。不聽捉杖絡甕犯者突

吉羅。佛自恣後。人間遊行。有二。羸瘦比丘手捉鉢

行。佛知故問汝何以手捉鉢行。答言。無物可盛佛

言從今羸瘦老病比丘僧翔磨聽捉杖絡甕盛鉢

行。

碧巖錄云。或若有箇漢信得及把得住不受人瞞

柱杖頭取一員無事道人。有一般漢受人商量祖

祖佛言。敎是什麼熱碗鳴聲。便請。高掛鉢甕拗折

柱杖。管取一員無事道人。

佛言。敎。如龍得水似虎靠山。却須挑起鉢甕橫擔

柱杖。亦是一員無事道人。

● 椀

敕修清規庫司四節特爲首座大衆湯云頭首不

下鉢庫司備碗楪。

忠曰碗字韻書不出。蓋俗訛。

正字通云。椀與盌同。

說文小盂。俗作椀。

又云。盌烏捲切。剜上聲。

鴻山警策云。椀鉢作聲。食畢先起。去就乖角。僧體
全無。

禪林寶訓云。雪堂曰。高菴住雲居。用姪爲監寺。用
姪處己雖儉。與人甚豐。義林有用大碗之稱。

忠曰。蓋飾人以大碗無其悋食之意也。

● 楪子〔スス〕

忠曰。日本禪林椀具。有楪子。與鉢支稱楪者別。

敕修清規云。庫司備椀楪〔見椀奧〕

文公家禮祭器。有椀楪子。

忠曰。楪字韻書無器皿訓。於演繁露初得解。

程大昌演繁露云。酉陽雜俎劉錄事。食鮨數疊。
今俗書楪字。誤以其可疊。故名爲疊也。然牒字
乃疊札爲之。則以疊爲楪。亦有理也。

忠曰。楪子淺而底平。環足。便于栗疊也。

周祈名義考云。今俗言楪。以代籩豆也。楪本無
此字俗書也。

碧巖錄云。椀子落地。楪子成七八片。

聯燈會要。睦州陳尊宿章云。示衆云。裂開。我且在我。
捏聚也。在我。時有僧問。如何是裂開。師云。三九二
十七善提涅槃。眞如解脫。即心即佛。我且與麽道。
汝又作麽生。僧云。某甲不恁麽。師云。盞子落地。楪
子成七片。

朝野僉載云。婁師德。有鄉人姓婁者。爲屯官犯
贓。師德切責之曰。汝餂父孃。求覓官職。不能謹
潔。知復奈何。將一楪鎚餅與之曰。噇却作餉飽
死鬼去。

● 飯桌

敕修清規。方丈管待新舊兩序云。燒香侍者與請
客侍者。巡堂坐畢。燒香進卓。侍者一班。列住持前
問訊入位。行湯下食畢。至二行飯時。燒香侍者離位
燒香。下鬮飯畢退卓。鳴鼓講茶禮。

忠曰。當作桌。韻書卓註。無器物訓。

正字通云。桌竹角切。音卓。俗呼二几案一曰桌。

四分律云。佛言若爲二和尚阿闍黎有所取與一聽用

銅鏊若案。若机飲食所須之物。盡持置二其上一時

授與。

五分律云。諸比丘擎食患重。佛言聽安机。

忠曰。机蓋今飯桌也。

● 果桌

忠曰。安果饌之几也。

聯燈會要。洞山价禪師章云。師與二泰首座一喫果子。

次師問有二一物。上拄天下拄地。黑如漆。常在二動用

中。動用中收不得一。儞道過在二甚麼處一泰云。過在二動

用中一師便喝。掇却果桌。

● 和桌

忠曰。和國樣之桌子也。排二椀楪之案一曰。日本俗呼曰

二膳一。大德寺此稱二和桌一。

● 湯瓶

忠曰。銅瓶盛二滾湯一。以爲二點茶點湯之用一。

敕修清規專使特爲二新命煎點一云。行二茶偏一瓶出。如

前問訊收住持盞。又新掛搭人。點二入寮茶一云。行

茶偏。瓶須從二穿堂一入。

文公家禮云。執事者。執二湯瓶隨之點一茶。【詳二欽茶

門點茶一】

● 茶筅

字彙云。筅同二洗一。蘇典切。音銑。洗帚飯具。

正字通云。爲二筅與洗一別。此然則筅俗用正作洗。

文公家禮云。茶筅之制。不見二於書傳惟元謝宗可

有二詠茶筅詩一。味其所謂二此君一節塋無瑕夜聽松

風漱玉華萬縷引二風歸一蟹眼半瓶飛雪起二龍牙之

句一則其形狀亦可二彷彿見一矣。或謂二茶筅即蔡氏茶

錄所謂二茶匙一非是。

禪林象器箋　第廿八類　器物四

陸羽茶經有茶具十六事其中有歸潔註云竹筅
帚也。

宋徽宗大觀茶論云。茶筅。以勒竹老者爲之。身欲
厚重。筅欲疏勁。本欲壯。而末必眇。當如劍瘠之狀。
蓋身厚重。則操之有力。而易于運用。筅疏勁。如劍
瘠。則擊拂雖過。而浮沫不生。

漁隱叢話云。韓子蒼。謝人寄茶筅子詩云。看君
眉宇眞龍種。猶解橫身戰雪濤。盧駿元亦有此
詩云。到底此君高韻在。清風兩腋爲渠生者善
賦詠者。然盧優於韓。

● 建盞

忠曰。中華建安所造茶盞此方學製者皆亦名建
盞。

宋蔡襄茶錄云。茶色白宜黑盞建安所造者紺黑
紋如兎毫其坯微厚熁之久熱難冷最爲要用出
他處者或薄或色紫皆不及也其青白盞鬭試自

不用。

約翁儉禪師錄。次西澗和尙。謝太守惠建盞韻
頌云。提起玻瓈已再三分明瑩釣在深潭舌頭
若具通方眼一啜方回苦口甘。

● 空盞

舊說曰。不盛茶湯之盞曰空盞。非器通名。

敕修清規大掛搭歸堂云。寮主相接入門對觸禮
一拜。敍寒溫畢。分手坐獻空盞。

⊥ 托子

忠曰。托子承茶盞器也。

李濟翁資暇錄云。茶托子。始建中蜀相崔寧之女。
以茶盃無襯病其熨指。取碟子承之。旣啜而盃傾。
乃以蠟環碟子之央其盃遂定。卽命匠以漆環代
蠟。進於蜀相。蜀相奇之。爲製名。而話於賓親。人人
爲便用。放代是後傳者更環其底。愈新其製。以至

百狀爲。貞元初、青耶郁油禮爲二荷葉形、以襯二茶梡一別

家相即今昇平崔
家訊則知矣。

呂惣事物初略云。唐德宗建初中崔寧之女以金

盞啜茶。盞熱痛其指乃取楪子承其盞旣啜而撤

又以蠟環楪子中坐之盞遂定穩不搖因遣匠者

以漆環易蠟鐶等奇之乃制爲托子以行于世此托

子之始也。

托子。亦作橐子〔盞假字〕〔橐非正、〕

聯燈會要松山和尚章
云。師與寵居士喫茶次。士拈起橐子云。人人盡有

分。因甚麽道不得師云只爲二人人有分所以道不

得云云　又趙州諗禪師章云僧問。如何是佛法大

意師云。這橐子是大王送來。

五燈會元扣冰澡先古佛章云。應閩主之召延居

内堂敬拜曰。謝師遠降〔賜茶次〕師提起橐子曰大

王會麽曰不會。曰人王法王各自照了。

◎　曲盆

忠曰。大圓盆。盛二茶盞數箇一。曰。日本禪林此名曲盆凡

特爲之外用此器行二茶盞一也。

●　圓盤

忠曰。蓋曲盆也。

大鑑清規栴檀林須知曰。凡取二點茶之湯一只沙彌

喝食入取二茶盞及臺幷圓盤。盆。湯瓶。係二副寮管領一

●　折水桶

忠曰。棄鉢水餘殘器。名二折水桶一。蓋飲牛棄牛。故言

二折滅損一之義。

敕修清規專使特爲新命煎點云。行食徧燒香下

住持跟次行二大衆一喫畢歸位伴齋。侯二折水出一鳴鼓。

日用軌範云。未二折鉢水一不得。先收二盞膝巾一。

傳燈錄五雲山華嚴道塲志逢大師〔嗣二天台韶國師一〕章云。

一日因入二普賢殿中一宴坐倏有一神人跪二膝于前一。

師問曰。汝其誰乎。曰護戒神也。師曰吾患有宿愆

未珍汝知之乎曰師有何罪唯一小過耳師曰何
也曰凡折鉢水亦施主物師每常傾藥非所宜也
言訖而隱師自此洗鉢水亦盡飲之積久因致脾胃
疾十載方愈

並宜鳴指默念咒發施心而傾藥之
僧祇律衆學法云不得以鉢中殘食棄地應當學
小補韻會云折之列切毀棄也

戰國策云戰折兵之牛　註云折閼之折減損
也食列反

優婆塞戒經雜品云善男子無財之人自說無
財是義不然何以故一切水草人無不有雖是
國主不必能施雖是貧窮非不能施何以故貧
窮之人亦有食分食已洗器藥蕩滌汁施應食
者亦得福德

● 飯巾

雪峯在德山作飯頭涮飯巾(詳雜行門、托鉢處)

忠曰蓋拖飯桶上布巾也。

生盤
忠曰撥生飯器。
禪林類聚云南泉願禪師一日因齋次乃自將生
盤去首座前云出生嚼時杉山堅和尚爲首座乃
云無生師云無生猶是未師縱行數步首座乃召
云長老長老師回顧云作座首座云莫道是未
又生臺曰生盤。宗鏡錄云寶堅和尚云我見老
鶹在生槃上廻頭轉腦便全體見渠法身。

生臺
忠曰靜辟人稀處設臺案聚著大衆生飯而恣飡
蟲噉啄此名生臺又名生盤(見生盤處)
石屋琪禪師錄山居詩云烏來索飯生臺立僧去
化糧空鉢還
○已下係浴具

●浴室屏風

敕修清規知浴云。第三通行者入浴。此時住持方丈
入。以屏風遮隔而浴。又云。如住持有故。欲同頭
首先浴。則不用設屏障。

●浴室筅竿

日用軌範開浴云。先以五條手巾掛筅竿上展浴
袱。
字彙云。筅同箲。箲曬衣竿。
康熙字典云。筅又集韻胡降切。音巷。挂衣架也。一
曰竹列。

●浴室淨竿

敕誡律儀。入溫室法云。入浴室內脫淨衣安淨竿
上。脫觸衣安觸竿上。

●浴室觸竿

見浴室淨竿處。

●浴袱

日用軌範開浴云。展浴袱取出浴具放一邊。

●脚布

舊說曰浴室之階鋪布。而防滑。此云脚布與三門
不同、
○已下係廁具。

備用清規知浴云。出面盆拖鞋鋪脚布。

●廁筅竿

日用軌範抽脫云。解條。繫筅竿上。　筅義、見浴
　　　　　　　　　　　　　　　　　室筅竿處

●廁籌

敕修清規淨頭云。換籌洗廁。燒湯添水。須是及時。

日用軌範云。不得多用籌子。古云。浴湯少使。籌子

休拭。有者使了。以水洗之。安廁邊空處。

諸經要集云。毗尼母經云。若上廁。去時應先取籌
草。至戶前。三彈指作聲。若人非人。令得覺知。若無
籌。不得壁上拭。不得廁板梁栿上拭。不得用石。不
得青草土塊軟木皮。軟葉奇木者。不得用所應用
者。木竹葦作籌。度量法。極長一搩手。短者四指已
用者。不得振令污淨者。不得著淨籌中。是名上廁
用籌法。

輟耕錄云。今寺觀削木為籌。置涸圊中名曰廁
籌。北史齊文宣王嗜酒淫泆肆行狂暴雖以楊
愔為相。使進廁籌。然則愔所進者豈即此與。

正字通云。圊同廁。圊七四切。隸去聲清也。涸圊
也。謂之清者。以其不潔當除之也。釋名雜也。言
人雜廁其上也。

● 廁簡子

廁籌又名廁簡子。

南唐書浮屠傳云。南唐有國。蘭若精舍。漸盛於烈
祖元宗之世。後主即位。好之彌篤。輒於禁中崇建
寺宇延集僧尼。後主與周后頂僧伽帽。披袈裟課
誦佛經。跪拜頓顙。至為瘤贅。親削僧徒廁簡。試之
以頰。少有芒刺。則再加修治。

江南野錄又云。李後主親為桑門。削僧作廁簡子。
試之腮頰。少有澁滯者。再為治之。

● 淨籌

忠曰。已使廁籌。為觸籌。未使廁籌。為淨籌。

日用軌範云。古云。入廁用籌分觸淨。

● 觸籌

見淨籌處。

● 廁紙

忠曰。天竺皆用籌。支那僧依竺法。又有間用紙者。

今引用紙數證。

唐高僧傳惠寬傳云。綿竹宋尉云。我不信佛唯信
周孔寬聞之。致書曉喩。宋曰。此道人徵異者當試
有靈不取書名處用拭大便。當即糞門裂脚起不
得自唱我死即召寬來。雖悔過造經像盈月便卒。

東坡問答錄云。東坡與佛印最厚。往來不常。一日
去訪佛印語言酬答。不覺坐久。東坡倉皇登廁有
一行者會意。便隨後送些茅紙與之。東坡喜其會
事。次日以二本度牒。捨與披剃一寺僧行。駭然縋
知其因送茅紙之有功也。

真臘風土記 元周達觀撰 述真臘國人風俗云。凡登圊
既畢必入池洗淨。止用左手右手留以拿飯見唐
人登廁用紙揩拭者。笑之甚至不欲其登門。婦女
亦有立而溺者。可笑可笑。

宋濂護法錄桐江大公行業碑銘序云。嘗患滯下
疾拭淨不忍用廁紙摘菽葉充之。其刻苦蓋人之
所不能堪。

胡應麟甲乙剩言云。有客謂余曰。嘗客安平。其俗
如廁。男女皆用瓦礫代紙。殊爲嘔穢。余笑曰。安平
晉唐間爲博陵縣鶯鶯縣人也。爲柰何客曰。彼大
家聞秀當必與俗自異。余復笑曰。請爲君盡廁中
二事。北齊文宣帝如廁令楊愔執廁籌是帝皇之
尊用廁籌而不用紙也。三藏律部宣律師上廁法
亦用廁籌而不用紙。觀此廁法
籌瓦礫均是也。不能不爲鶯鶯要處掩鼻耳。客爲噴
飯滿案。

● 淨桶

日用軌範抽脱法云。安淨桶在前。鳴指三下。驚
糞鬼。

舊說曰。淨桶。又名觸桶。元是觸器。卻名淨桶者。
凡廁是觸穢處。故令極淨潔。爲要。以西淨東淨
爲名是也。到器亦爾。故名淨桶。又見殿堂 西淨處一

● 觸桶
淨桶又名觸桶。見淨桶處。

● 香木
舊說曰。香木。出廁去穢之木以香材造之。懸筴竿
端。兩手摩擦為淨。如今削作八角矣。或漆塗者非
也。

● 後架手巾
緇門警訓云。後架手巾須多備三兩條。
手巾
處一
詳變身
細器中

○已下係喪具。

● 靈龕
敕修清規算宿入龕云。小師侍者親隨人安排洗
浴著衣淨髮入龕。

龕義見莊嚴具龕處。又入龕法見喪薦門。

● 浴船
忠曰。浴船即浴槽之類浴亡軀器也。
敕修清規。亡僧云。如病僧瞑目。延壽堂主即報諸
那。令堂司行者報燒湯。發首座知客侍者庫司差
人舁龕浴船安排浴亡。

● 眞亭
敕修清規算宿出喪云。庫司喪司相關提調喪儀。
香亭眞亭幢幡唄樂。龕前傘椅湯爐挑燈竹篦拄
杖拂子香合法衣等物。
舊說曰眞亭。掛亡曾宿眞影之器。
忠曰。眞亭製。四柱四字。其形如亭。四傍皆張薄
紗。透視玲瓏。前擔扇眞亭兩字。而影前安牌。或
眞影有贊辭自書名則不復用牌。喪赴化壇時。
此器在龕前打而進發。

續文獻通考皇后喪禮云。明穆宗隆慶元年。孝
潔肅皇后遷祔永陵儀云。執事官進龍輴于享
殿下。設眞亭神位輿諡冊寶輿于殿前。

● 香亭

見眞亭處。

忠曰。器形如亭。四傍紗籠。前扁香亭兩字。大同眞
亭。製內安大香爐奠宿之喪赴化壇時。香亭在眞
亭前昇而進前。

❀ 雪柳

舊說曰。雪柳者。凡生人相別。折柳綰作環而送其
行。蓋寓再還之意。如今送亡者。以雪柳亦惜別
之義也。因唱聖號。投之棺上只喪禮事素。故雖有
柳名而不做青。乃截白紙象枝葉。故云雪柳。
敕修清規亡僧云。堂司行者。預造雪柳幡花。又
送亡云。大衆兩兩。次第合掌而出。各執雪柳

幻住庵清規亡僧云。雪柳。兩瓶供養
東漸清規云。中龕曰。數所投棺中。雪柳。知衆多
少後時依數俵訕。
山堂肆考云。長安東灞陵有橋漢時送行者多
至此折柳送別。又云。折柳亭。在金陵城上賞
心亭下。宋張詠建。爲餞送之所。
三體詩張喬寄維陽故人詩云。離別河邊綰柳
條。千山萬水玉人遙。云。解者曰。綰還也。取速
還之義也。
溫庭筠折柳枝詞云。御陌青門拂地垂。千條金
縷萬條絲。如今綰作同心結贈與行人知不知。
潛確類書云。李白詞。年年柳色灞陵傷別。又
云。折柳贈行。折梅寄遠見古今注。

● 素花

敕修清規奠宿移龕云。下間置龕用麻布幃幕前
列几案爐瓶素花香燭不絕。

忠曰、縷截白紙、纏柴枝、如花、今多用三四枝、蓋可

夫於雪柳之製也、

● 娑羅華

釋氏要覽云、若應之大師、五杉集顏合禮式、或堂
有三間、即置龕於西間、面向南、前設二燈一香、而
巳、中一間、用白幕、自南達北、金城柱而東泊南三
面幃之、於中設繩床、掛眞影、香華供養、以時設食、
用白紙、作娑羅華八樹、以簇繩床表雙林之相、林
西別設一儀牀、置平生道具之屬、繩宋後正北幕
內名子位、即是弟子受弔之位也、

● 柴枝

備用淸規、尊宿出喪云、主喪領衆、南兩排行、送喪、
左右分雪柳柴枝、毋得挨肩交語、
舊說曰中巖曰柴枝、助火化之義、

● 遺物

校定淸規云、通呈遺書及送遺物、

忠曰、亡人遺囑、以平居所蓄器具書畫等贈與親
舊法奮、此言遺物、

第廿九類 錢財門

● 衣鉢

敕修淸規、尊宿遷化云、示疾覺沈重、預請兩序勤
舊點對封收衣鉢行李就留方丈差公謹行僕看
守、以俟估唱、

忠曰、僧錢帛、總言衣鉢、蓋錢財元非僧可蓄者、
故婉詞言之衣鉢耳、
解淸規衣鉢侍者者曰、衣鉢者、住持三衣一鉢
也、又謂私財、此侍者司之、
圭峯盂蘭盆經疏云、分減衣鉢、元照新記云、今
世俗謂僧長物、以爲衣鉢、或恐疏主、隨俗爲言、

五三○

寶積經寶梁聚會云、當來比丘多畜衣鉢多有諸
物

忠曰。經謂童數種衣。數種鉢平。若復總稱僧財
帛。則當以此經為二字本據也。

⊙ 免丁錢

敕修清規聖節云。住時。僧道歲一供帳納免丁錢。

免丁義詳簿劵門。免丁由處。

佛祖統記云。宋高宗紹興十五年。敕天下僧道始
令納丁錢。自十千至二千三百。凡九等。謂之清閒
錢。年六十已上。及殘疾者。聽免納道法師致書於
省部曰。大法東播。千有餘歲。其間汙隆隨時。暫厄
終舊特未有如今日。抑沮舉下之甚也。自紹興中
年。僧道徵免丁錢。大者十千。下至二千三百。國四
其民士農工商也。僧道舊籍仕版。而得與需分鼎
立之勢。非有經國理民之異以其祖大聖人。而垂
化為善。故耳。至若天災流行。雨暘不時。命其徒以

禱之則天地應鬼神順。抑古今耳目所常聞見者
也。夫苟為國家禦菑而來福祥。亦宜稍異庸庶之
丁之賦。多止緡錢三百或土瘠民勞。而得類免者。
為僧反不獲齒於齊民。以其不耕不蠶。而衣食於
世也。夫耕而食。蠶而衣。未必僧道之外人人耕且
蠶也。云　志盤述曰。目。僧道同丁夫。而出征賦以
免之。豈獨道之恥。亦國家之恥也。
今州家。征免丁。則必舉當年多額。均攤諸寺者。其為
僧不省。此王荊公創新法。當年後世。誰不知為民
患然。今之為政者。語安石則目之小人追民賦則
仍用其立法。蓋利源一開。雖有聖人之治所不能
革以人心好利者同然耳。然則為利創法者。未嘗
不為後世患悲夫。
已下錄論增免丁錢。

物初膌語笑翁堪禪師行狀云廷臣奏端嘉以後

膡廉僧雜欲增免丁三分之一荊湖總司亦奏僧

道買崇衣師號且停以三衣號住持師曰審是則主

法者徒以貨取吾道委地矣力言于廟堂議遂寢

枯崖漫錄云雙杉元禪師嘉熙間乃石田堂中第

一座上丞相書言朝廷新指揮買師號金環象簡

不便嘗云正月十三日景德靈隱禪寺前堂首座

與儒道相參於天地間以能開悟性真不墮邪見

大丞相國公竊以為佛老之教救世計也其所以

前住持嘉興府天寧寺僧中元謹薰沐獻書樞使

其功未易量也我朝太宗皇帝嘗曰釋氏之道有

補教化孝宗皇帝亦曰以佛修心以老治身以儒

治世斯可也張文定謂儒道淡薄一時盡歸

釋氏而關洛諸公亦必玩味釋氏之書而後能接

綾洙泗不傳之秘然教必有主必有師國家以度

牒許人承買凡有僧者各尋師以為依歸師苟有

道行則可使迷者悟塞者通其禪助世教要非小

補近世貨路公行求為住持者吾教之罪人若以

例傳天下之賢者必深藏遠遁而已其肯出而為

師夫師廢則正法微正法微則邪法熾以清淨之

門而為利慾交征之地非國家之福也譬如家塾

黨庠不能無師不求其能傳道解惑者而惟

賄是視則弟子何以仰孔門之教亦奚乎熄佛老

之道何以異是若謂佛老之徒身居大廈日享膏

腴不蠶而衣不耕而食為世所嫉然天下之人有

無用於世而坐享膏腴之奉者尤眾何特道寺

觀創立常住供養非官與之也以眾人樂施而與

之也寺觀有田稅賦尤倍又有非泛不時之需正

與大家相似今飭買度牒以錢免丁又增以錢官

府無絲毫之給而徒重責其利於無窮則僧道可

謂不幸矣國家愛惜名器泛濫何以勸勵天下僧

道若以賄得金環象簡得諸處住持則囂頑無賴

之徒皆以賄進何以整齊風俗況寺觀雖多其常

住闕乏者甚多縱使此令一行第能率斂寺觀之

大者其小者亦豈能應其求如此則所得能幾況

僧道非能自出己財求爲住持必將取之寺觀師

徒相殘常住必壞所謂膏腴將見無稼所謂大廈

將見爲丘墟所謂温飽將見爲凍餒部雖有牒誰

將請之歲雖有丁誰將報之今日軍需糧本稱提

諸券無非罔爵罔爵之者或累於國牒之多者無

病於官乃徇一時不卹之事新喪千萬載之利源

殆非理財之長策也伏觀近降旨揮增錢罔識

者病之事不果行總所今來陳請正亦類此伏望

鈞慈詳酌利害特有敷奏盡行寢罷服號之命令

僧道不勝幸甚伏惟鈞慈俯賜鑒念不備時江西

璨無文亦有書先是朝省因總領岳珂奏乞降紫

衣師號二等賜金環象簡幷四字禪師法號以住

大寺觀每賜服師號綾紙出賣三百緡仍附品官

條制非有官不得差注非有賜服不得住持此普

上事果竟豈非秘護大法者之用情乎

黃山清規云七月十八日起單諸人就維那簽

可請免丁抄小牓頭 式云

免丁抄

某年　夏中
某甲　上座
龍州洞谷安居
　　　　見淨門

忠曰優免丁役是朝省勾當僧家何得借行

之蓋洞谷所出于起單僧者坐夏由耳

元不識免丁義強爲謬事又抄與鈔通錢鈔

也免丁抄即免丁錢也又訛免丁由金無義

因錄民間丁錢鶴林玉露云廣右深僻之郡

有所謂丁錢蓋計丁輸錢于官往往數歲之兒

即有之有至死而不與除者甚爲民病故南

人之謠曰三歲孩兒便識丁更從陰府役幽魂

讀之可爲流涕

●無盡財

忠曰無盡財者現金財假貸遂利爲本生息使

為本。故云無盡。

釋氏要覽云。寺院長生錢。律云無盡財蓋子母展
轉無盡故。兩京記云。寺中有無盡藏又則天經序
云。將二親之所蓄用兩京之舊邸莫不總結招提
之宇咸充無盡之藏。十誦律云。以佛塔物出息佛
聽之。僧祇云。供養佛華多聽轉賣買香油猶多者
轉賣入佛無盡財中（詳三律三文有無盡財）
宋高僧傳唐圓觀傳云。李源父憕居守。天寶末。
陷於賊中途將家業捨入洛城北慧林寺。即憕
之別墅也。以為公用無盡財也。

● 長生錢

無盡財名長生錢見無盡財及庫質錢處。
橘洲文集寶雲院長生庫記云。住持瑩公坐席未
溫。首敛巾盂以估於衆得錢一十萬內外道俗又
得錢十萬。太師魏國史公捐施國太夫人管珥以施
之合為利益長生庫以備藏時土木鐘鼓無窮之

須後五年。建大講堂半取其贏以助工役質其志
也。

● 庫質錢

老學菴筆記云。今僧寺輒作庫質錢取利謂之長
生庫。至為鄙惡予按梁頭彬嘗以束脩就長沙寺
庫質錢後贖芋還。於束中得金五兩送還之則
庫質錢古亦有之。于今一揆。可設法嚴絕
此事亦已久矣。庸僧所為古今一揆。可設法嚴絕
之也。
忠曰。陸游言雖出於護法意然不多讀經律而
致此臆斷律有無盡財事稍相類未可棨為庸
僧之作。但防其鄙狎而可也。敕修清規首載捷
旨所謂解典庫。亦是取典物質財。而遂利以販
寺用也。

● 陪寮錢

敕修清規新掛搭人。點入寮茶云新掛搭人入寮

後。照例納二陪寮錢若干一。候二寮元輪排當在何日一掛一。

點茶牌報衆。

舊說曰。僧堂掛搭之外。衆寮亦掛搭。故納二陪寮
錢一。

● 暖席錢

忠曰。凡借二他寺院房舍一。或修二法會一。或辦二齋供一。則納二
暖席錢於本院一。暖席字出于文子。
文子云。墨子無二黔突一。孔子無二暖席一。
邸邪代醉編云。文子云。孔無二暖席一。墨無二黔突一。淮南
子云。墨子無二暖席一。然則席不暇暖。墨子亦然。

● 謝掛搭香錢

敕修清規謝掛搭云。堂司行者。具二名數一。率二香錢一。寫二
小榜云。新歸堂首座。各率二錢若干一。買レ香。貼二衆寮前一。
收香錢足。交二侍者一納二方丈一。
敕苑清規謝掛搭云。令二堂司行者。率二各人香錢五

伯文。煩二侍者一。到二方丈一回香。

● 抽分錢

敕修清規亡僧板帳云。估唱得錢。必照二板帳一支用。
外其錢作二三七抽分一。歸二常住一滿二百貫一則均二俵僧資一。

忠曰。亡僧估唱所得錢。除二板帳支行外一。拆作二十
分一。於二十分中一。抽二三分一。以二七分一歸二常住一。此名二抽分錢一。但不
滿二百貫一則不二復抽分一矣。餘七分。俵二秉炬等闕一。
居家必用云。抽分即解二取其物一也。

已下。畧錄二外典抽分字一。

元史食貨志市舶云。至元二十年。遂定二抽分之
法二十一年。設二市舶都轉運司於二杭泉二州一。官
自具レ船。給二本選人入一蕃買易諸貨。其所獲之息。
以十分一為レ率。官取二其七。所レ易人得二其三一。
續文獻通考征権考云。太祖洪武二十六年。定二
凡龍江大勝港。俱設立抽分竹木局。有二三十分取一一、三十分

取ㇾ一、十分
取ㇾ二等一

● 衆財

八天寶鑑云。靈源淸禪師門牓其略曰。淸名曰。
住持寶貴同客寄。但以領ㇾ徒弘ㇾ法。仰助敎風爲藏事。
爾若其常住所管財物。旣非己有。理不得專一委。
知事僧徒分局主執。明依公私合用支破惟淸止。
同衆僧齋櫬隨身辦錢。任去住而已。伏想四方
君子來有所須。須顧官物別難供應。蓋以
彼所管者。世法則屬官物。佛敎則爲衆財。偸衆財
盜官物以買悅人情。而取安己有。實非素志之所
敢當。預其白閒翼雲怨察。石刻至ㇾ六章

● 率財（シュツ）

敕修淸規佛降誕云。先期堂司率ㇾ衆財。又月分
須知云。七月預率衆財辦斛食供養。
居家必用云。制衆建議謂之率。假如勢要之人、

獨建ㇾ計謀妄托名目斂衆人之物。或斂與人或
自入己之類是ㇾ制衆建議率斂也。
小補韻會云。率斂律切廣韻嘉也。
正字通云。率朔律切率。約ㇾ數也。周禮太宰註
賦口率出錢。徐劉音類焦氏云督率之率音朔。
算法約數之率音類並非。
舊說曰令大衆出錢財言率財也。或曰二
祖三佛會率比丘衆財。每人五百錢以辦香
華燈燭供物。

● 率錢（シュツ）

即率財也。
敕修淸規告香云。堂司行者率ㇾ衆錢買香大小三
片及紙作圖之費付參頭收。
五代史補云。趙在禮在宋州所爲不法百姓苦
之。一日制下移鎮永與百姓相賀曰。眼中拔却
釘矣。可不快哉。在禮聞之。上表乞還鎮。朝廷許

之。在禮每口率錢一千。號拔釘錢。遂獲百萬。

戴埴鼠璞云。唐宋遺史載。張崇帥廬州不法。民

苦之。既入覲人謂渠伊必不來。崇訂口率渠伊

錢。再入覲。人不敢言。將鬚相慶。崇率將鬚錢。

續酉陽雜爼云。五娘死其妹率錢葬之。

● 折錢

敕修清規請喪司職事云。如無布絹隨宜折錢倸

之。

舊說曰以錢折中。當布絹之價而俵之。此名折

錢。

月令廣義云。大明會典。國初寶鈔。與銅錢兼使。

每鈔一貫。折錢一千文。銀一兩。

● 收鈔

忠曰所收納之錢財也。

敕修清規會宿唱衣云。收鈔若干。係棄件唱到。

舊說曰。鈔者紙造。印天子印以代錢。但價賤於

銅錢。鈔壹貫文當銅錢壹佰文。

品字箋云。鈔楮貨名。宋史紹興二十四年。彼

以銅少循宋交子法。造鈔引一貫二貫三貫五

貫十貫。五等謂之大鈔。一百二百三百五百七

百。五等謂之小鈔。與錢並用。以七年為限。納舊

易新。諸路置交鈔庫官受之。每貫取工墨錢十

五文。公私便焉。明丘濬曰。元以來鈔制始此。宋

之交會其制無考。金史交鈔之制外為闌。作花

紋其衡舊貫列於外。書禁條闌下。備書經由交換

之法。及印章花押。元承其舊沿用之中雖小異。

大槩寶同也。宋交會猶與錢相為輕重。而有稱

提之法。此後則錢自錢。鈔自鈔。各與物相為輕

重矣。

大明會典云。國初寶鈔。與銅錢兼使。每鈔一貫

折錢一千文。銀一兩。其等凡六。曰一貫。曰五百

文。曰四百文。以至百文。每一百文以下只用錢。

其後不行。

鄭所南火義略錢云。寶祐丙辰。蹙始醫二年號曰。中統。次曰至元。襲亡金楮效大宋楮幣之法易。名曰鈔。以通貿易。

● 支鈔

忠曰。分支所費用錢財也（見鈔收鈔義。）

敕修清規韋宿唱衣云。支鈔若干。保某項用度。

品字箋云。支支取支給。謂取其所應取給其所應給也。又度支。度其所宜支。而支給之也。

● 見管鈔

忠曰。現前所有錢財也。

幻住菴清規亡僧唱衣云。除支外見管無。

文獻通考市糴考云。浙東提舉朱熹言。熹請於府得常平米六百石。賑貸夏受粟於倉。冬則加二計息。凡十有四年。得息米以元數六百石還府。見管米三千一百石。以爲社倉。

癸辛雜識云。是歲積兩年租米未糶見管五六十石。

● 下嚫

敕修清規佛降誕云。住持上香下嚫點茶。又三拜。

舊說曰。下嚫者。用布施物薰子爐上安置佛祖前也。嚫或作櫬。或作襯以手受所施。故從手口。所施錢寶類。故從貝。

忠曰。但從手義。見名義集。餘未見襯。

品字箋云。嚫齋嚫也。亦作嚫。

忠曰。下者安下義。凡有所措辦言下。敕修清規聖節云。就佛座前。下茶湯歷代祖忌云。下食一位。碧巖錄云。陸亘入寺下祭。皆同此義。嚫義詳達嚫處。

備用清規云。佛誕涅槃成道常住設供無嚫。

禪苑清規校定清規。同備用說。

子部　第六冊

● 上嚫

舊說曰下嚫又云上嚫上下語無深意

忠曰此說漫憑上嚫者獻上嚫財也下嚫者安
下嚫財也。

● 達嚫

增壹阿含經云是時迦葉從佛受教往至梵志婦
舍已就座而坐是時彼婆羅門婦便供辦饌種
種飲食以奉迦葉是時迦葉卽受食欲度人故而
向彼人說此嚫願祠祀火爲上衆書頌爲最主
爲人中算衆流海爲上衆星月爲首照明日爲先
四維及上下於諸方域境天與世間人佛爲最尊
上欲求其福者當歸於三佛　是時彼梵志婦聞
此語已卽歡喜踊躍乃得法眼淨
又增壹阿含經云世尊告尸婆羅曰汝今可受此
長者白千兩金便蒙其福此是宿緣之業可受其

報尸婆羅對曰如是世尊是時尊者尸婆羅卽時
而說嚫曰施衣及餘物欲求其福德往至天世
八欲自娛樂從天至人中度有無疑難涅槃無
爲處諸佛之所樂施惠無難者蒙此獲福祐當起
慈惠心作福無有懈。

悲華經云太子不眴供養如來及比丘僧竟三月
已所奉達嚫八萬四千金龍頭瓔。音釋云達嚫
梵語也此云檀施嚫初棍切。

羅摩伽經云如來爲一切衆生說功德達嚫三輪
化度一切衆生。

玄應衆經音義云達嚫差觀切案曾婆須蜜論亦
作檀嚫此云財施解言報施之法名曰達嚫導引
福地亦名達嚫復次割意所受成彼施度於今所
盆義是檀嚫又西域記云正言達嚫拏或云馱器
尼以用右手受他施故從之立名也

釋氏要覽云梵語達嚫拏此云財施今略達拏但
云嚫五分律云食後施衣物名達嚫轉輪五道經

五三九

云轉經不得倩人乃至齋食以達嚫爲常法得福

翻譯名義集云達嚫字或從手西域記正云達嚫

嚫者古也或云歠器尼以用右手受人所施爲其

生福故

行事鈔訃請設則篇云大嚫法五分食後施衣物

名爲嚫也資持記云達嚫大嚫梵言少異亦

云檀嚫此翻則施謂報施之法名曰達嚫文約施

衣準應不局梵則謂翻報施財者亦非問爲

名爲施物爲目說法答嚫名召物財者亦非問爲

爲說法因名說法以爲達嚫準理具云達嚫說法

事義方牟問此與咒願何別答約事似同究須

別咒願則別陳所爲達嚫則通爲說法今或營齋

事須雙用

玉耶經云佛告玉耶當信布施常得其福後世

當復生長者家玉耶言諾佛飯畢訖達嚫咒願

五十善神擁護汝身

四分律云佛言不應食已默然而出應爲檀越

說大嚫乃至爲說一偈若爲利故施此利必當

得若爲樂故施後必得快樂時人人皆說佛言

應令上座說若上座不能說應語二能者說

悲丘宗釋師答洪慶善問嚫金本議齋僧門

◉ 嚫資

嚫金也

敕修清規管待專使云知事預案住持議專使宜

疏帖人嚫資輕重方丈備貼嚫須令合節

◉ 俵嚫

敕修清規歷代祖忌云舉大悲咒乃或有俵嚫則

舉楞嚴咒

正字通云俵悲廟切標去聲俵散六菩故分界

也

品字箋云俵俵散也以應得之物而照人分散

爲俵

又印紙。言俵子見簿券門。

● 堂嚫
忠曰。施僧堂僧之嚫金也。
備用清規煎點西堂頭首新命云。專使請新命前。
議定。方丈嚫施引座謝禮堂嚫貼嚫宣疏帖人陪嚫。

● 貼嚫
忠曰。修法會等。有特勞者。加增其施物。此謂貼嚫。
篇海類編云。貼天叶切音帖禪也。依附也。又粘置也。

● 陪嚫
敕修清規迎待尊宿云。請客侍者具狀請特爲管待山門置食備嚫方丈備貼嚫。又專使特爲新命煎點云。專使先與新命議定齋嚫輕重合宜。兩序勤舊鄉人法眷辨事。貼嚫。

忠曰。功勞非常者。一陪其嚫也。見堂嚫處。篇海類編云。陪重也。貳也。加也。益也。

● 隨年錢
忠曰。蓋隨其人年數多少施與錢也。聯燈會要亡名尊宿章云。昔有施主入寺行衆僧。隨年錢。知事云。聖僧前著一分施主云。聖僧年多少僧無對。法眼代云。心期滿處即知。虛堂愚和尚錄云。代僧倒指示之。十誦律三歸五戒法云。爾時應問汝幾年。通年答何時出家。多少春夏有閏無閏隨問應答。

● 喪嚫
忠曰。送亡山頭嚫。言喪嚫。日本俗稱野布施。
敕修清規出喪掛真云。喪司維那知客聖僧侍者。俵行喪嚫。

忠曰。布施之目。六度之隨一。布者散也。鋪也。然

日本豐州民俗以爲布帛之布義凡新喪則持
麻布而施于僧寺故寺多檀主者布匹倚疊可
笑昔唐莊宗爲晉王時摘澁劉守光命書記王
緘草露布緘不知故事書之於布遺人曳之爲
議者所笑此認解布字復有類似矣

● 賻儀

忠曰他家有新亡則我贈錢財助其喪此謂賻儀
日本俗稱香奠然香奠賻儀義別
篇海類編云賻符遇切音父以貨財助喪
敕修清規掛眞舉哀云所有賻儀用餘常歸常住
補輯諸山人從支費

● 香奠

翰墨大全謝送香財狀云杖碁孫姓某奠儀如目
右某蕊者某親隨人改易喪亡乃蒙尊慈特賜香
奠焚帛外下誠不勝哀感之至謹具狀申謝謹狀

鹽鐵鈔云日本俗香錢字作香奠非也錢唐音
近奠故有此訛
忠曰香奠字出翰墨大全但香錢香奠義意
稍別
文獻通考郊祀考云非時而祭曰奠

● 紙錢

忠曰日本禪林祈禱及盂蘭盆會等雕紙如錢形
數十相連與繪馬心經共之掛之堂柱會畢則設
銅鈔就內點火焚化之所以鎣鬼神也或以錫箔
鎹箔粧紙爲銀錢金錢則滋惑重也
順和名類聚云紙錢俗加美勢遲勢遲加太新樂府云
神之來兮風颷颰紙錢動兮錦繖鬖
釋門正統云今之施食亦施財者事祖廣記云寓
錢今楮鏹也唐王璵傳云玄宗時與爲祠祭使專
以祠解中帝意有所褒祓大抵類巫覡漢以來葬
者皆有瘞錢後世俚俗稍以紙寓錢爲鬼事至是

與乃用之則是喪祭之焚紙錢起于漢世之瘞錢
也其禱神而用寓錢則自王璵始耳今巫家有焚
箋禳謝之事亦自此也。

忠曰所授王璵傳即新唐書也。

佛祖統紀云唐以前無紙錢爲用者自王璵盛行
此法於是冥中藏積緡鏹金銀緡繒與世間所用
無少異由心法之能變造故天府冥關亦隨入心
而轉世有用紙緡寄庫者有鬼神用紙緡入人間
買物者亦見泰山堆積蠟錢無用云乃化財用
油炷度火焚汙者此等顯驗不一心生則種種法
生不特紙錢一法而已也。

大慈爲盧時用普說云宣律師問韋馱天神世人
奉鬼神以紙錢還可用否曰用矣蓋古時無紙錢
漢魏已前多埋錢冥冥之中亦能享受唐高宗已
後方有紙錢後來有智之人去殺敎中搜出化財
雨寶眞言使人持誦能令一財變無量財。

已下錄焚紙錢法。

茅亭客話云孫處士名知微字太古眉州彭山人
也因師益部攻水墨僧介宗俗姓丘氏尊江縣有
一女巫知微嘗問其鬼神形狀欲資其畫女巫曰
今見有王三郎有冥中足知鬼神之事處士請自
問之知微曰敢問三郎鬼神形狀俄有應者云
知微曰今欲餉君君欲希我何物應者曰望君濟
我資蠟數百千貫爾知微乃問知微之應者曰非世
間銅錢爲者薪芻薦藉之向一處以火熱不
愼勿使著地可以新艸薦藉之向一處以火熱不
得撥剔其錢則不破碎一一可達也遂依敎燒紙
錢數百千貫噫昔漢世以前未知幽冥以何爲賂
遺之物爾。

已下錄焚紙錢法自唐時。

舊唐書王璵傳云王璵少習禮學博求祠祭注
以干時開元末玄宗方篤道術慶神不宗與抗疏
引古今祀典請蓋春壇祀青帝於國東郊玄宗甚
然之因遷太常博士侍御史充祠祭使璵專以祀

事、希、偉。每行祠禱、或焚紙錢禱祈福祐、近於巫覡、
由是遞承恩遇。蕭宗即位、累遷太常卿。以祠禱每
多賜賚。

新唐書王璵傳云。王璵者。方慶六世孫。少為禮家
學。玄宗在位久。推崇老子道。妙神仙事。廣修祠祭。
璵神不斷與上言。請築壇東郊祀青帝。天子入其
言。擢太常博士侍御史。為祠祭使。璵專以祠解中。
帝意有所禳祓。大祇頻巫漢以來。葬喪者有瘞
錢。後世里俗稍以紙寓錢為鬼事。至是璵乃用之。
蕭宗立。累遷太常卿。又以祠禱見寵。

已下證鬼用紙錢事、

唐臨冥報記云。永徽二年六月九日。尚書都官
令史王璵暴病死。經二日而蘇。自言。初死時見四
人來至其所云。官府追汝。言大官謂璵曰。汝無罪。
放去。璵拜辭云。見向所訊璵之吏。從門出來謂璵
曰。君尚能待我甚善。可乞我千錢。璵不應。內自思
曰。吾無罪。官放我來。何為有賄吏乎。吏即謂曰。君

不得無行。吾向若不早將汝過官令二日受縛豈
不困頓璵心然之。因媿謝曰。謹依命吏曰吾不用
汝銅錢。欲得白紙耳。期十五日來璵許諾。因問歸
路吏曰。但東行二百步。當見一故牆穿破見明。可
推倒之。即至君家也。璵如其言。行至牆推良久乃
倒容人璵從倒處出。即至其所居隆政坊南門矣。
於是歸家。家人哭泣入戶而蘇。至十五日璵忘不
與錢。明日復病。因絕見吏來。怒曰。君果無行。期與
我錢遂不與人。當復將汝去因驅出舍光門令
入大坑璵拜謝百餘拜請作錢。乃放歸又蘇璵告
家人買紙百張作錢送之。明日璵又病因復見吏
曰君非能與我錢。而惡不好璵復辭謝請更作許
之又至二十一日璵令以六十錢市紙百張白紙
作錢并酒食。自於隆政坊西渠水上燒之。既而身
體輕健遂愈。

又冥報記云。左監門校尉馮翊李山龍。以武德中
暴病亡。而心上不冷。如掌許家人未忍殯斂。至七

日而蘇自說云當死時被冥官收錄至一官曹云
有三人諮山龍曰王放君去可不少多乞遣我等
山龍未言吏謂山龍曰王放君不由彼三人者一是
前收錄君使人一是繩主當以赤繩縛君者一是
捧主鉴君頭者一是氣主及君見君得還故
乞物耳山龍惶懼謝三人曰恩不識公請至家備
龍許諾辭吏歸家見親眷正哭經營殯具山龍入
至屍傍即蘇後日剪紙作錢帛並酒食自送於水
邊燒之忽見三人來謝曰蒙君不失信重相贈遺
總荷言畢不見

太平廣記云韓徽者以乾元中任隴州吳山令進
士宇文覬辛稜隨徽讀親稜掘令寫大槐樹孔得
塚徹至命佐史收骨髮以新棺斂葬諸野密託巫
語云己是晋將軍契芯錫明府恩及幽壤豈敢忘
此謀是宇文七及辛四幽魂珮戴豈敢忘之辛侯
不久自當擢祿足光其身但宇文生命薄無位且

多尾難我當救其三死乞以會岐州土賊欲蓿僞號
署盜百官覬有名被署中書舍人覬尋被官兵所
殺覬等七十餘人繫州獄十人鐺復至覬妻所語
云七郎犯事我在地中大為求請然要三千貫錢
妻辭貧家實不能辦錫曰地府所用是人間紙錢
妻云紙錢當力辦之焚畢復至獄中謂覬曰我適
於夫人索三千貫為君寫書請事亦解矣有劉安
至者即當得放飽食無憂也尋而認用劉妾為濡
州刺史辭曰點污名賢曾未相見所由但以
為逆所引悉皆繫獄臣至州日請一切釋免上可
其奏晏至州上事悉召獄四官敕放之（出冥異記）
已下錄成長史黃色塗錫作金鬼用之

冥報記云睢仁蒨者趙郡邯鄲人也少有名經學
不信鬼神常欲試其有無就見鬼人學之十餘
年不能得見後徒家向縣於路見一人如大官
衣冠甚偉乘好馬從五十餘人蒨騎驢親仁蒨而不
言後數見之常如此經十年凡數十相見後忽

駐馬呼蒨曰比頻見君情相眷慕願與君交遊
蒨即拜之問公何八邪答吾是鬼耳姓成名景
本弘農人西晉時為別駕今任胡國長史蒨
問其國何在王何姓名答曰黃河巳北總為臨
胡國國郡在樓煩西北沙磧是也其王是故趙
武靈王今統此國受太山筴攝每月各使上
相朝於太山是以數來過此與君相過也以時
大業初江陵岑之象為邯鄲令子文本年未弱
冠之象請仁蒨於家教文本晝以此事告文
本仍謂曰成長史謂曰我有一事羞君不得道
既與君交亦不能不告君鬼神道中亦有食然
不能飽若得人食便得一年飽衆鬼多偷
病人食我既貴重不能偷之從君請一頓蒨既
告文本即為具饌備設珍羞蒨曰鬼不欲
入人屋可於外邊張幕設席陳酒食於上文本
如其言至時仁蒨見兩客來坐從百餘騎既
坐文本向席再拜謝以食之不精亦傳意辭謝

初文本將設食仁蒨請有金帛以贈之文本問
是何等物蒨云鬼所用物皆與人異唯黃金及
絹為得通用然亦不如假者以黃色塗大錫作
金以紙為絹帛最為貴上文本如言作之及景
食畢令從騎更代坐食文本以所作金錢絲絹
贈之景深喜謝曰因晤生頓郎君供給郎君頗
欲知壽命乎文本辭曰不願知也景辭而去

法苑珠林鬼神部引之
釋氏要覽云冥報記云唐眭仁蒨為鬼成景設
酒食復以錢綵為好辭曰鬼所用錢即紙錢也
若綵絹亦紙為之銀即錫紙金即黃塗之也
忠曰要覽所言多謬妄矣釋門正統一承要
覽之誤按冥報記眭仁蒨事中但云以黃色
塗大錫作金以紙為絹帛此止未初言鬼所用
即紙錢也銀即錫紙等亦非彼言冥報記言
鬼用紙錢唯在彼王璵及李山龍記中耳
釋門正統云法苑珠林云紙錢起于殷長史也

忠曰珠林引冥報記載昭仁蕭事但云成景
爲胡國長史初不言殷長史予謂成字上殘
缺下似殷字下畫或塡補者誤作殷字然自
此安一出諸說雷同以鬼用紙錢爲成事至
復訛成長史爲殷長史儒家不能多覽釋典
遂有紙錢起於殷長史之說實珠林無此說
耳矣。
已下錄儒家辨紙錢
就日錄云焚紙錢之說唐王璵傳曰漢以來葬
者皆有瘞錢後世里俗稍以紙寓錢爲鬼事至
是與乃用爲禳祓則是喪葬之焚紙錢起於漢
世之瘞錢也其禱神而用寓錢則自王璵始矣。
康節先生春秋祭祀約古今禮行之亦焚楮錢
程伊川怪問之曰冥器之義也非乞禁焚錢
順孫之心平微廟朝高峯塋用中奏乞禁焚紙
錢有云宮怪世俗鎔用以徼福於鬼
神者不知何所禳依非無荒唐不經之說要者

下俚之所傳耳使鬼神而有知謂之慢神欺鬼
可也李珂松牕百記云世既是安人死而爲鬼
其安又可知無身心耳目口鼻之實而六智常
不斷顛倒沈迷豈復覺悟方其具酒殺列冥器
鑒楮象錢印繪車馬而焚之以妄塞妄也蓋皆
原其本初恐瘞錢爲死者之祠及世難得錢易
以紙錢自後沿襲至于唐而焚之其來久且遠而
廖高峯遽欲絶之以塞妄費且夫子謂死葬之
以禮又曰敬鬼神而遠之是夫子不欲遽絶而
以有無之中言之惟邵康節云脫有益非孝子
順孫之心最爲通議。
忠曰康節籍信釋氏輪廻鬼神之說者故有
此言康節信輪廻見予問見前錄
戴埴鼠璞云法苑珠林載紙錢起於殷長史唐
王璵傳載瘞祭皆有瘞錢後里俗稍以紙寓錢
王璵乃用於祠祭今儒家以爲釋氏法於喪祭
皆屏去予謂不然之死而致死之不仁之死而

翰林象器箋　第廿九類　錢財門

致生之不知、謂之明器、神明之也。漢之瘞錢近
於之死、而致生、以紙寓錢、亦明器也、與塗車芻
靈何以異。俗謂果貧於哀塗則可笑。

忠曰、禮記檀弓云、孔子曰、之死而致死之、不
仁而不可為也。此夢溪筆談云、先王之於死者、以之為
無知則不仁、以之為有知則不智。

文公家禮、至載顯璞說是氏說、云按此則用紙
錢代幣帛、似亦無害。

宋葉愛日齋叢抄云、李林廣記、考論寓錢之始、
云今楮鏹也、至自王璵始耳、與前引釋門法苑
珠林云、紙錢起于殷長史也。按此則里俗以紙
寓錢與、始用之非。朱文公云、紙錢起
立宗時、王璵、孟古人以玉幣、後來易以錢、支宗
惑于王璵之術、而鬼神事繁、無許多錢來埋得、
與作紙錢易之、文字便是難理會。且如唐禮舊
載范傳正言、唯顏魯公張司業家祭不用紙
錢

易之文字便是難理會。且如唐故衣冠效之而
國初言禮者錯看途作紙衣冠而不用紙錢不
知衣冠紙錢有之間別、近世戴氏鼠璞云、法苑
珠林、紙錢起于殷長史、至謂果貧子冥塗則
可笑、引顯璞是說、雖異亦有文公紙衣冠何別
之呂南公有錢、鄧公不燒楮錢、有云古用幣
以禮神祇、後之楮士為多、則假之以諸禳禱所
而莫教其非。大抵深惡寓錢以微福者忠子
觀洪慶善杜詩辨證、載文宗備問云、南齊廢帝
東昏侯好鬼神之術、剪紙以代束帛、至唐初
盛行其事、云有盆幽冥、又牛僧孺云、楮錢唐初
剪紙為之、此是以補事林廣記之未及。
已下路學橋緣。

大慧武庫云、汾陽無德禪師一日謂衆曰、夜來夢
亡父母覓酒肉紙錢、不免徇俗置以祀之、事辦於
庫堂設位、如俗間禮酌酒行肉化紙錢訖、令集知

事頭首，散其餘盤，知事輩却之，無德獨坐庭中，飲
噉自若。眾僧數曰，酒肉僧豈堪爲師法耶，腰包益
去。惟慈明大愚泉大道等，六七人在耳，無德翌日
上堂云，許多閑神野鬼祗消一盤酒肉南陌紙錢，
斷送去了也。法華經云，此眾無枝葉唯有諸貞實，
下座。

● 陰錢

紙錢又名陰錢。
翠談採餘云，王勃過長廬爲神焚陰錢十萬。

● 寓錢

忠曰，紙錢言寓錢，謂錢紙寓錢義也，見紙錢處。

● 瘞錢

唐書云，漢以來，葬喪者有瘞錢（詳見紙錢處）
大慧菩說云，漢魏已前，多理錢冥冥之中亦能享
他人。

● 寄庫錢

忠曰，蓋漢魏瘞錢也，寄者猶如（託）人寄物於化方。
即託新亡人寄錢於冥庫請免亡者之罪也，
佛祖統紀云，世有用紙錢寄庫者，（詳紙錢處）
龍舒淨土文云，予遍覽藏經即無陰府寄庫之說，
奉勸世人以寄庫所費請僧爲西方之供，一心西
方，則必得往生，若不爲此，而爲陰府寄庫，則是志
在陰府，死必入陰府矣，譬如有人不爲君子之行，
以交結賢人君子，乃寄錢於司理院獄子處，待其
下獄，則用錢免罪，豈不謬哉。
橫川育王錄，施主寄庫上堂云，堅牢庫藏各各有，
珍寶且非金與銀，今日婆婆須認取，將來免得問。

●香錢

敕修清規知殿云：施主香錢不得互用。

忠曰：此即佛前資助香費之錢也。余謂與香䞋義不同。又見二香。

●回祭

敕修清規亡僧大夜念誦云：預報庫司造祭食差入鋪排祭筵，郷人法眷作祭文，納庫司錢回祭。解者曰：先報庫司造祭食，後還其費用，此名回祭。

●回財

舊說曰：施主就寺修薦，或未納支費見錢，且借常住財密辦，後時施主如數償之，此言回財。

忠曰：但是回祭祇言回財耳。

追加

第二十八類器物門行裝具

●油單

敕修清規裝包云：頂包裝包之法，用青布袱二條，先以一條收拾衣被之屬，仍用油單裹於外復用一條重包於外，四角結定用小鎖鎖之。

忠曰：日本雲水僧稱袱子為油單，其實油單以桐油塗紙造之，如油衣之材以防雨露浸犯。蓋油單包袱子，故呼袱子為油單耳。

●包

裝包法詳清規油單篇。又見二

祖庭事苑云：打包，毗余耶維事云：時有苾蒭作三衣竟，置在肩上隨路而行，途被汙薄拜庭土汙佛衣，感以袋盛其袋可長三肘闊一肘半所貯之衣。

禪林象器箋　大尾

常用者在上。非常用者在下。今禪人腰簽雖裝束

小異。亦乃承佛之制游方之人束簽之時。亦當念

佛祖遺德之重。無自忽也。言肘者。準佛肘也。尺則

用姬周尺。爲準。人長八尺。佛長丈六。今言三肘卽

六尺也。

●包鈎

敕修清規裝包云。包用小鑕鑕之。仍繫包鈎於上。

解者曰。包上繫鈎者。到處若依住則以鈎掛搭

衣鉢袋也。

忠曰。包鈎者。蓋便裝包於身之具。非必掛搭之

用也。

讀朱筆記

《讀朱筆記》四卷，日本漁村源元備撰，日本崇文院刊本。每半葉十行二十一字，四周單邊，單魚尾，白口。是書為漁村源元讀朱熹文章所做筆記，每段文字下附錄出處，間有評語。

讀朱筆記卷第一

澁村源元備

讀朱筆記卷第一　榮文院

臣竊見周禮天官冢宰一篇。乃周公輔導成王垂法後世。用意最深切處。欲知三代人主正心誠意之學。於此考之可見其實。〔戊申封事 文集十一〕

臣聞仁宗時有程顥者。與其弟頤同受學於周敦頤。實得孔孟以來不傳之緒。同時又有邵雍張載相與博約。遂使聖道閟而復明。其功甚大。俗儒淺學。既不足以窺其緼奥。姦人鄙夫。又以其言居必誠敬。動由禮義。有害於己之所為。故相與懟疾指為道學。而加詆誚焉。夫世俗無知以道學為不美。則是必欲事世之人俱無道俱不學。然如己之所為。適於其意耳。邪說肆行。人心頹僻。無所忌憚。乃至於此。此正閔馬父之所深憂也。〔上同〕

周之文武亦以天保以上治內。采薇以下治外。始於憂勤。終於逸樂。其後中微小雅盡廢。四夷交侵中國衰削。宣王承之側身修行。任賢使能。內修政事。外攘夷狄。而周道粲然復興。〔卷十三 扶寒翁三〕

此亦朱子初時不廢詩序之證。

蓋為學之道。莫先於窮理。窮理之要。必在於讀書讀書之法。莫貴於循序而致精。而致精之本。則又在於居敬而持志。此不易之理也。〔卷十四行宮 便殿奏劄二〕

觀此可見讀書之外。無所謂窮理者。

臣聞三年之喪。齊疏之服。飦粥之食。自天子達於庶人。無貴賤之殊。而禮經所令子為父。嫡孫承重為祖父者。斬衰三年。蓋嫡子當為父後。以承大宗之重。而不可替。位以執喪。則嫡孫繼統而代之。執喪義當然也。然自漢文短喪之後。歷代因之。天子逐無三年之喪。為父且然。則嫡孫承重從可知已。人紀廢壞。三綱不明。千有餘年。

讀朱筆記卷第一　榮文院

莫能釐正。及我大行至尊壽皇聖帝。至性自天。孝誠內發。易月之外。猶執通喪。朝衣朝冠皆以大布。超越千古拘攣牽制之弊。革去百王衰陋卑薄之風。甚盛德也。所宜著在方冊為世法程。子孫守之。永永無斁。而間者遺詔初頒。太上皇帝偶違康豫。不能躬就喪次。而哀匭下實以世嫡之重。仰承大統。則所謂承重之服。著在禮律所宜一遵皇已行之法。易月之外。且以布衣布冠。視朝聽政。以代太上皇帝躬執三年之喪。而一時倉卒。不及詳議。逐用淺紗淺黃之服。不惟上違禮律。無以風示天下。且將使壽皇已革之弊。去而復留。已行之禮事而復墜。

臣愚不肖誠竊痛之。然旣往之失不。及追改。唯有將來
啓殯發引禮當復用初喪之服則其變除之節。尚有可
議欲望陛下仰體皇聖孝成法。明詔禮官稍改禮律。
預行指定其官吏軍民男女方喪之禮亦宜稍爲之制。
勿使過爲華廟布告郡國咸使聞知庶幾漸復古綱。而
四海之衆有以著於君臣之義實天下萬世之幸取進
禮經無文但傳云祖父沒而爲祖後者服斬然而不見本
準五服年月格斬衰三年嫡孫爲祖。訓承 宣言 法意甚明而
止。同上乞討論 喪服荀子

【讀朱筆記卷第一】 　三　崇　文　院

未詳何撰。但小記云祖父沒而爲祖母後者三年可
以旁照至爲祖後者條下疏中所引鄭志乃有諸侯父
有癈疾不任國政不任喪事之間而鄭答以天子諸侯
之服皆斬之文。方見父在而承國於祖之服向來入此
文字時無文字可檢又無朋友可問故大約且以禮律
言之亦有疑父在不當承重者時無明白證驗但以禮
律人情大意答之。心常不安而禮經之文誠有闕略。
無疑。乃知學之不講其害如此。而此說方得
不待於後人向使無鄭康成則此事終未有決斷不
可直謂古經定徜一字不可增損也。同上晉 喪禹後
此文最有補於天經人紀而取重于康成之一言。公

之爭爭乎古學如此。
臣聞 六經之道同歸。而禮樂之用爲急遭秦滅學禮
樂先壞漢晉以來諸儒補緝竟無全書其顏存者三禮
而已。周官一書固爲禮之綱領。至其義法度數則此
乃其本經而禮記郊特牲冠義等篇乃其義說耳前此
猶有三禮通禮學究諸科禮雖不行而士猶得以誦習
而知其說熙寧以來。王安石變亂舊制廢罷儀禮而
存禮記之科棄經任傳。遺 本宗末其失已甚而博士諸
生又不過誦其虛文以供應舉至於其間亦有因儀法
度數之實而立文者則咸幽冥而莫知其源一有大議

【讀朱筆記卷第一】 　四　崇　文　院

奉用耳學壇斷而已。若乃樂之爲教則又絕無師授律
尺短長聲音清濁學士大夫莫有知其說者而不知其
爲則也故臣竊在山林書與一二學者考訂其說以
儀禮爲經而取禮記及諸經史雜書所載有及於禮者
皆以附於本經之下其列注疏諸儒之說略有端緒而
私家無書檢閱無人抄寫久之未成會蒙除用學徒分
散逐不能就而鍾律之制則士友間亦有得其遺意者
竊欲更加參考別爲一書以補 六藝之闕而亦未能具
也欲望聖明特詔有司。許臣就祕書省太常寺關借禮
樂諸書自行招致舊日學徒十餘人躇逐空閑官屋數

間。與。之居處。令其編類。雖。有。官人。亦不。異衙請俸。但。乞
逐月量支錢米。以給飲食紙札油燭之費。其抄寫人卽。乞
乞。下。臨安府差撥貼司二十餘名候結局日。量支犒賞。
別。無。推恩。則於公家。無甚費用。而。可。以。興。起廢墜。垂之
永久。使。士知。實學。異時可為聖朝制作之助。則斯文幸
甚。天下幸甚取。進止。（同上乞俸。三禮箚子。）
看得周禮儀禮一過注疏見成却覺。不甚費力也。（卅一答敎）
夫孟子說疑義。
近看周儀二禮。顏有意思。但。心力短。過眼卽復惘然。又
求是正也。（同上答。呂伯恭。）
似枉費工夫耳。（卷卅三答。呂伯恭。）

讀朱筆記卷第一

五　崇文院

禮書亦苦多事。未能就緒書成當。不俟脫稾首以寄呈
按公晚年尤用力禮經。乃儀禮經傳通解一書真所
謂實學矣。
夫春秋之法君弒賊不。討則不。書葬者。正以復讎之大
義。為重而掩葬之常禮為輕以示萬世臣子遭此非常
之變則必能討賊復讎然後為。有以葬其君親者。不則
雖棺槨衣衾極於隆厚實與委之於壑為狐狸所食蠅
蚋所嘬。無異其義可謂深切著明矣。而前日議者乃引
此以開祈請之端何其與春秋之義背馳之甚耶。（卷廿五答）

張敬夫。
討賊書葬得此一解。大義炳然。
向來閒中私竊有所論著。自謂庶幾可以傳前聖之心。
開後學之耳目。實。非細事。今既來此。無復功夫可以向
此而衰困漸盡。與死為鄰萬一溘然於此。則此事遂成
千古之恨。非獨熹不瞑目而已也。此七當去也。（卷廿六與袞一寺丞）
熹昨被寵眷。又得竊食祠官之祿。以便私計而卒其舊
業公朝謬恩於熹已為厚矣。（署伏惟某官特賜矜憐少）
垂寬假。使得躬視埋葬以塞老牛舐犢之悲。休養神明。

讀朱筆記卷第一

六　崇文院

以既衰頹就盡之景。更以餘日討繹舊聞以副聖主華
袞之襃。而助明時風化之美。則某官之恩之德又將被
于存沒而無窮矣。（卷廿八與劉丞相箚子）
尊嫂葬事想已畢。自此無事以次整頓諸書以惠後學
甚善。然亦願早下手也。熹所欲整理文字頭緒頗多而
日力不足。今又方有遠役念念未始一日去心也。（卷卅三答）
向來讀書頗務精熟。中間亦幸了得數書。自謂略能窺
見古人用心處。未覺千歲之為遠。然亦無可告語者。時
一思之以自笑耳。其間一二有業未熟。今病已矣。不能
呂伯恭

復成書矣。不知後世之子雲發夫復有能成吾志者否。
然亦已置之。不能復措意間也。
按朱子敎諸洞宜諭充白鹿洞主。要在於遂此願。
也。熟復集中。情見於辭矣。
憙於釋氏之說。蓋嘗師其人。尊其道求之亦切至矣。然
於是暫置其說。而從事於吾學。其始蓋未嘗一日不往
未能有得。其後以先生君子之敎校夫先後緩急之序。
來於心也。以爲侯卒究吾說。而後求之。未爲甚晚耳。非
敢遽絕之也。而一二年來心獨有所自安雖未能卽
有諸已。然欲復求之外學以遂其初心不可得矣。然則

讀朱韋記疑第一　　縈文院

前輩於釋氏未能忘懷者。其心之所安亦必有如此
者。而或甚焉則登易以口舌爭議。
按公於釋氏之學得之既久蓋沁其骨髓矣。宜乎其
終不免往來於心而後來解悟動轕來陽儒陰佛之
謂也。以公之聰明。仍且如此則佛學之蠹蝕人心術。
豈可不凜然以懼乎。
孔子曰攻乎異端斯害也已呂博士謂君子反經而已
矣。經正斯無邪慝。今惡邪說之害正而不通所以
自徹而已。此言誠有味者。故憙於釋學雖所未安。未
嘗敢公言証之。同上

攻如鳴。戟而攻之。及攻人之惡之攻也已如可謂好
學也已。其餘不足觀也已。蓋異端妄火也此
愈攻愈甚。不如退而明我道不攻而彼自破也此
謂之不攻可乎。呂氏此說真能得經意而公特有
味乎此言則今集注未必公之定說亦明甚。

讀朱韋記疑第一　　縈文院

大抵近世言道學者失於其間曲折精微正好玩處。
超絕不歷階梯爲快。而於太高讀書講義奉常以徑易
例皆忽略厭棄以爲卑近瑣屑不足留情以故離或多
聞博議之士。其於天下之義理亦不能無所未盡理既
未盡而胃中不能無疑矣。乃不復反求諸近思於異端
之說登推而置諸漠不可測知之域。兀然終日。昧無
義之區以俟其廓然而一悟。殊不知物必格而後明倫
必察而後藏。格物是窮物格御是明此乃大學功夫之始道玩義是各有漸漢非有頓悟理也近言者辭此似亦太高矣
彼既自謂廓然而一悟者。其於此猶惝然也則亦何以
悟既自謂廓然而一悟者。其於此猶惝然也則亦何以
分氣稟。虛度歲月而侯侯其局若致一吾宗循下學上
遠之序。口講心思躬行力究事須毋略寧下毋高寧淺
母深事拙母巧。從容潛玩存久漸明。衆理洞然次第無
疑然後知夫大中至正之極天理人事之全無不在是。
初無逈然超絕不可及者。而幾微之間毫釐畢察醇酢

之際。體用渾然。雖或使之任至重。而處所難。亦沛然行
其所無事而已矣。又何疑之不決。而氣之不完哉。_{同上}_{甲中}
按公補大學。有一旦豁然貫通之說。後儒頗疑其似
禪機。然公固謂取程子之意。則與其自爲說者。蓋亦
有間據。此條所言。知其所謂格物窮理之功。在乎循
下學上達之序。而豁然貫通之實。於沛然行其所無
事見。之何其切實而無一過高之弊也。讀補傳者。以
此條參商。其亦幾乎其可矣。
井伯書云。廉夫有學易之意。甚善。然此書難讀。今之說

讀朱筆記卷第一
_{紫文院}

者多是不得聖人本來作經立言之意。而緣文生義。硬
說道理。故雖說得行。而揆以人情。終無意味。頃來蓋
極意研索亦僅得其一二。而所未曉者尚多。若且讀
詩書論孟之屬。言近指遠。而切於學者日用功夫也。_{卷廿七與諫丞相書}
按公於易自言所未曉者尚多。然則堅持今之本義
啓蒙。殆非公本意也。易固難讀。然至其言近指切
於日用。與詩書論孟何擇。此條恐未免失言矣。
元城劉忠定公有言孟子弟事可終歲而不讀一
日。近小人。此言極有味。大抵諸耶爲學正當以得師爲

念擇友爲難耳。_{同上}
按此苦言近小人之害。其實易書可終歲不讀書乎。
頃書見楊子直。說見景迂書言先儒經解之題例不敢
以已之姓名加之經上。如春秋左氏傳。尚書孔氏傳。周
禮鄭氏注。皆經題在上。姓在下。此爲得體鄙意舊亦
嘗謂如此。故每題程先生易傳。必曰周易程氏傳。後來
以告伯恭。伯恭亦深以爲然。爲換卻發學易傳箋子。_{上同呂伯恭}
新剗小本易傳甚佳。但箋題不若依官本作周易程氏
傳。舊嘗有意凡經解皆當如此。不以傳先乎經。乃見尊_{答游誠之}

讀朱筆記卷第一
_{紫文院}

經之意。漢晉諸儒經注皆如此也。後見朋友。說見景迂
亦有此論。乃知前輩意已及此矣。今又得景迂解。
亦有好處。大抵北方之學。終是近本實也。_{卷首五答呂伯恭}
按近咸豐辛酉義雜記盧文弨鍾山札記並辨漢人
注五經。大題在下。小題在上。今讀此。知公於此亦必
取法於古人。未嘗苟爲學者宜與咸盧說相參看可
也。
世間事思。之非不煩熟只恐做時不似說時。人心不似
我心孔子豈不是至誠孟子豈不是黽擧大踢到
底無著手處況今無此伎倆。自家勾當一箇身心衙且

奈何不下。所以從前不敢容易出來。[蓋廿八章者]

按孔孟於世間事。豈畏避不敢著手乎。但其時不可

也。此條之菁祿何容易。

蒙垂喻語錄中可疑處事。三經義辨中亦云。若據經所記

傳聞。不能無誤。其兜事堯典所記。皆爲後事起。本反復

即驩兜之罪。正坐此。堯典曉推其端。即

考。即自見矣。典刑兩句絕類王氏殊不可曉。詳

道不可以在之一語。自莊子中來。所以尤覺不難。以此

知異學決不可。與聖學同年而語也。明矣。[卷卅答汪尚書癸未]

讀朱筆記卷第一

凡語涉莊釋者。悉當佩公辨筆。非及本意。

榮文院

按語自莊子中來。以爲其學之不轉然則公經解中

龜山答胡進功問中。學異老子五千言。以自然爲宗。謂

之不作可也。熹亦疑此語。如論語老彭之說只以曾子

問中言禮殺段顯之。即遷而不作信而好古。皆可以曾子

老聃周之史官掌圖書之典籍。故能逮古。見蓋

事而信婦之。如五千言未。或舌存是善。而老子傳之求

可知也。蓋列子所引黃帝書。即老子谷神不死章也。登

所謂三皇五帝之書。即龜山之意。却似習於見聞不以

莊老爲非者。深所未喻也。[上]

按龜山據老子自然之旨。以解不作極。非公辨之當

矣。但謂老彭即老聃。則不如孔子所問禮者。則爲周人。若

老彭明是商人。老聃是史遷所言太史儋者。使五千言

著五千言者。亦嘗疑之既而考其文則此序乃三篇

帝舜申之。皐陶矢厥謨。卽謂皐陶謨也。

之序也。

大禹謨篇也。[陳九功之事。故申重也。帝舜因皐陶陳九德。而]

禹俞之。譽也。[曰來禹汝亦昌言。而禹遂陳登稷]

篇中之譽也。此一句序之威氣象卻殊淺近信乎其

須生意。今日不屈於法度之。[以此讀之文意甚明不]

讀朱筆記卷第一

非所以育舜也。[上同]

榮文院

按公於書序考取如此。今之學者乃置之不問。何也。

伏蒙高明垂賜誨答。反復玩味欲忘。然有所疑恨。

不自揭道在六經。何必它求。何必云者。正矣。而烹窃

其未殿也。若易必可。儒庶幾乎。葦不必云者。無登之

辭也。不可云者。有害之辭也。夫二者之間。相去遠矣。如

烏喙食之而殺人。則世之相戒者。必曰不可食。而未有

謂不必食而已者也。妄意如此。不審高明以爲如何。[上同]

辨析詳明。

又蒙教諭以兩蘇之學不可與王氏同科來教又以歐陽司馬同於蘇氏則熹亦未能不以爲疑也蓋歐陽司馬之學其於聖賢之高致固非末學所敢議然其所存所守皆不失儒者之舊特恐有所未盡耳至於王氏蘇氏則皆以佛老爲聖人既不純乎儒者之學矣而王氏支離穿鑿尤無義味至於甚者幾類俳優本不足以惑衆徒以一時取合人主假利勢以行之至於已甚故特爲諸老先生之所排詆〔龜山與胡文定書及答呂子約可見亦嘗論及矣〕在今日則勢窮極故其失人人得見之。至若蘇氏之言高者出入有無而曲成義理。〔如易說性命陰陽之人心道心古史之中一性善老子之道器中和下者指陳〕

▲讀朱筆記卷第一　　三　　崇文院

利害而切近人情。〔蘇氏此等議論不可編集且據論頤則見蘇子由之論彼子西者以利害言之也〕其知才辨謀爲氣槩又足以震耀而張皇之使聽者欣然而不知倦非王氏之比也然語道學則迷大本論事實則尚權謀術數浮華忘本實貴通達賤名檢此其害天理亂人心妨道術敗風敎亦豈出王氏下也哉但其身與其徒皆不甚久凡此患害人未盡見故諸老先生得以置而不能甚久凡此患害人於時無利勢以輔之故其說雖行而不論使其行於當世亦如王氏之盛則其禍不但王氏而已亦不得恝然而無言也蓋王氏之學雖談空虛而無精彩離急功利而少機變其極也陋

如薛昂之徒而已蔡京雖名推尊王氏然其淫侈移縱志所以敗亂天下者不盡出於金陵也〔龜山原論使定論時乃無所怪亦嘗論耳〕若蘇氏則其律身已不若荊公之嚴其爲術浮誕佻輕功利而詭祕過之其徒如秦觀李廌之流皆浮誕佻輕士類不齒相與扇縱橫捭闔之辯以持其說而漠然不知禮義廉恥之爲何物雖其勢利未能有以動人而世之樂放縱惡拘檢者已紛然向之使其得志則凡蔡京所爲未必不身爲之也世徒據其已然者論之是以蘇氏猶得在近世名卿之列。〔上同〕

▲讀朱筆記卷第一　　二一　　崇文院

按公尊崇洛學故詆誹蘇氏有不自知其偏者至於謂使其徒得志必爲蔡京所爲則豈是非之公乎。受學之語見於呂與叔所記二先生語中云昔受學於周茂叔故據以爲說而葉氏所尊敬而不爲師弟子之辭故范內翰之於二先生於康節誠似太重欲改爲與又似太輕此字別下何字爲當更乞示誨幸甚。〔上同〕不知別下何字今人或於師弟子用從按公作文章一字不苟如此今人或於師弟子用從遊字不以爲嫌觀此可以省悟矣。惟是蘇學邪正之辨終未能無疑於心蓋熹前日所陳乃論其學儒不至而流於詖淫邪遁之域賴味來敎乃

病其學佛而精而滯於智慮言語之間此所以多言而
愈不合也夫其始之開禪學也豈能明天人之蘊推性
命之原以破其荒誕浮虛之戲而反之正哉如大悲閣
中和院記之屬直掠彼之粗以角其精據彼之外以攻
其內是乃率子弟以攻父母信枝葉而疑本根亦安得
不為之詘哉近世攻釋氏者如韓歐孫石之正龜山猶
以為一杯水救一車薪之火況如蘇氏以邪　邪是束
縕灌膏而往赴之也直以身為爐而後已耳

蘇氏學術不正其險譎慢易之習入人心深今乃大覺
其害亦望有以抑之使歸於正尤所幸願（卷卅七與　魏國器）

【讀朱筆記卷第一】　　五　　崇文院（同上答汪尚書　十一月既望）

蘇氏之學以雄深敏妙之文爛其傾危變幻之習以故
被其養者淪肌浹髓而不自知今日正當拔本塞源以
一學者之藝庶乎其可以障狂瀾而東之若方且懲之
面又遽有取其所長之意竊恐學者未知所擇一取一
捨之間又將與之俱化而無以自還是則執事者之所
宜憂也。（同上與　芮國器）

按蘇氏之學流於禪則有之然如大悲閣記類文人
看題措辭不得不然本非有意於掠粗角精大抵公
責人每失之於厚不可不察焉（四庫全書總目蘇轍龍川略志條曰朱子生平以程子之故醜詆修洛蜀之舊怨　孤不滿於二程歟）

來救又以為蘇氏乃習氣之弊雖不知道而無邪心非
若王氏之穿鑿附會以濟其私邪之學也熹竊謂學以
知道為本知道則學純而心正見於行事發於言語亦
無往而不得其正哉如王氏者其始學也蓋欲凌跨其
韓掩迹顏孟初亦豈遽有邪心哉又自以為是而大為
學不純而設心造事逐流入於邪又自以為是而自以
穿鑿附會以文之此其所以重得罪於聖人之門也蘇
氏之學雖與王氏若有不同者然其不知道而自以為
是則均為不知道其不為王氏者特天下未被其禍而已。

【讀朱筆記卷第一】　　六　　崇文院

其穿鑿附會之巧如來教所稱論成佛說老子之屬蓋
非王氏所及而其心之不正至乃謂湯武篡弒而盛稱
荀彧以為聖人之徒凡若此類皆遏其私邪無復忌憚
不在王氏之下借曰不然而原情以差其罪則亦不過
朱學為義者也而偏於為我墨翟學為仁者也而流於
兼愛孟子推言其禍以為無父無君而陷於禽獸辭而
闢之不少假借孟子亦豈不原其情而過為是刻核之
論哉誠以其賊天理害人心於幾微之間使人陷溺而
不自知非若利名狙詐之術其禍淺切而易見也是以

拔本塞源不得不如是之力書曰豫畏上帝不敢不正
又曰豫順天厭罪惟均孟子之心亦若是而已矣以
此論之今日之事王氏僅足爲申韓儀衍而蘇氏學不
正面言成理又非楊墨之比愚恐孟子復生則其取舍
先後必將有在而非如來教之云也。同上答汪尚書　十一月既望

墓祭之禮程氏亦以爲古無之。但緣習俗然不害義理
則豈非所謂逆探未形之禍以加譏貶者耶。

按蘇氏學術固偏其論湯武最未免後人譏議然謂
之其私邪不在王氏之下而其貽禍又非楊墨之比。

但簡於四時之祭可也。同上答汪尚書論家廟

【讀朱筆記卷第一】　一七　黎　文院

祭說辨訂精奮尤荷書發然此二事初亦致疑但見二　同上答張
先生皆有隨俗墓祭不害義理之說故不敢輕廢。

夫　欽

按周禮家人曰凡祭墓爲尸是墓祭之見於經也後
來公亦撿得之故又書曰墓祭周禮上巳自有了此
條從程子爲說非定論也顧亭林亦以墓祭爲非古。
閻百詩辨其誤見四書釋地可併攷焉。

宋史禮志幽上陵之禮古者無墓祭秦漢以降始有
其儀至唐復有清明設祭朔望時節之禮進食藨衣
之式

李濟翁資暇錄曰寒食拜掃按開元禮第七十八云
昔者宗子去在他國庶子無廟孔子許望墓爲壇以
時祭祀今之上墓或有瀆焉王伯厚困學紀聞曰古
不墓祭漢明帝以後有上陵之禮蔡邕謂以爲禮有
煩而不可省者舊唐書開元二十年寒食上墓編入
五禮永爲常式寒食野祭蓋起於此。

右多貫之意如左傳云寶先後之意思卽在中間正合
天遠不差髮所謂呼啄同時也此序所云先天天却是
先天與文言之先天不同文言之云先天後天乃是左
不先天而開人各因時而立政。胡本天作時　欽夫云作天字大害事愚謂此言
天文同面意不同。同上與張欽夫

天時未至而妄以私意先之若耕稷菑畬之類耳兩先
天時未至而以意先之解爲左右

按文言先天亦是天時未至而以意先之解爲左右

【讀朱筆記卷第一】　一八　黎　文院

益貫意極是繆戾

稱姪固未安稱猶子亦不典按禮有從祖從父之名則
亦當有從子從孫之目矣以此爲稱似稍穩當慮偶及
此因以求教非敢復改先生之文也。別紙

猶子之稱謂不當改亦所未喻董來教但云姪止是相
沿稱之而未見其害義不可稱之意云稱猶子猶庶幾
爲亦未見其所以庶幾之說是以愚衷未能卒曉然以

書傳考之則亦有所自來蓋爾雅云女子謂兄弟之子
爲姪注引左氏姪其從姑以釋之而反復考尋綏不言
男子謂兄弟之子何也以漢書考之二疏乃今世所
謂叔姪而傳以父子稱之則是古人直謂之子雖漢人
猶然也蓋古人淳質不以爲嫌故如是稱之自以爲安
降及後世則心有以爲不可不辨者於是假其所以自
名於姑者而稱爲雖非古制然亦得別嫌明徵之意而
伯父叔父與夫所謂姑者又皆吾父之同氣也亦何害
於親親之義哉今若欲從古則直稱子而已若且從俗
則伊川橫渠二先生者皆書稱之伊川嘗言禮從宜使

▊讀朱筆記卷第一　〔一九〕　榮　文　院

從俗有大害義理處則須改之夫以其言如此而猶稱
姪者是必以爲無大害於義理故也故其遺文出於
其家而其子序之以行於世事無所謂猶子云者而胡
本特然稱之是必出於家庭之所筆創無疑也〔若有不可改者如彖文則有謝偶之類是也〕
舊文而附以新意況本無害理而可遽改之乎今所改〔若曰何故它處不改〕
者出於檀弓之文而彼文止爲喪服兄弟之子與已子
同故曰兄弟之子猶子也與下文嫂叔之無服也姑姊
妹之薄也之文同耳豈以爲親屬之定名哉猶如也姑姊
其義繫於上文不可殊絕明矣若單稱之卽與世俗歟

後之語無異若平居假借稱之猶之可也豈可指爲親
屬之定名乎若必以爲是則自我作古別爲一家之俗
夫亦孰能止之似不必強挽前達使之同己以起後世
之惑也故愚於此亦以爲尤所當改以從其舊者若必
欲之則請亦用前例正文作姪注云〔胡本作猶子〕則亦可矣〔同上〕〔與孫欲夫論 程集改字〕
猶子二字前論未盡禮記云喪服兄弟之子猶子也言
人爲兄弟之子喪服猶己之子非所施於平時也況猶
字本亦不是稱呼只是記禮者之辭如下文嫂叔之無
服姑姊妹之薄也今豈可沿此遂謂嫂爲無服而名姑

▊讀矢筆記卷第一　〔二○〕　榮　文　院

姊妹以薄乎古人固不謂兄弟之子爲姪然亦無云猶
子者但云兄弟之子孫亦曰兄孫耳二先生非不
知此然猶從俗稱姪者亦無害於義理也此等處文
傳別本改定所改之未安處此何理耶
定既得以一時已見改易二程本文今人乃不得擅相
按從子之稱見左傳曰石碏出奔衛人立其從子
圖以守石氏之祀〔僖廿八年〕又曰蔶子馮爲大司馬杜注
云子馮叔敖從子〔襄十五年〕是也從孫之目見左傳正義
從孫甥之目見左傳曰衛侯夏戎之女嬖以爲夫
人其弟期大叔疾之從孫甥也杜注云姊妹之孫爲
人〔卷廿七與劉共父〕

從孫甥，正義曰男子謂兄弟之孫爲從孫甥，故謂姊妹
之孫爲從孫甥。（襄廿五年）是也。公據有從祖從父之名，知
當有從子從孫之目，極爲精識，但失引證左傳惜夫。
語類曰姪字本非兄弟之子所當稱，當稱從子爲是。
自曾祖而下三代稱從子，高祖四世而上稱族子。
邱濬大學衍義補曰古人姊妹於兄弟之子，且有稱
呼，顧兄弟謂兄弟之姊妹於兄弟之子獨無稱爲古謂同祖謂族爲
從兄弟，謂從兄弟從母之姊妹爲從母，則當稱從子其見亦
按邱氏亦據從兄弟從母之目，知當稱從子爲是。
卓然似不知公先有此說何也。

謝朱筆記卷第一 [三] 崇文院

王應麟曰通典顏延之曰伯叔有父名則兄弟之子
不得稱姪從母有母名則姊妹之子不可言甥且甥
姪唯施於姑舅耳雷次宗曰姪字有女明不及伯叔
甥字有男見不及從母劉共父刊二程先生集改姪
爲猶子者朱文公謂古人固不謂兄弟之子爲姪亦無
云猶子者，但云兄之子，然從俗稱姪亦無害
於義理也。[困學紀聞] 按顏延之雷次宗說實爲朱子先鞭
故王氏引之。

姪名雖通男女，迺是對姑之稱晉世以來始呼叔姪。
今呼爲姪於理爲勝也。[風操] 顧炎武曰晉書王湛傳。

濟才氣抗邁於湛暑無子姪之敬，春秋傳曰姪其從
姑潘岳楊仲武誄姑姪繼陨正用此所謂通男女之
稱。[金石文字記] 姜震英曰姪亦女子之號因姊姪而得名
者非男子之正稱也無已則對姑而稱之斯已耳按
傳十五年左氏姪其從姑注謂我姪者我謂之姑謂
子圉質秦此正男子對姑之稱也其子姪叔姪之稱
於後世者謝安石云聖賢去人其間亦遠子姪未之
許是也。[湛園札記]
按閭若璩曰呂氏春秋衆丘部有奇鬼爲離以人之
子姪昆弟之狀。[湛園札記] 但疑先秦已稱兄弟之子爲姪見於

續朱筆記卷第一 [三] 崇文院

此。[困學紀聞注] 盧文弨引呂氏春秋 [訓補注] 舉沅 [呂氏春秋注] 並云
稱兄弟之子爲姪所自始而姜震英引史記魏其傳
云田蚡乃爲諸郎侍酒跪起如子姪以爲子姪之稱
所始。[湛園札記] 顧炎武直以史記姪字爲誤以爲子姪謂當
有稱姪者漢書作子姓禮記喪大記注子姓謂衆子
也。列子秦穆公謂伯樂曰子姓有可使求馬者乎
孫也。史記外戚世家既驩合矣或不能成子姓有
史記外戚世家子姓之誤。
呂氏春秋子姪疑亦子姓之誤。
熊朋來曰婦謂夫之母曰姑而父之姊妹亦曰姑假
借以尊稱之也儀禮喪服傳曰姪者何也謂吾姑者

吾謂之姪傳曰姪其從姑姪者姑稱兄弟之女子也。

若男子則史傳但云兄弟子某。〔無義卷五〕

四庫全書總目讀禮纂注國朝孫自務撰釋名字林。

皆以姪爲兄弟之女稱自務引儀禮喪服釋姪丈夫

婦人報證姑於兄弟之子亦有姪稱引擭顏爲明矯。

葉枇縱曰爾雅女子謂昆弟之子曰姪姪固女子之

稱也。古未有叔以從子爲姪者宋書胡藩傳太守韓

伯謂藩叔少廣曰卿此姪以義烈成名。〔殷仲〕

梁同書曰姪猶子習常語也。又曰猶女。見唐摭言

九卷防愼不至條張峴妻顏義舍人猶女。又元徵之

讀朱筆記卷第一　〔二三〕　〔榘〕　〔女院〕

瞻工部尚書李公墓志銘夫人房氏容州濟之女在

太尉琯爲猶琛唐貞元十五年徐浩碑後題表姪前

河南府參軍張平叔題諱。〔櫟諱今　杜集有送軍表姪王〕

砆詩。〔曰頁寫　塗改〕

大抵熹之愚意。止是不欲專輒改易前賢文字稍存謙

退敬讓之心耳。若輩賢成書稍有不愜已意處便奉情

奮筆忘行塗改。恐此氣象亦自不佳董雖所改盡善猶

啓末流輕肆自大之弊況未必盡善乎。上同　老兄試思前

聖人大廟每事問存贏羊謹闕文述而不作信而好古。

深戒不知而作教人多聞闕疑之心爲如何而觀今日

讀朱筆記卷第一　〔二四〕　〔榘〕　〔女院〕

紛更專輒之意象又爲如何。上同　夫改沿爲沂之戲熹亦

竊聞之矣如此曉破不爲無力。然所以不可改者董先

生之言垂世已久。此字又無大義理。若不以文辭害

其指意則只爲沿字而以因字尋字循之屬調之。於

文似無所害而意亦顧爲改爲沂字雖不無一

至之得意然其氣象卻殊顧寬舒必欲改取之弊先

生所以不用此字之意或出於此不然夫豈不知沿沂

之別而有此謬哉董古書沿字亦不皆爲順流而下之

字也。〔荀子云反沿察之注　云沿與沿同循也〕惜乎富時莫或疑而扣之以祛後

人之癢者又不能詞而遽改之。上同　若老兄必欲

存之以見沂字之有力。則請正文只作沿字而注其下

云。〔其人云　當作沂〕不則云。胡本作沿　或人可也如此兩存。

使讀者知用力之方。改者無專輒之咎。而先生之微音

餘韻後世倘有歆而慕之者豈不兩全其適。而無所傷

乎。上同　大抵古書有未安處雖董論著便人知之可矣。若

遽改之以沒其實。則安知其果無未董之意非之。況遷改

經有欲改易處。但云某實作某後世猶或非之。況遽改

乎。且非特漢儒而已。孔子刪書因而不作信而好古。因而不

改。孟子謂之亦曰吾於武成取二三策而已終不刊去

此文。以從已意之便也。〔卷前與槃欽夫　論汜集改字〕

按公於程氏之書猶辨其一字不可妄改則彼肆然
竄亂古經以就己意如王栢之流者豈公之本旨乎
此條最可為學者箴砭矣。

至於節祠則又有說蓋今之俗節古所無有故古人雖
不祭而情亦自安今人既以此為重至於是日必具殺
羞相宴樂而其節物亦各有宜故世俗之情雖非禮之正然亦
不能不思其祖考而復以其物享之雖非禮之正亦
人情之不能已者但不當專用此而廢四時之正禮耳。
故前日之意以為既有正祭則存此欲遂廢之則似亦無害之則恐感時
謂以為讀而不敢此誠中其病然欲遂廢之則恐感時
觸物思慕之心又無以自此殊覺不易處且古人不祭
則不敢以燕況今於此俗節既已攝經而廢祭而生者
則飲食宴樂隨俗自如殆非事死如事生事亡如事存
之意也。必盡廢之然後可又恐初無害於義理而特然
廢之不惟徒顯顯俗薄亦恐不能行遠則是已廢之祭
於定制不復能舉而燕飲節物漸於流俗有時而自如
也此於天理亦豈得為安乎夫三王制禮因革不同皆
合乎風氣之宜而不違乎義理之正使聖人復起其
於今日之議亦必有所處矣愚意時祭之外各因鄉俗
之舊以其所尚之時所用之物奉以大羹陳於廟中而

【讀朱筆記卷第一】　二五　崇文院

以告朔之禮冀為庶幾合乎隆殺之節而盡乎委曲
之情可行於久遠而無疑矣。〔同上答張欽夫〕
按公謂俗節未可廢若廢俗節而崇飲尤不可也是
本諸人情尤得聖人制禮之意矣。
張爾岐曰俗節飲酒皆古人祭祀之期也酒誥云祀
茲酒古人無泛然飲酒者率皆祭畢而後飲祭有常
期故飲酒亦有常時後世祭禮廢而飲酒如此遂成俗
節如元宵始於漢家常以正月上辛祠大乙甘泉以
昏時到明後人傲以為燈節春新秋報率以仲月以
因有仲秋節花朝月夕之飲三月民間有上墓之祭
因有清明之飲五月五日弔屈原因飲端午近代因
祀關壯繆飲五月十三夏至冬至并時祭常期夏禘
祭薄倘賞故飲酒盛於冬而衰於夏九月祭禰故飲
重陽。伏祠磔狗意主禳除七月十五伊蒲之供出於
佛氏皆不立飲節臘蜡新年董於十二月而聚會飲
食亦於是月為古人因祭而飲酒後人崇飲而忘祭。
不勝三代未達之感。〔菌著間按張氏說亦足與此條相 蕘圃卷一〕
春秋正朔事比以書考之凡書月皆不著時疑古史記
發明故附著之。
事例只如此至孔子作春秋然後以天時加王月以明

【讀朱筆記卷第一】　二六　崇文院

上奉天時。下正王朔之義。而加春於建子之月。則行夏
時之意。亦在其中。親伊川先生劉寶夫之意。似是如此。
但春秋兩字。乃魯史之舊名。又似有所未通。幸更與晦
叔訂之以見教也。〔卷卅一與〕

按公答林擇之。亦有古文例不書。時之說。顧亭林以〔張敬夫〕
爲古人言時則不言月。泰誓十有三年春大會于盂
津。金縢秋大熟未穫是也。言月則不言時。康誥惟三
月哉生魄召誥三月惟丙午朏多士惟三月多方惟
五月丁亥顧命惟四月哉生魄是也。〔見日知錄〕〔亦與公此〕
說相發。

讀朱筆記卷第一 二七 樂文院

又按以春秋爲夏正。始見劉幾史通。程氏泥於行
夏之時。信用其說。胡文定遂謂夏時冠周月。而公深
取之。此語類有辨載此條兼詳明。洪武初以張洽春
秋集注同胡傳立學宜治書。主周正實與胡傳枘鑿不
相入。追永樂間修大全胡傳孤行學者不知有治書。
是亦奉朱學者之過也。

秦漢諸儒解釋文義雖未盡當。然所得亦多。今且就分
數多寡論之。則以爲得其言而不得其意。與奉朱之際似
已平允。〔網上答〕〔張敬夫〕

按公於秦漢諸儒。未嘗盡廢。亦未嘗盡信。後之奉朱

學者。能知此意否。

所引家語。只是證明中庸章句。要見自哀公問政至擇
善固執處。只是一時之語耳。於義理指歸。初無所害。似
不必如此力加排斥也。且不知此章既以家語爲證。
其章句之分當。復如何爲定耶。家語固有駁雜處。然其
間亦豈無一言之得耶。一槩如此立論深恐學者
好高自大之弊。〔網上答〕〔張敬夫〕

要以發明傳授之意。鄭意正謂如此。舊來未讀家語書。
哀公問政以下數章。本同時答問之言。而子思刪取其
疑數章文章相屬。而未有以證之。及讀家語。乃知所疑
不繆耳。〔卷貫三子〕〔呂伯恭〕

讀朱筆記卷第一 二八 樂攻院

按公謂家語有駁雜處。所見極確。但家語爲王肅所
增加。既見樂記就所引馬昭之言。而漢書藝文志載
家語二十七篇顏師古曰非今所有家語。則知今本
家語四十四篇者。決非舊本明甚。而公於中庸章句。
乃欲據家語以刪改正文。恐之甚張氏蓋深知其非。
是故辨之惜公不能舍已從人也。

如首章及論費隱處。後來略已修改。如來喻之意。然若
必關兩字全然不可分叚。則又是向來伯恭之論體用
一源矣。如何如何。〔卷卅一答〕〔張敬夫〕

按公欲以費隱二字分屬每章極覺附會不通張氏
蓋深知其非是故亦爲辨之惜公未及脩改之也
何有於我哉古注云人無是行於我獨我有之按此語
是孔子自言此三事何人能有如我者哉於我者蓋
欲勉人以學也伊川先生似亦如此說默識而無厭
倦何有於我哉勉人學當如是也所以勉學者云耳又所
而尹和靖云孰能如孔子者哉是以發明夫子之意
以發明伊川之意蓋此兩項七事乃人之當然而示之
以近者故意而不以自居而不以爲嫌如云不如丘之
好學之意語雖若少揚而意實已深自抑矣

讀朱筆記卷第一

二九　榮文院

同上三月
十四日

同上
張敬夫答

何有於我哉後來思尹子說誠未安竊意只是不居之
詞聖人之言此類甚多不以俯就爲嫌也惡知其非有
也頃時亦嘗爲說正如晦叔之意後來又以爲贋乃如
尊兄所論今細思之却不若從晦叔之說文意俱順法
戒亦嚴不啓末流之弊也如何如何
按何有於我哉前書用鄭康成注後書正與集注同
一是自居一是不居意實相反語類又曰何有於我
哉語有兩處皆不可曉尋常有三般說話一以爲上
數事我皆無有一說謂此數事外我皆復何有一說
云於我何有然皆未安某今闕之今考語類前說與

集注同次說與南軒同後說與皇疏所載李充之言
合公以爲三說者皆未安故寧闕之然則今集注蓋
姑從一說未可以爲定論也
蓋平日解經最爲守章句者然亦多是推衍文義自做
一片文字非惟屋下架屋說得意味淡薄且是使人看
者將全不相照以此方知漢儒可謂善說經者不過只說
旨訓詁使人以此訓詁玩索經文訓詁經文不相離只
做一道看了直是意味深長也

讀朱筆記卷第一

三〇　榮文院

同上十二月
夫　　答張敬

按後儒謂漢人長於訓詁宋人長於義理觀公之推
把漢儒如此知公之意亦主明訓詁而不在於專講義
理也
近又讀易見一意思聖人作易本是使人卜筮以決所
行之可否而因之以教人爲善如嚴君平所謂與人子
言依於孝與人臣言依於忠者以此意讀之似覺卦爻
十翼指意通暢但文意字義猶時有窒礙　同上
熹近讀易覺有味　卷卅三　答　呂伯恭
按發明聖人所以作易之意極爲切實懍此與陳丞
相書所謂莫若詩書論孟切於日用者信乎其非定
論也

【讀朱筆記卷第一】

三一 集文院

孔子之謂集大成。（集合也言合眾理而大成於身也是則孔子全之也集大成）

也者。金聲而玉振之也。（金聲玉振以金聲始之以玉振終之也始終條理）

者。終條理也。始條理者智之事也。（凡作樂者始以金奏而終不以玉振則不備也）

終條理者聖之事也。（始終條理者智之事也玉振之也者終條理也）

知譬則巧也。塞譬則力也。獨射於百步之外也。（此復以射明之也射之所以中者巧也至者力也中在至之先而）

其至爾力也。其中非爾力也。（此以射明之也必中之巧則在未發之前也孔子巧力兼全至而且中三子力至而不能中也）

又偶爲人借去今略說如前。

按陸隴其日敬夫所解孔子之謂集大成句原有二

說再訂之。

略說據陸說則似南軒原有此二說實得癸巳孟子

說朱子蓋未嘗斷從其說。（考此條保公爲敬夫）

大抵解經。但可略釋文義名物而使學者自求之乃爲

有益耳。（同上答張敬夫孟子說疑義）

按此亦奧十二月答張敬夫。其義相發。

反身而誠篇恐當如張子之說以行無不懼於心解之。

乃有落著兼樂莫大焉便是仰不愧怍不作之意尤爲

實有味也。（同上）

按此援經解經極爲篤實讀集注者宜表出之。

【讀朱筆記卷第一】

三一 集文院

呂伯恭

易之說固知未合亦當拜裏姑置之以俟徐考矣。（同上）

按據此南軒蓋不服公易說故事不舉之矣。

昨夕因看大學舊說見人之其所親愛而辟字爲慮依古

注讀作辟字。恐於下文意思不屬據此辟字只合讀作

辟字。蓋此言常人於其好惡之私常有所偏而失其正。

故無以察乎好惡之公。而施於家者又溺於情愛之間。

亦所以多失其道理而不能整齊也。如此讀之文理極

顧又與上章文勢正相似。且此篇惟有此五辟字。錯

有辟則爲天下僇辟字亦讀爲僻足以相明。（同上）

近讀大學疑人之其所親愛而辟焉只合讀爲辟字則

與上章同體而於下文甚順幸試思之見報如何。（卷三答）

按辟字唐石經作辟。宋板同釋文所據本作辟日音

辟。程叔子改本亦作辟董田呂氏延平周氏石林葉

氏。董解爲辟。況之義。董朱子以前未有讀爲辟者。錄

大昕曰。不知舊注之精實。（新… 今案經之文義竟當）

以公此說爲正。

但畏敬兩字。初倘奜之。細看只爲人所惝惺。如見季子

位高金多之比。云爾。此說尤先生。不知尊意以爲如何。（講卷）

一答張敬夫孟子說疑義

按語類云。如君固當敬畏。然若當正教責難。也只管
敬畏不得。與此條所解亦異。

父在觀其志。此章舊有兩說。一說以為人子者。父在
則能觀其父之志。而承順之。父沒則能觀其父之行。而
繼述之。又能三年無改於父之道。則可謂孝矣。一說則
以為。欲觀人子之賢否者。父在之時。未見其行事之得
則當觀其行事之得失。若其志之邪正。父沒之後。皆合於理。而三年
之間。又能無改於父之道。則可謂孝矣。此兩說不同。愚
意每謂當從前說所解為順。若如後說則上文未見志
行之是非。不應末句便以可謂孝矣結之也。同上與張敬夫
論癸巳論語說。

讀失筆記卷第一　三三　紫文院

按前說與真西山大學衍義所載先儒說合而鄭維
岳知新日錄引牛春字趙寶陔餘叢考引楊循吉其
說皆同深得經旨公自云每謂當從前說不知集注
何以從後說豈亦蘆革之未盡者歟但公謂舊有此
說西山亦以為先儒說據或問知是范祖禹說。

又此經所言亦為人之父不能皆賢不能皆不肖　通
上下而言以中人為法耳。同上

按此條亦足以補集注餘意學者宜...

十世可知當究此章之指惟古注馬氏得之何晏雖所

其說而復亂以已意以故後來諸家祖習其言展轉舛
誤。失之愈遠至於近世吳才老胡致堂始得其說最為精
當吳說有續解考異二書而考異中此章之說為尤詳。
顧試一觀或有取為考異大抵此二家說其它好處亦多不
可以其後出而忽之也。上同

按吳才老有續解考異雖見此。

詔武聖人之心初無二致揖遜征伐時為而已。此理固然
但此處解。

與上蔡論詔武異處便見聖賢之心無些私意只是畏
天命循天理而已。呂伯恭。卷卅三答。

讀失筆記卷第一　三四　紫文院

觀伊川先生十八歲時上書所論顏子武矦所以不同。

按樂作於周公所以盡美但樂以文德為備。而
時未致太平。詩茉莒注見。千戚之舞非備樂也。記樂所以
未盡善已。或曰子貢聞其樂而知其德樂記曰觀
其舞知其德。以是而言論樂亦卽所以論德參商。

人之生也直。罔則昧其性是冥行而已矣。此說似好然承上
文直字相對而言

按以罔為誣罔是包咸舊說。

奮則不孫聖人深惡奮之為害而寧取夫慢之失焉則

其所以勉學者之爲儆其意切矣。〔同上〕

按是亦可以補集注餘意矣。

唐棣之華論語及詩召南作唐棣小雅作常棣無作棠

者而小雅常棣字亦無唐音爾雅又云唐棣常棣移則

唐棣常棣之詩章句聯屬不應別有一章如此蓋逸

今小雅常棣此下別爲一章不連上文范氏蘇氏已如此且

詩爾論語此自是兩物而夫子所引非小雅之常棣矣且

說但以爲思賢之詩則未必然耳或說此爲孔子所刪

小雅詩中之一章亦無所考且以文意參之今詩之中。

當爲第幾章耶。〔同上〕

【讀朱箚記卷第一】　　三五　縈文院

按據爾雅唐棣明爲二物此條所舞極爲精確

詩傳用此說是也今集注仍以唐棣爲郁李則沿陸

疏之誤蓋亦蕘革之未盡者矣。

人也古注云猶詩所謂伊人此說當矣莊子曰之人也

物莫之傷焉亦與此同。〔同上〕

按大戴千乘篇曰推而內之水火人也弗之顧矣。〔同上〕

不逆詐孔注文義爲順按孔注文義極不順惟楊氏說

〔如此盧本人改入孔廣森從之，今按甌本又言入義甌宋本是宜逸之。〕此亦確證。

得之抑者反語之詞如云求之與抑與之砭砭然小

人哉抑亦可以爲次矣皆略反上文之意也。〔同上〕

按南軒云逆詐億不信者智術之用而先賢者誠信

之存也若以逆與億加之則吾固已自墮於欺妄

域矣。此解與集注略同蓋後來從公說不用孔注也。〔同上〕

微生畝包注訓固爲隱此解是恐亦未安。

按集注以固爲執一不通之義不如此而驟稱之也。〔同上〕

誰毀誰譽毀者指其過譽者揚其美不如包注尤尤當

者惡未至此而深詆之也譽者善未至此而驟稱之也

非但語其已然之善惡而已毀破壞也如器物之未敗

而故破壞之聖人豈有是乎。〔同上〕

按南軒曰不云有所毀聖人樂與人爲善也必有所

【讀朱箚記卷第一】　　三六　縈文院

試而後譽則其於毀亦可知矣東萊亦云不言毀者

蓋如易象舉上文包下句以譽包毀語勢當然考諸

毀誰譽謂無私毀譽也但毀非其所樂故特言所譽

已張呂二說似以毀譽爲損眞過實以爲聖

人豈有毀人之事乎然則有所譽者豈夫子亦有所

澄美乎恐失之拘矣。

不施其親陸德明釋文本作弛字音詩紙反是唐初本

猶不作施字也呂與权亦讀爲弛而不引釋文未必其

考於此蓋偶合其今當從此音讀。〔同上〕

按施讀爲弛見周禮鄭注〔逸人逸御土均逸大夫古多通用。〕

仲尼為學寢寐詳文意所謂文武之道但謂周家之制度
典章爾孔子之時猶有存者故云未墜也。
寢不尸范以為嫌惰慢之氣設於身體孫思邈言睡欲
跧覺則舒引夫子寢不尸為證。（卷廿二答張敬夫問目　上同）
按此則凡有裨補於經者不憚遠引旁證。
千金方八十一卷道林養性篇曰屈膝側臥益人氣
力勝正偃臥按孔子不尸臥故曰睡不厭跧覺不厭
舒。
君子不以紺緅飾紺玄色說文云深青揚赤色緅絳色
飾者緣領也齊服用絳三年之喪既葊而練其服以緅

【讀朱筆記卷第一】（三七）榮文陞

為飾紅紫非正色青赤黃白黑五方之正色也綠紅碧
紫騩五方之間色也蓋以木之青克土之黃合青黃而
成綠為東方之間色以金之白克木之青青白而成
碧為西方之間色以火之赤克金之白合赤白而成紅
為南方之間色以水之黑克火之赤合赤黑而成紫
北方之間色以土之黃克水之黑合黃黑而成騩為中
央之間色。（上同）
按五方間色詳見皇侃義疏引潁子殿之言禮玉藻
曰衣正色裳間色鄭注曰謂冕服玄上纁下釋文間
間厠之間孔疏引皇氏蓋公所本也。

程大昌演繁露曰環濟要畧正色青赤黃白黑也間
色紺〔丹納綠作綠綠〕紅〔丹納綠作綠綠〕流黃也〔御覽八百十四，楊用修曰流黃〕
一作駠黃又漢人經注間色作姦色禮記姦聲作姦〔又曰禮注紅南方之姦色作紫北方之姦色五〕
聲〔雜〕之外姦〔手〕而姦色〔注云間色〕即間色〔文集四十〕
方皆有姦色之外而雜間而成者曰姦色猶正〔按〕
荀子曰衣被則服五采雜間色〔注云間色紅碧之屬〕
禮記曰衣正色裳間色也。〔名正色亦作間色〕
姦色亂正色不粥於市〔作姦色，間姦通故左氏昭廿〕
二年經大蒐于昌間公羊經作昌姦此其證

【讀朱筆記卷第一】（三八）榮文陞

一事之能否不足以盡君子之蘊故不可小知任天
之重而不懼故可大受小人一才之長亦可器而使但
不可以任大事爾。〔同上答張敬夫〕
按疏釋詳明。
呂謂君子曰進乎高明小人曰究乎汙下。〔上同〕
按觀此集注用呂說也。
伊川和靜以小大由之一句連上句說似更分明可
詳味。〔上同〕
按張敬夫曰先王之道若以此為美而小大由之則
有所不行以小大由之屬下程門楊謝及李延平說

皆同唯公從程氏非是。

蓋此理本甚約今便將天地萬物夾雜說却鶻突了。同上
答欽夫 仁說

按語類卷七曰只玄理會許多閑汩董百方措置思
索嘗能改齋漫錄曰鶻突二字當用糊塗蓋以糊
塗之義取其不分曉也按呂原明家塾記云太宗欲 自注云頭為鶻突帝曰
相呂正惠公左右或曰端之為人糊塗決意相之今食醫心鑑治
端小事糊塗大事不糊塗
脾胃氣冷不能下食虛弱無力有鶻突羹用鯽魚牛
斤䴷切起作膾沸鼓汁熱投之著胡椒乾薑蒔蘿橘

讀朱筆記卷第一　三九一　紫文院

皮等末空腹食之乃作此鶻突字非也焦竑曰俗謂
不明曰鶻淆以酒為嗛或作殽突或作糊塗並
田秇衡曰今賣雜玩寶貨肆曰骨董舖仇池筆記陸
道士詩投廖骨董羹鍋內掘窖游飯盌中葷羅浮
顙老取飲食雜羹之名曰骨董羹則骨董之義可知
矣。外番集 又見劉孟熙霏雪錄孫奕示兒編諸書可並
改。

大抵近世一種似是而非之說皆是此箇意見惟恐說
得不鶻突真是護人自護誤人自誤。同上冊三答呂伯恭 諸子頗有
意向學但前此未得師友今在彼又為戴溪鶻突若到

彼可力與救拔。卷廿五與劉子澄 伯恭無恙時愛說史學身後為
後生聾糊塗說出一般惡口小家議論。同上與劉子澄七月九日含糊
鶻突弄之使人慣。魏元履書

按以上或作鶻突又作糊塗互相通也。

讀朱筆記卷第一　四〇二　紫文院

讀朱筆記卷第一 終

讀朱筆記卷第二

　　　　漁村源元備

比見婆中所剗無垢日新之書尤誕幻無根甚可惜也
己事未明無力可救但竊恐懼而已不知老兄以爲如
何因書幸語及〔卷卅三答呂伯恭〕
按無垢之學出於龜山喜以禪機話經極不免偏駁
其所著心傳曰新二錄之非公作雜學辨爲深辨之
可併攷

讀朱筆記卷第二　　　三樂文院

且如孟子平時論楊墨亦平平耳及公都子一爲好辯〔上同〕
之問則遂極言之以至於禽獸蓋彼之惑既念深則此
之辨當愈力其禽縱低昂自有準則蓋亦不期然而然
然禽獸之云乃其分內非因激而增之也
按孟子一書唯是破邪說之害故必每力辨而痛斥
之蓋謂邪說之行人心壞亂人心之壞無父無君殺
人強戰驅子弟之則與禽獸何擇是以一則曰人
之所以異於禽獸者幾希再則曰夜氣不足以存則
其違禽獸不遠矣〔雕婁告子〕由此觀之禽獸之云蓋不唯
答公都子一問也
示喻蘇氏於吾道不能爲楊墨乃唐景之流耳向見汪

丈亦有此說竊以爲此最不察夫文理者夫文與道果
同耶異耶若道外有物則爲文者可以肆意妄言而無
害於道惟夫道外無物則言而一有不合於道者則於
道爲有害矣但其害有淺深耳屈宋唐景之文不過悲愁放
亦嘗好之矣而思之其言雖迂然其實不過悲愁放
曠二端而已日誦此言與之俱化豈不大爲心害於是
屏絕不敢復觀今因左右之言也若窺意其一時作於荆
楚之間亦未必聞於孟子之耳也若使流傳四方學者
家傳而人誦之如今蘇氏之說則爲孟子者亦豈得而
已哉況今蘇氏之學上談性命下逑政理其所言者非

讀朱筆記卷第二　　　三樂文院

特屈宋唐景而已學者始以其文而悅之以苟一朝
之利及其既久則漸涵入骨髓不復能自解免其壞人
材敗風俗蓋不少矣伯恭欲左右之豈其未之思乎
其貶而置之唐景之列殆欲陰擠予之而舍人丈所著
童蒙訓則極論詩文必以浮薄談目之而舍人丈之
獻公家傳語及蘇氏直以浮薄爲法嘗竊歎息以爲若
正獻榮陽可謂能惡人者而獨恨於舍人丈之徵旨有
所未喻也然則老兄今日之論未論其它至於家學亦
可謂藏於近而違於遠矣更願思之以求至當之歸不
可自愧而復愧人也〔同上答呂伯恭〕

按觀此公以蘇氏貽謂比於楊墨者伯恭所不服也。

前書所引文理密察初看得不子細近詳考之似以密

爲祕密之密觀察之察若果如此則似非本指也。

蓋密乃細密之密察乃著察之察正謂豪釐之間一一

有分別故曰文理密察足以有別只是一事非相反

以相成之說也。〔同上答呂伯恭〕

按以密爲祕密之察固非也察是明察之義則解爲

觀察之察始非有惧也。

所論孟子論二子之勇似未然董賢字只似勝

字言此二人之勇未知其執勝文意似未然蓋施舍所守得其要

讀朱筆記卷第三 崇文院 三

耳蓋不論其勇之執勝但論其守之執約亦文勢之常。

非以二子各有所似而委曲間互也且二子之似曾

子子夏亦豈以其德爲似直以其氣義勇之分

量淺深爲有所似耳此亦非孟子之所遜也。

按二子似曾子子夏特以其養勇而言集注乃謂子

夏篤信聖人是非所以論勇宜以此條爲正。〔同上答呂伯恭〕

大抵伯恭天資溫厚故其論平恕委曲之意多而熹之

質失之暴悍故凡所論皆有奮發直前之氣竊以天理

按之二者恐皆非中道但熹之發足以自撓而傷物尤

爲可惡而伯恭似亦不可專以所偏爲至當也無以報

篋誨之發敢效其愚不審然否因來及之。〔上同〕

熹此來不得讀書賀次覺茆塞至於平日疾惡之心施

之政事亦不免有剋急之譏無復寬裕和平之氣甚可

懼也。不知所聞如何幸有以警之。〔卷卅七上 黃端明〕

擊彊之戒固知如此鄙性疾惡終不能無過當處。〔同上〕

熹之愚則有甚焉者至待人接物之際溫厚和平之氣。

治財太急用刑過脫二事亦寔有之云。〔卷卅四答呂伯恭〕

不能勝其粗厲猛起之心。〔同上答呂伯恭〕

按公託蘇氏論唐仲友林黃中不公不平處於公自

道見之矣。

讀朱筆記卷第二 崇文院 四

禮運以五帝之世爲大道之行三代以下爲小康之世。

亦暑有些意思此必粗有來歷而傳者附益失其正意

耳。如程子論堯舜事業非聖人不能三王之事大寶可

爲也。恐亦微有此意但記中分裂太甚幾以二帝三王

爲有二道此則有病耳胡公援引太深誠似未察也。〔卷卅

按公所疑皆有理胡寅曰禮運子游作未知何據。

三荅呂伯恭〕

長沙此三兩月不得審邵武有孟子說不知所疑云何。

預以見告侯得本考之也。

按公謂孟子正義邵武士人所作此條之言恐亦指

正義蓋偽正義世未行故見公武讀書志無載始見

陳氏書錄解題則公時亦未見也。

說文。此亦無好本。因便已作書與劉子和言之矣。

向議欲刊說文。不知韓丈有意否試扣其說因贊成之為佳。〔同上答呂伯恭〕

按公用力說文。舉舉如此。知公意專在於遵守古訓。

後世好標新異。欲駕漢唐先儒之上者。相距遠矣。

近見建陽印一小冊名精騎云出於賢者之手。不知是

否。此書流傳。恐誤後世。纂讀書愈不成片段也。雖是學

不足深論也。〔同上答呂伯恭〕

讀朱筆記卷第二　五二　崇文院

文。恐亦當就全篇中考其節目關鍵。又諸家之格轍不

同。左采獲文勢反戾。亦恐不能完粹耳。因筆及之。本

獲不能完粹。其實作文從來有此一道。但不可生硬

按精騎之書。蓋便於作文撐搘之用。公嫌其左右采

耳。觀韓柳大家所為可見矣。

小本易傳。尚多誤字。已令兒子具稟大本。校讎不為不

精。尚亦有闕誤掃塵之喻。信然。能喻使改之為幸。聞又

刻春秋胡傳。更嗔使精校為佳。大抵須兩人互讎。乃審

耳。兩人一誦一聽看如此一過又易置之。〔同上呂伯恭〕

按劉向別錄云。讎校書。一人持本。一人讀對。若怨家。

故曰讎書。〔桃覽西溪叢語校出之〕然則兩人一誦一聽看是從來

校書之法。公又易置之。則精之又精者矣。〔同上答呂伯恭〕

近看吳才老論語論子夏吾必謂之學矣一章。與子

路何必讀書之云。其弊皆至於廢學。不若子行有餘力則

以學文。就有道而正焉可謂好學之類。乃為聖人之言。

也。願覺其言之有味。不審高明以為何如。

按子路之言固不免於廢學之弊。若子夏之言。則蓋

專以戒世之有學無行者。故其言主於勸德行焉。曷

嘗有所謂弊者乎。吳氏之言得於彼而失於此。集注

讀朱筆記卷第二　六一　崇文院

何以於論子路卻不引之。

李習之在唐人。特然知中庸之為至。亦不可多得。然其

所論實本佛老之義。故特於序文發之。蓋不遺其善。而

抑揚之間亦不為無意似不可謂不足而略之也。〔同上答呂〕

桃原詩卷甚佳。但李習之復性書已有禪了。石林考其

年。是未見藥山時作。必是有此根苗。韓公不曾斬截得

斷。後來遂張主耳。〔卷卅五答劉子澄〕

按後世以二氏之說詁儒理者。蓋籾於李習之復性

書。公此言可謂能發其真臟矣。但據其言仍似未免

有所依違於其間譚學固人可懼如是近時阮元性
命古訓。一見學蘗宝卷十。及復性辨。見學蘗宝
改。續三集
天斯昭昭之多以下四條響議似以天地為積而至於
大者。文意顧覺有礙不知當如何說幸見教。卷廿三答
按此本言積小以致高大耳非以天地山川之形為
積累而成也。公蓋有疑于此故章句亦有不可以辭
害意之云。其實中庸之辭始非有所謂害意者也。
中庸章句一本上納。辛勿示人。更有詳說一書字多未暇。
餘俟後便寄去有未安者。一一條示為幸大學章句并

讀矢箴記卷第二　七　棼　文　陇

往亦有詳說。後便寄也。此謂知之至也。一句為五章圖
文之餘簡無疑更告詳之系於經文之下。卻無說也。
未安者幸幸。　呂伯恭答。
昨附去中庸大學等書。如何未相見間便中得條示所

答呂伯恭。

中庸解固不能無謬誤。更望細加考訂來春面叩以盡
鄙懷也。叔度云。欲傳錄此非所愛者況在同志何所不
可。但恐未成之書。若緣此流布不能不誤人耳已書懇
其且俟相見商權之後度可傳則傳之。亦未為晚也。

答呂伯恭。

按觀此學庸章句。公皆從伯恭商權之不知五章圖
文之說伯恭以為何如時檢東萊集尋之。
近稍得暇整頓得通鑑敷卷顏可觀欲寄奉之。
來春持去求是正也。聞老兄亦為此功夫。不知規模次
第如何。此間顏苦難得人商量正唯條例體式亦自難
得合宜也。如溫公舊例。年號皆以後改者為正此殊未
安。如漢建安二十五年之初。漢尚未亡。今便作魏黃初
元年。尊漢大速與魏大遇大非春秋存陳之意。恐不可
以為法。此類尚一二條。不知前寶之意果如何爾同上伯恭。
綱目草藁路具。俟寫校淨本畢。即且休歇數月。向後但

讀矢箴記卷第二　八　棼　文　院

小作功程。即亦不至勞心也。呂伯恭同上答。
綱目近亦重脩及三之一。條例整頓視前加密矣異時
須求一一為匯括但恐不欲入此。但恐微細事情有所漏
分然其大義例熹已執其咎矣。為千古是非林中擔當一
落卻失眼目所以須明者一一為過目耳。卷廿四答呂伯恭。
綱目不敢勤著。恐邈為千古之恨。蒙教揚雄荀或二事。
按溫公舊例凡莾臣皆書死如太師王舜之類獨於揚
雄匿其所受莾朝官稱而以卒書似沙曲筆不免却按
本例書之曰莾大夫揚雄死以為足以醫夫畏死失節
之流而初亦未改溫公直筆之正例也。苟或却是漢侍

中光祿大夫而參丞相軍事。其死乃是自殺。故但據實
書之曰。某官某人自殺。而系於曹操擅權至濡須之
下。非故以或爲漢臣也。然悉書其實。亦見其爲漢臣也。此等處當時
近臣而附賊不忠。非與其爲漢臣也。此等處漢天子
極殺區處。不審竟得免於後世之公論否。胡氏論或爲
之類。而宋齊立於南唐。事亦相似。此論竊謂得或之情。
錫之議。以俟他日徐自發之。其不逐而自殺。乃劉穆之
操謀臣。而劫遷九錫二事。皆爲董昭先發。故欲少緩九
不審尊意以爲何如。〔卷卅七答尤延之〕

■ 讀朱筆記卷第二

九　榮文院

垂論揚雄事。足見君子以恕待物之心。區區鄙意正以
其與王舜之徒。所以事莽者雖異。而其爲事莽則同。故
竊取趙盾許止之例。而繫以莽臣書之。所以著萬世臣
子之戒。明雖無臣賊之心。但畏死貪生。而有其逃則亦
不免於誅絕之罪。此正春秋謹嚴之法。若溫公之變例
則不知何所據依。晚學愚昧。實有所不敢從也。不審尊
意以爲何如。未中理。卻望垂教也。〔同上尤延之答〕
臣自集諸經訓說之外。於資治通鑑。亦嘗妄有倫次。數
年之前。草纂略具。〔卷廿二辭免江東提刑奏狀三〕
臣舊讀資治通鑑。竊見其間周末諸侯僭稱王號而不
正其名。漢丞相亮出師討賊。而反書入寇。此類非一。殊

不可曉。又凡事之首尾詳略。一用平文書寫。雖有目錄。
亦難檢尋。因竊妄意。就其事實。別爲一書。表以首年。
而因年以著統。大書以提要。而小注以備言。至其是非
得失之際。則又輒用古史書法。略示訓戒。名曰資治通
鑑綱目。如蒙聖慈許就閣秘。即當繕寫首篇草本先次
進呈恭俟臨決。〔同上〕〔貼黃〕

■ 讀朱筆記卷第二

一〇　榮文院

按。公撰綱目。大意見此。四庫全書總目稱。初朱子因
司馬光撰綱目。作綱目以分註洁繁。屬其事於天臺趙
師淵。師淵訥菴集中載其往來書牘甚詳。〔清芮長恤綱目分註補遺修〕
又稱王柏書綱目大全後。徐昭文綱目考證序。綱
目一書非惟分註非朱子手定。即正綱亦多出趙師
淵手。〔明張自勛綱目目纘朱修〕
据此又知綱目亦非一一公手定也。
韓丈近得書問清讓二字所出何書。殊不省記。但憶劉
元城語耳。因書告見。〔卷卅三答呂伯恭〕
近思錄近令抄作册子。亦自可觀。但向時嫌其太高。去
却數段。如太極及明道演性之類者。今看得似不可無。如以顏子論爲首
章。卻非專論道體。自合入第二卷。〔作第二段〕又事親居家事
直在第九卷。亦似太緩。今欲別作一卷。令在出處之前
乃得其序。卷中添卻數段。草卷附呈。不知於尊意如何

第五倫事聞範中亦不載不記曾講及否不知去取之

意如何因來告論及也此書若欲行之須更得老兄數

字附於目錄之後致丁寧之意為佳千萬勿容也呂伯恭

按後儒頗疑公作近思錄卷首即載太極性命之論

非近思之意為據此書所言公固嘗刪去之不俟後

人嘗謂也後來再列之者特使學者知其名義而已

故呂氏題詞主先及之不足以為公病矣

遺書節本已寫出愚意所刪去者亦須用草紙抄出逐

段塗注刪去之意方見不草草處若只暗地刪却久遠

却惑人也記論語者只為不曾如此留下家語至今作

病痛也 上同

讀朱筆記卷第二 二 縈文院

之言

按先儒太宰德夫以家語為論語底本極似公此條

更說有何人語孟說亦嘗見寄也 上同

按何人猶言不知何人後漢書曰光和元年五月壬

午何人白衣欲入德陽門又曰欲收縛何人不知姓

名 志五行 三國志曰有何人天未明乘馬以詔付許允

門吏 夏侯尚傳 淳化法帖有何氏書 卷第五 黃伯思曰何氏

若云何人耳或以為何姓非也 法帖刊誤 又語類曰林一

飛逐眄何地 卷百卅一 義亦與此同

竊承讀詩終篇想多所發明恨未得從容以請熹所集

解當時亦甚詳備後以意定所餘才此耳然為舊說牽

制不滿意處極多比欲修正又苦別無稽援此事終累

人也不審所欲見教者何事亟欲聞之恐不能悉論姑

得大者數條見示亦足以有警也 同上答呂伯恭

按朱子注詩凡兩易稿其初稿全主小序今呂氏讀

詩紀所引者是也此書所稱為舊說蓋指此欲

用鄭樵說遂廢小序今本集傳是也此書所稱比欲

修正蓋指此

論語說得暇亦望早為裁訂示及 上同

讀朱筆記卷第二 三 縈文院

子約書致盛意欲得語解定本此亦有欲修改處今且

納二册餘却續寄也但聞又欲修定向來所集告曰斟

酌不可太用精力也熹解中有未安處望口授子約一

一錄示千萬千萬或呼塾子來令受其說子細寫來亦

幸 卷卅四答呂伯恭

按觀此公論語說皆未嘗自以為是

董氏詩建陽有版本且夕託人尋訪納去其間考證極

博但不見所出使人未敢安耳 卷卅三答呂伯恭

按詩紀所引董氏即是

讀易之法竊疑卦爻之詞本為卜筮者斷吉凶而因以

訓戒。至象象文言之作。始因其吉凶訓戒之意。而推說
其義理以明之。後人但見孔子所說義理。而不復推本
文王周公之本意。因鄙卜筮為不足言。而其所以言易
者。逐遠於日用之實。類皆牽合委曲之妙。若但如此則聖人當時自
復包含該貫旁通之妙。若但如此則聖人當時自
可別作一書。明言義理以詔後世。何用假託卦象為此
艱深隱晦之辭乎。故今欲凡讀一卦一爻。便如占筮所
得虛心以求其詞義之所指以為吉凶可否之決。然後
考其象之所已然者。求其理之所以然者。然後推之於
事。使上自王公下至民庶所以修身治國皆有可用。私

▇ 讀朱筆記卷第二

崇文院

竊以為如此求之。似得三聖之遺意。然方讀得上經。其
間方多有未曉處。不敢強通。其可通處極有本甚平
易淺近。而今傳註愼惑為高深微妙之說者。如利用祭祀利用享祀只是卜祭祀只是卜祭則
凡此之類不一。亦欲私識其說。與朋友訂之。
而未能就也。不審尊意以為如何。因來幸以一言可否
之。同上答。呂伯恭。

按聖人作易。卜筮以決吉凶。莫非教人為善而已
寓之卦象。則其辭亦非比擬之天地事物。則不足以
盡其意。自乾之稱龍坤之稱馬孰非象乎如公所列

吉田穫三孤田穫三品只是卜田則吉公用享于天子只是卜遷國只是卜立君則吉利用侵伐則吉之類

但推之於事。或有如此說者耳。

舉亦皆象也。烏可直指為實事耶。果如公之言則利
涉大川唯是為涉川之吉占畜牝牛唯是為牧牛之
吉占。是登聖人作易之本旨乎。今本義全用此說不
可從之尤者也。

示喻令學者兼看經史甚善。此間來學者少亦欲
放此接之。但少通敏之姿。只看得一經或論孟。已無餘
力矣。所抄切已處。便中得數段見寄幸甚。然恐亦當令
多就經中留意為佳。蓋史書閒熱經書冷淡後生心志
未定少有不偏向外去者。此亦當預防也。如何
按此為切實不可易之言矣。 上同

▇ 讀朱筆記卷第二

崇文院

詩說所欲脩改處。是何等類。因書告及之。此亦得間
刊定。大抵小序出後人臆度。若不脫此窠白。終無緣
得正當也。去年略脩舊說訂正為多。向恨未能盡去得
失相牟。不成完書耳。 卷廿四答 呂伯恭

按觀此未知今集傳盡經脩改否。向疑當作尚。
文海條例甚當。今想已有次第。但一種文勝而義理乖
僻者恐不可取。如其只為虛文。而不說義理者。卻不妨耳。
佛老文字恐須如歐陽公登真觀記曾子固仙都觀菜
圃記之屬乃可入。其他贅邪害正者文詞雖工。恐皆不
可取也。蓋此書一成便為永遠傳布司去取之權者。其

所擔當亦不滅綱目。非細事也。況在今日。將以爲從容
說議開發聽明之助。尤不可雜置異端邪說於其間也。
上同

按宋人好講古文。其著爲選本以行于世者。蓋刜於
東萊次則樓迂齋 謝疊山 訪得 而東萊所選今唯
有古文關鍵。不聞有文海可惜也已。
欽夫寄得所刻近思錄來。卻欲添入說舉業數段已寫
付之。但不知渠已去彼。能了此書否耳。
上同

按說舉業數段。今本無載。蓋未經增入者矣。

近看論孟等書。體更有平。高就低處。恨未得從容面論
耳。
上同

■讀矢箄記卷第二　　[一五]　綮文院

按邇是平。高就低處。後學所宜盡心也。

熹去月之晦。已交郡事。違負夙心。俯仰愧歎。云云。始至。
首下。書訪陶桓公靖節劉凝之周先生諸公遺迹教授
楊元範已作劉祠。因并立周象。配以二程先生。尚未成
也。四五日一到學中。爲諸生誦說。只此一事。猶覺未失。
故步。云云。盧阜勝絕。粗慰鄙懷。漱玉三峽。皆已一到簡
寂亦深秀可喜也。 同上答 呂伯恭

卻有小事拜懇學中元範教授立得濂溪祠堂并以二
程先生配食。又立得陶靖節劉凝之父子李公擇陳了

翁祠通榜曰五賢。蓋四公此間人。而了翁亦嘗講居於
此也。周祠在講堂西。五賢在東周祠已求記於欽夫矣。
五賢之記意。非吾伯恭不可。作本欲專人拜懇而小郡
寒陋之甚。不敢多遣人出入。云云。陶公栗里只在歸宗
之西三四里前日略到。令人歎慕不能已也。廬山記中
載前賢題詠亦多。獨顏魯公一篇獨不干事。尤令人感
慨。今護錄呈想已自見之也。云云。此來不曾了得公家
一事。但做得此祠堂看得廬山耳。 同上答 呂伯恭

盧阜奇處盡在山南。玉淵三峽。蓋已屢到。但此數日來
不欲暑行勞人。徒夢想水石間也。三峽之西有懸瀑瀉

■讀矢箄記卷第二　　[一六]　綮文院

石龍中雖不甚高。而勢甚壯。舊名臥龍。有小巷已廢近
至其處。不免捐俸金結茅欲蓋孔明像壁間。俟得解郡
事。且入其間盤礴旬日。而後去耳。此來百事敗人意。獨
此差自慰耳。 呂伯恭

修造事。學中二祠只是因舊設像別無地步可起造其
他方作得劉凝之巷亭并門。凡此等皆用初到送官者
折送香藥。及逐月供給中不應得者。椿管爲之。不敢破
使官錢。至如前書所說臥龍庵。又自用俸錢。亦不敢破
此錢矣。 同上答 呂伯恭

前書懇作五公祠記。計今可以抒思矣。因來。千萬早寄

示為幸。畫已具石。恐熹或去此。又不能得了耳。同上恭

熹昨懇求盛文以記五賢祠事。想已蒙念。得早示及為幸。恐熹去不及刻矣。呂伯恭

熹昨拜書以五君子祠堂記文為請。屢辱教字。都未蒙喻及可否之意。竊觀書札語意。似已不妨出此數語以慰一方學者之望。況發明前賢出處之意。也。又高明平昔所以自任之重乎。非專出於鄙意也。濂溪祠記荊州已寄來矣。已屬子澄書而刻之。旦夕刻成即寄但所請竊寄來為留意。及熹未去得之幸甚。石謹具矣。顯俟顯俟。至懇至懇。熹上覆。同上呂伯恭

讀朱筆記卷第二　[七]　崇文院

尤延之已寄五賢祠記來矣。旦夕刻就寄去。

桐鄉志文質寬平無所為作。文字利病不足言。正足以見養德之效。甚幸甚幸。初請諸賢記記蒙見喻不欲勞心不敢固請。今見此志。乃恨其請之不力。然秪度卻報云。有意為記臥龍山居。此固甚幸。然今事又有大於此者。敢以為請別紙所具白鹿洞事迹是也。幸賜之一言。非獨以記其事。且使此邦之學者與有聞焉以為入德之門。則此惠深矣厚矣。千萬勿辭。仍願亟以見寄恐勅章忽下。不得竟其事也。同上呂伯恭

復有專人隨權度人去。令候得白鹿臥龍記文。而歸幸一揮付之。千萬。同上

讀朱筆記卷第二　[八]　崇文院

按公初意蓋在立五賢祠。特見其推挹前賢之深已。迨得白鹿洞。一意欲復之。則其意實在繼往聖啟來學是蓋公一生志願故曰今事又有大於此者謂此也。

臣昨任南康軍日。嘗具狀奏乞賜白鹿洞書院勅額。及乞以太上皇帝御書石經幷版本九經注疏給賜本洞。今亦未蒙施行。而朝野喧傳相與譏笑以為惟事臣誠恐懼不敢不盡其說謹按本洞書院實唐隱士李渤所居當時學者多從之遊逮立書舍至五代時李氏為建官師給田贍養徒衆甚盛迨至國初猶數十百人。大平興國中常蒙詔賜九經。而官其洞主見於會要。而咸平五年有勅重修。仍塑宣聖及弟子像。又見於陳舜愈所記簡牘具存。可覆視也。夫以此洞之興。原其所自雖若淺鮮無足言者。而太宗皇帝真宗皇帝睿顧褒崇至於如此。則聖意所存。至深至遠。必有非下吏淺聞所能窺測者。今乃廢而不事。使其屋廬而無勅額。有生徒無賜書流俗所輕廢壞無日此臣所以大懼而不能安也。卷十三延和奏箚七

容齋三筆卷五。太平興國五年。以江州白鹿洞主明起為蔡信主簿。洞在廬山之陽。嘗聚生徒數百人。李

爆可圖時割善田數十頃取其租廩給之選太學之
通經者俾領洞事日爲諸生講誦於是起建議以其
田入官故爵命之白鹿洞由是漸廢
臣熹奏爲乞賜白鹿洞書院勅額及乞頒降光堯壽聖
憲天體道性仁誠德經武緯文太上皇帝御書石經及
國子監九經注疏等事右臣竊嘗伏讀國朝會要恭觀
太宗皇帝嘗因江州守臣周述之奏詔以國子監九經
賜廬山白鹿洞書院既又以其洞主明起爲蔡州褒信
縣主簿以旌學每恨無由一至其處仰觀遺迹及蒙
聖恩假守茲土到任之初按圖經詢究境内民間利

【讀朱筆記卷第二】

一九　崇文院

病乃知書院正在本軍星子縣界而陳舜俞廬山記又
載眞宗皇帝咸平五年嘗勑有司重加修繕間因行視
眞宗皇帝所以幸教多士垂裕萬世之意其盛如彼而
陂塘始得經由其地見其山川環合草木秀潤眞閒燕
講學之區而荒涼廢壞無復棟宇因竊惟念太宗皇帝
下吏淺聞弗克原念以稱萬分之皇其大如此顧懼震
惕不皇啓居既又按考此山老佛之祠蓋以百數兵亂
之餘次第興葺鮮不復其舊者獨此儒館莽爲荆榛雖
本軍已有軍學足以養士然此洞之興遠自前代累聖
相傳睿顧光寵德意深遠理不可廢況境内觀寺鐘鼓

相聞珍棄彜倫談說空幻未有厭其多者而先王禮義
之宮所以化民成俗之本者反寂寞希闊合軍與縣僅
有三所而已然則復修此洞蓋未足爲煩於是始議卽
其故基度爲小屋二十餘間教養生徒一二十人節縮
經營今已了畢但其勑額官書皆已燒毀散失無復存
者不敢擅行標榜收置輒昧萬死其奏以聞欲望聖明
俯賜鑒察追述太宗皇帝眞宗皇帝聖神遺意特降勑
命仍舊以白鹿洞書院爲額仍詔國子監摹光堯壽
聖憲天體道性仁誠德經武緯文太上皇帝御書石經
及印版本九經疏論語孟子等書給賜本洞奉守看讀

【讀朱筆記卷第二】

二〇　崇文院

於以襃廣前烈光闡儒風非獨愚臣學士之幸實天下
萬世之幸謹錄奏聞伏候勑旨。卷十六韓納南康任淵合奏事件狀
按公修白鹿洞首讀置石經及九經注疏則公於經
解時有標新異者而其意未嘗全廢漢唐先儒相
傳之義調亦已明矣今人乃卑視注疏往往束之高
閣無復讀者噫是豈公之本意乎
具位契勘廬山白鹿洞舊屬江州今隸本軍去城十有
餘里元保唐朝李渤隱居之所南唐之世因建書院買
田以給生徒立師以掌教導號爲國學四方之士多來
受業其後世爲世用名跡章題者甚衆至國初時學徒

猶數十百人太宗皇帝聞之賜以監書又以其洞主明

起為蔡州褒信縣主簿以旌勸之其後既有軍學而洞

之書院遂廢累年於今基地埋沒因搜訪乃復得之

竊惟廬山山水之勝甲於東南老佛之居以百十數中

間雖有廢壞今日鮮至於如此獨此一洞乃前賢舊隱儒

學精舍又蒙聖朝恩賜褒顯所以惠養一方之士德意

甚厚顧乃廢壞不修至於如此長民之吏不得不任其

責除已一面計置量行修立外竊緣上件書院功役雖

小然其名額具載國典則其事體似亦非輕若不申明

乞賜行下竊慮歲久復至埋沒至申聞者（卷二十申修白鹿洞書院狀）

▲讀失笙記卷第二　三二　癸　文　院

契勘本軍已有軍學可以養士其白鹿洞所立書院不

過小屋三五間姑以表識舊跡使不至於荒廢埋沒而

已不敢妄有破費官錢傷耗民力伏乞鈞照（同上小貼子）

去歲勞農山間又得所謂白鹿洞者熹惟是雖退僻而

實先朝所嘗留意不當廢墜至於如此乃即其處復立

七架小屋五間亦已具狀申省矣因竊妄意以為朝廷

儻欲復脩廢官以闡祖宗崇儒右文之化則熹雖不肖

請得充備洞主之員將與一二學徒讀書講道於其間

庶幾上有以副知遇使令之意下有以遂其平生之懷

若復更蒙矜憐假之稍廩略如祠官之入則在熹又為

過望而於州縣亦不甚至有糜耗惟翼鈞慈深察愚悃

都兪之暇因事及之萬一可從則熹之受賜為不淺狂

妄之罪亦惟有以寬之（卷廿六與丞相別紙）

按觀此數條公平生志願和盤托出。

向見所集詩解出車篇說戒嚴之日建而不旆不知此

有何證幸見今不盡記若果有證說文義殊省力也其間亦有

數處可疑處大抵插入外來義理太多又要文

勞連鳳不免有彊說處不知近日看得如何亦望一

也（卷卅四答呂伯恭）

▲讀朱筆記卷第二　三二　崇　文　院

按晉治兵建而不旆見定四年左傳董氏據以為說

而伯恭從之更引聘禮使者既行斂旜及境張旜為

證則知旗無事則斂有事則施無可疑者淮南子亦

曰得道之兵車不發軔騎不被鞍鼓不振塵旗不解

卷最足以相證不知公何以有此問集傳亦不載呂

說或者公所見讀詩紀係其稿本有語焉不詳故其

言如此耶段玉裁曰不旆者卷而不垂施之者垂之

也（注說文亦與呂說同）

世有麻衣心易者亦出此間人所造嘗見之否（上同）

按麻衣易南康戴思愈所作公假守南康親見其人

又見其所著文其體相同嘗寫以與伯恭見卷卅七

答李壽翁書及語類可并攷。

子壽相見其說如何子靜近得書其徒曹立之者來訪。

氣象儘佳亦似知其師說之誤持得子靜近答渠書與

劉淳叟書卻說人須是讀書講論然則自覺其前說之

誤矣但不肯斬然說破今是昨非之意依舊遽前掩後。

巧為詞說只此氣象卻似不佳耳。

按据此象山亦似自悟其說之非。與卅六卷答子壽

子靜書併看可也。

■讀矢筆記卷第二
二三　榮文院
伯恭

恨未得見亦可示及否鄙說之未當者并求訂正。同上答呂

詩說前已納上不知尊意以為如何聞所著已有定本。

按据此知公所見東萊詩解信乎非其定本也但今

詩犯公劉以後仍是舊稿未經脩改此則後學不能

無憾焉已。

建陽人來聞欲刊新文海此本已傳出耶甚恨未見向

機仲許寄其目亦未得也。 上同

按新文海蓋卽文海之類。

記文之賜尤荷垂念但鄙意有少未安處別紙上呈幸

更為詳酌示報並山而東地勢畧署是如此但此處已是

山麓自郡城望之北多而東少不知別當如何下語或

云東北入廬山下不知可否又牽損其舊十三四今亦

不見得舊來規模廣狹但攘地基則亦署是如此恐此

語說得亦太牢固不若爲疑詞以記之如云度損其舊

七八如何又此役乃星子令王仲傑董之亦欲特附名

其間以傳久遠并望因筆及之也其人老成忠厚民甚

愛之此不必言但欲知之耳洞主命官事記亦見之決

非僻書但此無書可檢耳此類傳疑正不必深說也。上同
答呂
伯恭

按作文下語本有穩當處須子細商量乃得此等尤

見公於文一字不苟爲。

■讀矢筆記卷第二
二四　榮文院

詩說昨已附小雅後二冊去矣小序之說未容以一言

定更俟來誨卻得反復區區之意已是不敢十分放手

了前諭未極更須有說話也恐尊意見得不如此處卻

望子細一一垂諭更容考究爲如何遂旋批示尤幸。 上同

詩傳已領小雅何爲未見或已到幸早批喩也小序之

說更有商量此人亟欲遣請祠者不欲稽留之別得奉

扣耳。 同上答
呂伯恭

按公晚年主攻序之說與東萊異趣故於此不得不

往復商榷以求一是不知二公當日講論爲如何宜

檢東萊集更詳之。

近看吳才老說龐征康誥梓材等篇,辨證極好,但已看
破小序之失,而不敢勇決,復爲序文所牽,亦殊覺費力
耳。上同

按公疑書序及古文,蓋自吳棫說悟入,惜其書今不
得見之。

洞記專人,託子厚隸書未到,甚以爲慊,然雖去此同官
必能爲成其事也。十八日已入院開講,以落其成矣。講
義只是中庸首章,或問中語更不錄呈也。同上答呂伯恭

按此可爲書院開講之式矣。

向來所喻詩序之說,不知後來尊意看得如何。雅鄭二

▌讀朱筆記卷第二 二五 榮文院

字,雅恐便是大小雅,鄭恐便是鄭風,不應藥以風爲雅。
又於鄭風之外別求鄭聲也。聖人刪錄,取其善者以爲
法,存其惡者以爲戒,無非教者,豈必減其籍哉,看此意
思,甚覺通達,無所滯礙,氣象亦自公平正大,無許多回
互費力處,不審高明竟以爲如何也。

按公謂鄭聲卽鄭詩,夫詩被之管絃,則詩樂固非二
也,然夫子所謂鄭聲者,汎指鄭土之聲曲,豈僅指鄭
風諸篇乎,善惡法戒之說,微諸春秋之書亂臣賊子,
良是,但不如左氏之言尤爲明白切實,曰苟有可以
加於國家者,兼其邪可也,靜女之三章,取彤管爲竿

旆何以告之,取其忠也。定九年 乃知苟有一節之可取,
淫如鄭衛,聖人寧存之,不至絕滅也,讀詩者以此而
求,則於淫詩諸篇之錄,可無疑矣。

道中看中庸,覺得舊說有費力處,署加脩訂,稍覺勝前。
計他書亦須如此,義理無窮,知識有限,求之言語之間,
尙乃不能無羞,況體之身,見諸事業哉,稍定從頭整頓,
一過會須更署長進也。同上答呂伯恭

按觀此知公於諸經解始未審自以爲是矣。

不尊不信,此段未得其說,向見伊川亦只如此說且當

▌讀朱筆記卷第二 卷卅五答呂伯恭問龜山中庸 二六 榮文院

從之,有說勝此,乃可易耳。

按此公未得其說,是以姑且從伊川耳,非爲定論,今
之章句集注不盡公意,此亦一證。

勿正之正其字義正如今人所謂等候指準春秋傳云,
師出不正反戰不正勝,用字之意,亦正如此耳。同上答呂伯恭

按正定同義,故正有必義,易巽象曰喪其資斧,正乎
凶也,本義曰正乎凶,言必凶,此亦明證。

近看中庸古注極有好處,如說篇首一句,便以五行五
常言之,後來雜佛老而言之者,豈能如是之愨實耶,因
此方知擺落傳注,須是兩程先生方始開得這口,若後
學未到此地位,便承虛接響,容易呵吒,恐屬悟越氣象

不好不可以不戒耳。同上別紙

按觀此後儒妄作聽明好蔑古訓者公之罪人也。

又注仁者人也云人也讓如相人偶之人以人意相存

問之言相人偶也。此句不知出於何書疏中亦不說幸

以見告所謂人意相存問者却似說得字義有意思也。

引此注文不知別有成文或當時人語如此耶。卷卅三答呂伯恭

相人偶更有一二處佢皆注中語不應禮記注中又自

夫禮注詩匪風箋並有此語賈誼新書句奴篇聘禮公食大

膚說文注阮芸臺論語論仁論一學經室有說蓁詳今讀

語惠之奇禮說惠棟九經古義臧琳經義雜記段若

胡嬰兒胡貴人更進上時人偶之之文。蓋漢時有此

讀朱筆記卷第二　二七　崇文院

此知公解仁字固既有取于鄭義也陸隴其日于此

見朱子于字句之疑不憚遠問如此。

年最知漢注之可貴如此條所言蓋以爲康成一言。

必有足以發明仁字正義者關係極大是其所以不

憚遠問固未可以爲字句細義也。

困學紀聞集證定字惠氏日老子道德經如嬰兒之

未孩河上公注云如小兒未能答偶人時也。古義九經

誰毀誰譽一章所論得之但只說得三代直道而行意

思更有有斯民也之所以六字未有下落疑斯民也是指

當時之人而言今世雖是習俗不美直道雜行然三代

盛時所以直道而行者亦只是行之於此人耳不待易

民而化也諸儒之說於此文義殊不分明却是班固景

贊引得有意思注中說得亦好大抵聖人之意止是說

直道可行無古今之異耳言譽而不言毀之意來喻亦

善但毀譽兩字更須細看譽者善未顯而亟稱之也毀

者惡未著而遽訕之也試亦恐其將然而未見其已然

之辭聖人之心欲人之善故但有所試而知其賢則善

讀朱筆記卷第二　二八　崇文院

雖未顯已進而譽之矣不欲人之惡故惡之未著者雖

有以決知其不善而亦未嘗遽訕之也此所以言譽而

不及毀蓋非全不別白是非但有先變之善而無預訕

之惡是則聖人之心耳。卷卅五答呂伯恭

按景帝紀贊引此語以明秦漢不易民而化語類或

問並據以爲證。蓋逸父非正但事須如此必

泰伯夷齊事鄙意正如此。

用權然後得中故雖變而不失其正也然以左傳爲據

便謂泰伯未嘗斷髮文身此則未可知正使斷髮文身

亦何害也。上同

按左傳哀七年子貢曰大伯端委以治周禮仲雍嗣
之斷髮文身臝以爲飾豈禮也哉有由然也然則斷
髮文身者仲雍而非大伯也史遷之言不足據矣。
折柳事有無不可知也且伊川劉公非妄語人而春秋有傳疑
之法不應遽削之也。而劉公之諫其至誠惻怛防微慮
遠既發乎愛君之誠其涵養善端培植治本又合乎告
君之道皆可以爲後世法。而於輔導少主尤所當知至
其餘味之無窮則善學者雖以自養可也。故區區鄙意
深欲存之蓋其說如此非一端也。今乃以一說疑之而
遽欲刊去豈不可惜若猶必以爲病則注其下云某人
者得其心以事考者信其迹其亦庶乎其可矣。 同上答呂
伯恭論調

讀朱筆記卷第二　　二九　　崇文院

云國朝講筵儀制甚肅恐無此事使後之君子以理求
元城語錄曰哲宗銳意於學。一日講畢會茶上起折
柳一枝有諫以方春萬物生榮不可無故擲折上擲
之色不平溫公聞之不悅曰使人主不欲親近儒生
者正此等人也。 元城語錄未見此條見黃
氏日鈔卷四十四所載。

源
錄

怪鬼壞事呂晦叔亦不樂其言也云不須得如此。

按諸書皆云折柳唯此作栢疑有誤。

沈作喆寓簡曰程氏之學自有佳處也而盜一時
人竊迹其中狀類有德者其實土木偶人或過之不知東坡
之名東坡譏罵新侮略無假借人流爲矯虔庸墮之
意懼其爲楊墨將率天下之人流爲劉元城器之言哲宗
習也關之折一枝柳耳豈過也哉率劉元城器之言自起
皇帝當因春日經筵講罷移坐一小軒中賜茶自起
折一枝柳程頤爲說書遽起諫曰方春萬物生榮不
可無故擲折哲宗色不平因擲弃之溫公聞之不樂。

讀朱筆記卷第二　　三〇　　崇文院

謂門人曰使人主不欲親近儒生者正爲此等人也。
歎息久之。然則非特東坡不與雖溫公亦不與也。

按折柳事公意亦知其非是故欲使其迹疑似難明
以昧沒之恐未免阿所好矣。

綱目亦修得二十許卷。此一卷是正本五卷 義例益精密上下千有
餘年亂臣賊子眞無所匿其形矣恨相去遠不得少借
餘力。一加訂正異時脫稿終當以奉累耳。 同上答
劉子澄。

近看溫公論東漢名節處覺得有未盡處但知黨錮諸
賢趨死不避爲光武明章之烈而不知建安以後中州
士大夫只知有曹氏不知有漢室却是黨錮殺戮之禍。

程頤爲講官奏曰方春萬物發生之時不可非時毀
宋王晦道山清話曰哲宗御講筵所手折一栢枝玩。

折哲宗亟擲于地終講有不樂之色太后聞之歎曰

有以殿之也。且以荀氏一門論之。則荀淑正言於梁氏
用事之日。而其子爽已濡跡於董卓專命之朝。及其孫
或則遂爲唐衡之壻。曹操之臣。而不知以爲非矣。蓋剛
大直方之氣。折於兇虐之餘。而漸圖所以全身就事之
計。故不覺其淪胥而至此耳。想其當時父兄師友之間。
亦自有一種議論文飾蓋覆。使蹊而聽之者不覺其爲
非。而真以爲是。必有深謀奇計。可以活國救民於萬分
有一之中也。邪說橫流。所以甚於洪水猛獸之害。孟子
豈欺予哉。年來讀書。只覺得此意思分明。參前倚衡。自
不能舍難知以是爲人所惡。而終寫以死。其心誠甘樂

讀朱筆記卷第二 同上 三二 崇文院

之。不自以爲悔也。

按此條宜與卅四卷與呂伯恭書并看。

讀朱筆記卷第二終

漁村源元備

小學書曾爲整頓否。幸早爲之。尋便見寄。幸甚。昨來奉
報。只欲如此間所編者。今細思之。不若來教規橫之善。
但今所編皆法制之語。若欲更添嘉言善行兩類。卽兩
類之中。自須各兼取經史子集之言。其說乃備。但須約
取。勿令太泛乃佳。如管仲戮威如疾[之語心每惡之]文章尤不可泛如離騷
忠潔之志固亦可尚。然只正經一篇已自多了。此須更
子細決擇。叙古蒙求亦太多。兼奧澀難讀。恐非啟蒙之

讀朱筆記卷第三 崇文院

具卻是古樂府及杜子美詩意思好。可取者多。令其喜
諷詠易入心。最爲有益也。來喻又有避主張程氏之嫌。
程氏何待吾輩主張。然立言垂訓事關久遠。亦豈當避
不可不使後學早聞而先入者。自不妨特見於此書也。
若只欲其合於世俗而使庸人愛之。則符讀書城南一[卷卅五答劉子澄○撫當作揅]
篇足矣。何事勞吾人掯撫之功哉。
此嫌耶。其詳雖已見於近思。然其一言牛句灼然親切。
博雜之病。亦是把做小事忽略了。以爲不足以喪人之
志。又不自知是自家病痛。卻以應副人情爲解。此亦是
大病。非小病。須痛斬截也。小學書卻與此殊科。只用數

日功夫便可辦幸早成之便中遺寄也。（同上與劉子澄）

所刻之書皆有益但小學惜乎太遽又不蒙潤色耳近

略修改每章之首加以本書或本人名字又別為題詞

韻語庶便童習今盡錄去一觀他時有暇終望為補故

事之缺也。（同上與劉子澄）

小學見此修改以古今故事移首篇於書尾使初學

開卷便有受用而末卷盡以周程張子教人太略及鄉

約雜儀之類別為下篇凡定著六篇更數日方寫得成

恨仲叔不能等候得後便當附呈也。（同上與劉子澄）

小學能為刊行亦佳但須更為稍加損益乃善近得韓

讀朱筆記卷第三　三　崇文院

文書云如鄧攷縛子於樹之屬似涉已甚恐此等處誠

可創也若不欲盡去其事且刊前此語亦佳耳史傳中

嘉言善行及近世諸先生教人切近之語亦多有未載

者更望刷出補入乃為佳也。（同上與劉子澄）

近又編小學一書備載古人事親事長洒掃應對之法

亦有補於學者。（卷廿六與陳丞相別紙）

四庫全書總目曰考晦庵集中有癸卯與劉子澄書

蓋編類此書實託子澄其初有文章一門故書中稱

文章尤不可泛云云有乙巳與子澄書稱小學見此

修改凡定著六篇云云是淳熙十二年始改定義例。

又越二年乃成也案語類陳淳錄曰或問小學明倫

篇何以無朋友一條曰當時是衆人編類偶闕此爾。

又黃義剛錄曰曲禮外言不入於閫內言不出於閫

一條甚切何以不編入小學曰這樣處漏落也多王

懋竑朱子年譜考異謂此書得其大者小小處亦不

屑尋究其說最確後人或援引古書證其疏略或誤

而於兩錄又可見古人著書得其大者小小處亦不止一人。

以一字一句皆朱子所手錄若六經皆一偏之

論也。

讀朱筆記卷第三　三　崇文院

按晉書攷傳曰其子朝棄而暮及明日攷纂之於樹

而去之今小學無此語蓋初載而後刪之也。

四庫全書目載明都卬三餘贅筆二卷稱其書惟論

鄧攷殺子不情朱子不當載之於小學書中顏為有

見。（卷百廿七雜家類存目四）

愚謂據此條所言則公特刪之不完耳卬所論者固

已知之矣。

行記甚佳但人說天池光怪有飛空往來或入簷楹或

出自房闈者與所記不類豈偶有所遺抑所見適止此

耶此為陳寶之屬無足深怪世人胷次昏憒隘狹自以

為疑耳此記流傳亦足以少祛其惑也。（卷卅五答劉子澄）

按陳寶之屬當攷。

此間文字修改不定。朝成暮毀。甚覺可笑。直卿必能言之。同上答劉子澄

舊書且得寫出淨本。未知向後看得又如何也。同上與劉子澄

且令寫出直卿在此商量。逐日改得些少比舊盡精密。

諸書今歲都修得一過比舊盡覺簡易條暢矣。恨不得

呈似商量也。同上與劉子澄

按觀此公脩改舊書。得當時諸賢商推之力。亦爲不鮮矣。而伯恭蓋其畏友子澄及直卿蓋及門諸子之傑然者也。

■讀朱筆記卷第三

四二 榮文院

近年道學外面被俗人攻擊。襄面被吾黨作壞。婺州自伯恭死後百怪都出至如子約別說一般差異底話全然不是孔孟規模却做管商見識令人懨歎然亦是伯恭自有些拖泥帶水致得如此又令人追恨也。同上與劉子澄

按公嘗病伯恭學術傷於太雜文詞傷於辨博不能守約故曰拖泥帶水蓋謂此也。然據伯恭死後百怪都出之言。如其在當時亦有足以撐拄吾道者可爲敬服矣。

子靜一味是禪却無許多功利術數目下收斂得學者身心不爲無力。然其下稍無所据依恐亦未免害事也。

上同

按象山之學無功利術數則或有之。然其所謂收斂得學者身心者亦未免禪學之歸以此爲有力庸詎可乎。

建陽有丘伯興者字敦詩廉謹質實今爲武安節度推官得書云趙清獻嘗爲此官卽屏舍營一堂求名以見師慕趙公之意熹爲名曰愛直蓋取碑額云爾渠復求記以不暇作辭之已語之將爲轉求於子澄矣不識能爲作否此亦好題目得勉爲出數語爲幸。同上

按此可爲堂號之式矣。

■讀失筆記卷第三

五二 榮文院

伯恭無恙時愛說史學身後爲後生輩糊塗說出一般惡口小家議論賤王尊霸謀利計功更不可聽子約立脚不住亦曰吾兄蓋嘗言之云爾中間不免極力排之。今幸少定。然其疆不可令者猶未肯豎降幡也。同上與劉子澄七月

九日

按伯恭之學自史入。故後來不免有此弊。是亦學者不可不知也。

子靜寄得對語來。語意圓轉渾浩無凝滯處。亦是渠所得效驗。但不免些禪底意思。昨答書戲之云這些子恐是蔥嶺帶來渠定不伏。然實是如此諱不得也。上同

奏篇垂寄得聞至論慰其規模宏大而源流深
遠豈腐儒鄙生所能窺測語圖意渾浩流轉有以見
所造之深所要之厚益加歎服但向上一路未曾撥轉
處未免使人疑著恐是葱嶺帶來耳如何如何一笑。卅卷
六寄陸
子靜

按公初年嘗參究禪學故所見往往有與象山不期
而相同者有更相唯阿不覺其非者葱嶺帶來之云。
是中年已後之言凡此類見學蔀通辨者今不復論
焉。

讀朱箋記卷第三　　六　榮文院

家塾祀夫子於古未聞若以義起當約釋菜禮爲之乃
佳開元政和兩書必有之可參考也。卷卅五與
劉子澄

按莊定山集載時祭儀品豈亦有據乎參商。

大學近再看過方見得下手用功處路陌徑直日前看
得誠是不切亂道誤人也。　張甥向學不易得可喜但
讀大舉章句恐無長進須向裏面尋討實下手處乃佳
耳。同上

按所謂路陌徑直向裏面尋討不知竟是何事恐未
免象山之歸。

居官無脩業之益若以俗學言之誠是如此若論聖門
所謂德業者却初不在日用之外只押文字便是進德

脩業地頭不必編綴異聞乃爲脩業也近覺向來爲學
實有向外浮泛之弊不惟自誤而誤人亦不少方別尋
得一頭緒似差簡約的始知文字言語之外別有
用心處恨未得面論也。同上與
劉子澄

按聖門德業初不在日用之外眞是切實近裏之言。
然謂文字言語之外別有用心處則無乃近似達磨
不立文字之論乎恐未免於葱嶺帶來之謂也。

讀朱箋記卷第三　　七　榮文院

向讀女戒見其言有未備及鄙淺處伯恭亦嘗病之
嘗欲別集古語如小學之狀爲數篇其目日正靜日卑
弱日孝愛日和睦日勤謹日儉質日寬惠日講學班氏
書可取者亦刪取之如正靜篇卽如杜子美秉心忡忡
防身如律之語亦可入凡守身事夫之事皆是也和睦
謂宜其家人寬惠謂逮下無疾妬凡御下之事病懶不
能檢閱幸更爲詳此目有無漏落有卽補之而輯成一
書亦一事也。同上與
劉子澄

陳振孫書錄解題女誡一卷漢曹世叔妻班昭撰固
之妹也俗號女孝經。

蒙喻及耐禮此在高明考之必已精密然昔遭喪禍亦嘗考
及於淺陋如此顧焉何足以知之然
之矣竊以爲衆言淆亂則折諸聖孔子之言萬世不可

易矣。尚復何說。況期而神之。之意。揆之人情。亦爲允愜。

但其節文次第。今不可考。而周禮則有懷禮之書。自始

死以至祥禫其節文度數詳爲。故溫公書儀雖記孔子

之言。而卒從儀禮之制。葢其意謹於闕疑以爲既不得

其說。意亦甚善。然鄭氏說凡祔已反于寢。練而後遷廟。

左氏春秋傳亦有特祀于主之文。則是古人之祔固非

遷徹几筵。程子於此恐其考之有所未詳也。開元禮之

說則高氏既非之矣。然以自說大祥徹靈坐之後。明日

乃祔于廟。以爲不忍一日未有所歸。此恐既徹之後

讀朱筆記卷第三　（八）榮文院

未祔之間。尚有一夕。其無所歸也久矣。凡此皆有所未

安。恐不若且從儀禮溫公之說。次序節文亦自曲有精

意。如檀弓諸說。可見不審尊兄今已如何行之。顧以示

教。若猶未也。則必不得已而從高氏之說。但祥祭之日

未可撤去几筵。（政和補 近廟齋）直候明日奉主祔廟然後撤之。

則猶爲亡於禮者之禮耳。鄙見如此不審高明以爲如

何。　卷卅六答陸子壽

先王制禮。本緣人情。吉凶之際。其變有漸故始死全用

事生之禮。既卒哭祔廟然後神之。然猶未忍盡變。故主

復于寢。而以事生之禮事之。至三年而遷于廟。然後全

以神事之也。此其禮文見於經傳者不一。雖未有言其

意者。然以情度之。知其必出於此。無疑矣。其遷廟一節。

鄭氏用穀梁練而壞廟之說以

三年爲斷其間同異得失。雖未有考。然穀梁但言壞舊

廟。不言遷新主。則安知其非於練而遷舊主。於三年而

納新主。邪至於禮疏所解。鄭氏說但據周禮廟用卜一

句。亦非明驗。故區區之意竊疑杜氏之說爲合於人情

也。來諭以爲既祔則吉。吉則不可復以凶神

事之則不可復以事生之禮接爾。竊恐如此非惟未嘗

深考古人吉凶變革之漸。而亦未暇反求於孝子慈孫

讀矢筆記卷第三　（九）榮文院

深愛至痛之情也。至謂古者几筵不終喪而力詆鄭杜

之非此尤未敢聞命據禮小斂有席至虞而後有几筵。

但卒哭而後不復饋食於下室。古今異宜禮文之變。

亦有未可深考者。然周禮自虞至祔曾不旬日不應方

設而遽徹之。如此其速也。又謂終喪徹几筵。不聞有入

廟之說。亦非也。諸侯三年喪畢之祭魯謂之吉禘晉謂

之禘祀。禮疏謂之特禘者是也。但其禮亡而士大夫以

下則又不可考耳。夫今之禮文其殘闕者多矣豈可以

其偶失此文而遽謂無此禮耶又謂壞廟則變昭穆之

位。亦非也。據禮家說。昭常爲昭穆常爲穆。故書謂文王

為穆考詩謂武王為昭考至左傳猶謂畢原酆郇為文之昭邘晉應韓為武之穆則昭穆之位豈以新主祔廟而可變哉但昭主祔廟則二昭遞遷穆主祔廟則二穆遞遷爾。此非今者所論之意但據首之以兄弟殺考之未詳類此。祔于祖父祖姑之禮今同一室則不當專祔於一人此則為合於人情矣然則伊川先生嘗謂關中學禮者有役文之弊而呂與權以守經信古學者庶幾無過而已義起之事正在盛德者行之然則此等苟無大害於義理不若且依舊說亦未夫子存羊愛之意也。此不審高明熟而考證亦未及精且以愚意論之如此不審高明以

讀失籤記卷第三

為如何然亦不特如此熹常以為大凡讀書處事當煩亂疑惑之際正當虛心博采以求至當或未有得亦當且以闕疑闕殆之意處之若遽以已所粗通之一說而盡廢已所未究之案論則非惟所處之得失或未可知而此心之量亦不宏矣閒併及之幸恕狂妄。同上答陸子壽

按吳廷華曰士虞禮注云練而後遷廟穀梁傳所謂作主壞廟有時曰于練焉可也朱子以為太速但據彼疏云作主在十三月壞廟在三年喪畢傳以此主終入廟事相繼故連及之非謂其同時也其說甚明。鄭誤解傳說耳。章句　儀通　四庫全書提要禮記訓義擇言

入卷國朝江永撰檀弓殷練而祔周卒哭而祔呂氏謂祔祭卽以其主祔藏于祖廟既除喪而後遷于新廟永據左氏傳特祀于祖廟謂祔後遷主反殯宮至喪畢乃遷新廟引大戴禮諸矦遷廟禮奉衣服由廟而遷于新廟此廟實為殯宮今考顧命諸矦出廟門俟孔傳曰凡宮中有鬼神所在則曰廟賈疏巫止于廟門外注曰殯之所處曰殯宮非由祖廟門人則士死于適室以鬼神所在則曰廟故名適寢曰廟然則大戴禮所云由廟者實由殯宮非由祖廟永說有據可以解程張諸儒之異同。

讀失籤記卷第三

伏承示諭太極西銘之失今亦不暇細論只如太極篇首一句最是長者所深排然殊不知不言無極則太極同於一物而不足為萬化之根不言太極則無極淪於空寂而不能為萬化之根只此一句便見其下語精密微妙無窮。同上答陸子壽

且如太極之說熹謂周先生之意恐學者錯認太極別為一物故著無極二字以明之此是推原前賢立言之本意所以不厭重複蓋有深指而來諭便謂熹以太極下同一物是則非惟不盡周先生之妙旨而於熹之淺陋妄說亦未察其情矣又謂著無極字便有盧無好高

之繫。則未知尊兄所謂太極是有形器之物耶。若果無
形而但有理。則無極卽是無形。太極卽是有理。明矣。又
安得爲盧無而好高乎。〔同上答陸子靜〕
來書反復。其於無極太極之辨詳矣。然以熹觀之。伏羲
作易自一畫以下。文王演易自乾元以下。皆未嘗言太
極也。而孔子言之。孔子贊易自太極以下。未嘗言無極
也。而周子言之。夫先聖後聖。豈不同條而共貫哉。若於
此有以灼然實見太極之眞體。則知不言者不爲少。而
言之者不爲多矣。何至若此之紛紛哉。今既不然。則吾
之所謂理者。恐其未足以爲群言之折衷。又況於人之

言。有所不盡者。又非一二而已乎。既熹不鄙而教之。熹
亦不敢不盡其愚也。且夫大傳之太極者何也。卽兩儀
四象八卦之理。具於三者之先而縕於三者之內者也。
聖人之意。正以其究竟至極。無以加此云爾。初不以其
獨居天下之至極。而後不以其中而命
之也。至如北極之極。屋極之極。皇極之極。民極之極。諸
儒雖有解爲中者。蓋以此物之終始。在此物之中。非指
極字而訓之以中也。極者至極而已。以有形者言之則
其四方八面合湊將來。到此築底。更無去處。從此推出。
四方八面都無向背。一切停勻。故謂之極耳。後人以其

居中而能應四外。故指其處而以中言之。非以其義爲
可訓中也。至於太極。則又初無形象方所之可言。但以
此理至極而謂之極耳。至於大傳。既曰形而上者謂
之道矣。而又曰一陰一陽之謂道。此豈眞以陰陽爲形
而上者哉。正所以見一陰一陽雖屬形器。然其所以一
陰一陽者。是乃道體之所爲也。故語道體之至極。則謂
之太極。語太極之流行。則謂之道。雖有二名。初無兩
體。周子所以謂之無極。正以其無方所無形狀。以爲在
無物之前。而未嘗不立於有物之後。以爲在陰陽之外。
而未嘗不行乎陰陽之中。以爲通貫全體。無乎不在。則

又初無聲臭影響之可言也。今乃深詆無極之不然。則
是直以太極爲有形狀有方所矣。〔來書又謂大傳明
言易有太極。今乃言無極。何耶。〕
言易有兩儀四象八卦之有定位。天地五行萬物之有常
形耶。周子之所謂無極乃無窮之義。如莊生入無窮之門。
以遊無極之野。果復歸於無極之所謂無極。都無生物之理耶。老
子復歸於無極之野云爾。非若周子所言之意也。今乃引之
而謂周子之言實出乎彼。此又理有未明。不能盡乎人
言之意者。〔同上答陸子靜〕
四庫全書總目曰。聖人立教。使天下知所持循而已。

未有辨也孟子始辨性善亦闡明四端而已未爭諸

性以前也至宋儒因性而言理因理而言天因

天而言及天之先嚷轉相推而太極無極之辨生焉

朱陸之說既已連篇累牘衍朱陸之說者又復充棟

汗牛夫性善性惡闡乎民彝天理此不得不辨者也

若夫言太極不言無極於陰變陽合之妙修吉悖凶

之理未有害也顧含人事而爭天又舍共睹共聞之

天而日吾以衛道學問之醇疵心術人品之邪正天

下國家之治亂果繫於此二字乎醫家之論三焦也

【讀矢筆記卷三】　　裘文院　四

或日有名而無形或日上焦如霧中焦如漚下焦如

瀆實有名而無形輾轉喧閬動盈卷帙及問其虛實

之診則有形與無形一也問其補瀉之方則有形與

無形亦一也然則非爭病之生死特爭說之勝負耳

太極無極之辨適類於是故今於兩家之說率置不

錄謹發其例於此後不縷辨焉 儒家類存目日太極圖分解條

按老子第廿八章日復歸于無極第十四章又日復

歸于無物是無極無物同無物之始人莫能窺其所

窮極第十九章所謂莫知其極是也故謂之無極在宥篇莊

子太宗師篇日孰能登天遊霧撓挑無極在宥篇日

今夫百昌皆生於土而反於土故余將去女入無窮

之門以遊無極之野郭象注日與化俱也 在宥篇又日

挑挑以遊無極報象注日與化俱同是無極與無窮同遊子萬物之所終始田子方篇日始終相反乎無端而莫知乎其所到

可以相證矣刻意篇日澹然無極而眾美從之列子湯問篇

日夏革日物之終始初無極而已無則無極而有則有盡

又日無極之外復無無極也故不窮含天地也故無極以上無

義皆無窮極之義以況造化之妙周子所謂無極者

義亦全同若夫無極而太極一句出唐僧杜順華嚴

法界觀則謂之不本老佛可乎公之所云云祗見其

辭費也已

【讀朱筆記卷三】　　裘文院　一五

又按解太極為太中是先儒古義鄭易注日極中之

道淳和未分之氣也 文選張茂先勵志詩注

陰陽之道不同至於盛而皆止於中中者天地之太

極也 董仲舒春秋繁露日

中也說文解字之義極棟也從木亟聲莊子日有夫

極也 漢書律曆志日太極元氣函三為一 李奇注 極

妻臣姜登極者釋文司馬日極屋棟也 則李奇注五

行志薛綜注西京賦並日三輔名棟為極極在屋正

中故有中之義又為屋之極盧故又有至極之義而

太極竟當訓中為精當公欲解為至極謂非可訓中

亦非也

又按魏書李業興傳曰梁武帝問業興曰易曰太極
是有無業興對所傳太極是有據此太極上不宜添
無極字亦明甚自周子無極二字啓朱陸之爭學者
互相攻詰要皆門戶之見無一神於經義四庫提要
所論極爲精確然是非所在則亦不可不辨故以其
所見附識其後云。

互也若皇極之極乃民極之極乃爲標準之意猶曰立於
此而示於彼使其有所向望而取正焉耳非以其中而
理然其名義各有攸當聖賢立言之亦未嘗敢有所差
極是名此理之至中是狀此理之不偏雖然同是此

讀朱筆記卷第三　　大　　裘　文　院

命之也立我烝民立與粒通卽書所謂烝民乃粒莫非
爾極則爾爾指后稷而言蓋曰使我衆人皆得粒食莫非
爾后稷之所立者是望爾字不指天地極字亦非指
以喜怒哀樂之未發此理渾然無所偏倚而言太極固
無偏倚而爲萬化之本然其得名自自爲至極之本而兼
有標準之義初不以中而面得名也。

按立我烝民毛義蓋以立爲安定與論語立之斯立
同烝民乃粒粒字亦當讀爲立史記作烝民乃定知
孔安國古義如此鄭注書則粒爲米。爲孔傳從

之詩箋讀立爲粒而公董用其義非文義也王引之
有說見經義述聞可併攷。

來書云大學文言皆言知至。熹詳知至二字雖同而
在大學則知爲實字至爲盧字兩字上重而下輕蓋曰
心之所知無不到耳在文言則知爲盧字至爲實字兩
字上輕而下重蓋曰有以知其所當至之地耳兩義既
自不同而與太極之爲至極者又皆不相似請更詳之。

按孔氏正義解爲知善惡所至極得是正但大學知
至字義自不同公所辨極得是正但大學知
至與字義自不同公所辨極得是正但大學知

讀朱筆記卷第三　　七　　裘　文　院

非象山創說也乃知象山解經雖屢以莊禪而其訓
義仍有遵守古義者此亦學者不可不知爲。
來書云直以陰陽爲形器。止道器之分哉。若以陰陽
爲形而上者則形而下者復是何物更請見教若愚
見與其所聞則曰凡有形有象者皆器也其所以爲是
器之理者則道也。

按程子謂陰陽非道所以一陰一陽者是道
日卦爻陰陽皆形而下者其理則道也。又曰一陰
一陽屬形器然其所以一陰而一陽者是乃道體
之所爲也。又曰未有天地之先畢竟是先有此理。

【讀朱隨記卷第三】　一八　崇文院

研幾一睜涔錄

此說一出道器理氣之說鋼學者耳目實為塗經橐籥不可不辨也殊不知大傳所謂一陰一陽即陰陽也故又曰一闔一闢謂之變闔闢闔之外無有一闔一闢則一闔一闢謂之變闔闢之外無有一又曰立天之道曰陰陽陰陽之外無有一陰一陽亦可知矣又將一謂所以一陰一陽者也果陰陽非道所以陰陽者是道乎則說卦又曰立人之道曰仁與義亦將曰仁義非道所以仁義者是道豈可乎況形器者在地成形器物可用之名陰陽何可以形器目之耶至於謂器亦道道亦器公曰程朱二絶似般若心經色即是空空即是色假浮屠無根之談以附會聖經不可信之尤者也

爾雅乃是纂集古今諸儒訓詁以成書其間蓋亦不能無誤不足据以為古又況其間但有以極訓至以殷齊傳注卷百卅八　又曰爾雅非是只是據諸處訓釋所作趙岐說孟子爾雅皆置博士在漢書亦無可攷上同考爾雅雖無稽指其出何人而其得於七十子以來相傳之遺蓋不疑也概乎不足据恐非通論矣上同

按語類又曰爾雅是取傳注以作後人却以爾雅證訓中初未嘗以極為中乎上同

見周禮疏引爾雅則知今本脫之公謂爾雅無此訓

【讀矢筮記卷第三】　一九　崇文院

詁亦偶未考也

夫子之聖固非以多學而得之然觀其好古敏求實亦未嘗不多學但其中自有一以貫之處耳若只如此空疏杜撰則雖有一而無可實矣又何足以為孔子乎顏曾所以獨得聖學之傳正為其博文約禮足目俱到亦不是只如此空疏杜撰也上同

按此條尤足以見朱陸趨向之異同

近見國史濂溪傳載此圖說乃云自無極而為太極若使濂溪本書實有自為兩字則信如老兄所言不敢辨矣然因渠添此二字却見得本無此字之意愈登分明

請試思之上同

按唐時道藏上方大洞真玄妙經品有太極先天合一圖明元中御製序玉清無極洞仙經有無極太極諸圖公自得之妙辨見朱彝尊經義考可并攷

衝其注陳圖南官刊石華山南渡偏安公未之見以為元

公自得之妙辨見朱彝尊經義考可并攷

象數全然闇畧其不然者又太拘滯支離不可究詰故推本聖人經傳中說象數者只此數條以意推之以為是足以上究聖人作易之本指下濟生人觀象玩占之實用學易者決不可以不知而凡說象數之過乎此者

答難
子難

皆可以束之高閣而不必問矣不審尊意以為如何
上同

按後儒謂公易說置象數不言以為公病觀此則知

公於此別有一書以詳說之今本義似失乎太略者

殆以此也然則卦象之學公曷嘗不講之但其書無

傳而後人無復考及之者可歎也已 互見卷卅八 答趙提舉書

戰國策論衡一書并自注田說二小帙并往觀之如何

也。 同上答 陳同甫

按自注田說未見當攷。

近刊伯恭所定古易顧可觀倘未竟少俟斷手卽奉寄。

《讀矢箠記卷第三》 二〇 祭 文 院

但恐抱膝長嘯人不讀此等俗生鄙儒文字耳社中諸

友朋坐夏安讋山間想見盧凉無城市歊煩之氣比所

授之次第亦可使閱一二乎。 陳同甫

按呂祖謙古周易一卷公為之跋後作本義卽用其

本。

又按僧家以四月十五日坐樹下談禪謂之結夏故

九十日安居至七月十五散去爲解夏公所謂坐夏。

蓋假此目稱之或者時俗常語故不及譯之歟。

又按俗生鄙儒是同甫平生卑視道學諸公之語故

公答同甫書又曰來教累紙縱橫奇偉神怪百出不

可正視雖使孟子復生亦無所容其喙況於愚昧塞

劣又老兄所謂賤儒者復安能措一詞於其間哉可

以證矣。

觀老兄平時自處於法度之外不樂聞儒生禮法之論

雖朋友之賢如伯恭者亦以法度之外相處不敢進其

逆耳之論每有規諷必宛轉同互巧爲之說然後敢發

平日狂妄竊疑之以爲愛老兄者似不富如此。 老

兄高明剛決非若於改過者顧以愚言思之細去義利

雙行王霸並用之說而從事於懲忿窒慾遷善改過之

事粹然以醇儒之道自律則豈獨免於人道之禍而其

所以培壅本根澄源正本爲異時發揮事業之地者益

光大而高明矣。 同上與 陳同甫

書謂天理人欲二字不必求之於古今王伯之迹但反

之於吾心義利邪正之間察之愈密則其見之愈明持

之愈嚴則其發之愈勇孟子所謂浩然之氣者蓋斂然

於規矩準繩不敢走作之中而其自任以天下之重者

雖賁育莫能奪也是豈才能血氣之所爲哉老兄人物

奇偉英特恐不但今日所未見向來得失短長正自不

須更挂齒牙向人分疏但鄙意更欲實者百尺竿頭進

取一步將來不作三代以下人物省得氣力爲漢唐分

《讀矢箠記卷第三》 二一 祭 文 院

磼卹更脫灑磊落耳。李孔霍張則吾豈敢夷吾景畧
之事。亦不敢爲同父願之也。〔同上答陳同甫〕
來教云云。其說雖多。然其大綮不過推尊漢唐以爲與
三代不異。貶抑三代以爲與漢唐不殊。而其所以爲說
者。則不過以古今異宜。聖賢之事不可盡以爲法。但
有救時之志。除亂之功。則其所爲雖不盡合義理亦自
不免竊取宮人。私侍其父。其他亂倫逆理之事往往皆
不妨爲一世英雄。且如約法三章固善矣。而卒不能
除三族之令。一時功臣。無不夷滅。除亂之志固善矣。而
身犯之。蓋舉其始終而言。其合於義理者常少而其不

讀朱筆記卷第三〔榮文院〕（三）

合者常多。合於義理者常小。而其不合者常大。但後之
觀者。於此根本功夫。自有欠闕。故不知其非。而以爲無
害於理。抑或以爲雖害於理而不害其獲禽之多也。
其所謂學成人而不必於儒。攬金銀銅鐵爲一器。而主
於適用。則亦可見其立心之本。在於功利。有非辯說所
能文者矣。荀卿固讒游夏之瞶儒矣。不以大儒目周
公乎。孔子固稱管仲之功矣。不曰小器而不知禮乎。人
也之說。古注得之。若管仲爲當得一個人。則是以子產
之徒爲當不得一個人矣。聖人詞氣之際。不應如此之
粗屬而鄙也。〔同上答陳同甫〕

讀同父近得書。大言如昨。亦力勸之令。其稍就斂遏。若
秦見信。卽後日之患猶或有甚於此者。甚可念也。〔尤延之〕
按同父功利之說。公能苦口辯斥。略具於此數條。
又按同父解人也。爲當得一個人。蓋亦用古注說。
曾論孟子說大人則藐之。孟子固未嘗不畏大人但藐
其巍巍然者耳。〔卷冊六答陳同甫〕
按此數語足以補集注所未逮。圍百詩以圍外楊氏
說爲荀論。據此條則發信。

讀朱筆記卷第三〔崇文院〕（三）

就其不遇獨善其身。以明大義於天下。使天下之學者。
皆知吾道之正。而守之以待上之使令。是乃所以報不
報之恩者。亦不必進爲而撫世哉。佛者之言曰。將此身
心奉塵刹。是則名爲報佛恩。而杜子美亦云。四鄰耒耜
出何必吾家操。此言皆有味也。〔同上答陳同甫〕
蓋儒身事君。初非二事。不可作兩般看。此是千聖相傳
正法眼藏。平日所聞於師友而竊守之。今老且死不容
改易。如來嘿者。或是諸人事宜。非老僕所敢聞也。
按公自言。疾惡過嚴。其答同甫曰尋常不欲爲寺觀
寫文字。不欲破例寄來。紙却爲寫張公集句坐右銘

〔同上答陳同甫癸丑九月二十四日〕

去其自守亦峻何以必有味乎報佛恩之說正法眼

藏亦彼家文字何以取來豈其所謂往來於心者不

覺呈露致然耶。

胡丈書中復主前日一貫之說甚力但云若理會得向

上一著則無有內外上下遠近邊際廓然四通八達矣。

熹竊謂此語深符鄙意蓋既無有內外邊際則何往而

非一貫哉忠恕蓋指其近而言之而其意則在言外矣。

聞丈直說吾丈猶未以卑論爲然敢復其說如此幸垂

教其是非至延平見李丈願中丈問以一貫忠恕

之說見謂忠恕正冒子見處及門人有問則亦以其所

讀朱雜記卷第三　二四　崇文院

見諭之而已豈有二言哉熹復問以近世儒者之說如

何曰如此則道有二致矣非也其言適輿卑意不約而

合覆以布聞李丈名侗郡事羅仲素先生嘗見伊川

後卒業龜山之門深見稱許其棄後學久矣李丈獨深

得其聞輿經學純明涵養精粹延平土人甚尊事之請

以爲都學正雖不復應舉而溫謙慈厚人輿之處久而

不見其涯涘然君子人也先子輿之遊數十年道誼之

契甚深。　卷術七輿范直閣

熹前書所論忠恕則一而在聖人在卑者則不能無異。

此正獨孟子言由仁義行輿行仁義之別其孟子之言。

不可謂以仁義爲有二則熹之言亦非謂忠恕爲有二

也但聖賢所論各有所爲而發故當隨事而釋之雖明

道先生見道之明亦不能合二者而爲一也非不能合

蓋不可合也。

始倚一偏終必乖戾蓋非理之本然是乃所以爲遠

也子曾子專爲發明聖人一貫之旨所謂由忠恕行者

也蓋曾子專爲指示學者入德之方所謂行忠恕者也

指既殊安得不以爲二然核其所以爲忠恕者則其本

體蓋未嘗不同也以此而論今所被教問曲折可以無

疑矣不識尊意以爲然否若夫曾子所言發明一貫之

讀朱筆記卷第三　二五　崇文院

旨熹前書一再論之皆未嘗決其可否而熹又有以明之。

蓋忠恕二字自秉人觀之於聖人分上極爲小事然而

人分上無非極致蓋既曰一貫則無小大之殊故猶

天道至教四時行百物生莫非造化之神不可專以太

虛無形爲道體而判形而下者爲粗迹也此孔子所謂

吾無隱乎爾者不以道爲無形以日用之間二三子知之未至而疑

其有隱則是正以道爲無形以日用忠恕爲粗迹故曾

子於此指以示之耳此說雖陋乃二程先生之舊說上

蔡謝先生又發明之顧熹之愚質未及此但以聞見之

知推衍爲說是以不自知其當否而每有請焉。同上輿范直閣

熹所謂忠恕者。乃曾子於一貫之語。默有所契。因門人

之間。故於所見道體之中。指此二事曰用最切者以明

道之無所不在。所謂己矣者。又以見隨寓各足。無非全

體也。忠恕兩字。在聖人有聖人之用。在學者有學者之

用。如曾子所言則聖人之忠恕也。無非極致二程所謂

雜天之爾也。故夫子所言與子思中庸者者正所以發明

此義也。如夫子所言則聖人之忠恕也。與子思中庸者者正所以發明

者言之也。故明道先生謂曾子所言與違道不遠異者。

動以天爾蓋動以天者事皆處極曾子之所言者是也。

學者之於忠恕。未免參校彼己推己及人則宜其未能

誠一於天。安得與聖人同日而語也。若曾子

之所言則以聖人之忠恕者。而見其與性與天道者。

未嘗有二所以爲一貫也。然此所謂異者。亦以所至之

不同言之。猶中庸安行利行勉行之別耳。苟下學而上

達焉。則亦豈有所隔閡哉。愚見如此。更乞教其不至者。

重賜鐫曉。使得所正焉。不勝幸甚。　同上與
　　　　　　　　　　　　　　范直閣

按程朱解一貫。以爲忠者天道體也。恕者人道用也。

以盡己之忠。行及物之恕。如此然後體用天人一以

貫之。李延平所謂使之體用一源。顯微無間。　延平
　　　　　　　　　　　　　　　　　　　問答
　　　　　　　　　　　　　　　　　　　是

也。若夫中庸所言者。學者分上之忠恕。蓋其名同而

所違詣耳。有異同耳。集註所解讓見之如不易通曉。

以此數條參看乃得。

又按程朱依中庸誠者天之道也。以爲聖人之德。至

誠無息。與天命之於穆不已同。其泛應曲當者盡己推

道之變化各正同謂之忠恕者特借學者盡己推己

之目以明之。此非所以語聖人極屬可疑顧亭林嘗論及之。

今讀此數條蓋以爲聖人學者所以爲忠恕者不同。

而其本亦非有二也。蓋集注似稍平允。

又按龜山楊氏曰孟子對人君論事句句未嘗離仁。

此所謂王道也。曰安得與聖人同日而語。曰須是知一

以貫之之理。曰一以貫之之仁足以盡之否曰孟子固

日貫之。何日仁也。仁之用大矣。今之學者於仁之體亦

不曾體究得。十　龜山文集卷　胡明仲實亦曰先聖先師
　　　　　　　錄

教學者於多岐欲歸之於至當故曰吾道一以貫之。

一者何仁也。聖門之途皆學爲仁。夫子言行莫非仁

也。其在論語者著矣。

侯師聖游復從楊時受學。　論語詳　明仲安國弟淳之子從
　　　　　　　　　　說自序問
　　　　　　　　　　　　蓋程門諸子解一貫之

義唯此說最爲簡明。故附著之。

熹又聞之古之君子。尊德性矣。而必曰道問學。敎廣大

矣必曰盡精微極高明矣必曰道中庸溫故知新矣必
曰教厚崇禮蓋不如是則所學所守必有偏而不偏之
處惟其如是是故居上而不驕爲下而不倍有道則足
以興無道則足以容而無一偏之蔽也。同上與王龜齡
著眼看耳。如論語之書亦是七十子之門人纂錄成書。
親此則伊川之意亦非全不令學者看語錄但在人自
明道行狀云其辨析精微稍見於世者學者之所傳耳
按文學德行相待之意待之意也
今未有以爲非孔子自作而棄不讀者此皆語錄不可
廢之端。同上答杜無悆

讀矢筆記卷第三　　二八　　榮文院

按以論語爲出七十子門人視程子說更優
虞書論刑最詳而舜典所記尤密其曰象以典刑者
如天之垂象以示人而典者常也示人以常刑所謂墨
剕剄宮大辟五刑之正也所以待夫元惡大憝殺人傷
人穿窬淫放凡罪之不可宥者也曰流宥五刑者流放
竄殛之類所以待夫罪之稍輕雖入於五刑而情可矜
法可疑與夫親貴勤勞而不可加以刑者也曰鞭作官
刑朴作教刑者官府學校之刑以待夫罪之輕
者也曰金作贖刑之極輕雖入於鞭朴之刑而
猶有可讀者也。此五句者從重及輕各有

條理法之正也曰眚災肆赦者皆謂過悞眚災謂不幸若
人有如此而入於當讞之刑則亦不問其金而直赦之
也此一條專爲輕赦蓋謂大眚則過悞之大入于典刑者亦舉一名而言也書又曰宥過無大明過之大入於典刑者將用流法以宥之耳
怙終賊刑者怙謂有恃終謂再犯若人有如此而入于
當讞之法則亦不宥以流而必刑之也此二句者或由
輕而即輕或由輕而入於重猶今律之有名例又用法之
權衡所謂法外意也聖人立法制刑之本末此七言者
大略盡之矣雖其輕重取舍陽舒陰慘之不同然欽哉
欽哉惟刑之恤之意則未始不行乎其間也蓋其輕重
毫釐之間各有攸當者乃天討不易之定理而欽恤之

讀矢筆記卷第三　　二九　　榮文院

意行乎其間則可以見聖人好生之本心矣夫豈一於
輕而已哉又以舜命皋陶之辭考之士官所掌惟象流
二法而已。鞭朴以下官府學校隨事施行不惟於士官事之宜也
或宥亦惟其當而無以加矣又登一於宥而無刑哉今
必曰堯舜之世有宥而無刑則是殺人者不死而傷人
者不刑也是聖人之心不忍於元惡大憝而反忍於衡
寬抱痛之良民也其必不然也夫刑雖非先王
空言以懼後世也其所謂怙終賊刑故無小者皆爲
所恃以爲治然以刑弼教禁民爲非則所謂傷肌膚以
懲惡者亦既竭心思而體之以不忍人之政之一端也。

今徒流之法。既不足以此穿窬淫放之姦。而其過於重
者。則又有不當死而死。如彊暴關滿之類者。苟朵陳蓳
之議。一以宮荆之辟當之。則雖殘其支體。而實全其軀
命。且絕其爲亂之本。而使後無以肆爲。豈不仰合先王
之意。而下適當世之宜哉。同上答鄭景望
辨論最精。但以象以典刑爲天垂象之義。則未是耳。
說見尚書漢注考。

◀ 讀朱筆記卷第三

崇　文　院

讀朱筆記卷第三終

讀朱筆記卷第四

海保元備

家祭禮三簇并上。不知可補文見版本卷中否。若可添
入。卽孟說徐潤兩家嘗在賈頊家鷰儀之後。孟爲第七。而
徐爲第八。而運償以後篇敷。至政和五禮爲第十一。而
繼以祕日用爲第十二。乃以杜公四時祭享儀爲第十
三。而遞償以後。至范氏祭儀爲第十九。又於後序中改 須別版
十有六爲十有九。仍刪去孟說徐潤祕日用爲七字。
不然。卽存審序。而別作敷語。附見其後。尤爲詳實。不

◀ 讀朱筆記卷第四

崇　文　院

審尊意以爲如何。俟譸論也。但寫校須令精審無誤。
然後剞版。免致將來更改實力爲佳。或未剞間且并寫
定上版眞本寄示容。與諸生詳勘納上。尤便也。卷拼七答鄭景望
年來目昏。不甚敢讀書。經說閒看疎漏顏多。不免隨事
改正。比舊又差勝矣。同上答尤梅之式
按公經說屢指教。竟所未曉。蓋如所論卽室戶乃在
室戶之西偏。而入室者先必由房。而後進至于室矣。歷考
房之西。而入室者先必由房。必自西階房戶雖在室
禮書不見此曲折處卻子之登。必自西階房戶雖在室
戶之東。蓋亦無所經見。恐未足以證室戶之必東出也。

答林
黃中。

懸意於此深所未解。更丐一言以發其藏。幸甚幸甚。
上同

立推參還。尚未得聞室戶之講。大抵所欲知者此
戶南鄉西鄉。果安所決。而經傳實據。果安所取。不論傳
授之有無也。 同上答林黃中。

按玉藻曰君子之居恆當戶寢恆東首注以當戶為
嚮明。則燕寢之戶南嚮也。公何不援以當戶為證為。
又見易圖深誚邵氏先天之說舊亦嘗見其書。然未曉
其所以為說者。高明既斥其短。必已洞見其底蘊矣。因
來幷乞數語指擊其繆。又大幸也。 上同

【讀朱韙記卷第四】
三銀 文院

邵氏先天之說以鄙見窺之。如井蛙之議滄海而高明
直以不知而作斥之。則小大之不同。量有不可同年而
語者。此熹之前書所以未敢輕效其愚。而姑少見其所
疑也。示諭邵氏本以發明易道。而於易道既明。則易
以為易之奧。道非有異也。易道自然可觀。若曰道明而書
不白則所謂道者恐未得為邁之真也。不審高明之意
果如其或文予而實不予則憲蕭以邵氏之淺近疎
略者言之。盡一圖之內。太極兩儀四象八卦生出次第。
位置行列。不待安排。而粲然有序。以至於第四分而為

十六。第五分而為三十二。第六分而為六十四。則其因
而重之。亦不待用意推移。而與前之三分為者。未嘗不
脗合也。比之并累三陰以為坤。然後
以意交錯而成六子。又先畫八卦於內。復畫八卦於外。
以旋相加。而後得為六十四卦者。其出於天理之自然。
有非熹之所能言者。今不之察。而遽以不知而作詆之。
與人為之遣作畫不同矣。況其高深閎潤精密微妙。又
熹恐後之議今猶今之議昔。是以竊為門下惜。而不
自知其為僭易也。 同上答林黃中。

按黃宗炎曰邵堯夫之先後天圖出於陳圖南。夫六
【讀朱韙記卷第四】
崇 文院

畫之卦一。為主為下卦。是為貞卦。而遷以八卦加
之。為上卦。是為悔卦。其他七卦。奠不皆然。安得於此
時拆去其上二畫。而為四畫。拆去其上一畫。而為五
畫也哉。重之則一卦各錯八卦顯然成六十
四卦。安得於此中有先去取之殊。而為十六為三
十二也哉。 又
曰八卦既立因而重之得三畫即成六畫。得八卦即
成六十四卦。何嘗有所謂四畫五畫。得八卦即
卦者。四畫五畫成何法象。十六卦三十二卦成何貞
悔之體。何不以三乘三以八加八直捷且神速乎。熹

氏之易傳散不傳理其分為四千九十六卦實統諸

六十四卦是一卦具六十四卦之占非別有四千九

十六卦之畫也兩間氣化自有盈縮陰陽或互有多

少夫物之不齊物之情也造化之參差義理之所由

以立也如邵子是一定之易也非不可典要之易也

故曰邵子乃求為焦京而未逮者也　見全祖望鮚埼亭集十

觀此邵子加一倍之說不足信矣但据此條及啓蒙　三胡胡先生神道表

公於易學似全主邵子說而王懋竑以為朱子於本

義叙畫卦約略大傳之文故云自下而上再倍而三

以成八卦三畫已具八卦已成則又三倍其畫以成

讀朱筆記卷第四

四　紫文院

六畫而八卦之上各加八卦以成六十四卦而不敢

參以邵子之說　白田雜著易本義九圖始　觀此又知公後來未全堅

持此一說此亦學者不可不知焉

又按邵子先天圖之不可信當日林黃中既知之不

待後儒辨駁也

陳直齋書錄解題載林黃中周易經傳集解三十六

卷稱其與朱侍講違言以論易不合為朱公所關也

朱史孝宗淳熙十五年六月癸酉以新江西提點刑

獄朱熹為兵部郎官熹以疾未就職侍郎林栗劾熹

慢命熹乞奉祠太常博士葉適論栗襲王淮鄭丙陳

買之識為道學之目妄廬正人詔熹仍赴江西熹力

辭不赴　孝宗　紀三

右熹昨為兵部侍郎林栗抗章劾熹其要君拒命作偽

無禮之罪幾數百言得之傳聞不勝駭憤　卷廿二辭免江

林侍郎列職中蓋尚須囘避　西提刑狀三

近方具狀申省同避兵部侍郎林栗仍乞宮觀差遣　同

頃見林黃中說在宮邸讀史記秦伐楚王翦李信爭兵　辭免回避

多少處偶及近事熹因云今乃欲以數萬之卒橫行中原　轉官狀

何其慮事之不詳也熹因為言此事正不囘　辭免嗣勃

讀朱筆記卷第四

五　紫文阮

楚最無罪故楚既亡而其國人盡恩有三尸之諭則當　四上與牢

時秦人之攻之守勢可知矣今日之事與此正相　執洞子

反奈何以為比乎　卷廿四答　熙元囿寄

熹忧拙奇蹇一出而遭唐仲友再出而遭林黃中今又

遭此吳禹圭矣豈非天哉　卷廿八與　禮師者

近林黃中自九江寄其所撰祠堂記文極論源字偏房

以為害道尤可嘆　卷廿奧汪　尚書已共

按觀此諸條公與黃中勤勤護論不合畫非一日之

積亦可見矣

易說云數者籌之所宗而籌為已定之數熹竊謂數是

自然之數即蓍之莖數也體曰圓其爲卜筮爲蓍是已。

老陽一爻過揲三十六策故積六爻而得二百一十有 （卷冊七奧 郭冲虛）

六策耳。

按觀此不得以過揲爲冥會與後說自相矛盾。

又云大衍之數五十是爲自然之數皆不可窮其義竊

竊謂既謂之數恐必有可窮之理。

又云奇者所掛之一也扐者左右兩揲之餘也烹竊謂奇者左右

兩揲之餘實於前以奇歸之也烹竊謂奇者左右四揲

之餘也扐指間也謂四揲左手之策而歸其餘於中指

指間四揲而歸其餘於中指之間也謂之一掛之

▲讀朱韋記卷第四 （纂文院） 六 上同 繫文院

間凡再扐則五歲之間凡再閏之象也。上同

爲多而已。九八者兩其四也陰之偶也故謂之多以偶

又云三多三少人言其數雖不差而其名非矣烹竊謂

者一其四也陽之奇也故謂之少奇謂之少以奇

圖三而用其全故少之數三偶陰體方其法徑一圍四

而用其半故多之數二歸奇積三三而爲九則其過揲

者四之而爲三十六矣歸奇積三三二而爲六則其過揲

者四之而爲二十四矣歸奇積二二一二而爲八則其

過揲者四之而爲三十二矣歸奇積二二一一三而爲七。

則其過揲者四之而爲二十八矣過揲之數雖先得之。

然其過揲而策歸奇之數寡後得之然其數寡而約以多少

數之法以約御繁不以繁御寡故先儒舊說專以多少

決陰陽之老少而過揲之數亦冥會爲初非有異說也。

然七八九六所以爲陰陽之老少者其說又本於圖書。

定於四象詳見後段其歸奇之奇偶方圓者其子也四象而以過揲四乘

抵河圖洛書者七八九六之祖也四象而以過揲四乘之

其父也歸奇之奇偶者其子也過揲而以四乘

者其孫也今自歸奇以上皆棄不錄而獨以過揲四乘

之數爲說恐或未究象數之本原也。

▲讀朱筆記卷第四 （纂文院） 七 上同 繫文院

按郭以七八九六爲過揲四乘之數又言三多三少

之名非是皆至當不可易矣公強辨奪理失之說詳

抽著古占法。

又云四營而後有爻又曰一掛再扐共爲三變而成一

爻烹竊謂四營方成一變故云四營成易易即變也積十二

營三掛六扐乃成三變三變然後成爻。上同

按繫曰四營而成易謂成一變也是先儒古義郭說得

之公以成易爲一變者本諸孔疏其實非也說亦詳

古占法。

易有太極是生兩儀兩儀生四象四象生八卦烹竊謂

此一節乃孔子發明伏羲畫卦自然之形體大第最為
切要古今說者惟康節明道二先生為能知之故康節
之言曰一分為二二分為四四分為八八分為十
六分為三十二三十二分為六十四猶根之有榦榦
有枝愈大則愈小愈細則愈繁而明道先生以為加一
倍法其發明孔子之言又可謂最切要矣而明道先生
論之太極者盧其中之象也兩儀者陰陽奇耦之象
也四象者河圖之一合六二合七三合八四合九洛書
之一含九二含八三含七四含六也八卦者河圖洛書
四隅之位洛書四實四盧之敷也以卦畫言之太極者

▌讀朱筆記卷第四
八　崇文院

象敷未形之全體也兩儀者⚊為陽而⚋為陰陽數一。
而陰數二也四象者陽之上生一陽則為⚌而謂之太
陽生一陰則為⚍而謂之少陰陰之上生一陽則為⚎
而謂之少陽生一陰則為⚏而謂之太陰也四象既立。
則太陽居一而含九少陰居二而含八少陽居三而含
七太陰居四而含六此六七八九之數所由定也。八卦
者太陽之上生一陽則為☰而名乾生一陰則為☱而
名兌少陰之上生一陽則為☲而名離生一陰則為☳
而名震少陽之上生一陽則為☴而名巽生一陰則為
☵而名坎太陰之上生一陽則為☶而名艮生一陰則

為☷而名坤。康節先天之說所謂乾一兌二離三震四
巽五坎六艮七坤八者蓋謂此也。至於八卦之上又各
生一陰一陽則為十六者此也。四畫之上又各有一畫
為五畫者三十有二而二經雖無文而康節所
謂十六分為三十二者此也。五畫之上又各生一陰一陽則為六畫
之卦六十有四而八卦相重又各得乾一兌二離三震
四巽五坎六艮七坤八之次其在圖可見矣。今既以七
八九六為四象又以四為四象疑或有未安也。

▌讀朱筆記卷第四
九　崇文院

河圖洛書熹竊以大傳之文詳之河圖洛書蓋皆聖人
之所以為八卦者而九疇亦并出為今以其象觀之則
盧其中者所以為易也其
所取以為易者已見於前段矣所以為洪範則河圖之
象洛書五行之數有不可誣者恐不得以其出於緯書
而略之也。[周]
上

按孔氏正義曰前章既明蓍卦有神明之用此又明
易道之大法於天地此說得之大抵繫辭分說蓍卦
爻。而此章亦承上章以論蓍卦易有太極至兩儀生
四象。四象生八卦以下論卦也鄭康成曰太
極極中之道淳和未分之氣。蓋易有太

見文選張茂
先勵志詩注

極者謂四十九蓍之混淪未分者也，況之於一元氣之淳和未分也。（虞翻曰太極太一也，義蓋亦同。）是生兩儀者，儀之言匹也。

於天地，故謂之兩儀。虞翻曰分為天地，故生兩儀。（時云實權我儀，又云儀列文王。謂以四十九蓍分而為二，以象陰陽。況之）

生四象者，象比象也，謂揲蓍三變而得七八九六以（注引王肅曰兩儀謂天地也。高誘注呂氏春秋大樂篇曰兩儀天地也。為衍卜筮篇曰象易之文觀操之法，二分以象天地。）

況四時所謂少陽（木 七春）老陽（火 九夏）少陰（金 八秋）老陰（水 六冬）。水火裏天地而有是也。四象生八卦者，謂用蓍九變而八卦小成是也。

也。此章所論以蓍起卦之義，蓋如此已，公據邵子說。

【讀朱筆記卷第四】　一〇　榮文院

舍蓍而言卦，逐以太極為盧中之象，以兩儀為奇偶之爻，又於其上各生一陰一陽，謂之四象，四象之上又各生一陰一陽，謂之八卦，明道稱為加一倍法者是也。實則不止非經之文義，其於易義絕無涉也。故當日袁機仲謂四爻五爻無所主名，黃宗炎亦謂四畫五畫成何法象，皆可謂深砭其頭腦矣。至於乾一兌二之序，宋以前絕無此說，其怪僻不通，毛奇齡仲氏易、全祖望經史問答辨之具矣，可并攷。

朱舜尊曰：先儒之論多以九為圖十為書，獨西山蔡氏從而反易之，以為河圖之數十而洛書九也。蔡氏

之說稱本邵氏，然邵子之言曰：圓者河圖之數，方者洛書之文。以數之體驗之，則奇為圓而偶為方矣。同州王氏、臨卭張氏、漢上朱氏，咸以九為圖十為書，此邵氏之學也。伊川程子曰：九是純陽，六是純陰，但取河圖見之。（九為圖矣，此程氏之學也。橫渠張子曰陽極於九，陰）過。六則一陽生，至八便不是純陰，是亦以九圖十書之理。此張氏之學也。朱子報郭冲晦書曰（極於十，又曰十者九之偶也。史繩祖闢其義，蓋卽言）也。河圖九疇之象，洛書五行之數，所以作範也，是年（河圖四正四隅之位，洛書四實四虛之數，所以畫卦）

【讀朱筆記卷第四】　十二　榮文院

朱子五十有一歲矣，猶主九為河圖，後與蔡氏再三往復，始從其說，迨作啓蒙，又詳述其初說而曰：安知書之不可為圖，圖之不可為書。是雖信之而未篤矣。

四庫全書總目曰：洪範皇極內篇五卷。（永樂大典本　宋蔡）沈撰，沈父元定究心洪範之數，未及論著，舊曰成吾（經義考徐氏載　四易十二卷序）書者沈也，沈反覆數十年然後成書云。考洛書之名見於易，不見於書，洪範之文以明理，非以明數，其事絕不相謀，後人以乾鑿度太乙行九宮法指為洛書。（案史記日者列傳所載占日七家，太乙家居其一，漢書載太乙諸衍亦列於五行家，明為方技之說，不出於經義矣。盧辯注）

大戴禮記明堂篇始附合於龜文。案盧辨北齊人其說最早晚出朱子傳極詳言並不知康成未莊大戴禮記特欲中龜文之說別第古圖是不得不華之鄭盧成耳。至宋而圖

書指爲鄭康成注，龜文確爲戴九履一等而聖人叙彝倫之書矣，沈作是書附會劉歆河圖洛

書相爲表裏。八卦九章相爲經緯之說借書之文以

擬易之貌。大意以太玄元包潛虚既已擬易不足以

見新奇，故變幻其說歸之洪範矣。實則朝三暮四朝

四暮三同一僭經而已矣。術數類

【讀朱筆記卷第四】　（三）崇文院

易者，非關于洪範矣。然据漢儒所傳則河圖實爲作

易之本。而洛書則爲洪範之原也。繫辭併言洛書者，

書說爲耳猶說卦數往者順知來者逆。知來者逆一

句是主數往者順一句是客。不過帶說之也。又猶禹

稷躬稼而有天下。論語　禹稷當平世三過其門而不入。

盖圖書皆爲聖人而出其事相類故帶說之。其實

子孟　元梗義方曰河圖爲作易之本大傳云河出圖洛出書聖人則之乃聖人卽推數二者可以相通

洛書非關于易也。

故臺言之非謂作易變取法河圖洛書略與惠氏周易圖攷末見此姑俟四庫全書提要所載者可以相通則失之矣

見余所著圖書辨茲不復贅。

劉像轉示所製古度量及圖義一册伏讀捧玩開發良

多。其爲感慰不可言。熹孤陋之學於古人制度多所

未講。近看范蜀公集引房庶據漢志別本比今增多數字。

又論員分方分之差亦甚詳。窺其所以與司馬公

胡先生不同之端正在於此所當明辨。今圖義中似已

然者因便更乞詳其所以不然之意。熹於此有未曉

權亦願早得之也。溫公周尺劉本舊依放制得一

校。乃短於今鐵尺寸許。不知何故如此差謬候檢舊本。

續求教也。同上答程可久過

【讀朱筆記卷第四】　（三）崇文院

熹昨承寵示公箚議及黍尺制度極荷不鄙但素所未

講同官亦少有能知其說者穎盧高明必有一定之論。

卻乞垂教幸甚幸甚郡向來製造器時未準頒降

此册只用臨川印本司馬書儀內周尺爲之殊覺低小。

今雖得此制亦已無力可修改矣幷幾台悉少緊。

同上答程可久過

按宋仁宗詔校定鍾律司馬光主院逸胡瑗之說范

蜀公　主房庶之說往復爭辨卒不能相一始末具

見傳家集及東齋紀事。

王伯厚困學紀聞曰仁宗實錄叙皇祐新樂云古者

黃鍾爲萬事根本。故尺量權衡皆起於黃鍾至晉隋

間累黍為尺，而以制律容受卒不能合。及平陳得古
樂，遂用之唐興，因其聲以制樂其器雖無法，而其聲
猶不失於古，王朴始用尺定律，而聲與器皆失之太
祖患其聲高特減一律，至是又減牛律，然太常樂比
唐之聲猶高五聲比，今燕樂高三律失之於以尺而
生律也，其言皆見于范蜀公樂書錄，蓋蜀公之筆
也，房庶言以律生尺，蜀公謂黃帝之法也，司馬公謂
胡李之律生於尺，房庶之律生於量，皆難以定是非。
蔡季通謂律度量衡，言蓋有序，若以尺寸求之，是律
生於度，若以累黍為之，是律生於量，皆非也，故自為

讀朱筆記畧第四

一四

榮文院

律吹之而得其聲。（原注：蘭公父名度故以度量為尺量稔實錦不宜違私諱）
又曰范蜀公議樂曰柜一秬二米今柜黍皆一米，楊
次公非之曰爾雅柜墨黍秖一秬二米，其種異以為
必得秬然後銅律未之前聞也。
戴埴鼠璞曰予觀范蜀公與司馬溫公議樂律書蜀
公謂房庶赤法古本漢書度起於黃鍾之長以子穀
秬黍中者，一黍之起積一千二百黍之廣度之九十
分黃鍾之長，一為一分。今文脫之起積一千二百黍
八字，故果黍為赤縱置太長橫置太短，新赤橫置之。

不能容一千二百黍，則大其空徑四釐六毫是以樂
聲太高皆由談以一黍一分，不若以一千二百黍實
管中隨其長短斷之，為一黍一分則律正是度九十分其長。
公據漢書正本，謂律法以一黍之廣定為度之九十
一分得黃鍾之長，是度由律起子謂先王吹觧竹以聽
分取三分，以度空徑數合則律正是度由量起溫
鳳鳴六律六呂生焉，天地未嘗無自然之中聲復懼
氣之應有淺深管之入地有長短，驗子於黃鍾驗於氣
其中聲之不傳於是因十二箭以制律而驗之於氣
於林鍾驗寅於大簇，氣至則灰飛管差則不驗律建

讀朱筆記畧第四

一五

崇文院

而天地之中聲有所攷復起於黃鍾之長取子穀秬
黍中者，一黍之廣度之凡十分黃鍾之長，一為一分。
寸尺丈引定而度生焉度立而黍之長短有所攷復
起於黃鍾之籥以子穀秬黍中者千有二百實其籥
以井水準其槩合升斗解定而量生焉量立而黍之
小大有所攷復起於黃鍾之重千二百黍重之
十二銖兩斤鈞石定而衡生焉衡立而黍之輕重有
所攷四者具存或自源而流如先王以律起度量
衡可也，或自流尋源因度量衡以起律亦可也，四者
既亡，周漢之議已為不同，司馬遷劉歆班固以為一

上一下。劉安京房鄭康成以蕤賓為重上呂不章
以大呂為重下生。或代律以準。或代律以鍾。或代律
以笛。卒無一定之論。況二公當漢唐五代之後。欲爭
律曆志之全脫以定一代之律。人固知其為難然也
蜀公之說以。但當辨子穀和黍中者一黍之廣度之。
不必日度之起律非也。主溫公之說以但當辨一千
二百黍積實管中為九寸。取其三分以為空徑果有
九十分黃鍾之長一為一分之。〔恐之誤〕有合於度與否。
合於量與否。不必日量之起度非也天文局親天而
驗曆。太史局算曆以測天所得苟精未嘗不合倘溫
公因律曆志之元本取為度以作律驗之於氣灰飛

讀朱筆記卷第四 〔六〕崇文院

苟應則度可為律蜀公因律曆志之古本取為量以
作律驗之於氣灰飛苟應則量可為度蓋有天地之
中土。則有天地之中氣而中聲應焉律度量衡者起
於黃鍾月令於中央土有律中黃鍾宮之說是呂律
之出於自然豈有古今之殊不能求律於人而求律
於天氣驗則律度量衡亦於是而論定矣正不待
較古本今本之異同也。
口賦阡陌二說並荷指教考證精博欽服尤深但阡陌
二字鄙意未能無疑因來教千百之義推之則熹前說

則謂徑涂為阡者當為陌者當為阡蓋史記
索隱引風俗通南北日阡東西日陌又云河南以東西
為阡南北為陌。今以逐人之法考之當以後記為正也。
逐人鄭注從畛橫涂從道橫。一徑之內為田百
畝一涂之內為田百夫。而徑涂皆謂南北之陌。百
即所謂東西之阡也其立名取義以夫畝之數得之。
而其字為道路之類則當從自而不當從人蓋史記
本字。而漢志則因假借而亂之恐不當引以為據也馬
阡陌之間成畢正謂往來田間道路之上當連阡陌。

讀朱筆記卷第四 〔七〕崇文院

亦謂兼并論倒跨阡連陌不守先王疆理之舊界耳若
作阡伯字。說恐難分明也。不審尊意以為如何。卻望終
賜誨示幸甚。〔同上〕
陸隴其日講阡陌便合得徑涂畛道此之謂通貫古
今。
語類曰。問井田阡陌。曰已前人都錯看了。某嘗改來。
蓋陌者百也阡者千也井田一夫百畝則為遂遂上
有徑。此是縱為阡。十夫千畝則為溝溝上有畛。此是橫
為阡。積此而往。百夫萬畝則為洫洫上有涂涂縱又
為陌。千夫十萬畝則為澮澮上有道道橫又為阡商

秩閡之。乃是當時井田既不存。便以此物爲無用。一切破蕩了。蔡澤傳云。商君決裂阡陌。乃是如此。非謂變井田爲阡陌也。〈卷百卅・四〉歴代一

太極之義正謂理之極致耳。有是理即有是物。無先後次序之可言。故曰易有太極。則是太極乃在陰陽之中。而非在陰陽之外也。今以大中訓之。又以乾坤未判大衍未分之時論之。恐未安也。形而上者謂之道形而下者謂之器。今論太極。而曰其物謂之神。又以天地未分元氣合而爲一者。言之。亦恐未安也。有是理則有是氣。氣則無不兩者。故易曰太極生兩儀。〈同上答 型可久〉

【讀朱筆記卷第四】 〔一八〕崇 文 院

按以太極爲理之極致。以太極生兩儀爲有理即有氣。皆其家言不可從矣。可久以太極爲元氣即漢唐古義。其所謂其神者。恐亦本之京房馬融鄭玄之言。公遠斥之。亦未得也。

妄意兩儀只可謂之陰陽。四象乃可各加以太少之別。而其序亦當以太陽二少陽二少陰二太陰二爲次。蓋所謂遞升而倍之者。不得越二與三也。此序既定又遞升而倍之。遁得乾一兌二離三震四巽五坎六艮七坤八之序也。與邵氏先天圖合。此乃伏羲始畫八卦。自然次序。非人私智所能安排。學易者不可不知

也。〈上同〉

按此亦與答郭沖晦書同。

晉公子貞屯悔豫之占韋氏舊注固有不通。而來示之云。鄙意亦不能無所疑也。蓋以穆姜東宮之占言之。則所謂艮之八者。正指其所當占之爻。而言之也。今云。屯悔豫皆八也。而釋之以爲指三爻之不變者。而言則非其當占之爻。而於卦之吉凶。無所繫矣。據本文語勢。似是連得兩卦。而皆不值老陽老陰之爻。故結之曰皆八也。而占之日。閉而不通。亦無爲也。又卦體不動爻無所用占爾。然兩卦之中。亦有陽爻。又不爲偏言皆八。

【讀朱筆記卷第四】 〔一九〕崇 文 院

則此說似亦未安。且東宮之占說亦未定。恐或只是遇艮卦之六爻不變者。但乃艮其背不獲其身行其庭不見其人之占。以苟悅于姜耳。故傳者記史之言。而曰。是謂艮之隨。明非正法之本然也。其九三上九亦是陽爻。又似可疑。大抵古書殘闕。未易以臆說斷惟占筮之法。則其象數具存恐有。可以義起者。推而得之。乃所謂活法耳。〈上同〉

按公謂韋氏舊說固有不通。又謂似是連得兩卦。今考章注。固謂得此兩卦。則解爲兩筮者。是韋氏舊說。公偶未考也。艮之八公唯以是謂二字爲據以爲史

之妄，非正法，亦失之。殊不知艮之八之云，唯見艮之多爻變，史乃明言其變爲隨卦，故曰是謂艮之隨。猶是謂觀國之光[莊廿二]，是爲沈陽[哀九]，烏足以明其必非正法乎。餘詳見予古占法。

春秋例目拜睨甚厚，其間議論小國自貶其爵以從殺禮，最爲得其情者。頃年每疑胡氏滕子朝桓之說，非春秋惡惡短短之義，今已釋然。董來鄭大夫亦有鄭伯男也，而使從諸侯之賦之說，則當時諸侯之願自貶者固多，但霸主必以此禮責之，故有不得而自遂爾[同上答程可久]。

按胡康侯謂貶朝桓，張無垢沙隨謂困於諸侯之政而自貶爲，孫明復亦云然。公引昭十三年子產之言爲證極確。

■讀朱筆記卷第四　一〇　崇文院

道生一，一生二，二生三，熹恐此道字則易之太極，一乃陽數之奇，二乃陰數之偶，三乃奇偶之積。其曰二生三者，猶所謂二與一爲三也。若直以一爲太極，則不容復言道生一矣。詳其文勢，與列子易變而爲一之語正同。所謂一者，皆形變之始耳，不得爲非數之一也[同上答程之大昌]。

按道生一，一生二，二生三，生萬物，是老子第四十二章文。考淮南子曰，道日規始於一，一而不生，分而爲陰陽，陰陽合和而萬物生，故曰一生二，二生三。

三生萬物[天文]，據此蓋道者指主宰而言。二十五章所謂可以爲天下母，吾不知其名，字之曰道，莊周所謂一之所起，有一而未形，是也[之]。一者一元氣也，二者陰陽也，三者陰陽三合之積，以一爲陽，以二爲陰，以三爲奇耦之積是也。公以一爲陽，以二爲耦，與一爲三，則又本諸莊周之言，不唯老子無此義，併非易義也。

又按公答程可久云，老莊謂道先生一乃生二，則其察理亦不精矣。不知此條又何以附會如此。不足引以爲證也。

■讀朱筆記卷第四　一一　崇文院

大傳專以六爻乘老陽老陰而言，故曰乾之策二百一十有六，坤之策百四十有四，凡三百有六十爻之爲陰陽者，老少錯雜，其積而爲乾者未必皆老陽，其積而爲坤者未必皆老陰，其爲六子諸卦者，或陽或陰，亦互有老少爲[同上]。

按鄭康成云，經畫七八，爻稱九六，七八陰陽之象[類是]，九六爻之變動者[乾墨注][度注]。據此六十四卦之象皆畫七八，至於稱爻則必稱九六，二者義例秩然不紊。公所謂老少相錯者，唯筮時則有之，非所以解經也。

易卦之位，震東離南兌西坎北者爲一說，十二辟卦分

屬十二辰者，爲一說。及焦延壽爲卦氣直日之法，乃合
二說而一之。既以八卦之震離兌坎二十四爻直四時。
又以十二辟卦直十二月。且爲分之公侯
卿大夫而六日七分之說生焉。若以八卦爲主，則十二
卦之乾，不當爲巳之辟。坤不當爲亥之辟。艮不當侯於
申酉巽不當侯於戌亥。若以十二卦爲主，則八卦之乾。
不當在西北坤不當在西南艮不當在東北巽不當在
東南彼此二說互爲矛盾且其分爲四十八卦爲公侯卿
大夫以附於十二辟卦初無法象而直以意言本已無
所据矣不待論其滅去四卦二十四爻而後可以見其

讀朱筆記卷第四

崇文院

失也揚雄太元次第乃是全用焦法其八十一首蓋亦
去其震離兌坎者而但擬其六十卦耳諸家於八十一
首多有作擬震離坎兌者近世許翰始正其誤至立蓍
贏二贊則正以七百二十九贊又不足乎六十卦六日
七分之數而盈之恐不可反据其說以正焦氏之失也。

上岡

汪琬曰間卦氣之說亦可取乎曰吾取其可取者臨
之八月有凶復之七日來復此文王之言卦氣也由
是推之則復十一月歷臨泰大壯夬而乾爲四月又
姤五月歷遯否觀剝而坤爲十月可知也兌爲正秋也。

此孔子之言卦氣也由是推之則震爲春分巽爲立
夏離爲夏至坤爲立秋乾爲立冬坎艮爲立春巽爲立
春可知也其他六十卦直三百六十日每卦直六日
七分則緯文之所載京房郎顗術士之所明而非經
之所有吾不能知也。（鈔緯文易問）
沈大成曰易卦氣之說者莫詳于唐孔氏矣案易
緯卦氣起中孚故離坎震兌各主一方其餘六十
卦卦有六爻爻別主一日。（三六六得⋯）凡主三百六十日。
餘有五日四分日之一者每日分爲八十分。（四五得⋯五八得⋯）
五日分爲四百二十分四分日之一。（二十⋯四十⋯）又分爲二十

讀朱筆記卷第四

崇文院

分是四百二十分六十卦分之。（六七得四二⋯）卦別各得七
分是每卦六日七分也。太玄之辭曰陽氣藏于黃宮。
信無不在其中則中孚之直冬至有明徵矣蓋自漢
焦京精于其學而紹述之由魏晉至宋疑信參半朱
子斥之王氏昭素又斥之近時黃梨洲痛詆之矣其
意以六日七分之外有一卦直一日者有兩卦直一
日者一爻直一日者四爻強直一日者說愈多而義
愈晦要之立法之初旨未可以盡非也。（學福齋集禹餅
城卦氣玫略序）
孔氏是一探也四字先儒莫有覺其誤者今論正之信
有功矣但細詳疏文後段孔氏實非不曉探法者但爲

之不熟。故其言之易差。而誤多此四字耳。其云合於掛
扐之處。又云合於掛扐之一處。而總掛之則實有誤。然
於其大數亦不差也。[同上]
畢氏揲法。視疏義爲詳。柳子厚詆劉夢得以爲膚末於
學者誤矣。畢論三揲皆掛一。正合四營之義。唯以三揲
之掛扐。分措於三指間爲小誤。然於其大數亦不差也。
其言餘一益三之屬。乃夢得立文太簡之誤。使讀者疑
其不出於自然。而出於人意耳。此與孔氏之失。固不可
不正。然恐亦不可不原其情也。[同上]
按二條皆辨析詳明。

讀失箋記卷第四

二四　崇文院

熹昨聞禹貢之書已有奏篇。轉借累年乃得其全。猶恨
繪事易差。間有難改究處。近乃得溫陵印本。披圖按說。
其山川形勢之實。殊不相應。因考諸說疑晁氏九江東
陵之說。以爲洞庭巴陵者爲可信。蓋江流自澄而東。卽
至洞庭。而巴陵又在洞庭之東也。若謂九江卽至東陵
之地。卽其下少東。便合彭蠡之口。不應言至東陵。然後
東迤北會于匯也。白氏所論敷淺原者。亦有理而未盡。
南康兩年。其地宜在彭蠡九江東陵敷淺原之間。而考
蓋詳經文敷淺原合是衡山東北一支盡處。疑卽今廬

阜。但無明文可考耳。德安縣敷陽山正在廬山之西南。
故謂之敷陽也。非以其地。卽爲敷淺原也。若如舊說正以
敷陽爲敷淺原。則此山甚小。又非山脈盡處。又如晁
氏之說。以爲江入海處。則合是今京口所過之水。又不
但九江而已也。若以爲衡山。則此卽爲廬阜無
疑。蓋自岷山東南。至衡山。又自衡山東北。而至此則九
江之原。出於此三山之北者。皆合於洞庭。而注於岷江。
故自衡山而至此者。必過九江也。此以地勢考之。妄謂
如此。不審參以他書。其合否又如何。但著書者。多是臆
度。未必身到足歷。故其說亦難盡據。未必如今目見之
親切著明。耳閣下向者固嘗經行而留意之。久記覽之
富。其必有以質之。故敢輕獻所疑。伏惟有以教之幸也。

讀朱筆記卷第四
[同上答程泰之]

二五　崇文院

按公九江彭蠡辨。今蔡傳全祖此說。

舊讀儼若容。止作容字。而蘇黃門亦解爲修容不惰之
意。嘗疑此或非老子意。後見一相書引此乃以容字爲
客字。於是釋然知老子此七句而三協韻。以客韻釋貽
若符契矣。此凡言若某者皆有事物之實。所謂客者亦
曰不敢爲主。而無與於故事。其容儼然耳。近見溫公注
本。亦作容字。竊意古本必更有可考者。非大義所繫然

恐亦可補討論之萬一不審台意以爲如何。同上答程泰之。

按儻若客解爲不敢爲主盖本諸呂吉甫注今考大

戴衛將軍文子篇家語弟子行篇並日在賓如客謂

其容矜莊老子此句亦似不可爲別解。

麻衣易說熹舊見之常疑其文字言語不類五代國初

時體製而其義理尤多淺俗意恐只是近三五十年以

來人收拾佛老術數緒餘所造僞題數語於其後以俟

知者及去年至此見一戴主簿者名師愈即今印本卷

後題跋之人初亦忘記其有此書但每見其說易專以

麻衣爲宗而問其傳授來歷則又祕而不言後乃得其

【讀朱筆記卷第四】　二六　崇文書院

所著他書觀之則其文體意象多與所謂麻衣易說者

相似而間亦多有附會假託之談以是心始疑其出於

此人因復徧問邦人則雖無能言其履作之實者然亦

無能知其傳授之所從也用此決知其書人所造不

疑然是時其人已老病昏塞雖可深扣又尊卽物故遂

不復可致詰但今考其書則自麻衣本文及陳李戴汪

題四家之文如出一手此亦其同出戴氏之一驗而其

義理則於鄙意尤所不能無疑今以台諭之及當復試

加考訂他日別求教也。同上答李游卿。

按正易心法一卷舊稱宋麻衣道者授希夷先生擐

此條及書錄解題四庫書目所辨其爲依託甚詳。

夫以河圖洛書爲不足信自歐陽公以來已有此說然

終無奈顧命繫辭論語皆有是言而諸儒所傳二圖之

數豈有交互戾而無乖戾順數逆推縱橫曲直皆有明法。

而載天地五十有五之數則固易之所自出也洛書與

洪範之初一至次九者合而其九疇之數則固洪範之

所自出也。卷卅八答袁機仲。

按歐公不信禊祥故致不滿圖書而固非公所謂圖

書也河圖見顧命圖書二者見繫辭論語而亦非公

【讀朱筆記卷第四】　二七　崇文書院

所謂圖書也若以顧命繫辭論語皆有是言而信宋

以後所傳圖書者以爲眞伏羲夏禹所受吾誰欺乎。

來喫又謂熹不當以大衍之數參乎河圖洛書之數此

亦有說矣。同上。

而機仲此言確不可易後儒舞圖書之妄者不爲少。

而固當以此爲先路。

如所論兩儀有曰乾之畫奇坤之畫偶只此乾坤二字

便未穩當盖儀匹也兩儀如今俗語所謂一雙一對云

爾自此再變至生第三畫八卦已成方有乾坤之名當

爲一畫之時方有一奇一偶只可謂之陰陽未得謂之

乾坤也。上同

按兩儀以蓍策言袁機仲以爲乾坤固非公以爲陰

陽之爻亦未得也辨見上。

來論又曰不知陰陽二物果可分於老少而爲四象乎此

恐亦考之未熟之過夫老少之陰陽然撰蓍之

法三變之中掛扐四以奇偶分之然後爻之變與不變可得

而辨又於其中各以老少分之然後爻之陰陽可得

得而分經所謂用九用六者正謂此也若其無此則終

日撲蓍不知得何卦正使得卦不知當用何爻安得

以爲後世之臚說而棄之乎。上同

讀朱筆記卷第四

辨析詳明。

蓋八卦相乘爲六十四而自三畫以上三加一倍以至

六畫則三畫者亦加一倍而卦體橫分亦爲六十四矣。

其數殊望不約而會如合符節不差毫釐正是易之妙

處。同上答袁機仲

按公過信邵子加一倍之說不可信之尤者矣。

來教疑河圖洛書是後人僞作。熹於世傳河圖洛書

之舊所以不敢不信者正以其義理不悖而證驗不差

爾。同上答袁機仲

來教疑先天後天之說。上同

二八　崇文院

按右二條皆袁說得之公說失之。

來教謂七八九六不可爲四象。上同

按此條之言公是袁非。

來教疑四爻五爻無所主名。上同

爲卦則八卦備矣此上若旋次各加陰陽則積至

三畫再成八卦者八方有六十四畫之名若經以八卦

得就加乎一卦之上則亦如其位而得名爲方其四畫

五畫之時未成外卦故不得而名之耳。上同

按此條之言袁是公非。

以上五條鄙意傾倒無復餘蘊矣。然此非熹之說乃康

節之說非康節之說乃希夷之說非希夷之流陰相付受以

之說但當日諸儒既失其傳而方外之流陰相付受以

爲丹竈之術至於希夷康節乃反之於易而後其說始

得復明於世然與今周易次第行列多不同者故聞

者創見多不能曉而不之信只據目今見行周易經文

生義穿鑿破碎有不勝其杜撰者此啓蒙之書所爲作

也。上同

按公非不知希夷所傳易圖爲方士丹竈之術。至於

詫以爲孔子之說則不亦幾幾乎阿於所好乎。

朱彝尊曰朱子篤信邵子冠先後天諸圖於本義前。

二九　崇文院

當日袁機仲寓書，謂專為邵氏解釋，而於易無所折衷，且疑先天後天之說，謂七八九六不可為四象，四爻五爻無所主名，河圖洛書是後人偽作，朱子再三與辯。且云，此非朱熹之說，乃康節之說，非康節之說，乃希夷之說，非希夷之說，乃孔子之說，是直以希夷上接孔子之易。朱子未免失言矣。〔攷經義〕

三家者各為一說，而禮家曆家之言猶可相通。至於說卦，則其卦位自為一說，而與彼二者不相謀矣。今來教乃欲合而一之，而其間又有一說於其中，自相矛戾者，此意所以不能無疑也。夫謂東南以一陽已生，而為陽之盛，西北以一陰已生，而為陰之盛。其始生之微者為主也，謂一陰生於東南，一陽生於西北。之位，則是陽之盛於春夏者不得為陽，陰之盛於秋冬者不得為陰，而反以一陽生於東，一陰淫於東南，陽不生於正北。則是陰不生於正南午位，一陽生於西北午位，而旅於西北也。謂巽位西北乎。曆家之說也，謂陽生於子，於卦為復，陰生於午，於卦為姤者。東南則乾者登一陽之生而位於西北乎。況說卦之本文，於巽則但取其潔齊，於乾則但取其戰而已，而未嘗

讀朱筆記卷第四　二〇　崇文院　經義

〔答袁機仲　上同〕

有一陰一陽始生之說也。凡此崎嶇反復，終不可通。不若直以陽剛為仁，陰柔為義之明白而簡易也。蓋如此則發生為仁，蕭殺為義。三家之說皆無所扞格，雖似乎剛，然實天地收斂退藏之氣，自不妨其為陰柔也。公意有疑於說卦之言，則豈不幾幾悔聖言乎。又按三家之說言各有當，執彼議此，余不敢言，然況按陰不生於正南午位之遇〔遇當作姤〕

錢大昕養新錄曰，八卦方位，震東方，巽東南，離南方，乾西北，坎北方，艮東北，見於說卦傳。坤兌次于離後，乾前則坤西南兌西方，可知也。伏羲始作八卦以木德王。傳云，帝出乎震，謂伏羲始作也。然則說卦傳所言方位，出於伏羲所定，萬世無可變易之理，而後儒私造先天一圖，託於伏羲之後。此坤位西南之明證矣。月令以中央土列於季夏之後，此坤位西南之明證，而乾位西北，其義尤非淺人所能識。蓋陰陽往來之理，驗於四時，播於十二消息卦。又當西北極陰之鄉，故惟純乾可以調之，故釋天十月為陽，而於坤之上六，有純陽無純陰，十月純坤之卦。又聖人扶陽而抑陰，故有龍戰之象。於傳言戰乎乾，又云陰陽相薄，相薄而

讀朱筆記卷第四　二一　崇文院　經義

陽必勝。非純乾也。此乾位西北之義也。

乾於文王八卦之位。在西北。於十二卦之位。在東南。坤

於文王八卦之位。在西南。於十二卦之位。在西北。十二

卦之說可曉。而八卦之難明。可曉者當推。難明者當闕。

同上答袁機仲別幅。

而作易。始兼以康節之說。而詳之。若據門人所錄語

黃震曰。晦庵以理學集諸儒之大成。原聖人因卜筮

讀朱筆記卷第四　三十一　崇文院

然按晦庵先生答王子合書。明言康節言伏義卦位。

有疑於伊川之易傳。且有疑於易經此章言八卦之位。及

類。乃因康節之先天。而反有疑於文王孔子之易。及

者道也。而康節所言先天者數也。蓋易所言

時之言爾。抑附錄之者。未必盡當時之真耶。蓋易所言

近於穿鑿附會。且當闕之。以此繫彼門人所錄。其一

王孔子也。康節欲傳伊川以數學。伊川堅不從。則不先於文

可以其數學而反疑伊川之易學。又可知也。學者且

當以晦庵親答王子合之言爲正。毋以門人記錄晦

庵之言爲疑。　日抄

按此書前後幅之言。皆所謂有疑於易經者矣。謂

之賢知者之過。則可已。東發乃槩爲門人記錄之

失。此亦枉回護公短。非通論也。

參同之書。本不爲明易。乃始借此納甲之法。以寓其行

持遣退之候。異時每欲學之。而不得其傳。無下手處。

故經讀。然其所言納甲之法。則今所傳京房占法。見於

火珠林者。是其遺說。沈存中筆談解釋甚詳。亦自有理。

同上答蔡季通。

語類曰。納甲乃漢焦贛京房之學。又曰。火珠林猶是

漢人遺法。卷十六　又曰。京房便有納甲之說。參同契取

易而用之。不知天地造化。如何排得如此巧云云。卷六

七十皆與此條相發。

讀朱筆記卷第四　三十二　崇文院

乾九三之危。以其失中也。其得無咎。以其健而健。也坤

六五之元吉。以其居尊而能下也。上六之龍戰。以其太

盛而亢陽也。是豈惡乾之剛。而欲其柔。惡坤之柔。而欲

其剛哉。至於用九用六。乃爲戒其剛柔之偏。然亦因

其陰變爲陽。陽變爲陰之象。而有此戒。如歐陽子之云

者。非聖人創意立說。而強爲之也。大抵易之書本爲卜

筮而作。故其詞必根於象數。云云。近又嘗輯一小書。略

論象數梗槩。并以爲獻。妄竊自謂學易而有意於象數

之說者。於此不可。不知外此則不必知也。同上答程提學可學。

按昔嘗怪公著本義。其言象數太略。今讀此知別有

一書以論之矣。然則公於象數。未始置之不問也。又見

道之得名正以人生日用當然之理猶四海九州百千

萬人當行之路爾。同上答周益公。

按道之名取諸人由道路以行先儒伊仁齋物祖徠

皆有此言。世儒稱爲獨見而不知公先有此說宜表

而出之者矣。

熹自少愚鈍事事不能及人顧書側聞先生君子之餘

教粗知有志於學而求之不得其術蓋舍近求遠處下

窺高馳心空妙之域者二十餘年比乃困而自悔始復

退而求之於句讀文義之間謹之於視聽言動之際而

讀朱箚記卷第四　三四　崇文院

亦未有聞也。方將與同志一二友朋并心合力以從事

於其間庶幾絲累寸積以事其粗知理義之

實不爲小人之歸而歲月侵尋齒髮邃如許矣懷然大

懼日力之不足思得求助於當世有道之君子以遂其

進而未得也。同上答師魏學士。

接公初年浸淫老佛之學中年已後方始自追悔此

亦一證。

熹天資魯鈍自幼記聞言語不能及人以先君子之餘

誨顧知有意於爲己之學而未得其處蓋出入於釋老

者十餘年近歲以來獲親有道始知所向之大方意以

才實不敏知識未離乎章句之間雖時若有會於心然

反而求之殊未有以自信其所以奉親事長居室延交

者蓋欲纂其過而未能也。同上答江元適。

與前書同。

姑者且然而非實之辭也。同上。

精義二字聞諸長者所謂義者宜而已矣。物之有宜有

不宜事之有可有不可吾心處之知其各有定分而不

可易所謂義也。精義者精諸此而已矣。所謂精云者猶

日察之云爾。同上。

讀朱箚記卷第四　三五　崇文院

累年欲繕寫體一書蓋析章句而附以傳記近方了得

十許篇怳怳可觀其餘度亦藏前此別無

魔障即自此之後便可塊然兀坐以舉餘生不復有世

間念矣。元來與體涌訛處古人都已說了只是其書褒

作一片不成段落使人難看。故人不曾看便爲愒人舞

文弄法迷圖誤朝若搜洗得此書頭面出來令人易看

則此蕩無所匿其姦矣。於世亦非少助也。勿慮此設恐召玩笑之詞也○同上答李季章。

接据此公用力儀禮蓋謂庶幾足以懲戒世附會此

輕以誤其圖者則不止屑屑乎章句之末而已後之

讀公書者不可不致思焉。

所輔禮傳。已略見端緒。而未能卒就。若更得年餘間未
死。且與了却。亦可以瞑目矣。其書大要以儀禮為本分
章附疏。而以小戴諸義各綴其後。其見於它書。或它書
可相發明。者或附於經。或附於義。又其外如弟子職保
傳傳之屬。又自別為篇。以附其類。其目有家禮有鄉禮。有
有學禮。今其大體已具者。蓋十七八矣。因讀此書。乃知漢
儒之學。有補於世教者不小。如國君承祖父之重。在經
雖無明文。而康成與其門人答問蓋已及之。具於賈疏。
其義甚備。若已預知後世當有此事者。今吾黨亦未之

【讀朱筆記卷第四】

三六　崇文院

禮殷圖舊亦有之。但今所寄華盡精好。想正得古本筆
意也。三五之目不可。考古事類此者多矣。今日豈能必
其是非也邪。但既有是名號則必有是人。易大傳但舉
其倜作之盛者而言耳。如漢人但言高祖孝文豈可便
薄而慢侮之徒。又篤邪說以蔽害之甚可嘆也。李季章..
謂其間無惠帝耶。上同

東萊呂舍人所謂老大多才。十年堅坐者也。陳君舉
此東萊稱公妻父。勉之字致中云爾。

伊川先生說率性之謂道通人物而言。更以其說思之。

脩道之謂教。二先生及侯氏說却如此。然恐不如呂游
楊說尤溪集解想想已見之。卷首九 答林擇
按遺字通人物而言章句亦同其實非子思子原意
也。今言不如呂游楊說。則似三家不如此說更詳之。
大概讀書且因先儒之說通其文義而玩味之。浹
治於心自見意味。可也。如舊說不通而偶自見得別有
意思。則亦不妨。但必欲於傳注之外別求所謂自得者。
而務立新說則於先儒之說。或未能究而遽舍之矣。如
此則用心愈勞而去道愈遠。殷殷然失天理之正。而
陷於人欲之私。非學問之本意也。且謂之自得則是自

【讀朱筆記卷第四】

三七　崇文院

然而得。豈可强求也哉。今人多是認作獨自之自。故不
安於他人之說。而必己出耳。同上答柯國材

按此數語宜揭之座右。以為讀書法。儒者動恃其聰
明。好反先儒成說者。非公意也。

一事之能否。不足以盡君子之蘊。故不可以小知任天下
重而不懼。故可大受。小人一才之長亦可器而使。但不
可以任大事耳。同上答許順之

按此章君子論用人之法。此條較集注更詳。
君子不以天下儉其親。熹舊說此句。以猶為也。不為天
下惜一棺椁之費而儉於其親也。更參酌看如何為禮。

却示報也。(上同)

按集注說亦同。

之所審焉。如石丈所說反求諸身。亦是要切。佀經文指

意恐不必如此。脩身等事。前章已說了。此章正是理會

脩身齊家中間事。若不如此。即愛惜予奪皆不得其所

矣。嘗字只是度量擬議之意義以方外之事。然義初不 (同上答許順之)

在外也。如何如何。

按公此時仍用舊說後來始讀辟爲僻。

大學之說近日多所更定舊說極陋處不少。大抵本領

不是只管妄作。自慊慊人深爲可懼耳。(上同)

■讀失筆記卷第四　　三八　　榮文院

近聞越州洪适欲刊張子韶經解爲之憂嘆不能去懷。

若見得孟子正人心承三聖意思。方知此心不是苟然。也。(上同)

按張子韶之學。尤公所不服。于此可見。

格物之論。伊川意雖朗眼前無非是物。然其格之也。亦

須有緩急先後之序。豈遽以爲存心於一草木器用之

間。而忽然懸悟也哉。且如今爲此學而不窮天理明人

倫。講聖言。通世故。乃兀然存心於一草木一器用之間。

此是何學問。如此而望有所得。是炊沙而欲其成飯也。

(舊橫齊仲)

眾論似未看破此處病敗。恐不免出入依違之弊耳。(上同)

按格物如此論眞爲已之學。若置其念者先者。而唯

其緩者後者是問。則其不至格竹子之陋者幾希矣。

讀章句者宜以此條參商可也。(同上答許順之)

周公東征。不必言用權自是王室至親。與諸侯連衡背

叛。當國大臣豈有坐視不救之理。帥師征之。乃是正義。

不待可與權者而後能也。若馬鄭以爲東行避諸。乃

生腐儒不達時務之說。可不辨而自明。陳少南於經旨

多疎略。不通此點檢處極多。不足據以爲說。(同上答徐元聘)

■讀朱筆記卷第四　　三九　　榮文院

陸臞膴其曰。朱子于此說得斬截如此。乃蔡氏書傳則

不從朱子。而從馬鄭。未知何說。(讀朱筆錄)

按金縢我之弗辟爲傳孔疏以爲誅辟。公初年亦主

其說。故此書之言如此詩傳及五十一卷答董叔重。

六十五卷金縢說並同。陳少南(見此) 吳才老(見答董叔重) 皆

主馬鄭避居之說。而公晚年亦從之。見續集三卷與

蔡仲默書。故書傳因用其說稼書所云似未讀全

集者何也。

今人多見出莊子題目。便用莊子語。殊不知此正是千

人一律文章。若出莊子題目。自家卻從別處做將來。方

是出衆文字也。答王
近思。

非。

按此佚倡亦作文家不可鍊。然亦絕不出題目字。亦

漢以爲韓。而終身不以語人也。若武侯卽名義俱正無

用智之過。有微近謟處。其小者如噐足之類其大則扶

櫂之善。蓋櫂不離正正自有櫂。二者初非二物也。子房

計善用櫂者正不如此。若弇罪致討以義取之。乃是用

在其知櫂耶。至於狼狽失據。失勢罪致討以義取之。不得已而出於盜竊之

見幾不明。經櫂俱失。嘗劉琮迎降之際。不能取荆州。烏

老兄所論昭烈知有櫂。而不知有正。愚意則以謂先主

《讀朱筆記卷第四》

〇一 崇文院

所謂匡其爲漢復讎之志。如青天白日。人人得而知之。

有補於天下後世。非子房比也。蓋爲武侯之所爲則難。

而子房投間乘隙得爲卽爲。故其就之爲易耳。頃見李

先生亦言孔明不若子房之從容。而子房不若武侯之

正大也。不審尊意以爲如何。同上答魏元履

議論明確。

三哥年長宜自知力學以副親庭責望之意。不可自比

兒曹。虛度時日。逐日早起。依本點體記。左傳各二百字。

參以釋文。正其音讀儼然端坐。各誦百遍訖。誦孟子三

二十遍熟復玩味訖看史數板。不過五六板 反復數遍 文詞通暢 議論精密

傳。大抵所讀經史切要反復精詳。方能漸見旨趣。誦

之宜舒緩不迫。令字字分明。更須端莊正坐如對聖賢。

則心定而義理易究。更須思索。不可貪多務廣涉獵莽看過

了便謂已遇。小有疑處。不可放過。卽更思索。不通卻置小冊

子。逐日抄記。以時省閱。日逐一理會。切不可含糊記

護短恥於質問而終身受此害以自欺也。又置簿記

逐日所誦說起止。以俟歸日稽考。起居坐立務要端莊

不可傾倚。恐至昏怠。出入步趨務要凝重。不可輕以

害德性以謙遜自牧。以和敬待人。凡事切須謹飭。無故

不須出入。少說閒話。恐廢光陰。勿觀雜書。恐分精力。早

晚頻自點檢所習之業。每一旬休日。將一旬內書溫習數

過。勿令必少有放佚。則自然漸近道理。講習易明矣。同上

《讀朱筆記卷第四》

〇二 崇文院

奠兄晁
兄晁子

性中只有仁義禮智四者。曾有孝悌來。此語亦要體會得

按此書亦宜揚之眉間。以責省。同上

是云云。同上答范伯崇

按公蓋知伊川此語有病。故代爲之辭。然大昕養新

錄亦檢出之。此亦讀集注者所宜表出焉。

翰獺身之有骨。故板築之裁謂之楨翰。同上

退而省其私。亦足以發。以私爲私室。如古注說。恐未安。

竊謂私是顏子自受用處。夫子退而默省之。以爲亦足
以啓予矣。○此一句讃伯大悟。○以私爲顏子之問。恐未安。
退非夫子退也。以啓發也。如愚人似無
所啓發。今省其私。乃有啓發與啓予之啓不同。
子入太廟。舊說謂禮主於敬。每事問所以爲敬。恐勝今
事雖知猶問之。重愼也。此蓋明證。
按儀禮士昏禮。擯者出請事入告。鄭注云。禮不必
說 楊先生之說甚長。（同上答范伯崇）

【讀朱筆記卷第四】

四二 崇文院

解不祭之義按呂博士云。人事之重莫甚於哀死。故
王侗喪三年不祭天地社稷惟越紼而行事。鄭氏不
有喪者之戰如。不欲生。大功之喪。業猶可廢喪不貳
事。如此則祭雖至重亦有所不行。蓋祭而誠至則忘
哀。祭而誠不至。則不如不祭之爲愈後世哀死。則
古人之墬。故多疑於此。鄭氏解惟祭天地社稷不如
以卑廢尊也。愚謂此說非是。按天子諸侯之喪不如
祭者。惟宗廟爾郊社五祀皆不廢也。天地可言尊於
宗廟五祀社稷不尊於宗廟也。但內事用情。故宗廟
雖尊而有所不行。外事由文。故社稷五祀不可廢其
祭。曾子問疏所謂外神不可以已私喪久廢其祭。其
說優於鄭氏矣。內事用情者。以子孫哀戚之情推祖

考之心。知其必有所不安於此。曾子問篇曰天子崩國君薨此蓋示興子孫同義之意
可使人攝事。必也親之。則衰盛不可以臨祭。又不文。又不
以釋衰而服吉。故不得以私喪久廢禮。亦明矣。外事由文者。
國家者百神所依。爾於社稷之於天地。諸侯之於祖
夫之於五祀。皆禮文之不可。不得以文爲尚。故不得以私喪之
考也。以文爲尚。故不得已。非若子孫之於祖
也。必以吉禮吉服。故不得已。雖哀戚方深。交神之意有所不
期於無廢其文。而已雖哀戚方深。交神之意有所不
至。不得已也。以文而行。其亦禮之稱乎。又曾子問天

【讀朱筆記卷第四】

四三 崇文院

子崩殯。天子七日而殯。五祀之祭不行。哀戚方盛。故不祭。既殯而祭。
外神不可以已私喪久廢其祭。故既殯而祭也。其祭也。尸入三飯不侑酳不酢
而已矣。自啓至于反哭。既葬而反。五祀之祭不行。
社亦然。啓見怒哀情。已葬而祭。
宗廟侯唯曾禘
帥天子。之禮也。
祔祔而作主特祀於主烝嘗禘於廟
卒哭後。特用衰禮新死者於廟宗廟四時嘗祭。自如舊
釋例又引晉三月而
變如此。童三年之喪諸侯襄之事而杜氏乃誤爲正禮左
傳特記一時之事而杜氏乃誤爲正禮也。
制。然其禮有。可得而推者。古大夫宗廟有五祀推外

事由文之意則五祀惟自卒至殯自啟至于反哭暫

既葬殯則使家臣攝之推內事用情之理則宗廟
之祭宜亦廢也今人家無五祀惟享先一事遭喪而
廢董無疑矣。

在喪廢祭古禮可攷者如此但古人居喪衰麻之衣不
釋於身哭泣之聲不絕於口其出入居處言語飲食皆
與平日絕異故宗廟之祭雖廢而幽明之間兩無憾焉。
今人居喪與古人異故卒哭之後逐墨其衰凡出入居處。
言語飲食與平日之所為皆不廢也而獨廢此一事恐
亦有所未安竊謂欲處此義者但當自省所以居喪之

讀朱子記卷第四　四四　崇文院

禮果能始卒一一合於古禮卽廢祭無可疑若他時不
免墨衰出入或其他有所未合者尚多卽卒哭之前不
得已準禮且廢卒哭之後可以暫放左傳杜注之說遇
四時祭日以衰服特祀於几筵用墨衰常祀於家廟可
也。（左傳之靈卒哭前亦廢祭也）但卒哭之期須既葬立主三虞之後十
日而祭以成事方可耳。（溫公高氏二書載此節文甚詳可以熟攷）若神柩在而欲
以百日為斷墨衰出入則決然不可愚見如此不知伯
崇以為如何然主奉喪祭乃令兄職此事非伯崇所得
專但以此儀從容講更與知禮者評之庶其聽則可
矣。萬一有所不合則烹聞之喪與其哀不足而禮有餘

答范伯崇

不若禮不足而哀有餘夫子亦言喪與其易也寧戚
（所此樂以賓具文僻禮而非衰意之云衰今人多此類試思之此則伯崇所嘗勉也更思之上同）

愚意講學幹蠱之外挽弓鳴琴抄書鏈校之類皆可且
罷此等不惟廢讀書亦妨幹也。（卷四十答劉平甫）
按公讀書以窮理為本故有是言其實抄書鏈校烏
可廢乎。
卻看廣狹如何為字大小令難預定也。
不必問字之多少也臨時分上一截寫額下一截刻文。
臺表須看令式合高多少若所有石不及格便可買石。（同上答劉平甫）

讀矢筮記卷第四　四五　崇文院

按此亦晉碑者所當知焉者。
一章言后妃志於求賢審官又知臣下之勤勞故采卷
耳憂酒漿雖后妃之職然及其有懷也則不盈筐而
棄置之於周行之道矣言其憂之切至也。（四上答劉平甫）
按此解卷耳篇首章上二句仍是用古注說下二句
正與集傳同。
二章三章皆言臣下勤勞之苦思欲酌酒以自解之辭凡
言我者皆臣下自我也此則述其所憂又見不得不汲
汲於采卷耳也。四章甚言臣下之勤勞也。（同上）
按此以我姑酌彼金罍兕觥實臣下酌酒以消憂之

籤。

又定之方中匽直也人云言非特人化其德而有塞

淵之美至於物被其功亦至衆多之盛也。同上

義與集傳同。

圖唯章句亦方疑之當作四章三章章四句一章章八

句乃安但於舊說俱不合莫可兼存之否好迷如字乃

安毛公自不作好字說更檢兎罝看看如何恐

不須點破也蒹葭黃門併藏朧詩中而章四句作一章八

句文意亦似開唯末後兩章奉憇友之鐘戴樂之作一

章八句依故側說亦得。　調上薛

【讀朱筆記卷第四】　頁六　　棠文院

按引戴簡詩以證圓唯末章極足以贊明毛義。

胡丈昔年答黃羅道同一貫義云一貫體也忠恕誠

也誠者天之道恩誠者人之道此語形容得甚妙中庸

曰露飛戾天魚躍于淵言上下察也君子之道漚端乎

夫婦及其至也察乎天地此是子思在天墨一貫在地

事一物在人奉夫婦鳶飛魚躍異不同其實則一貫

物為之其道亦不出乎此是皆發見以言一貫

之道也孔子葉易群有日以言乎遠則

則靜而正以言乎天地之間則備矣亦發明斯道也如

何如何。來教引中庸易傳之言以證一貫之理甚善。

愚意所謂一貫者亦是如是但據熹所見而以諸先生

之說證之則忠恕便已在一貫之中如所謂鳶飛魚躍

雖不同然其實則一物之說是也若耕老之說則是鳶

飛魚躍內外精粗合為一貫矣而一貫之外卻忠恕

二字恐非聖賢之意也胡丈以一貫為誠而以忠恕為

思誠也若熹之意則曾子之言忠恕卻誠也子思之言

遠道不遠若孟子之言求仁英近乃思誠也試推此意之

如何。　同上答吳耕老。

按全祖望以誠解一貫託爲特見其所著經史問

答不知程門既有此說學者可并攷焉。

【讀朱筆記卷第四】　頁七　　棠文院

李先生教人大抵令於靜中體認大本未發時氣象分

明即處事應物自然中節此乃龜山門下相傳指訣然

當時親炙之時貪聽講論又方竊好章句訓詁之習不

得盡心於此至今若存若亡無一的實見處辜負教育

之意每一念此未嘗不愧汗沾衣也。　同上答何叔京。

按公初年卽好章句訓詁之學是所以在程門諸子

中獨能卓然不失於遠說也。

孟子集解重彙額示以遺說一編見教伏讀喜幸開豁

良多當擇其尤精者著之解中而復條其未安者盡以

請益歟夫伯榮前此往還諸說皆欲用此例附之昔人

何如何。

有古今集驗方者、此書名亦可爲古今集解矣。同叔京

按觀此見公於書名必有所據未審苟爲。

艾讀爲乂說文乂芟草也從丿乀左丿右乀芟草之狀。

故六書爲乂指事之鳳自艾淑艾皆有斬絕自新之意歟。

父讀父亦取諸此不得復引彼爲釋也。同叔京答

狼疾之謂甚善然古字多通用不必言誤也如孟子中

由猶二字常互用之。同上

按狼疾通用不知在何字存商。

蓋以七爲數是未成卦時所用未有定體故其德員而

神所以知來卦以八爲數是因蓋之變而成已有定體。

按此條本諸邵子說而崔憬僧一行諸家皆先有此

說愚著古占法失引公語宜並表出之。上同

◢讀朱筆記卷第四　四八　崇文院

公羊分陝之說可疑蓋陝東地廣陝西只是關中雍州

之地耳恐不應分得如此不均周公在外而其詩爲王

者之風召公在內而其詩爲諸侯之風似皆有礙陳少

南以其有礙遂創爲分岐東西之說不惟穿鑿無據而

召公所分之地愈見促狹僅得今隴西天水數郡之

地耳恐亦無此理二南篤義但當以程子之說爲正。上同

此條恐別有說文多不載。

雨木冰上溫故雨而不雪下冷故著木而冰。上同

出毋有服所論得之記得儀禮卻說爲父後者則無服。

此尊祖敬宗家無二主之意先王制作精微不苟蓋如

此子上若是子思嫡長子自合用此禮而子思卻不如

此說此則可疑竊意檀弓所記必有失其傳者。同上

按喪服傳出毋之服養但爲父後者無服耳子思此事

不可曉兼汗隆之說亦似無交涉或記者之誤與。

苔林釋之

按疑檀弓亦極爲精識。

◢讀朱筆記卷第四　四九　崇文院
卷十四三

天下之理有大小本末皆天理之不可使末勝本毅先

務有緩急先後而不可以偏廢但不可末勝本毅先

念耳觀塞人所謂行有餘力則以學文者其語意正如

此若子夏之論則矯枉過其正矣故吳才老病其言蓋

有見於此者來諭云却似未領其意唯呂伯恭謂才

老蓋以記誦爲學者故其言雖若有理然其意之所主

則偏矣此論各有所當夫子之言勸文學也子夏之

言勸德行也有行無學者宜佩服夫子之言有文無

行者宜佩服子夏之言如吳氏所云所謂舉一廢

百之類也。

又按此條宜與三十三卷答呂伯恭此書併看

新參近通問否大承氣證卻下四君子湯如何得相當

然倘幸其不覺病耳老兄與之分厚須痛箴之吾輩與

百萬生靈性命盡在此漏船上若喚得副手稍工不不至

沈醉經念猶可恃也 卷卅四答呂伯恭

羅大經日周登公參大政朱文公與劉子澄書云如

今是大承氣湯卻下四君子湯雖不為害恐無益

於病聞嗚呼以乾淳之盛文公猶恨富國者不用大

承氣湯況下於乾淳之盛者乎然歷考往聖如孔子相魯

而下大承氣湯固是對證大舜繼堯亦不免下大承

氣湯信矣文公之為名言也 編林玉露

讀朱笔記卷第四

崇文院 五〇

二程之學始焉未得其要是以出入於佛老及其反求

而得諸六經也則豈固以佛老為是哉 卷四十一答程允夫

二程出入於佛老此尤明證

程氏高弟尹公嘗謂易傳乃夫子自著欲知其道者求

之於此足矣不必傍觀他書蓋語錄或有他人所記未

必盡得先生意也又言程先生遺屬盡一部易其作傳只

是因而寫成此言尤有味 同上

按程氏易傳主於義理而不涉空疏其言皆切實人

事治道真為古今解經之冠宜乎文公推尊之不置

也

蘇程固嘗同朝程子之去蘇公嘗孔文仲乾而去之也

文仲為諫所嗾初不自知晚乃大覺慚閔嘔血以至於

死見於呂正獻公之遺書尚可考也吾弟未之見耳 同上程允夫

按此可與史傳相參商

問知敬觀者其色必和此皆誠實

之發見不可以為故子夏問孝孔子答之以色難 答

據下文恐是言承順父母之色為難然此說亦好

按色難自嘗以尤夫說為是朱子必欲存舊說不知

何謂又云此說亦好則二說者晦庵亦嘗決定

讀朱笔記卷第四

崇文院 五一

文權出示近與諸公更定祭儀其間少有疑輒以請敎

幸與諸公評之廟必東向此一句便可疑古人廟堂南

向室在其北東戶西牖 向南室西南隅為奧尊者居之

故神主在焉詩所謂宗室牖下者是也主既在西壁下

即須東向故行事之際主人入戶西向致敬試取懷禮

特牲少牢饋食等篇讀之即可見矣 凡廟皆南向而主皆東向

祫祭之時群廟之主皆升合食于太祖之時則太祖之惟

主仍舊東向而群昭南向群穆北向列於太祖之前此

前代禮官所謂太祖正東向之位者為祫祭時言也非

【上半】

祫時則羣廟之主在其廟中。無不東向矣。廟則初不東
向也。至朱公掞錄二先生語。始有廟必東向之說。恐考
之未詳。或記錄之誤也。且禮左宗廟則廟已在所居之
東南。（禮家謂宮直已丙上）若又東向。則正背却中庭門道。於人情亦
不順矣。故疑語錄恐是錯。東字。然其後又言。太祖東向。
則廟當南向而列主如祫祭之位。（唐禮閣新儀祭圖設位曾祖在西壁下東向祖北壁下南向父）伊川以四仲月祭而
考其說與後來伊川所定祭儀主式亦不相合。（此錄秋用重陽非仲月伊川作主粉塗舊廟稱而此云剡牌子）此皆語
錄之誤也。又今儀冬至祭始祖。并及禰廟之主。夫冬至
疑亦當時草創未定之論。此皆語
蓋取諸天時。舉以物象。其義精矣。今不能行則已。如其
行之而又不盡。更易以已意寶易舊文。失先賢義起精微
之意。愚意以為殆不若不行之為愈也。此則新儀起之誤
矣。（卷四十二　與吳晦叔）

【讀朱子語類卷第四】　崇文院　五二

祭始祖立春祭先祖季秋祭禰廟。此伊川之所義起也。
按此條之言。余經說中嘗詳之。今不具論。
春秋書正攄伊川說則只是周正建子之月。但非春而
書春則夫子有行夏時之意。而假天時以立義耳。文定
引商書十有二月漢史冬十月為證。以明周不改月。此
固然以夫子考之。則七八月乃建午建未之月。暑雨苗

【下半】

長之時雨。十一月十二月乃建戌建亥之月。祥寒成栗
之候。（曰十月引證甚）又假併改月號。此又何耶。或是當時之正
者。蓋行。雖人所用。但是國史則必用時王之正。
其比商書不同者。蓋後世之彌文。而秦漢直稱十月者。
則其制度之闊略。（人追改當更改之　吳晦叔）亦未知是否。
因便復以求。教幸遷以一言。可否之。（吳晦叔）
胡說之誤而其言稍有斟酌兩耳。此後一書及卷四十三
接胡安國夏時冠周月之說與程子作之俑。故公明知
答林擇之書。更詳宜併攷。
同寂然不動者。誠也。體也。或而遂通者。神也。用也。體用

【讀朱子語類卷第四】　崇文院　五三

一源。顯微無間。唯心之謂歟。（此說甚善　石子重）
接體用一源。顯微無間。語出唐僧澄觀華嚴大疏。伊
川一輩之而其徒皆奉以為金科玉條。雖曰不浸淫
莊禪。吾不信也。
屢空。恐是空乏屢至。空乏而屢之。能安此顏子所
以屢徵於道也。下文以子貢貨殖為對。文意尤分明。若
以空為心空。而屢空顏復則顏子乃是易傳所謂復
善而不能固之人矣。何以為顏子。（答顏明仲　卷四十三）
按何氏後說以空為盧中而皇疏遂有體寂心盧之
說。在宋陸象山。在明焦弱侯輩。遷用之。皆好奇之過

也。此條至當不可易矣。

大抵臺書惟論孟文調平易。而切於日用讀之疑少而

登多。若易春秋則尤為邃奧而難知者是以平日畏之

而不敢輕讀也。

按觀此公平生所殫思蓋唯論孟二經。是以其注亦（同上答趙佐卿）

最為精善。春秋無解。易本義極淺露。知公平生不甚

下手也。

三代正朔以元祀十有二月考之則商人但以建丑之

月為歲首。而不改月號。（時亦必以改月雖後世之說以夏時冠周正。不改時也）以孟子七八月十一月十

二月之說考之則周人以建子之月為正月。而不改時。

【讀朱筆記卷第四】 五四 崇文院

以書一月戊午厥四月哉生

明之類考之則周文特加四字。此書改月而孔

之云考之則是夫子作春秋時特加以程子假天時以立義

行夏時之意。若如胡傳之說則周亦未嘗改月。而孔

子特以夏正建寅之月為歲首月下所書之事却是周

作之意。不如是之紛更頻擾其所制作亦不如是之錯

正建子月事。自是之後月與事常相差兩月。恐聖人制

冤無章也。（同上答林擇之）

按此書可爲張以事春王正月考先儒矣。

啓蒙修了未早欲得之。（卷四十四 答蔡季通）

蔡泰季通於啓蒙象書用力獨專子此可見。

中庸辭傳幸遽修改示及中庸更有數處令并錄呈幸

卻付之也。（同上）

按上文曰賣曆之說今日終日安排殺不能定蓋察

乎天地終是說做憑字不得是公議解經賣憑字又

以此安排各章。自覺其不安。極屬牽合。

嘗謂五行成數去其地之十而不用。則七八九六而

已圖奇耦稱故七九為陽。六八為陰陽進陰退。故九六

為老七八為少。然陽極於九則退。八而為陰。陰極於六

則進七而為陽。一進一退循環無端此操蓍之法所以

【讀朱筆記卷第四】 五五 崇文院

周九六。而不用七八。蓋取其變也。只以此說推之。似無

蓋龜山所謂參之為九。所謂六乃康節以三為真

數。故以三兩兼之而得九六之散。今以一三五為九。二

四為六則乃積散非參之兩之之謂。且若此而為九

六則所謂七八者又何自面來乎疑亦未安。

按此條解七八九六。蓋依乾靈度及鄭注為言。又以

邵氏說為疑皆與平生持論左。或是晚年定說觀此

則今本義啓蒙用邵氏加一倍之說者。公未必自以

為是也。亦可類推云。

惟其濡見飛躍各得其時則是以人當天也。然不言富

天面聲御天以見遐邊邊之在我聞。上闕

解得詳明。

文字煩抄錄爲愧比復有更定一二且未可出以示人
也。所論數條足見思索之深甚副所望正所以守字
誠未安。但此字雖下。不知曾爲思之否。因來及之得以
反復也。上同

按此公于文字不憚脩改。尤見其不苟也。

密子瞻洪慶善楚辭補注中引顏之推說云是伏字濟
南伏生卽其後也。如何如何。方伯謨 上與

按密子瞻見論衡本性篇趙彦衛雲麓漫抄亦依顏
氏爲說可倂攷。

《讀朱筆記卷第四》

五六 崇 文 院

此謂知本以例推之凡言此謂者皆傳文非經之結句
也。同上蔡
江德功

按愚初亦以此爲疑後再考之恐大學未必如是立
例則宜從古本爲是也。

示及史記疑數條熹向冒攷證來了功臣表與漢史功
臣表。其戶數先後及姓名多有不同。二史各有是非當
以傳實證之不當全以史記所傳爲非實也。如淮陰爲
以傳教與客漢史作票客顏師古謂其票疾而以賓客
連禮之夫淮陰之亡以其不見禮於漢也。蕭何追之而

萬於漢王始爲大將若已以賓禮禮之淮陰何爲而亡
識此則史記之所載爲是三代表是其疎謬處無可疑
者。同上蔡
子野曾

辨證尤當。

伐燕一節史記以爲潘王通鑑以爲宣王史記卻是攷
他源流來通鑑只是憑信孟子溫公平日不甚孟子到
此又知信之不知其意如何張敬夫說通鑑有未盡處
似此一節亦是可疑。但二說今皆無所證。未知孰是孰
非更可反覆詳究如有所見卻幸垂教。上同

按以伐燕爲潘王事以史記爲是爲近溍王戀淦說

《讀朱筆記卷第四》

五七 榮 文 院

先輯。但公未斷以孟子爲譙字耳王說見白田雜著。
而錢氏養新錄深是其說可倂攷。

《讀朱筆記卷第四》

仁齋日劄

提　要

　　《仁齋日劄》，日本伊藤仁齋撰，日本甘雨亭叢書本。每半葉九行二十一字，左右雙邊，白口，單魚尾。是書多講儒家之說，歸於理學。伊藤仁齋，名維楨，字源佐，號仁齋。其學派史稱「堀川學派」，一稱「古義學派」，為元祿至正德年間最大儒學學派之一。主要著作有《論語古義》十卷，《孟子古義》七卷，《中庸發揮》一卷，此外，還有《童子問》、《語孟字義》、《古學先生文集》、《古學先生詩集》以及《仁齋日劄》等。

仁齋伊藤先生傳

先生諱維楨字源佐初名維貞字源吉號仁齋又號古

義堂堂前有海棠一株凶又號棠隱平安人父長勝有

三子先生其長子也寬永丁卯生于堀河幼而深沈不

好弄十一歲始讀大學治國平天下章歎曰今世亦有

知之者邪既而稍爲詩出語不凡甞共嘆異十九歲讀

延平問答熟復不釋紙爲爛敗自是翼然于性理之學

著心學原論大概論性善論其所居揭誠修二字以自

警偶罹廢疾謝絕人事始十年所家產爲之蕩然親舊

<甘雨亭叢書　傳一>

皆勸爲醫先生不肯中歲有疑於宋儒之學乘孔孟之

意考索多年略得就紹乃謂大學之書非孔氏之遺書

及明鏡止水冲漠無朕體用一源等說皆佛老之滛辭

而非聖人之意也於是閉門延生徒來者輻湊時芝山

大高坂氏著適從錄排擊先生學弟子將爲之辯先生

曰爲學之要虛心平氣以爲已爲先亦何爭爲後德火

寺藤公好學每會諸儒令相論難往復數四或以詆訶

先生獨恬然不爭年三十六始論孟古義及中庸

愛撝等蓋又毅同志會相聖像于壁鞠躬致拜退講說

經書相規過失又傚許氏月旦評品第人物倡勵生徒

或私嫌策問以試書生設經史論題以命文月率以爲

常延寶實癸丑京師火延及書堂百物湯盡先生唯蒙古

義一部而逃僑居于京極大恩寺先是母里村氏患鬲

噎三年奉養謹至未甞一日懈惰後疾原聘禮而招

爲先生辭以侍養無人每臨終合掌禮謝莘養之篤視

者感涕明年父亦死服喪通前凡四年云爲人覺厚和

緩不疾言遽色不設城府不修邊幅未甞爲迂僻矯激

之行以駭異而人無少長接之以誠及其大義所關

<甘雨亭叢書　傳二>

雖誘之以萬鍾而不可奪也以是德聲日隆四方之士

過京者不問學不學莫不願一識其面聽其講投刺來

謁者凡三千餘人一日有大石良雄來侍其講塵而不

聽衆皆睚笑先生曰小子勿妄謗以予觀彼非庸器必

能堪大事後果然甞諳諸葛孔明霸者之臣耳豈王佐

之才乎哉或問曰路于蜀則孔明霸亦不能爲我古

先生曰人各有能我不能爲孔明孔明亦將以孟子泲惠

之宰相有以半部論語治天下者我亦將以孟子泲惠

王一篇治天下也其立志如此而作文專宗唐宋八家

辭理平穩。務欲易曉而文遷浮靡之習李王鈞棘之辭。皆不取焉。於明唯取唐荊川歸震川王遵巖三家而已。其辭則宗杜工部朝鮮安愼徽覽其送浮屠道香序曰。其音趣固與古人異而文亦絕佳日本未聞有如許文。攜歸其國元祿之季遂達。宸聽。宣索其文因藤貞維以進士林榮為家屢空先生居之晏如也毀譽得失一不介懷有詩云唐家本十餘口。既無尺寸田遭逢太平日自免米鹽鞠道以唐虞準學從鄉譽傳眼前兒女侍萬事醉陶然其賢豈自得蓋

甘雨亭叢書 傳 三

如此云先生有五子長胤原藏次長英重藏次長胤長正藏次長準平藏次長堅才藏各以儒學顯而長胤長堅秀出時人相謂曰堀川五藏首尾最良寶永二年三月十二日先生終于家年七十有九私諡曰占學先生論曰先生家本寒素短褐穿身併日而食然清淨嗜學不求聞達于諸矦其學不由師傅而得諸遺經戚名赫煜煇于一世以物茂卿之才不能有加焉而五子皆以儒聞子孫至今繼其箕裘何其盛也或云先生之教大也堂之以君子雖然如其所說經義稍有可錄者蓋

軒貝原氏曰。其執拗偏兒似。郝京山吾以為確論矣。

安中坊主板倉勝明子赫撰

甘雨亭叢書 傳 四

仁齋日札

平安 伊藤維楨原佐著

儒者之學最忌闇昧其論道解經須是明白端的若在
十字街頭白日作事一毫瞞人不得方可切不可傅
會不可穿鑿不可遷就尤忌回護以掩其
短又戒麤點以使人悦從前諸儒動犯此諸病非惟
有害於論道解經必大壞却人之心術不可不知也又
曰要若剝大蒜子置諸銀盤子內潔潔淨淨渾身透
明不要若薰藏臭物器中他物亦皆觸觸氣涂類悉就

臭腐不可用也學問之不進德義之不修一皆坐此
此是儒門講學第一心法學者須以此為立命根基
常常體取不容遺忘
仲尼吾師也凡學者須要皆以聖人自期待不可從後
世儒者脚板馳騁餞使區區議論道得是當終不濟
事
學者不可於聖人言語上增一字又不可減一字若謂
孟二書實包括天下古今道理盡矣所謂微上微下
者是也宋儒動引佛老之語以明聖人之學吾深識

其非也

仁者每視人之是不仁者每視人之非仁者必取人之
長不仁者必訐人之短
聖人學問第一字是仁以義為配以禮為地
而進修之方專在忠信
進為而不可治天下國家退為而不可修身齊家者皆
不足以為學也若興端虛無寂滅之教俗儒詩賦博
物之學是已若近世稱理學高談大概性命而遠於
日用者亦其亞也觀孔孟所說自可見矣盖有後來

所說無聲無臭驚高邈塵若禪非所說者邪其是非
可不辯而知為
一道德同風俗是二句是治天下大規模此語出禮記
無禍卻是福不凶則為吉世人以富貴貧賤論吉凶禍
福者非也苟富貴而身多患害子孫不肖者不若貧
賤而身無事子孫聰明之為愈也若夫以富貴貧
賤論吉凶禍福者實市道之見也此論當破千古之
惑
孟子曰惻隱之心仁之端也羞惡之心義之端也古註

云。端本也。始也。又曰人皆有所不忍。達之於其所忍。
仁也。人皆有所不爲。達之於其所爲。義也。所謂所不
忍不爲者。即惻隱羞惡之心也。達之於其所忍所爲
者。即擴充之謂也。此千古仁義二字正解。學者當以
此爲準則。

君子之視人。無一不可者。小人之視人。無一可者。君子
認天下爲己之類。小人亦認天下爲己之類。故君子
謂之惡。則其惡不可逃爲小人謂之惡。則其惡不可
不察焉。

甘雨亭叢書　仁齋日札　三

君子之脩身也。不務昭昭之行。而積實實之德。其論人
也。亦不取昭昭之行。而察實實之德。
人說閒事直是閒談我說閒事總是學問。
詩家最忌落議論學亦然。蓋學成德熟胸中自有
成見。而後言言句句。莫非至理。是謂造道之言。若夫
思量按排組織成言者。道得是當皆巧言耳。議論
愈精。去道愈遠。義理玄微。蚕絲牛毛。總落理解視識
道者之言。實天淵矣。宋儒談經。字繹句訂。銖量寸校。
要無一毫滲漏。不知學者悅以爲精密爲的。殊不

知於高明正大平易從容之地。大有所不相合者。聖
人之道。豈區區議論言說之所可能盡乎哉。
知道者舉天下之物。所見莫非善。故每視人之善而不
視人之不善也。不知道者又舉天下之物。所見莫非
惡。故每視人之惡。而不視人之善。孟子道性善言必
稱堯舜。又曰若夫爲不善。非才之罪也。孟子道性善
不忍人之心。非所以內交於孺子之父母也。非所以要譽
隱之心。今人乍見孺子將入于井。皆有怵惕惻
於鄉黨朋友也。非惡其聲而然也。又曰呼爾而與之。

甘雨亭叢書　仁齋日札　四

行道之人弗受蹴爾而與之乞人不屑也。又曰雖存
乎人者。豈無仁義之心。孟子言言句句。要莫非斯理。
視人之善。而不視人之不善。非惟孟子之學爲然。堯
舜孔子之心亦然。其於人之不善也。惟識其陷溺之
所致而非性本然也。學者待於是自得爲則庶乎識聖人
有悔過之心也。學者苟於是自得爲則庶乎識聖
之道矣。若夫小人之心。先自暴自棄。況於人乎其卒
至於凡天下之人皆以惡人待之。所謂視人之不善
而不視人之善者也。

六四〇

稱端人正士者有三為人所樂者上也為人所嚴憚者
次之為人所媢嫉者下也
賈誼陸宣公有儒者之才而無儒者之學韓退之歐陽
永叔有儒者之學而無儒者之志董仲舒文中子有
儒者之志而其學未充者也
君子見用則非一人之福乃天下之慶也君子見黜則
非一人之不幸乃天下之不幸也
天下有道則學在於上天下無道則
道則君子在位小人見黜故學在於上天下無道則

甘雨亭叢書　仁齋日札　五

小人在位君子奉身而退故學在於下學在於上則
治學在於下則亂
新安之學者堂堂乎張也難與並為仁矣之弊凡有志
於學者必有此弊其不及者亦潰墮不可挽焉故依
乎中庸為至
學者平生存心忠信正直則非惟於事無害雖臨危難
自無悔吝不然則雖問諸卜筮禱於鬼神不
能無悔吝可不謹哉

了了之論蓋二家之徒各主其師說或為調停兩可之
說而不能折諸聖故自宋元至明竟無一定之說若
去二先生之說直求之於經則聖人之言明白分曉
無復可疑為中庸問苟不至於德至道不疑為故君子
尊德性而道問學言雖知道問學然不知尊德性則
問學不得其為問學而不以道問學為功此聖門真正
之學問而非世俗徒知道問學而不知本德性之比
此指所以先庚乎晦翁之意而於象山則不能免乎

甘雨亭叢書　仁齋日札　六

得其一而遺其二之病矣
參州鳥原邑有嘗谷氏者農夫也
嘗從旁邑受四書及朱子小學書崇信志篤
求道之志愈力延寶辛酉春聞予講古學從參州來
留于半歲餘受予之所著語孟古義草本而歸其後
又與夏目氏俱來戊辰冬又蹔近邑好學者一八來
亦農夫也其將歸予寫嘗所蓄熊安既沒邪說蒸行
又作論一篇餞之使男長胤從旁讀而聽之讀之畢
嘗谷氏乃言曰九害於人倫遠於日用無益於天下
為湖典同之辨朱陸之門徒互相詆譭於今數百年未

國家之治者皆謂之邪說皆謂之暴行是一篇之警
策予愕然甚服其聰悟此篇人多傳播而能得其主
意所在者皆营谷氏一人而已彼盖員體實踐故其所
得於心迥別今年正月又使其姪及一書生來迎門
下經生一人而歸爲原之在參州最僻遠其人皆服
田畝讀書者甚希而近來傍近歎許邑翁然嚮學家
蓄聖經人誦孔孟亦一奇事也夏目氏本七人皆在
備州講王新建之學後好刱制學其與营谷氏來與予
款語愦愦頓覺舊說之非歸參州悉棄舊學沛如也

甘雨亭叢書　仁齋日札　七

時時擊手歎曰某誤矣某誤矣殆若在人亦奇士也
今既沒尤可惜也初二人皆嚴毅清苦與八寨與同
邑老人將死必勅其子弟曰勿學二人之爲其後二
人之學漸就平實無復舊日諛典之行故邑人皆服
其篤行又信學問之益人夏目氏嘗謂予曰備州一
友有疑孟子性善之言深思而不得卒羅蔡疾而斃
若使閻先生說必不至死幣哉营谷氏綱太次共關
備州一友稱　夏目氏縣七左衞門
柴田善七

莊子曰道在太極之先而不爲高在六極之下不爲深

甘雨亭叢書　仁齋日札　八

予謂上一句意義不通下句文字不順當作道在太
極之上而不爲高在太極之下而不爲深若謂
蒙文相近火六二字形亦相似盖傳寫之誤耳若謂
在太極之先則當謂不爲遠不可謂不爲高而上文
既曰太極則下文又曰不可謂六極傳寫之誤必矣
莊子之意太極蓋指太虛而言猶曰八極六極也大
傳所謂易有太極者亦若此盖聖人之與老莊其道
雖異然於常時事物之名稱本不可有異若天地曰
月草木禽獸之名是也由是觀之則易之太極亦當

指太虛言之

不馭耳目不怫世俗從容和易樂善不倦學問之道如
斯而已矣夫好爲高論奇行而無益於人倫無資
於日用者皆不可與入于堯舜之道矣孟子所謂邪
說暴行正謂此

儉則禮與奢則禮廢必然之理也何者物不可以終儉
必不得不爲之節文此禮之所以與也文勝則奢奢
則力不給此禮之所以廢也故儉者禮之本歟後世
制禮者不知其本必以備文爲事漢唐以來雖各有

一代之禮然皆爲虛器不得若三代之禮上自朝廷
下至閭巷爲人家日用常行之典者實爲此也
深信古人是進學之極則天下之至善也所謂深信古
人者一毫不執己見不雜己說以遷就或加他說以補綴若苗揚韓子之
及正謂之深信古人若不然則不識其意之所在不
識其意之所在則卒不能盡其理反爲踈畧爲差誤
或立己說以遷就或加他說以補綴若苗揚韓子之
不識性善宋儒之不免陷於禪學窠臼皆不深信孔
孟之言而溺執其意故也可不戒乎

甘雨亭叢書　仁齋日札　九

拘法而不知變化與舍法而妄執己見此二病也天下
學者皆在於此二病中夫道者非法之所能盡而非
法亦莫能遊其妙故知道者心執乎法而不以己之
意雜於其閒焉以法在乎善用之而本不可廢也夫
子之以詩書禮樂教人是必法與人也然顏曾賜商
得各成其材者此善用其法也所謂神而明之存乎
其人夫謂舍法而有所能爲者亂道之尤也
天下莫易於知堯舜之道亦莫難於知堯舜之道所謂
竟舜之道孝弟而已矣此其所以爲易知也而其所

以難知者蓋堯舜依仁義之道執中和之德至正至
當天下燮以加爲故知雖几世之號至言妙道稱大
要大賢之言尊崇故事之不暇者然無益於大倫無
資於日用者皆爲邪說而後可知唯堯舜之道至正
至當天下燮以加爲此其所以難知與
難知者木非二事
論語五殷因於夏禮所損益可知也周因於殷禮所損
益可知也馬氏註曰所因謂三綱五常所損益謂文
質三統審焉馬氏之意殷因於夏周因於殷下皆當句

甘雨亭叢書　仁齋日札　十

絕而以二禮字屬下句故不曰禮謂三綱五常而曰
所因謂三綱五常三綱五常豈可謂禮哉慈老分曉
孔踈以來於二禮字下句者不得其解然本文只當
於夏禮殷禮下句又漢書郊祀志有善爲巧發奇中
之語按師古註當以善爲巧作一句發奇中又作一
句迄世諭大家文皆作巧發奇中便小說讀師古之
註者也
論道者當先論其血脈而後其意味讀書者當先觀其
文勢而後其義理蓋意味無形不知其合否如何義

理亦然但血脉與文勢猶一條路子不容一毫差錯

故合血脉而後意味可知得文勢而後義理可辨語

曰回也其庶乎屢空賜不受命而貨殖焉億則屢

言顏子雖簞食瓢飲亦不饒迫乎飲食不給屢至空

乏者也蓋美其貧而能不改其樂也舊說以庶乎空

空爲近道又能安貧亦不得文勢或以屢空爲屢中

無我是老莊之旨而非聖門之學亦舊爲屢空中

而觀不言殖貨而言貨殖則知非豐財之謂貨自

殖爲耳觀文勢自可見矣

甘雨亭叢書　仁齋日札　十一

積疑之下有大悟大悟之下無奇特夙興夜寐夏葛冬

裘君君臣臣父子子夫夫婦婦士農工商各安其

業言忠信行篤敬從此之外更無至理所謂大悟之

下無奇特者正如此

天道者以常理而言天命者以臨時而言

孟子所謂莫之爲而爲者天也莫之致而至者命也省

以必然之理而言猶曰水之於下也非理非泛辭也

文章欲簡而意盡不欲冗而理闇

文章以理爲主以氣爲輔而飾之以詞其要在於平正

穩當

漢之文質實宋之文平正明之文恠誕

韓柳各自出一家機軸在漢之下宋之上而論本色當

行則班馬之後當歸于歐陽公

文章以意深義高平正通達爲上以詞多理少組織粉

澤爲劣

明道范文正好仁伊川晌翁惡不仁學誠議論亦隨而

興各難有所見然學者當以明道范公爲準

歐陽子曰聖人之教入性非所先蓋主仁義而言宋儒

甘雨亭叢書　仁齋日札　十三

深以爲誣蓋宋儒之學以性爲學問之全體其言曰

人性上不可添一物故名聖人之學爲性學與名禪

宗爲性宗爰興所以深非歐說也以予觀之歐說

未可全非蓋聖門之學性與敎而已矣故中庸曰天

命之謂性率性之謂道修道之謂敎蓋道以統性而

敎之所由出故次節特揭道字言之以言道則性與

敎在其中也又曰自誠明謂之性自明誠謂之敎又

曰尊德性而道問學即敎也論語專言敎而性

在其中矣孟子雖似乎專言性然以仁義爲本而專

以性善明之其意以為性善故能居仁由義若使人
如犬羊之性為則决不能居仁由義其所說擴充之存
養之功即教也宋儒見盡性二字便以為盡性之外
別無學問殊不知盡已之性固無出已之性外及乎
盡人之性盡物之性而贊天地之化育為則不可謂
之盡已之性性非學問之功何論語專言教而不言
性其言盡不明乎然則歐說雖不知象性然猶有彼
善於此者故不可全非之
知性而不知教則陷乎虛靜佛老之道是也知教而不

甘雨亭叢書

仁齋日札 十三

知性則汎濫無統荀子之學是也
仁者見人之善而不見人之惡不仁者反之蓋仁者非
不見人之惡其心寬容慈憫有惓惓引接不棄之意
其深惡而遽絕之者亦不仁也
擴充之充當訓大不可訓滿趙岐亦以充大釋之蓋訓
滿則見其滿本然之量而止焉殊不知仁義之良養
而不害則充而愈大有不可遏止之勢故曰盈科而
後進放乎四海又曰養而無害則塞于天地之間苟
滿本然之量即盡性之謂也至於盡人物之性而贊

天地之化育為則教之功也是孔門所以貴乎學而
近世性學之所不及也觀孟子不曰進至守海而曰
放于四海可見矣放字亦有放溢之意
夫子之道忠恕而已矣堯舜之道孝悌而已矣皆以
說破明其無多端也先儒謂曾子借學者之忠恕以
明聖人之一貫然則亦謂借象人之孝悌以明堯舜
之德可乎盡宋儒高談性命氈心塵靜而不知堯舜
孔子之道全在平生日用之間而不出於人倫之外
故論云云大凡無益於人倫日用無補於天下國家

甘雨亭叢書

仁齋日札 十四

之治者皆不可與入于堯舜孔子之道實無益之剩
物也孟子謂之邪說暴行為其害道尤深也學者深
知此理而後可以識曾子所謂忠恕而已矣之意
讀書窮理可以致知未足以制行
文言曰敬以直內義以方外足以制行未足以成德
未足以成德足以成德者其惟仁歟
惟仁可以成德性義可以制行惟儉可以保身惟敬可
以執事
惟愛可以成仁惟斷可以制義

聖人就天下之所同然而見道佛子就一人之心見道
就一人之心而見道故佛者之道爲一人之私說就
天下之所同然而見道故聖人之道爲大中至正之
道。
蘊于內之謂德形于外之謂行蘊于內者不能不發于
外形于外者以存于中也以行專爲外者非。
具于己而未動謂之性已動而未涉于思慮謂之情已
涉于思慮則謂之心心之往來計較者謂之意。
古人以喜怒哀樂愛惡欲爲七情而大學以忿懥恐懼

好樂憂患爲心其別何哉孟子於四端亦然皆謂之
心而不謂之情蓋情者以天下之所同然而言故曰。
天下之同情又曰古今之情蓋父欲其子之賢子欲
其父之壽康此所謂天下之同情而古今之所同然
也凡人見當喜怒哀樂愛惡欲者不能不喜怒哀樂
愛惡欲是天下之同情也纔涉於思慮則謂之心。
好學則雜應不生好德則外邪不入古人惟知好學好
德而已故心廣體胖仁義之氣油然自生於中矣苟
不用好學好德而徒欲消遣邪應防開外邪猶無主

甘雨亭叢書　仁齋日札　圭

之宅情人來防戎防開甚過反不免煩擾若後世省
察之學是也。
古人以禮義兩者爲家常茶飯事無大小慈無不以此
爲準則後人專知守心不知以禮義爲重後儒就
天下之所同然而見道故不能不以禮義正心爲要千
專就已之一身而求道故又不得不以正心爲主亦千
里之差實始於此佛氏以心爲主亦然。
孟子曰堯舜之道孝悌而已矣曾子曰夫子之道忠恕
而已矣然孝悌以人倫而言忠恕以學問而言其理
則一也所謂若合符節是也夫道之至極必至於萬

世不易之常道而極即君臣父子夫婦昆弟朋友之
交而以孝悌忠信爲本苟知孝悌忠信即萬世不易
之常道而實爲道之至極焉則知夫子祖述堯舜之
意而佛老空虛之說宋儒無聲無臭之論皆捕風捉
影終不濟事
觀人之文章當併見其至巧者與其至拙者不觀其至
巧者則不知其力量之所造不觀其至拙者則不知
其平生之力量若博之原道師說是其力量之所造

甘雨亭叢書　仁齋日札　夫

也頎宗實錄是平生之力量也學為文者所當識也

至高事仁至靜害義

橫渠先生程子表弟也而二程尊信其所著訂頑書同
於聖經橫渠亦在洛坐皋比講易二程適到忽徹卑
此謂諸生曰某說易皆亂道二程在諸公當就之而
問焉若程張之心可謂眞儒學也後之學者皆當存

此心苟無此心其說信說義義皆歷談焉耳

孟子不見諸侯有數義不為臣不見一也以不賢人之

招則不敢見二也不待其招而不往見三也不枉尺

甘雨亭叢書　仁宦日札　七

而直尋四也

朝鮮李滉編朱子書節要於揚子直姓名下題之曰朱
門之叛徒予竊薄焉以為往者當往來者當來詎以
叛曰之孟子曰往者不追來者不距苟以是心至斯
受之而已矣又曰今之與揚墨辨者如此而追放豚既入
其苙又從而招之聖賢之設心如此而後世儒者自
占門户深防於人如此鄙哉

性猶穀種心則萌芽之動也

以性見心則心動而性靜以情見心則心動而惜又靜

情非不勤物然非如心之思慮討較徒來而不止也

易曰立天之道曰陰與陽此語與一陰一陽之謂道自

不同蓋一陰一陽之謂道即流行之義立天之道曰
陰與陽明對待之理蓋物有兩而後化無兩則無以
化此天地自然之理至萬物之生莫不皆然外此更
無道理故於陰陽字間著一與字意味可見所謂太
極生兩儀者即分生之謂非生出之義

人與草木同生亦當與草木同盡炎炎為貪戀委委為愁傷

惟天保養不可失修為不可關大凡有資於生民有

甘雨亭叢書　仁宦日札　八

補於天下後世者皆當務為不可不努力焉不可作

無益之事以求後世之名生民以來種種功名富貴

不知其幾計從今見之皆花讒水流烟霏雲散可附

冷看然悟得此意亦勿為幻解皆實理之自然也詩

曰悠哉悠哉聊以卒歲

柳仲郢曰鞶轂之下嘽墨為先郡邑之治惠愛為本諢

歷二字不好當以禮法二字換之

天下無理外之事而不可以理盡蓋益天下之事或有

意想之所不到智慮之所不及者若欲一一以理盡

焉。則必牽強臆說是而理反踈論詳而實不中。若

後世理學之說是也。唯君子之言如泛然無緊要者。

而實無所不包。為其知所以可尚也。

仁義禮智四字是學問之全體。知仁勇三字是進道之

大關鍵。文行忠信四字是孔門教人之定法。

天下之言有似乎至理而實出俗見者。所謂有生於無

者是也。世之難未嘗為學問人。少有黠慧者皆能言

之。易象曰大哉乾元萬物資始乃統天。繫辭曰天地

之大德曰生。此謂天地有一元之氣而萬物資之以

始也。末儒無中含有之說亦臆慶之言為耳。佛氏所

謂芥子納須彌之理也。

害正道者二。曰穿鑿。若附會不免此兩者。則正學不可

得而明。穿鑿若漢儒易象五行災異之說是已。附會

若末儒以先天圖為伏羲之作。以大學為孔子之言。

而曾子門人記之。與大學孝經同分經傳。與諸教學

之說皆是也。

學者當常常從事於恕。

學者當不擇親踈遠邇。以恕為務。若見人之不善。則慣

怒之心不能不生。然以身體之則必有可宥者。此恕

之功。所以大也。

張子曰心統性情。非也。心以有所思慮而言。性以有所

存于己而言。故於心曰存。性曰養是也。情亦屬于性

者也。故稱性情。情則性之發也。

仁齋日札終

東涯漫筆

提　要

《東涯漫筆》二卷，日本伊滕長胤撰，日本甘雨亭叢書本。每半葉九行二十一字，左右雙邊，單魚尾。天頭有校記。此書實合《漫筆》與《雜書筆記日錄》，分六經子史，闕宋儒之異同，說日用常行之受用。伊藤東涯，江戶時代中期儒學家。名長胤，字無藏，號東涯。自幼學習儒家經典。著述頗豐，主要有《制度通》、《辨疑錄》、《古學指要》、《古今學變》、《紹述先生詩文集》等，為日本「古義學派」的集大成者。

東涯漫筆序

先君子初年著漫筆二卷雖議論細密其以少作自不
欲傳實承已丑庚寅雜書筆記曰錄併為一部舊蓋先
子年四十矣從此而后有所得即筆記名以漫筆初分
顏以語孟學庸六經子史雜書後亦不體統及其老也
以壬子雜記野記癸丑雜記漫筆續錄此時又別草閒
居筆錄與漫筆條欵相出入者閒有之因知其同文者
其議論全同而文異者循舊而存焉其次序欲以頻訂
正後又謂逐年所錄存舊為是自往年就校正歲月往

甘雨亭叢書 序

庶今茲庚申全業此書大抵關宋儒之異同尤精細
說曰用常行之受用尤切實劖到寇聖訓之直指為日
用不可欠之書因欲傳後生同志序之於卷端爾

寬政十二年庚申夏五月十三日

男善韶謹識

東涯漫筆卷之上

平安　伊藤長胤原藏著

子絕四一云母意集註以為母私意誤矣蓋意云者心
之往來計較者聖人德定理明可行而行可止而止
無經營造作之私此謂毋意不必著私字而謂之不
善也或云凡文字中曰以志遞意或曰聖人之意或
於善惡之意則其所生不好之意多在如欲字亦
然猶道德二字周通善惡而專言則主善而言也意

甘雨亭叢書　東涯漫筆　卷上　一

字反之不待言私而既是不善
仁者至誠惻怛之謂清者廉潔不汙之意自以當理無
私心則仁而仁與清無別故集註陳文子去齊章曰
其心果見義理之當然而能脫然無所累乎抑不得
已於利害之私而猶未免於怨悔也故夫子特許其
清而不許其仁如是則陳文子之為人汙樓茫昧不
唯不得為仁而亦且不得為清矣怨是用希所以為
聖之清既謂之清則豈有怨悔乎若夫不得已而去
國則夫人能之豈特陳文子乎哉

富與貴是人之所欲也不以其道得之不處也貧與賤是人之所惡也不以其道得之不去也集註不以道得之一句讀故云君子之審富貴而安貧賤也如〔此小注謂貧賤有不以道而得者尤不安貼〕予謂此上二段就素富貴者而言下一段表裏相誠無乃重複乎不然去也或曰如此則二段言處富貴去貧賤之道也蓋言不以其道則不處不富貴而處之周公是也不處者伯夷是也貧賤而去之伊尹是也不去者顏子是也君子之取捨皆以其

道而不苟去處二者皆自身既得之而言非言將得之時是兩人之戒非一人之教也故富貴則曰處而貧賤則曰去皆如集註則當言去就蓋朱子牢就二得字生意予則謂道字是主去處二字是受用地蓋言以其道而處以其道而去又如此友言亦如此孟子曰苟非其道則雖祿之以天下不顧也又曰非其義也非其道也繫馬千駟不顧此等道字皆一意不以其道得之不處此道字是言處之之道非言得之之道貧賤倣之

君子有教無類者蓋性相近習相遠之意性相近所以無善惡之類習相遠所以必欲有教所謂類者謂上智與上智類下愚與下愚類也蓋除上智下愚之外無類之可言論語所以專言教也

殷因於夏禮所損益可知若據馬氏說則夏字下絕句從來用馬氏說又於禮字下絕句誤矣何者馬氏謂所因謂三綱五常損益謂文質三統三綱五常是萬世不易之常道馬氏何得謂之禮以禮所損益四字為統世有損益固可謂之禮也哉若夫文質三一句玩夫子之意於禮字下絕句為佳馬氏之說不可從也

欲富貴而惡貧賤人之同情也然君子之於事也出處進退必以其道故苟不以其道則素富貴而不處素貧賤而不去也即孟子所謂非其義也非其道此意兩所謂道者謂去之之處之之道非得富貴得貧賤之道也

子貢曰我不欲人之加諸我也吾亦欲無加諸人子曰賜也非爾所及也集註云我所不欲人加於我之

我亦不欲以此加之於人此仁者之事不待勉強故

夫子以爲非子貢所及予謂此說不然也曰欲無者

與曰無欲者大異矣如曰予欲無欲速也類無

無之也無欲者如曰無欲速也類無欲之也本文明

云欲無加諸人不云無欲加於人子貢之意蓋欲而

待勉強而自無欲之事也集註將欲無字若然則是子貢

非子貢之所及也夫子云集註將欲無字只與無

欲字一樣看故註內亦以不欲字釋若然則是子貢

以聖自居也必不然也子貢加以其心之所願欲而

質之夫子也語類曰如今便說無欲加諸人無者自

然而然矣又曰不欲時便是全然無了道些子心可見

集註將本文欲無字只與不欲無等字一例看詞

之先後不可不辨焉

林次問禮之本孔子曰云云揚氏註云此二者所本

者不相合矣若以汙尊抔飲爲禮之本則當以反葉

稈而覆之及蕢之中野厚衣以薪等事爲喪之本若

以戚爲喪之本則當以恭敬之心爲禮之本二者不

相稱或人舉以難予予謂先儒徒知節文度數粲然

可觀者之爲禮而不知禮之設也本所以防制人之

放逸奢濫而非爲觀美也其物采服章之度天子諸

侯卿大夫士各有其制所以辨貴賤定上下而使

賤不得僭貴下不得凌上也故曰禮猶人之隄防與

然則禮之本在於儉不亦宜予與喪之以戚爲之本

意自相符合蓋本字有本始之義而有本根之義

之所問夫子之所對皆使人戚而作喪此其本根也故

禮爲使人儉而作喪爲使人戚而作喪林放

云寧儉寧戚諸儒多做本始之本解故牽強不通在

易之小過象曰喪過乎哀用過乎儉乃是意也

博文約禮一章從前諸解不看破聖人意趣之所在故

使人難於領解此二句本說修身之法故末併結之

曰可以弗畔矣夫夫必有法而後可以言畔

不畔矣蓋文者先王之遺文如詩書六經之類之

所在也禮者經禮三百曲禮三千亦人之法也博考

于古者所以取法於古也約之于禮者聖人事必取法于

事也夫然則可以不畔于道矣古之聖人事必取法

此類可見矣畢竟博文約禮是二項事非旣博學文

亦從而約之也故本文只舉二句而中閒不著而字
且顏子亦云博我以文約我以禮亦可證矣程子曰
云云如此解則可以弗畔結語只貼下一句而不蒙
上一句亦是說乎偏矣唯知下一句之說法而
不知上一句亦是說法唯言博學于文則知識日廣
則亦泛矣大抵聖賢之說皆古皆所以使人
觀古人之成迹而爲己求法也

甘雨亭叢書　東涯漫筆　卷上　六

則者炙亦有外與蓋告子之意物在吾而不關于彼
昔秦人之炙無以異於耆吾炙夫物則亦有然者也然
炙是亦食色中一物若使如汝說則吾之炙則耆而
故曰外故以食色爲性孟子因其明而曉之以爲耆
則以我爲悅故曰內在彼而不在于我則以彼爲悅

而可矣然炙則亦苟美則秦人之炙亦猶吾之炙則耆而不愛
秦人之炙則耆猶吾弟則愛而楚人之弟則不愛
楚人之長亦長吾長也然則由炙而耆則由我亦以
爲有所外而可否乎蓋炙雖在外而耆者則在已猶
長雖在彼而長之則在已內外二字錯綜辨難以深
明義之非由外也

權然後知輕重度然後知長短物皆然心爲甚集註云
云是以本然之權度料心之輕重長短也蓋孟子之意
則以心之權度料事之輕重長短此
其長處功不至百姓及禽獸此
而王及其短處然禽獸而百姓親
求之于心料其罪別分明甚於權度
之料物故上文既曰今恩足以及禽獸而功不至於
百姓者獨何與而下文則曰抑王興甲兵危士臣構
怨於諸侯然後快於心與可見所謂權度之乃在心

甘雨亭叢書　東涯漫筆　卷上　七

也若外心而求所謂本然權度則將何所求乎若不
度之于心則應事接物之間輕重長短各失其所
以曰王請度之
可以取則可矣而取炙可以無取而取則傷廉可以
與可以無與矣而與則傷惠可以死可以無死而死則傷勇
可以無死矣而死則傷勇
孟子曰當堯之時天下猶未平洪水橫流氾濫於天下
又曰當堯之時水逆行氾濫於中國乃引書曰洚水
警余蓋洪水之災在堯之時堯憂之舉禹而治之載

舜典及益稷者皆可見也是時舜方攝位禹治水事
畢告其成功作為貢今大禹謨篇舜耆期之後命禹
攝位乃曰來禹洚水儆予成允成功惟汝賢蔡氏曰
其災所雖在舜時然舜既攝位猶未息故舜以
為天警懼於己不敢以為非己之責而自寛也此說
皆可疑也洚水譬予攘孟子則堯之詞耳而禹謨以
為舜之言所以賞分疏蓋撰古文者竄入補綴照管
不到注家強解之耳。
堯舜之道孝弟而已矣古義云猶言人倫而已矣蓋皆

交之想像聖人為不可企及故孟子將其最至近者
明之曰孝弟而已矣此實理也非特為曾交而言之
也集註陳氏說義不如此尤言義孝之聖率性而已矣
以孝弟做性字說尤屬附會宋人看道虛遠其說自如古
不能不如此然雖深宋學者遠而語之其說自如古
義夫必如集註也此理本不可誣也
孟子所謂擴充者克大其善心也宋之量
見處自是推質以滿其本然之量非也孟子之意本
不問已未發所以發見孺子入井有怵惕惻隱之論

者本所以證人必有此心而非欲示就發見而擴之
也此心之發曰聞亦無若必欲待其發見而充之
則用工之曰不亦甚乎曰人能充無欲
豈有發見之可言哉夫無欲害人之心
害人之心而仁不可勝用也孟子又嘗曰人皆
此可謂無害人之心發見矣然此等豈屢值之事哉
然人無賢不肖無害人之心人人具足不問已發未
發而故在欲以此為本而推廣之也然則必就已發
而擴之者非孟子之旨尤的矣。

告子曰仁內義外而孟子特斥義外之說而至所謂仁
內者則無其說孟子之不之也可知矣然所謂仁
內者亦與宋儒以仁為性之說大不同矣何者告子
明言食色性也仁內也義外也非內也夫以
食色為性而又特曰仁內則不以仁為性也可知矣
而孟子亦不斥其說則孟子之不以仁為性之名亦
可隨而知矣蓋仁義者天下之道而自吾惻隱羞惡
之心而行之故孟子以仁義俱為內告子唯知仁之
自吾心而行之而不知義之亦自吾心而行之也此

其所以爲孟子見斥也後世把仁內只與以仁爲性

做一樣看者大誤矣

窮不失義故士得已爲舊解云得已也予謂

誤矣此言人之信已耳蓋窮不失義則功難未及民

而其爲士者既信其爲人也違不雜道則功德及民

而天下不失其素望皆言其在人之驗也若舊說則

窮不失義與士得已二句重複且士字無落著或云

與上節士字異義未穩此亦不可拘

孟子言仁義禮智而未嘗言仁義禮

智信始見于漢書董仲舒傳夫仁誼禮知信五常之

道王者所當修飾也仲舒對策之言也又楊子法言

修身篇曰或問仁義禮智信之用曰仁宅也義路也

禮服也智燭也信符也後世遂以配五行曰五常之

有信猶五行之有土也此非聖賢之意也後世看信

字只如孟子所說誠字一般聖賢說信卻不如此如

曰主忠信曰言而有信曰信近於義有朴實做去及

踐言忠行之意如忠恕篤敬等字此教法之名何可

與仁義禮智併稱也哉

甘雨亭叢書 東漢漫筆 卷上 十

中庸質諸鬼神而無疑知天也予謂是卜筮之事如文

言曰與鬼神同其吉凶舊曰鬼神其依皆就卜筮言

若以此爲造化之迹則將何以質其無疑而亦何以

同其吉凶乎或就祭祀言亦未圓予先謂易文言竊

述此說項侍中庸講因問此說久之列定發揮又曰

程子曰造化之迹者乾文言及謙之彖鬼神害盈而

福謙下皆有此說若如後世之所說爲風雨露雷之

事則本文殆不成其說程子之意决不必如此也

或云夫子之道忠恕而已矣而中庸爲違道不遠者何

也曰二道字不同謂夫子之道者猶言大學之道三

于者不同道指其方法而言耳中庸所稱道云者指

仁義禮智道之全體而言若以兩箇道字混而說之

則飩以夫子之道盡己之謂忠盡己之謂恕者待人

免疑惑也蓋忠恕者盡己之名忠不遠

也非道也而仁義道也初爲人者忠以

以待人則雖未必至於聖域也而於仁義禮智之道

亦豈至相違之遠哉故孟子曰强恕而行求仁莫近

焉

甘雨亭叢書 東漢漫筆 卷上 十一

視聽字與聞見異自耳目之接物而言則曰視聽自物
之觸耳目而言則曰見聞故言耳目之接物則曰能視
能聽其戒無接非禮則曰勿視勿聽能運其用則曰
耳有聞目有見也中庸說鬼神之德曰視之而不見
而不聞者有意于視聽然自耳目之狀曰視而不
見聽而不聞者無意于視聽大學述放心之狀或
則視聽有意一也不能微耳目則其不見不見亦一也或
云視聽有意而見聞無意者不然

誠意章章句云意心之發也又論語毋意注云私意

甘雨亭叢書
東溪漫筆 卷上
十二

也予謂意是心之裏面隱奧處故大學正心章所說
如忿懥恐懼好樂憂患皆是心之踈處就大學言至
誠意章所說則云如好好色如惡惡臭此之謂自慊
蓋意雖知善之當為與惡之不當為而其裏面則
尚有不然者不如好好色惡惡臭之真也故欲正其
心者先誠其意可見意之本而常先於心矣古
八所用意字皆爾如曰微意造意天意聖意或云有
意而為之或云豈無意哉又說春秋者稱誅意亦言
其事非不善而其造意實不善者也皆令俗所云底

心下心之意而帶推進料造作之意故字從肉則為胸
臆從人則為憶進從心則為記憶論語所謂毋意亦
通此義蓋聖人之心光明正大可言而動可言而動
無些顧慮猜防之心行其所無事也故云毋意則不
待加一私字而其無私意可見矣常人之言行則外
面似無事而心裏卻不然或可是而非而
不非種種計較逼塞胸中皆是意也今聞人之說話
則云彼有意而言如是之詞卻中本字義

朱子詩傳序云周南召南親被文王之化以成德而人

甘雨亭叢書
東溪漫筆 卷上
十三

皆有以得其性情之正故其發於言者樂而不過於
淫哀而不及於傷是以二篇獨為風詩之正經予竊
以為夫子所謂樂而不淫哀而不傷者特言關雎一
篇耳二南之詩二十六篇如曰我馬虺隤我僕痡矣
云何吁矣未見君子憂心忡忡未見君子我心傷悲
不哀而至傷乎如曰求我庶士迨其謂之有女懷春
吉士誘之舒而脫脫兮無感我帨兮無使尨也吠不
樂而至淫乎夫子唯曰關雎樂而不淫哀而未嘗言
二南樂而不淫也豈特言關雎而可以該二南乎哉

蓋夫子所言關雎一篇聲容之美耳非言詞之哀樂
也而朱子乃以為詞之哀樂而推之于二南之詩所
以不免窒礙大抵聖人之言詩非詞之美惡也如曰鄭聲淫曰鄭衛
之亂雅樂皆就聲音言非詞之美惡也
方于字雄飛取詩之子飛之詞或曰雄雌于飛或曰
鳳于飛令人讀作支干之干者非也
東坡以無逸不言湯武為周公微意今看無逸篇周公
以成王繼體之君不知稼穡之艱勤其無逸故舉守
文之君而不及創業之主商之諸君亦皆勢于外之

甘雨亭叢書　東漚漫筆　卷上　十四

人文王亦非創業之主且有即康功田功等事又言
法祖宗則亦上及大王王季所以不及湯與武也非
泛葉舉商周賢聖之君也
書小序百篇相傳亦為孔子作漢劉歆曰

（此三行原書漫漶不可辨）

相傳古有尚書百篇班固曰孔子慕書凡百篇而為之
序史記索隱載孔藏與安國書云舊書潛於壁室敢
爾復出古訓復中藏聞尚書二十八篇取象二十八

宿何圖乃有百篇耶據此則古書蓋有百篇也又史
儒林傳云孔氏有古文尚書而安國以今文讀之因
以起其家逸書得十餘篇漢藝文志云安國悉得其
書以考二十九篇得多十六篇據此則安國所得于
壁中者實十六篇也然則所謂百篇者蓋不可信其
實有也
五霸相傳齊桓晉文秦穆宋襄楚莊風俗通引春秋說
又夏昆吾氏殷大彭氏豕韋氏并齊桓晉文為五霸唐
此亦出于應邵風俗通孟子集註引丁氏說丁氏唐

甘雨亭叢書　東漚漫筆　卷上　十五

大常卿吳人丁公著三還志所載丁平子孟子手音
一卷者即此也丁氏蓋據風俗通也
禮運曰何謂人情喜怒哀懼愛惡欲七者非學而能此
可見情字之義癸巳八月廿五日
列子之名始見于莊子稱其御風蓋亦高于莊子一等
矣想非著書之人今觀其書兄雜膚淺掇拾他書殆
不類先秦之書何嘗望老子而較之莊子機軸不如
彼之妙故遊語不及彼之精詣不及遠甚其末云趙
襄子使新稺穆子攻翟取左人中人而有憂色孔子

閒之□趙氏其昌于齊楚吳越皆常勝矣然卒取亡

馬不遠乎持勝也此事亦載國語晉語按趙簡子與

孔子同時簡子卒而其子無恤立是爲趙襄子其嗣

位在魯哀公二十年則其伐鄭亦非初年之事也皆

在孔子卒之後而越之滅吳蓋亦愈後矣此其年數

不相合矣蓋六國語之文而託以孔子之語不照其

出子周禮聚蒐□化藏于易載瞻之在前取于論語

年紀之先也也而九淵之名本于爾雅六夢之說

荒虔七功此書之辭不識不知此詩之句稱絲二績

用□就死禁扗山稱刿同押官室美徽冤傷剧公曰

四國流言居東二年皆剝竊經傳之文大似後世文

人之所爲矣大抵掇拾經語以爲文漢已後之事周

人未嘗援制古語以爲文也如孟荀傳管皆可見矣

又曰殷紂之行不出此三仁之上而居君位之曰三仁

也辨三仁者孔子舉殷世三臣之可疑此亦可

列子豈可據此而稱三仁子又曰周穆王時西伐

獻火浣之布皇子以爲然此事按山曹子建

典論恐自此而剿朝爲耳然則其書之僞託蓋亦在

南北之閒乎且周之時天子之子稱王子之子至秦却言

公子皇子之名自漢已來矣列子之時那有皇子之

稱又曰西方有化人一章分明說佛入自佛氏

出者居多先儒朱子及郝京山皆既辨之郝京山時

胃新知曰列子之書殆是佛肯入中國後好事者勦襲

加穆王仲尼等篇渾是佛肯雖不用其語全襲其意

可謂卓見矣

董仲舒傳載柳下惠之言曰伐國不問仁此非達論

也唯仁者能好人能惡人故聖人之伐國必是有罪

之人如舃之征苗啓之伐扈及湯武之舉可見矣假

今無罪豈可乘其襄弱爲拓地之舉乎哉予故謂唯

伐國必可問仁人若夫可伐之仁人必許及不可伐

人必不可故孟子曰天吏則可伐此可否之權也

世之視仁者唯爲煦煦姑息之人故爲此言焉耳此

非柳下惠之言

世之人多言儒書之道必本乎仁然遇凶橫無賴之民

不能不慘刑以威之則仁亦有時而窮不亦誤之甚

乎父母愛其子之至則必去其害其子者也故益之

嘬其膚則必撲焉損友之賊其德則必遠焉豈不仁
於蚊蟲之與損友也愛子之至不得不然也農夫
之耕田也欲殖之嘉穀則必握其稂莠官人愛民之
至故除其害民之物舜之於四凶周公之於管蔡必
誅除之不少恕焉故兵刑者聖人仁心之不得已也
孫卿子曰仁者愛人愛人故惡人之害之也梁武帝
溺於慈愛多宥有罪似仁矣然有罪者多是暴惡每
致害人所宥者一人而天下為其所困者幾許人哉
此不仁之大者也

巾雨亭叢書　東塾漫筆　卷上　十八

世有鬼神佛之靈威卜祝之奇中事迹分明時日可徵
者斥之則曰夏虫不可語冰亦有一種道理不可誣
也予以為就其言既有以明其理之不可信也夫
使其靈威奇驗事事必信如食之必飢裘之必御
寒則豈摘千百之一二以相傳付哉世無日昨日喫
飯忽止吾餘者實理不須誇談也然而人亦病焉相
傳者或中或否而讒謗斷然本之重屋之下使天下之人
自有限假泉浮槎斷然本之重屋之下使天下之人
羣而弈走每事必標則奇驗必多此等理自合如此

何足怪哉
字有形有音有義形成乎手而識乎目音發乎口而受
乎耳能解其義者心也相傳相付賒之於千歲之後
聲之於萬里之遠人亦靈矣哉
易陽為剛陰為柔剛健而不尚暴柔順而不尚弱
中之與正無所不利然中而不正胡廣而已矣子莫
而已矣故中又尚正也
自性情體用之說作而情字義大非古矣然文字中所
用情字却不失古意情只是人心之所同然如禮記

巾雨亭叢書　東塾漫筆　卷上　十九

所謂人情以為田及詩序所云發於人情止於禮義
皆可見矣程子曰以富貴為賢者不欲却友人情違
六亦然而說經則云性為體而情為用然古人以慈
懷恐懼為心而不言情
人力曰禍福無不自已致者則吉凶禍福皆出於天而不關
日死生有命富貴在天則吉凶禍福皆是人為
而不自天命孔孟之言豈有二端乎夫舜之德大矣
在于側微其德升聞實于四門納于大麓竟受堯之
讓而踐天子之位為此非福自已致乎亹之子不肖

而舉攝位以予久民心素服故能得有天下若不然則
舜德雖正而不能使堯讓天下此非命乎蓋伊尹周
公孔子皆不有天下非力之所能爲也是謂富貴在
天若夫做惡而遭刑殺人而被戮皆已之所招而不
由天此非禍之自已致乎
天道天命如何而別曰天道禍善禍淫天道虧盈而益
謙皆言其常也天命吉凶禍福時不可道正周有命
變亦有命故聖人之言如善人之或遭不幸每以天
命斷之而未嘗言天道也如曰道之將興也與天道與命也

甘雨亭叢書 東溟漫筆 卷上 二十

道之將廢也與命也及斯人也而有斯疾也亦以命
斷之特可見矣大德必得其位必得其祿必得其名
必得其壽此天道也孔孟之聖而厄窮不遇顏之夭
冉之疾此非命乎故曰聖人之於天道也有命
唐制尚書省事無不總都堂居中左右分司堂東有吏
戶禮三行每行四司左司總之西有兵刑工三行每
行四司右司統之凡二十四司分曹共理 國朝官
制多依唐制太政官唐之尚書省也分左辨右辨管
八省中發式部治部民部左辨管之兵部刑部大藏

宮內右辨管之左右司郎中郎左右辨官也今稱辨
爲尚書誤矣
太極圖解云造化之樞紐品彙之根抵也盖以理爲萬
物生生之本也不然萬物之所以生生之本而
元氣以生而理不足以丰宰之矣今有一顆梅子種
之則不日而芽枝葉盛長分百千萬億梅子朱儒之
說曰此有所以生生之理而然然試以核子錐剌湯
燖則殼實雖具不復芽矣生氣絕也若言其理則生
死聚散皆理爲之丰宰天下無理外之物雖枯草朽

甘雨亭叢書 東溟漫筆 卷上 二十一

株寔無其理也哉然生氣一絕則不復生生故知萬
物之所以生生者有元氣以生之而理不足以丰宰
之矣視之天地則乾元資始坤元資生人之有元
陽也理不足以宰之矣四端之在人亦然不可於其
上面求理也
聖人之教專就行事爲教而未嘗就心上爲言也後世
之教專就心做工夫謂心苟立矣則施之于行事自
合于理矣豈然乎哉聖賢雖亦言心而常就行事運
心而未嘗外行事而於寂然不動處用工夫也夫子

常曰吾嘗終日不食終夜不寐以思無益不如學也
又曰學而不思則罔思而不學則殆可見思學兼資
而學之益為大也孔門諸子質問夫子不過問仁問
孝問政問君子而已此可見矣
見古今學問之異同矣孟子曰夫道一而已矣集註
云古今聖愚本同一性又曰人之有道也集註云人
之有道言其皆有秉彝堯舜之性也又曰舜之道孝弟
而已矣陳氏曰堯舜人倫之至亦率是性而已豈能

聖賢之書言道處後之注解多替做心字性字說此可
加豪末於是哉論語曰吾道一以貫之集註曰聖人
之心渾然一理而泛應曲當用各不同是皆以心字
性字替道字說夫道者天下公共之物心與性者在
我者豈可混稱乎哉辛卯六月十九日筆
宋儒之學有體而又有理氣之說此二者宋儒學
問之關鍵而覺自相矛盾矣何者據體用之說則寂
然不動者為體而感而遂通者為用在中庸則未發
之中為體已發之和為用此靜而為體而動為用也
理氣之說則陰陽動靜為氣而太極為理圖說曰太

極動而生陽靜而生陰是也夫理與體豈有二乎哉
而在中庸則靜為體而動為用在圖說則動靜為氣
而又主動靜者為體也此最不可曉
心有體用性有體用道亦有體用夫體一也寂然不動
無聲無臭於此處心與性與道亦將何以別用亦一也
心之用性之用道之用亦將何以別
聖賢之垂訓及君子小人之辨者其言最多然讀者視
其曰君子只做至貴極妙不可企及之想及之所戒
不相涉及其歸小人則亦罵詈賤惡為非己之所戒

也豈然乎哉夫言其極則堯舜與桀紂君子小人之
極也然一念之忠孝惻怛思義由道有老成氣象者
皆君子位中人也一事之驕慢浮躁毀善賊物有刻
薄氣象者特小人門中人也以此律己則凡聖賢之
言及君子小人者皆學者今日之急務不可不體察
焉
欲富貴而惡貧賤此人之恒情不可全非也只能富貴
而遂貧賤重爵祿而賤道義正是俗人得富貴之資
則於利人澤物之方得力居多能得行其志聖賢何

曾悴悴焉朕之如糞土之將浣已乎哉但是求之有
道得之有義焉耳若夫為子女玉帛而欲富貴正是
劣品玉辰仲秋十九日。

宋儒之說有理氣體用二項就天道上言則太極為理
之于圖解中此二說自相矛盾矣九月三日。
物矣夫理者一也以為主動靜之物乎以為偏乎靜
用則動為用而靜為體則所謂理也者乃專屬靜之
也者乃所以主宰動靜二氣者也而又以動靜為體
據太極圖說所云太極動而生陽靜而生陰則所謂理
為體陰陽為氣為用理即體氣即用非有二端也就
人性上言則本然氣質理氣之謂也未發已發體用
之謂也此二者不同癸巳八月廿五日。
說文性字註云人之陽氣性善者情字註云人之陰氣。
有欲者。
上古之事不可得而詳者最多而後儒亦為之傅會偽
託而賺惑後人者不可勝計帝王世紀曰帝嚳有四
妃元妃有邰氏女曰姜嫄生后稷次妃有娀氏女曰
簡狄生商次妃陳豐氏女曰慶都生放勛次妃娵訾

氏女曰常儀生帝摯據此則堯之兄弟四人而稷契
皆嚳之兄也又左氏傳春秋云高辛氏子有才子八
人世謂之八元世濟其美不隕其名至於堯堯未能
舉舜八元使布五教于四方索隱曰契為司徒司
徒敷五教則契在八元之數予謂帝嚳即高辛氏也
然則所云八元者亦將堯之兄弟不止四人矣今按
虞書舜舉稷契則稷契非堯之兄可知矣此皆可疑
也。

東涯漫筆

平安　伊藤長胤原藏著

東坡著荀卿論云。其父殺人報仇。其子必且行劫。蓋謂荀子非十二子倡性惡高談異論有以激之李斯師之卒致坑燔之禍。此言一出後世以爲名言先儒或不服蘇氏之言亦取之而不疑考漢書俱受詩於浮丘伯少時嘗與秦穆生白生申公俱受詩於浮丘伯者孫卿門人也。及秦焚書各別去儒林傳云申公弟子爲博士十餘人孔安國至臨淮太守又云申公卒以

《甘雨亭叢書》卷上　東涯漫筆　二十六

詩春秋授而瑕丘江公盡能傳之徒衆最盛撥此則漢時專門之儒如申公孔安國其傳皆出於浮丘伯而伯師荀子與李斯同門然後世衛經漢儒之功亦不可掩李斯之焚書亦不可必罪乎荀卿一人倡之。而天下從之。而不精考究或不然者多矣乙外。

本朝先代搢紳剪經書字樣命名者藤原敬行紀貫之平國香菅野維肖見三代錄藤原利仁小野好古〇用古人姓名命名者者伊尹匡衡諸葛後世之詞與古不同。故文字之道元明不及唐宋。唐宋

不及秦漢秦漢不及三代其詞有聖凡之隔死不可同科而言也雖古今之變如此其不同是中國之辭四方之語與中國不同各從土語譯以漢語以日本之語冒中國之詞固隔一重以今日之語譯上世之詞亦隔一重鳴呼日本人學古文字亦難矣哉然中國之言一字各有其義音訓相須其義易辨不如四方之言連合衆音成此一義也且自漢以來諸儒註解義解最是明悉傳之今日無所迷惑劉向傳封事曰周室卑微二百四十二年之間弑君三

甘雨亭叢書　卷上　東涯漫筆　二十七

十六亡國五十二按春秋之時十二諸侯其所滅者皆弱小之國爲所幷吞耳當時小大之國六十有餘蓋堯之萬國合爲塗山之三千塗山之三千合爲津之八百盟津之八百合爲春秋之六十餘國春秋之六十餘國合爲戰國之七雄也。甲辰八月十二日。

善人與鄉原相似而異善人者質美而不學鄉原志劣而狥俗其實大不同巧言令色與讒諂面諛相類而殊巧言令色假君子之容以欺人讒諂面諛邅小人之態以求容其見於外者不同而其爲不仁也則一。

老子云。治大國云云。先設一譬諭以言不攪擾之意。大
國尚然況治天下。不可不以無爲之道治之也。苟其
如此則其鬼不神。蓋福善禍淫之報的然不爽。是
之神也。以道治天下則鬼神亦化之。而其禍福之微。
亦不甚嚴。是鬼之不神。不是鬼之不神。雖有禍福
之非。而亦不至甚害人。是其神不傷人也。非惟神之
不傷人。聖人之治。亦以無爲之治。而不至信賞必罰
而傷人。鬼不傷人。治不傷人。故其國長治久安而衆

甘雨亭叢書　東涯漫筆　卷上　二十八

服爲此章以無爲起之。終結歸無爲聖人亦不傷人。
是無爲之治也。此對世之苛刻嚴急而失人心感國
脉者而言自聖人而言之則不過曰一箇仁而已其
或功疑之赦小過之宥則禮律兼舉仁義並行不待
爲深奧詭祕之言而長治久安之策已決於胸次矣。
子。
庚。
天下之事不可窮也。欲窮其不可窮者則鑿矣以其
可窮而欲窮之則湯矣何也是而非非道之常
也賞善而罰惡國之常法也。福善而禍淫天之常道

凡天下之事其始也簡而不備年世已久而漸備漸詳
以興也日夕夜雨時。
論有竊鈎者誅竊國者爲諸侯之論此齊物論之所
鑒。而亦流於蕩於是有爲善勿近名爲惡勿近刑之
不可窮者而不能遂欲併其可窮者而不窮既失於
而不窮其不可窮如斯而已矣老莊之徒旣欲窮其
示人唯道其常而已未嘗強求盡其變也窮其可窮
禁也非勢之能所制也非理之所能盡也故聖人之
也然其隱微曲折之間輕重出入之趣非法之所能

甘雨亭叢書　東涯漫筆　卷上　二十九

及其愈久也日趨繁縟而不堪其敝竟歸敗壞不可
行覩刑罰送葬文學三事則而古今之變可見矣。
昔之刑不過盡衣冠以示辱而及三代而五刑備
矣其屬已三十則固已繁矣降及秦氏網密秋荼胥
龐滿路而民不堪命其法已敝而國隨之上世無葬
埋之禮厚新薪槨以取蓋其體而已及三代而棺七
寸槨稱之則孝子之心亦可无憾矣至爲石槨三年
不成則固已淫矣降及秦氏八肯燈燭黃金鬼雁天
下常其役而文之而國隨之上世文字之傳

天之既定也君子小人之相懸殆如水火黑白之不可
相混也方其未定也大奸似忠大詐似直豈徒紫之
奪朱已哉衆人所惑而唯聖人為能辨之焉亦非
一旦之頃能洞見其肺腑而辨其淑慝也共絲驪黄
者古今之凶人也與皐夔稷契共事謀議于殿陛之
間者有年矣及其績用不成奸迹彰著而後投之四
裔以正其罰方其未黙也人之見之未必如後世所
言是非邪正之判然也唯聖人能察之亦未遽而斥
此所以為人倫之至仁智之極也甲辰七月十八日

甘雨亭叢書　東溟漫筆　卷上　三十

明白坦夷無所包藏毋意也流行坎止不必是事毋必
也善之所在變通無方毋固也祝人猶已不私其身
毋我也夫無惡不足以稱聖人也此四者非惡也故
有四者之病未可便謂之惡人也世之所謂賢人君
子亦不免有此病或有甚焉其唯聖人乎德全乎内而
行著乎外自無此四者之累故曰子絕四毋意毋必
毋固毋我　七月十日　九日
古者無經史之別周時所謂典籍不過詩書春秋而已
亦皆當時史官之所錄采詩之所貢者前古之事迹

明當世之得失外之而別無文籍之可尊信自漢以
來尊之以為經而載當時之事者世有記籍焉史班
書以來所謂之史於是而經史分焉古者無兵刑之別
而治者藍合兵與刑而一之矣及周有司馬之官掌
觀書所載皋陶作士夔典樂猶夏寇奸先皆其所職
武有司寇之官掌刑降及後世有將帥之任兵部轄
之有刑獄之職刑部轄之於是而兵刑分為古者無
兵農之別平日無事則躬耒耜而服畎畝之間及
其有事也執干戈以衛國家伏至險於大順藏不測

甘雨亭叢書　東溟漫筆　卷上　三十一

於至靜之中泰漢已來常籍天下之壯士健夫以隸
屯衛軍府而民不與焉於是兵農分焉蓋古者風俗
淳厚生齒尚寡而事簡務閒年代已久而人物繁滋
日馳機智唯務爭欲故兵刑不得不二其任兵農不
得不殊其人古之事可法而後之事不必可法然推
移變革皆時勢之所致雖聖人亦不能盡變後世之
法而復三代有實語亦掫其大綱而已矣　甲辰七月二
凡文字有虛語有實語致事是實語言辭是虛語春秋
一部皆是實語毛詩一部皆是虛語假如春秋書春

王正月公即位是實詔隱公元年左氏傳云不書即位擬也是虛語曰三月公及邾儀父盟于蔑是戆是實語左氏傳云邾子克也是虛語他可准此學範曰尚書及易象辭用助語極少春秋儀禮皆然此實語也凡碑偈傳記等文不可多用助語字序論辯說等文須用助語字是也

堯舜孔子之道天地之道也故堯舜孔子之書不被身毒而身毒自有君臣父子堯舜孔子之教未漸日域而日域既有君臣父子君臣堯舜孔子

之道乃天地之道也〔甲辰七月二日夕〕

禮樂文章中國之道也輪廻報應西天之法也放鶩傳之三韓烏銑得之南蠻今本國俱習之君臣父子之道非得之異邦原之于天本之於身堯舜孔孟先得吾心之所然者也儒者之所道是也〔甲辰七月二十〕

鹽田陸與入道道祐平氏之黨也其子民部大輔俊時以平族既珍將勤父以引决自裁而死道祐悲駁對屍披官所持法華經抽誦要文呻吟下殘兵僅二百餘人將自盡殉主列侍其傍道祐部分其兵分遣三

處射防敵泉命之曰至吾誦經苑努力防戰狩野五郎重光者道祐親兵也寵遇有年特命看管曰吾死後必燒營勿令敵得吾首既而誦經將半重光蒼皇出門爲斥候者入言曰我兵多斃敵且迫營道祐聞之左執經右把佩刀十字割腹而死重光登時椓父子鎧仗及財珍什器命從者緼載匿于圓覺寺僧寮角田入道開之遣兵捕之梟首于由比濱

人才最難得識人才亦最難

法太密則人不唯不敢爲非而亦不敢爲善雖苟刻

政豈距人之爲善哉善亦不一其從違出入之間或觸憲網羅謗訕則爲善而或遭禍莊周所謂爲善勿近名爲惡勿近刑此處衰世之事也〔乙巳七月〕

先儒之學求道於理求道於心俱非聖人之意也聖人之道求道於事實

古今人物之盛唐虞之時爲盛其後周之初亦爲多士故曰唐虞之際於斯爲盛自此以還方周之衰夫子之門亦爲盛除卜哲外有于曾氏父子原思子羔子張皆不在游夏之下矣上而可以爲興王之佐下而

可以寄百里之命古今唯此三時爲然後之言聖賢

者皆爲秦漢而下皆不及也夫子生乎襄季之運而

無王公之權能樂育甄陶與堯舜文武比其盛宰我

之言固不誣矣

戰國策甘茂謂秦武王曰宜陽大縣也上黨南陽積 注二縣財共同夕是月十民閻越行

久矣非一縣其實郡也按此時已有郡縣

之名始於秦世意春秋六國之時已有其名而至

秦以爲天下之定制耳但秦則縣統於郡而似六國

之時但以大小異名而不相統攝 夕陽北歸 同九月十八日前

左傳昭公二十八年晉閻沒女寬謂魏獻之曰豈將軍

食之而有不足是以再歎杜預曰魏子中軍帥故謂

之將軍按將軍之名始見矣

左昭二十九年晉蔡墨曰昔有颺叔安有裔子曰董父

實甚好龍帝賜之姓曰董氏曰豢龍杜氏曰豢龍官

名官有世功則以官氏按上世有姓又有氏

四端之心與仁義禮智差別奈何曰不然也昔關 或曰

賣長日鞭笞健吏遂遭其密今時暴悍之人虐使奴

隸加以非禮或爲其所戕古今之間往往而有大抵

世之謀大逆者多爲財色所使而致奴隸之禍受辱

而戕主者非有所利而爲之此不思受其辱也非羞

惡之心乎然下而戕上不知其爲不義也義與羞惡

之心觀此可見其別矣孟子又曰恭敬之心也考

近於禮所謂恭者擊跪曲拳之類而其施之而合度

之論語則曰恭而无禮則勞又曰恭而有禮又曰恭

謂之禮不然則非禮也不可以恭敬之心便謂之禮

也明矣羞惡恭敬已是如此惻隱是非亦可准知四

端心也未見於事者也仁義禮智則見於事實而道

之可法則者也

遷建明德昭周公之明德共見左氏傳定公四年

夫子言孟莊子之孝其他可能也則有許多孝行事實

可傳者可知矣至其曰爲難能則不過曰不改父之

臣與父之政而已此二事非人之所難爲之事也

亦非駿人視聽之事也而夫子以此稱之則所謂孝

者可知矣然則世之以奇異難行爲孝之非孝而凡

厥百行亦可以此而推爲 共乙巳年五 月十九日

義理之心勝則恩愛之好薄功名之念重則室家之情

輕衣食之計道則骨肉之親離故以下者同于衣食上
者驅于仇鼎自好者知義而不知此後世之所以
不古若也聖賢之教所以仁義兼濟也　同日
是非之實不可以權力壓也不可以象心奪也何也聖人之道明人倫
狙詐襲也不可以議論勝也　淨書
之道人倫之道萬世不可泯也何也聖人之道明人倫
敬人倫之教萬世不可易也故秦燔六籍而六籍
至今儼然其存自是而後老莊氏逃其君臣佛氏棄
其父子夫婦兄弟而立言著書浩如烟海勸誘鼓動

■ 甘雨亭叢書　東厓漫筆　卷上　三十六

也。

七女奔波而君臣父子夫婦兄弟之交千古猶一日

天下之人口之所言不同心之所思各殊而至身之所
行則未嘗始有異也道也一或有之或無之天也一
或有心之聖人之道也一或求之於心或
求之于理乃至凡百之事出入從違之間信疑是非
之別天下之人其所思之異猶之不同
不自進善而伐人之善不自省過而訐人之過不自求
明而蔽人之明亦何以哉　乙巳十一月三十日

大司樂又曰以樂語教國子興道諷誦言語鄭氏曰興
者以善事諭善道讚曰導者言古以制今也倍
文曰諷以聲節之曰誦發端曰言答述曰語
古有五宗法序踈戚以統宗人有太宗一有小宗五詳
見禮書後世亦有圖說然紛錯難辨或致混淆能通
其條理亦自易知假如甲有弟二人二弟以甲爲父
之宗子是謂繼禰小宗若使祖之第二第三子則有父之長兄
爲繼祖小宗若使祖之第二第三子則有父甲及二弟宗
爲祖之家督者其適子於甲爲從兄弟甲及二弟宗

■ 甘雨亭叢書　東厓漫筆　卷上　三十七

之是爲繼禰小宗凡出于祖者皆統之使其祖爲曾
祖之長子則亦兼爲繼曾祖之宗子者其適孫於
第三子則有祖之長兄爲繼曾祖之第二
甲爲再從兄弟甲兄弟及從兄弟出于曾祖者皆統之使其曾祖爲高
繼曾祖小宗凡出于曾祖者繼其曾祖爲高
祖之長子則亦兼爲繼高祖小宗若使高祖之第二
第三子則有曾祖之長兄爲高祖之家督者其適曾
孫於甲爲三從兄弟甲兄弟及從兄弟凡
出于曾祖者宗之是爲繼高祖小宗凡出于高祖者

皆統之甲身故則甲之子與繼高祖小宗之子同姓
而已無服不復宗之於是乎遷所謂五世則遷之宗
是也曾祖以下遞遷皆如此是謂小宗四若使高祖
為別子則幾出高祖者世世宗之服雖盡而不遷所
謂百世不遷之宗也是謂太宗一然本支繁衍子姓
無後則五宗具而遞遷之次可考也或其生或殂早
者有有小宗而無太宗者人唯知從上求之而不知
源支派而至本源講經之次每煩疑問故略疏如上。
亦可知上世睦族之法矣。

甘雨亭叢書
卷上
東涯漫筆
三十八

東涯漫筆卷上終

作一傳

東涯漫筆卷之下

平安　伊藤長胤原藏著

語曰苟志於仁矣無惡也古註集註俱訓苟為誠云云
古義從苟且之義云人苟志於仁則尚不為人所惡
況實行仁其效豈可量哉宿昔一搢紳臨弊宅讀孟
子至第四篇則云苟不志於仁終身憂辱以陷於死
亡予於是憮然有省曰此一明證也苟不志於仁之
苟不可解為誠則苟志於仁之苟亦當從苟且之義。
因念孟子又曰苟能充之足以保四海苟不充之不

甘雨亭叢書
卷下
東涯漫筆
一

足以保父母此一節中苟與不苟相對以說亦可以
相證也甲寅九月二十七日夕
人心苟無所向所向者何也即所謂志也四夫立乎鄉
黨之間困窮拂鬱百艱備嘗然亦心無所向則不能
名一藝成一事況人主之尊生長乎富貴之中凡百
之須無不足之患天下之人唯欲投其所好避其所
忌順適其意以求己之所欲苟無所向則其不為
搖奪者幾希吾觀歷代史冊所載當時廷臣鯁士所
敷奏建明者自德性心術之微以至發政施令之間

據經據史條陳利害剴切懇欵無所不盡後世聞之
尚令人爽然人主之心唯其無所衛主也故雖有忠
言嘉謀多不被納用成敗之機始見乎數十年之後
而事勢已極雖悔無及末如之何而已矣如漢祖唐
宗背有納諫之名其志將以索羣策任才畯以一天
下唐之玄憲初始清明克削牟叛亂以隆鴻業在位
已久侈心浸萌則志亦惰弛竟歸于亂自是以下人
主雖無大失德莫能相尚焉優游不斷似仁也翰墨
文章似學也猜忌察察似智也而卒無益於成敗之

數者無志故也。廿二日

甲寅四月

人之善惡在士庶人則得失之效不甚相遠而在上人
則利害所關大為隔絕何者士庶人主乎一家位分
微賤仰養乎我者不過一家之人假令失身破家其
害之所及亦不過一家之人且有鄉鄰之相恤有親
黨之相接則父母妻子亦有所倚賴而免於凍餒諸
侯主乎一國則統轄稍廣舉一國之人軍民僧道皆
其所治倘其身政令善賞罰當則凡其所屬皆破
其惠在官者足于祿處野者給于食生養休息各得

其所苟不然則凡其所屬悉破其虐四民困窮不寧
其居雖有鄰壤望其救恤地隔人眾遂難措置況乎
天子主乎天下則舉天下而皆其所治善則天下蒙
其澤不善則天下被其苦天下之人孰
復救之故其行之得失較之士庶人不同言
其工夫則在下者難為而在上則易家難而天下易
凡人為上則易為下則難為之士庶人大有不同然
親而天下疏也夫人主處周子之位而不顧莫大之
利害卒及禍敗漢唐以來往往而在豈惡治安而樂

亂亡哉蓋溺於逸豫狃於奢侈徒取目前之快適而
不為後世之遠圖也

人之受病固有輕重之殊而元氣亦有虛實之不同元
氣實而受病輕則雖勿藥而有嘉元氣虛而受病重
則雖有良醫亦不能保其必不死然受病之輕重亦
由元氣之虛實而致然則元氣之不可不養也信然
方秦之季四夫倡難而七廟墮而漢景帝之時七國
合謀搆兵以清君側為名而旋復夷滅天下不搖元
氣之虛實其效可見矣若使七國之變在元成之世

則漢業亦不支矣。

後世儒者之學疑似乎老佛之說擧撥乎儒者
之道在日用彝倫而仁義禮樂為大皆就事實為
工而有迹之可見此外更無一語異乎此者是為左
道為邪說暴行後世向其上面畫添一理以為之本。
於是有彌近理而大亂眞之說而與老佛爭其虛實。
先子奮獨得之見以章明古聖賢之道其所為說與漢
宋諸儒不同者多因是世之人或有斥以為異學者
矣有排以為新說者矣吾不知其何謂也夫仁義禮

甘雨亭叢書　卷下　四

樂孝弟忠信等目參伍錯綜以立教者散見乎五經
語孟之中明白不可誣也。而今日生人亦不如是。則
不可以立于世皆事實也。而五性之名防乎漢儒體
用之辨起於佛氏皆古之所無也。予近述鄒魯大旨
二卷就語孟中擧凡言之關仁義禮智者譯以國語。
其所戴皆聖賢之雅言而先子之所駕以立說者也。
何以見其不同以為異而何以見其不古以為新哉。
豈以其與先儒之說不同而斥以為異執新亦未可
溯語孟五經而求之則其軌異執新亦未可知也。唯

（挍作。　詞一作。　繕其十八字一作。　檢作。　戒其是作　之為說所　詞學指是）

虛以受之不藏於近斯可與言也已。（甲寅四月六月）
物必有其本人之行道之本何善心
是也。故孟子云四端之心端者本也。物必有其則人
之脩身豈無其則耶脩身之則何仁禮是也。故孟子
曰。以仁存心以禮存心仁禮者治心之則也。
聖人教人以禮此持身之則告人以忠想方寸地驗其真
自是實事古之教法大率如此自後世而觀其言
非不美也而汎然不切竟不如此自後世方寸地驗其真
妄察其存否之切已所謂鞭碎近裏著者即是也大

甘雨亭叢書　卷下　五

抵戴記孝經左氏傳中多說忠說禮交五條目以告
人。或託諸聖賢之言其眞僞不可知雖亦有可疑者。
而要之古者之遺言也。夫子答顏子問仁告之以克
己復禮冒子告一貫之旨于門人則曰忠恕而已矣。
亦是此事其言之最粹而正大明白者不唯難得受
世送就心理上為說而其旨精微學者不
用之益領解其義亦甚實力。
王侯之所以等賢者將何為哉將賴其德言以善政事。
滲汕庶也豈翅稱其德而禮貌云乎哉伊尹之起于

甘雨亭叢書
東溪漫筆 卷下 六

有莘之莘傳說之學于版築之間率以是道爾後千
載蔡為閔閔而先主之三顧草廬其近焉蓋其欲興
復漢業之心切故其求賢之心亦誠且篤猶
病者之招良醫不吝重貨不厭迂途必得之而求活
此後世之所希觀而晉平公之不及也先主賢矣
誠人徒知稱其尊賢之美而不推尊賢之有本則
非實知先主者也前世喪亂之餘士有橫艸之功亦
所在軍門爭招致之厚禮甲辭唯恐違其意士亦倨
塞不屈苟不中意不肯出仕蓋亦富時主將欲賴其

力開拓土地以成功名故亦不恥下士古先聖王之
求賢臣亦如是爾 甲寅七月望上 横雨未絕
仁禮二者修身之道也古昔聖賢以為規矩準繩以為
家常茶飯平素告門人弟子皆以是道而告顏子仲為
引者則其最大且至者也故既以克己復禮告其
之方而又欲就視聽言動必以禮為則言其效則曰
天下歸仁蓋立于天下之上而以禮修身則萬姓顒
若而自致咸寧與所謂篤恭而天下平及九經之首
曰齊明盛服非禮不動所以僑身者一般道理本末

甘雨亭叢書
東溪漫筆 卷下 七

兼學鉅細俱見聖學之蘊盡於此矣
妖異之說誕妄之談不信者不妖辨也信焉者雖曲論
善導而不肯移要在人之知識如何焉耳亦不繫學
與不學也人之生質有多少般様明暗智愚互相得
失雄博學能文才辨超眾而於夢卜機祥之事拘忌
誘藏殆如孺嬰親古今抨史小說或見之亦目不
識一丁字而虛幻之事一切不信亦或有之亦精神
強故耳 六月十八日

已復禮者以為閑善邪將以為閑邪邪此習善之方
而非閑邪之術也顏子奔述夫子之善誘我以
文約我以禮亦言夫子平素以此造就顏子也然則
克己復禮之訓豈在其外哉亦其告之之最大者也
是知克己復禮與博文約禮之禮本非二事皆
修身之規矩準繩也夫仁禮二者修身之方也非善之
最大者也而以此服膺弗懈則背善之
之術也故請問其目則云非禮勿視非禮勿聽非禮
勿言非禮勿動欲視聽言動必以禮為準而不違之

也。
愛人之諫固難而諫人亦不易伺也欲規人之過則非
己無過不能已懶惰而勤人以勤己貪汙而勤人以
廉人其從乎故曰無乎已而非諸人人非多少用心
則亦不能無失且直言人之所不喜聞也愛人之心
不篤則亦豈犯人之所不喜聞者而言之哉故脩身
之既至而愛人之亦篤然後可以諫人矣若夫攻
人之失者或本乎天資之峭刻或出於好名或出於
勝心其言雖是亦可厭也

甲寅六月二十一日

壬子襍記

人不患乎無智患乎智之鑒苟能讁得道止於綱常彝
倫而除是之外無復別事則此乃實智乃智之至者
也而以此為常而厭之遊心乎天地萬物之表想像
臆料駕虛捉影則所謂智者是也夫子曰里仁為美擇
不處仁焉為智孟子曰智之實知斯二者弗去是也
聖賢之所謂智者可知矣
先儒所云仁者猶石中之火鐘中之聲也及物者乃其
施耳聖賢所謂仁者猶時雨降物紫其澤孟子推共

（駕虛捉影一作馭景　早有笑　仲）

本於已曰仁人心也又曰惻隱之心仁之端也（共壬子春）

法行之能持久而衆共守之則雖非其至者尚有其效
況聖人之道乎朝令而夕改衆不共安之雖有善法
度尚不見其益三代聖王自上世相承封建諸侯以
臨天下天下諸侯各守其封疆以服事上皆能享國
長久而始亡漢懲秦之孤立稍置侯國諸侯僭侈不
安其分而致敗諫臣智士勸其君時而削弱之卒之
圈智小弱不足以藩屏王室何使漢效周制分土列

爵有以樹五諸侯亦奉法衡上則新室之亂豈有東
手納土之辱哉。
以愛訓仁。固非不當也。亦可以盡仁之德矣然聖人之
言仁也廣矣其事不涉愛而亦以爲仁者居多先儒
或以公訓之。或以覺訓之。或以人訓之。或以本心以
之要之指人之所以生存之理以爲仁以生理訓
爲未發之體其說雖未本於古經或傷精微或駕虛
遠而仁之義不明乎予審妄意有一切盡其義爲者久而
得之曰仁者爲人之道則庶乎得之矣爲人之道者。

甘雨亭叢書　東塾讀書　卷下　十

何也凡愛人濟人惠人安人以及不害人不侮人
慢人不忽人皆求仁之方也苟以此爲心則慈愛之
德周遍及物可以守人可以安國可以安天下皆爲
人之道也學者能會此訣則其於聖人言仁之旨左
右去來無往而不逢其原信乎枯來頭頭皆是亦矣
容疑大抵古昔之時其義明乎天下不待分疏講明
當時之人聞夫子言仁之旨雖未必盡其工而其
義固無所或矣顏子仲弓則不容論爲告司馬牛以
其言也訒則知大言慢人之爲不仁可以爲仁矣告

舉難以先難而後獲則知救人而不求報之爲仁可
以爲仁矣又告以居處恭執事敬與人忠則知不侮
不慢不忽之爲仁矣又告以愛人則知不侮
慈愛之爲仁。可以爲仁矣巧言令色之鮮矣仁與爲
毅木訥之近仁亦剖析誠僞於幾微之間亦以自爲
人而言耳自此以往其迹相反而爲刑罰爲征伐愿
而百姓日用而不知之仁無非爲人之道者焉。
無害乎以爲人也要無非爲人之道者焉孔子十日曰
與人辯事亦有節度不及回不可過亦不可假有一事。

甘雨亭叢書　東塾讀書　卷下　十一

競舜之智不徧物急先務也第熟誦此語則聖人所謂
智云者專在人倫日用當務上而非以察天地萬物
之故逐一研究其理自瞭然乎心目之間。
大德竟廢故辯難之言唯當取其當而止至其精微
曲折處非說之所能盡也附聽者之領會可矣
者人以其一分之過折十分之善而不取一眚之微
盡而強聒不已枝蔓旁出文深綱密則必有過於辯
但說到七八分其意不盡則人固難曉又或其意己
人有人道有職分有當務五倫之道人道也几天下之

人無不在乎其中而古今之間不可變易故謂之彝
倫謂之達道而官鹾其務農服其田工賈伎術無不
各有專業則職分之當為者也至其當務之隨時異
宜則亦不同假如官民子弟游學上都固有君父之
倫有專門之業然既有遊學之志則修贄禮師靠書
删譁義理此其當務也

賦比興之別先儒以直敘其事者為比興又以有應與無應為
或三四句托物寓意者為比興此以其中之有比
比興之別鄰笘以來大樣如此嫌此則詩中之有比
興猶文之有譬喻賦與比興俱寵語與實語且十五
國風中尚錯有比興雅頌諸篇多是賦耳比興甚稀
以此併歎以為六義篇所不安一月初三日淨書

甘雨亭叢書
卷下
東皐漫筆
十二

中宵不寐聞鼠耗聲投枕而摭之鼠駭而逸有間而來
又蒙簟也如躬木然如嚙枯其然主人擊脈而響之
其聲止暫而復齧比而怖之而不去主人乃明其釭
取禍者何以異此國有典刑聖有謨訓天有必然之
手其城截其走路竟斃之于樿櫨之間世之玩法而
道可以其時或寬而玩焉以招覆滅也哉甲寅四月志
天下之人有明君良臣有賢人君子有忠臣義士有英
雄豪傑有暴君汙吏有亂臣賊子一部十七史載許

甘雨亭叢書
卷下
東皐漫筆
十三

多名姓亦不過此數等人物而已而其所為傳于後
世表耳目者亦不過文武忠孝四字此人之當務
也甲寅六月二日亥時
老蘇諫論曰諫而從者百一說而從者十九諫而死者
皆是說而死者未嘗聞又曰說之術可為諫法者五
理諭之勢禁之利誘之激怒之隱諷之謂也其大
旨謂顧用之之術如何耳于謂此論亦不得其本矣
予視戰國諸侯問其所欲遊中國撫四夷藉其富強
極之逸欲其心唯存乎利而說之者上為者或主乎

甚賤則亦苦財匱大凡事貴適中穀價之變甚賤甚

之而我幼學壯行欲引之當道以濟生民以永國祚

任俠爲名高下爲者欲倚萬乘之勢以圖富貴則亦
唯利而巳耳彼此相交俱以利合其談說之間雖時
或有順逆從違之別畢竟同氣相求以成其事此說
之所以必從而公孫衍張儀之橫行一世也諫則不
然人主方崇霸術而告之以帝王道人主方荒于盤游
而告之以無逸人主方惑左道人主方勤之以茅茨土階
人主方溺佛老而斥之以奇袤人主方娛樂乎
民上縱一巳之欲國祚之脩短生靈之安危曾不恤

甘雨亭叢書
東溪漫筆
卷下
十四

彼此扞格其本既不相合逆耳之言既不得免乎其
身而巽與之說亦不見悅乎其言於是乎諫與說俱
不見其效而理諭勢禁利誘激怒隱諷五者悉無所
施其術矣孟子之所如不合而韓昌黎氏之所以
毗潮陽也自古治日常寡而亂日常多皆坐此耳　甲寅
三月十　一夕
漢食貨志李悝爲魏文侯作盡地力之教其言曰糴甚
貴傷民甚賤傷農民傷則離散農傷則國貧故糴甚
與甚賤其傷一也五代史唐明宗問宰相馮道曰天

下雖豐百姓濟否道曰穀貴餓農穀賤傷農因誦文
士聶夷中田家詩其言近而易曉予謂凶年飢歲穀
價翔貴民無所得食穀貴之傷民古今恒然穀賤之
傷農者何也工商之家通功易事以給口食故不厭
穀賤農家所出唯粟米耳除口食外交易轉賣以給
百需故穀甚賤傷於穀貴故傷於穀貴者小民也
傷於穀賤者大農也今仕官之家亦傷於穀賤小民也
唐以來史籍屢支之方纖悉備錄而唯此一事終不
論及蓋中土之地金穀甚寡仕者俸祿多給錢鈔故

甘雨亭叢書
東溪漫筆
卷下
十五

云俸錢所得米糧纔給口食不及出糴其餘錢鈔絹
布折支居半故無穀賤之患本國從來粒米饒足仕
者之俸全支正米故家內凡百之費皆取於此故穀
甚賤則亦苦財匱大凡事貴適中穀價之變甚賤甚
賤皆能致害所以平糶常平爲可貴也　甲寅四月五日
學縣以行之于身也雖資之於口可聞而不可行之于
身者非學也道將以通之于天下也雖施之於一人
可見而不可通之于天下者非道也故行之于
之于身而可爲通之于天下而可從所謂君子之道

本諸身徵諸庶民者正以是耳若夫資之於口者唯
欲其纖悉無所遺漏施之於一人者唯貴其苟難不
可跂及豈是實學與達道乎哉
人之所行有事異而道同有事同而道異者此所以
之箕子爲奴比干諫而死其爲事不同而同得爲仁
是謂事異而道同此所以君子之行出處去就不一
而同得爲君子也王者以德行仁霸者以力假仁其
爲仁則同而道則不同是謂事同而道異此王霸之
所以分而君子小人之有辨也今夫武夫上陣致死

有爲名而死者矣有爲利而死者矣有義不肯生而
死者矣有不忍背其主而死者矣其死也一而其所
以死者則大不同若夫班師振旅差其功罪而行賞
典則凡臨陣而死者皆與襃邮之典固不須問其所
以死至於周覽古今藏否人物則不可不察其情僞
觀其是非以自律焉古今之間諫而死者多矣其人
豈皆比干哉逃且爲奴者多矣其人豈皆微子與箕
子哉要在其人焉耳　甲寅十月六日夕
道者畢竟人事而已矣外人事而別無所謂道者聖賢

東濱漫筆　卷下　十六

之青每形容假借以喻人或曰安宅或曰傳蔣其謂
之道亦周偹道路之道以明其爲人人當行之條理
謂之夫下之達道矣有形象之可執可畫則
就其中隨事異施有大小之殊科故
道之爲名亦豈可以一目而窮也哉俱其中有本末
之異施有大小之殊科故百行以孝爲本而仁爲大
義以配之禮以維持之如斯而已矣
皆人事也名之曰道而仁乃其長故古者善人謂之仁
者不善人謂之不仁者仁者仁之所行莫往而非仁不

仁者之所行莫往而非不仁所謂道二仁與不仁而
已矣正謂此耳孟子曰仁者以其所愛及其所不愛
不仁者以其所不愛及其所愛此其消長進退互相
勝之機也
孝弟忠信非撝儉讓人之善行也問其何所由而成名
則皆由接人而有此名若無人之相接則將何所見
而有孝弟忠信撝儉讓之名是知聖人之道專在
應事接物而彼謝絕人事唯求安心法者乃異端之
流方外之教而其工雖若其意雖切要非聖人之道

東濱漫筆　卷下　十七

矣。

學者欲求聖人之道而求之于書孜孜砣砣不捨晝夜
遂不得其要領有人告曰聖人之道作心不在書間
者既其簡捷予所云其得乎本一向東閣書典專求於已
心畢竟禪予所云癡蠅鑽故紙之故說牡周蟈輪之
經者則此趣全同予謂後世文籍繁與訓典蕪於辨
說亦近是而未至言心象山所謂六經注我注六
說學者汨浸乎文字眛其要領以此激之固足以刋
煩文而還淳當初敎化未洽之時窮鄕少女之士以

此窃欸吾恐修爲之方經所華度偏狹之習無綠於
除後世所韜本心良知者得於見間者亦多要不過
不究其趣焉
莊子天下篇云其在於靜嗇禮樂者鄒魯之士縉紳先
生多能明之辞以道志書以道事禮以道行樂以道
和易以道陰陽春秋以道名分此數語足括六經之
大旨先儒亦梱道之
春秋以後聖正不作諸侯敖恣處士橫議各駕其說以
鳴當世如莊周列禦田駢慎到鄒衍荀卿韓非之徒

各有其趣有宗虛無者矣有務功利者矣有明刑名
者矣或祖聖人以立其言或誹聖人以遂其詭雖一
世俗之流弊以恣一人之私言然其所自得而非摸
剽假託徒資口說者故其言皆傳後世使人悅而稱
之卒之不病於正則病於實不可施之事業則一也
荀子知尊聖人重禮樂其言近正而未純先儒言大
醇而小疵固然其唯孟子乎周意仁厚而立言詳明
畢竟以正與實二者勝正則不墮乎詭實則不傷乎
虛此共所以亞論語而翔六經也

天子家其天下諸侯家其國而互有興亡獨人身之有
生死也七庶人賤難立家以貽子孫及子孫之世或
二三世或四五世而不駕產失祿者鮮矣血胤尚在
而家道則替共間亦有死夭壽不貳修身以俟命所以
其方故也至家國天下則所以祈天永命者可無其方
邪
孟子曰夏后氏五十而貢殷人七十而助周人百畝而
徹先子謂夏之五十殷畫爲七十殷之七十周畫爲

百畝必有長短而地無廣狹若不然則周之百畝下
殷夫纏食五人夏減而半之何以給父母子弟之養
予謂古度短而後世漸長周時棺七寸者在宋則唯
四寸許家禮儀節周尺一寸較明寶鈔尺六寸四分
弱其他秦漢以來漸後而漸長薜于諸書者可見也
量衡之制前亦然則夏之五十無緣周人盡為百畝予
持此疑久之頃撿禮王制曰古者以周尺八尺為步
今以周尺六尺四寸為步古者百畝當今東田百四
十六畝三十步古者百里當今百二十一里六十步

川雨亭叢書　卷下　東鴻堂藏板　二十

四尺二寸二分據此則古者之步長而漸後漸短豈
夏之五十在殷爲七十在周爲百邪禮記但泛曰今
則自夏而殷而周其倒大槩可知矣然則虞書所云
弼成五服至于五千者在周爲七八千里邪通而論
之尺度古短而今長敵數古長而今短主子十一
人修行義治生產保身體此三者人道之所以立而所
不可不最先講求爲者也人或謂聖人之教不說修
養不問生產則修養治家自在其中不待復則立像件
能盡其道則修養治家自在其中不待復則立像件

殷上得大抵人之所爲一事如是則百事亦如是能
修其行義而無所闕者其保身體也周慎詳寀必也
不沈洒冒色促其天年共治生產也勤儉朴實必也
不至洒役用蕩其先業況書戒無逸易有惰言語
節飲食之象則聖人固言修養矣夫子說寧儉禮從
先進易有過乎儉之象則聖人亦言在士
庶人則尚疑乎其緩急先後在天子諸侯則其關係
最大一身之壽夭乃祖宗血脈之所本臣子休戚之
所系生靈安危之所此最所不可不加意者也但專

川雨亭叢書　卷下　東鴻堂藏板　二十一

乎修養則流于道家之說主于治產則入于貨殖之
術此亦其道之所專重而與聖人之教主意自異不
可以此而諱言之也　壬子十一月盡日
聖人之道無彼此無內外所以行之于身者乃所以
可以人也故曰吾無行而不與二三子者是也蓋
聖人身有父子之倫而盡其道則言之于人亦欲其
處父子之間而盡其道聖人身有夫婦之間而盡其
道則言之于人亦欲其處夫婦之間而盡其道故曰
君子之道本諸身徵諸庶民若夫佛老之爲道離其

離棲之間。恐配也呈。

君臣父子夫婦而不能使天下之人離其君臣父子
夫婦故能有離君臣父子夫婦之道以處己而又別
有不離君臣父子夫婦之道以處人既卻鐘董而不
能不姑疏素既避衆落而不得不住山林於是有由
世間開二決唐宋以來儒先斥異之言明且嚴後世
學者常所循誦而稱道而佛之徒每不肯服曰儒者
徒知我之幻妄諸有而不知幻妄之未始不由有也
知空寂色相而不知空寂之未始離相也吾謂以此
觀世則可矣世固有君臣父子夫婦以自觀則何以

畊用亭叢書　東匯澤筆　卷下　二十二

婦之說非道有二教乎
離其君臣父子夫婦之道而亦爲不離君臣父子夫
離其君臣父子夫婦之道不居其室不食其食邪既

嶽壺樹紀

人爲學而不進亦非無才也不唯急惰自棄爲然多困
於私意役於小智沾沾自嘗不肯親師友卒終於無
聞恥竟好學之志不篤故也君子之於學也食無求
飽居無求安敬於事而慎於言亦可以足矣夫子就
其上面亦必曰就有道而正然後謂之好學有旨也
夫十月
正月
三代之相與也有漸自諸侯而爲湯武在前世師爲諸侯
後天子降而爲諸侯爲湯武在前世師爲諸侯夏

畊雨亭叢書　東匯澤筆　卷下　二十三

商既亡則周封二王之後尊以上公之爵世賓于王
家杞宋足也爲受舜禪固無開然湯武放伐孟子以
爲奉天命者何也大夫有罪則諸侯得以罰之諸侯
有罪則天子得以罰之天子有罪則將誰得罰之惟
罰諸侯與諸侯之罰大夫亦皆從衆人之心以罰之
天發之而已矣國人皆謂可殺然後殺之則天子之
非得一己之喜怒也故謂之天討有罪湯武之放伐
亦從天下之人心以行之故易曰湯武革命順天而
應人孟子曰繼世而有天下天之所廢必如桀紂者

也。正月十一日。

古者井田之地一夫所受方百畝其人上農夫食九人。

至下農夫食五人孟子所言周制大率如此漢晁錯

論貴粟書曰今農夫五口之家其服役者不下二人。

其能耕者不過百畝百畝之收不過百石漢時田畝

之法亦相準焉。

介胄而色不可犯衰麻而容不可侮服乎其外所以養

乎其中既有其文則必有其實古者先王以禮樂爲

修身之具其正爲是故耳唯專乎其中而不致養於外

甘雨亭叢書　東海漫筆　卷下　二十四

身其待修乎第其末流之弊外似而內非名存而實

喪豈特優孟之學叔敖將見詩禮而發冢老莊之徒

有激乎此遂毀仁義廢禮樂而求復無爲之治徒知

懲羹而吹齏將以矯枉而過直故聖人尚禮樂而思

誠爲要二正月十日

三代之與聖人以德爲天下所推則其能服天下固勿

論也秦漢以降英雄豪傑之主以力勝天下而得之。

其道雖不同然皆伐勇略掩世智謀超衆能爲生民興

利除害其用人理財決制號令百度俱擧而天下定。

或有僭亂俟化者次第削平以致三統傳之後世避

成憲而不失則亦可以保其國家非唯一事之善一

號令之當能服天下也蓋一事如是則衆事亦如是

一人服則天下不能不服故如漢祖唐宗君臣之問。

或不善終倫理之交或有懟德雖不無可議者而不

至以是失其天下也及其既衰也紀綱弛賞罰濫賢

否殽用度修君心蠱惑百度俱亂當時政教號令之

問雖亦不無一事可見而無益於天下之治蓋一事

如是則衆事亦如是非唯一政一號令之悖。

甘雨亭叢書　東海漫筆　卷下　二十五

能致天下之亂也如京房劉賁胡銓之諫其君在當

時對證之的藥也不唯不聽而俗令聽之亦不能用

之于當昨此孟子所以有格君心之說也。正月十日

天下之理亂係乎君德之賢否而常日之勢成乎數世

之積君明則天下治否則天下亂其得失係乎一世

故厲王之虐周室大亂而宣王繼之勵精爲治則克

復舊物稱中興良主束遷以後夫子微弱諸侯强僭

襄王能惜名器不許晉文公請隧而不能號令天下

使諸侯朝貢蓋數世之失道不可遽復也況夾狄之

亂華僭竊之與政秦漢以來駁駁乎成勢雖有笑若

誰辟不能遽革而雖有忠言嘉謀不可遽過十年之

積弊固非所一旦而可能革也故聖王之馭天下慎

之甚微不使其順長履霜之戒深矣至矣

天下之人順志而湯武有其天下天下之人叛之而桀

紂失其天下湯武之放代從天下之人心者也故易曰湯武革命順天而應人

之所從天之所從也故易曰湯武革命順天而應人

二月
八日

學貴乎深造求之之過甚則流于虛遠學貴乎詳說言

之過密則失于繁瑣虛遠之弊離實繁瑣之弊失

要得要而實其庶幾乎

物之不齊物之情也故天下之物其類既異則固不相

同而其類之相同亦有大小美惡長短輕重之不同

而至於倍徙而無算觀夫鳥獸草木之狀花實根幹

之殊鱗毛羽鬣之差雖其類亦無一物而不異也

人之性亦然古云人心不同各如其面面既不同則

心亦不同心既不同則其性亦豈一樣而无差哉然則

其善善而惡惡是是而非非天下之人其所思亦不

甚相遠則無害乎謂為相同也此荀揚韓諸子唯見其

不同而不見其同孟子則就其同而見其同乃曰

性善先儒斥其倍徙而無算者以為氣而求其同於

寂然不動之先以為本然之善然夫

也曰近曰似皆彷彿近之謂豈如二月普現一切

水之謂乎哉又曰好惡與人相近者幾希而又曰心不

若人則不知惡之所謂人云者豈必聖賢君子而謂

之人哉通天下之人其好惡是非道之所在也而與

子語性曰相近曰相似孟子喻性曰雖之相似天下之足同

之同可以證性之善矣念曰
二月

水雖有清濁廿苦之別而其就下也未嘗不同也故孟

子以此喻性之善豈唯清濁廿苦之不同而已哉有

潺潺者有滔滔者有洶湧澎湃者或懸焉或沃焉或

洄焉或泛濫焉或停蓄焉而其就下亦未始不流

然通而觀之則雖有大小緩急多少般挨未有不

而就下者也故洪範敘五行稱水唯以潤下二字括

之孟子道性善亦只原猶水之就下也然則所謂性

善者亦就參差不同上通而見之名其為善耳不可

一檠而求也。癸丑三
月八日。

人務其本業邊事和緩而有飾則家道不憂不成聖賢
之言彼此參攻其日用至近者亦不過是月。癸丑三月十四日。
聖賢開大眼且通覽古今之間而立言亦說其常亦說
其大綱故其言如泛然不合而傳之萬世知無弊今
瑣細則有不相合而每致疑乎聖賢之言如性善之
人以小智冠見就二三人比而驗之舉其變異其
說是已人者萬物之靈與天地參爲三才故能生乎
千百年之後而識乎千百年之見以億萬之歟而服

卦爾亭叢書　卷下　東海選葦一　二十八

非一人與其儕輩互相和輯綢萬物而畏之非性之
善可乎若夫每人而求之逐事而驗之則固似不可
言純乎靜而不可以此而疑其大體焉。癸丑八月十日。戌後
世之學或主乎理而論孟二書盡之矣。
不足以盡學之本末必有易繁中庸明其蘊與有太
極圖說近思錄等書悉其纖微而本末兼資事理俱
舉矣或主之乎心則語孟二書唯說事而不詳心則
有之而固無所妨無之而亦无所闕唯求之于己心

而安則斯爲道矣何必求諸語孟六經以取其則哉
其求之于語孟六經者亦不過證吾心之所同然焉
耳胥失之矣。
聖賢之道唯在于事事而無理旣善其事則心自治假如
子夏問孝夫子對之曰色難然則今日事父母者愉
色和氣以事之可矣何必討所以事父母何以色難
爲孝之理非然後爲孝哉。
嚴儀卿曰詩有別才非關書也詩有別趣非關理也
非多讀書多窮理則不能極其至近世詩家每舉以

卦爾亭叢書　卷下　東海選葦一　二十九

爲名言予謂此論詩云爾然推之他事亦莫不然豈
唯詩已哉世有忠孝信義出于天性而不由學者亦
可謂別才矣然非能讀書則亦不可謂成人也人或
謂書與事自是二事醫師常識素難或抽救療目不
識丁時奏奇效。
人多不好讀書遂謂讀書之無益以此亦偏見焉不
書之或不得其方而可遂謂讀書之無益哉。甲寅二月十八
先儒以理爲學問之主腦以此解語孟然其所謂理云

後世學問自與古人異矣今觀語孟二書章句英｜者亦就人心性帶說如克己復禮忠恕一貫明德性
非修齊治平之實其或說天道說鬼神似非人事然｜善。天命之性未發之中難解做理皆以心性而言難
亦說崇本敬段而莫之致慢則亦人事也又問近世｜人而言天地萬物之理語孟中庸何處師說孟子
名儒所著讀書錄困知記學蔀通辨等諸書從頭至｜所謂萬物皆備於我矣先儒解做萬物之理亦以其
尾專言天道性命說理說氣說體說用縱橫貫穿極｜具于人心者而言非雖人而言也惟大學所謂格物
其纖微而間或及修齊治平之事其是非得失姑勿｜專為物理然而正文無的據其許多說話皆自後而言
論也其先後緩急之敘主意所在本自不同思錄｜焉耳中庸引詩云上天之載無聲無臭亦猶天何言
首卷言道體則開傷微妙其餘諸篇專說人事受用｜哉之謂未嘗及理也是知解經而及理此後世之事。
雖亦有高妙之說而不如後世理學諸書之甚二十月｜非經之本旨也 甲寅二月二十八日。

甘爾亭叢書　卷下　東塾漫筆　三十

木會同耳而其會之亦有生熟深淺之不同凡為學｜仁義非性也德也則未能會其慈及明其說則亦與
者於聖賢之遺言先儒之註腳不可不沈潛熟復｜非性也德也及門五尺之童耳熟矣及叩其何以曰
究其蘊焉 二月二十九日。自粵垣歸。｜以異哉先儒以仁義為性也久矣先人又以叩
堯典曰若稽古四字至三萬言爾後解經正文只一｜辨焉學者徒習父師之言而不審其義之所在亦何
後世說經之弊三一曰傷於煩瑣漢時泰延君說書解｜則曰是單字冒熟久一不差殊而問其義則不能
兩節而注解連二三十紙而不止學者每苦於難卒｜簡十字四箇口字則曰伴字又問曰普仲則曰他了
其說皆坐繁瑣故耳二曰失於牽強古者因時制法｜羊易之則應聲曰伴字又問曰是圜字二箇口字四箇十字
隨事設教我其歸雖同而各有條理不相混同其餘或｜敦小兒商誕習誦既熟應之即答問之曰何可變也以
此聖人之肯而失其意或託聖人之言而張之說者

甘爾亭叢書　卷下　東塾漫筆　三十一

亦有之三經中所說各有主慈非復一樣蔡漢以
來儒家之說亦非一樣及至後世彼此相協混同附
會以成其說而率不免于盾皆牽強耳三日馳於
虛遠聖賢之教就事實微說其所謂道德仁義者擧
皆應事接物之方法也後世學者平日所講究者無
非此事而求之于未發之先窮之于無欲之境恍惚
變幻䰟類仳仳而不見聽而不聞使人徒役心乎
消虛而外乎事務皆坐虛遠耳夫聖人之言合當周
禮其慈味固無窮其効驗亦終身有受用不盡者而

其義則明白無疑備而易曉何必枝惜其說發行其
言以費無窮之辭也哉況乎附會以成其說虛遠以
求其理其不為陽儗聖賢之說而陰為詖邪之說者
鮮矣乞巳
仁義者接人之道也故聖賢說其効每必以人之感化
我言夫子曰天下歸仁又曰在邦無怨在家無怨所
謂苟志於仁矣無惡也惡當去辯讀從怨惡之義明
矣孟子亦曰苟能充亡足以保四海又曰未有仁而
遺其親者也未有義而後其君者也皆就家國天下

上以其効之及人者而言未嘗就一身上說苟會此
義則聖賢言仁義之肯信乎拈來左右逢其原矣苟
不然則猶隔靴搔痒卒覺不的實明快　　　五日夕
甲寅騰月

漫筆續錄

義利之為言與善惡不同善惡之名一是一非其迹獨
然而不相入共自威之挾策與毅之博塞而其大至
於堯舜之以仁帥天下與桀紂之以暴帥天下皆善
惡之分也義利之稱則不然義固善之一端利是或
之分自此而判故聖賢每雙舉而致戒焉觀孟所
是或非在于可與不可為之間尤易致混淆而辨惡
截而可見也蓋利者不爭初頭惡底事有時而亦不
可不言第專乎此而不知節之則其極至於墓獄賊

甘雨亭叢書

東維漫筆
卷下
三十四

逆之大惡而不自知焉故曰子罕言利與命與仁觀
其曰罕言則夫子亦非絕口而不言也容易而言之
則必致害義故懼之也此孟子又曰苟為後義而先
利不奪不饜亦言流弊之所極未嘗言苟志於利即
是甚奪聖賢就人之恒言立教其輕重大小之差權
衡自然桁矣
善者惡之反也利者害之對也利害之於善惡或合或
離焉故曰見利思義益言方利之當得顧其合義與
否見其義之可得然後取之也若夫只管得利而不

顧義則雖未必為盜跖之事而其終必至於為盜跖
之所為故孟子曰雞鳴而起孳孳為善者舜之徒也
雞鳴而起孳孳為利者跖之徒也欲知舜與跖之分
無他利與善之間也蓋人之為惡未有無所利而徒
為者也利而不已遂至為惡故孟子辨舜跖之間
不言善惡而以義利斷之其義精矣若夫以理欲分
義利其辨如嚴而卻不覺粗
利以金谷土地為重而金谷土地人之所資以生不可
以此為利而諱言之利以安富尊榮為期而安富尊

甘雨亭叢書

東維漫筆
卷下
三十五

榮用賢之所以有益於國亦不可以此為利而諱言
之利皆猶此間人言得也未及善惡之分故經書亦
與得字互言之曰見得思義又曰見利思義觀此可
見矣從求利字說不明以為梁惠王以富國強兵為
利而孟子則以底民親戴為利後儒因此遂謂有仁
義中之利有仁義外之利其說卒不免鶻突若夫庶
民豐樂國運綿延則所謂行仁義既效者而不可以
此謂為利曰乙卯夏四月二十九修同几
善惡之相勝亦有分數多少故孟子有十寒一暴之說

此以時之遲久而言明行善亦不可不持久又有一
齊眾楚之說此以人之眾寡而言明善友亦不可不
眾多又有杯水車薪之說此以物之大小而言明善
力亦不可不厚積噎夫方風俗頹靡之際欲以獨力
而取聽乎且夕之頃亦難矣哉非強忍耐久眾共勤
力豈亦有成功乎不可不勉旃○四月
善之說豈非贅言乎觀其曰性善則仁義為人之性則性
性明矣已悉于辨疑錄中近又謂告子以性與仁義
子嘗謂孟子力倡性善之說若使仁義之不可為

喻杞柳桮棬孟子詰之云云亦可見人之為仁義是
順其性而非戕賊而為之也若使仁義為人之性如
心德愛理之謂則性即仁義仁義即性豈唯不可言
戕賊而已亦不須言順率性之謂道亦然
○讀橫渠東銘謂此通篇以戲過二字相映帶為說蓋
言發於聲者戲言也見乎四支者戲動也人以為已
己心而不知其出也作於謀者失也
於聲者過言也謬迷其四體者過動也人以為已當
然而不知其非心也非誠也不可深咎為出汝者戲

言戲動也不出汝者過言過動也故終乃曰不知戒
其出汝者歸咎其下出汝者長傲且遂非不智執甚
焉蓋戲過並言而其所重乃在戲言戲在所當戒而
過不可深悔此張子立言主意大抵以戲之通患以戲
為無害事而深悔於過言故言不知戒出汝之戲而卻
答不出汝之過以激之葉平岩解二事平說而以不
端之所以分者亦開其條貫如何為耳苟不得其條
知字蒙二句者蓋失之矣
人之為事必有一簡條貫百工伎藝莫不皆然聖道異

貫則聖賢之教或或不免於有疑而異端之說亦惑乎
其或可取卒不得一是之歸而依違兩狗乎其間以
為折衷眾言者多矣夫堯舜揖讓湯武放伐者聖人
之迹也開部而三月不知肉味夢見周公者聖人
心也說仁說禮者聖人之言也而孟子說四端說性
善說良知良能者亦所以明其所本也蓋人之心為
大而仁安聖人為大盡其道者人也行之者人之
善也而唯聖人之心為能不違焉此其條理本末內
外彼此通融毫無所疑或如不同而其要歸卒無不

同此所以一平道也而人知美堯舜之揖讓而每不
滿乎湯武之放伐蓋疑乎其有窗天下之心而幾君
臣之名分而不知除殘賊以安天下之民則其與堯
舜同得爲仁也可知矣開部疑其圖滯夢周解爲存
行蓋後世之學專尚虛靜祝聖人之心如明鏡止水
故疑乎其執滯不化而不知其慾之甚盛則其心之
善亦甚篤所以爲聖人也循其本而求之則皆出自
己心故孟子謂之四端者指示其所本也而後世解

甘雨亭叢書　康庄漫筆　卷下　三十八

端爲緒而謂仁義之理發見乎外蓋後世以仁義禮
智爲未發之理遂有此解而不知聖賢之言皆就事
實示之方法而未嘗向未發之先用工然則四端之
端者本端本之義而非端緒之謂可知矣大抵古者
之道以仁禮爲治心之要具而求其效於事實上後
世則專貴心性而甚惡物欲故上所舉三事或事或
心或字義其趣古今之間各自不同此所謂條貫者
也此其大者小者從而可知矣後二日
聖人與人言孝只說色難只說父母唯其疾之憂不要

向其上而問同是人而何以得獨孝乎其親蓋子之
於父母既生在膝下左提右挈日常互相親愛以有立
及其既長狃慈愛狗私意或至於乖踈故聖人只欲
降氣怡色以承其歡心不過如此凌質而就世則有
君臣之炎臨下而施治則有官民之分各盡其道此
人之職也六經所載者爲之之方焉耳
大抵古今之間言性之科三焉有聖賢之言有世俗之
言有異端之言世俗之人每就今日人物上立說世
間之人惡者多而善者寡陷惡易而進善難故便謂

甘雨亭叢書　東涯漫筆　卷下　三十七

云見火必認燒房見人必認爲賊荀揚韓諸子皆自
是起見其中文公說三品爲庶幾聖人之言然非推
本之論也聖賢之言性亦就世俗之言通而言之未
嘗索之善也詩曰民之秉彝好是懿德書曰惟人萬
後謂之善也窮心術隱微處待其無一毫邪穢而
物之靈孝經曰天地之性人爲貴而孟子特括之曰
性尊性之說無以加爲唯老佛氏之吉爲甚差異攝
凡百事物而括之乎心性天地不足言其大也萬物
不足言其多也括之心之外無復別法之可言此明

心見性之說所以興也

左傳僖公三十三年晉大夫胥臣萬冀缺之賢言於其
君文公曰臣聞之出門如賓承事如祭仁之則也又
昭公十二年仲尼曰古也有志克己復禮仁也信善
哉楚靈王若能如是豈其辱於乾谿此二語俱載於
魯論為夫子答高弟問仁之語最切要而大者也左
已復禮不告之他人而獨告顏子其事體尤重不以
此而可貴之於楚靈王也左氏之傳作于哲人其義
之後吾思點終歸魯經格言以綠飾其語為耳月丙辰
十五

甘雨亭叢書　卷下　東匯漫筆　四十

束城制策對曰所謂利入己淺而浮費彌廣者臣竊以
為外有不得已之一虜內有得已而不已之後宮
宮之貴不下一敵國云云
左氏昭公八年石言于晉魏瑜師曠師曠荅晉侯曰云云
向曰子野之言君子哉引詩小雅巧言篇曰皎皎
言巧言如流俾躬處休其是之謂乎杜氏曰師曠向
言綠間流轉終歸于諫故以此巧言如流也當叔向
時詩義如此故與今說詩者小異吾謂此斷章取義

四

古人藏詩之活法耳巧言之詩本譏小人其義固不
與後此異叔向隨宜轉用以稱子野之善諫也猶夫
子引豈不爾思室是遠而之詩以明道之在邇此詩
本系逸詩其本義固不可知也然今詩中屢有豈不
爾思句皆言情欲之思此詩亦當同其義束坡以為
思賢之詩亦臆料耳大抵後世儒者不諳古人引詩
之法故多致執滯杜氏蘇氏之說是已丙辰五月
二十四日
人為善而不告人亦不責人報
子曰誦詩三百授之以政不達使於四方不能專對雖

甘雨亭叢書　卷下　東匯漫筆　四十一

多亦奚以為予謂夫子稱詩三百則舉詩全經而言
而言其效不曰善勸惡懲而以達政專對為言不然
則雖多而無益夫子言詩之意可見矣

跋束涯先生漫筆後

予之帽叢書舊友故人得諸家遺書而來贈者亡數屬

者欽齋官津侯送示束涯先生漫筆三卷且曰叢書之

撰猶醫者之調藥酸甘鹹苦之品雖爲頭附子之毒物

俱收並蓄隨症投之。可以資于治療矣此書雖非程朱

亦自一藥物未必無補於後學也予取閱之歎先生講

究精密能紹述其家學予間物徂徠以先生爲隱然一

敵國而先生處之澹然平夷不以爲意其人品可想矣

侯與予交二十餘年善必揚之過必規之諄諄懇篤未

|||

甘雨亭叢書

卷下　　　跋

嘗見其疾言遽色也蓋或慕於先生之爲人而有所得

者矣侯之贈此書也弁記以跋卷尾云弘化丁未重陽

節山校倉勝明題于甘雨書堂。

天民遺言

《天民遺言》二卷，日本永崇永父撰，日本崇文院刊本。每半葉十行二十一字，四周雙邊，單魚尾，白口。是書多記嘉言懿行，上卷分：世事讀書、操存擴充、聖人本領、大學、中庸、書經、詩經、易經、春秋、周禮禮記、貢法、樂、性情心、治生、敬勤、生死鬼神、讀史法、太極等。天民先生遺稿分復誠所先生書、松山悟語、孟子條答、性情疑等。後附『天民先生遺稿跋』、『天民先生並河君墓表』。下卷附『疑語孟字義』。後有『疑語孟字義跋』。

天民遺言

嘉言懿行德之章也前龜後鑑學之則也嘉言由懿行
立後鑑因前龜驗予弟亮嘗事於予外養不越內養不
曠德羲曰修學問兼長忽病而卒嗚呼痛哉見其手筆
潛然莫禁頃者門人搜求遺稿于弊笈中欲入諸梓以
便于初學予亦不得已訪詢遺言于同志中集錄若干
篇以附其後享保己亥九月十五日并河永崇永父述

天民遺言上 崇文院

天民遺言上 崇文院

世事讀書

問世事紛冗不暇讀書廢學日久為之如何曰所謂世
事雖多盡是人道人道不勤而更何為學問之道不
在讀書上而在實行之上孔子曰道二仁與不仁而
已矣夙夜欲利人仁之方也夙夜欲利己不仁之事
也既而又曰欲以問暇讀書則恐無讀書之日欲以
有餘周窮則恐無周窮之時

天民遺言上 崇文院

道乃人之道也謂之彝倫蓋天下之所共由斯民之所
日用固無難知難行者若有事役未得讀書未得親
師所謂三人行必有我師焉見善則遷有過則改爾
若事役有暇便可親書冊亦由所易知易行而著實
作工夫則無不有益者
如讀語孟須要看得聖賢深意之所在與其機宜之所
存其答仁孝政事之問皆因其材而篤焉故其言有
先後之不同也觀求也退故進之由也兼人故退之
之類而可見矣且要不蒙蔽於解釋注疏拘泥于言
辭之上也有子曰孝弟也者其為仁之本與注者云

性中只有仁義禮智四者而已，豈有孝弟來，恐非也。

孟子曰萬物皆備於我矣。蓋謂自家元是萬善悉備。

天然完完全全自足之物，豈有四者而已哉。中曰仁義曰孝弟皆就人心發見上而言，註者之謬。實因以仁義為未發也。孟子首章註云王所語孟之

富國強兵之類，此亦誤矣。按此放於利而行之利欲，利於己，必害於人欲，益於我國，必損於他國之意也。

故下文分明云王曰何以利吾國，大夫曰何以利吾家，士庶人曰何以利吾身，上下交征利而國危矣。凡

國貧則不能恤下民救與國兵弱則不能備不虞制。

【天民遺言上】

　　　崇文院　三

凶暴不可以為國也語曰子適衛冉有僕子曰庶矣哉冉有曰既庶矣又何加焉曰富之子貢問政子曰足食足兵民信之矣是皆聖賢之事業孟子何以拒之後之學者以學問事業判然為二故高談虛玄研精性理以為儒雅以為得道如經濟之業富強之策反以為卑野附之事為之末不自知陽儒陰佛實可歎哉。

操存擴充

或曰先生平日之言學問之道專在操存擴充故問其下手工夫曰孟子曰人之有是四端也猶其有四體

也謂不言而喻不思而到無時無處而不有四端也。然賢者而後恒勿喪焉耳如庸人不能無昏昧放逸。

自棄自暴之病故學者之要在操存焉耳是以朱子立持敬主靜之說陸子有收斂精神之言亦可謂實勤矣然其流弊將必有專虛守枯調息澄心靜坐一室者此皆助長之為害亦已甚矣孟子所謂操也者

譬如舟師操舵乘風鼓浪離如無所事事而使此心在焉則涉浩蕩無際之海凌巨濤萬里之險無有復沒之難逐到其所期之津若學者亦無遺忘無助長。

則此心自存乎我而見當惻隱者便惻隱之心愈切。

【天民遺言上】

　　崇文院　四

見當羞惡者羞惡之心愈深見當辭讓者辭讓之心愈厚見當是非者是非之心愈辨無復有奪宗。

認賊為子之弊擴張大也充充實實也人人平日應事接物之間使四端之心皆張大充實而不虛餒則若火之始然泉之始達遍之足以事父母遏之足以保四海矣且夫四端之心之發也無親疏無遠近無輕重無小大隨見而動隨感而應老吾老以及人之老幼吾幼以及人之幼親親而仁民仁民而愛物者自親及疎也自殼觫之一牛以及凍餒之百姓自匍匐之孺子以及蚩蚩之黎民自嗟來蹴爾之食以及千

聽萬鍾之祿者綠小遠大也。

後儒知無私欲之為仁而不知濟民利物之為仁其學

樂枯寂之弊也。

如記誦文辭之學恥一字之不穩一物之不知者恥非

其恥而恥心亡矣所謂變學奪宗認賊為子之弊也。

聖人本領

學者先須要知聖人之本領蓋知其規模之大才德之

盛而後可以論聖人矣所謂行一不義殺一不辜而

得天下不為也者是德量也得百里之地而君之能

朝諸侯有天下者是才略也合而謂之本領語曰如

天民遺言上　崇文院

有用我者吾其為東周乎又曰苟有用我者朞月而

已可也三年有成其才德之盛豈然世知

德者鮮矣是以其見而知之者唯有子貢之徒在也。

其聞而知之者獨孟子而已矣子貢曰夫子之得邦

家者所謂立之斯立道之斯行綏之斯來動之斯和

則見而知之也孟子曰自有生民以來未有孔子也。

則聞而知之也是皆感觀得乎夫子生存之日行事

之跡者如此矣宋儒之言曰孔子豈賢於堯舜乎但

門人推尊夫子之道以謂仲尼垂法萬世云爾此但

以信之不篤思之不精徒知崇尊夫子而不知其才

德之盛也蓋夫子之道海內仰教萬世取法者自後

世見之則固已如此然而當時門人宰我有若之輩。

豈能逆知之而推尊之者哉後之學者豈徒不知夫

子而又不能知孟子矣宋儒解孟子致為臣而歸之

章云又不肯

為國人矜式者云是實大措大眼孔小之所致而

欲待孟子以大學博士國子教授之事也孟子之言

日天我欲平治天下當今之世舍我其誰也又曰王

如用予則豈徒齊民安天下之民舉安其自任以天

下之重亦如此蓋不繫待之輕重特以不能用而去

爾此與夫子去齊其意相同矣學者苟不知聖賢深

意之所在而立大有為之志何足以稱儒耶

天民遺言上　崇文院

大學

大學之書龍頭蛇尾。

生財有大道生之者眾食之者寡為之者疾用之者

則財恒足矣此鄉曲市井之人亦猶可能也至如子

路言千乘之國攝乎大國之間加之以師旅因之以

饑饉由也為之比及三年可使有勇且知方也則非

有果決之資幹蠱之才者不能也救時之事業經濟

之先務學者不可不盡心焉

中庸

無過不及而平常可行之道謂之中庸與所謂中行其
義相同矣如伯夷柳下惠雖已至聖域而未可謂之
中庸仲尼之不爲已甚乃是中庸。
天命之謂性一節簡約切實說出學問之大綱蓋性者
人之所禀乎天而自然之實德卽是仁義禮智故曰
率性之謂道聖人能脩斯道以建其有極使斯民之
善道而不陷于邪路故曰修道之謂教孟子道性善。
言必稱堯舜又曰仁義禮智非由外鑠我也我固有

之也是皆率性之謂道之謂也故荀子曰子思唱之。
孟軻和之是也或曰仁義禮智四者皆道德之名而
非性之名者此浮告子義外之說而非子思孟子之
旨也。
中庸本文蓋古樂經之脫簡誤攙入中庸書中耳可
中庸發揮云自喜怒哀樂至萬物育焉四十七字本非
道也。
謂卓見矣宋儒嘗主張此語極論未發之中大害于
舜好問章述聖人之大德夫好問之益大矣而雖鉅儒
輩猶未有能行之也且於高遠幽妙之理喜而尋究
之於淺近易知之言忽而不察焉殊不知道不外於

人倫日用之際而尋常說話中自有至味存唯舜好
問而好察邇言此其所以爲大智也兩好字須深玩。
費隱章及與天地參無聲無臭等語皆是贊道之詞宋
儒以爲實話故其說出于高遠而大誤道也。
第十九章詳說宗廟之禮所謂序昭穆辨貴賤辨賢逮
賤序齒治邦之大經悉備矣誠能行是五者於天下。
其欲不治可得乎論語所謂知其說者之於天下也。
其如示諸斯乎宜以此章爲注脚。

書經

書經載四代帝王治天下之大經大法而高出于六經

之上蓋聖人之學本主經濟尙書記其實語孟述其
道可謂相表裏者也學者務善熟讀焉則長一格價。
張橫渠曰尙書最難看蓋難得胸臆如此之大若祗
解文義則不難可謂知言也。
二典具逑堯舜之作用可見其授禪巡狩封山濬川分
命九官制禮作樂總是何等力量何等運用皋陶益
稷二讀都俞吁咈之美璨然可觀言言句句具眼深
玩則於治國之要必有所見得焉洪範亦具列經世
之條目五皇極論人君建極之道最有深意當欲服
焉陸象山曰唐虞之世道在皋陶商周之際道在箕

子。蓋謂此乎。

今文金縢一篇固非伏勝之所傳。予竊疑焉。頤目偶閱

王廟所著金縢非古書。論益如其僞撰。古文先儒多

以爲非眞。予嘗引證傳記以詳辨其僞。書序疑出于

僞作者之手乎。朱子已揭其牴牾。大序亦非安

國作陳同甫以爲魏晉文字。二子之見卓矣。

其意以施于家國之方。予竊不讓之于諸君耳。

詩經

【天民遺言上】　　九　　崇文書院

蔣道志古人之一言。至矣盡矣。夫詩無善惡無邪皆

可以見人情之所在。乃先王之治天下體樂制度政

教體會匝于之事著覺服勞幾諫陳善閉邪皆不

易舉喻哉。凡政事能使便於四方而專對言亦善以

義禮通于人情言能子世變也俯喬御所屏墻面而

宜者也甚不辭也必矣。

夫予舉翰象體諸譎謔兩商蓋隸三百篇蕭非止以

二爾也視物魚淵與開於陳克曰不學詩無以言而

商頌矣史龍武帝嘗謂三千餘篇及至孔子去其重

取可施於禮義三百五篇蓋以有古書所引逸詩之

在而言。然恐非生也。嚭曰誦詩三百。授之以政不達使

四方不能專對雖多亦奚以爲夫子刪之則當

時既止三百篇。而非夫子刪之的然分明。

等書有舛差博物之士須辨識焉。

鳥獸草木之名朱傳全據陸機草木疏考諸爾雅本草

易經

問易之書先儒以爲文王周公孔子之辭然乎曰吾未

能信之歐陽公亦已有說蓋明夷六五箕子明夷利

貞繫辭云易之興也其當殷之末世周之盛德邪是

【天民遺言上】　　十　　崇文書院

不直指曰誰何氏之僞也。且既濟九五東鄰殺牛不

如西鄰之禴祭受其福。大畜六四童牛之牿如此辭

氣全不愜廟堂大人之辭。而相近乎周井處士之言

者亦有之矣敢問噩曰加我數年五十以學易可以

無大過矣何也曰先儒已疑此章有誤字語意全不

通亦不足以爲證也。

易之爲書固卜筮家之言。而非聖人之學也。觀莊周所

謂易以道陰陽及左丘明之所錄而可見矣。後世儒

家有程傳道家有正易心法佛家有周易禪解者各

假之以說其道耳。固非易之本旨也。雖兩漢唐宋名

士宿儒皆以為羲文之所重盡周孔之所繫辭此所
以不能無太極無體天人一道之說陰陽消長理氣
棄散之論而卒馳于虛玄遠于民彝也夫天下之事。
豈惟六十四卦之所能盡哉其於一事亦豈六位之
所能兼哉學者苟能熟讀詩書語孟而至於理明義
精心知通曉之後則其人倫日用之常天下時勢之
變雖不假陰陽卜筮之書亦豈有難處之理耶。

春秋

春秋者魯史記之名也先儒以為垂致治之法於萬世
者恐不然此書專為憂當時而作也孟子曰王者之

【天民遺言上】 三 崇文院

迹熄而詩亡詩亡然後春秋作言及周室之赫威寖
衰先王之遺蹟已熄而風刺之發於歌謠者亦亡則
獄其君者有之子弒其父者有之故孔子懼作春秋。
則非為垂百王之大法於萬世而作也則孟子曰其事
則齊桓晉文其文則史孔子曰於其義則丘竊取之
矣杜氏所謂仲尼因魯史策書成文考其真偽而志
其典禮發其新意而復其舊章其義之所存文之所
害則刊而正之以示勸戒其餘則皆即用舊史是也。
夫周室史官之書法不獨魯有之天下諸侯亦皆有
之故曰晉之乘楚之檮杌魯之春秋一也是以當世

雖亂臣賊子目熟其禮耳習其典至若趙盾之弒許
止之藥之事其臣子能自受其罪而不辭史官亦直
書其弒而不容疑也況夫子以天縱之聖其微顯闡
幽裁成義類者皆據舊例而發義指行事以正襃貶。
天下豈有所逃其情哉此所以當世之亂臣賊子懼
而不得肆也法與世變禮與時殊故及至後世雖老
師宿儒亦或不能盡達其義況初學鮮生乎於亂
臣賊子何懼之有王荊公以為斷爛朝報蓋謂此乎。

一 周禮禮記

問周禮曰北宮錡問周室班爵祿孟子曰其詳不可得
聞也諸侯惡其害已也而皆去其籍此孟子所不見。
非其真也的矣故程子亦曰周禮不全是周公之禮
法亦有後世隨時添入者亦有漢儒撰入者是也

【天民遺言上】 三 崇文院

問禮記曰先儒已論之其書龐雜而間有格言故反迷
眩人也因子於是曰哭則不歌之言而作為歌哭不
起拏拏為善者舜之徒也蓋謂孟子曰鷄鳴而
同日之語遂使程子得枉死市之朝乎孟子曰鷄鳴而
而非謂以東方未白而必興也禮記因其語而設成
難初鳴咸盟漱之法是故世之稱小學家者流之徒
以村雞初聲之時咸盟漱櫛笄衣服佩用秉燭照步。

徑適父母之寢室疆問其燠寒疾痛使其親不得安
眠亦有之一犬吠影百犬吠聲嗚呼信哉

貢法

問貢法曰班祿爵之制徵兵賦之法宗廟朝會之典宮
室衣服之用皆出於此則經世之本治國之要也以
稽唐虞下闊三代什一之外有貢篚之物加之以兵
車橋梁之費城築力役之征今夫本邦於兵賦橋梁
之費城築力役之征則取之乎公而不取之乎民大
率用十四之法者亦不爲甚過多矣然如取之以一
毫則眞大桀小桀者也可不懼與古人所以督責深耕

天民遺言上　　　三　　崇文院

易穮乘屋播穀之業而使民不得緩佚者蓋無一夫
之不耕無一婦之不織國不乏於九年之蓄積則雖
有堯水湯旱之災使斯民自無有凍餒之患也所謂
以佚道使民雖勞不怨此之謂民之父母之後世天下
之人牧能有志于此者鮮矣故民之浮費無節橫賜無常
務宴安之逸遊縱宮庭之奢麗受女謁之干請容近
昵之僥倖廢寶均實贏之法而取民無制壞常平義
倉之典而倉廩懸罄凶年荒歲則富商大賈專財謀
利遏糴閉粟故生民之塗炭於此極矣寶可歎哉

樂

問樂曰里巷之謠權漁之歌豐年則有嘽諧之音荒年
則有促蹙之聲其本只是相制平和之心與鬱憂
之氣耳韶舞猶存而不在乎其末也本邦所傳唐樂高麗
樂舞容異俗聲音殊風故通其義者幾希矣則於風
化何益之有如平重衡就擒彈黃孃急佾人助元見
蟒弄還城樂皆其義之所取本無相關涉者固不足
以爲雅致也今竊思采錄自萬葉集以還二十一代
之撰覽雖今人之所賦里巷歌謠之陋輔翼名教維
持彝倫示勸懲正性情感動人心者律之以神樂催

天民遺言上　　　一四　　崇文院

馬樂之聲容使愚夫愚婦人人易曉則庶乎民俗風
化反朴還淳而亦有補於國家之治道也曰先生何
不爲之考定哉曰制禮作樂天子之事而非庶人所
妄議也且夫器數之末候氣之術皆樂工之事祝
史之守也君子所貴乎道者不在於此王守仁曰
譬如大樹有多少枝葉也只是根本上用得培養工
夫故自然能如此非是從枝葉上用功做得根本也
學者學孔子亦須要如是也可謂知言矣

性情心

問性情心曰春爲蒼天夏爲昊天秋爲旻天冬爲上天

曰「天,亦同時,而名異,故曰漾,曰漢,曰滄浪,皆一水

之門,而名雖殊,竟一性也。曰情,曰心,曰事,而

莫不有喜怒哀樂而發焉,曰性,一心也,就事而

言之動而曰情,可以為善矣。

天命之謂性,及孔子之親天性也。

變而為情,之類面可見矣。

蓋情者,性所親物之不齊物之情也。

及家子之言性情心皆

古人之言性情皆

情一心也,就事而

心出就事而

曰心之動而曰情,可以為善矣。

曰情,曰心,出就事而

可以為善矣。

變而為情,可見矣。

親物之不齊物之情也。

【我心雜言上】

〔五〕 崇文院

孰非此心,誠性情之親而三

孰非此水,至武都曰漢三

水下於滄浪曰滄浪,水非三水相合為兩流矣,夫

水之於滄浪曰滄浪,水非三水相合為兩渡,夫

之外別有心性,歟?則見面盡背亦可知

之外別有心性,養此性之情非此情

身而體猶順乎,夫?情非此情

猶毛為之鹽,亦可知渾身都是恐懼之情非于內,

是謂惻惻之心,非此心之外別有性情懼惻情于內,

則謂惻之鹽亦可知渾身都是恐懼

是謂惻惻之心,非此心之外別有性情

全體都是清和之性,養此性之外別有

全體都是清和之性,養此性

之外別有心性,歟?則見面盡背亦可知

是舜事親烝烝然知此醫獨當畏之辭讓

是舜事親烝烝然知此醫獨當畏之辭讓

海之內,山川原隰,盡是普夏當愛曰凝寒之節天地

海之內,山川原隰,盡是普夏當愛曰凝寒之節天地

之間,四維八陬,盡是嚴冬,未有生長收藏,一日同時。

各為隔位乘居,而並行乎天壤之間也。夫於人心何

以異此,曰然則如熊熊忿怒之盛,茫乎昏惑之甚,或

一言以發之,或一事以曉之,則其人胸中快然,忽如

煙消霧釋,何也?曰是所謂出入無時,無知其鄉,人心

之妙用也。夫聖人論人心之妙用者,至此而極矣。自

以上,無所用其力矣,而更欲求向上一路,而遡其源

拔其根,直得真面目者,佛老所設之教,而非儒者之

所宜論也。曰自然則所謂人人有貴於己者,卽心也性

也,情也。何以有為善有為不善,曰陷溺其本心,梏亡

【天民遺言上】

〔六〕 崇文院

其性情,而然乎天下之為不善者,亦雖至不可算莫非

陷溺梏亡二者之所為,所謂非才之罪也。或問曰朱

子解明德云,人之所得乎天,而虛靈不昧,以具眾理

而應萬事者也。然則言原乎程子盧明善應之

語,然盧之字,恐誠養學,夫心者,有是實心,故有是實物。

莫實於心者,有是實心,故有是實物。

如以心為盧,則天下豈復有物乎,人心之明德醫猶

曰麗乎天,照臨下土,曰者實也,亦不不容說以虛之字

矣,蓋孝弟忠信禮義廉恥,本是一箇誠實心,因其所

遇而其稱不同耳,堯舜之德光被於四海,自是實心

而出孔孟之道垂法乎萬世者自是實心而流張良
為漢謀李泌為唐策會衆垓下斅復如期挽回天下
者皆因一心之運用爾敢問先生曰心者體中之名
有證左耶曰如佛氏三世不可得之說所謂惡於
智者為其鑿也今試以事實曉之人熟寐戲以物壓
其心則懾或自手惕掩其心亦懾醫家所謂心臟亦
是也故孟子曰心官則思是猶目之官辨色耳之官
識聲心官則思慮是是非非者是也外此豈更復有
心可得哉

治生

■天民遺言上　　　　　二十二巻 文院

有二人問治生謂甲曰先儒曰為學者治生最為先務
苟生理不足則於為學之道有所妨彼旁求妄進及
作官嗜利者殆亦窘於生理之所致也諸葛孔明身
都將相死之日廪無餘粟庫無餘財其廉所以能如
此者以成都桑土子弟衣食自有餘饒爾吾子其思
諸謂乙曰陽明王氏曰許魯齋謂儒者以治生為先
之說亦誤人蘇泰曰使我有負郭田二頃吾豈能佩
六國相印乎此亦一術也門人問兩人問同而對異
者何也曰亦各因其材也故問先生所處曰君子謀
道不謀食吾願學焉。

敬勤

敬字亦學者之所當務宋儒說敬非無益乎學者然如
在中之說大非聖賢之旨也宗廟社稷之中不期而
自敬是自然之敬禮之所存也程子曰是乎居未嘗
敬也使乎居無不敬則社稷之中何敬之修乎是亦
恐不然也蓋若夫子有乎居燕居之敬有宗廟朝廷
之敬熟翫論語可見矣
勤字可與敬字竝貴重文王所以聖亦只是箇勤詩云
亹亹文王令聞不已是也

生死鬼神

■天民遺言上　　　　　二十一巻 文院

問易曰原始反終故知死生之說浮屠生死流轉天堂
地獄之言亦有之乎曰不知也曰無之乎曰不知也
曰故問其所以不知曰吾子以為夫子嘗畏於匡闕
於蒲厄於陳蔡之間者逆知當有如此之難而好經
過其地乎曰否意不知之也曰然老農能種而未
必能斂穫年有水旱也窜人能慮而未必能自達時
有通塞也堯舜之聖不能前知後蓋中之物周孔之智
不能逆識來日之變況於死生相隔有其國如彼所謂
西域書信相通買胡歲來則固知有其事哉夫中華
極樂國地獄界未聞生人往還信使聘問則何以得

謂有乎然而未嘗能往於十萬億土之西入乎五百
由繕那之地下而目睹其無有安養土泥犁耶則何
以得謂無乎吾眞不知矣豈徒吾不能知之想雖聖
人亦所不知也曰然則先王愼事鬼神宗廟之祭祀
者何也曰程子曰祭先本天性如豺有祭獺有祭鷹
有祭皆是天性豈有人而不如物乎聖人因而裁成
禮法以教人耳記曰天子祭天地諸侯祭社稷大夫
祀五祀庶人祭其先又曰天子祭天下名山大川諸
侯祭名山大川之在其地者是禮也皆是出于報本
追遠純孝誠敬之意而非崇尚虛文而求媚鬼神也

▌天民遺言上　　　　九　崇文院

日先儒言曰有其誠則有其神無其誠則無其神何
也曰未嘗試得爲鬼神饗其祭則何以知其有無與
己之精神卽祖考之精神是言也自宋以來爲確言
之所饗亦以主人有齊敬之心也可謂確言矣曰自
其靈不靈邪禮曰祭祀之禮主人自盡焉爾豈知神
之饗不饗也而成是語然有大繆人者蓋父母之於
子之遺體也而成是語然有大繆人者蓋父母之於
母之思念之切無所不至然而幾隔壁而居則其疾痛
痼癃之甚雖至死亡亦不能相通相知也況於久遠
祖先之精神隔生人鬼之殊絕哉理學之弊空言虛

論無實得之所致慢先瀆神之甚也

讀史法

問讀史法曰如讀史記須要看劉項志氣執壯項王悲
歌曰虞兮虞兮奈若何則其力拔山氣蓋世者皆出
于客氣而不足以壯矣漢王及彭城之敗馳去夏
疾嬰見孝惠魯元載之漢王急馬罷虜在後常蹶兩
儒以爲殘忍者未識英雄之志者也蓋未有沈溺於
兒女欲弃之如太史公可謂能形容其志氣之壯也先
妻子之愛而可以建大功立大節者也聖人之憂天
下後世亦有猶英雄之貪其功者神禹拯生民之難

▌天民遺言上　　　　廿　崇文院

思天下之溺不暇顧其妻子至於沐雨櫛風股無脂
脛無毛而不以爲勞其志如此舉天下聲色嗜好無
足以易吾之此志者豈不尚哉
朱子曰豪傑而不聖人者有之矣未有聖人而不豪傑者
也故君子必有英雄之氣英雄不必有君子之教
學者當以君子之行難遠語以英雄之事以易啓機
智功利之心也吾故曰能知聖人之德量而後可以
語聖人之才略也
自古英雄欺人多矣如管仲徵楚人以包茅不入之微
罪而不詰僭竊王號之重罪司馬仲達稱孔明以天

下之奇才而不論將略非其所長呂東萊袁了凡之

輩猶受其欺而不窹也。

太極

問太極圖說。曰不知。曰何也。不知。曰形乎上者曰月星
辰雨露霜雪形乎下者山川原隰禽獸草木皆當以
圖爲說也。至天地造化之神一心運用之妙皆是生
生無窮豈容以圖說也哉若可以圖說則可謂已窮。
而不可謂無窮矣。書曰予畏上帝奉若天命恪謹天
命寅畏天命語曰畏天命孟子曰知命者不立乎嚴
墻之下皆謂可致順受寅畏而不謂所以然也予是

天民遺言七　三　崇文院

以未能達乎所謂太極之理者也曰自然則何以爲道
之本體教之根源乎曰若柳子厚之天說近世狠子
之言固難出于激談戲語亦不可謂非來歷根源之
說也唯聖賢之教人皆在心跡發見之處未有來歷
根源之說孟子曰人皆有不忍人之心是實道教之
根源而不可以他求者也宰我問短喪子曰食夫稻
衣夫錦於女安乎夫不仁不義之事爲之而不安者。
是則人人固有之本心其出乎天性之自然謂之
之性其出乎情實無僞謂之情故子思子曰率性之
謂道性者萬善悉備萬善之綱謂之仁義禮智故孟

子曰仁義禮智非由外鑠我也我固有之也可見聖
賢之言皆平易簡約其事甚邇其理甚易道初不外
是也舍此而他求則遠且難矣若曰天地未闢之時。
畢竟先有此太極之理固不足以論然善言天者必
驗于人故學者不求此理于人心未發之時予
嘗試求心於此有年而後自知其惑矣凡人心之用。
神發而後有知求知夫太極之一理者猶常人然雖
未發無知者而求知夫未發之時固無知的矣夫
分於醫者責六律之辨於聾者是不獨常人然則
聖人亦無知也必矣吾故以不知爲眞知也曰然則

天民遺言上　三　崇文院

何以謂性者萬善悉備也曰此以其知之已發而言。
曰先儒亦由已發之跡而推之以言未發之理爾曰
其然豈其然乎盡反其本矣矣見彌思鴉炙見卵思時
夜莊周且自知其爲太早之計浮慮之論晉之清談。
宋之禪學於家國天下齊治之事業何神補之有後
之儒者高唱道體之說虛揭未發之中皆淫佛老之
間而非孔孟之旨至若命有四般五常互具之言聖
學範圍天命圖說之作不自知其攓踔智顱湛然比肩
知禮淨覺而遠乎日用彝倫之實行疎乎經世利民
之事業者實爲此也閒哉

天民先生遺藁

復誠所先生書

門人　渡邊毅　編次

去月二日十八日賜書皆已拜復矣不審達否比日尊
體佳勝家事前書中已悉矣爾後無事兹以仁義禮智為外
初所奉書略陳語孟字義童子問間有可疑者來教云
字義之中未見有可疑者但情字條下有所不明白耳
而略疏其說以教于弟又且聽弟以詳陳其所見可疑者
幸甚弟之所見稍異於先生之所見字義一書可疑者

天民遺言上　　崇文院

十而七八不獨性情之說也而其最所當辨究者莫急
於仁義性情之說故前書特陳字義中仁義性情之說
可疑耳而今亦就來教故再陳所見以終鄙說諸先辨
以仁齋之說大繆於孟子之意而次以宋儒似是之非
也童子問曰有人則有性無人則無性道不待有人無
人本來自有之物充於天地徹於人倫語孟字義曰人
之性善者也仁義禮智天下之德而善之至極者也其
言雖不一大抵以仁義禮智一生之學悉備於此數語其所以為得
之所有也仁齋只自負此數語以宋儒之說為悖於孔
鄒魯之正派者只自負此數語以宋儒之說為悖於孔

孟之說而咬咬辯說者亦只主張此數語字義童子問
等書若干萬言敷衍此數語者居於半焉是先生之所
熟聞審知而不復待弟之贅陳矣以仁義禮智為外
物為非性非內者則是告子之說也若孟子之言則
不然曰仁人心也曰惻隱之心仁之端也羞惡之心義
之端也辭讓之心禮之端也是非之心智之端也又曰
惻隱之心仁也羞惡之心義也恭敬之心禮也是非之
心智也又曰仁義禮智非由外鑠我也我固有之也其
直斥告子之說之非也曰長者義乎長之者義乎此明
義之果在內而非由外也孟子之時聖學不明人失其

天民遺言上　　崇文院

德不自知仁義禮智為其性者不但一告子而已天下
皆是也故孟子七篇之旨多在明仁義禮智之為性而
其與告子辯者既為明盡矣而仁齋復尋告子之舊窠
唱仁義非性之說而自以為至珍至寶以為鄒魯之正
派而高自標榜矣夫告子尚以仁為內特以義為外而
已然而孟子以為邪說以其害仁義深辯痛拒而不餘
其力也後世程朱之說其實雖異於孟子而以仁義為
性之名未之有改也仁齋知尊孟子而反曰仁義禮智
非性也何其言之異也可惜可歎可怪可顙吾不知其
何由也孟子曰惻隱之心仁也羞惡之心義也仁義禮

智我固有之也則仁義禮智非性而何蓋四
端即是仁義禮智仁義禮智即是四端四端仁義只是
一物無優劣之可等無分別之可容仁齋卻謂人性所
有只是惻隱羞惡辭讓是非之善者也仁義禮智天地
自有之物善之至極者而非人之性也一則曰善一則
曰善之至極強立優劣妄生分別以四端爲小以爲不
謂騎驢覓驢也予嘗不察其說之可否而姑從事其語
而求所謂仁義禮智於惻隱羞惡辭讓是非之外於天
地事物之際者有日焉而目無見焉耳無聞焉卒不之

▲天民遺言上　　二五　崇文院

有得也非吾不能得也四端之外更無仁義禮智之可
求也而仁齋主張其說自爲孔孟之正宗不審自失其
德而不知也亦使聽其說者皆不知其德而別求所謂
仁義禮智於烏有之地茫茫蕩蕩如求亡子卒歲窮年
無所底麗此弟所以不能無疑於仁齋之說也請復辯
宋儒之說似是而非者孟子以仁義禮智爲性非其言
以仁義禮智爲性也而其所以不同者何也
仁義禮智之名同而仁義禮智之實異也其言一也
之心仁也羞惡之心義之端也辭讓之心禮之端
也是非之心智之端也端本也猶言仁義禮智之根本

也蓋謂仁之行於事物之際其用至多然而只此
惻隱之心仁之根本而千條萬緒發出爲堯舜之德光
被于四表周孔之聖立準於萬世亦只此惻隱之心爲
之根本自聖人至於塗之人其人品之高下倍蓰什佰
而無算焉而其日用之間接物之際君之仁臣之忠父
之慈子之孝夫婦之愛兄弟之友朋友之信隨感隨應
千彙萬態者亦只鈞之惻隱之心爲之根本外此四端
更無仁義禮智惻隱之心仁也故人能存此心謂之仁
人放失此心謂之不仁者以此心施政謂之仁政以此
心立教謂之仁教凡以仁稱者皆以惻隱之心爲之本

▲天民遺言上　　二六　崇文院

也羞惡之心義也故士而能存此心謂之義士民而能
存此心謂之義民能從此心而不變其節操謂之義婦
凡以義名者皆以羞惡之心爲之本也辭讓之心禮也
故施之於家國謂之禮典見之於肢體謂之禮容以之
制器謂之禮物以之脩辭謂之禮辭凡以禮稱者皆以
辭讓之心爲之本也是非之心智也故人而智將
事而智謀智慮凡以智稱者皆以是非之心爲之本而
是所以惻隱羞惡辭讓是非即仁義禮智之本源而此
上更無本之可求更無源之可尋更無來歷更無去處
仁義禮智之最上頂究竟頭到此極矣無復向上可求

矣。孟子四端之義。其意蓋如此矣。宋儒以謂。仁義禮智
者。性也。理也。體也。因端者。情也發也。故其解端字
曰。端緒也。言仁義禮智之本體發。而惻隱羞惡辭讓是
非之端緒見焉爲四端。不是仁義。四端之所以然者。方是
仁義也。則此以仁義四端。析爲二物。是亦大異於孟子
之旨矣。予始不知其說實。不可從而求所謂仁義禮智
者。於惻隱羞惡辭讓是非之一層上。而察之於應事接
物之際。觀之於閒關靜坐之時。有時戚然而隱於夷
此所謂惻隱之於其言則是惻隱也。情也。有時乎惻隱而
非仁也。非性也。有時乎怩而愧乎內。此所謂義乎是
之智也。非性也。有時乎退乎畢

天民遺書上　二七　崇文院

覺。凡㷀㷀于心目之間者。只是惻隱羞惡辭讓是非
謂之智也。端居而思。之反覆而躍之。知之所識心之所
儒所謂仁義禮智者。眞仁義者。未之有得也。而於宋
謂體者理者性者。未之有得也。而更欲復泝
其源拔其根。必得一義眞面目。而强探力索。體究認察。
費精盡神者。幾日子矣。非功夫不勤。非志氣不至。而不
見些影響。不見些蹤跡。亦終不之有得也。自後追思之。

非吾不能得之罪也。其實四端之外。固無可得之物也。
彼不知四端實有之德。卽仁義禮智也。而曰此用也。非
體。此情也非性也。欲以求無形無影。實無有之物以爲
體爲性爲仁義禮智。何其說之謬也。可謂頭上安頭也。
若非虛見。則必妄見。今夫仁義。而別求所謂仁義禮智
然者。是火也。而水不謂之火。謂水之火。而謂水之所以
理而以爲仁義禮智者。亦何以異于此。端訓本訓首其
也而可也乎。四端之謂。別求所謂端緒者。既訓緒也
來久矣。至朱子始改其說。以本爲緒。末析一爲二根本實
有之四端。輕視之於外面。而以爲緒末空虛無之理。

天民遺書上　二八　崇文院

創立之於裏面。反以爲根本也。甚矣其說之謬也。而窮
其所由端之一字爲之蓋證。則此又不可不反覆辨明
也。端之爲首爲本。固也。而亦不可謂不容訓緒也。既訓
本。又訓緒。則四端果爲本歟。或爲末歟。孟子之意似未
可的識。且世之以訓詁求是非。去就者。或猶豫孤疑以
不能不亡羊於其所適從。則亦不可不復別建明證以
袪之惑矣。今考其言有之曰惻隱之心仁也。羞惡之心
義也。恭敬之心禮也。是非之心智也。孟子到於此已抹
殺端字。則謂之本。亦不須添也。況又須說爲末哉。端之
爲本。不可復容疑也可見孟子之意。四端卽仁義禮智

仁義禮智即四端矣性者生也四端之心與生俱生也
故曰仁義禮智非由外鑠我也我固有之也由是觀之
則孟子所謂仁義禮智即惻隱羞惡辭讓是非而非朱
子所謂理也宋儒說性其名雖同而其實夐異乎孟子
之說也弟登好辯哉此言也雖其言之出於心而非也雖
者盡相歧於兹矣此言也亦不得已也王氏有言夫學貴得
之心求之於心而非也而況其出於孔孟不敢以為
是也而況其未及孔孟者乎求之於心而是也雖其言
之出於庸常不敢以為非也而況其出於孔孟者乎弟
雖不忍於背馳朱子仁齋之說然以切不忍於侮慢孔

▲天民遺言上　崇文院　三九

子孟子之言也嗚呼孟子沒而聖學不傳漢唐諸儒訓
詁之務至於宋儒始知知聖學之可講而又能尊信孟子然
而孟子之意不得明白如此如仁齋亦知疑宋儒之學
而孟子之旨其說似矣而至乎其所自為說殆天淵燕
越而孟子之意愈沈登賾斯道斯學孔孟以後二千
餘年至于今日終無得正宗矣而天下之學者唯程朱
德為二三十年來仁義少行於其間誤解異
義目擊耳染其說非立談之可以能解矣況若先生亦
厭宋儒之說從事於仁齋之學者于兹有年矣但恐先
入為歸儒說或不易遽入為辯如孟子之雄文如韓氏

之暢尚或不能以一書逐幾伸其意於左右況弟之辯
訥而筆拙乎累言繁說庶幾以得少達其意也故又再
陳其略焉為四端人性之所有而非仁義禮智即為仁
天下之德而天地自有之物非人性之所有也以四端
仁義為判然二物而求仁義於人身之外者是仁義之
說也仁義禮智為性惻隱羞惡為情惻隱羞惡不卽仁
義仁義不卽惻隱羞惡也四端仁義就人心中析而為
二者是宋儒之說也一則求仁義於人身之外一則析
仁義四端於人心之中雖其說大異而其至於不知四
端即仁義則一也四端人性之所有即是仁義四端之

▲天民遺言上　崇文院　三一

外更無仁義者是弟之所見而斷斷然深自信以為孔
孟之正旨者也不識先生以為如何夫仁義性情學問
之大路頭大緊要於此一差無往而不差而最所當先辨
明也故專論此一事而未敢他及為近草性情疑六條
性情心解一篇就訂敬不敢備高覽其餘字義逐
條可疑者自後陸續開陳以請質正如弟果墮於僻見
而先生更有會通又明以屈弟當自速改以歸於至一
之地伏乞必不惜往復以終餘教寶永戊子三月六日
亮再拜

松山晤語

予頃年通書於菅子竊議學術今兹仲夏洛于道後溫
泉逐至松山始晤菅子談及學術菅子曰某生世祿之
家叨藩府之高寵身膺重責望貴歟封是以日夕惕厲
讀書講理冀脩己積德以圖酬恩眷之萬一然而資性
淺陋學不得其要已未有脩德終無積矣今兄不吝
爲之如何請舉示予曰論學欲言之直予恐愚悫致陳
瞽言幸寬貸焉尊兄之言可謂切問矣而予實愚悫未
知何物爲己何物爲德也能知之而後脩可論
也積可講也記曰能盡其性則能盡人之性能盡人之

▼天民遺言上　　　三泉　文院

性則能盡物之性能盡物之性則可以贊天地之化育
可以贊天地之化育則可以與天地參矣說者曰盡其
性了而後始可以盡人之性盡人之性了而後始可以
盡物之性盡物之性了而後可以贊化育參天地其工
夫有次第其造到有漸次盡一層而後又進一層也予
則以爲盡其性贊化育參天地皆是同一
時事盡人物之性也而方去盡其性也非盡其性了
方去盡人物之性即是贊化育參天地有則有齊有
無次第無前後人而君臣父子男女老幼物而飛潛動

植各盡其性而吾性始盡矣人未盡其性則吾性之未
盡也物未盡其性則吾性之未盡也凡講盡性於人物
逐生之外用功於一念靜之間而自以爲盡其性者
實非子思子之意也此說則能知脩己之說矣今兄
是國之巨室而君民士庶皆所資其力則君民士庶即
兄之已所在也而君非之不格則兄之已未脩也民生
不阜則兄之已未脩也士風之不淑則兄之已未脩也
君心莫不正民生莫不厚士習莫不美而後兄之已始
得脩矣若夫不知用力於此者必由其言緩其步其
坐也如土偶人終日默然見鼻白於蒲團上如坐禪僧

▼天民遺言二　　　三泉　文院

如持律師實不可謂不用其力者也然而豎儒腐生之
所謂脩己而非堯舜禹湯伊傅周召之脩己也請論積
德焉世之用力於積德者必端坐于一室之中讀幾行
之腐墨分鎦銖於章句較分毫於訓詁統萬殊於一本
散一理於萬事涑布洞洛比陳偶饒精極牛毛密入窗
絲薪積塵堆空論虛說於靈臺方寸之間夜以繼日兀
兀窮年亦不可謂不用其力者也然而斯文村究之所
謂積德者而非公卿大夫豪傑英俊之積德也德也者
得也人之得此喜則笑哀則哭是到而知是非來而知
非枹響影隨鏡照圭合不假脩爲不待補湊矣是故見

君非於政事之間必有以憂而謙靜之思必體焉所
謂德也見頹靡於士風之際則必有以倡率之志
必從焉所謂德也見怨讟於民瘼之中則必有以憂而
憲恫之念必生焉所謂德也凡事之接我者自小而大
自緩而急自微而著必從是非而不敢違
不敢懈自時而日而月而年而死而後休焉脩已於一
者如是焉耳矣今兄此之不務而徒脩已於一室之動
靜求功於一念之起滅以為潛德以為默脩而未聞有
一言之格君未見有一策之施民則亦可謂失其務矣

天民遺言上　　崇文院

菅兄資質取謙有不欲以賢知先於同列者答曰講再
狂言以予觀此則兄輩未知謙之義謙其未易稱也古
之聖賢仁加於生民澤被於萬世天下推其功兆庶稱
賢下士廣攬衆益如此而後謂之謙也謙則
不然其語言厭厭然其動作懦懦然居其位而謂謙則
其德然而其自視欿然不敢有一毫滿假之意尚且禮
立日吾恐人之未我足也緘默充位局促備員而自以為謙
人之未我信也當其職而自以為謙何之望哉必也君
之退怯而可也謂之畏縮而可也謙何之望哉必君
非格士風懲民瘼除而已始得脩德始得積功施於一

世名顯於四方而自視欿然一無所有一無滿足之意
則古人之謙或可庶幾歟言未既菅兄乃奮然而起躍
然而歎曰哉言也悉哉說也某受羈於儒先之說者
久矣時得教於東牘之間稍知容疑於舊說而賫性柔
暗切磋無人先入為師舊習作崇動牽虛渺卒疎實用
今日獲聽脩已積德之說親切痛快徹骨髓自覺學
問之橝柄真入手矣請自今勉力鞠躬盡瘁決不
保位素殄以負今日誨言之意矣顧予之言之慈可謂
狂瞽之甚而菅兄不有一毫厭逆之色反垂勸賞如此
其受言之量可謂踰人一等也而剖舊謬於一言之下

天民遺言上　　崇文院

又可謂一日千里也淹留旬日菅兄待予意極欸曲講
學論業日夕不倦益見其志向之厚有不可及者也歸
期日迫送以高序予學術朴陋慚無麗語綺文以報瓊
琚因謂向之所論其說雖無玄虛之可慕無高遠之可
喜而與儒者之所講大相徑庭然而於禹湯文武伊傅
周召之學或不至燕越之甚而於菅兄之學或有涓埃
之益則不當復求他說乃錄蕪言以處焉正德壬辰六
月十一日丹波井河亮謹錄

孟子條答　復高橋波

辱書審起居佳勝。感慰兼到。見示孟子說數條。困頓之
間。講學不倦。實足以見我兄之篤志。略條鄙見以酬垂
示。

移粟移民章。詳來意。似疑移民間之粟不可以為惠愚
意以為葵丘之盟禁糴則戰國之時。或有雖封內禁
民之私糴。實其粟於鄰郡。域民以封疆之險。封國內
禁民之自相移徙而今惠王皆放其禁而任民之所欲。
則河東糴買河內之粟。而緩其急。河內得糴糶其餘。
蓄於河東。而獲其贏利。河東之流民轉移作得以營

▎天民遺言上　　三五　崇文院

目前之衣食河內之居民資其工力得以成其開墾造
營。兩得其利。而不見其害。皆固荒年之小惠也而比之
於先王之仁政。則實滄渤之勺水也。故孟子以五十步
百步。喻其意。其不足以為惠也。孟子謂塗有餓莩而不
知發則所移是民間之粟朱註不可謂之無的據也。
移民之為惠。其意不外此然而此皆魏螢之小惠固非
無明據不知適其事實否然而此皆出想像意料別
先王之仁政。而不可以為治國之法則是沒緊要事不
要深究討事實。但至來書曰移粟移民一小邑猶不可
轉移。況河內河東之大平則有大可論究者愚謂一小

邑則實不可轉移而大國則可轉移也何則一小邑之
粟所積幾何移之他邑而所救幾何而小邑之積盡輸
之彼則其邑亦已自困小邑之容之流民幾何流民之執
作賣傭可營衣食者幾事真如黔婁之衾覆首則足見
掩左則右露。無其利而有其害。此小邑之民所以不
可相轉移也大國則不然其所積固多移之乏而民
之乏而民之來徙者執作營為其得生意之道廣矣兩
得其利而不見其害此大國之所以可移也宋王介
甫青苗之法嘗試之於一方。而民實得其利施之天下
則有不勝其害者凡事固當以小推之。而又有宜於

▎天民遺言上　　三六　崇文院

大而不利於小者有可施於小而不可加於大者此有
志於事為者最所宜講明而非章句訓詁小說話之比
也。故論及萬藤賢意以為如何交鄰國章仁者以大事
小。來書深疑朱註以字字換事字之非其說自有理。然
而小之事大論其實共用事字大之事小論其實則
不若朱註以字字換事字不存當朱註
周恤撫字而孟子下語共用伏事字不存高下實穩當
不可全非也。然而不知此是孟子語話。大有機權處緊
要字眼也。蓋齊宣之病在龜屬傲狠好獣於人而不肯
下於人。孟子看透其病根。所以故為聽從服事下於人

之語。以陰消其傲忿之病。此是消導之輕劑也。其藥果

歆於病。故幾及于喉。而伏症暴發日寡人有疾。寡人好

勇。於是孟子亦為處因用之劑曰王請大之。此是醫家

療病以熱治熱從治之法也。忽彼忽此隨症見風

使帆非此等眼明手快。則爭得縛龍搏虎。真名世之高

手。七篇及論語中。多具此機。儒先不理會其意。卻為擇

一箇極穩極當之字。如村學撿摩生之文字。改金根為

意。從古註愚意亦舊從古註。今因來喻而益斷朱說諸

流連荒亡為諸侯憂。古註以為諸侯自取喪亡之道。賢

金銀也尚質質意。

▲天民遺言上　　三七　　崇文院

侯附庸縣邑之解不可從也。

故國章今日不知其亡也。朱註為亡去而不知賢意從

陳伯玉之說為不知。亡失其官。愚未深領來意之所在

也。所謂亡失其官者其職有闕失之意乎。或謂其官為

同僚權寵所奪乎大抵來說不見有勝於朱註其利不

十不變其器。其說無大利害。則從舊說為可也兄固精

別諸說今斷從伯玉之說意必猶有明說。蓋愚偶不通

來意也請賜再教。

齊人伐燕勝之章。論文武之事。來意甚見的實諸儒之

說實含糊不決。皆因不達孟子君為輕民為貴之義。然

而其說亦實重君臣綱常。而又崇聖賢。不富天下之意

此亦一道也。不可輕易說壞也。凡此一段。事古今大議

論此等處實實難與。拘儒俗士說。又不可為晚生輕浮輩

容易說破為真。可與達者言。不可與癡人說也

或問曾西章。來論孔孟稱管仲之異。其說甚當但朱

註所載楊氏之說。亦就本文品題子路管仲之旁論

剩語。則可也。未可以鑒斥之也猶待賢論

其為氣也。至大至剛章來書云塞于天地之間者孟子

極贊其大耳。非如先儒天人一同及此氣天地之正氣

等之語甚說來歷也。愚意同來說每說如項羽云力拔

▲天民遺言上　　三八　　崇文院

山氣蓋世。只是自贊其力之強勇氣之高邁耳其實山

如何可拔世如何可蓋堯典曰洪水滔天水害雖巨如

何浸天。凡經傳中此等之言皆是形容張大之辭事以

為實說。真癡人前說夢也。中庸致中和天地位萬物育

等之語皆與此同誤可謂虛論妄說可怪之甚也賢兄

註我心正則天地之心亦正我氣順則天地之氣亦順

已看破此章之誤則此等之誤意已洞然無疑焉。然

中庸之書稱為道之蘊奧。而舉世皆為晦菴所誤可嘆

之甚故論次附及。

知言節。來意以孫疏為詳悉。不知與朱說有何異同孫

疏八九年前讀過今不記其說如何此章文意朱註大

抵爲順妥弊笈今不藏搜疏後待撿尋再答來喩。

鄙答條陳不敢自是實希質正不惜再諭深望深望書

聯數紙倦甚草草奉復不罪之禱八月二十五日幷河

亮再拜。

▼【天民遺言上】

三九　崇文院

性情疑 六條

語孟字義情字條下不可解者尤多矣逐條致疑以請

質正。

情者性之欲也以有所動而言故以性情並稱樂記曰

感物而動者性之欲也是也。

動與靜對今以動爲情則不得不以不動爲性苟以

不動爲性則所謂養性盡性者如何下手如何做工

夫動則可見不動之時虛虛寂寂何有可見動是已

發不動是未發畢竟宋儒已發未發之說也仁齋痛

辯已發未發之說而今又踏襲故轍只少改換頭面

可疑也。

耳且感物而動者性之欲也此語於字義性條下已

辯其非而今復取之以爲解情之證前後相矛盾是

可疑也。

目之於色即目之於聲口之於味四肢之於安逸是性目

之欲視美色耳之欲聽好音口之欲食美味四肢之欲

得安逸是情

目之於色即目之欲視美色也耳之於聲即耳之欲

聽好音也口之於味即口之欲食美味也四肢之於

安逸即四肢之欲得安逸也只此一事豈容性情之

別耶字義以四於四欲字強生分別一以爲性一以

▼【天民遺言上】

四〇　崇文院

為性一以為情甚可疑也。

父子之親性也。父必欲其子之善。子必欲其父之壽考。
情也。

父子之親是虛欲子之善欲父之壽卽是實欲也。
卽是父之親也。欲父之壽卽是子之親也亦只一事。
詞有虛實詳略耳譬猶直字單言則曰直詳言則有
曰有無曰無是也。豈可以言之詳略別而為二哉是
亦可疑也。

孟子曰物之不齊物之情也。言或大或小或緩或急物
各有所好故謂之情也。

【天民遺言上】　　　　　　　崇文院

情實也。孟子之意言物之不齊。或大或小。物之實也。
未見有好之意字義強解以為好之義甚可疑也。
孟子又曰人見其禽獸也。而以為未嘗有才焉者是豈
人之情也哉言為人所羞天下之所同好為人所辱天
下之所同惡。人指我以為禽獸非人之所欲故曰是豈
人之情也哉。

孟子曰人見其禽獸也。而以為未嘗有才焉者是豈
人之情也哉蓋言人見失本心之人所行類禽獸也。
而以為此人未嘗有才然而此人性本善陷溺
其心而如彼是豈人之本實也哉孟子之意如此直

義分明。未嘗有羞辱人指我以為禽獸非人之
所欲之意。是亦以情字強為好之義故為是曲說亦
可疑也。

【天民遺言上】　　　　　崇文院

晦庵以四端為情尤無謂也。孟子明言曰四端之心而未嘗
曰四端之情可見四端是心。非情心非情又註大學指忿懥恐
懼好樂憂患為情然大學亦曰正心而不曰正情可見
忿懥等四者是心非情晦庵以為心統性情而以性為
心之體情為心之用故有此說殊不知是心性是性。
則謂之四端及忿懥等四者皆心之所思慮者不

各有用功夫處情只是性之動而屬欲者纔涉乎思慮
則謂之情也。而惻隱羞惡辭讓是非之心乃顯然有形
者非心而何若不謂之情則將指何者為心。
乃悉廢心字而獨用情字可也。而古人以喜怒哀樂愛
惡欲為七情蓋言情之品有此七者謂喜怒哀樂愛
欲即為情則不可也。凡無所思慮而動之謂情纔涉乎
思慮則謂之心若喜怒哀樂愛惡欲七者設無所思慮
而動則固可謂之情纔涉乎思慮則不可謂之情分限
甚明。學者當以意理會。

此一條最為破綻不可不辨明矣。孟子曰今人乍見
孺子將入於井。皆有怵惕惻隱之心當是時不思不

慮隨見而勤隨感而應不假一毫思慮安排登商量
斟酌其可惻隱與不可惻隱而後方始惻隱哉可見
四端之心不必涉乎思慮也若曰涉乎思慮謂之心。
不涉乎思慮謂之情則四端之不涉乎思慮者非情
而何哉。此不實知性情而強就言語說辭上而立言
以非晦庵是以燕伐燕吾未知勝敗之所在也而且夫
四端之不假思慮亦言之於四端之心條下曰夫
四端之在我猶手足之具于吾身不言而喻不思而
到是言實為得孟子之旨而今又自悖其說而曰四
端者心之所思慮者蓋無實所見而妄為之解故說

彼說此不免自有此漏洩也。

性情心解

學墮于訓詁而聖賢之學荒矣訓詁也者虛名也非聖
賢之所謂學也名者實之賓也有是實而有是名者也今
夫黃金白璧天下之至寶也苟是寶也則雖未辨其
名亦無害其為寶也其金玉富有乎我則雖未辨其
名義則亦無害為有德之人也故務得其實則不務其
名矣不務其實而徒求其名則雖有其名非如實而後世
求其實而空論其名也古人之論學也必有其實而後世
專在性情之郛郭又曰心統性情曰性即理也其目則仁義

禮智情者性之動也其目則喜怒哀樂愛惡欲又曰惻
隱羞惡辭讓是非都是情是皆所指雖不甚相遠而
心性情三者判然為別矣予取此說以實之於孟子其
義不同也孟子答性善之間曰乃若其情則可以為善
矣乃所謂善也如此則性情二者固相混矣而其下承
之以惻隱羞惡辭讓是非之心則心亦無別矣且夫惻
隱羞惡所謂情也當曰惻隱羞惡之情而曰惻隱
之心羞惡之心則情心之別亦已蒙矣固非如註家之
說判然有區別也於是自謂聖賢之教必務其實苟得
其實則假使未辨其名亦無傷為有德之人也然而語

而不詳擇而不精亦非善學者其善學者當求在我者。而不可以外求也夫懼然而喜勃然而怒憿然而哀釋然而乗憂其可愛惡其可惡欲其可欲此七者我皆有之蓋惡而欲別求所謂心者則無迹可尋於違果知其未始有心情之差也惻然而惻隱報然而羞惡緣辭讓的然而是非此四者我固有之外此而別求所謂性者亦無形狀之可見於是復知其未始有性情之異也孟子答所謂性之問以情而別論性者也哉惻隱羞惡謂之心亦豈外心而別說情善惡哉若註家之說則以仁義爲性以惻隱羞惡

天民遺言上　　四九　　崇文院

焉爲用其意以謂炎上火之用而非其性潤下水之用而非其性炎上潤下之所以然是性然而火之炎上也可見水之潤下也可睹而至于其所以然口可言而目不可見且謂心響如穀種生之性便是仁陽氣發處乃情也然而已發之情可見而未發之性不可見斯二者而謂之心則吾未知心之所安帖也末儒以性情心判然爲三而其實可見者唯情而已心與性皆爲虛名非止與孟子之旨背馳徵之人心實不相合矣蓋孟子所謂性善也者乃謂情善即是四端之心也吾故曰性也情也心也本一物豈容有二三然則其所以異其

名者何哉是因其所指之處而少不同耳性者生也四端之心與生俱生也情者實也心者體中之名也凡皆心也自其不假人爲而謂之性自其以思爲職而謂之心。觀心之官則思。及以心爲大體目爲小體之類而可見寶無爲而謂之情。觀此豈人之情也齊物之情也之類而可見其孰爲心孰爲性孰爲情何不思之甚也其實一也學者必欲指得已也學者由是而求爲性之旨將煥然復明矣然空論虛說捉風摸影而非一一精體實踐則亦訓詁之學也故曰學墮于訓詁而聖賢之學荒矣

天民遺言上　　四六　　崇文院

天民先生遺稿跋

自宋儒性理之學興。而後之說仁義者。皆莫不宗焉。近
來仁齋氏稍知疑其非。然其說亦反以仁義爲外而大
異于古人之學。先生於是沈潛反覆繹思其眞發明
孔孟立言之旨。而辨別後世紛紛之惑矣。嘗答門人書
云。復家兄書。吐露所見。傾廩倒困。無復遺餘矣。大凡欲
究仁義之說。須於此求焉耳。先生之學。擴充爲。本經
濟爲務。樂堯舜文武之道。講契周呂之業。竊以聖賢
尚書。要見其大意。得其機括其梗槩。觀松山晤語孟子
自期室而羞比於儒林之人。平居教學者。以熟讀語孟

【天民遺言上】　四七　崇文院

條答。而可知矣。性情疑六條。性情心解一篇。纂時起稿
未就訂正。先生歿後門人相與校讎裁定唯期無失
先生之本旨而已。子嘗輯錄此篇名以遺稿。欲鋟諸梓
以公于世而未果矣。先生兄諌所氏著述天民遺言
疑語孟字義雜載遺稿於其間而刻之。予觀夫二書頗
出于門人之說話而誤傳。先生之意者。亦不少矣。獨
此篇則。先生手澤之所存。讀者精思於此。庶知其旨
意之所在矣。
享保八年歲次癸卯夏五月朔門人渡邊毅謹識

附

天民先生幷河君墓表

自孟子歿以來。學術逐爲天下裂。有學一先生之言。暖
暖姝姝。不復廣求者。有黨枯竹護朽骨。專其所學。訾其
所異者。或鶩于深玄高妙之域。或局于訓詁講說之末。
皆不足以發明聖經。而見諸事業也。先生生平千載
之後。卓然不牽於好惡詣理既精信道又篤參觀編考。
公而且博。苟合於義。雖近世學者之說亦在所取。苟不
合於義。雖先儒之說亦所不取。於是聖人之經旨將煥
然而明矣。先生諱亮字簡亮其先丹州之桑田人也。

【天民遺言上】　四八　崇文院

天資聰明寬洪容物。志氣豪邁果毅有謀。其接人外和
怡而內謹立窒。其容貌進趨。知其爲君子人也。平居講究
經世之大體。討論致治之要道。皆原之於語孟尚書。究
以發露聖人之大法。先生初學於仁齋盡究其
說。然若仁義性情之解。不能無所疑於是奮然發憤。日
夜研究。欲自得孔孟之正旨。察之應事接物之際。觀之
起居語默之時。以身體之以心驗之。就實商量始得其
眞。其言曰。四端之心即仁義禮智。仁義禮智即四端。非
四端之外別有仁義。自其與生俱生而言之。則謂之性
自其情實無僞而言之。則謂之情。自其以思爲職而言

之則謂之心其實一也學者必欲指其孰爲心孰爲性
爲情何不思之甚也其說簡易直截使庸人小童皆可
積學以入聖人之道是其德豈不偉大矣哉享保三年
戊戌四月八日疾卒享年四十葬于洛東歌中山之陽
會葬之人皆揮淚曰自　先生亡使吾無所倚賴而生
以爲恨嗚呼　先生自幼居洛及壯丁考僟齋妣永田
氏之憂服喪通六年故未求仕家貧財匱非有恩威賑
濟以親其人苟不忠實篤行之至安能使人如此哉嘗
語門人曰凡天下之事皆以名責實故名不可不慎吾
雖講經典而不欲得村夫子之稱若揭名榜吾謂天民
者乎所謂逹可行於天下之意也故門人相與私諡曰
天民先生尊信其學慿尚其志者恨惜其不幸早世而
不能見之事業乃作石以表其墓

▲天民遺言上

崇文院

閏九　一

門人　渡邊　毅謹譔

天民遺言卷上　終

天民遺言　附疑語孟字義序

平嚴春貞氏有疾據簹語予曰五穀者種之美者也雜
以美稗飽者不食焉語孟之書者意之美者也粃
以支離君子不取爲惜其美稗袪其支離純之以
而作爲疑語孟字義間嘗竊欲因天民先生之以
恨是書之不就志願不遂吾死爲二豎所苦想必不起
成其美之寶僅卅一二條不幸爲
淺短未嫺文辭且予之弟兄索居三十年予得亮之學
於緘翰之中幾窺其藩籬而未逹堂闈烏得勝所屬耶
請擇其人曰辭不欲工以理爲主文欲適用非務新奇

敬按信齋亦稱平岩氏

▲天民遺言下

崇文院

二

唯當舉吾子之所疑以逮吾子之所信爾何以辭之爲
曰予壯時厭宋儒之學更趨于仁齋先生之門今特不
忍背于舊師而辨其是非也且亮之晚年學明德成固
爲衆之所推以予實寡昧難兄之質妄爲之書恐不免
宋呆所謂不善學楳下惠之謂也日無傷也吾竊聞之
及性理天民質以其所見心性情三名唯一之旨問答
於權父信齋矣一日信齋與天民共訪仁齋之書憲談
數四而仁齋默然稍久而歎曰非豪傑之士無所待而
興起者不能與於此矣吾子誠間出之字義之書誠改字
義其由此觀之則今行于世字義之書多仁齋中年未

定之論。而非晚歲旣悟之說也。曰仁齋嘗稱亮以命世

之士。予亦與東涯子得共聞之。於其悔悟舊見者。未之

有聞也。曰信齋天質剛直之人也。汙而不至欺我吾子

請勿疑。且孔子曰當仁不讓。書曰德無常師主善爲

師道本無二致。眞妄必有指歸。心自有權度。是非豈無

稱量孔孟之道天下之公道也。孔孟之學天下之公學

也。非仁齋天民之私也。公言之而已矣天民之公學

言果有墮乎妄。而相悖於孔孟之學則壤蕩其妄。而顯

明其眞者以爲天民之師友仁齋之說苟有近于非而

不合鄒魯之道則辨斥其非以導達其是者以爲仁齋

▶天民遺言下　　　三　　崇文院

之忠臣。而今不於其可疑而論之。不於其可信而著之。

者重於背字義。而輕於叛語孟長於私師門。而短於覺

後進。就如仁齋嘗師尚程子尊信朱子亦已久矣。至其

不得於心之後慮誤後進之日痛排深辨不遺餘力亦

不得已也。如吾子之所病徒兒女子之所悅而丈夫不

取爲。使仁齋聞之。豈所望乎吾子哉。況於仁齋晚年自

答極艾以舊見爲誤思念改正而後之門

人專挾勝心附以已見。與仁齋晚年之意猶有大相繆

戾者耶昔者李諡辨斥師長之惑明經義導諸生如以

此爲不弟則夏后不順前人之愆抑洪水拯生民亦以

爲不孝乎孟子欲正人心息邪說距詖行放淫辭以承

三聖者吾子今除蓺草於塞道廻狂瀾乎襄陵亦可謂

忠于仁齋功于後學者也豈敢畏人之多言哉亡何春

貞氏易簀於是與二三同志往復討論續以狗尾予亦

不得已也。然天下之言學也不歸于朱則歸于陸出陸

則入于禪各以子車氏之賤爲悅以鉏商之獲爲不祥。

立義之難從古皆然況於今世其敦肯諒之乎雖以此

獲讒笑於四方吾無辭焉爾矣享保庚子四月甲辰丹

州井河永序。

▶天民遺言下　　　三　　崇文院

天道

近州　平巖善春貞甫著
丹州　幷河永崇永父校

字義曰陰陽固非道一陰一陽往來不已者便是道

聖人之所以垂訓者不在講天之所以爲天之道而

在脩人之所以爲人之道而已矣故語孟二書專說

仁義而未嘗有一言之及于陰陽者也何耶以天道

之於陰陽遠而不測人道之於仁義近而易知也夫

誠者天之道也子思孟子之言至矣盡矣蓋非爲天

天民遺言下
一紫　文院

道之說而爲人道之誠其身而言爲耳字義不知用

其力於此而以夫所謂非孔子作之十翼爲言不亦

藏乎姑就其言論之曰易曰立天之道曰陰與陽立

地之道曰柔與剛立人之道曰仁與義則陰陽便是

天道剛柔便是地道猶仁義便是人道而不可謂添

得往來不已四字而後是人道也其理尤分明矣夫

天地覆載萬品流形風雨霜雪亦無非天道也豈可

謂陰陽固非道乎若傳曰獨陽不生獨陰不成者其

立言之意乃然別矣。

天道有流行有對待。

此原乎蔡季通理有流行有對待之語。

易曰一陰一陽之謂道此以流行言蓋兩儀交感天

道亨山川峙流地道定仁義相施人道成所謂通行

是也立天之道曰陰與陽立地之道曰柔與剛立人

之道曰仁與義此以對待言蓋陰陽天之所固有剛

柔地之所固有仁義人之所固有則又可謂之固有

之道道猶途也由固有而有通行之名是猶深山幽

谷嶮岨絕壁固無路之可通則人之往來亦無焉不

天民遺言下
二紫　文院

可偏泥于往來之義矣。

何以謂天地之間一元氣而已耶此不可以空言曉諸

以響喻明之今若以版六片相合作匣密以蓋加其上

則自有氣盈于其內則自生白醭既生

白醭則又自生蛀蟫也此自然之理也蓋天地一大匣也

陰陽匣中之氣也萬物白醭蛀蟫也是氣也無所從而

生亦無所從而來有匣則有氣無匣則無氣故知天地

之間只是此一元氣而已矣可見非有萬物本乎五行五

所謂理者反是氣中之條理而已夫萬物本乎五行氣

行本乎陰陽而再求夫所以爲陰陽之本焉則不能不

必歸之於理此常識之所以必至於此不能不生意見。

而宋儒之所以有無極太極之論也苟以前譬喻見之。

則其理彰然明甚矣。

字義天道天命之數條特由此一條而立言其意以

爲發明道體之蘊奧足以壓倒宋儒太極之說然宋

儒有理而後有氣及未有天地之先畢竟先有此理

等說釋氏所謂因緣和合是也字義天地一大匣之

醫所謂四大假合是也皆非進德修業之學濟世利

民之事不急之論措之而可也或問含天道天命之

說而更復以何理爲道教之根原曰孟子曰人皆有

▶天民遺言下　　　崇文院　三

不忍人之心是實道教之根原而不可以他求者也。

字義所謂一大匣之言與夫所謂臆度之見而畫蛇

添足頭上安頭者其相去之間能幾何哉。

今日之天地卽萬古之天地萬古之天地卽今日之天

地何有始終何有開闢此論可以破千古之惑但可與

達者道之不可與衆人道或謂既不可謂天地有始終

關爲則又不可謂無始終開闢曰既不可謂天地有始

終開闢則固不可謂無始終開闢然於其窮際則雖聖

人不能知之況學者乎故存而不議之爲妙矣。

六合之外聖人存而不論莊周之確言最可以破千

古之惑而已矣字義曰萬古之天地卽今日之天地。

何有始終何有開闢此論可以破千古之惑則其意

執滯於無始終開闢而未能超乎有無之外惜哉所

以遺存論之之妙而有一大匣之說也

蓋天地之間四方上下渾渾淪淪充塞通徹無內無外。

此一節本乎薛敬軒上下四方理氣充塞無窮盡無

方體之語然第一條曰陰陽固非道今曰斯善上下

充塞內外通徹則以陰陽爲在天地之外者乎果不

能贍之於天地之外則陰陽卽斯善斯善卽陰陽當

莫非斯善。

▶天民遺言下　　　崇文院　四

知陰陽便是道矣若曰陰陽氣也善理也則宋儒理

氣之說而仁齋所痛拒而不取也何其前後混惑如

此。

苟以不善在於天地之間者猶以山草植之于水澤之

中以水族留之于山岡之上則不能一日得遂其性也

必矣夫人不能一日有以不善立于天地之間亦猶如

是。

此一節本乎禮記可謂能述聖賢之旨也。

蓋以有心見天則流于災異若漢儒災異之學是也。

詩書六經無一以無心說天者夫子曰知我者其天

乎。孟子曰天不言。以行與事示之而已矣。書曰簡在

帝心。詩曰上天甚蹈則天之有心固無疑為若漢儒

災異六天。釋氏三十三天。道家三十六天之說獨漢

儒道釋之陋見耳寧可復罪聖賢之言哉。

以無心見天則陷于虛無。若宋儒天即理也之說是也。

程子曰。復其見天地之心。一言以蔽之天地以生物

為心。朱子論仁本乎此。則宋儒不以無心見天也太

甚分曉朱子曰天即理也。理則逆。則獲罪於天矣。則與

字義所謂天地之間莫非斯善善則順惡惡則逆之說

亦何其意之異之有。且曰理字與道字相近則其於

【天民遺言下】 五 崇文院

善字亦不相遠。若必論之而不止則不如以誠字立

言之的實矣。蓋孔孟之說。天也皆就人事上而言耳。

非若字義所謂天地之間。四方上下。無內無外莫非

斯善之泛然不可把捉也。

學者苟恐懼脩省以直道自盡。無有一毫邪曲。而後當

自識之非可言語喻也。

字義曰維天之命於穆不已者。以主宰言主宰猶人

之有心思智慮。又曰君子觀陰陽消長之變以審進

退存亡之理。則得合於天心。倘否則不免逆于天。

又曰聖人以天地為活物。則以有心說天也矣。今

變其說曰非可言語喻也。則半上落下。其不自知相

為矛楯何也。

天命

孟子曰莫之為而為者天也。莫之致而至者命也。是天

命二字正訓也。蓋天者專出於自然。而非人力之所能

為也。命者似出於人力。而實非人力之所能及也。

命雖為者似出於天也。就全體而言莫之為者天之

為而為者。就人力之所能為也。夫命之命孟子謂之

一事而言。死生有命富貴在天。對舉而互見也。非天

而實非人力之所能為也。夫子謂之天。

非獨孟子謂之天。夫子亦係之天曰天之將喪斯

文也。後死者不得與於斯文也。是也。冉牛之病曰命

矣夫顏淵之死曰天喪予。其或曰命。

異其意則一也。或問書曰天民民中絕命曰天。其亂

下民之蘖匪降自天噂沓背憎職競由人。又云詩云

降自天生自婦人。又云赫赫宗周褒姒滅之。是皆以

國家之存亡。為由人事者何也。曰天降喪亂。所謂命

【天民遺言下】 六 崇文院

也然皆出于時君輔相居其位尸其事者之所爲也。

故賢士太夫不委之於天而必責之於人醫猶看親

戚之病驩不治之症必旁求良醫訪詢奇方藥餌鍼

灸保護救濟盡其心力而欲一日得其蘇息以永其

命者人之常情也豈忍任之於命而坐視其死耶籬

曰聖人之於天道也命也有性焉君子不謂命也此

之謂也。

天猶君主命猶其命令天者命之所由出命者天之所

出故命比於天稍輕。

君者出令者也令者出於君者也畏其命令卽畏君

▲天民遺言下　　　七　崇文院

主也悔其命令卽悔君主也其曰命比於天稱輕蓋

非也夫。

經書所連用天命二字有以天與命並言者有以天之

所命言者其以天與命立言之命卽性命之命意若

所謂五十知天命及死生有命孟子曰莫之致而至者

命也之類是也其以天之所命言者卽與字之意猶孟

子所謂此天之所予我者之予字意輕。

經書所出天命二字或連言者或立言者或單言者。

皆由上下之語脈耳亦非天與命自有別也譬猶畔

君者與逆其命者之差其始難說輕重也但考覈其

畔逆之跡而後律其罪以一命字容妄

說輕重哉以先儒之言有理命氣命之別字義更立

盧宇寶字之異矣大凡仁齋說性以大輕於子思子

天命之謂性之意故今於命字始爲其地爾。

晦菴太極圖解云太極之有動靜是天命之流行也蓋

之吉凶禍福詩曰維天之命於穆不已其意蓋謂天命

尤卦也所謂命者乃謂上天監臨人之善惡淑慝而降

王純於天道亦不已皆指一陰一陽往來不已而言

依周頌維天之命而言之程子亦曰天道不已文

▲天民遺言下　　　八　崇文院

文王王斯大邦延及子孫永篤保之故其下繼之曰駿

惠我文王曾孫篤之可見詩意總言保佑命之自天申

之意本無陰陽流行之意太甚分曉。

字義天道之說曰有主宰有流行雜天之命於穆不

已者以主宰言一陰一陽之謂道以流行言故以無

主宰流行之別斥程朱之說然豈主宰自主宰流行

自流行耶字義既曰雖若有主宰流行二端其實一

理也今復辨程朱混而一之之言則與其實一理

之說前矛後盾未見其能一也分析太過猥陋碎瑣

未能斷章取義求立言之本旨而眩惑於末說者也。

詩曰彼蒼者天殲我良人此以蒼蒼之天猶且爲主

宰。況可謂維天之命之詩本無流行之意乎所謂知

其言者當俟忘言之人爾。

聖人既曰天道又曰天命所指各殊學者當就其言各

理會聖人立言之本旨蓋一陰一陽往來不已之謂天

道吉凶禍福不招自至之謂命理自分曉宋儒不察混

於天道也命也蓋天命以其常而言天命兼其變而

言字義以一陰一陽往來是拘泥於解

▲天民遺言下　　　九　崇　文　院

道字爲往來不已之義故也詩云維天之命於穆不

已詩人謂之天之所以爲天也則

又當知非天命判然有別矣字義反以以宋

儒爲輕于聖經者尤非也蓋字義解天道福善殃淫

之語以謂福善殃淫命也其主宰之謂天其流行之

謂道剖析分疏雖若精密反失本旨亦已多矣所

銖銖而稱之至石必纍寸寸而度之至丈必差石稱

丈量徑而寡失此之謂也。

何謂知命安而已矣何謂安不疑而已矣又曰伊川云

知命者知有命而信之也此看命字甚淺。

吾未知信與不疑何差爽之所在也但言有詳略耳

蓋天命之工夫非可討求之於陰陽流行之高遠

又非可搜索善於四方上下之冥茫唯在于學者盡

其心殀壽不貳修身以俟之耳故曰知命者不立乎

巖牆之下是也。

朱註又有命稟於有生之初非今所能移之說夫所貴

乎學者以其致知崇德而能變氣質也倘果若其說則

智愚賢不肖貧富夭壽皆一定於受生之初而學問修

爲皆無益於已矣聖人之教亦徒爲虛設弗思之甚也

此以言辭上耳而不察其意也朱子曰窮理盡性則

▲天民遺言下　　一〇　崇　文　院

我之所受皆天之德其所以賦予我者皆天之理橫

渠曰不可變者獨死生脩夭而已此亦有變但

大殹攝此所謂莫非命也由是觀之則其意之

所在亦可知矣如以辭而已則字義性解曰性生也

人與萬物生而無加損也此亦可謂智愚賢不肖剛柔

緩薄一定乎其所生而習慣培養皆無益於已矣然

身字義論學之言觀之則此又寧順受之之意又有

且字義曰既謂之命則非今所能移而何哉傳曰有

既定而不可逃之意則非今所能移而何哉

諸己而后求諸人無諸已而后非諸人所藏乎身不

恕而能喻諸人者未之有也其此之謂乎○或問天
道天命之說天民先生曰自期年五六十而後乃以
告之未運也他日吾子若有所見得復以語我故二
三門人未聞其說今姑書所疑以託諸同志。

▲天民遺言下　　　　　　二　崇文院

丹州　幷河永崇永父著

道

譬諸扇其生風是扇之道紙骨之類是器猶言炎上是
火之道潤下是水之道也。

炎上是火之道潤下是水之道仁義是人之道而炎
上火之所有潤下水之所有仁義人之所有也字義
曰仁義禮智四者非一人之所有則火外求炎上水
外求潤下人外求仁義豈理也哉。

理

理字與道字相近道以往來言理以條理言。

朱子曰道訓路大概說人所共由之路理各有條理
界辨北溪陳氏曰道與理大概只是一件物道是統
名理是細目。

以孟子理義之悅我心猶芻豢之悅我口之言觀之則
見理義兩者本自天下之至理而以吾心卽仁義之良
心故理也義也皆與吾心相適。

仁齋先生嘗每論仁義取此芻豢之譬以謂四端在
我仁義在天下猶口腹在我芻豢在天下此又以比

▲天民遺言下　　　　　　三　崇文院

譬之言直爲實語之謬也語曰立則見其參於前也

在輿則見其倚於衡也其者指忠信篤敬而言其

於忠信篤敬念念不忘隨其所在常若有見爾倘若

字義之言則以爲忠信篤敬成形乎外與衰布綴於

左衿馬首列於忠信篤敬無異乎刑也學者宜莫認指爲

以水也且畫之犢非眞犢無異乎古云聲色溺人非眞溺

月焉遺稿曰字義之學只是貪著訓詁未暇究察一

生精神專用在故冊子上究竟一無實處蓋觀孟子長

者義乎長之言則當知義之果不在外而

說義未嘗知仁義終身說誠未嘗知誠蓋觀孟子長

德

謂之德則仁義禮智之理備而其用未著既謂之仁義

禮智則各見於事而有迹之可見

倘若此言則德體也未發也仁義禮智用也已發也

與所謂不可以體用說聖人之學者相反

若以德爲得之義則德是待修爲而後有豈足盡本然

之德哉語語曰擄於德中庸曰知微之顯可與入德矣是

等德字皆有道字之意便指仁義禮智之德而言觀其

▋天民遺言下

二三　長文院

不有斯義矣

擄字入字可見矣又曰由知德者鮮矣又曰吾未見好

德如好色者也夫有一物而後謂之知又謂之好若未

儒之所謂則知好二字意義不通

德者得也仁義禮智是也仁義禮智者四端之心是

也四端之心我固有之非止待於爲而後有也夫溺

滔襄陵之水謂之洪水行潦一勺之水亦謂之水巍

巍準天之德謂之大德不忍一牛之心亦謂之德斯

德便是人人本然有得於身者則可謂有一物故守

之不失謂之擄存此不放謂之入又可謂知可謂好

觀語曰天生德於予孟子曰知皆擄而充之矣之類

▋天民遺言下

一四　崇文院

可見矣字義謂德之本然自有於天下而非一人之

所有則泛然無所擄依茫乎無可摸擬未知擄入知

聖人之教人皆因時稱而立言不異于世俗以自爲

之說也詩書不違言中庸二字至于夫子子思言之

中庸不言氣孟子言浩然之氣豈爲無益於世教哉

老佛之書亦多言德豈可以爲美哉但不在於論言之

新故而在論理之當否而已況於若心字未嘗不言

者哉

若心本清濁相雜。

此殆性善惡混之說。

孔子曰其心三月不違仁又曰從心所欲不踰矩孟子曰有恒產則有恒心無恒產因無恒心曰仁曰矩曰恒是德心則在處之如何耳是聖人之所以言德而不言心也而後儒見心而不見德故以心為重而一生功夫總歸之於此所以學問枯燥。

孟子曰恒心蓋人心之良是其恒也若夫為不善為梏亡所使而放失其心之恒者也水之就下是其常也若在山過顙為搏激所使而喪亡其性之恒者也。

▶天民遺言下　　　　　〔五〕崇文院

心為清濁相雜者。大較乎孟子之本旨全歸于楊子之舊窠曰仁曰矩者皆不從天而降亦不從地而生。唯從人心而出則是心即是德德與心未嘗有二也。

故子思子曰率性之謂道又曰尊德性孟子曰人人有貴於己者。弗思耳則前賢之所既已貴重而非後儒創為其說也。

仁義禮智

慈愛之德遠近內外充實通徹無所不至之謂仁為其所當為而不為其所不當為之謂義尊卑上下等威分

明不少踰越之謂禮天下之理雖曉然洞徹無所疑惑之謂智天下之善雖衆天下之理雖多然仁義禮智為之綱領而萬善莫不自總括於其中故聖人以是四者為道德之本體而教學者由此而修之也。

四端之心道德之本體而學者之所當擴充之也字義所云四者道德之標準而君子之所立志於此也。字義輕忽蔑視四端之心以為非仁義故不知其為本體也宜哉夫慈愛之德遠近內外無所不至是博施濟衆之極也必教學者由是而修之則遠而難從矣故夫子告子貢以能近取譬是所以近而易入也。

▶天民遺言下　　　　　〔六〕崇文院

孟子曰人皆有所不忍達之於其所忍仁也又曰凡有四端於我者知皆擴而充之矣今反以自己固有四端之心為非道德之本體而更求所謂仁義於天下者殊異乎聖賢之教誨矣。

程朱諸家所以不免於仁義禮智之理有差者蓋為不知原之孟子而徒就論語言詞上理會仁義禮智之理為耳。

遺稿曰字義駁宋儒者不為無其理。而至乎其所自為說又有專蟇言詞上而悖孟子之旨者怪哉。

謂達之於其所忍所為而後能為仁為義則見四端之

心是我生之所有而仁義禮智卽其所擴充而成也。

孟子之意所不忍不為之心固有之仁義達之於其

所不忍所為擴充之仁義所謂擴充者亦無他舉是心

而加于彼耳初非有二也字義但知擴充所成之仁

義而不知其所不忍不為之心卽固有之仁義也知

焰焰燎原之為火而不知星星之火固有之火也知

滔滔襄陵之為水而不知涓涓之泉固是水也嗚呼

仁義禮智四者皆道德之名而非性之名者以徧

達於天下而言非一人之所有也性者以專有於己而

言非天下之所該也此性與道德之辨也。

▲天民遺言下

〔一七〕 崇文院

遺蘗曰仁齋先生一生工夫總歸乎此三言其書數

千言敷演是三言而大誤後學者蓋道外無性性外

無道故子思子曰率性之謂道又曰尊德性則道德

俱生之謂性故孟子曰仁義禮智非由外鑠我也我

非性而何也仁義禮智者四端之心是也此心與生

固有之也則非一人之所有而何也天下之人莫不

有是性故孟子曰人皆有不忍人之心則非天下之

所該而何也字義所謂蒼蒼參天之松森森蔽日之

栢雖寸苗之微荊蘗之生松是不謂之松而可也哉

栢是不謂之栢而可也哉四端之心雖因其事有大

小之異皆是不謂之仁義而可也哉凡聖賢千言萬

語皆是一本而字義二本故也且告子義外之說烏

以為屬仁義況於以仁義禮智四者為總在外乎烏

可置之勿論哉。

易曰立人之道曰仁與義中庸曰知仁勇三者天下之

達德也孟子曰既飽以德言飽乎仁義也此仁義為道德

之名彰彰矣。

易曰立天之道曰陰與陽立地之道曰柔與剛立人

之道曰仁與義則陰陽天之所固有剛柔地之所固

有仁義人性之所固有而為道德之名固彰彰矣知

▲天民遺言下

〔一八〕 崇文院

仁勇三者天下之達德也達通也猶天下有達尊三

之達謂通天下之所德則德不在彼之德而在我德

之心是德之非外也明矣非謂道德之蓋謂樂

道好德仁義之行快足於心之意而非謂道德仁義

之在乎天下猶如肉之陳俎酒之滿樽而以手取物

以舌取味必有得於外然後為得也蓋若德教溢乎

四海禮典流乎萬世雖似所謂在外顧揣其本則皆

出于先王一心之經綸也多少分明不待智者而後

知也凡天下之事感與應耳感應無二在彼謂之感

在我謂之應其名雖異其實一也此無內外之辨也。

自漢唐諸儒至於宋濂溪先生皆以仁義禮智爲德而

未嘗有異議至於伊川始以仁義禮智爲性之名。

白虎通之書東漢諸儒所共議定天下之公論而非

一家之私言也其言曰人皆懷五常之性有親愛之

心。五常者何也謂仁義禮智信也唐之韓文公原性

曰。其所以爲性者五曰仁曰禮曰信曰義曰智李翱

復性書亦善述其意。故鄭景望曰李習之學識實過

韓退之。其復性書一篇足以蔽韓子一代之文章由

是觀之則自六經以降於以仁義禮智爲性之名無

復異論矣。自仁齋先生之學之博無書不讀而今其言

▲天民遺言下　〔九〕　一　崇文院

如此所以不免致疑也。

蓋觀孟子仁義禮智非由外鑠我也我固有之也及仁

義禮智根於心之語。以爲仁義禮智是性而不再推到

孟子之意所在。殊不知其所謂固有與謂之性

自不同。

聖賢之言皆易直質實豈可待再推而後爲分明哉。

字義遂就聖賢言語同護自己意見者於此可見矣。

蓋孟子之意以爲人必有惻隱羞惡辭讓是非之心是

四者人之性而善者也而仁義禮智天下之德而善之

至極者也。

字義以四端仁義析而爲二。以單善者屬之於人性。

善之至極者屬之於天下。夫制雖有大小其爲履一

也。量雖有多寡其爲穀一也。獨至二字何足以爲

別耶。俗傳書生入官庫見錢不識或怪而問之生曰

固知其爲錢。但怪其不在紙裏中耳。如字義徒識官

庫錢之爲錢而不知在紙裏中之爲錢也。徒識光

被四表格于上下之爲仁義而不識不忍殺之一

牛不受嗟來之一飯亦是爲仁義亦可怪哉。

故人之性不善則欲成仁義禮智之德而不得唯其善

故得能成仁義禮智之德。故謂仁義即吾性可也謂吾

▲天民遺言下　〔一〇〕　祭　崇文院

性即仁義可也。但以仁義爲性中之名則不可也所謂

固有者意蓋如此。其理甚微。所謂毫釐千里之差實在

於此。學者不可不反復體察焉。而其所謂根於心者本

對霸而言。夫霸者之行仁義也皆假之以濟己之欲而

非己之眞有也。王者之行政也非唯外由仁義而行實

根柢於中心而無往而不在仁義禮智故曰根於心其

義豈不明哉。

倘使固有二字之義果如字義之說則孟子不欲以

易簡平正之言開示當時之學者而更欲爲難三足

臧三耳之說待再推補出於數千載之後而其義之

明白也。豈有是理哉。其所謂根於心者。本對霸而言及童子問論性道教。皆是鑿空解文牽合成義遷就之言。周遍之論與子思孟子之旨何啻千里而言者。其自本體而言者。若書日以義制事以禮制心。而聖賢論仁義禮智之德。有自本體而言者。有自修爲而及論語日我欲仁斯仁至矣。孟子日仁人之安宅也。及人之正路也。及居仁由義。大人之事備矣。及君子以仁存心以禮存心等語。皆是也。其自修爲而言者。若四端之章。及人皆有所不忍達之於其所忍仁也。等語是也。四端之心。乃是本體。學問思辨總是修爲字義以仁

▌天民遺言下　　三　崇文院

義禮智。在於天下。道德之名而非人之性而立言。故引夫子斯仁至矣。以實其言。以謂昔者亡。之今忽在此。則仁自外而至矣。是亦似不可謂無其理然而未識如易言來復實非自外而來也。孟子首日天之尊爵也。此專以天之所與我者而言則可見安宅正路亦必求在我者耳。又日居天下之廣居行天下之大道。則居仁由義。亦當無復所疑。親君子不仁非禮之事。不能爲心。則以仁存心之義亦可見矣。其以禮制心等語。皆求其放心之意。而非外鑠之謂也。明矣。苟滯泥乎訓詁。坦然之理反成窒礙爾。

仁義二者實道德之大端。萬善之總腦。智禮二者。皆從此而出獨天道之有陰陽。地道之有剛柔二者相須相濟而後人道得全。故中庸日仁者人也。親親爲大。義者宜也。尊賢爲大。親親之殺。尊賢之等。禮之所生也。孟子亦日仁之實事親是也。義之實從兄是也。智之實知斯二者弗去是也。禮之實節文斯二者是也。其理尤分明矣。而宋儒專謂仁爲一事。實兼義禮智三者。其言終爲定說。而學者莫能識其說之誤。孔孟也。自今以往。學者只當按孟子及易中庸之旨爲之準則而可。

字義智禮二者從仁義而出之說。本是中庸孟子之

▌天民遺言下　　三　崇文院

成語。而其理尤分明矣。然古人之言。豈一端而已。夫各有所當也。觀論語以智仁並稱。中庸以智仁勇並言。孟子專以仁義禮智立稱。而可見矣。且字義日夫子答門人問仁。多舉道德之旨。又日德者仁義禮智之總名。則與宋儒兼義禮智之說。實相爲表裏。無復所容異議。若以宋儒之言。爲謬孔孟也。則夫子說仁。多舉道德之旨。亦以爲謬子思孟子乎。字義按中庸孟子之言。爲之準則。豈不可哉。夫德之名稱雖各一定子之旨爲之準則。則宋儒亦以論語夫不可易而相兼相通者。亦已多矣。豈若宗廟之禮。朝

廷之班貴賤之辨長幼之次分限嚴密而不可踰越。

宋儒以仁爲性予深以爲害于道。

以仁義爲非性者古來荀子一人而已也故其非二

子之言曰子思唱之孟軻和之是也非至乎宋始爲

性之名則深害于道者反在字義乎。

義訓宜漢儒以來因襲其說而不知意有所不通中庸

謂義宜也者猶言仁人也禮履也德得也誠成也但取

其音同者發明其義耳非直訓也學者當照孟子羞惡

之心義之端也暨人皆有所不爲達之於其所爲義也

等語求其意義自可分明設專以宜字解之則處處窒

■天民遺言下　　三　　崇文院

礙失聖賢之意者甚多矣。

羞惡之心豈有所不爲皆不可以不爲宜則未見其

以宜字解義之有所窒礙者也。

延平云當理而無私心是可以訓誠字而不可以

訓仁字若以當理而無私心訓仁將以何語訓誠字乎。

不深考焉耳。

當理而無私心可以訓誠字可也不可以訓仁字不

可也夫人之行義雖有生熟小大之差等當理而無

私心固是一箇誠實也仁義禮智孝弟忠信等德之

名稱雖不勝多皆非當理而無私心之誠實而何哉。

然聖人所謂仁也者以不忍人之心行不忍人之政

是也延平之言亦非孔孟之本旨也。

心

心者人之所思慮運用本非貴亦非賤凡有情之類皆

有之。

此言畢竟落在乎告子性無善無不善之說蓋水波

一也善觀水者必觀其瀾心性一也善談性者必談

其心故孟子道性善也曰惻隱之心仁也羞惡之心

義也是也火必有光心必有思孟子曰心之官則思

是也書曰克念作聖詩云思無邪其貴思亦尙矣孟

■天民遺言下　　四　　崇文院

子明曰仁人之心也又曰人人有貴於己者弗思耳。

夫詩書六藝皆是莫不以心爲貴天地之性人爲

貴者以人固自有此心之貴物無得而加焉爾矣

義心本非貴之言未知何之由也且夫人心與獸心

相去之遠不可同日而語也。

人心哉孟子嘗曰犬之性猶牛之性牛之性猶人之

性與此之謂也。

聖人貴德而不貴心。

貴德所以貴心也無物不貴於心無德不由於心也。

字義析德與心而爲二以德屬天下以心屬自己殊

不知心外無德德外無心聖賢垂法萬世者豈有出
乎心外者也心哉且其言曰論語中說心者纔三言而
已然皆不以心為緊要未加深考耳
至孟子多說心然亦皆指仁義之良心而言不特說心
教哉故曰仁人心也又曰雖存乎人者豈無仁義之
心哉又曰非獨賢者有是心人皆有之豈可謂不貴
哉其謂孟子不特說心者嗚呼是何言也

天民遺言下　二五　崇文院

橫渠曰心統性情非也孟子曰存心養性又曰動心忍
性以此觀之心自是心性自是性所指各殊若以心為
統性情則單言心而可既言存心而又言養性則其言
豈非贅乎
若以此言推之則雖夫子亦將不免其疵議何也德
者仁義禮智之總名則夫子單言德而可也既言德
於德而又言依於仁則其言亦豈非贅乎然聖人之
言固不可以悔則橫渠心統性情之言亦不可以為
非也蓋宋儒不知心性情三名一物而以謂未發是
性已發是情以心統之猶仁與芽常寄寓在一穀種

中則不可也
而偏言養性而遺情字則其言亦偏矣
孔門諸子多問仁而遺義中庸言智仁勇而遺禮或
孟子自並言詖淫邪遁四者而或舉三者遺遁辭或
稱放淫辭則邪說者不得作亦皆可以其言為偏耶
夫言如此學者不可執一矣
論心者當以惻隱羞惡辭讓是非之心為本夫人之有
是心也猶有源之水有根之草木生稟具足隨觸而動
愈出愈不竭愈用愈盡是則心之本體豈有實於此
者乎今乃以心為虛者皆佛老之緒餘而與聖人之道

天民遺言下　二六　崇文院

不止薰蕕學之不講一至於此可懼也夫
此一節可謂能得孟子之旨而曰是則心之本體豈
有實於此者乎則天下無貴於此心之實者與前所
謂本非貴者顯似相為矛楯
孟子之論心每以流水萌蘖為比而未嘗以明鏡止水
為譬何者可以生物比生物而不可以死物喻生物也
宋儒明鏡止水之喻固非孟子論心之本旨也然古
人取響之言其意達而已不可如是區區拘泥也觀
易象詩比而可見矣
性

蓋孟子之學本無未發已發之說今若從宋儒之說外

未發已發而言之則性既屬未發而無善惡之可言猶

水之在於地中則無上下之可言今觀謂之就下也則

其就氣質而言之明矣。

仁義禮智條下亦曰若從宋儒之旨論之則性為未

發情為已發仁之存於未發之中猶水之在于地中。

則不可施澄治之功其用功夫纔在發用上而於其

本體則無奈之何蓋宋儒未知性情心三名一物而

以性為未發為理情為已發為用是以後之學者一

生之功夫盡囿于其中而終遺棄進德修業之先務。

天民遺言下 二七 崇文院

疎外濟世利民之實用元明諸儒之間不悅其旨而

異論亦多矣然未有明辨如此者也薛敬軒曰荀子

性惡之論固已辨其非然在戰國之時言之視

縱橫之徒為近醇字義性與道德之辨固非孔孟之

旨然不溺於宋儒性理之學而其辨未發已發之說

如此視碌碌之徒可謂豪傑之士也。

又曰乃若其情則可以為善矣乃所謂善也其意以為

雞犬之無知固不可告之以善若人之情雖若盜賊之

至不仁然舉之則悅毀之則怒知善善而惡惡則足與

為善是乃吾所謂善者也非謂天下之性盡一而無惡

也。

孔子曰性相近也習相遠也蓋言人之質性雖有萬

不同皆近而不遠也以其未始有惡矣若夫為不善

也習氣使之相遠也可見性無有不善矣孟子之意

亦以為天下之性盡一于善而無惡也若夫為不善

也皆出于陷溺梏亡二者之所為而非才之罪也固

非就盜賊不仁心想之中而舉其善之一邊而示之

也觀水就下之言而可見矣今曰吾所謂善者也非

謂天下之性盡一而無惡也則公都子所謂有性善

有性不善之說而孟子之所闢也。

天民遺言下 二八 崇文院

宋儒所謂性善云者畢竟落于無善無不善之說。

字義斥先儒之說之非者可謂明白也而至自為說。

畢竟同墮在乎無善無不善之旨也由其不知性情

心本一物而惻隱羞惡便是仁義也蓋人性之不一。

雖固有清濁之異其善則一也人心之不同雖如其

面之各殊其善則一也人情之厚薄雖如萬物之不

齊其善則一也惻隱是情也孟子謂之心仁義

是性也孟子謂之心故遺稿曰孟子道性善也曰乃

若其情則可以為善矣故其下繼之曰惻隱之心仁

可見性情心三名唯一而非如字義所謂性自是性

情自是情。心自是心也。然則孟子以存心養性連稱
何哉。由其所遇之處而其目有小異。自其襄於天不
假人爲而謂之性。自其委實無僞而謂之性也。又曰
思爲職而謂之心。耳字義之言曰仁義禮智道德之
名。而非性之名也則不知仁義便是性也。又曰心本
非貴亦非賤則舉落在于性無善無不善之說以
人心之所同謂之情則與物之不齊物之情也及萬
物之情相爲燕越。

善之本原也。

天民遺言下
二九　崇文院

後知爲揚。若揚之善惡混韓之有三品之說是也。究
人之性有剛柔善惡之不同。夫人能義之不待資者而
而論之者豈盜賊之至不仁然乍見孺子之將入于井。
必有怵惕惻隱之心。非性之善豈能然乎是孟子論性
善論其極亦只是善字義以謂若揚之善惡混韓之
有三品之說之論其常者也。孟子性善之言論其極者
也。此又調停之言。而都無下落。固非孟子之旨矣。夫
性一也。今立常論極論之別。而殆宋儒氣質本然之
說。眞可謂同浴而笑裸體者矣。○或有問於予曰天
民先生不答於天道天命之間何也。予廬之曰子貢

曰。夫子之言性與天道不可得而聞也。蓋以子貢之
聰明高識。倘日不可得而聞也。則其餘七十子雖與
四科之目者。如未及子貢。或不得聞也。必矣然學者
於德行言語政事文學之四者。有一能之則雖未能
達天道隱微之理。而進可以長民從政。退可以獨拔
卷讀書。則其所講求。不以性命之理則必以天道之
說。究其歸宿。莫無攘依。大都臆度之路。熟實地之理
疏。只于知崇上尋求。而不知從禮卑處體究使人凌
躐高遠長浮虛之習。聖人之學。徒爲虛說空論。而無

天民遺言下
三〇　崇文院

登乎日用彝倫之實者。坐此故也。曰然則至於性與
天道學者不論爲可乎曰有可以不論者。有不可以
不論者。此虛實之分也。何謂可以不論者。好論天命
者多流于卜相。若無極太極天地開闢之說是也。專
論性理者必溺乎老佛。若默坐澄心見性了心之說
是也。是皆高遠難知空虛難澠雖有所未能通曉不
足以爲重輕。以其無益于經世之業不切乎行事之
實也。何謂不可以不論者。若語曰不知命無以爲君
子也。中庸曰思知人不可以不知天是也古之學者
其所詣既深則仰之愈高其自得於己則言之愈謙

實知義理之無窮盡也。子貢之所謂不可得而聞也。
是也。蓋夫子之言。苟非子夏之所謂死生有命富貴
在天之說。必子思孟子之所傳亦將離不中不遠矣。
曰誠者天之道也。及天地之道可一言而盡也則書
之所謂天道福善禍淫詩之所謂永言配命自求多
福亦皆不過曰誠而已矣。然君子難進而易退小人
難退而易進。積善之家。不必有餘慶積不善之家亦
有幸而免其殃。若顏子不幸短命盜跖富有壽考之
類世亦不少矣。是以子夏哭子伯道無嗣或未能絕
無尤怨之心也。所以非務求天爵而不願人爵者不。

天民遺言下   三崇文院

得聞也。夫孔孟之言性也則故而已矣。夫子曰性相
近也。以示習相遠之跡也。孟子道性善也。言必稱堯
舜以實之是也。孟子之時。世衰道微異端竝起天下
之人唯利之謀而不自知有仁義。故開示其固有之
實曰仁義體智非由外鑠我也。我固有之也又曰人
皆有不忍人之心。則其性之善之義固可謂明白矣。
而觀人心之不同。知愚賢不肖之相遠如其面之各
殊。而荀子謂之惡告子謂之無善無不善。揚子謂善
惡混。韓子謂有三品宋儒謂有氣質本然之別雖孟
子之言丁寧反復無不盡焉。尚未能使數君子無惑。

則不可得而聞也之實亦可見矣。雖然未必無一路
之可通焉孟子曰盡其心者。知其性也。知其性則知
天矣。是也此又不可以他求者也。唯盡其心竭其才。
由固有之實而致擴充之力。以不失其赤子之心者。
而性之善可得而知矣天道之至誠可得而聞
耳。此遺稿之所以不答於天道天命之問也。

四端之心

字義始立心與四端之心兩目。尤可疑矣孟子曰恒
心又曰非獨賢者有是心也人皆有之則是心即是
四端而初非心與端有二也。但如世云懷貳心之

天民遺言下   三崇文院

言獨有所指而言非總論人心也。凡人心唯一未嘗
有二是以左手盡方右手成圓人之所不能此又一
心之證也字義已辨宋儒本然氣質之說於性條下
其言可謂明白矣。而至自為說則割一心而為二片。
尤而效之不亦異乎。

遺稿之說亦從古訓。

四端之端古註疏曰端本也謂仁義體智之端本起於
此也。

孟子集註曰四端在我隨處發見知皆即此推廣而充
滿其本然之量則其日新又新將有不能自已者矣。其

所謂發見云者。謂見當惻隱者便見當羞惡者便
羞惡見當辭讓者便辭讓見當是非者便是非也。若此
則不見當惻隱羞惡辭讓是非者爲。則惻隱羞惡辭讓
是非之心。不由而發也。明矣。然而當惻隱羞惡辭讓
幾動經十數日亦或無有。至於羞惡辭讓是非之心亦
然。夫如此。則用功之日常少。而曠廢之日常多。雖欲用
擴充之功。其何由而得乎。且又欲擴充惻隱之一端。猶
將有力不足之患。況於四端上。逐一擴充。則將有
左顧右眄。應接無暇。不堪其煩之患。孟子之意。固不若
此之迂矣。夫四端之在我。猶手足之具于吾身。不言而喻。

【天民遺言下】　崇文院　三三

不思而到矣。奚跌發見。亦何逐一著意察識之其不理
會孟子之意特甚矣。象山日近來論學者言擴而充之。
須於四端上逐一充。爲豈有此理。孟子當來只是發出
人有四端以明人性之善。不可自暴自棄苟此心之存。
則此理自明。當惻隱處自惻隱。當羞惡當辭
遜處自辭遜是非在前自能辨之其說亦甚過快而不
得孟子之意。則伴矣。孟子日人皆有所不忍。達之於其
所忍仁也。人皆有所不爲。達之於其所爲義也。所謂所
不忍所不爲者。卽惻隱羞惡之心也。達云者。卽擴充之
謂。蓋謂。使惻隱羞惡之心。無所不至。無所不通也。孟子

之意。豈非甚明白的當其用功亦甚親切易簡哉。蓋朱
陸二先生雖皆能尊信孟子。然晦庵專以持敬爲主。象
山以先立乎其大者爲要。而於擴充之功。皆未嘗實用
其力。宜乎差失若此之甚。
四端之心有。不言而喻。不思而到者。有隨觸而動。隨
處發見者。有當逐一著意察識爲者。實用其力於此。
則皆無非擴充之功者。王彭云塗巷中小兒薄劣。其
家所厭苦。輒與錢令聚坐聽說古話。至說三國事。聞
劉玄德敗。頻蹙眉有出涕者。聞曹操敗。卽喜唱快。此
又四端之事也。況詩書六經前言往行皆是無非四

【天民遺言下】　崇文院　三四

端之事。讀書嗜學者其心將何如也。且人之在世。一
不在朱陸二先生而在字義乎。一則曰當惻隱之事。
日萬緒四端之事無日不有爲曰動經十數日亦或
無有者蓋不可也乎字義以仁義爲天下之德。而不
知專求之於心。則於擴充之功。未嘗實用其力之謬。
動經十數日亦或無有。而曠廢之日常多。一則曰欲
於四端上逐一擴充之則將有左顧右眄應接無暇。
不堪其煩之患。一節之中。議論前後錯戾亦已甚矣。
以象山之言爲甚過快而不得孟子之意。則其不言
而喻不思而到。亦以爲過快乎排斥朱陸二先生擴

充之說。而舉示自己所見曰使惻隱羞惡之心。無所
不至。無所不通也。然不至不知其工夫如何而能無所不
至。無所不通耶。又烏得見孟子之意明白與其用功
親切耶。

情

又曰好善惡惡天下之同情也。大凡推此之類見之情
字義自分曉。

字義以謂人之所同欲是情也。故引好善惡惡天下
之同情也之語以實其言。然古人之語非專以人心
之所同欲謂之情。蓋謂好善惡惡之心卽世人
之所同謂之情可見。四端之心而未嘗

【天民遺言下】

之同一實情也。若以同字曲解情字則與欲貴者人
之同心也語意相混。都無下落餘詳見于性情疑。
晦菴以四端爲情尤無謂孟子明曰四端之心可見四端是心非情。
喜怒哀樂惻隱羞惡之爲實情也。固古今之通稱而
孟子曰惻隱之心曰羞惡之心。則可見情心無別矣。
仁義禮智之爲天性也。亦天下之通義而孟子曰雖
存乎人者。豈無仁義之心哉。則亦可見性心不二矣。
字義謂四端是心。可謂非情不可。況於以仁義爲非
性非心乎。與孟子之言同乎不同。學者察焉。

三五　崇文院

古人以喜怒哀樂愛惡欲爲七情蓋言情之品有此七
者。謂喜怒哀樂愛惡欲卽爲情則不可也。
有語於弟子者曰今人以孟子之書爲七篇。蓋言孟
子之篇旣曰七篇是心非情則爲之書曰七篇則不可也。
則可也乎字義旣曰四端是心非情。而爲之辭爾遺稿曰情實
之情者。故遷就同情之語。而見之辭爾遺稿曰情實
也見當喜則喜當怒則怒當哀樂則哀樂惻隱
羞惡辭讓是非皆人之情實也語曰上好信則民莫
敢不用情如得其情則哀矜而勿喜傳曰無情
者不得盡其辭是也孟子曰物之不齊物之情也言

【天民遺言下】

牛走順風馬走逆風橘木仰梓實俯金鐵重羽毛輕
皆萬物之實情也。
情只是性之動而屬欲者幾涉乎思慮則謂之心。
乍見孺子將入於井皆有怵惕惻隱之心可見是心
非涉乎思慮字義之言不出乎其躬行心得體認精
察如此。說見于性情疑。
若情字才字皆不必用工夫。
好善惡惡天下之同情也。然唯其所向而不加察焉。
則必將有好人之所惡惡人之所好者語曰衆惡之
必察焉衆好之必察焉亦是意也語曰才難孟子曰

三六　崇文院

盡其才則是皆謂不必用功夫而可也乎。

養其性則情自正。

此狃聞宋儒性情之說習氣。

先儒有約情之語蓋不理會此意耳。

道德二字古今之所貴重矣然德有凉德有薄德有

凶德之稱道有左道有小人之道性善也而

有有命焉君子不謂性之時心良貴也而有以禮制

心敬以直内之教情實也而有哀而傷樂而淫之過。

先儒約情之語亦不可必廢焉○遺稿曰心性情三

名而一物今以漢唐諸儒所傳之目論之曰仁義者

天民遺言下　〔三七〕　崇文院

性也而孟子謂之心曰仁人心也及雞存乎人者豈

無仁義之心是也耳目鼻口四肢之欲者情也而孟

子謂之性曰口之於味也目之於色也耳之於聲也。

鼻之於奥也四肢之於安逸也性也有命焉

也傳謂之性曰好人之所惡惡人之所好是謂拂人

之性是也。四端愛欲者情也孟子謂之心曰惻隱之

心曰羞惡之心及欲貴者人之同心也曰遺

謂之性或以性謂之心及以情亦謂之心則可見遺

稿之言直破先儒附會之陋訂定千古不決之疑矣。

窮經者知此則亦可謂見卓千古識度前賢矣。

故曰可以為善亦可以為不善也。

才

可以為善可以為不善人之為才不可也朱子曰才者

性之能也性既善則才亦善人之為才乃物欲陷

溺而然孟子若夫為不善非才之罪是也語曰才

不才亦各言其子也此以顏子為才也又曰才難不

其然乎此以舜臣五人亂臣十人為才也華陽范氏

曰古之所謂才者皆兼德行而言也高陽氏有子八

人天下以為才其所謂才者曰齊聖廣淵明允篤誠。

高辛氏有子八人天下以為才其所謂才者曰忠肅

天民遺言下　〔三八〕　崇文院

恭懿宣慈惠和是也如字義之言畢竟落在乎性可

以為善可以為不善之旨。

志

特謂之志則皆以志於善而言若於不善不可謂之志

也若父在觀其志及士尚志等語皆以志於善言

日才志於利便入小人路何哉

特謂之志則皆以志於善而言於不善不可謂之志

謂之志也但可考其語意之所在耳語曰夫

子固有惑志於公伯寮又曰事父母幾諫見志不從。

又敬而不違孟子曰毀瓦畫墁其志將以求食也是

皆以志之不善而言言則北溪才志於利之言亦奚謬
焉。

■ 意

意者指心之往來計較者言。

意字從心從音徐曰見之於外曰意蓋心之風韻也。
所發所嚮所臆念所計度涉于意者甚廣矣聖人之
心自無所偏倚億逆語曰勿意是也伯夷柳下惠雖
優入聖域或清或和皆可以一德名而未必無其風
韻也若孔子之聖可以和而可以清而清仕止久
速各當其可而無所見其風韻也若學者不可不竭
盡意思料度事理以求其正中也。孟子曰以意逆志。
大學曰誠意是也。猶人常言深意蘊意大意厚意私
意妄意意志意念皆因其所發見而各命於其意爾。

意字亦是不必用工夫字。

有可不必用工夫處有可必用工夫處豈止意字字
字皆然。

良知良能

近世陽明王氏專講致良知之旨然而徒知致良知而
不知本之仁義。

王氏以爲宋儒格物窮理之學兀然有心於一草一

■ 天民遺言下 三九 崇文院

木之察名物度數之末則必有不切乎立其大者之
本而舍心逐物泛濫之弊是以專管歸乎一路立以
致良知之說固不可謂之無所見然而若曰無善無
惡心之體曰博是約之功雖多失之於一偏而非聖
賢大中至正之學亦未始不本之仁義也字義以析
心與德爲二故亦有是言爾。

■ 天民遺言下 四〇 崇文院

天民遺言

丹州　拜河永崇永父著

忠信

學有本體。有本修。本體者仁義禮智是也。修爲者忠信
敬恕之類是也。蓋仁義禮智天下之達德。故謂之本體。
聖人教學者由此而行之。非待修爲而後有也。

忠信敬恕孝弟正直之類。乃人人固有之德性仁義
禮智之品目。而皆是同一本體也。孟子曰仁義忠信。
樂善不倦。此天爵也。又曰行吾敬。故謂之內也。語曰。

天民遺言下

四一　崇文院

夫子之道忠恕而已矣。則不以仁義禮智忠信敬恕。
分而爲二本也。明矣。學問思辨存養省察總是修爲。
故聖賢之教使學者由其固有。而擴充爲焉。以
成其大德也。語曰爲仁由已。是也。字義不知仁義禮
智人人固有之德。而忠信敬恕亦是仁義禮智也。其
謬爲二本也。且仁義禮智條下曰聖賢論仁義禮
智之德有自本體而言者。有自修爲而言者。而今變
其說曰非待修爲而後有也。其言之反覆亦甚矣。

忠恕

程子曰推已之謂恕。愚以謂推已非恕。乃用恕之要。蓋

恕以後之事也。程子所謂推已者。即已所不欲。勿施於
人之意。蓋因夫子子貢問答云爾。然使恕字有推已之
義。則及乎子貢問曰有一言而可以終身行之者。而夫
子唯曰其恕乎可也。而不可復曰已所不欲。勿施於人。既
重復。故知恕字之義本非推已之意。

夫子答子貢問曰其恕乎。而又曰已所不欲。勿施於
人。則可見夫子平日教人丁寧反復無復不竭者矣。
若謂夫子唯曰其恕乎可也。而不可復曰已所不欲
勿施於人也。猶如謂夫子曰無爲而治者其舜也歟

天民遺言下

四三　崇文院

可也。而不可復曰夫何爲哉。恭已正南面而已矣。豈
理也哉。蓋恕以後之事也。此說雖似精密。似聖人之言。
必不可如此迂遠。則程子恕字之訓。不可全非遺稿。
日中心爲忠。如心爲恕。此周禮疏之訓。其義最盡矣。
苟以忠恕爲心。則萬般功夫。總有與物共之之意。而不
至獨善其身而止。故持敬致知皆爲我成德之地。否則
所謂喫木饅頭者。而與異端專務清淨。疏外人事者。相
去不甚遠矣。

誠

此一節。析理精確。眞不易之論。

北溪曰誠字本就天道論只是一箇誠自古及今無一
毫之妄暑往則寒來日往則月來春生了便夏長秋殺
了便冬藏萬古常如此此是真實無妄之謂也然春當溫
而反寒夏當熱而反冷秋當涼而反熱冬當寒而反暖
夏霜冬雷冬桃李華五星逆行日月失度之類固為不
少焉豈謂之天不誠可乎。

字義斥北溪之說者恐于理有礙夫天道流行雖間
有春寒夏冷秋熱冬暖之變然於其生長收藏萬古
常如此此是真實無妄之謂也猶河流千里雖屈曲就
下南北無方終朝宗于海人性不齊雖有清濁厚薄
之異悉復歸于善字義性條下既論此事而今不能
推其類何也。

▼天民遺言下　[三]　崇文院

所謂誠之與主忠信意甚相近然功夫自不同所主忠信
只是盡己之心朴實行去誠之者擇當理與否而取其
當理者固執之之謂。

誠之與主忠信其言雖異其功夫未始不同所謂擇
當理與否而取其當理者乃是盡己之心也固執之。

乃是朴實行去也。

敬

敬者專崇奉持之謂無一謂無事徒守敬字者。

程沙隨曰聖賢無單獨說敬字時只是敬親敬君敬
長方著箇敬字字義之言本于此。

學

夫有充滿天地貫徹古今自不磨滅之至理此為就
禮智之道又此為仁義禮智之德所謂道德之為最尊
者是已。

先儒所謂道塞宇宙古今自不磨滅之至理只是就
人心之固有而言非若字義之言舍此人心而於天
地間別有仁義禮智也。

性之善不可特為而學問之功最不可廢焉。

▼天民遺言下　[四]　崇文院

子思子曰率性之謂道孟子曰存乎人者豈無仁
義之心皆謂其性善之可以特也蓋尊德性道問學
二者如衡稱而不可偏輕重否則朱陸相岐職此之
由可不慎哉況曰人之性有限其善不可特為而偏
廢尊德性則與孔門之學天淵懸絕。

吾故曰人之性有限而天下之德無窮。

人之性無有限量故能成其大德聖人亦人耳子貢
曰天縱之將聖則其所性不為限量者可見矣性如
為有限孟子何用說擴充亦何用說存養。

是孔子所以不以率性為言專以學問教人而孟子所

以屢道性善而以擴充之功爲其要也。

遺稿曰此一節呈露孟子思子率性之言孟子性
善之說之本旨也故解孟子仁義禮智非由外鑠我
也我固有之也及仁義禮智根於心之語宜再推
到孟子之意所在解率性之謂道曰爲佛老而言其
所謂學者唯在循其性盡其才而已矣孟子曰無欲其
附會揑合如是者皆坐此故也讀者察焉蓋古人之
所不欲無爲其所不爲如此而已矣所不欲不爲之
即仁義之良心而吾性之所固有也無欲無爲即循
其性而不違也學問之道至于此而無復餘蘊故曰

天民遺言下

（四五）崇文院

如此而已矣又曰或相倍徙而無算者不能盡其才
者也才者性之能也堯舜之體德禹稷之功績學者
可得而能者以其固有性之能也君子勤而克修
而能盡小人慢而不修不盡所以聖愚之遠治
亂之分矣由此觀之則拯天下之溺保四海之民三
二帝四三王亦不假外求唯在於盡性之能而已
務博物治闢非夸多鬬靡以由外鑠我也
行非加增添飾之似者也或斥循其性而爲非
馳者所謂依傍假借之似者也或讓盡其才以爲非
道者所謂性惡義外之尤者也皆非君子平坦易簡

深造之道實體諸心以求自得之學矣

權

漢儒以反經合道爲權程子非之最是也
漢儒以反經合道爲權至當乎道也徒無其德而
子遭遇時變權其輕重以善合乎道不可更易蓋戶君
專任智術者君子之所不取也然無有一毫利己之
心而能合道則權變權謀亦無所惡乎智矣與後世
雜陰謀詭計以爲權者大不同也子疾病子路使門
人爲臣孟仲子對齊宣王使問疾醫來雖無有一毫
自利之心其未達宜則不可謂之權也

天民遺言下

（四六）崇文院

程子曰是道既是反經爲能合道
經卻是道只是經朱子謂以孟子之言推之則權與
經亦當有辨今日經卻是道則禮亦是道無復所辨
以語孟之言推之則各有攸當
權字當以禮字對不可以經字對蓋禮可因時而損益
經歷萬古而不易故孟子以權與禮相對而未嘗以經
字相對正爲此也
孟子之言答男女授受不親禮與之問耳非有意撰
其字對蓋言忠信行篤敬是經言不必信行不必果
是權豈止禮信果敬爲對庸言庸德舉可以爲對則

可見漢儒以經與權相對之至當矣。

論語曰可與立。未可與權。蓋難其人也。非謂不可用權
也。先儒以謂權須是理明義精方可用權若然則未到

理明義精之極便將置而不用歟。

理明義精之人固不易得也。然則與難其人。何有所

異同。而可斥將置而不用之失耶。

先儒又謂如湯武放伐伊尹放太甲。固是權如湯武之放伐可謂之道。

耳若伊尹之放太甲。是權。此亦不深考

不可謂之權。何哉權者一人之所能而非天下之公共。

道者天下之公共。而非一人之私情。

【天民遺言下】

崇文院
四七

用下事上為臣敬君。經也。以位而言則桀紂上也君

也。湯武下也。臣也。聖人遭無道之君處時勢之變雖

出于不得已其遂至于放伐者。非反經而何哉。

其謂之誅一夫紂者以應兆民之望救四海之溺義

之從道之合也。固天下之公共而非一人之私情

子曰伊尹曰予不狎于不順放太甲于桐民大悅。孟

甲實又反之民大悅。其放其反皆稱民大悅則此亦

天下之公共。而非一人之私情則湯武放伐伊尹放

太甲。皆可謂之權豈可謂先儒未深考耶遺稿曰處

時變決大事學問之大用但其平日固守禮經篤行

信義者能此。

當時藉令湯武不放伐桀紂然其惡未悛為則必又有
若湯武者誅之不在上則必在下。一人不能之則天下

能之。

此一節自鴻烈解說出來。

君子小人

伊川先生曰有欲為聖人之心。而後可與共學可謂確
言。固漢唐諸儒之所不及。然其真實有志超然卓度

越流俗者固可若中人之資以此為志必有躐等凌節

自立標準之病不如以君子自期待之無弊。

【天民遺言下】

崇文院
四八

學問之道不為則已。為則必不可不徇其志若中人

之資萬不立。則無受誨之地而不足與有為故

古之賢者常患學者不徇其志。夫子在陳思魯之狂

士。以其志意高邁也齊梁之君其才皆不及中人。然

孟子非堯舜之道不敢以陳王之前。其道性善言必

稱堯舜是也。所謂羿不為拙射變其彀率學者亦不

可以不志其正鵠。

聖門所稱君子之道者亦與稱聖人之道自變別矣。蓋

君子之道謂平易從容無過不及。而萬世不易之常法。

君子之道聖人之道雖有生熟小大之不同亦無有

雙別也聖人之道豈在乎平易從容無過不及而萬

世不易之常法之外哉孟子左氏稱孔子以君子其

餘古人稱堯舜湯武亦以君子者歷歷可見矣

鬼神

及至于夫子則專以教法爲主而明其道曉其義使民

不惑于所從也孟子所謂於堯舜遠矣正謂此耳

此一簡如浮屠之徒以一代教主稱罷曡礪而其言

雖原于程子未嘗知聖人也學者欲知聖人之所以

爲聖人熟瓿遺稿之言則思過半矣

詩書易春秋〔殷見天民遺言〕

天民遺言下

大學非孔氏之遺書辨

論語一書其詞平正其理深穩增一字則有剩減一字

則不足天下之言於是乎極矣天下之理於是乎盡矣

實字宙第一書也孟子之書亦羽翼論語而其詞明白

大本至于宋儒崇信尤至矣今此一節固可謂不易

論語之書漢朝首列學官唐稱六經之冠弁人倫之

漢儒附會之手故次論語而其言無詭者其唯孟子乎

其理純粹非若禮記諸篇出於秦人坑爛之餘而成於

之論矣蓋自古務著述者專託深意于卷端字義開

卷第一條論天道不取徵據於語孟之間而以其所

四九　崇文院

云非孔子作之彖辭立言者恐非臆度之必不離見

愚謂孔孟言爲學之條目者固多未聞以此八事相列

若此甚密語曰子以四教文行忠信明夫子教人之條

目在此四者而無他法也又曰知者不惑仁者不憂勇

者不懼明此三者天下之達德而進學之敍無出於此

者曾子曰夫子之道忠恕而已矣明忠恕終身可以行

之而夫子之道莫過於是者也

試取字義之言而曾子曰忠恕而已矣而

者竭盡而無餘之詞也而夫子以知仁勇三者爲進

學之敍則不可特以曾子之言而斥夫子之言進學

之序也而又不可以夫子之言斥以四教之語也然

則大學八條中庸九經其道並行而不相悖歟

天民遺言下

大學以爲人之進道若登九層臺歷一階又歷一階而

後進至于臺上邪夫道非他卽人之道也以人修人之

道何遠之有

大學之篇雖非可與語孟並稱之書然字義所辨多

以文害辭以辭害志而無一以意逆作者之志爲大

學之八條皆人生所不能一日廢者人之進道豈若

登九層臺歷一階之功力未至而暫輟以俟其至而

又歷一階而進至于臺上平假使大學之作者慈愚

五〇　崇文院

如今世書生。必不可謂物未格。知未至則意可以不
發意未誠則心可以不思慮。心未正則身可以不視
聽言動。身未修則可以不事親從兄。承上接下況齊
魯儒生能熟詩書。其去聖門或未遠者。而其措詞之所撰邪且
其發端固自有不可紊者。而其措詞之序不得不如是
也。與孟子所謂天下之本在國。國之本在家。家之本
在身。及誠身有道。不明乎善。不誠乎身之意。何差之
有。

【天民遺言下】　五　崇文院

書曰以禮制心。孟子曰以仁存心。以禮存心。大學乃不
以此為要。而徒欲無所忿懥。恐懼好樂憂患。何哉。
說有朱註之在。
又曰心不在焉。視而不視。聽而不聞。食而不知其味。可
謂害道尤太甚矣。語曰子在齊聞韶。三月不知肉味。若
以大學觀之。則可謂孔子亦不免放心也。
大抵讀書當會其意。不當泥其詞。盍有不可以一句
而泥者。若喪欲速貧。死欲速朽。是也。有不可以一章
而泥者。若恭慎勇直四者。苟無禮以節之。則有勞蔥
亂絞之弊。可見學莫貴於禮。然曰禮云禮云玉帛云
乎哉。則復有恭慎之貴於禮者。仁知信剛四者。苟不

好學而明之則有愚蕩賊狂之弊。可見道莫重於學。
然曰雖曰未學吾必謂之學矣。則復有仁信之重於
學者。是也。有不可以字同而泥者。若語曰君子泰而
不驕。大學曰驕泰以失之。孟子曰士尚志。記云敖群
喬志是也。有不可以辭同而泥者。若孟子曰不失赤
子之心。傳曰猶有童心。語曰不知肉味。傳曰食而不
知其味是也。字義未加深考耳。
若孟子之意正正心。二字當施之於民。而不可令之於己。
語曰其身正不令而行。其身不正。雖令不從。蓋身者
兼心知履行而言。非若魯公之習儀。隋帝之視朝之

【天民遺言下】　五二　崇文院

謂也。人有其身則有其心。世無離其心而徒有其身
者。則身正卽心正也。其心正而可以正民心。其心不
正而能正民心者。未之有也。
按明德之名。屢見於三代之書。然三代之書。本記聖人
之所行。或以此美聖人之德。或曰明德。或曰俊德。或曰
昭德。其意一也。故雖數數見於典謨誓誥之間。然非學
者之所能當。故至於孔孟。每曰仁曰義曰禮。而未嘗有
一言及於明德者矣。
語孟屢言德而遍不及明字耳。明德也者仁義是也。
仁義明德非有二也。字義曰聖人之行聖人之德非

學者之所能當然論語鄉黨篇皆聖人之行也且二

十篇中說聖人之德者皆柬之於高閣而可乎其謬

以不知尚書實出于六經之上而儒者之先務也

又曰爲人君止於仁夫孔孟之學以仁爲宗而凡學者

莫不從事于此今大學獨屬之於人君而無爲學者道

之者是亦與孔孟之旨異矣

仁齋先生嘗辨洙泗言仁論曰南軒唯知言仁之處而不

知不言處亦總是仁而今概仁字之多寡以大學爲

尾無一言之非仁而今概仁字之多寡以大學爲

與孔孟之旨異矣者無乃已謬乎

夫意一也論語說毋大學說誠一正一反必不可無是

非

■ 天民遺言下　　崇文院　五三

令儀令色巧言令色一也詩云小心翼翼語曰鮮矣

仁心一也孟子曰我四十不動心又曰動心忍性曾

益其所不能必一也語曰母必又曰必也使無訟乎

此又可以謂一正一反必不可無是非耶不知大戴

小戴共姓殊名大冠小冠同字異氏弗思之甚矣

今大學不引文武周公之訓而遠用楚人之言最不可

解焉

語曰不以人廢言如其言之善則雖出楊墨之口猶

可取爲焉耳況楚語字義以明德二字屢見三代之

書而非之今復以不引文武之訓斥之欲使大學

之作者無所出言乎

又曰生財有大道

說見于遺言

又曰此謂國不以利爲利以義爲利

漢儒之言雜入也

張端義曰大學曰與其有聚斂之臣寧有盜臣此文

於朱考亭氏始分爲經一章傳十章經以爲夫子之言至

大學本在禮記則爲一篇書而不詳出於誰人之手至

傳以爲曾子之意而門人記之蓋出於其意之所好倘

而非有所考證而言

■ 天民遺言下　　崇文院　五四

此一節應當不易之論復起朱子必心伏無辭陸深

曰羅仲素云中庸之書孔子傳之曾子曾子傳之子

思分明是有一本書相傳子思卻云述所授之言著

于篇朱晦菴作大學章句又說經是孔子之言而曾

子述之傳是曾子之意而門人記之如仲素所謂述

而成書猶有可言若謂不得其言徒記其意逐乃支

分節解以不失本書之旨微惡于理有疑誠如所云

則曾子有此門人不應無聞也是二家之說不免學

者之疑畢竟大學中庸卻有原書不若程子只說大
學孔氏之遺書也恰好。

◆天民遺言下 五五 崇文院

疑語孟字義跋

象山陸氏曰孟子曰幼而學之壯而欲行之所謂行之
者行其所學以格君心之非引其君於當道與其君論
道經邦燮理陰陽使斯道達乎天下也所謂學之者從
師親友讀書考古學問思辨以明此道也故少而學道
壯而行道者士君子之職也吾人皆無常師周旋於群
言淆亂之中俯仰參求雖自謂其理已明安知非私見
蔽說若雷同相從一唱百和莫知其非此所甚可懼也。
何幸而有相疑不合在同志之間正宜各盡所懷力相
切磋期歸于一是之地今一旦以切磋而知其非則棄

◆天民遺言下 五六 崇文院

前日之所習勢當如出陷穽如避荊棘惟新之念若決
江河是得所欲而遂其志也此豈小智之私鄙陋之習
榮勝恥負者所能知哉弗明弗措古有明訓敢悉布之。
區區之忠竭盡如此流俗無知必謂不遜雖然至於師
心自用學植不進未必不由此也古之所謂曲學詖行
者不必淫邪放僻顓顓狼狙如流俗人不肖子者也蓋
皆放古先聖賢言行依仁義道德之意如楊墨鄉原之
類是也此等不遇聖知道者則皆自負其有道有德。
人亦以爲有道有德豈不甚可畏哉大抵人之所見所
學固必自以爲是與異己者辨固當各伸其說相與講

求其至是之地。不可苟合强同。此言與今頗
相類。是故寫此以爲跋。
天民遺稿中。集其要者亦謂之遺稿門人渡邊毅之所
編次也。輯錄門人平日所聞謂之遺言予之所述也。復
取遺稿中疑先儒之說者以立言謂之疑語孟字義。平
嚴氏記其始。予成其終。言也稿也疑也。皆出於天民之
遺意爾應乎書林之需。而復書其末云。
享保壬寅冬十月朔幷河五一居士志。

【天民遺言下】

五七

崇文院

西銘參考

提 要

《西銘參考》一卷，日本淺見安正撰，日本甘雨亭叢書本。每半葉九行二十一字，左右雙邊，單魚尾，白口。《西銘》原名《訂頑》，為《正蒙乾稱篇》中的一部分，宋張載撰。張載曾將其錄於學堂雙牖的右側，題為《訂頑》，後程頤將《訂頑》改稱為《西銘》。淺見安正撰此書，多引諸儒之說，疏解《西銘》。淺見絅齋，名安正，號望南樓，俗稱重太郎。著有《靖獻遺言》、《聖學圖義解》、《氏族弁證》、《識錄》等。

綱齋淺見先生傳

先生諱安正號絅齋江州高島人後徙家京師初業醫
稱高島順庵後改爲淺見氏先生爲人峭直風有大志
家本豪富破家産以父一時豪傑及見山崎闇齋欻然
心服遂改業爲儒清苦篤志時患咯血連日不愈闇齋
猶使苦學橫元眞曰病勢如此姑廢業似無不可闇齋
曰先生命也闇齋謂先
曰吾曹喫翁怒罵糈力已竭恐損壽如何先生曰予
亦知之然嘗令之也舍翁其誰先生頗好武事常騎

馬撃劍帶一長刀方鐔大三寸許篆鏤赤心報國四字
初父以先生好學欲使別成家以叔子其繼其家性質
不斷家益衰不能養母大小倚賴先生先生當往經
紀將護每遠旦而還乃敎授學者炎暑祁寒年如一日
路人往往識其面樂稱其貧窶而先生貧窶尤甚茅屋蓬
戶藜藿不厭隆冬或一布袍帖然不易其操者數十年
王侯貴人閴先生之風欲見者多
太上皇帝亦召見之固辭不出嘗云予於斯學特拾先
師之遺穗耳非有料穫之功也然至出處一事雖古人

無自愧也直方曰古人之論出處出則出處則處子未
曾出何自貧之爲先生嚴然正邑曰可仕而仕而不可
仕而不仕孰非出處先生師孕之闇齋書門人侍講
廷猶臣下之在君前席上錄曰義者筆硯墨楮皆豫備
先生既就席不許注視麈醫一坐蕭然屏氣聽閒每一
章一節了聽徒皆拜嘗講近思錄爲萬世開太平也
吾今日爲諸生講書亦是爲萬世開太平也時闇齋講
敬義內外有身爲外之說闇齋又唱神道學先生以爲不
可遂辨駁其說闇齋天下國家爲外之說先生諫爭於是見絕

師門直方親喪未除出而仕先生面折之自是不後相
接門人三宅緝明仕于水府先生曰其志非行道書以
絕之然晚年悔背先師炷香誓首謝罪其靈云年六十
以正德元年十月卒先生無子以兄道哲子某爲嗣
論曰語云水至清則無魚人至察則無徒若先生與先
師及舊友絕交不無過剛之病也雖然其學力尚精毅
闡發義理激揚廉恥程子所謂處貧賤而不變視富貴
而不移者先生實其人也歟故一聞其風則使人興起
知區區聲利不足慕焉宜矣儒道之任有望於先生也

甘雨亭叢書

安中城主板倉勝明子斧撰

西銘參考　　　　　　近江　淺見安正著

朱子曰橫渠學堂雙牖右書訂頑左書砭愚伊川先生
曰是啓爭端改曰東銘西銘○性理大全題名。
朝鮮李氏曰訂頑議也平去聲平其不平曰平謂之平謂九譏
亦有譏正訛外之義頑者不仁之名不仁之人私欲
藏錮不知通物我推惻隱心頑如石故謂之頑蓋橫
渠此銘反覆推明吾與天地萬物其理本一之故狀
出仁體因以破有我之私廓無我之公使其頑然如

石之心融化洞徹物我無間一毫私意無所容於其
間可以見天地爲一家中國爲一人痒痾疾痛眞切
吾身而仁道得矣故名之曰訂頑謂訂其頑而爲人
也西銘講義
山崎先生曰易乾天也故稱乎父坤地也故稱乎母說
○文會筆疑十二。下同。○第一節。
左傳貌諸孤○文選爾諸孤○廣絶交論注引書眇
眇予末小子順○易象。
眇予末小子之命○
易乾天下之至健坤天下之至順繫

礼记天子脩别教父道也后脩女顺母道也义香

程子曰天者乾之形体乾者天之性情乾健也健而无

息之谓乾。易乾传

易乾健也。坤顺也卦。说

中庸至诚无息。

易坤有常。易传

易乾元万物资始坤元万物资生。泰

书惟天地万物父母。泰誓

李氏曰予字及铭中九吾字固拟八人称自己之辞然

九读是书者于此十字勿徒认作横渠之自我亦勿

作让与别人谓我皆当自任以为己事耆方得夫西

铭本以状仁之体而必主自己为管昔者何也昔夫子

答子贡博施济众之问而曰仁者己欲立而立人己

欲达而达人意与此同盖子贡不知就吾身亲切处

求仁而求之太阔远无关涉故夫子言此使其反之

於身而认得仁体最切实处今横渠亦以为仁者虽

与天地万物为一体然必先要从自己为原本为主

宰仍须见得物我一理相关关切意味与夫满腔子

恻隐之心贯彻流行无有壅阏无不周徧处方是仁

之实体若不知此理而泛以天地万物一体为仁则

所谓仁体者莽莽荡荡与吾身心有何干预哉此如爱

无差等释氏认物为己且予吾即我也与子贡所谓

病皆不知此义故也

我不欲人之加诸我也吾予即我也与子贡所谓

字同皆公也已欲立而立人之己字公也而颜子

私也夫子所谓己欲立而立人之己字私也人之己字吾

克己复礼之己字私也数字之称本合为一字一字

之间一公一私而天理人欲得失之分不帝霄壤之

判差毫釐而谬千里尤不可不审也证讲义。西铭考

山崎先生曰朱子所云此篇皆古人说话集来皆张子

用字妙处李退溪得此指意著考证讲义其题註下

云云予字及铭中九吾字云云拯好诸儒所未见得

出处但己立之己训我克己之己训私字同而訓异

此李氏未辨尽耳程子曰仁者以天地万物为一体

莫非己也认得为己何所不至若不有诸己自不与

已相干嘉谓此与西铭同意四己字与予吾字同文

录毕

朱子曰西銘第一篇首三句卻似人破義題天地之塞帥

兩句恰似人做原題乃一篇緊要處民吾同胞止無

告者也乃統論如此于時保之以下是做處十八下語類九

同

混然中處言混合無間蓋此身便起從天地來

山崎先生曰孟子曰浩然之氣塞乎天地之間又曰氣

體之充又曰志氣之帥也公孫丑○○文會箏

禮記志氣塞乎天地孔子居

易乾陽物也坤陰物也繫繫

甘雨亭叢書　西銘參考　四

朱子曰向要到雲谷自下上山半途大雨通身皆濕得

到地頭因思者天地之塞吾其體天地之帥吾其性

時於通及某人同在那裏某因各人解此兩句自亦

作兩句解後來看也自說得者所以迤邐便作西銘

等解五語類

吳伯豐問天地之塞吾其體天地之帥吾其性近見南

康一士人云項歲曾間之於先生其字有我去兼當

之意山崎先生曰此今考經中初無是說曰西銘兼

當之說不記有無此語然實下兼當字求得恐當時

只是說棄受之意渠記得不子細也又文集五

或問天地之帥吾其性後生解以乾健坤順爲天地之

志天地安得有志曰後其見天之心天地之情可見

安得謂天地無心情乎語類九十同

問天地之塞如何是塞乎天地之間體乃孟子氣之充者有

處塞乃孟子塞乎天地之間體乃孟子氣之充者有

一毫不滿不足之處則非塞矣帥即志氣之帥而有

主宰之意此西銘借用孟子論浩然之氣處若不是

此二句爲之關紐則下文言同胞言兄弟等句在他

甘雨亭叢書　西銘參考　五

起疏注可也

西銘大要在天地之塞吾其體天地之帥吾其性兩句

塞是說氣孟子所謂以直養而無害則塞乎天地之

間即用這簡塞字張子此篇大抵皆古人說話集來

血脈過度處西銘解二字只說大綮若要說盡因

一理與我相爲貫通故上說父母下說兄弟皆是其

人中物皆與我初何干渉其謂之兄弟同胞乃是此

要知道理只有一箇道理中間句段段只說事親

事天自一家言之父母是一家之父母自天下言之

天地是天下之父母通是一氣初無間隔民吾同胞

物吾與也萬物雖皆天地所生而人獨得天地之正

氣故人爲貴故民同胞物則亦我之儕輩孟子所

謂親親而仁民仁民而愛物其等差自然如此大抵

即申親以明尊天

說許多大君者吾父母宗子云云是從民吾同胞

下而民吾同胞物吾與也便是簡項下面便撤開說

之帥吾其性兩句上上面乾稱父至混然中處是頭

問西銘之義曰緊要血脉盡在天地之塞吾其體天

《甘雨亭叢書》西銘蒙考　六

物吾與也說來到得知化則善述其事窮神則善繼

其志這志便只是那天地之帥吾其性底志爲人子

便要述得父之事繼得父之志如此方是事親如事

天便要述得天之事繼得天之志方是事天若是違

了此道理便是天之悖德之子若害了這仁便是天

之賊子若是濟惡不悛便是天之不才之子若能踐

形便是天克肖之子這意思血脉都是從天地之

塞吾其體天地之帥吾其性說緊要都是這兩句若

不是此兩句則天自是天我自是我有何干涉

山崎先生曰前漢東方朔傳同胞之徒薇林曰胞者胞也言親

兄弟文會筆錄

下同第三節

與國下同孟子如淳曰田假爲與國之王交善爲與國

黨與孟子語類曰與如與國相與之類問莫是黨與之與

否曰然朝按黨與史記書

書惟人萬物之靈蔡傳

易乾道變化各正性命傳

孟子曰凡同類者舉相似也何獨至於人而疑之聖人

解中全體全字屬上體字屬下或體字連全字讀非也

《甘雨亭叢書》西銘蒙考　七

與我同類者告子

孝經天地之性人爲貴

禮記聖人耐以天下爲一家中國爲一人者非意之也

同儕左傳僖二十等輩後漢買

禮逵

周禮山林其動物宜毛物其植物宜皂物徒大司

化書有無情而化爲有情者有有情而化爲無情者

書若有恒性熱湯

中庸贊天地之化育與天地參

孟子曰人人親其親長其長而天下平。
一九吾字。
料氏曰。
長其長幼其幼。二其一本作吾假此則篇中吾字為十。
慈幼司徒。周禮。大禮記慈幼為其近於子也。祭。
前漢書高年老長人所尊敬也。志刑法。
論語大臣老以道事君。進。先。
禮記不名家相。禮。
禮記適子庶子祗事宗子宗婦。則。內。
易大君有命。第四節。○師卦。

長吾之長。孟子。告子。
孟子曰老吾老以及人之老幼吾幼以及人之幼天下
可運於掌。梁惠。
易大人與天地合其德。文。
禮記命鄉論秀士外之司徒曰選士司徒論選士之秀
者而外之學曰俊士外於司徒者不征於鄉外於學
者不征於司徒曰造士司徒論選士之秀者以告
于王而外諸司馬曰辨論官材論進士之
賢者以告于王而定其論論定然後官之制。

甘雨亭叢書　西銘參考　八

史記平原君傳罷癃之疾讀會瘀下或作罷前漢食貨
志罷癃咸出讀曰疲師古印罷疲癃罷癃鄙與封
詩哀此惸獨正哀此矜寡肅。
菁不虐無告譏。
禮記大道之行也天下為公選賢與能講信修睦故人
不獨親其親不獨子其子使老有所終壯有所用幼
有所長矜寡孤獨癈疾者皆有所養。運。
禮記彊者發弱眾獨癈疾者詐愚勇者苦怯疾病不
養老幼孤獨不得其所此大亂之道也記。樂。

孟子曰老而無妻曰鰥老而無夫曰寡老而無子曰獨
幼而無父曰孤此四者天下之窮民而無告者王。
詩緝紀四方楲。
穀梁傳緣大者君也玄言葊。
顧連亦引此銘出之顯沛里仁來連易塞張子合之煞
等夷史記留侯世家俗廣曰夷猶
朱子與林黃中論西銘曰人皆天地之子而大君乃其
適長子所謂宗子有君道者也故曰大君者乃吾父
母之宗子爾非如所謂既為父母又降而為子也聞

甘雨亭叢書　西銘參考　九

宗子如何是適長子曰此正只以繼禰補之宗爲喻爾繼
禰之宗兄弟宗之非父母之適長子而何。文集一。

山崎先生曰詩畏天之威于時保之。我將。文會筆錄。同。第五節。
詩詒厥孫謀以燕翼子。有聲。
易樂天知命故不憂。繫辭。
左傳頴考叔純孝也。隱元年。
孝經愛親者不敢惡於人敬親者不敢慢於人。

朱子曰西銘首論天地萬物與我同體之意固極宏大
然其所論事天功夫則自于時保之以下方極親切。

西銘前一段如基盤後一段如人下碁記師訛黃氏曰嘗以西銘自
乾稱處以下至顛連無告如碁局之方知其意後因思之方知其然。乾父坤母。至如
人下碁處未曉其意後可以全即吾言體養育性愛敬吾明人之子
之問則皆賓天民之同胞吾與其黨與特生之殊耳
兄殊吾同氣則皆爲天地之子而吾兄弟黨與且物物亦皆天地之所生而特有性之殊耳
子之間天地之塞吾其體天地之帥吾其性民吾同胞物吾與也
之混然子自天地之間則乾健是綱領之言吾
混然中處天地之間則乾健是綱領之言吾
此道矣盡於。

事子天時之保之以所以卽吾言體養育性愛敬吾明人之子職盡孝子之當然則必當全吾體

聖人之於天地如孝子之於父母。語類九十。八下同。
林聞一問西銘只是言仁孝繼志述事曰是以父母比

乾坤主意不是說孝只是以人所易曉者明其所難
曉者耳。

問西銘自乾稱父坤母至民吾同胞物吾與也是
仁之體于時保之以下是做工夫處曰若言同胞吾
與了便混著博施濟衆却不是所以只說教人做工
夫處只在散與恐懼故曰于時保之子之翼也能常
敬而恐懼則造箇道理自在下面又曰因事親之誠以明
事天之道只是譬喻出來下面一句事親一句事天下
如匪懈無忝存心養性是事親不愧屋漏存心養性是事天下

面說事親兼常變而言如曾子是常舜伯奇之徒皆
變此在人事言者如此天道則不然直是順之無有
不合者
一節皆狀仁之體自于時保之至沒吾寧也皆求仁
之方錄讀書九。
敬軒薛氏曰西銘自乾父坤母至兄弟顛連而無告者

山崎先生曰論語孟懿子問孝子曰無違爲政爲易與天地
相似故不違繫退溪達爲達仁之達失之論語兩處
達仁皆違猶離也去也。文會筆錄下。同。○第六節。

孝經不愛其親而愛他人者謂之悖德

論語子曰志士仁人無求生以害仁有殺身以成仁。衛靈公

孟子曰賊仁者謂之賊。梁惠王

憬公滕文

左傳不才子不可教訓也游其凶增其惡名。文十八年。

孟子曰形色天性也。惟聖人然後可以踐形。盡心

書說築傳巖之野。惟肖。命。説前漢書人省天地之貌志

禮記滅天理而窮人欲。記樂

竹爾堂叢書　西銘参考　廿五

書自絕于天祭。泰

禮記孔子曰身也者親之枝也。敢不敬與不能敬其身。

是傷其親。傷其本傷其本技從而亡。哀公問

周禮賊殺其親則正之。大司

前漢書大逆無道。紀影帝

左傳長惡不悛。隱六年

中庸盡人之性

薛氏曰天地以生物為心而所生之物因各得夫天地

生物之心以為心。所以人皆有不忍人之心。苟為物

欲所蔽失其不忍人之心。所謂戕滅天理自絕本根

者賊殺其親大逆無道也故詔之賊讚書續

山崎先生曰易窮神知化德之盛也。繫辭十一

中庸孝者善繼人之志善述人之事者也。下同。○○文會筆錄

易知變化之道辭繫

易遇神明之德辭繫

易後其見天地之心乎傳

問知化則善述其事窮神善繼其志其旨如何朱子曰

聖人之於天地如孝子之於父母化者天地之用一

月爾堂叢書　西銘参考　廿三

過而無迹者也。知之則天地之用在我。如子之述父

事也神者天地之心常存而不測者也。窮之則天地

之心在我。如子之繼志也。得其心而後可以語其

用故曰窮神知化。而中庸曰致中和天地位焉萬物

育焉亦此之謂歟。性理大全四。

化底是氣故做天地之事神底便是理故喚做天地

之志窮神者窺見天地之志這簡無形無迹那化底

却又都見得。

如知得恁地便生知得恁地便光知得恁地便消知得

〔甘雨亭叢書〕西銘參考

（上右欄）

憑地便長此皆是繼天地之志隨他憑地進退消息

盈虛與時偕行小而言之飢食渴飲出作入息大而

言之君臣便有義父子便有仁此都是述天地之事

只是這箇道理所以君子修之便吉小人悖之便凶

遠物事機關一下撥轉便欄他不住如水車相似才

萬幾戰戰兢兢至死而後知免大化憑地流行只得

踏發這機更住不得所以聖賢兢兢業業一日二日

隨他憑地故曰存心養性所以事天也大壽不貳修

身以俟之所以立命也這與西銘都相貫穿〇語類百

六

（上左欄）

薛氏曰知化則善述其事化者天地之化一過而無迹。

如陰陽之變化是也知陰陽之變化則幾率性而行。

見諸事爲之間者無非天地之事猶孝子之善述其

事也窮神則善繼其志神眇而不測如天命之神

猶孝子之善繼其志也化以氣言故曰知化則善述

明是也有以窮之則吾性之全體無非天地之志亦

其事志以理言故曰窮神則善繼其志謂之知猶知

化育之知默與之契非但開見之知也謂之窮則洞

見天地之心猶易所謂通神明之德心與之相合無

（下右欄）甘雨亭叢書　西銘參考

一毫之間也如天地陰陽五行變化之道體之吾身。

而有動靜五常之道則所行者無非天地之事矣通

天地元亨利貞神明之德體之吾心而有健順五常

之性則所存者無非天地之心矣然神者天地之本。

化者天地之用必窮神知化而後知天地之變化

而行事循乎天理皆知化而善述其事也知天道之

本原而存心循乎天理即窮神善繼其志也讀書續

致中是窮神繼志之意和是知化述事之意。

山崎先生曰詩相在爾室尚不愧于屋漏錄下〇文會筆

錄下同〇文會筆

第

（下左欄）

節八

詩夙興夜寐無忝所生究。　小

孟子曰存其心養其性所以事天也。盡

詩夙夜匪懈然

解詩曰上加孝經引三字尤有意思又曰二字亦當讀

孝經者

孟子曰仰不愧於天俯不怍於人心　蓋

薛氏曰西銘大旨即孟子存心養性所以事天之意讀書

續錄三。

〔上葉・右半〕

臨川吳氏曰知化者必能窮神窮神然後能知化不愧
屋漏者必能存心養性存心然後能不愧屋漏。
善述事者必能繼志善繼志者然後能述事無忝者
必能匪懈匪懈然後能無忝存心養性然後能
以知化匪懈然後可以至於窮神然後有以
繼志善繼志者然後可以善述事也全性理大
愧屋漏不愧屋漏然後能無忝存心養性然後有以不
山崎先生曰孟子惡旨酒勢雜戰國策昔帝女令
儀狄作酒而美進之禹惡旨酒而甘之遂踈儀狄絕旨

甘雨亭叢書　西銘叢書　十六

〔上葉・左半〕

酒曰後世必有以酒亡其國者〔魏策〕〇〇文會筆錄第九節。
國語在有虞氏有窑伯緜古崇子。周韶注窑
孟子曰好飲酒不顧父母之養不孝也。
孟子曰得天下之英才而教育之。
左傳鄭莊公寘姜氏于城潁而誓之曰不及黃泉無相
見也既而悔之潁考叔為潁谷封人聞之有獻於公
公賜之食食舍肉公問之對曰小人有母皆嘗小人
之食矣未嘗君之羹請以遺之公曰爾有母遺繄我
獨無賴考叔曰敢問何謂也公語之故且告之悔對

〔下葉・右半〕

曰君何患焉若闕地及泉隧而相見其誰曰不然公
從之公入而賦大隧之中其樂也融融姜出而賦大
隧之外其樂也洩洩遂為母子如初君子曰潁考
純孝也愛其母施及莊公詩曰孝子不匱永錫爾類
其是之謂乎隱元年詩。
家語子貢觀於蜡孔子曰賜也樂乎對曰一國之人皆
若狂賜未知其為樂也孔子曰百日之勞一日之樂一
日之澤非爾所知也張而不弛文武弗能弛而不張。
張子曰性者萬物之一源也非有我之得私也。正
蒙誠明篇。

甘雨亭叢書　西銘叢書　十七

〔下葉・左半〕

文武弗為一張一弛文武之道也觀鄉射又見禮記
雜記〇第十節。
語類曰不弛勞橫渠解無施勞亦作弛淵錄曰張天
大鈞不弛厭勞
語類曰豫如後漢書言天意未豫熹按前漢書劉輔傳
言天心未豫
孟子曰舜盡事親之道而瞽瞍底豫瞽瞍底豫而天下之
化瞽瞍底豫而天下之為父子者定此之謂大孝離
莊子無所逃於天地之閒。人間世。
烹出史書。

甘雨亭叢書　西銘叢書　十七

禮記晉獻公將殺其世子申生公子重耳謂之曰子盍
言子之志於公乎世子曰不可君安驪姬是我傷公
之心也然則蓋行乎世子曰不可君謂我欲弒君也
天下豈有無父之國哉吾何行如之使人辭於狐突
曰申生有罪不念伯氏之言也以至于死申生不敢
愛其死雖然吾君老矣子少國家多難伯氏不出而
圖吾君伯氏苟出而圖吾君申生受賜而死再拜稽
首乃卒是以為恭世子也　見左傳史記
孟子曰夭壽不貳修身以俟之所以立命也。　盡

　　甘雨亭叢書　西銘參考　十八

問西銘記頴封人之錫頴申生其恭二子皆不能無失
處登能盡得孝道朱子曰西銘本不是說孝只是說
事天但推事親之心以事天耳二子就此處論之誠
是如此然事親卻未免有正有不正之處若天道純然
則無正不正之處只是推此心以奉事之耳。　語類九
同。
問西銘無所逃而待烹申生未盡子道何故取之先生
曰天不到得似獻公也人有妄天則無妄若教自家
先便是理合如此只得聽受之

山﨑先生曰禮記樂正子春曰吾聞諸曾子曾子聞諸
夫子曰天之所生地之所養無人為大父母全而生
之子全而歸之可謂孝矣不虧其體不辱其身可謂
全矣　故君子頃步而弗敢忘孝也　第十一節
孝經孔子謂曾子曰身體髮膚受之父母不敢毀傷孝
之始也立身行道揚名於後世以顯父母孝之終也
論語子曰參乎吾道一以貫之曾子曰唯曾子有疾
召門弟子曰啟予足啟予手詩云戰戰兢兢如臨深
淵如履薄冰而今而後吾知免夫小子

　　甘雨亭叢書　西銘參考　十九

莊子父母於子東西南北唯令之從師
天之所與我者告子
孟子曰莫非命也順受其正。　盡心
孝經曾子問從父之令可謂孝乎子曰是何言與云云
小註云云
黃氏巖孫曰履霜操伯奇所作也吉甫聽後妻之言逐
之伯奇編水荷而衣袜樗花而食清朝履霜自傷無
罪見逐乃援琴而歌曲終投河而死家語曰曾參進
妻告其子曰高宗以後妻殺孝己尹吉甫以後妻放

〔上欄〕

伯奇伯奇事後母至孝而後母譖之伯奇乃亡走山
林說苑王國子奇事與此正同必有一誤大全
朱子答林一之書曰西銘中申生伯奇事張子但要以
此心而事天耳天命不忒自無獻公吉父之惑也集文
五十
七十
申生待烹順受而已故曰恭曾子歸全其所以與
取之與舜曾同何也曰舜之底豫贊化育也故曰功
問申生之不去伯奇之自沉皆陷父於惡非中道也而
我者終身之仁也伯奇所順令順其所以使我者一事

〔版心〕甘雨亭叢書　西銘考　廿

之仁也伯奇尹吉甫之子其事不知據何書爲實自
沉恐未盡信然彼所事者人也人則有妄故有陷父
之失此所事者天也天豈有妄而又何陷邪西銘大
率借彼以明此不可著迹論也
山崎先生曰德惟善政政在養民水火金木土穀惟
脩正德利用厚生惟和大禹謨○文會筆錄
詩曰欲玉女是用大諫民
孟子曰明君制民之產必使仰足以事父母俯足以畜
妻子樂歲終身飽凶年免於死亡然後驅而之善故

〔下欄〕

民之從之也輕　梁惠王
孟子曰天將降大任於是人也必先苦其心志勞其筋
骨餓其體膚空乏其身行拂亂其所爲所以動心忍
性曾益其所不能　告子
論語季氏富於周公而求也爲之聚歛而附益之　先進
且各其餘不足觀也已　泰伯
論語子曰賢哉回也一簞食一瓢飲在陋巷人不堪其
憂回也不改其樂賢哉回也　雍
散心　孟子離婁

〔版心〕甘雨亭叢書　西銘考　廿

禮記曾子曰父母愛之喜而弗忘父母惡之懼而無怨
書志以道寧十三節○旅獒十三節○第
祭
義
禮記曾子曰孝子之養老也樂其心不違其志
禮記孔子曰仁人之事親也如事天事天如事親則
論語子曰朝聞道夕死可矣里仁
禮記曾子寢疾病樂正子春坐於牀下曾元曾申坐於
足童子隅坐而執燭童子曰華而睆大夫之簀與
春日止曾子聞之瞿然曰呼曰華而睆大夫之簀與

曾子曰然斯季孫之賜也我未之能易也元起易簀

曾元曰夫子之病革矣不可以變幸而至於旦請敬

易之曾子曰爾之愛我也不如彼君子之愛人也以

德細人之愛人也以姑息吾何求哉而變焉

斯已矣舉扶而易之反席未安而沒號檟

可太相連說今改云孝子之身存則其事親也人之身存則

當舊說誤矣然以上句富貴貧賤之云例之則亦不

朱子答呂伯豐書曰存吾順事沒吾寧也二句所論甚

其志而已沒則安而無所愧於親也人之身存則

甘雨亭叢書　西銘參考　卅二

其事天也不違其理而已沒則安而無所愧於天也

蓋所謂夭壽不貳而修身以俟之者故張子之銘以

是終焉似得張子之本意　文集五

西山真氏曰仁人事親如事天事天如事親此西銘之

妙指不可以不知也　全四

朱子答郭冲晦書曰西銘之言指吾體性之所自來以

明父母乾坤之實極樂天踐形窮神知化之妙以至

於無一行之不慊而沒身焉故伊川先生以為克得

盡時便是聖人恐非專為始學者一時所見而發也

他不是說孝是將孝來形容這仁事親底道理便是事

文集三　十七

天底樣子且逐日自把身心來體察一遍便見得

吾身便是天地之帥吾性便是天地之師許多人物

生於天地之間同此一氣同此一性便是吾兄弟黨

與大小等級之不同便是親踈遠近之分故敬天當

如敬親戰戰兢兢無所不至愛天當如愛親無所不

順天之生我安頓得好令我富貴崇高便如父母愛

我當順而不忘安頓得不好令我貧賤憂戚便如父

甘雨亭叢書　西銘參考　卅三

母欲成就我當勞而不怨　語類九十八

龜山楊氏上程子書曰竊謂道之不明知者過之西銘

之書幾於過乎皆之問仁於孔子者多矣雖顏子

仲弓之徒所以告之者不過求仁之方耳至於仁之

體未嘗言也孟子曰仁人心也義人路也言仁之最

親無如此者然亦體用兩言之未聞如西銘之說也

孔孟豈有隱哉蓋不敢過之以起後學之弊也且墨

氏之兼愛固仁者之事也其流遂至於無父遂墨氏

之罪哉孟子力攻之必歸罪於墨氏者正其本也故

甘雨亭叢書　西銘參考　卅四

君子言必慮其所終行必稽其所敝正謂此耳西銘
發明聖人之微意至深然而言體而不及用恐其流
遂至於兼愛則後世有聖賢者出推本而論之未免
歸罪於橫渠也時竊妄意此書蓋西人共守而謹行
之者欲得先生一言推明其用與西銘並行庶乎體
用兼明便學者免於流蕩也橫渠之學造極天人之
蘊非後學所能窺測然所疑如此故輒言之先生以
謂如何四○性理大全○後論

程子答楊中立書曰西銘之論未然橫渠之言誠有過

甘雨亭叢書　西銘參考　廿四

者乃在正蒙西銘之為書推理以存義擴先聖所未
發與孟子性善養氣之論同功二者亦前聖所未發
比哉西銘明理一而分殊墨氏則二本而無分老幼
理一也愛原本二也無分之罪兼愛也分殊之蔽私勝而失仁
而無義分立而推理一以止私勝之流仁之方也無
別而迷兼愛至於無父之極義之賊也子比而同之
過矣且謂言體而不及用彼欲使人推而行之本為
用也反謂不及亦奚乎文集

楊氏上程子第二書曰昊示西銘微旨伏讀覺曰曉然

具悉如侍兒席親訓誨也時昔從明道即授以西銘
使讀之專繹累日乃若有得於是如知為學之大方
同將終身佩服焉敢安疑其失比於墨氏前書所
論西銘之書以民為同胞長其長幼其幼以鰥寡孤
獨為兄弟之無告斯謂明理一也然其辭無親親
之殺非明者嘿誠於言意之表烏知所謂理一而分
殊哉故竊恐其流遂至兼愛非謂西銘之書為兼愛
而發與墨氏同也古之人所以大過人者無他善推
其所為而已老吾老以及人之老吾幼以及人之

甘雨亭叢書　西銘參考　廿五

幼所謂推之也孔子曰老者安之少者懷之則無事
乎推矣無事乎推者理一故也理一而分殊故聖人
稱物平施所以為仁之至義之盡也敷何謂稱物
遠近親疏各當其分所謂平施所以施之
其心一焉所謂平也時昔者竊意西銘之書有平施
之心無稱物之義故曰言體而不及用蓋指仁義為
說也故其敝無分則妨義義之過其流
自私自私則害仁害仁則楊氏之為我也妨義則墨
氏之兼愛也二者其失雖殊其得罪於聖人則均矣

甘雨亭叢書　西銘參考　卅六

問西銘曰而今道天地不是父母父母不是天地不得
也　文集五十二

分明是一理乾道成男坤道成女則凡天下之男皆
乾之氣凡天下之女皆坤之氣從遠裏便徹上徹下
都即是一箇氣都透過了　又曰繼之者善便是公共
底成之者性便是自家得底只是一箇道理不道是
遠簡是那箇不是如水中魚肚中水便只是外面水
語類九
十八

答陸子美書曰西銘之說今且以首句論之八之一身
固是父母所生然父母之所以為父母者即是乾坤
若以父母而言則一物各一父母若以乾坤而言則

西銘之旨隱奧難知固前聖所未發也前書所論竊
謂過之者疑其辭有未達耳今得先生開論了寧傳
之學者自當釋然無惑也　全性理大

朱子答姜叔權書曰西銘之疑　橫渠之意直借
此以期彼以見天地之間隨大隨小此理未嘗不
耳其言則固為學者而設若大賢以上又登須說邪
伊川嘗言若是聖人則乾坤二卦亦不消得正謂此
也　文集五十二

甘雨亭叢書　西銘參考　卅七

而未察父母之與乾坤雖其分之有殊而初未嘗有
二體但其分之殊則又不得不辨也

朱子曰西銘狀仁之體元自昭著以塘臂之初未嘗謂父
母宗子家相等名以塘臂之初未嘗謂與乾坤都無
千涉而姑為妄言以形容之也　全性理大

答郭沖晦書曰西銘之書橫渠先生所以示人至為深
切而伊川先生又以理一而分殊者贊之言雖至約
而理則無餘矣蓋乾之為父坤之為母所謂理一者
也然乾坤者天下之父母也父母者一身之父母也

萬物同一父母矣萬物既同一父母則吾體之所以
為體者豈非天地之塞吾性之所以為性者豈非天
地之帥哉古之君子惟其見得道理真實如此所以
親親而仁民仁民而愛物推其所為以至於能以天
下為一家中國為一人而非意之也　文集三十下同

答陸子美書曰熹所論西銘之意正謂長者以橫渠之
言不當謂乾坤實為父母而以膠固欠之故竊疑之
以為若如長者之意則是謂人物實無所資於天地
恐有所未安爾今詳來誨猶以橫渠只是假借之言

則其分不得而不殊矣故以民爲同胞物爲吾與者
自其天下之父母者言之所謂理一者也然謂之吾之民
則非眞以爲吾之父母也則非眞以爲吾之同
類矣此自其一身之父母者言之所謂分殊者也又
況其曰同胞曰吾與曰宗子曰家相曰老曰幼曰聖
曰賢曰顚連而無告則於其中閒又有如是差等之
殊哉但其所謂理一者貫乎分殊之中而未始相離
耳此天地自然古今不易之理而二夫子始發明之
非一時救弊之言姑以彊此而弱彼也十七。文集三

甘雨亭叢書 西銘考 廿八

五
西銘本不曾說理一分殊因人疑後方說此一句九十 語類
問西銘分殊處曰有父有母有宗子有家相此即分殊
也語類九十。八下同。
西銘要句句見理一分殊。
西銘通體是一簡理一分殊一句是一簡理一分殊只
先看乾稱父三字綜此篇中錯
一之問西銘理一而分殊曰西銘自首至末皆是理一
而分殊乾父坤母同是一理分而言之便見乾坤自

乾坤父母自父母惟稱字便見與也又問自惡旨酒
至勇於從而順令此六聖賢事可見理一分殊乎曰
惡旨酒好英才是事夭顧養及錫類則是事親每一
句皆存兩義推類可見
怎地看西銘戀得句句是理一分殊曰合下便有一
簡理一分殊從頭至尾又有一簡理一分殊是逐
天人逕夫曰他說乾稱父坤稱母予茲藐焉乃混然
中處如此則三簡曰混然中處則便是一簡許多物

甘雨亭叢書 西銘考 廿九

事都在我身中更那裏去討一簡乾坤
問西銘理一而分殊分殊莫是民吾同胞物吾與也之
意否曰凡物固是分殊須是就民物中又知得分殊之
不是伊川說破也難理會然看又自覺裏而有分殊
西銘一篇始末皆是理一分殊以乾爲父坤爲母便足
理一而分殊予茲藐焉混然中處便是分殊
天地忘塞吾其體天地之帥吾其性分殊而理一民
吾同胞物吾與也理一而分殊句推之莫不皆以天地之大
其於篇末亦嘗發此意乾父坤母遂句推之莫不皆然

喻一家之小乾坤是天地之大父母是一家之小大
君大臣是大宗子家相是小類皆如此推之舊嘗看
此寫作旁通圖予分爲一截上下排布亦甚分明。
或問西銘理一而分殊曰今人說只說得中間五六句。
理一分殊地句句皆是理一分殊喚做乾稱父坤稱母便是
沒吾寧也句句皆是理一分殊又如存吾順事
家父母言之生當順事之死當安寧也以天地言之。
繼其志是我繼其志又如善述其事是我述其事窮神則善
分殊如云知化則善述其事沒吾寧事窮神則善

甘雨亭叢書　西銘參考　三十

生能順事而無所違拂先則安寧也此皆是分殊處。
逐句潭渝看便見理一當中橫截斷看便見分殊因
問如先生後論云推親親之恩以示無我之公因事
親之誠以明事天之實看此二句足以包括西銘一
篇之統體可見得理一分殊處分曉曰然又云以人
之自有父母言之則中家之內有許多骨肉宗族如
民吾同胞物吾與也大君者吾父母宗子以下却是
以天地爲一大父母與象人所共底也
用之問西銘所以理一分殊如民物則分同胞吾與大

━━━━━━━━━━━━━━━━━━━━━

君家相長幼殘疾皆自有等差又如所以事天所以
長長幼幼皆是推事親從兄之心以及之此皆是分
殊處否曰也是如此但遮有兩種看遮是一直看下
更須橫截看若只恁地看怕淺了民吾同胞便裏
而便有理一分殊底意乾稱父坤稱母自是有箇親
一分殊底意然與自家父母吾與也吾與固是天氣而
地質然與自家父母坤稱母自是有箇親切道是父母
分殊了看見伊川說遮恁慈愛多龜山從遮處便有理
吾與爲近於墨氏不知他同胞吾與裏面便自分理。

甘雨亭叢書　西銘參考　三十一

一分殊了如公所說恁地分別分殊得也不大段
遮處若不子細分別直是與墨氏兼愛一般劉用之
問西銘理一而分殊若大君是大宗子家相則夫民
物等皆是理一而分殊不曰如此看亦是但本綜說
看如西銘乾稱父坤稱母自家便是自家乾坤父
母看一而理一則殊而其分不等便以民吾同胞
家理一而若分殊則殊而其分不同他同胞物吾與
與皆爲近如此理山正疑是一箇便與墨氏一般
理不多遮一分殊若不公所記恁地分別是與墨與
西銘有箇管下來底道理有箇橫截斷底道理之竊恐
當時語意似謂每一句直下而觀之理皆在焉全篇中
斷而觀之則上專是事親各有收攝是事親關下恁是事

理一而分殊言理一而不言分殊則為
珠而不言理一則為楊氏為我所以言分
一底自在那裏言理一而分殊底亦在不見理
龜山有論西銘二書皆非終不識理一至於稱物平施
亦說不著易傳大抵西銘後來記有三句便是綱要了得即
句句上自有理一分殊一篇說了方云指其名者分
之殊推其同者理之一

問西銘句句是理一分殊亦只就事天事親處分否曰
是乾稱父坤稱母只下稱字便別這箇有直說底意

思有橫說底意思理一而分殊龜山說得又別他只
以民吾同胞物吾與及長長幼幼為理一分殊曰龜
山是直說底意思否曰是然龜山只說得頭一小截
伊川意則關大統一篇言之曰何謂橫說底意思曰
乾稱父坤稱母是也這不是即那事親底便是事天
底曰橫渠只是借那事親底來形容事天做箇樣子
否曰是

南軒張氏曰如以民為同胞謂尊高年為老其老慈孤
弱為幼其幼是推其理一而其分殊固自在此故曰

分立而推理一以止私勝之流仁之方也若龜山以
無事乎推為理一且引聖人老者安之少者懷之為
說恐未知西銘推理一之措也　全四
和靖尹氏曰楊中立論西銘書云尾說渠判
然無疑伊川曰楊時也未判然　〇追書
楊氏答胡康侯書曰夫精義入神乃所以致用利用安
身乃所以崇德此合內外之道也天下之物理一而
分殊知其理一所以為仁知其分殊所以為義權其
分之輕重無銖分之差則精矣夫為仁由己爾何不

足之有顏淵之克己復禮仲引之出門如見大賓使
民如承大祭若此皆用力處也但以身體之當自知
爾集　龜山
陳仲蔚問龜山說知其理一所以為仁知其分殊所以
為義仁便是體義便是用否曰仁只是流出來底義
是合當做底如水流動處是仁流為江河匯為池沼
便是義如惻隱之心便是仁愛父母愛兄弟愛鄉黨
愛朋友故舊有許多等差便是義且如敬只是一箇
敬到敬君敬長敬賢便有許多般樣禮也是如此如

天子七廟諸侯五廟這箇便是禮其或七或五之不
同便是義禮是理之節文義便是事之所宜處呂與
叔說天命之謂性云自斬而緦喪服興制而上下之分莫
情無所憾自王公至皂隸儀章興等而九族之
敢爭自是天性合如此且如一堂宇十房父子到得
父各慈其子子各孝其父而人不嫌者自是合如此
也其慈其子孝這便是仁各親其親各子其子這便是
義這箇物事分不得流出來便是仁仁打一動義是
知便隨在這裏了不是要仁使時義却留在後面少

甘雨亭叢書　語類卷　非四

間放出來其實只是一箇道理論看界分便有許多
分別十六。語類百
張氏曰天地位而萬物散殊其親踪皆有一定之勢然
不知理一則私意將勝而其流敢將至於不相管攝
而害夫仁故西銘因其分之立而明其理之本一所
謂以此私勝之流仁之方也雖推其理之一而其分
森然者自不可亂義蓋所以存也大抵儒者之道為
仁之至義之盡者仁立則義存義精而後仁之體為
無敝也

薛氏曰親親而仁民仁民而愛物其理一為仁分殊為
義錄八
親親而仁民仁民而愛物皆仁也於親曰親於民曰仁
于物曰愛仁之施各得其宜者義也此仁之理一貫
子分殊之中義之分殊不在理一之外也讀書續
山嶠先生曰後題儒者多議則陸子美郭沖晦林黃中
等也朱子雜口論之見文集筆錄
張氏答戚德銳書曰綜論心量褊狹是已太重之病何
恭相勉看西銘善矣第某平常切謂西銘須是全篇

甘雨亭叢書　語類卷　三五

渾然體認流泳之所謂理一而分殊者句句皆是也
人只被去軀殼上起意思故有許多病痛須是體認
公共底道理此所貴曰用間寶做工夫却不可想象
膣俊也七〇讀法
南軒集二十
李氏答金悖叔書曰所引朱子及樂正子春兩語所疑
甚當朱子曰聖人視天下猶一家中國猶一人不能
不敢忘文母若一日忘之此難以言喻須熟玩西銘
爲意則便害於心如何
之言識得仁體則自知此兩語之味盡仁者之心本
自如此非以不忘爲意然後不忘也然亦須於自家

心得其正時親切體驗實見得乾父坤母民胞物與

涵渾惻怛無內外遠近之間事親事天真是一理擧

曰莫非此事靡容一息之停意思分明方知此非强

設之言也不然假使眞能如子春子之言則又非莽莽蕩蕩無交涉

孝行之人爾朱於朱子之言則又非莽莽蕩蕩無交涉

不近情而流於墨子之兼愛矣自肖

答汪尚書書曰東西銘雖同出於一時之作然其詞義

之所指氣象之所及淺深廣狹迥然不同是以程門

專以西銘開示學者而於東銘則未之嘗言蓋學者

甘雨亭叢書

西銘參考

壬未

誠於西銘之言反覆玩味而有以自得之則心廣理

明意味自別若東銘則雖分別長傲遂非之失於豪

釐之間所以開警後學亦不爲不切然意味有窮而

於下學功夫蓋猶有未盡者又安得與西銘微上徹

下一以貫之之旨同日而語哉〇東西銘

左象三十

西銘參考終

狼毒錄

《狼筮錄》三卷，日本三宅重固撰，日本甘雨亭叢書本。每半葉九行二十一字，白口，單魚尾，左右雙邊。前有尚齋三宅先生傳。高尚軒序。卷上為祭祀卜筮詳說、祭祀說約、卜筮說約、祭祀卜筮說引證。卷中為五行用數篇、占法、後論。卷下為雜說。

尚齋三宅先生傳

先生諱重固字實操。三宅氏父重直爲人後冒平手氏、産先生於播之亦戌。先生年十六喪父執喪過哀服関、以遭命學醫于京師。後受業山崎闇齋之門。僅三年而闇齋卽世。自是就正佐藤直方淺見安正二子。二子亦以段女待之人遂稱崎門之三傑。敎授東都。應忍侯某聘而仕焉。時年二十六元祿七年春。常憲公臨侯第。命先生講論語。公大賞獎賜以時服二領明年夏再臨侯第復如前日先生爲人方直居

十年侯卒嗣侯襲封與一二同志亟直諫其言不行託疾辭官不允固請不止侯大怒拘置一室遂檻送囚其邑矣初先生之請去也筮得蠱上九意頗疑之至是歎曰大易不我欺也乃以高尚爲別號後改爲尚齋云在獄凡三年每旦乞水沐浴布袍綻裂以紙縷補綴之每食後必起行數百匝守者怪而加嚴。先生笑曰丈夫義不苟脫所以然者恐懼脚疾膝行就刑爲人所笑也侯使人察之先生作詩示之曰富貴壽夭不二心但向前養誠心。四十餘年學何事笑生獄中鐵石心偶得一

鐵釘竊吾以爲事若有不測足以死矣已而又得小木片嚼爲筆貯雜紙供廁潤用者爲一小冊心有所會輒以鐵釘刾血書著狼藉白雀二錄後會先生之趣獄也付金二十兩於妻田代氏以養母并二子田代氏以爲夫在圖圄苦楚無量爲之妻子者豈可妾然烘飽自是冬不襲袍夏不用蚊幮定省之暇爲人裁縫澣濯以供舉養不費一金至是遂之先生怒曰如此奉養必有關妻曰養姑妾自辨之留之者豫備君今日之用也先生深感嘆講業京師西洞院塾有大小小曰

培根大曰達支益以篤古者大小學之意云搢紳貴家。從遊甚多山佐侯厚禮師事焉延到來郡居半年其老山內矩重死先生愀然曰知己亡矣遂辭歸京後復東遊居津荊土州艮島鄣山二侯皆從佐藤直方學直方沒乃請先生受敎舊君忍侯欲見之先生乃往謁時侯已老語之往事悔此淚下曰閒鄕齒德俱邵海內景仰心深喜之先生亦泣拜謝左右莫不感泣先生雖學規嚴密而師弟之閒情意甚洽怡怡敎誨懇懇應答先生之沒門人哭泣如喪父母先生又與三宅正名三輪希賢

王本正英相友善學識雖異不復論辨三子皆稱先
生。爲長者先生雖方直性仁恕不忍傷物。有童子捕鼠先
生曰殺之何益使放之策上有飯粘雀每下而啄之門
人相謂曰先生之仁及禽獸矣。
以疾終于京師年八十葬于京東新谷男重德字長
民有才學先父沒。
論曰寬元之間唱洛閩之學者以山崎闇齋爲稱首。佐
藤淺見二子相紹壎篪之。但恨其矜持太過乞從容寬
裕之態。故言多偏而行過激。先生晚出温良成教其在

甘雨亭叢書　傳　二三

獄中著書養志凜然不失正。及舊君延見之欣然往謁。
不復念前寃舊友門人慕之。如孝子之於慈父母非有
深造豈能如此哉。闊濟之學實至先生而全備故其著
書皆爲後學之模範。所謂三傑先生雖晚出豈居第二
哉。

安中城主扳倉勝明子赫撰

狼疐錄序
寶永四年丁亥歲予以故爲致仕之請因蒙重譴北行
于武州忍禁錮於獄者三年至於今己丑歲不遑得赦
命脫獄前在獄之日闊居無事無書可讀無筆可書只
終日靜坐熟思舊日所得之理義而已心有所開欲剖
記之不可得焉一日得一釘於獄中以刺指取血以木
爲筆記之几若干追逐之日懷之歸于江戸清書之名
以狼疐矣而知闊居默坐非無益而他日讀之則思舊
年艱苦安今日貧困之資亦得之於此云。

甘雨亭叢書　自序

寶永己丑歲臘月二十六日。
高尚軒識

祭祀卜筮詳說

播磨　三宅重固實操著

人之生也。二氣之合有魄。入之死也。二氣之離。魂游而祭
祀之禮合復二氣之道。求於陽導之則來。感之則應。
同氣相求者也。而氣則理之爲體。理則氣之骨子
故根於理而生。循於理而氣則聚者。氣也而不局於其形忽往
則無消散祖考精神則天地精神之爲根於理而生生
無窮者也。自家精神又主其形而不局於其形忽往

百里外頓至於百年前立位設主必誠必敬聚祖考
精神以祖考之理。求之於陽則與自家精
神二氣合復於位。有靈於生也。益立主致如在之敬
則我精神之所向必有引而聚者。即是我精神之伸
也二氣合復也。天神人鬼不二驗也亦不停可見矣十
數年前甞有喜怒事。事已時過我心亦不停十數年
後因或他人問之。或自家求之則其事頓復循於理
而聚如此。天地間生祖考是天地一事雖祖考已死
年月過度亦祖考之理不滅以祖考之理求之於天

地則必有祖考者復根於理而生循於理而聚如此
矣天地祖考自家合一無間只是一簡精神我精神
依於祖考之主則與天地精神聚于此祖考復生於
天地精神而與我精神依於生有靈於位我精神聚
處祖考洋洋彷彿於此即是復生於天地精神上也。
喜怒哀樂日用萬事。是根於理而日生隨於歲而止亦其
事已時過我心亦不停然其事一生隨於歲而止亦
理則不滅故歲月久之後。或他人問之。或自以其理
求之則其事洋洋彷彿將見於此

矣此其循理而生隨求而復如此謂之自家精神之
仲可矣謂之往事復可矣祖考生於天地間是天地
一事根於理而生循理而見者也。祖考已死年月過
度天地氣亦不停然祖考一生則雖祖考已死亦祖
理則不滅故歲月久之至以其理求之於其位
考頓復思之熟誠之至祖考洋洋彷彿將見於其
矣其循理而生從求而復如此謂之天地精神之伸
可矣謂之自家精神之伸可矣謂之祖考復生可矣
況爲子孫者祭之則同氣相求燒香灌酒蠱求之於

陰陽之道則合復之必然與我精神聚於位依於主
其聚處有靈而洋洋彷彿實父母之影也爾設尸饗
膰則祖考假尸之口腹而食相似我精神與狐假人之
語假人之口腹而食相似我精神與狐假人之妙主於形而不
局於形行於百里外至於百年前千古一氣內外無
間也我之精神遠行於祖考時近依於祖考主天地精
神妙於我精神我精神勤於此而行於祖考時則感
於彼而至於此與我精神聚於位依於主洋洋彷彿
顯者必見於其位。

甘雨亭叢書　狠慝錄　三

喜怒哀樂日用萬事我精神功用雖事已時過亦以其
理求之則往事復往事復者精神之復也
聚祖考遺精神以祖考之理扣于天地精神之復而
復於天地精神天神與我貫通無間則洋洋彷彿於
我之神上即是復天神與我也
生而靈即是祖考之復生來格
祖考是天神功用扣之於天地則天神復二氣合昭
明焄蒿悽愴彷彿於神位即是祖考精神之復特無
祖考之形體耳

復下一有於字

甘雨亭叢書　狠慝錄　四

見色則好之氣生見食則食之心動氣之循理而
生者如此
炎上潤下水火之神魂氣搆魄人之神陰陽變化天之
神萬物不能無神而天地萬物只一箇陰陽故只是
一箇神
巫覡為神而言是邪神狐魅而已非天地正神也
語衆人以私欲蔽天神言語或邪術聖人言語即天神言
而卜筮則天神假人之手依龜策而告吉凶也狐魅

依人神而言語是邪神依邪神也狐魅不能乘于正
人聖神與天神無間聖人言語直是天語衆人則私
神故天不能依以言語告天神旋心以占之則只假
手依龜筮以言語不能依衆人神以言語也
中庸云宗廟饗之聖人與天神合來格之妙固非常
人之比常人亦致誠敬則可以格鬼神文王以言語
周公為尸則文王與王季神神相會故周公不言亦
文王耳有聞者文王目有見者文王見王季之尸只見其
王季他人見之則為某人世間有邪祟其人見鬼形

天下有神字
凡復

其天下二有季字

閱態

耳聞神語他人則無見聞神神相會之妙如此蓋神之格是格於我之神上而與我之神依于生有靈于位。

天人只一箇神然天神無心而靈聖神有心而無爲衆神私意計較而已天神依人之心以思知言語故聖神所思所言直是天神之思知言語爾衆人則爲私意人欲藏天神故思知言語皆私而已是以所知不明所言不中是天神不能依衆人也於是扣之於天地而卜筮則天神假我手依龜策而告吉凶天神

依龜策是龜策無間也邪魅之依邪神而言動邪妄已如彼天地正神之依聖神而思知言語正實如此聖人直是天地直是鬼神故不待卜筮而不惑吉凶人若能見得道理已十分則（賢者守天神故吉凶逆知者亦不須更上）知者多占之少常人全蔽天神吉凶逆知者極少無得聖賢問之則不可不賴卜筮矣

周公爲尸則王季之神必依周公假周公之口腹以食然不似邪神依邪神彼邪神依邪神或怨或怒或求食或求財正神之依正神自別如伯有爲厲亦怒氣

鬱結如此聖賢之死自不如此。

巫覡爲神語謂之託宣不虛爲則邪神而恭敬之邪神所依之邪神氣聚自成邪底神。

有形者形形相會而氣氣相感以耳目口舌相通無形者神神相感而相合有形者不能形形相會則神亦無形神相交通我之神至于彼彼之神至于我俗所謂生之神我動彼之神彼動我之神靈者亦然故祭祀卜筮以致誠敬爲迺

螢無燭而能自照狐能使精神而入于人之肌膚武州秋父大崎文字阿州犬神及外法未詳文字天狗之類皆偏氣一端之妙人之所不能巫覡沸湯噢火陰陽家因掌紋墨色以告吉凶此亦有術然無用之妙聖賢固不爲之無益於修己治人之道皆爲無用四時之變化工之妙是天地正大之神高堅前後過化存神是聖人之全天地正大之神也放下師能轉陶器於竿頭立階梯於鼻端曆煉得之妙如此故巫覡陰陽家所爲亦不可爲無術如五音占有此理所謂動

天神之靈特不言之人也爾故祭祀卜筮必有應如此

神明金縢之吉而后得祭祀卜筮之說矣

較耳已神師靈不爲無心金縢書分明言出天帝之

底人天神亦人神之大者大故不似人之有思慮計

天神無心而靈然無心之妙妙於有心之妙天地是大

之妙只是常常底事故人不以爲妙

人以言語文字相交通其情是亦一氣貫通神神相交

今陰陽家亦祭星眞言家亦有似道家者

予四體者曲未知其術如何孔明祭星是老子之術

甘雨亭叢書 卷上 一七

而尚孔孟之聖不遇于世比干而殺箕子而凶何也

勢盛庭犬亦英如之何猶犬盛而水不能勝人之

祈天必有應猶里參著之有無應則不能遂其覽

天神雖依人亦常人則敬天神在我之天神昏於吉凶

於是扣之於在天之戎神則天神不依其人之神特

假其手依龜策而告吉凶雖非周公亦致誠敬以爲

于孫致誠敬以祭之則祖考必依其尸而食

尸依以食耳同於卜筮假手卜筮不依其人之神者

者依以食可同於卜筮假手卜筮不依其人之神者

雖依亦不明於吉凶也

若紫姑神若狐依人其人所知則能知之所不知則不

能言常人之神蔽于私不明於吉凶以故扣之天地

其人本惛昧故天神不能依以告吉凶特假手依龜

筮以告吉凶

或云祖考依尸假我之口腹以食何不假尸之口舌以

言天神假我手依龜策以告吉凶何不直假我口舌

以言吉凶曰狐魅邪神依人假以言吉凶是奪人神

主人身故狐魅除邪神去而后尚其人精神恍惚不

自識前日言動天地正神豈如狐魅邪神哉若依尸

甘雨亭叢書 卷上 一八

而言語假口舌而告吉凶則狐魅巫覡而已夫祭祖

考祖考與我神神相交而依主依尸所食是祖考

之食尸不言亦主祭者耳聞其聲目見其形爲尸者

只神色整整坐食而已固無失神恍惚也自他人見

之則只是尸之食不見祖考之食不聞祖考之聲只

主祭者則見聞祖考之食曰言神神相交之妙如此

若他人亦見祖考之形聞祖考之聲則狐魅之妖巫

祝之事而已若祖考依尸而言則其何言問族人安

否或喜或怒或怨或求耳其如此則又必言族人其嚮

之死今我常常會語焉我今來于此因託言將無數邪
安生于此矣天神之在我者熊所厳則不昏於吉凶
何待卜筮聖人是也如常人在我曰吉以言於吉凶
故問之於在天之神天神依我而言則是天神
奪我之神登如此邪況天神今來主於我則依舊昏
於吉凶何得明告而言故只假乎依我龜筮而告
巫祝為神語告將來巫祝本昏昧不智天神何依以
言吉凶巫祝自言神依我而言近似而實則虛偽邪
術耳

或曰已有龜卜又設筮何也曰蓋龜人人所難儲筮人
可常用曰問之於著復問之於龜何也曰謹之至也
曰龜筮有時而相悖何也曰似乎之間占者略有所
不自然則不吉凶也故龜為長筮為短天神之告
吉凶必然之理龜筮皆天神之告龜從則筮亦從
有相悖者占者之過也
藏往而復精神之妙藏而復非留在就求而生生無窮也
見也蓋自家精神是祖考精神之生生無窮也祖考
與自家只是一連精神以其理近求昨日事則精神

復以其理遂求祖考則祖考精神之復也故蔡廖子晦書引
於自家神上是祖考則祖考精神之復也
上蔡語結上文極有深意
或云祖考精神是天地精神之分布也自家精神又祖
考精神之生生無窮也天地猶江河祖考猶江河
之派自家猶江派流之派予謂如此則尚有間於天地
流中波流為一段形象與浩流同過同不已更無間
矣天地猶江河流往者過來者不已祖考猶江河浩
祖考生自家猶上面一段波流生後面波流與上面

波流固連續與浩流亦合一無間
祖考與自家只是一條連綿精神故自其過者見則自
家昨日事是祖考已死也自其一連者見則祖考皆
死是自家昨日事也近求昨日事遠求前年祖考皆
無不復天與我所謂自家精神即祖考精神是也
氣血充塞於一身者天之陰陽也肝心脾肺腎之為質
者天之五行也耳目鼻口手足百骸之為形者天之
萬物也心人之神明主於身而靈者天之神所謂上
帝天帝天地之心而程子所謂以主宰謂帝以妙用

謂神是也。謂之統之神其目之視耳之聽手之執足之行
者萬物之用在物之神所謂神妙於萬物而體物不
可遺是也。謂之各具之神。自家今日目視足行是天之祖考
已死也。自家今日自家氣血也水火木金土之為質者
充塞於天地者是天之今日自家也。陰陽
自家五臟也。人畜草木之為形者自家昨日目視聽言動也。今
變化不測主於天而靈者自家精神也。統體人所藏
往知來之妙。物而飛潛動植之變者自家之耳目鼻
口之各具之神祖考已死者自家昨日目視聽言動也。今

甘雨亭叢書　卷上　很齋錄　十一

日自家在于此者自家今日耳目鼻口也各具之神。
是統體之分賦也分賦者非分離各具即統體之妙。
所謂昊天曰明及爾出王所謂不疾而速之妙也以
今日耳目鼻口求昨日視聽言動於精神則往事頓
復於此目視昨日色耳聽昨日聲手將執足將行洋
洋彷彿往事復如此以今日自家求昨年祖考於天
地則祖考復於天神而洋洋彷彿於自家神上目
見祖考貌耳間祖考聲祖考復如此矣疾病間之則
目失其神而不能視耳失其神而不能聽口失其神。

而不能言足失其神而不能行口不能言賊精神依
筆墨以述其情足不能行則精神依杖藜以行私
意累之人慾蔽之失知來之妙則昏於將來而不能
知吉凶間之於天神則天神假手依龜策以告吉凶
心虛靈知覺人之神明具眾理應萬事者也言心之神
明妙眾理裁萬事者也言心知覺在其中分而言之
則心人之神明虛而照者也。知心心之神又心之神
故心人之神知神又心之神明活底者也。故曰神發知。
中庸章句引祭義謂極的實所謂優優必有見乎其位。

甘雨亭叢書　卷上　很齋錄　十二

蕭然必有聞乎其容聲愀然必有聞乎其歎息之聲
致愛則存致愨則著皆默契鬼神之妙之人之語。
昨日耳目固與心合一貫通今日耳目與昨日耳目貫
通一連而今日耳目亦與心合一貫通祖考固與天
合一貫通自家與祖考貫通一連而自家亦與天合
一貫通
藏往知來精神之妙也昨日目事元根於理而生其事已
過而其理則不滅以不滅之理求昨日事則循理而
生往事洋洋彷彿於我神上是藏往非往事藏其理

其理則不滅以不滅之理求之則循理而生祖考洋
天神可知矣前日祖考元根於理而生祖考雖已死
來亦一氣貫通理已定則來曰千變萬化今日明於
花是天神之藏往所謂萬象森然其者也雖往事未
雖春過花落亦其理則不滅而今年陽氣發則復生
理也天神亦如此去歲春梅生花是元根於理而生
循理而著見於我神上此亦所謂應萬事所謂裁眾
一氣貫通理則已定以已定之理推之則將來吉凶
不滅也所謂其眾理所謂妙眾理是也雖事未來來亦

卷上 張橫渠 十三

洋於天神與自家精神復於此矣雖以已定之理求
之則吉凶循理而著見然常人則以私欲蔽其神不
能盡知將來之吉凶於是問之於天神天神元無物
蔽之間依龜策以告吉凶
藏往是理之不滅而神之由於理而往也
已定而神之由於理而來也
水火不相射相為用心是火知覺是水火照於外水明
於內其眾理是水應萬事是火藏往是水知來是火
藏往是鬼而精魄知來是神而氣魂心之有知覺是

陽中之陰火中之水知有藏往知來之二猶水有春
莢秋歸于冬是藏往一陽來復是知來之已發莢草木
歸于根宇宙萬象而太極立於此是知之具眾理也
藏往知來之妙天亦如此人亦如此天人貫通人之藏
往知來與天藏知來所謂昊天及爾游衍也理無
形體以氣為形體氣無模範以理為模範以不滅之
理內求之已滅之祖考復生於自家神上而洋洋彷
往祖考復生於自家神上而洋洋彷彿尚以為不足
外皷動天神求之於陽求之於陰則鬼神與神神相會之

卷上 黃震讀書記

精神二氣合復于神位也以已定之理內求將來之
吉凶於自家精神則精神由於理而往吉凶格於自
家神上尚以為不明外問之於天神則神與我與
事合一無間變于陽化于陰則鬼神行而吉凶若見
以祐我之神
昨日言動前年祖考皆根於理而生雖事過祖考死
其理則不滅不滅之理復為所根之理昨日言動已
過而其理則存於今日曰曰存今日耳目者便是藏
於方寸之故也前年祖考已死而其理則存今日子

孫有於今日子孫者便是藏於天神之故也昨日吐
何等言語前年生何等人此理雖無耳目子孫亦藏
於方寸與天神者依然以其理求之則天神則天神依
於其理而出來祖考已死雖無子孫亦其氣亦不絕
前所謂浩流者不已也浩流之中藏祖考之理以其
理感動之則浩流者模於其理而出來如喜怒哀樂
亦渾然一元氣循於所感之理而模出來
俗所謂生靈死靈者是亦精神之妙世間往往有之如
伯有是也孔子之於三家程子之於此狄皆有公之

甘雨亭叢書　卷上　狼蕖孫　廿五

怒其於桓魋於東坡自常人見之有私之怨其不爲
生前死後之崇者聖賢雖有憂世惓惓之心亦知其
在天也若私怨則聖賢固不怨天不尤人而安於命
何爲生死之崇哉
雖事已過祖考已死亦其理則不滅雖事已過祖考已
死亦其氣亦不滅之理藏於不滅雖事已過祖考已
之理求之於不絕則不絕之氣根於所藏之理
模於所求之理而出來雖事未來亦其理則已定
之理求之於已動已定之理具于已動之幾
吉凶本見亦其幾則已動已定之理具于已動之幾

以已定之理求之於已動之幾則吉凶模於其理而
出來但常人之神昏于此故問之於天神則天神依
龜策以告吉凶不滅之理所謂理無聚散也不絕之
氣所謂根於理而生者月浩然無窮也已定之理所
謂冲漠無朕萬象森然已具也已動之幾於此之孕一
陽之復也摸於理而出來是循理而聚所謂與道爲
體也不滅之理藏於不絕之氣已定之氣具於所孕之
氣者所謂易有太極也陰陽合復吉凶分見者所謂
生兩儀也

甘雨亭叢書　卷上　狼蕖孫　十六

由於道而往來者神也不遠其道不索於其數而推步
則千載日至可致爲推步於千載之上者神之由於
遊而往也千載日至見于今者神之由於道而來也
推步不遠於其道不索於其數則百世日至可致焉
推步於百世之下者神之由於道而往也百世日至
至見于今者神之由於道而來也
求之則前年祖考可格爲以其理求之於前年者神
之由於道而往也祖考來格洋洋者神之由於道而
來也以其理求將來吉凶則吉凶可知爲以其理求

之於將來者神之由於道而往也吉凶見于今者神
之由於道而來也但常人之神不明於此故臂明盛
服以告天神神與我事合一無間則天神往于將
來以不違陰陽之道具類萬物之情者變化之神也
則鬼神假我手而行依龜筮以告吉凶者神之由於
道而來也故祭祀之禮所以格已往之神也
道所以格將來之神也違陰陽之道則鬼神不能明
神不行是天神不依也非具類萬物之情則不能明
告吉凶也

神妙乎萬物而物不能遺是以藏往知來之妙天人固
如此而禽獸草木亦如此但質有開塞故妙有大小
耳
或云人與人一氣貫通然非以言語文字則不可通其
情閩遠俗異則文字言語尚不通天之高大我之貌
爲質大倉之一粒固不可通天神況以思念求之於
天神其感通我則不信曰人與人難相通者皮膜隔
之也天神之於人登如此邪天神之於人猶心之於耳
目手足目之視與心視足之行與心行其爪于踵而

通於方寸之妙張子所謂一故神是也我之一念之
動與天神動才動於此則通於彼所謂不行而至不
疾而速者也人與人相感耳目與手足相通不若天
與人心與耳目之相通捷於桴鼓影響矣
日月天之精神水火地之精神心腎人之精神吉凶事
之精神也日月代行而四時成水火相交而萬物生心
腎相順而萬事出知禮成性而道義出月得日而光
水映於火腎之知覺得心之虛靈而運用日赫然不
已不散者月氣之合也火剋炎上者水氣之合也

心之精思潛玩者腎氣之合也火得水而盛見雷可
知人腎虛則心漠然不能精思熟念知止則心定靜
禮其文固禮而其體之嚴是知雖體嚴明知其出於
天理則行之和者知禮之相須所謂兩故化是也
或云人也禽獸也皆有所食而生生天何食邪曰有形
者食形人與禽獸是也有氣者食氣天只是食氣而已陰陽
陰食之氣貫通相生根於理而生生無窮無是餒也
之也故祭祀以其理求之燒香灌酒用牲饗膳
者神之根於理食氣而生生也

或云祖考已死是祖考之氣已盡也氣已盡則理亦無

有祖考已死而理尚不滅此理若不滅則

必有不滅之氣在何處曰予前云理無聚散氣則

亦生生無窮不滅之氣近取我身則

可見喜怒哀樂之未發喜怒哀樂之理則已具矣雖

理已具此時只是渾然一理未見有喜怒哀樂之條

理也而氣亦只是渾然一元氣固無喜怒哀樂之區

別也以當喜當怒感之則所具之一理與氣動而或

喜或怒至于此時而后所謂渾然者有條理區別之

——

甘雨臺叢書　狠翼錄　卷上　十九

可見可昔而已若昨日喜是等事怒是等事雖事已

過亦其理則不滅其氣亦不滅不絕不滅之理藏於不

之氣今日此時不滅之理只是渾然一理未見昨日

喜怒之條理也而氣亦只是渾然一元氣無昨日喜

怒之區別出以其理求昨日喜怒則渾然一理為昨

然一元氣感動發見渾然一理之區別不絕之氣模於

一元氣為昨日喜怒之區別不絕之氣模於渾然之

理洋洋彷彿至于此方始見理之不滅而為渾然一

理氣之不絕而為渾然一元氣矣雖祖考已死其理

——

則不滅而其氣亦不絕所謂浩然不滅之理藏於不

絕之氣此時不滅祖考之理只是渾然一理未見有

前年祖考之理也而不絕祖考之氣亦固渾然一元

氣之浩然者無前年祖考之氣之區別也及祭祀以祖考

之理求之而渾然一理一元氣皆感動模於其理

前年祖考之條理區別出來洋洋彷彿不求之前只

是渾然一理一元氣而已若有祖考一團之氣者則

有所謂餞鬼者爾求昨日喜怒求前年祖考時渾然

一理已為其體段了故藏往時只是渾然無條區

甘雨臺叢書　狠翼錄　卷上　二十

——

別求之之時方區別來

聖人之神見神合吉凶洞然於將來有人執紙筆請於

聖人云我今將行此事我之神昏而不知吉凶冀聖

人明告吉凶矣所虛心執筆則聖人乍感通聖神執

其人之手聖神依紙筆以告吉凶運籌略關自家筆

筑紙湼則聖神不能依以告吉凶也卜筮亦猶此自

執舊策告天神而天神忽通于天神天神頓至于我鑑通

葉天神明告吉凶我今將行此事我之神昏於我鑑

方寸二而虛心以分掛揲歸略不出於自家則天神假

也

我手而分掛揲歸依蓍菜以告吉凶也分掛揲略
由於自家卦策變占違陰陽之道則天神不能依以
告吉凶也。
人神依形而靈神依目而視依耳而聽依口而言依足
而行天神依蓍菜而告吉凶其理一神無形依形而
為變化運用不測之妙如此狐依人之形而益靈亦
略相似。
火日月心腎是天地人統體之神乎人之生二氣之
金木陰陽之釋故其靈小水火陰陽之極故其靈大水

合也二氣之靈為魂魄謂精神火照于外故目明于
外言發于外水明于內故耳明于內臭入于鼻佛氏
謂四大之外別有魂魄者而不與形朽滅假胞胎復
生是不知魂魄之為氣而假胞胎之云則窒礙不通。
魚鱗之夜光懽草為螢皆有理木孕火魚屬木夜光
尤甚矣。
金木質之質故靈少水火質中之氣故虛而尤靈朽木
是陽得陰而益勢也。
天神假我手而分掛揲歸分掛揲歸不違陰陽之道則

天神行於分掛揲歸之間也。
占法定則天神知之我知之也伏羲之時無
彖象之辭文王之辭取象斷吉假
令
不同于伏羲亦不違其理則天神之告吉凶從辭定
天神知占法也伏羲時若以乾為馬則天亦為馬周
公時以為龍則天亦為龍以告吉凶
天以人之耳目為視聽所謂天之視聽從我民之視聽
是也然常人以私敬天視聽皆私而不天聖人則無
一毫之私視聽皆天故不昏于吉凶卜筮只是為衆

心
人設之然有卜筮之後聖人亦用卜筮即是聖人之

祭祀天神與我神依主之神妙於我神便是我神離去
形肉也。我神即天神之依形肉。直是天神一念發
以問之於天神。其亦天神之發動。故通於
天神無容息也。神明在方寸之間而且月手足天
神有湊合之處而且人物共理一也只所依之形肉
有清濁而依濁器則不發光而已。於是以著策問之
於天神則天神與我神依蓍策虛心以分掛揲歸則

天神假我手以分掛揲歸之間
而示吉凶是亦我神離去形肉之故耳離形而
著策木主是我神令於天神我神也
我神依木主又有承祭祀之神我神依著策為天神又有分掛
揲歸之神即是精神之妙或云我神依木主為祖考
則我知祖考之情我神依著策為天神我知天意
有靈於我著策而自家則不關但祖考與我神
不待變占明於吉凶曰依木主著策則已離形肉故
相交之間洋洋彷彿神耳聞聲目見形卜筮亦然與

我神神相交之間洋洋彷彿如天神在如聞天神告
吉凶次之以分掛揲歸則彼彷彿如聞者著見於此
而巳
天無形體然祀天之禮如祭人之禮金縢書以天為人
而言之理當如此明鬼神之情狀者默識之耳
或云為尸者立心如何曰益同於虛心以分掛揲歸而
巳曰木主武象陰陽之數者何也曰不苟也不苟則
不安不妄則天神依之猶著策不遠陰陽之道而巳
神行也本主元象人身具陰陽之數頭圓是徑一圍

三手足方是圍四凡四而用半兩端　手足並手足大節凡
十二是十二月指節凡三十是三十日臍一是中五
正中之一手足四是中五四正之四舌一是南方太
陽之一耳目鼻脣手足乳陰各二是陰陽也氣有所
依則聚而留木主神之所依所依者茍則我神已茍
故神亦不依
卜筮天神假手足之妙難言如十二木擲之或為陽面或
為陰面無容息之間益天神元明于吉凶我問之天
則天神有感通者而依著木即天神天神即著

木故著木自然隨天神之所向猶心依手足手足即
心心即手足故手足自然隨心之所向也無計較無
容息或曰卜筮天神依我手乎抑依著策乎曰是猶
書字筆即手即心手與心動筆與心運而文字與
心為體謂之心依手可矣謂之心依筆可矣手執著
木與我依是則著木即手即神手與神動著木
與天變化吉凶與神著可謂之神依手矣可謂之神
依著木矣過此以上非言語所及也
人與人交以形為擯介而主實相通口舌以通于賓耳

目以通主賓。主感通其妙不可言。然是尚有擴介者。人之通于天神。不待擴介。不須言語。一念發動直通于天。前所謂爪踵而通于方寸。我神是天神之依形肉者。故一念發動。即與天發動者是也。明知得人與人感通應接之妙。則見得我天之通于天。天之應于我之妙。而親切的實。天人感動之妙。妙於人與人相通。天神之虛靈知覺。妙於人心之妙。故祭祀卜筮祈請皆有應。

如人死爲厲。怒氣不散而然。其厲或至于三五十年之

甘雨亭叢書　卷上　退葊錄　二十五

久者。是受厲之人恐懼爲有靈。則其精神所依引而及數十年之久。剛強人不爲有神。則不爲厲。亦可以見神神相交之妙矣。

占法定則鬼神知之。故雖非聖人。亦可立占法。如陰陽家則占法極纖悉。誠敬亦不至于鬼神何告吉凶之道。已如此則鬼神告吉凶必矣。幾未動則鬼神不占。假令朱子說不合於伏羲文王之意。亦不遠陰陽能窺前占其事。而後其事持久。則復占之。有爲前事之中改端。則復占之。有爲將爲此事占之而吉則敬

甘雨亭叢書　卷上　退葊錄　二十六

（格下二有字示）

行之。凶則敬不行。吉亦不敬則變乎凶。亦敬占之。則爲吉。今有此事占之。得吉則敬侯之。不敬則變乎凶。得凶則敬侯之。不敬則變乎凶。得吉有爲後得凶。有之前得凶後得吉。有之持久之中吉凶或變。幾未動則鬼神不能知也。再三瀆瀆則不告。尤當思或以湯藥摩求格之義。（公共底氣各感其所派于謂此）說令人易謬。

天下同日祭祖考者幾何人。神格四方。猶十指同時刺之心皆至。如喜怒則此心全體之動。故從其輕重專。

（親作神）

其一。然千變萬化所觸皆感動。同時感之。則從輕重而已。是人之小不如天之大。而所以聖人希天也。親在吾里之外。謬開親死。設靈坐行朝夕饋。洋洋彷彿。祖考求格。雖親不死。亦必有來格者。感之至須動其親。親之天下同日祭先聖者幾何人。而先聖無所不格。皆一理。人有所過而遇凶。猶陸艸投水中改過遷善。猶植之於陸而求神之助。猶植而培。天下萬事之吉凶。皆鬼神之功用已。自修而求神之助。則天神至于我。凶變于

吉必爻如自家今遇凶禍某人之心變如此則自家凶

處事如此則自家凶禍變乎吉求助於神則誠之至

我神與天神合精神感動某人之心與天神變化某人

之處事與天神運用明道治洪水時木橫決口亦泛

言則爲至誠所致細說則明道之神與天神依其木

其木與天神橫決口也所謂立之斯行綏

之斯來動之斯和亦至誠精神之妙他人之神從於

聖神所向內外貫通亦所謂一故神而已

或曰仁義禮智人性之綱衆理皆有所屬雖祖考已死

甘爾堂叢書　卷上　浪老錄　二十七

其理則不滅而藏於不絕之已祖考之理於四性有

所屬否曰二氣和合以祖考生則屬於天之元人之

仁也且仁行于父子則謂之爲於仁可矣然自君視

祖考則義自先妣視則智自朋友視則信故謂之祖

考之理而知者知之爾

或云神能知來則神可能知百里外占

其安否如何曰固神知百里外占之可知其安否然

非卜筮本意將爲此事昏於吉凶不能決猶預於是

占之是卜筮本意故三百八十四爻皆以這意係辭

俗所謂本卦尤無義理

右數十百言要之不出於朱子所謂根於理而曰

生者浩然無窮上蔡所謂自家精神卽祖考精神

之二十餘字大賢之辭約而理全備如此孟子曰

博學詳說反說約也非數千百言之詳何知歸於

二十餘字之要哉

甘爾堂叢書　卷上　浪老錄　二十六

甘爾堂叢書　卷上　浪老錄　二十八

祭祀說約

江河浩浩日夜流往者過來者不已天浩流中波流
為一段形勢與浩流同過不已合一無間考前波
生後波後波與前波只是一條連綿之水而亦與浩
流同不已合一無間我

○理無形體以氣為形體氣無模範以理為模範故
根於理而生從感而見者氣也與理雖事已過祖考
已死事我神之功用神考天神之功用其功用則可以知天神然其
理則不滅理無形體雖事已過祖考已然其氣亦

惺齋錄 卷上 十九

不絕於理所謂根於理而生者浩然無窮是也不滅
理藏於不絕之氣之於已前日事或他人間之或自以其理內求於
之於不絕之氣此時只一元氣一以不滅之理求
神外鼓勤天神而求之於陰陽則不絕之氣根於所
神至于此而一理者始見而見前年祖考始生已鼻氣之
藏之理模為生而出來洋洋彷彿見如此前日自見前年祖考復見前日
事家復生從感而見前日
根於理而生從感而見如此矣
○藏往而復藏之氣模於所求之理而出來也精神之
妙復藏是精而祖考與我又只是一條連綿之精神日

所謂自家精神師祖考自家亦人也爾故近求昨日之
古一氣祖考自家亦人也爾故近求昨日之
我於自家精神則昨日之我復作今日之精神作前
年祖考於自家精神則前年祖考復作昨日之祖考
自今日見之則我亦復作昨日之我也爾過往師
○主於形而不囿於形者能依物於外者精神之妙宇宙
間而自內復於精神者與外二氣合復於此二氣合者
一氣內外無間也
固生靈而與自家精神依主則木主孕祖考之氣而
含魂魄之靈活物主為謂之死者復生可矣謂之木主

生精神可矣
○有理則有氣雖祖考已死其理不滅則其氣亦不
絕雖祖考已死不至於魂魄遠散盡生自生至死魂魄
魂游魄降然亦生生於天地則游降者雖終歸於形肉之外不遠散盡故求之於陰
陽則必可合復況為子孫者祖考不絕之氣而
根却在此以同一氣祭之固可感召得祖考而祖考
氣雖世次遠而其魂魄散盡者已有其理
氣公共之氣是所以為祖考之所藏存也以其理求之則二氣合
復模於其理而出來

惺齋錄 卷上 三十

○致齊於內散齊於外齊之日思其居處思其笑語
思其志意思其所樂思其所嗜齊三日乃見其所為
齊者求於不滅之理內思以燒香灌酒求於不絕之已
我之精神二氣合復於神位昭明若焄蒿悽愴洋如
在其上彷彿如在其左右僾然必有見其位蕭然必
有聞乎其容聲愾然必有聞乎其歎息之聲模於神理
神相交之妙如此。謂之神之格謂之神之著。
右凡六節第一節言天地祖考自家貫通無間明
於此則知云復於天云復於我云祖考神格皆一

甘雨亭叢書　很齋錄　卷上　三十一

理第二節第三節雖立言不同理則一但第二節
主理而言第三節主我精神而言耳第四節言神
之依主第五節言魂魄不遽散盡以同氣感召第
六節以祭祀之禮復明上文之意

十莛說約

神妙乎萬物體物而遺而萬事之吉凶則鬼神之功用
事是物之用吉凶是事之變化故神能知來存往而遯沖漠無朕渾
理渾然而出來連緜搆精神之妙
自家精神則遡為來日之吉凶矣
我而來日吉凶見乎今矣然常人昏於
見一理者方雖中未至幾則巳動方生巳象巳定
一元氣鬼神無知將行此事雖事未至理則巳定
吉凶摸於其理而理則巳定之理求之於巳動之幾則
存於巳動之幾巳有巳定之理而
不明於吉凶之幾幾之神我於是擇地造室散居著策

甘雨亭叢書　很齋錄　卷上　三十二

我精神所依巳有齊明盛服燒香執著策告天曰我
靈於不占之前。
今將行此事我昏將來莱明告吉凶在天之神則我
存來而遯則天神感通神即
即洋洋如在其上彷彿如聞告語神之妙如此而虛
心以分掛之則手與神動蓍策與神變化吉凶與神
著矣而彼彷彿如開者著於卦爻文字上
我手而行依著策以告吉凶如此矣
聖人與鬼神合吉凶巳定之理洞然於巳動之幾故
善必先知之不善必先知之無所惑於吉凶之道　天

南雷叢書

卷上

困學錄

三十三

神有人執紙筆籥而占之。告聖人曰。我今將行此事

昏於將來。冀明告吉凶矣。而虛神執筆則聖神感通

乍依手筆。猶依蓍策。頌執其手。則手與聖神動筆與蓍

神運文字。與聖神為體而告吉凶矣。運筆畫由於已

准焚紙混則聖神不能依以告吉凶也。猶分卦畫由

占遂陰陽之道則不　　於已。蓍莖變

能依以告吉凶也。

南雷叢書

卷上

困學錄

三十四

祭祀卜筮說引證

已止歲蒙救命歸家後質之朱先生語無不合者。

因膽寫成此篇

鬼神只是氣屈伸往來者氣也。天地間無非氣人自不見人心才動必

與天地之氣常相接無間斷人自不見人心才動必

遂於氣便與遠屈伸往來者相感通如卜筮之類皆

是心自有此物只說儞心上事才動必應也。第類三。

夫聚散者氣也若理則只泊在氣上初不是凝結自為

一物但人分上所令當然者便是理不可以聚散言

也然人死雖終歸於散然亦未便散盡故祭祀有感

格之理先祖世次遠者氣之有無不可知然奉祭祀

者既是他子孫畢竟只是一氣所以有感通之理然

已散者不復聚釋氏却謂人死為鬼鬼復為人如此

則天地間常只是許多人來來去去更不由造化生

生必無此理至如伯有為厲伊川謂別是一般道理

蓋其人氣未當盡而強死自是能為厲子產為之立

後使有所歸遂不為厲亦可謂知鬼神之情狀矣。

一身只是个軀殼在這裡內外無非天地陰陽之氣所

詔告云
傳一頴晢

以後來說道天地之塞吾其體天地之帥吾其性思
量來只是一箇道理又曰如魚之在水外而水便是
肚裡面水鰄魚肚裡水與鯉魚肚裡水只一般
鬼神憑依言語乃是依憑人之精神以發
論及巫人治鬼而鬼亦效人所為以敵亡者曰後世
人心姦詐之甚感得姦詐之氣做得鬼也姦巧
程子曰世間有鬼神憑依言語者蓋屢見之未可
全不信此亦有理莫見乎隱莫顯乎微而已 (大全 性理)
二十八

儋爾亭叢書　浪窩錄　卷上　三十五

只是這箇天地陰陽之氣人與萬物皆得之氣聚則為
人散則為鬼然其氣已散這箇天地陰陽之理生
生而不窮祖考精神魂魄雖已散而子孫之精神魂
魄自有些小相屬故祭祀之禮盡其誠敬便可以致
祖考之魂魄這個自是難說看既散後一似都無了
能盡其誠敬便有感格亦緣是理常只在這裡也
陳後之問祖宗是天地間一箇統氣因子孫祭享而聚
散曰這便是上蔡所謂若要有時便有若要無時便
無是皆由乎人矣

權上有掌

問人之死也不知魂魄便散否曰固是散又問子孫祭
祀却有感挌者如何曰畢竟子孫是祖宗之氣他氣
雖散他根却在這裡盡其誠敬則亦能呼召得他氣
聚在此如水波漾後水非前水後波非前波然却通
只是一水波子孫之氣與祖考之氣亦是如此他
個當下自散了然他根却在這裡根既在此却能
引聚得他那氣在此此事難說只要人自看得
如周公金縢中乃立壇墠一節分明是對鬼問先生答
廖子晦書云氣之已散者既化而無有矣根於理而

儋爾亭叢書　浪窩錄　卷上　三十六

日生者則固浩然而無窮也故上蔡謂我之精神即
祖考之精神蓋謂此也問根於理而日生者浩然而
無窮此是說天地氣化之氣否曰此氣只一般周禮
所謂天神地祇人鬼雖有三樣其實只一般若說有
子孫引得他氣來則不成無子孫底他氣便絕無
了他血氣雖不流傳他那箇亦自浩然日生無窮如
禮書諸侯因國之祭祭其國之無主後者如齊太公
封於齊便使祭其爽鳩氏季前逄伯陵蒲姑氏之屬
蓋他先主此國來禮合祭他然聖人制禮惟繼其國

者則合祭之非在其國者便不當祭便是理合如此

道理便使有此氣不成說有子孫底方有感格

之理便使使其無子孫其氣亦未嘗亡也如今祭句芒

他便是遠然旣合當祭他便有些氣要

只是這一氣所以說洋洋然如在其上如在其左右

虛空偪塞無非此理自要人看得活難以言曉也

以明道答人鬼神之問云要與賢說無何故聖人卻

說有要與賢說有賢又來問某討論只說到這裏要

人自看得孔子曰未能事人焉能事鬼而今且去理

會緊要道理少間看得道理通時自然曉得上蔡所

說已是恁分曉了

神便是氣之伸此是常在底鬼便是氣之屈便是已散

了底然以精神去合他又合得在焉不交感時常在

否曰若不感而常在則是有餲鬼矣

古人交神明之道無些子不相接處古人立尸便是接

鬼神之意

鬼神之理即是此心之理

炳蕭祭脂所以報氣灌用鬱鬯所以招魂便是合他所

謂合鬼與神敎之至也

古人立尸也是將生人生氣去接他

所祭者其精神魂魄無不感通蓋本從一源中流出初

無間隔雖天地山川鬼神亦然也

如狄仁傑只留得太伯之祀子胥廟于許多廟其鬼亦

不能為害緣是他見得無這物事了因舉上蔡云可

者欲人致生之故其鬼神不可者欲人致死之故其

鬼不神

問仲由底只是這旣死之氣復來伸否曰這裏難恁地說

鬼不神

這伸底又是別新生了問如何會別生曰祖宗氣只

存在子孫身上祭祀時只是這氣便自然又伸此便

極其誠敬蕭然如在其上是甚物那得不是伸此便〔語類六〕

是神之著也所以古人燎以求諸陽灌以求諸陰謝

氏謂祖考精神便是自家精神已說得是〔語類十三〕

廣云人心聚處便有神故古人郊則天神格廟則人鬼〔語類八〕

享亦是此理曰固是但古人之意正故其神亦正後

此人心先不正了故所感亦由得正〔語類十七〕

問天地之心亦靈否還只是漠然無為曰天地之心不

可道是不靈。但不如人恁地思慮。〔伊川曰：天地無心而成化，聖人有心而無為。語類〕

雨露露雷日月晝夜，此鬼神之迹也。此是白日公平正直之鬼神。若所謂有嘯于梁，觸于胸，此則所謂不正邪暗、或有或無、或去或來、或聚或散者，又有所謂〔性理大全〕。

之而應，此亦所謂鬼神同一理也。世間萬事皆此理，但精粗小大之不同爾。

之而禱。問：人之禱天地山川、先祖，是以我之有感，他之無〔感〕。曰：神祇之氣常屈伸而

不已。人鬼之氣則消散而無餘矣。其消散亦有久速之異。人有不伏其死者，所以既死而此氣不散，為妖為怪。如人之凶死，及僧道既死，多不散。若聖賢則安於死，豈有不散而為神怪者乎。如黃帝堯舜，不聞其既死而為靈怪也。

程子曰：古人祭祀用尸，極有深意，不可不深思。蓋人之魂氣既散，孝子求神而祭。無尸則不享，無主則不依。故易於渙萃皆言王假有廟，即渙散之時事也。魂氣必求其類而依之。人與人既為類，骨肉又為一家之

類。已與尸各既以滌齊至誠相通，以此求神，宜其享之。後世不知此，直以尊卑之勢遂不肯行爾。

朱子曰：自天地言之，只是一箇氣。自我之氣即祖先之氣，亦只是一箇氣，所以纔感必應。只是這箇天地陰陽之氣，人與萬物皆得之。氣聚則為人，散則為鬼。然其氣雖已散，這箇天地陰陽之理生生而不窮。祖考之精神魂魄雖已散，而子孫之精神魂魄自有些小相屬，故祭祀之禮盡其誠敬，便可以致得祖考之魂魄。這箇自是難說。看既散後一似都

無了，能盡其誠敬便有感格，亦緣是理常只在這裏也。

勉齋黃氏曰：古人奉先追遠之誼至重，生而盡孝則此身此心無一念不在其親；及親之沒也，升屋而號，設主以祭，則祖考之精神魂魄，亦不至於遠散。朝夕之奠若未易格，則祖考之氣雖散，而所以為祖考之氣，未嘗不流行於天地之間。祖考之精神雖亡，而吾所受之精神即祖考之精神。以吾受祖考之精神而交

於所以爲祖考之氣神氣交感則洋洋然在其上在
其左右者蓋有必然而不能無者矣學者但知世間
可言可見之理而稍幽冥難曉則一切以爲不可信
是以其說率不能合於聖賢之意也

狼疐錄一終

甘爾亭叢書　卷上　狼疐錄　二十二

狼疐錄二

播磨　三宅重固寶操著

五行用數篇序

萬物之萬然交錯不齊是以萬事之紛紜吉凶亦不
齊盖神妙於萬物而萬事之吉凶則鬼神之功用故唯
至誠至明鬼神合吉凶之人而后善必先知之不善必
先知之夫所迷於吉凶之塗矣衆人崇崇而不能決嫌
疑定猶豫於是乎聖人有卜筮之設也龜兆之卜連山
歸藏之占今不可見特周易洪範得於世其本於圖書

甘爾亭叢書　卷中　狼疐錄　一

著於黃家之妙潛木變占之自然皆可考知矣夫以千
古一氣百世貫於今而藏往知來者精神之妙故以其
理求之則已往可復已往則將來亦可致焉爲只爲
蔽在我之神故昏於來而不能盡知也此於是問之於在
天之神則鬼神假我手而行依著策以告吉凶矣竊謂
擇地造室敬奉龜策居之我之精神所依已有靈於不
占之前當占之時齊明盛服以其事告之則神與我與
事合一無間洋洋流動事將著於此次之以不違陰陽
之道具類萬物之情者屈心分合之則手與神動著木

與神變化吉凶與神著。而後者格於今。徵者顯於此。可
以逆知將來之吉凶也。此理也。默契於鬼神之妙者。而
可與言之爲爾寶永戊子歲予蒙重譴在獄間居終日。
就察天地萬物之象。見不過於五行兼五行。而九一五
四六爲五行之用數。於是書其所見。並設占法極知其
妄爲之罪無所逃。然亦可以見陰陽象數之妙參伍錯
綜無所不通之一端云。

寶永戊子歲十月

高尚軒識

五行體數	
一九	太陽
二八	少陰
三七	少陽
四六	太陰

一二三四。四象之位而九
八七六。四象之數也詳見
于易學啓蒙。

五行用數			
九七	少陽	木	春	悔
一三	太陽	火	夏	吉
五十		土	土用	中
四二	少陰	金	秋	吝
六八	太陰	水	冬	凶

九一五四六。五行用數而七三十二八。則其所含之數
也。一一而一。九九而一。故太陽之數爲一也。二二而
四。八八而四。故少陰之數爲四也。五五而五。故土之
數依舊爲五也。七七而九。故少陽之數爲六也。徑一
而圍三故一含三。三九而七故九含七。二二而四故四
含二。二八而六故六含八。○太陽依舊得一。讓九於少
陽。少陽依舊含七讓三於太陽。太陰依舊守六讓四於
少陰。少陰依舊含二讓八於太陰。陽奇故太陽少於少

陽陰偶故太陰多於少陰。○陰陽老少之為四時天
也剛柔太少之為五行之質地理也吉凶悔吝之不一
人事之變也陽之辟所以為吉也陰濁暗所以為凶也
少陽是陽所以為悔為半吉也陰少陽是陰之釋所
以為吝為半凶也此上中央所以為大吉也少陰是陰
陰中生陽所以為悔向吉之端也少陰是陽中生陰是
以為吝歸凶之漸也四失中五正中之一所以為吝所
六巳失一又失五成一箇六故為凶過凶而後吝所
本心復故六是二箇三然未見於外至於九則顯然六

甘泉志叢書　張憩錄　卷中　四

之上生二成三箇三故為悔一則得中五正中之一故
為吉凡事失中則吝吝遂入於凶人情遇凶而後悔遇
能得吉而後可以成大中至善故失中而吝者當不
遠而復不復則必入於凶遇凶者當悔省悔則可得
吉也悔而后吉者當求中已得中則必當不遷
則吝悔而后吉而后中則吝吝則遂入於凶普
之難成惡之易入如此矣悔為上吉為賢中為聖吝為
小人凶為惡人悔為仁惻隱之心也吉為禮嘉之會也
吝為義羞惡之心也凶為智是非之心也遇凶而本心

甘泉草堂書　張憩錄　卷中　五

將復所謂一陽來復也。○九九而八十一四四而十六
故為九一四六之次也九與一四與六陰陽各十而與
中五九二十五則是中央五五之所以生二千二百二十五之
百二十五之祖六百二十五之之父
高祖也故五是眾數之主所以一與四九與六皆歸于
五也一五二五之五皆歸于一與四九與六皆歸于
之三十亦九五十而皆歸五與十也五自乘為二十五
凡百二十五則二十五者五也九十九八十一四十六
故一六為陰陽之老數而九則八十一則圖一四則

甘泉草堂書　張憩錄　卷中　五

四四十六六則六六三十六而皆歸於一六亦可以見
不越于吉凶之二端矣○其合三七二八之數者如何
曰徑一而圍三故一合三九而二十七故九合七二
二而四故四合二三八而十六故六合八且一二三四
九八七六四象體數而其陽數之次則一三九七其陰
數之次則二四八六一是數之父二是數之母徑一圍
三而一生三三是長男三三生九九是中男
三九而九生七七是少男以三乘于三與九是長子代
於父也二三而二生四四是長女二四而生八八是中

十雨亭叢書　卷中　狼筵錄　六

女二八而生六。六是少女。以二乘于二與四。四與八是母
也。而自執事也。且二六之上更無去處。故三七復歸于一。
二六復歸于二也。且一得二而生三。二得二而生四。一
得四簡二而生九。二得三簡二而生八。一得三簡二而
生七。二得二簡二而生六。是陽取於父母。陰唯取於母
耳。長男繼父母。故三與一二之合也。長女歸于他。資于
母耳。其一與四。二與三則一二之合皆五也。
三與六。四與七則九。二與六。七與八相對則皆五也。
與三。二與四則四六也。七與九。六與八亦四六也。七與
一則八。七與九則六。六與二二
則三。是一含三也。七與一則八。七與九則六。六與二二
與四。六八是六含八也。一與三。三與九。四與八與
六皆二四是四舍二也。配十二月。閏九爲二百七十一
爲三十四爲百二十六。爲百八十也。亦可以見一九四六
之合七三二八也。

一九	七九三一	父
二八		
三七		
四六	六八四二	母

九七
一　五　三　十
五而七也。七生四行。故三三而生
一而圍三。故一含三二二而四四而
三簡二。故三三而六。復生九也。三九而
一而圍三。故一含三二二而四四而八二
八而六。故六含八五則自含五而十也。三九
二十七一一三之三四八二六十二五十也。五九四

九			
一	陽		
四	五		
六			十

十雨亭叢書　卷中　狼筵錄　五

十五一五之五亦凡五十而四五二三十也
五十也。以五五之十五二十五者五。而
四六以五乘之則凡百二十五。而以十乘之則
爲二百五十者。以五圓徑爲五十
則凡五十以五乘于十圓徑爲五十
也。六是水也。冬也。萬物之成終始處。故
兩儀生四象五行其則交錯變化爲二十五。而生六也。
五爲六百二十五爲三千一百二十五。而后五行之象五
行者周而萬物之象效萬事之功用悉備矣其自九而

一則所謂數往者順也自四而六則所謂知來者逆也
徑一圍三是純陽所以為吉也三九之二十七是陰雜
所以為悔也二二之四二八之十六是純陰所以為咎
凶也

九七	九九八十一一一之二一四十六六三
一三	十六皆歸于老也七七四十九三九二
五十	二四八八六十四皆歸于少也一九而九
四二	五九四四十五四九二十六三九而二
六八	十七二九而十八八九而二皆因九

而生可見元善之長春生貫四時之義也因一三七亦
生但因二四六八則生陰數不生陽數亦可以見陰之
為咎凶矣○三三之九九九八十一是陽陽相因以成
外事也二二之四四之八二八之十六是陰陰相因
以成內事也九與一七與三四與六二與八皆為十陽
陽相集陰陰相匹也一與四三與二為五九與七與
陽相伴也六九生四四九生六二九與六七與
八為十五陰陽相伴也六九生四九生六二九與六七
八九生二是陰陽交孕而生也三三九二二四四相
乘是同列相助也三九相乘而生七四八相乘而生二

是尊卑相助也二與三七與八相乘而生六六與九相
乘而生四是男女相合也一與三而四七與九而六二
與四八與六而亦六四是男女以類相會也三與八七
與四皆為一三與六一與八皆為九是男女相匹也

三陰十八。	
正三陽三十七。	二四陰十二。二四陽三十六。三五陽四十八。
四六陽六。	三五陽四十八。一四消二十七。
三陽三十二。	八四陰六。九五四。一四二十七。
七三陰十二。	九五四消長。
十六陰三十六。	十五陰三六。十二陰三。

右十二月陰陽之數凡三百四十二加之以十八各
交則凡三百六十而當朞之日也七十二候一月各六
候春月配九夏月配四秋冬配四六則其積亦凡三百
六十也十二月陰陽之數各三十六則一者亦凡三百
者三十六卅之以五者凡三十六則凡三百六十也
者三十六一者凡三百六十四
者三十六亦為三百六十矣五者七十二得三百六十
者三十六亦為三百六十
則亦可以見土之旺四時之理也○四月三陽卅七。
月三陰上十二如是則九一四六各十八而其數亦為三

百六十也。

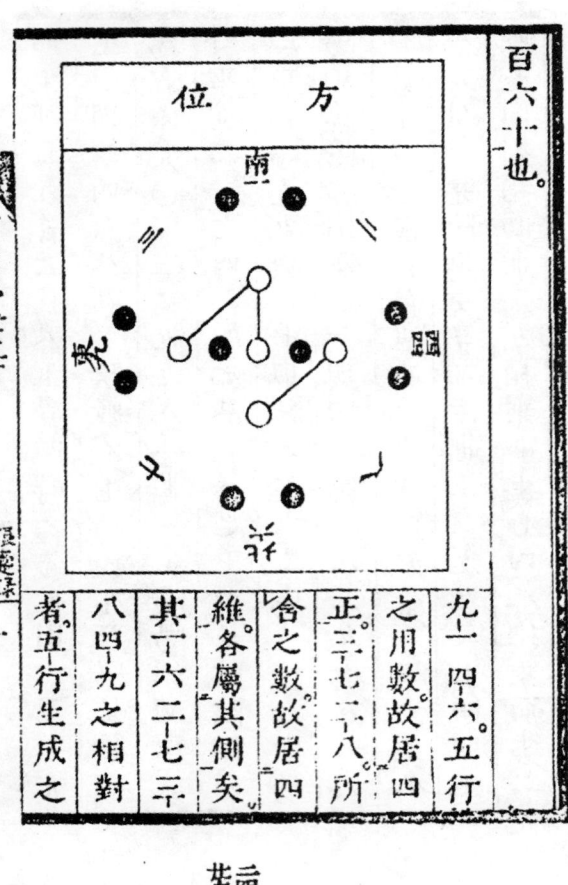

方位

九一四六五行
之用數故居四
正三十七二十八所
含之數故居四
維各屬其側矣
其一六二七三十
八四九之相對
者五行生成

數也一九三八各爲十二八四九亦爲十一四二三皆
爲五九六七八皆爲十五也一六爲二五除四九爲三亦除
十者三二之合土之旺四方也三八二七其相生則七
七四十九而七生南方之一三與三而九八十三而九九六十三
一而三十七亦生南方之一三與三則四三是一之得
二且一而二與四亦三四之八二四之八三二八
之十六且二亦六故三八六而七八
九且六是三箇二故三三之九而復生東方之九且
一三是四二三四是六故四四十六而一一三生三四六八

甘雨亭叢書　狼嫠錄　卷中　二

亦四九七亦六故四四十六而六八生九七其火生土
則一生正中之一三生中五東南之三三與一
生十其土生金則中五西北之二二復自乘生四
二與四是六而中五之二三相乘亦生六其相克者相
對於四正而土相和中央故相生是以一三
和於中五而生六八亦和於中五而生一三二四且水克
和於中五而生九七亦和於中五而生二四且
火故土制水以相和金生於土以克木故木制土以相

三四云々芝云々

和故相克者却相悅猶夫婦也水火相悅以水生木故
一與八而生九木土相悅以木生火故中五之二與九
中五之四與九四與七皆生十一與三是四故五與
九而生四三七相乘亦生一火金相悅以火生土故
與四二與三皆生五一三二四四亦皆生十且一
二三之六亦生十一一三三二二四四之四
是生正中之一三是生中五東南之三二是生中五西
比之二四是生中五正之四土水相悅以土生金故
中五之三乘於八而生四二乘於六而生二中五之二

九木問一與
先九十三
字者宽

甘雨亭叢書　狼嫠錄　卷中　三

象且五正中之一與西北之二與東南正中之三與四
正之四凡十是偶者五也。〇一三九七四正四維相對
而生〇六而七四九而三二而一〇二四八六西南偏對
而生而八二四而八而六亦可以見陰陽吉凶之理矣〇
南北側立之則南爲天地爲地火炎上於天水潤下於
地水生於束金收於西又以比爲上爲地天交泰也〇
一六二七三八四九相乘則皆爲四〇加之以中五則
還爲九一也。一與三九與七二與四八與六相乘則亦
皆爲四六加之以中五則亦爲九六也。〇一六水火也。

甘肅藝叢書 狼蠹錄 卷中 十二

三相乘爲六與比方之六而生二與八而生四四正之
四與八而亦生二金木相悅以金生水故四九三十六。
四七二十八二九十八而皆生六八。〇北方一陽之復
故六是二箇三南方一陰之生故三是一之生二〇中
五是商者五而正中之一自含五四正之四其九一一四
六之象且五是三二之合者而以東南正中爲三故一
故二四八六以二乘之而生八二九之二四十七亦二
三九七以三乘之九三三之九二八五二八之十六其十是
偶者五而中央之二自含十四維之八具三七二八之

父母也水火一交一得一而生二六得一而生七二交
一得二而生三六得二而生八三交一得四而生九六
交而生二七一與六而記二七交而生五六得四而生十〇一
而生三八二八交而生一六〇五是土土生萬物故以
五約之則一生二二生四四生八八生六六生七七生
九九生三三生一以五乘之則一歸于一
歸于二二八歸于四四六歸于八八七歸于六六九歸于七七二歸
于九二是數之母故以二乘之則其漸次生與以五約

甘肅藝叢書 卷中 十三

之同以二約之則歸于本與以五乘之同以三乘之則
一三九七漸次生以二乘之則七九三一漸次歸于本。
除以五乘之則二四六八漸次生以三乘之則六八四
二漸次歸于本。

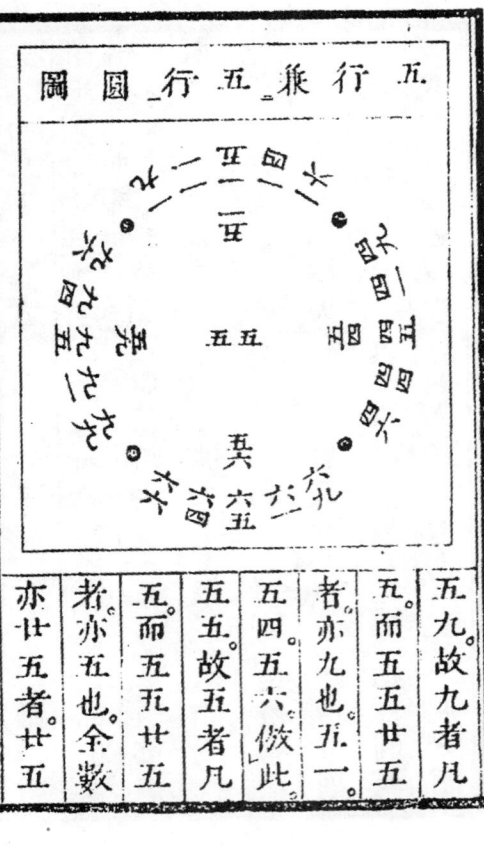

五行兼五行圓圖

也二
十六百九簡五九二百廿五而正中之五五自含五
五而五五廿五
者亦五也全數
五而五五廿五
五四五六傚此
者亦九也五一
五而五五廿五
五九故九者凡

五則九二百五十也二十五南方一五直中央之五所
以李夏土用爲土用之主而南方之一亦正中之一可
以見吉之於中一間矣特吉未中耳。

甘雨亭叢書　張燮錄　卷中　十四

配四時十二月二十四氣圖

以中央
四正之
五九五
一五四
五六加
于四方
則束爲
二百七
十而一

月各得九十南爲三十而一月各得二十而爲百二十
而一月各得四十北爲百八十而一月各得六十亦可
以見土之旺于四時九一四六之爲四方正數而含七
三二八也中五則三二之合故三九而二百七十三一
而三十也三二六五四生八也北二六生三方西
順而客凶之逆于中五也然西北尚右四五六五是
本體之善末中也然四五之二十五六之三十皆失五。
一五之五九之四十五則皆得五所以爲吉爲悔也
五九尚四十而五不如直一五六。

甘雨亭叢書　張燮錄　卷中　十五

八〇四

方圖

六六	四四	五五	一一	九九
六四	四四	五四	一四	九四
六五	四五	五五	一五	九五
六一	四一	五一	一一	九一
六六	四九	五九	一九	九九

甘雨草叢書

猥蕞錄　卷上　十六

十五者九也第二段相乘則凡百二十五是二十五者五也第四段

第三段相乘則凡百二十五是二十五者四也第五段

自北而南者五自西而東者亦五自西而東北者一自西南而東北者亦一獨無自東南而西北者矣正中之五則至正至善眾數之主也〇第一段相乘則凡二百二十五是二十五者九也第一段與第二局

相乘則凡百二十五者四也第五段相乘則凡百五十是二十五者六也一段與二段凡二百五十四段與五段亦凡二百五十五段凡六百二十五段亦凡二十五第一段之第一局是九九八十一與第二局凡九十第三局與第四局亦八十一而第四局與第五局亦凡九十第二段第三段第四段第五段做此〇中五正之五凡二十五外面之四九一一六四二一四凡二十五外面之四九一一六五四正之五凡二十五外面之四九一一六四二一四凡二十五百五十六五九五六亦凡一九二六四九四凡百五十六五九五六亦凡

甘雨草叢書

猥蕞錄　卷中　十七

百五十六九九六六與中央之五也凡二百五十六九九六六與中央之五也凡二百十也自北而南之五箇九五偶一五箇五五偶四五六凡百二十五而第一段與第二段之積凡百與第五段之積亦凡百與第三段凡二百五十

六四五一九

一目者五變則五行之用數也其積凡二十五以十四四分乘之則得三百六十當恭之日也約七十二候之數

九	九	九	九	九
六	四	五	一	九
	十	七	九	

一	一	一	一	一
六	四	五	一	九
	十	三	九	

二目者二十五變則五行各乘一行也其積凡二百五十以十四四分乘之則得三千六百當十荷之日也共七十二則五九四十五與九五也三十則一五與五十五與五〇則五五與五五也凡五也五十則五五也五六與五五也凡二百五十是五五二十五也則五與五〇則五五與五五也凡也一列之積而待十者二百五十二列相乘之數〇凡六百二十五

甘雨亭叢書

很齋錄

卷中

三八

六	六	六	六	六
六	四	五	一	九

五 十 五 凡

四	四	四	四	四
六	四	五	一	九

五 十 四 凡

五	五	五	五	五
六	四	五	一	九

十 五 凡

甘雨亭叢書

很齋錄

卷中

廿九

九	九	九	九	九
四	四	四	四	四
六	四	五	一	九

九	九	九	九	九
五	五	五	五	五
六	四	五	一	九

四	四	四	四	四
六	四	五	一	九

五	五	五	五	五
六	四	五	一	九

五	五	五	五	五
四	四	四	四	四
六	四	五	一	九

五	五	五	五	五
五	五	五	五	五
六	四	五	一	九

四	四	四	四	四
四	四	四	四	四
六	四	五	一	九

四	四	四	四	四
五	五	五	五	五
六	四	五	一	九

六	六	六	六	六
四	四	四	四	四
六	四	五	一	九

六	六	六	六	六
五	五	五	五	五
六	四	五	一	九

九	九	九	九	九
一	一	一	一	一
六	四	五	一	九

九	九	九	九	九
九	九	九	九	九
六	四	五	一	九

一	一	一	一	一
六	四	五	一	九

一	一	一	一	一
九	九	九	九	九
六	四	五	一	九

五	五	五	五	五
一	一	一	一	一
六	四	五	一	九

五	五	五	五	五
九	九	九	九	九
六	四	五	一	九

四	四	四	四	四
一	一	一	一	一
六	四	五	一	九

四	四	四	四	四
九	九	九	九	九
六	四	五	一	九

六	六	六	六	六
一	一	一	一	一
六	四	五	一	九

六	六	六	六	六
九	九	九	九	九
六	四	五	一	九

右三目者，凡百二十五變。則五行各乘三行也。其積千
八百七十五。一列之數六百二十五，二列相乘則為三
十二百二十五也。純一者五。六乘一者六十。乘二者六十凡
百二十五矢，以十四四分乘於千八百七十五，則得二

萬七千當七十五歲之日。

四目者。凡六百廿五變。則五行各乘三行也。今爲百廿
五變。圖如上。上而第一局九字。易一四五六之字。其積凡
一萬二千五百。以十四四分乘之。則得十八萬。當五百
歲之曰。一列之積三千一百廿五。一列相乘則爲一萬五
千六百廿五。純一者五。兼一者百四十。兼二者三百六
十。兼三者百廿五矣。

九	九	九	九	九		九	九	九	九
九	九	九	九	九		九	九	九	九
九	九	九	九	九		六	四	五	一
九	六	四	五	一		九	九	九	九
六	四	五	一	九		九	一	一	五
						六	四	五	一

（上段：退變錄 卷下 二十三 伯朋堂叢書）

五目者三千百廿五變。則五行乘五行周而萬事吉凶
悔吝無所不備矣。今爲圖百廿五變。纂之例之三千變
傚此。○第二局九字易一字者百廿五變易六字者百
...○第一局九字易一字者百
廿五變凡六百廿五變○次第一局九字易一字者百

變易間一
有易五字
者百廿五
變易四字

九	九	九	九		九	九	九	九	
九	九	六	四	五	一	九	九	六	四
六	四	五	一		九	九	四	九	
九	九	九	九		六	四	五	一	
六	四	五	一		九	九	九	九	

（下段：退變錄 卷中 二十三 伯朋堂叢書）

甘爾弟叢書　卷中　三十四

十五變而又第二局九字易一字者百廿五變易五字

者百廿五變易四字○次第二局九字易一字者百廿五變

凡六百廿五變易四字○次次第一局九字易五字者百廿

而又第二局九字易一字者百廿五變易六字者百廿

五變○次第一局九字易五字者百廿五變凡六百

五變易四字者百廿五變○次第一局九字易四字者百廿

二局九字易一字者百廿五變易五字者百廿五

廿五變○次第一局九字易六字者百廿五變凡六百

四字者百廿五變易五字者百廿五變易四字者百廿

○次第一局九字易六字者百廿五變而又第二局九

字。易一字者百廿五變易五字者百廿五變易四字者

百廿五變易六字者百廿五變凡六百廿五變以上凡

三千百二十五變其積凡七萬八千一百廿五○九之變

而積凡一萬八千五百廿五之變○其積凡三千七百廿五

五之變其積凡一萬五千六百廿五之變○其積凡一萬一

萬五千六之變其積凡一萬六千二百五十乘之以十

四分之積得百十二萬五千當三千百廿五歲之日也

一列之積一萬五千六百廿五一列相乘則為七萬八

千百廿五也九一五四六各三千百廿五而其九者積

甘爾弟叢書　選遂錄　二十五

二萬八千百廿五一者積三千百廿五五者積一萬五

千六百廿五四者積一萬二千五百六者積一萬八千

七百五十九七萬八千百廿五也純一者五乘一者三

百乘二者五百乘三者千二百乘四者百廿九凡三

千百廿五矣。

占法

板厚二分。象兩儀。用周尺。以徑五分。以象青書九字表悔字裏
者五筒。朱書一字。表吉字。裏者五箇黃書五字表中字
裏者五箇。白書四字。表各字。裏者五箇墨書六字表凶
字裏者五箇。凡此五簡厚五寸。亦象占者齋戒沐浴北
面燒香。儲二十五揲於兩掌中。以象次開兩掌二十五揲在左掌以象
凶而混之於掌中。太以其事告曰冀明告吉
羲次以右手信手取一揲居第二第三第四第五
如第一次例來上。以象以餘揲卅歸于盤中央見所得

之五揲考其吉凶。如九九五九一。則其占為悔中悔
吉鬱木九也。第一屬悔自第一至第五。是其事始終經歷之
吉凶。而以第五為其事歸著處。故第一第五尤重以第
二第三第四低昂於第一第五以決吉凶之輕重。且合
考之於五行事類須活看矣。而合二十五揲儲之於器
拜而退

山雨亭讀書

狼虀錄　卷中　廿六

後論

古今一氣。百世貫於今則已往可復將來可致本於理
而生者氣也。故不達于其理盡其體必誠必敬而感動
之則二氣合復而鬼神格焉必誠必敬以不達于陰陽
之道具類萬物之情者必求之則鬼神行而吉凶見焉
占法定則鬼神已知之故雖非聖人亦可立占法循理
而生。由道而行者氣也。如陰陽家則占法竊安而誠敬
物之情則吉凶可致矣
亦不至鬼神何以告吉凶

欲言天者當驗於人。有人問於人曰將施於汝以某事
汝喜乎怒乎問之必誠以所有其理具委則其人或怡
然有喜色或咈然有怒言。又問之曰今有此事未知汝
之喜否則其人或有喜色而見或有怒言而出循理而
生隨感而應。將來至于今如此。
將為此事占之吉則欵為之。不敬則吉變于凶凶則敬
已之。敬已之則凶變乎吉吉今有此事占之吉則敬侯之
不敬則吉變乎凶。凶則盡已侯之。如此則凶亦或變乎
吉盡已侯之。亦遂遇乎凶則謂之正命。

甘雨亭叢書

狼虀錄　卷中　廿七

吉凶雖在天亦能通其變則凶變乎吉自盡而無遺是
通變之道也故蔡氏曰一成于數天地不能易之能易
之者人也不自盡有所遷則吉亦變乎凶故其事踰月
則次月或復占之前凶而後吉者有爲先吉而今待凶
者有爲從所得彌盡已是卜筮之敬也
義當爲則吉凶在所不顧何用卜筮比干是也當爲之
未當爲之當已未當已則占之逃尾之占是也
神妙於萬物故萬事吉凶是鬼神功用已往鬼神可致
則將來鬼神亦可致矣

人不能言則依筆墨而宜鬼神無口腹依尸而食鬼神
無口舌依龜筴而告吉凶
有人呼則應問已往則具往事而或喜或怒有人呼則
應問將來則如此事則我喜之如彼事則我不喜
雖事未至亦知其心已知之也
狐能使已之精神不能自言假人之口舌而言其人知
書字則以文字言其情鬼神無形體假我手依龜筴而
告吉凶此理也能知鬼神情狀若點頭
非誠敬之至則不可格已往鬼神故非誠敬之極則不

可致將來之吉凶
心體之靜鬼神不能窺才動則神已知之占者不愿心
則神不告
人之神主其形依耳目口舌而動孤入于人身而合
于人神假人之口舌而述其情鬼神與人神合假我手
依龜筴而告吉凶
物二氣之質鬼神二氣之靈事物之用吉凶鬼神功用
卜筮聖人黙契於鬼神之妙而作
故聖人至誠至明無毫髮之私天地合德鬼神合吉凶

而善盡先知不善盡先知無所惑於吉凶之途矣心是
人之神能藏往知來故雖衆人亦識往事知將來特爲
累私意蔽人欲定以不能盡識盡如爾心散亂之甚往
事尚失之將未固暗昧於是問之於天神則鬼神假我
手依龜筴而告吉凶盡于占前亦一氣故爾百世貫於今故
來格召代心愿後口事勢可知代心愿後口事勢可知
將來可知代心愿後口事勢可知後來者也
識往知來人神之妙聖人盡識盡知衆人不能盡識盡
知耳不盡識有或問於人神或因筆記而可得矣不盡知

者問於卜神因龜筮而可得矣

事人神功用吉凶事之變化故人神能知將來吉凶是不
能盡知者是黑私意故禰於是問之於大神天神即是
我神之無私累者也

春為木夏為火秋為金冬為水初十八日為春之春木
之木次十八日為春之夏火之次十八日為春之秋
土用木之土夏秋冬亦如此

朝後至上弦凡七日五分九十時為一月之春為木上

弦至望七日五分為一月之夏為火望至下弦至
晦為一月之秋冬為金為水
寅卯辰凡三十分為一日之春為木巳午未為一日之
夏為火申酉戌為一日之秋為金亥子丑為一日之冬
子是水之水而寅是火之木
甲乙為木丙丁為火戊巳為土庚辛為金壬癸為水甲
所以水亦為火黃為土白為金黑為水而左色各發五
行皆而亦為紺黑而赤為紫青是黑中生微明亦是尤
為水

牧菴録 卷中 三十

明尚有異色至於黃則至明者也白是失明而生微暗
黑尤暗昧亦可以見吉凶悔吝之意矣
五常各兼五常五味兼五味五音兼五音五倫兼五倫
父母愛子子愛父母親之親也父戒子子爭父親之義
也父先子後子後親之序也父不欺子子以信事父親之信
也父子異宮親之別也
木有五色火有五色土金水各有五色
人受天地之中而生故為土游行者為木青龍其長也
飛揚者為火鳳其長也走者為金麟其長也潛伏者

為水玄武其長也而麟鳳龜龍亦各兼五行
生者為土立者為木飛者火也遶者金也卧者水也
日火也月水也星金也辰土也日月流行生生不已者
木也
肺金氣之主五臟之天故星為天日月之麗辰水火之
生於土也星有五星金兼五行也日有十干火兼五行
也人有五臟五臟各兼五行
木之木眼亦兼五行醫書言之
一身左為木為春前為火為夏右為金為秋後為水為

牧菴録 卷中 三十一

冬。故前具衆形。而後則索然左手弱右手強金木也。

萌萃木之木枝葉長茂木之火幹之大木之土木根之

堅木之金上中不可見之根通達者木之水生芽發花

夭夭木之木枝葉長茂蔘蔘木之火蕡實堅確木之金

枝葉零落索然歸於根木之水。

木是木之木草是木之火苔是木之土竹是木之金蔓

生是木之水而各兼五行。

人初生至二十爲春三十四十爲夏五十六十爲土七

十八十爲秋九十百爲冬。

正心爲木仁也修身爲火禮也齊家爲土信也治國爲

金義也平天下爲水智也。

耳目鼻陰皆有二竅是陰陽也唯口有一竅口屬土有

一竅是中五正中之一也故信言語是以主信口亦

兼五行脣是土之土舌是土之火齒是土之金音是土

之金筋是土之木

一物之中各備五行然就其顯然者而見則有兼一有

兼二有兼三有兼四故自五而二十五自二十五而百

二十五自百二十五而六百二十五自六百二十五而

三千百二十五於是萬事功用吉凶變化無所遺矣。

飛者火潛者水動者金植者木。

金爲風故風木相爭木爲雷爲龍故龍雷相伴而風逐

之鱗出昌雷羽蟲喜暘毛蟲喜風甲蟲喜雨。

三千百二十五而五行兼五行周矣要之不過於二十

五本於五而生五也。

狼筵錄二終

狼疐錄三

平安　三宅重固實操著

雜說

　理氣說

理無形體以氣爲形體氣無模範以理爲模範故理則無體之氣則有體之理無體之理則顯於有體之器。有體之器則無體之理之爲體者也程子所謂體用一源顯微無間是之謂也中庸說隱說無聲無臭周子所謂無極程子所謂沖漠無朕張子所謂大虛皆言理無

形體炎易曰形而上謂之道形而下謂之器程子說之云器亦道道亦器須如此說易又曰一陰一陽之謂道朱子說之云陰陽迭運者氣也其理則所謂道論語曰逝者如斯歟程子說之云日往月來寒往暑來水流而不已皆與道爲飛魚躍而日言其上下察也周子曰太極動而生陽靜而生陰張子曰糟粕煨燼無非敎朱子曰根於理而日生者浩然無窮此皆言氣以理爲橛範而有體之氣則無體之理之爲體矣。其言元亨利貞則無體之天理存于有體之五行之目。

而總言則謂之未命其無體者與有體者行謂之天道。無體者爲造化之樞紐品彙之根柢謂之太極無體者真實而無妄謂之誠其有體者總言則一氣而分言則謂之陰陽謂之木地謂之五行謂之四時有體之靈謂之神以主宰謂之上帝以性情謂之乾坤以魂魄謂之思神其仁義禮智則無體天理存於有體之人道之目而總言則謂之性無體者與有體者行謂之人道之孝弟其無體者爲萬事大本謂之人極其真實無妄亦謂之誠無體者靜而存謂之性動而發謂

之情謂之四端其有體者總言則一身而分言則謂之血氣謂之手足謂之五臟有體之靈謂之心以主宰謂之主入公以功用謂之魂魄精神有體者自然合于無體之模者聖人有體之模者守無體之模而不失者賢者有體者外于無體之模者小人就有體者是誠意正心修身齊條理是格物以無體者正有體者求無體之家治國平天下顯子之克己以無體者克有體者也仲引之敬恕守無體者而推于有體者也大易言顯仁藏用者說有體者與無體者動。無體者著見於動上而無

體者依乎曾無體於動上矣凡聖賢說道論學不越于理
氣之外予故云宇宙之間一言以蔽之曰理氣而已

理氣問答

宇宙之間一言以蔽之曰理氣而已故古聖賢說道
論學不越于此二者爲何曰理無聲色者而有條
理者謂之理有聲色貌象而可見聞者謂之氣或云無
聲色則是絕無又何條理之有且無聲色者在何處孟
子以上無此言恐宋儒不覺入于禪之見焉爾曰理無
聲色以氣爲體故氣是理之形體理是氣之無體也是

以理不離乎氣而氣亦不能遺理可就聲色者而見無
體條理也假令無聖賢之言亦我知其不悖不謬況大
易曰形而上謂之道形而下謂之器又曰易有太極是
生兩儀又曰顯諸仁藏諸用又曰察地理又曰窮理盡
性至命又曰一陰一陽之謂道詩曰有物有則民之秉
彝好是懿德論語曰孝弟爲仁之本又
曰何莫由斯道又曰高堅前後中庸曰喜怒哀樂之未
發謂之中發而皆中節謂之和又曰君子之道費而隱
又曰鳶飛戾天魚躍于淵言其上下察也又曰文理密

察又曰上天之載無聲無臭矣孟子曰理義悅我心又
曰四端又曰萬物皆備於我矣禮記曰天理此數言尤
足於見有無聲色而有條理者不離乎聲色而不雜乎
聲色體用一源顯微無間之義何謂之出於宋儒之私
見哉曰吾子區區於宋儒範圍之中而不能度越於宋
儒佛見之外冒熟於二三百年來之說而不知淵源於
千有餘歲之上故不明於孔孟之正脈矣宋儒已有理
氣之言故不能無體用之說此宋儒此一言記一字不言
理氣體用則如無可言者其如此孔孟何不言之乎孟

只說道說德說誠其言仁義亦以人心說仁以正路說
義以孝弟爲仁之本以事親事君從兄尊賢爲仁義之
實不如宋儒分理氣體用孝弟忠信謂之道耳目鼻口
謂之器道尊故曰上器不能比於道故曰下兩儀四象
八卦是生兩儀而儀云非兩儀之前有太極而太極生兩
曰是生兩儀固可見聞故曰顯仁孝弟外更無他道用
儀之謂孝弟而已如此之妙蘊藏於孝弟上故曰藏用
舜之道孝弟而已矣禮記曰天理曰窮理
非無聲色者存於此之謂也其曰地理曰天理曰窮理

曰文理曰理義則指文理可見者而言曰往月來寒往
暑來是天之文理也山登川流火炎上水潤下是地之
文理也此皆可見聞者而直謂之末道地道人道故曰
立天之道陰與陽立地之道剛與柔立人之道仁與義
又曰一陰一陽之謂道一陰一陽之謂道直是天道然朱考亭若
云陰陽則氣也其理則所謂道也何附會強解如此也
其說則聖言似有所不達行抑學而后為盡炎總言則
謂之仁分言則謂之孝弟孝弟是仁之實故於仁為本故
非以為體以孝弟為用之云禮是人事本來儀則故

甘雨亭叢書　狠兒錄　卷下　五

行之者不追非體嚴而用和之云溫清之孝徐行之弟
是人道當然謂之則謂之彝人不由孝弟而行故戒而
言何莫由矢寒往暑來水流而不已直是天道非別有
虛底者而存于道上與一陰一陽之謂道同一意溫民
恭儉讓是聖德實事贊溫民恭儉讓之上有不可企及
之妙而存曰高堅前後非聖人之德有不可見聞者而
云惻隱是孝弟之學頭故曰仁之端非言仁在於內而
端著於外也萬物不外于五行人之五臟百骸是五行
之實故曰萬物備於我也吾子所引難却足證予之說

唯中庸一書出於漢儒附會之傳說而其所言違于孔
孟之正脉以論孟質之見其不一可信已以索隱為君子
所不為復曰君子道費而隱已以為飛魚躍為上下察
復曰上天之載無聲無臭一書中前後矛盾如此其不
足取必矣聖人之道無不可見聞者故曰古之人以聖
賢見道言無聲臭是老佛空虛之見爾吾子則以己之私見
格言已如此以引證左驗不可質不可以為聖賢之
道有本末邪曰有之聖賢數言之曰物有動靜有

之曰有所謂氣者邪曰有之易孟子言之不一曰吾子
言已如此而何疑宋儒也凡天地萬物有動靜而不同
時本末異處春夏為動秋冬為靜陰為靜陽為動晝為
動夜為靜火有炎上時有伏藏時水有流時有湛時為
有視時有不視時口有言時食時有不食時耳有
聞時有不聞時手有執時不執時有步時有不步
時凡萬物有動靜如此獨心不有動靜哉心有思慮有
不思時有喜怒時有不喜怒時思慮時為動為
用為末不思慮不喜怒時為靜為體謂之禮之用

甘雨亭叢書　狠兒錄　卷下　六

藏諸用則體不言而可知矣如水湛時已有流之性而存。口不言足不步時已有言步之德而存非溫凊徐行時乍有孝弟出來。時已有孝弟之德而存未見親未見兄。其靜而存者有何之形色哉動而用時孝弟顯于溫凊徐行上溫凊徐行是乎持足行而已豈直謂之孝弟邪。吾子已曰聖人言道言德言誠道德誠直有何等形色。德之有條理而言登別指齊異彷彿朱所謂謂理是直指道不離形色以形色為理之形體只是形色之理而已何謂之

空虛也如佛則形色之外別尋一種空妙者所以謂之無實也且疾徐先後身也足也足是也身足上有弟不弟者而存故孟子直言徐行而後於長者謂之弟猶曰一陰一陽之謂道也曰身足即心也心即身足也故孟子曰形色者天性也謂道大人能踐形唯明道言在天為命在物為理在人為性主於身為心其實一也。此言卻當矣即性卽形色疾徐卽弟不弟其實一也。下火之炎上是氣也性也形色也手足是形色手持足

行即心卽手足之性道上有何之體用分顯徼異哉孟子曰仁即人也亦尤可見此意矣故曰宇宙之間。一言以蔽之曰形氣而已形是氣之質心是氣之精者曰形氣而已形是氣之質心形之動而得之於心自得於天而生之性。為仁義又分言之於心謂之性分言之孝弟之弟或曰色難或曰生事便祭無違體或曰徐行後於長者謂之弟千言萬語不越于形氣之善動謂之本為實。出形氣外者非聖人之言故以陰陽剛柔為天地之道

或說兄天地之心孟子論高於聖人然亦不過自心上說世曰虛心知性曰存心養性亦可以見心性無二不如宋儒分理氣也蓋氣是形之上心又氣之上。更無形色則謂之絕無所以聖人無心以上之言也曰吾子誤矣且其說自矛盾已曰心以上又曰形之善動謂之道不可言形之動直謂之道則不得不言普不善其善者卽是形氣以上者卽謂之道謂之理故孔子曰從心之所欲不踰矩孟子曰有權而後知輕童有度而後知長短心為甚可以見心以上有所謂規

矩權廢者而無形色有條理就形氣而存不離乎形氣
而立也吾子之兄是伊藤仁齋之說而漢唐諸子見道
不明往往似吾子之說者有矣曰疾行是不善之勤徐
行是勤之善皆可見矣非有隱微者而顯於徐行上
曰為不當疾行而徐行前已有不可見聞者而存
曰為不當疾行者心也曰為不當疾行者固心也其不
當疾行者何故也卽是道也理也而所謂不可見聞者也

天命說

命之理微故聖人罕言之蓋命猶令也天以陰陽五行

甘雨亭叢書　卷下　狼疐錄　九

化生萬物氣以成形理以成性以賦與其理謂之理之
命論語所謂五十知天命易所謂至命中庸所謂天命
之謂性是也皆指天理流行者而言以賦與其氣謂之
氣之命論語所謂死生有命不知命無以為君子伯牛
之病命是也皆指昏明強弱貴賤壽夭吉凶禍福之出
非正命而言或云理固不可易而氣則可變故學力至
於變化氣質則愚必明柔必強雖貴賤壽夭吉凶禍福
之定於有生之初亦皆出於氣則有可變之理否曰亦

可變之蓋自盡無憾而后至者正命也所謂修身以俟
之是也巖牆之覆壓桎梏之誅死怠四支而凍餒情欲
過度而生病皆不謂之正命孔魯顏孟之不得志絕糧
徵服之厄陋巷三十之夭比干剖心箕子為奴文王羑
里之難伯夷西山之餓皆無憾於己則其至於其人
謂之正命於天則卻可謂之非正矣故盡人事而后可
言命也賞罰貴賤貧富禍福難定於有生之初然能成
其德則可移其氣而貧賤壽夭貴富禍福天為福等故曰
寡尤行寡悔祿在其中又曰大德必得其位必得其祿

甘雨亭叢書　卷下　狼疐錄　十

必得其名必得其壽詩曰嘉樂君子憲憲令德宜民宜
人受祿于天保佑命之自天申之故大德者必受命詩
云其命維新又云峻命不易康誥曰惟命不于常舜禹
湯文武王周公之得其祿位桀紂幽厲之失其身皆可
以見天命可變矣程子曰修養之工夫到這裏則有此
以祈天永命常人之至於聖賢皆工夫到這裏則有此
應易曰積善之家有餘慶積不善之家有餘殃論語曰
人之生也直罔之生也幸而免孟子曰知命者不立于
巖牆之下尤盡矣或曰比干之死謂之定於有生之初

則不諫必引得許多年齡謂之非已定之命為義亡天
命則凡吉凶禍福生於今日不可謂有命也曰比干之
仁而享百年之壽以生於當死之時皆定乎有生之初
比干若言百年之命而忘義不諫則盜造化之大賊故
孟子曰有性焉君子不謂命也亦蓋言此意紂已為
天子有四海是定乎有生之物者如此漸成其惡以失
其富貴是變天命也然失其富貴亦謂之已定之命可
矣之理微處乎吉凶禍福皆有已定之命而聖人設卜
筮令人趨吉避凶何也曰將為此事逆知其吉凶自謹

甘雨亭叢書
很憨錄 卷下　十二

自直是卜筮之教也故卜筮教人盡人事矣曰清濁
天定乎有生之初故謂之命富貴患難忽生於今日故
謂之天是以伯牛之病曰命又言死生有命富貴在天
孟子曰莫之為而為者天也莫之致而至者命也又曰
吾之不遇魯公天也尤明白曰不然清濁壽夭固出於
氣而富貴患難亦生於氣出氣者皆有已定之命故孟
子曰求之有道得之有命論語曰不受命而貨殖朱子
曰以理言之謂之天自人言之謂之命其實則一而已
可以見天與命不可分矣孟子盡心第一章第二章其

論備矣盡矣只就到於此大意而已更有隱微不可言
者難以口舌盡焉

性說

性人心所受得而生者也所受得者何也曰仁義禮智
矣自條理區別謂之理自天賦與之謂之命自至正至
直無惡謂之善火之炎上水之潤下是水火之理自至
炎上水當潤下首是水火之氣火當
說繼善成性說理性命也發明性善之義可謂明
說性善至伊川則以性即理也發明性善之義可謂明

甘雨亭叢書
很憨錄 卷下　十三

白的切矣養繼善成性是孟子性善之祖而其言理性
命是中庸之父伊川理也之曾祖也仁義禮智即人之
所具之理直是人之性已謂之理也則善而無惡可知
矣故大學謂事理之極而說至善中庸謂明於理而說
明於善大易謂天理流行不間斷而說繼善又四德之
元謂善之長明道生之說尤明備而以理為性之實體
則不異于伊川也伊川之說直截而明道就理氣妙合
之處而說理元不離乎氣則伊川之說不可不同於明
道也朱子中庸首章解可謂盤水不漏矣明道惡亦性

〔上葉〕

之云。則明人性之條理區別者。不越于四者。而彼惡者
亦不外于四者。特四者偏而后然。蓋水洋溢滔天火焯
焯燒家亦炎上潤下之偏也。姑息懦弱仁之偏也。縱橫
虐義之偏。人之質不能外五行。則其所為縱橫左右大
過不及。的當不當。登外五行。
心統性情。程子敎種之譬喻。皆以性與氣有性名及
性。邻郭橫渠合性與氣有性名及
此又言相近習成之性。何也曰。性人之心所受得而生已如
理而清濁昏明之禀。亦人之所受得而生之天氣且理

甘雨亭叢書
狼筅錄 卷下 十三

是氣之理。氣是理之形體。二者皆出於天。而不相離則
有就理氣妙合之處。指其實體而言者。拘近之性是也。
有水中。天命之性。不論水之清濁。指月之性是也。
質之性兼水之清濁。指水之清濁而言。故月有明暗之異。
有兼清濁昏明之禀而言者。拘近之性是也。譬性猶氣
朱子解相近之性云。此性乘氣質而言者也。蓋此意矣。
非離乎陰陽。不雜乎陰陽而言者。天命之性也。雜陰陽
而言者相近之性也。炎上潤下是水火之性水有清濁
火有文武謂濁者文者曰這水性濁那火性弱又補益

〔下葉〕

真元是人參性謂出於朝鮮者曰那藥性厚而美謂出
於中國者曰那藥性菲而弱亦皆乘氣質而言者也蓋
命有理氣之二則性亦有天命氣質之性
之理而謂之天命之性。合所禀之氣而謂之氣質之性
荀子性惡。揚子。韓子三品之說。皆不知有天命
氣質之異。認氣以為性。蘇胡二氏以性善之善為非善
惡之惡是佛氏之見。朱子已明辨之。但明於理氣分合
之間者。而可與言性之說矣。
體用顯微說並圖。

甘雨亭叢書
狼筅錄 卷下 十四

體用之名。取人身之動靜矣。人之靜而立也。四支百體
具焉而已。及其動而行。四支百體各為用矣。合體用
而人也爾。
體用以動靜顯微言。以理氣言。然而動者屬陽而氣亦為體
故顯亦為用。有之靜者屬陰而理為體。微亦為體。
有之是以人心靜而無朕者為太極為體已應者為
用屬兩儀易所謂顯仁是也。
心之未動性也。此時一理一元氣體中顯微分。心
之已動情也。用也。此時亦理與氣而已。用中顯微分。

心之德愛之理仁也，為性為體為微。慈愛惻隱之心為情為用，用是氣用事，故謂之顯可矣。媚色婉容是愛之理見於形色，顯也，形而下也。上者藏諸這裏所謂之用，可謂之屬情，不可謂之情也。心之制事之宜，人心制斷之德，事得宜之理，義也，為性為體為微。制斷羞惡之心為情為用，謂之顯可矣。外方事得宜是顯也，形而下也。上者藏諸這裏所謂之用，可謂之屬情，不可謂之情也。天理節文，人事儀則，恭敬撙節，禮也，為性為體為微，其三千三百當如此

者，恭敬撙節底之理之目也，亦性也，體也，微也。恭敬辭讓之心為情，可謂之顯矣。行之而事事有節文規矩，是當如此者，為三千三百，於事上是顯也，形而下也。上者藏諸這裏，可謂之用也，可謂之屬情，不可謂之情也。分別是非底之理，智也，為體為微。是非之心為情為用，謂之顯可矣。事事善惡之分是顯也，形而下也。上者藏諸這裏，可謂之用也，可謂之屬情，不可謂之情也。元亨利貞四德之體微也，四時行四時之用顯也，萬物

生長收藏，四德之見於形色，顯也，形而下也。上者藏諸這裏，亦用也。四德具於冬而為貞，是靜也，為性為體為微。猶五常立於未發而為智為性也，發於春者而元亨為陽動之德，顯諸所謂諸利貞為陰靜之德，為體，動也為用為情為顯。四性各有體用，而仁禮為陽動之德故為用，為陰靜之德故為體。心之德義處事之道言之，則仁為體義為用，謂是也。

一陰一陽之謂道，陰陽是顯，道是微，道是體而陰陽是用也。就其共顯者而言，則陰為體陽為用。以深愛為微，以媚色婉容為顯，中庸兩處言顯微皆就氣上而分顯微。易太極圖說與孟子仁義分體用不同，有何所據而知其然？易以陰陽剛柔配仁義而言，曰顯仁，太極圖說曰主靜，又引證易語，可以見仁為用義為體也。孟子每每說仁義，而言仁安宅義正路，則可以見仁為體義為用也。

或云孟子以義爲用朱子解義字曰心之制事之宜已
爲用則是情也何爲性而解之蓋其曰心之制事之
宜是以發用言歟曰仁義禮智道之名目條理心之
寂然道斯立心之感通道斯行立者謂之性行者謂
之情而皆形而上者也微也所謂心之制事之宜
道之一名目一條理而上者也微也性情體用皆
道者朱子解亦爲道所説但仁義爲體而仁說
是性名是正面說仁義爲體用各有體用而謂
仁義爲體用之德則仁謂之性義謂之情非不可言

矣謂之羞惡之心則可言動而不可言靜謂心之制
事之宜則可矣微而不可言顯氣體用皆微故可以
言體可以言用。
心之制事之宜與斷制裁割底之理一意以心之制
之宜爲義之用者不是天理節文人事儀則爲見事
撙節底之理亦一般以天理節文人事儀則與恭敬
上者不是孟子以義爲用而言亦爲動之德則形而
上者也道也微也謂之性可矣謂之屬情亦可矣
合虛與氣有性名然靜時氣不用事而理爲主故曰性

即理也性之動謂之情則情亦虛與氣合之名動時
氣爲主故有善有惡是以中庸不直曰發謂之和而
以中節爲和
性字專言則乘體用所謂天命之性貫動靜而
情而言則性爲體情爲用動靜字則不能通
于體也如孟子所謂情才則謂之性之動謂之動上
之性所謂知性養性亦兼動靜而言者也程子所謂
情熾而鑿其性亦非云情勝而鑿未發之性言失情
上之理也性其情而不失其理也

孟子以義爲動之德所謂藏用者也靜時渾然一理仁
是心之全德而愛之理故理只見仁之面目而已理
已渾然故氣亦渾爲一元氣只見滋潤溫和底之氣
象而已動而應時氣裁斷萬事理只見義之面目義
是心之制事之宜也所以孟子以仁義爲動靜之德
也動靜者氣也所以動靜者理也靜也四性之體具
動也四性之用行用行時四性之體依然立第九之
圖明此意故動上亦可分言體用也
體用以動靜言顯微以理氣言是正意靜者不可見而

動者可見故以體用為顯微是亦一意。

視聽言動氣也已也非禮也氣

理
〔靜〕（復體）　〔動〕（克己）
氣（非禮）

是理之節文身之規矩也已而於己而不由於理之模也禮

此時只見理之節文規矩氣亦由於規矩法則而已。

復禮而后地之節文者見心之德愛之理之面目由

於規矩之氣亦生滋潤溫和底之巳鼻孔子說仁乘

體
理　靜　氣
（太極）　元氣

為動靜者氣也所以為動靜

體用而言。

甘雨亭叢書　卷下　很憷錄　十九

者。理也靜時渾然一理。一太
極而已。無區別矣氣亦混為

一元氣而謂之體也動時所謂一理

元亨利貞之面目所謂太一一元氣者亦有生長收

藏之可見。理無迹而氣則有形故體之理

氣可言顯微而用中固可指言顯微。

利貞
（收藏）
體　理　靜　氣
用　理　動　氣
元亨　生氣

體　理　靜　氣
（使順收）　太極陰
用　理　動　氣
太極陽

甘雨亭叢書　卷下　很憷錄　二十

體　理　靜　氣
用　理　動　氣

體　理　靜　氣
用　理　動　氣

體　理　靜　氣
用　理　動　氣

體　理　靜　氣
用　理　動　氣

性
體　理　靜　氣
用　理　動　氣　情

仁
體　理　靜　氣
用　理　動　氣　行

義
體　理　靜　氣（裁處）
用　理　動　氣（發）

仁心之德愛之理。
體　理　靜　氣
用　理　動　氣

體／理靜＼氣
用／理動＼氣

體理靜氣
用理動氣　入心　道心

攝象森然只
沖漠無朕
寂然不動　應萬事

仁中天命之性率性之道
用理動靜道心

甘兼體用動靜而指微而
顯仁

形而上者也

合體用乘動靜統理氣包顯微

而謂之性其曰謂之仁義禮智

體／理靜＼氣

用
理
動
氣　——　性　——　仁義禮智

又謂之德又謂之道如此見而

可得孔孟之旨奚然要之形器

上下之分則固不可混云

修身說　後更有定說此未定之說

正心以上皆所以修身故格致誠正之外別有修身

一段工夫傳文特言身不修則家不可齊而已哀矜

放惰之僻其亦如不至意不誠心不正之故也爾或

云非別有修身一段工夫則何立此一節曰邪雖非別

有修身一段工夫而欲格致誠正皆歸于修身是聖

學者實處所以為不同於異學也故修身是格致誠

正之標的歸宿處

格物致知說

凡萬物有所職而照理知之官也故朱先生曰所

知覺者是理理不離知覺知覺不離理知只是理之

照而心之條理區別者也

理無形體以氣為形體氣無模範以理為模範故物是

理之形理是物之形也易曰一陰一陽之謂道又

曰形而上謂之道形而下謂之器程子說之云器亦

道道亦器論語曰逝者如斯歟程子又說之云寒往

暑來水流而不息皆與道為體中庸先言君子之道

費而隱而後又引詩為飛魚躍曰言上下察也是皆

可以見物各具其理而物即理顯微無間就物可見

無體之理之義

無所不照故心照乎外而昏乎內水火相交而

火照乎外而昏乎內水昏乎外而明於內水火

於內心得知覺明於內知覺得心而運用於外火照

外物而物影於水心應外物而理照於知萬物影於

水物理照於知其理一也。故物之影。是水之官理之
照是知之官。水動則物不照。故居敬
收心之功。照理之本。水不動則不照。故居敬
散亦塞則不照。理之本水雖不動亦濁則不影。心雖不
或云孟子曰萬物皆備於我矣。我之心備眾理何就物
於外而窮其理曰內外合一更無間隔所以為萬
物備於我也。萬物皆備於我故為就物於外而窮其理。
即是窮在我之理矣。
之運星辰之度早而山川之文草木之理皆備於我

矣。故推之其理可得求之日至可致非備於我則如
乎。
之何可得之故況物雖在於外然所求之知在於內
致知格物開所備之眾理誠意以下致應萬事之實
水分上下有流而止之二知。分是非有知而不去之二。
易所謂貞。夫婦分男女有和而不流之二十一月一
之正固也。
陽復而天氣開十二月而地氣開天地交萬物孕於
此夫婦交而五倫生於此是非媾兩精百行出於此
誠意至平天下皆本於致知所以為大學始教也骨

屬腎水身依以立理為氣之骨子知為百行之骨所
謂貞者事之幹其理一而已
窮一理而萬理皆明顏子不能窮理逐一窮盡雖百年
之功亦日不足但窮得十之七八時豁然貫通貫通
時不窮之理亦廓如矣豁然貫通卻所謂一貫也初
窮萬箇理為萬箇稍熟時萬箇合而為千箇耳
為百箇為十箇至於知天命則終為只是一箇而
順喻之療病初用三稜我尤之劑斷以用人參黃茋
補真元治七八分時不服藥而復舊又似學數初學
因乘平立勾股盈朒時千箇術為千箇稍熟時為百

無不通
以易所謂窮理釋格物以一貫釋知至後卷軸以中庸
箇為十箇終知只是歸於乘至此則雖未推之妙亦
孟子語善為證確乎不可拔
物是理之形理是無形之物知是理之光三者物知理不
相離
水是至柔物卻為骨齒所謂知而不去貞之正固也四
時歸於冬而冬開來歲之端水是五行精汁萬物始

卷下　很堂錄　村雨亭叢書

於水五常光於知知百行其理一水潛於地知藏
於內水歸甲而后止而不流是知之知而不去也
水之流通是知之由於理而逐也水就下至於其極是
知之至於至善也水至於其極而后止且平是知之
至於至善而不遷是非之正也
智是天命之知知是氣質之智
知為智之用非矣知者心之神明妙衆理是乘體用而
言便是智之乘氣質而言者也故知有淺深有廣狹
言虚靈知覺之知覺與
也大學致知之知同

妙衆理靜時知照而藏動時與理運用猶藏諸冬而發
諸冬也

殺生食肉說

凡萬物有所食而生育天食氣地食質冬至一陽來後
而日生生者天之二氣相食也木食水火食木火克金
金食土水食金者地之五質相食也其水火食木土食火
金克木木克土土克水水者養共所食也水食金金為火
以養養他做之猶烏獸害五穀聖人從而為田獵也蜋食蟠
蜋食蟬烏食蜋蜋者物之相食而生也人者萬物之靈

故養於萬物養於萬物者治萬物治萬物則勞其精神
勞精神則萬物之食人亦不少矣天地人物之相食而
生者如此而至於害天者雖同類者亦聖人制之五
刑是也以人之貴食物之賤尚斧斤以時入山林數罟
不入洿池釣而不網弋而不宿遠庖廚而不聞其聲者
推物與同體之愛仁心施見聞之所及也食於此者見
食於彼制於彼者養於此自然之理食於此
切禁殺生然尚不免飲水食稻采薪造家去稻不食則
復生采薪伐木則不能外自然之理而佛氏不知之一
其亦殺生也而則不知有情非情之

卷下　很堂錄　村雨亭叢書

別似矣然不知我食物亦食我制於彼則有所養
於此而相為用之理其殺非情亦徒殺之無有養之之
政有所食於天地間物非情而無所為於天地間則盜造
化之大賊而已烏獸而不見食草木而不見用則其亦
可謂盜造化之賊也且稻而不刈則朽水而不用則失
性如此井水刈而植之則生生用易之則其水清水而不用
無見其益萬物皆如此聖人裁制輔相之道異端登識
之哉

知行問答

學之道無他在致知力行之二而已先後不亂工夫不
欠則近道矣或云學之道固有知行兩端然程朱以先
後言之非聖人之意也何以先後言之雖知
東亦未往東去則非真知東只是想像臆度而往往東去
而后真知朱有程朱知行之艱險平易草木風土之厚
美菲薄自程朱有先後之說而世之學者往往急於
急於行不知良知之尊則只專務強探其力行亦不見
良能之易簡則追於力取其氣象終不似聖人而不覺
自欺入伯者境陷告子見也曾子日省一貫於一唯

之間而日忠恕而已子貢億則屢中而無一唯之得夫
子告子路日由知德者鮮矣漆雕開言未能信而夫子
說之皆可以見此意而孟子良知良能之謂則尤明白
親切日合一無先後則工夫始於致知在格物是工夫
之行先知而后可日大學曰致知在格物致物是工夫
劈頭何謂格物視聽言動謂之物孟子所謂物蔽於物
是也言極良知之量在以天則此視聽言動蓋視聽言
動有自然之則而存矣人之所知也能正物則所謂良
知者沛然不待強探自然洞乎所謂良能者亦油然生

不待力取自然心正身修不令而行於天下謂之王道
之學矣工夫大在格物上格物即知底工夫
曰以格物為正視聽言動則格物是力行而在致知之
前予故云如吾子言則知行先知後且正視聽言動是
顏子克己仲弓敬恕與誠意正心如何分別如吾子言
則正誠亦格物耳所謂視聽言動有自然之則者不有
聖人從容氣象所謂畫虎不成類於犬者也中庸言困
先知之則何以正之懲忿塞欲貴痛切初學遠欲比於
知勉行尤明白夫知有淺深行有大小雖云知先行後

亦以深知與小行言之知却在行後然淺知而后小行
成小行成而后知益深知深而行之大者成則知先行
後之序依然存其間矣十五志學而三十立知之淺而
小行之成也不惑知天命而耳順而不踰矩知之益
深而行至其極也知先行後之分定而其進之間相須
為用猶有知先行後之說亦固非為知成而后行始
足復進雖有知先行後之說亦固非為知成而后行始
力今之學者唯知是勉不省於其行者登足論之哉知
先行後固非程朱之私言古聖賢言之已歷歷程朱特

逑之而已理之必然固不可動則假令無聖賢之言亦
予信程朱之不謬矣易曰知崇禮卑又曰至至之知
終終之又易曰學以聚之問以辨之寬以居之仁以行之
又曰有不善未嘗不知知之未嘗復行也又曰博我以
文約我以禮又曰君子博學於文約之以禮又曰精義入
神以利用又曰識前言往行以蓄德書曰惟精惟一
曰非知之艱行之艱大學曰如切如磋如琢如磨者道學也如
琢如磨者自修也論語曰知及之仁能守之又曰
學可與適道可與立孟子曰我知言我善養浩然之氣

補閒齋叢書　卷下　狠齋錄　三十九

又曰知智擴而充之矣又曰始條理者智之事也終條
理者聖之事也又曰知性如天存心養性中庸曰擇善
而固執之又曰博學審問慎思明辨篤行之又曰思修
身非誠不可以不知人知天又曰知仁勇又曰不明乎
善不誠其身矣如先行後義尤明白的射者非先
知的之在虛則向何地而發矢發而后親知敬率之味
也的行人非先知來西則方何路而起步而后禁止非禮至
固也地勢風景固也顧子問克己之功夫而后禁止非禮至
於不還不復之後其知員固也曾子曰三省之功而唯

於一貫因唯於一貫而至於易贊啟手之極矣假令先
後之失合一之得亦因與吾子明辨而後得用正物之
功則是亦可以見知先行後之序夫知於五行屬水於
四時行冬於五倫為夫婦水有東西之二而萬物資始
於水冬至一陽來復節氣始於此夫婦有男女之二而
人倫生於此此知有是非之兩面而百行本於正
修至齊治平皆出於此知有是非之兩面而百行本於正
先後之序明白已如此而曰事有終始知所先後則近
道矣予曾疑其過詳今而后知聖人慮遠之至也孟子

補閒齋叢書　卷下　狠齋錄　四十

言良知良能非尊從容惡困勉之云是特言不待外求
本於固有耳如吾子言則四子六經皆無用贅言非特
贅知為伯為佛如此則為如何哉曰程朱所謂致知力
行則強探力取則不能以知覺為自然不是
民知也力取則內外異孟子曰所惡知為鑿易曰何思
而億力取則推孟子曰由仁義行非行仁義又曰
慮孟子曰不以為仁孔孟之言如此尚何疑哉程謂
不行孔子不以為仁孔孟之言如此尚何疑哉程謂
力久真積而後可至不思不勉我恐強探力取雖積百

八二八

年之功。亦終不能至於聖域矣。孟子曰。閔子顏淵則具
體而微。特為良知其能之未廣大耳。致良能則
半知半能。亦不異於聖人氣象。為眞知眞行。非伯者之
假充。良知良能時而直是聖人。格物是物務本。能正物則
知自然開。不待探。謂之眞知。謂之良知。謂之良行。行
自至。不待力取。謂之真行。之良能。知謂之良知。能從
生更無先後可言已。強探故不能息矣。以
良能良知則良能。良能則良知開處。良能從
子曰。萬物皆備於我矣。反身而誠。樂莫大焉。如之何

思為聖。其說克己。說非體勿視聽言動。說言忠信行篤
敬。見參前衡。說博學篤志切問近思。說博學審問慎
思明辨篤行。說人十已百。其使人困於知。勉於行如此
矣。原憲之不行。制伏之而已。非拔本塞源之功與。所
克己大不同。見之不透。克之不深也。非孔子惡思
之過。中庸分明說擇中庸而固執。又言不思而得。不
而中。從容中道。聖人也。論語亦耳順不踰矩。在立而不
惑之後。生熟之別。位域之異。尤明白。克己為原憲。思勉
不急。却為橫渠。是初學不足於窮理而力行之失也。吾

程朱求物於卜筮。只能正物。澄治其氣則固有者自開
自行。可謂易簡也。曰聖賢之誨人。或從質之強弱。或依
習之生熟。或就所至之分域。或見所得之大小。擒縱予
奪操舍進退。不可以一律論。為其言由仁義行。非行仁
義。是說大舜安行之義。非以之遠責學者。率以
虛僑安行必矣。致知力行。各有節度。不及則悠悠懶惰。
過則強探力取。明道答橫渠言。不能以明覺為自然。
能以有為應迹。孔子誠季文子之三思。子惡知之
鑿。皆矯其過而言為。非惡思勉也。書曰。聖不思為狂。狂

子謂舜明於庶物。察於人倫。是自內而明於外。非就外
物究其理。萬物備於我。何求之於外也。萬物備於我。故
內外無二。所以為就物究其理。即求我之固有者也。所
謂九經。哀公就政。究其固有物也。顏子問為邦。就究
其理也。其曰窮理。曰觀天文察地理。曰博文。曰博學。皆
言就物究理之義。尤明白。今吾子與予依論孟而論學
術。直是就書討論而究其理。知元以知理為德。物備其
理。而物卽物理之形體。究之者在於我。所以就物究其理。
卽求有於我者也。吾子所謂正物而致良知。似程朱言

居敬而究理然非是云居敬則理自究特言居敬則理
可得而究耳吾子所謂正物而展能生似程朱言居敬
而集義是亦言居敬則發可得而集耳非六居敬則義
自集也若自窮則何用言窮理集義力行博學近
思明辯等語乎吾子以精一工夫執中效驗不執之執
為說者似炎要之不須煩多言七十子亡問孝問仁問
政問君子了了思孟子之說道論學皆何為者也。

譏記

沖漠無朕萬象森然具則孝弟固性中所具之理然仁

讀四書叢辨
卷下 梁寬錄

養體智性之目體之名孝弟則仁之發用之名且有
子以仁對言所以程子言性中何嘗有孝弟來也。
終日對越在天是說敬之氣象然天是大底人有理有
神感應予奪固顯然可畏之甚矣對上帝是亦初學
者守已一術。
雁燕互往來不知其往去處以地球見之比方有冬至
前後常晝之地此地冬却暖之故乎。
野州館林瀨戶井村距武州忍之城僅一里程此地有
長民之祠傳言漢長民往昔來於此而死因為地鎮。

武州秩父郡月野澤村有古城遺趾是平親王將門
舊迹王原王澤皆在秩父郡內亦皆將門經歷之地
故里名加王字館林邊舞木村是秀鄉之舊迹今尚
有遺趾羽生領內有小松官越中前司持重盛遺骨今尚
來葬於此而建祠白川戶村有古墳相傳言賴朝葬
於此古墳邊有小塚名幡塚埋賴朝憚同鄉中有西
明寺是時賴經歷之地乎足利有寺稱學校山有尊
氏舊迹新田骹屋瀨民田大田熊谷平山永井別府
玉井栗生篠塚岡部本多猪股島山今有舊迹皆距

甘雨亭叢書
卷下 梁寬經

忍城十里程或一二里程鎌田正清宅在崎玉村同
鄉有尾崎池占今集中川越領內有青梅郡此地有
青花梅傳言將門植之熊谷邊有將門山亦親王之
舊迹乎小山宇津宮在下總國小見村一訛有石
室不知何時何人作之館林邊亦岩村亦有石室往
年里民毀之得珠玉朽鐵輕話如此永詳真偽。
僧日蓮在鎌倉拘土牢內三年而後有赦命日蓮迎使
者云將軍謂令我艱苦我在一尺牢中亦不關我
則心充天地間又日蓮祈雨時持兩具而行果兩其

内一作。

【上半葉 右欄】

筆。有

胸中之大自信之篤吾黨却無此氣象

性生也人心所得而生皆謂之性道路也曰用閒常與

由而行者謂之道德得也人心所得者謂之德而有得

者有行而理理也主於物有條理者謂之理犬之賦

於物謂之命主於天而有條理謂之天理犬之自得

而足謂之天德鬼神之自得謂之天理天之

行謂之天道而其實則皆一故雖物曰命犬之

曰命然亦或曰犬馬之性曰五行之性曰天

曰天理曰地理曰明德曰明命曰天德或曰天道

地道人道或合而曰道德曰性命曰德性曰道理曰

性理自得於天而光明盛大謂之明德俊德也指理

之極處謂之至善也指天道理德之无妄謂之誠以

心體之靜謂性理之不偏謂之中以心用之動道理之

不夾謂之和以心德之滋潤親切謂之仁萬殊之一

本是一貫也理之湊合事物之骨子是太極也其無

體是無極也其他說說眞說義說元亨利貞之類皆有

所當而言之其實則無二

神出於目未著於舌南鬼入於鼻西藏於耳北洪範以

【下半葉 右欄】

爲。一作筆。 魯。同學 筆。有

立春後二十一日或二十二日而白鳥飛去子子丑兩

爲之孔明祭星亦未詳其理

物之氣爲星所以有五星也帝坐之類何人以何理

爲星一理也石氣上爲星屋零爲石金主氣故萬

藏其宅也聲音呼吸屬肺金肺爲五藏之天石氣上

乎血陰屬心火氣陽屬肺金是陰陽互爲根所謂

而肺卯主氣水是五行之精氣而金主水西方坎水

血屬心火而肝木收血是木孕火束方離火乎氣屬陽

貌屬金鼻是體之始生

【下半葉 左欄】

年試之果然

且木行於養土發生故頭向於下勢急則必顚倒物

人十月而生蓋盡天地之數數凡十天地之數

皆然蹶者倒者可見是以人生時頭向於下即是地

天交泰之象正月是三陽交泰而爲歲首亦此理也

心人之神主於形而不圍於形者也故乍往千百里外

頓至於十數年前其妙如是是以乍爲聖頓爲狂

一念之幾一行之微直達乎天神不直達則祭祀不來

格卜筮不告吉凶

統體之太極與各具之太極不同時然各具之時亦有

統體者而存

五臟之位肺是氣之主故位於天土居中央肝出於土

火上於天水臟於地下腎有左右是水分東西也丹

田之元陽是一陽生於下也眼目鼻舌居在頭是象

見於天也五臟在腹是實其於地也氣出入於鼻是

氣行於天也

一是數之父也二是數之母也五則數之所依以立也

故一二交而二生二二生二則為三四也五是二三

甘爾亭叢書 卷下 偓佺錄 三七

之合也正中之一自含五角餘四合一二三四以一

二三四五加於五則為六七八九十也

七	六	五	四	三	二	一
						父
					一二 母	
				一二二 長男		
			一二二二 長女			
		二二二 孫男				
	二二二 孫女					
一二三三 曾孫男						

八 ｜ 二二二 曾孫女
九 ｜ 一二二二二 玄孫男
十 ｜ 二二二二二 玄孫女

一父二母一二交而母生男又生女為三四長女生

男女為五六孫女生男女為七八曾孫女生男女為

九十也數皆本於一生於二○數生於二母立於五

土故二九其用同假令以五乘於一六亦得一六則得一萬五

千六百二十五以一六約一六亦得一萬五千六百二十

十五以三乘二十五以三乘...一萬五千六百二則復歸於一

甘爾亭叢書 卷下 偓佺錄 三八

也以二乘於一六則得六十四以五約一六亦得六

十四以五乘六十四則亦復歸於一也○數本於一

生於二故此圖皆生於二也一是數之始十是數之

終故一與十二與九三與八四與七五與六相對皆

為十一也○下一列一而一則九次一列亦一

則二而二則九一夫有眾妾之義也

天高地卑地天交泰以成其道而生萬物矣火炎上於

天禮也水潤下於地知也知早禮高知禮交泰知高

天高地卑地天交泰以成其道而生萬物矣...禮卑

以成其性而生百行矣方位圖八卦側立以北為上

則為地天交泰所謂知高禮卑也人之形後高知以

守巳也前半禮以接物也

天無形只是理而已地則有形質知是知理而已無形

遝禮則有形質如菓實是鬼神求格警穎北辰亦有此

祈雨而雨祈晴而晴便是鬼神求格警穎北辰亦有此

理誠之至必有應所謂改過遷善求助於神遷才生

神益雖吉凶禍福在天亦益人事則凶變乎吉人事祈

不盡則吉亦變乎凶誠信改過遷善求助於神當必

巾雨亭叢書　很齋錄卷下　三十九

有應不盡人事則凶禍非正命也自省無慚則無當

改之過何以祈之哉所過吉凶皆正命也不能保無

過之人當有祈之理矣如金縢書非默契鬼神之妙

者不可與吉之

一九太陽九。二八少陰。六三七少陽一四六太陰。四徑

一而圍三三而進九少陽九夏自六而退四秋太陰

四是陽進陰退陽順陰逆斯見吉凶分土中五之數

四害不親吉而為平屬中六添一筒私四失正

中之一所以為吝為凶一得正中之一是善端之發。

悔九是五而四吉未如五之五一三居東故徑一圍三

九七在南而故九含七一三九七順一而九二四居北

二二之四故四含三六八在西故六八二四逆四八

而縱見其峯頭橫見為艮嶺河圖可作範洛書亦合

易陰陽家數妙參伍無相悖

太陽其數三百六十益必有自然之妙數未見古說益曰

日數三百六十一日一周天而月與日會一歲月數十二

一日一周天三十日一周天月太陰其數六

與八六少陰三八二十四與一六之數凡三十日

巾雨亭叢書　很齋錄卷下　四十

而日月會二是陰數之始六太陰之數故二六而十

二月天是星其數四。星是金石故其數四十二月而日與天會

故三四之十二也天地之數凡五十五而除其中五

其他皆自乘則凡三百六十故一歲三百六十日也

是記一時所見耳更詳之

邵子一元之數予往年繁見之而推之未詳今牢中

無書可讀則今亦不可致詳矣特識今所推耳更考

之

上半右欄

年

石　水　火　土

元

月　　　日　　　時

十二會・三十運・十二世・三十年。

三百六十運・三百六十世・三百六十年。

四千三百二十時・一萬八百年・

十二萬九千六百分。一萬八百分。三百六十分。

十二會・三十運・一萬八百年・

四十三萬二千世・

十二萬九千六百年・

上半左欄

一晬

六　五　四　三　二　正

一萬八百分。

朔　十二時三百六十分。

二　二十四時七百二十分。

三　三十六時一千八十分。

十一　十二　十三　十四　五　六　七　八　九

寅　三十分。

卯　六十分。

辰　九十分。

巳　百二十分。

午　百五十分。

未　百八十分。

下半右欄

年

七　八　九　十　十一　十二

十二萬九千六百分。

四千三百二十時・

一萬八百分。

六　七　八　九　二十一　二　三　四　五　六　七　八　九　晦

申　二百十分。

酉　二百四十分。

戌　二百七十分。

亥　三百分。

子　三百三十分。

丑　三百六十分。

下半左欄

六　五　四　三　二　一會三十運一萬八百年

十二萬九千六百年・

一運十二世三百六十年・

一世三十年・

二　六十年・

三　九十年・

四　百二十年・

五　百五十年・

六　百八十年・

十三　十四　三　二　十一　九　八　七　六　五　四　三　二　一

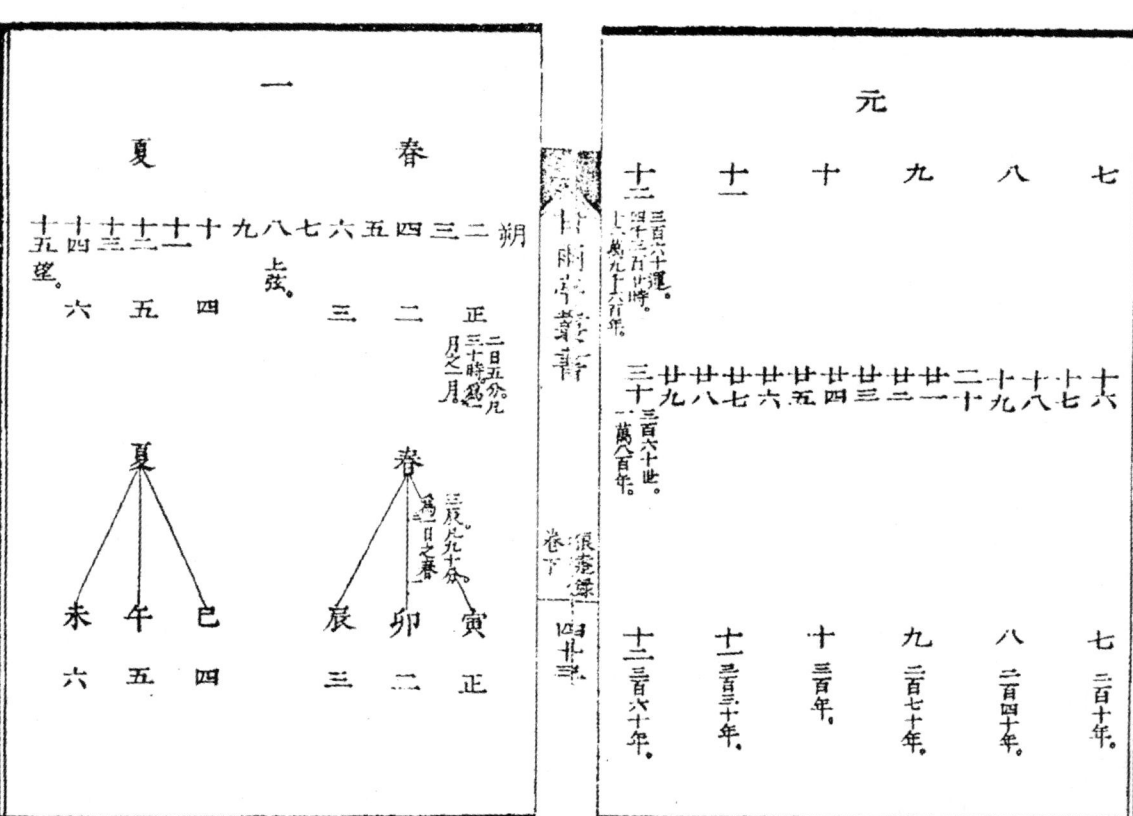

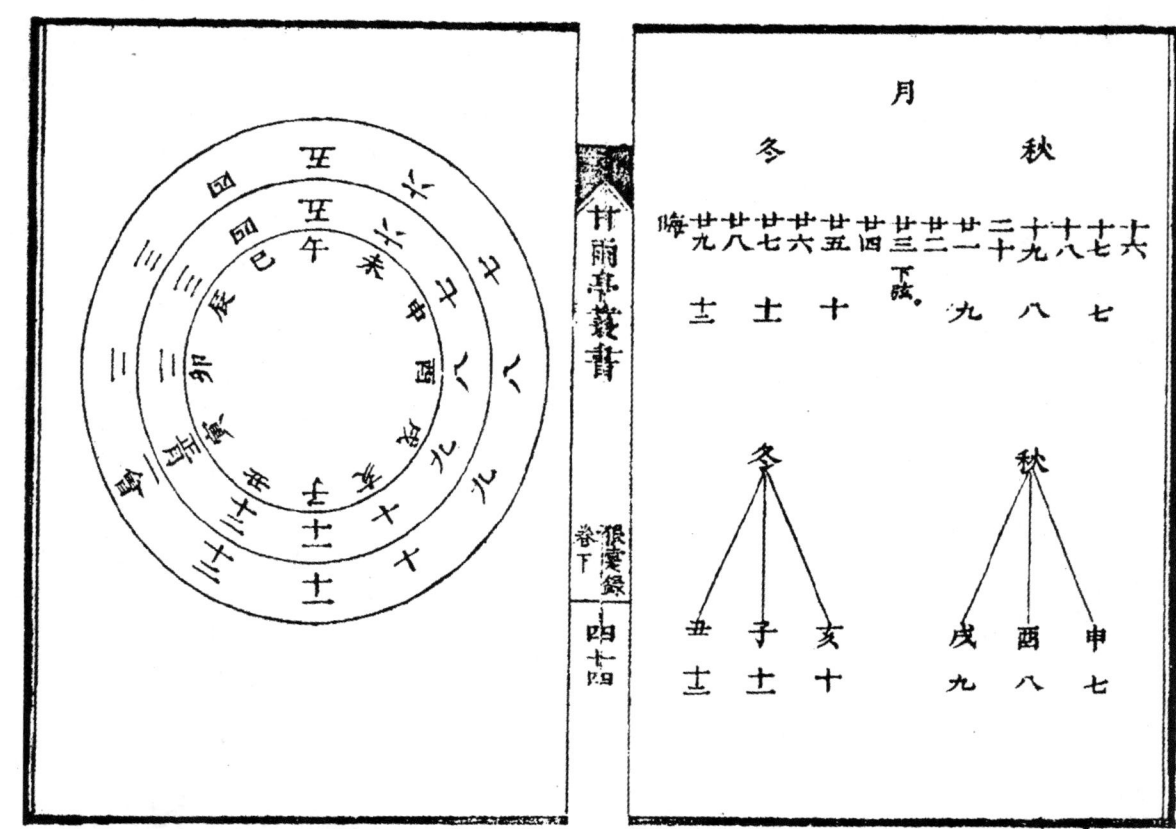

幽明內外遠近大小二而一更無間孔子曰不知生焉

知死未能事人焉能事鬼孟子曰萬物備於我矣程

子曰近取諸身百理皆具邵子言一元之數近取諸

一年焉近一年者如此則遠一元者何疑之也所謂

能言天者必驗於人是也蓋大一年一年數亦不過

小一元之積也三十分而成一辰十二辰而成一

三十二之積也三十分而成一月十二月而成一

日三百六十日而成一月十二月而成一年之積也

二月三百六十日四千三百二十時十二萬九千六

一年下原
脫是元
字云十五
字今據
本補入

百分三千年而成一世十二世而成一運三十運而

成一會十二會而成一元之數凡十二會三百

六十運四千三百二十世十二萬九千六百一年

是一元十二月是十二會三百六十日是三百六十

運四千三百二十時是四千三百二十世十二萬九

千六百分是十二萬九千六百年以年月日時推之

知元會運世之必然矣不唯一年數如此

此一日亦如此以七日五分凡九十時之四

時以二日五分凡三十時為二月之一時以二時凡

月蛾亭蟊莘　卷下　四十五

三十分為一日之一月以一分為一日之一以八

毛有齊為一日之一時○或曰前瞻無端後推無窮

理當如此邵子言一元之數則有端有窮如何曰有

理則有象有象則有數理數無二以理言則無端無

窮以數言則以一元之數為天地之終始也數近以一年

之數故一元之數以數明無端無窮之理近以一年

言之以十二萬九千六百分為一年之數而此數未

盡之前十萬八千分之後至十一月一陽來復是今

年未終已開後年之端以一日言之三百六十

雨窗欹枕集　卷下　四十六

分而今日未盡至子之半已生明日之端以人言之

非父死而後子生父在子已生一草一木亦皆然凡

陰陽萬物無斷而後續終而後始一元之數十

二會凡十二萬九千六百年十二會未終至十萬八

千年之後天之會而已開後天之端今天未終復開

後天之端所謂前瞻無端後推無窮如此則

無不有天地之時所謂混沌未分所謂無極而太極

所謂沖漠無朕何之時歟曰至亥事已人定之時一

日之混沌至十月草木歸於本宇宙蕭索之時一年

之混沌至第十會山融川結人物消滅盡之時一元
之混沌統體之太極其立於此乎太極動而生陽十
一月靜而生陰十二月陽變陰合生水火木金土五
氣順布四時行四時各三月是為大四時各一元之
之精妙合凝乾道成男坤道成女形交氣感萬物
五之變化無窮十一月天氣開十二月地氣
生生變化無窮十一月天氣開是乾父十二月地氣
開是坤母父母搆兩精生長男月正長女月二長女又生
男月三女月四是孫男女也孫女又生男女又生
男女也曾孫女又生男月七女月八是玄孫男女也玄孫
女又生男月九女十是曾孫男女也父母居前年之終

甘園學數書 卷下　侯變錄　明廿七

者老而在不用之地也中正仁義是四時之德而主
靜本於混沌之時也要之不過謂之陰陽剛柔仁義
而已一元之數天未終則
死生哉原先天之已開端則知今天亦未終
已復開後天之端然今天之盡曰邵子以堯即位為
當某會某運某世某年何以知之也以上古十一
月甲子朔夜半冬至為曆元是一元之始處自今漸
次推上可得之孟子所謂苟求其迹千歲日至可坐

而致是也邵子言冬至子之半亦此之云也○天地
萬物續於未斷始於未終猶鐵鎖也無斷而后續終
而后始邵子一元之說此理尤分明○通一元
之理而後太極說有安頓處某有數句大哉無極翁
示我太易祕不有混沌在陽動何處起魏巍一元公
示我混沌鄉一元何處尋直指一周歲一念未起地
直是混沌鄉極森然斯立知洞乎獨明是非搆兩
這裏孕育百行倍養混沌地幾微天心清時會冬至有
詩宇宙蕭索見無物無物鄉裏開天根兩精相搆是

甲雨奉叢書 卷下　張變錄　甲八

又非萬紫含芳貞中元化工吹出黃鐘律胎養開得
行旅關誰謂萬物終後始雪中寒梅已青眼首皆嚴
韻牢中無○或曰人稟五行氣而生然男女搆水氣
而生何邪曰水是五行精汁故水兼五行智兼五常
四時歸於冬也水生五行智為百行之根冬一陽來
復開水歲之端五倫生於夫婦所謂仁智交際萬化
機軸是也子丑二月在一歲末是男女搆精之時
一世三十年十二萬九千六百時一萬八百日三百
一月以七年六月以二年半九三十月為一世之
十月為一世之四時

一運十二世。九千六百二十年。四千三百二十月。十二萬...

一運之四時以一世三十年為一運之一月以三世九十年為一運...

三百六十旦為一運之一日以一月三十旦為...

時之一。

一會三十運。三百六十世。一萬八百年。十二萬九千...

一會之四時以三十年...為一會之一月以一世三十年為一會之一日以二年半凡三十...月凡三十...

為一會之一時。

狠定錄下　終

格物餘話

《格物餘話》不分卷，日本貝原篤信撰，日本甘雨亭叢書本。每半葉九行二十一字，左右雙邊，白口，單魚尾。前有益軒貝原先生傳。是書講格物致知之事，多引古籍舊說。貝原篤信，字益軒，長於本草學、博物學和漢學，有《大和本草》、《本草綱目校正》、《花譜》、《菜譜》等。

益軒貝原先生傳

先生諱篤信字子誠姓貝原氏初歸彩殉後稱損軒又
改益軒筑前人世臣福岡侯氏黑田父利貞號寬齋母緒
方氏以寬永七年生先生于福岡城中兄弟四人先生
爲季爲兒不喜讀書仲兄元端授四書句讀爲言其非先
藥方且好讀佛書明曆丁酉奉侯命遊京師從
生悔悟終身不復手佛書
松永尺五山崎闇齋木下順菴諸公而學焉爲言
九三年侯善其力學賜以時服且加俸祿寬文乙巳著

甘雨亭叢書　傳一

易率提要讀書偖序初先生頗喜陸王之學及讀學部
通辨貲諸尚書論語而深悟此非盡棄舊學教崇洛閩
之學在京閩父計慚哭不食者二日先生爲人和而不
流遇韋闇闇辨論肯在執政坐會論某祠二祝爭訟事
執政素辭一祝史先生直云曲在某雖主所善神必不
享也闇者漢服一日先生入貲塾生與鄰家藩士僚從
角力圉中誤折所愛牡丹懼見怒就鄰家主人謝罪先
生笑曰篡程牡丹欲怒也盤欲怒哉人眼其量八年八
月增賜食邑麂橘侯也子州數招先生聽講天和元

年春食邑饑先生發倉賑之是歲著自警編又選朱子
文範近思錄備考等書二年七月兼侯旨按待朝鮮聘
使于藍島人見友元閭先生之風因麂橘侯言按一
見如舊交誼日篤三年十一月元端病熱咳殆諸
投窮先生深憂懼編閱諸方偶得與氏治嗽之方授劑
立有效驗不累旬而愈秋月侯封黑田某從先生學其
他搢紳諸公按遇甚厚九年賜別墅於紅葉原增賜食
邑嘗自京歸藩取路海上同船數八中有一少年意氣
傲然解說經義先生默然竦聽已而逮岸各告姓名少

甘雨亭叢書　傳二

年於是始知爲先生大懼不告其名而去正德三年下
二月室江崎氏歿氏名初字得生號康軒頗涉書史育
叔行先生家道之盛其助爲不少矣先生嘗著用財記
以訓其子曰某歷事三君凡四十有餘年役東都者十
二遊京師者二十四行長崎者五周遊諸州及封內者
節儉無他嗜好之所致也汝等宜深思焉又曰某平生
不可勝數矣耗費可知而未嘗受人之助此皆某票氣
薄弱常恐不免夭扎嘗抄出古人之言資養生者數百
條以自攝其所以得保耆艾之壽者爲此耳先生讀書

必自抄錄積至七十餘卷名曰古今知約後又頗疑程
朱理氣之說著大凝錄云四年八月二十七日以疾終
于家時年八十有五乃賦二絕句其畧云存順沒寧雖
不充朝間又妃登爲悲又云八十五年爲底事讀獨
樂是生涯國制必使浮屠臨其恭誦經唱偈先生獨
自製幃像爲喪備戲寺僧曰吾不落子平也及葬僧不
敢誦經但拜跪招前而退子重春總冢寅仲兄元端次
子先生養以爲子云。
論曰。先生博學强記和漢之書。無不窮綜其著迹之富

与羅山白石相頡頏稗益天下後世。距淺鮮也獨恨晚
年疑程朱之學使護國之徒以爲口實所謂大醇而小
疵者非耶。

甘雨亭叢書　傳　三

安中城主坂倉勝明子赫撰

格物餘話

筑前　貝原篤信子誠著

鄒浩有謂曰人間世之樂有能易讀書者乎篤信謂自
黃帝迄今四千餘歲自神武帝至今二千餘年其間
倭漢天下之治亂興亡人物之賢否展歷於其時似有長生
書者一看遍之則恰如躬親徑歷於其時著見于史
之樂且諸子百家之載籍浩瀚其所記萬端玩覽之
則悅我心自而其樂無窮陶元亮之讀山海經詩以
覽觀周王傳山海圖爲樂與如今泛觀於歷史博通

甘雨亭叢書　格物餘話　一

於古今其樂孰爲多乎哉
古人一事不知以爲深耻盡學者於格物致知之切博
學廣聞之事其及用力之久也。盡唯於日用倫常之
道。人身性情之理。無所不通而已乎哉抑於天地之
間。其所見所聞萬事之理。皆逐一貫通無所不知無
所疑惑則其樂豈有窮乎是博學之切所以可貴也。
所學爲善無近名爲惡勿近刑言爲善者固可書實
莊子曰爲善無近名爲惡勿近刑言爲善者固可書實
不要近名爲善則虛僞而已不關自家受用之
事爲惡勿近刑言爲惡是近刑之道勿爲惡而近刑

蓋莊子之意非謂擇不近刑者可為惡是謂惡必不
可為也然為大惡者必遭刑為小惡或不遭刑
亦不免為近刑所謂惡雖小不可為也宋儒之說
本意夫老莊之說固與聖人之道迥異而論之刻
與莊子之本意固與林希逸註亦未能說出莊子之
薄而與彼之本意不合則使學彼者不能心服須
彼之本意而排斥之
此說不然天地之道陽剛陰柔剛者常實而豐柔者
草木子曰大抵人則女麗而豔禽則雄絲而文篤信謂

甘雨亭叢書　格物餘話　工

常瘠而微是以陽全陰半故人生男子端麗而豐美
者常多女子則否而女子之不大醜者以粧飾而已
如禽鳥亦雄美而雌否唯鷹鶻雄小雌剛大為異
爾

月之出沒大率逐日以四分為進故計之之法以四乘
日數每日以酉為初朔日至十四日月之出皆在晝
時人不能見其出故只可計其沒十五日以後月之
沒皆在晝時故人不能見其沒只可計其出知月沒
二日西八分沒三日戌二分沒以四乘三而自酉後

得一時二分則可知戌二分而月沒四日戌六分沒
以四乘四而得一時六分則戌六分而沒餘傚之卯
月出十五日酉初分出以四乘十五而得六時也乃知
卯初計之而到申終得六時也乃知申終酉初而月
出十六日酉四分出以四乘十六自酉後得四分便
知酉四分出沒餘傚之然是又世俗大率之應庚而已
月之出沒隨時而有遲速不可一槩而定也
嘗聞之於著老人方起臥而伸其足時或有轉筋之患
而不能安其身者有豫治未病之術平日不拘坐臥

甘雨亭叢書　格物餘話　三

與黃昏夜時時令兩足大踇指緊緊屈伸頻頻習慣
如此則終身無轉筋之患既轉筋時亦行之如此
則有效或列公會坐久而起則足痺而不能立床至
顛倒者亦有之將起之前豫屈伸於兩踇指如前所
言則亦無痺痛顛倒之患

山海經曰君子之國其人衣冠帶劍級淮南子曰東方有
君子國後漢書曰東方有君子不死之國今木邦之
人以後漢書為吾邦稱君子國之據不知前乎此淮
南子既稱之

吾邦人之作文字也。讀之不能無顚倒雖古昔以儒業
鳴世者亦徃徃有此病蓋闓俗之誦青也不能逐字
隨聲音而讀下常祿音與訓頡兆躍自下而上逆
行而不順是以不知連文字有布置次序且不辯有
爲哉乎也第之助字故迨作爲文章雖老師宿儒布
置廢字之間不免有顚倒錯亂豈非習而不察乎作
文者不可不稽古而熟察雜詳几本邦之學者古來
徃徃不能用心精詳可以爲欷蓋常傷於粗也
倭音五十字本邦一切言語音聲反切無不出此者竪

橫竪相通用苟欲通我國音語須習曉之小兒初學
國字者冝先習之不娶學伊呂波蓋學伊呂波者無
益。
舊事記第十卷曰總任國造百四十四國而
昔日本有一百四十四國而以壞地補小故漸漸幷
隸減之然其大者後逐世而割分者亦徃徃有之至
嵯峨帝割越前置加賀而後爲六十六州此後無分
割之事飾用集韶文武天皇御宇分六十六箇國者
誤也。

孝義山作雜集是雖裁雜之事然其中頗寓勸懲世之意
其立意分類與本邦清少納言之所著書相似李義
山之後有二續有三續其說益至于鄙俗又猶清少
納言之後近世有效而續作者而些鄙俚不可記
文選二十七卷沈休文早發定山詩山櫻發欲然注櫻
果木名花朱色如火欲然也篤信謂本邦所謂櫻花
非朱色只帶微紅而淡且其子不堪爲果而食決是
別物中華之稱櫻者定是櫻桃之類與本邦之櫻不
同余昔年遊長崎問之於閩人何淸甫何淸甫曰中

華無櫻樹之如本邦者篤信又嘗見朝鮮之客船以
櫻樹作篷折問之韓客曰二三月開淡紅白花可愛
賞名之曰奈木是爲本邦之櫻樹也不可疑日本朝
鮮俱有此樹而中華無之亦可爲異此花極艷麗絕
倫中華若有此花擻可必愛賞發于歌詩然未見稱
譽之者則絕無可知而已。
九懼傷於身體悶挫於腰脚者苟用艾火灸則服藥不
效此言出乎醫書自試誠然不可不知。
人身以氣爲本血者氣之液也故氣盛則血旺氣衰則

血亦隨而耗氣盡則血亦竭以何言之人身有刲傷
則其血出至于數升不止者如崩血吐血下血婦人
庶後亦然至其氣一絕而死則雖平生多血者其血
亦蓋而無餘矣試殺為獸亦可知而已故損其氣者
血亦耗此非專血者氣之液乎或曰如子之言則人身
唯可有氣虛之病專補其氣而有火動而損其血者有勞
心而血耗者有生來血液少者有因折傷跌撲吐血
者何也曰是有因而然者其專損其血者也是為血虛
敏血下血而亡其血者是專損其血者也是為血虛
之病如此者用血藥而可也然古人治失血甚者亦

格物餘話　六

專補其氣是血出多者其氣必虛補其氣則血亦自
生也故醫書曰血脫而補氣者古人之法也且夏月
井水多冬月井水洇川流亦然至冬月川流枯竭往
往育之是亦陽長則陰盛陽退則陰衰之理也
莊子天下篇誹墨子曰亂之上也治之下也雖然墨子
天下之好也將求之不得也雖枯槁不舍也才子也
夫東坡范增論極非兼范增然編末曰雖然增亦人傑
之所畏也增不去項羽不亡嗚呼增亦人傑也哉

山以為是學韓退之諍臣論末句篤信謂東坡之
言抑揚委曲摸倣于莊子可怪謝氏之論不及此而
只以學退之為說者何耶
或問楚天胡天其異如何曰是特言其人偶所居地上
之天耳初在楚曰楚天在胡曰胡天非有異義也
予自幼年雖愛濃艷未知綠樹青山之尤美嘗自江戶
歸鄉時方當仲夏所過青山綠樹甚可愛勝子紅白
繁華之地遠矣初知繁華之不如綠陰
楚辭逐編考試之皆押韻朱子音註每章辨韻聲論叶

甘雨亭叢書　格物餘話　七

韻有一篇一韻者一篇之中有二三章而換韻者有
每章異韻者皇甫七安以屈原之文為賦之首是也
劉後村詠揚雄詩末句枉被人書莽大夫此枉字須為
揚雄自枉而看故枉字在被字之上蓋雄是失飾者
枉道了非朱子綱目枉書之也九讀書者宜精察於
文字之布置所在
笠字書以為非然之辭篤信謂又有可為疑問之辭
者文選鵬賦登言語以階亂將不密以致危注呂
延濟曰登自發開也篤信謂論語八佾篇袁公開社

一章誌盒以古者毀人於社故附會其說與此類亦多
矣是不可為非然之辭可為自發問之辭。
道山清話曰人心動則目動王介甫終日目不停轉篤
僧常相人於衆人之中亦問有此相篤王介甫
君子又古人曰眼無守睛不壽毒之相篤倚屢見有此
相者皆夭死。
篤信案五七言律詩每句下三字不禁連用同聲中華
律詩下三字同聲者甚多本邦之人不知之往往拗
忌者多矣夫詩法出自中華本邦何別有詩法哉但

甘雨亭叢書

格物餘話　八

如絕句中華之人用下三字同聲相連者極少杜詩
及蘇黃絕句中少有之聯珠詩格中無之本邦人又
忌一句之中四仄一平者中華人不忌之如本邦之
人纜挾聲者中華詩用仄韻句亦多有之
兩雅邑國俗稱之邦註邑國都也本邦諸州有都城亦可
稱之邑國俗稱之謂鄙之都
與句者摘取於古人之詩句合成一首者也世以為集
句肪乎王荆公者非也晉傅咸始為集句自此以降
為之者多矣唯文文山坐獄中集杜詩凡若干百首

其言世變人事而述自己之衰情循循有序連綴結
合之妙如新制述者可謂奇作也。
絕句第一句第二句雖非前對亦稱下聯見于唐詩訓解。
雖非後對亦稱下聯見于唐詩訓解。
本邦之歌人所作利歌之警句後人以此稱為佳名者
多矣與中華之人以俳性過失為諢名者異如初音
僧正奧石讚岐浦廻內侍與浦丹後伏柴加賀下朔
少將待宵小侍從物加波薇人薄墨神主千鳥祐臣
日比正廣是也如中華詩人亦然取其警絕之句中

甘雨亭叢書

格物餘話　九

二字稱之者如趙倚樓之類是也
觀本邦古書所記者韓貴人有病則性往頼僧巫祈禳
而求愈焉鮮有招醫者蓋事延醫求療者是後世之
事而富貴之家今尚延僧巫而為禱請不愛太費是
國俗信巫崇佛之故也今海島遠裔鮮有醫者病則
專招巫祝而禳之雖有醫藥而不信意是古昔之遺
俗也平壤錄記日本俗信巫疾無藥病者禱而就
水濱拘水淋沐之西四方呼其神誠禱卽愈今案如
本邦遐僻雖近世亦然故與邦亦稱謂如此耳近年

亦常備有新坐其術彼氏之徒入水洗沐呼於富士
漫間大菩薩合掌禱於人病者及其家奴亦有習
此而所禱者雖隆冬祈寒拱水然或有中寒濕而加
病不起者益寛文年中而始焉是與平壤錄所記相
似今鴨川西濱為此業者多矣然未聞他州亦有此
新巫

列子說齊景公游於牛山北臨其國城而流涕曰美哉
國乎若何去此國而死乎晏子曰云此與豐臣秀
吉公之憂有先而其侍談者諫之語同又源氏物

甘雨亭叢書
格物餘話
十

語若來篇稱如此人彌存世而盡世樂傍人可苦矣
是話亦相似和漢古今雖異域殊時而其事不異如
合符節者多矣。
國俗錢十數稱一貫又謂之百疋近古射者以鳥獸為
賭以幾十文尤鳥獸一匹故百錢為十疋千錢為百
疋蓋以國俗稱鳥獸一箇為一疋也然而如其餘為獸
一匹者自中華而然如其餘為獸不可稱為一疋是
國俗之誤稱此。
頼聚國史百二十卷所載桓武時崑崙人所攜來之綿

拘與今所在興同未詳本邦古者士庶不能衣帛者
皆以雜麻為服而無絮寒月重裕衣故方隆寒之時
苦難防禦近古棉布自外國來未有種子故之服之者稀
矣文祿年中始傳其種子入本邦徧布于天下地無
南北皆宜植之人無士庶皆用之為布縷其利所
矣其有資于民用亞於五穀今案本艸綱目及農政
全書木棉之種始出乎南蕃云如秈米甘藷亦出于
南蕃亦利民用

朔望行賀和漢之所同是以月初與月中為重誠其所

甘雨亭叢書
格物餘話
十

宜也近此本邦以二十八日相賀其禮與朔望無異
是古昔之所無近世之習俗也未知其所以行之由
何故又不知其所由起在何時或曰慶月之終也或
曰用二十八日宿之數也是恐附會臆慶世一說足
利將軍義滿之生日也如唐玄宗十秋節然此說或
近是。
諸廟之前門有稱關神者筑紫之俗稱之為門賓其體
貌著衣冠帶級袴弓矢而有防禦之象每有二八之
像未審是何神或曰武內大臣與鎌足公也予譜不

然武內錄足公二公其位極顯貴而有勳勞于王家。
故後世尊之為神閭惟優前亦有武內大臣之廟大
和歌山有鎌足公之廟雅其威靈赫赫不宜為諸社
之關者而賤寧之神道者流說曰諸社關神者螢螢
窓神螂蟹卿戶神也
者為正令以梧桐子比之胡椒其大相等以如胡椒世俗
曰梧桐子如胡椒大令案二說不同當以二大豆准之時珍
所謂青桐是也種其子則易生易長用之作器材而
九藥稱如梧桐子本州序例曰以二大豆准之

大豆甚小也

詩韻學叢書　格物餘話　十三

可也如二大豆吞之則恐過大令看梧桐子比之二
本邦以字韻外闕合者以東冬蕭蒸尤五韻為合韻。
聲去聲與平韻對者亦同如董送之與東對腫宋之
與冬對之類是也以江有蒸陽唐庚耕清青六韻為
開韻上聲去聲與平韻相對者亦同如講絳之與江
對紙寶之與支對之類是也江韻或以為合韻或以
為開合相雜然玉篇江字棗居良切字彙亦同為音
姜洪武正韻以江韻合陽韻亦可攘然則江韻為開

格物餘話　十三

韻無疑
本邦上世無菊故萬葉集不載詠菊歌古今集昉有詠
菊之歌源順和名鈔不載於砂糖益夫時砂糖未來
于我邦下學集節用集既載之則三百年前所來也
老學菴筆記曰砂糖中國本無之唐太宗時外國貢
至自此中國方有砂糖然則於本邦亦是可當于
唐宋之間如蕃椒文祿年中豐臣氏伐朝鮮時其臣
廢自彼土初攜來故俗謂之高麗胡椒如木棉種子
亦文祿時自外國來烟草種子亦然西瓜寬永末年

村爾亭叢書　格物餘話　十三

來如秋海棠正保年中來如椿樹本邦初無之寬文
年中自中華來椿類是本邦素所有也如蠟梅
茶蘭千日紅美人蕉皆近年自外國所來也
集詩者甚多獨李鷺龍之所輯唐詩選最佳其所載風
格淳厚清婉且其削解亦頗精詳是可為諸詩集及
詩解之冠
水有四德滋潤萬物浸養草木仁也蕩滌垢穢洗濯熱
燒義也激湍掉擊流行無滯靜止清
明知也尸子曰水之四德其說恐未可為當水有四
尸子曰水有四

德沐浴群生過流萬物仁也也揚清激濁蕩去汙穢義也桑而難化弱而難勝勇也道江疏河惡盈流謙如

也故愚之臆說如此未知當否

東國通鑑元元貞二年高麗王年六十一術者有換甲

厄年之說故推恩肆宥篤信謂本邦術者亦爲此說

俗稱謂之本卦間

爾雅翼曰蛇字古佃作它上古草居患它故相問以無

亡乎篤信謂上古穴居而野處草中穴裏是蛇之所

蟠居也方此時可畏者蛇而已患蛇之害其理信當

如此風俗遞云恙毒蟲也善傷人古人草居露宿相

甘雨亭叢書　格物餘話　西

勞問曰無恙恩謂恙蟲者可如蛇之爲害之類也益

上古與今世雖異時殊然其草野岩穴之中所在

之蟲類與今日所在當無異不可別有一物害人者

然則古書所稱恙者便是蛇之屬爾雅翼所言理當

然

古今醫統曰醫十四科中有脾胃科而今亡之矣自宋

以來止用十三科篤信謂中華古者醫立十四科其

中有脾胃科傷寒科惟最有理益衆疾之中此二病

爲最大脾胃之病內症之最大者也傷寒外症之最

大者也故非久精熟其治法多歷視其病人則不能

察其症施其藥而適中其病生起其人是二病之所

以尚有專門也

東國通鑑載宋雍熙二年高麗所定五服給暇式曰斬

衰齊衰三年給百日齊衰期年給三十日大功九月

給二十日小功五月給十五日緦麻三月給七日是

（上齊衰　恩衍　人恐久）恰似本邦後世恩服之式而日數較人矣

本邦上世雖與母兄弟姑姪亦納國史往往載而不

譁追與中國通聘漸知其非禮而改之然至娶同姓

甘雨亭叢書　格物餘話　十五

此風終未改

高麗之習俗鄙野嫁娶之事雖姊妹亦不避國王亦往

往如此是爲夷狄之風

本邦古昔之風俗與三韓相同者多矣此古者與彼邦

通信往來不絕故有所視傚而然乎抑又有國俗暗

與彼相同而然乎按東國通鑑彼國俗之與日本相

惱者多矣如娶姊妹尚異教信怪誕使王子爲僧王

女及夫人爲尼眩惑妖言尊信覺者之言慈悲高塔屢

飯萬僧足五服給服式守庚申爲石戰贈神祇勳勣

之類何其倭翰相同如此乎

魏銅雀臺遺址人多發其古瓦琢硯甚工貯水數日不
燥篤信日本邦筑前大宰府有都府樓之遺址人多
取其古瓦而作硯其體質細潤堅如石與他瓦甚異
最可愛賞近世人取而盡矣今則亡

本草綱目李時珍曰草中有木木中有草篤信謂草中
有木者如牡丹迎春花雲實懸鉤子玫瑰花連翹之
類是也木中有草者如枸杞棣棠花平地木佛
桑花紫陽花草藤蔓菪之類是也

甘雨亭叢書　格物餘話　吉

朱子曰文章輕重可見人之壽夭不在美惡上篤信謂蓋
唯文章可見人之壽夭耶見人之書字其精神之強
弱而亦可以上壽夭是亦不在書之美惡上

楊升菴丹鉛錄曰溫湯所在必白礬後州砂硫黃三物為
之根乃煮為暖流耳篤信謂豐後州鶴見嶽下有平
原驕鶴見原一名石垣原慶慶有溫泉而出為平
中所有溫泉之地白礬之氣薰蒸里人開圖數日
氣透土時以鍤聚其上煮之如煮鹽之法遂為白礬
為貨鬻之得利者多矣以此可見非有自然礬石也

世俗好造偽書而為古昔者多矣至于券契亦然辨之
之決有三一察其文辭之古今遠近二觀其手跡
古今遠近三視其紙膜之古今遠近執此三者以試
其時世之遙近古今則真偽無所逃矣且文字之古
近亦有一術焉以水微漫之以指摩之古者遂難脫

近者易脫此其證也

本邦上世民俗頑愚不孝之子多不封父祖之墳墓八
稱之為無數故後世謂頑愚之事為無墓者此其由
緣也　出下卷
覺訊

甘雨亭叢書　格物餘話　吉

署書即編書不同著者自著作也編者編輯於古書之
所在也

後漢書蔡邕曰此自老子與之是以老子為自稱陳簡
齋詩從今老子都無事是亦自稱也

朝鮮人成文公慵齋叢話曰日本人光則以板棺坐而
興之不封樹而與平地無異篤信謂我國上世帝陵
作槨內者甚高大如山岡然至中世則或不然如
䣌朱雀高倉之諸陵皆與平地無異慵齋所稱信然

朝鮮成慵齋撰朝鮮崇事佛教久矣新羅故都招提多

於閣閻王之第一子爲太子第二子則削髮爲僧雖
儒林名士亦皆效之篤信謂削髮王子及儒士爲僧
古昔朝廷臣眼于我邦而信使屢往來彼我互所說
俟而然乎何其俗之州同如此
本邦近世儒者剃髮與僧徒同習而成風此風詑文元
祿之間漸粗改今也儒士蓄髮者多矣
謂之花書事物紀原曰花押古者書名以爲私記
其便於書記難於摸倣典籍便覽曰今人押字或用
事文類聚載唐人初未有押字但草書其名破真從草取

甘雨亭叢書
格物餘話　壯

嘀或用他字不盡用名非古意矣萬信云花書又稱
花押或謂之押字此中華之稱本邦稱判形者是也
本邦人亦開有用其名者縉紳家稱之爲二合蓋草
書於其名之二字也或有用其名者又有用他
字者不用字者倣畫圖樣是中華所謂花書也古人
多倣竪繪今人皆用橫繪其下塔皆以一字爲之橫
畫花押本邦人婦之判形而判形之綱於中華之書
所未見也近時先輩有以押字爲印章者訛也
中華獨孤信之三女長生周武帝次生階煬帝次生唐

高祖爲信謂木朝藤原道長之三女爲一條之三條後
一條之皇后第四之李女亦爲朱雀院之女卿生
後冷泉院和漢有女之兄弟貴幸如此者
袁天綱視岑文本曰肉不稱骨非壽兆萬信曰吾自少
壯相人多矣肉多骨小者往往夭亡是所謂肉不
稱骨
陳藏器本草拾遺論溫泉曰諸風筋骨●縮及攣皮頑
痺手足不遂無眉髮疥癬諸疾在皮膚頑痺打撲損
挫金瘡日久不愈疥癬瘑痺之症病在皮膚骨節者

甘雨亭叢書
格物餘話　尤

固宜入浴或如癭寒症及有鬱症痞塞積滯者雖無
效亦無害苟無以上之諸症而入浴者往往疾病增
劇非徒無益而又害之冤愼而其妄浴有熱者尤有
害不可浴
古昔所稱俴樂者以戲謔之事爲長誅或爲歌舞而能
使人嫣笑如今之猿樂一關此俳
優之事謔之狂言者即古昔之所謂俴樂也見於空
德物語源氏物語源平盛衰記等所記而可知矣如
今之所謂俴樂歌舞此近世與福寺俳優之所繁倣

古者之猿樂而爲之非古之所謂猿樂也。

瀬字韻會小補云瀬也今淺瀬之義象韻別出灘字水
中沙出也白居易惜眞寺詩手桂青竹杖足踏白石
瀬李時珍食物本草註云嚴子瀬一名七里瀬盖沙
石上曰瀬也爲信案字書數種並未見瀬字有海洋
之義本邦古來以瀬字爲海洋者非也雖宿儒不知
其非且淨屠氏徃徃戲用者多矣可謂習矣而不察
也。

甘雨亭叢書　格物餘話　十

古人論詩以變變爲佳愈變則愈進不變則不進老杜
作詩如緝句以後二句勝前二句爲佳苟前二句好而
後二句弱咸詣後不相稱則可爲拙是古人之說也
用兵之道固在先撝彼乎險要之地而我先偶先偶者
其侮而已矣然衆兵征遠之方在我則末深拙外禦
遠馳而行募則衆人之從違無常特因其偶
與不偶也故遠馳而行募則衆人之從違各廢之將士
附其勢而不順服將少矣其道上所偶各廢而受其制
咸爲我兵矣苟有不順服則討之而示威以懼其故
餘若坐待敵之衆勢而來侵則無奮發號令之勢故

且然況他人乎益變者撝舊就新漸進而不息之謂
也爲學者亦然朱子所謂終身主一就而不移若非
上智則是下愚是所謂不變者也若夫正捨正變邪者
復爲不善變所謂下喬木而入幽谷者也。

古人爲詩於所當用事而用之者爲無病苟於所不當用
事而用之者病也故曰用事而用事者用事而不爲
事所用可也作文亦然於所不當用事而用事者爲
非徒多則是街巧可謂無用之贅言也妄匹亦甚矣
固氏爲學之不精純也可爲好名之病也

甘雨亭叢書　格物餘話　十一

來服者少矣敵兵之所來道上各廢之人士爲敵所
倡者咸爲我繼雖兵早服于我者不能不爲敵故象
之從違背勢而已矣古人曰先則制人後則爲人所制
者此之謂乎如湯武之征伐漢高之入咸陽是也
永樂帝之入京師亦然彼固雖非義兵然得用兵
法則一也如本邦足利尊氏之爲反逆於京畿與官
兵戰而不利走乎筑紫其勢猶微方此時新田義貞
諸將以大兵討則擒殺之必矣而悠悠曠日坐
待敵兵之來攻可爲失計也算氏在筑紫馳羽檄而

旁瓷爾。九州之七順服之者多矣其兵勢漸盛而後

兄弟自海陸進來道上之諸州蒙從響應官兵不能

敵之遂令君王蒙邊神器而遷是不先倡之過也且

後年菊池氏之旁猛也爾志於南朝振威於鎮西細

川顆之恐其長驅而來遍于京師說其君足利氏曰

菊池氏苟自娩紫發兵而遂驅敵旁倡而九國咸服從

矣其所經過道上四州中州亦恐強半爲敵則其麼

恐不可當然坐待其來侵則不可也不若將軍親往

征也於是義詮從其謀而西征諸州皆從其令無爲

甘雨亭叢書

格物餘話　　卅

敵者足以菊池不能敵是類之之好謀用兵之良也

婆伽羅龍對車軸兩唯大海能受出乎浮屠之書天台

四教儀國俗謂大雨爲車軸若本乎此

國俗招神靈而建原廟者稱之勸請法華經化城品

及大台四教儀有勸請二字國俗之言蓋本乎此是

與文文山別集所載文山與爭書所謂如骨不可歸

招魂以封之相似而不同

外國之人雖粗腥不美之物然食之者多矣此非因

佳教之匱乏乎本邦之人若類之品物不屑喫食者

甚多矣豈非曰七地豐穰佳穀嘉蔬之衆多耶上世

稱曰本爲豐葦原瑞穗國不亦宜乎與域與我國其

豐嫩之不同也如此是以中華之人當凶年饑歲也

饑學弴野本邦則雖凶年而本邦之飢學者稀有

爾縣吏之革以所稀有之寒饑不能關而活之而骸

其官職惟彗非有司之不仁乎

本邦之俗父及兄弟族人此爲骨骸而不能辨其真

則剒我身出血而瀝彼骨骸而可能辨其滲入骨異

族則不然以此試之無有違者國俗謂之血合此即

甘雨亭叢書

格物餘話　　卌

同氣相求也理或然矣顯昭法師亦言此事案通鑑

魏梁武帝納齊東昏侯寵姬吳淑媛七月而生豫章

王綜後淑媛告綜綜由是自疑俗說割血瀝骨則

爲父子綜遂發東昏侯冢弁自殺一男試之皆驗遂

叛梁降魏東昏侯寮支服斬衰三年此可謂和漢

相同之說也

爾朱榮之討葛榮也以人馬過遂刀不如捧動軍士各

罵神搽一枚馬側至戰時不聽斬級以捧擊之而已

分命將勇所向衝突号令嚴明戰士同奮表奧合擊

大彼擒葛榮是可謂用兵之良法也篤信意昔用捧
之法使戰士每一人教一捧此歸戰可令振之橫拂
為敵所蒶不如已勿令捧直擊而在敵尙令捧住敵身則
捧者能令破碎而不能傷故至戰時用刀不如用
捧其所尙向搏擊令敵敗走則雖不獲首級是為勝兵
是亦可為一時之良法也
飲食之美者胖胃之所尙也其不美者胖胃之所惡也
其所尙者其品有九焉曰甘曰芳曰溫喜熟喜潔喜

捲物繪詞 齒

軟喜臟毳解其所惡者反此為而偶有葟生冷喜酸
辛者此伯游令之熱與合食之宜使然而已非其甚
之專而且常也故能養胖胃者在順其所尙違其所
惡然不飾之以廢則雖順其所尙亦卻損傷耳惟以
其所養者害之也然則養胖胃之道雖順之為先而
以節之為可尙而已矣
皇明通紀建文皇帝之臣景清及建文闥宮自焚覩知
其出亡也徧思與後乃請上自歸樂乃帝也上者謂永上喜曰
吾故人也即厚遇仍其官清自是恒伏利劍衣袿中

一旦事覺遂過害篤信謂世俗傳言平氏之臣惡七
矢翁景淸欲刺源賴朝昔仇事與此相類而其名
亦偶相同可謂奇事也見然此俗所傳如此猶
皇明通紀僧道行為燕王之謀臣後此多作僧寺
姚源名虜孝亦終不蓄髮娶妻居此多作僧寺復姓
宗本邦豐臣秀吉公之初起時有安國寺僧惠瓊者
自毛利家出而遂為秀吉公之謀臣而輔佐軍事甚
紫籠遇米邑頻多亦不蓄髮娶妻有和漢相類如此

甘雨亭叢書 終物繪詞 雄

胡致堂讀史管見乃嶺表所作當時能無一冊隨行只
憑記憶所以其閒有牴牾本邦南朝源親房在常
陸州關城作職原及神皇正統紀等書亦無一卷勞
徒唯記其嘗所識而已所以閒有差誤也此亦倭漢
相似之事
歐陽永叔日本刀歌从集第四卷載之司馬溫公傳家集
五卷亦有和幾君猗日本刀歌其詩與歐集所載大
同小異益島夷二字溫公集作毘吾與之居字作
俱先毛大與骏夷貊此句作羨予枿欲徙學繡字

甘雨亭叢書　格物餘話

作鑪其餘皆同。

本邦濱南海蕭州往往海潮沸溢沒倒廬舍蕩失苗稼人類多溺死或十數年一至國俗謂之沸浪如北海蕭州無之嶺爽錄與記謂之皆潮又爲海翻爲漫天中華亦顏南海豪有之然前漢元帝之瑊北海溢一然則北海亦有時而溢。

野外之鬼燐其邑書亦其形如炬襲散飛行所謂火之怪曰遊光容是也又有冢鑿之鬼火不移者是諸血之燐光也此州有狐之爲妖而如炬者

外是用華夏之書者本邦及胡羅諼子琉球等數國而已而各國皆有國字如本邦之有國字五十文然東國通鑑曰國俗相盤於端午縣市非無賴之徒群聚囂分左右隊手尾礫相擊或雜以鋋挺以次勝負謂之石戰篤信曰昔本邦亦有石戰京師及蕭州往往者我之者皆於端午日是日近年有制而止國俗謂打矅本邦謂水皆曰江不諭其大小盖自古而然放之中之書江水出岷山又有三江九江皆爲水名昔曰又川之人捨皆曰江然書之註江以南凡水皆呼以

甘雨亭叢書　格物餘話

墨客揮犀宮殿有魚尾形尾指上者本邦亦有之俗名志也如你古是海魚之名其在棟角也尾指上又曰不知何時易名爲吻狀亦不類魚尾演義作鴟尾原是虫字是海獸能却火災是亦本邦有之俗名鬼尾與魚尾則也。

樂氏要覽所謂如意者本邦謂之麻姑之手盖刻作人手指爪之形其矣手所不到用以撥抓者如人之意故曰如意。

華昭云外夷書皆旁行篤信義聞之長崎人其言亦然

甘雨亭叢書　格物餘話

江宋景文筆記云南方之人謂水皆曰江是倭漢同稱也。

祝允明語怪曰弘治末太會民家生兒兩身背相粘著兩面向外其首如雀其陰皆雄篤信聞寬文末年我鄉有彙兒者與允明所記盡同世間有物怪如此者堳地之隱顯往往繁於人之賢否雖佳山水或古來隱晦而不彰者多矣蘭亭盤谷因王右軍之記韓文公之序而始顯之類不可爲少是亦有數而存歟

舊事紀第七卷神武天皇四年二月于時皇輿巡幸因

從服上嚥門九而廻望國狀曰云云猶靖蛉之蟄生
焉由此始有秋津洲之号矣昔伊弉諾尊曰此國曰
日本浦安細戈千足國磯輪上秀眞國矣復大已貴
大神目之曰玉墻內國及至後饒速日命乘天岩船
云云故因目之曰虛空見日本國焉此皆稱大
和國者也非揔稱日本之号然古昔京師在大和國
秋津洲故稱日本惣号秋津洲猶中華以其京師所
在為天下之号也

用爾寛叢書　各物餘話　其

古人之用藥治病惟用一藥或用二三味品數不多故

治病專有功病去則捨藥不用唯用穀肉菜果保
養之而已矣是於攝生之理為得宜夫藥物皆是偏
勝之氣雖參茋朮甘無病則不可用況其餘麁猛剛
烈之物乎後世用藥品數多每至十五六味攻補泉
用寒溫雜施故藥力不專治病少效少則用藥日
久其偏勝之氣積久而傷胃氣不少不如不用藥之
為勝也
契丹宋時比狄之元時号蠻類今号韃子契丹僧
行均撰於龍龕手鏡三卷為信譖者此書則契丹亦

用華字可知矣吾皆於京師有此書類似古今韻會
益字書也
韓退之瓷猫相乳而以為感於所畜然此猫之常性往
往若是不足以為異耳司馬溫公猫䗫傑亦言猫愛
他子而與已子雖乳之畢夫猫者不仁之獸也而其
性如此蓋物各有所長而然也
心閒手敏者乾技者之所賢也非心閒則不能運思非
手敏則不能施技然非習熟之久則何以至于此乎
哉

用寧叢書　柿物餘話　芫

和漢故事相類者往往有之晉王廙之敗沙門曇水匯
其切于華使提衣襲自隨津過橃之永訶曰奴子何
不速行㩲之數十由此得免本邦源義經潛行過北
土到富樫伐門時關吏疑之其家士辨慶以杖撻義
經因遂得免此事和漢相類
宋人語錄多用俗語是其常也人作文字緐記言語者
說話皆用此矣常時記其語者亦隨所聞而錄
之固常如此然近也人作文字緐記言語多用宋人
之俗語是何謂也門謂習而不察也今欲輯錄言語

者不可用宋人之俗諺只做習論孟春秋傳諸書作
文字則可也是古今宜通用之文字宜萬世而不可
易者也如古註跳程子易傳胡氏春秋傳朱子四書
易詩等諸解其所自作亦不用時俗之語是皆可為
門之制與華表不同華表非神門其制亦異尸子及
崔豹古今註所言可見大率本邦本自有制度者是

汰
下學集以鳥居為華表是無稽之言後人效其尤而曰
循者多矣可謂習而不察也蓋鳥居是神門本邦神

村雨庵叢書　格物餘話 一

本朝之令典與中華之制度不同者不可強牽合吾
邦書生古來作為文章命名之間往往與華言牽合
附會者多矣可謂固陋也
江有汜朱傳曰水決復入曰汜爾雅跳曰凡水之岐流
復還本水曰汜篤信謂本邦諸州亦慶慶有之曰合
渡如濃州岐阜長栖川岐為兩汜下流合為一謂合
渡是也
水火二物有象而可見之物也然無形質而不可把持
與木金土不同然五行之中此二者人之所日資用

甚切乎民生不可一日而無之譬過于金水土為水
德有二曰洗之一也滋之一也蓋洗之者取其潔也
滋之消取其浸潤也火德有一燥溫而已蓋火之所
以煎炙炮炒者皆煖之也古人謂九屬水者皆有雨
理謂屬水者皆有雨
拾物此兩義冬之德為貞貞有終萬物始□之二
北方玄武神為龜蛇人身有兩腎知之實知而不
四書正解字畫辨訛曰道字從辵省作之凡之繞
篤信案俗諺從辵偏字命之為之繞盖以辵之字相

村雨庵叢書　格物餘話 一

似名之也
國俗以抄錄稱為拔華者非也蓋拔華二字出于孟子
朱子曰拔特起也華聚也特起于集聚之中之意儻
此乎群類之謂也非抄出於其精要之謂也大率
俗習而不察依樣圉陋而諛川者多矣所宜察也
楚辭天問稱曰日安不到朱子註云夫日光彌天其行
而地固無不到之處篤信嘗聞之矣紅夷之人能航
海遠遊而窮八荒謂北方搖遠之慶有半歲為晝半
歲為夜之地盖半歲日光不到此為彼國見地毬圖

而可知矣蓋宋儒未有此議論故朱子說如天門又

曰焉有石林朱子註曰石林未詳吾意泛寶於中華書

有稱石人石橋石鼓石狗石牛者未見石林者

今觀近江州石山其岩石之聳立恰如林木連並之

形狀是可謂本邦有石林也且如紀州高野甲州身

延諸山墳墓甚多矣有巨大石碑群立其上不知幾

千萬此亦廢乎可稱石林也案本草珊瑚生海底五

七林成林謂珊瑚林此可稱海底亦有石林也

盛年之時夢寐少而閒思雜慮多矣不堪紛擾而難排

如此然老病少氣多痰者亦不免有此患然則此非

繫心痰難君子亦恐不可奈有此病耳

莊子曰道在太極之先而不為高林布逸註莊子往往

以宋儒之論見而解之與莊子之意相年庚

宋儒之論老莊甚嚴刻誚當有以也然徃徃枉寬而有

與彼之本意不相合者彼徒之所以不心服也

暮春之時景氣艷麗一歲中古人以是為最者固宜乎

哉然而此時餘寒未退霖雨連綿得晴景常寡矣

往往累旬不能出門戶澠淅曨日為多憾唯首夏之

甘雨亭叢書　格物餘話　卅

遊是血氣方壯心力盈溢而然雖程門諸子亦不免

有此患宜乎衆人多此病也然而是亦歲之事到

衰晚則血氣虛耗心志無力不用除却而自無患

若夫衰老之身思慮少而雜夢多矣恍惚而不分明

不堪紛紜夢覺後難記雖記無道理可語者矣

周禮所謂六夢且非後日之事有兆朕而先入

夢又無因所感而然唯衰病精神無收斂而紛亂且

多痰寒氣而然耳程子謂夢寐顛倒卽是心志不定固當

強弱而然耳

甘雨亭叢書　格物餘話　卅

大氣餘寒旣去初暑未來晴色可愛草木繁美風光

舒暢其景氣甚可人意稱為清和不亦宜乎且此月

也日長而不久雨內外之事易成功最宜乎行遊逸

此良展美景之時優遊可者樂人生一歲之中可為

得志之時李夢陽曰四時之景莫如初夏此言最可

為當也

小松內府重盛憂其父清盛之驕恣屢諫不見聽不可

若之何於此乎願其家必亡能熊野神廟祈先父而

先歸後偶斃家左傳成公十七年晉范文子使其祝

宗前妣曰君騷後而克敵是大益其疾也離將作矣
愛我者惟況使我速先無及於難范氏之禍也柳宗
元雖范文子不如是也如范盛固是善良彼苟
不死則平氏之亡亦未可期也然先父母死者為不
孝蕭神求死者為不知命蒸嘗美而不學故不知其
非也可惜哉

一家旨者笠翁公李漁之文集也有龍燈賦說龍之
事云何物神龍化為祝融逃乎水族宅於火中忽過
疑電遠跳猶虹明月失照塘霞斂烘云云或蟠或伸。

■格物餘話

條行倏止云云尾曳曳兮珊瑚篙停日本邦琵琶湖
及諸州海中往往有龍燈而見矯殆如笠翁之所言
海人稱之謂海鷗魚尾蓋其尾長形相似也
啐啄禪林寶訓音義云啐啄如鷄抱卵山鷄欲出以嘴
吮聲曰啐母鷄憶出以嘴嘬之曰啄作家機緣相投
而觧亦猶是矣篤信案字書無此說
靈柩陰陽二十五八篇曰九年忌下上人大忌常加七
歳十六歳二十五歳三十四歳四十三歳五十二歳
六十一歳皆人之大忌不可不自安也感則病行夫

則愛矣當此時無為故事是謂年忌張介賓類註此
言年忌始於七歳以至六十一歳皆逾加九年者蓋
以七為陽之少九為陽之老陽數極於九而極必變
故自七歳以後九遇九年皆為年忌篤信謂閭俗稱
厄年者亦似之

本邦古昔民俗蒙昧迷邪說而不曉其非習其俗而
祭妖神用人為牲者往往有之或老狸精假為神靈
而貪享人牲而不察為時時為彼見欺者有之近
世民俗知其非而比索為春秋僖公十九年郰人軷鄫

■世事無驚

予用之左傳云祭祀以為人也民神之主也用人其
誰饗之是和漢同幣也復諸州神祠佛寺孟春捕行
人面纏繋足打捒為追儺者慶慶有之是舊習惡俗
至今不輟
拜神不可合掌合掌而三拜者西域之人拜佛之禮也
中華之禮拜則上左手而再拜本朝之禮亦再拜中
華後世有四拜之禮所以重再拜也本邦亦有兩段
再拜之禮
周禮春官宗伯九拜有振動拜註鄭大夫云以兩手相

弊也。就云。今倭人伴以兩手相擊蓋古之遺法篤信
謂本朝所謂拍手也。

中夏之人比之吾邦不作好食人肉者古來多矣軍中
以人肉爲粮以婦人小兒爲珍羞省歷史所載可知
也左傳莊公十二年宋人得南宮萬猛獲皆爲肉醢。
如子路亦爲醢本邦人雖饑餓死不食人肉其天性與
習慣與中夏人不同如此也。

些兒二字乃俗語邵康節詩中間用之意與微字相類
田汝成熙朝樂事曰除夜更深人靜或有禱社請方抱

甘雨亭叢書　格物餘話　柴

鏡出門窺聽市人無意之言以卜來歲休咎今案本
邦鄙俗婦人有爲之者。

東國通鑑權近曰孔子刪詩書斷自唐虞以降則中國
載籍已無可怪之事矣三國始祖之生俱與漢並時
夫安有若是其可怪者乎非獨初海隅之地有生
脫解之出亦皆怪而不常焉舉世信而神之以
之象浮朴無知開有一爲詭說者舉世信而神之以
傳後也世不然何其怪與之多乎韓信篇謂本邦古
書記怪與亦恐與此同意蓋上世民俗質樸而無知

故有一談神怪詭異者舉世信尚之附會強釀成妄
誕之甚。後之記事者亦憚聖學而不察其妄誕荒訛
蹈弊襲信而筆之於書以傳之後人亦信之而不疑
因循沿襲迷於後世也無窮如中華文明之盛記上
世之事者荒唐之言尚多矣況於外夷乎如剿
國上世事者荒唐之類中華日本朝鮮西域其
地雖興其事則同益上世聖學未傳人文未開而然
予嘗疑之近看東國通鑑所記擂近之言其意亦如
此可謂先得吾心之所同然者也楊子雲曰鴻荒之

甘雨亭叢書　希物餘話　柴

世聖人惡之蓋上世草昧禮義未興近乎禽獸所以
聖人惡之也

唐書刑法志曰唐之刑書有四曰律令格式本朝亦循
于唐制有律令格式之書其條目亦與唐書所載唐
制同今案令者篤貴賤之等級國家之法令也格
者社日既行之迹考之可以爲後日之准則者也式
者所當常守之法也凡邦國之政必從事於此三者
茍有所遺而入于罪戾者刑以齊之五刑其屬三千
不可濫施故分其科條循其輕重用律而行五刑決

其科條輕重而令無有濫刑是所以有律書也

文獻通考曰宋雍熙元年日本國僧奝然與其徒五人
浮海而至獻銅器十餘事并本國職員令年代紀各
一卷奝然衣綠自云姓藤原氏父爲眞連眞連其國
五品官也奝然善隸書而不通華言問其風土但書
以對上召見存拊甚厚賜紫衣上閣其國王一姓傳
繼臣下皆世官因謂宰相曰此島夷耳乃世祚遐遠
其臣亦繼襲不絶蓋古之道也戞夷海島中小國也
其使藤蔡長四尺尤善彈矢拂箭於首令人載之而立

格物餘話

數十步無不中者唐顯慶四年十月隨和國使至入
又曰應神大皇始於百濟得中國文字今号八幡者
薩有大臣号紀武內年三百七歲又曰倭人自後漢
始通中國
李時珍云後出寒食禁火乃李春改火遺意而俗作介
推舉闍矣

格物餘話　終

圖書在版編目（CIP）數據

域外漢籍珍本文庫.第1輯.子部／《域外漢籍珍本文庫》編纂出版委員會編.—重慶：西南師範大學出版社；北京：人民出版社，2008.10

　　ISBN 978-7-5621-4291-1

Ⅰ.域…　Ⅱ.域…　Ⅲ.古籍—善本—中國—叢書　Ⅳ.Z121.7

　　中國版本圖書館CIP數據核字(2008)第148539號

域外漢籍珍本文庫（第一輯）

子部（第1—6冊）

域外漢籍珍本文庫編纂出版委員會編

責任編輯：黃書元　周安平　劉春卉　李遠毅　盧渝寧　潘少平
　　　　　陳鵬鳴　宗月霄　魚宏亮　趙　凱　徐林平　陳麗芳
責任校對：翟金明　范慧華　袁　飛　曾　艷　李　紅
版式設計：郭清梅　邵　輝
封面設計：郭青霞
出版發行：西南師範大學出版社
　　　　　地址　重慶市北碚區天生路2號　郵政編碼　400715
　　　　　http://www.xscbs.com
　　　　　人民出版社
　　　　　地址　北京市朝陽門內大街166號　郵政編碼　100706
　　　　　http://www.peoplepress.net
經　　銷：新華書店
印　　刷：三河燕郊誠達印務有限公司
開　　本：880mm×1230mm　　1/16
印　　張：350
版　　次：2008年10月第1版
印　　次：2008年10月第1次印刷
印　　數：500
書　　號：ISBN 978-7-5621-4291-1

定　　價：壹仟肆佰圓

ISBN 978-7-5621-4291-1